Christoph T. Nooke

Gottlieb Jakob Planck (1751–1833)

Grundfragen protestantischer Theologie
um 1800

Mohr Siebeck

CHRISTOPH T. NOOKE (geb. Beckmann); geboren 1982 in Herford; 2001–2007 Studium der Evangelischen Theologie in Münster; 2007–2012 Wissenschaftlicher Mitarbeiter am Seminar für Kirchengeschichte II (Reformation, Neuere und Neueste Kirchengeschichte; Prof. Dr. Albrecht Beutel); 2012 Promotion; seit 2012 Vikar der Evangelischen Kirche von Westfalen.

Gedruckt mit Unterstützung des Förderungs- und Beihilfefonds Wissenschaft der VG WORT

ISBN 978-3-16-152266-6
ISSN 0340-6741 (Beiträge zur historischen Theologie)

Die Deutsche Nationalbibliothek verzeichnet diese Publikation in der Deutschen Nationalbibliographie; detaillierte bibliographische Daten sind im Internet über *http://dnb.dnb.de* abrufbar.

© 2014 Mohr Siebeck Tübingen. www.mohr.de

Das Buch wurde von Gulde-Druck in Tübingen gesetzt und auf alterungsbeständiges Werkdruckpapier gedruckt und von der Großbuchbinderei Spinner in Ottersweier gebunden.

Beiträge zur historischen Theologie

Herausgegeben von

Albrecht Beutel

170

Meinen Eltern
Annegret und Dieter Beckmann

Vorwort

Mehr Licht in die theologische Aufklärung zu bringen schien und scheint ein lohnendes Vorhaben zu sein. Die vorliegende Studie möchte dazu einen Beitrag leisten und reiht sich so in jüngere theologiegeschichtliche Arbeiten zur Erforschung der Aufklärungstheologie in Deutschland ein, die es unternehmen, Dynamik, Charakter, Fragestellungen, Themen, Zielrichtung und Vertreter dieser Epoche konturierter zu beleuchten.

Die Arbeit wurde als Dissertation von der Evangelisch-Theologischen Fakultät der Westfälischen Wilhelms-Universität Münster im Wintersemester 2011/ 2012 angenommen. An ihrer Entstehung haben eine Reihe Menschen auf je besondere Art und Weise fördernd Anteil genommen. Stellvertretend möchte ich hier meinen Dank adressieren.

Mein Dank gilt an erster Stelle meinem Doktorvater Prof. Dr. Albrecht Beutel, der mir früh den Weg in die Aufklärungsforschung geebnet hat, das Entstehen des Werkes mit einer wohldosierten Mischung aus Freiheit, Impuls, Kritik und Beratung begleitet hat und so großen Anteil am Gelingen des Projektes trägt. Herrn Prof. Dr. Konrad Hammann danke ich für das ausführliche und präzise Zweitgutachten, wertvolle Hinweise und die kundige Beratung zu den Göttinger Verhältnissen. Maßgeblich begleitet haben das Projekt das Münsteraner Oberseminar Kirchen- und Theologiegeschichte und der Arbeitskreis »Religion und Aufklärung«. Den Mitgliedern bin ich für Anregungen, Warnungen und weiterführende Hinweise überaus dankbar. Die Arbeit in den verschiedenen Archiven und Bibliotheken wurde mir durch die freundliche und hilfsbereite Art der Mitarbeiter wesentlich erleichtert, allen sei für diese unersetzliche Hilfe herzlich gedankt.

Herausgeber und Verlag danke ich für die Aufnahme in die »Beiträge zur Historischen Theologie.« Fachkundig, geduldig und freundlich haben Herr Dr. Henning Ziebritzki und die Mitarbeiter des Verlages Mohr Siebeck die Drucklegung begleitet. Darüber hinaus bin ich vielen Kolleginnen und Kollegen, Freundinnen und Freunden zu Dank geneigt, die die Arbeit an diesem Buch begleitet und unterstützt haben.

Ein Mensch hat die Entstehung dieser Arbeit wie kein zweiter getragen, kritisch begleitet, fachlich unterstützt, teils erlitten, immer befördert – und schließlich die Fahnenkorrektur übernommen: Meiner Frau Martha Maria Nooke gebührt der krönende Dank an dieser Stelle. Für vieles: Danke!

Münster, im Juli 2013   Christoph T. Nooke

Inhaltsverzeichnis

Abkürzungsverzeichnis

Die Abkürzungen folgen: Abkürzungen Theologie und Religionswissenschaften nach RGG⁴, hg. v. REDAKTION DER RGG⁴, Tübingen 2007. Zusätzlich werden folgende Abkürzungen verwendet:

AdB	Allgemeine deutsche Bibliothek, hg. v. FRIEDRICH NICOLAI, Berlin/Stettin 1765–1794.
AEvST	Archiv des Evangelischen Stifts Tübingen
ALZ	Allgemeine Literatur-Zeitung, Jena und Leipzig/Halle [ab 1803] 1785–1849.
Bü	Aktenbüschel
fl.	Gulden
GRADMANN	Das gelehrte Schwaben: oder Lexicon der jetzt lebenden schwäbischen Schriftsteller: voraus ein Geburtstags-Almanach und hintennach ein Ortsverzeichniß, hg. v. JOHANN JACOB GRADMANN, Ravensburg 1802.
HAB	Herzog-August-Bibliothek Wolfenbüttel
HAMBERGER/MEUSEL	Das gelehrte Teutschland oder Lexikon der jetzlebenden teutschen Schriftsteller, hg. v. GEORG CHRISTOPH HAMBERGER/JOHANN GEORG MEUSEL, 23 Bde., Lemgo ⁵1796–1834.
HAStaBi	Handschriftenabteilung der Staatsbibliothek Berlin
HASUB	Handschriftenabteilung der Niedersächsischen Staats- und Universitätsbibliothek Göttingen
Hgg.	Herausgeber (Plural)
HStASt	Hauptstaatsarchiv Stuttgart
Jh.s	Jahrhunderts
KGA	SCHLEIERMACHER, FRIEDRICH DANIEL ERNST, Kritische Gesamtausgabe, hg. v. HANS-JOACHIM BIRKNER/GERHARD EBELING/HERMANN FISCHER u. a., Berlin/New York 1980ff.
KKAGö	Kirchenkreisarchiv Göttingen
kr	Kreuzer
LKAHa	Landeskirchliches Archiv Hannover
LKASt	Landeskirchliches Archiv Stuttgart
NadB	Neue allgemeine deutsche Bibliothek, hg. v. FRIEDRICH NICOLAI, Berlin/Stettin 1793–1806.
ND	Nachdruck
r	recte [Vorderseite]
reg.	Regierungszeit
RT	Reichstaler

Sch.	Aktenschuber
SpKA	SPALDING, JOHANN JOACHIM, Kritische Ausgabe, hg. v. AL-BRECHT BEUTEL, Tübingen 2001 ff.
SS	Sommersemester
UAG	Universitätsarchiv Göttingen
UEBERWEG, Grundriss	FRISCHEISEN-KÖHLER, MAX/MOOG, WILLY, Die Philosophie der Neuzeit bis zum Ende des XVIII. Jahrhunderts, Friedrich Ueberwegs Grundriss der Geschichte der Philosophie, 3. Teil: Die Philosophie der Neuzeit bis zum Ende des XVIII. Jahrhunderts, Darmstadt [14]1957.
unpag.	unpaginiert
v	verso [Rückseite]
WS	Wintersemester
[ ]	Auslassung eines Buchstabens
[…]	Auslassung mehrerer Buchstaben/Wörter

Kurztitel der Hauptwerke Gottlieb Jakob Plancks

Lehrbegriff	Geschichte der Entstehung, der Veränderungen und der Bildung unser[e]s protestantischen Lehrbegriffs vom Anfang der Reformation bis zu der Einführung der Konkordienformel, 6 Bde., Leipzig 1781–1800/ Bd. 1–3/2, Leipzig [2]1791–1798.
Einleitung	Einleitung in die Theologische Wissenschaften, 2 Bde., Göttingen 1794/1795.
Abriß	Abriß einer historischen und vergleichenden Darstellung der dogmatischen Systeme unserer verschiedenen christlichen Hauptpartheyen nach ihren Grundbegriffen, ihren daraus abgeleiteten Unterscheidungslehren und ihren praktischen Folgen. Zum Behuf seiner Vorlesungen darüber nebst der Einleitung zu diesen, Göttingen [1]1796/[2]1804/[3]1822.
Gesellschaftsverfassung	Geschichte der christlich-kirchlichen Gesellschafts-Verfassung, 5 Bde., Hannover 1803–1809.
Trennung	Ueber die Trennung und Wiedervereinigung der getrennten christlichen Haupt-Partheyen – mit einer kurzen historischen Darstellung der Umstände, welche die Trennung der lutherischen und reformirten Parthie veranlaßten und der Versuche, die zu ihrer Wiedervereinigung gemacht wurden, Tübingen 1803.
Worte	Worte des Friedens an die katholische Kirche gegen ihre Vereinigung mit der protestantischen, Göttingen 1809.
Grundriß	Grundriß der theologischen Encyklopädie, Göttingen 1813.
Lage	Ueber die gegenwärtige Lage und Verhältnisse der katholischen und der protestantischen Parthey in Deutschland und einige besondere zum Theil von dem deutschen Bundes-Tage darüber zu erwartende Bestimmungen. Betrachtungen und Wünsche, Hannover 1816.

Zustand	Ueber den gegenwärtigen Zustand und die Bedürfnisse unserer protestantischen Kirche bei dem Schlusse ihres dritten Jahrhunderts. Betrachtungen, Vorschläge und Wünsche, Erfurt 1817.
Christenthum	Geschichte des Christenthums in der Periode seiner ersten Einführung in die Welt durch Jesum und die Apostel, Bd. 1–2, Göttingen 1818.
Behandlung	Ueber die Behandlung, die Haltbarkeit und den Werth des historischen Beweises für die Göttlichkeit des Christenthums. Zugleich ein Versuch zu besserer Verständigung unsrer theologischen Partheyen, Göttingen 1821.
Amtsjahr	Das erste Amtsjahr des Pfarrers von S. in Auszügen aus seinem Tagebuch. Eine Pastoraltheologie in der Form einer Geschichte, Göttingen 1823.
Theologie	Geschichte der protestantischen Theologie von der Concordienformel an bis in die Mitte des achtzehnten Jahrhunderts, Göttingen 1831.

Einleitung

1. Einführung

Kirchen- und theologiegeschichtliche Forschung hat sich in der Bearbeitung und Darstellung ihrer Gegenstände immer zwischen der allgemeinen Darstellung großer Zusammenhänge auf der einen Seite und der punktuellen, präzisen und eingeschränkten Darstellung ausgewählter Einzelheiten auf der anderen Seite oszillierend zu bewegen. Während eine Erforschung der einzelnen Teile ohne die Möglichkeit, sie in größere Zusammenhänge des Ganzen einordnen zu können, immer im luftleeren Raum hängen würde, wäre die bloße Übersichtsdarstellung unscharf und ebenso luftleer, wenn sie nicht ergänzt würde durch die Erforschung ihrer einzelnen Teile. Synchrone und diachrone Arbeitsweise bedingen und ergänzen einander.

Ein einzelner Theologe wie Gottlieb Jakob Planck (1751–1833) hat es so verdient, in seiner Individualität gewürdigt zu werden, die sich nicht vollständig in einer strukturierenden Vereinnahmung als Teil einer Bewegung, einer Denkungsart, einer Schule oder einer Epoche begreifen lässt. Eine biographische und werkerschließende Darstellung wie die vorgelegte muss auch immer die gängigen Klassifizierungen konstruktiv in Frage stellen können, sie korrigieren, präzisieren und illustrieren. Diese haben sich an jener zu bewähren, jene kann sich an diesen orientieren.

Dass zwischen Nürtingen 1751 und Göttingen 1833 mehr liegt als eine Sprachbarriere und eine Jahrhundertwende, muss dem kundigen Leser nicht eigens gesagt werden. Wie genau sich ein solcher Weg zeitlich, biographisch, geographisch und theologisch vollziehen kann, versucht die vorgelegte Arbeit darzustellen. »Grundfragen protestantischer Theologie um 1800«, wie sie sich eben jenem Gottlieb Jakob Planck stellen, sind der Horizont und der Anknüpfungspunkt für die Darstellung. Fragen ließe sich bezüglich dieser Zeit auch: »Was blieb von der Aufklärung?«, vergegenwärtigt man sich die Streitigkeiten auf allen Ebenen, die z.B. zwischen Rationalismus und Supranaturalismus, Erweckungsbewegung, Neokonfessionalismus und Atheismus geführt wurden, sowie die Innovationen, die in handhabbare Lehre umgeformt werden mussten, wie das neue historische, kritische und anthropologische Bewusstsein. Planck hatte sich dieser Umformungsaufgabe zu stellen.

»Was ist protestantisch?«, wäre sicherlich eine zu umfangreiche Frage für diese Arbeit, doch dient die Frage als Hintergrund des Arbeitens, Fragens und

Antwortens Plancks in enzyklopädischer, historischer, systematischer, konfessioneller, kirchenpolitischer und persönlicher Brechung.

Schließlich kann die vorgelegte Arbeit als Beitrag zur Frage der territorial unterschiedlichen Ausgestaltung der theologischen Entwicklung im 18. und frühen 19. Jahrhundert gelesen werden, indem sie Plancks theologischen Weg in Württemberg und in Hannover beleuchtet und die wichtigen Umgebungsfaktoren zu illustrieren versucht, wie sie in unterschiedlichen Formen der theologischen Ausbildung und Frömmigkeit sowie der politischen Rahmenbedingungen bestanden.

2. Fragestellung

Aufgabe dieser Arbeit soll nun sein, anhand des Theologen Gottlieb Jakob Planck darzustellen, wie eine normale Form – d. h. hier: eine akademische, nicht zu Extremen neigende, sowohl kirchlich als auch am Bedürfnis der Universitäten orientierte – protestantischer Theologie um 1800 in ihren Grundzügen aussah. In welchen Formen und auf welchem Felde sich das theologische Arbeiten dieses Mannes vollzog, welchen Fragen er nachging und welche Maximen ihn dabei leiteten, soll ebenso herausgearbeitet werden wie das, was ihn geprägt hat, woher er kam, wie er lebte, und zudem, wie er wirkte, in welchen Zusammenhängen und unter welchen Bedingungen. Dabei soll nicht so sehr die Frage nach einer Einordnung Plancks im Sinne der Zuschreibung von Kategorien – etwa: Neologe, Rationalist, Supranaturalist – im Vordergrund stehen, sondern der Fokus auf die individuelle Darstellung gelegt werden. Die Ergebnisse werden es dennoch ermöglichen, ihn in diesem Kräftefeld zu verorten und Auskunft zu geben auf die Frage: Wie gestaltete sich protestantische Theologie um 1800 konkret?

Kurzum: Absicht der vorgelegten Arbeit ist eine biographische und werkerschließende Darstellung Gottlieb Jakob Plancks unter Berücksichtigung seiner biographischen und theologischen Prägungen sowie unter maßvoller Einbeziehung der politischen, kirchlichen und akademischen Rahmenbedingungen seines Lebens und Wirkens.

3. Quellenlage

Sicherlich hat es die digitale Verfügbarkeit von Literatur sowie die voranschreitende digitale Erschließung von Bibliotheks- und Archivbeständen gegenüber früheren Jahrzehnten ermöglicht, schneller und mehr Informationen zu beschaffen. Gleichzeitig hat dadurch die Unübersichtlichkeit zugenommen, eine Beschränkung und Auswahl ist nötiger denn je. Zudem ersetzt auch diese digitale Verfügbarkeit nicht das Quellen- und Aktenstudium. Nicht auf alle Schriften Plancks wird in der Untersuchung mit gleicher Intensität eingegangen wer-

den können, nicht alle Quellen werden in Gänze erschließend dargelegt werden
können, was allein schon die Übersichtlichkeit gebietet. Der geneigte Leser
möge die Verantwortung für die Auswahl dem Verfasser gnädig überlassen.

Gedruckte Schriften von Planck liegen zahlreich und gut zugänglich vor,
insgesamt kommt sein Œuvre auf mehr als 10 000 Druckseiten, ein Großteil
davon entfällt auf seine kirchengeschichtlichen Werke. Frühe Jugendwerke
Plancks liegen ebenfalls gedruckt vor, so dass sich anhand der Druckwerke eine
Spanne von 50 Jahren Publikationstätigkeit aufzeigen lässt.

Aktenmaterial über Planck findet sich vor allem am Ort seines fast 50-jäh-
rigen Wirkens: Das Universitätsarchiv Göttingen (UAG) besitzt einen Fundus
an Quellen zu Plancks dortiger Tätigkeit, seine Personalakte allerdings ist ver-
schollen. Ebenso befinden sich in der Handschriftenabteilung der Niedersächsischen Staats- und Universitätsbibliothek Göttingen (HASUB) eine Anzahl
von Briefen aus der Feder bzw. an die Adresse Plancks sowie eine Vorlesungsmitschrift. Das Kirchenkreisarchiv Göttingen (KKAGö) verzeichnet in einem
Kirchenbuch Plancks Sterbedatum. Des Weiteren befinden sich einige Vorle-
sungsmitschriften in der Herzog-August-Bibliothek Wolfenbüttel (HAB). Informationen über Plancks Wirken in kirchlichen Ämtern sowie eine weitere
Vorlesungsmitschrift bietet der Bestand des Landeskirchlichen Archivs Hannover (LKAHa), das Landeskirchliche Archiv Stuttgart (LKASt) besitzt Akten
über Plancks Zeit an der Karlsschule in Stuttgart sowie die Verzeichnisse der
Taufbücher. Das Hauptstaatsarchiv Stuttgart (HStASt) verwahrt einige Dienst-
akten Plancks. Schließlich liegen über seine Zeit als Stipendiat und Repetent am
Stift in Tübingen Notizen und Studienvermerke im dortigen Archiv (AEvST)
vor.[1]

4. Forschungsüberblick

Ausführliche Darstellungen zur Person Plancks gibt es kaum, eine Gesamtdarstellung existiert nicht. Nur sein Schüler Friedrich Lücke (1791–1855) legte
1835 eine Biographie Plancks vor, die auch eine Darstellung seiner Werke liefert.[2] Sie dient nach wie vor als Referenz. Lücke konnte nach eigenen Angaben
seine Informationen aus familiären Quellen schöpfen, doch scheinen einige davon unscharf gewesen zu sein.[3] Die Darstellung der Werke Plancks schließlich
ist stark gefärbt von der eigenen theologischen Haltung Lückes.

Forschungen zu einzelnen Themen, die Planck am Rande behandeln oder
seine Einordnung ermöglichen, werden in den Anmerkungen in den jeweiligen

---

[1] Die teils unterschiedliche Zitation der Akten ergibt sich aus den unterschiedlichen Sys-
tematisierungen der Archive und Bibliotheken. Ergänzungen meinerseits sind durch eckige
Klammern gekennzeichnet.
[2] LÜCKE, F., *Dr. Gottlieb Jacob Planck. Ein biographischer Versuch (1835).*
[3] So z.B. die Anzahl der Kinder.

Kapiteln zu seinem Werk erörtert werden, hier sollen lediglich jene Erwähnung finden, die der Darstellung Plancks größeren Umfang einräumen.

Einige Arbeiten zur Theologischen Enzyklopädie würdigen den Beitrag Plancks: Jochen Kramm hat sich 1998 in einer Arbeit über die Theologische Enzyklopädie in Göttingen in einem eigenen Kapitel mit den Werken Plancks zum Thema beschäftigt.[4] Er bietet vor allem eine inhaltliche Darstellung der *Einleitung in die Theologische Wissenschaften (1794/95)* Plancks und übergeht fälschlicherweise den *Grundriß der theologischen Encyklopädie (1813)* als bloßen Auszug.[5] Leonhard Hell, der 1999 eine methodisch insgesamt problematische Arbeit zur Entstehung der Theologischen Enzyklopädie vorlegte, widmet Planck weniger als vier Seiten, ein Verständnis des Programms ist nicht auszumachen.[6] Einschlägige Artikel zum Thema verweisen zwar oft auf Planck, allerdings häufig nicht sehr kenntnisreich.[7] Christoph Bizer befasst sich mit Plancks Roman *Das erste Amtsjahr des Pfarrers von S. (1823)* in seiner Studie zum »Amt des Pfarrers in der Göttinger theologischen Lehre«.[8] Dort bietet er eine Inhaltsangabe dieser Schrift, verzichtet aber auf eine Einordnung in Plancks enzyklopädische Konzepte.

Ein weiterer Schwerpunkt der Erforschung ist die Kirchen- und Dogmengeschichtsschreibung Plancks, die schon Ferdinand Christian Baur (1792–1860) in seinen *Epochen der kirchlichen Geschichtschreibung (1852)*, freilich in ablehnender Weise, ausgiebig thematisierte. Michael A. Lipps widmet Planck in seiner 1983 publizierten Arbeit zur Entstehung der Dogmengeschichte ein Unterkapitel, in dem er Plancks dogmengeschichtliches Konzept auch eingehend und analytisch darstellt.[9] Christopher Voigt-Goy untersucht in einem Aufsatz die Reformationsdeutung Plancks.[10] Seine Darstellung fußt auf Plancks *Geschichte unseres protestantischen Lehrbegriffs (1781–1800)*, legt allerdings – durchaus berechtigt – eine spezifische Fragestellung an und kann so nicht das ganze Programm Plancks erschließen. Das führt dazu, dass einige Komponenten der Kirchengeschichtsschreibung Plancks nicht präzise erfasst werden. 2010 habe ich mich mit einer ähnlich speziellen Fragestellung der Kirchengeschichtsschreibung Plancks zu nähern versucht und mich mit der Rolle der Behandlung der Politik in der

---

[4] KRAMM, J., *Theologische Enzyklopädie und Studienordnung an der Universität Göttingen von 1734 bis 1830, [Diss. masch. 1998]*. Zu Planck: aaO. 123–190.

[5] Vgl. Kap. B.I.4.

[6] HELL, L., *Entstehung und Entfaltung der theologischen Enzyklopädie (1999)*. Zum methodischen Problem bei Hell vgl. Kap. B.I.2. und 6.

[7] Vgl. Kap. B.I.6.

[8] BIZER, CHR., *Der wohl-unterrichtete Student um 1800. Das Amt des Pfarrers in der Göttinger theologischen Lehre (1987)*.

[9] LIPPS, M. A., *Dogmengeschichte als Dogmenkritik. Die Anfänge der Dogmengeschichtsschreibung in der Zeit der Spätaufklärung (1983)*.

[10] VOIGT-GOY, CHR., *Reformationsgeschichte als aufgeklärte Protestantismustheorie. Gottlieb Jakob Planck (2006)*.

Dogmengeschichtsschreibung Plancks auseinandergesetzt.[11] Zu weiteren Themenbereichen existieren keine eigenständigen Würdigungen Plancks, allenfalls in Lexikonartikeln zur Symbolik/Konfessionskunde und Apologetik wird Planck genannt.[12]

Innerhalb der älteren Überblickswerke zur Epoche der Aufklärung rechnet Emanuel Hirsch Planck in seiner *Geschichte der neuern evangelischen Theologie* unter die »Rationalisten vom halben Wege«[13]. In der Darstellung[14] geht er lediglich auf Plancks kirchengeschichtlichen Werke und näherhin auf seine Form der pragmatischen Geschichtsschreibung ein. Karl Aner zählt Planck – der eigentlich jenseits der Zeitgrenze seiner Darstellung wirkte – in seiner *Theologie der Lessingzeit (1929)* noch unter die »führenden Neologen«[15], schränkt dies aber insofern ein, als man ihn nicht als »Neologen im fortgeschritten offenbarungskritischen Sinn der Zeit um 1780«[16] bezeichnen könne, obgleich er sich von der Orthodoxie geschieden wisse und neologische Züge teile.[17] Die Darstellung bei Horst Stephan/Martin Schmidt zeichnet Planck, den »milde[n] Supranaturalist[en]«, als »bedeutendste[n] Forscher« dieser Zeit auf dem Gebiet der pragmatischen Kirchen- und Dogmengeschichte, welche »das Erbe der Neologie kräftig weiter geführt« habe.[18] Auch Plancks Innovationen auf dem Gebiet der vergleichenden Symbolik werden genannt.[19]

Karl Barth nennt Planck nur als Gegenüber zu Baurs Geschichtsschreibung, ohne ihn näher zu charakterisieren,[20] Friedrich Wilhelm Kantzenbach nennt Planck in seinen Überblickswerken gar nicht.[21] Albrecht Beutel schließlich führt Planck in seiner Übersichtsdarstellung *Aufklärung in Deutschland (2006)* unter den Neologen als akademischen Vertreter in Göttingen auf und beschreibt seine Hauptarbeitsgebiete in Übereinstimmung mit der bisherigen Literatur, jedoch auf dem neuesten Forschungsstand.[22]

Die gängigen Lehrbücher und Überblickswerke zur Kirchengeschichte nennen Planck – bis auf Karl Heussi – gar nicht.[23] Während ältere Lexika dem

---

[11] BECKMANN, CHR.T., *Was macht die Politik in der Dogmengeschichte? Beobachtungen zu einem Aspekt im Modell Gottlieb Jacob Plancks (2010)*. Zur veränderten Schreibweise des Vornamens vgl. Kap. A.I.2.

[12] Vgl. die Erwähnungen jeweils zu Beginn der thematischen Blöcke in Kap. B.

[13] HIRSCH, Geschichte 5, 57.

[14] Vgl. aaO. 57–59.

[15] So der Titel des Abschnitts. Die Darstellung Plancks auf einer halben Seite, vgl. ANER, Theologie, 139 f.

[16] AaO. 139.

[17] Aners Einschätzung, Planck sei bei der aus Tübingen »mitgebrachten Leibniz-Wolffischen Kombination von *ratio* und *revelatio* stehengeblieben« (ebd.), lässt sich kaum halten.

[18] Alle Zitate STEPHAN/SCHMIDT, Geschichte, 71 f.

[19] Vgl. aaO. 73.

[20] Vgl. BARTH, Theologie, 452.

[21] Vgl. KANTZENBACH, Geschichte, und DERS., Christentum.

[22] Vgl. BEUTEL, Aufklärung, 280 f.

[23] Vgl. HEUSSI, Kompendium, 3.405. ROHLS, Theologie 1, 217.303, gibt an zwei Stellen

Artikel »Planck, Gottlieb Jakob« noch ausführlichen Platz einräumten, so in den verschiedenen Auflagen der *Realenzyklopädie für protestantische Theologie und Kirche*,[24] finden sich in jüngeren lediglich kurze Erwähnungen, die sich meist einig sind, dass Planck einen Beitrag zur Enzyklopädie geleistet habe – besonders durch seine Positionierung der Apologetik als erste der theologischen Wissenschaften –, die pragmatische Kirchengeschichtsschreibung durch seine psychologische Interpretation auf die Spitze getrieben und die komparative Symbolik erfunden habe.[25] Eine umfassende Bibliographie bietet Jonas Schmidt in seinem Artikel im *Biographisch-Bibliographischen Kirchenlexikon*.[26]

Zur Aufklärungsforschung insgesamt muss hier kein Überblick gegeben werden, da nach wie vor auf Albrecht Beutels Darstellung der *Aufklärung in Deutschland* verwiesen werden kann, die im Großen wie im Einzelnen einen umfassenden Überblick und auch selbst eine Darstellung des Forschungsstandes gibt, der sich seitdem nicht grundlegend verändert, allerdings erfreulicherweise punktuell erweitert hat.[27]

5. Methode und Aufbau der Arbeit

Für den Aufbau einer personenorientierten Darstellung bieten sich grundsätzlich zwei Möglichkeiten an: Die erste besteht darin, Leben und Werk integrativ zu behandeln, sich chronologisch durch das Leben zu arbeiten und in exkursartigen Darstellungen das literarische Werk einzubeziehen. Die Vorteile liegen hier eindeutig in der lebensgeschichtlichen Verankerung der einzelnen Werke. Negativ schlägt zu Buche, dass die thematische Perspektive leicht aus dem Blick

---

eine Einordnung der *Geschichte unseres protestantischen Lehrbegriffs* Plancks, die so knapp ist, dass sie sich schon an den genannten Stellen widersprüchlich liest. HAUSCHILD, Lehrbuch, und ANDRESEN/RITTER, Handbuch, beispielsweise nennen Planck nicht.

[24] Vgl. HENKE, E. L. Th., Art. Planck, Gottlieb Jakob, RE 11 (1859), 757–762; WAGENMANN, J. A. (HENKE, E. L. Th. †), Art. Planck, Gottlieb Jakob, RE² 12 (1883), 61–68; TSCHACKERT, P. (WAGENMANN, J. A. †), Art. Planck, Gottlieb Jakob, RE³ 15 (1904), 472–477. Vgl. auch die Artikel WAGENMANN, J. A., Art. Planck, Gottlieb Jakob, ADB 26 (1888) [ND 1970], 224–227, und DÜX, J. M., Art. Planck, Gottlieb Jacob, Kirchen-Lexikon oder Encyklopädie der katholischen Theologie und ihrer Hülfswissenschaften 8 (1852), 494–496.

[25] Vgl. die Artikel der RGG: KÖHLER, L., Art. Planck, Gottlieb Jakob, RGG¹ 4 (1913), 1630f.; KOEHLER, W., Art. Planck, 1. Gottlieb Jakob, RGG² 4 (1930), 1284f.; WOLF, E., Art. Planck, 1. Gottlieb Jakob, RGG³ 5 (1961), 403f.; OHST, M., Art. Planck, Gottlieb Jakob, RGG⁴ 6 (2003), 1378f.; sowie auch SCHMIDT, J., Art. Planck, Gottlieb Jakob, LThK³ 8 (1999), 341.

Die TRE widmet Planck keinen Artikel, nennt ihn aber in einigen der thematischen Artikel zur Symbolik/Konfessionskunde, Kirchengeschichtsschreibung und Theologischen Enzyklopädie. Die *Enzyklopädie der Neuzeit* erwähnt Planck ebenfalls innerhalb der thematischen Artikel. Auf die Erwähnung Plancks in den thematischen Artikeln wird jeweils an gegebener Stelle eingegangen werden.

[26] SCHMIDT, J., Art. Planck, Gottlieb Jacob, BBKL 7 (1994), 705–710.

[27] Sicherlich ist ergänzend – und um den seitherigen Fortschritt abschätzen zu können – ein Blick in K. Nowaks Darstellung und Problemanzeige (NOWAK, Christentum) wertvoll.

geraten kann und – da sich häufig eine Schrift nur von der anderen her begreifen lässt – der Zusammenhang des literarischen Schaffens nicht deutlich herausgestellt werden kann.

Die vorliegende Arbeit wird die Alternative wählen und Leben und Werk zu großen Teilen getrennt voneinander behandeln. Wenn auch die biographische Darstellung Plancks (A.) nicht ohne Nennung der jeweils von ihm verfassten Werke erfolgen kann und einige kleinere Werke dort ihre Behandlung finden werden,[28] soll den gewichtigeren Werken in einem zweiten Teil (B.) ungeteilte Aufmerksamkeit gewidmet werden. Innerhalb der einzelnen Blöcke zur Theologischen Enzyklopädie (I.), Kirchen- und Dogmengeschichte (II.), konfessionskundlichen Arbeit (III.) und zu den kirchenpolitischen Beiträgen (IV.) soll jeweils die zu behandelnde Fülle von Quellen nach einer Darstellung derselben, auf die wegen der bisherigen Unerschlossenheit der Werke Plancks einige Mühen und Seiten verwendet werden sollen, in einem gesonderten Kapitel versucht werden, anhand einiger Oberbegriffe die Grundgedanken des Arbeitsgebiets strukturiert aufzuzeigen. In einem resümierenden Teil (C.) wird diese Operation auf das gesamte Werk Plancks angewendet, um ein konzentriertes theologisches Profil herausstellen zu können und die Möglichkeit zu Querverbindungen zu bieten. Als Schluss der Arbeit wird dann äußerst knapp eine Zusammenfassung des Dargestellten zu formulieren versucht.

Innerhalb der Biographie wird einiger Raum auf die Darstellung der Plancks Entwicklung mittelbar beeinflussenden Faktoren verwendet. So finden sich Passagen über die Territorien Württemberg und Hannover sowie deren geistesgeschichtliche Prägungen, aber auch solche zu den Universitäten in Tübingen und Göttingen. Diese betreffenden Abschnitte sollen innerhalb der Gesamtdarstellung dazu dienen, Plancks Entwicklung und Wirken in Abhängigkeit und Eigenständigkeit richtig würdigen und beurteilen zu können. Schließlich wurden die umgebenden Faktoren auch aufgrund des Bestrebens in dieser Intensität dargestellt,[29] sozusagen als Dienst am Leser diesem die wichtigsten Daten an die Hand zu geben, sich (werkimmanent) ein eigenes Urteil zu bilden – vielleicht vermag er auch Rückschlüsse zu ziehen, die dem Verfasser verborgen geblieben sind; diese Chance sollte nicht vertan werden. Der schon informierte und kundige Leser möge diese Abschnitte einfach überspringen.

---

[28] So etwa die Jugendschriften Plancks, einige Reden und Vorlesungen.

[29] Planck formuliert an verschiedenen Stellen eine ähnliche Maxime: In seinem konfessionskundlichen *Historischen und vergleichenden Abriß* habe er zum Ziel gehabt, »alle Data zusammen zu bringen, die man zu einer darüber anzustellenden vergleichenden Beurteilung nöthig hat «(Abriß³, 53). In der *Einleitung in die Theologische Wissenschaften* äußert er die Hoffnung: Wenn dem Anfänger »alle Data, aus denen dasjenige, was man in der Wissenschaft sucht, […] recht in die Hand gezählt [werden], so darf man darauf rechnen, daß alle Kräfte seines Geistes in Bewegung kommen, und daß dieser keine weitere Aufforderung bedürfen wird, sich mit Eifer in die Wissenschaft einzulassen.« (Einleitung 2, 19).

Innerhalb des Hauptteils (B.) differieren die einzelnen Blöcke im Umfang aufgrund unterschiedlicher Ergiebigkeit und theologischen Gewichts der einzelnen Werke Plancks. So ist z. B. viel Sorgfalt und Raum auf die Theologische Enzyklopädie verwendet worden, da sich hier nach meiner Einschätzung der beste Einblick in Plancks Gesamtverständnis der Theologie sowie in seine Haltung zu theologischen Einzelfragen geben lässt.

Durch die Aufteilung der einzelnen Blöcke in Teil B. ließen sich Redundanzen zwischen dem darstellenden und dem analytisch-systematisierenden Teil (*Grundbegriffe, Spezifika*) nicht immer vermeiden. Grundlage der Darstellung sind stets und in erster Linie die gedruckten Quellen, archivalische Quellen werden nur ergänzend angeführt, da dieser Quellenbestand für eine Darstellung zu unvollständig erschien und der Fokus auf die auch in die Breite wirksamen Werke gelegt werden sollte.

Der Untertitel der Arbeit (*Grundfragen protestantischer Theologie um 1800*) ist in Abhängigkeit vom Titel (*Gottlieb Jakob Planck*) zu verstehen: Es geht um die Grundfragen, wie sie sich Planck in Göttingen darstellten. Dabei werden – wie beschrieben – die Umstände ausreichend beleuchtet werden, in denen sich diese Grundfragen stellten. Es soll aber darauf verzichtet werden, da es methodisch ohnehin im Rahmen dieser Arbeit vor große Probleme stellen würde, diese Grundfragen umfangreich in ein Verhältnis mit weiteren Perspektiven auf Grundfragen protestantischer Theologie um 1800 zu setzen.

Dass Planck eine normale (d. h. nicht zu Extremen neigende, durchaus anschlussfähige), kirchliche (d. h. an der institutionellen Verfasstheit der Kirche interessierte, beteiligte und orientierte), akademische (d. h. sich im Rahmen universitärer Diskussion und Lehre orientierende und äußernde) protestantische Theologie vertrat, wird sich im Laufe der Untersuchung darlegen lassen.

Die Zusammenstellung der thematischen Blöcke in Teil B. ermöglicht schon mit einem Blick eine Ahnung der Bandbreite des Wirkens Plancks. Dass sich dieser darin wirklich mit Grundfragen jeglicher Theologie befasste und dies weder in einseitiger, polemischer Weise tat und gleichzeitig weder die kirchliche noch die akademische Dimension jeglicher Theologie vernachlässigte, geben dem mutigen Titel einiges Recht und dem Etikett – normal, akademisch, kirchlich, protestantisch – Leben und Farbe. Zudem tragen zwei Charakterzüge der theologischen Arbeit Plancks dazu bei, ihn als Ansatzpunkt zur Darstllung einiger Grundfragen um 1800 wählen zu können: seine irenische Art, die nie den Gegner willentlich in schlechtes Licht stellen will, und seine fast schon erschlagende Gelehrsamkeit. Plancks innovatives Potential findet sich mehr in der Sichtung, Ordnung und tieferen Durchdringung des schon Vorliegenden als im Aufstellen neuer grundstürzender Thesen. So ist er in höherem Alter später Vertreter einer teilweise schon wieder als veraltet gebrandmarkten Form von Theologie, die aber in akademischen Lehrern wie Planck um 1800 nach wie vor lebendig ist.

Dabei wird die Arbeit nicht in allen einzelnen thematischen Punkten suffizient sein können. Auch ließe sich eine Darstellung ganz anders aufbauen und vielleicht mag dem Leser eine andere Art sinnvoller erscheinen. Sicherlich müsste als nächster Schritt versucht werden, Folgen und Schlüsse aus den Ergebnissen hinsichtlich der bisherigen Raster der Kirchen- und Theologiegeschichtsschreibung zu ziehen. Zudem müsste eine Einordnung und Verhältnisbestimmung zwischen Planck und anderen Vertretern erfolgen, und die einzelnen bei Planck auftauchenden Fragen müssten wiederum innerhalb thematisch ausgerichteter Studien bearbeitet werden.[30]

---

[30] Besondere Abkürzungen der Werke Plancks werden jeweils zu Beginn der Bearbeitung eingeführt, sie finden sich auch im Abkürzungsverzeichnis.
Personen werden meist bei erster Nennung im Haupttext mit ausgeschriebenem Vornamen und Lebensdaten aufgeführt, in der Folge dann mit Initialen, bei Häufung einer Nennung in einem Unterkapitel wird auch auf die Initialen zwecks besserer Übersichtlichkeit verzichtet, bei besonderem Eingehen auf die Person wird sie vollständig genannt. Alle Daten zu Personen finden sich im Personenverzeichnis.

A. Leben

I. Kindheit und Schule in Württemberg (1751–1769)

1. Heimat Württemberg

Das Herzogtum Württemberg[1] war im 18. Jahrhundert noch durchaus landwirtschaftlich geprägt und im politischen System waren die Stände die maßgeblichen Instanzen – sogar Herzog Karl Eugen (reg. 1737–1793) bekam das noch zu spüren. Wie fast jedes europäische Territorium wurde auch Württemberg unweigerlich in die kriegerischen Auseinandersetzungen des 17. und 18. Jahrhunderts hineingezogen und konnte sich nicht in Selbstgenugsamkeit gegen alles Fremde abschotten.[2] Die Kriege Ludwigs XIV. zogen das Land schwer in Mitleidenschaft,[3] in die österreichischen Erbfolgekriege Anfang der 1740er Jahre war Württemberg in verschiedener Weise involviert.[4] Im durch den Siebenjährigen Krieg 1756–1763 stabilisierten Dualismus zwischen Preußen und Österreich musste sich Württemberg zwangsläufig verorten.[5] Auch die französische Expansion hinterließ ihre Spuren, wenn auch nicht in vernichtendem Maße.[6] Nach der Erhebung zum Kurfürstentum 1803 war Württemberg 1805 Teil eines Bündnisses zwischen Napoleon, Württemberg, Baden und Bayern. Nach dem Sieg über die Koalition von Österreich und Russland im *Frieden von Pressburg* Ende 1805 erhielt Württemberg Landgewinne und erlangte die Königswürde. Friedrich nahm diese am 30. 12. 1805 an, hob die landständische Verfassung Altwürttembergs auf und vereinigte diesen Landesteil mit Neu-

---

[1] Die teilweise gebräuchliche Unterscheidung der Bezeichnungen »Wirten(/m)berg« für das Herzogtum, also »Altwirtemberg«, und »Württemberg« für die durch die 1803 hinzugewonnenen Gebiete »Neuwürttembergs« entstandene neue Staatsfläche wird vernachlässigt, da die Schreibungen ohnehin changieren, wie man schon 1740 an der Verwendung der Bezeichnung »Würtemberg« bei Zedler, Universal-Lexikon 24, 863, sehen kann. Vgl. noch deutlicher 1749: Zedler, Universal-Lexikon 59, 903–1042: »Würtemberg, Hertzogthum«. Der Name taucht erstmals Ende des 11. Jh.s als der einer hochadligen Familie auf. Zur Geschichte Württembergs vgl. knapp Ehmer, Württemberg, 343–345.
[2] Uhland, Karlsschule, 2, bezeichnet diese Abgeschlossenheit als Charakteristikum der Württemberger, die Mitte des 18. Jh.s ohne die linksrheinischen Besitzungen 500 000 Einwohner zählten (vgl. aaO. 1).
[3] Zu diesen Kriegen zwischen 1672 und 1693 vgl. kurz Ehmer, Geschichte, 64.
[4] Vgl. Stievermann, Absolutismus, 383–390.
[5] Vgl. aaO. 393.
[6] Zu den militärischen Auseinandersetzungen vgl. aaO. 412–419.

württemberg zu einem Königreich. In der Folge wurde im Zuge der Säkularisierung das Kirchengut am 02.01. 1806 der Staatskasse einverleibt, bereits am
12.06. 1806 trat König Friedrich I. dem Rheinbund bei. Nach weiteren kriegerischen Auseinandersetzungen kam es 1817–1819 nach Ablehnung der Verfassung durch die »Altwürttemberger« zu Verfassungskämpfen, die 1819 durch
einen neuen Vorschlag gelöst werden konnten. An den absolutistischen Methoden der Kirchenbeherrschung hatte sich aber auch 1830 in einer königlichen
Verordnung Wilhelms I. zum System staatlicher Herrschaft über die Kirche
nichts geändert.[7]

Bedeutsam war für die kirchliche Entwicklung des Territoriums die zeitweise katholische Konfession der Herrscher, weshalb die Leitung der Kirche an das
Konsistorium übertragen war. Die dem katholischen Herrscher Karl Alexander
(1684–1737) 1733 abgerungenen Religionsreversalien sicherten zu, den Konfes-
sionsstand des Landes nicht anzutasten.[8]

Kirchlich und geistesgeschichtlich ist in Württemberg ein durchaus konser-
vatives Profil zu beobachten.[9] Der kirchliche Wiederaufbau nach dem Dreißigjährigen Krieg erfolgte auf Grundlage der hergebrachten *Großen Kirchenordnung*
von 1559.[10] Sorgfalt wurde auf den Aufbau des Schulwesens verwendet, so
führte das Herzogtum Württemberg als eines der ersten deutschen Territorien
1649 die Schulpflicht ein.

Es gab jedoch auch pietistische und – obgleich häufig vergessen – aufklärerische Impulse.[11] Auch wenn der Pietismus hier bekanntlich verbreitet war,
muss für die ländlichen unteren Schichten dennoch unterstellt werden, dass erst
spät (ab Mitte des 18. Jahrhunderts) und in pluriformer Gestalt eine pietistische
Vorherrschaft zu verzeichnen ist.[12] Das maßgebliche *Pietistenreskript* von 1743
führte zu einer »Verkirchlichung des Pietismus, wenngleich der Separatismus
immer noch latent vorhanden war.«[13]

---

[7] Vgl. HERMELINK, Württemberg, 284f.
[8] Dies wurde garantiert von den protestantischen Königen von Preußen, England und
Dänemark (vgl. EHMER, Geschichte, 66). Dazu gehörte die Auflage, dass die katholischen
Herrscher die Verwaltung des Kirchengutes dem Konsistorium überlassen mussten (LANG,
Klosterschulen, 248).
[9] Zur Entwicklung bis zum Konfessionellen Zeitalter vgl. EHMER, Württemberg, 345–
352.
[10] Vgl. EHMER, Geschichte, 63.
[11] Vgl. KOLB, Aufklärung, 1: Die Form der Orthodoxie sei durchgehend beibehalten worden, der Geist unmerklich ein anderer geworden.
[12] Vgl. dazu GESTRICH, Pietismus, 345. Auch das Verhältnis zur Amtskirche muss differenzierter beschrieben werden (vgl. aaO. 349). Er beobachtet einen hohen Grad an Vererb-
barkeit des Pietismus, besonders in Familien in Leitungsfunktionen (vgl. aaO. 356).
[13] EHMER, Geschichte, 71. Vgl. zum Reskript: GUTEKUNST, Pietistenreskript. Besonders
die apokalyptisch-separatistische Spielart fand noch weite Verbreitung.
Nach der Vereinnahmung der Kirche durch den Staat kam es im 19. Jahrhundert dennoch
in der Kirche durch eine erneute pietistische Bewegung, die Erweckungsbewegung, zu eini-

Aufklärerische Impulse sind in ganz eigener Weise verarbeitet worden, so dass sich beispielsweise in Tübingen die sogenannte »Ältere Tübinger Schule« bildete, die mehr aus Bedenken denn aus Begeisterung für neue Anfragen entstand. In der Pfarrerschaft ist offenbar keine flächendeckende Aufklärungs-Predigt nachzuweisen.[14] Im kirchlichen Bereich lassen sich erst im letzten Drittel des 18. Jahrhunderts einige Neuerungsversuche verzeichnen: Einführung eines neuen Gesangbuchs 1791, Erneuerung der Kinderlehre, Veränderung der Perikopenordnung.[15] Dabei ging man weniger progressiv vor als in anderen deutschen Ländern und behielt große Teile des Überkommenen bei, wehrte sich vielmehr gegen allzu rationalistische und neologische Einflüsse. Ein paar kirchliche Vertreter in Württemberg lassen sich allenfalls als gemäßigte Aufklärer bezeichnen.[16] Balthasar Haugs (1731–1792) *Schwäbisches Magazin von gelehrten Sachen* (seit 1775) beispielsweise steht für die unzweifelhaft theologisch dominierte Spielart der Aufklärung in Württemberg.[17] »Die Aufklärung hat in Württemberg nur wenige markante Vertreter.«[18] Neben Georg Bernhard Bilfinger (1693–1750) sind die praktischen Aufklärer wie Johann Friedrich Flattich (1713–1797), B. Sprenger und J. F. Mayer erwähnenswert, die Volkserziehung mit pietistischer Frömmigkeit verbanden.[19] Weitere Mischformen existierten in allen Variationen bei einer Reihe von Laientheologen.

1750 freilich ruhten die kleineren Landstädte noch in orthodoxem Schlummer, bestenfalls aufgerüttelt durch pietistische Prediger und ein paar aufklärerische Gelehrte.

---

gen Aufbrüchen (*Vereinskirche*) (vgl. EHMER, Geschichte, 83–94). Vgl. zur Erweckung in Württemberg MÜLLER, Erweckung.

[14] Vgl. zur Aufklärung in Württemberg noch immer KOLB, Aufklärung.

[15] Vgl. HERMELINK, Württemberg, 287–291. Vgl. KOLB, Aufklärung, 225 f., in seinem Fazit: Die Neuerungen seien mangels Kraft nicht vollendet worden. Zur Veränderung kirchlicher Einrichtungen vgl. aaO. 98–140. Gerade die Überlegungen zur Übernahme des braunschweigischen/hannoverschen Katechismus wurden stark kritisiert. Die Veränderung der Liturgie und Perikopenordnung Anfang des 19. Jh.s ging offenbar nicht einher mit einer flächendeckend veränderten Predigtpraxis der Geistlichen im Sinne volksaufklärerischer oder dogmenkritischer Inhalte (vgl. aaO. 169–192).

[16] So z.B. Georg Friedrich Griesinger (1734–1828), LeBret oder Georgii, der Brieffreund Plancks und Präsident des Obertribunals (vgl. KOLB, Aufklärung, 81–91).

[17] Vgl. aaO. 95 f.

[18] EHMER, Geschichte, 77, und EHMER, Württemberg, 352.

[19] So das Urteil von EHMER, Geschichte, 77. Einschränkend ist anzumerken, dass die pädagogische Tätigkeit allein für eine Bezeichnung als »Aufklärer« doch recht unscharf ist und zu begrifflicher Verwirrung führen kann.

2. Geburtsort Nürtingen

Gottlieb Jakob Planck (1751–1833)[20] wurde als ältestes Kind[21] der Eheleute Georg Jakob Planck (1726–1791) und Veronika Dorothea, geborene Lang (1732–1799), am 15. 11. 1751 in Nürtingen geboren und getauft.[22] Sein Vater Georg Jakob, aus Lauffen am Neckar gebürtig und im Jahr 1750 nach Nürtingen gekommen,[23] war dort Stadt- und Amtsschreiber[24] und hatte damit den Beruf

---

[20] Die Schreibweise des Namens differiert: Lücke und einige Akten (s. u.) schreiben »Jacob«, in den Verfasserangaben einiger Werke Plancks taucht »Jakob« auf. Der Eintrag im Kirchenbuch Nürtingen LKASt KB 44, Bd. 4, Bl. 335, notiert Gottlieb »Jacob«. Ebenso die Dienstakte Plancks an der Karlsschule (HStASt A 272, Bü 135, Bund 7, [unpag. Bl. 1]). Planck selbst unterschreibt am 25. 05. 1784 seine Bitte um Erlaubnis der Aufnahme von Verhandlungen mit Göttingen an seinen Landesherrn mit »Gottlieb Jakob Planck« (LKASt A 27, Nr. 2479, [Bund 1]), was ausschlaggebend für die Wahl der Schreibung »Jakob« in dieser Arbeit war, da eine eigenhändige Schreibweise »Jacob« von Planck nicht vorliegt. Damit korrigiere ich die Entscheidung aus meinem Beitrag BECKMANN, Politik. Die Schreibung »Jacob« kann sich zudem aus der latinisierten Schreibung »Theophilus Jacobus« ergeben haben. Für den Namen des Vaters liegt mir zudem keine Variante »Jacob« vor. Der Nachname wird nur vereinzelt »Plank« geschrieben (z. B. HAMBERGER/MEUSEL 3, 140).

[21] Die Angaben über die Zahl seiner Geschwister schwanken: LÜCKE, Planck, 2; HENKE, Planck, 757; WAGENMANN, Planck, 224; TSCHACKERT, Planck, 472; SCHMIDT, Planck, 705, und FRENSDORFF, Planck, 5 (der auf Auskünfte des Stadtpfarramts Nürtingen verweist), reden von 16 Geschwistern. PLANCK, Planck, [Bl. 1]; KOCHER, Nürtingen, 168; SPITTLER, Nachrichten, 51, zählen acht Kinder der Familie: Nach Gottlieb Jakob folgen Christiana Dorothea (geb. 1756), Elisabeth Friederike (geb. 1757), Emanuel Christian (geb. 1759), Christian Gottfried (geb. 1761), Gottlob Friedrich (geb. 1764 [bzw. 1767, vgl. Anm. 24]), Beata Veronika (geb. 1766) und Maria Johanna (k.A. [ergänzend aus LKASt KB 444, Bd. 4, 443: geboren am 07. 01. 1768]). Lücke gibt als Quelle zwar die jüngste Schwester Plancks an (vgl. LÜCKE, Planck, VIII), doch könnte die exakt doppelte Zahl sich aus den Doppelnamen der Geschwister ergeben haben, zumal Angaben der Geburtsdaten der übrigen acht Geschwister fehlen.

[22] Bei EBERL, Klosterschüler, 103. Die Angabe wird als »TR« (im Taufregister überprüft) angegeben. Dem entspricht der Eintrag im Kirchenbuch Nürtingen (LKASt KB 44, Bd. 4, Bl. 335). Die schnellstmögliche Taufe war der damals noch sehr hohen Kindersterblichkeit geschuldet. Nürtingen errichtete 1796 wegen Raummangels einen eigenen Friedhof für Kinderleichen (vgl. KAUTTER, Nürtingen, 37).

[23] Vgl. Heimatbuch 2, 1314, erwähnt in einer Liste eingewanderter Familien: »Planck 1750 (Lauffen a.N.)«. Damit wird der Vater Georg Jakob gemeint sein. Dessen Vater Johann Jakob Planck war Provisor in Lauffen. PLANCK, Planck, verfolgt die Familie z. T. bis vor die Reformation zurück: Die frühesten datierten Angaben beziehen sich auf Martin Planck aus Riedlingen, 1590–1607 Stadtpfarrer in Winnenden, dann Abt und Prälat in Murrhardt (vgl. aaO. [Bl. 1]).

[24] Georg Jakob Planck (27. 02. 1726 Lauffen/N. – 24. 01. 1791) (PFEILSTICKER, Dienerbuch 2, § 2708) war Stadtschreiber von 1750–1788 in Nürtingen und zuvor Bebenhausener Pflegeskribent in Tübingen. Er hat das Regierungsrats-Examen am 13. 05. 1749 »sonderbar wohl bestanden«, heiratete Dorothea Lang 1750 und resignierte in seinem Amt am 25. 01. 1788 für seinen Sohn Gottlob Friedrich Planck (14. 07. 1767 [bzw. 1764, vgl. Anm. 21] – 1831) (aaO. § 2708), studierter Jurist, bisher Kanzleiadvokat, dann Stadt- und Amtsschreiber in Nürtingen 25. 01. 1788–1826, verheiratet mit Augustine Friederike Rosine Beyer (1767–1847) (vgl. auch EBERL, Klosterschüler, 103 [s.v. Planck, Carl]).

seines Schwiegervaters Gottlieb Christian Lang[25] übernommen.[26] Das Stadtschreiberhaus in der Marktstraße 12 ist 1750 das erste Mal in dieser Funktion
nachweisbar[27] und ist wohl identisch mit der 1648 erwähnten sogenannten
»Grünische[n], jetzt gemeiner Stadt Behausung, neben dem ehemaligen Pfarr-
hof, vorne auf den Markt und hinten auf den gemeinen Kirchhofplatz sto-
ßend«[28]. Den Stadtschreibern als obersten städtischen Beamten kam damals hohes gesellschaftliches Ansehen nebst entsprechender Besoldung zu,[29] so dass

---

[25] Der Name Lang taucht 1633 als eingewandert (vgl. Heimatbuch 2, 1313), als Familie
dann 1648 auf (vgl. aaO. 1307). Gottlieb Christian Lang (12. 01. 1688, Ölbronn – 22. 03.
1763, Nürtingen), heiratet 1715 die Tochter seines Vorgängers Philipp Gottfried Bilfinger,
Maria Elisabeth Bilfinger (zur Verwandtschaft mit der Familie Bilfinger vgl. FABER, Familien-Stiftungen 4, 68). Sein Vater (Hans) Philipp Konrad Lang war später Prälat in Herren-
alb, seine Mutter war Sibylla Betulius. Er war Stadt- und Amtsschreiber in Nürtingen von
1718 bis 1750. 1750 wünschte er sich seinen »zukünftigen Tochtermann« Georg Jakob Planck
als Adjunkt (vgl. PFEILSTICKER, Dienerbuch 2, § 2708). KAUTTER, Nürtingen, 13, berichtet
von einer Geschichte der Gründung des Nürtinger Spitals, verfasst von Gottlieb Christian
Lang 1752. PFEILSTICKER, Dienerbuch 2, § 3308, führt unter den Klosterverwaltern von
Bebenhausen einen Gottlieb Christian Lang, den Älteren (1726–1777) an, der gewesene
Stadtschreibereisubstitut in Nürtingen war, beeidigt am 11./12. 04. 1749; er hatte den Titel
eines Expeditions-Rats. Er war ein Sohn Gottlieb Christian Langs, des Ältesten, Stadtschrei-
ber in Nürtingen. Das heißt, der Schwiegersohn erhielt den Vorzug vor dem Sohn.
[26] Die familieninterne Amtsweitergabe war in Württemberg nicht ungewöhnlich: Nach
KOCHER, Nürtingen 2, 22 f., befand sich das Stadtschreiberamt in Nürtingen seit 1654 in der
Hand der Familie Bilfinger, aus der es dann verwandtschaftlich verbunden 1718 in die
Familie Lang, 1750 in die der Familie Planck überging, die 1826 auch die Ära der Stadtschreiber in Nürtingen beenden sollte.
Plancks Bruder Emanuel/Immanuel Christian wird als Doktor der Medizin und Stadt-
physicus in Nürtingen, verheiratet mit Johanna Friederike, geb. Schüz, geführt (vgl. EBERL,
Klosterschüler, 103 [s.v. Planck, Carl Friedrich]; PFEILSTICKER, Dienerbuch 3, § 2711; SPITT-
LER, Nachrichten, 61).
[27] Vgl. SCHNEIDER, Nürtingen, 93; im Zusammenhang mit dem großen Brand (s. u.).
[28] Zitiert aaO. 93. Bis 1826 nahm das Gebäude die Stadtschreiberei auf, dann beherbergte
es das Oberamtsgericht und mittlerweile das Staatliche Schulamt Nürtingen als Untere
Schulaufsichtsbehörde des Landes Baden-Württemberg.
[29] Vgl. KOCHER, Nürtingen 2, 20: Der Stadtschreiber stand an der Spitze der Angestellten
des Stadtregiments. Er war zuständig für die Ausstellung verschiedener Gerichtsakten, Verträge und Rechnungen sowie für die Führung der Lagerbücher und Bürgerlisten, zudem
oblag ihm die Steuerverteilung. »Kurz: der Stadtschreiber war die Seele des ganzen Verwal-
tungsapparats, und die ehemalige Nürtinger Stadtschreiberei (das heutige Amtsgericht) war
Brennpunkt des amtlichen Verkehrs in Stadt und Bezirk.« (ebd.). Das Württembergische
Landrecht von 1610 schrieb vor, er solle ein ehrbarer, frommer, erfahrener Mann sein, der
Augsburgischen Konfession angehören, etwas Latein verstehen und bei einem Stadtschreiber
in die Lehre gegangen sein. Zur Bewältigung der Aufgaben hatte er eine größere Zahl von
Skribenten und Substituten. Letztere wurden häufig Schwiegersohn und Nachfolger (vgl.
ebd.).
Die Nürtinger Stadtschreiber waren recht angesehen: So ordnet Herzog Karl Eugen an,
den Entwurf des *Vierten Landrechts* 1754 durch den Stadtschreiber von Nürtingen – zusätzlich
zu den Stadtschreibern von Urach und Tübingen – prüfen zu lassen (vgl. aaO. 20 f.). Dem
Stadtschreiber waren einige Steuererleichterungen zugestanden, zudem bekam er als Lohn
von der Stadt 20 fl., vom Spital 5 fl. (für Rechnungsstellung), vom Amt 5 fl. (Fertigung der

man von einem relativ ruhigen und sorgenfreien Aufwachsen Plancks ausgehen kann.[30] Über die Verhältnisse in seiner Familie ist nicht viel bekannt: Lücke berichtet davon, Planck habe sehr unter der Bevorzugung eines Bruders gelitten und als »trockener, linkischer Junge gegolten«.[31]

Der Ort Nürtingen liegt im Württembergischen am Neckar nahezu mitten zwischen den größeren Städten Tübingen und Stuttgart,[32] die für Plancks Biographie noch wichtig werden sollten. Nürtingen zählte zu der Zeit ca. 1200 Einwohner,[33] die weitgehend von der Landwirtschaft lebten, besaß ein Schloss, eine Stadt- und eine Lateinschule, ein Spital und ein Oberamt in unmittelbarer Nähe zur Stadtkirche. Die Straßen waren aufgrund der Lage an den Hängen eines Hügels vor der Schwäbischen Alb recht steil. Durch den Dreißigjährigen Krieg wurde die Stadt stark in Mitleidenschaft gezogen: Nach der Nördlinger

---

Amtsschadensrechnung), an Naturalien noch 14 Scheffel Dinkel, 14 Scheffel Hafer, 4 Eimer Wein und 21 Klafter Holz (vgl. aaO. 21 f.). Beim Besuch der Stadtschreiberei war es üblich, neben den Gebühren noch eine Verehrung (»Küchegrüßle«) mitzubringen.

[30] Eine Fehleinschätzung macht SCHMIDT, Nekrolog, 582: »Sein Vater war daselbst ein nicht bemittelter Bürger, und konnte seinen Sohn, der schon im zarten Jugendalter große Geistesanlagen zeigte, wenig oder gar nichts geben, was ihn in den Stand gesetzt hätte, seinen Durst nach höherer wissenschaftlicher Bildung zu befriedigen. Nur durch die Unterstützung einiger angesehener reicher Leute, die mit Wohlgefallen diesen an sich kränklichen Knaben gesehen und gehört hatten, mit welchem Eifer er arbeite, konnte es ihm glücken, eine höhere Schulanstalt zu besuchen und dadurch den Grund zu seiner nachherigen Größe zu legen.« Ähnlich falsch auch DÜX, Planck, 494, der auch sonst wenig richtige Einschätzungen zu Plancks Entwicklung macht.

[31] LÜCKE, Planck, 4. Welcher Bruder gemeint ist, wird nicht klar.

[32] Zuerst taucht Nürtingen zwischen 1024 und 1039 auf, damit im Vergleich zu den Orten der Umgebung recht früh (vgl. Beschreibung, 102). ZEDLER, Universal-Lexikon 24 (1740), 863, verzeichnet die Stadt unter Nietingen, Niertingen, Nirtingen und Nürtingen: »[E]ine Stadt und Schloß in dem Herzogthum Würtemberg am Neckar, allwo eine steinerne Brücke hinüber gehet.«

[33] Vgl. SCHNEIDER, Nürtingen, 38. Erst um 1770 war der Stand vor dem Dreißigjährigen Krieg (ca. 2300 Einwohner) wieder erreicht. 1848 zählte Nürtingen 4511 ortsansässige Einwohner (vgl. Beschreibung, 111). Stuttgart (22 000 Einwohner), Tübingen (6 000) und Ludwigsburg (5 000) waren die einzigen großen Städte in Württemberg Mitte des 18. Jh.s (vgl. bei UHLAND, Karlsschule, 1).

Beschreibung, 44, notiert: »Die Einwohner des Bezirks sind durchgängig Schwaben und theilen alle Eigenthümlichkeiten dieses Volksstammes, wie sie sich in Niederschwaben, oft in merklichen Gegensätzen gegen die oberen Gegenden, im Laufe der Zeiten ausgebildet haben. [...] Der Menschenschlag ist im Ganzen kräftig, von guter Gesundheit und ohne vorherrschende Gebrechen.« »[D]as Getränke ist Obstmost, leider aber auch ziemlich viel Branntwein.« (aaO. 48). »Die Mundart ist ohne merkliche Besonderheit die in Niederschwaben verbreitete, und fängt nur in Beuren an, der oberländischen sich zu nähern.« (aaO. 50). »Wo die ländliche Volkstracht sich erhalten hat, die aber bei dem jüngern Geschlecht immer mehr in Abgang kommt, ist ein blauer, rothgefütterter Rock, rothes oder blaues Brusttuch mit bleiernen Kugelknöpfen, gelbe Lederhosen mit langen Bändeln, schwarze Strümpfe mit Bundschuhen oder Stiefeln nebst dem Dreispitz-Hut der Sonntagsanzug der Männer.« (ebd.).

Schlacht 1634 waren 49 Gebäude abgebrannt, von 498 Bürgern überlebten nur
149.[34] Einige Zerstörungen richteten Brände 1473, 1750 und 1787 an.[35]
Durch einen viel beschriebenen Brand in der Nacht vom 12. zum 13. 12.
1750, der hier nicht nur wegen seiner Verbindung mit dem Stadtschreiberhaus
Erwähnung finden soll, wurden ungefähr 150 Gebäude und damit über die
Hälfte des Gebäudebestandes zerstört.[36] Dass der Brand von der Stadtschreiberei
in der Marktstraße 12 ausging, ist relativ unstrittig. Wie er entstand, wird aben-
teuerlich ausgeschmückt. Angeblich »geriet die Zipfelmütze des über seinen
Akten eingeschlafenen Stadtschreibers zuerst in Brand«[37]. Durch unprofessio-
nelle Löschversuche, den schweren Schlaf der Nürtinger und auffrischenden
Wind konnte der Brand zu einem solchen Inferno werden.[38] Mit dem Wiederaufbau der Stadt ab Frühjahr 1751, der 1752 bereits die Wiederaufrichtung der
abgebrannten Häuser erreicht hatte und 1756 weitgehend abgeschlossen war,[39]
wurde die bis dahin erhalten gebliebene mittelalterliche Parzellenstruktur

---

[34] Vgl. Beschreibung, 133.

[35] Vgl. KAUTTER, Nürtingen, 9. Der Brand von 1787 erfasste 30 Gebäude. SCHNEIDER,
Nürtingen, 38, verortet den Brand zwischen Mönchsstraße und Marktstraße, damit also direkt südlich über die Marktstraße hinweg vom Brandherd von 1750.

[36] Vgl. SCHNEIDER, Nürtingen, 47. Der Brand bildete eine tiefe Zäsur in der Stadtge-
schichte, zum einen durch die Menge an zerstörten Gebäuden (Heimatbuch 1, 341, zählt 150
Gebäude, ehe der Brand zum Opfer fielen, KAUTTER, Nürtingen, 9, berichtet von 133 Gebäuden [76 Wohnhäuser, 48 Scheuern, 1 Fruchtkasten, 5 Stallungen, 2 Waschhäuser]), zum
anderen aufgrund der beim Wiederaufbau verändert angelegten Straßenführungen. Der Ge-
samtschaden betrug nahezu 170 000 fl. (KOCHER, Nürtingen 1, 145, kommt auf 169 333 fl.),
davon private Schäden 105 000 fl. Das Feuer fraß sich von der Stadtschreiberei aus entlang der
nördlichen Marktstraße nach Osten bis zur Strohgasse, nach Nordosten und Norden bis zur
Stadtmauer zwischen dem oberen Tor und ungefähr dem Haus Neckarsteige 22 (vgl.
SCHNEIDER, Nürtingen, 47).

[37] KAUTTER, Nürtingen, 10. Schon der einer Gedächtnis-Predigt von Immanuel Gottlob
Brastberger angehängte Bericht (vgl. BRASTBERGER, Gedächtnis-Predigt, 20) erwähnt, dass
es keine erwiesene Schuldzuschreibung gebe. Alles sei sorgfältig eruiert, nichts aber festgestellt worden. KOCHER, Nürtingen 1, 138, schildert es als Volkssage, dass Stadtschreiber
Gottlieb Christian Lang am 12. 12. 1750 mit den »Zottel an seiner Zipfelkappe« in die Flam-
me gerät und mit dieser seine Akten, dann das Haus und die Stadt in Brand setzt. Auch hier
wird festgestellt, die wahre Entstehung habe keine Aufklärung gefunden. Es gab sogar Zeugen, die dem Stadtschreiber bestätigten, er sei gegen elf Uhr mit dem Licht hinab gekommen, die Dienstmagd habe dann um halb zwölf noch mal nach dem Feuer gesehen, aber
nichts bemerkt, bis dann zwischen ein und zwei Uhr der Brand ausgebrochen sei. Hingegen
behaupteten die Nachtwächter, sie hätten noch Licht um zwölf und um ein Uhr in der
Schreiberstube gesehen.

[38] Vgl. KAUTTER, Nürtingen, 10; BRASTBERGER, Gedächtnis-Predigt, 19–23. Schon um
ein Uhr bemerkte der Nachtwächter den Feuerschein, um drei Uhr brannte das Gebäude
lichterloh. Erst am nächsten Tag abends gegen sieben Uhr kam der Herzog mit Soldaten, die
wenigstens das weitere Ausgreifen des Feuers verhinderten.

[39] Zum ordentlichen Wiederaufbau wurde 1751 eine Baudeputation eingerichtet (vgl.
KOCHER, Nürtingen 1, 145). 1756 wurde die Stadt dann schon wieder von einem so schweren
Unwetter heimgesucht, dass von dem niedergerissenen Holz jeweils ein halber Klafter an
jeden Bürger verteilt werden konnte (vgl. KAUTTER, Nürtingen, 12). 1848 kann in Beschreibung, 112, allerdings schon wieder von 612 Gebäuden in Nürtingen berichtet werden.

durch Verlegung der Straßenverläufe weitgehenden Veränderungen unterzogen.[40]

Offenbar ist kein Mensch zu Schaden gekommen, doch war das Ereignis – wie schon in der Mythenbildung über seine Ursprünge deutlich wird – Gegenstand stetiger Erinnerung. So hielt Immanuel Gottlob Brastberger (1716–1764),[41] einer der einflussreichsten Prediger des schwäbischen Pietismus und seit 1756 Dekan in Nürtingen, am 12. Dezember 1756 eine »Christliche Gedächtnis-Predigt Der am 12. Dec. 1750. in der Fürstl. Würtemberg. Amts-Stadt Nürtingen entstandenen gewaltigen Feuers-Brunst«.[42] Sie gibt Einblick in die religiöse Prägung der Stadt, der auch der junge Planck ausgesetzt war.

Der Brand der Stadt wird darin mit Hilfe von Jer 17,27 als Strafgericht gedeutet.[43] Der Grund dafür, so die Logik der Predigt, liegt im »Sünden-Feuer«[44] des Ortes:

»[W]eil deine Bürger und Einwohner der Stimme GOttes nicht gehorchet, und eine Last von Sünden durch deine Thore aus und eingeschleppet haben. Weil das Sünden-Feuer in dieser Stadt gebrennet und der Dampf davon in die Höhe gestiegen ist, so hat der HERR ein Zorn-Feuer in deinen Thoren angezündet«.[45]

Nur der Gnade Gottes ist die Verhinderung der völligen Auslöschung der Stadt zu danken. Als weiterer Referenztext – für die eigentliche »Abhandlung«[46] – dient Lk 12,49:[47] Damit wird die vorherige Auslegung verlassen und das Feuer

---

[40] Vgl. SCHNEIDER, Nürtingen, 47. Dass diese Umstrukturierung gelungen ist, belegt die Bemerkung bei KAUTTER, Nürtingen, 32, die Straßen seien sehr übersichtlich angelegt. Allerdings notiert bald 100 Jahre später Beschreibung, 112, die Gebäude seien »eilfertig, unsolid und nicht in der besten Ordnung und Anlage wieder aufgeführt worden«.

[41] Näheres zu seiner Person bei BRECHT, Pietismus 2, 266f., und ROESSLE, Bengel, 89–92. Brastberger lässt sich nicht einfach einordnen in die Strömungen des schwäbischen Pietismus. Besonders erwähnenswert ist sein 1758 abgefasstes Predigtbuch *Evangelische Zeugnisse der Wahrheit zur Aufmunterung im wahren Christentum*, das bis Ende des 19. Jh.s in 85 Auflagen erschienen ist (vgl. BRECHT, Pietismus 2, 266). JUNG, Brastberger, 1737, zählt gar »mindestens 91 Auflagen«. In der Predigtweise ist es recht einfach gehalten (bloße Applikation des Textes). Brastberger wirkte vor allem als Prediger und – schaut man auf die Erfolgsgeschichte seines Predigtbandes – mittelbar als Erbauungsautor. In einer seiner Reden äußert er das programmatische Diktum, man müsse als Prediger stets alle Gelegenheit ausnutzen, an die Seelen der Menschen zu gelangen (vgl. bei ROESSLE, Bengel, 91). Dieser Maxime blieb er auch besonders in der o.g. Predigt treu. Seine Wirksamkeit in Nürtingen war von seiner schweren Krankheit gezeichnet; 1764 starb er dort.

[42] BRASTBERGER, Gedächtnis-Predigt, [Titelblatt].

[43] Jer 17,27: »Werdet ihr mich aber nicht hören, dass ihr den Sabbattag heiliget und keine Last traget durch die Tore zu Jerusalem ein am Sabbattage, so will ich ein Feuer unter ihren Toren anstecken, das die Häuser zu Jerusalem verzehren und nicht gelöscht werden soll.« Vgl. bei BRASTBERGER, Gedächtnis-Predigt, 5.

[44] AaO. 4.

[45] AaO. 5.

[46] AaO. 7.

[47] Lk 12,49: »Ich bin kommen, dass ich ein Feuer anzünde auf Erden; was wollt' ich lieber, denn es brennete schon!«

in der Stadt direkt auf das Feuer des Wortes des Evangeliums bezogen, das angefacht werden soll.[48] Die vom Prediger beobachtete Wirkung des Feuers, die Wohltätigkeit der Menschen, die einander aufnahmen, wird ebenso in den pietistischen Duktus der Predigt aufgenommen.[49] Dank für die Barmherzigkeit und Warnung vor dem Zorn Gottes schließen die Predigt ab.

Ein so einschneidendes Erlebnis, das sicherlich als tragisch zu bezeichnen ist, als Schablone für eine pietistisch-pädagogische Predigt zu nehmen, lässt tief in die religiöse Stimmung der Stadt blicken; offenbar traf Brastberger nicht auf ausgeprägten Widerstand mit dieser Interpretation.

Weitere, unmittelbare Quellen zur frühen religiösen Prägung Plancks fehlen. Es lässt sich jedoch auf Grundlage des eben Dargestellten und der bekannten pietistischen Prägung Württembergs in dieser Zeit, vor allem durch Johann Albrecht Bengel (1687–1752) und Friedrich Christoph Oetinger (1702–1782), vermuten, dass auch Planck davon nicht unbeeinflusst blieb, gerade wenn er früh den Weg einer theologischen Ausbildung einschlug.

Dass neben der pietistischen auch andere Strömungen in den kirchlichen Ämtern anzutreffen waren, zeigt Israel Gottlieb Canz (1689–1753) als Vertreter einer an der Leibniz-Wolffschen Philosophie orientierten rationalistischen Theologie aus der Schule G. B. Bilfingers.[50] 1720/21 als Diakonus sowie 1733/34 als Superintendent und Stadtpfarrer wirkte der spätere Tübinger Professor der Logik und Metaphysik in Nürtingen; eine lange Wirksamkeit war ihm also in der Heimatstadt Plancks nicht beschieden.[51]

In der örtlichen Lateinschule, die sich offenbar in unmittelbarer Nähe des Planckschen Elternhauses befand,[52] tat sich der junge Planck als fleißiger Schüler hervor.[53] Die Schule galt neben derjenigen in Tübingen als hervorgehoben:[54]

---

[48] Vgl. aaO. 6: »Von dem Feuer/welches der HERR Jesus gerne anzünden möchte auf Erden«, als Titel der folgenden Abhandlung.

[49] Zur Allegorese des Feuers vgl. aaO. 12–16.

[50] Vgl. HERMELINK, Württemberg, 249, und UHLAND, Karlschule, 3.

[51] Siehe dazu BÖK, Universität, 169, und HERMELINK, Württemberg, 249. Der Einfluss in Tübingen war weitaus größer.

[52] Vgl. KAUTTER, Nürtingen, 42. Die alte Lateinschule habe bei der Stadtkirche gelegen, in einer Flucht mit dem Oberamt, der alten Vogtei und dem Amtsgericht, berichtet er 1898. Seit 1559 hatte Nürtingen sowohl eine lateinische als auch eine deutsche Schule. Eine Stadtschule ist seit 1481 nachgewiesen (vgl. Heimatbuch 1, 714).

[53] Vgl. LÜCKE, Planck, 4.

[54] Vgl. Heimatbuch 1, 343. Überhaupt waren die Bildungseinrichtungen in Württemberg nicht schlecht aufgestellt: So gab es ab 1649 eine allgemeine Volksschulpflicht, im heutigen Kreis Nürtingen gab es 1700 schon über 40 Volksschulen (vgl. aaO. 344). 1783 wurde in Nürtingen die erste Realschule Württembergs gegründet (vgl. KAUTTER, Nürtingen, 67). Dass es dennoch in der Zeit nicht zu einem Aufblühen des geistigen Lebens gekommen ist, muss verwundern und gibt einen ersten Einblick in den geistigen Horizont der Lehranstalten.

Eine Statistik versinnbildlicht den konfessionellen Zuschnitt dieses Landstrichs noch 1848: Im Bezirk Nürtingen gibt es 34 evangelische Volksschulen mit 37 Schullehrern, 6

Aus ihr kamen später auch Johann Christian Friedrich Hölderlin (1770–1843)
und Friedrich Wilhelm Joseph Schelling (1775–1854). Besondere Erwähnung
findet bei Planck ein Magister Wurm.[55]

3. Die Klosterschulen und die geistliche Prägung Württembergs

Mit dem Wechsel als Alumnus[56] auf die niedere Klosterschule in Blaubeuren
1765 war Plancks Weg und der der 31 Mitschüler[57] ins Theologische Stift in
Tübingen schon vorgezeichnet.[58] Ob dies allerdings auf eigenen Wunsch oder
nicht vielmehr auf Betreiben der Eltern erfolgte, ist fraglich.[59] Über Methoden
und Lehrpläne berichtet Planck kaum etwas, lediglich die ständige, durch einen
Professor Kübler beförderte Beschäftigung mit den »»Classikern«[60] blieb ihm
erinnerlich.

Unterlehrern und 20 Lehrergehilfen, aber nur eine katholische mit einem Lehrer (vgl. Beschreibung, 95).

[55] Die von LÜCKE, Planck, 4, erwähnte biographische Notiz zu Plancks Magisterpromotion, in der er einen Magister Wurm besonders hervorhob, konnte ich nicht präzisieren:
Wahrscheinlich handelt es sich um Gottlieb Friedrich Wurm (1733–1803), der 1758–1778
Präzeptor an der Nürtinger Lateinschule war (vgl. KOCHER, Nürtingen 3, Tafel 17). Einer
seiner Söhne war später Dekan und Oberkonsistorialrat in Nürtingen (vgl. KOCHER, Nürtingen 2, 260). Ein Johann Friedrich Wurm (geboren 19.01. 1760, Nürtingen) wurde später
vorübergehend Präzeptor der Lateinschule in Nürtingen (vgl. GRADMANN, 793).
[56] Vgl. ZEDLER, Universal-Lexikon 1, 1620: »Insgemein heissen Alumni diejenigen, so
man mit Speiß und Tranck versorgt, und sie in allen guten Sitten unterrichtet.«
[57] Vgl. EBERL, Klosterschüler, 43f.134. Dort finden sich auch weitere Zahlen über die
Zusammensetzung der Jahrgänge.
[58] Planck wird in den Akten der Klosterschule (»Laut Rezeß Herzog Karl Eugens vom
6. 9. 1765; Eintritt 29. 10. 1765« [vgl. aaO. 43]) als Gottlieb *Israel* Planck geführt. Das klingt
zwar an Gen 32,29 an, wird jedoch kaum gewollt sein. Wenn die Angaben stimmen, wovon
auszugehen ist, wurde Planck hinsichtlich seiner Note beim Landexamen als Zehnter, hinsichtlich seiner Note der Promotion (des Jahrgangs) als Elfter geführt (vgl. ebd.). Zum Übergang an das Theologische Stift in Tübingen wurde eine Baccalaureatsprüfung in Sprachen,
Geschichte, Logik, Arithmetik und Geometrie abgenommen (vgl. BÖK, Universität, 299).
Anfang des Jahrhunderts fiel einzig für die Maulbronner Schüler aufgrund der großen Entfernung das Baccalaureat in die Anfangszeit im Stift, die aus Bebenhausen wurden nach
dieser Deposition wieder nach Hause geschickt (vgl. LANG, Klosterschulen, 243).
Falsch notiert der nach eigener Angabe aus dem BBKL übernommene Artikel Planck,
Gottlieb Jakob, DBE 7, 683, Planck habe 1765–1774 als herzoglicher Stipendiat in Tübingen
Theologie studiert: Lediglich die Bahn dahin war mit dem Eintritt in die Klosterschulen
geebnet.
[59] So auch die Vermutung von LÜCKE, Planck, 4. Allerdings wurde darauf geachtet, dass
die Kandidaten auch wirklich das Studium der Theologie aufnehmen wollten.
[60] LÜCKE, Planck, 4. Dass er vom Genannten die Kunst des Frühaufstehens durch freund-
liches Zureden in den Frühstunden auch des Winters gelernt habe (vgl. ebd.), lässt sich zumindest am späteren Lebenswandel Plancks wahrscheinlich machen (s. Kap. A.IV.3.4). Die
Kenntnisse der alten Literatur verdankte er »Kloster-Professor Kübler in Blaubeuren, der ihn
mit dem wohlthätigsten und väterlichsten Zwang so lang darauf hinheftete, bis eigner Ge-
schmak dafür in seiner Seele erwacht war.« (GRADMANN, 460).

Nach zwei Jahren (1767)[61] wechselte Planck auf die Höhere Klosterschule Bebenhausen.[62] Der Abt Christoph Friedrich Stockmaier[63] sowie die Professoren Tobias Gottfried Hegelmaier[64] und Wild finden Erwähnung.[65] 1769 schloss Planck seine dortige Ausbildung ab.[66]

Die Klosterschulen in Württemberg nahmen eine zentrale Funktion für die Ausbildung nicht nur des künftigen Theologenstandes ein. Sie waren aus der Umwidmung der Mannsklöster in Württemberg entstanden.[67] Die *Klosterordnung* von 1556 sowie die *Große Kirchenordnung* (1559) regelten ihre Verwendung für den theologischen Nachwuchs. Ende des 16. Jahrhunderts wurde ihre Zahl von 13 auf vier bzw. fünf reduziert.[68] Durch den Dreißigjährigen Krieg und französische Eroberungen wurden die Klosterschulen im 17. Jahrhundert in Mitleidenschaft gezogen, teilweise zerstört oder geschlossen.[69] Ab 1716 wurden nach einer Konsolidierung jeweils abwechselnd 25 Zöglinge von Denkendorf nach Maulbronn und von Blaubeuren nach Bebenhausen promoviert, von wo aus sie dann jeweils wechselweise berücksichtigt als komplette Jahrgänge (Promotionen) ins Stift überwechselten.[70]

---

[61] EBERL, Klosterschüler, 134, notiert für die Promotion von 1767 25 Schüler, einen Gastschüler; für 1769 31 Schüler (es gab nur alle zwei Jahre eine Promotion). An bekannten Absolventen hat Blaubeuren noch F.Chr. Baur (vgl. aaO. 58), Heinrich Eberhard Gottlob Paulus (vgl. aaO. 101) zu bieten. Auch Plancks Neffen Carl Planck (Vater: Gottlob Friedrich Planck; wurde später Pfarrer in Feuerbach [vgl. aaO. 103]) und Carl Friedrich (Vater: Immanuel Christian; wurde später Pfarrer in Schopfloch und dann Schömberg [vgl. aaO. 103]) wurden Schüler in Blaubeuren.

[62] Vgl. bei LÜCKE, Planck, 4.

[63] PFEILSTICKER, Dienerbuch 2, § 3304, zählt unter den Äbten von Kloster Bebenhausen: Stockmayer, Christoph Friedrich (1699–1782) (verweist auf die falsche Schreibweise »Christian« d.J., Sohn und Nachfolger von Christoph Friedrich d.Ä., war vorher Spezial zu Stuttgart, seit 1748 Nachfolger seines Vaters, der auch Abt von St. Georgen war.

[64] HAMBERGER/MEUSEL 3, 70, notiert zu Tobias Gottfried Hegelmaier (geb. 1730), er sei Doktor der Philosophie und Theologie sowie ordentlicher Professor der Theologie in Tübingen zudem Pfarrer dort seit 1777, vorher zweiter Professor und Prediger des Klosters Bebenhausen. Vgl. auch BÖK, Universität, 217.

[65] Leider bietet LÜCKE, Planck, 4, keine Vornamen. Für den genannten Professor Wild konnte ich keine biographischen Informationen auffinden.

[66] EBERL, Klosterschüler, 103, verzeichnet einen Baccalaureus (»B«) am 15. 12. 1769, dort allerdings auch eine Immatrikulation in Tübingen (»imm. Tübingen«) 12. 12. 1767. D.h., mit dem Eintritt in die höhere Klosterschule erfolgte die Immatrikulation.

[67] Erste Anfänge der Klosterschulen tauchen schon in der Klosterreform unter Herzog Ulrich 1535 auf. Realisiert wird das Projekt erst von Herzog Christoph, der durch seine Sammlung des Kirchengutes in einer kirchlich verwalteten Stiftung die Eigenständigkeit des evangelischen Bildungswesens ermöglichte (LANG, Klosterschulen, 44).

[68] Im Zuge der Reformmaßnahmen von 1595/1599. Zum Geschick der Klosterschulen in den ersten Jahrzehnten vgl. aaO. 44–120.

[69] Vgl. aaO. 120–244, zum Geschick der Klosterschulen bis zu ihrer Wiederherstellung im 18. Jh.

[70] Vgl. aaO. 242. Es sind auch bei EBERL, Klosterschüler, 134, nur zweijährig Klassen verzeichnet.
Zusätzlich fanden einige Absolventen des herzoglichen Gymnasiums in Stuttgart Aufnah-

Unter dem protestantischen König Friedrich I. gab es wieder administrative
Eingriffe in die Klosterschulen, deren Verwaltung bis dahin aufgrund der römisch-katholischen Konfession der Herrscher dem Konsistorium oblag. 1806
wurden Bebenhausen und Blaubeuren aufgehoben.[71] Nach dem Wiener Kongress hießen die Klosterschulen unter König Wilhelm ab 1816 »niedere evangelische Seminare«: Urach, Blaubeuren, Maulbronn und Schöntal mit jeweils
vierjährigem Kurs sollten jährlich in der Reihenfolge circa 40 Zöglinge aufnehmen.[72]

Die Leitung der Schulen hatte ein Prälat, Abt oder Probst, der von zwei Prä-
zeptoren im Unterricht unterstützt wurde – seit 1752 analog zum Obergymna-
sium in Stuttgart (dort seit 1686) als Professor.[73] Der Ausbildungsgang stammte
aus dem 16. Jahrhundert: Nachdem die Schüler auf den örtlichen Grammatik-
und Lateinschulen die nötige sprachliche und triviale Grundausbildung erhalten
hatten, sollten sie nach einer Aufnahmeprüfung (Landexamen) im Alter von
zwölf bis 14 Jahren auf die niederen Klosterschulen kommen,[74] nach ein bis drei
Jahren in die höheren aufsteigen. Verbunden mit der Aufnahme, zu der auch
Gutachten vom Pfarrer, Amtmann u. a. beigebracht werden mussten, war ursprünglich die Verpflichtungserklärung, später das Studium der Theologie aufzunehmen.[75] Wie begehrt die Aufnahme war, zeigt die Anordnung, die Bewer-
bung zum Landexamen nur noch drei Mal zuzulassen.[76] Außerdem illustriert

---

me im Stift (vgl. Bök, Universität, 299). Ein Erlass von 1749 verwehrte den Stuttgartern den
Zugang zum Stift (vgl. Lang, Klosterschulen, 257). Dies muss wieder aufgehoben worden
sein, denn Ludwig Timotheus Spittler (1752–1810) kam später vom Stuttgarter Gymnasium.

[71] Vgl. Lang, Klosterschulen, 280. Bebenhausen sollte gar binnen 24 Stunden (!) geräumt
werden, weil der König eine Jagdgesellschaft dort abzuhalten gedachte (vgl. aaO. 283).

[72] Vgl. aaO. 318. Damit ist die Entwicklung weitgehend abgeschlossen.

[73] Vgl. aaO. 258.

[74] 1727 wurde in Folge der Einführung der Konfirmation (1722) zusätzlich festgelegt,
dass alle Schüler vor der Aufnahme konfirmiert werden müssten (vgl. aaO. 247). Konfirmiert
wurde nicht unter 14 Jahren, wie das entsprechende Generalreskript vom 11. 12. 1722 vorschreibt (vgl. Eitle, Klosterschulen, 27). Die Schüler waren also im 18. Jh. durchschnittlich
älter.

[75] Vgl. Lang, Klosterschulen, 74. Schon in der Klosterordnung von 1556 begegnet dies.
Wie aus einigen Verordnungen aus dem 18. Jh. ersichtlich, war die Ausrichtung auf das
Theologiestudium nicht immer gegeben: Zwar hatte man bei Absolvieren der Stationen bis
zum Stift dann auch eine Anstellungszusicherung, doch wurden offenbar viele Schüler ohne
unmittelbare Neigung auf die Klosterschulen, die sie ja versorgten, geschickt. 1736 beispielsweise ist zu lesen, man gedenke von denen, die die Schulen verlassen, ohne ins Tübinger Stift
zu wechseln, das Geld zurückzufordern, das für ihre Ausbildung aufgewendet wurde – es sei
denn, eine besondere Begabung in eine andere Richtung sei festzustellen (vgl. Eitle, Klosterschulen, 33).

[76] Vgl. Eitle, Klosterschulen, 30. Der Erlass vom 05. 05. 1749 zeigt, dass der mehr als
dreimalige Besuch vermehrt auftrat. Am 26. 06. 1792 wurde präzisiert, dass die Bewerber
nur noch drei Mal zum Landexamen zugelassen werden sollten und zum ersten Mal, wenn
sie am 18.10. (dem Tag der Aufnahme seit 1749 [vgl. aaO. 29]) zwölf oder zwölfeinhalb Jahre waren. Die Aufnahme erst nach der Konfirmation regelte allerdings die Verordnung von
1727 (s. u.), so dass offenbar zwischen Prüfung und Aufnahme z. T. zwei Jahre vergehen

das beispielsweise die Verordnung, keine Bauernsöhne minderer Begabung mehr zuzulassen.[77] Ebenso wie das Landexamen galt der Tag des Einzugs ins Kloster als Großereignis. Fast analog der Klostergelübde stand hier die offenbar abermalige Erklärung, seine Studien auf die Theologie zu richten und sich nicht in fremde Dienste zu begeben.[78] Dafür bekamen die Schüler Kleidung, Bildung, Unterkunft und Verpflegung.[79] Anfänglich (1565) war die Zahl von circa 400 Schülern auf Klosterschulen und Theologischem Stift noch gut kalkuliert zur Versorgung des Landes mit evangelischen Predigern, 1749 wurden 400 Stipendiaten als Überfüllung angesehen, da die meisten über 30 Jahre alt wurden, bevor sie in Anstellungen gelangten.[80] So wurde die Promotion von 1750 ausgesetzt und in den folgenden Jahren wurden jeweils nur noch 20 Schüler promoviert.[81] 1776 wurden schon wieder 30–36 Zöglinge je Promotion vorausgesetzt, während weiterhin nur 12 bis 15 Stipendiaten angestellt wurden. Das Problem bestand also weiterhin[82] und konnte auch mit den späteren restriktiven Maßnahmen nicht gelöst werden. Unterdessen war eine Auflösung der strikten Ausrichtung auf die Theologenlaufbahn zu beobachten, wie die Zahlen bei Eberl zeigen, der auch eine ganze Reihe an Schülern aus Familien der Handwerkerschaft verzeichnet.[83] Während 1770 noch gegen die Überfüllung der theologischen Laufbahn vorgegangen werden musste, waren bereits 1785 Denkendorf und Blaubeuren nicht mehr voll zu besetzen – das Eindringen der Aufklärung machte sich bemerkbar auch in der Abneigung gegen die konservativen

---

konnten, was ungewöhnlich scheint, da doch in der Prüfung der Stoff der dritten Klasse der Partikularschulen verlangt wurde (vgl. aaO. 31).

[77] Zwar wurde an die Kinder armer Eltern gedacht, wie auch an der bereits 1798 erfolgten Aufhebung der Verordnung von 1788 deutlich wird, die neben dem Verbot, mehr als einen Sohn in die Klosterschulen zu schicken, keine Kinder armer oder niederprivilegierter Eltern zulassen wollte (vgl. aaO. 29). Doch zeigt sich in diesen Verordnungen unterschwellig ein ständisches Bewusstsein. Argumentiert wurde auch mit den fehlenden Möglichkeiten solcher Eltern, spätere Studien ihrer Söhne zu unterstützen.

[78] Die Klosterform behielten die Schulen lange bei. Noch 1757 begegnen in der Revision der Klosterstatuten die Aufforderung an die Schüler, ein Verzeichnis ihrer Bücher dem örtlichen Prälaten beim Eintritt zu übergeben, sowie die Bestimmung, morgendlich (im Sommer fünf Uhr, im Winter sechs Uhr) im Habit zum Gebet zu erscheinen (vgl. LANG, Klosterschulen, 435f.). Lediglich die genutzte Literatur veränderte sich unter Einfluss des Pietismus dann auffallend: Das *Württembergische Schatzkästlein* war die dann herangezogene Besinnungsliteratur.

[79] Neben den versorgten Alumni wurde den Hospites Kost und Wohnung beim Klosterpräzeptor gegen Bezahlung zugestanden (vgl. EITLE, Klosterschulen, 26).

[80] Vgl. LANG, Klosterschulen, 256. Schon vorher war von einer Überfüllung des Stifts und der Klosterschulen die Rede (1736), worauf die o.g. Verordnungen reagierten.

[81] Erst wenn die theologischen Kandidaten wieder mit 26 Jahren Anstellung fänden, dürfte der Umfang der Promotionen wieder auf 25 erhöht werden (vgl. aaO. 256).

[82] Vgl. EITLE, Klosterschulen, 26.

[83] Vgl. EBERL, Klosterschüler, 138.

Verordnungen der Klosterschulen,[84] deren Ausbildungsidee auf dem Stand der Reformation stehen geblieben schien.[85]

Der Lehrplan war recht strickt vorgegeben: Während in den Partikularschulen vornehmlich die klassischen Inhalte der lateinischen Sprache, Lektüre Ciceros, Terenz' und der Fabeln Aesops sowie logische und rhetorische Definitionen, später auch Griechisch und Hebräisch gelernt wurden,[86] kam an den Klosterschulen die Beschäftigung mit theologischen Inhalten hinzu, die sprachlichen Übungen wurden fortgeführt und vertieft.[87] Das Konsistorium, das nach den Religionsreversalien die Aufsicht über die Klosterschulen führte,[88] achtete streng auf die Einhaltung der alten Klosterordnungen von 1556. Theologisches Standardwerk blieb das theologische *Compendium*. Auch nach den pietistisch angeregten Revisionen der Klosterstatuten 1757 behielt die grundsätzliche theologische Ausrichtung – wie im gesamten kirchlich beaufsichtigten Bildungswesen – ihren konservativ-orthodoxen Charakter.[89]

Die pietistischen Aufbrüche Württembergs haben unter anderem auch im Raum der Klosterschulen stattgefunden. J. A. Bengel,[90] der für Württemberg so einflussreiche Pietist, wirkte, da ihm das Lehramt an der Universität versagt blieb, über die Klosterschule von Denkendorf 28 Jahre lang (ab 1713) auf mehr als 300 Schüler.[91] Zu seinen Schülern zählten etwa Jeremias Friedrich Reuß (1700–1777) und Johann Christian Storr (1712–1773). Anders als August Her-

---

[84] Vgl. die Statuten von Bebenhausen 1726 bei LANG, Klosterschulen, 423–432, die den klösterlichen Charakter deutlich machen.

[85] AaO. 261, berichtet Lang davon im Zuge der Darstellung der durch J. A. Bengel angeregten Reformen in den Klosterschulen.

[86] EITLE, Klosterschulen, 30 f., zählt auf: *integra Etymologia* und die kleine Syntaxis, außerdem *fabulae Aesopi Comerario interprete* und *selectiores epistolae Ciceronis, Terentius* und *dialogi sacri Castalionis*. 1681 gab es eine Schulreform an den Trivialschulen (vgl. LANG, Klosterschulen, 212).

[87] Vgl. die Erwähnungen bei LANG, Klosterschulen, 439.

[88] Herzog Eberhard Ludwig verfügte in seinem Testament, die Klosterschulen sollten als Pflanzgärten evangelisch-lutherischer Religion erhalten bleiben. Die Regelung des Testaments entspricht dem Westfälischen Frieden, der einem anderskonfessionellen Herrscher – durch Erbfolge an die Macht gekommen oder durch Übertritt in die andere Konfession – die Änderung der Konfession des Territoriums untersagt (vgl. aaO. 248).
Herzog Karl Alexander regelte diese Angelegenheiten in einem Reskript an den Geheimen Rat vom 27. 03. 1734 durch die Übertragung der bischöflichen Rechte an das Konsistorium und den Auftrag zur Einstellung Angehöriger der Augsburgischen Konfession (vgl. aaO. 250).

[89] Vgl. aaO. 432.439.

[90] Seinerseits von Andreas Adam Hochstetter (1668–1717) geprägt (vgl. BRECHT, Pietismus 2, 251–261). Vgl. zu Bengels Theologie u. a. den perspektivischen Beitrag von MÄLZER, Bengel.

[91] Vgl. BRECHT, Pietismus 2, 260. Seine Antrittsrede schon hatte programmatischen Charakter: *De certissima ad veram eruditionem perveniendi ratione per studium pietatis (Dezember 1713)*. Hier erkennt WALLMANN, Pietismus, 217, schon charakteristische Unterschiede zum hallischen Pietismus, da Bengel eben keinen Gegensatz von Frömmigkeit und Gelehrsamkeit kennt.

mann Francke (1663–1727) verfocht Bengel keine neuen pädagogischen Programme, sondern hielt am humanistischen Bildungsideal fest.[92] Sein »schwäbischer Biblizismus«[93] wirkte sich in einer intensiven Auseinandersetzung mit dem biblischen Text aus, von der das *Novum Testamentum Graecum*, der *Gnomon*, der lange die Predigtvorbereitung der Pfarrer prägte, sowie seine Arbeiten zur Johannesoffenbarung beredtes Zeugnis geben. Seine auf die Feststellung des inspirierten Textes abzielenden Vorarbeiten zur modernen Textkritik sind hinlänglich bekannt.[94] Auch wenn sich seine Berechnungen des Anbruchs des tausendjährigen Reiches 1836 nicht bestätigten, hat er durch seine Arbeiten zu einer biblischen Chronologie die heilsgeschichtliche Interpretation und die Auswertung der Kirchengeschichte maßgeblich beeinflusst.[95] F. Chr. Oetinger, den Bengel mittelbar über einen Schülerkreis in Tübingen prägte, seine pietistischen Frühprägungen aber an den Klosterschulen Blaubeuren und Bebenhausen erfuhr,[96] hat diese heilsgeschichtliche Chronologie später für die Erwartung einer »Güldenen Zeit« in Anspruch genommen.[97] Er vertrat dann die neben Bengels biblizistischem Pietismus zweite wirkmächtige Strömung des württembergischen Pietismus, die man als spekulativ-theosophisches System bezeichnen kann, das unter anderem auf der mystischen Inanspruchnahme des »Lebens«-Begriffes für eine *philosophia sacra* fußte.[98]

Nachdem der Pietismus durch verschiedene Reskripte schließlich 1743 in der württembergischen Kirche toleriert und kontrolliert Eingang gefunden hatte, verblieb die theologische Ausbildung hingegen lange im Geiste der Orthodoxie.[99] Vor allem im persönlichen Umgang fand der Pietismus an den Bildungseinrichtungen Verbreitung. Vermutlich konnte er an den Klosterschulen aufgrund der lange vernachlässigten Visitationen noch am ehesten Fuß fassen.[100]

---

[92] Vgl. hierzu z. B. seine Neueditionen griechischer und lateinischer Klassiker.

[93] Wallmann, Pietismus, 213.

[94] So Brecht, Pietismus 2, 254. Bengel legte auch in seiner Bibel Edition 1734 den *textus receptus* zugrunde.

[95] Zu seinen Arbeiten zur Johannesoffenbarung vgl. Wallmann, Pietismus, 222–225.

[96] Vgl. aaO. 227.

[97] Vgl. aaO. 225.

[98] F. Chr. Oetinger wirkte im Unterschied zu J. A. Bengel und Philipp Heinrich Weißensee (1673–1767) nicht über die Klosterschulen, sondern zeitweise als Repetent in Tübingen, dann im kirchlichen Amt (erst 1738 von Bengel dazu bestimmt [vgl. Brecht, Pietismus 2, 272; Wallmann, Pietismus, 226–235]). Sein *Biblisches und emblematisches Wörterbuch (1776)* als eines seiner reifsten Werke sollte ein Gegenstück zu Wilhelm Abraham Tellers (1734–1804) *Wörterbuch des Neuen Testaments zur Erklärung der christlichen Lehre (1772)* sein (vgl. Brecht, Pietismus 2, 277), mit dem sich Planck in seiner Abschluss-Dissertation auseinandersetzte (s. u. Kap. A.II.5.2.).

[99] Vgl. die Darstellung zum Pietismus in der Württembergischen Kirche bei Wallmann, Pietismus, 204–213, der zu Recht bemerkt: »Das Pietistenreskript von 1743 ist kein religiöses Toleranzedikt, aber ein Schritt zu größerer religiöser Freiheit« (aaO. 213).

[100] Vgl. Lang, Klosterschulen, 267. 1785 erst wurden die jahrzehntelang ausgebliebenen Visitationen wieder aufgenommen.

26 *A. Leben*

Mehr als durch die Lehre wirkten die pietistischen Lehrer als Seelsorger: Bengel unterhielt eine umfangreiche Korrespondenz mit seinen bereits an der Universität oder im Pfarramt befindlichen ehemaligen Schülern.[101] Im 18. Jahrhundert kam es dann zu pietistisch beeinflussten Reformen an den Klöstern: In den Lese- und Gebetsempfehlungen tauchen neben der Heiligen Schrift J. Arndts *Paradiesgärtlein* und Ph.J. Speners *Katechismus* auf.[102] Von Bengel (seit 1749 Konsistorialrat) 1752 angestoßen, 1758 umgesetzt, blieben sie aber bis auf einige Neuerungen in den Fächern vom Konsistorium beherrscht. Lediglich die Geschichte erhielt einen höheren Stellenwert, die Beschäftigung mit Mathematik, Naturkunde und neueren Sprachen, die häufig eingefordert wurde, tolerierte die neue Ordnung allerdings nur in der Freizeit.[103] Weitere Reformen kamen erst Ende des 18. Jahrhundert auf, wurden allerdings durch die einschneidenden Eingriffe unter König Friedrich I. ab 1806 zum Erliegen gebracht.[104]

II. Studium und Prägungen in Tübingen (1769–1774)

1. Geschichte der Universität Tübingen

Die 1477 durch Graf Eberhard im Bart (reg. 1445–1496) gegründete Universität in Tübingen zeichnete sich seit der Orthodoxie bis ins 19. Jahrhundert als recht konservative Lehranstalt aus.[105] Bis 1806 waren alle Angehörigen des Lehrkörpers und die Universitätsverwandten auf das *Konkordienbuch* verpflichtet.[106] Nachdem mit der Neugestaltung der Universität in der Reformationszeit, durch Vorarbeiten von Ambrosius Blarer (1492–1564),[107] Anregungen von Philipp

---

[101] WALLMANN, Pietismus, 218, berichtet von 2900 Briefen an ca. 250 Adressaten, die bei konkreten Lebensentscheidungen Rat und Begleitung geben.

[102] Vgl. LANG, Klosterschulen, 434.

[103] Vgl. aaO. 261.

[104] Vgl. aaO. 271. Ein Reformbedarf wurde Ende des 18. Jh.s erkannt, die Umsetzung wurde aber mit dem Tod Herzog Friedrich Eugens 1797, des letzten katholischen Herrschers, verhindert, auch wenn 1798/99 noch die Zusammenlegung der Schulen und die Abschaffung des Kuttentragens diskutiert wurde.

[105] Die Universität Tübingen wurde als Landesuniversität des damals geteilten Landes gegründet, erhielt 1476 das nötige päpstliche Privileg, 1484 die kaiserliche Bestätigung (vgl. KÖPF, Tübingen, 646). In ihrer Gründungsverfassung wies sie Einflüsse aus Basel auf, sie selber wieder prägte die Neugründung in Wittenberg. Vgl. zur Entwicklung der Universität in den ersten Jahrzehnten umfangreich HALLER, Anfänge.

[106] Vgl. KÖPF, Tübingen, 647. BÖK, Universität, 273 formuliert: »Alle Professoren und aufgestellte Lehrer müssen der Augspurgischen Confession zugethan seyn, und den [sic] symbolischen Büchern der evangelischen Kirche unterschreiben.« Noch 1815 ist von einem in Tübingen angestellten Professor die Unterschrift der *Konkordienformel* gefordert worden, obwohl eigentlich 1806 diese Praxis dort und im Konsistorium abgeschafft wurde (vgl. KOLB, Aufklärung, 219).

[107] Eigentlich Blarer (Blaurer) von Giersberg, einer der einflussreichsten Reformatoren Süddeutschlands.

Melanchthon und unter Federführung von Johannes Brenz 1537/38 humanistische und evangelische Prägungen Einzug hielten,[108] wurde im Zeitalter der Orthodoxie hier ein strenges Luthertum, vorbereitet durch Jakob Andreae (1528–1590), Jakob Heerbrand (1521–1600), Matthias Hafenreffer (1561–1619) u. a., vertreten.[109]

Mitte des 18. Jahrhunderts bestand die philosophische Fakultät aus fünf ordentlichen Mitgliedern. Vornehmlich waren Logik, Metaphysik, praktische Philosophie, Mathematik und Naturlehre, griechische und orientalische Sprache und Geschichte von den Lehrenden abzudecken.[110]

Die theologische Fakultät umfasste nach einer Neuordnung 1652 drei Ordinariate: 1. für das Alte Testament (!), 2. für das neugeschaffene Fach »controversiae«, 3. für das Neue Testament.[111] Ein Extraordinarius, der eng mit dem hochfürstlichen Stipendium verbunden war, lehrte Dogmatik. Erst 1720 wurde ein viertes Ordinariat geschaffen.[112] Diese Ordnung wurde zwar durch neue Fächer oder den speziellen theologischen Charakter der Ordinarien durchbrochen, hatte aber in allen ihren Formen immer den orthodox-konservativen Charakter erhalten.

Der Dreißigjährige Krieg und die nachfolgenden Auseinandersetzungen hatten ganz Württemberg und auch Tübingen mit seiner Universität hart getroffen. Trotz des Bemühens auch der Landesherren um eine neuerliche Konsolidierung führte der Senat noch 1737 in einem Gutachten im Auftrag des Herzogs die geringe Frequenz der eigentlich mit guten und bekannten Lehrern bestückten Fakultät auf die Folgeschäden zurück.[113] Dass es auch an der geistigen Enge der Universität liegen konnte, wurde nicht diskutiert. Der später so zwielichtig erscheinende Christoph Matthäus Pfaff (1686–1760) stellt in seiner Antrittsrede als Kanzler 1720 jedoch auch den Professoren ein schlechtes Zeugnis aus, das sicherlich einen wahren Kern enthält: Die Tübinger Professoren seien geizig und läsen nur Privatkollegien, da nur die Geld einbrächten, zudem

---

[108] Unter Herzog Ulrich von Württemberg (1487–1550) 1535, vollendet 1537/38 (vgl. KÖPF, Tübingen, 647).

[109] Vgl. dazu aaO. 647.

[110] 1744 wurde angeordnet, die Geschichte gesondert zu besetzen und nicht mehr als Nebensache des Professors für Poesie und Beredsamkeit (vgl. KLÜPFEL, Geschichte, 201). Letzteres wurde nun stets einem Professor zusätzlich aufgetragen (vgl. BÖK, Universität, 291 f.).

[111] D.h., schon hier bestand eigentlich eine Zuordnung der einzelnen Fächer zu den Professoren, was sich allerdings praktisch erst noch durchsetzen musste.

[112] Vgl. KÖPF, Tübingen, 647. Letzteres war nicht im akademischen Senat vertreten (vgl. BÖK, Universität, 284). Der *Professor primarius* war zudem gleichzeitig Kanzler der Universität und Stiftspropst.

[113] Vgl. KLÜPFEL, Geschichte, 170. Auch die Kriegsunruhen hätten dafür gesorgt, dass die Ströme der Studenten an Tübingen vorbeiflossen. Die Inskriptionen lagen 1737 bei 111, 1738 bei 77 (vgl. EULENBURG, Frequenz, 294). Halle und Jena hatten in diesem Jahr über 600 Inskriptionen zu verzeichnen (vgl. aaO. 294 f.).

unvorbereitet und schreckten auch vor Plagiaten nicht zurück. Akademische
Grade würden den notorisch Unwürdigen verliehen, auch dürften nicht Familie, Heirat oder Fürsprache der Mächtigen zu einer Professorenstelle führen.[114]
1744 versuchte Herzog Karl Eugen dann durch ein Generalreskript, das alle
Landeskinder zum Studium in Tübingen anhielt, die Frequenz der Universität
zu steigern.[115]

Gegenüber neuen geistigen und frömmigkeitlichen Impulsen verharrte die
Universität unter kirchlicher Ägide lange in konservativer Abschottung und
wurde im 18. Jahrhundert von den meisten anderen deutschen Universitäten an
Innovation und Geistestiefe überflügelt.[116] Zudem führte die – auch aus der
Frontstellung der Kirche erwachsene – Gründung der Hohen Karlsschule durch
Herzog Karl Eugen und ihre Erhöhung zur Universität 1781/82[117] zur Vernach-
lässigung der Landesuniversität,[118] bis Karl Eugens Nachfolger Ludwig Eugen
1794 die Karlsschule wieder schloss.

Durch die, aufgrund der Erweiterung Württembergs um katholische Gebiete
Anfang des 19. Jahrhunderts nötig gewordene, Gründung einer katholisch-
theologischen Fakultät und spätestens 1817 mit der Lösung des Kanzleramtes
vom theologischen *Professor primarius* sowie der Einrichtung eines eigenen katholischen Stipendiums (Wilhelmsstift)[119] war die unangefochtene Alleinherr-
schaft der evangelisch-theologischen Fakultät beendet.[120] Beide theologischen
Fakultäten florierten in der Folgezeit, die mit Namen wie F.Chr. Baur, Johann
Sebastian Drey (1777–1853) und Johann Adam Möhler (1796–1838) verbunden
ist.[121] Bedeutende Neuerungen gab es dann auch in anderen Teilen der Univer-

---

[114] Berichtet bei KLÜPFEL, Geschichte, 186 f. Hier findet sich auch die Bemerkung zu
Chr.M. Pfaff: »Schade, daß er selbst zwar durch Geist und Gelehrsamkeit jenen hohen Anforderungen wohl entsprach, aber in sittlicher Beziehung keineswegs so imponirte, als nöthig
gewesen wäre, um auf den der Geist der Universität einen nachhaltigen heilsamen Einfluß zu
üben.«

[115] Vgl. aaO. 188. EULENBURG, Frequenz, 296, kann allerdings auch 1744 nur 102 Inskriptionen, in den folgenden Jahren bis 1750 (59 Inskriptionen) jeweils nur unter 100 feststellen.
Offenbar waren auch die vielen Ferienzeiten von Nachteil: 1751 war die Sommervakanz
abgestellt worden (vgl. KLÜPFEL, Geschichte, 190).

[116] LEUBE, Stift, 4, gibt als Grund für die beobachtete Rückständigkeit gerade in der theologischen Ausbildung vor allem die Bestrebung des Konsistoriums nach reiner Lehre an.
Dieses habe die Aufnahme neuer Geistesströmungen lange verhindert (vgl. aaO. 5).

[117] Vgl. UHLAND, Karlsschule, 197 f.

[118] Näheres s. Kap. A.III.2.1. Während 1775, bei der Erweiterung der Karlsschule, noch
311 Studenten in Tübingen weilten, waren es 1791 nur noch 188 (darunter 31 Juristen, 2
Mediziner, 2 Philosophen; Zahlen bei LEUBE, Stift, 5).

[119] Vgl. HERMELINK, Württemberg, 285.

[120] Vgl. KÖPF, Tübingen, 648, zu den Vorgängen unter Friedrich I.: Er gliederte die Kirche und ihr Vermögen in den Staat ein, das Konsistorium in die Ministeriumsriege und war
im Zuge religiöser Toleranz – nun gab es katholische Gebiete – der Meinung, die Ausbildung
der kirchlichen Diener doch in die Hände des Staates übergehen zu lassen.

[121] Ob der Begriff »katholische Tübinger Schule« für die an diesem Aufschwung beteiligte
heterogene Gruppe problematisch ist, da kein wirkliches Lehrer-Schüler-Verhältnis bestan-

sität: 1836 wurde die erste naturwissenschaftliche Fakultät in Tübingen eingerichtet, seit 1821 war den Stipendiaten des Herzoglich Theologischen Stifts die Magisterpromotion erlassen, was sich positiv auf die Qualität der in der philosophischen Fakultät abgeschlossenen, nunmehr nicht bloß als nötiges Durchgangsstadium der Theologen angesehenen Promotionen auswirkte.[122] Die ordentliche Zulassung weiblicher Studenten erfolgte erst 1904.[123]

2. Die Universität Tübingen zur Zeit Plancks

Die Ordnung der Universität zur Zeit Plancks sah den theologischen *Professor primarius* als Kanzler an der Spitze der Hochschule vor. Er bildete zusammen mit allen ordentlichen Professoren der vier Fakultäten, aus denen immer im Mai und November ein neuer Prorektor zu wählen war, den Senat.[124] Diesem war aufgrund der Eigenschaft der Universität als geistliche Stiftung, welche Eigenschaft »durch die Reformation nicht verlohren [war]«[125], aufgegeben, »als vormalige Canonici, bey allen öffentlichen Zusammenkünften im geistlichen Habit«[126] zu erscheinen. Der Kanzler hatte im Senat die erste Stimme und war Vertreter des Landesherrn, der ihn einsetzte. Seine Gegenwart bei Hauptprüfungen und Zuständigkeit für die Erteilung akademischer Grade verdeutlichen das Gewicht seiner Stellung.[127] Jede Fakultät wählte einen Dekan (in der Philosophie und Theologie für ein Jahr, sonst für ein halbes). Der Landesherr war an der vom Senat durchgeführten Wiederbesetzung offener Professuren beteiligt, die Anstellung hing von seiner Bestätigung ab und der Maßgabe: »Alle Professoren und aufgestellte Lehrer müssen der Augspurgischen Confession zugethan seyn, und den [sic] symbolischen Büchern der evangelischen Kirche unterschreiben.«[128]

Die Professoren waren angehalten, täglich über die ihnen anvertraute Disziplin eine öffentliche Vorlesung zu halten, die im halben oder ganzen Jahr zu

---

den habe (so Köpf aaO. 648), sei dahingestellt. Jedenfalls gab es eine Schar von katholischen Gelehrten, die der Tübinger katholisch-theologischen Fakultät ein spezifisches Gesicht in dieser Zeit gaben.

[122] Vgl. aaO. 648.

[123] Dass Tübingen damit immerhin als fünfte deutsche Universität (vgl. aaO. 649) diese Öffnung vollzog, illustriert die Bildungssituation der Frauen im 19. Jh. Maria Gräfin von Linden hörte 1892–1895 als erste Frau außerordentlich durch Sonderregelung immatrikuliert Vorlesungen in Tübingen.

[124] Vgl. den Bericht bei BÖK, Universität, 268 f.

[125] AaO. 270.

[126] AaO. 270 f.

[127] Vgl. aaO. 269 f.

[128] So aaO. 278. Der Stimme enthalten müssen sich alle bis in den vierten Grad der Blutsfreundschaft oder -schwägerschaft (vgl. aaO. 273). Diese Regelung wird bei der in Württemberg damals nicht unüblichen Vetternwirtschaft (vgl. KÖPF, Tübingen, 647), die sich auch am Register der Professoren ablesen lässt, häufiger zur Anwendung gekommen sein.

vollenden war.[129] Die Ferien fanden jeweils in der Zeit zwischen *Palmarum* und *Quasimodogeniti* im Frühjahr und im Herbst zwischen Michaelis (29.09.) und Lukas (18.10.) statt.[130] Auffällig ist das vermehrt auftauchende Angebot der Professoren, bestimmte Vorlesungen nach den Wünschen der Studierenden einzurichten.[131] Innerhalb der Studienwochen ist der Donnerstag für besondere Veranstaltungen reserviert (Gottesdienst, Senat, Konzerte etc.).[132] Am Nachmittag besteht Gelegenheit zum Bibliotheksbesuch: »Beede Bibliotheken [die der Universität und die Grempische, C. N.] werden alle Donnerstage Nachmittags auf etliche Stunden zum allgemeinen Gebrauch, den Fremden aber und durchreisenden Gelehrten mit der größten Bereitwilligkeit zu jeder Zeit, geöffnet. Studierende, wenn sie von einem Professore die Unterschrift und Gewährleistung haben, können Bücher nach Belieben zu ihrer Benutzung nach Hause abholen lassen.«[133] Die Vermehrung der Buchbestände wurde einerseits durch Inskriptions- und Depositionsgelder sowie den Beitrag aus dem akademischen Fiskus bezahlt, zudem war jeder Professor dazu angehalten, pro Jahr ein Buch von ungefähr 20 Reichstalern zu stiften.[134]

Die Kosten, die für den Studenten anfielen, waren nicht gering.[135] Den Kosten standen in der Ordnung für die Studenten Regelungen gegenüber, die –

---

[129] So könnten unbemittelte Studenten, die sich die Privatvorlesungen nicht leisten können, auch innerhalb eines festen Cursus die Hauptgegenstände der Wissenschaft erlernen. Ihnen sei auch die Honoration bei Privatvorlesungen zu erlassen (vgl. Bök, Universität, 280).

[130] Vgl. aaO. 281. Offenbar gab es vorher schon Sommerferien im Juli, die – von Bök begrüßt – aber abgeschafft wurden.

[131] AaO. 221, notiert Bök: Chr.F. Schott »erbietet sich zu diesen und andern Vorlesungen, nach den Wünschen der Zuhörer.« Zu H. W. Klemms Vorlesungen wird bemerkt: »Zu diesen, wie auch zu Vorlesungen über die Homiletik, ältere Kirchengeschichte, Literargeschichte der Theologie – ist er auf Verlangen immer bereit.« (aaO. 223). J.H. Frommann bietet gar an, »auf besonderes Begehren der Ausländer, seine Vorlesungen in deren Muttersprache zu halten« (aaO. 264). Vermutlich steht dies im Zusammenhang mit der Beobachtung Pfaffs die Professoren seien nur darauf aus, in ihren Privatvorlesungen möglichst viel Geld zu verdienen (vgl. bei Klüpfel, Geschichte, 186).

[132] Bök, Universität, 281, berichtet darüber. Privatvorlesungen dürfen z.T. abgehalten werden.

[133] AaO. 282f. Das heißt, der Zugang zu Literatur war für die Studenten sehr eingeschränkt möglich. Für Studierende des Stifts gab es alternativ die Stiftsbibliothek (s. u.).

[134] Vgl. aaO. 282. Die Grempische Bibliothek hatte noch einen eigenen Vermehrungsfonds.

[135] Zur Einordnung seien einige Zahlen genannt: Als Inskriptionsgeld waren 3 fl. 15 kr. zu zahlen, die Magisterwürde kostete insgesamt 29 fl. 50 kr., das Baccalaureat 6 fl. 5 kr. In der philosophischen Fakultät war ein halbjähriges *Collegium* auf 2 fl., *Collegia privatissima* konnten durchaus auf 60 fl. oder mehr ausgehandelt werden. Auch die Inauguraldisputationen waren kostspielig: Für den Vorsitz waren vom Respondenten 12 fl. zu bezahlen, für die Ausarbeitung je Bogen 3 fl., soweit er selbst der Verfasser ist, immerhin 1 fl. für die Revision. Nicht-inaugurale Disputationen schlugen mit 6 fl. für den Vorsitz, 2 fl. pro Bogen zu Buche. Die Promotionskosten betrugen 89 fl. für Auswärtige, Einheimischen wurden in der medizinischen und theologischen Fakultät 5 fl. erlassen. Hinzu kamen für das Doktordiplom 60 fl. (Zahlen aaO. 323–327). Bök führt noch einige Veranstaltungen auf: Experimentalphysik

neben dem Aufruf zu christlicher, sittsamer Lebensart und dem fleißigen Gottesdienstbesuch – auch zum ordentlichen Umgang mit dem ihnen zur Verfügung stehenden Geld aufriefen.[136] Keiner solle einem Studenten mehr als 15 fl. borgen, auch keine teuren Weine, Tuche o. ä. auf Kredit geben. Bei Verschuldung sind die Eltern aufgerufen, dafür nicht einzustehen, sondern »[d]er studiosus [...] hat in diesem Fall seinen Leichtsinn mit dem Carcer zu büssen.«[137]

Eine Reihe von Stipendien und Collegien bestanden an der Universität Tübingen: Neben dem Herzoglich Theologischen Stift wurde auch früh das *Collegium illustre* als Ausbildungsstätte der künftigen Staats- und Hofbediensteten eingerichtet.[138] 1592 eröffnet, war es schon von Herzog Christoph zu diesem Zweck geplant worden, entwickelte sich aber bald zu einer reinen Adelsschule, in der »mehr die fürstliche Repräsentation als der bildungshungrige[] Geist zu Hause war.«[139]

3. Das Theologische Stift

3.1. Das Stift

Bemerkenswerte Impulse auf das Geistesleben Württembergs und darüber hinaus gingen häufig von dem 1536 nach Marburger Vorbild durch Herzog Ulrich gegründeten »Hochfürstlichen Stipendium«,[140] dem Tübinger Stift, aus, dessen Verbindung mit den Klosterschulen des Landes oben schon dargestellt wurde. Bis 1849 wurde das Stift von einem Professor der philosophischen Fakultät – ab 1850 der theologischen Fakultät – als Magister Domus (seit 1752 Ephorus) geleitet, dem zwei Theologieprofessoren als Superattendenten beigesellt wurden.[141]

---

und Mathematik (halbjährig 1 fl.), Collegium Grotianum (halbjährig 4 fl.), teutsche Reichsgeschichte, Statistik (halbj. 6 fl.). In der juristischen Fakultät führt er ein Collegium über die Pandekten, also römisches Recht, das täglich zwei Stunden ein Jahr lang währt, für 18 bis 20 fl. an.

[136] AaO. 317: Sie sollen auch »mit dem Gelde, das sie zu verzehren haben, gute Wirtschaft führen.«

[137] Berichtet aaO. 319, aus der Ordnung der Universität, die überhaupt viel über Schulden und Kreditwesen enthält. Vgl. hierzu die unten von Planck berichtete Anekdote über finanzielle Engpässe (Kap. A.II.6).

[138] Vgl. aaO. 64.

[139] MAYER, Stift, 28.

[140] Vgl. KÖPF, Tübingen, 649. Weiter zum Stift vgl die Untersuchungen von LEUBE, Geschichte 1 und 2, sowie z. B. HAHN/MAYER, Stift.

[141] KÖPF, Tübingen, 649. Sie bilden zusammen das Inspektorat, das dem herzoglichen Konsistorium, dem das Stift unterworfen ist, berichtspflichtig ist (vgl. BÖK, Universität, 303). Die Regelungen bezüglich der Leitung des Stiftes fanden in der Anfangsphase noch keine festen Formen, erst allmählich bildete sich die hier dargestellte Praxis heraus (vgl. dazu MAYER, Stift, 48 u. ö.).

Herzog Ulrich hatte 1536 zugleich mit der Einrichtung des Stipendiums dessen Versorgung aus den Armenkästen verfügte.[142] 1565 schon wurde in einem Landtagsabschied das evangelisch-lutherische Bekenntnis des Landes unabhängig von der Konfession des regierenden Fürsten festgeschrieben sowie eine zweckgebundene Verwendung des Kirchenguts geregelt, die materielle Ausstattung des Stipendiums wurde gesichert, was eine Anhebung der Stipendienplätze auf 150 ermöglichte.[143] Lediglich in den Wirren des Dreißigjährigen Krieges erlag das Stipendium fast der finanziellen und materiellen Unterversorgung. Das Restitutionsedikt von 1629, das die Klosterschulen auflöste und für die evangelische Kirchen den Verlust eines großen Teils des Kirchenvermögens bedeutete, woraufhin der Kirchenrat die Halbierung der Stipendienplätze beantragte, traf das Stipendium neben allen sonstigen Kriegsschäden hart.[144] Mit der Rückkehr Herzog Eberhards III. aus dem Exil 1638 besserte sich die Lage, 1641 wurde per Generalreskript zur Unterstützung des Stipendiums aufgerufen und der Landtag bewilligte außerordentliche Mittel, doch erst nach dem Friedensschluss konnte der Wiederaufbau richtig beginnen.[145]

Die zentrale Rolle des Stipendiums für die theologische Prägung des Landes war von vornherein intendiert. Die *Große Kirchenordnung* von 1559 enthält sogar einen eigenen Abschnitt über das Stipendium in Tübingen, das seit der Gründung des Kirchenrates diesem unterstellt war.[146] Nicht jeder Herrscher hatte jedoch eine enge Bindung an das Stift: Während im 16. Jahrhundert Herzog Ulrich als sein Gründer, Christoph als sein Verwirklicher und im 17. Jahrhundert Eberhard III. und Karl Eugen (in seinen späteren Jahren) als seine unmittelbaren Förderer auftreten, bei Herzog Ludwig immerhin noch eine Hochachtung dem Stipendium gegenüber zu beobachten ist, hat unter Herzog Friedrich I. und Johann Friedrich im Zuge absolutistisch-barocker Machtpflege das Stipendium wohl nur durch seine verfassungsrechtliche Absicherung über-

---

[142] Vgl. MAYER, Stift, 13f. Die Ordnung der Stipendiaten als Plan und gleichzeitiger Erlass erging am 14.02.1536. Den 14 Urstipendiaten wurden die 25 Gulden vermutlich direkt ausgezahlt – eine Wohnstatt erhielten sie erst 1541 im westlichen Teil der Burse. Herzog Ulrich verfügte schon früh, zur Finanzierung der herzoglichen theologischen Stipendien neben der eigenen Freigiebigkeit auch die »Städte[] und Aemter[] des Herzogthums« (BÖK, Universität, 61) mit heranzuziehen, indem sie aus den ihnen überlassenen geistlichen Einkünften einen jährlichen Betrag zu zahlen hätten.

[143] Vgl. MAYER, Stift, 27.

[144] Vgl. aaO. 32. KÖPF, Tübingen, 649, notiert, das Stift sei 1628 in den Besitz der Landeskirche übergegangen, also um mit dem Tode Johann Friedrichs.

[145] Auch die Klosterschulen wurden wiederbelebt, eine allgemeine Schulpflicht wurde eingeführt, dem Verfall der Universität wurde entgegengesteuert (vgl. MAYER, Stift, 35). So waren 1660 wieder 148 Stipendiaten und sechs Repetenten im Stift versammelt (vgl. aaO. 36).

[146] Der Abschnitt ist gesondert verfasst worden: »Ordination unsers gnädigsten Fürsten und Herren Stipendii de novo confirmiert, erklärt und gemehrt, de dato 15. Mai 1557« (vgl. aaO. 20). Die Zahl der Stipendien wurde nun bereits auf 100 festgesetzt (vgl. aaO. 21).

lebt.[147] Der persönliche Einsatz Eberhards III. hat das Stift nach dem Krieg
wieder aufleben lassen, Eberhard Ludwig, der mehr mit barocker Hofhaltung
und Frauengeschichten seine Tage zubrachte als mit der Förderung von Kirche
und Stipendium, hat sich kaum interessiert, aber auch nicht behindernd eingemischt, Karl Alexander war gar katholisch.[148] Mit Karl Eugen (reg. 1737/1744–
1793) – ebenfalls katholisch – kommt die wohl schillerndste Figur auf den
Württembergischen Thron. Zwar in guter Gesellschaft am Hof in Preußen erzogen und mit ordentlichen Gaben versehen, besann er sich erst im höheren
Alter nach Jahren des Prunks und der Ausschweifung auf seine Verantwortung
als Landesfürst und entdeckte sein Interesse an der Wissenschaft.[149] Zwar hat er
seine meiste Zeit und Kraft auf seine Eigengründung, die Karlsschule, verwendet, doch auch dem Stipendium stand er wohlgesonnen gegenüber. In seine
Regierungszeit fallen wichtige Neuerungen innerhalb des Stifts. Später wurde
unter König Friedrich I. aus dem Herzoglichen Theologischen Stipendium das
Königlich-Theologische Seminar. Mit der institutionellen Eingliederung der
Kirche in den Staat verlor auch das Stipendium seine relative Eigenständigkeit
und sollte als zentrales Ausbildungsorgan der Kirche der Fürsorge des Staates
überlassen werden.[150] 1811 erfuhr es eine Aufwertung durch die Verordnung,
alle Prediger des Landes müssten hier studiert haben, was schon 1816 wieder
aufgehoben wurde. Dem auflodernden Demokratismus und dem erstarkenden
Verbindungswesen musste 1826 mit einem Verbot der Teilnahme an lands-
mannschaftlichen Verbindungen begegnet werden.[151] Das ehemalige Stift blieb
also der schwer zu kontrollierende Hort neuer Aufbrüche.

3.2. Die Stipendiaten

Mit der Aufnahme ins Herzogliche Theologische Stift begann für die Studenten eine neue Etappe des theologischen Ausbildungsweges, den sie schon

---

[147] Herzog Friedrich I. reduzierte bspw. die Zahl der Klosterschulen von zehn auf fünf
(vgl. aaO. 30).
[148] Noch in Eberhard Ludwigs Testament ist verankert, dass alle kommenden Regenten
die Religionsverfassung nicht antasten dürfen, ebenso das in die Kirche integrierte Bildungswesen und v. a. das Tübinger Stift nicht für Katholiken öffnen dürfen (sogenannte *Religionsreversalien*; vgl. aaO. 44).
[149] Dort hatte man ihm wohl unter anderem die Maxime nahegelegt, die eigenen Interessen denen des Staates unterzuordnen, und gleichzeitig auch den Hang zu Prunk und Ausschweifung schon bemerkt (vgl. UHLAND, Karlsschule, 5). Die ersten Jahre regierte Karl
Eugen unter Administratoren, bis er 1744 gerade 16-jährig für mündig erklärt wurde. Später
gründete er z. B. 1765 in Ludwigsburg eine öffentlich zugängliche Bibliothek (vgl. aaO. 13).
Vgl. zu Bewegungen katholischer Aufklärung am Hofe Karl Eugens: SÄGMÜLLER, Aufklärung.
[150] Im Religionsedikt vom 15. 10. 1806 wurde die Rechtsgleichheit der drei christlichen
Religionsparteien verfügt, die evangelische Kirche war nicht mehr ausschließliche Landeskirche (vgl. HERMELINK, Württemberg, 282).
[151] Zu diesen Vorgängen vgl. MAYER, Stift, 58–63.

mit der Aufnahme in die Klosterschulen des Landes begonnen hatten. Nachdem sie durch ein Examen gleich zu Beginn zu *baccalaurei* gemacht worden waren (s. o.), hatten sie den zweijährigen philosophischen Kursus zu durchlaufen, der mit der Magisterpromotion abgeschlossen wurde.[152] Dieser wurde ergänzt durch philosophische und philologische Veranstaltungen der Repetenten, die sie auch »alle Vierteljahre, unter der Aufsicht der Superattendenten und des Ephorus«[153] prüften.

Nach Übertritt in die theologische Fakultät wurden Übungen zu einzelnen dogmatischen *loci* nach Ordnung eines Lehrbuches abgehalten, sowie die Predigtpraxis durch stetiges Predigen über Tisch eingeübt.[154] Der *Locus*, bei dem alle orthodoxen theologischen Definitionen auswendig zu lernen waren, war zentral für die theologische Prägung der Stipendiaten.[155] Auf die damit betrauten Repetentenstellen wurden nach abgelegtem Examen diejenigen vom Inspektorat vorgeschlagen und vom Konsistorium geprüft und berufen, die sich besonders durch Wissenschaft, Fleiß und gute Sitten auszeichneten. Neben Kost und Logis bekamen sie auch ein Gehalt. Ihre Position innerhalb des Stifts erfuhr immer weitere Aufwertung:[156] Nachdem es anfänglich lediglich sechs Studenten waren, die zur Unterstützung des Magister Domus abgestellt wurden, waren es zu späteren Zeiten diejenigen, die durch ihr Vorbild den Charakter des Stifts bestimmten.[157] Das Repetentenkollegium stellte eine Art Stifts-Elite dar, die Ernennung war eine Auszeichnung. Mit der Zeit wurde aus einer Gruppe fortgeschrittener Studenten ein eigener akademischer Zwischenstand, der ein Karrieresprungbrett darstellen konnte. Doch neben aller Lehrtätigkeit blieb ihre Aufsichts- und Vorbildfunktion dominant.

Den Stipendiaten stand neben der Wohnung und Bewirtung bis zu ihrer wirklichen Anstellung noch jährlich ein Taschengeld von 4 Reichstalern zu.[158] Ebenfalls hatten die einmal Aufgenommenen die Versicherung, nach Maßgabe ihrer Befähigung ein geistliches Amt zu bekommen, der Preis war die schon erwähnte Zusicherung, im Lande zu bleiben bzw. einer Rückberufung immer

---

[152] Jedes Jahr im September wurden die Studenten, vor allem aus dem Theologischen Stift, nach Vorlegung und Verteidigung einiger Sätze eines je besonders zu wählenden Faches promoviert (vgl. Bök, Universität, 293).

[153] AaO. 299.

[154] Vgl. aaO. 299f.

[155] Vgl. Klüpfel, Geschichte, 261 f. Eine eingehende Vorbereitung wurde erwartet, damit die Stipendiaten die *cista cardinalia* und die *definitiones theologicas* auswendig hersagen konnten.

[156] Vgl. Mayer, Stift, 50, im Zusammenhang der neuen Statuten von 1752.

[157] Leider fehlen ausführlichere Untersuchungen zur Bedeutung der Repetenten. Vgl. lediglich die Darstellung bei Leube, Stift, und Ders., Geschichte 1 und 2.

[158] Für die besonders Bedürftigen gab es noch die Guthische Stiftung. Es kam häufiger zu Auseinandersetzungen der Stipendiaten mit den Stadtstudenten, die jene als »Suppenfresser« bezeichneten (berichtet bei Klüpfel, Geschichte, 178).

Folge zu leisten.[159] Im Falle einer Verstoßung wegen grober Vergehen waren vom Stipendiaten die auf ihn verwendeten Kosten zu erstatten.

Neben den Stipendiaten und Repetenten war im Stift noch eine gewisse Zahl von *Hospites* vorhanden, die auf drei Jahre Kost und zum Teil auch Wohnung bekamen, sowie einige *Senioren* (Magister, die sich noch im Stift aufhielten zur Weiterführung ihrer Studien) und einige Hilfsdienste verrichtende *Famuli*. So kamen insgesamt 400 Stipendiaten zusammen, von denen die Hälfte im Stift wohnte.[160] Nach vorläufiger Einquartierung in der Burse fand das Stift 1547/48 seine Heimat im ehemaligen Augustinerkloster, das Herzog Christoph dazu bestimmte.

Über die Ausrichtung des Stipendiums wachten die Superattendenten und der Magister Domus bzw. Ephorus. Dieses Trio war sich jedoch keinesfalls immer einig, so konnte beispielsweise neben einem Christian Eberhard Weismann (1677–1747) als erstem Superattendenten, der die Orthodoxie verteidigte und sich gegen das Eindringen der Aufklärung wandte, I. G. Canz als Magister Domus amtieren, der sich für eine weitreichende Aufnahme der Leibniz-Wolff-schen Philosophie in der Theologie einsetzte. Eine grundsätzliche Neigung zu orthodoxer Ausrichtung zeigt noch 1755 der Amtsantritt der Superattendenten Christoph Friedrich Sartorius (1701–1786) und Johann Friedrich Cotta (1701–1779), die eine späte orthodoxe Bastion bildeten.[161]

Im Stift konnten trotz orthodoxer Ausrichtung verschiedene Geistesströmungen, besonders durch die Repetenten befördert, Einzug halten – Pietismus, Aufklärung und Revolution wurden von den Stipendiaten rezipiert – und eine Reihe berühmter Gelehrter gedieh auf diesem Boden. Neue Gedanken und Geistesströmungen wurden auch literarisch über die Stiftsbibliothek[162] rezipiert.[163] Eine Studienreform des Stipendiums 1688 rückte Exegese und Homi-

---

[159] So Bök, Universität, 307. Planck, der später in Göttingen Professor wurde, hat eine versuchte Rückberufung nach Tübingen allerdings ausschlagen können. L. T. Spittler allerdings wurde wieder nach Württemberg zurückberufen – aber wohl nicht zwangsweise. (s. u. Kap. A.II.6. und A.IV.3.1.)

[160] So die Darstellung aaO. 302.

[161] Vgl. bei MAYER, Stift, 47. S. u. Kap. A.II.4.–5. zu ihrer Theologie.

[162] Die Bibliothek des Stifts erfuhr 1757/58 eine Reform nach Vorbild der Göttinger Bibliothek, in der Benutzbarkeit und Gebrauch im Vordergrund standen (vgl. BRECHT, Entwicklung, 68f.). Ganz konnte man den Maximen aber nicht gerecht werden: Ab 1768 zahlten die Stipendiaten 1,5 fl. beim Ein- und Austritt (vgl. aaO. 75), die Leihmöglichkeit war eingeschränkt. Doch lagen die Öffnungszeiten (drei Mal in der Woche) über dem Normalmaß anderer protestantischer Bibliotheken (vgl. aaO. 72f.).

[163] Zwar wurden in der Bibliothek auch deistische bzw. naturalistische Werke angeschafft, galten aber z.B. in einer Visitation 1757 als verwerflich (vgl. aaO. 71). Nach 1768 wurden besonders exegetische und historische Werke angeschafft, v.a. Semler und Michaelis. Die Zeitphilosophie des 17. Jh.s hat die Bibliothek kaum tangiert (vgl. aaO. 63). Das Eindringen der kantischen und nachkantischen Philosophie wurde unter Christian Friedrich Schnurrer (Ephorus 1777–1806) im Stift lange verzögert (vgl. aaO. 78). Der württembergische Pietismus erscheint nicht in den Anschaffungen, Spener taucht auf (vgl. aaO. 83); dennoch gab es

letik verstärkt in den Mittelpunkt, das Studium der Theologie sollte als Praxis
des Glaubens und Lebens verstanden werden, nicht nur als intellektuelle Angelegenheit.[164]

Dem Pietismus wurde durch das 1694 ergangene *Edikt betreffend die Pietisterey*,
das neben Kirchen- und Schulbediensteten auch das Stift betraf, ein eng um-
grenzter Platz innerhalb der theologischen Ausbildung in den Schranken der
Lehre zugewiesen.[165] Zwar wollte man gegen Spaltungen und Irrungen vorgehen, hatte aber offenbar den Rückhalt dieser Strömung unter den Betroffenen
festgestellt und war darauf bedacht, die Rechtgläubigkeit zu wahren, was paradigmatisch für den Umgang mit dem Pietismus im Stift steht. Dem Pietismus
wird der Mantel der Rechtgläubigkeit angelegt, einige von jenem kritisierte
Lehrstücke werden als weniger fundamental ausgegeben.[166] Aufgrund der Vita-
lität der pietistischen Strömung sowie des Anwachsens der Konventikelbil-
dung[167] war man bestrebt, weiter auf einem Mittelweg zu bleiben. Nachdem die
Landeskirche 1743 einen integrativen Umgang mit dem Pietismus gefunden

---

pietistische Versammlungen im Stift. Auch finden sich zwar die Werke von Canz und G.B.
Bilfinger zu ihrer Zeit nicht in der Stiftsbibliothek – doch haben beide die Stiftler geprägt.
Wie auch Brecht zugeben muss, zeigt das die Grenzen seiner Untersuchung (vgl. aaO. 64f.).
Die Bibliothek repräsentiert nur das theologische Leitbild der Stiftsleitung, nicht den mög-
lichen geistigen Horizont der Studenten (vgl. aaO. 68).

[164] Vgl. BRECHT, Pietismus 1, 339, ordnet diese Reform in die durch Speners Reformprogramm ausgelösten Neuerungen in Tübingen ein. Dass die württembergische Landeskirche
Wert auf die Einhaltung der ihr so wichtigen orthodoxen Inhalte legte und man deshalb
nicht von einer wirklichen Umsetzung der Reformforderungen sprechen kann, muss Brechts
Urteil entgegengehalten werden. Vgl. auch dessen Darlegungen BRECHT, Entwicklung, 51–
54.
Dass KÖPF, Tübingen, 649, von einem Eindringen des Pietismus erst 1688 spricht, scheint
mir dem Edikt dieses Jahres zu widersprechen, das doch schon auf eine Entwicklung reagierte.

[165] Vgl. MAYER, Stift, 39f.

[166] Vgl. BRECHT, Pietismus 1, 340. Brecht betont besonders den uneindeutigen Charakter
des Dokumentes und führt als Beispiele für den Umgang mit der Lehrtradition einerseits und
dem Pietismus andererseits u.a. die Hoffnung besserer Zeiten, die Möglichkeit neuer Pro-
phetie bei gleichzeitiger Betonung des *sola scriptura* sowie insgesamt die Erklärung einiger
Lehrstücke zu weniger fundamentalen an. Dieses Dokument lohnt der näheren Lektüre zur
Aufklärung der Entwicklung des Umgangs mit dem Pietismus in Württemberg auch schon
vor dem bekannten Reskript von 1743.

[167] Im Stift gab es Erbauungsversammlungen, die gewöhnlich Sonntag von fünf bis sechs
Uhr und Donnerstag von elf bis zwölf Uhr gehalten wurden. Den Vorsitz führte ein Repe-
tent oder Stipendiat (vgl. KLÜPFEL, Geschichte, 262f.). Sie sind seit 1692/96 im Stift zu be-
obachten, da aber noch nicht in dem von Klüpfel festgestellten Rhythmus. Siehe bei BRECHT,
Entwicklung, 54f., der auf die Ermöglichung dieser Stunden durch die Landeskirche hin-
weist.
Es sind einige pietistische Versammlungen im Stift nachgewiesen, von denen eine 1771 im
Verdacht stand, Swedenborgs Schriften zu behandeln, unter der Leitung der Repetenten
Köstlin und Hartmann. 1772 lud eine solche Versammlung den als Fanatiker geltenden Mar-
tin von Schlierbach ein (vgl. KLÜPFEL, Geschichte, 263).

hatte, erhielten Universität und Stift 1752 neue Statuten,[168] die zwar gemäßigt auf den Pietismus eingingen, aber vor allem darauf bedacht waren, die Stipendiaten bei der orthodoxen Lehre zu halten.[169] Noch 1780 begegnet ein General-reskript der Kirchenleitung, das in diesem Sinne alle von der Aufklärung geför-derten Bestrebungen zur Abkehr von der Konfessionsgrundlage unter Strafe stellt.[170] Eine Reform des Stifts (1787/88–1793) sollte zeitgemäßere Strukturen in die Abläufe bringen.[171] Sie brachte keine tiefen Einschnitte, bewegte sich aber zumindest in Teilen weg von der Orthodoxie. Die Repetenten sollten nun mehr für das Wissenschaftliche der Stipendiaten zuständig sein, welche dann als »Religionslehrer« Aufklärung, gute Denkungsart und Menschenglück verbrei-ten sollten.[172]

4. Philosophische und theologische Lehrer in Tübingen

Einige der Hochschullehrer, die in maßgeblicher Weise Einfluss auf die Prä-gung der Universität Tübingen genommen haben, sollen zur Charakterisierung der Lehranstalt kurz vorgestellt werden:

Christian Eberhard Weismann (1677–1747) repräsentiert einen orthodox-konservativen Typus Tübinger Theologie.[173] Mit G. B. Bilfinger und Christoph Matthäus Pfaff (1686–1760) hielt eine neue Lehrart zaghaften Einzug in Tübin-gen. Pfaff, der sich gleichermaßen durch seine polyhistorische Bildung und glänzende Begabung wie durch seinen schwierigen Charakter auszeichnete, hat prägend zwischen 1717 und 1756 in der Tübinger theologischen Fakultät als ordentlicher Professor gewirkt, auch wenn er zum Ende seiner Amtszeit zu-sehends an Ansehen verlor.[174] Schwerpunktmäßig betätigte er sich in eklek-

---

[168] Die Statuten sind im Wesentlichen Wiederholungen der von 1704, den etwas verän-derten Geist im Stift erkennt man z. B. an der Abschaffung der Pflicht, Kutten zu tragen. Nur noch Röcke oder Karmisöler sind vorgeschrieben (vgl. KLÜPFEL, Geschichte, 261).

[169] Entsprechend wurden Schriften reiner evangelischer Lehre empfohlen (vgl. MAYER, Stift, 49) An Leseempfehlungen begegnet die Bibel im Urtext (hieraus jeweils morgens und abends ein Kapitel aus Neuem bzw. Altem Testament), symbolische Bücher, orthodoxe Theologen (vgl. KLÜPFEL, Geschichte, 261 f.).

[170] Siehe bei MAYER, Stift, 53.

[171] Federführend war der Geheime Rat, besonders Konsistorialrat Georg Friedrich Grie-singer und der weltliche Rat im Konsistorium Eberhard Friedrich Georgii (1757–1830), der besonders die Rückständigkeit beklagte (vgl. zu Georgii in dieser Funktion PFEILSTICKER, Dienerbuch 1, § 2024).

[172] Vgl. MAYER, Stift, 58.

[173] Er setzte sich, die geoffenbarten Religionswahrheiten verteidigend, gegen die Sätze von den besten aller möglichen Welten und dem Ursprung des Bösen in der Leibniz-Wolff-schen Philosophie zur Wehr, vgl. KOLB, Aufklärung, 18–21.24, darin unterschieden von Bilfinger; allerdings scheint sein Streben nach schriftgemäßer Einfachheit in der Dogmatik doch einen aufklärerischen Impuls zu bieten. Vgl. BÖK, Universität, 148 [Druckfehler: 146].

[174] Zu Pfaff vgl. KOLB, Aufklärung, 2–17, der ihn unter die Pietisten rechnet, oder BEU-TEL, Aufklärung, 237 f.: Schon nach drei Jahren war Pfaff, durch den Herzog Eberhard Lud-

tischer Form in der historischen und systematischen Theologie.[175] Neben dem
Festhalten an orthodoxen Lehrinhalten versuchte er diese auch für neuere Anforderungen zu öffnen, rezipierte pietistische und föderaltheologische Gedanken und formte auf Grundlage naturrechtlichen Denkens das Konzept des Kollegialismus aus.[176] Hinsichtlich der konfessionellen Streitigkeiten vertrat er eine
Konzentration auf die fundamentalen Glaubensartikel und betrachtete die innerprotestantischen Unterschiede als Missverständnisse oder variierte Lehrar-
ten, die keine kirchentrennende Funktion hatten (*tropoi paideias*).[177] Auch seine
ekklesiologischen Konzeptionen sind für die weitere Unionsdebatte der Aufklärung zu berücksichtigen.[178] Pfaffs Schwager Johann Christian Klemm (1688–
1754), der sich bezüglich der innerprotestantischen Vereinigung schon 1719
schriftlich äußerte, blieb in der Wirkung weit hinter Pfaff und dessen programmatischen Überlegungen zurück.[179]

Georg Bernhard Bilfinger (1693–1750) wurde ob seiner Vorlesungen über die
Leibniz-Wolffsche Philosophie, für deren Nutzbarmachung er sich einsetzte,
stark angefeindet, was auch kurz darauf zum Abschied aus Tübingen führte.
Seine Bedeutung für den Aufbruch neuer Philosophie in Tübingen ist kaum zu
überschätzen.[180] Bereits 1721 war er außerordentlicher Professor der philosophischen Fakultät in Tübingen geworden, dann 1724 ordentlicher Professor der

---

wig gefördert und eingesetzt, *Professor primarius* und damit Kanzler der Universität. Auf nie
ganz geklärte Weise – man geht wohl von einem groben sittlichen Verstoß aus – verließ er
Tübingen 1756 fluchtartig. Vgl. dazu ANGERBAUER, Kanzleramt, 118f.: Ein Brief F.Chr.
Oetingers erwähnt eine Anklage wegen Päderastie. Wahrscheinlich aufgrund der äußersten
Peinlichkeit dieses Vorfalls fehlen in den Akten nähere Erwähnungen. Eine Berufung 1755
als Nachfolger J.L.v. Mosheims nach Göttingen verhinderte schon sein schlechter Leumund.
In Gießen konnte er später, obwohl er Theologieprofessor, Universitätskanzler und General-
superintendent war, keine breite Wirkung entfalten. BÖK, Universität, 147, stellt Pfaff im
Ganzen in recht positivem Licht dar, wenn er urteilt, alle nun lebenden Württemberger
Theologen seien letztlich dessen Schüler. Den Schwund des Ansehens sucht er abzumildern:
»Diese Polymathie und Polygraphie, mit den natürlichen Schwachheiten des Alters, werden
das Urtheil über ihn, als Schriftsteller, immer glimpflich ausfallen lassen, wenn seine letztere
Schriften unter dem Werthe der ältern angetroffen werden.« (ebd.).
[175] Vgl. BEUTEL, Aufklärung, 237.
[176] Inwieweit das auf die Situation in Württemberg zurückzuführen ist, in der ab 1733 ein
katholischer Herzog die Leitung der Landeskirche an das Konsistorium abzugeben hatte,
harrt noch der Untersuchung. Pfaffs Horizont war auch nicht allein auf Württemberg und
die dortigen Zustände beschränkt.
[177] Vgl. BEUTEL, Aufklärung, 238. Dies verwendete dann Zinzendorf später grundlegend
in seiner Theologie, worauf auch Beutel hinweist (vgl. ebd.).
[178] Vgl. dazu SCHÄUFELE, Pfaff (s.u. Kap. B.IV.1.2).
[179] BÖK, Universität, 149, verweist auf die 24-seitige Schrift: KLEMM, JOHANN CHRI-
STIAN, *Die nöthige Glaubens-Einigkeit der Protestantischen Kirchen, auch nach denen selbst beliebten
Principiis der sogenannten lutherischen und orthodoxen Lehrer: mit einem einigen Beweiß-Grund dar-
gethan, und allen Wahrheit- Gott- und Fried-liebenden zu einer christlichen Prüfung überlassen* (1719).
Vgl. KOLB, Aufklärung, 15, zum gemeinsamen Unionsprojekt Pfaffs mit Klemm.
[180] Vgl. auch das gleichlautende Urteil bei UHLAND, Karlsschule, 3, der ihn als Wegbereiter der neuen Philosophie bezeichnet.

Moral und Mathematik am *Collegium illustre*.[181] Nach einer kurzen Wirksamkeit als Professor der Logik, Metaphysik und Physik in Sankt Petersburg (1725–1731) wurde er endlich 1731 ordentlicher Professor der Theologie und Superattendent des Theologischen Stiftes, 1735 sogar Geheimer Rat.[182] Er machte sich verdient um die Einführung der neueren philosophischen Diskurse über die Systeme von Gottfried Wilhelm Leibniz (1646–1716) und Christian Wolff (1679–1754) sowie um die Beförderung der naturwissenschaftlichen und mathematischen Wissenschaft und einer ihr entsprechenden wissenschaftlich sauberen, systematischen Methode. Dabei ging er stets in ehrerbietiger Behandlung der geoffenbarten Religionswahrheiten vor.[183] Das von ihm maßgeblich mitverfasste *Pietistenreskript* von 1743 war Grundlage für die zukunftsweisende Eingliederung des Pietismus in die Württembergische Landeskirche.[184]

Bilfingers vorsichtige Modernisierungsversuche konnten sich – auch durch seinen Rückhalt beim Landesherrn – soweit durchsetzen, dass sie der oben erwähnte Israel Gottlieb Canz als Bilfingers Schüler weiterführen konnte. Canz, der eine rationalistische Position vertrat, war vom Stadtpfarramt in Nürtingen herkommend seit 1734 Professor der Beredsamkeit und Dichtkunst, Ephorus des Theologischen Stifts, ab 1739 Professor der Logik, 1747–1753 dann zweiter theologischer Professor.[185] Charakteristisch für seine Arbeit, die zwar von Wolff geprägt, jedoch eigenständig blieb, war die Systematisierung.[186] Auch die geoffenbarte Theologie behandelte er mit den Methoden der Philosophie systematisch,[187] und versuchte – über Bilfinger hinausgehend – Ideen Leibniz-Wolffscher Philosophie positiv in die Theologie zu integrieren.[188]

Planck kam 1769 somit an eine Hochschule, die zwar noch immer konservativ-lutherisch-orthodox geprägt war, jedoch schon Vorzeichen neuer Aufbrüche erlebt hatte: Der Pietismus hatte sich bemerkbar machen können und auf-

---

[181] Vgl. Bök, Universität, 166, der in Bilfinger und Canz die glänzendsten Beispiele der Förderung der Wissenschaften, besonders der mathematischen, durch Herzog Karl Alexander sieht. Der Herzog »beförderte die Ausbreitung der zuvor verfolgten Leibnizischen und Wolfischen [sic] Philosophie« (ebd.), leider war ihm nur eine kurze Regierungszeit vergönnt.

[182] Vgl. ebd.

[183] Vgl. Kolb, Aufklärung, 21: Canz und Bilfinger haben die »neue Philosophie« als Bundesgenossin im Kampf gegen Atheismus und Naturalismus gebraucht. Sie sind ein typisch württembergisches Beispiel der Aufklärung: Übernahme neuer Impulse bei dogmatisch unveränderter Haltung.

[184] Ebenfalls war Bilfinger beteiligt an dem Bedenken der Tübinger theologischen Fakultät bezüglich der Herrnhuter 1735 (vgl. Bök, Universität, 167 f.).

[185] Vgl. Hermelink, Württemberg, 248, und Bök, Universität, 169.

[186] Vgl. Bök, Universität, 169 f.

[187] Vgl. dazu seine aaO. 170, genannte Schrift *Usu philosophiae Leibnitianae & Wolfianae in Theologia (1728)*.

[188] Vgl. Kolb, Aufklärung, 28. Damit könnte man ihn unter die Klasse des Theologischen Wolffianismus rechnen. Er hängt besonders dem Demonstrationsverfahren an, die Offenbarung ist ihm *supra rationem* Ergänzung der weitreichend fähigen Vernunft.

klärerische Ideen waren mindestens durch Köpfe wie Bilfinger und Canz in die Diskussion der Universität eingedrungen, vornehmlich in der Form neuer systematischer, wissenschaftlicher Behandlungsweisen, bei Beibehalten orthodoxer Inhalte.

5. Plancks Studium in Tübingen

Die Matrikel der Universität Tübingen verzeichnen unter Nummer 36 616 »Theophilus Jacobus Planck Nürttingensis«[189], der nun mit seinem Eintritt ins Stift den in der theologischen Studienordnung vorgeschriebenen zweijährigen philosophischen Kursus begann. Die dazu nötige Baccalaureatsprüfung bestand Planck am 15. 12. 1769.[190]

5.1. Philosophisches Grundstudium

Während über die bisherigen Lehrer Plancks wenig bekannt und zu sagen war, sind nun mehr Informationen greifbar. Nachhaltig geprägt hat ihn Gottfried Ploucquet (1716–1790), der von 1750–1790 an der philosophischen Fakultät lehrte.[191] Als Schüler besonders von I. G. Canz, Chr.M. Pfaff und Chr.E. Weismann entwickelt er die Philosophie in starker Abhängigkeit von Wolff sowie Leibniz und Locke eigenständig weiter, indem er eine Rückkehr zur idealistischen Metaphysik des 17. Jahrhunderts erstrebte.[192] In einer Preisarbeit der Berliner Akademie über das Wesen der Monaden hatte er schon den Gedanken der prästabilierten Harmonie aufgegeben. Aufgrund dieser Arbeit wurde er dann in die Akademie aufgenommen. In seinem metaphysischen Hauptwerk *Principia de substantiis et phaenomenis (1752)* lehnte er dann die Monadenlehre ab und kehrte stärker zum cartesischen Dualismus der Substanzen zurück. Besonders einflussreich waren seine Bemühungen um einen logischen Kalkül: als umfassende Identitätstheorie des Urteils, »welche die Umfangsidentität von Subjekt und Prädikat in allen bejahenden Sätzen behauptet.«[193] Für ihn war die Logik Werkzeug zur »präziseren Darstellung von (physikalischen oder metaphysischen) Erkenntnissen«[194].

---

[189] Matrikeln 3, 219. Hier unter dem Prorektorat Sartorius' und dem Datum 02. 11. 1767, aber unter der Überschrift: »d. 12. decembris inscripsere XXX alumni Bebenhusani, qui post inscriptionem Bebenhusam redierunt« (hier ist die Präsentation gemeint).

[190] Vgl. aaO. 220, und EBERL, Klosterschüler, 103.

[191] Vgl. HERMELINK, Württemberg, 249. Darstellungen über G. Ploucquet sind rar: Vgl. z.B. ANER, Ploucquet. Seine Rolle für die Aufklärungstheologie verdiente ausführlicher gewürdigt zu werden. Vgl. noch das Material bei FRANZ, Reiche.

[192] Vgl. UEBERWEG, Grundriss 3, 462.

[193] AaO. 463.

[194] FRANZ, Exkurs, 531. Vgl. diesen Beitrag insgesamt zur Logik Ploucquets, die zwar länger als seine Metaphysik Bestand hatte, doch von der nachfolgenden Generation, z.B. Hegel, vehement kritisiert wurde.

Als ein frühes Zeugnis der wissenschaftlichen Entwicklung Plancks ist die Verteidigung *De motu lunae (1771)*[195] zur Erlangung der philosophischen Magisterwürde bei Johann Kies (1713–1781), der die Analysis des Endlichen lehrte, anzusehen. Sie behandelt das Problem, die Bewegung des Mondes in seiner Abhängigkeit von verschiedenen auf ihn einwirkenden Kräften von Erde und Sonne richtig zu erklären. Die Bestimmung der richtigen Mondlaufbahn habe besonders für die Orientierung und Vermessung auf See weitreichende Auswirkungen. Kies war ordentlicher Professor der Naturlehre und Mathematik an der Universität seit 1754 und am *Collegium illustre*, auch Bibliothekar der Universität.[196] Seine Schriften befassen sich vornehmlich mit der Planetenbewegung sowie mit Newtons Gesetzen. Er unterrichtete Naturlehre oder Experimentalnaturlehre, reine und angewandte Mathematik sowie Astronomie.[197]

Für eine ungewohnte Besonderheit im Lehrplan ist Johann Heinrich Frommann (1729–1775) verantwortlich. Er war nach seinem Abschluss als Magister 1748 nach einigen Reisen durch Oberschwaben, Bayern und Tirol 1756 einem Ruf als Professor der Philosophie nach Moskau gefolgt, bevor er 1766 nach Tübingen als außerordentlicher Professor der Philosophie zurückkehrte.[198] Frommann hielt Vorlesungen über Natur- und Völkerrecht und die Geschichte der europäischen Staaten.[199] Daneben verfasste er auch Schriften über die Wissenschaften und Künste in Russland sowie das russisch-kaiserliche Gesetzbuch und hielt eine Vorlesung über die Geschichte des Russischen Reiches, die Planck bei ihm hörte.[200]

August Friedrich Bök (1739–1815), der eine groß angelegte Geschichte der Universität Tübingen schrieb, die bis heute als wichtige Quelle dient,[201] war seit 1767 außerordentlicher, seit 1775 ordentlicher Professor der Philosophie und gleichzeitig ordentlicher Professor am *Collegium illustre* ab 1770, zudem zustän-

---

[195] *DISSERTATIO PHYSICA DE MOTV LUNAE (August 1771)*. Es handelte sich um eine Verteidigung bei J. Kies durch Planck und einen Philipp Friedrich Jäger aus Denkendorf »PRO OBTINENDIS SVMMIS IN PHILOSOPHIA HONORIBUS« (Titelblatt der Abhandlung). Vgl. auch die Erwähnung bei LÜCKE, Planck, 5. Jäger wird erwähnt u. a. in den *Testimonia Stipendiariorum* von 1774 unter Nr. 177 (vgl. die Akte AEvST E 1, Nr. 13/2, Bl. 57).

[196] Vgl. BÖK, Universität, 259. Er hatte die Klosterschulen Denkendorf und Bebenhausen besucht, war 1732 im Stift aufgenommen worden, hatte 1734 seinen Magister gemacht und war zwischenzeitlich Mathematiker in Warschau beim Fürsten Czartoryski gewesen (vgl. aaO. 259).

[197] Vgl. aaO. 260–262. Unter Herzog Karl Eugen erhielt die Universität in Tübingen neben einer Sternwarte ein neues »chymisches Laboratorium« sowie ein erweitertes anatomisches Theater und einen zum Vortrag der Experimental-Naturlehre speziell ausgestatteten Hörsaal (vgl. aaO. 184 f.).

[198] Vgl. aaO. 263 f.

[199] Angeblich nach den Lehrbüchern von Joachim Georg Daries (1714–1791), Gottfried Achenwall (1719–1772) und Christoph August Heumann (1681–1764) (vgl. aaO. 264).

[200] Vgl. LÜCKE, Planck, 5.

[201] Vgl. dazu auch die Verweise auf BÖK, Universität, in dieser Darstellung.

dig für Beredsamkeit und Dichtkunst.[202] Bekannt war er als Herausgeber der
lateinischen Übersetzung der Theodizee Leibniz'. Bei ihm hörte Planck die
Metaphysik und Theorie der schönen Wissenschaften.[203]

Für die Ausbildung der historischen Forschung in Tübingen ist Christian
Friedrich Rößler (1736–1821), seit 1777 Professor für Geschichte, von nicht zu
unterschätzender Bedeutung: Er steht für eine pragmatische Behandlung der
Geschichte, will die Kirchengeschichtsschreibung von ihrer polemischen und
apologetischen Ausrichtung befreien, tritt freilich erst nach Plancks Studium als
Professor, vor dessen Studium lediglich als Stiftsrepetent auf.[204]

An der Spitze von 31 Kommilitonen schloss Planck mit der Magisterpromotion am 25. 09. 1771 den philosophischen Kursus ab.[205] Dass unter den zu diesem Zwecke aufzuführenden *specimina eruditionis* bei Planck kein einziges historisches Thema zu finden ist – worauf Lücke hinweist –, mag im Hinblick auf
Plancks späteren Werdegang verwundern, historische Inhalte hat er dann aber
durchaus in seinem theologischen Studium traktiert.[206] Unter den *specimina
eruditionis* finden sich eine lateinische Abhandlung zur Erklärung des Wortes
ταρταρώσας (2Petr 2,4), eine deutsche zur Widerlegung der Bonnetschen Ana-

---

[202] Er befasste sich aber auch mit den Gottesbeweisen und einer zweckmäßigen Behandlung der natürlichen Theologie (vgl. aaO. 265). Er legte für seine Abhandlungen der Philosophie Feders Lehrbücher zugrunde und erläuterte Fergusons Grundsätze der Moralphiloso-
phie (vgl. aaO. 266). Er war außerdem Pädagogarch und seit 1781 Ephorus des Martinia-
nischen Stifts (vgl. HAMBERGER/MEUSEL 1, 163).
[203] LÜCKE, Planck, 5, mutmaßt, Planck sei in wesentlich größerem Maße von G. Ploucquet als von A.F. Bök geprägt worden – wie auch L. T. Spittler.
[204] Vgl. zu Rößler KOLB, Aufklärung, 59. Zur Einordnung vgl. FLEISCHER, Sachlichkeit,
186: Rößler war ein typischer Vertreter des Spätpragmatismus, bewegt sich damit auf einer
Planck vergleichbaren Bahn (s. u. Kap. B. II).
[205] EBERL, Klosterschüler, 103, notiert als Datum der Magisterpromotion 25. 09. 1771;
ebenso LÜCKE, Planck, 5, und Matrikeln 3, 220. TSCHACKERT, Planck, 472, notiert, Planck
sei »als Primus unter 31 Komilitonen [sic] Magister geworden«. Vgl. die Angabe AEvST E 1,
Nr. 54/3 (*Herzoglich-konsistoriales Schreiben vom 04. 06. 1771*): Erlaubnis an alle 32 Com-
plenten »auf den gewöhnlichen Terminus Luca Anni curr. den Gradum Magisterii annehmen zu dürfen«. Lukas ist eigentlich der 18.10. Jedenfalls notiert der Semesterbericht 1771
unter Nummer 1 der »Complentes« zu »Theoph. Jac. Planck, Nürtt.«: »Filiz. ac. promtu cum
succ. industrium. m. pr.« (AEvST E 1, Nr. 13/2 [unpag.]).
[206] Vgl. LÜCKE, Planck, 5: Plancks an nur wenigen historischen Veranstaltungen im Studium auftretende »Neugier« sei »gewiß nur zufällig und vorübergehend« gewesen. BRECHT,
Entwicklung, 80, sieht im Buchbestand der Stiftsbibliothek einen Hinweis auf eine mögliche
frühe Prägung Plancks in historisch-kritischer Hinsicht. Allerdings gibt ein Buchbestand
keine direkten Hinweise auf dessen Benutzung und diesbezügliches Interesse.
Unter Plancks später besuchten Kollegien jedenfalls kann ein Gutachten zum theologischen Examen neben exegetischen vor allem kirchengeschichtliche Lehrveranstaltungen
aufzählen (vgl. den Bericht des Stifts an das Konsistorium vom 21. 11. 1774 in den *Testimonia
Examinandorum*, AEvST E 1, Nr. 20/2) (s. u. Kap. A.II.5.2).

lyse der Seelenkräfte[207] sowie eine andere über die Verhältnisse zwischen der Religion und der Regierungsform.[208]

Kurz vorher hatte Planck zum Geburtstagsfest des Herzogs Karl Eugen am 11. 02. 1771 ein Gedicht *Rede vom Gefühl der Schönheit* verfasst.[209] In einem ersten Teil[210] besingt der Dichter Planck den großen Geburtstag Karls, des Herrschers, des Helden, des Weisen, wobei die Grenzen zwischen dem Lobpreis des Tages oder der Sonne (»Wie Du im Purpur-Gewande/Des Morgens am Himmel heraufstiegst«) mit dem Karls (»Seht wie zur Linken Seines Throns/Die Weisheit ihn umkränzt./Der Engel naht sich zu Ihm hin,/Die Weisheit selbst bewundert Ihn,/Doch beeder Zunge schweigt.«) verschwimmen. Auf einer weiteren Ebene wird zudem das Ringen des Dichters um die richtigen Worte des Lobpreises thematisiert: »Auch meine zitternde Muse schweigt/Erhabner Fürst! vor Dir!« Der zweite Teil ist die eigentlich *Rede vom Gefühl der Schönheit*: Das Gefühl sei »der Schönheit Zauberkraft«, womit sie Empfindungen in der Seele des Menschen bewirke.[211] Nicht allein die Vernunft könne der Vorzug der Menschen vor den Tieren sein, auch die beglückenden Empfindungen, die Anrührbarkeit durch die Schönheit wohne der Seele des Menschen natürlich inne. Mehr und stärkere Gefühle als die Einfalt, die bloßen einzelnen Teile eines Ganzen, wirke jedoch die geordnete »Mannigfaltigkeit«, die »Harmonie«.[212] Einer kühlen Vernünftigkeit ist der Dichter hier ebenso fern wie einer unordentlichen Phantasie. Alle Ordnung rührt für ihn von der Hand des Schöpfers her. Für die Tugend spiele das Gefühl und die »Empfindsamkeit«[213] eine große Rolle, da sie allein darin ihrer Belohnung teilhaftig werden kann, d. h. offenbar

---

[207] Charles Bonnet (1720–1793) betrieb in seinen Hauptwerken *Essai de psychologie (1755)* und *Essai analytique sur les facultés de l'âme (1759)* (1770/71 in deutscher Übersetzung: *Versuch über die Seelenkräfte*) eine empirische Psychologie. Darin hängt alles von Beobachtungen und Sinnesempfindungen ab (er war eigentlich Naturforscher), die einzelnen Bestandteile z. B. des Gehirns, das für jede Empfindung eine spezielle »Fiber« habe, spielen zudem eine große Rolle. Die Seele selber ist immateriell. Erschütterungen dieser Fibern bewirken einen bestimmten »Gefühlston«. Gefühle und Empfindungen sind die Triebfedern zu Wollen und Handeln (vgl. Bonnet, Versuch, 103f. [§ 131]; vgl. dazu Müller, Psychologie, 7). Dabei geht er grundsätzlich von einem Leib-Seele-Dualismus aus (vgl. Müller, Psychologie, 4). Darauf fußend setzte er sich mit dem Weiterleben nach dem Tod auseinander, eine entsprechende Schrift ist von Lavater übersetzt worden. Zum Verhältnis Bonnet – Lavater vgl. die Briefsammlung Luginbühl-Weber, Lavater, dort auch zur Biographie und Bibliographie Bonnets (vgl. aaO. Bd. 2, 678–689).

[208] Alles bei Lücke, Planck, 5f. Leider sind diese Ausführungen nicht mehr aufzufinden.

[209] In dieser Funktion wird Planck mit Professor Christoph Friedrich Schott Kontakt gehabt haben, der für diese Geburtstagsreden zuständig war (s. u.). Sie ist als *Rede vom Gefühl der Schönheit. Auf das den 11. Febr. 1771 öffentlich gefeyerte höchste Geburts-Fest Durchlauchtigsten Herzogs und Herrn Herrn Carls (1771)* gedruckt überliefert.

[210] Vgl. Planck, Rede vom Gefühl, 3–5.

[211] Vgl. aaO. 6.

[212] Vgl. aaO. 7: »Wann Ordnung, Symmetrie, und wohlgewählte Pracht,/Die Einfalt rührender, die Schönheit schöner macht.«

[213] AaO. 8.

dem Gefühl des tugendhaften Seins. Im Prozess des Gefühls treffe die Anregung schon auf eine bestimmte Disposition des Rezipienten: »So rührt die
Schönheit uns, wann sie die Züge findet, / Die unser eignes Herz mit ihrem Bild
verbindet«.[214] Bei aller Wandelbarkeit der Schönheit in Zeiten und Situationen
bleibe es doch bei dem damit gekennzeichneten Grund, selbst dann, wenn die
Schönheit das intendierte Gefühl nur über den Verstand zu erregen vermöge.
Doch könne der Weise dabei die Schönheit in einem größeren Kreise sehen als
kleine Geister, dem dort die Schönheit verborgen bleibt, wie Planck an Newton
verdeutlicht, der die Schönheit in den Gesetzen der Himmelsbewegung erkannt
habe.[215] In ihrer Tendenz erscheint die Position Plancks als ein Plädoyer für die
Grundregeln der klassischen Kunst, das Ebenmaß und die Harmonie als Grundlage wahrer Schönheit anzusehen, da ihm eine geordnete Schönheit das Gefühl
noch mehr anzuregen scheint, wofür auch die abschließende Anrufung Plancks
spricht: »Geist meines Winkelmanns! Erscheine meinen Blicken, / Und zeichne
mir ihr Bild, die Schönheit auszudrücken, / Wie sie am Throne CARLS in voller Majestät, / in ihrem ersten Glanz für Ihn ihr Haupt erhöht.«[216] So wird dieses
Gedicht letztlich vorgestellt als Ausdruck des Versuches, die eingangs genannten Gefühle für den Herrscher in rechte Worte zu fassen, und so schließt dieser
Teil:

»Doch mehr als das Gefühl, das sie in uns erreget, / Ergießt sich in mein Herz! Mehr als
Empfindung schläget / Für CARLN in meiner Brust. Die Schönheit stirbt für mich! /
Und ER – auf den sie weißt – zeigt meinem Auge Sich!«[217]

In einem abschließenden dritten Gesang[218] weitet Planck die Perspektive auf das
Volk, für das er spreche (»Dann jeder Bürger spricht aus mir, / Und jeder brennt
für Dich!«) und das er nun auch anredet (»Naht euch glückliche Völker! / Naht
euch alle zum Thron hin«). Alles habe das Volk seinem Fürsten, dem »Vater des
Vaterslandes« zu verdanken (»Heil Dir! Du Vater Deines Volks / Dir danken wir
das Leben! / Wir flehten Dich in unserer Noth, / Du eiltest sie zu heben! / In unsren Hütten war kein Brodt, / Du hast es uns gegeben!«). Zudem lobt der Dicher
die Weisheit und die Nähe des Fürsten zu den Künsten.
     Das Werk gehört sicherlich nicht zu den herausragenden Dichtungen des 18.
Jahrhunderts, ist aber – immerhin gedruckt – ein früher Ausdruck der später
versiegenden poetischen Neigungen Plancks. Dieser hatte – abgesehen von solchen Ausflügen in die schönen Künste – somit eine typisch württembergische

---

[214] AaO. 9.
[215] Vgl. aaO. 11: »So schön für Newtons Blick, wie sie ein Engel siehet, / Ihm der Gesetze
Plan für jede Welt enthüllt, / Und selbst die Sonne wiegt, die ihre Crayse füllt.«
[216] AaO. 11. LÜCKE, Planck, 6, findet diese Erwähnung bemerkenswert. Gemeint ist wohl
Johann Joachim Winckelmann (1717–1768), der die Kunstgeschichte begründete und darüber hinaus die Rezeption der Klassik enorm befruchtete (vgl. dazu SEEBA, Winckelmann).
[217] PLANCK, Rede vom Gefühl, 11.
[218] Vgl. aaO. 11 f. Dort auch die folgenden Zitate.

philosophische Ausbildung erhalten, bei der allenfalls die prominente Stellung der naturwissenschaftlichen Verteidigung zum Abschluss des philosophischen Kurses heraussticht: Nur vorsichtig und mit etwas Verzögerung werden neue philosophische Aufbrüche rezipiert. Besonders die systematische Leibniz-Wolffsche Philosophie sowie deren pietistische Brechung waren lange vorherrschend. Diese Verzögerung in der Aufnahme neuer Ideen steht paradigmatisch für die geistige Entwicklung Württembergs im 18. Jahrhundert: Sie verlief konservativ, war aber keineswegs gegenüber anderen Territorien minderwertig.

5.2. Theologische Studien

Nach dem zweijährigen philosophischen Kursus konnte Planck dann in die oben schon beschriebene theologische Fakultät wechseln.

Hier ist er offenbar, wie sein Freund und Studienbegleiter Ludwig Timotheus Spittler (1752–1810), besonders durch J.F. Reuß geprägt worden, der 1757–1777, während Plancks Studienzeit, die erste theologische Professur innehatte. Aus Württemberg stammend und die klassische theologische Laufbahn einschlagend, wurde er früh vor allem durch J. A. Bengel in der Klosterschule Denkendorf geprägt.[219] Später (ab 1721) in Tübingen wurde er ein Schüler G.B. Bilfingers, studierte die Leibniz-Wolffsche Philosophie sowie Mathematik und später Theologie u.a. bei Chr.E. Weismann und Chr.M. Pfaff.[220] Durch Vermittlung Zinzendorfs, zu dem er – wie auch zu Spener – gute Kontakte pflegte,[221] erhielt er eine Anstellung als Hofprediger und Theologieprofessor in Kopenhagen und war Konsistorialrat und Generalsuperintendent in Schleswig und Holstein, bevor ihn der Herzog 1757 nach Württemberg zurückrief, um als erster Professor, damit auch Kanzler der Universität, Stiftsprobst und Abt des Klosters zu Lorch im Charakter eines herzoglichen Rats die Nachfolge Pfaffs anzutreten.[222] Sein theologisches Profil[223] ist bisher wenig erforscht und lässt sich so nur in groben Strichen zeichnen: Vornehmlich lehrte er – geprägt durch Bengel, dessen Theologie er auch vertrat – im exegetischen Bereich. Obgleich in gutem Kontakt mit pietistischen Kreisen und Schüler der Wolffschen Philosophie, wandte er sich später sowohl gegen einen missverstandenen Bußkampf der Pietisten als auch gegen die zeitgenössische Philosophie. Während seiner Zeit in Dänemark lässt sich eine Hinwendung zum Luthertum beobachten sowie eine Konzentra-

---

[219] Vgl. ANGERBAUER, Kanzleramt, 121.

[220] Vgl. CARSTENS, Reuß, 308. Seine Magisterpromotion fasste Reuß noch ganz im Wolffschen Sinne ab: *De principio rationis sufficientis (1723).*

[221] 1731 besuchte Reuß Herrnhut. Insgesamt gilt er als »arriviertester Schüler Bengels« (BRECHT, Pietismus 2, 262).

[222] Vgl. CARSTENS, Reuß, 308. Vgl. auch ANGERBAUER, Kanzleramt, 121.

[223] Dieser Befund, den auch BRECHT, Pietismus 2, 262, formuliert, ist sicherlich auch der geringen literarischen Wirksamkeit geschuldet: Reuß veröffentlichte lediglich einige Predigtsammlungen sowie eine Sammlung akademischer Dissertationen als *Opuscula (1768)* (vgl. CARSTENS, Reuß, 309).

tion auf die Themen »Gottes Erbarmen« und »Christi Versöhnung«. Gegen Johann Salomo Semler (1725–1791) vertrat er im Gefolge der biblischen Theologie Bengels die Abfassung der Johannesoffenbarung durch den Apostel Johannes. Wenn auch seine Ansichten dem kritischer werdenden Geist der Studenten nicht mehr in Gänze standhalten konnten, übte er doch breite Prägekraft aus.[224] In Reuß' Entwicklung ist beobachtbar, wie die Tübinger Theologie den Wandel aus der Orthodoxie, in Ablehnung der Wolffschen Philosophie hin zu einem apologetischen biblizistischen Supranaturalismus nimmt, wie er später unter Gottlob Christian Storr (1746–1805) besonders deutlich hervortreten sollte.[225] Nicht mehr das orthodoxe Inspirationsdogma war Ausgangspunkt der Argumentation, sondern die Wahrheit der Selbstaussage der Apostel, das Selbstzeugnis Jesu, das durch Wunder bekräftigt war.[226] »Die Offenbarung, die der Vernunft gegenübergestellt ist, ist zugleich *manifestatio doctrinarum*, Lehrmitteilung des zum ewigen Seelenheil notwendigen Wissens«.[227]

Nach Reuß' Tod 1777 trat seine Nachfolge als Kanzler für kurze Zeit Johann Friedrich Cotta (1701–1779) an.[228] Mit ihm wirkte seit 1735 im Extraordinariat ein Vertreter der Orthodoxie, der pietistischen Strömungen distanziert, aber nicht feindselig gegenüberstand.[229] Neben einer Kirchengeschichte des Neuen Testaments verfasste er Zusätze und Fortsetzungen der Ketzergeschichte Arnolds[230] und gab die *Loci theologici* Johann Gerhards (1582–1637) mit Anmer-

---

[224] Ob man ihn als Lehrer einer neuen Generation württembergischer Pietisten bezeichnen kann, die sich als von ihm geprägt bekannten, wie BRECHT, Pietismus 2, 262, behauptet, ist deshalb in Frage zu stellen, weil Reuß zum einen offensichtlich gerade nicht nur Pietisten geprägt hat und zum anderen seine Lehrinhalte sich nicht mit klassischen pietistischen Inhalten decken. Das richtige Moment in Brechts Einschätzung liegt in dem Hinweis auf das *Neue* dieser Generation – gerade eben in ihrer vielgestaltigen Prägung. Dass die Verbindung von Pietismus und Aufklärung in Württemberg schwach geblieben ist, allenfalls bei Randfiguren zu bemerken ist, wie Brecht (aaO. 289) feststellt, verkennt die Prägekraft gerade der vermeintlichen Randfiguren wie Reuß, der schon durch seine Lehrer Bengel und Bilfinger verschiedene Richtungen in sich vereinte, und stellt nicht klar heraus, was eigentlich mit »Pietismus« und »Aufklärung« gemeint ist. Hermelink forderte bereits 1949: »Zunächst muß man Rationalismus und Pietismus zusammen nehmen, nicht gegeneinander ausspielen, wie es in der pietistischen Geschichtsschreibung üblich geworden ist. Sie sind zwei Seiten eines und desselben Vorgangs und ihre Übergänge ineinander sind fließend.« (HERMELINK, Württemberg, 155). Diese Einsicht verlangt auch heute Beachtung.

[225] Vgl. HERMELINK, Württemberg, 270. Zu Reuß' Profil vgl. KOLB, Aufklärung, 55f.

[226] Vgl. dazu besonders Plancks Haltung in der Apologetik (s. u. Kap. B.I.5.4.1. und den dortigen Exkurs).

[227] HERMELINK, Württemberg, 270. Vgl. außerdem KOLB, Aufklärung, 56f., zur Argumentation zur unzweifelhaften Authentie der Schriften und ihrer Normativität.

[228] Nicht zu verwechseln mit dem Stuttgarter Verleger gleichen Namens (1764–1832). Der hier Genannte stammt allerdings ebenfalls aus der Buchhändler-Dynastie Cotta (sein Vater war Johann Georg Cotta, Sohn des gleichnamigen Gründers des Familienunternehmens [vgl. ANGERBAUER, Kanzleramt, Tafel 15]).

[229] Vgl. PALMER, Cotta, 526.

[230] Vgl. HERMELINK, Württemberg, 248; BÖK, Universität, 214. Die Kirchengeschichte des Neuen Testaments wurde in ihrem ersten Teil auch ins Niederländische übertragen (vgl.

kungen versehen neu heraus.[231] Obgleich gelehrt und vielseitig, konnten seine scholastisch-orthodoxen Abhandlungen die Studenten nicht mehr begeistern: Die Fragen beispielsweise, an welchem Schöpfungstag die Engel erschaffen wurden, oder ob die Hölle sich in der Sonne befinde, hatten doch einiges an Brisanz und damit Interesse verloren.[232]

Ebenfalls der Orthodoxie verpflichtet und durch ein dogmatisches Kompendium einflussreich blieb Christoph Friedrich Sartorius (1701–1786),[233] seit 1755 Professor in der Nachfolge von Johann Christian Klemm (1688–1754),[234] vorher Klosterpräzeptor und Prediger in Bebenhausen, Stadtpfarrer und Specialsuperintendent in Ludwigsburg. Als theologische Lehrer sind wieder einmal Pfaff und Weismann zu nennen, daneben noch Johann Rudolph Osiander. Als Nachfolger Cottas war dieser seit 1780 Kanzler der Universität, vorher schon Dekan und seit 1777 Vizekanzler.[235] Den Schwerpunkt seiner Lehre bildete die Dogmatik, konkret z. B. die symbolischen Bücher sowie einzelne Teile der Religionsstreitigkeiten.[236] Sein daraus entstandenes Kompendium der Dogmatik[237] war zeitweise offizielles Lehrbuch in Württemberg.[238] Auch er konnte mit seiner scholastisch-orthodoxen Art keine weiterführenden Akzente mehr setzen und galt als typischer Vertreter der Orthodoxie.

---

aaO. 216: *Versuch einer ausführlichen Kirchenhistorie des neuen Testamentes, von Anfang der christlichen Zeitrechnung, bis auf gegenwärtige Zeiten, 3 Theile [1768–1773]*. Auch Plancks *Geschichte unseres protestantischen Lehrbegriffs* wurde einzig ins Niederländische übersetzt (s. Kap. B. II.2.1.).

[231] Vgl. PALMER, Cotta, 527. Seine Lehrtätigkeit führte ihn, nachdem er 1733 Professor der Philosophie in Tübingen geworden war, 1735 kurzzeitig nach Göttingen auf eine theologische Professur, 1739 kehrte er als außerordentlicher Professor der Theologie und ordentlicher Professor der Geschichte, Poesie und Beredsamkeit nach Tübingen zurück, erhielt dann 1741 eine ordentliche Professur in der Theologie (vgl. ebd.).

[232] Ein Bericht darüber findet sich aaO. 527.

[233] Vgl. WAGENMANN, Planck, 381. Christoph Friedrich Sartorius (geb. 22. 10. 1701) war Doktor der Theologie und *Professor primarius* in Tübingen sowie erster Superattendent des Stifts, Kanzler der Universität und Herzoglich Württembergischer Rat (seit 1780), zudem auch Abt zu Lorch (seit 1777) (vgl. HAMBERGER/MEUSEL 3, 334).

[234] Vgl. BÖK, Universität, 148 f.

[235] Das ordentliche Vizekanzleramt wurde zur Unterstützung des kränklichen Cotta eingerichtet, der im Kanzleramt nicht übergangen werden sollte (vgl. ANGERBAUER, Kanzleramt, 122 f.).

[236] Vgl. BÖK, Universität, 221.

[237] 1764 und 1766 noch unter dem Titel *Positiones theologicae in usum praelectionum dogmaticarum*, dann erweitert als *Compendium theologiae dogmaticae (1777, 1782)*. Zur Einführung als offizielles Lehrbuch auch im Stift v. a. für die *loci* vgl. den Aufruf von 1781 (EvStAST E 1, Nr. 51/1). Als weiteres erwähnenswertes Werk ist eine dreibändige *Theologia symbolica (1770)* zu nennen (vgl. bei WAGENMANN, Planck, 382).

[238] Zuvor hatte er die Dogmatik nach Jägers Kompendium gelesen, die evangelische Geschichte und Synopse nach Bengel, Polemik nach Baumgarten und Köcher, Symbolik bzw. Einleitung in die symbolischen Bücher, Hermeneutik, Katechetik u. a. (vgl. bei WAGENMANN, Planck, 381).

Zudem wirkte noch Heinrich Wilhelm Klemm (1725–1775) in Tübingen, der historisch-theologische Vorlesungen (Reformation, Zeitgeschichte, Geschichte der Glaubenslehren) hielt und eine siebenbändige Enzyklopädie sowie Schriften zu mathematischen Problemen und der hebräischen Sprache verfasste.[239]

Christoph Friedrich Schott (1720–1775) war außerordentlicher Professor der Theologie seit 1761, zuvor ab 1753 ordentlicher Professor der praktischen Philosophie, wurde 1762 zum Doktor der Theologie promoviert und war als Professor der Beredsamkeit bis 1772 auch für die üblichen Reden zum Geburtstag des Herzogs zuständig.[240] In seiner Vorlesungspraxis findet sich ein Hinweis auf den Einfluss des Theologischen Stifts auf den akademischen Lehrbetrieb auch über die eigenen Repetenten-Veranstaltungen hinaus: Schott bot wöchentliche Disputierübungen an, die sich an den im Stift gerade behandelten theologischen *Loci* orientierten. Seine Vorlesungen behandelten u. a. das Natur- und Völkerrecht, in der Theologie neben der Dogmatik und Katechetik die Literargeschichte der Theologie.[241]

Als Professor der Beredsamkeit und Dichtkunst wurde Schott durch Johann Jakob Baur (1729–1776) abgelöst, der 1772 Professor der griechischen und morgenländischen Sprachen wurde, nachdem er schon seit 1770 außerordentlich ein Lehramt in der theologischen Fakultät bekleidete. Seine Vorlesungen behandelten vor allem den griechischen und hebräischen Text, dessen Verbindungen[242] und die vornehmsten Beweisstellen der Schrift.[243]

Den Schwerpunkt seiner theologischen Studien legte der junge Planck vornehmlich in den Bereich der Exegese, in der ihn Reuß prägte, sowie – offenbar im Unterschied zu seinen Neigungen im philosophischen Kursus – in der Kirchengeschichte.[244] Genaueres ist allerdings nicht zu erheben, nur ein paar Veröffentlichungen mögen Einblicke geben:

1773 erschien anonym ein *Entwurf einiger Abhandlungen vom Herzen*, der Planck zugerechnet wird.[245] Eine sichere Zuschreibung scheint mir nur schwer möglich: Schon der Umfang (236 Seiten) verwundert für eine studentische Gele-

---

[239] Vgl. HERMELINK, Württemberg, 248. Klemm war seit 1745 Magister, seit 1750 Repetent, 1755 Professor und Prediger im Kloster Bebenhausen, 1761 Professor für Mathematik am Gymnasium in Stuttgart und seit 1767 außerordentlicher Professor in Tübingen (vgl. BÖK, Universität, 221 f.).

[240] Vgl. BÖK, Universität, 255 f. Schott hatte 1739 den Magister abgeschlossen, war 1754 Bibliothekar der Universität Tübingen, Pädagogarch im oberen Teil des Herzogtums und Rektor des akademischen Contuberniums 1761 (vgl. aaO. 255).

[241] Vgl. aaO. 221.

[242] Vgl. aaO. 262 f.

[243] Vgl. aaO. 224.

[244] Vgl. den Bericht des Stifts zum Examen Plancks (AEvST E 1, Nr. 20/2: »Testimonia Examinandorum Magisterii XI. d. 21. Nov. 1774 in Illustr. Consistorium Ducale transmissa«).

[245] So schon LÜCKE, Planck, 6, der diese Schrift im Zusammenhang mit der Untersu-

genheitsschrift und die sprachliche Diktion entspricht nicht der, wie sie später bei Planck vorherrscht. Hingegen entspricht sie inhaltlich Vorstellungen, die auch später bei Planck auftauchen; einige Grundgedanken sollen hier skizziert werden.

Den behandelten Gegenstand habe er als »Vorbereitungs-Materie«[246] studieren müssen – die Abhandlung bewegt sich auf rein philosophisch-psychologischem Feld. Was bei Empfindungen Sache des Verstandes, was des Herzens und was der Seele sei, müsse deutlich unterschieden werden:[247]

»Unsere Seele ist das Ding, das in uns denkt. Sie bekommt vermittelst der Sinne Vorstellungen von Dingen: oder: die äussere Gegenstände würken vermittelst der Sinne auf die Seele. Ein Gedanke ist die Vorstellung eines Dings. Eine verwirrte Vorstellung heißt Empfindung: die Fähigkeit, diese verwirrte Vorstellung aufzuklären, heißt Verstand: und das Ding, das an der Verwirrung der Begriffe meistentheils Schuld ist, heißt das Herz.«[248]

Es geht somit um die Frage, wie und wodurch das Herz gerührt wird – »Das Herz wird durch Gegenstände gerührt, die es interessieren«[249] –, um den Zusammenhang des anregenden Gegenstandes mit der Rührung[250] und um die Handlungsdimension, wobei feststehe, dass, »ohne daß sein Herz die mindeste Bewegung fühlte«[251], niemand zu einer Handlung gebracht werden könne; eine schöne Handlung aber habe ein angenehmes Gefühl zur Folge.[252] Bloß aufgrund ihrer Tugendhaftigkeit übe kein Mensch eine Handlung aus.[253] »Man wird mich beschuldigen, daß ich den Wehrt der menschlichen Tugenden zu tief heruntersetze: aber kann ich dafür, daß die Sachen just so und nicht anders sind?«[254], verteidigt sich der Autor. Nach einigen Ausführungen über die Charaktereigenschaften und Temperamente und der Definition, dass ein weiches Herz bloß empfindsamer sei, ein gutes Herz hingegen nur ein solches sein könne, das ausschließlich dann gerührt werde, wenn es gerührt werden solle, und die Seele erst nach Überlegung zur Tat antreibe,[255] folgen Gedanken über das

---

chung Plancks über Bonnet und Plancks psychologischer Art der Kirchengeschichtsschreibung sieht.

[246] [PLANCK], Entwurf, Vorrede [unpag 2].

[247] Vgl. aaO. 5. Als Hinweis auf Plancks Verfasserschaft mag die durchgehende Berufung auf Bonnet gelten, dessen Analyse er sich zunutze macht; diesen hatte er in seinem philosophischen Studium behandelt (s. o.).

[248] AaO. 7.

[249] AaO. 10.

[250] Vgl. aaO. 18.

[251] AaO. 31.

[252] »So oft wir eine schöne Handlung verrichtet haben, an der unser Herz Antheil nahm, so empfinden wir ein gewisses Etwas, das unaussprechlich angenehm, unaussprechlich beruhigend ist.« (aaO. 43).

[253] Vgl. aaO. 57. Analoges gelte von den Lastern.

[254] AaO. 49.

[255] Vgl. aaO. 89 f. Hier macht sich Planck wieder Ideen Bonnets zu eigen.

Gefühl der Schönheit in vergleichbarer Weise, wie Planck schon 1771 dichte-
risch ausgeführt hatte:[256] Wenn der Verstand die Ordnung in der Verbindung
der Teile einsieht und die Phantasie dieses Bild der Seele darstellt, »so empfinden wir ein Vergnügen, das man die Empfindung der Schönheit nennt.«[257]

Im zweiten Hauptteil handelt das Werk von der »Anwendung dieser Bemerkungen auf die Beobachtung und Bildung des Herzens«[258], d. h. zur psychologischen Analyse und Erziehung. Grundsätzlich sei es möglich, von Beobachtungen am eigenen Herzen auch auf die Disposition der Herzen anderer schließen zu können,[259] dazu sei aber eine eingehende, vorurteilsfreie Kenntnis des
eigenen Herzens nötig.[260] Da man fremde Empfindungen im Gegensatz zu eigenen nicht fühle, müsse man sie zudem aus den Wirkungen beurteilen.[261] Um
diesen Schluss zu ermöglichen – denn man dürfe nie die erstbeste Leidenschaft
für die Grundneigung halten, aus der alles abzuleiten sei[262] –, baut die Abhandlung eine Verwandtschaft von Lastern, Empfindungen, Neigungen und Leidenschaften auf.[263]

»Das Herz bilden, oder zu bilden suchen, heißt im engen Verstand und nach unsren
bisherigen Anmerkungen und Erklärungen, dem organischen Typo unserer Vorstellungen, oder demjenigen vehiculo, durch welche die äussere Gegenstände durch die
Sinne auf unsere Seele würken, eine solche Richtung zu geben suchen, daß unsere
Seele nie ganz die Kraft zu überlegen benommen wird«.[264]

Der zweite Teil über die Erziehung schärft ein, diese nie gegen das Tempera-
ment, die Natur eines Menschen zu betreiben, sondern vielmehr das, was im
Menschen angelegt ist, zur Vollkommenheit zu bilden.[265] Dazu solle man die
Leidenschaften gebrauchen, d. h., ein gewisses Interesse, das nötig zur Hand-

---

[256] Hier nennt er auch Kants »vortreffliche Abhandlung vom Erhabenen« (aaO. 99). Dies
Gefühl ist von dem der Schönheit zu unterscheiden. »Die innere Natur der Schönheit besteht
nach Hutcheson in einer Mannigfaltigkeit, die sich auf einen einigen Mittelpunkt bezieht.«
(aaO. 101). Vgl. die Rede vom *Gefühl der Schönheit* (vgl. Kap. A.II.5.1)

[257] AaO. 103.

[258] AaO. 113. Zu Beginn schärft der Autor ein: »Ich muß hier noch einmal feyerlichst
erklären, daß ich nichts weniger im Sinn habe, als ein System vom Herzen zu schreiben.«
(aaO. 115).

[259] Vgl. aaO. 131 f.

[260] In diesem Fall sei es dann mit der Kenntnis des Herzens wie mit der Kenntnis der
Romane: Wenn man eine Menge davon kenne, werde man auf der zwanzigsten Seite den
Ausgang schon voraussagen können, ohne Wahrsager zu sein, da man Kleinigkeiten bemerken würde, die Unkundigen entwichen wären (vgl. aaO. 134 f.). Einschränkend wird angemerkt: »Freylich machen unsre neue französische Romane ohne Plan eine Ausnahme davon,
dann ihr Verfasser wußte gemeiniglich selbst noch nicht, wo das Ding am Ende hinauslauf-
fen würde« (ebd.).

[261] Vgl. aaO. 147 f.

[262] Vgl. aaO. 149.

[263] Vgl. aaO. 151.

[264] AaO. 166.

[265] Vgl. aaO. 176.

lungsmotivation ist, anregen; was letztlich auf die Liebe hinausläuft.[266] Der Verstand übernimmt dabei die ordnende, überlegende, steuernde Funktion.

Damit dürften die Hauptthemen der Schrift deutlich geworden sein, die, wie schon angedeutet, auch an anderer Stelle bei Planck auftauchen: Die Fähigkeit des Schlusses von einzelnen Beobachtungen auf die grundlegenden Neigungen anderer Menschen benutzt Planck in seiner Kirchengeschichtsschreibung intensiv, über Bonnet hatte er eine Abhandlung geschrieben und eine Rede über das Gefühl der Schönheit gehalten. Dies alles spricht für seine Verfasserschaft, so dass man diese Schrift als ein Zeugnis eines frühen psychologischen Interesses Plancks werten kann.[267]

Darüber hinaus gibt die theologische Verteidigung *Dissertatio theologica de canone hermeneutico, quo scripturam per scripturam interpretari jubemur* (1774), mit der Planck im August 1774 seinen theologischen Kursus abschloss, Einblick in seine theologischen Studien und seine Auseinandersetzung mit der Zeitphilosophie und -theologie und verdient deshalb kurz gewürdigt zu werden. Anlass und Gegenstand der Untersuchung war das damals erschienene *Wörterbuch des Neuen Testaments zur Erklärung der christlichen Lehre* (1772) von Wilhelm Abraham Teller (1734–1804) und speziell die darin vertretene These, Schrift sei aus Schrift zu erklären, die orthodoxe Lehre der Glaubensanalogie also zu suspendieren.[268] Planck schildert, welche Probleme diese Regel in der Anwendung machen kann, und bringt einige Beispiele, den Sinn einer Stelle aus ihren Parallelstellen zu erschließen – wie z.B. hinsichtlich der Frage, ob die Anrede Jesu als κύριος synonym für θεός oder für das hebräische Tetragramm stehe,[269] um auf das Problem von Synonymen hinzuweisen. Andere Parallelstellen sprächen in Tropen oder *allusiones*[270] von der gleichen Sache, d.h., sie benutzten eine uneigentliche Rede. Vor besondere Schwierigkeit stellten solche Begriffe, bei denen keine der möglichen Wortbedeutungen auf den Zusammenhang applizierbar sei.[271] Neben Tropen und *allusiones* findet Planck noch das Problem, dass Worte in einer

---

[266] Vgl aaO. 193.200f. Die Bildung des Verstandes diene der Eindämmung der Vorurteile und Aufrechterhaltung der Ordnung in den Handlungen (vgl. aaO. 210). Die Vorurteile seien sehr schwer auszurotten, sie lenkten das Herz schon allein durch Gewohnheiten etc.

[267] Interessant, aber in der Abhandlung nicht weiter ausgeführt, sind die Bemerkungen zu verschiedenen Geistesgrößen wie Kant, Abbt, Hutcheson, Newton, Bonnet. Diese Bemerkungen weisen auf die philosophische Bildung Plancks hin.

[268] Zur Wahl des Wörterbuchs vgl. PLANCK, Dissertatio, 4. Teller habe angeboten, sich mit ihm über sein *Wörterbuch* auseinanderzusetzen, aber dabei die Regel, dass Schrift aus Schrift erklärt werden müsse, vorausgesetzt (vgl. aaO. 4, Anm. a). Planck bezieht sich auf die 2. Auflage des *Wörterbuchs* von 1773. Vgl. zur Abhandlung LÜCKE, Planck, 10–12. FRENSDORFF, Planck, 7, bezeichnet die Auseinandersetzung als »polemisch gegen ein Haupt der Aufklärung« gerichtet.

[269] Vgl. PLANCK, Dissertatio, 15f.

[270] Vgl. aaO. 31 u.ö.

[271] Vgl. aaO. 12, zu den verschiedenen Möglichkeiten des Problems.

bestimmten Lokalbedeutung vorkommen können,[272] geht allerdings davon aus, dass dies äußerst selten vorkomme, da Gott in der Schrift für alle Zeiten gesprochen habe, sich also nicht an eine bestimmte Zeitbedeutung binden konnte. Damit warnt Planck also vor der Herabwürdigung einzelner Begriffe der Schrift, die doch fundamentale Wahrheiten enthielten, zu lokalen und temporären Ausdrücken. Ebenso warnt Planck vor zuviel Interpretation und ruft zu Demut im Umgang mit der Schrift auf. Nach Durchgang durch verschiedene Beispiele, in denen Planck die Tellersche Deutung jeweils untersucht,[273] schließt die Untersuchung mit dem Satz:

»nemo saepe ita falletur, ut jacturam sensus faciat notabilem, quicunque non subsidiis modo Hermenevticis, sed animo etiam devoto, erga Deum reverente, ac discendae veritatis avido bene praeparatus ad explicandos sacros libros accesserit.«[274]

Reuß beschließt als Vorsitzender die Schrift mit einer Begutachtung Plancks, in der er die Argumentationsweise und Sorgfalt der Darlegung lobt, und vor allem Planck mit den besten Wünschen bedenkend entlässt: »Etiam atque etiam Vale!«[275] Plancks Untersuchung macht insgesamt seine orthodoxe, jedenfalls sich gegen rationalistische Exegese wendende Schule deutlich wie auch seinen exegetischen Schwerpunkt, den er mit diesem Beitrag allerdings schon systematisch transzendiert, da es nicht nur um Schrifterklärung, sondern um das Fundament des dogmatischen Systems geht; mit der Behandlung dieser Regel setzt die Dissertation vielmehr am Fundament der Hermeneutik an.

Plancks mit dem Eintritt in die Klosterschulen von Blaubeuren und Bebenhausen vorgezeichnete Entwicklung fand nach dem Abschluss seines theologischen Studiums an der Universität Tübingen[276] ihr Ziel in der Ablegung des theologischen Examens vor dem Konsistorium 1774.[277]

---

[272] Vgl. aaO. 13.

[273] Vgl. aaO. 15.24. u. ö.

[274] AaO. 40.

[275] AaO. 40. Die Untersuchung Plancks war so bemerkenswert, dass sie sogar in der *Revision der Teutschen Litteratur* besprochen wurde (Revision [1776], 1. St., 40–59; 3. St., 27–42), obgleich dort eigentlich keine akademischen Streitschriften besprochen werden sollten, schon gar nicht württembergische (vgl. aaO. 1. St., 40 f.). Plancks Untersuchung sei allerdings »die geschickteste Vertheidigung der orthodoxen Meynungen« und die »billigste Widerlegung unter allen die wir gelesen haben« (aaO. 1. St., 42). Allerdings nimmt die Besprechung bei Plancks Darstellung nur den Ausgang und lässt sich dann allgemein über die genannten hermeneutischen Regeln in Tellers *Wörterbuch* aus.

[276] Vgl. noch die Bemerkung zu Planck im Bericht *Testimonia Stipendiariorum* 1774 in AEvST E 1, Nr. 13/2, Bl. 56, unter »Magisterium XII., Nr. 174«: »Ingenium felix ac promtum, studiis ritentum, meres boni.«

[277] Vgl. LÜCKE, Planck, 12. Vgl. den Bericht des Stifts an das Konsistorium vom 21.11. 1774 in den *Testimonia Examinandorum* (AEvST E 1, Nr. 20/2: »Testimonia Examinandorum Magisterii XI. d. 21. Nov. 1774 in Illustr. Consistorium Ducale transmissa«). Er enthält einige Beurteilungen zu Planck: Zu seiner raschen Auffassungsgabe, seiner »wohlgearteten Diktion«, seinen guten Sitten sowie dem Inhalt seiner Studien, die er besonders in der Exegese und der Kirchengeschichte versehen habe, sowie zu seinen Sprachkenntnissen in alten und

Die Tübinger Universität zu Plancks Studienzeit war also noch durchaus konservativ geprägt, musste sich allerdings mit neuen Anfragen auseinandersetzen.[278] Die Entwicklung bis hin zu G.Chr. Storr und der sogenannten »Älteren Tübinger Schule«, dem biblischen Supranaturalismus, fällt in die Zeit Plancks an Stift und Universität. Storr studierte ebenso wie Planck bei Cotta, Sartorius und Reuß, hatte Prägungen durch Bengel in seiner Zeit an der Klosterschule erfahren.[279] Seine später deutlich ausgelebte Gegnerschaft zu neologischen Strömungen teilt Planck nicht. Die unbedingte Hochachtung der Bibel, ob nun aufgrund der orthodoxen Inspirationslehre, einer neuen Hinwendung zu ihr bei Bengel oder nun durch die Verteidigung des Offenbarungsbegriffs in der Theologie bei Storr,[280] lässt sich als durchgehendes Motiv württembergischer Theologie des 18. Jahrhunderts feststellen, durch die auch Planck geprägt wurde. Weitere Prägungen erfuhr dieser durch seinen Umgang im Stift, worauf noch kurz eingegangen werden soll.

6. Planck im Stift: Freundschaften

Wie für die Geistesgeschichte Württembergs insgesamt, so sind auch für Planck die Prägungen durch das Tübinger Stift und die dort geknüpften Freundschaften von nicht zu unterschätzender Wichtigkeit. Wie sich an der Ausbreitung pietistischer Strömungen durch einzelne Repetenten- und Studentengruppen im Stift erkennen lässt, war die Gemeinschaft der Stipendiaten offenbar äußerst

---

modernen Sprachen. Es folgt eine Aufzählung von Kollegs, die Planck gehört habe, und die Erwähnung, dass er seine Dissertation unter dem Vorsitz des Kanzlers mit Lob verteidigt habe. Mit ihm in dieser Akte werden u. a. noch Theophilus Christian Lang, Wolfgang Friederich Geß und Philipp Friedrich Jaeger beurteilt. Unterschriften leisteten die Repetenten Gottlob Christian Storr, Johann David Herren, Christoph Friederich Hochstetter, Jacob Friedrich Rapp, Johann Heinrich Hiemer, Johann Friederich Weihenmajer, Georg Heinrich Müller und Daniel Friedrich Hauff (mit den letzten Vieren versah Planck dann später seinen Dienst als Repetent).

[278] Vgl. Kolb, Aufklärung, 60–69, zur Entwicklung in Tübingen zu der Zeit.

[279] Spätere Begegnungen oder Verbindungen der beiden Theologen sind nicht überliefert, allerdings wird Planck Storr als Repetent im Stift erlebt haben, wie die o.g. Unterschrift unter Plancks Studienbericht nahelegt. Henke, Kirchengeschichte, 62, rechnet Planck zu den »biblischen Supranaturalisten«, gemeinsam mit G.Chr. Storr, Johann Friedrich Flatt (1759–1821), Karl Christian (von) Flatt (1772–1843), Franz Volkmar Reinhard (1753–1812), Stäudlin, Schott und Karl Gottlieb Bretschneider.

[280] Vgl. zu Storr und seiner Haltung zur Offenbarung, die er als Grundlage der Theologie auch gegen die historisch-kritischen Aufbrüche und die Akkommodationstheorie zu verteidigen suchte, Klüpfel, Geschichte, 216–223. Storr wollte einen historischen Beweis für die Authentie der Bibel liefern. Die Parallelen zu Planck harren noch der Erhellung (s. u. Kap. D.I.5.4.1.). Auch Storrs Schüler Ernst Gottlieb Bengel benutzte für seine Vorlesungen in der Kirchen- und Dogmengeschichte neben Schroeckh die Werke Plancks, ebenso auch in der Symbolik (vgl. aaO. 241 f.). Es besteht also eine Verwandtschaft zwischen Planck und der Storrschen Schule. So ist Planck 1797/98 auch für seine Nachfolge vorgeschlagen worden (vgl. Akten LKASt A 27, Nr. 2479, [Akten 7–12]) (s. u. Kap. A.IV.3.1.).

befruchtend. Nicht zufällig scheinen die berühmteren der Stipendiaten des Stifts in Gruppen aufgetreten zu sein: L. T. Spittler, Planck, Hartmann,[281] Abel, Fuchs zwischen 1769 und 1771, dann in den achtziger Jahren Reinhardt, Bardili, C. F. Stäudlin, K. P. Conz und in der Zeit von 1790 bis 1793 Hölderlin, Hegel, Schelling.[282] Planck verband noch im hohen Alter eine rege Korrespondenz mit L. T. Spittler und Eberhard Friedrich Georgii (1757–1830), die er neben Jakob Friedrich von Abel und Wolfgang Friedrich Geß im Stift kennenlernte.[283]

Den größten Einfluss auf Plancks frühe Entwicklung hatte, auch nach Plancks eigenen Angaben, L. T. Spittler. Aus einer Pfarrersfamilie stammend, gingen seine verwandtschaftlichen Beziehungen mütterlicherseits in die Familie Bilfinger.[284] Wie Planck studierte er ab 1771 an der theologischen Fakultät in Tübingen und war Stipendiat des Stifts. Sein früh aufkeimendes historisches Interesse – offenbar nicht ohne die entsprechende Begabung[285] – führte ihn zur Auseinandersetzung besonders mit J. S. Semler und G. E. Lessing. Eine wissenschaftliche Reise führte Spittler nach Norddeutschland, wo er neben Berlin, Halle, Weimar und Göttingen vor allem Wolfenbüttel zu besuchen beabsichtigte und dort auch mit Lessing zusammentraf. Auch während seiner Repetentenzeit im Stift 1777–1779 begegneten er und Planck sich wieder. Mit dem Ruf 1779 nach Göttingen an die philosophische Fakultät für die Lehre in Kirchen- und Dogmengeschichte erhielt Spittler dann die Möglichkeit, seine historischen Forschungen zu vertiefen. Für einige Zeit wird Planck Spittler dann in Göttingen wiedertreffen, bis zuletzt unterhielten sie eine stetige Korrespondenz.[286]

Jakob Friedrich von Abel (1751–1829) entstammte wie Planck einer angesehenen Beamtenfamilie. Planck wird ihn später als philosophischen Lehrer auf der Karlsschule zum Kollegen haben, wo er sich mit der Philosophie G. Ploucquets kritisch auseinandersetzte.[287] Er hatte zuvor 1770 seinen Magister gemacht,[288] war 1772 auf die nachmalige Hohe Karlsschule gekommen, 1790 jedoch Professor in Tübingen geworden. In seiner Zeit auf der Karlsschule wirkte er prägend durch Reformpläne zum Unterricht. Den jungen Schiller

---

[281] Vgl. bei KLÜPFEL, Geschichte, 263.

[282] Vgl. bei HERMELINK, Württemberg, 273–278. Die Bezeichnungen u. a. als »Dichterpartie« (aaO. 276) und »Philosophenpartie« (aaO. 277) sind ein wenig zu plakativ.

[283] Vgl. die Angaben bei LÜCKE, Planck, der leider keine Vornamen nennt. Die Identifizierung wurde nach den Informationen der Akten des Stifts und u. a. bei GRADMANN, 172, vorgenommen.

[284] Vgl. HERMELINK, Württemberg, 274. Vgl. SPITTLER, Nachrichten, und zur Biographie Spittlers: GROLLE, Landesgeschichte.

[285] Vgl. dazu PLANCK, Spittler, 2 u. ö.

[286] Wie die umfangreiche, von 1797 bis 1833 reichende Sammlung HASUB 4 Cod. Ms. philos. 168 m, zeigt (s. u. Kap. A.IV.3.4.).

[287] Dazu s. Kap. A.II.5.1.

[288] Matrikeln 3, 208, verzeichnet »Johannes Fridericus Abel Stutgardianus« unter den am 02.11. 1764 in Tübingen Immatrikulierten.

machte er mit den Werken Shakespeares bekannt und übte auch sonst prägenden Einfluss auf ihn aus.[289] »Er war der Ansicht, die Philosophie müsse nicht nur Verstandeswissenschaft sein, sondern sich auch an das Herz wenden.«[290] Der Erfahrung maß er die gleiche Bedeutung zu wie der logischen Deduktion, was besonders in der von ihm entwickelten »Erfahrungsseelenkunde« deutlich wird, die auch auf den jungen Schiller eingewirkt hat.[291] An dem Umschwung der deutschen Philosophie durch Kant hat Abel keinen Anteil genommen, sondern blieb weiter der französischen und englischen Aufklärungsphilosophie verbunden.

Mit Eberhard Friedrich Georgii (1757–1830), den er ebenfalls im Stift kennenlernte, verband Planck später eine rege Korrespondenz von Göttingen in die »Heimat«.[292] Auch Georgii wurde als Jurist (Dr. iur.) Schüler Gottfried Daniel Hoffmanns (1719–1780),[293] kurzzeitig Lehrer an der Karlsschule (1780), später dann Regierungs- und Konsistorialrat.[294] Bemerkenswert ist noch eine Begebenheit aus dem Jahre 1806, als Georgii als Konsistorialdirektor nach dem Umsturz der altwirtenbergischen Verfassung den Königseid auf die neue Verfassung des nunmehrigen Königreichs Württemberg verweigerte.[295] Kurze Zeit später wurde er jedoch schon wieder als Jurist eingesetzt und Präsident des württembergischen Obertribunals. Den Patriotismus teilte er mit Planck.

Mit Wolfgang Friedrich Geß (1751–1814) ist Planck bereits in Blaubeuren zusammengetroffen. Er durchlief alle Stationen bis zum Magister parallel zu Planck (bis auf den Tag genau folglich), war eventuell ein Jahr länger (1775–1781) Repetent in Tübingen und schlug dann die Richtung auf das geistliche Amt ein.[296] Überliefert sind lediglich eine Abhandlung über den Akkommoda-

---

[289] Vgl. UHLAND, Karlsschule, 94, und BUCHWALD, Abel, 11.

[290] UHLAND, Karlsschule, 94. Vgl. dazu die ähnlich lautenden Äußerungen bezüglich der Theologie von Planck (s. u.).

[291] Vgl. BUCHWALD, Abel, 11.

[292] Vgl. die Korrespondenz in HASUB Cod. Ms. Planck 1:2.

[293] Vgl. UHLAND, Karlsschule, 144, der J. F. Reuß auch als Schüler G. D. Hoffmanns bezeichnet. Zu Hoffmann vgl. BÖK, Universität, 227.

[294] Siehe bei GRADMANN, 169, allerdings wird hier kein Stiftsaufenthalt erwähnt. Georgii sei 1780 Professor bei der Militärakademie geworden, dann 1781 schon Oberamtmann, Herzoglich Württembergischer Hofrat in Beilstein, 1786 dann Oberamtmann in Calw und 1788 Regierungsrat. Die Angaben widersprechen der Darstellung bei UHLAND, Karlsschule, 144, der die Berufung Georgiis schon 1779 verortet und ihn als »Advokaten« bezeichnet. Die weiteren Stationen stimmen überein. Siehe auch die Nennungen bei PFEILSTICKER, Dienerbuch 1, §§ 1217.1320.1446.2024.2181.2276.

[295] Dies brachte ihm den Namen »der letzte Württemberger« ein (vgl HERMELINK, Württemberg, 281). Neben Georgii verweigerte noch Sartorius den Eid. Auslöser für diesen Vorgang war die Erhebung Württembergs zum Königreich im *Frieden von Pressburg* (26. 12. 1805) und die Auflösung der ständischen Verfassung (30. 12. 1805).

[296] Vgl. EBERL, Klosterschüler, 75 f. Diesen Angaben zufolge war Geß gebürtig aus Stuttgart (25. 01. 1751) wurde nach Studium (Baccalaureus am 15. 12. 1769; Magister am 25. 09. 1771) und Repetentenstelle erst Diakon in Marbach (1781) (hier notiert allerdings das Amtsgrundbuch des Stifts [AEvST R 1, Sch. 11, Nr. 1 (unpag.)] anderslautend, dass Geß mit

tionsgrundsatz, eine Sammlung von Trauerreden und eine Darstellung zu Leben und Schriften Hincmars, Erzbischof in Reims, wozu Planck 1806 eine Vorrede beisteuerte.[297]

Die Freundschaften, die teilweise bis ins hohe Alter anhielten, waren für
Planck wichtige prägende Entwicklungsmomente während seiner Zeit im Stift.
Dass das Studentenleben kaum in quietistischer Selbstgenügsamkeit ausgelebt
wurde, erhellt eine kleine Anekdote über den jungen Studenten Planck, der um
eine finanzielle Unterstützung bittend nach Hause schreibt – allerdings an seine
Schwester, da er sich vor den Eltern schämt. Auf Schuldenmacherei stand nach
den Universitätsstatuten Strafe, die die Aberkennung der Kreditwürdigkeit zur
Folge hatte.[298] Nach Gewährung der erbetenen Unterstützung offenbart sich
bei einem Heimatbesuch Plancks der Vater – statt der Schwester – als Geber und
bittet den Sohn, fortan etwas genauer auf seine Ausgaben zu achten; er selbst
war bekanntlich Amtsschreiber und deshalb sicherlich beruflich an einer ordentlichen Buchführung interessiert. Davon zugleich beschämt wie nachhaltig
beeindruckt, ist von Planck fortan keine finanzielle Entgleisung mehr bekannt
– vielmehr scheint er später geradezu pedantisch das Haushaltsbuch geführt zu
haben.[299]

III. *Erste Tätigkeit in Tübingen und Stuttgart (1775–1784)*

1. Planck als Repetent in Tübingen (1775–1780)

Ab 1775 wirkte Planck für fünf Jahre als Repetent des Stifts in Tübingen. Mit
ihm wurden J. E. Osiander und W. F. Geß für diese Stelle vorgeschlagen.[300] Dass

---

Planck nach Stuttgart entlassen worden sei; es liegen aber keine weiteren Angaben vor) und
Göppingen (1787), dann Spezial-Superintendent und Stadtpfarrer in Neuenstadt/Kocher
(1799), Prälat und Generalsuperintendent in Heilbronn (1814). Vgl. auch Matrikeln 3, 220
(Nr. 36 619).
   [297] Geß, W. F., *Merkwürdigkeiten aus dem Leben und den Schriften Hincmars, Erzbischof in
Reims (1806).* Gradmann, 172, zählt auf: »1. Briefe über einige theologische Zeitmaterien,
besonders über den Akkommodations-Grundsatz, in Hinsicht auf einige positive Lehren der
christl[iche] Religion. Stuttg[art] 1797 […]; 2. Worte des Trostes und der Erbauung bey
Begräbnissen oder Sammlungen von Parentationen. Nebst einem Anhang einiger Trauungs-
reden, ebend. 1799«.
   [298] S. o. Kap. A.II.2. und bei Bök, Universität, 319, aus der Ordnung der Universität, die
insgesamt viel zu Schulden- und Kreditwesen enthält.
   [299] So berichtet bei Lücke, Planck, 7 f.
   [300] Vgl. die Akte AEvST E 1, Nr. 72/2 [unpag.]: Sie enthält ein Schreiben des Konsistoriums an das Stift vom 01. 12. 1775, betreffend die eingegangenen Vorschläge für die Repetentenstellen. Ludwig Gottlieb Uhland, der auch vorgeschlagen war, könne nicht berücksichtigt werden, da er in Venedig weile, die übrigen »zur Repetition vorgeschlagenen
Subjectis« Johann Eberhard Osiander, »M. Gottlieb Jacob Planck von Nürtingen« und Wolfgang Friedrich Geß aus Stuttgart werden »zu Repetenten in unserm Herzog. Stipendio
theologico zu Tübingen« verordnet. Sie sollen sich am 21. 12. 1775 bei Konsistorialrat Faber

diese Funktion in ihrem Einfluss auf die Studierenden nicht zu unterschätzen ist, wurde bereits dargestellt: Waren es doch die Repetenten, die oftmals neuen Geistesströmungen die Tür in den akademischen Lehrbetrieb aufstießen. Zur Zeit Plancks bildeten das Ephorat Immanuel Hoffmann 1757–1772 und Ludwig Joseph Uhland 1772–1777,[301] dann über die Spanne von fast dreißig Jahren (1777–1806) Christian Friedrich Schnurrer. In dieser Zeit lassen sich keine größeren Reformen im Stift nachweisen. Neben den schon genannten J. E. Osiander und W. F. Geß wirkten mit Planck als Repetenten noch Hauff, Müller, Weihenmajer und Hiemer, ab 1777 dann L. T. Spittler, Hoffmann und Jaeger.[302] Aus den Aufzeichnungen geht hervor, dass Planck die üblichen Aufgaben übernommen hat, die das Amtsgrundbuch in Spitalpredigt, Stadtpredigt und *Locus* aufteilt. Am 27. 12. 1775 taucht Planck erstmals als Spitalprediger auf, am 06. 01. 1776 predigte er erstmals in der Stadtkirche, wo er insgesamt weniger als in jener Funktion predigte. Die Themen seiner *Loci* sind nicht auffällig (z. B. *de potestate ecclesiastica et magistratu politico* oder *de coniugio et Antichristo*), die erste Erwähnung dazu findet sich Anfang 1776 (*de baptismo*).[303] Neben seinen Aufgaben als Repetent, dem Umgang mit den Stipendiaten und im Repetentenkollegium nutzte Planck die Zeit »zum freyen Umherstreifen in dem großen Felde der Gelehrsamkeit«[304].

Dazu gehörte auch die anonyme Veröffentlichung *Tagebuch eines neuen Ehemanns (1779)*,[305] das sicherlich keine Hochliteratur darstellt, doch Einblick in die Gedanken des jungen Planck über häusliche Rollenverteilungen, die Bedeutung der Liebe, seine Vorstellung von ehelicher Zweisamkeit und nicht zuletzt über empfindsame Literatur gibt.[306] In freier Tagebuchform schildert der Mann (Heinrich, 26 Jahre[307]), angefangen am Tag seiner Hochzeit, wie sich die eheliche Zweisamkeit entwickelt.[308] Bar aller Romantik hatte er seine Frau (Caroline) nach einem Vorschlag seiner Mutter, die ihn überhaupt erst auf das

---

»gebührend anmelden«. Am Tag darauf schon kann vermeldet werden: »D. 22. Dec. 1775 wurde das Collegium mit folgenden Repetenten vermehrt: M. Joh. Eberh. Osiander […]; M. Theoph. Jac. Plank, Nürting.; M. Wolffg. Fried. Gess, Stutgard« (AEvST R 1, Sch. 10, Nr. 1, Bl. 124).

[301] Vgl. HERMELINK, Württemberg, 249.

[302] Vgl. die Aufzeichnungen zu den Jahren im Amtsgrundbuch des Stifts (AEvST R 1, Sch. 11, Nr. 1 [unpag.]).

[303] Vgl. zu Plancks Tätigkeit die Aufzeichnungen im Amtsgrundbuch ebd.).

[304] LÜCKE, Planck, 13. Gleichlautend in GRADMANN, 460, wortgleich auch bei SCHLÄGER, Erinnerung, 13 f., dem der chronologische Vorrang gebührt.

[305] Vorläufig wolle er sich nicht offenbaren, schreibt Planck in der Vorrede (vgl. PLANCK, Tagebuch, Vorrede [unpag.1]), doch vielleicht werde alles bald an den Tag kommen. Es finden sich einige Parallelen zu Darstellungen und zur Biographie Plancks: die Heiligkeit des Studierzimmers, das frühe Aufstehen, sein Kind soll Wilhelm heißen (aaO. 9 f.19 f.34).

[306] MÖHLE, Eheprobleme, behandelt dieses Werk als Hinweis auf die Eheerwartungen der Professoren dieser Zeit (vgl. aaO. 65.68).

[307] Zur Berechnung vgl. PLANCK, Tagebuch, 80 f.

[308] Ein paar Nebengeschichten schmücken das Geschehen aus: So verhilft Heinrich seiner

Heiraten brachte, aufgesucht – und alles weitere in zwei Briefen geklärt.[309] Ihm liegt besonders daran, Caroline ihren Hang zu schwärmerischer und empfindsamer Literatur und Neigung auszutreiben,[310] der durch die Gestalt einer Freundin[311] unterstützt wird.[312] Die Ehe ist also mehr ein Erziehungsprojekt als eine Liebesgeschichte, aber doch nicht ganz frei von anrührenden Szenen (der ersten Begegnung z. B.).[313] So verwehrt er ihr alle Liebesbekundungen, alles, was ihn nur an schwärmerische Gefühle denken lässt[314] – die ihm freilich aus seiner Jugend noch bekannt sind.[315] Am Ende des Romans ist er am Ziel angekommen, indem er seine Frau – über reichlich Tränen und Leiden[316] sowie einige belohnende Küsse – dahin gebracht hat, seinem Verständnis von Liebe beizutreten,

---

unehelich schwangeren Magd zu einer Heirat, die ihr eigentlich verwehrt ist (vgl. aaO. 100–122).

[309] Nach der Aufwartung fährt Heinrich direkt wieder ab und »[m]it zwey Briefen war dann alles übrige richtig gemacht« (aaO. 63). Bei der Hochzeit sei es zugegangen, wie »bey allen Hochzeiten in der Welt« (ebd.).

[310] Z. B. »Müllerische Romane« (aaO. 78). Bei der Lektüre eines der Romane der Frau stellt Heinrich fest: »Es ist der unsinnigste Unsinn, der sich denken läßt, und doch konnte das Weib dabei weinen. Mir ist das schlechterdings unerklärlich. Dann alle Augenblicke, indem sie mir vorlas, dacht ich, ich müßte mich übergeben, und kaum konnte ich es drey Seiten lang aushalten.« (aaO. 96 f.).

[311] Die Freundin Sophie ist zudem noch mit einem Schriftsteller unehrenhaft liiert. Eine ihrer Zusammenkünfte beobachtend schreibt er: »[A]ls sie ungefähr dreyßig Schritte von mir an einen großen Baum kamen, zeigte Mamsell Sophie mit der lächerlichst weinerlichen Bewegung darauf hin – ich bilde mir ein, sie mag darzu gesagt haben, daß ihr der Ort in Zukunft heilig seyn werde, oder sonst dergleichen Unsinn!« (aaO. 71).

[312] Wenn über eine gute Handlung, die man getan habe, »unsere Herzen zu einer edeln Empfindung zusammenstimmen« (aaO. 11), kommt es zu wirklicher Liebe, auch wenn Caroline das in ihren Romanen »anders gefunden« (ebd.) hat, »aber ich fürchte die verdammten Romanen werden mir etwas zu thun geben!« (ebd.). Ihre Phantasie setze auch »irgend einen Siegwart« (aaO. 15) an die Stelle ihre Mannes. Heinrich macht sich lustig über ihre Erwartungen von den ersten Stunden der Liebe, »in denen ihre Kronhelms und ihre Theresen im süssen Gefühle sympathetischer Albernheit zerflossen und über der Freude, daß sie sich – angaffen konnten, in die entzückende Gedankenlosigkeit verfielen« (aaO. 26). Vgl. auch aaO. 55 u. ö. über den schädlichen Einfluss von Romanen.

[313] Ganz gleich, ob man seine Frau vorher gekannt habe, »so werdet Ihr wenn Ihr Männer seyd, doch noch genug zu thun haben, um sie so zu formen, wie Ihr sie für euer ganzes Leben haben wollt; und das ist kein Werk eines Tages, und geht nicht so leicht, als Ihr denkt.« (aaO. 8). Doch kann ihn andererseits der erste Anblick seiner Zukünftigen in eine ganz unerwartete Hochstimmung versetzen (aaO. 47 f.).

[314] Flitterwochen seien ihm ein Gräuel, er will verhindern, dass sich seine Frau an solche Gefühlsaufwallungen gewöhnt. So zieht er sich ständig in seine Studierstube zurück, spricht kaum mit ihr. Mit der Liebe müsse man »haushalten« (aaO. 10) und »wollüstige Ergiessungen des Herzens, diese so innigst fühlbare Berührungen der Seelen für Gelegenheiten aufsparen, wo sie tiefere Eindrücke zurücklassen, und unsere Liebe vermehren können, anstatt sie zu erschöpfen!« (ebd.).

[315] Vgl. aaO. 41.81.

[316] »Ich seh' es wohl, Liebe! daß du leidest« (aaO. 15). »Das Weib heult immer; dieß sieht jedermann an ihren rothen Augen« (aaO. 133). »Ich sah wohl, daß ihr meine kalte Gleichgültigkeit unausstehlich war« (aaO. 140).

das sich nicht über gefühlige Empfindungen konstituiert, sondern, der Freundschaft ähnlich, dauerhafter ist;[317] eine solche Freundschaft pflegt Heinrich bemerkenswerterweise zu der Frau eines Freundes.[318] Eine vorherige Liebschaft
Carolines, die als Gegenbild fungiert, entpuppt sich dann noch als bester Freund
Heinrichs.[319] Nachdem Heinrich beide zusammengeführt hat, sie offenbar das
Vergängliche ihrer vormaligen Zuneigung erkannt haben und Heinrich zudem
noch aufbricht, der Schwester Carolines in existenziellen Nöten beizustehen,
scheint Caroline zur angestrebten Erkenntnis durchzudringen. So schließt der
Roman reichlich rührend, nachdem Caroline erstaunlich frühmorgens aufge-
standen war – was ihr im Gegensatz zu Heinrich nicht eigen war – und ihm
stürmisch ihre tiefste Liebe gesteht: »Himmelswonne am Busen eines Weibes
– Nein! du bist kein Traum! Aber meine Thränen vermischten sich mit den
Ihrigen.«[320]

Zukunftsträchtiger als diese literarische Form ist jedoch die jetzt deutlich
werdende Neigung zum historischen Arbeiten. Während dies in seiner Studienzeit noch wenig nachzuweisen ist, entwickelt sich nun – auch unter dem
Einfluss seines Freundes L. T. Spittler, dem Planck den Vortritt als Historiker
lässt und lebenslang lassen wird – der Kirchen- und Dogmenhistoriker Planck.[321]
In diese Zeit fallen die Vorarbeiten und die Planung seines ersten und bedeu-
tendsten Werkes, der *Geschichte der Entstehung, der Veränderungen und der Bildung
unseres protestantischen Lehrbegriffs (1781–1800)*[322], dessen erster Band im Jahre
1781, offenbar schon auf Grundlage eines fertigen Gesamtentwurfs der übrigen
Bände, erscheinen kann. Ein Zusammenhang dieser Auseinandersetzung mit
dem lutherischen Bekenntnis mit der Repetentenaufgabe, im Stift *Loci* zu allen
Grundfragen orthodoxer Dogmatik zu erteilen, ist sicherlich zu vermuten.[323]

---

[317] Eine Frau habe »sonderbare Begriffe von Liebe«, die er »hinausbringen« müsse (aaO.
14). Im Weiteren hofft er, dass er »trotz der Grillen«, die Caroline im Kopfe habe, sie »durch
ein immer gleichgültiges, gleich gerechtes und gleich männliches Betragen zu überzeugen,
daß ich dich liebe, und daß Liebe nach meiner Art wohl mehr Liebe ist, als eure aus Kinder-
brey und Zucker zusammengepapte Männchen nicht einmal fassen können« (aaO. 32). Eine
Freundschaft sei »sicherlich wärmer, lebhafter, inniger, als der höchste Grad von Liebe« (aaO.
75). »Liebe muß wie Gesundheit, daurender Zustand einer angenehmen Empfindung seyn,
muß endlich zur Natur werden, sonst ist sie vorübergehende Leidenschaft.« (aaO. 88).
[318] Vgl. aaO. 85 f.
[319] Vgl. aaO. 78.
[320] AaO. 159.
[321] Dass die Hinwendung zur historischen Forschung nicht plötzlich und ohne Vorbereitung erfolgte, wird unstrittig sein (s. o. Kap. A.II.5.2. zu den unterschiedlichen Einschätzungen von BRECHT, Entwicklung, 80, und LÜCKE, Planck, 9).
[322] Vgl. dazu Kap. B.II.2.1.
[323] Das *Wirtembergische Generalreskript* vom 12.02. 1780 hatte die Kirchendiener gerade
ermahnt, sich an die symbolischen Bücher zu halten (vgl. HERMELINK, Württemberg, 272).
Aufschluss über die Lehrgegenstände im Stift gibt die Akte AEvST E 1, Nr. 51/1, zur Stu-
dienleitung, die 1781 die Einführung des Kompendiums von Sartorius anmahnt: »daß solch
sein Buch in dem ganzen Land zum allgemeinen Gebrauch der Stipendiariorum und Minis-

Sein Historikerfreund Spittler hatte zu der Zeit 1775–1777 eine Studienreise
u. a. nach Göttingen zu Schlözer und Gatterer unternommen, Planck hingegen
blieb in der Heimat. Spittler ging 1779 nach Göttingen,[324] Planck wurde 1780
Vikar in Stuttgart und trat damit vorerst aus der unmittelbaren akademischen
Sphäre aus.[325] Am 02. 01. 1780 predigte Planck ein letztes Mal in der Spitalkir-
che, im Februar ist ein letzter *Locus* (*de consilio gratia*) unter seiner Leitung verzeichnet, bevor am 04. 03. 1780 notiert werden kann, dass Planck und Geß nach
Stuttgart entlassen werden.[326]

2. Planck in Stuttgart (1780–1784)

Nach kurzer Zeit als Vikar in Stuttgart, über die kaum etwas bekannt ist,[327]
wurde Planck auf die sich mittlerweile in Stuttgart befindende Karlsschule als
Prediger und Religionslehrer berufen. Eine ganze Reihe von Stipendiaten findet sich – teilweise noch vor einem Abschluss – als Lehrer an der Karlsschule
wieder. Das Abwerben von Stipendiaten des Stifts war nur ein Teil der Entwicklung, die aufs Ganze für die Universität Tübingen nachteilig verlief. Die
sich mehr und mehr ausbreitende Karlsschule machte der Landesuniversität ihre
Studenten streitig: Besuchten 1775 noch 311 Studenten Tübingen, waren es
1791 noch 188.[328] Die Entwicklung der Karlsschule, an der Planck zwischen
1781 und 1784 lehrte und predigte, soll im Folgenden in groben Strichen skizziert werden.[329]

2.1. Die Karlsschule

Die Vorläufer dessen, was als Hohe Karlsschule zu einer zweiten württembergischen Hochschule neben Tübingen wurde, waren vielgestaltig. Zur Vorgeschichte dieser Gründung gehört die kirchliche Dominanz des Bildungswesens

---

trorum Ecclesiae gewidmet und eingeführt werden solle.« Darüber solle auch der *Locus* im
Stift gehalten werden.
    [324] Vgl. die Akte AEvST R 1, Sch. 10, Nr. 1, Bl. 134: Spittler habe 1779 einen Ruf nach
Göttingen zum ordentlichen dritten Professor der Philosophie erhalten und angenommen.
    [325] Bök, Universität, 301, berichtet: »Die zween Älteste [der Repetenten, C. N.] sind nach
der gewöhnlichen Ordnung Vikarien zu Stuttgart, und werden von da aus zu geistlichen
Aemtern befördert.« Das würde erklären, wie Planck auf diesen Posten gekommen ist, und
wieso darüber so wenig bekannt ist.
    [326] Vgl. die Aufzeichnungen dieser Zeit im Amtsgrundbuch des Stifts (AEvST R 1, Sch.
11, Nr. 1 [unpag.]).
    [327] Das Archiv des Stifts enthält keine Notiz über eine definitive Anstellung Plancks in
den Pfarrdienst (vgl. AEvST E 1, Nr. 139/1).
    [328] Vgl. Leube, Stift, 5. Eulenburg, Frequenz, 164 f., berechnet als durchschnittliche Fre-
quenz für 1771 bis 1775: 309, für das Jahrfünft 1791–1795: 218 Studierende in Tübingen. Er
vermag aber den Rückgang seit 1776 nicht allein auf die Konkurrenz der Karlsschule zu
schieben, die ja auch erst 1787 zur Universität erhoben wurde (vgl. aaO. 169 f.).
    [329] Vgl. zum Folgenden stets Uhland, Karlsschule, sowie Wagner, Geschichte.

in Württemberg. Auch die Erkenntnis des Herzogs, es sei einfacher, etwas Neues zu errichten, als das Alte zu reformieren – was aber in Anbetracht der Entwicklung in Nachbarstaaten dringend notwendig erschien –, führte zur Sondergründung einer herzoglichen Schule, die vor allem der Ausbildung treuer Staatsdiener gewidmet sein sollte.

Die Anfänge der Karlsschule liegen auf Schloss Solitude, das sich der prunkverliebte Herzog Karl Eugen 1763–1767 errichten ließ.[330] Über verschiedene Entwicklungsschritte der Anstalt – z.B. den Anschluss eines Militärwaisenhauses an die Gärtner- und Stukkateurschule – wurde der Gedanke der Staatsdienerbildung zunehmend verwirklicht, so dass die »militärische Pflanzschule« bereits im März 1771 erste Offizierssöhne aufnehmen konnte, denen später Söhne des Adels folgten. 1773 bezeichnete sich die Schule offiziell als Militärakademie[331] und nahm damit ein Modell aus Preußen und Frankreich auf, das der Einsicht geschuldet war, dass militärischer Erfolg auch von der – zwar selektiven – Bildung der Befehlshaber abhängig sein konnte. Aufgrund der großen Zahl von mittlerweile 426 Schülern[332] wurde die Schule, wie der ganze Hof, nach Stuttgart verlegt. Bis 1782 hatte sich die Akademie so weit entwickelt, dass sie Universität, Militärschule, Handelsschule, Kunstakademie, Theater- und Musikschule, Gartenbauschule, Gymnasium und Elementarschule in sich vereinigte.[333] Kaiser Joseph II. hatte 1777 die Akademie besucht und war nachhaltig beeindruckt: Im Dezember 1781 stellte er das Erhöhungsdiplom zur Hohen Schule aus, wozu sie im Februar 1782 eingeweiht wurde.[334] Mit der Erhebung musste es zu Auseinandersetzungen mit der Landesuniversität Tübingen kommen. Eine theologische Fakultät wurde an der Karlsschule nicht begründet.

Nach dem Tod Karl Eugens und der Herrschaftsübernahme durch Ludwig Eugen im Oktober/November 1793 verschwand die Akademie so rasch von der Bildfläche, wie sie entstanden war. Nach einigen Beschwerden und Gutachten, die die hohen Ausgaben kritisierten, und vor allem dem rasch schwindenden Interesse des neuen Herzogs an der Schöpfung seines Vorgängers wurde sie nach Entscheid des Herzogs zu Ostern 1794 geschlossen; für die Versorgung der Lehrenden wurde im Rahmen des Möglichen Sorge getragen.[335] 1805 führte der neuerliche Bedarf einer militärischen Schule zur Neugründung einer Kadettenschule, 1821 entstand die Militärschule in Ludwigsburg, die so wenigstens einen Teil der ehemaligen Karlsschule beerbte.[336]

---

[330] Vgl. Uhland, Karlsschule, 7.60.

[331] Vgl. aaO. 99.

[332] Vgl. aaO. 137. Die Universität Tübingen zählte zum gleichen Zeitpunkt 311 Studenten (vgl. Leube, Stift, 5).

[333] Vgl. Uhland, Karlsschule, 173.

[334] Vgl. dazu aaO. 191–198.

[335] Vgl. aaO. 262–264: Einige Professoren gingen an die Universität Tübingen, andere an das Stuttgarter Gymnasium, Offiziere kamen zum Heer oder zur Landmiliz.

[336] Vgl. aaO. 267.

2.2. Planck an der Karlsschule

Der Religionsunterricht hatte die ganze Zeit über einen hohen Stellenwert im Konzept der Karlsschule eingenommen. Der überkonfessionelle Standpunkt der Schule legte sich schon aufgrund der Kombination des katholischen Herrschers mit der protestantischen Konfession des Landes nahe. Bereits im Dezember 1772 kam es zum ersten Kontakt des frisch ins theologische Studium eingetretenen Magisters Planck mit der Karlsschule: Der Herzog, dem sehr an »seiner« Schule gelegen war, warb unter den Magistern des Stifts um mögliche Professoren. Neben Planck wurden Johann Jacob Heinrich Nast (1751–1822), [Gottlob Christian] Lang[337] und L. T. Spittler geprüft – ausgewählt wurde dann Nast als sechster Professor.[338]

Georg Heinrich Müller (1750–1820), der seit 1776 Akademieprediger und Professor der Religion an der Karlsschule war, wurde 1779 Hofkaplan,[339] offenbar unter Beibehaltung seines Lehramtes, denn es ist nur von der Neubesetzung der Akademie-Predigerstelle die Rede. Auch hierzu sollte direkt aus dem Stift rekrutiert werden, wie aus einem Schreiben aus dem Sommer 1779 hervorgeht.[340] Neben anderen Repetenten und auch Stipendiaten schlugen die Vorsteher des Stifts auch Planck für diese Stelle vor.[341] Trotz Einladung Plancks zu

---

[337] Ein Gottlob (wohl: Gottlieb) Christian Lang, geboren 15.08. 1751 in Bebenhausen, 1771 Magister in Tübingen, dann Repetent daselbst 1777, wird von GRADMANN, 330, genannt. Ob es sich um diesen handelt, kann gemutmaßt werden; es spricht einiges dafür.

[338] Vgl. UHLAND, Karlsschule, 93. Die Kirche mahnte angesichts dieser Praxis an, die Kandidaten hätten noch nicht einmal ihr theologisches Examen abgelegt. Offenbar war der Zulauf auf die Lehrstühle der Karlsschule mäßig, denn Herzog Karl Eugen war gerade im November des gleichen Jahres zwecks Anwerbung neuer Lehrer nach Tübingen gekommen. GRADMANN, 408, notiert über Nast, sein Vater sei bereits Professor in Stuttgart gewesen und er sei direkt nach Abschluss seines akademischen Kurses 1772 durch einen Ruf des Herzogs an die damals noch auf der Solitude befindliche Militär-Akademie gezogen worden, als Professor für lateinische und griechische Literatur. Selbige Stelle trat Nast 1773 an, wurde später Professor der Philosophie und der griechischen Sprache an der Hohen Karlsschule in Stuttgart, nach deren Abwicklung dann 1792 Professor am Gymnasium daselbst. HAMBERGER/MEUSEL 3, 6f., notiert seine Anstellung und vor allem die Vornamen.

[339] 1793 ging Müller als Professor der Theologie nach Tübingen (vgl. GRADMANN, 399). Er war auch schon 1774 Repetent des Stifts in Tübingen geworden, hatte Planck dort also noch getroffen. Matrikeln 3, 213, verzeichnen seine Immatrikulation am 08. 11. 1765 unter der Nummer 36 406 als: »alumni Bebenhusani, qui post inscriptionem eo redierunt«, d.h., er fiel noch unter die, die extra zur Prüfung anreisen mussten (s. o. Kap. A.I.3.).

[340] Vgl. die Notizen zu diesem Vorgang in HStASt A 272, Bü 135, Bd. 17, Bl. 11r: Müller, bisheriger Akademie-Prediger und Professor werde die ihm übertragene »Hof-Caplan-Stelle« in der Evangelischen Hofkirche wirklich antreten, weshalb er von dem »Predigt Amt in der Herzogl. Militair Academie gnädigst« entlassen werde (Stuttgart, den 16. 07. 1779). Einige Tage später (21.07) ergeht ein gleichlautender Text an die »Vorsteher« des Stifts bezüglich der Vorschläge geeigneter Kandidaten (vgl. aaO. Bl. 12).

[341] Vgl. den Bericht der Superattendenten und des Ephorus des Stipendiums vom 22. 07. 1779, »welche Subjecta zur Prediger Stelle in der Herzog. Militär Academie fähig sein möchten« (HStASt A 272, Bü 135, Bd. 17, Heft. 13). In den Vorschlägen sei auf die theologische Gelehrsamkeit, aber besonders auf einen annehmlichen und soliden Vortrag im Predigen

einer Probepredigt und den guten Urteilen des Stifts über ihn fiel die Wahl je-
doch vorerst auf den Stipendiaten Magister Friedrich August Heyd.[342] Erst
nachdem dieser auf ein Diakonat nach Calw befördert worden war, erhielt
Planck, der bis dahin als Vikar in Stuttgart wirkte, die Stelle »vicario modo«.[343]
Obgleich erst andere Kandidaten in Vorschlag gebracht wurden,[344] erhielt
Planck 1781 vom Herzog den Ruf auf diese Stelle, allerdings in der Bezeich-
nung als »Professore und Militair-Academie-Prediger«, während die vorigen
Akten nur von einem Prediger gesprochen hatten.[345]

geachtet worden. An Repetenten werden vorgeschlagen J. E. Osiander, G. J. Planck und C. V.
Hauff; an übrigen Stipendiaten F. A. Heyd, G. U. Brastberger und J. L. Obrecht.
Planck besitze »vorzügliche Naturgaben«, habe außerdem auch einige »Kenntniße nicht
allein in theologischen, sondern auch philosophischen und sogenannten schönen Wißen-
schaften«, sei »in seiner Ausführung unklagbar«, sein Kanzelvortrag zeichne sich mehr durch
»Deutlichkeit und Ordnung der Gedanken« und klare Distinktionen aus als durch »eine natürliche Annehmlichkeit der Stimme« (ebd.).
[342] Planck und Hauff – die anderen Bewerber wohl auch – wurden für den 12.08. vormit-
tags in das Konsistorium geladen und sollten nachmittags eine Probepredigt über Ps 78,1–4
(»Höre, mein Volk, mein Gesetz; neiget eure Ohren zu der Rede meines Mundes! Ich will
meinen Mund auftun zu Sprüchen und alte Geschichten aussprechen, die wir gehöret haben
und wissen und unsere Väter uns erzählet haben, dass wir's nicht verhalten sollen ihren Kindern, die hernach kommen, und verkündigen den Ruhm des Herrn und seine Macht und
Wunder, die er getan hat.«) (vgl. das Schreiben an das Stift vom 07. 08. 1779 [HStASt A 272,
Bü 135, Bd. 17, Bl. 15]) – nebenbei bemerkt: ein äußerst passender Text für einen zukünftigen Kirchenhistoriker. Am 14.08. schon ergeht nach in Anwesenheit der Herzogs gehal-
tener Predigt die Berufung Heyds auf die Stelle (vgl. das Dekret HStASt A 272, Bü 135,
Bd. 17, Heft. 16).
[343] Vgl. das Dekret vom 15. 01. 1781: »Da dem bißherigen Prediger in der Herzoglichen
Militair Academie M. Heyd. daß Diaconat zu Calw übertragen worden, und dahero nöthig
seyn will, daß seine verlassende Stelle mit einem Subjecto wieder besetzet werde. So hat das
Herzogl. Consistorium zu bemelter Academie-Predigers-Stelle einige mit denen dazu erforderlichen Eigenschaften versehenen Subjecta in unterthänigsten Vorschlag zu bringen, welchen alsdenn Unsers gnädigsten Herzogs und Herrns Herzogl. Durchl. Höchstselbsten predigen zu hören, und einen davon auszusuchen gnädigst zu gedenken.« (HStASt A 272, Bü 135,
Bd. 17, Bl. 19). Am 18.01. findet sich in einer Abschrift aus dem Konsistorialprotokoll bereits
die Bemerkung, »der alhiesige erstere Vicarius M. Rep. Planck« solle die Gottesdienste bei
der Akademie »einstweilen vicario modo versehen« (aaO. Bl. 20); Jager soll seine Vertretung
in den Kirchen der Stadt übernehmen.
[344] Das Konsistorium schlägt dem Herzog vor, die letztes Mal nicht berücksichtigten
G. U. Brastberger und J. L. Obrecht in Augenschein zu nehmen, erwähnt Planck aber nicht
(vgl. die Abschrift in HStASt A 272, Bü 135, Bd. 17, Bl. 21).
[345] Vgl. Uhland, Karlsschule, 225. Pütter, Geschichte 2, 121, und Hamberger/Meusel
3, 140, berichten, Planck sei schon 1780 Prediger an der Karlsschule geworden, seit 1781 mit
Professorencharakter. Frensdorff, Planck, 8, erwähnt eine Zeit als Stadtvikar in Stuttgart.
Wagner, Geschichte 1, 606, erwähnt ihn erst 1781. Die Akten sprechen eindeutig für 1781:
Vgl. in AEvST E 1, Nr. 141/1, ein Schreiben des Herzogs an das Stipendium in Tübingen
vom 15. 05. 1781 (»Ex speciali Decreto Serenissimi Domini Ducis«), das vermeldet, der Herzog habe geruht, »den bisherig hiesigen Ersten vicarium, M. Rep. Planck, zum Professore
und Militair-Academie-Prediger« zu berufen (ebd.). Ebenso verschiedene Schreiben vom
15. 05. 1781 gleichen Inhalts (HStASt A 272, Bü 135, Bd. 17, Bl. 22 f.).
Das Personalblatt Plancks bezeichnet ihn ebenfalls unter »Caracter« als »Professor«

Plancks Anstellung umfasste neben der Predigttätigkeit den »dogmatisch-
katechetischen Unterricht« bei den höheren Abteilungen.[346] Über seinen Unterricht dort ist kaum etwas bekannt, nach dem Zeugnis Christoph Heinrich
Pfaffs (1773–1852)[347] und Friedrich Wilhelm von Hovens (1760–1838)[348] hinterließ er einen tiefen Eindruck bei den Zöglingen.[349] Dass Planck auch kasuale
Verrichtungen vollzog, geht aus dem Bericht eines (Justus Philipp Adolph Wilhelm) Ludwig Freiherr von Wolzogen (1773–1845) hervor: »Confirmirt hat
mich der berühmte Gottlieb Jacob Plank, damals Prediger bei der Academie«[350].
Von seiner dortigen Predigttätigkeit – und damit von seiner Predigttätigkeit
insgesamt – sind nur zwei Zeugnisse erhalten: seine Abschiedspredigt 1784 über
Gal 3,15–22,[351] die nach Aussage Chr.H. Pfaffs nachhaltigen Eindruck machte,
und eine Rede am Grabe des an Gallenfieber verstorbenen Leutnants H.Chr.
Walter, die 1783 im Druck erschien und im Folgenden skizziert werden soll.[352]

Der Verstorbene war, das ist der Anknüpfungspunkt der Grabrede auf dem
»Vorhof der Verwesung«[353], nicht im Kampf gefallen, sondern versah Aufgaben
an der Karlsschule. Auf ihn warte dennoch die »Krone der Ueberwinder«[354],
verkündet Planck, denn es gebe mehr als eine Art des Streites, auch wenn das
Los eines Tapferen zu beneiden sei, »der im Kampf gegen äussere Feinde die
Sache der Gerechtigkeit zu verfechten, die wehrlose Unschuld zu schüzen und
für beyde zu sterben hat!«[355] Die militärische Diktion, die sich durchhält, ist
sicher dem Auditorium an der »Militär-Akademie« sowie dem Stand des Verstorbenen geschuldet. Doch gelingt Planck der Überschritt in die Lebenswelt
aller, indem er den Streit und Kampf auf die alltäglichen Gefahren und Proben

---

(HStASt A 272, Bü 135, Bd. 7, [unpag. Bl. 1]). Sein »Zuwachs« sei am 20.01. 1781 erfolgt,
sein »Abgang« dann am 06.09. 1784 (ebd.).

[346] Vgl. UHLAND, Karlsschule, 348.

[347] Chr.H. Pfaff wurde 1782–1793 auf der Karlsschule erzogen (vgl. KARSTEN, Pfaff, 582),
später als Medizinstudent. Er wurde Professor der Chemie in Kiel (1802) (aaO. 583). Seine
Lebensbeschreibungen laufen unter dem Titel *Lebenserinnerungen von Christoph Heinrich Pfaff
(1854)* (siehe aaO. 587).

[348] Vgl. HIRSCH, Hoven, 215f. Auch von Hoven war Student der Medizin, später Professor der Medizin in Würzburg (1803) und verfasste im hohen Alter eine Lebensbeschreibung,
in der über die Karlsschule berichtet wird. Er war ein enger Freund Friedrich Schillers, den
er an der Karlsschule kennenlernte (vgl. HOVEN, Lebensbeschreibung, 48f.).

[349] Vgl. UHLAND, Karlsschule, 348.

[350] WOLZOGEN, Geschichte 2, 224. Der Freiherr stellte dem Unterricht an der Karlsschule
besonders für die unteren Klassen ein äußerst schlechtes Zeugnis aus (aaO. 223).

[351] Sie findet sich im Nachlass Gottlieb Plancks (ein Enkel G.J. Plancks) in HASUB Cod.
Ms. G. Planck 1:1. WAGNER, Geschichte 1, 636f., berichtet noch über die Predigt zur Jahres-
tagsfeier am 14.12. 1781 über Jak 3,16, am 22.12. 1782 über Mt 5,16. 1783 fand keine öffentliche Feier statt.

[352] *Rede bey dem Grabe des weil. Wolgebohrnen Herrn Heinrich Christoph Walters (1783).* Gehalten am 04.10. 1783.

[353] PLANCK, Rede bey dem Grabe, [unpag. 1].

[354] AaO. [unpag. 3].

[355] Ebd.

bezieht, die jeder in seinem Stand und Dienst zu gewärtigen habe.[356] Mit einem Bibelwort (2Tim 2,5: »Niemand wird gekrönt, er kämpfe denn recht«) schärft die Predigt ein, sich im Lebenswandel um die »Krone« zu bemühen, die sicherlich denen nicht verliehen werde, die sich ihrer nicht würdig erwiesen, d. h.,

»jene werden es desto gewisser, die ihre Stelle in diesem Leben recht behauptet, ihren Dienst nach den Erwartungen unsers Herrn verrichtet, ihre Pflichten erfüllt, ihrem Beruf genug gethan, und mit einem Wort würdig gelebt haben.«[357]

Zwar klingt dies sehr nach Werkgerechtigkeit, doch Planck gibt dem Gedanken eine spezielle Wendung: Auskunft über den Erfolg gebe das »Herz«, das »Innerste«. Wenn von dort keine Anklage komme, habe man nichts zu befürchten.[358] Und dieses Herz gebe beim Grabe des Verstorbenen ihm selbst das Zeugnis, dass jener würdig gelebt habe, was allein zum Trost dienen könne.[359] In einem zweiten Teil schließt sich ein biographischer Rückblick an.[360] In der Schlussformel, dem Friedenswunsch über dem Leichnam, gibt Planck den Hörern abschließend ein *memento mori* mit auf den Weg: »aber uns erinnere jeder Tag Sein Angedenken, daß auch uns Ausgang aus diesem und Eingang in jenes Leben einst bevorstehit!«[361]

Zum Abschied aus Stuttgart hielt Planck dann eine Predigt über Gal 3,15–22, in der er, nachdem er sich darüber erklärt hat, dass diese Stelle schwer auszulegen sei, da sie umfangreiche Kenntnisse von Deutungs- und Schlussart des Apostels voraussetze, dazu übergeht, die Stelle auf »die große Lehre[,] daß unsere Gerechtigkeit nicht bloß aus den Werken[,] sondern aus dem Glauben entsteht [auszulegen], die der Apostel darin gegen die Einwürfe und Zweifel seiner Glaubigen zu retten sucht.«[362] Die Textauslegung ist zweigeteilt in die Beweise des Apostel und die Einwürfe der Gegner dieser Lehre von der Gerechtigkeit *sola fide*,[363] die es als »Grundlehre unserer Religion«[364], als Grundlage des Christentums zu bewahren gelte. Im unmittelbaren Anschluss an die Predigt, wohl noch auf der Kanzel, blickt Planck auf sein Wirken zurück: Absicht sei ihm gewesen, die Hauptlehren in einem der Vernunft angenehmen Lichte darzustellen, ihre Weisheit, Einfalt und Anwendbarkeit anschaulich zu machen. Nicht nur das Herz, auch der Verstand solle von den Wahrheiten der Lehre Jesu Christi überzeugt werden, davon, dass es wohltätige Wahrheiten sind, die uns zu glauben vorgelegt würden. Es sei ihm mehr darum gegangen zu unterrichten

---

[356] Vgl. aaO. [unpag. 3–6].
[357] AaO. [unpag 7].
[358] Vgl. aaO. [unpag. 7f.].
[359] Vgl. aaO. [unpag. 9f.].
[360] Vgl. aaO. [unpag. 10–14].
[361] AaO. [unpag. 15].
[362] HASUB Cod. Ms. G. Planck 1:1, Bl. 1.
[363] Siehe: Teil 1: HASUB Cod. Ms. G. Planck 1:1, Bl. 3f.; Teil 2: aaO. Bl. 5f.
[364] HASUB Cod. Ms. G. Planck 1:1, Bl. 6.

und aufzuklären, statt zu rühren.[365] Abschließend äußert er seine – wohl auf-
richtige – Sorge, in der gemeinsamen Arbeit etwas versäumt zu haben, dass das
ganze gemeinsame Wirken fruchtlos bleiben sollte, und blickt voraus auf die
Rechenschaft am Jüngsten Tag, an dem man wieder zusammenkomme.[366] Er
schließt:

»Gottes Segen ruhe auf diesem Hause und die Gnade unseres Herrn Jesu Christi sey mit
uns allen und bleibe mit uns allen leite uns alle in diesem u[nd] bewahre uns alle zum
ewigen Leben. Amen«[367].

Die beiden skizzierten Predigten sind einem jeweils so speziellen Skopus gewidmet, dass ein Schluss auf Plancks allgemeine Predigtweise schwierig erscheint. Was beide auszeichnet, ist ein hoher Hörerbezug – die militärische Welt
des Leutnants bzw. die Schüler des Religionsunterrichts –, was allerdings bei
der vorgegebenen Situation keine Schwierigkeit darstellt. In beiden Fällen bezieht Planck sich ausführlich auf ein Bibelwort als Ausgangspunkt dogmatischer
oder ethischer Gedankenführungen und nutzt die Gelegenheit zu mahnenden
Worten. Auffällig ist in beiden Predigten die Präsenz des Jüngsten Gerichts, vor
dem man darüber Rechenschaft zu geben habe, ob man richtig gekämpft bzw.
ordentlich gelehrt habe, was gerade bei der letzten Predigt über die Rechtfertigung in dieser Deutlichkeit bemerkenswert scheint.

In die Zeit auf der Karlsschule fallen vor allem die Weiterarbeit an seinem
Hauptwerk, der *Geschichte unseres protestantischen Lehrbegriffs*, sowie die Arbeit an
der Fuchsschen *Bibliothek der Kirchenversammlungen*.[368] Darüber hinaus verfasste
Planck – wohl aus dem Unterricht entstanden – eine Abhandlung über das Aufkommen der Mutter- und Volkssprachen in den öffentlichen Gottesdiensten.[369]

Wieder im romanhaften Genre legte Planck anonym *Briefe Jonathan Ashleys in
Deutschland geschrieben und aus dem Englischen übersezt (1782)*[370] vor, die die Reise-
literatur der Zeit persiflieren. In der Vorrede äußert er seine Verwunderung
darüber, dass Beschreibungen einer Reise durch Deutschland ins Deutsche
übersetzt würden.[371] Zudem würden in Deutschland Dichter nicht angemessen

---

[365] Vgl. HASUB Cod. Ms. G. Planck 1:1, Bl. 6–8. Planck hofft auf die Fruchtbarkeit der
gemeinsamen Bemühungen angesichts eines künftigen Gerichts.

[366] Vgl. HASUB Cod. Ms. G. Planck 1:1, Bl. 7f. Durchweg spricht Planck nicht von sich
allein, sondern immer von den gemeinsamen Bemühungen.

[367] HASUB Cod. Ms. G. Planck 1:1, Bl. 8. Dieses Ende zitiert auch LÜCKE, Planck, 19f.

[368] Georg Daniel Fuchs (1735–1783) war Diakon in Stuttgart und offenbar schwer erkrankt (vgl. z.B. HAMBERGER/MEUSEL 1, 506). Die ersten Bände der *Geschichte unseres protestantischen Lehrbegriffs* erschienen anonym (vgl. Kap. B.II.2.1.).

[369] Später in Göttingen veröffentlicht als *Primae lineae disquisitionis historicae de usu linguarum vulgarium in sacris (1785)*.

[370] [PLANCK, G.J.], *Briefe Jonathan Ashleys in Deutschland geschrieben und aus dem Englischen
übersezt (1782)*. Der Erscheinungsort Bern ist ebenso fiktiv. Ebenso wird der Name wahrscheinlich nicht auf Reverend Jonathan Ashley (1712–1780) in Deerfield/Massachusetts an-
spielen, der ein Cousin Jonathan Edwards, einem der Führer des *Great Awakening*, war.

[371] Vgl. [PLANCK], Briefe, Vorrede des Übersetzers, 3–6.

geachtet. Die Briefe stellen eine fiktive Reisebeschreibung aus dem Jahr 1780 dar. Jonathan Ashley schildert darin vornehmlich seine Erlebnisse mit einem Amtmann, der die eigentliche Hauptperson des Werkes darstellt und viel Gutes in seinem Wirkungskreise tut. Bis zu einem späten Werk Plancks in Romanform ist dies das vorerst letzte dieser Art aus seiner Feder. Es zeigt zumindest wie schon das *Tagebuch eines neuen Ehemanns* -, dass Planck sich eingehend mit der zeitgenössischen Literatur befasste, die er in beiden Werken kritisch behandelt.

Das Kollegium der Karlsschule war Planck zu Teilen schon aus seiner Zeit im Stift gut bekannt. Georgii wird er zwar kaum noch angetroffen haben, da dieser schon 1781 nach Beilstein ging, aber Abel, der bis 1790 blieb, gehörte zu den prägenden Gestalten in der Philosophie in Stuttgart.

Am 01. 06. 1784 fragte Planck beim Landesherrn um Erlaubnis zur Aufnahme offizieller Verhandlungen mit dem hannoverschen Ministerium an, das ihn zwecks Übernahme der durch Christian Wilhelm Franz Walchs (1726–1784) Tod im März vakant gewordenen »Stelle eines Professors der Kirchengeschichte«[372] in Göttingen angefragt hatte. Nach Erteilung einer entsprechenden Erlaubnis, unter Bedauern und Erinnerung an seine Stipendiatenpflichten,[373] meldete Planck am 25.08. die ergangene förmliche Vokation und bat um Entlassung,[374] die ihm per Resolution am 30.08. erteilt wurde,[375] verbunden mit der üblichen Auflage, einer möglichen Rückberufung des Herzogs Folge zu leisten.

---

[372] LKASt A 27 Nr. 2479, [Akte 1]. Angeblich auf Betreiben Spittlers (vgl. Lücke, Planck, 31), der seit einiger Zeit in Göttingen lehrte; möglicherweise sei damit auch nur eine Rezension Spittlers zu Plancks *Geschichte unseres protestantischen Lehrbegriffs* in GAGS gemeint, mutmaßt Rothert, Hannover, 289 (der aber eine fehlerhafte Quellenangabe bietet). Allerdings ist die Rezension Spittlers nicht vorbehaltlos positiv (vgl. GAGS [1784], 48. St., 477; dazu vgl. Kap. B.II.2.1). Offenbar war vorher der Blick auf Georg Christian Knapp (1753–1825), einen pietistischen Supranaturalisten aus Halle, gefallen, der jedoch ablehnte (vgl. Lücke, Planck, 31). Anders Schmidt, Nekrolog, 583: Nur Planck sei berücksichtigt worden.
[373] Vgl. LKASt A 27, Nr. 2479, [Akte 2]. A.a.O. [Akte 3], enthält die Erlaubnis vom 12. 06. 1784. Vgl. Wagner, Geschichte 2, 199.
[374] Vgl. LKASt A 27, Nr. 2479, [Akte 4]. Es eilte, da Planck schon zu Michaelis sein Amt antreten sollte. Er vergisst aber nicht, an seine Treue und Verbundenheit zum Vaterland zu erinnern. Die Akte enthält auch die Vokation aus Hannover, die die Bewilligung eines Gehalts von 700 Talern, 200 Taler Umzugsgeld sowie die von Planck geforderte Witwen-Pension für seine Frau in Höhe von 150 Talern enthielt.
[375] Vgl. LKASt A 27, Nr. 2479, [Akte 6], nach vorheriger Bearbeitung im Konsistorium (vgl. aaO. [Akte 5]). Zwar wolle man Planck gerne halten, könne ihm aber momentan nichts Äquivalentes bieten. Deshalb erinnert man an die Möglichkeit einer Rückberufung. Die Akte AEvST E 1, Nr. 141/1, enthält ein Schreiben des Herzogs an das Stipendium in Tübingen vom 06. 09. 1784: Nachdem Planck nun nach Göttingen gegangen sei, solle an seiner Stelle Repetent Fleischmann als *vicarius* seine Aufgaben versehen (vgl. eine Abschrift davon in HStASt A 272, Bü 135, Bd. 7, [unpag. Bl. 7]; vgl. auch den Aufruf an das Konsistorium gleichen Datums, zur Bestellung eines Repetenten als *vicarius*, allerdings ohne Namensnennung [aaO. (unpag. Bl. 8)]). Ebenso wird an diesem Tag vom Abgang Plancks berichtet (vgl. HStASt A 272, Bü 135, Bd. 7, [unpag. Bl. 6]).

IV. Planck in Göttingen (1784–1833)

1. Wirkungsraum: Hannover

1.1. Das Kurfürstentum Hannover

Das Kurfürstentum Hannover ist aus den reichlich kleinteiligen und komplexen politischen Zuständen im niedersächsischen Raum des 17. Jahrhunderts hervorgegangen. Braunschweig-Lüneburg erreichte 1692 die Kurwürde und 1705 gelang die Vereinigung der beiden Fürstentümer Calenberg und Lüneburg im sogenannten Hannoverschen Kurstaat bzw. Kurhannover.[376] Der Kurfürst war seit 1714 in Personalunion König von England, wodurch Hannover politisch mittelbar unter die Großmächte aufstieg, auch wenn es keine Vereinigung der beiden Länder gab.[377] Da der englische Herrscher jedoch permanent auf der Insel zu residieren hatte, wurden die Regierungsgeschäfte in Hannover recht autonom durch das Geheimratskollegium übernommen.[378] Außenpolitisch wurde Hannover so zur kontinentalen Achillesferse Englands[379] und hatte besonders unter der französischen Expansion[380] zu leiden. Bedeutsam ist die 18. 08. 1807 nach einigen preußischen und französischen Besetzungen erfolgte Gründung des Königreiches Westphalen auf hannoverschem Boden, in dem Napoleon unter seinem Bruder Jerome als König einen Musterstaat nach französischem Vorbild schaffen wollte. Neben massiver Ausbeutung des Landes brachte die Gründung auch neue Gesetze, wie etwa die Forderung nach Parität der Religionsbekenntnisse.[381]

---

[376] Die Durchsetzung der hannoverschen Kurwürde war ein zäher Kampf: Erst 1708 wurde Kurfürst Georg Ludwig in das Kurfürstenkollegium eingeführt, das Fürstentum Wolfenbüttel als zweiter welfischer Staat neben dem Kurfürstentum Braunschweig-Lüneburg (Hannover) kämpfte in Person von Herzog Anton Ulrich seit 1692 gegen die hannoversche Kurwürde, die es aber 1706 anerkennen musste und auf die es 1726 eine Anwartschaft erhielt (vgl. SCHNATH, Geschichte, 36). Vgl. zu den Begebenheiten der welfischen Länder aaO. 32–58.
[377] Zur Anwartschaft Hannovers auf den englischen Thron vgl. z. B. VIERHAUS, Europa, 10. Kurfürst Georg Ludwig wurde 1714 zum englischen König Georg I. Durch die differierenden Erbfolgeregelungen endete die Personalunion 1837 (vgl. SCHNATH, Geschichte, 52).
[378] VIERHAUS, Europa, 11, sieht negative Auswirkungen der Personalunion. Doch fällt in die Zeit auch die Gründung der Universität Göttingen. Das Geheimratskollegium führt die Regierungsgeschäfte recht gewissenhaft. Auch in kirchlichen Belangen war das Kollegium prägend (vgl. MEYER, Kirchengeschichte, 159).
[379] So wurde Hannover z. B. nach einer Zeit relativen Friedens in den Österreichischen Erbfolgekrieg (1740–1748) hineingezogen (vgl. VIERHAUS, Europa, 14; siehe auch bei SCHNATH, Geschichte, 39).
[380] Zur napoleonischen Zeit 1806–1815 vgl. SCHNATH, Geschichte, 47 f.
[381] Vgl. KRUMWIEDE, Kirchengeschichte 267: Art. 10 der Verfassung schrieb diese Parität vor.
Vom Kurfürstentum Hannover wurden Göttingen, Grubenhagen, Hohnstein und Osnabrück eingegliedert, zudem Braunschweig-Wolfenbüttel, Hildesheim, das Eichsfeld, die Grafschaft Schaumburg und die Reichsstadt Goslar. 1810 kamen die übrigen hannoverschen

Nach der Völkerschlacht bei Leipzig 1813 und dem Ende Westphalens wurde die hannoversche Regierung wieder eingesetzt, nach dem Wiener Kongress 1815 wurde Hannover zum Königreich erhoben. Insgesamt blieb Hannover in den folgenden Jahrzehnten in ständischem Denken verhaftet und entwickelte sich innenpolitisch eher konservativ. Nach dem Ende der englisch-hannoverschen Personalunion 1837 eröffnete der neue Herrscher Ernst August seine Regierung mit der staatsrechtlich bedenklichen Aufhebung des Staatsgrundgesetzes am 01. 11. 1837, wogegen die *Göttinger Sieben* protestierten.[382] 1840 konnte dann unter gegenseitigem Nachgeben ein Landesverfassungsgesetz verabschiedet werden. Als es 1866 zur Bundeskrise kam, weigerte sich Georg V. in Hannover, den preußischen Bundesreformplänen unter preußischem Oberbefehl beizutreten, woraufhin Preußen Hannover besetzte und der König ins Exil ging. Durch ein preußisches Gesetz vom 20.09. sowie das Annexionspatent vom 03. 10. 1866 wurde die staatliche Selbstständigkeit des Welfenstaates schließlich beendet.

1.2. *Kirchliche und geistige Entwicklung im niedersächsischen Raum*

Nicht nur politisch, sondern auch konfessionell herrschte in den niedersächsischen Territorien eine zur Kleinteiligkeit neigende Pluralität. Dies zeigt sich exemplarisch in der Frage der Anerkennung der *Konkordienformel* in den verschiedenen Territorien:[383] Herzog Julius von Braunschweig-Wolfenbüttel, eigentlich einer der führenden Promotoren des Konkordienprojektes, unterschrieb zwar noch die Vorrede der *Konkordienformel* (07. 02. 1580), ihre Anerkennung wurde jedoch aufgrund von Unklarheiten in der Frage der Ubiquität hinausgezögert, so dass es letztlich zu keiner rechtlichen Anerkennung kam. Stattdessen berief man sich auf das *Corpus doctrinae Julium* von 1576, das allerdings wie Teile der *Konkordienformel* von Martin Chemnitz (1522–1586) geprägt war.[384] Im späteren Kurfürstentum Hannover waren so Territorien mit

---

Provinzen hinzu. Zum Grundgedanken der Gründung vgl. BERDING, Königreich, 17: »Es ging darum, das staatlich-administrative System und die bürgerlich-rechtliche Ordnung des französischen Kaiserreichs in einem Akt der ›Revolution von oben‹ auf Westphalen zu übertragen, d. h. die auf den Ergebnissen der Französischen Revolution beruhenden Grundsätze moderner Staatsverwaltung, eines einheitlichen Rechts und bürgerlicher Gleichheit nach Deutschland zu verpflanzen.« Bemerkenswert dabei ist u. a. die Tatsache, dass hier der »erste[] Staat auf deutschem Boden eine geschriebene Verfassung erhielt« (ebd.).

[382] Die Göttinger Professoren Wilhelm Albrecht (Jurist), Friedrich Christoph Dahlmann (Historiker, Staatsrechtler), Heinrich Ewald (Orientalist), Georg Gottfried Gervinus (Literarhistoriker), Jacob und Wilhelm Grimm (Germanisten) und Wilhelm Eduard Weber (Physiker) beriefen sich dazu auf ihren Diensteid (vgl. SCHNATH, Geschichte, 52).

[383] Zu dieser Entwicklung insgesamt vgl. MAGER, Hannover, 428–438.

[384] Nachdem der Herzog mit Martin Chemnitz gebrochen hatte, traten mit Heshusius und anderen Helmstedter Theologen Berater auf, die der *Konkordienformel* kritisch gegenüberstanden. Vgl. zu den Vorgängen MAGER, Aufnahme, 280–282. RELLER, Auswirkungen, 39, weist darauf hin, dass das *Corpus doctrinae Julium* inhaltlich praktisch der *Konkordienformel*

ganz unterschiedlicher Bekenntnistradition zusammengefasst:[385] In Calenberg-
Göttingen und Grubenhagen, die 1584/95 hinzukamen, war die *Konkordienformel* beispielsweise verpflichtend.[386]

Gewichtig für die weitere geistige und geistliche Entwicklung ist die Universität Helmstedt, wo nahezu alle Pfarrer des Territoriums studierten.[387] 1576 gegründet, brachte es diese Hochschule im ersten Jahrhundert zu europäischem
Ruhm. Besonders Georg Calixt (1586–1656), der, aus Schleswig-Holstein
stammend, ohne Bindung an die *Konkordienformel* nach Helmstedt gekommen
war, prägte hier eine irenische Lehrart.[388] Viele wichtige Erkenntnisse der theologischen Aufklärer wie die Unterscheidung von privater und öffentlicher Religion, die enzyklopädischen Entwürfe und lebenspraktischen Bezüge waren
bei Calixt präformiert, wenn auch nicht ausgeformt. Sein Schülerkreis wirkte
durch Juristen wie Hermann Conring (1606–1681) auch auf Konzepte einer
neuzeitlichen Verhältnisbestimmung von Kirche und Staat.[389] Mit Johann
Lorenz von Mosheim (1694–1755), der sich ebenfalls durch eine nüchtern-
irenische Lehrart auszeichnete, erlebte die Universität Helmstedt noch einmal
eine Blüte, bevor sie ihrem Schicksal, Spielball dreier fürstlicher Rektoren zu
sein, nach und nach erlag.[390]

---

entsprach. Auch wenn gebiets- und zeitweise (aufgrund wechselnder Herrscher) die *Konkordienformel* eine Art Rechtscharakter besitzen konnte, bestand doch immer ein Vorbehalt
durch eine Wolfenbütteler Interpretationsnorm bezüglich der Ubiquität. Vgl. zu diesem Prozess zusammenfassend MAGER, Konkordienformel, 491–500.

[385] 1636 war ein Konsistorium in Hannover mit den Generalsuperintendenturen Calenberg und Göttingen gegründet worden. Die 1584 in Hannover eingeführte Wolfenbütteler
Kirchenordnung behielt lange ihre Gültigkeit. In Lüneburg hatte Johann Arndt 1619 die
Kirchenordnung von 1564 in neuer Gestalt herausgegeben (vgl. KRUMWIEDE, Kirchengeschichte, 195), die 1643 überarbeitet worden war. Sie blieb nach der Eingliederung ebenso
wie das *Konkordienbuch* bestehen. Letztlich besaß das Kurfürstentum nach erneuten Gebiets-
zuwächsen sechs Generalsuperintendenturen neben dem Konsistorium in Hannover: Calenberg, Göttingen, Grubenhagen, Celle, Harburg und Bremen-Verden (vgl. aaO. 192 f.).

[386] Sie erreichten im Gandersheimer Landtagsabschied vom 10.10. 1601, »[d]aß die in
ihren Kirchen bestallten Pfarrer neben den Landesnormen auch auf die in den einzelnen
Städten gültigen Kirchenordnungen und Bekenntnisse zusätzlich verpflichtet werden durften. Dadurch behielt das Konkordienbuch auch nach 1584 weithin seine Gültigkeit im Ca-
lenbergischen.« (MAGER, Aufnahme, 286).

[387] Natürlich ist es schwierig, hier zwingende Kausalitäten auf die Geisteshaltung der
Pfarrer in Einzelfragen herzustellen (so RELLER, Auswirkungen, 35 f.), doch lassen sich
zwanglos einige Grundtendenzen aufzeigen.

[388] Calixt entfernte die *Konkordienformel* in seinem ersten Dekanat 1619/20 aus dem Ordi-
nationsschwur, nach kurzer Wiedereinführung verschwindet sie ab 1626 ganz (vgl. MAGER,
Konkordienformel, 498).

[389] Vgl. zu Conring: SCHINDLING, Bildung, 25. Zur Anlage des Territorialismus bei
Calixt vgl. RELLER, Auswirkungen, 40. KRUMWIEDE, Niedersachsen, 212, weist richtig darauf hin, dass die calixtinische Prägung von der Rolle der Person Calixts unterschieden
werden müsse. Wenn sein Schüler Conring einen frühen kirchenrechtlichen Territorialismus
vertreten habe, lasse sich daran nicht einfach Calixts Position ablesen.

[390] Vgl. bei SELLE, Universität, 15 f.

Ausgehend von Helmstedt bildete sich in Hannover eine spezifische lutherische theologische Prägung heraus, die man als Calixtinismus bezeichnen
kann.[391] Unter den Leitern der hannoverschen Kirche finden sich profilierte,
calixtinisch geprägte Theologen: Justus Gesenius (1601–1673), bis 1673 Leiter
der Landeskirche, verfasste mit seinen 1639 als Auszug erschienenen Kleine[n]
(später: Kurze[n]) Katechismusfragen über den kleinen Katechismus Lutheri das als
Landeskatechismus in Calenberg und später auch in Wolfenbüttel (1667) meistverbreitete theologische Werk im niedersächsischen Raum (es war bis 1790 in
Geltung), das den Calixtinismus in die Gemeindebene trug.[392]

Sein Nachfolger Gerard Wolter Molanus (1633–1722), ab 1674 als Superintendent Generalissimus (später: Kirchendirektor),[393] ging hart gegen pietistische
Aufbrüche vor und forderte gegenüber dem Geheimratskollegium die Selbstständigkeit des Konsistoriums.[394]

In der Zeit der französischen Fremdherrschaft kam es zu einigen radikalen
Einschnitten in der Kirche: 1807 wurde im Königreich Westphalen in Göttingen, der Hauptstadt des Departements Leine, ein Konsistorium gegründet, das
bis 1813 bestand; es hinterließ jedoch kaum Spuren in der später wiederher-
gestellten hannoverschen Kirche, was auch dem abwägenden Verhalten der
Kirchenleitungen in der westphälischen Zeit zu verdanken war.[395]

Der Pietismus konnte im späteren Kurfürstentum kaum Fuß fassen, was vermutlich auch an der hier entstandenen besonderen Form der Voraufklärung lag.
Calixt hatte beispielsweise die Verknüpfung von praxis und pietas vorwegge-
nommen und einen freieren Umgang mit der Bekenntnistradition durch das
Programm der Fundamentalartikel (im Sinne des consensus antiquitatis) befördert.[396]

---

[391] Vgl. MAGER, Konkordienformel, 500. Zur Bedeutung der Universität Helmstedt für
die theologische Ausrichtung der Pfarrer und Gemeinden im niedersächsischen Raum vgl.
RELLER, Auswirkungen.
[392] Vgl. HAMMANN, Geschichte, 527 f., der sich konkret auf das Fürstentum Calenberg-Göttingen bezieht. Diese Einsichten sind aber übertragbar, da nicht nur hier die o.g.
Prägungen vorherrschten. Zu Gesenius vgl. KRUMWIEDE, Kirchengeschichte, 217 f.
[393] Molanus bewirkte die Trennung und Verselbstständigung des Direktors als erster Konsistorialrat vom juristischen Konsistorialpräsidenten (vgl. KRUMWIEDE, Kirchengeschichte,
221).
[394] Nach Molanus' Tod 1722 wurde das Amt des Kirchendirektors nicht mehr besetzt,
Konsistorialräte standen unter der Leitung eines dem Geheimratskollegium angehörenden
Präsidenten (vgl. aaO. 251).
[395] Dazu mehr in Kap. A.IV.3.3.: Planck war Präsident dieses Konsistoriums (vgl. ganz
knapp aaO. 267 f.).
[396] RUPRECHT, Pietismus, 3, führt den Misserfolg des Pietismus einerseits auf die strenge
lutherische Frömmigkeit im Lande zurück, andererseits auf die zu große Verwandtschaft zu
einer Bewegung, die durch Arndt, Gesenius und Lütkemann schon in der hannoverschen
Kirche aufgekommen war und sich durch mystische und chiliastische Äste verdächtig gemacht hatte (vgl. aaO. 6). Hier liegt meines Erachtens eine Verkennung der Bedeutung des
Calixtinismus sowie eine unscharfe Begriffsbestimmung des »Pietismus« vor. Johann Arndt

Dennoch gab es auch im Raum Hannover pietistische Bewegungen,[397] die sich aber bedingt auch durch die rigoros ablehnende kirchlich-staatliche Haltung nur auf dem Felde der sogenannten radikalen Pietisten bewegten.[398] Erst im 18. Jahrhundert finden sich zögernde Rezeptionen des Spenerschen und Hallischen Pietismus. 1692/93, 1703, 1711, 1734 und 1740 ergehen in den hannoverschen Ländern Edikte gegen den Pietismus, 1703 fügte G. W. Molanus dem allgemeinen Edikt gegen Pietismus und Separatismus 16 *notae characteristicae pietisticae* an, die jeglichen Pietismus als kirchenfeindlich einstufen.[399]

Konfessionell war Niedersachsen toleranter als im Umgang mit dem Pietismus: Der (Re-)Unionsgedanke erlebte, vorbereitet durch die Theologie G. Calixts, eine frühe Blüte.[400] Neben innerprotestantischen Einigungen kam es auch zu bemerkenswerten Verhandlungen mit der römisch-katholischen Kirche: Gottfried Wilhelm Leibniz und G. W. Molanus, Abt von Loccum, als Protestanten sowie Jacques Bénigne Bossuet (1627–1704) und Bischof Christoph de Rojas y Spinola (1626–1695) auf katholischer Seite führten in den letzten Jahren des 17. Jahrhunderts eingehende Verhandlungen, die jedoch letztlich erfolglos blieben.[401] Die Frage einer Kirchenunion wurde nach der Erhebung Hannovers zum Königtum virulent. 1817 nahm die hannoversche Regierung Konkordatsverhandlungen mit Rom auf, um die Fragen von Bischofseinsetzungen sowie staatlicher und römischer Hoheit zu klären. Nach erfolglosen Verhandlungen erging 1824 die Zirkumskriptionsbulle *Impensa Romanorum Pontificum*, die unter anderem die Diözesangrenzen an die Territorialgrenzen anpasste und Fragen der Dotation sowie der Priesterausbildung regelte.[402]

---

war im Fürstentum Lüneburg 1611–1621 sogar *Generalissimus* (vgl. RELLER, Auswirkungen, 46).

[397] Zum Pietismus vgl. noch KRUMWIEDE, Kirchengeschichte, 225–239.

[398] Gegen separatistische Bildungen wie z. B. im Harz wurde von Konsistorium und Regierung hart vorgegangen. In dieser Frage kam es auch zu einer Auseinandersetzung mit J. F. Buddeus, der dem Konsistorium 1723 vorwarf, durch dieses Vorgehen separatistischen und kirchlichen Pietismus zu vermengen (vgl. HAMMANN, Geschichte, 535). Dieser Differenzierung öffneten sich die zuständigen Stellen – anders als z. B. in Württemberg – allerdings nicht. Der radikale Pietismus in Gestalt von Johann Wilhelm Petersen oder Ernst Christoph Hochmann von Hochenau sowie in separatistischen Bewegungen im Harz konnte sich Jahrzehnte halten.

[399] Vgl. JAKUBOWSKI-TIESSEN, Pietismus, 428. Bei diesem Befund ist bemerkenswert, dass es gerade an prominenter Stelle zu erbaulichen Versammlungen kam: Wilhelmine Sophie von Münchhausen, Frau des Geheimen Rats Gerlach Adolf von Münchhausen, bildete hier einen Mittelpunkt (vgl. aaO. 430).

[400] Zwar lassen sich Anfragen an Calixts *consensus antiquitatis* als Grundlage einer Vereinigung stellen (so auch KRUMWIEDE, Kirchengeschichte, 211), doch brach er damit konfessionelle Grenzen auf.

[401] Vgl. Kap. B.IV.1. zur (Re-)Unionsdiskussion. Vgl. aaO. 205–210. Das Zugeständnis, die Anerkennung der Protestanten bis zu einem Konzil als unentschieden zu betrachten und die reformatorische Rechtfertigungslehre aufzugeben, ging protestantischerseits zu weit.

[402] Vgl. den Abdruck in Auszügen bei SCHULTE, Kirchenrecht, 48–53, und SCHÖPPE,

Der Calixtinismus bereitete der Aufklärung in Hannover den Boden und ging dann fließend in sie über, so dass von einem festzumachenden Anfang und gleichmäßigem Verlauf der Aufklärung hier ebenso wenig wie anderswo die Rede sein kann.[403] Geistesgeschichtlich und kulturell fehlte in Hannover der pulsgebende Hof, so dass die Dynamik, die in Preußen zu der Zeit zu beobachten ist, in Hannover kein wirkliches Pendant findet.[404] Der niedersächsische Weg blieb ein moderater und unheroischer, sieht man von einigen Berühmtheiten ab. Die Universität Helmstedt prägten J. L. v. Mosheim[405] und später Wilhelm Abraham Teller (1734–1804) im aufklärerischen Sinne. Daneben wirkten in Wolfenbüttel gewichtige Initiatoren der Aufklärung in Gestalt von G. W. Leibniz, dem Universalgelehrten, Gotthold Ephraim Lessing (1729–1781), der »Kulminationsgestalt der deutschen literarischen Aufklärung«[406], der die Reimarus-Fragmente veröffentlichte und wertvolle Anfragen an die Theologie stellte, sowie Johann Friedrich Wilhelm Jerusalem (1709–1789), der neben seinen bahnbrechenden Impulsen für die Predigtpraxis und seiner Befruchtung der Diskussion über die Kirchenvereinigung viele unausgeführte Pläne verfolgte – eine Dogmengeschichte, eine Geschichte der Offenbarung und als kirchlicher Repräsentant der Aufklärung gelten kann.[407] Ihnen allen war der

---

Konkordate, 51–53. Zur Kirchenpolitik und zu den Konkordatsverhandlungen siehe Kap. B.IV.1.3.

[403] Im Vergleich zum Pietismus kann man natürlich von einer ungestörteren und einheitlicheren Bewegung reden (vgl. MAGER, Hannover, 432).
Während in Braunschweig ein niedersächsisches Beispiel für eine höfisch-großstädtische Form der Aufklärung vorliegt, findet sich im Kurfürstentum Hannover ein ständisch-flächenstaatliches Modell, das sich in sozial, wirtschaftlich und religiös völlig verschiedene Gebiete auffächerte (vgl. HINRICHS, Aufklärung, 22.28). Die Aufklärung bewirkte die Gründung verschiedener Lehranstalten in Niedersachsen auch neben der *Georgia Augusta*. Im Fürstentum Wolfenbüttel war durch Herzog August d. J. (1634–1666) die *Bibliotheca Augusta*, nach der Verlegung der Residenz nach Braunschweig durch Karl I. das *Collegium Carolinum* begründet worden. Dieser war es auch, der Lessing als Bibliothekar nach Wolfenbüttel berief. Braunschweig hatte zu der Zeit 30 000 Einwohner, Hannover kam demgegenüber nur auf 15 000 (vgl. aaO. 18). In Braunschweig kam es zudem noch ab 1753 zu Reformen im Elementarschulwesen (vgl. SCHINDLING, Bildung, 26), die Celler Sozietät und 1764 die Landwirtschaftsgesellschaft wurden gegründet (vgl. HINRICHS, Aufklärung, 26).
Dass die theologische Aufklärung in Niedersachsen an Wolff und Mosheim anknüpfe, wie MEYER, Kirchengeschichte, 169, summiert, ist eine äußerst unscharfe Beschreibung.

[404] Es waren eher die Frauen der Herrscher, die das Geistesleben förderten, wie z. B. Kurfürstin Sophie im Wettbewerb mit ihrer Tochter Sophie Charlotte in Preußen (vgl. SCHNATH, Geschichte, 36), in ähnlicher Weise auch Caroline, die Gemahlin Georgs II. (vgl. SELLE, Universität, 13). Zum Charakter Georgs II.: »Zeitgenossen schildern ihn als indolent, sorglos, nachlässig, jedoch auch als tapfer und gerecht. Seine Umgangsformen waren schlechthin ungehobelt, über geistige Interessen irgendwelcher Art verfügte er nicht.« (aaO. 9 f.). Bezeichnend ist auch, dass die Blütezeit des englischen Geisteslebens völlig an ihm vorbeizog.

[405] Zu Mosheim siehe ausführlicher Kap. A.IV.2.2. und B.II.3.2.

[406] Vgl. BEUTEL, Aufklärung, 318. Siehe zu Lessing insgesamt aaO. 317–322.

[407] Zu Jerusalem vgl. aaO. 254–256. Jerusalem leitete ein Predigerseminar in neologischer Prägung (vgl. SCHINDLING, Bildung, 26).

solitäre Charakter sowie der kritische Umgang mit der Bekenntnistradition der Kirche gemeinsam: ob nun in Form der Kritik an der Absolutheit einer Religion überhaupt (Lessing), der Beförderung der kirchlichen Unionen (Leibniz) oder konkreter Schriften über die Kirchenvereinigung (Jerusalem). Sie haben in ihrer religiösen und gelehrten Individuation zwar das Zeitalter und die gelehrte Diskussion in kaum absehbarem Maße befördert und befruchtet, das hannoversche Gebiet im Ganzen jedoch nicht entscheidend, geschweige denn schulbildend geprägt. Dies blieb der Multiplikation aufklärerischen Gedankengutes durch die Universität Göttingen vorbehalten, deren Gründung so auch weniger als Ergebnis der Aufklärung, sondern vielmehr als ihr eigentlicher Beginn in Niedersachsen zu verstehen ist.[408] Auch im Hinblick auf die Französische Revolution, die in Hannover unter den gebildeteren Schichten anfänglich einigen Zuspruch fand,[409] kann von einer flächendeckenden Euphorie nicht die Rede sein.[410] Nach den Freiheitskriegen breitete sich dann die Erweckung unter der jüngeren Generation merklich aus, die gerade an der Universität Göttingen einen lebendigeren Glauben gegen einen vermeintlich gefühlskalten Rationalismus einforderte.[411]

2. Wirkungsort: Universität Göttingen

Das Kurfürstentum besaß außer der welfischen Gesamtuniversität in Helmstedt[412] keine eigene Landesuniversität, so dass Kurfürst Georg August von Braunschweig-Lüneburg als König Georg II. von Großbritannien schon allein aus Prestigegründen – neben der Notwendigkeit, für die durch Gebietsvergrößerungen angestiegene Zahl von Landeskindern auch eine akademische Bil-

---

[408] So verzeichnet HINRICHS, Aufklärung, 15, Lesegesellschaften, die als Merkmal aufklärerischer Breitenwirkung gelten können, erst zwischen 1770 und 1805 in allen großen und vielen kleineren Städten dieser Region.

[409] Vgl. insgesamt zur Stimmung gegenüber der Französischen Revolution in Hannover die Quellensammlung SCHNEIDER, Revolution.

[410] Vgl. KRUMWIEDE, Kirchengeschichte, 263. Ob die geringe Rezeption wirklich vor allem auf den Einfluss der Staatskirche zurückzuführen ist (vgl. ebd.), scheint mir fraglich, ging doch den Landbürger die französische Entwicklung bis zu den napoleonischen Expansionen nichts an. Krumwiede führt Beispiele für die Ablehnung und Rezeption der Revolution in Hannover und Umgebung an: Joachim Heinrich Campe (1746–1818) scheiterte bspw. mit seiner Idee einer pädagogischen Revolution nach französischem Vorbild (vgl. aaO. 264).

[411] Vgl. bei MEYER, Kirchengeschichte, 193, und unten zu Schülerberichten über Planck Kap. A.IV.3.5.

[412] Noch bis 1746 beteiligte sich Hannover an der Unterhaltung der Universität in Helmstedt, obwohl schon acht Jahre zuvor die *Georgia Augusta* eröffnet wurde (vgl. SELLE, Universität, 93). Vielleicht erschien es doch zu riskant, auf den Erfolg der Neugründung zu setzen, und man behielt sich vor, sich im Falle des Scheiterns wieder an die Helmstedter anzuschließen.

dungsstätte einzurichten[413] – über ein solches Projekt nachdenken musste.[414] Dass es letztlich weniger Motive der Wissenschaftsförderung waren, die zur Gründung der Universität Göttingen führten, ist berechtigt vermutet worden.[415]

2.1. *Universitätsstadt Göttingen*

Die Wahl für den Standort der neuen Hochschule fiel auf Göttingen,[416] das sich weniger aufgrund bereits bestehender Infrastrukturen als vielmehr durch das Fehlen sonstiger größerer Anstalten, die Möglichkeit zum zielgerichteten Ausbau und eine günstige Lage für ein solches Vorhaben eignete, so existierten innerhalb der Stadt z. B. noch unbebaute Flächen.[417] Institutioneller Anknüpfungspunkt war das *Gymnasium illustre*, das durch das das Privileg zur Universität erhoben wurde.[418] Die Räumlichkeiten des *Pädagogiums* (Dominikanerklo-

---

[413] Darauf verweist SAATHOFF, Geschichte 2, 6. Gerade für die Ausbildung im Kirchen- und Staatsdienst musste Sorge getragen werden. HOWARD, Theology, 105, formuliert: »The Georgia Augusta was born from a mixture of envy, ambition, an the practical needs of a modernizing bureaucratic state.«

[414] Vgl. zur Verortung der Gründung der Göttinger Universität in der Aufklärung auch meinen Beitrag: NOOKE, Universität [im Druck].
Dokumente zur Gründung der *Georgia Augusta* liegen in den Sammlungen von RÖSSLER, Gründung, und EBEL, Privilegien, vor. Ebel bietet eine Übersetzung der lateinischen Urkunden, aus der im Folgenden zitiert wird.

[415] Vgl. HUNGER, Landesuniversität, 140. Obgleich das *Königlich Gross-Britannische Kurfürstlich Braunschweig-Lüneburgische Privileg* vom 07. 12. 1736 natürlich formuliert, da die »Beförderung guter Wissenschafften eine der edelsten Obsorgen eines Regenten ist« und aufgrund der »angebohrne[n] Hulde und Neigung« für die Wissenschaft habe er, Georg II., diese Universität gestiftet (bei EBEL, Privilegien, 28). SELLE, Universität, 13, meint, es gebe »kaum Veranlassung, anzunehmen, daß König Georg II. irgendwelche wissenschaftliche Antriebe zu dem Unternehmen einer Universitätsgründung bewogen haben.«

[416] J.D. Gruber verwirft Celle, Lüneburg und Hannover (vgl. den ersten Entwurf des Hofrats Gruber: *Unvorgreiflicher Vorschlag zu Anlegung und Aufrichtung einer neuen Universität in Sr. Königl. Maj. Teutschen Landen [30. 08. 1732]* [bei RÖSSLER, Gründung, 4]). Eine vielfältige Darstellung der Stadt Göttingen bietet die Sammlung *Göttingen im 18. Jahrhundert*.

[417] HUNGER, Landesuniversität, 142, bewertet dies ebenfalls so. Was das *Königlich Gross-Britannische Kurfürstlich Braunschweig-Lüneburgische Privileg* damit meint, zum Sitz der Universität sei die Stadt Göttingen »wegen ihrer bequemen Situation erwählet« (bei EBEL, Privilegien, 28), muss in dieser Richtung gesucht werden. So hatte schon Gruber in seinem ersten Entwurf auf Göttingen verwiesen, das »grosz und ziemlich gebauet« sei, »auch mit geringen Kosten noch beszer zugerichteten werden« könne (GRUBER, *Unvorgreiflicher Vorschlag* [bei RÖSSLER, Gründung, 8]). Der Gerichtsschulze F.Chr. Neubour in Göttingen verweist am 08. 01. 1733 in einem Gutachten auf die gute Lage Göttingens als Vorteil: Die Passage von der Elbe herauf und vom Rhein herunter verlaufe direkt auf Göttingen zu, außerdem seien das Eichsfeld und das Stift Hildesheim voller Protestanten in der Nähe (NEUBOUR, *Gutachten* [bei RÖSSLER, Gründung, 28]). Eine Ansiedlung in Hannover war wohl auch aufgrund der Abwesenheit des Hofes nicht näher geplant gewesen.

[418] Das »sogen. Gymnasium illustre, das schon seit vielen Jahren anerkanntermaßen in Blüte steht« werde nun zu einer »öffentlichen Universität« erhoben (*Die der Akademie Georgia Augusta verliehenen Privilegien vom 13. Jan. 1733* [bei EBEL, Privilegien, 14]).

ster, Paulinerkirche), das 1734 aufgelöst wurde, bildeten die Keimzelle der
Universitätsgebäude.[419] Die Göttinger Schüler wurden in der Hochschule immatrikuliert oder beendeten ihre Schullaufbahn an der neuen Stadt- und Tri-
vialschule.[420]

Göttingen hatte aus dem Dreißigjährigen Krieg schmerzhafte Wunden da-
vongetragen, die sich erst langsam wieder schlossen. Zum Bevölkerungsanstieg
trug zudem die Universitätsgründung bei.[421] Für das Universitätspersonal und
die Studenten mussten Wohnungen bereitgestellt werden,[422] die Versorgung der
anwachsenden Stadt musste neu organisiert werden und die für einen wissenschaftlichen Betrieb nötigen Einrichtungen wie Buchhandel und -produktion
sollten sich ansiedeln.[423] Die Errichtung der Universität hatte also weitreichende
Folgen für die Geschichte Göttingens.[424] Auf die Göttinger kamen durch diesen
Plan neben den zu erwartenden Gewinnen vorerst Belastungen zu.[425] So sperrte
sich die Bevölkerung auch zunächst gegen die Neugründung als landesherrlichen Eingriff von außen.[426]

---

[419] Klosterbaumeister Joseph Schädeler machte den ursprünglichen Plan, das Dominika-
nerkloster lediglich umzubauen, durch das Einreißen tragender Wände zunichte (vgl. Hunger, Landesuniversität, 147). Die Gebäude dienen z. T. noch heute der Universität Göttingen
als Bibliothek.

[420] Zu diesen Vorgängen vgl. aaO. 142.

[421] 1600 hatte Göttingen noch 6000 Einwohner zu verzeichnen, um 1700 kaum mehr als
3500 (vgl. Sachse, Göttingen, 224). 1756 stieg die Bevölkerung auf 8000 Einwohner, davon
allein 600 Studenten (vgl. Hunger, Landesuniversität, 161).

[422] Die Unterbringung der Studenten erfolgte in Privathäusern, woraus den Bürgern eine
Einnahmequelle erwuchs. Zum Auf- und Umbau wurden Darlehen an die Einwohner Göttingens vergeben (vgl. Selle, Universität, 36).

[423] Das Gutachten Neubours vom 08. 01. 1733 räumt nach Darlegung der positiven Seiten
auch ein, in Göttingen bestünden vor allem Probleme hinsichtlich der Lebensmittelversorgung und noch viel mehr im Mangel an Wohnraum, zudem fehle eine ordentliche Postver-
sorgung (bei Rössler, Gründung, 29f.). Raabe, Bücherlust, 40f., weist auf die Rolle des
Buchhandels auch für die Attraktivität einer Universitätsstadt für auswärtige Professoren hin.
Mosheim habe dieses am 25. 04. 1735 an Münchhausen angeregt. Allerdings hatte Mosheim
dies schon 1733 angeregt (vgl. Mosheims Denkschrift über die Einrichtung einer Academie mit dem
Bemerkungen Just. Hennig Böhmers [1733] [bei Rössler, Gründung, 21]).

[424] Saathoff, Geschichte 2, 5, sieht ab 1733 einen Wandel einsetzen, der innerhalb weniger Jahre Göttingen von einer unbedeutenden Landstadt zu einer berühmten Universitätsstadt machte. Hunger, Landesuniversität, 139, kann später dann formulieren: »Göttingen
gehört zu den wenigen Kommunen in Deutschland, bei denen nicht eindeutig zu klären ist,
ob die Stadt eine Universität besitzt oder die Universität eine Stadt.«

[425] Vgl. Kempen, Verwaltungs-Vorbereitungen, 6f., berichtet über die Einzelheiten der
Vorbereitungen. Besonders die Frage der Lebensmittelversorgung musste geklärt werden:
Bier, Brot, Früchte, aber auch eine ausreichende Anzahl von Fleischern musste organisiert
werden. Für die unmittelbare Vorbereitung ist dann ein Staatskommissar zur Koordination
der Bauvorhaben, des Aufbaus des Polizeiwesens und der öffentlichen Ordnung, entsandt
worden (vgl. Hunger, Universitätsstadt, 105).

[426] Vgl. Hunger, Landesuniversität, 139. Die Bürger hätten nicht auf eine solche Gründung gedrängt. Sicherlich nicht zur Entspannung beigetragen hat die Entscheidung, am
08. 05. 1734 zur Beschleunigung der Vorbereitungen dem Stadtrat diese Aufgabe zu entzie-

Mit den Studenten und den Universitätsbediensteten gelangte dann eine privilegierte[427] und separierte Bevölkerungsgruppe in die Stadt, die einzig der Universitätsgerichtsbarkeit unterstand.[428] Bis weit ins 19. Jahrhundert hinein kam es immer wieder zu handgreiflichen Auseinandersetzungen der Studenten mit der Stadtbevölkerung, so wie es für alle Universitätsstädte zu beobachten war.[429] Das als »bis ins Mark wütende Barbarei« verurteilte Duellwesen soll von den Studenten als »Überrest alter Roheit« verabscheut werden.[430] Auch das allfällig in Universitätsstädten problematisch werdende Schuldenwesen[431] musste in Göttingen bereits 1735 per Krediedikt geregelt werden und auch später wurden die Studenten daran erinnert, nicht mehr auszugeben, als sie besaßen.[432]

2.2. Gründung und Programm der Georgia Augusta

Im Reich bestanden eigentlich ausreichend Universitäten, und doch kam es gerade im 18. Jahrhundert zu einigen Neugründungen. Chronologisch ist die Göttinger Gründung zwischen denen in Fulda (1732/34) und Erlangen bzw. Bayreuth (1742/43) zu verorten.[433] In einer Zeit, als das System der alten Uni-

---

lien und an eine mit Weisungsrecht ausgestattete »Speciale Commission« zu vergeben sowie die in der Folge noch ergangenen, zu Eile mahnenden Schreiben an den Stadtrat (vgl. GERHARD, Verfassung, 275). Schon seit Dezember 1733 waren von Münchhausen verschiedene Anweisungen ergangen, die die Sache beschleunigen sollten. Sogar der Bürgermeister wurde neu installiert (vgl. aaO. 277 f.). Noch bei der Inauguration konnte die Helmstedter Gesandtschaft nicht ohne Häme feststellen, dass ein Widerwille der Bevölkerung gegen die Universität bestünde (vgl. bei MOELLER, Mosheim, 10).

[427] HUNGER, Landesuniversität, 162–164, stellt die Probleme dar, die durch die Konkurrenz der privilegierten Universitätsverwandten z.B. zu den zünftigen Handwerkern entstanden.

[428] Vgl. dazu z.B. GUNDELACH, Verfassung, 9f., und das *Königlich Gross-Britannische Kurfürstlich Braunschweig-Lüneburgische Privileg* (bei EBEL, Privilegien, 29). Dass die Professoren von der studentischen Zahlungskraft abhängig waren, wird vielleicht im Kleinen auf die Strenge dieser Ausübung Einfluss gehabt haben, dass auch im Großen hier ein Problem herrschte, wie BRÜDERMANN, Einwohner, 396, vermutet, scheint mir doch das Selbstbewusstsein der akademischen Institutionen zu verkennen. Grundlegend zu dieser Konstellation BRÜDERMANN, Gerichtsbarkeit.

[429] Das *General-Statut der Georg-August-Universität*, § 79 (bei EBEL, Privilegien, 76), schärfte den Studenten nicht grundlos ein, sich gegenüber der Stadtbevölkerung höflich und nicht streitsüchtig zu verhalten.

[430] *General-Statut der Georg-August-Universität*, § 82 (bei EBEL, Privilegien, 78).

[431] Vgl. BRÜDERMANN, Einwohner, 410. Dieses Problem entstand vor allem durch den großen Anteil adliger Studenten, die den Lebensstandard vorgaben, der den Geldbeutel einiger Kommilitonen überstieg (vgl. schon SELLE, Universität, 123). Selles Anklage an die jüdischen Kreditgeber, sie hätten hinterlistig die armen Studenten zum Leihen und Kaufen überredet, ist inakzeptabel. Auch an anderen Stellen (vgl. aaO. 124) offenbart Selle diesbezüglich problematische Anschauungen.

[432] Siehe bei BRÜDERMANN, Einwohner, 406–408. Ausführlicher DERS., Gerichtsbarkeit. 337.350 u. ö.

[433] Vgl. RÜEGG, Geschichte 2, 85, in einem chronologischen Verzeichnis der europäischen Universitätsgründungen. Im Norden bestanden mit Rostock (1419), Greifswald

versität sich überlebt zu haben schien und die Pflege der Wissenschaften mehr
an die Akademien und Sozietäten gewandert war, steht Göttingen – und später
auch Berlin – für den erfolgreichen Versuch, diese an die Universitäten zurück-
geholt zu haben. Nicht zuletzt gelang dies durch das Ideal der Lehr- und Lern-
freiheit.[434]

Planung und Durchführung der Gründung lagen in den Händen des Ge-
heimrats und Premierministers Gerlach Adolph Freiherr von Münchhausen
(1688–1770), der die Geschicke der Universität als Kurator in den ersten Jahrzehnten in höchstem Maße bestimmte.[435] Über sein Privatleben ist wenig bekannt,[436] lediglich seine wissenschaftliche Ausbildung, in der er im Sinne eines
eklektischen Wissenschaftsbegriffs geprägt wurde und von der man Rückschlüsse auf sein späteres Universitätsgründungsprogramm ziehen kann, lässt
sich nachvollziehen.[437] Nach seinem juristischen Studium in Jena, Halle – hier
unter anderem bei Christian Thomasius – und Utrecht sowie Reisen durch
Frankreich und Holland wurde er nach der Thronbesteigung Georgs II. 1727

(1456), Helmstedt (1576) und Kiel (1665) bereits Universitäten (vgl. SCHINDLING, Bildung,
24). Vgl. zum Programm der Universitätsgründung in Göttingen besonders den neueren
Beitrag von SAADA, Universität, die besonders auf den innovativen Charakter, wie er in den
äußeren Ordnungen verankert war, eingeht. Zur Verortung in der Aufklärung vgl. meinen
Beitrag NOOKE, Universität [im Druck].

[434] Vgl. RÜEGG, Geschichte 2, 439. Nur so konnte das System Universität auch den aufklärerischen, französisch beeinflussten, durch eine Verabsolutierung eines Nützlichkeitsden-
kens bestimmten Forderungen nach Spezialschulen und Abschaffung der Universitäten entgegenstehen (vgl. aaO. 113). EULENBURG, Frequenz, 253, sieht dann im 19. Jh. zwar einerseits
in den Universitäten »freie, kritische Wissenschaftsanstalten«, stellt aber auch fest, sie dienten
»mehr und mehr zur reinen Vorbereitung für bestimmte Berufe mit vorgeschriebenem Lehr-
ziel, Staatsprüfung und Berechtigungen.«
Vgl. zu einigen Facetten der im Zeitalter der Aufklärung unternommenen Reformen im
Universitätswesen die Beiträge im Sammelband HAMMERSTEIN (Hg.), Universitäten und
Aufklärung.

[435] Vgl. SELLE, Universität, 35: »Weder Veit Ludwig Seckendorf in Halle, noch Superville
in Erlangen oder Fürstenberg in Münster haben die Bedeutung des Hannoverschen Ministers
auch nur annähernd erreicht.«

[436] Selle (vgl. aaO. 16) weiß zu berichten, er sei in Berlin als Sohn des damaligen Ober-
stallmeister von Münchhausen geboren, dessen Familie jedoch aus Niedersachsen stammte.

[437] BUFF, Münchhausen, 5, schreibt in seiner Biographie, Münchhausen sei ein fast ausschließlich öffentlicher Charakter gewesen, deshalb verwundere es nicht, kaum Informationen über sein Privatleben zu besitzen.
1714 war Münchhausen Dresdner Appellationsrat geworden, 1715 Oberappellationsgerichtsrat in Celle, 1726 Comitialgesandter in Regensburg, bevor er 1727 ins Geheimratskollegium wechselte (vgl. SELLE, Universität, 17). Aus Halle war er von Thomasius und Nikolaus Hieronymus Gundling geprägt, von ersterem hat Münchhausen seine eklektische
Grundhaltung, vom letzteren seine juristische Ausrichtung, die sich in der juristischen Fakultät Göttingens programmatisch niederschlagen sollte: Staatsrecht, Abstimmung der einzelnen Rechtsformen (Naturrecht, römisches und deutsches Recht). Zu Gundlings Einfluss
auf Münchhausen siehe bei BUFF, Münchhausen, 9f.
HAMMERSTEIN, Universität, 37, fasst zusammen: Münchhausen habe eine »rationale und
utilitarische Grundüberzeugung« gehabt.

von diesem in das Geheimratskollegium in Hannover berufen.[438] Die Eigenständigkeit des Geheimratskollegiums[439] gab Münchhausen viele Freiheiten in der Vorbereitung der Universitätsgründung:[440] Er holte selbstständig Gutachten ein und beriet sich vor allem mit Hofrat Johann Daniel Gruber (1686–1748), kurfürstlichem Bibliothekar in Hannover,[441] und J.L.v. Mosheim.[442]

Nach einem ersten Entwurf Grubers vom August 1732, der in erster Linie eine Werbeschrift an den Landesherrn war,[443] hielt Münchhausen im April 1733 den Plan fest, der die Grundlinien der Universitätsgründung enthielt. Vor allem Halle hatte man für den inneren Ausbau vor Augen,[444] doch man wollte noch fortschrittlicher als die bis dahin jüngste protestantische Universitätsgründung

---

[438] Später dann als Premierminister (vgl. MEYER, Geschichte, 9).

[439] Vgl. SAATHOFF, Geschichte 2, 12.

[440] Siehe zur Gründung der Universität in Göttingen die Sammlung von RÖSSLER, Gründung. Zu Münchhausens Rolle in den Vorbereitungen vgl. SAATHOFF, Geschichte 2, 11 f. Münchhausen gab auch weiterhin kaum Kompetenzen aus der Hand (z.B. das Anbringen einer Glocke), so dass die Universitätsgründung fast ausschließlich vom Geheimen Rat in Hannover betrieben wurde (so auch das Urteil bei GUNDELACH, Verfassung, 7 f.).

[441] Gruber war ehemals Professor des öffentlichen Rechts in Halle und Giessen, dann Hofrat und Bibliothekar in Hannover in der Nachfolge von Leibniz (vgl. z.B. HUNGER, Universitätsstadt, 100). Er spielte eine wichtige Rolle in den ersten Ausarbeitungen der Universitätsprivilegien Göttingens, die er dann auch entwarf. Ihm kam die Ehre zu, die Eröffnung Göttingens anzukündigen (berichtet BODEMANN, Gruber, 4). Grubers feierliches Ankündigungsschreiben über die Eröffnung der Universität zu Michaelis 1734 aus den *Nova Acta Eruditorum* findet sich bei RÖSSLER, Gründung, 310 f.

[442] Zu der Menge an Gutachten vgl. SELLE, Universität, 20–28. Der Jurist Gottlob Samuel Treuer aus Helmstedt, ein Schüler Pufendorfs, fertigte mit 88 Seiten Folio das wohl umfangreichste Gutachten an. HUNGER, Universitätsstadt, 100, sieht in Gruber den Verfasser des wichtigsten Gutachtens. Auf die einzelnen Vorschläge der Gutachten kann hier nicht näher eingegangen werden. Grundtenor war, konzeptionell an Halle anzuschließen, jedoch darüber hinauszugehen und auf die Freiheit der Forschung zu achten. Die Professoren sollten vornehmlich gute Lehrer sein. Vereinzelt wurden Überlegungen zu Sozietäten angebracht. Münchhausen kannte Halle, aber auch den Verbeserungsbedarf dieser Universität (vgl. HUNGER, Landesuniversität, 144).

[443] GRUBER, *Unvorgreiflicher Vorschlag zur Anlegung und Aufrichtung einer neuen Universität in Sr. Königl. Maj. Teutschen Landen (30.08. 1732)* (bei RÖSSLER, Gründung, 3–8). Gruber weist darauf hin: »Haben alle desz Heil.Röm.Reichs-Churfürsten eigene Universitäten in Dero Landen; dahero Chur-Braunschweig, um denen übrigen Churen sich in allen gleich hervor zu thun und zu erhöhen, billig auch auf ein solch Kleinod zu denken haben möchte.« (aaO. 3). Darüber hinaus verweist er auf die enormen Einnahmen, die im Lande behalten werden könnten: Studierende hätten bisher jährlich 100 000 Taler außer Landes gebracht. Auch die Prestigefrage ist angesprochen worden: »eine Academia Georgina«, wie er sie nannte, könne auch ein Denkmal der königlichen »Generosität und Liebe zu den Studiis« darstellen (aaO. 4).

[444] Auch das Kaiserliche Privileg vom 13.01. 1733 verweist auf Halle: Die Universität solle »mit denselben Privilegien, deren nach Kaiserlicher Verleihung vom Jahre eintausend sechshundert dreiundneunzig die Universität Halle in Sachsen teilhaftig ist und sich erfreut« (*Die der Akademie Georgia Augusta verliehenen Privilegien* [bei EBEL, Privilegien, 14]), ausgestattet werden.

im deutschen Sprachraum werden.[445] Dazu trug letztlich die konsequente Konzipierung der Universität als Staatsanstalt bei, wie sie durch Münchhausens von Absolutismus und Aufklärung geprägtes Universitätsverständnis bestimmt war.[446] Darin inbegriffen waren die Alleinkompetenzen des Kurators sowie das aufgeklärt-absolutistische Verständnis, eine solche Bildungsstätte zum Wohle des Staates einzurichten. Münchhausen wollte, die Streitigkeiten in Halle vor Augen, nach Kräften Potenzial für Differenzen minimieren, wozu er in der Auswahl der Lehrer ausschließlich Kandidaten moderater Positionen berücksichtigen wollte – besonders in der theologischen Fakultät. Die Professoren wurden nicht von der Universität selbst, sondern vom Kuratorium in Hannover berufen,[447] was angesichts teilweise etablierter Erbprofessuren und eines akademischen Nepotismus längst überfällig war.[448] Die Alleinkompetenz Hannovers blieb auch über die Gründungszeit hinaus erhalten – auch hierin hatte Halle als Vorbild gedient – lediglich einen Prorektor gab es, Rektor war der Landesherr, das Kanzleramt[449] war nur eine Episode.[450]

---

[445] Auf die Unterschiede zu Halle bezüglich der institutionellen Grundlagen wie auch auf die Kontinuität hinsichtlich der Organisation der einzelnen Fakultäten und der Lehre weist SAADA, Universität, 27–46, hin.
In den Universitätsgründungen dieser Zeit ist eine interessante Kontinuität zu beobachten: Der für Göttingen maßgebliche Münchhausen hatte die Universität Halle besucht. Wilhelm und Alexander von Humboldt waren in Göttingen und prägten dann die Neugründung in Berlin. Zum Verhältnis zu Halle vgl. HAMMERSTEIN, Universität, 31. »Indeed, Göttingen emerged as central Europe's première reform university, the model that many looked to when championing university reform in general.« (HOWARDS, Theology, 104).

[446] So das Urteil HUNGERS, Landesuniversität, 144, zu den Grundlagen der Konzeption Münchhausens.
VIERHAUS, Europa, 23, formuliert: »Zu sagen, die Göttinger Universität sei aus dem Geiste der Aufklärung entstanden, wäre gewiß unzutreffend. Auch sie entstand in erster Linie als landesherrliche Ausbildungsstätte für den Kirchen- und Staatsdienst.« Zum Charakter als Staatsanstalt vgl. die Ausführungen bei HUNGER, Landesuniversität, 144f. Die Staatsdominanz bestand vor allem in der Omnipräsenz des Kurators Münchhausen (vgl. KAMP, Staat, 8). Dass es zu der Zeit noch relativ autonome Universitäten gab, zeigt das Beispiel der Universität Tübingen, die erst 1806 einen Kurator erhielt, der dann auch gleich wieder abgeschafft wurde (darauf weist GUNDELACH, Verfassung, 31, hin).

[447] BRANDES, Zustand, 42, ist noch 1802 stolz darauf. Darauf weist auch SAATHOFF, Geschichte 2, 18, hin. Auf die Darstellung der weiteren Einrichtungen wie Senat, Prorektor und Syndikus soll hier verzichtet werden. Zur näheren Beschreibung siehe bei GUNDELACH, Verfassung, 14–28.

[448] Z.B. in Greifswald und Rostock berichtet SCHINDLING, Bildung, 24, von solchen Familienoligarchien, aber auch in Tübingen (s. o. Kap. A.II.2.–4.) war dieses Phänomen anzutreffen. VIERHAUS, Europa, 25, erkennt in der Kontrolle der Landesregierung – die Universität besaß noch nicht einmal einen eigenen Etat! – einen Beitrag zum Kampf gegen gelehrtes Zunftdenken und akademischen Nepotismus. RÜEGG, Geschichte, 192, verweist auf Christoph Meiners, der die positive Seite staatlicher Berufungen auch darin erkenne, dass akademische Lehrer niemals einen tüchtigeren neben sich berufen hätten.

[449] Dass das Kanzleramt mit nur geringen Überwachungsrechten ausgestattet war, da sich die Fakultäten dagegen sperrten, betont GUNDELACH, Verfassung, 52.

[450] Warum die Göttinger Universität sich nie über diese Eingliederung beschwerte, lässt

Die »Durchschnittlichkeit« als »Erfolgsgeheimnis des Göttinger Professoren-typs«[451] war nicht bloßes Abfinden mit den Möglichkeiten der neuen Hoch-schule, sondern Teil des Hochschulideals Münchhausens: Die Professoren sollten nützliches und verwertbares Wissen weitergeben, nicht Genialitäten. Im Ganzen sollte die Lehranstalt auf die praktisch verwertbaren Studiengänge wie Natur- und Staatswissenschaften ausgerichtet werden.[452] Göttingen widerstand auch der Versuchung übertriebener Spezialisierung. Münchhausen hielt fest, »Monopolia« sollten vermieden werden, jeder Fakultätslehrer dürfe sich über den ganzen Umfang seines Faches verbreiten.[453]

Die formalen Voraussetzungen für die Einrichtung einer Hohen Schule wa-ren 1733 mit der Erteilung des kaiserlichen Privilegs erfüllt, 1734 begann ein erster Lehrbetrieb, das königliche Privileg und das General-Statut folgten 1736, die Statuten der vier Fakultäten 1737.[454]

Das Privileg Kaiser Karls VI.[455], am 13. 01. 1733 in Wien ausgestellt, gestattet dem Kurfürsten von Braunschweig-Lüneburg, das in Göttingen befindliche *Gymnasium illustre* zu einer öffentlichen Universität zu erheben.[456] Das Recht,

---

sich nur vermuten: Möglicherweise hängt es auch mit dem Selbstbewusstsein zusammen, gerade darin besonders fortschrittlich zu sein (vgl. dazu aaO. 28–34). Münchhausen war in seiner Amtszeit alleiniger Kurator, die Verfassung sah zwei vor, was normalerweise in der Kombination Kurator und Vertreter erfüllt wurde, die aus dem Geheimen Rat in Hannover erwählt wurden (vgl. aaO. 29).

[451] HUNGER, Landesuniversität, 145. BRANDES, Zustand, 31, fordert allerdings 1802, die Professoren sollten sowohl die ersten Gelehrten sein wie auch einen guten Vortrag führen.

[452] Vgl. HUNGER, Landesuniversität, 140: »Anwendungsbezogenheit und Verwertbarkeit als Leitlinie für die Wissenschaft, Utilitarismus und Pragmatismus als theoretisches Prinzip.«

[453] So schon im genannten *Nachträglichen Votum (16. 04. 1733)*: »Gelehrte Monopolia müs-zen nicht gestattet, sondern jedem Profesz. erlaubt werden, auch die zu seiner Profezion nicht gehörige Disciplinen zu dociren.« (MÜNCHHAUSEN, *Nachträgliches Votum* [bei ROSSLER, Gründung, 37]).
Das förderte den Wettbewerb unter den Professoren und stellt einen nicht zu unterschät-zenden Paradigmenwechsel gegenüber der gängigen Praxis, den Professoren sogar die Lehr-bücher vorzuschreiben, dar (vgl. dazu SAADA, Universität, 40–45). Diese Regelung führte auch dazu, dass mitunter mehrere Professoren öffentlich über den gleichen Gegenstand lasen.

[454] Vgl. SMEND, Göttingen, 558. Zur Verfassung der Universität vgl. MEINERS, Verfassung 1 und 2. Hier finden sich wertvolle Hinweise auf den besonderen Zuschnitt der Göttinger Universitätsverfassung, auch wenn Meiners als Göttinger Professor und Hofrat an einigen Stellen eher *pro domo* spricht. Die 1737 ergangene Verfassung blieb im Übrigen – das zeugt von ihrer Modernität – bis 1916 in Kraft (vgl. GUNDELACH, Verfassung, 7). Ein »Königlicher Commissarius«, zu Anfang in Gestalt des Juristen Gebauer, stand an der Spitze der Universi-tät. In der endgültigen Verfassung wurde daraus das Prorektorat (vgl. ebd.).

[455] In der Übersetzung *Die der Akademie Georgia Augusta verliehenen Privilegien* (EBEL, Pri-vilegien, 12) fälschlich als »Karl IV.« angegeben.

[456] Vgl. *Die der Akademie Georgia Augusta verliehenen Privilegien* (bei EBEL, Privilegien, 14). Vorgetragen wurde der Wunsch des Kurfürsten durch den Oberappellationsgerichtsrat Jo-hann Wilhelm Dietrich Diede, der als außerordentlicher Gesandter am kaiserlichen Hof weilte.

»Statuten auf[zu]stellen, Ordnungen [zu] machen, dazu einen Prorektor und Prokanzler und andere Amtsinhaber nach Belieben und Bedarf wählen und machen können und dürfen (freilich wollen Wir es vom freien Gutdünken und Gefallen des Königs als Kurfürsten und Gründers sowie seiner Nachfolger abhängen lassen, daß sie sich selbst die Würde des Rektors und Kanzlers vorbehalten oder daß sie, wenn und sooft sie es wollen, der Universität die freie und an anderen Universitäten übliche Befugnis einräumen, Rektoren und Kanzler zu wählen)«[457],

gesteht es ebenfalls zu. Die Formulierungen des kaiserlichen Privilegs stimmen mit jenem der Universität Halle in großen Teilen wörtlich überein, was die Nähe dieser beiden Gründungen einmal mehr verdeutlicht.[458]

Wenngleich das kaiserliche Privileg dem Landesherrn überhaupt erst die Möglichkeiten eröffnete, fielen die unmittelbare Gründungsverantwortung und alle weiteren gesetzgeberischen Maßnahmen ausschließlich diesem zu.[459] Am 07. 12. 1736 folgte das *Königlich Gross-Britannische Kurfürstlich Braunschweig-Lüneburgische Privileg*[460], das die Universität in das Staatsgefüge einordnete.[461] Hier finden sich auch die Anordnungen, »nützliche[], im gemeinen menschlichen Leben vorkommende[] und ihren Gebrauch habende[] Disciplinen, Wissenschafften, Künsten und Sprachen«[462] an der Universität einzurichten, sowie die programmatische Formulierung, dass

»von nun an alle und jede bey solcher Unserer Universität zu Göttingen bestellte und künfftig weiter zu bestellende Professores, Lehr- und Exercitien-Meister, wie die Na-

---

[457] *Die der Akademie Georgia Augusta verliehenen Privilegien* (bei Ebel, Privilegien, 18). Außerdem wurde dem Prorektor oder Rektor der Universität die Würde eines Pfalzgrafen (Grafen-Gewalt des Heiligen Lateran-Palastes) verliehen (vgl. aaO. 18f.). Diese Erhebung hatte nicht geringe Auswirkungen, durfte ein Pfalzgraf doch Notare, Urkunden-Schreiber und öffentliche Richter wählen sowie uneheliche Kinder legitimieren, was nebenbei auch eine gute Einnahmequelle darstellen konnte (vgl. Gundelach, Verfassung, 4). Dazu vgl. aber *Die der Akademie Georgia Augusta verliehenen Privilegien* (bei Ebel, Privilegien, 22), wo unabhängig von der Ernennung zum Pfalzgrafen dem Prorektor das Recht »Konkubinatskinder, Bastarde, Uneheliche, Hurenkinder, Bankerte, in Blutschande […] erzeugte« wiedereinzusetzen zugestanden wird. Darüber hinaus durfte der Prorektor auch besonders begabte Poeten zu *Poëtae Laureati*, »lorbeergekrönten Poeten machen« (ebd.).
[458] Diese Beobachtung verdanke ich Gundelach, Verfassung, 3.
[459] So auch das Urteil von Gundelach (vgl. aaO. 6). Auf die alleinige Kompetenz des Königs und seines Ratskollegiums – ohne Angewiesenheit auf die Stände – in Gesetzgebungsangelegenheiten betreffs der Universität sei noch hingewiesen (vgl. aaO. 12).
[460] *Königlich Gross-Britannisches Kurfürstlich Braunschweig-Lüneburgisches Privileg vom 7. Dezember 1736* (bei Ebel, Privilegien, 28–39). An der Ausarbeitung des Privilegs waren besonders die Professoren G.Chr. Gebauer und Justus Henning Böhmer (1674–1749) sowie Bibliothekar Gruber beteiligt (vgl. Gundelach, Verfassung, 8).
[461] Gundelach, Verfassung, 8, beurteilt das königlich-kurfürstliche Privileg als Eingliederung in das Staatsgefüge. Dem Privileg kam auch die Funktion als Rahmenvorschrift der Statuten zu.
[462] *Königlich Gross-Britannisches Kurfürstlich Braunschweig-Lüneburgisches Privileg* (bei Ebel, Privilegien, 28). Auffällig ist hier – ganz im Sinne der Ausrichtung auf adlige Studenten – die Forderung, auch Fechten, Tanzen, Englisch, Französisch, Italienisch, eine »Reit-Bahn« und ein »Reit-Haus« sollten eingerichtet werden.

men haben, keinen davon ausgenommen, zu ewigen Zeiten vollkommende unbe-
schränckte Freyheit, Befugniß und Recht haben sollen, öffentlich und besonders zu
lehren, respektive Collegia publica und privata zu halten«[463].

Diese Freiheit bedeutete natürlich nicht eine vollständige Suspendierung jeglicher Zensur:[464] So waren alle in Göttingen gedruckten Schriften dem Dekan
der fachlich zuständigen Fakultät vorzulegen, ohne dessen Einverständnis es bei
Strafe und Verlust der Druckprivilegien verboten war, Bücher zu veröffentlichen.[465] Jedoch waren die Professoren der Fakultäten von dieser Zensur befreit,
lediglich an die »Verantwortung« wurde verwiesen, »die sie Unserm Geheimten
Raths-Collegio allenfalls zu leisten haben«.[466] Alle Professoren, nicht nur die
Ordinarien, erhielten also Zensurfreiheit.[467] Die Lehrfreiheit der Professoren
war ebenfalls nicht umfassend, denn jede Fakultät hatte zum einen darauf zu
achten, die nötigen und pflichtmäßigen Vorlesungen in jedem Semester anzubieten, zum anderen durfte ein Professor zwar außerhalb seiner Profession lehren, »nicht aber ausser seiner Facultät, als nur allein in den Philosophicis«[468], also
der niederen Fakultät. Trotz dieser Einschränkungen kann jedoch festgehalten
werden: »Mit Recht darf gesagt werden, daß es sich bei dieser zu ihrer Zeit in
der Geisteswelt großes Aufsehen erregenden Neuerung um einen der wich-

---

[463] *Königlich Gross-Britannisches Kurfürstlich Braunschweig-Lüneburgisches Privileg* (bei EBEL,
Privilegien, 29). GUNDELACH, Verfassung, 9, bezeichnet diese Vorschrift als bahnbrechende
Idee Münchhausens.

[464] Auch in Berlin war noch keine Lehr- und Forschungsfreiheit im modernen Sinne
verordnet (vgl. KRUMWIEDE, Bekenntnis, 218).

[465] Vgl. *Königlich Gross-Britannisches Kurfürstlich Braunschweig-Lüneburgisches Privileg*, Art. XI
(bei EBEL, Privilegien, 33).

[466] *Königlich Gross-Britannisches Kurfürstlich Braunschweig-Lüneburgisches Privileg*, Art. XI
(EBEL, Privilegien, 34). Diese Verordnung wird im *General-Statut der Georg-August-Universität
vom 7. Dez. 1736*, §51 (bei EBEL, Privilegien, 66), wiederholt: »Die Akademie soll darauf
sehen, daß nichts die Druckpressen verlässt, was nicht ihrer Zensur unterlag. Aber auch die
Professoren, fremder Zensur nicht unterworfen, sollen um so sorgfältiger geziemend darauf
achten, daß sie nichts ins Volk bringen, wofür sie dem Geheimen Rat des Erlauchten Königs
keine Rechenschaft ablegen können.« In den *Statuten der Theologischen Fakultät an der Georgia-Augusta-Akademie*, Kap. II, §10 (bei EBEL, Privilegien, 96), wird dem Dekan diese Pflicht
auferlegt, die ordentlichen und außerordentlichen Professoren werden davon ausgenommen.
Ausdrücklich nicht erwähnt wird z.B. in den Statuten der juristischen Fakultät irgendein
Zensurrecht über andere rechtswissenschaftliche Schriften als die der eigenen Fakultät (*Die
Statuten der Juristischen Fakultät der Georgia-Augusta-Universität*, Kap. II, Abs. VI [bei EBEL,
Privilegien, 124]).

[467] BRANDES, Zustand, 137, äußert sich 1802 positiv zu dieser Regelung. Darin besteht ein
Unterschied zu Halle, wo nur die Ordinarien diese Freiheit genossen. Vgl. GUNDELACH,
Verfassung, 10, der sich gegen die Behauptung bei MEINERS, Verfassung 1, 133, Göttingen
sei die erste Universität mit professoraler Zensurfreiheit gewesen, wendet. Allerdings formuliert Meiners, dass die »öffentlichen [!] Lehrer Censur-Freyheit genossen« (ebd.).

[468] *Königlich Gross-Britannisches Kurfürstlich Braunschweig-Lüneburgisches Privileg*, Art. XXI,5
(bei EBEL, Privilegien, 37).

tigsten Marksteine des deutschen Hochschullebens gehandelt hat.«[469] In der Rolle der theologischen Fakultät wird dieser Wandel augenfällig werden.

Die innere Gestaltung der Universität regelte des Weiteren ein General-Statut vom 07. 09. 1736.[470] Hier werden die Erwartungen formuliert, die man an diese Anstalt und ihre Lehrer hatte. Leitende Grundüberzeugung war dabei, dass »alle Lehre, deretwegen die wissenschaftlichen Universitäten geschaffen sind, auf das öffentliche Wohl abzielt«[471]. In diesem Sinne hatten die Professoren nicht nur ihre Lehre zu gestalten, sondern auch ihr Auftreten und den persönlichen Umgang.[472] Man war vor allem darauf bedacht, radikale Strömungen zu vermeiden; stattdessen setzte man auf wohltemperierte Lehrart und ebensolche Vertreter, wozu auch der klare juridische Rahmen, der der Universität verliehen wurde, dienen sollte.[473] Die ganz großen Namen der Zeit waren schwer zu bekommen, da sich das Projekt dafür noch nicht ausreichend bewährt hatte. Zwar sollten die Professoren mit ordentlichem Gehalt ausgestattet werden,[474] das sie dann auch davon abhalten sollte, sonstigen Nebenverdiensten nachzugehen, doch war Göttingen – noch – wenig attraktiv für die wissenschaftlichen Lehrer.[475]

---

[469] GUNDELACH, Verfassung, 9, der auch darauf hinweist, dass zwar in Halle entsprechende Anfänge gemacht wurden, die Einengungen – bspw. die Vorschrift, wann welche Vorlesungen stattzufinden hatten – aber noch zahlreich waren. Erstmalig erhielt die Lehrfreiheit in Deutschland ihre verfassungsmäßige Verankerung in Art. 20 der Preußischen Verfassung von 1850. Im 18. Jh. verstand man häufig noch akademische Freiheit mittelalterlich als einen Komplex von Immunitätsrechten, nicht als Forschungsfreiheit (so BOOKMANN, Verfassung, 14). Dass die Göttinger Verfassung als »modern« zu bezeichnen ist, wird auch aaO. 13, mit der »Lehrfreiheit und ihrer Freiheit von der Zensur« begründet.

[470] *General-Statut der Georg-August-Universität vom 7. Dez. 1736* (bei EBEL, Privilegien, 40–82), wobei die Grenzen zum Privileg nicht so klar als Innen- und Außenregularien zu ziehen sind (vgl. GUNDELACH, Verfassung, 12). Doch der Charakter beider Dokumente ist unterschieden: Das Privileg hatte vor allem die rechtliche Basis zu bilden, wozu allein der Landesherr kompetent war, die Statuten hatten in erster Linie die akademische Ausgestaltung der Rahmenordnung zu leisten.

[471] *General-Statut der Georg-August-Universität*, § 36 (bei EBEL, Privilegien, 56).

[472] Vgl. *General-Statut der Georg-August-Universität*, § 37 (bei EBEL, Privilegien, 58): »Unter einem guten Mann [welche allein Professoren werden können, C.N.] verstehen Wir, daß die jungen Leute, wenn sie seinem Leben nacheifern, dadurch nicht weniger nützliche Bürger des Staates werden, als wenn sie seiner Lehre folgten.«

[473] Darauf weist besonders SAADA, Universität, 23 f., hin. Darin habe man einen Fortschritt gegenüber Halle, das von inneren Kämpfen so beeinträchtigt war, machen wollen. Vgl. insgesamt zu den Gründungsvorbereitungen die Dokumente bei RÖSSLER, Gründung.

[474] Vgl. die Überlegungen zum Gehalt schon in Grubers *Unvorgreiflichem Vorschlag (30. 08. 1732)* (bei RÖSSLER, Gründung, 6).

[475] Auch wenn Göttingen sich 1730 nicht in völlig desolatem Zustand befunden hat (worauf HUNGER, Landesuniversität, 141, hinweist), fehlten noch die für eine Universitätsstadt üblichen Infrastrukturen (vgl. VIERHAUS, Göttingen, 30). Immerhin gestand schon das *Königlich Gross-Britannische Kurfürstlich Braunschweig-Lünenburgische Privileg vom 7. Dezember 1736*, Art. XII (bei EBEL, Privilegien, 34), der Universität einen »eigenen Wein- und Bier-Keller« zu – angeblich war vorher der Weinerwerb außerhalb des Rathauses problematisch.

Die Eile, bereits am 14. 10. 1734[476] den Lehrbetrieb zu eröffnen mit einem Kolleg unter dem aus Wittenberg als Professor für Logik und Metaphysik berufenen Samuel Christian Hollmann (1696–1787),[477] hatte ihren Grund in der berechtigten Befürchtung, umliegende Territorien könnten zum Schutze ihrer eigenen Hochschulen Maßnahmen treffen, um die Göttinger Gründung im Keim zu ersticken.[478] Bis zur feierlichen Inauguration 1737 regelte eine Interimsverfassung die Verhältnisse, mit der Erteilung der Statuten und der feierlichen Inauguration am 17. 09. 1737, bei der die vorgenannten Statuten und Privilegien verliehen wurden, kam es dann auch einige Jahre nach den ersten Anfängen zur Aufnahme des ordentlichen Lehrbetriebs aller Fakultäten in Göttingen.[479] Doch blieb die Frequenz in den ersten Jahren hinter den Erwartungen zurück und man war sich nicht sicher, ob der jungen Lehranstalt eine erfolgreiche Geschichte beschieden sein würde,[480] auch wenn Münchhausen eifrig darum bemüht war, die Lehrstühle hervorragend zu besetzen, was ihm u. a. in den Personen Mosheims und Hallers auch gelang.[481] Christian Wolff, dessen Dienste man sich nach seiner Vertreibung aus Halle sichern wollte, konnte allerdings nicht gewonnen werden.[482]

---

[476] Für dieses Jahr habe Cusanus im Übrigen den Weltuntergang angekündigt, bemerkt Selle, Universität, 41.

[477] Der Physiker und Philosoph Samuel Christian Hollmann war aus Wittenberg berufen worden (vgl. Hunger, Landesuniversität, 146). Damit er auch wirklich pünktlich mit seinem Kolleg anfangen konnte, hatten ihm die Geheimräte (nach Annahme des Rufes im April 1734) in Hannover 200 Reichstaler zur Bestreitung seines Umzugs zugebilligt. Vgl. Kamp, Neugründung, 7, und weiter zur Aufnahme des Lehrbetriebs und der ersten Vorlesung Hollmanns. Er bezog ein Gehalt von 500 Reichstalern.
Ein von Christoph August Heumann (1681–1764) ausgeschriebenes Kolleg hatte nicht stattgefunden. Hunger, Landesuniversität, 147, vermutet, dies habe an seinem Ruf als übergeleiteter Lehrer aus dem *Paedagogium* gelegen.

[478] Beispielsweise wäre dies durch ein Verbot möglich gewesen, an ausländischen Hochschulen zu lehren. Der preußische König untersagte, nach Göttingen zu gehen, weil er es als Konkurrenz zu Halle ansah (vgl. Meyer, Geschichte, 13).
Aber auch zur gezielte Streuung von Gerüchten konnte der Neugründung schaden. Und da bisher niemand die Stadt Göttingen richtig kannte, war die Verbreitung von Vorurteilen nur zu leicht möglich. Um dem abzuhelfen, beauftragte Münchhausen Gruber mit einem Werk über Göttingen, einer Art Werbe- und Informationsschrift, das aber erst 1738 erschien (siehe bei Selle, Universität, 44 f.). Der Jurist Johann Christian Claproth verfertigte anonym ab 1746 in Briefform Werbebroschüren. Über die Berufung Mosheims zum Kanzler konnte er beispielsweise 1748 gar nicht des Lobes voll genug sein (vgl. Claproth, Johann Christian, *Der gegenwärtige Zustand der Göttingischen Universität*, in: Zweenen Briefen an einen vornehmen Herrn im Reiche, 1748, 50–52; zitiert bei Moeller, Mosheim, 10 f.).

[479] Vgl. Gundelach, Verfassung, 8. Eine Beschreibung durch die Helmstedter Gesandtschaft findet sich bei Rössler, Gründung, 392–410.

[480] Vgl. Hunger, Landesuniversität, 151. Die Neuimmatrikulationen lagen Anfang bis Mitte der 1740er Jahre meist unter 100 Studenten (vgl. Studentenzahlen, 1).

[481] Auf Münchhausens Eifer in dieser Sache weist Gundelach, Verfassung, 33, hin und vermutete darin auch den Grund dafür, dass sich die Göttinger mit der allein beim Kuratorium liegenden Besetzungskompetenz abgefunden hatten.

[482] Münchhausen, der, seinem eklektischen Wissenschaftsverständnis folgend, gegen

2.3. Der Lehrbetrieb an der Georgia Augusta bis 1830

Von den Professoren wurden in Göttingen wöchentlich vier Stunden öffentliche Vorlesungen erwartet, die meist in deutscher Sprache gehalten wurden und auf eine Stunde begrenzt waren.[483] Die Vorlesungszeiten sollten unbedingt eingehalten werden,[484] und die Inhalte dieser Veranstaltungen waren, um einen reibungslosen Studienverlauf zu ermöglichen, innerhalb der Fakultäten abzusprechen – in den privaten Kollegs und Vorlesungen war den Lehrstuhlinhabern die thematische Füllung freigestellt. Damit war gegenüber der bisherigen Praxis, dass alle Inhalte und auch die Stunden minutiös von der Universität vorgeschrieben wurden, eine größere Flexibilität ermöglicht, aber man war dennoch darauf bedacht, diese im Rahmen des Prinzips der Studierbarkeit auszurichten.[485] In den Konzeptionen ihrer Veranstaltungen sollten die Lehrenden dafür Sorge tragen, mit dem angekündigten und geplanten Stoff innerhalb des Semesters auch wirklich fertig zu werden sowie zentrale Inhalte regelmäßig anzubieten. Da außer der Osterwoche und der Woche nach Michaelis in Göttingen keine ordentlichen Ferien vorgesehen waren – andere Universitäten hatten teilweise ein Vierteljahr Ferien – standen zur Bewältigung des Stoffes äußerst lange Semester zur Verfügung.[486] Für viele Studierende bedeutete dies –

Wolffs Philosophie einige Vorbehalte hatte, sprach sich doch für die Berufung aus, weil Wolffs Philosophie so berühmt sei und ansonsten wohl Nachteile für die neue Universität entstünden, wenn man ihn und seine Philosophie von dort fernhalten wolle (vgl. bei Rössler, Gründung, 36 f.).

[483] Vgl. Pütter, Geschichte 1, 276.

[484] »[D]amit keine Lehrstunde die andere hindere.« (aaO. 276).

[485] Auf die Bedeutung dieser Reform weist Saada, Universität, 42 f., hin: Damit traten die öffentlichen Vorlesungen in ihrer Bedeutung gegenüber den Privatveranstaltungen wieder etwas mehr hervor, da sie nicht nur bloße Pflichtveranstaltungen waren, sondern die Möglichkeit zur Profilierung boten. Die Zahl der Hörer in diesen Vorlesungen avancierte bald zum Wettbewerbsinstrument unter den Professoren (vgl. aaO. 44 f.).
Die Forschungsfreiheit führte zu neuen Gebieten in den Wissenschaften durch die Möglichkeit, über diese Vorlesungen zu halten (vgl. Saathoff, Geschichte 2, 18).

[486] General-Statut der Georg-August-Universität, § 43 (bei Ebel, Privilegien, 62): Es soll keine Ferien geben, »jedenfalls keine öffentlichen und gesetzlichen, außer den acht Tagen, die man die Osterwoche nennt, und der Woche, die von dem Sonntag an läuft, der auf Michaelis folgt.« Pütter, Geschichte 2, 314, berichtet aber, wenn Ostern früh falle, sollen die Vorlesungen erst drei Wochen nach Ostern bzw. Michaelis anfangen, normalerweise jedoch je zwei Wochen danach (so noch bei Pütter, Geschichte 1, 277). Pütter weist auch stolz daraufhin, dass fast alle Feiertage abgeschafft seien bzw. auf den kommenden Sonntag verlegt würden (vgl. aaO. 379). Auch bei sonstigen Universitätsfeierlichkeiten werde der Lehrbetrieb bis auf außergewöhnliche Ausnahmen aufrechterhalten. Vgl. wiederum Münchhausens Nachträgliches Votum (16. 04. 1733): Auch in Halle hätten die Professoren keine Ferien, also könnten die in Göttingen darauf wohl auch verzichten (Münchhausen, Nachträgliches Votum [bei Rössler, Gründung, 37]).
Oesterley kann 1838 berichten, in Abstimmung mit anderen Universitäten seien 1832 die Frühlingsferien auf vier Wochen, die Herbstferien auf fünf Wochen verlängert worden (vgl. Pütter, Geschichte 4, 188).

besonders weil nicht alle Landeskinder waren –, auch in den Ferien eine Heimreise nicht antreten zu können.[487] Zudem wurde an sechs Tagen in der Woche gelesen, teilweise schon ab sechs oder sieben Uhr morgens.[488]

Eine wichtige Neuerung der Göttinger Universität bestand im flächendeckenden Angebot von enzyklopädischen Einführungsvorlesungen in jedem Fach, wozu Münchhausen 1/56 erneut aufgerufen hat.[489] Diese wissenschaftsgeschichtlich bedeutsame Innovation ist in erster Linie im Zusammenhang des Bestrebens zu sehen, einen geregelten und raschen Studienbetrieb zu gewährleisten. So verdiente sich die Universität Göttingen den Ruf als »Arbeitsuniversität«.[490] Attraktiv war sie so vielleicht weniger für Studierende, die auf der Suche nach Zerstreuung waren, als vielmehr für deren Eltern, denen an einer raschen und ordentlichen Ausbildung ihrer Kinder gelegen war.[491]

Zur Sicherung der finanziellen Ausstattung der Universität, die zwar zu großen Teilen das Territorium mit seinen Landschaften zu tragen hatte, war es nötig, zahlungskräftige Studenten zu bekommen. Sollten renommierte Fachvertreter die Lehrstühle besetzen, musste man das bis dato fehlende akademische Netzwerk durch gute Honorare ausgleichen.[492] Zu diesem Zweck wurde besonders der Adel ins Auge gefasst, mit dessen Hilfe das nötige Geld in die

---

[487] Planck beantragte allerdings recht häufig Erholungsreisen in sein Heimatland. Wie sich an der Reiseroute seiner ersten Anreise nach Göttingen ablesen lässt, war – bedenkt man das geringere Gepäck bei einer normalen Reise – schon fast eine Woche für den Weg einzuplanen. Offenbar hielt die Ordnung der Universität Möglichkeiten bereit, solche Unternehmungen durchzuführen. Für jede Reise findet sich eine ärztliche Bestätigung ihrer Nützlichkeit in den Unterlagen Plancks (vgl. z.B. UAG Kur. 8811, Bl. 19–23).

[488] Auf dieses enorme Pensum weist BRÜDERMANN, Einwohner, 401, hin. Angeblich begannen einige gar um fünf Uhr früh, z.B. Johann Friedrich Blumenbach (vgl. MEINHARDT, Universität, 41).

[489] Siehe ausführlich zur Enzyklopädie in Kap. B.I.2. und 6.

[490] Die Vorlesungen waren allerdings damaligen Berichten zufolge keinesfalls ruhige und geordnete Veranstaltungen: Es gab Berichte über Hundegebell im Auditorium, das Stampfen und Klatschen als Bekundung von Miss- und Gefallen war an der Tagesordnung (siehe bei BRÜDERMANN, Einwohner, 401).

[491] BRANDES, Zustand, 98, verweist 1802 auf die abnehmende Studiendauer und eine Anordnung in Göttingen von 1771, die drei Jahre Studium empfahl. Die Verordnung vom 20.09.1771 in: Beyträge zur Verbesserung 2/2, 217.

[492] Die Universität führte keine eigenen Kassen, alle Gebühren und Ausgaben liefen über den Geheimen Rat in Hannover (vgl. GUNDELACH, Verfassung, 33). Sie war also wirtschaftlich ebenfalls in den Staat eingegliedert. Die Unterhaltskosten von jährlich 16 600 RT wurden auf die Landschaften und die Klosterkammer umgelegt (vgl. aaO. 14). Man sah eine Abstufung der Ordinariate auch im Gehalt vor (900, 700, 500 Taler) (vgl. MEYER, Geschichte, 12). Gruber hatte in seinem ersten Entwurf vom 30.08.1732 folgende Staffelung vorgeschlagen: In der Theologie 600, 400, 300 Taler (dazu bemerkt er, den Theologen könnte Aufbesserung durch Beilegung von Abteien und Prälaturen ermöglicht werden); in der Jurisprudenz 1000, 600, 400 Taler; in der Medizin: 500, 400, 300 Taler; in der Philosophie 400, 400, 400, 300 Taler. Diese insgesamt 9 000 Taler wollte er zu gleichen Teilen aus der Klosterkasse und von der Landschaft beziehen (vgl. GRUBER, *Unvorgreiflicher Vorschlag* [bei RÖSSLER, Gründung, 6]).

Kasse kommen sollte.[493] Ganz verheimlichen konnte man offenbar den zahlungskräftigen Studenten die Angewiesenheit auf ihre Mittel nicht, jedenfalls ist in Göttingen die Betrachtung der Professoren als Dienstleister der Studenten offenbar nicht unüblich gewesen. Sicherlich nicht gemindert wurde dieses vornehme Selbstbewusstsein durch die Einrichtung spezieller Sitzplätze in den Hörsälen für adlige Studenten.[494] Das angedachte gute Gehalt der Professoren wurde durch die Kolleggelder für die privaten Lehrstunden noch erweitert. Ganz im Sinne eines Dienstleistungsverhältnisses war dies sehr abhängig von Angebot und Reputation des jeweiligen Professors: Die Preise für eine Vorlesung beliefen sich pro Semester auf 3–10 Taler, Privatissima wurden zu Sonderpreisen angeboten.[495]

Ihrem Charakter als Landesuniversität und Staatsanstalt gemäß hatte die neue Hochschule dafür zu sorgen, dass nicht nur an Pfarrern und Lehrern kein Mangel herrschte, sondern vor allem auch dafür, dass dem Staatsapparat ausreichend gute Rechtsgelehrte zur Verfügung standen. Daher wurde auf die Rechtswissenschaften ein besonderer Schwerpunkt gelegt.[496] Sie vereinigten teilweise die Hälfte der Studenten auf sich.[497] Auch hier, in der juristischen Fakultät, setzte Münchhausen auf vermittelnde Positionen und wünschte sich die Verknüpfung von Theorie und Studium der *antiquitatis Romanarum* und *Germanicarum* mit der Praxis.[498] Göttingen entwickelte sich zur Pflegestätte des Reichsstaatsrechts und bildete auch in der Jurisprudenz seinen historischen Schwerpunkt aus.[499] Mit

---

[493] Vgl. bei SAADA, Universität, 37 f.: Für den Adel wurden extra Einrichtungen wie die Errichtung einer Ritterakademie getroffen. Vgl. auch SAATHOFF, Geschichte 2, 12. Göttingen hatte zudem einen hohen Anteil an ausländischen Studierenden vorzuweisen (vgl. BRANDES, Zustand, 85: 1800 hat Göttingen von 536 Studierenden 391 Ausländer). Der Adelsanteil war mit bis zu einem Viertel der Studenten dann auch recht hoch (vgl. HUNGER, Landesuniversität, 178).

[494] Vgl. BRÜDERMANN, Einwohner, 399.

[495] Siehe aaO. 400 f. Das *General-Statut der Georg-August-Universität*, § 39 (bei EBEL, Privilegien, 60), ermahnt dazu, gegenüber Bedürftigen nachsichtig zu sein.

[496] SAATHOFF, Geschichte 2, 12, erkennt diesen Schritt als abhängig vom Wunsch nach adligen Studenten. Für die Rechtswissenschaften war das kaiserliche Privileg von existenzieller Wichtigkeit, da ein Jurist nur als Doktor einer kaiserlich privilegierten juristischen Fakultät in Reichssachen auftreten durfte (vgl. aaO. 14).
Münchhausen selber formulierte schon 1733: »Dasz die juristische Fakultät mit berühmten und vortrefflichen Männern besetzet werde, sey vor allen andern nothwendig, denn diesz musz veranlaszen, dasz viele vornehme reiche Leuthe in Göttingen studiren.« (MÜNCHHAUSEN, *Nachträgliches Votum* [bei RÖSSLER, Gründung, 34]).

[497] Vgl. HUNGER, Landesuniversität, 178, und Studentenzahlen, 21–28. In der Hochzeit der Universität Anfang der 1780er Jahre stellte sie von knapp 950 Studenten immerhin im Winter 1780 482, ging danach zurück (Sommer 1800 363 Studenten [aaO. 23] von 688 [aaO. 3]), um im Sommer 1817 wieder mit 519 Studenten fast die Hälfte (von 1138 [aaO. 3]) zu stellen.

[498] Vgl. MÜNCHHAUSEN, *Nachträgliches Votum (16. 04. 1733)* (bei RÖSSLER, Gründung, 35). Deshalb schlug er Christian Gottfried Hoffmann (1692–1733), Johann Gottlieb Heineccius (1681–1741) und J. H. Böhmer als Professoren vor.

[499] Vgl. bei SCHINDLING, Bildung, 27.

Johann Stephan Pütter (1725–1807) kam 1747 ein Mann nach Göttingen, der Münchhausens Gedanken in der juristischen Fakultät umsetzte und Göttingen an die Spitze des staatsrechtlichen Studiums in Deutschland führte.[500] Sein Schüler Gustav Hugo (1764–1844) ist in der Jurisprudenz jener historischen, anthropologisch orientierten Linie zuzurechnen.[501] Er gehörte zu den sieben Schwaben, die Ende des 18. Jahrhunderts in Göttingen auftauchten: Planck, Spittler, Gmelin, Hugo, Reuß, Stäudlin und Osiander.

In der philosophischen Fakultät wurden vor allem die historischen Fächer bedacht.[502] Sie bildeten zum Teil Hilfsfächer, deren Vertreter wie Gottfried Achenwall (1719–1772), Gatterer, Schlözer, Heeren und Köhler führten jedoch eine neue Epoche der deutschen Geschichtsforschung herauf. August Ludwig (von) Schlözer (1735–1809) als einer ihrer bekanntesten behandelte die Geschichte pragmatisch als *magistra vitae*, indem er nicht einzelne Ereignisse, sondern deren Antriebe, Verknüpfungen und das Typische der Situationen und Personen erforschte.[503] Darin diente sie auch seinem Lieblingsfach, der Politik. In dieser Richtung gründete er auch die *Staatsanzeigen* (ab 1783, vorher ab 1774 *Politische Zeitschrift*), die großen Anteil an der Bekanntheit Göttingens hatten, bis sie 1793 verboten wurden.[504] Schlözer traf bei seinem Antritt schon auf Johann Christoph Gatterer (1727–1799), mit dem er heftig aneinandergeriet.[505] Dieser hatte 1764 das Historische Institut gegründet, das als Konkurrenz zur bestehenden Gesellschaft der Wissenschaften wahrgenommen wurde. Darin verfolgte Gatterer den Plan, alles, was der historischen Betrachtung zugänglich war, zu untersuchen. Vor allem die Hilfswissenschaften – Paläographie, Heraldik, Münzkunde u. a. – wurden dort betrieben.[506] Ihnen allen gemeinsam war

[500] Pütter kam 22-jährig 1747 auf ein juristisches Extraordinariat, 1753 auf ein Ordinariat. Er übte eine immense Anziehung und Prägung aus, und vor allem ihm ist die Blüte der juristischen Fakultät in diesen Jahrzehnten zu verdanken. Er starb 1807 (vgl. Selle, Universität, 108–110).

[501] Vgl. aaO. 194.

[502] Die Geschichtswissenschaften sind als »Göttinger Schule« (Leopold von Ranke) bzw. »Hauptsitz der historischen Studien in Deutschland« (Wilhelm Dilthey) bezeichnet worden. Zur Geschichtswissenschaft in Göttingen Mitte des 18. Jh.s vgl. Reill, Geschichtswissenschaften, und den Sammelband Bookmann/Wellenreuther, Geschichtswissenschaft, daraus besonders Vierhaus, Geschichtswissenschaft.

[503] So z. B. beschrieben von Selle, Universität, 132.

[504] Die *Staatsanzeigen* erreichten ungefähr 4000 Abnehmer (vgl. aaO. 140). Saathoff, Geschichte, 69, gibt als Grund für das Verbot an, Schlözer habe darin das hannoversche Postwesen getadelt. Wahrscheinlicher ist jedoch dessen prorevolutionäre Haltung in diesen Jahren.

[505] Neben Pütter und Schlözer, der ihn gar als *Professor quasimodomortuus* bezeichnete, konnte Gatterer sich später nicht halten und verlegte sich ganz auf die Hilfsdisziplinen (vgl. Selle, Universität, 135).

[506] Vgl. Selle, Universität, 133. Pütter, Geschichte 1, 273, berichtet: Am 25. 02. 1764 habe sich unter Verantwortung und Direktion Professor Gatterers eine neue historische Akademie vereinigt.

die Frontstellung gegen die überkommene, bloß sammelnde Geschichtsdarstellung: Sie verfolgten mit der pragmatischen Geschichtsschreibung eine quellenmäßig gegründete tiefere Einsicht in den Zusammenhang des Geschehenen in seiner Beispielhaftigkeit.[507] Ludwig Timotheus Spittler machte sich in seiner pragmatischen Lehrweise in vielen Bereichen der Geschichtsforschung zudem um die Anfänge der Landesgeschichte verdient.[508] Arnold Herrmann Ludwig Heeren (1760–1842) vertrat ein halbes Jahrhundert die Geschichte in Göttingen und wurde, wie dann mehrere seiner ebenso lange im Amt befindlichen Kollegen, von der jüngeren Generation angefeindet.[509] Die philosophischen Aufbrüche seit Kant wurden in Göttingen zuerst kaum rezipiert.[510]

In der weiteren Entwicklung lässt sich die Geschichtswissenschaft als Leitdisziplin in Göttingen bezeichnen: Fast alle Fakultäten zogen ihre Legitimierung aus der Erforschung der Geschichte.[511]

Das Philologische Seminar, von Johann Matthias Gesner (1691–1761) begründet, wurde ebenso wie die Bibliothek erst durch Christian Gottlob Heyne (1729–1812)[512] auf seine eigentliche Höhe geführt. Anfänglich war es auf die Ausbildung von Hauslehrern ausgerichtet, mit der Zeit entwickelte es sich zu einer Pflanzschule für Humanisten, zur Vorbereitung auf höhere klassische Gelehrsamkeit.[513]

In der historisch-kritischen Bibelforschung hatte Johann David Michaelis (1717–1791) Bahnbrechendes geleistet, der zwar zur Theologie in Göttingen, aber nicht zur theologischen Fakultät gehörte.[514] Seine »Säkularisation der Bibel« durch historische und einleitungswissenschaftliche Auslegung wurde

---

[507] Charakteristisch war ihr »Bemühen, die Ursachen, Wirkungen und Zusammenhänge von historischen Ereignissen und Sachverhalten zu erforschen und das historische Interesse auf alle Zeiten, Räume und Gegenstandsbereiche auszudehnen« (HUNGER, Landesuniversität, 182).

[508] Vgl. zur Bedeutung Spittlers GROLLE, Landesgeschichte, und SCHUBERT, Spittler.

[509] Vgl. SELLE, Universität, 246. Vgl. LÜCKE, Planck, 33: Heeren gehörte zu den ersten Zuhörern Plancks.

[510] LÜCKE, Planck, 38, berichtet, in Göttingen herrschte bis 1791 (Auftreten von Bürger und Bouterweck) auf den philosophischen Lehrstühlen die Ablehnung der kantischen Philosophie. RINGLEBEN, Göttingen, untersucht das Verhältnis auch von Kant nach Göttingen und stellt einige interessante Korrespondenzen u.a. auch mit Stäudlin und Ammon in der theologischen Fakultät fest. Somit wird dessen Philosophie zwar nicht früh, aber doch eher hier angekommen sein, als häufig behauptet.

[511] So das Urteil HUNGERS, Landesuniversität, 182. Sie fragten nach der geschichtlichen Ausbildung und Entwicklung der Gegenstände der betreffenden Wissenschaft. Hier lassen sich dann auch die Erfolge in der historisch-kritischen Forschung, der pragmatischen Kirchengeschichtsschreibung und der Naturgeschichte eingliedern.

[512] Vgl. BURSIAN, Heyne, 375–378.

[513] PÜTTER, Geschichte 2, 273, berichtet vom Philologischen Seminar, das 1737 bereits begründet sich nun denen zuwende, die die »eigentlichen Humanioribus, es sey für die Schule oder für die Academie«, betrieben.

[514] Zu Michaelis und seiner Bedeutung für die Theologie vgl. SMEND, Orientalisten, und DERS., Alttestamentler, 13–24.

von seinem Nachfolger Johann Gottfried Eichhorn (1752–1827) fortgeführt.[515] Die biblischen Schriften wurden dadurch der literarischen und historischen Kritik geöffnet und als Denkmäler der Vorzeit, anstatt als christliche Offenbarungsurkunden angesehen. Ihr Verständnis ergibt sich auch aus der Verortung in ihrer jeweiligen Zeit.[516] Außerdem war Michaelis als Wissenschaftsmanager erfolgreich und hatte Einfluss auf die Schlüsseleinrichtungen der Universität: *Gelehrte Anzeigen*, Gesellschaft der Wissenschaften und kurzzeitig auch auf die Bibliothek.[517] Zum Verhängnis wurde ihm seine offenbar streitsüchtige Natur, die ihn dann recht abrupt abtreten ließ, nachdem er sich mit der theologischen Fakultät, Münchhausen und einer ansehnlichen Zahl von Kollegen überworfen hatte.[518]

In den Naturwissenschaften sticht in der Anfangszeit vor allem der Name Albrecht von Haller (1708–1777) hervor, der im akademischen Leben Göttingens auch nach seiner Rückkehr nach Bern präsent blieb. Er verfolgte in der Medizin einen empirischen Ansatzpunkt und wollte Experimente ohne jegliche Spekulation beobachten. Seinen Schwerpunkt legte er auf die Anatomie, sammelte physiologisches Material in seinen *primae lineae physiologiae*.[519] Auch die Geschichte der Medizin konnte er als Lehrmeisterin für die Gegenwart ansehen.[520] So lässt sich auch in den Naturwissenschaften ein historischer Akzent erkennen: Johann Friedrich Blumenbach (1752–1840), der Alexander von Humboldt zu dessen Reisen anregte,[521] las Naturgeschichte, zum Zentrum der Völkerkunde wurde Göttingen durch seine ethnographischen Sammlungen. In der Physik und Astronomie wirkte ab 1770 als außerordentlicher Professor Georg Christoph Lichtenberg (1742–1799), der literarisch die Grenzen seines Faches gerne überschritt.[522]

Schon 1748 hatte sich bei einer Visite König Georgs II. die Universität auf einem guten Weg befindlich, freilich noch nicht am Ziel desselben präsentieren können.[523] Bis zum Ende des 18. Jahrhunderts entwickelte sich Göttingen im-

---

[515] Eichhorn wurde zum Begründer der modernen Einleitungswissenschaft in der biblischen Exegese. Er unterschied im Alten Testament bereits mehrere Quellenschichten und war der Ansicht, die Bibel nach rein philologischen Grundsätzen auslegen zu müssen. Vgl. zu Eichhorn: Beutel, Aufklärung, 277, und Smend, Orientalisten, sowie Ders., Alttestamentler, 25–37. Zur Philologie in Göttingen insgesamt vgl. den Sammelband Lauer, Philologie, der sich vornehmlich nicht der klassischen sondern der modernen Philologie widmet.

[516] Vgl. bei Selle, Geschichte, 161.

[517] Vgl. zu Michaelis: Hunger, Landesuniversität, 169.

[518] Angeblich pflegte er einen zotigen Vortragsstil und erschien gestiefelt und gespornt mit Degen in den Vorlesungen (vgl. aaO. 170).

[519] Zu Haller vgl. Selle, Geschichte, 68–71.

[520] Vgl. aaO. 76.

[521] Vgl. Saathoff, Geschichte, 72.

[522] Vgl. dazu u.a. Beutel, Lichtenberg.

[523] Siehe bei Hunger, Landesuniversität, 166.

mer mehr zum »Sammelpunkt der akademischen Jugend Europas«[524], besonders der adligen, ganz dem ursprünglichen Plan Münchhausens entsprechend. Überhaupt ist der Erfolg dieser Gründung in einer Zeit nachlassender Frequentierung[525] – 1780/81 hatte die Universität Göttingen mit 950 Studenten alle anderen Hochschulen überrundet[526] und galt als die modernste und angesehenste Hochschule in Europa[527] – der vierzigjährigen unermüdlichen Tätigkeit Münchhausens als Verdienst zuzuschreiben: Ohne sein organisatorisches und diplomatisches Geschick wäre es nicht dahin gekommen.[528] Begünstigt gegenüber anderen Universitäten in der französischen Zeit[529] und bedingt auch durch die Schließung einiger der vielen kleinen Universitäten durch die Franzosen konnte Göttingen im 19. Jahrhundert noch weitere Zuwächse verzeichnen und auf Neugründungen und Modernisierungen in Heidelberg, München und Berlin einwirken,[530] auch wenn sich zeitweise die Überalterung des Göttinger

---

[524] AaO. 176. Die Prominenz der preußischen Gesellschaftsreformer hatte in Göttingen studiert: Karl Reichsfreiherr vom Stein, Karl Freiherr von Stein zum Altenstein, Karl August Fürst von Hardenberg, Alexander und Wilhelm von Humboldt. Auch die deutschen Romantiker August Wilhelm und Friedrich von Schlegel, Wilhelm Heinrich Wackenroder, Achim von Arnim, Clemens Brentano sowie Heinrich Heine studierten hier.

[525] Im gesamten 18. Jh. nimmt die Frequenz der Universitäten ab: 1735–1740 beträgt die Gesamtfrequenz 8500, bis 1795 sinkt sie auf knapp 6000, bei gleichzeitigem Anstieg der Bevölkerung (vgl. die Übersichten bei EULENBURG, Frequenz).

[526] Vgl. HUNGER, Landesuniversität, 176. Vgl. zu den Zahlen PÜTTER, Geschichte 2, 374f. Seit 1767 (616 Studenten insgesamt, 161 Theologen) steigt die Zahl bis 1781 auf 946 (316 Theologen), fällt dann bis 1787 auf 817 Studenten (222 Theologen). RÜEGG, Geschichte 2, 248, bietet etwas andere Zahlen: 1750 zählt er 625 Studierende in Göttingen, 1790 800. Zur Entwicklung der Studentenzahlen in Göttingen vgl. auch Studentenzahlen, 2f.: Dort wird deutlich, dass die Semester Sommer 1780 mit 945, Winter 1780/81 mit 946, Sommer 1781 mit 947 für die nächsten 25 Jahre unerreichte Höhepunkte darstellten. Erst im Winter 1816 wurden mit 1005 Studenten wieder mehr als vorher gezählt.
   Zu Beginn des 18. Jh.s zählten die 28 Universitäten 9000 Studierende, also 290 im Durchschnitt (vor dem Dreißigjährigen Krieg waren es noch 400 gewesen). Bis 1760 sank die Zahl auf durchschnittlich 220. Göttingen lag also klar über dem Durchschnitt.

[527] Vgl. HUNGER, Landesuniversität, 173. Damit hatte Göttingen freilich die Höhe Halles mit 1500 Studenten in den Jahren 1731 und 1742 (vgl. EULENBURG, Frequenz, 146) nicht erreichen können.

[528] So auch das Urteil bei HUNGER, Landesuniversität, 143. Warum SMEND, Göttingen, 558f., die Situation in Göttingen so negativ schildert, leuchtet auf Grundlage dieser Zahlen nicht ein. Sicherlich gab es auch Probleme und nicht alle Wünsche wurden erfüllt, doch gibt es auch andere Stimmen als die Heines in der Harzreise, die es über Göttingen zu zitieren gäbe.

[529] General Custine stellte am 02. 11. 1792 einen Schutzbrief für Stadt und Universität Göttingen aus. Planck schreibt als Prorektor an die Landesregierung, ob man sich nicht für diesen Brief über Georg Wilhelm Böhmer, der dies arrangiert hatte, bei dem General bedanken solle (vgl. die Quellen bei SCHNEIDER, Revolution, 81–86). Regierung und Landesherr lehnten freilich die Annahme eines solchen Schutzbriefes erbost ab: Solange man noch Herr im Lande sei, dürfe man so etwas selbstverständlich nicht annehmen.

[530] Halle erlitt starke Einbußen durch die Freiheitskriege. Die französische Herrschaft schloss 16 Universitäten (vgl. EULENBURG, Frequenz, 135). Vgl. die Schließung Helmstedts und die Schließung der äußerst kleinen und schon vorher schwächelnden Universität Rinteln

Lehrkörpers negativ bemerkbar machte, der sich auf die neuartigen Ideen und Aufbrüche der Zeit nicht mehr einlassen konnte oder wollte.[531]

2.4. Besondere Einrichtungen der Universität

Das Göttinger Studienmodell, angelegt auf freie Wahl der Lehrgegenstände, Ableitung der Lehre aus der aktuellen Wissenschaft, fortschrittliche methodische Ansätze und Forschungsgegenstände sowie die stoffliche und zeitliche Berechenbarkeit der Studieninhalte und die Kürze der Studienzeit, war in seiner Elementarität konkurrenzlos und darin Maßstab für Hochschulreformen und -gründungen des 19. Jahrhunderts.[532] Zum modernen Konzept der Universität, das ihr die Bezeichnung als »Arbeitsuniversität« eintrug, gehörte auch die Ausrichtung auf die ordentliche Benutzbarkeit universitärer Einrichtungen durch die Studenten. Die Göttinger Universitätsbibliothek war richtungsweisend[533] und erlebte, von J. M. Gesner[534] vorbereitet, unter Chr. G. Heyne eine Blütezeit.[535] Schon im königlichen Privileg erklärte der Landesherr: »Demnach eine Bibliotheca ein nöthiges Requisitum einer wol eingerichteten Universität ist, so sind Wir bedacht gewesen, Unsere Universität zulänglich damit zu versehen.«[536] Besonders auf deren »Gemeinnützigkeit« solle geachtet werden. Dass diese auch weiterhin gewahrt bliebe, dafür trugen die Regelungen des *General-Statuts* Sorge und regelten den Gebrauch und die Betreuung der Bibliothek mit genauen Vorschriften an den Bibliothekar und auch die Benutzer (»mit den Augen, nicht mit den Händen«[537]). Einen ersten Grundstock für den Bestand

---

(vgl. SCHORMANN, Ernestina, 224), Thomas Abbt war ihre einzige und nur vorübergehende Berühmtheit.

[531] Vgl. zu dieser Zeit HUNGER, Landesuniversität, 183f. Dass Göttingen zu Beginn des 19. Jh.s bereits seinen Zenit überschritten hatte, ist allerdings übertrieben.

[532] So das Urteil von HUNGER, Landesuniversität, 181, der dann das Profil der Universität zusammenfassen kann als »nützliche[], funktionale[] und zukunftsorientierte[] Hochschule für die Bedürfnisse von Staat, Wirtschaft und Gesellschaft.« Es ging um die planvolle und berechenbare Vermittlung zeitgenössischer Wissenschaftsstandards (vgl. aaO. 175). Göttingen wirkte auf Heidelberg, München, Berlin, Moskau und Harvard (vgl. aaO. 183).

[533] Dass zur Verwendung besonderer Sorgfalt auf die Bibliothek auch die Beteiligung eines Bibliothekars (Hofrat Gruber aus Hannover) an den Gründungsvorbereitungen (vgl. SAATHOFF, Geschichte 2, 12; vgl. auch die Sammlung bei RÖSSLER, Gründung) beigetragen hat, liegt nahe.

[534] Gesner war 1734 aus Leipzig von der Thomasschule auf den Lehrstuhl für klassische Philologie berufen worden.

[535] Die ersten Direktoren der Universitätsbibliothek waren Johann Matthias Gesner, 1734–1761, Johann David Michaelis, 1761–1763, Christian Gottlob Heyne, 1763–1812, und Jeremias David Reuß, 1812–1837 (ein Sohn von J.F. Reuß, dem Lehrer Plancks [s. o.]) (vgl. EBEL, Catalogus, 32). Heyne wirkte auch in der *Societät der Wissenschaften* und bei den *Göttingischen Anzeigen von gelehrten Sachen* maßgeblich. Münchhausen hatte ihn als Vertrauten aufgebaut, eine lohnende Investition.

[536] *Königlich Gross-Britannisches Kurfürstlich Braunschweig-Lüneburgisches Privileg*, Art. XX (bei EBEL, Privilegien, 36).

[537] *General-Statut der Georg-August-Universität*, § 45 (bei EBEL, Privilegien, 62).

der Bibliothek bildete neben einigen Dubletten aus Hannover und dem Bestand des Gymnasiums eine Schenkung der Bülowschen Erben.[538] Ihr Umfang betrug, nachdem besonders Heyne für ihren Ausbau gesorgt hatte, immerhin 200 000 Exemplare.[539] Konzeptionell, ausgeführt dann von Gesner und Heyne, stand sie für eine neue Art wissenschaftlicher Bibliothek: Mit ordentlichem Etat sowie ausreichend Personal ausgestattet, regelmäßigen Öffnungszeiten[540] und vor allem einer ordentlichen und systematischen Katalogisierung[541] war Göttingen Vorreiter eines modernen Modells.[542] Jedenfalls trug

---

[538] Hierzu hatte Georg II. aus seinen eigenen Beständen in Hannover einen gehörigen Teil der Universität vermacht. Auch habe er schon gewisse »Fundos und Zugänge angeordnet«, aus denen die Bestände der Universität später noch vermehrt werden sollten (*Königlich Gross-Britannisches Kurfürstlich Braunschweig-Lüneburgisches Privileg*, Art. XX [bei EBEL, Privilegien, 36]). Es war ein großer Erfolg Münchhausens, die Erben des 1724 verstorbenen hannoverschen Staatsmannes Joachim Hinrich von Bülow zur Stiftung zu bewegen: Sie umfasste 8912 Druckschriften, verschiedene Handschriften und ca. 2000 Karten und Tabellen. Damit stellte sie fast drei Viertel des Grundbestandes. Die Bibliothek des Gymnasiums kam lediglich auf 708 Bände, die Dubletten der Königlichen Bibliothek auf 2154 (vgl. KIND-DOERNE, Universitätsbibliothek, 10). Spätere Verhandlungen mit dem Architekten Johann Friedrich Armand von Uffenbach (1687–1769) gestalteten sich schwieriger: Zu Lebzeiten hatte er seine Bibliothek der Universität Göttingen vermacht, gegen die Verleihung des Rangs eines Artillerieobristlieutenants, doch stellte erst dieser und später seine Erben den Entschluss in Frage. Letztlich kam es doch zur Schenkung: 2289 Druckschriften und 36 Kupferstiche (vgl. aaO. 11).

[539] Vgl. BRANDES, Zustand, 197 f. Der jährliche Zuwachs betrage ca. 2200 Exemplare. Schon zu Gesners Zeit wuchs der Bestand bis 1761 auf 50 000 Exemplare (vgl. KIND-DOERNE, Universitätsbibliothek, 13). Dem jeweiligen für die Bibliothek zuständigen Professor wurde im *General-Statut* eingeschärft, für die Vermehrung Sorge zu tragen. Auch die Anordnung, von jedem Druckerzeugnis Göttingens habe ein Exemplar in der Bibliothek zu landen, von kleineren Druckwerken gar zwei Exemplare, trug dazu bei. Angeregt durch Plancks reformationsgeschichtliche Forschung hat Heyne angeblich systematisch eine Sammlung von Lutherschriften angelegt (vgl. MEINHARDT, Universität, 34).

[540] Vgl. *General-Statut der Georg-August-Universität*, § 45 (bei EBEL, Privilegien, 62): Die Bibliothek soll am Mittwoch und Sonnabend je zwei Stunden geöffnet sein. PÜTTER, Geschichte 1, 219, berichtet schon 1765 von der Bibliothek, sie werde täglich geöffnet: mittwochs und sonnabends von zwei bis fünf Uhr, an den übrigen Tagen von ein bis zwei Uhr. Professoren konnten sich die Bücher nach Hause bestellen, Studenten benötigen dazu die Beglaubigung eines Professors. »Der größte Vorteil von dieser Bibliothek bestehet in dem freyen und unbeschwerten Gebrauch [...]; ein Vorzug, den ihr schwerlich irgend einige Bibliothek in Teutschland, noch auch vielleicht in anderen Gegenden streitig machen dürfte« (ebd.). STREICH, Privatbibliothek, hat einige Professorenbibliotheken aus Göttingen erschlossen, die natürlich weiterhin bestanden.

[541] »Für die Forschung war das Kernstück der Kataloge jener Realkatalog, der zu den großen Leistungen der Wissenschaftssystematik wie der Bibliothekspraxis des achtzehnten Jahrhunderts gerechnet werden muss.« (FABIAN, Göttingen, 219). Den Entwurf dazu hatte Georg Matthiae, Professor der Medizin und Bibliothekar, 1755 entworfen. Er war klassisch an den Großdisziplinen ausgerichtet und hatte einen Schwerpunkt in der Wissenschaftsgeschichte. Die Katalogisierung trug enorm zur besseren Benutzung bei, sie ermöglichte die Suche nach Autor wie auch nach Sachgebiet (vgl. *General-Statut der Georg-August-Universität*, § 44 [bei EBEL, Privilegien, 62]). Auch hier wirkte Heyne maßgebend.

[542] Vgl. dazu auch RÜEGG, Geschichte 2, 172, der auch Goethes Lob der großen Benut-

gerade die Universitätsbibliothek zum Ruhm Göttingens und zu ihren wissenschaftlichen Leistungen – auch im Zusammenspiel mit den *Gelehrten Anzeigen* – entscheidend bei.[543]

1751 wurde, nach hinreichender Konsolidierung der Universität, die *Königliche Societät der Wissenschaften* gegründet, nachdem man sich schon bei der Einrichtung der Universität mit diesem Plan befasst hatte.[544] Mosheim brachte wohl zuerst die Idee einer gelehrten Gesellschaft und eines Rezensionsorgans in Göttingen auf.[545] Diese Akademie war zwar von der Universität grundsätzlich unabhängig, sollte aber in erster Linie zur Ausbildung eines wissenschaftlichen Nährbodens beitragen, den Ruhm der Hochschule heben und war lange durch Personalunion mit dem akademischen Kollegium der Universität verbunden.[546] Dieser Charakter, den ihr Münchhausen im Dienste »seiner« Universität beilegte, war ein Novum in den Gründungen gelehrter Gesellschaften.[547] Albrecht von Haller, ihr berühmter erster Präsident (1751–1753),[548] hatte ihr eine groß-

---

zerfreundlichkeit in Göttingen anführt. Der Etat überschritt den ursprünglich angesetzten von 400 Talern jährlich um das Zehnfache: Münchhausen und der König griffen dazu aber großzügig auf die Klosterkasse zu (vgl. KIND-DOERNE, Universitätsbibliothek, 12 f.). Leibniz hatte schon Empfehlungen formuliert, sich vom Typ des Sammelinstituts zu entfernen und stattdessen auf die Benutzbarkeit zu achten (Universalbibliothek). Direkte Auswirkungen auf die Bibliotheksgründung in Göttingen sind nach neueren Forschungen nicht nachzuweisen (vgl. zur Diskussion aaO. 5 f. [bes. Anm. 14], sowie FABIAN, Göttingen, 211; SAATHOFF, Geschichte 2, 18, notiert noch, es habe Einwirkung von Leibniz gegeben).

[543] Dass das auch Zeitgenossen erkannten, führt KIND-DOERNE, Universitätsbibliothek, 6 f., auf. FABIAN, Göttingen, 209, merkt 1977 an, dass es in der bibliotheksgeschichtlichen Forschung keine zufriedenstellende Antwort auf die Frage nach dem Charakter der Göttinger Universitätsbibliothek gebe. Soweit ich sehe, fehlt eine solche noch immer. Fabian rekonstruiert als Pfeiler dieses Konzeptes die »Abstimmung der Bibliothekskonzeption auf die Bedürfnisse des Forschers« (aaO. 213), die als Universalbibliothek konzipiert dem Prozesscharakter wissenschaftlicher Forschung ebenso Rechnung trug, wie die Personalunion mit dem wissenschaftlichen Personal der Universität eine Verzahnung mit dem akademischen Tagesgeschäft gewährleistete (vgl. aaO. 214–216).

[544] Mosheim regte schon in seinem Gutachten zur Gründung der Universität eine solche Akademie an (Akte zitiert bei GUNDELACH, Verfassung, 46; siehe dazu bei RÖSSLER, Gründung, 20–22, die *Denkschrift Mosheims* von 1733). Er hatte dabei aber mehr ein *Collegium Adjunctorum* vor Augen, das für den wissenschaftlichen Nachwuchs der Universität sorgen sollte (vgl. aaO. 21 f.).

[545] Vgl. MOELLER, Mosheim, 30. Die Anregungen finden sich in Schreiben vom Mai 1735 (vgl. RÖSSLER, Gründung, 266–268) zum Plan einer gelehrten Zeitung, die zuerst den Namen *Göttingische Beyträge zur Gelehrsamkeit* im Deutschen und *Accessiones ad omnis generis eruditionem* im Lateinischen tragen sollte (vgl. aaO. 267). Vom 25.04. 1735 datiert ein Brief Mosheims an Münchhausen bezüglich einer universitätseigenen Akademie der Wissenschaften (vgl. aaO. 207).

[546] Vgl. dazu die Ausführungen bei GUNDELACH, Verfassung, 47. Die Personalunion fiel erst 1839 fort, als die Akademie verselbstständigt wurde.

[547] Darauf weist auch SMEND, Gesellschaft, VI, hin. Die Societät sei für Münchhausen ein Universitätsinstitut gewesen.

[548] Faktisch wirkte er nur bis 1753 in Göttingen, blieb aber auch nach der Rückkehr in die Schweiz als Präsident im Amt. J.D. Michaelis und Chr.G. Heyne als Sekretäre übten ebenfalls einigen Einfluss aus (vgl. GUNDELACH, Verfassung, 46 f.).

zügigere Ausstattung beimessen wollen, als die knappen Finanzmittel gestatteten. Hallers Konzept war innovativ: Statt einer privaten gelehrten Gesellschaft mit universalistischem Zuschnitt wurde hier eine vom Staat gegründete und unterhaltene, aber nicht streng beaufsichtigte und vereinnahmte (wie z. B. die *Royal Society*) Forschungsinstitution mit der Aufgabe etabliert, die empirischen Wissenschaften zu befördern.[549] Sie bestand in drei Klassen: der physikalischen, der mathematischen und der historisch-philologischen.[550] Gegenüber der lehrenden Universität stand hier die Forschungsverknüpfung im Vordergrund (»seine eigene Einsichten zu erweitern«[551]). Ihre Bedeutung für den Aufstieg Göttingens zu einem der führenden Universitätsstandorte ist trotz einiger Krisen[552] kaum zu unterschätzen; so wie auch die Gesellschaft zeitweise nur durch ihre Verbindung mit der Universität fortleben konnte.[553] Sie erhielt einen Präsidenten und für dessen Abwesenheit einen Direktor sowie einen Sekretär.[554] Nach der durch Haller bestimmten Gründungszeit prägten mit Michaelis und Heyne Philologen die Sozietät im Sinne universaler Wissenschaft.[555]

Ganz auf der Höhe der Zeit, in der die Veröffentlichung wissenschaftlicher Erkenntnisse in Zeitschriften immer häufiger wurde, da sie gegenüber früheren Publikationsformen ein viel breiteres Publikum, das seinerseits diese wissenschaftlichen Beiträge auch nachfragte, bedienen konnte, wurden in Göttingen die *Gelehrten Anzeigen* gegründet, die bis heute fortbestehen.[556] Schon früh war an eine solche Zeitschrift in Angliederung an die Universität gedacht worden, die Anfänge aber waren kläglich, auch wenn Münchhausen so ehrgeizig war, gegen die Leipziger *Acta eruditorum* zu Felde ziehen zu wollen.[557] Der *Abriss von*

---

[549] Vgl. HUNGER, Universitätsstadt, 112.

[550] PÜTTER, Geschichte 1, 250 f., konstatiert, sie wirke vornehmlich außerhalb der Religions- und Rechtsgelehrsamkeit.

[551] AaO. 251. BEUTEL, Aufklärung, 279, bezeichnet die Sozietät treffend als »Forschungsinstitut«.

[552] Vgl. dazu auch SMEND, Gesellschaft, VIII.

[553] Chr. G. Heyne ist auch durch Reformmaßnahmen die Rettung der in eine Krise geratenen Akademie durch die Übernahme des Sekretariats 1770 gelungen (vgl. HUNGER, Landesuniversität, 172). Zum Zustand in den 1780ern vgl. PÜTTER, Geschichte 2, 280, der Mitglieder, Abhandlungen, die Hauptpreisfragen und ihre Gewinner aufführt (vgl. aaO. 280–299).

[554] Vgl. PÜTTER, Geschichte 1, 252.

[555] Vgl. SMEND, Gesellschaft, IX.

[556] Zur Rolle und zum Charakter der Zeitschriften in der Aufklärung vgl. RAABE, Bücherlust, 106–116. Er verortet das Aufkommen dieser Publikationsform um 1750, ihren Höhepunkt in den 1780er Jahren und sieht sie Ende des 18. Jh.s bereits anderen Formen weichen (vgl. aaO. 109). Als erste zeitschriftenartige Publikation stellt er 1665 das *Journal des Scavans* fest. Zu Recht weist er (1984) darauf hin, dass dieses Forschungsfeld näher erschlossen werden müsste. Mittlerweile hat bspw. VOIGT, Deismus, eine Untersuchung der Rezeptionsleistung dieses Genres vorgelegt. Zu verweisen ist darüber hinaus auf KIRCHNER, Grundlagen, der 1928/31 eine Gesamtbibliographie und statistische Auswertung der Zeitschriften des 18. Jh.s vorlegte.

[557] Vgl. SELLE, Universität, 45 f. In einem Schreiben an die Göttinger Professoren vom

dem Neuesten Zustande der Gelehrsamkeit geriet bis 1744 bei drei Verlegern zu nur zwei Bänden.[558] Mit Adolf von Steinwehr und Johann Gottfried von Meiern als Verlegern kam 1739 dann das erste Stück der *Göttingischen Zeitungen von Gelehrten Sachen* heraus. In der Konzeption an das Leipziger Vorbild angeschlossen, erlebten sie, immer wieder von Münchhausen eingreifend betreut,[559] eine wechselvolle Verfallsgeschichte, bis 1747 Haller mit einer Neukonzeption beauftragt wurde.[560] Sein Plan wird umgesetzt: Die Kritik soll milde, aber nicht still sein, langatmige Bücherdarstellungen werden verkürzt. Bis 1777 bleiben die *Anzeigen* Hallers Zeitschrift, auch wenn sie ab 1753 unter neuem Titel (*Göttingische Anzeigen von Gelehrten Sachen unter der Aufsicht der Königlichen Gesellschaft der Wissenschaften*) als Organ der Sozietät erscheinen.[561] Nach einem Intermezzo von Michaelis ging Heyne dann nach Hallers Tod daran, das Konzept der *Anzeigen* weiterzuentwickeln.[562]

Daneben waren Schlözers *Staatsanzeigen* einige Zeit eine der maßgeblichen Zeitschriften in der Staats-, Kultur- und Universalgeschichte.[563] Andere Zeitschriften in Göttingen hatten zumeist nur eine geringe Lebensdauer: Der *Bürger (1732)* als politische Wochenschrift, die Journale *Wöchentliche Göttingische Nachrichten (1735)*, Neubours Anschluss an den *Bürger*, der *Sammler* oder der *Zerstreuer (1737)* sind kaum erwähnenswert.[564]

Zur Absicherung der Professorenschaft gab es zudem in Göttingen eine Professoren-Witwen-und-Waisenkasse, die eine frühe Form der finanziellen Vorsorge für die sonst in keiner Weise versorgten Angehörigen von Staatsbediensteten darstellt.[565] Auch damit wird die Universität an Attraktivität für Professoren gewonnen haben.

---

14. 04. 1735 äußert Münchhausen die Ansicht, die Leipziger Zeitschriften hätten an Solidität verloren (vgl. bei ROETHE, Zeitungen, 585).

[558] Vgl. ROETHE, Zeitungen, 591.

[559] Münchhausens energische Anteilnahme spätestens ab Ende der 1730er Jahre schildert BUFF, Münchhausen, 81–83.

[560] Zur Geschichte der Zeitung in dieser Zeit vgl. ROETHE, Zeitungen, 591–611. Schließlich übernimmt Haller im April 1747 die Direktion (vgl. PÜTTER, Geschichte 1, 266). Nach der Neukonzeption wächst auch der Umfang: 1747 wurden kaum 900 Seiten erreicht, 1748 schon 1128, 1752 dann 1260 (vgl. ROETHE, Zeitungen, 617f.).

[561] Am 10.10. 1752 hatte diese für zwölf Jahre das alleinige Privileg erhalten, eine deutsche Zeitschrift zu publizieren (vgl. ROETHE, Zeitungen, 646). Hallers Beteiligung blieb auch nach 1753 von der Schweiz aus enorm: 1755 mit 178 Anzeigen von Haller, 1757 mit 214.

[562] Siehe dazu aaO. 665f. Dazu gehörte der Monatsschrift-Charakter, die Einteilung in Klassen sowie die Ausweitung der Mitarbeiterschaft in den folgenden Jahrzehnten.

[563] S. o. Kap. A.IV.2.3. und dazu HUNGER, Landesuniversität, 183.

[564] Vgl. bei ROETHE, Zeitungen, 590f. 1781–1790 wurden in Göttingen etwa 25 Zeitschriften veröffentlicht (vgl. MARINO, Praeceptores, 39), was die geistige Bewegung in dieser Zeit deutlich macht. Vor 1730 verzeichnet KIRCHNER, Grundlagen (Bd. 2), keine Zeitschriften in Göttingen. Vgl. aaO. 34 zu den ersten Zeitschriften.

[565] Zur gesamten Einrichtung, die 1739 durch königliches Reskript begründet wurde, vgl. den Beitrag bei EBEL, Memorabilia, 73–100. Verwaltet wurde sie von der Universitätsgerichtsdeputation, die aus den Ordinarien der theologischen Fakultät und den Senioren der

2.5. Die Universität in den wechselnden politischen Verhältnissen Hannovers

In die große Politik wurde die Universität mit dem Kurfürstentum in den
1740er Jahren im Siebenjährigen Krieg hineingezogen.[566] Mit der französischen
Expansion geriet sie unmittelbar in die kriegerischen Auseinandersetzungen der
nächsten 60 Jahre hinein. 1757/58 war Göttingen nach einer frühzeitigen Kapitulation von Franzosen besetzt, in den folgenden Jahren wechselten Kriegsge-
schick und Besatzung. Eine der schwersten Zeiten erlebten Stadt und Universität im Winter 1760 während einer Blockade Herzog Karl Wilhelm Ferdinands
zu Braunschweig, der die Franzosen belagerte. Auch mit Rücksicht auf die Universität, die sich zwar bis dahin halten konnte, deren Verhältnis zu den Besatzern sich aber zusehends anspannte, hob man die Blockade relativ bald wieder
auf.[567] Nach dem Tod Georgs II. 1760 und dem Regierungsantritt des an deutschen Verhältnissen wenig interessierten Georg III. wurde 1763 nach dem endgültigen Abzug der Truppen 1762 der Frieden von Paris geschlossen. Nach dem
Krieg, den die Universität überstanden hatte, sind nun vermehrt Bildungen von
Landsmannschaften und Orden zu beobachten.

Für die Französische Revolution herrschte anfänglich Begeisterung an der
Göttinger Universität, zumal man von den Folgen vorerst verschont blieb.
Schlözer pries den Sturm der Bastille in seinen *Staatsanzeigen* als Heldentat, was
zu ihrem Verbot 1793 führte. Obwohl man sich insgesamt recht schnell wieder
von den Revolutionären abwandte, als die Befreiung in Terror umschlug, musste man sich gegenüber der Regierung in Hannover gegen kursierende Gerüch-
te einer schwelenden Revolutionssucht in Göttingen verwahren.[568] Als Gegen-
maßnahme ging die Regierung hart gegen Orden und Freimaurer vor, obgleich
diese weitgehend harmlos waren.[569]

Nach der erneuten französischen Expansion fiel mit Hannover auch Göttingen unter Fremdherrschaft, die Universität wurde jedoch in den Kämpfen verschont und erlitt bis 1805 kaum Einbußen.[570] 1806–1807 hatte Göttingen unter

---

anderen Fakultäten bestand, ihr Direktor war der Senior der theologischen Fakultät (vgl.
aaO. 75).

[566] Die Infrastruktur der Stadt hatte durch den Siebenjährigen Krieg stark gelitten, die
Schäden wurden durch den Erlös zweier Lotterien in den nächsten Jahren beglichen (vgl.
HUNGER, Landesuniversität, 168).

[567] Vgl. dazu SELLE, Universität, 115–118.

[568] Vgl. SELLE, Universität, 202. 1792 kam es zu diesen Vorgängen, denen auch die *Staatsanzeigen* zum Opfer fielen (vgl. HUNGER, Landesuniversität, 185).

[569] Vgl. SELLE, Universität, 204.

[570] General Eduard Adolphe Mortier stellte der Universität nach Verhandlungen unter
Beteiligung von Ernst Brandes, der in der eingesetzten Landesdeputation für die Universität
zuständig war, dessen Schwiegervater Christian Gottlob Heyne und dem Prorektor Georg
Friedrich von Martens mit Napoleon einen Schutzbrief aus (vgl. bei LAMPE, Entwicklungen,
44).

der Einquartierung von 43 649 Mann und rund 5 600 Pferden zu leiden.[571] Im Königreich Westphalen aber, das nun mit den Universitäten Halle, Helmstedt, Göttingen, Marburg und Rinteln seit 1807 universitär entschieden überversorgt schien, war auch die *Georgia Augusta* von der Schließung bedroht und hatte trotz relativ glücklicher Geschicke mit immenser Geldknappheit zu kämpfen.[572] König Jerome interessierte sich dann sogar für die Universität, besuchte sie fünfmal und förderte einige Projekte: den Bau der Sternwarte, die botanischen Gewächshäuser, was aber nichts an der grundsätzlichen finanziellen Lage änderte.[573] Unter den Studenten gärte der patriotische Widerstand.[574] Mit der Abschaffung der akademischen Gerichtsbarkeit durch den *Code Napoleon* waren der Universität Eingriffsmöglichkeiten entzogen und die Landsmannschaften, das Duellwesen und überhaupt die patriotischen Kreise erlebten eine Hochzeit. Aus den Freiheitskriegen, in denen viele Studenten bei Freikorps und Jägern gekämpft hatten, kehrten sie 1813 verändert zurück:[575] Sie sahen sich, im Gegensatz zu der älteren Generation, als die eigentlichen Befreier und konnten sich schlecht in die wissenschaftliche Welt Göttingens wiedereinfinden, die sie nicht mehr für zeitgemäß hielten. Beeinflusst u. a. von der Romantik gab es so neue Frömmigkeitsimpulse, die insgesamt in die Erweckungsbewegung ein-

---

[571] Dazu wurde auch die Nikolaikirche in ein Heu- und Strohmagazin umgewandelt (vgl. ebd.).

[572] Vgl. dazu SELLE, Universität, 215–220. Generalstudiendirektor war Johannes von Müller. Besonders verdient machte sich Charles Francois Dominique de Villers um die deutschen Universitäten: Er schrieb auf A. H. L. Heerens Vorschlag über die deutschen Universitäten, erklärte den notwendigen Unterschied in der Universitätslandschaft und versuchte so, die Franzosen für das deutsche Universitätswesen einzunehmen (vgl. VILLERS, Universitäten; vgl. dazu SELLE, Universität, 219, und HUNGER, Landesuniversität, 190). Er versucht deutlich zu machen, dass die Universität fest im deutschen Bildungssystem verankert ist, das nicht mit dem französischen vergleichbar sei, und dass sie auch deshalb erhalten werden sollten (vgl. VILLERS, Universitäten, 54 f. u. ö.). Jede Nation habe in ihrer je eigenen Kultur auch eine eigene Bildung (vgl. aaO. 133 f.). Napoleon hat angeblich den Sinnspruch getan, Göttingen gehöre nicht Hannover, nicht Deutschland, sondern der Welt (vgl. aaO. 63, ohne Nennung Göttingens). Obgleich festzuhalten ist: »When Napoleon effected educational reforms in his satellite states, theological faculties were often lopped like useless limbs from the universities.« (HOWARD, Theology, 2). Umso bemerkenswerter ist, dass sie in Göttingen erhalten blieb.

[573] Vgl. SELLE, Universität, 225 f.

[574] In Form von Maueranschlägen in Göttingen gegen Napoleon im Dezember 1812.

[575] Die westphälische Armee erlitt mit Napoleon in Russland eine vernichtende Niederlage: Von 26 000 Soldaten kehrten nur einige hundert zurück, von 104 Göttingern nur einer (vgl. LAMPE, Entwicklungen, 52). Berichte aus dieser Zeit finden sich bei LEHMANN, Landeskinder. Zuweilen konnte es vorkommen, dass sich Hannoveraner feindlich gegenüberstanden: in der westphälischen Armee auf der einen Seite, für die sie ausgehoben wurden, und in der Königlich Deutschen Legion auf der anderen Seite, in der sie gegen den Franzosenkaiser kämpften (vgl. aaO. 56).

mündeten, die zu Teilen dann wieder ein »neulutherisches konfessionelles Gepräge«[576] bekam.

Mit dem Einzug Ernst Augusts in Göttingen am 04. 11. 1813 wurde auch in Belangen der Universität alles wieder in den Zustand vor der westphälischen Phase versetzt, als hätte es diese nie gegeben.[577] 1819 wurde gar ein politischer Beobachter nach Göttingen entsandt, um das Treiben auf der Universität, die wie viele Hochschulen als Brutstätte demokratisch-revolutionärer Ideen galt, zu inspizieren.[578] Im Gefolge der Pariser Julirevolution 1830 kam es 1831 in Göttingen zu kleineren Aufständen wie dem so genannten »Privatdozentenaufstand«[579], und 1837 zeigten die Göttinger Sieben mit ihrem Protest gegen die Aufhebung des Staatsgrundgesetzes, dass das politische Bewusstsein in Göttingen weiterhin wach geblieben war.[580]

2.6. Theologie in Göttingen

Am 03. 08. 1737 ergingen die die jeweiligen Verhältnisse der vier Fakultäten – Theologie, Jurisprudenz, Medizin, Philosophie – regelnden Statuten. Im Folgenden soll – dem Forschungsgegenstand entsprechend – die theologische Fakultät hinsichtlich ihrer Konzeption in den Statuten[581] näher betrachtet werden.[582] Die schon angedeutete Forschungs- und Lehrfreiheit hatte auch

---

[576] MAGER, Hannover, 433. Vgl. aaO. 433 f., zur Erweckungsbewegung und zum konfessionellen Luthertum in Hannover.

[577] Vgl. HUNGER, Landesuniversität, 192. In Teilen bedeute dies auch einen Rückschritt hinter die modernen Errungenschaften der französischen Herrschaft. Zumal der Bruch in der Göttinger Stadtverwaltung so hart nicht war: Der ehemalige Bürgermeister Tuckermann fungierte während der westphälischen Herrschaft als Maire und wurde nach Ende der Fremdherrschaft wieder zum Bürgermeister ernannt. Darauf weist THIEMANN, Kriegsausgaben, 11, hin.

[578] Vgl. SELLE, Universität, 241. Dies wurde an allen deutschen Universitäten praktiziert (Karlsbader Beschlüsse), der Geheime Legationsrat von Laffert in Hannover war nur mit moderaten Rechten ausgestattet (vgl. HUNGER, Landesuniversität, 193).

[579] Ausgelöst wurde er durch die Zensur einer Dissertationsschrift, in der die Reformunwilligkeit deutscher Fürsten kritisiert wurde. Es kam zur Besetzung des Rathauses, der Magistrat wurde aufgehoben und ein Gemeinderat mit einer Nationalgarde organisiert, woraufhin das Geheimratskollegium die Universität schloss und sogar einen Militärschlag vorbereitete. Nach der Kapitulation des Gemeinderates und der Flucht der Rädelsführer nach Frankreich kam es zu weiterreichenden Eingriffen in die Universitätsverwaltung (vgl. HUNGER, Landesuniversität, 195 f.).

[580] Dazu s. o. und bei SCHNATH, Geschichte, 52. Die Göttinger Sieben tun dies unter Verweis auf ihren Diensteid. Vgl. zur Zeit 1815–1833 auch HENKEL, Staat.

[581] Die Statuten der Theologischen Fakultät von 1737 finden sich in UAG Theol. SA 0001, sie werden der besseren Aufarbeitung und leichteren Zugänglichkeit wegen aus der Übersetzung *Die Statuten der Theologischen Fakultät an der Georgia-Augusta-Akademie* (bei EBEL, Privilegien, 84–110) zitiert.

[582] Insgesamt lässt sich mit HOWARD, Theology, der Wandel der Stellung der theologischen Fakultäten als paradigmatisch für die Entwicklung der Universität untersuchen: »Was not theology, after all, the supreme loser in the rise of the modern university?« (aaO. 7).

Auswirkungen auf die Stellung der theologischen Fakultät, die sich vermehrt gegenüber der aufstrebenden philosophischen Fakultät durchzusetzen hatte,[583] zumal lange Zeit die Grenze zwischen beiden Fakultäten fließend war, da theologische Lehrer häufig ihre Laufbahn an einer philosophischen Fakultät begannen und zudem das Alte Testament sowie zum Teil die Kirchengeschichte[584] an der philosophischen Fakultät gelehrt wurden. Grenzstreitigkeiten waren vorprogrammiert.[585] Dass von einer Geringschätzung der Theologie, zumal aufgrund ihrer tendenziell weniger zahlungskräftigen Studenten,[586] keine Rede sein kann, zeigt die große Sorgfalt, die ihr Münchhausen und das Kuratorium in ihrer Gründung und weit darüber hinaus haben zukommen lassen.

2.6.1. Die Stellung der theologischen Fakultät: Bekenntnis und Zensur

Mit J. L. v. Mosheim hat die Tradition Helmstedts auch Einfluss auf die Statuten der Theologie in Göttingen genommen.[587] Zwar hat Mosheim die Statuten nicht verfasst, wie vereinzelt angenommen wurde, doch bleibt sein Einfluss gewichtig, wie nicht zuletzt an seinen Entwürfen und Gutachten zu sehen ist.[588]

Wobei seiner Schlussfolgerung nicht zuzustimmen ist, wie im weiteren Verlauf dieser Darstellung deutlich werden sollte. In Göttingen konnte die Theologie auch in der zweiten Hälfte des 18. Jh.s immerhin ein Viertel der Studenten auf sich vereinigen (vgl. HUNGER, Landesuniversität, 179). Aus ökonomischer Sicht war sie freilich weniger interessant (vgl. HOWARD, Theology, 106).

[583] Vgl. HOWARD, Theology, 114 f.

[584] Dass die Kirchengeschichte auch an der philosophischen Fakultät gelesen wurde, zeigt keinesfalls die »Profanität der Methode«, wie sie in Göttingen vorherrschte, wie SMEND, Geschichte, 48, behauptet, sondern vielmehr die Umstrukturierung der Fächerlandschaft. Auch dass wichtige Theologen nicht Mitglieder der Fakultät waren (Michaelis, Eichhorn, Mosheim, Spittler, Ewald) (vgl. aaO. 48), lässt sich nicht als Beleg für die mangelnde Bedeutung der theologischen Fakultät heranziehen.

[585] Vgl. auch den Streit um die Lesung der enzyklopädischen Vorlesungen 1756 (vgl. UAG Kur. 4152) und über kirchengeschichtliche Vorlesungen eines philosophischen Magisters 1793 (vgl. UAG Kur. 3994). Michaelis, der zeitlebens an der philosophischen Fakultät blieb, las mit Ausnahmegenehmigung Dogmatik an der theologischen Fakultät (vgl. MEYER, Geschichte, 7 f. 28–30). Das Alte Testament blieb noch bis 1914 außerhalb der Theologie.

[586] So die Einschätzung von SAADA, Universität, 36 f.: Die Gründer hätten die theologische Fakultät nicht zu einem Anziehungspunkt machen wollen. Damit überinterpretiert sie das Ansinnen, über die juristische Fakultät möglichst viele Adlige und damit Geld an die Universität zu holen, als allbestimmend.

[587] MEYER, Geschichte, 12, sieht darin das Helmstedter Ideal, da die Göttinger theologische Fakultät sich an die lutherischen Bekenntnisse ohne *Konkordienformel*, aber nur in den *doctrinis fundamentalibus* gebunden weiß. Ebenso bestehe in der charakteristischen Vermeidung der Neuerungssucht durch Anknüpfung an das geschichtlich Gewordene eine Verbindungslinie.

[588] KRAMM, Enzyklopädie, 24, hält die Rolle Mosheims für überbewertet. Abgewogener ist die Betrachtung MOELLER, Mosheim, 32, der gegenüber der bisher verbreiteten Meinung betont, dass Mosheims Entwurf einer Satzung »gänzlich in der Versenkung verschwand«. MEYER, Geschichte, 11, führt die »Fakultätssatzung« von 1736 unbefangen auf Mosheims Entwurf zurück. Ebenso auch BUFF, Münchhausen, 76: »Er entwarf im Geiste Münchhausens die Statuten der theologischen Fakultät.« Kurzum: Auch wenn einzelne Formulierungen

Gegenüber der Neugründung in Halle wurde in Göttingen nun Ernst gemacht mit der Abschaffung der Vorrangstellung der Theologie.[589] Das Zensurrecht über die anderen Fakultäten kam ihr nicht mehr in hergebrachtem Maße
zu und auch innerhalb der theologischen Diskussion war eine größere Freiheit
erreicht.[590] Mosheim formulierte in seinem Entwurf der Statuten der theologischen Fakultät im Juli 1735 unter Punkt 25:

»Es stehet der Theolog. Fakultät ganz und gar keine jurisdiction in geistlichen oder anderen Dingen zu, und soll dieselbe niemahls als per modum consilii, wenn sie etwa
befraget werden, oder es sonst bewandten Umstände nach selbst von nöthig finden, eine
solche Sache entscheiden und ausmachen wollen.«[591]

Die *Konkordienformel* wird in den Statuten nicht ausdrücklich unter den die Lehre normierenden Schriften genannt: Neben der Heiligen Schrift, den drei ökumenischen Symbolen und der *Confessio Augustana (Invariata)* sollten die Professoren von den »übrigen symbolischen Schriften, die in jeder lutherischen Kirche
angenommen worden sind«[592], nicht abweichen und so eine übereinstimmende
Lehre vertreten. Die *Konkordienformel* aber war nicht in jedem lutherischen Territorium anerkannt worden. An anderen Universitäten war sie fraglos in Geltung. Schon das General-Statut schärft ein, nichts Ketzerisches oder sonst Anstößiges zu lehren: »Er [der Professor, C. N.] soll nichts beweisen, was den hei-

---

nicht direkt von Mosheim stammen, finden sich die Grundideen der Statuten schon in Mosheims Entwurf, worauf die Forschung ihr Augenmerk legen sollte. Vgl. zu Mosheims Vorarbeiten die Dokumente bei RÖSSLER, Gründung.

[589] In Halle gab es noch eine theoretische Vorrangstellung der Theologie, die faktisch
aufgrund der geringen Größe der Fakultät nicht zum Tragen kam (vgl. SAADA, Universität,
36). SELLE, Universität, 25, berichtet, Treuer habe in seinem Gutachten darauf gedrungen,
der theologischen Fakultät kein Aufsichtsrecht zu gestatten, da sie sonst neue Entwicklungen
behindern könnte.

[590] HAMMANN, Geschichte, 536, und MOELLER, Mosheim, 34 (der auf SPARN, Christentum, verweist), meinen, die Theologie habe freiwillig ihre Kontrollfunktion abgegeben.
Leider fehlt dazu ein entsprechend eindeutiger Beleg. Die Bemerkung lässt sich dahingehend
verstehen, dass die Theologie offenbar das neue Konzept der Universität in Göttingen mit-
trug.
Vgl. zur Zensur im 18. Jahrhundert den Sammelband HAEFS/MIX, Zensur.

[591] MOSHEIM, *Entwurf der Statuten der Theologischen Facultät mit Bemerkungen J. H. Böhmers
(Juli 1735)* (bei RÖSSLER, Gründung, 275). Böhmer bemerkt zu dieser Regelung: »Jedoch
wenn unter studiosis sich dergleichen finden sollte, wird die Facultät nicht verwehrt werden
können, dieselben vor sich zu fordern, und durch Vernehmen dieselben aus dem Irthum zu
ziehen suchen.« (ebd.). Die Beurteilung als »Friedensstörer« macht die Ausrichtung der Regel
deutlich. Im Übrigen läuft auch in diesem Entwurf alles auf die letztinstanzliche Entscheidung des Konsistoriums zu (vgl. ebd.). Für Anzeigen an das Ministerium gilt, sie sollen
friedlich verfasst sein »und die Personen von den Sachen allezeit unterschieden werden«
(aaO. 276).

[592] *Die Statuten der Theologischen Fakultät an der Georgia-Augusta-Akademie*, Kap. I., § 15 (bei
EBEL, Privilegien, 90).

ligen Schriften oder denen entgegen ist, die bei uns Namen und Autorität symbolischer Bücher haben.«[593]

Wie oben gezeigt,[594] waren das Territorium und seine Nachbarn bezüglich der Geltung der *Konkordienformel* durchaus nicht einer Meinung. Wollte man ein breites Publikum erreichen, musste die offene Frage der *norma doctrina* geklärt werden. Gruber bemerkte schon 1732:

»Das corpus academicum selbst betreffend, so wird bey der Theologischen Facultät hauptsächlich fest zu stellen seyn, ob selbige auf die libros Symbolicos durchgehends inclusive der formula Concordiae, oder nebenher auf das Corpus doctrinae Julium zu verpflichten, worinnen schwehr zu decidiren ist.«[595]

Mosheim bemerkt in Briefen aus dem Frühjahr 1735 im Zusammenhang mit einem Entwurf der Statuten für die theologische Fakultät:

»Der Unterschied der Norma doctrina in Ihro Maj. Ländern wird eine starke Schwierigkeit bey dem Aufsatze der Theologischen Gesetze geben. […] Nimmt man die allgemeinen symbolischen Bücher der Evangelischen Kirche zur Richtschnur, so werden die Lüneburger, die an die Formula Concordiae gebunden sind und grosze Gemeinschaft mit den Rostockern und Hamburgern pflegen, die Bremer, die noch von den Schwedischen Zeiten her starke Verfechter der Orthodoxie sind, und Lauenburger ein Geschrey anheben und sich einbilden, dasz es mit der reinen Lehre geschehe. […] Wehlet man die Formulam Concordiae so möchten die Theologi selber und die übrigen Landschafften, denen diese Formel verhaszet ist, nicht zufrieden seyn. Man musz darauf denken, wie ein vernünftiges Mittel getroffen werden möge.«[596]

Eine Richtschnur müsse es aber geben: Man könne die »Theologos nicht lehren laszen, wie sie wollen, ohne auf der Academie selber eine Zerrüttung und Nachrede bey Auswärtigen zu besorgen.«[597] Die *Konkordienformel* fiel nicht aus

---

[593] *General-Statut der Georg-August-Universität*, § 37 (bei EBEL, Privilegien, 58). Dass aber MAGER, Heumann, 44, behauptet, nur die Theologen hätten geloben müssen, nichts gegen die Fundamentallehren zu lehren, deckt sich nicht mit diesem Befund. Die ausführliche Formulierung in *General-Statut der Georg-August-Universität*, § 1 (bei EBEL, Privilegien, 40.42), zielt freilich auf alle: »[S]ie sollen keine Ansichten vertreten, die gottlos sind oder dem Staat schaden,« wie z. B. Gott zu leugnen, den Unterschied zwischen Tugend und Lastern aufzuheben, die Göttlichkeit Jesu oder jenseitige Vergeltung leugnen. Auf diesen Passus weist auch BAUR, Anfänge, 14, im Zusammenhang der theologisch-friedliebenden Idealvorstellung der Universitätsgründer hin.
Im Revolutionsjahr 1848 wurde die religiöse Bindung der Professoren in Göttingen, nichts Ungöttliches und Unchristliches zu lehren, aufgehoben (vgl. KRUMWIEDE, Bekenntnis, 219). Die neue, von Johann Karl Ludwig Gieseler (1792–1854) entworfene Formel lehnte Lücke als zu konfessionell ab. Zum weiteren Verlauf des Streites um die konfessionelle Bindung vgl. aaO. 220–230.
[594] Vgl. Kap. A.IV.1.2.
[595] *Präliminaria, so vor Anrichtung der neuen Universität zu berichtigen sein werden (16. 09. 1732)* (bei RÖSSLER, Gründung, 12).
[596] Mosheim in einem Brief vom 21. 03. 1735 an Münchhausen (bei RÖSSLER, Gründung, 200).
[597] Ebd.

theologischen Überlegungen heraus, ihr Fehlen als Bekenntnisgrundlage in den
Statuten lässt sich aber gut durch die Helmstedter Tradition, in der auch Mosheim stand, rechtfertigen.

Die schon angesprochene Forschungsfreiheit zeigte sich in einem Nachsatz:

»[I]n umstrittenen Fragen aber ist es gestattet, in maßvoller Weise anderer Ansicht zu
sein, nur soll derjenige, dessen Meinung abgelehnt wird, nicht benannt werden, sofern
es sich um einen Kollegen handelt; die einzelnen aber sollen zurückschrecken, wenn es
sie juckt, etwas Neues zu erfinden.«[598]

Das Maß abzuschätzen, kam den Zensoren der jeweiligen Fakultäten zu. Den
Namen des kritisierten Kollegen nicht zu nennen, war Teil des Versuches, eine
friedliche Professorenschaft insgesamt zu gestalten.[599] Sollte ein Professor oder
Doktor einer anderen Fakultät[600] in theologischen Dingen einmal Lehrsätze
vortragen, die Anstoß erregten und »dem Fundament unserer christlichen Religion entgegenstehen«[601], und – dies ist ein wichtiger Zusatz, um vor verleum-
derischen Anschuldigungen zu bewahren – »die Theologieprofessoren dies mit
Sicherheit erkundet haben«[602], sah das Verfahren vor, nach einer Beratung der
Fakultät diesen mehrmals freundschaftlich zurechtzuweisen. Probates Mittel,
um Irrlehren zu wehren, sollte ohnehin sein, die Hörer mit gründlichen und
überzeugenden Zurückweisungen dieser Lehren auf dem »rechten Weg der
Wahrheit zu halten.«[603]

---

[598] *Die Statuten der Theologischen Fakultät an der Georgia-Augusta-Akademie*, Kap I., § 15 (bei
EBEL, Privilegien, 90).

[599] Vgl. *General-Statut der Georg-August-Universität*, § 38 (bei EBEL, Privilegien, 58). Ob
freilich damit der eigentliche Zweck befördert wurde, ist fraglich: So waren den meisten
wohl neben den kritisierten Thesen auch deren Verfasser bekannt.

[600] Das »alius« bezieht sich hier (*Statuta Facultatis Theologicae in Academia Georgia Augusta*,
Cap. I, § 26 [bei EBEL, Privilegien, 95]) auf eine andere Fakultät, nicht wie die Übersetzung
(*Die Statuten der Theologischen Fakultät an der Georgia-Augusta-Akademie*, Kap. I., § 26 [bei
EBEL, Privilegien, 94]) glauben macht, auf einen Professor der theologischen Fakultät (vgl.
den Hinweis bei HAMMANN, Werckstäte, 42). Schon BAUR, Anfänge, 14, weist auf diesen
Paragraphen § 26 als Recht, über andere Fakultäten zu richten hin. KRUMWIEDE, Bekennt-
nis, 217, dankt Mager für diesen Hinweis (vgl. MAGER, Heumann, 44). Mosheim hatte noch
in seinem Entwurf von jeglicher Zensur anderer Fakultäten abgesehen (vgl. bei RÖSSLER,
Gründung, 275), doch das bezog sich nicht auf theologische Schriften.

[601] *Die Statuten der Theologischen Fakultät an der Georgia-Augusta-Akademie, Kap. I.,* § 26 (bei
EBEL, Privilegien, 94). KRUMWIEDE, Bekenntnis, 217, erkennt in dieser Regelung, nur die
Fundamente als unantastbar zu nennen, den Einfluss Calixts. Dass gerade in der Definition,
was fundamental war und was nicht, ein großes Problem lag, zeigt der Fall Chr.A. Heumann
(s. u.).

[602] *Die Statuten der Theologischen Fakultät an der Georgia-Augusta-Akademie*, Kap. I., § 26 (bei
EBEL, Privilegien, 94).

[603] Ebd. Dass dieses aber weniger Zensurrecht, als ein Dienst der theologischen Fakultät
für die *cura religionis* war, hat richtig KRUMWIEDE, Bekenntnis, 218, erkannt. Auch MEYER,
Geschichte, 10, weist richtig darauf hin, nicht die theologische Fakultät, sondern die Staatsregierung habe darüber zu befinden, was unchristlich sei.

So bereitete man in Göttingen einer freieren Lehrart den Boden, sorgte aber vor allem für Ruhe und eine Attraktivitätssteigerung der neuen Hochschule für zu werbende Gelehrte, die ohne theologische Bevormundung arbeiten konnten, gleichzeitig wahrte man die theologische Rechtgläubigkeit durch die Aufsicht über theologische Verlautbarungen.[604] Während die Abzweckung auf die Ausbildung von gesellschaftlichen Eliten allgemein als Universitätsprogramm verbreitet war, ist es als Originalität Münchhausens zu sehen, dieses durch möglichst große Forschungsfreiheit zu erreichen.[605] Diese hatte freilich einerseits ihre Grenze darin, dass sie unmittelbar dem Geheimen Ratskollegium rechenschaftspflichtig war, das selbstverständlich auch zensieren konnte.[606] So ist die bedingte Zensurfreiheit eigentlich eher als Machtzuwachs der Regierung zu verstehen, bei der nun alle Fäden zusammenliefen.[607] Zudem war man sehr darauf bedacht, keine Fachvertreter zu ernennen, die sich in irgendeiner Weise verdächtig gemacht hatten oder es wahrscheinlich tun würden: Weder »zum Atheismo und Naturalismo« sollten die Professoren neigen noch die »Articulos fundamentales religionis evangelicae anfechten und den Enthusiasmum einführen«[608]. Münchhausen hatte, die Nachwirkungen der Kämpfe zwischen Orthodoxie und Pietismus vor Augen, deren zerstörerischen Einflüsse vermeiden wollen.

Dennoch gab es auch in Göttingen Vorfälle von Lehr- und Schriftzensur: Johann August Nösselt, dessen Berufung nach Göttingen scheiterte, schrieb

---

[604] Vgl. VIERHAUS, Europa, 20. Dass diese Grundidee letztlich dazu führte, Göttingen zur »Heimstatt freien Denkens, Schreibens und Publizierens« (RÜEGG, Geschichte 2, 193) zu machen, scheint also mehr Nebeneffekt gewesen zu sein.

[605] So auch das Urteil von HUNGER, Landesuniversität, 144 f.

[606] Die Professoren haben natürlich als Zensoren der nicht-universitären Einrichtungen fungiert (vgl. aaO. 149).

[607] Vgl. GUNDELACH, Verfassung, 9, der die Präambel in den königlichen Privilegien, die akademischen Lehrer hätten »vollkommen, unbeschränkte Befugniß und Recht […], öffentlich und besonders zu leren« als Normierung der Lehrfreiheit deutet. Letztlich war damit – das kann festgehalten werden – natürlich ein großer Schritt der akademischen Freiheit getan, die Einordnung in das Staatsgefüge erteilte aber automatisch der Regierung das letzte Wort. Hier war Münchhausen wohl nicht durch Thomasius beeinflusst: Hatte dieser doch in einer Disputation *An haeresis sit crimen (1697)* vorgeschlagen, den Staat weitgehend aus theologischen Streitigkeiten herauszuhalten (so weit BUFF, Münchhausen, 35).

[608] Vgl. Münchhausens *Nachträgliches Votum (16. 04. 1733)* (bei RÖSSLER, Gründung, 33 f.): »[D]asz die Theologische Facultät weder mit solchen Männern zu besetzen, deren lehren zum Atheismo und Naturalismo leiten oder auch die Articulos fundamentales religionis evangelicae anfechten und den Enthusiasmum einführen, noch dasz nach Göttingen solche Theologi zu beruffen, welche ein evangelisches Pabsthum behaupten, ihr gantzes Systema andern aufdringen, diejenigen so in gewiszen die Fundamentum fidei nicht concernirenden quaestionibus mit ihnen kein gleiches Sentiment führen, verketzern, und die Libertatem conscientiae samt der Toleranz als unleidlich ansehen, woraus nichts als unnöthiger Streit und innerliche Unruhe zu entstehen pflegt«. Er verweist dazu darauf, das »Durchlauchteste Haus« habe seit jeher diese Linie vertreten und »deszhalb Calixtos, Conringium, Hornejum und andere friedliebende Männer in Helmstedt protegiret« (ebd.).

1771 in einem Brief, Göttingen sei ihm zu sehr auf den Ruf der Orthodoxie bedacht, er bleibe lieber in Halle. Für sein Urteil berief er sich auf die Fälle Heumann, Büsching, Michaelis und Heilmann.[609]

Schon 1739 kam es zu einer Auseinandersetzung zwischen der theologischen Fakultät und S.Chr. Hollmann über dessen *Synopsis institutionum pneumatologiae et theologiae naturalis*, in der er zur Ablehnung der Allgegenwart, Allwissenheit und Allmacht Gottes über die Betonung der Freiheit des menschlichen Willens gekommen war. Eine Beschwerde beim Dekan der philosophischen Fakultät und Münchhausen, der um gütliche Beilegung bemüht war, führte zur Zurückziehung des Buches.[610]

Einen besonders eindrücklichen Fall stellen die Ereignisse um Christoph August Heumann (1681–1764) dar.[611] Ehemals Inspektor des *Gymnasium illustre* lehrte er als Ordinarius für Literaturgeschichte und außerordentlich als damals einziger Professor der Theologie, später dann als Ordinarius. Im hohen Alter griff er die lutherische Abendmahlslehre in einer Auslegung des 1Kor als widerbiblisch an.[612] Freilich hatte er schon vorher Joh 6 symbolisch ausgelegt, aber behauptet, das Kapitel beziehe sich nicht auf das Abendmahl. Die Geschehnisse um die versuchte Veröffentlichung einer deutlich reformierten Abendmahlslehre führten letztlich zur Zwangsemeritierung Heumanns, die allerdings nach Außen so gestaltet wurde, als sei sie sein eigener Wunsch gewesen, auch um

---

[609] Bei HAMMANN, Bekenntnis, 65. Zur Berufung Nösselts vgl. UAG Kur. 4238. Zu Nösselt vgl. VAN SPANKEREN, Nössel.

[610] Bei BUFF, Münchhausen, 38–40. Später durfte Hollmann das Buch doch drucken, ohne ein anstößiges Kapitel und unter dem Versprechen, sich weiterhin in den symbolischen Grenzen zu bewegen. Auch entsprechende Kollegs gestattete Münchhausen.

[611] Vgl. zur Person auch PÜTTER, Geschichte 1, 28. In der Gründungsphase stand er in engem Kontakt mit Münchhausen und wirkte besonders auf die in seinen Augen notwendige Freiheit der Wissenschaft hin (vgl. MAGER, Heumann, 45f.). Ob die von Mager vorgebrachte durchweg positive Deutung Heumanns berechtigt ist, kann in Frage gestellt werden: War Heumann wirklich ein Glücksfall für die Universität, wie sie abschließend fragt (vgl. aaO. 57)?

[612] Veröffentlicht als: HEUMANN, CHR.A., *Erweiß daß die Lehre der Reformirten Kirche von dem Heil. Abendmahle die rechte und wahre sey (posthum hg. v. A.F.W. Sack 1764)*. Kaum hatte seine Erklärung die Druckpresse verlassen, wandte er sich 1758 an Münchhausen und bat, nun doch nicht abgesetzt zu werden, sondern einfach nur der philosophischen Fakultät wieder zugeordnet zu werden; auch würden ihm andere Lutheraner beipflichten, wenn sie keine beruflichen Nachteile daraus zu gewärtigen hätten. Nach Vermittlung G.Chr. Gebauers willigte Heumann in die Vernichtung der Druckbogen ein. Doch wurde seine Lehre als Verstoß gegen die Statuten gesehen, da nach CA 7 das Abendmahl als Fundamentalartikel betrachtet wurde. In der weiteren Untersuchung war ein willkommenes zusätzliches Argument die Berufung auf *General-Statut der Georg-August-Universität*, § 38 (bei EBEL, Privilegien, 58) (Verbot des Polemisierens gegen Kollegen), denn 1757 hatte Heumann ein Eherechtsgutachten der theologischen Fakultät mit eigenen kritischen Anmerkungen gegen den Hauptverfasser J. W. Feuerlein publiziert (zum Vorfall vgl. MAGER, Heumann, 51–54). Das wurde ihm nun zum Verhängnis. MEYER, Geschichte, 25, stellt – worauf Mager hinweist – diesen Vorgang ganz falsch dar: Heumann habe ein vertrauliches Schreiben Feuerleins veröffentlicht und vermutet, dieses sei dessen geheime Denunziation gewesen.

nicht das Aufsehen eines Lehrzuchtverfahrens zu erregen.[613] Neben der Begrenztheit der Lehr- und Publikationsfreiheit sowie dem Bestreben, an einer unanstößigen Orthodoxie festzuhalten, wird hier noch ein weiteres Problem bezüglich der Unterscheidung des Fundamentalen deutlich: Im Gegensatz zu Heumann sah die Fakultät die Abendmahlsfrage sehr wohl – mit CA 7 zu Recht! – als fundamental an.[614]

Zu einem anderen Streit kam es, als J. D. Michaelis ohne theologischen Grad über Dogmatik lesen wollte, was er auch 1748–1751 teilweise ohne Genehmigung tat und nach Intervention aufgrund theologischen Heterodoxieverdachts 1754 wieder versuchte. Letztlich erhielt er ab 1755 jährlich, ab 1759 bis auf Weiteres die Genehmigung zu dogmatischen Vorlesungen.[615] Michaelis war den Theologen verdächtig, weil er eine kritische Bibelwissenschaft betrieb, die zwar nicht die Grundfesten, aber doch einzelne Punkte des orthodoxen Systems angriff und im Ganzen die Bibelforschung einer freieren Behandlung öffnete.[616] Die Fakultät versuchte lange, ihn an der theologischen Lehre zu hindern, allerdings nicht durch ihr verbrieftes Recht, sondern durch einen verdeckt lancierten Heterodoxievorwurf. Dass sie dieses versuchte und damit letztlich unterlag, zeigt den allmählichen Wandel in der Frage der Lehraufsicht.

Der später durch seine Frontstellung gegen das *Woellnersche Religionsedikt* hervorgetretene Anton Friedrich Büsching (1724–1793), ein verdienter Geograph, geriet als philosophischer Extraordinarius in Göttingen in Konflikt mit der theologischen Fakultät und der hannoverschen Staatsregierung. Er hatte es un-

---

[613] Was nicht ohne eine gewisse Tragik war, da schon vorher in Jena seine Universitätslaufbahn dadurch abgebrochen worden war, weil er die Erstarrung der Frau Lots zur Salzsäule angezweifelt hatte (vgl. MAGER, Heumann, 47). Gebauer, ein von Münchhausen beauftragter juristischer Kollege, übte in der Folge eine geheime Zensur über alle Veröffentlichungen Heumanns aus. Dieser erhielt unter Verlust seiner akademischen Rechte und Pflichten weiterhin seine vollen Bezüge – was angesichts des hohen Alters von 77 Jahren nicht allzu teuer zu werden versprach 1764 gab August Friedrich Wilhelm Sack Heumanns Schrift über die Rechtmäßigkeit der reformierten Abendmahlslehre heraus, die ihm dieser vor seinem Tode zur posthumen Veröffentlichung zugesandt hatte und so einerseits dem Schweigegebot genügte, andererseits an seiner Lehre festgehalten hatte (vgl. aaO. 55). Obzwar eigentlich eine wenig überzeugende Schrift, regte sie eine Flut von Gegenschriften an. Vgl. auch die Kritik von Chr. W. F. Walch in GAGS (1764), 80. St., 641–648, die vorgibt, sich eigentlich nicht in Streitigkeiten einmischen zu wollen, vielmehr in drastischen Worten darauf hofft, »daß jedermann, der diese Schrift selbst lesen wird, die Wirkungen der bey dem hohen Alter täglich gewachsenen Schwäche der Verstandeskräfte des Verf. von selbst bemerken werde« (aaO. 643).

[614] Auf dieses Problem weist auch MAGER, Heumann, 53, hin. SPARN, Historie, sieht im Fall Heumann paradigmatisch das Problem des eklektischen Wissenschaftsmodells der fehlenden Verknüpfung von Dogma und Historie. Das eklektische Wissenschaftsmodell Göttingens komme hier ans Ende seiner Entwicklungsmöglichkeiten (vgl. aaO. 176).

[615] Vgl. MEYER, Geschichte, 28–30.

[616] So hielt er an der Beglaubigung der Offenbarung durch Wunder fest, freute sich aber über jede mögliche natürliche Erklärung (so erklärt er z. B. den Jüngling zu Nain als scheintot) (vgl. aaO. 30).

ternommen, die Dogmatik rein aus biblischen Sätzen unter Zurücksetzung der lutherischen Bekenntnisschriften begründen zu wollen.[617] Münchhausen bemühte sich nach Kräften um eine gütliche Beilegung des Streites, scheiterte jedoch am penetranten Widerspruch Büschings, der Luther als Gewährsmann für sich reklamierte. So sprach die Staatsregierung eine Verwarnung aus: Zwar habe sich der Glaube eines theologischen Laien durchaus an der Bibel zu orientieren, an einer lutherischen Universität müssten aber zudem die Bekenntnisschriften als autoritative Auslegung der Heiligen Schrift anerkannt werden.[618] Er ging 1761 nach Petersburg und 1766 nach Berlin an die Seite Friedrich Germanus Lüdkes, der ihm bekanntlich in der Kritik symbolischer Bücher verbunden war.

Das Scheitern der Berufung Johann Gottfried Herders (1744–1803)[619] 1775 (sowie 1784 und 1788) macht einerseits die Probleme deutlich, die sich in Göttingen durch den Willen ergaben, nichts Anstößiges zu lehren, und weist andererseits auch auf die Auflösung des Schemas orthodox-heterodox an der theologischen Fakultät unter Chr. W. F. Walch, Johann Peter Miller (1725–1789) und Gottfried Leß (1736–1797) hin.[620] Herder war von der Regierung vorgeschlagen worden, der König hatte Zweifel angemeldet, die Fakultät äußerte sich auf Anfrage kritisch: Obgleich man Herder nichts Heterodoxes nachweisen könne, schüre seine dunkle Rede doch Verdacht.[621] Ein vor der Fakultät zu leistendes Kolloquium zur Feststellung der Unbedenklichkeit wies Herder entrüstet ab.[622] Obwohl sich die Theologen außerstande sahen, die Frage der Orthodoxie zu beantworten, fußte die Ablehnung auf dem Verdacht, hinter der unverständlichen Rede Herders könne sich Gefährliches verbergen. Verurteilen aber wollte man nicht.

Dem reformierten Pfarrer der als Universitätsinstitut gegründeten reformierten Gemeinde und zugleich philosophischen Extraordinarius Gerhard von Hemessen (1722–1783) wurde zwar 1753 gestattet, privatim reformierte Theologie zu lesen, als sein Nachfolger Lüder Kulenkamp (1724–1794) dann 1755 aber öffentlich Vorlesungen zur *theologia revelata secundum dogmata reformatorum* ankündigte, kam es zu einer Beschwerde der theologischen Fakultät sowie

---

[617] Vgl. HAMMANN, Bekenntnis, 66.

[618] Vgl. BUFF, Münchhausen, 41: Man merke dem Edikt Münchhausens vom 14.01.1757 an, wie ungern er Büsching theologische Vorlesungen untersagte und der Zensur unterwarf, doch habe er als Kurator nicht anders handeln können.

[619] Zu Herders theologischem Profil vgl. BEUTEL, Aufklärung, 331–334.

[620] Vgl. HAMMANN, Bekenntnis, 67.

[621] Sicherlich wird die »respektlose Polemik, mit der Herder gegen zeitgenössische Gelehrte und Kirchenmänner zu Felde zog« (BEUTEL, Aufklärung, 331), ihn verdächtig gemacht haben. Dass gerade darin aber ein Grund zur Ablehnung bestand, führt sich auf die positionelle Ausrichtung Göttingens zurück.

[622] Vgl. MEYER, Geschichte, 33 f. Später erloschen die Bedenken und man brachte Herder wieder ins Gespräch, nun hatte dieser aber das Interesse verloren. Die Fakultät war mittlerweile für Herder eingenommen und hatte so den König überzeugen können (vgl. aaO. 39 f.).

einem den Statuten gemäßen Verbot durch die Regierung.[623] Die spätere Verleihung der theologischen Ehrendoktorwürde an Kulenkamp 1787 zeigt die
weitere Entwicklung. Der Religioneid war bei einer *honoris causa* vorgenom-
menen Promotion nicht erforderlich, doch bleibt der Akt bemerkenswert. Leß
bot Kulenkamp im Anschluss an die Verleihung den beliebigen Gebrauch der
Kanzel in der Universitätskirche an. Umgekehrt benutzte die reformierte Gemeinde mittlerweile das von Leß und Miller bearbeitete Universitätsgesangbuch *Neues christliches Gesangbuch (1777)*, das – im Rückblick auf die Ereignisse
um Heumann bemerkenswert – in den Abendmahlsliedern deutlich unionis-
tisch-reformierte Tendenzen zeigte.[624] Dass die Promotion Kulenkamps nicht
als Akt der aktiven Überwindung der Konfessionsgrenze missverstanden werden dürfe, machten Heyne in einem Universitätsanschlag und auch J. S. Semler
in einem auswärtigen Gutachten zum Vorfall deutlich: Letzter argumentiert in
bekannter Weise zugunsten einer freien privaten Glaubensüberzeugung bei
gleichzeitiger öffentlicher Religionsordnung, die allererst die Freiheit jener ermögliche.[625] Somit werde durch diesen Akt in Göttingen die öffentliche Religionsordnung und die Trennung der Religionsparteien nicht infrage gestellt
oder aufgehoben.[626] Leß plädiert noch 1790 für die Beibehaltung des Religions-
eides auf die Bekenntnisschriften, konzediert jedoch: Der Eid beziehe sich nicht
auf die ganzen Bekenntnisschriften, sondern nur auf die in ihnen enthaltenen
fundamentalen Religionswahrheiten.[627] Damit repräsentiert er die neologische
Haltung in dieser Frage der Auflösung einer konfessionstrennenden Geltung
der Bekenntnisschriften in Göttingen.[628]

Bei aller Unterschiedlichkeit der dargestellten Konflikte lässt sich doch eines
beobachten: Man war bemüht zu vermitteln, kein Aufsehen zu erregen und sich
in keiner Weise verdächtig zu machen.[629] Doch ist eine Entwicklung hin zu
einem pragmatischen freieren Umgang festzustellen, so dass das Urteil Nösselts,
das sein Schüler Niemeyer weitertrug und auch Aner übernahm, in Göttingen

---

[623] Vgl. dazu aaO. 24 f.

[624] Im Allgemeinen findet sich dort eine rationalistische Umdeutung alter Lieder (vgl. den
Hinweis HAMMANN, Geschichte, 547, und ausführlich DERS., Universitätspredigt, 72–88).

[625] Zum Gutachten vgl. HAMMANN, Bekenntnis, 72–74.

[626] Vgl. aaO. 73.

[627] Vgl. aaO. 74 f.

[628] Vgl. aaO. 76 f.

[629] HAMMERSTEIN, Universität, 35, erkennt darin die Überordnung der Harmonie unter
den Lehrern, des Decorum über die Beschränkung der Lehrfreiheit, Zensur und Aufsicht.
Dass »[f]olgerichtig[] denn auch in Göttingen von Anfang an – und dies zum ersten Mal in
der Geschichte der Universitäten – völlige Lehrfreiheit gewährt wurde, und zwar nicht nur
in Religionsfragen – was im aufgeklärten Jahrhundert einleuchtend erscheint –, sondern
gerade auch im Staatsrecht, in allen öffentlichen Fragen also«, ist etwas übertrieben formuliert, trifft aber ein wichtiges Moment der Verordnung.

habe bis 1790 noch kein liberaler Geist im Sinne der Neologie geherrscht, korrekturbedürftig ist.[630]

2.6.2. Theologische Lehre und Lehrer vor Planck

Kein Wunsch nach einer bestimmten akademischen Vorlesung sollte an der theologischen Fakultät offenbleiben. Exegetische, dogmatische, katechetische, moraltheologische und kirchengeschichtliche Kollegs sollten eingerichtet, zudem pastoraltheologische Regeln und kirchliche Rechtsgelehrtheit vermittelt werden.[631] Im Zuschnitt der einzelnen theologischen Fächer lässt sich eine interessante Entwicklung beobachten: Während J. L. v. Mosheim in seinen Vorschlägen zu den Statuten eine recht genaue Fächerabgrenzung und Benennung vornimmt – der erste und älteste Professor solle die »Theolog. Dogmat. und Moralem nebst der sogenannten Polemic, der andere die Exegesin, der dritte die Hist. Eccles. öffentlich dociren und vortragen«[632] –, begnügt man sich in den Statuten mit der bloßen Aufzählung.[633] Mosheim konnte gerade noch konzedieren, bei größerer Begabung eines Vertreters könne die Ordnung durch das königliche Ministerium jederzeit geändert werden.[634] In der Aufgabenbeschreibung legt er größten Wert auf die Ausrichtung *ad praxin*, wie es sich dann auch in der endgültigen Form niedergeschlagen hat.

Im Ganzen wurde dazu angehalten, die Philosophie maßvoll einzubeziehen, dabei aber den Unterschied von Natur und Gnade beständig einzuschärfen.[635]

---

[630] Siehe bei HAMMANN, Bekenntnis, 65. Treffend auch die Bemerkung MARINO, Praeceptores, 229: »Göttingen blieb – so kann man sagen – einer bestimmten eklektischen Tradition treu, die mit einem Anflug von Skeptizismus verbunden war.«
Zum Modell der Eklektik vgl. HINSKE, Eklektik, und LEHMANN-BRAUNS, Eklektik, sowie umfangreich ALBRECHT, Eklektik.

[631] Vgl. z. B. *Die Statuten der Theologischen Fakultät an der Georgia-Augusta-Akademie*, Kap. I., §§ 3–5 (bei EBEL, Privilegien, 86). KRUMWIEDE, Bekenntnis, 217, erkennt in der Aufzählung und Aufgabenzuweisung der einzelnen Disziplinen den fachwissenschaftlichen Charakter der Theologie in Göttingen als moderne Entwicklung.

[632] MOSHEIM, *Entwurf der Statuten der Theologischen Facultät (Juli 1735)* (bei RÖSSLER, Gründung, 270). In der Aufgabenbeschreibung rechtfertigt Mosheim, ein Professor für die Polemik werde nicht extra eingesetzt, woraufhin Böhmer anmerkt, auf einen nicht ganz verzichten meinen zu können. Allein schon die Entfaltung der Sekten könne nicht in der Dogmatik geleistet werden (MOSHEIM, *Entwurf der Statuten der Theologischen Facultät (Juli 1735)* (bei RÖSSLER, Gründung, 288).

[633] *Die Statuten der Theologischen Fakultät an der Georgia-Augusta-Akademie*, Kap. I., §§ 3–7 (bei EBEL, Privilegien, 86–88), wo nur die einzelnen Fächer, nicht aber deren Zuordnung o. ä. beschrieben werden. Planck schreibt später in seinen enzyklopädischen Werken zwar von einer klaren Aufteilung der Fächer, die schon lange eingebürgert sei (vgl. Kap. B.I.3. und 4.), doch scheint in Göttingen zuerst eine andere Entwicklung gelaufen zu sein.

[634] Vgl. MOSHEIM, *Entwurf der Statuten der Theologischen Facultät (Juli 1735)* (bei RÖSSLER, Gründung, 270).

[635] Vgl. *Die Statuten der Theologischen Fakultät an der Georgia-Augusta-Akademie*, Kap. I., § 5 (bei EBEL, Privilegien, 86).

Zu Beginn des Studiums wurde eine enzyklopädische Einführung gewünscht, um einen möglichst strukturierten Studienverlauf zu ermöglichen.[636]

Die theologischen Professoren sollten eigentlich schon mit einem theologischen Doktortitel geschmückt den Dienst an der *Georgia Augusta* antreten, ihn zumindest anstreben.[637] Öffentliche Vorlesungen der ordentlichen Professoren fanden am Montag, Dienstag, Donnerstag und Freitag, die der außerordentlichen am Mittwoch und Samstag jeweils im »öffentlichen Auditorium« statt, »wenn nicht Kälte oder andere Ursachen gebieten, das häusliche Auditorium vorzuziehen«.[638] Diese öffentlichen Veranstaltungen sollten innerhalb des Kollegiums abgestimmt werden, damit nicht doppelt über einen bestimmten Gegenstand oder in doppelter Belegung zur selben Stunde (es stand jeder Fakultät ein öffentliches Auditorium zur Verfügung) gelesen würde.[639] Lediglich die privaten Vorlesungen waren frei in Themen- und Terminwahl. Um diese Freiheit zu ermöglichen, hatte der Dekan darauf zu achten, dass die ordentlichen Vorlesungen jedes Semester abgedeckt wurden.[640] Alles war zu einem »wohlgeordneten Studium«[641] angelegt. Die Statuten regelten bei aller Ausführlichkeit nur den Rahmen, in dem sich die Lehre bewegen sollte. Zwar wurden einige Grundlinien vorgegeben, beispielsweise in der Kirchengeschichte, doch enthielten diese auch nicht mehr als eine Aufzählung der möglichen Inhalte.[642] Damit entsprachen diese Anweisungen auch den Möglichkeiten, die durch die relative Freiheit in Fragen der Zensur gegeben waren. Gerade die Vermeidung enger

---

[636] Vgl. *Die Statuten der Theologischen Fakultät an der Georgia-Augusta-Akademie*, Kap. I., § 9 (bei EBEL, Privilegien, 88), und die Erinnerung Münchhausens von 1746 (UAG Kur. 4152). Nähers unter Kap. B.I.2. und 6.

[637] Vgl. *Die Statuten der Theologischen Fakultät an der Georgia-Augusta-Akademie*, Kap. I., § 1 (bei EBEL, Privilegien, 84). Andernfalls mussten den Kuratoren zwingende Gründe vorgelegt werden. Darüber waren sich Mosheim und Böhmer nicht einig gewesen: Mosheim hielt es für verzichtbar, Böhmer für wünschenswert (vgl. bei RÖSSLER, Gründung, 271).

[638] *Die Statuten der Theologischen Fakultät an der Georgia-Augusta-Akademie*, Kap. I., § 11 (bei EBEL, Privilegien, 90).

[639] Vgl. *Die Statuten der Theologischen Fakultät an der Georgia-Augusta-Akademie*, Kap. I., § 12 (bei EBEL, Privilegien, 90).

[640] Vgl. *Die Statuten der Theologischen Fakultät an der Georgia-Augusta-Akademie*, Kap. I., § 14 (bei EBEL, Privilegien, 90).

[641] So der Titel der Untersuchung von Bizer (vgl. BIZER, Student) zu theologischen Studieranweisungen in Göttingen im Zeitalter der Aufklärung.

[642] Hier zählen *Die Statuten der Theologischen Fakultät an der Georgia-Augusta-Akademie*, Kap. I., § 7 (bei EBEL, Privilegien, 88), auf: Die »Kirchengeschichte des Alten und Neuen Testaments soll teils kürzer teils ausführlicher, zuweilen vollständig, manchmal teilweise, oder nach Jahrhunderten oder besonders geeigneten Gesichtspunkten geordnet, wie z.B. nach den hl. Glaubenssätzen, nach Irrlehren, nach Konzilien und Streitgesprächen, nach der Reformation, die durch Bemühung des Doktor Luther geschah, nach den Riten und alten Bräuchen in Auswahl und mit Sorgfalt dargestellt werden.« Dass hier keine klare Richtungsvorgabe dargestellt werden soll und kann, erhellt auch die Lektüre der Aufzählungen zu den weiteren Fächern.

Fachzuschreibungen führte zu neuen Forschungs- und Lehrgebieten.[643] Gleichzeitig wurde ein geregelter Studienbetrieb durch die Absprachen in den Grundlagenfächern gewährleistet.[644]

In der Anfangszeit nahmen auch in der Theologie nicht die bekanntesten Namen den Ruf nach Göttingen an, auch kamen nicht alle in Frage, da man ja auf einer gemäßigten Lehrart bestand.[645] Weitere Berufungen scheiterten aus anderen Gründen: Mosheim, von Münchhausen sehr geschätzt, hatte beispielsweise erst am 04. 03. 1726 ein Revers unterzeichnet, keinem auswärtigen Ruf zu folgen.[646] Außerdem empfand er seine momentane Stellung als durchaus angenehm und verwies auf sein fortgeschrittenes Alter. Er empfahl alternativ Magnus Crusius (1697–1751) und Joachim Oporin (1695–1753), die dann auch für die zweite und dritte Professur nach Göttingen kamen. Johann Jacob Rambach (1693–1735) aus Gießen, einen »milde[n] Pietist[en]«, ließ die hessisch-darmstädtische Regierung nicht ziehen.[647] Einige geplante Berufungen, so wie die von Johann Gottlob Carpzov (1679–1767), die der Fakultät in der Anfangszeit ein deutlich orthodoxeres Gepräge verliehen hätten, waren nicht erfolgreich.[648] Chr.M. Pfaff, der 1755 als Nachfolger Mosheims vorgesehen war, vereitelte selbst durch seine überzogenen Gehaltsforderungen und seinen

---

[643] Vgl. dazu schon 1733 Münchhausen: »Gelehrte Monopolia müszen nicht gestattet, sondern jedem Profesz. erlaubet werden, auch die zu seiner Profeszion nicht gehörige Disciplinen zu docieren.« (*Nachträgliches Votum [16. 04. 1733]* [bei RÖSSLER, Gründung, 37]).

Doch war man sich bewusst, dass es Grenzstreitigkeiten bei einigen Fächern geben würde: Mosheim versucht in seinem Entwurf schon früh zu klären, wie mit der Kirchengeschichte, dem Kirchenrecht, der Homilie und den alten Sprachen umgegangen werden soll, und empfiehlt, sich in gütlicher Weise zu einigen (MOSHEIM, *Entwurf der Statuten der Theologischen Facultät (Juli 1735)* (bei RÖSSLER, Gründung, 286–288).

[644] Mosheim wies auf die Regelmäßigkeit und Vollständigkeit der Vorlesungen in allen Disziplinen hin. Böhmer merkte an, jeder solle aber vornehmlich seinen Teil lesen, jedenfalls in den öffentlichen Vorlesungen (vgl. Böhmers Anmerkungen zu MOSHEIM, *Entwurf der Statuten der Theologischen Facultät [Juli 1735]* [bei RÖSSLER, Gründung, 284]).

[645] Vgl. auch die Vorschläge bei RÖSSLER, Gründung, 34: Pfaff, Rambach, Mosheim. Als außerordentlicher Professor war Christoph August Heumann von 1734–1740 der erste theologische Professor, als Honorarprofessor 1740–1745, dann als ordentlicher Professor 1745–1758 (dann des Amtes enthoben) (s. o.).

Kurz wirkte Johann Friedrich Cotta (1701–1799) von 1736–1739 (später Kanzler in Tübingen, wo ihm Planck begegnete) (vgl. EBEL, Catalogus, 39). Münchhausen berichtet denn auch von den Problemen, überhaupt bis zur feierlichen Inauguration die drei Ordinariate zu besetzen (bei MEYER, Geschichte, 12). Göttingen war für die im Land befindlichen Theologen einfach nicht attraktiv genug. Von den 1737 berufenen Professoren (Feuerlein, Oporinus, Crusius sowie Cotta und Heumann außerordentlich) war keiner eigentlich Hannoveraner.

[646] Vgl. MEYER, Geschichte, 13.

[647] Vgl. ebd. Der Absage der Darmstädter Regierung war ein Tübinger Gutachten über Berufungen als göttlichen Ruf und teuflische Versuchung beigegeben.

[648] Darauf weist BAUR, Anfänge, 20, hin. Er stellt nachfolgend dar, wie Göttingen durch Berufungen in orthodoxe Streitigkeiten hereingekommen wäre.

schlechten Leumund eine Berufung,[649] nachdem ihn 1736 die württembergische Regierung nicht hatte ziehen lassen.[650] 1771 scheiterte der Versuch, J. W. F. Jerusalem als Kanzler zu gewinnen, der von Braunschweig nicht entlassen wurde. Johann August Ernesti (1707–1781) aus Leipzig lehnte 1756 ab.[651]

Als Nachfolger des wenig erfolgreichen Crusius konnte Mosheim aufgrund veränderter, für ihn ungünstigerer Umstände in Helmstedt nun doch für Göttingen gewonnen werden.[652] Um ihm an Ehre zu genügen, und da die erste theologische Professur besetzt war, richtete man das Kanzleramt für ihn ein, das allerdings faktisch wenig glanzvoll war, sowie ein theologisches Ordinariat außerhalb der Fakultät.[653] Mit ihm blühte die Theologie in Göttingen nun endlich auf. Einflussreich war er neben seinen programmatischen Überlegungen und Beiträgen zu fast allen Gebieten der Theologie, in der Homiletik und in der Kirchengeschichte, womit er auch der Theologie den in Göttingen verbreiteten historischen Schwerpunkt verlieh.[654] Seine gelehrte Schriftstellerei war enorm: Schon 1731 hatte er ein Verzeichnis seiner bis dahin erschienenen Schriften drucken lassen, das 87 Seiten umfasste.[655] Seine *Heiligen Reden*, eine umfangreiche Predigtsammlung, machten neben seiner Predigtpraxis seinen überragenden homiletischen Ruhm aus.[656] Er war somit noch ein in nahezu allen theologischen Fächern versierter Gelehrter, aber auch nirgends über die theolo-

---

[649] Vgl. BEUTEL, Aufklärung, 237. Dass Pfaff nicht nach Göttingen kam, ersparte der Universität sicherlich einige Probleme, wie durch seinen (oben bereits beschriebenen) Charakter mutmaßen lässt.

[650] Vgl. MEYER, Geschichte, 14 f. Er war für die erste theologische Professur vorgesehen gewesen.

[651] In Leipzig erhielt Ernesti eine ordentliche Professur der Beredsamkeit, um ihn von einem Wechsel nach Göttingen abzuhalten (vgl. ECKSTEIN, Ernesti, 236).

[652] Vgl. MEYER, Geschichte, 21. An sein Revers sah er sich nach einem Herrscherwechsel nicht mehr gebunden, auch sei nun mit Göttingen neben Helmstedt eine zweite welfische Universität in einem zweiten welfischen Territorium entstanden, auf das er die Verpflichtung des Revers auch beziehen könne. In der Regierung sei dieses Revers ohnehin unbekannt. Offenbar war etwas vorgefallen, das den empfindlichen Mosheim seine bisherige Loyalität aufgeben ließ.

[653] Vgl. MOELLER, Mosheim, 35. Es gab sogleich Widerstand der Fakultäten gegen ein solches extraordinäres Amt eines Professors, der auch noch ohne Fakultätsanbindung lehrte. Die studierenden Grafen lehnten es ab, dass ihnen bei öffentlichen Prozessionen der Kanzler vorangehen sollte, was das Standesbewusstsein der adligen Göttinger Studenten einmal mehr offenbart. Mosheims Adelstitel, dem zudem irgendein Makel anhaftete, wird nicht der Grund für seine Berufung gewesen sein (Moeller weist auf Mosheims Bekanntschaft mit höfischem Umgang hin [aaO. 12 f.]).

[654] Mosheims Beitrag zur Kirchengeschichte soll im thematischen Zusammenhang gewürdigt werden (Kap. B.II.).

[655] Vgl. MOELLER, Mosheim, 12. Er zählt Schriften über neutestamentliche Themen, die Sitten-Lehre der Heiligen Schrift, ein Kompendium der Dogmatik und ein Lehrbuch des Kirchenrechts auf.

[656] MOSHEIM, J. L. v., *Heilige Reden über wichtige Wahrheyten der Lehre Jesu Christi, 6 Bde. (1725–1739).* Zweck der Predigt war ihm gleichzeitig Aufklärung und Erbauung, Denken und Leben waren ihm nicht unterschieden (vgl. MOELLER, Mosheim, 16 f.). Die vernünftig

gischen Fachgrenzen hinaus.[657] Seine irenische Art der Apologetik, wie sie in der Widerlegung des Deisten John Toland aufleuchtet, den Gegner mit vernünftigen Argumenten zu überzeugen statt ihn zu verketzern,[658] ist geradezu die Erfüllung des Wunsches nach der abgeklärt-wissenschaftlichen Lehrart, wie man ihn in den Göttinger Gründungsüberlegungen Münchhausens findet.[659] Dies war nur möglich auf Grundlage der Überzeugung Mosheims, Gottes Offenbarung möge die Vernunft überschreiten, doch sie widerstreite ihr nicht.[660] Seine irenische Grundhaltung, die sich in seinem Einfluss auf die Gründung der Universität Göttingen zeigte, war ihm auch Thema seiner beiden Antrittsvorlesungen in Helmstedt 1723 und in Göttingen 1747: *De Theologo non contentioso* und *De odio theologico*.[661]

Ebenfalls Verdienste im historischen Fach erwarb Christian Wilhelm Franz Walch, der 1757 zum Ordinarius berufen wurde.[662] Er wurde einer der größten Kirchenhistoriker seiner Zeit und verhalf der Fakultät zu verbreitetem Ruhm. Die Kirchengeschichte, die er als »Protokollierung des Faktischen«[663] betrieb, habe einen Nutzen für die Gegenwart, da sie durch die Aufklärung über frühere Abwege und Irrtümer diese nun und auf Zukunft zu vermeiden helfe. So schrieb er als Hauptwerk eine Geschichte der Ketzereien[664] und betätigte sich intensiv in der Editionsarbeit. Er verfolgte in der Kirchengeschichte Mosheims Prinzipien und trug zur Verbreitung ihrer Anwendung bei.[665] Auch Walch wandte sich gegen den Religionseifer und wollte die Historie dem bloß verwer-

---

aufgebaute Predigt, die zudem in die Gegenwart rede, könne auch am meisten erbauen (vgl. BEUTEL, Aufklärung, 239f.).

[657] Darauf weist MOELLER, Mosheim, 15, hin.

[658] Siehe dazu ebd.

[659] MAGER, Mosheim, 296, weist darauf hin, es sei Mosheims Verdienst, eine aufgeklärte Irenik in der Theologie für unabdingbar angemahnt und praktiziert zu haben. Das ist wohl zurückzuführen auf seine Erfahrung: Er fand zu Beginn seines Studiums in Kiel eine Landeskirche vor, die nach kaum abgeklungenem Synkretistischen Streit sich nun in Richtungskämpfen zwischen Orthodoxie und Pietismus befand (vgl. aaO. 279f.).

[660] Die christlichen Grundwahrheiten sieht er als beweisbar an (etwa den göttlichen Ursprung der Heiligen Schrift) (vgl. MOELLER, Mosheim, 16). Vgl. dazu PLANCK, G.J., *Ueber die Behandlung, die Haltbarkeit und den Werth des historischen Beweises für die Göttlichkeit des Christenthums. Zugleich ein Versuch zu besserer Verständigung unserer theologischen Partheyen (1821)*, in Kap. B.I.5.4.1. Exkurs.

[661] Vgl. MOELLER, Mosheim, 17. MAGER, Mosheim, 282, nennt erstere als Promotion Mosheims.

[662] Vgl. MEYER, Geschichte, 31: Er war schon 1750 philosophischer und seit 1754 theologischer Ordinarius.

[663] Vgl. SCHMITT, Walch, 179.

[664] WALCH, CHR. W. F., *Entwurf einer vollständigen Historie der Kezereien, Spaltungen und Religionsstreitigkeiten bis auf die Zeiten der Reformation, 11 Bde. (1762–1785)* (endet im 9. Jh.). Auf Walchs Verdienste in der Kirchengeschichte wird noch eingegangen werden (siehe Kap. B.II.2.6. und 3.2.–3.).

[665] Vgl. MÜHLENBERG, Kirchenhistoriker, 237f.

tenden Zugriff der Dogmatik entziehen.[666] Seine *Neueste Religionsgeschichte* führte später Planck zu Ende.[667]

Unter den frühen theologischen Vertretern kam nur Walch und Mosheim, die sich beide vor allem durch ihre »nüchtern-unspekulative Orientierung an der Historie«[668] auszeichneten, größerer Ruhm zu. Dies kam nicht von ungefähr, denn hier war die Gefahr, sich der Heterodoxie verdächtig zu machen, am geringsten. Das programmatische, unanstößige Mittelmaß hatte jedoch keine Begeisterung hervorrufen können:[669] Die Studentenzahlen ließen in den Anfangsjahren zu wünschen übrig, selbst die Landeskinder studierten anderswo.[670]

In der Zeit zwischen 1784 und 1791 wurde schrittweise der komplette theologische Lehrkörper ausgetauscht und die Neubesetzungen wurden nun, beraten von L. T. Spittler, Heyne und Johann Benjamin Koppe (1750–1791), in einem freieren, mehr der vernünftigen Erforschung und Moralpflege verpflichteten Sinn zukunftsweisend getätigt.[671] Planck war Teil dieses personellen und theologischen Aufbruchs in die Neologie.

2.6.3. Besondere Einrichtungen der theologischen Fakultät

Bereits 1750 regte das Konsistorium in Hannover eine Reform des Theologiestudiums an. Besonders hinsichtlich der Beherrschung der lateinischen Sprache war man unzufrieden. Das Echo der Fakultät auf die enthaltenen Wünsche war

---

[666] Vgl. aaO. 239.

[667] WALCH, CHR.W.F., *Neueste Religionsgeschichte fortgesetzt unter der Aufsicht von Gottlieb Jakob Planck, 3 Tle. (1787/1790/1793).*

[668] HAMMANN, Geschichte, 538.

[669] Der theologische Wolffianismus, wie er auch in Göttingen anzutreffen war (vgl. MEYER, Geschichte, 17–20, zum Riebowschen Streit), konnte an Innovationspotential die Göttinger Theologie übertrumpfen. Im Riebowschen Streit ging es u.a. um die Frage, ob Schrift aus Schrift erklärt werden müsse (vgl. dazu Plancks Auseinandersetzung mit Tellers Wörterbuch und diesem Grundsatz oben Kap, A.II 5 2.), letztlich aber um die Frage der Rationalisierung des Christentums. Riebow und Simonetti als philosophische Ordinarien waren in der Theologie nicht erwünscht, da man Bedenken hatte, sie mischten philosophische Lehrsätze in die reine Lehre (vgl. aaO. 19). Die Regierung machte Riebow allerdings später auch zum ordentlichen Professor, womit die wolffische Richtung in die Fakultät aufgenommen werden sollte.

[670] Erst ab Sommer 1775 studierten dauerhaft mehr als 200 Theologen in Göttingen (vgl. Studentenzahlen, 13). Nach der Hochzeit um die 1780er Jahre fiel die Frequenz wieder auf 125 im Sommer 1800 (vgl. ebd.) und stieg zur zweiten Hochzeit im Sommer 1816 immerhin wieder auf 211 Studierende, um vor 1830 im Winter 1828/29 mit 377 ihren Höchststand zu erreichen (vgl. aaO. 14).

[671] Vgl. MEYER, Geschichte, 36. Meyer fasst die Entwicklung der theologischen Fakultät zusammen: »Bis 1787 herrschte eine apologetische und rational gefärbte, durch beginnende Aufklärung geschwächte Orthodoxie vor, die, wie die Fälle Heumann und Herder zeigen, allen Verdacht der Heterodoxie zu vermeiden trachtete. Zwischen 1787 und 1837 entwickelte sich, besonders unter der Führung von Planck und Stäudlin, ein aufgeklärter rationaler Supranaturalismus, der aber gegen Ende der Periode bereits an Alterserscheinungen litt und neuen Ansätzen zu weichen begann.« (aaO. 8f.). MARINO, Praeceptores, 219, rechnet Stäudlin, Ammon und Planck zu diesem Neuaufbruch.

geteilt: Dogmatische Vorlesungen wieder auf Latein zu halten, lehnte die Fakultät unter Verweis auf die verwirrenden scholastischen Termini ab, eine Inspektion vor dem Abgang von der Universität konnte sie sich vorstellen.[672] Als Reaktion auf das offenbar weiterhin bestehende Problem wurde 1765 durch königliche Stiftung das Repetentenkollegium eingerichtet.[673] Damit war auch eine Möglichkeit geschaffen, den theologischen Nachwuchs von einer philosophischen Karriere abzuziehen und in Form von Repetentenstellen direkt an die theologische Fakultät zu binden. In ihren Aufgabenbereich fielen nahezu alle vorstellbaren akademischen Hilfsdienste: von Repetitionen zu den Kollegien bis hin zu katechetischen und homiletischen Übungen und in der weiteren Entwicklung auch eigene Vorlesungen der eigentlichen theologischen Fächer. Die Begründung der Einrichtung freilich verschob sich etwas: Es ging nicht in erster Linie um den Bedarf der Studierenden, sondern um die Vorbereitung künftiger theologischer Universitätslehrer. In der Folge (1768) stellte man aber Probleme dieser Praxis fest (Repetieren bildet keine Genies) und ging wieder zur alten Praxis über, behielt aber die Repetentenlaufbahn als mögliches Sprungbrett in ein akademisches Lehramt bei.

1800 wurde dann ein Ephorat für hannoversche Theologiestudenten eingerichtet, das vor allem die Examensleistungen der Kandidaten verbessern und zu einem strukturierten Studium verhelfen sollte.[674]

---

[672] Vgl. MEYER, Geschichte, 26 f. Mosheim lehnte eine Inspektion ab, weil er fürchtete, der damit Beauftragte könne alle Studenten zu sich ziehen. Der Gebrauch der lateinischen Sprache wurde dann von der Regierung empfohlen, doch hatte dies kaum Auswirkungen auf die Praxis. Die philosophischen Dozenten lasen ohnehin schon auf Deutsch.
Dass sich das Konsistorium häufiger in die Studienbelange einmischte, belegt auch die Akte UAG Kur. 4147, die einen Schriftwechsel aus dem Jahre 1753 des Konsistoriums u.a. mit der theologischen Fakultät Göttingen enthält und auf die Missstände im Zustand der Theologie studierenden Landeskinder hinweist und Vorschläge zur Behebung u.a. in Form von besonderen Lehrveranstaltungen und Überprüfungen macht.

[673] Vgl. PÜTTER, Geschichte 1, 228. Vgl. zum Repetentenkollegium MEYER, Geschichte, 27 f. Von eigenständigen Vorlesungen berichtet PÜTTER, Geschichte 2, 244. Außerdem wurden die Repetenten zur Ausarbeitung eigener Untersuchungen angehalten. PÜTTER, Geschichte 3, 429, notiert schließlich (1820), man sei dazu übergegangen, die Zahl der Repetenten auf zwei festzulegen, die nach Prüfung und Auswahl mit einer jährlichen Besoldung von 150 Talern auf zwei Jahre angestellt werden. Sie sollen weiterhin exegetische Vorlesungen halten und die Zeit zur akademischen Weiterbildung nutzen.

[674] Zum Ephorat und Plancks Ausführung dieses Amtes siehe Kap. A.IV.3.2. Kurz dazu bei PÜTTER, Geschichte 3, 433. Daran anklingende Überlegungen tauchen schon recht früh auf: Mosheim hatte seiner Grundüberzeugung gemäß, die Studenten sollen nicht nur zur Erkenntnis, sondern auch zur erbaulichen Verwaltung ihres Amtes angeführt werden und in der wahren Gottseligkeit recht gegründet werden (MOSHEIM, *Entwurf der Statuten der Theologischen Facultät [Juli 1735]* [bei RÖSSLER, Gründung, 283 f.]) angeregt: »Alle Professores Theologiae haben sich als Väter anzusehen, welche die dem Dienst Gottes gewidmete Jugend weise und rechtschaffen erziehen und zu der Ehre des Herrn vorbereiten sollen.« (aaO. 293). Dazu solle jeder Theologe einige Studenten bei der Hand haben, um darauf Acht zu geben, wie es um die Laster und Sünden der jüngeren Studenten steht.

Eine Art Predigerkollegium gab es schon 1737, in dem sonntags fortgeschrittene Studenten zur Zensur predigen mussten. Ebenfalls wurden katechetische Übungen am Mittwoch abgehalten, wozu den Studenten die Kinder der Armenschule zur Verfügung standen.[675] Als Predigerseminar – bzw. »Köngliches Prediger-Seminarium« – wurde es 1778 neu eingerichtet, nun unter Einbeziehung der Stadtgeistlichen.[676] Ebenfalls gab es seit 1782 auf Anregung Heinrich Philipp Sextros (1747–1838) ein Pastoralinstitut.[677] Hier sollten zwölf Studenten Pastoraltheologie hören und eigene Erfahrungen sammeln, indem sie jeweils sonntags unter kritischer Beobachtung eine Andacht im öffentlichen Krankenhaus halten sowie in der Woche seelsorgliche Krankenbesuche ableisten sollten. Hierdurch versprach man sich eine Schulung in einer Art religiöser Psychologie.[678] Sextro wurde Leiter und 1789 zugleich theologischer Extraordinarius.[679] Die praktisch-theologischen Übungen waren zu Beginn eng mit der Universitätskirche verknüpft, gingen aber später zunehmend eigene Wege. 1804 wurde das Pastoralinstitut aufgelöst.

Schon 1736 hatten Studenten, unter ihnen der erweckte Heinrich Melchior Mühlenberg (1711–1787) federführend, gefördert von Reichsgraf Heinrich XI. Reuß[680], eine Armenschule ins Leben gerufen, die 1738 unter die Aufsicht der theologischen Fakultät gestellt wurde, um Anfeindungen und Unterstellungen als verdächtige pietistische Einrichtung abzuwehren, aber auch der Anziehung separatistischer Kreise entgegenzuwirken.[681] 1743 wurde ein kleines Waisen-

---

[675] Vgl. MEYER, Geschichte, 16. Vgl. auch die entsprechenden Vorschläge bei Mosheim (MOSHEIM, *Entwurf der Statuten der Theologischen Fakultät [Juli 1735]* [bei RÖSSLER, Gründung, 290 f.]). PÜTTER, Geschichte 1, 28, weiß zu berichten, es seien zwischen neun und 13 Mitglieder gewesen, der betreuende und beurteilende Professor sei der jeweilige Universitätsprediger gewesen.

[676] Vgl. PÜTTER, Geschichte 2, 244. Tiefere Veränderungen hatte dies offensichtlich nicht zur Folge. 1820 wurde es zu einem homiletischen Seminar mit zweisemestrigem Kursus weiterentwickelt (vgl. MEYER, Geschichte, 47). Zur Einrichtung dieser praktischen Ausbildung in den welfischen Ländern vgl. HOLZE, Studium. Salfeld druckte in: Beyträge zur Verbesserung 2/2,194 f., eine konsistoriale Ermahnung an die Superintendenten von 1796 zur Einrichtung von Predigerseminaren ab.

[677] Siehe dazu auch den Bericht bei PÜTTER, Geschichte 2, 246 f. Dort auch eine Darstellung von der Praxis, über die Krankengespräche – modern genug – Berichte zur Analyse abzufassen. Aufgenommen wurde nur, wer die wichtigsten theologischen Kollegien schon gehört hatte und auch schon einige Versuche im »öffentlichen Religionsvortrag« gesammelt hatte.

[678] Vgl. dazu auch HAMMANN, Geschichte, 538. PÜTTER, Geschichte 2, 246, notiert, die Andachten finden sonn- und festtags zwischen drei und vier Uhr statt, im Anschluss werden diese gemeinsam besprochen.

[679] Vgl. MEYER, Geschichte, 35.

[680] Er kam 1737 15-jährig nach Göttingen (vgl. QUAST, Annexum, 98).

[681] Vgl. HAMMANN, Werckstäte, 45. Vgl. dazu auch QUAST, Annexum, 97 f. Das königliche Reskript vom 16. 09. 1737 fokussiert klar auf den Grafen Reuß und stellt die Schule als Grafenschule dar (vgl. aaO. 101). MEUMANN, Universität, 25 f., hinterfragt die angebliche Passivität der theologischen Fakultät und schreibt ihr einen größeren Anteil zu. Zum Pietismus in Göttingen vgl. z. B. HAMMANN, Geschichte, 545, der vermutet, in der

haus eingerichtet, 1748 erhielt es ein eigenes Gebäude.[682] Mit Münchhausens[683] unterstützender Genehmigung konnte das Projekt verstetigt werden und wurde 1747 in die Hände der theologischen Fakultät gelegt, weil der Magistrat der Stadt dafür keine Verantwortung übernehmen wollte.[684] Außerdem sollte so weiterhin dem Verdacht pietistischer Umtriebe entgegengewirkt werden. Nachdem die Leitung zuerst dem jeweiligen Dekan zugefallen war, entschied man sich zur Wahrung der Kontinuität zur Ernennung eines Kurators auf Lebenszeit.[685] Die zugehörige Schule ging 1774 im Zuge einer Reform der Parochialschulen ein,[686] der Unterricht im Waisenhaus wurde 1808 teils vom Inspektor, teils von anderen Lehrern im Hause besorgt, die genannten Übungen der Theologiestudenten sorgten für einen regelmäßigen religiösen Unterricht im Waisenhaus. Zusätzlich zum Unterricht prägte die Arbeit den Tagesablauf.[687] Die als Veröffentlichung des Waisenhauses erschienenen *Nachrichten vom dem Göttingischen Waisenhause* enthielten neben Berichten aus der Arbeit und über die Finanzen auch immer eine theologische Vorrede eines Fakultätsvertreters,

---

theologischen Fakultät sei man dem kirchlichen Pietismus gegenüber nicht verschlossen gewesen. Böhmer beispielsweise schlägt in seinen Anmerkungen zum Statutenentwurf Mosheims vor, zur Erbauung der Studenten *collegia biblica* einzurichten (MOSHEIM, *Entwurf der Statuten der Theologischen Facultät [Juli 1735]* [bei RÖSSLER, Gründung, 270]). KNOKE, Lectiones, 76 f., weiß zu berichten, dass mit offizieller Genehmigung der Regierung – was angesichts des sonstigen Kurses gegen den Pietismus bemerkenswert ist – besondere Erbauungsstunden eingerichtet wurden: Crusius, Oporinus und Heumann beginnen am 20.–22. Sonntag nach Trinitatis 1735 jeweils um drei Uhr im häuslichen Auditorium mit ihren Versammlungen, die schnell so groß werden, dass sie in die Universitätskirche verlegt werden müssen. Allerdings besteht diese Einrichtung nur gute zehn Jahre. Vgl. kritisch zu Knoke: HAMMANN, Universitätsgottesdienst, 48 u. ö.: Die Lectiones seien nicht einfach als Erbauungsversammlungen zu deuten.

[682] Auf dem Masch in der Lauenau (vgl. PÜTTER, Geschichte 1, 227).

[683] Er machte sich später mit einer großen Schenkung um das Waisenhaus verdient (vgl. MEUMANN, Universität, 49).

[684] So HAMMANN, Geschichte, 547. Münchhausen erteilte am 13. 01. 1747 der Fakultät die Erlaubnis zur Errichtung eines Waisenhauses unter ihrer Direktion. Als Einrichtung der Universität stand es unter deren Rechtsautonomie, die Fakultät musste allein für die Finanzierung aufkommen, durch Spenden- und Stifungswerbung (vgl. HAMMANN, Werckstäte, 46–48), wozu auch vornehmlich das Periodikum der *Nachrichten von dem Göttingischen Waisenhause* (ab 1751) diente (vgl. aaO. 49).

[685] Vgl. MEYER, Geschichte, 22f. Über das Waisenhaus wurde ein Inspektor eingesetzt, darunter zwei angehende Schulmeister als Präparanden sowie Waisenmutter und -vater zur Besorgung der Haushaltung der ca. 25 Kinder, die als Wollspinner tätig waren. Zur Finanzierung einiger Stellen durch Stiftungen vgl. QUAST, Annexum, 99. Insgesamt war die Schule unabhängig von öffentlicher Geldvergabe. Vgl. MEUMANN, Universität, 53–60, zum Personal.

[686] Vgl. PÜTTER, Geschichte 4, 131, und MEUMANN, Universität, 64.

[687] Vgl. dazu MEUMANN, Universität, 61 f., der diese Verbindung als beispielhaft für die Waisenhauspädagogik des 18. Jh.s ansieht: Die Kinder fingen morgens um fünf Uhr an mit Aufstehen und Beginn der Arbeit und endeten mit nur einer Stunde Pause zwischen ein und zwei Uhr mittags, abends um neun Uhr ihre Arbeit. Jeweils war die Arbeit von Unterweisungen begleitet, teilweise ist allein der Schulunterricht verzeichnet.

die Auskunft über die Ausrichtung und das Selbstverständnis des Waisenhauses gab.[688] Nach den eher pietistischen Anfängen wurde recht schnell ein philanthropisches, aufgeklärtes Bildungsideal prägend.[689] Miller beförderte das Konzept der Sokratik: Der Schüler erkennt selbst, »in seiner sinnlichen Erfahrung und in der bewussten Selbstwahrnehmung dasjenige [...], was seiner religiös-moralischen Besserung dient.«[690] Neben dem mildtätigen Effekt dieser Einrichtung stellt sie somit für die Universität ein Experimentierfeld zur praktischen Übung im Unterricht dar.[691]

2.6.4. Kirche und Gottesdienst

Auch auf die kirchliche Landschaft Göttingens hatte die Universitätsgründung einige Auswirkungen.[692] Wie im übrigen Territorium war hier eine lutherische Bevölkerung anzutreffen, deren Frömmigkeit vom Pietismus so gut wie gar nicht berührt wurde.[693] Nahezu alle Pfarrer der Stadt hatten in Helmstedt studiert und waren daher geprägt durch den Calixtinismus.[694] Auch reformierte oder katholische Christen gehörten kaum zum Bild der Stadt.[695] Da aber gleich mit Eröffnung der Universität auch auswärtige Studenten kamen, die eigene konfessionelle Prägungen mitbrachten, gingen von hier Impulse auf die kirchliche Landschaft Göttingens aus.[696] Dazu trug auch die Verbindung von universitären Ämtern mit kirchlichen Positionen bei: Die Generalsuperintendentur beispielsweise war anfangs mit der ersten theologischen Professur verknüpft.[697]

---

[688] Vgl. dazu HAMMANN, Werckstäte, 49–53.

[689] So auch das Urteil von HAMMANN, Geschichte, 547, und DERS., Werckstäte, 53 f., der besonders auf die Vorreden Millers verweist (aaO. 53–56). QUAST, Annexum, ordnet die Gründung des Waisenhauses klar in die – ihrer Meinung nach oft verkannte – pietistische Geschichte der Göttinger Universität ein, die im Zusammenhang mit der Erweckung an den Adelshöfen, die im Umfeld der Göttinger Einrichtung stehen, zu betrachten sei. Auch Münchhausen sei pietistisch geprägt worden. So eindeutig scheint mir die Prägung jedoch nicht darstellbar zu sein.
Dass die Gründung des Waisenhauses gegenüber der halleschen bei aller Vergleichbarkeit ein eigenes Profil hat, stellt HAMMANN, Werckstäte, 46 f., heraus.

[690] HAMMANN, Werckstäte, 55.

[691] Vgl. QUAST, Annexum, 98 f. Inhalte waren neben dem Lesen, Schreiben und Rechnen auch Fächer wie Literatur, Naturkunde oder Mechanik (vgl. HAMMANN, Werckstäte, 53).

[692] Grundlegend siehe dazu die Darstellung von HAMMANN, Geschichte, und dessen Untersuchungen in DERS., Kirche und Universität.

[693] Vgl. HAMMANN, Geschichte, 534. Daran änderten auch die pietistischen Aufbrüche im Umfeld der Universität nichts.

[694] Vgl. aaO. 527.

[695] Vgl. aaO. 525–527.

[696] Man hatte auch gleich dafür Sorge getragen, dass katholische Studenten nicht abgeschreckt werden sollten (vgl. HOWARD, Theology, 113): Katholiken und Reformierte durften ihre eigenen Gottesdienste feiern. Vgl. das Schreiben von G. D. Strube vom 01. 11. 1734 (bei RÖSSLER, Gründung, 248): »[...] man ziehet dadurch viele vornehme Leute nach Göttingen.« Die reichsten Studenten entstammten der katholischen Aristokratie (vgl. SAADA, Universität, 38).

[697] Von 1695 bis 1737 war der Generalsuperintendent in Personalunion mit der Stadtsupe-

Durch solche Beziehungen wurde moderat und behutsam das Göttinger Kirchwesen mit aufklärungstheologischen Inhalten durchdrungen.[698] So entstand später im Umfeld der Universität die erste reformierte Gemeinde in Göttingen, die durch die reformierten Studierenden allererst nötig geworden war.[699] Im Zuge des Reformationsjubiläums feiern dann 1817 auch in Göttingen Lutherische und Reformierte zusammen Abendmahl.[700]

Die Einrichtung des Universitätsgottesdienstes macht deutlich, dass die Theologie nach dem Willen ihrer Gründer an der Universität Göttingen weiterhin eine gewichtige Rolle spielen sollte.[701] Impulse gingen von dem 1737 begründeten Universitätsgottesdienst aus, zu dem Münchhausen 1742 zur Entlastung der Professoren das Universitätspredigeramt installierte.[702] Die Amtsinhaber füllten die Stelle mit ihren jeweiligen Profilen in der gesamten möglichen theologischen Spannbreite aus.[703] Grundsätzlich waren sie dabei wie die theologischen Professoren auf das lutherische Bekenntnis (ohne *Konkordienformel*) ver-

---

rintendentur, dem ersten Pastorat an St. Johannis und einer Theologieprofessur am *Pädagogium* verbunden (vgl. HAMMANN, Geschichte, 526). Später löst sich die Bindung an den theologischen Senior. Vgl. unten Kap. A.IV.3.3., zu Planck, der das Amt erst 14 Jahre nach seiner Ernennung zum *Professor primarius* übernahm, worum sich eine Diskussion entspann (vgl. zum Vorgang LKAHa A 7, Nr. 1043).

[698] Vgl. HAMMANN, Geschichte, 539.

[699] Albrecht von Haller betrieb die Einrichtung einer reformierten Gemeinde, die dann unter seinem Kommissariat (ab 1750) als eine Art Universitätseinrichtung entstand (Gebäudenutzung, personelle Verquickung) (vgl. aaO. 540). Von einer Gleichstellung dieser Gemeinde mit den lutherischen kann hingegen keine Rede sein: Auch als ihr das Recht zu Taufen und Trauungen zugestanden wurde (1753), mussten die jeweiligen Stolgebühren den lutherischen Pfarrern gezahlt werden (vgl. aaO. 542). Einen offiziellen reformierten Lehrbetrieb hat es in Göttingen bis zur Berufung Karl Barths als Honorarprofessor 1921 im Übrigen nicht gegeben.

[700] Vgl. aaO. 564. Vgl. dazu Kap. B.IV.1.

[701] Vgl. kurz das zusammenfassende Urteil von HAMMANN, Universitätspredigt, 68 f.

[702] Siehe dazu bei HAMMANN, Geschichte, 542, sowie DERS., Universitätsgottesdienst, in ausführlicher Form. Die ehemalige Klosterkirche St. Peter und Paul wurde als Universitätskirche eingeweiht (vgl. HAMMANN, Universitätsgottesdienst, 24). Vgl. auch bei KNOKE, Bekenntnisstand, 95. Mosheim hatte in seinem Entwurf noch notiert, jeder Professor der Theologie solle alle 14 Tage morgens von neun bis zehn Uhr predigen, nachmittags eine halbe Stunde von einem Studenten eine kurze Proposition vorstellen; mittwochs solle ein Student predigen. Das Katechisieren übernehme am Sonntag ein Professor, am Mittwoch ein Student (vgl. MOSHEIM, *Entwurf der Statuten der Theologischen Facultät [Juli 1735]* [bei RÖSSLER, Gründung, 290–292]; vgl. zu Mosheims Vorschlägen HAMMANN, Universitätsgottesdienst, 30–32).

[703] Vgl. HAMMANN, Universitätsgottesdienst, 48 f. Eine Liste der Universitätsprediger findet sich bei EBEL, Catalogus, 31. Ende des 18. Jh.s predigte Johann Gottlob Marezoll in radikaler Zuspitzung der Akkommodationstheorie: Jesus und die Apostel würden heute andere Formen für ihre Hauptlehren wählen; er richtete sich vor allem an den Verstand seiner Hörer (vgl. zu Marezolls Profil HAMMANN, Universitätsgottesdienst, 307–330). Christoph Friedrich Ammon bemühte sich zu dieser Zeit um einen rational-supranaturalistischen Ausgleich zwischen allgemeinem Sittengesetz und geschichtlicher Offenbarungsreligion und vereinigte dazu verschiedene Ansätze aufklärerischer Homiletik. Vgl. zu Ammon aaO. 331–358, und HAMMANN, Geschichte, 544 f.

pflichtet, doch, wie schon Knoke bemerkt, ließ sich bei der elementarisierten Liturgie jedenfalls in dieser Hinsicht kein lutherisches Profil erkennen.[704] Eine wirkliche Ordinationspraxis gab es in Göttingen nicht, so dass es nicht ungewöhnlich war, wenn die Universitätsprediger nicht ordiniert waren.[705] Zur Sonderrolle der Universitätskirche gehörte auch, dass sie als Staatsanstalt kirchlich exemt war, keine parochialen Rechte besaß und sich gerade so nicht in Gegnerschaft zum umgebenden Kirchenwesen befand.[706] Nachdem 1769 noch ein besonderer Nachmittagsprediger eingesetzt worden war (seit 1779: »zweiter Universitätsprediger«),[707] wurde 1803/05 der Universitätsgottesdienst aus verschiedenen Gründen wieder eingestellt: Neben dem nachlassenden Interesse fiel er dem Raumbedarf der Universitätsbibliothek zum Opfer.[708] Die Universitätspredigerstelle war so auch zwischen 1805 und 1822 nicht besetzt[709] und erst eine Petition mehrerer hundert Studenten von 1819 mit Unterstützung des akademischen Senats ließ ihn langsam wieder aufleben. Dazu wurde die Nikolaikirche – inzwischen ein Heu- und Strohmagazin – angekauft, da die Paulinerkirche an die Bibliothek übergegangen war.[710] 1822 konnte dann dort der Universitätsgottesdienst wieder aufgenommen werden.[711]

Neben der gottesdienstlichen Wirkung sind auch literarische Produkte der Universitätstheologen zu verzeichnen. Neben dem oben genannten Universitätsgesangbuch *Neues christliches Gesangbuch* von G. Leß und J. P. Miller, das speziell für den Universitätsgottesdienst zusammengestellt wurde – aber offenbar in der Verfasserintention schon darüber hinaus strebte[712] –, gab es einen von

---

[704] Vgl. dazu ausführlich Knoke, Bekenntnisstand, 97.100, und Hammann, Universitätspredigt, 35. Hammann erkennt in der »Erbaulichkeit als Ziel und Einfachheit als Gestaltungsprinzip« »zwei wichtige Forderungen der Liturgik der Aufklärung«. Die relative Beliebigkeit der einzelnen gottesdienstlichen Elemente weise auf die Gestaltung als reinen Predigtgottesdienst hin (vgl. aaO. 34).

[705] Vgl. Hammann, Ordinationspraxis, 60. Ein Ordinationsrecht besaß die Fakultät nur für solche Gebiete ohne kirchliche Aufsichtsbehörde, wie sich aus einem Antragen des Gerichts Bodenstein aus dem Eichsfeld ergeben hatte, auf das die Ordinationsinstruktion des Konsistoriums zielte. Zwischen 1750 und 1801 gab es lediglich acht Ordinationen.

[706] Ihr waren keine parochialen Rechte verliehen, die Rechte der Stadtkirchen blieben unangetastet (vgl. kurz Hammann, Universitätspredigt, 69.89–94).

[707] Vgl. Pütter, Geschichte 2, 242, und Knoke, Bekenntnisstand, 96.

[708] Vgl. bei Hammann, Geschichte, 557, und ausführlicher Ders., Universitätspredigt, 108–120.

[709] Vgl. bei Ebel, Catalogus, 31: Christoph Friedrich von Ammon war bis 1804 erster Universitätsprediger, Gottlob Wilhelm Meyer wird bis 1805 als zweiter Universitätsprediger geführt. Die Nachfolge treten dann erst 1822 Christian Friedrich Ruperti als erster und 1823 Johann Tychsen Hemsen als zweiter Universitätsprediger an.

[710] Vgl. Meyer, Geschichte, 48.

[711] Vgl. Knoke, Bekenntnisstand, 99 f. Planck als Konsistorialrat war an dem Weihgottesdienst beteiligt.

[712] Es enthielt 412 Lieder. Gerade die älteren waren einer radikalen Umschreibung unterzogen worden (sogar die Lieder Luthers) (vgl. Hammann, Universitätspredigt, 73 f.77 f.; Beispiele aaO. 79–85). Als Kriterium äußerte Leß in der Vorrede, die Lieder müssten »prinzipi-

J. B. Koppe erarbeiteten Landeskatechismus (1790), der statt der Orientierung am *Kleinen Katechismus* Luthers nun vor allem Tugendpflichten enthielt und den kosmologischen Gottesbeweis behandelte.[713] Auch in der Universitätskirche ließ sich eine Abschwächung bekenntnismäßiger Eindeutigkeit erkennen: Zeitweise kam es zur Übernahme eines Universitätspredigeramtes durch den Pastor der reformierten Gemeinde Aschenbach. Dieses Intermezzo im Jahr 1844 darf nicht überbewertet werden, zeigt aber die grundsätzliche, wachsende konfessionelle Aufgeschlossenheit.[714]

3. Planck in Göttingen

Planck machte sich am Dienstag, den 12. 10. 1784 von Stuttgart über Mainz, Frankfurt, Marburg, Halsdorf und Kassel nach Göttingen auf, wo er am 21.10. eintraf.[715] Er wirkt als erster Vertreter einer neuen Lehrart in der Göttinger Theologie, die sich bis Mitte des 19. Jahrhunderts halten sollte. Seine historisch-abwägende Auseinandersetzung mit dem Werden der mittlerweile umstrittenen protestantischen Kirchenlehre begründete seinen Ruhm und prägte nachhaltig die Göttinger Fakultät. Sein wissenschaftliches Wirken wird im weiteren Verlauf ausführlicher untersucht werden, doch sei schon vorwegnehmend angedeutet, dass die Beschäftigung mit dem konfessionellen Standpunkt des Protestantismus sich durch viele seiner Arbeiten zieht – sei es in historischer, kirchenpolitischer, enzyklopädischer oder systematischer Perspektive.[716] Vor allem seine Mäßigung im Urteil machte ihn zu einem Kontinuum in den Zeiten revolutionärer Umbrüche in der Theologie.[717] Konsequent, doch nicht ohne selbstkritische Prüfung, hielt er an seinem »rationellen Supernaturalismus«[718]

---

ell den Lehren der natürlichen und biblischen Religion und Moral entsprechen« (aaO. 78). Es enthielt auch einen Anhang zur Gebetsanleitung, d. h. es richtete sich auch an die persönliche Frömmigkeitspraxis.

[713] Der Hinweis darauf bei HAMMANN, Geschichte, 548.

[714] Vgl. dazu KNOKE, Bekenntnisstand, 101–111. Dass es hingegen nur aus einer Notlage heraus passieren konnte (vgl. aaO. 110), einen reformierten Prediger zuzulassen, ist überzogen: Schon vorher waren Vakanzen auch von Studenten oder Magistern übernommen worden, was auch in diesem Fall durchaus möglich gewesen wäre.

[715] Vgl. Plancks Kalender von 1784 (HASUB 8 Cod. Ms. hist. lit. 19:2). Hier notiert er Ausgaben und Einnahmen, aber auch den Reiseverlauf. So hatte er am 14. 09. 1784 noch die Besoldung von der Akademie in Höhe von 155 RT erhalten. Zum Reiseverlauf finden sich folgende Notizen: Dienstag 12.10. Abreise von Stuttgart, Ankunft in Mainz am 13., am 15. von Mainz nach Frankfurt; Sonntag den 17. dann Abreise von Frankfurt nach Marburg, Montag 18.10. dann von dort nach Halsdorf, Dienstag 19.10. nach Cassel, 21.10. Ankunft in Göttingen.

[716] Dieses Zentrum erkennt richtig auch MEYER, Geschichte, 38.

[717] So auch das Urteil bei LÜCKE, Planck, 31. BAHRDT, Kirchen- und Ketzeralmanach, 149, notiert in seiner ironischen Art zu »Plank« [sic]: »Unter die Neuerer wird er sich aber wohl nicht gesellen: denn sein System scheint noch in den Wolken zu liegen.«

[718] Bzw. »supernaturellen Rationalismus«. Vgl. Grundriß, 75; Behandlung, 386 u. ö.

fest, den er gegen eine rationalistische Kritik an den Grundlagen christlichen Offenbarungsglaubens verteidigte.[719]

L. T. Spittler, der angeblich Plancks Berufung maßgeblich beförderte,[720] war zu dieser Zeit schon einige Jahre in Göttingen. Mit ihm verband Planck während seiner Göttinger Zeit und darüber hinaus eine tiefe Freundschaft.[721] Spittler hatte bisher – obgleich in der philosophischen Fakultät angesiedelt – kirchengeschichtliche Vorlesungen gehalten. Mit Plancks Berufung überließ er das Feld ganz dem Freund aus Tübinger Tagen.[722] Seine weitere Wirkung lag vor allem im neuen Feld der Landesgeschichte und später dann auf dem Feld der Politik und Universitätsaufsicht im württembergischen Heimatland.[723]

Die *Göttingischen Anzeigen von gelehrten Sachen* kündigten so schon unter dem 23.09. an:

»Hr. Gottlieb Jacob Planck, bisheriger Professor und Prediger bey der Universität zu Stuttgard, Verfasser der Geschichte des protestantischen Lehrbegriffs, ist als ordentlicher Professor der Theologie nach Göttingen berufen, und wird auf Michaelis hier eintreffen.«[724]

Die Begründung der Berufung eines weiteren Schwaben auf die junge Universität war also vor allem sein Ruf, den er sich durch seine *Geschichte unseres protestantischen Lehrbegriffs*, von dem bis dato die ersten beiden Bände erschienen waren, erworben hatte.[725] Im Hinblick auf die grundsätzlich moderate Ausrichtung der Universität und besonders ihrer theologischen Fakultät war Planck eine gute Wahl. Auch zur historischen Schwerpunktsetzung in Göttingen passte Plancks bisher gezeigtes wissenschaftliches Profil.

Planck spricht von »super-« nicht von »supra-«naturell. Ich halte mich in der Terminologie an die heute gebräuchlichere zweite (synonyme) Benennung.

[719] Vgl. zu Plancks Haltung die Darstellung in Kap. B.I.5.4.1.Exkurs u. ö. WAGENMANN, Planck, 63, urteilt, diese Überzeugung habe er in Tübingen bei J.F. Reuß und G Ploucquet gewonnen und »unter allem Wechsel der Zeiten und Systeme sich bewahrt […]; denn auch die fortschreitende Aufklärung vermochte ihn nicht zu überzeugen, dass [sic] er den Begriff einer unmittelbaren Offenbarung aufgeben müsste [sic]«.

[720] So vermutet, wie oben erwähnt, LÜCKE, Planck, 31.

[721] Urkunde dafür ist nicht zuletzt Plancks Schrift: PLANCK, G. J., *Über Spittler als Historiker (1811)*.

[722] Vgl. MEYER, Geschichte, 38. Planck fuhr sogar in der Lehre an der Stelle fort, an der Spittler aufgehört hatte (vgl. LÜCKE, Planck, 32).

[723] Zu Spittlers historiographischem Profil und seiner Biographie vgl. GROLLE, Landesgeschichte.

[724] GAGS (1784), 153. St., 1529.

[725] In GAGS (1784), 48. St., 476–479, erschien eine Rezension des zweiten Bandes von Spittler (vgl. FAMBACH, Mitarbeiter, 113; LÜCKE, Planck, 26, ist sich des Verfassers nicht sicher), die zwar einige kritische Anfragen erhob (ob nicht an einigen Stellen doch etwas fehlgedeutet wurde, wie bspw. die Ursachen des Bauernkriegs [vgl. GAGS (1784), 48. St., 478]), aber insgesamt voll des Lobes war und die Kritik nur als Beitrag zur Verbesserung für den nächsten Band verstanden wissen wollte. Der Verfasser dieses Werks verdiene weiterhin Dank und Anerkennung (vgl. aaO. 478 f.).

In Göttingen angekommen kündigte Planck mit der üblichen Verzögerung »[u]nter dem 13. April [...] seine Antrittsrede zu der theologischen Professur durch zwey bey Diedrich gedruckte Bogen an, worinn er die Akten eines Vergleichs untersucht, der im J. 1111 zwischen dem Kaiser Heinrich V. und dem Pabst Paschall II. geschlossen wurde.«[726]

Hierin präludiert er gleichsam seine vorrangig historische Theologie und eröffnet eine lange Liste von Universitätsprogrammen, die sich mit der altkirchlichen und mittelalterlichen Quellenlage befassten.[727] Bemerkenswert an der Antrittsvorlesung ist der Charakter der darin behandelten Quelle: Sie enthält ein dann nicht verwirklichtes Abkommen zwischen Kaiser und Papst im Investiturstreit. Einige Zeit darauf (Pfingsten) lag ein weiteres Programm Plancks vor, das auf den ersten Blick wieder lediglich Randständiges zu verhandeln scheint, in seiner prinzipiellen Ausrichtung jedoch wichtige Einblicke in seine Quellenarbeit gibt. Es war aus einer Untersuchung in Stuttgart entstanden und behandelte das Aufkommen der Verwendung der Muttersprache im Gottesdienst in der Form einer methodischen Beispieluntersuchung.[728]

---

[726] GAGS (1785), 71. St., 705. Hierin gehe es um das Angebot des Papstes an den Kaiser, den deutschen Bischöfen alle Regalien und Reichslehen wieder zu nehmen, wenn er (der Kaiser) nur auf das Investiturrecht verzichten würde. Trotz der inhaltlichen Merkwürdigkeit dieses Handels lasse sich die Glaubwürdigkeit der Quelle nicht bestreiten. Vgl. LÜCKE, Planck, 43, der die Darstellung als Zeichen für Plancks Misstrauen in die innere historische Kritik ohne Berücksichtigung der äußeren ansieht. Vgl. das Programm *Acta inter Henricum V. Imperatorem et Paschalem II. Pontificem Romanum Annis MCX et MCXI. (1785).* Für die Antrittsrede extrahiert: *quam parum tuto veri interno sensui in historia etiam sacra discenda confidi possit.*

[727] Vgl. z.B. *Observationes in primam doctrinae de natura Christi historiam* (Weihnachten 1787); *Anthologia Patristica, 6 Specim. (1820–1832)* (Auszüge aus Justin der Märtyrer, Gregor der Große) (vgl. LÜCKE, Planck, 79), zudem *Observationum in Acta Apostoli Pauli Romana Act. XXVIII, 17–31 (1822/25/26).* Nach dem Fund einiger tridentinischer Synodalakten in Göttingen veröffentlichte Planck *Anecdota ad historiam Concilii Tridentini pertinentia, fasc. I-XXV. (1792–1818)* (vgl. LÜCKE, Planck, 46, der als besonders wichtig die Aktenstücke über geheime Verhandlungen zwischen dem päpstlichen Legaten Kardinal Moronus und dem Kaiser wegen des Konzils im Jahre 1563 herausstellt).

[728] Vgl. *Primae lineae disquisitionis historicae de Vsu linguarum vulgarium in sacris (1785)* (12 Seiten). Angekündigt in GAGS (1785), 122. St., 1217 f., von Planck selbst (vgl. FAMBACH, Mitarbeiter, 123). Die Frage bestehe darin, ob sich die alte Kirche bei ihrem öffentlichen Gottesdienst niemals einer anderen als der griechischen, lateinischen oder syrischen Sprache bedient habe. Dazu sei mit der Frage einzusetzen, ob es überhaupt bis zum 4. Jh. nötig gewesen sei, eine andere Sprache zu benutzen, weil das Volk diese nicht hätte verstehen können.

3.1. Professor und Kollegium

Zunächst rangierte Planck – mittlerweile fast 33 Jahre alt – als dritter Professor hinter den Kollegen Leß und Miller.[729] Gottfried Leß (1736–1797)[730] war seit 1765 Ordinarius und las neben Dogmatik, Moral und Apologetik auch Homiletik und Exegese,[731] seit 1764 war er Universitätsprediger. In seiner praktischen Dogmatik (1783) versuchte er, sich auf die praktisch bedeutsamen Glaubenssätze zu beschränken.[732] Durch »kritische Revision« und »populartheologische Transformation« versuchte er, das Christentum in seinem Kern gegen radikale westeuropäische Religionskritik zu verteidigen und gleichzeitig den praktisch-religiösen Nutzen herauszustellen.[733] Zur Homiletik trug er durch einige Schriften, z. B. *Betrachtungen über einige neuere Fehler im Predigen, welch das Rührende des Kanzelvortrags hindern (1765)*,[734] bei. Johann Peter Miller (1725–1789),[735] ein Schüler Mosheims,[736] trat 1766 die Nachfolge Jakob Wilhelm Feuerleins (ca. 1689–ca. 1766) an, war vorher schon Rektor in Helmstedt und Halle gewesen. Miller kümmerte sich besonders um die Systematik und Pädagogik, in der er prägend wirkte, und galt als friedfertiger Zeitgenosse.[737] Er vermittelte pietistische, orthodoxe und aufklärerische Anliegen, las in der Dogmatik, der Moral, der Polemik (als Dogmatik Kritik), der Theologischen Enzyklopädie[738] sowie auch zu neutestamentlichen Büchern und bot katechetische Übungen an.[739]

---

[729] Leider fehlt im UAG seit langer Zeit eine vollständige Dienstakte über Planck als Professor. Die entsprechende Akte UAG Kur. 4240, die nach Aufschrift Regelungen über die Nachlassverwaltung und Versorgung der Witwe enthalten sollte, bezieht sich auf Plancks Tochter Heinrike, verwitwete Wagemann, und deren Versorgungsbezüge aus der Zeit von 1826–1833.
PÜTTER, Geschichte 2, 121–122, bietet ein Verzeichnis der bis 1787 von Planck verfertigen Schriften. Weitere Verzeichnisse bei PÜTTER, Geschichte 3, 284f.; 4, 271f. Vgl. zur Professorenschaft und zum Geist der Zeit an der Göttinger Universität zur Zeit Plancks MARINO, Praeceptores.

[730] Verstorben am 28. 08. 1797 (vgl. PÜTTER, Geschichte 3, 60).

[731] Vgl. bei PÜTTER, Geschichte 2, 118. »In seinen Lehrstunden pflegt er alle halbe Jahre um 8. und um 3. 1) Dogmatik, 2) Moral, 3) Apologetik, 4) Antideistik, 5) Homiletik, wie auch 6) Erklärungen des alten und neuen Testaments abwechselnd vorzutragen.«

[732] Sehr praktisch ausgerichtet ist: LESS, G., *Schreiben über die Furcht vor der Mittheilung ansteckender Krankheiten durch den Nachtmahlskelch* (bei PÜTTER, Geschichte 2, 117).

[733] Beide Zitate bei BEUTEL, Aufklärung, 281. Vgl. LESS, G., *Beweiß der Wahrheit der Christlichen Religion (1768)*. Vgl. fernerhin dazu MEYER, Geschichte, 32, sowie zu seinen frühen Schriften die Aufzählung PÜTTER, Geschichte 2, 115–118. Leß war seit 1784 Konsistorialrat und Primarius der theologischen Fakultät.

[734] Bei PÜTTER, Geschichte 2, 115.

[735] Verstorben 29. 05. 1789 (vgl. PÜTTER, Geschichte 3, 61).

[736] Nach PÜTTER, Geschichte 2, 118, auch der Hofmeister der jüngeren Kinder Mosheims, mit dem er 1747 nach Göttingen kam.

[737] Seine Schriften aaO. 118–121.

[738] Vgl. aaO. 317. Miller trug seine Theologische Enzyklopädie vornehmlich als Bücherkunde vor (vgl. Kap. B.I.6.)

[739] Vgl. aaO. 121.

Diese zweite Generation Göttinger Theologen gehörte nicht zu den progressivsten, nahm aber neue theologische Strömungen durchaus auf, war im besten Sinne irenisch gesinnt und kann *grosso modo* als gemäßigt neologisch bezeichnet werden.[740]

Diese Tendenz zeigt sich auch durch die Berufungen nach Planck. Nach Bemühungen um Franz Volkmar Reinhard,[741] Döderlein und wieder einmal Herder, die allesamt ablehnten, wurde Carl Friedrich Stäudlin (1761–1826), obgleich noch recht unbekannt, auf Empfehlung Johann Benjamin Koppes 1790 berufen. Koppe hatte die Fakultät verlassen, um Superintendent in Gotha zu werden. Stäudlin wurde neben Planck zur zweiten schwäbischen Stütze der Fakultät, der er lebenslang (bis 1826) treu blieb.[742] Als ein wenig mitreißender Redner, doch rege produzierender Literat konnte er wissenschaftliche Erfolge verbuchen. Theologisch hat er eine eher wechselvolle Karriere durchlebt, zumal er anfangs keine Neigung zur Theologie hatte.[743] Nach seiner Hinwendung zum Alten Testament legte er nun den Schwerpunkt auf die Moral. Hier schloss er sich mehr und mehr an Kant an, dessen Bedeutung für die Theologie er in der Abwehr des bisher in der Theologie wirkenden Eudämonismus sah.[744] Die Widmung Kants in seiner Schrift *Streit der Fakultäten* gibt das Ansehen Göttingens in dieser Zeit eindrücklich wieder: Unter dem Druck des *Woellnerschen Religionsediktes* erscheine die Universität in Göttingen als Schutzraum der Denkfreiheit.[745] Stäudlin kehrte sich ab der Jahrhundertwende von der kantischen Philosophie ab und hin zu einer eklektischen Philosophie, die ihn auf den Weg eines supranaturalistischen Standpunktes und des gemäßigten Vernunftgebrauchs führte, somit gilt er auch als einer der »Rationalisten vom halben Wege«[746].

Der zur gleichen Zeit auf die Stelle des verstorbenen Miller berufene Johann Friedrich Schleusner (1759–1831) ging schon 1795 nach Wittenberg. Johann Gottlob Marezoll repräsentierte als zweiter Universitätsprediger seit 1789 und außerordentlicher Professor ab 1790 eine durchaus neologische Position[747] und

---

[740] Vgl. Meyer, Geschichte, 33.

[741] Das Helmstedter Angebot war 100 Taler höher, er lehnte aber auch dort ab (so aaO. 39).

[742] Vgl. aaO. 40.

[743] Gradmann, 645, berichtet von einer Art Berufungserlebnis: »Auf einmahl aber wurde er, vorher leichtsinnig und muthwillig, ernsthaft und gesetzt, und von einer schwärmerischen Religiosität ergriffen. Zu dieser Veränderung trug am meisten der Religions-Unterricht bey, welchen er als Vorbereitung zur Confirmation von einem Geistlichen zu Stuttgart genoß.«

[744] Er ging in Stäudlin, C. F., *Grundriß der Tugend- und Religionslehre (1798)*, so weit zu behaupten, es gebe keinen besseren Weg als Kants Philosophie, um Moral und Religion sicher zu begründen (vgl. zu Stäudlin: Beutel, Aufklärung, 281).

[745] Anders noch dreißig Jahre vorher das Urteil Nösselts (s. o. Kap. A.IV.2.6.1). Diese Entwicklung zeigt den Wandel der Fakultät.

[746] Hirsch, Geschichte 5, 57. Luthers Moral kritisierte er, da dessen Grundsätze gar keine rechte christliche Moral ermöglichten, an Petrarca könne er sich besser anschließen (vgl. bei Meyer, Geschichte, 41).

[747] Vgl. Beutel, Aufklärung, 282.

zielte in seinen Predigten auf die Belehrung über die natürliche Religion. Er ging allerdings schon 1794 nach Kopenhagen.

Von seiner Heimatuniversität erhielt Planck 1787 die theologische Doktorwürde.[748] Zum *Professor primarius* sollte Planck 1791 aufsteigen. Leß war zum Hofprediger berufen worden,[749] wodurch eine Vakanz in der theologischen Fakultät eingetreten war. In einem Schreiben vom 31. 05. 1791 an den Landesherrn legte die Fakultät ihre Gründe dar, nicht wie gewünscht einen Auswärtigen auf die freigewordene Stelle des *Professor primarius* zur Berufung vorschlagen zu wollen, sondern Planck für diesen Posten zu empfehlen; die zweite Professur sollte vorerst frei bleiben.[750] Außer dem Verweis auf die für eine hochrangige Berufung zu knappen Mittel werden auch positive Gründe gefunden, Planck mit diesem Amt zu betrauen. Er sei einer der führenden Theologen in Deutschland, was auch die auswärtigen Berufungen zeigten,[751] die er allesamt abgelehnt habe, und deshalb – so scheint die unterschwellige Drohung – könne er nur mit einer Verbesserung seines Standes in Göttingen der Universität erhalten bleiben. Männer, die Kathedergaben mit gründlicher Gelehrsamkeit und reiner Lehre verbänden, seien selten, in Planck sei dies aber vorhanden – was die Idealvorstellungen eines Göttinger Professors verdeutlicht.[752] Deshalb forderte man vom Landesherrn neben der Ernennung Plancks zum *Professor primarius* die Beilegung der Konsistorialratswürde sowie damit einhergehend eine Gehaltserhöhung von 200 RT jährlich.[753] Recht bald, vom 14. 06. 1791, datiert die Antwort König Georgs III., in der auf alle diese Forderungen ohne Abschlag eingegangen wird.[754] Ein paar Jahre später war Planck dann nochmals für die Nachfolge G.Chr. Storrs in Tübingen im Gespräch; die Berufung scheiterte aber an der guten Ausstattung in Göttingen.[755] Die Übernahme des Dekanats bzw. des Pro-

---

[748] Im Datum der Doktorpromotion werden zwei verschiedene Termine verzeichnet: 09. 09. 1787 (Matrikeln 3, 220) und 17. 09. 1787 (EBERL, Klosterschüler, 103).

[749] Vgl. UAG Kur. 8811, Bl. 10r (Schreiben an den König über die dadurch eingetretene Vakanz vom 31. 05. 1791).

[750] Siehe Akte UAG Kur. 8811, Bl. 9–17. Der Brief enthält noch weiter organisatorische Forderungen, so auch eine Gehaltserhöhungsforderung für Spittler um 100 RT. Für die dritte und vierte theologische Professur werden Schleusner und »Magister Stäudlin« empfohlen. Ziegler, bis dato Repetent, soll zum außerordentlichen Professor berufen werden; mit einem Gehalt von 160 RT (vgl. aaO. Bl. 11v).

[751] Aus der Akte geht nicht hervor, welche Berufungen damit gemeint sind.

[752] Vgl. UAG Kur. 8811, Bl. 10.

[753] Vgl. UAG Kur. 8811, Bl. 11r. Vgl. zur Relation die Gehaltserhöhung für Spittler.

[754] Vgl. UAG Kur. 8811, Bl. 15–17.

[755] Die sonst nirgends erwähnte Berufung auf die Stelle des zum Hofprediger berufenen G.Chr. Storr (dritter ordentlicher Professor, zweiter Superattendent des Stifts und dritter Frühprediger) findet sich in den Akten LKASt A 27, Nr. 2479, [Akten 7–12], aus den Jahren 1797–98. Bisher sei kein Ruf an ihn aus Württemberg ergangen, obgleich er unter den Stipendiatenpflichten der Rückberufung Folge zu leisten hätte. Das Konsistorium schreibt in seiner Empfehlung vom 23. 11. 1797 (aaO. [Akte 9]), Planck sei aufgrund seiner Gelehrsamkeit, seiner Kenntnis der gegenwärtigen Theologie und Philosophie sowie besonders auf-

rektorats erfolgten im normalen Turnus, auch wenn Planck sich in höherem Alter davon freistellen ließ. In dieser Funktion hatte er z. B. an der Universitätsgerichtsdeputation zu partizipieren sowie im Rahmen seines vierten Prorektorats (01.03.–01. 09. 1806) während der preußischen und französischen Besatzungszeit die Verhandlungen über den Schutz der Universität zu führen.[756]

Christoph Friedrich von Ammon (1766–1850) trat ab 1794 die Nachfolge Leß' als Professor und Universitätsprediger an, kehrte aber schon 1804 nach Erlangen zurück. In Göttingen konnte er nicht viel Eindruck hinterlassen. Nach dem Weggang Ammons wurden weder sein Ordinariat noch die Universitätspredigerstelle neu besetzt. In der Zeit gab es offenbar ein Bestreben der Regierung, die historischen und exegetischen Fächer der philosophischen Fakultät zuzuweisen und so jeder Lehrgebundenheit zu entziehen. Dies wird in der Nachfolgeberufung zu Michaelis deutlich sowie in dem Streit, der sich zwischen 1793 und 1810 zwischen beiden Fakultäten abspielte. Thomas Christian Tychsen (1758–1834) und Johann Gottfried Eichhorn (1752–1827) traten als Schüler das Erbe Michaelis' an.[757] Eichhorn wirkte besonders in der Bibelforschung, durch die die theologischen Studenten in ihrer biblischen Ausbildung vornehmlich geprägt wurden. Er versuchte als Mitbegründer der historisch-kritischen Bibelexegese die Schrift aus menschlich-geschichtlicher Entwicklung zu erklären und war so dem historischen Grundzug der zeitgenössischen Theologie in Göttingen verpflichtet.[758]

Grenzstreitigkeiten entbrannten durch die Ankündigung des philosophischen Magisters Reinhardt, mit Billigung seines Dekans Schlözer über Kirchengeschichte Alten und Neuen Testaments zu lesen. Die theologische Fakultät sah hierin einen Übergriff auf das ihr zukommende Gebiet und wandte sich am 09. 05. 1793 an die Landesregierung.[759] Sie berief sich auf die Statuten der theologischen Fakultät, die die Kirchengeschichte der Theologie zuwiesen, und

---

grund seiner Hochschätzung der positiven Religion ein würdiger Nachfolger Storrs. Planck lehnt am 09.12. mit dem Verweis auf seine Göttinger Verpflichtungen ab, von denen er meint, sich nicht entziehen zu können. Dennoch wurde ein Verfahren eingeleitet, das Planck nach Darlegung seiner Göttinger Einkommensverhältnisse (er kommt insgesamt durch Besoldung, Kolleggelder etc. auf 3100 Taler sichere Einkünfte) am 04. 02. 1798 (aaO. [Akte 11]) ablehnt, allerdings nur »momentan«, in nicht sehr entfernter Zukunft könne es schon anders aussehen. Das Konsistorium (aaO. [Akte 12]) muss dem Herzog am 20.02. empfehlen, aufgrund fehlender Möglichkeiten in dieser Größenordnung nach Alternativen zu suchen. Göttingen hatte schon am 04. 10. 1797 reagiert und eine Ernennung Plancks zum wirklichen Konsistorialrat angestrengt, um ihn zu halten (vgl. die Darstellung unten Kap. A.IV.3.3.; die Akte LKAHa A 7, Nr. 107).

[756] Siehe dazu z. B. bei FRENSDORFF, Planck, 13.17 f.

[757] Zur Bedeutung Eichhorns für die Göttinger Theologie vgl. SMEND, Orientalisten.

[758] Vgl. zur Beurteilung der Theologie zur Zeit Plancks in Göttingen auch LÜCKE, Planck, 32, in Göttingen sei von jeher die historische Betrachtung und Forschung überwiegend gewesen.

[759] Bzw. Schleusner wendete sich zuerst privat an den Kurator (vgl. UAG Kur. 3994, Bl. 1r).

argumentierte weiter mit der Gefahr, dass innerhalb der philosophischen Fakultät staatsverwerfliche und heterodoxe Gedanken verbreitet würden.[760] So fordert Schleusner, dass fortan keiner theologischer Privatdozent werden und die in den Statuten der Theologie zugeschriebenen Wissenschaften lehren dürfe, wenn er nicht auf diese Statuten verpflichtet würde. Zur Reaktion aufgefordert schreibt der philosophische Dekan Schlözer an die Landesregierung, die Kirchengeschichte sehe er keinesfalls als ausschließlich der Theologie zugewiesen an, zumal jene mittlerweile stark umgestaltet sei und ihren theologischen Charakter verloren habe.[761] Ernst Brandes (1758–1810) weist in seiner Beurteilung auf die Entwicklung der Wissenschaften seit Abfassung der Statuten hin, ebenso auf die bisherige Praxis: Spittler habe Kirchengeschichte gelesen, Michaelis über exegetische Kollegien, die doch ungleich wichtiger als die Kirchengeschicht seien,[762] und außerdem über Dogmatik. An beide Fakultäten erging am 09. 10. 1793 das Schreiben aus Hannover, die Kirchengeschichte könne als Teil der Geschichte insgesamt der philosophischen Fakultät nicht verwehrt werden. Es mahnt gleichzeitig dazu, keinem die *venia legendi* zu erteilen, von dem öffentlicher Anstoß zu befürchten sei, diesbezügliche Verfahren möchte sich das Kuratorium aber selbst vorbehalten.[763]

---

[760] Vgl. UAG Kur. 3994, Bl. 1v. Die theologische Fakultät habe sich immer um orthodoxe Lehre bemüht, bisher die dogmatischen Kollegien der Philosophen geduldet (vgl. den Vorgang um Michaelis), trage aber Verantwortung für alle theologische Lehre an der Universität (die Akte verweist auf einen Zeitschrifts-Beitrag, der die geoffenbarte Religion lediglich als formhalber von der natürlichen unterschieden dargestellt hatte). Dass es sich um einen ausgewachsenen Streit handelte, zeigt auch das offizielle Schreiben Schleusners (aaO. Bl. 3 f.). Wenn es auch anderen erlaubt sei, theologische Kollegien zu lesen, sei doch die theologische Fakultät dafür verantwortlich, die sich doch immer bemüht habe, nichts zu behaupten oder zu schreiben, was mit den symbolischen Büchern nicht übereinstimme (vgl. aaO. Bl. 1). Mosheim hatte noch in seinem Entwurf zu den Statuten der theologischen Fakultät erklärt, der theologische Kirchenhistoriker dürfe einem *Professor Historiarum* nicht verbieten, eben dieses auch zu tun, auch wenn deutlich wird, dass Mosheim das Vorrecht dazu klar in der theologischen Fakultät verortet (immerhin war für ihn der dritte Professor Kirchenhistoriker) (vgl. bei RÖSSLER, Gründung, 287). In den *Statuten der Theologischen Fakultät an der Georgia-Augusta-Akademie*, Kap. I., § 7 (bei EBEL, Privilegien, 88) wird die Kirchengeschichte als theologisches Fach gezählt. Das königliche Privileg hatte im Dezember 1736 erklärt: »Es ist aber den Professoribus dieser drey Facultäten auch Philosophica, und den Jureconsultis die Kirchen-Historie zu lesen erlaubet.« (*Königlich Gross-Britannisches Kurfürstlich Braunschweig-Lüneburgisches Privileg*, Art. XXI,5 [bei EBEL, Privilegien, 37]).

[761] Bei MEYER, Geschichte, 44. Vgl. zum gesamten Vorgang die Akte UAG Kur. 3994, die den Schriftwechsel zwischen Fakultäten, Universität und hannoverschem Kollegium beinhaltet.

[762] Vgl. UAG Kur. 3994, Bl. 10. Die Kirchengeschichte erkläre nicht, sondern sage nur, was geschrieben sei.

[763] UAG Kur. 3994, Bl. 12 f. Damit kommentiert das Schreiben die offenbar im Vorfeld stattgefundenen gegenseitigen Beleidigungen und Anschuldigungen. Ein von MEYER, Geschichte, 44, angeführtes Votum Plancks für die theologische Fakultät konnte ich dort nicht auffinden.

Auch das Repetentenkollegium bot Anlass zum Streit: Ein Repetent Horn hatte 1804 hebräische Grammatik angekündigt, worin T.Chr. Tychsen einen Übergriff auf sein Fach sah, wenn er auch anerkannte, dass die theologischen Professoren philosophische Vorlesungen halten durften. Die Theologen erklärten, sie wollen sich hinfort nur in den der theologischen Fakultät zugeordneten Wissenschaften betätigen – rechneten still aber auch die *philologia sacra* dazu. 1809 trug dann die westphälische Regierung dem Repetentenkollegium sogar die Abhaltung solcher Vorlesungen auf.[764]

Bis 1810 war die Theologie also nur mit zwei Ordinariaten vertreten, die Bibelwissenschaften waren von der philosophischen Fakultät übernommen worden, praktische Vorlesungen und Übungen wurden von beauftragten Stadtgeistlichen übernommen.[765] Erst mit dem Amtsantritt David Julius Potts (1760–1838) 1810, der infolge der Auflösung Helmstedts nach Göttingen kam, besaß die Theologie wieder einen Vertreter für das biblisch-exegetische Fach. Er verfolgte eine natürliche Deutung der Wunder und repräsentierte im Vergleich zu seinen schwäbischen Kollegen eine eher rationalistische Position. Daneben kam auch Heinrich Ludwig Planck, Sohn G.J. Plancks, nach seiner Habilitation 1809 an der philosophischen Fakultät in ein theologisches Extraordinariat, für das er sich durch einige Schriften zur neutestamentlichen Exegese qualifiziert hatte. 1823 wurde er zum vierten Ordinarius ernannt – außerhalb der Honorenfakultät, die stets nur aus den drei ersten Ordinarien bestand. Schon lange bevor er 1831 verstarb, war er durch starke Epilepsie sehr in seinem Lehramt behindert.[766]

G.J. Plancks öffentlich angekündigte Vorlesungen,[767] die häufig von entsprechenden Veröffentlichungen flankiert waren,[768] erstreckten sich vornehmlich auf die Kirchengeschichte und Fragen der Dogmatik sowie auf die Theologische Enzyklopädie – doch nie auf die Christliche Sittenlehre.[769] In der Frühzeit las er die Dogmatik morgens um acht Uhr nach einem Lehrbuch[770] oder

---

[764] Vgl. MEYER, Geschichte, 45.

[765] Superintendent Trefurt hielt katechetische Vorlesungen seit 1806, Superintendent Graeffe leitete seit 1804 das Predigerseminar.

[766] Vgl. zu den Berufungen um 1810 MEYER, Geschichte, 46 f.

[767] So ist über fast fünfzig Jahre ein nahezu gleichbleibender Rhythmus von ihm beibehalten worden: Im Wintersemester las er meist die neuere, im Sommersemester die ältere Kirchengeschichte (vgl. GAGS [1784], 157. St., 1562–1564, und GAGS [1785], 46. St., 449–452).

[768] Wie die Göttinger Vorgabe einforderte (s. o.).

[769] Das bemerkt auch Chr.F. Ruperti in seiner Grabrede für Planck (bei LÜCKE, Planck, 137).

[770] PÜTTER, Geschichte 2, 315, bleibt die Information schuldig, wie er auf HEILMANN, JOHANN DAVID [1727–1764], *Compendium theologiae dogmaticae (1761)*, – ein durchweg klassisch gehaltenes Lehrbuch – verweisen kann. Auf Walch verweist die Ankündigung GAGS (1785), 150 St., 1498.

seinen eigenen Grundsätzen,[771] um elf Uhr im Sommer die erste Hälfte der
Kirchengeschichte, im Winter die zweite. Außerdem erläuterte er öffentlich
noch die Reformationsgeschichte sowie besonders die Geschichte der Glaubenslehren, die Dogmengeschichte.[772] Außerdem ergänzte Planck den historischen Gegenstandsbereich alle zwei Jahre im Sommer um die neueste Kirchengeschichte vom 16. Jahrhundert bis auf die Gegenwart.[773] Auch hierzu
verfasste er recht spät einen literarischen Ableger.[774] Zudem las Planck über
Kirchenrecht, besonders für Juristen.[775]

Damit war der Schwerpunkt bezeichnet. Mit fortgeschrittenem Dienstalter
wandte sich Planck dann der Theologischen Enzyklopädie zu,[776] er verfasste
dazu seine *Einleitung (1794/95)*[777] und nach der Wiederaufnahme dieser Lehrveranstaltungen den *Grundriß (1813)*[778]. Mit der Dogmatik befasste Planck sich
dann in verschiedenen Perspektiven: einmal in einer Vorlesung Dogmatik jedes
dritte Halbjahr morgens von elf bis zwölf Uhr; darüber hinaus in besonderen

---

[771] Diese angekündigten »eigenen Grundsätze« (vgl. zuerst GAGS [1786], 150. St., 1497–
1501) lassen sich allerdings nicht direkt ausmachen. Doch ist anzunehmen, dass die vorliegenden Mitschriften vom Sommersemester 1810 und Wintersemester 1818/19 (s. u.) eben
diese eigenen Grundsätze widerspiegeln (jedenfalls enthält die Ankündigung GGA [1810],
56. St., 547, keine entgegenstehenden Hinweise: »Die Dogmatik trägt Hr. Prof. Dr. Planck
um 11 Uhr vor.« [d. h., Planck hat die Vorlesungszeiten doch noch verändert]).

[772] Zuerst im Sommersemester 1786 (vgl. GAGS [1786], 58. St., 569–572): jeweils um
zwei Uhr, sechs Stunden die Woche privatim. Ein Semester zuvor hatte er schon angekündigt, über »die vornehmsten Beweisstellen aus der Glaubenslehre, besonders in Beziehung auf
ihre Geschichte und ihren Gebrauch in den symbol. Büchern unsrer Kirche« zu lesen (GAGS
[1785], 158. St., 1497–1501). Vgl. auch Pütter, Geschichte 2, 315.
Vgl. die Vorlesungsnachschrift zur Vorlesung Dogmengeschichte HAB Cod. Guelf. 47
Noviss. 4°, die leider nicht datierbar ist, aber nach Auskunft der HAG auch dem Bestand
Friedrich August Ferdinand Breymann (1798–1853) zugehört, von dem weitere Nachschrif-
ten identifizierbar sind (s. u.). Hier wendet sich Planck der Entwicklung der christlichen
Lehre von Christi Geburt bis zur Gegenwart zu (vgl. die Darstellung in Kap. B.II.2.6.).

[773] Vgl. bei Pütter, Geschichte 3, 564.

[774] Planck, G. J., *Geschichte der protestantischen Theologie von der Concordienformel an bis in die
Mitte des achtzehnten Jahrhunderts (1831)*.

[775] Vgl. die Schrift. Planck, G. J., *Grundriß einer Geschichte der kirchlichen Verfassung, kirchlichen Regierung und des kanonischen Rechts besonders in Hinsicht auf die deutsche Kirche – zum
Gebrauch in Vorlesungen vorzüglich für Zuhörer, die sich der Rechts-Wissenschaft gewidmet haben
(1790)*.

[776] Zuerst im Sommersemester 1785 (vgl. GAGS [1795], 45. St., 441–443), wobei die
Ankündigung auffällig ist: »Er legt dabei seine Einleitung in die theol. Wissenschaften zum
Grunde, wird aber mit Uebergehung desjenigen, was in diesem Buche bereits abgehandelt
ist, sein Hauptaugenmerk darauf richten, jede zur Theologie gehör. Wiss. n. den Grundsätzen der crit. Philos. zu beleuchten.« Diese Spezifizierung taucht später nicht auf.
Im meist 3-semestrigen Rhythmus liest Planck Enzyklopädie (vgl. auch Pütter, Geschichte 3, 563). Dabei pausiert er zwischen Wintersemester 1802 und Wintersemester 1810
(vgl. die fehlenden Ankündigungen in GGA). Zuletzt liest er darüber im Wintersemester
1821 (in GGA [1821], 144. St., 1425–1428), dann findet sich eine wiederholte Ankündigung
ab Wintersemester 1831 bis Wintersemester 1832.

[777] Planck, G. J., *Einleitung in die Theologische [sic] Wissenschaften (1794/95)*.

[778] Planck, G. J., *Grundriß der theologischen Encyklopädie (1813)*.

Vorlesungen zur Dogmengeschichte (ebenfalls jedes dritte Halbjahr von elf bis
zwölf Uhr). Ergänzend las er über die hauptsächlichen christlichen Systeme
nach seinem *Abriß*[779] im gleichen Rhythmus; diese Vorlesung hielt er fast am
stetigsten durch.[780] Letzteres Gebiet war neben der Dogmengeschichte ein jun-
ger Lehrgegenstand, der später als vergleichende Symbolik bezeichnet werden
sollte.[781] Zur Dogmatik im engeren Sinne liegen keine Veröffentlichungen
Plancks vor, jedoch zwei Vorlesungsnachschriften: Von 1810 liegt eine Nachschrift zur Vorlesung »Christliche Dogmatik« vor, die ein wenig Einblick in den
Gegenstand der dogmatischen Vorlesungen Plancks gibt.[782] Einleitend bemerkt
Planck, das Studium der Dogmatik müsse den künftigen Theologen in den
Stand setzen, die Lehren des Christentums zu erkennen, zu verstehen und selbst
prüfen zu können.[783] Im materialen Teil verwendet Planck viel Raum auf den
allgemeinen Begriff der Religion (1. Hauptabschnitt) sowie die Offenbarungslehre (2. Hauptabschnitt).[784] Weitere Inhalte sind die »Religiöse Anthropologie« (4. Hauptabschnitt), die neben der Schöpfungslehre auch die Vorsehung
(verstanden als »providentia[] cura[] circa res creatas«[785]), die Ebenbildlichkeit
Gottes, Urstand und Erbsünde sowie die Wiederherstellung der menschlichen
Natur umfasst. Innerhalb des 5. Hauptabschnittes behandelt Planck die Soteri-
ologie, worin er zuerst den Ratschluss Gottes, dann die Christologie (Person
Jesu, Ämter, die Lehre von der Heilsordnung sauber aufgeteilt in *vocatio – illumi-
natio – iustificatio – partes fidei*), die Gnadenmittel und schließlich die Eschatologie beleuchtet.

Die Mitschrift Friedrich August Ferdinand Breymanns (1798–1853) aus dem
Wintersemester 1818/19[786] gewährt noch gründlichere Einsicht in den Aufbau
der dogmatischen Vorlesungen. In einer »Vorerinnerung«, die Planck der Bestimmung der Form dieser Wissenschaft widmet, definiert er den Zweck der
Wissenschaft: »Von den Wahrheiten und Lehren des Christentums uns zu einer
Klarheit, Brauchbarkeit und Anwendung dieser Lehren zu erheben, muß zuerst
unserer Pflicht sein. Wie wir dazu gelangen, scheint in 3 Punkten zusammen zu
laufen:«[787] 1. Klare Begriffe von demjenigen zu haben, was als Wahrheit der
Religion erkannt wird. 2. Von den Gründen, worauf die Wahrheiten der Reli-

---

[779] PLANCK, G. J., *Abriß einer historischen und vergleichenden Darstellung der dogmatischen Systeme unserer verschiedenen christlichen Hauptparteien nach ihren Grundbegriffen [,] ihren daraus abgeleiteten Unterscheidungslehren und ihren praktischen Folgen* (1796; ²1804; ³1822).

[780] Noch zum Sommersemester 1833 kündigte Planck eine Vorlesung über diesen Gegenstand an (vgl. GGA [1833], 44. St., 425–428); dies ist seine letzte Vorlesungsankündigung
überhaupt, zum Wintersemester 1833 war er bereits verstorben.

[781] Beide Fachgebiete werden unter Kap. B.II. und III. ausführlich behandelt werden.

[782] Vgl. HASUB 4 Cod. Ms. theol. 317 e. Der Verfasser ist leider nicht auszumachen.

[783] Vgl. HASUB 4 Cod. Ms. theol. 317 e, Bl. 1.

[784] Vgl. HASUB 4 Cod. Ms. theol. 317 e, Bl. 46.

[785] HASUB 4 Cod. Ms. theol. 317 e, Bl. 120.

[786] HAB Cod. Guelf. 14 Noviss. 4°.

[787] HAB Cod. Guelf. 14 Noviss. 4°, Bl. 1.

gion beruhen, und von den Zusammenhängen und Verbindungen, worin sie
miteinander stehen, sowie 3. den Zusammenhang und die Verbindung anschaulich zu machen, worin die Wahrheiten, die ihr eigentümlich sind, mit sich
selbst stehen. Dieser Grundaufbau ist mit dem der oben erwähnten Vorlesung
vergleichbar: Wieder verwendet Planck viel Raum und Ausführlichkeit auf den
Religionsbegriff und die Frage der Offenbarung, allerdings wird hier deutlich,
wie er das »Fundament für die Religionswissenschaft« überhaupt (Hauptabschnitt A) von dem »Fundament für die christliche Religionswissenschaft *in
specie*« (Hauptabschnitt B) unterscheidet. Ersteres enthält die Frage der Gottes-
erkenntnis – worin Planck auch unter der Frage der Religion b) »Wie kam der
Mensch dazu?« neben der Einwirkung der Natur das »Gefühl der Abhängigkeit« thematisiert –, das Verhältnis der geoffenbarten Religion zur Vernunft und
die Beteiligung der Vernunft bei einer geoffenbarten Religion. In den letzteren
Abschnitt fallen die Frage nach der Schriftgrundlage und letztlich auch der
historische Beweis für die Göttlichkeit des Christentums.
Insgesamt ist Plancks dogmatische Vorlesung sehr traditionell aufgebaut: Er
behandelt systematisiert den *ordo salutis*, widmet sich den orthodoxen Eigenschaften der Schrift, der *providentia Dei* und verwendet viel Raum auf den Offenbarungscharakter der Religion. Natürlich werden neuere Anfragen thematisiert, allerdings mit eher konservativer Antwort.
Planck trug angeblich so langsam und seinem Hefte folgend, doch dabei frei
vor, dass – wie Lücke berichtet – es recht einfach war, vollständige Mitschriften
zu erstellen.[788] Problematisch für norddeutsche Ohren war hingegen sein Ausdruck, da er sich nicht von seinem schwäbischen Akzent trennen konnte oder
wollte. Hinzu kam ein eher schwächliches Stimmorgan und, besonders in höherem Alter, eine beeinträchtigende Atemnot in der Stimme.[789]
Plancks literarisches Schaffen hatte eindeutig einen Schwerpunkt in der Kirchengeschichte, nicht nur hinsichtlich seiner historischen Hauptwerke.[790] Neben seinen theologischen Werken sind einige Rezensionen Plancks erhalten, die
er unter anderem für die *Göttingischen Anzeigen von gelehrten Sachen* bzw. *Göttingischen Gelehrten Anzeigen* verfasste.[791]

---

[788] Vgl. Lücke, Planck, 34. Dafür sprechen auch die genannten Mitschriften in HAB,
LKAHa und HASUB.
[789] Zu Plancks Vortragsstil vgl. Lücke, Planck, 33f. Schon früh hatte ein Empfehlungs-
schreiben des Stifts im Zuge der Anstellung an der Karlsschule Plancks stimmliche Defizite
vermerkt (vgl. HStASt A 272, Bü 135, Bd. 17, Heft 13).
[790] Planck, G.J., *Geschichte der Entstehung, der Veränderungen und der Bildung unseres protestantischen Lehrbegriffs, 6 Bde. (1781–1800 [Bd. 1–3 ²1791–1798]), und Ders., *Geschichte der
christlich-kirchlichen Gesellschafts-Verfassung, 5 Bde. (1803–1809).* Weitere Werke werden im
Kap. B.II.2 behandelt. Im Literaturverzeichnis findet sich eine vollständige Aufstellung der
Werke.
[791] Fambach, Mitarbeiter, 790f., zählt insgesamt 750 Beiträge von 1785 bis 1833. Wenn
die Eintragungen stimmen, hat Planck noch 1833 eine durchaus kritische Rezension zu Er-
hart, Heinrich August, *Geschichte des Wiederaufblühens wissenschaftlicher Bildung vornehmlich*

Nur noch sporadisch am Lehrbetrieb partizipierend,[792] wurde Planck am 15. 05. 1831, einem Sonntag, die Ehre des 50-jährigen Dienstjubiläums zuteil, das den Verdiensten des mittlerweile greisen Theologen entsprechend in großem Rahmen begangen werden sollte.[793] Auf seinen Wunsch hin wurde es aber im Stillen zugebracht, nichtsdestoweniger bedacht von einer Vielzahl von Glückwünschen und Ehrungen auch von auswärts.[794] Besondere Erwähnung verdient das Schreiben J. A. Möhlers aus Tübingen, der Planck als einen »Lehrer der Deutschen in allen Gauen« preist, stolz auf Plancks württembergische Herkunft verweist und insbesondere seine historische, an den Bedürfnissen der Gegenwart ausgerichtete Forschung wie auch den von ihm erschaffenen »erhabenen, ernsten und umfassenden Begriff von der wissenschaftlichen Theologie und ihren einzelnen Disciplinen« sowie seine konfessionsirenischen Äußerungen dankbar lobt.[795] Im Dankgottesdienst, den Planck selbst auf ärztlichen Rat nicht besuchen konnte, sprach Chr.F. Ruperti, im Anschluss daran über-

---

in Deutschland bis zum Anfang der Reformation, 1. Bd. (1827), verfasst, die in GGA (1833), 140. St., 1393–1400, am 31. 08. 1833 erschien und mit den Worten endete: »(Die Anzeige der zwei folgenden Bände nächstens).« Dazu sollte es nicht mehr kommen, da Planck genau am Erscheinungstag verstarb.

[792] So finden sich weiterhin Vorlesungsankündigungen in den GGA von Planck, die allerdings durch ihre Wiederholung im jeweils nächsten Semester auf Ausfall der Veranstaltung hindeuten.

[793] Zu den Vorbereitungen vgl. die Akte UAG Kur. 8811, Bl. 25–32, zwischen der Universität, der Regierung und Planck selber sowie die Akte UAG Theol. SA 0009. Die Korrespondenz weist schon auf die schlechte Gesundheit Plancks hin (vgl. UAG Theol. SA 0009, Bl. 25v).

[794] Vgl. die Ankündigung der Universität. Die Beschreibung der Feierlichkeiten: GGA (1831), 82. St., 809 f., von A. H. L. Heeren. Alle Glückwünsche sind angezeigt und besprochen von Lücke in GGA (1831), 139. St., 1377–1384 (fortgesetzt in GGA [1831], 140. St., 1385–1397): Ruperti hielt eine Rede, Rettberg verfasste ein lateinisches Lobgedicht. Gratulationen kamen aus Heidelberg, Gießen, Marburg, Erlangen, Leipzig, Halle, Berlin, Breslau, Greifswald und Rostock. Gedruckte Glückwünsche kamen aus Jena, Bonn und Tübingen. Jena schickte eine Gedenktafel von Ludwig Friedrich Otto Baumgarten-Crusius (»Viro incomparabili de ecclesia, reque theologica et de optimis litteris immortaliter merito, scribendorum ecclesiae temporum ac placitorum magistro et arbitrio, Theologo in paucis Docto, Sobrio, Pio, Placido Solemnia Professorii muneris clarissima in luce atque cum fructu amplissimo per L annos graviter gesti«). Johann Christian Wilhelm Augusti schickte aus Bonn Glückwünsche, gleichzeitig den ebenfalls jubilierenden Carl Ludwig Nitzsch (1751–1831) (Wittenberg) ehrend: »Viris magnificis et summe venerandis – Duumviris de religione, theologia, ecclesia et patria optime meritis semisaecularia sacra pio atque grato animo«). F.Chr. Baur sandte von Plancks Heimatuniversität Tübingen: »Epistola gratulatoria ad D. Theoph. Jac. Planck mit einer »brevis disquisitio in Andreae Osiandri de jusitificatione doctrinam ex recentiore potissimum theologia illustrandam.« Auch die katholische Fakultät Tübingen sandte durch Möhler Glückwünsche nebst einer Abhandlung über den Ursprung des Gnosticismus.
Das Konsistorium schrieb schon am 27.04. an Pott, der Planck am Jubiläumstag die Glückwünsche übergeben sollte. Sie beziehen sich auf die akademische Bildung, die Planck so vielen Theologen habe zukommen lassen, wie auch die Leitung als Ephorus: In beidem habe er nützliche Dienste für Staat und Kirche geleistet (vgl. LKAHa A 7, Nr. 975, Bl. 1).

[795] Vgl. MÖHLER, Glückwünsche, [unpag. 1–3].

brachten Hofrat Göschen im Namen der Universität und F. Lücke im Namen
der Fakultät Glückwünsche.[796] Außerdem erhielt der Jubilar einen silbernen
Pokal[797] der Universität und ein goldenes Abtskreuz von der Fakultät. Im Zuge
der Feierlichkeiten wurden ihm auch die Würde eines Commandeurs des Guelphenordens sowie die eines Ritters der Württembergischen Krone verliehen.
Statt eines Festmahls wurden die Armen der Stadt gespeist und in Verbundenheit Plancks zum Waisenhaus der theologischen Fakultät den Kindern dort ein
froher Abend bereitet, die ihn, vorbereitet durch seinen Nachfolger D. J. Pott,
morgens mit Blumen und Gesang begrüßt hatten.[798] Erst einige Zeit später
konnte Planck auf die Glückwünsche der auswärtigen Fakultäten reagieren:
Bescheiden und demütig dankte er in einem lateinischen Rundschreiben Gott
für die ihm bisher gewährte Gnade.[799]

Insgesamt war Plancks Epoche zu dieser Zeit schon in Auflösung begriffen,
auch wenn sie bedingt durch die lange Lehrtätigkeit der theologischen Kollegen in Göttingen lange am Leben gehalten wurde. Mittlerweile hatte sich die
theologische Diskussion auf andere Felder verlagert, andere Fragestellungen
waren auf die theologische Bühne getreten, denen in Göttingen wenig Jugend-
frische entgegengesetzt werden konnte. Weder die Erweckungsbewegung, die
als Mystizismus verurteilt wurde, noch die Gedankenwelt Friedrich Daniel
Ernst Schleiermachers (1768–1834) konnten in Göttingen bei Planck, Stäudlin
und Pott eine Heimat finden. Über die Vergreisung des theologischen Kollegiums und den Mangel an religiösem Aufbruch in seinen Reihen beschwerten
sich dann auch viele ehemalige Göttinger Studenten in ihren biographischen
Notizen.[800]

Mit Friedrich Lücke (1791–1855) war nach dem Tod Stäudlins 1826 ein Vertreter einer neueren Theologie in ein Professorenamt in Göttingen berufen
worden, der diesen Standort nun wieder zu einiger Geltung im theologischen
Diskurs der Zeit verhelfen konnte.[801] Seit seiner Berufung nach Göttingen war

---

[796] Bericht auch bei PÜTTER, Geschichte 4, 271.

[797] Beschreibung bei LÜCKE, Planck, 124: »Vier Embleme zieren den Pokal: das Plancksche Wappen, ein Pelican auf dem Neste, für seine Jungen sich mit dem Schnabel die Brust
aufreißend; das Brustbild Melanchthons; ein Phönix in den Flammen, den Blick zur Sonne,
die über ihm aufgeht; Luthers Brustbild. Darüber die Dedication in einer Reihe: Th. J. Plan-
cio Suo poculum hilaritatis, senectutis antidotum propinat Georgia Augusta.« Die Fakultät
hätte gerne noch ein Münze geprägt, aber die Mittel und die Zeit reichten nicht aus, an die
Stadt meinte man, sich nicht wenden zu können (vgl. UAG Kur. 8811, Bl. 25r).

[798] Vgl. den Bericht bei LÜCKE, Planck, 123. UAG Kur. 8811, Bl. 25v: Göschen schlug eine
solche Armenspeisung vor, in Ansehung der mildtätigen Gesinnung Plancks.

[799] Bericht davon bei LÜCKE, Planck, 126. An das Konsistorium wendet sich Planck am
07. 06. 1831 (LKAHa A 7, Nr. 975, Bl. 2). Auch hier verweist er auf Gottes Führung, die eigentlich Gegenstand des Dankens und Feierns sein sollte.

[800] Siehe dazu unter Kap. A.IV.3.5.

[801] Planck hatte ihn neben August Detlev Christian Twesten und Karl Gottlieb Bretschneider vorgeschlagen. Zu Twesten vgl. die Akte HAStaBi Nachlass Twesten Erg. 2, Mappe 36:
Sie enthält Teile einer Korrespondenz von Planck und Twesten vom November 1826, in

er »unbestritten der erste Mann«[802] der Fakultät. Er war als Student und Repetent in Göttingen gewesen, dann in Berlin als Privatdozent von Schleiermacher beeindruckt worden und ihm persönlich verbunden, seit 1818 war er Ordinarius in Bonn. Lücke blieb bei aller Begeisterung für eine neue »gläubige Theologie« voller Hochachtung für die Größen der Aufklärungstheologie, wie seine Biographie über Planck bei allen kritischen Anmerkungen beweist.[803] Lückes Theologie war Vermittlungstheologie im umfassenden Sinne,[804] vor allem befand sie sich auf der Höhe der Zeit.[805]

Mit Einstellung der Lehrtätigkeit Plancks 1830 setzte sich die Verjüngung der Fakultät fort und fand in der Berufung Johann Karl Ludwig Gieselers (1792–1854) als vierter theologischer Professor 1831 wieder einen kirchengeschichtlich arbeitenden Theologen. Er war wie viele seiner Generation als Jäger in den Freiheitskriegen beteiligt gewesen. Außerdem kam Julius Müller (1801–1878), ein Freund der Unionsidee, was ihm an seinem vorherigen Wirkungsort (in Niederschlesien) Probleme bereitet hatte, 1831 als Universitätsprediger und 1834 als Extraordinarius an die Fakultät, 1835 aber ging er schon nach Marburg. Friedrich Wilhelm Rettberg (1805–1849), Wilhelm Heinrich Dorotheus Eduard Köllner (1806–1894), Karl Theodor Albert Liebner (1806–1871) und Ernst Rudolf Redepenning (1810–1883) rückten 1834–1836 in Ordinariate auf und machten den Personalwechsel an der Schwelle zum 100-jährigen Universitätsjubiläum komplett.[806]

3.2. Ephorat und Waisenhaus

König Georg III. hatte ein Ephorat in Göttingen per gedruckter Bekanntmachung vom 21. 08. 1800 angeordnet, da die vor dem Konsistorium zum Examen erscheinenden Theologiestudenten offenbar den Eindruck erweckten, einer Begleitung zu bedürfen.[807] Die Einrichtung, die bisher noch gefehlt hatte, sollte

---

denen die Übernahme der Professur Stäudlins besprochen wird. Schon Anfang Dezember findet sich die Notiz »ablehnend beantwortet«. MEYER, Geschichte, 50, nimmt an, der Kurator von Arnswaldt habe sich erst an Twesten gewandt, da er dessen wissenschaftliche Bedeutung höher einschätzte.
[802] Vgl. LANGE, Lücke, 136.
[803] Siehe dazu unten Kap. A.IV.3.5.
[804] So auch der Titel der Darstellung: LANGE, D., *Der theologische Vermittler Friedrich Lücke* (1987).
[805] So LANGE, Lücke, 137. Vgl. dort auch zum weiteren theologischen Profil Lückes, das er zu Teilen auch von seinem Lehrer Planck erhalten habe.
[806] Vgl. MEYER, Geschichte, 54f.
[807] Der Druck, unterschrieben mit dem Datum des 21. 08. 1800, liegt der Akte UAG Theol. SA 0128.1, bei und wird im Folgenden nach seiner eigenen Seitenzählung zitiert. Es sei »nicht selten wahrgenommen worden, daß nicht alle, diesem wichtigen Beruf sich widmende Studierende dem Stande künftiger Religionslehrer so vorbereitet sich nähern, als dessen hohe Wichtigkeit, sein Einfluß auf das allgemeine Wohl des Staats und die besondern Bedürfnisse des Zeitalters es in allem Betracht erfordern« (aaO. 1). Landesväterliche Fürsor-

den jungen Theologen eine »zweckmäßige Vorbereitung«[808] zu ihrem künftigen Beruf liefern, diese nach einem festen Plan anzuordnen helfen und die
Studenten darin begleiten. So wurde erhofft, dass sie von den Lehrvorträgen
und -veranstaltungen einen ordentlichen Gebrauch machen und daraus einen
gehörigen Nutzen ziehen würden. Außerdem seien die Kandidaten dem Konsistorium oft erst bei ihrem Examen bekannt geworden, so dass die Chance auf
rechtzeitige Beratung und Führung nicht gegeben gewesen sei.[809] Neben der
Einrichtung dieses Ephorats wurde auch eine Prüfung unmittelbar nach Abschluss der Universität angeordnet (*Examen praevium*), da viele das Konsistorialexamen erst einige Jahre nach ihrem Studienabschluss ablegten.[810]

Zum Ephorus sollte einer der theologischen Lehrer bestimmt werden; ihm
fiel die Aufgabe zu, die jeweiligen Studenten in ihren Studien zu begleiten und
zu beraten. Direkt nach Ankunft in Göttingen hatten alle Landeskinder, die das
Theologiestudium aufnahmen, sich dem Ephorus vorzustellen und ihm ihre
testimonia, die Aufschluss über ihren bisherigen schulischen Werdegang gaben,
vorzulegen.[811] Die weitere Begleitung durch das Ephorat sollte auch in Prü-

---

ge, so Georg III., könne keinen würdigeren Gegenstand finden, »als einen solchen, der mit
der Beförderung der Religion und Tugend in einer so nahen Verbindung stehet, wie dieser«
(ebd.). Die Beyträge zur Verbesserung 2/2, 186–215, drucken mehrere konsistoriale Aus-
schreibungen zwischen 1776 und 1799 ab, die sich über mangelnde Information über die
Kandidaten beschweren sowie die bessere praktische Vorbereitung und ein sinnvoll struktu-
riertes Studium (nicht als »Gedächtniswerk«) anmahnen. Zur wirklichen Einrichtung vgl.
die Dokumente aaO. 222–243.
1815 wird die Zuständigkeit dann auch auf die Studierenden des ehemaligen Fürstentums
Hildesheim ausgedehnt (vgl. UAG Theol. SA 0128.1). Vgl. dazu auch MEYER, Geschichte,
47.
[808] UAG Theol. SA 0128.1, Druck 1.
[809] Auch wird die Sitte kritisiert, dass erst geraume Zeit nach Abschluss des Studiums das
Konsistorialexamen abgelegt wurde und die Absolventen in der Zwischenzeit sich selbst
überlassen waren.
[810] Vgl. UAG Theol. SA 0128.1, Druck 2. Weitere Instruktionen legen fest, diese vorläufige Prüfung solle mehr privaten als öffentlichen Charakter haben, auch solle damit »den
bisher verordneten Prüfungen der Candidaten, dem Tentamen und Examen rigorosum,
durch selbige nichts benommen werden« (aaO. 4). Jeweils in den drei Wochen nach Ostern
und Michaelis solle diese Prüfung vor einer Deputation des Konsistoriums abgelegt werden
und dazu dienen, bei Bedarf Ratschläge für die weiteren Studien zu geben (vgl. ebd.). Dieser
Regelung unterlagen auch alle Ausländer, die sich in Hannover um Anstellung bewerben
wollten: Sie sollten sich freiwillig dazu melden. Landeskinder wurden angehalten, mindestens die letzten zwei Jahre in Göttingen zu studieren (vgl. aaO. 5), was bei den damaligen
Regelstudienzeiten von drei Jahren recht lang war. Kandidaten, die ohne diese vorläufige
Prüfung vor dem Konsistorium erscheinen, sollen besonders genau geprüft werden. Schon
das *Königlich Gross-Britannische Kurfürstlich Braunschweig-Lüneburgische Privileg*, Art. XXII (bei
EBEL, Privilegien, 37 f.), hatte festgehalten, zwar gebe es keine Verpflichtung für Landeskinder in Göttingen zu studieren, aber Göttinger Studenten sollten bevorzugt werden – dies
galt für alle Fakultäten.
[811] Vgl. UAG Theol. SA 0128.1, Druck 7 f. Die einzelnen Schulen wurden angewiesen,
dem Ephorus entsprechende Zeugnisse zukommen zu lassen und auch für weitere Nachfra-
gen zur Verfügung zu stehen (vgl. aaO. 8).

fungs-Übungen[812] bestehen, die die Kandidaten besonders zum Ende ihres Studiums fleißig besuchen sollten. Zur näheren Kenntnis der Studenten hatte der Ephorus, der diese durch deren Zeugnisse und das persönliche Gespräch sowie durch genannte Übungen in ausreichendem Maße erlangen sollte, dem Konsistorium Meldung zu machen. Hierdurch sollte dem Problem gewehrt werden, dass die Studenten bis zum Examenstermin den kirchlichen Einrichtungen weitgehend unbekannt waren.[813]

1800 erhielt Planck das Amt des Ephorus.[814] Hier bekam er einen unmittelbaren Kontakt zu einer überschaubaren Anzahl von Studenten. Die Erfahrungen aus diesen Begegnungen werden nicht ohne Einfluss auf seine theologische Arbeit gewesen sein, besonders in den Anleitungen zum Theologiestudium mussten sie sich niederschlagen. Seine Zeitdiagnosen über den Zustand der Theologiestudenten in Deutschland wird sich natürlich auch aus dem sonst erfolgten persönlichen Umgang ergeben haben, doch nirgends war er so unmittelbar in den Werdegang der Kandidaten involviert, in Prüfungen, Vorübungen und Studienplanung und -probleme wie in seinem Ephorat. Planck übte dieses Amt bis zum 10. 04. 1827 aus, als ihm die von ihm erbetene Enthebung gestattet wurde; es ging an D. J. Pott über.[815]

Durch die Übertragung des mit dem *Professor primarius* verbundenen Kuratoriums des Waisenhauses, das er bis 1830 innehatte,[816] erhielt Planck zudem Kontakt zum Schul- und Erziehungswesen. Sein Verhältnis zu dieser Einrichtung muss sehr innig gewesen sein.[817] Planck gab das Amt 1830 an Pott ab,[818] dem

---

[812] Die Anordnung bemerkt, diese seien schon am 11. 10 1799 verordnet worden (vgl. UAG Theol. SA 0128.1, 3. Mappe). Vgl. das Reskript in Beyträge zur Verbesserung 2/2, 220 f.: Die Dozenten sollten sich darin vom Lernerfolg der Studenten überzeugen können. Planck hielt diese Übungen regelmäßig, wie die Ankündigungen in den GAGS/GGA belegen.

[813] Vgl. auch in Beyträge zur Verbesserung 2/2, 216 ff., konsistoriale Dokumente und Schriftverkehr zur Einrichtung, Besetzung und Absicht des Ephorats.

[814] Die Erklärung des Königs, Planck zum Ephorus zu machen, datiert vom 18. 10. 1800 (vgl. UAG Theol. SA 0128.1, 3. Mappe): »Wir haben uns gnädigst bewogen gefunden, ein besonderes Ephorat über die aus Unsern deutschen Khur-Landen auf Unserer Landes-Academie zu Göttingen den theologischen Wissenschaften sich widmenden Studies werden anzuordnen und solches den dortigen ersten Lehrern der Theologie und Consistorial-Rath, Dr. Planck zu übertragen.« Erste Angelegenheiten regelt ein Schreiben des Konsistoriums in Hannover an Planck vom 17. 02. 1801 (vgl. ebd.). Die Akte UAG Theol. SA 0128.1, enthält mehrere Vorgänge zum Ephorat unter Planck.

[815] Vgl. UAG Kur. 8811, Bl. 24: »Der Professor der Theologie Consistorial-Rath Dr. Planck ist unterm 10. Apr. 1827 von der Fortführung des theologischen Ephorats enthoben.« Vgl. auch das Schreiben Georgs IV. an Pott: Planck habe um die »Entlassung von dem zu Unserer höchsten Zufriedenheit bisher verwalteten theologischen Ephorats nachgesucht« (UAG Theol. SA 0128.1).

[816] Vgl. PÜTTER, Geschichte 4, 131.

[817] Vgl. z. B. den Morgengruß der Waisenkinder zu Plancks Amtsjubiläum.

[818] Vgl. die Akte UAG Waisenhaus 6. Sie enthält zur Übergabe der Kasse des Waisenhauses eine genaue Aufstellung der Verbuchungen und Einnahmen, die offenbar eine Haupt-

schon 1836 J. K. L. Gieseler als zweiter Kurator zur Seite trat.[819] Eine – trotz der
jeweiligen Kürze – interessante Form der Veröffentlichung bilden die Vorreden
zu den *Nachrichten von dem Göttingischen Waisenhause*, die jeweils eine mora-
lisch-religiöse Verdichtung der Theologie der Autoren bieten.[820] So nutzte
Planck 1800 die Gelegenheit, hier etwas über die Auswirkungen des Jahrhun-
dertwechsels auf »den sittlichen und religiösen Sinn der Zeitgenossen«[821] zu
schreiben. Planck war außerdem als *Professor primarius* seit 1792 »Kurator« der
Professoren-Witwen-und-Waisenkasse.[822]

3.3. *Kirchliche Ämter und Würden*

Im Laufe seiner Amtszeit als Professor in Göttingen ist Planck mit mehreren,
teils nur ehrenvollen, teils aber auch direkt verantwortungsvollen kirchlichen
Ämtern bedacht worden.[823] Mit den Ernennungen zum Konsistorialrat 1791
und zum wirklichen Konsistorialrat mit Sitz und Stimme im hannoverschen
Konsistorium 1797 wurde Planck Mitglied der Kirchenleitung, der er von da an
bis zu seinem Tode verbunden blieb.[824] Die erste Ernennung stand in Verbin-

---

aufgabe des Kurators darstellen. Pott schreibt an die theologische Fakultät (16. 01. 1830) sein
Bedauern über Plancks Rücktritt, er habe es »zum Segen der Anstalt getragen«. Planck re-
spondiert, auf die Wichtigkeit dieses Amtes verweisend. Auf Potts Initiative und Lückes
Leitung erging ein Dankschreiben der Fakultät an Planck vom 12. 01. 1830.

[819] Vgl. PÜTTER, Geschichte 4, 131.

[820] Zu den Vorreden vgl. HAMMANN, Werckstäte, 49–53, der sie in die Nähe der Predigten der Aufklärungszeit rückt.

[821] So bei HAMMANN, Werckstäte, 50, der auf die Nachrichten 52 (o.J. [1800]), 3–8, verweist.

[822] Vgl. LÜCKE, Planck, 99. Zur Einrichtung s. o. und bei EBEL, Memorabilia, 73–100.
Planck hatte für seine Frau eine solche Absicherung in der Berufung gefordert (s. o.).

[823] Berichte über irgendwelche pfarramtlichen Vollzüge Plancks sind nicht enthalten.
Freilich gibt seine Beteiligung an einer Auseinandersetzung über die »Privat-Ordination« des
Universitätspredigers Marezolls vor seinem Weggang 1794 nach Kopenhagen einen kleinen
Einblick: Planck sah diese Form als nicht unüblich an und auch durch die Ordinationsvorga-
ben von 1747 als nicht ausgeschlossen (vgl. HAMMANN, Ordinationspraxis, 61; dort auch der
Verweis auf die Akten). Schleusner hatte vorher die Ordination in einem öffentlichen Sonn-
tagsgottesdienst gefordert. Planck war zu dieser Zeit *Professor primarius* und in dieser Funktion für die äußerst begrenzten Ordinationen der Fakultät zuständig (vgl. aaO. 59). Auch die
1822 vollzogene Ordination J. T. Hemsens zum Hilfsprediger an St. Nikolai ist von Planck
als Assistent von Pott mitvollzogen worden (vgl. aaO. 64).

[824] So notiert bei MEYER, Pastoren, 409, unter Konsistorium/Geistliche Räte: 1797–1833
»D. G. J. Plank [sic]«. LÜCKE, Planck, 94, datiert die Ernennung zum wirklichen Konsistorialrat auf 1798 als Reaktion auf einen Ruf als Vizekanzler nach Tübingen. Die Akten LKAHa
A 7, Nr. 107, enthalten diesen Vorgang. Am 04. 10. 1797 ergeht an königliche Majestät die
Bitte, Planck zum wirklichen Konsistorialrat ohne weitere Dienstpflichten und Besoldung,
da er ja auf der Universität wirke, zu ernennen, damit er nicht einen auswärtigen Ruf annehme (vgl. aaO. Bund 1, Bl. 1). Der König ernennt ihn daraufhin unter dem 27. 10. 1797
zum wirklichen Konsistorialrat und setzt ihn zugleich *ad honorem* in das Konsistorium in
Hannover. Dort solle er vor dem Konsistorialassessor und zweiten Hofprediger Gericke und
unmittelbar nach dem Konsistorialrat Böhmer seinen Platz nehmen, allerdings ohne beson-

dung mit seiner Ernennung zum *Professor primarius* der theologischen Fakultät: Beides nebst der Forderung nach Gehaltserhöhung findet sich in ein und demselben Brief.[825] So war schon dieses Amt zwar mit Einflussmöglichkeiten verbunden, in erster Linie aber Pfund in Bleibeverhandlungen. Daneben wird die Fakultät damit ihr Interesse am Einfluss auf landeskirchliche Entscheidungen und Verhältnisse zu befördern gesucht haben. Noch im höchsten Alter erhielt Planck dann den Titel eines Oberkonsistorialrats, wiederum mehr als Ehrung denn als Auftrag.[826]

Da in der Kirche im Kurfürstentum die Kirchenwesen der einzelnen Fürstentümer in Form von Generalsuperintendenturen zum Teil bestehen blieben, gab es in Göttingen seit 1589 eine Generalsuperintendentur für das Fürstentum Calenberg-Göttingen.[827] Traditionell war diese Position von 1695 bis 1737 mit der Stadtsuperintendentur, dem ersten Pastorat an St. Johannis und einer theologischen Professur am Göttinger *Pädagogium* verbunden.[828] In der Anfangszeit der Universität blieb es bei einer Verbindung – z. B. bei Feuerlein, der erster Prorektor und ab 1738 Generalsuperintendent war.[829] Planck trat als Nachfolger

---

deres Gehalt, da er das woanders bekomme, und offenbar auch ohne Teilnahmepflicht an den Sitzungen (vgl. aaO. Bund 1, Bl. 2). Das Konsistorium erhält davon unter dem 10. 11. 1797 Kenntnis (vgl. aaO. Bund 1, Bl. 3), die Universität nachrichtlich ebendann (vgl. aaO. Bund 1, Bl. 4: seine Universitätsstelle solle nicht angetastet werden). Ebenso wird Planck dato benachrichtigt (vgl. aaO. Bund 1, Bl. 5). Planck antwortet unter dem 18. 11. 1797 an die Regierung in Hannover und königliche Majestät: »Die Empfindung, die ich von dieser Auszeichnung habe, kommt nur dem Gefühl von der Größe der Verbindlichkeit gleich, die mir dadurch aufgelegt wird, daher bin ich eben so wenig im Stand das eine als die anderer auszudrücken.« (aaO. Bund 1, Bl. 6). Zur wirklichen Beeidigung Plancks vor dem Konsistorium in Hannover kommt es dann erst am 27. 09. 1798, wie Konsistorialpräsident Arnswaldt an die Landesregierung unter Bezugnahme auf das »ad Mandatum Regis et Electoris speciale unterm 10. Nov. 1797 erlassene Rescript« meldet. (aaO. Bund 1, Bl. 7).
[825] S. o. Vgl. UAG Kur. 881, Bl. 11 (vom 31. 05. 1791). Die positive Antwort Georgs III. vom 14. 06. 1791 erhält die Fakultät am 24. 06. (vgl. UAG Kur. 8811, Bl. 15r).
[826] Vgl. die Akte LKAHa A 7, Nr. 54, die neben den Regelungen nach Salfelds Tod noch die Ernennungen Plancks und Sextros zu Oberkonsistorialräten enthält. Nach Empfehlung Plancks am 02. 02. 1830 als »Honorarius« des Kollegiums in Hannover (aaO. Bund 2, Seite 6 f.) wird Planck durch königliches Schreiben vom 16. 02. 1830 (aaO. Bund 3) ernannt: »Auch wollen Wir gern, wie hierdurch geschiehet, den bisherigen Consistorial-Räthen Plank zu Göttingen und Sextro zu Hannover, als Anerkennung ihrer Verdienste, den Titel vom Ober-Consistorial-Rath in Gnaden verleihen«. Planck erhält am 01. 03. 1830 dann die Nachricht, königliche Majestät habe geruht, als Anerkennung von »langjährigen […] Verdiensten um Staat und Kirche« ihm diesen Titel gnädig zu verleihen (aaO. Bund 7). Planck antwortet an das Kabinetts-Ministerium, er fühle sich geehrt und dies sei ihm Antrieb, die Kräfte, die Gott ihm noch gelassen habe, zu diesem Amt zu verwenden.
[827] Vgl. STEINMETZ, Generalsuperintendenten 1, 110.
[828] Vgl. HAMMANN, Kirche, 526.
[829] Vgl. STEINMETZ, Generalsuperintendenten 2, 110.113. Damit war auch verbunden, im Dienste der Landeskirche ein Auge auf die pietistisch anmutenden Strömungen der Universität zu haben (vgl. aaO. 115) (vgl. zu J. Oporins und M. Crusius Rolle Kap. A.IV.2.6.3.). Dass dieses Amt, gerade in der Aufbruchsphase der Universität, für Feuerlein mehr ein Nebenamt war, ist naheliegend (vgl. aaO. 113).

von Johann Gottfried Wilhelm Wagemann, der 1779–1804 dieses Amt verse-hen hatte, 1805 in den Dienst, den er bis 1827 versah.[830] Es war jedoch mehr ein Ehrentitel, den er im Zuge einer neuerlichen auswärtigen Berufung erhielt, um ihn zum Bleiben zu bewegen, als eine Beschäftigung.[831] Für Planck verband sich die Generalsuperintendentur nicht mit weiteren Ämtern.[832] 1827 bat Planck um Entlassung aus dem Amt durch den Superintendenten Johann Philipp Trefurt (1769–1841), führte aber nominell das Amt bis zu seinem Tode weiter.[833]

Unter der westphälischen Herrschaft kam es zu weitreichenden Umstruktu-rierungen des Kirchenwesens.[834] Für das neu geschaffene Leine-Departement

---

[830] Wagemanns Witwe wurde noch vom Gehalt Plancks unterstützt zur Erziehung ihrer Kinder (vgl. die Regelungen in LKAHa A 7, Nr. 1043, Bund 6 und Bund 10). Vgl. noch STEINMETZ, Generalsuperintendenten 2, 126. MEYER, Pastoren, 324 (KKAGö), notiert 1805–1827 Planck als Generalsuperintendenten von Göttingen.

[831] So die Erklärung von STEINMETZ, Generalsuperintendenten 2, 132. Auf welche Beru-fung sich dieses beziehen könnte, findet sich nicht erklärt: Steinmetz zählt an auswärtigen Berufungen auf: Vizekanzler in Tübingen, Professor in Dorpat, hohes Kirchenamt in Stutt-gart – alle hätten jeweils Anlass zu Ehrungen gegeben (vgl. ebd.). Dieser Vorgang der Ver-gabe kirchlicher Ämter wirft ein Schlaglicht auf das Verhältnis von Konsistorium und Ge-heimratskollegium sowie den Zustand der Staats-Kirche in Hannover.
Die Akte LKAHa A 7, Nr. 1043, enthält die Vorgänge der Ernennung Plancks zum Gene-ralsuperintendenten des Fürstentums Göttingen. Planck habe wiederum Anträge aus Stutt-gart erhalten und es sei nicht anders als »durch die Beilegung der Göttingischen General-Superintendentur« möglich gewesen, ihn für die Universität zu halten (vgl. aaO. Bund 5; vgl. auch aaO. Bund 11, vom 11.05.1805, worin noch einmal auf die damit nicht generalisierte Verbindung des Postens zu einem Universitätsamt eingegangen wird). Am 04.05.1805 be-dankt sich das Universitäts-Departement beim Konsistorium, das der Ernennung Plancks zugestimmt hatte. Planck habe nunmehr versichert, alle Handlungen mit Stuttgart abgebro-chen zu haben (vgl. aaO. Bund 6). Planck wurde darüber am 09.05. informiert (vgl. aaO. Bund 9) und bedankte sich am 13.05. beim Konsistorium für diesen Beweis des Zutrauens und Wohlwollens: Er verspreche sein Bestes zu geben, soweit es ihm möglich sei (vgl. aaO. Bund 10). Zu den Aufgaben Plancks vgl. die Instruktion LKAHa A 7, Nr. 1043, Bund 13: Hauptsächlich hatte der Generalsuperintendent die verschiedenen Spezialsuperintendenten zu beaufsichtigen.

[832] Darum entspann sich eine rege Diskussion (vgl. LKA Ha, Nr. 1043): Es gab Bedenken bezüglich der Ernennung Plancks, da er der Verbindung der Generalsuperintendentur mit einer Predigerstelle an Johannis und Jacobi nicht entsprechen könne. Die Befürworter der Ernennung verwiesen auf Plancks Gelehrsamkeit und allgemeinen Ruf und hielten die Pro-bleme für lösbar, »sofern dadurch mit einiger Wahrscheinlichkeit der große Zweck zu errei-chen stehen sollte, demselben an die Landes Akademie dergestalt zu fesseln, daß er jeden anderen an ihn ergehenden auch noch so ansehnlichen Ruf zu einer auswärtigen Stelle abzu-lehnen bewogen werde dürfte« (LKAHa A 7, Nr. 1043, Bl. 4v). Schlegel solle die Stelle in Jacobi übernehmen, die Johanniskirche solle bis zur anderweitigen Errichtung einer Univer-sitätskirche für die Studenten und Professoren Anlaufpunkt sein.

[833] In diese Zeit fallen mehrere Rückzüge Plancks. Bedingt durch einen Schlaganfall (wie anzunehmen ist), war er nicht mehr imstande, diese Aufgaben stetig zu übernehmen.

[834] Nur unter der für Göttingen-Grubenhagen eingesetzten Administrativkommission unter Kommissar von Neuvier blieb die kirchliche Organisation noch kurze Zeit unangeta-stet (vgl. KNOKE, Daten, 2). Insgesamt wurden mit Göttingen und Stendal nur zwei Konsis-torien neu gegründet, die übrigen kirchlichen Behörden blieben bestehen, da sich ihr Ge-bietsumriss offenbar nicht verändert hatte (vgl. SCHAAR, Konsistorium, 49).

wurde in Göttingen ein eigenes Konsistorium gegründet. Am 17. 12. 1807 erst
als eine mehr oder minder provisorische Einrichtung (mit J.Ph. Trefurt und
Friedrich Balhorn) entstanden, erhielt es spätestens mit der Ernennung Plancks
zu ihrem Präsidenten am 04. 04. 1811 institutionellen Charakter.[835] Das Göttinger Konsistorium war zwischen 1808 und 1810 auch für die Prüfung der theologischen Kandidaten zuständig – in dieser Zeit waren das 37 Anwärter.[836] Offenbar gab es 1808 Verhandlungen über ein gemeinsames, allgemein-protestan-
tisches Konsistorium, das sich aber nicht durchsetzten konnte.[837] Dies stünde im
Zusammenhang mit der während der westphälischen Zeit beförderten Gleichberechtigung der Religionsgemeinschaften, in deren Zuge eine Vorherrschaft
der lutherischen Landeskirche – trotz ihrer zahlenmäßigen Übermacht – nicht
zu halten war. Dass es während dieser Zeit keine eigene Gerichtsbarkeit des
Konsistoriums gab und dieses dem Ministerium für Justiz und Inneres, ab 1809
dem Ministerium des Innern untergeordnet war, ist im Vergleich zur vorherigen territorialkirchlichen Macht des Geheimratskollegium eine kleinere Umstellung. Zur Frage einer in dieser Zeit offenbar möglichen katholisch-protestantischen Reunion äußerte sich Planck in verschiedenen Schriften irenisch-zu-
rückhaltend.[838]

Dem Zwiespalt eines aufgeklärt-absolutistisch-loyalen Hannoveraners, einer
Fremdherrschaft in einem kirchlichen Amt zu dienen, begegnete Planck – anders als andere Göttinger Professoren und z.B. Trefurt[839] – mit einer fortwäh-

---

[835] MEYER, Pastoren, 324 (KKAGö), notiert unter den geistlichen Mitgliedern des Konsistoriums 1811–1813 Planck als Präsidenten des Konsistoriums. Vgl. die bei KNOKE, Daten,
16, erwähnten Göttinger Departementalblätter 1811, die Plancks Ernennung bekanntgaben.
SCHAAR, Konsistorium, 57, geht von einer Bestellung Plancks schon Anfang 1809 aus. Die
Akte LKAHa A 20, Nr. 1, führt Planck in einer Aufstellung der Mitglieder des Konsistoriums an die Präfektur des Leine-Departements vom 10. 06. 1812 vor Trefurt und Balhorn, die
bisher die Geschäfte geführt hatten.
    Wie es zur Bestellung Trefurts kam, lässt sich nicht sagen, da die Ernennung nur von
einem namenlosen »Surindant des églises luthériennes de Goettingen« spricht (zitiert bei
SCHAAR, Konsistorium, 49).
    Mit dieser Organisation sollten einerseits die disparaten Landesteile möglichst effizient
kirchlich organisiert werden, andererseits sollten aber auch dem Konsistorium in Hannover
Einflussmöglichkeiten entzogen werden – wie es im Falle der Schulaufsicht 1808 schon pas-
siert war (vgl. HAMMANN, Geschichte, 558). Trefurt hatte dem hannoverschen Konsistorium
schon unter dem 21. 01. 1808 mitgeteilt, dass er nun einem neuen Konsistorium vorstehe und
sich verpflichtet halte, diese Aufgabe zu übernehmen, äußert aber in diesem Brief seine patriotische Gesinnung, er wolle alles zum Besten des Landes einrichten (vgl. bei SCHAAR,
Konsistorium, 52 f.). Die Entmachtung des Konsistoriums sowie das Bestehen verschiedener
kleinerer Kirchentümer ist allerdings auch keine Neuerung der westphälischen Herrschaft.
[836] Vgl. SCHAAR, Konsistorium, 54. Vgl. die Akte in LKAHa A 20, mit einer Auflistung
der Kandidaten und ihrer Beurteilungen.
[837] Vgl. bei KNOKE, Daten, 2. Der Auftrag zu einer solchen Bildung kam vom Präfekten
(vgl. aaO. 13).
[838] Vgl. Kap. B.IV.2.–4.
[839] Vgl. HAMMANN, Geschichte, 560.

renden Distanzwahrung zur westphälischen Regierung.[840] Für die enge Verknüpfung der Kirchenbehörden mit der Regierung, die sich auch in der Funktionalisierung der Pfarrer und Schullehrer für die Staatsräson zeigt,[841] steht
beispielhaft die erste Weisung des neugegründeten Konsistoriums: Am 09. 01.
1808 ordnet es ein kirchliches Dankfest für die Ankunft des Königs an,[842]
Planck nahm an der zentralen Huldigungsfeier teil.[843] Jährlich rief es dann zur
Feier des königlichen Geburtstags auf.[844] Gegenüber bisherigen kirchlichen
Ämtern hatte Planck hier verantwortungsvolle Kompetenzen, wie beispielsweise die Klärung der Neubesetzung der Stadtsuperintendentur, zu der Planck am
29. 08. 1812 J.Ph. Trefurt neben Karl August Moritz Schlegel (1756–1826) bevorzugt vorschlug, was sofort dazu führte, dass sich Letzterer übergangen fühlte und das Konsistorium beschuldigte, es habe durch die schnelle Besetzung das
Recht des hiesigen geistlichen Ministeriums verletzt.[845] Die Benennung Tre-
furts, der sich freundlich gegenüber den Okkupanten verhielt,[846] ist sicherlich
taktisch geschickt von Planck gewesen, der so an dieser Stelle Potential zum
Aufruhr vermied. Wenn Planck attestiert wird, er habe durch diese unruhige
Phase besonnen hindurchgeführt, hat das seinen Grund auch in solchen Entscheidungen.[847]

---

[840] Sicherlich ist die Bemerkung Hammanns (vgl. aaO. 560), richtig, Planck habe sich
dafür auf seine öffentliche Reputation verlassen können, doch gehörte noch etwas mehr
dazu, den nicht nachsichtigen Besatzern Anlass zum Anstoß zu geben. Die Aufsicht über die
Schulen und die Universität leitete im Departement ein Präfekt, vor dem alle Göttinger am
28. 02. 1808 dem König Gehorsam und Treue der Konstitution schworen (bei LAMPE, Göttingen, 50).
Plancks Ernennung zeigt die durch die für Kirchenangelegenheiten zuständige Kommission betriebene Bemühung, dem Kirchenwesen im Rahmen der Möglichkeiten eine gewisse
Kontinuität zu verleihen (er war schon Generalsuperintendent in Göttingen, damit also nahezu für den gleichen Bereich zuständig).
[841] Vgl. das Schreiben der westphälischen Regierung vom 12. 09. 1808, dass die Geistlichen recht deutlich verpflichtet, zur Dankbarkeit gegenüber der »wohlwollende[n] Regierung« aufzurufen (bei SCHAAR, Konsistorium, 55), außerdem noch die Militäraushebungen
zu unterstützen.
[842] Das dann in Form eines Dankgottesdienstes für die Ankunft des Königs am 24. 01.
1808 auch überall gefeiert wurde (vgl. bei LAMPE, Göttingen, 48). Der Verlauf war vom
Konsistorium vorgegeben worden, das seinerseits auf Anordnung des »Ministeriums ›der
Gerechtigkeit und des Innern‹« handelte (SCHAAR, Konsistorium, 51).
[843] Vgl. KNOKE, Daten, 16. Auch LAMPE, Entwicklungen, 47, berichtet von der Huldigungsfeier in Kassel und weist auf die innenministerielle Anweisung hin, Dankgottesdienste
abzuhalten und den Gemeindemitgliedern die neue Ordnung anzupreisen.
[844] Der König hatte – nebenbei – am gleichen Tag wie Planck Geburtstag, am 15.11.
[845] Bericht darüber bei KNOKE, Daten, 19.
[846] Davon geben nicht zuletzt die von ihm formulierten wöchentlichen Dankgebete mit
Nennung des Königspaars Zeugnis (vgl. zur Einschätzung SCHAAR, Konsistorium 51 f.).
[847] Dass Planck hier wirklich verantwortlich tätig war, belegen die Akten LKAHa A 20.
Hier finden sich einzelne Vorgänge, an denen Planck entscheidend mitwirkte. Z.B. in
LKAHa A 20, Nr. 6: Planck forderte am 09. 11. 1811 für das Konsistorium in Göttingen aus

Mit dem Untergang des Königreiches Westphalen wird auch am 10. 11. 1813 per Verfügung des königlichen Kabinetts-Ministeriums an das hannoversche Konsistorium die Auflösung des Göttinger Konsistoriums angebahnt.[848] Am 13. 11. 1813 erging dann von Hannover nach Göttingen die Anordnung zur Aushändigung der Akten zwecks Aufhebung des Konsistoriums. Planck verfasst daraufhin, merklich erleichtert, am 18. 11. 1813 die Bekanntmachung der Aufhebung mit der Bitte, die Amtsgeschäfte nun wieder über Hannover zu führen.[849] Darin drückt er seine Freude über den Wechsel der Verhältnisse im Vaterland aus und bedankt sich für das Vertrauen und die Mitwirkung am Erhalt des Wahren und Guten in der vergangenen Zeit.[850] Darin lag sein vornehmster Antrieb in der Verrichtung dieses Amtsgeschäftes, die Kirche unter den von ihm verhassten Franzosen nicht untergehen zu lassen, sondern wo möglich ihren Erhalt zu befördern. So stellte Planck auch eine Kontinuität dar, da er vor 1807 und nach 1813 Mitglied des hannoverschen Konsistoriums war.[851]

Mit der Erhebung Hannovers zum Königtum auf dem Wiener Kongress 1815 stellten sich erneut Fragen des Umgangs mit katholischen und reformierten Bevölkerungsanteilen in den dazugewonnenen Landstrichen. Die *Deutsche Bundesakte* Art. 16, Abs. 1 schrieb vor: »Die Verschiedenheit der christlichen Religionsparteien kann in den Ländern und Gebieten des Deutschen Bundes keinen Unterschied in dem Genusse der bürgerlichen und politischen Rechte begründen.«[852] Damit waren der Restauration alter religionspolitischer Muster nach der westphälischen Herrschaft Grenzen gesetzt und auch in Hannover wurden die Religionsgemeinschaften paritätisch behandelt. Den gesamten Prozess der Veränderung der Stellung der Kirche in der französischen Zeit und danach begleitete Planck mit mehreren kleineren Schriften. Sowohl die Frage neuerlicher

---

Hannover die »Pastoral-Instruction« aus Hannover an, die eine Art Anforderungskatalog an den angehenden Pfarrer enthält.

[848] Es handelt sich um ein Schreiben an Arnswaldt, Salfeld, Planck, Sextro, Gericke, Eggers, Holscher, Kaufmann und Zwicker, sich als einzelne regionale Generalsuperintendenturen wieder zu konstituieren (bei KNOKE, Daten, 24).

[849] In einem Brief an seinen Sohn Heinrich Ludwig unter dem 07. 11. 1813 berichtet Planck von der Wiedereinsetzung der alten Regierungen und Organisationen durch Anweisung aus Hannover: »Darüber ist auch schon der Consistorial-Präsident halb in die Brüche gegangen, denn die Herren haben uns höflich ersucht, vorläufig nur solche Sachen zu expediren, welche ohne Nachtheil nicht aufgeschoben werden können. Schreibt also das nächste Mal an den Herrn Consistorialrath!« (HASUB 4 Cod. Ms. philos. 168 o, Bl. 72v; vgl. den Abdruck bei FALCKENHEINER, Kriegserinnerungen, 6).

[850] Vgl. bei KNOKE, Daten, 26.

[851] STEINMETZ, Generalsuperintendenten 2, 133, kritisiert, Planck habe kein Wort des Dankes nach dem Ende der Behörde 1813 erhalten, und vermutet ebenfalls, er habe dieses Amt nur aus Vaterlandsliebe übernommen.

[852] Die deutsche Bundesakte, Art. XVI. Vgl. die Erwähnung bei HAMMANN, Geschichte, 562.

Konkordate und Vereinigungsmöglichkeiten mit der katholischen Kirche als auch innerprotestantische Einigungsmöglichkeiten bearbeitete er.[853]

Im Umfeld des Reformationsjubiläums 1817[854] kam es auch in Göttingen zu sinnenfälligen unionistischen Aufbrüchen: Am Sonntag, den 02.11. feierten in St. Johannis mehrere hundert lutherische und reformierte Christen gemeinsam Abendmahl, unter Leitung Plancks und D. J. Potts.[855] Stäudlin hielt eine Predigt über die wohltätigen Wirkungen der Reformation auf Wissenschaft und Bildung.[856] Eine Rede Plancks eröffnete den akademischen Festakt am Nachmittag,[857] in der er die Wirkungen der Reformation nicht nur auf die Religion, sondern auch auf Staat und Wissenschaften ausdehnte, die Gott in seiner Vorsehung zum Besten richte.[858] Gott allein sei die Reformation zu verdanken, menschliche Kräfte hätten dies niemals geschafft, schon gar nicht, alles auf dem eingeschlagenen Kurs zu halten.[859] Über das wahre Wesen der Religion aufzuklären, habe er durch Luther und Melanchthon unternommen.[860] Doch auch auf Staatswesen/Gesellschaft und die Wissenschaften wirke sich die Reformation positiv aus: Gegenüber der römischen Monarchie sei es zu zweckmäßigen Regierungsformen gekommen, die kirchlichen und politischen Bedürfnissen besser entsprachen.[861] Die Wissenschaften entwickelten sich von der Reformation angestoßen weiter, besonders in kritischer und historischer Hinsicht.[862]

---

[853] Vgl. Kap. B.IV.2.

[854] Eine Beschreibung der Feierlichkeiten der Universität mit sämtlichen Reden bietet POTT, Beschreibung.

[855] Allerdings hier nur die Universitätsangehörigen. »Nachdem er nun dem Hrn. CR. Planck, und dieser wieder ihm das heilige Mahl gereicht hatte, blieben beide am Altare, um es den übrigen Communicanten zu reichen. Hier war es nun herzerhebend, wahrzunehmen, wie Reformirte und Lutheraner im brüderlichen Vereine […] unter religiösem Ernste und frommer Rührung dem Altare sich naheten« (POTT, Beschreibung, 7 f.). Vgl. die Rede Potts vor dem Abendmahl, in der er über die Verähnlichung mit Christus im Abendmahl, die alle Unterschiede verbiete, redet (aaO. Beilage F).

[856] Vgl. bei POTT, Beschreibung, Beilage D. Die Reformation habe dem Geist die Fesseln gesprengt, nun habe jeder das Recht und die Pflicht, in Religionssachen nichts ungeprüft zu lassen. Biblisches Leitwort war 2Kor 3,17 (vgl. aaO. Beilage D, 31 f.).

[857] PLANCK, G. J., *Oratio Jubilaris de beneficiis, qua ex Reformatione in religionem, in rem publicam atque in litteras per tria iam saecula non solum continuata, sed sensim majora et ampliora redundarunt* (vgl. bei POTT, Beschreibung, Beilage G, 50–64).

[858] Vgl. bei POTT, Beschreibung, 52: »huic tamen fini obtinendo suffecturum equidem existimo, si ea tantum collegerimus et distinxerimus, quae ex Reformatione *in religionem*, quae *in rem publicam*, et quae *in literas* beneficia redundarunt.« [Hervorhebungen im Original]. Damit entsprach Planck der aufklärerischen Reformationserinnerung, wie sie zuvor in Göttingen z. B. auch bei Leß auftauchte (vgl. HAMMANN, Universitätspredigt, 99 f.). Auch die Beschreibung der Vorsehung Gottes als Movens des Fortschritts findet sich in den Deutungen der Göttinger Universitätsprediger (vgl. aaO. 101). Zur weiteren Entwicklung des Rückbezugs auf die Reformation vgl. z. B. DICKENS/TONKINS, Reformation.

[859] Vgl. bei POTT, Beschreibung, 51.

[860] Vgl. aaO. 56.

[861] Zu den Wohltaten auf die *rem publicam* vgl. aaO. 57–59.

[862] Vgl. aaO. 60. Zu den übrigen Wohltaten auf die Wissenschaften vgl. aaO. 59–61.

Schließlich endet die Rede in einer lobpreisenden Anrede an Gott, die auch auf die *Georgia Augusta* als Wissenschaftsinstitution zu sprechen kommt.[863] Planck hatte dieses Jubiläum zudem mit einer Schrift bedacht, in der er ebenso auf den Fortschritt seit der Reformation eingeht, gleichzeitig aber vor überzogenen Erwartungen bezüglich des Jubiläums warnt.[864] Die Reformation wird als Beginn freier Geistestätigkeit gefeiert.

Nach der frühen liberalen Haltung gegenüber katholischer Religionspraxis kommt es 1828 zu einer Diskussion um die Einrichtung katholischer Theologie in Göttingen. Planck bezog dazu für die theologische Fakultät Stellung.[865] In seinem Gutachten *Über eine für katholische Theologen zu errichtende gelehrte Bildungs-Anstalt auf der Universität zu Göttingen*[866] vom 22. 11. 1828[867] stellt Planck zuerst die Aufgaben einer katholischen Fakultät dar: Sie müsse »eine glücklichere und vollständigere wissenschaftliche Ausbildung möglich [...] machen«, als die katholischen Theologiestudenten in den bisherigen Einrichtungen und »Instituten erlangen konnten«.[868] D.h., »die eigentliche theologische Haupt-Wissenschaften in einer systematischen Form nach den Prinzipien ihres eigenen kirchlichen Lehr-Begriffs vorzutragen«[869]. Das Ansinnen, die katholischen Theologen an einer universitären Bildung teilhaben zu lassen, befürwortet Planck zwar ausdrücklich, allerdings stelle sich ihm die Frage, »ob wohl von dem dazu gewählten Mittel auch eine befriedigende und den Aufwand der dazu erforderlichen Kosten«[870] rechtfertigende Erreichung des Zwecks zu erwarten sei. Es stehe doch vor allem in Frage, »ob sich erwarten läßt, daß sie [die katholischen Theologen, C. N.] in einem Zustand hierher kommen, in welchem sie einer solchen Bildung [...] empfänglich sind«[871]. Deshalb sollten die bischöflichen Seminare neben der abschließenden Prüfung auch eine Vorbereitung auf das universitäre Studium übernehmen.[872] Dazu müsse man sich dann vor der eigentlichen Einrichtung noch mit den bischöflichen Behörden über ihre Semi-

---

[863] Vgl. aaO. 64. Die Anrede nimmt einen großen Raum ein (vgl. aaO. 61–64).

[864] PLANCK, G.J., *Ueber den gegenwärtigen Zustand und die Bedürfnisse unserer protestantischen Kirche bei dem Schlusse ihres dritten Jahrhunderts. Betrachtungen, Vorschläge und Wünsche (1817)*. Vgl. dazu Kap. B.II.2.5.

[865] Vgl. dazu MEYER, Geschichte, 48, und die Akte UAG Kur. 4170, die ein Promemoria des Universitätsdepartements der Regierung in Hannover (aaO. Bl. 1–3), das Anschreiben an Planck (aaO. Bl. 4), das Gutachten Plancks (aaO. Bl. 9–15) sowie weiteren diesbezüglichen Schriftwechsel enthält. Hierauf wird zu Plancks Beiträgen zur Diskussion mit dem Katholizismus noch zurückzukommen sein (vgl. Kap. B.IV).

[866] UAG Kur. 4170, Bl. 9r.

[867] Vgl. die Unterschrift UAG Kur. 4170, Bl. 15r, und das Begleitschreiben *An das Königl. Großbritannisch-Hannoverische Staats- und Cabinets-Ministerium. Universitäts-Departement* (UAG Kur. 4170, Bl. 8r) vom gleichen Datum.

[868] Beide Zitate UAG Kur. 4170, Bl. 9r.

[869] UAG Kur. 4170, Bl. 9r-v.

[870] UAG Kur. 4170, Bl. 9v.

[871] UAG Kur. 4170, Bl. 9v.

[872] Vgl. UAG Kur. 4170, Bl. 10r-v.

nare und deren Lehrpläne unterhalten. Im Anschluss daran widmet sich Planck
der Frage, ob diese Einrichtung auch für die Universität an sich wünschenswert
sein würde. Eine Hebung der Frequenz sei nicht zu erwarten, da kaum auswärtige katholische Studierende auf eine protestantische Universität kommen würden, selbst inländische wären nur zu erwarten, wenn nicht die Fakultät zu
einem »Zwangs-Institut für den Landes-Clerus gemacht würde«, andernfalls
würden sie eher »nach dem ihnen näheren Münster und Bonn ziehen«.[873] Innerhalb der Universität müsste die katholische mit der protestantischen Fakultät
verbunden werden, wie es auch in Breslau, Bonn und Tübingen der Fall sei.[874]
Die Auswahl der Professoren stelle zudem vor eine große Schwierigkeit, denn
es müssten nicht nur Gelehrte sein, sondern sie müssten »auch für Göttingen
taugen«, d. h., sich im »Geist der Göttingischen Mässigung und Zurückhaltung«
üben.[875] Zwar gebe es in Bonn, Breslau und besonders in Tübingen einige
Männer dieser Art, aber man könne nicht hoffen, diese nach Göttingen zu ziehen. Zudem gebe es eine »privilegirte Parthey«[876] in der katholischen Kirche,
die sicherlich einen katholischen Theologen, der nicht ihrer Vorstellung ent-
spräche, verhindern würde.[877] Um also den positiven Zweck, den katholischen
Theologen eine bessere Bildung zukommen zu lassen, den Planck ja teile, wirklich auch zu erreichen, aber die Probleme zu umgehen, könne man überlegen,
eine Einrichtung zu treffen, die mit der Universität verbunden werden solle,
»ohne ihr gerade inkorporirt zu werden«[878]. Die Professoren würden dann ein
eigenes Kollegium bilden, das den besonderen Auftrag erhielte, die ihnen zugewiesen Studenten nach den »Prinzipien des katholischen Systems«[879] zu unterrichten. Es sollte nur aus drei Lehrern bestehen, der erste übernähme die Vorlesung in Dogmatik und Moral, der zweite die Exegese und die dazugehörigen
Hilfswissenschaften, der dritte die Kirchengeschichte und das Kirchenrecht.[880]
Der erste könne noch zusätzlich praktische Übungen in der »praktischen Theologie«[881] anbieten. Auch ließen sich nach einiger Zeit Repetenten aus den Reihen der talentierten und begabteren Studenten rekrutieren.
    Besonders wichtig sei zudem die Klärung des Verhältnisses der Aufsicht über
dieses Institut zu den Bischöfen »und besonders zu dem Landes-Bischof«[882]:

---

[873] Beide Zitate: UAG Kur. 4170, Bl. 11r.
[874] Vgl. UAG Kur. 4170, Bl. 11v.
[875] UAG Kur. 4170, Bl. 12r.
[876] UAG Kur. 4170, Bl. 12r.
[877] Vgl. UAG Kur. 4170, Bl. 12r–v.
[878] UAG Kur. 4170, Bl. 13r.
[879] UAG Kur. 4170, Bl. 13r.
[880] Vgl. UAG Kur. 4170, Bl. 13r. D.h., auch hier findet sich eine klare Zuweisung der Fächer an die Professoren.
[881] UAG Kur. 4170, Bl. 13r. Planck benutzt hier explizit die Bezeichnung »praktische
Theologie«.
[882] UAG Kur. 4170, Bl. 14r.

»Was hier vorzüglich zu erstreben seyn möchte, müsste eine möglichst freye und unabhängige Stellung seyn«[883], d.h., man müsste den Bischof möglichst von dem Gedanken einer Oberaufsicht oder eines Inspektionsrechts abbringen. Die Kosten eines solchen Instituts seien ebenfalls nicht zu unterschätzen, ein jeder der drei Professoren müsste »nicht viel weniger als 1000.thl«[884] erhalten, abgesehen von der Anmietung einer Räumlichkeit etc. Über die Einrichtung müsste aber jedenfalls mit der bischöflichen Oberbehörde verhandelt werden.

Wenn auch das Gutachten schon einige konkrete Vorschläge entwarf, musste es doch im Ganzen kritisch gegenüber der Gründung einer katholischen Fakultät verstanden werden, zumal sich die vorgeschlagene Alternative kaum hätte realisieren lassen. Die Regierung entschied sich dann dagegen, womit sie auch mehr den Regelungen der Zirkumskriptionsbulle *Impensa Romanorum Pontificum* von 1824 entsprach, die die Ausbildung im Seminar in Hildesheim geregelt hatte.[885]

Die Erhebung Plancks zum Abt von Bursfelde 1828 ist wiederum als Ehrenbezeugung eines um das Vaterland verdienten Mannes zu verstehen.[886] Die Abtei wurde vom Herrscher persönlich vergeben, freilich nicht ohne vorherigen Vorschlag des Ministers und – nebenbei bemerkt – Dutzenden von Bewerbungen auf diese lukrative Pfründe. Bereits im 17. Jahrhundert hatte sich in Bursfelde der Übergang von einem evangelischen Kloster mit Abt und Konventualen zu einer Prälatur ohne Konvent und Residenzpflicht vollzogen, und in der Folge diente diese als Ehrenpfründe für besonders gestellte hohe und höchste Beamte. Eine Verbindung zur Theologie oder zu einem geistlichen Amt bestand ausdrücklich nicht.[887] Dass also mit Planck der erste Professor der Theologie an der Landesuniversität Göttingen mit der Abtswürde bedacht wurde, lag somit nicht schon in der Natur der Sache und begründete auch noch keine Tradition.[888] Die Auszeichnung erhielt er »unter keinem anderen Gesichtspunkt […] als viele[] seiner nichtgeistlichen Vorgänger auch«[889]. Neben der Ehre bedeutete diese Pfründe auch eine nicht zu unterschätzende Verbesserung des fi-

---

[883] UAG Kur. 4170, Bl. 14r.

[884] UAG Kur. 4170, Bl. 14r.

[885] Sie hatte festgelegt, dass die Vorbildung der Priester im Seminar zu Hildesheim erfolgen sollte: »Donec autem proprium Osnabrugense seminarium erigi potuerit, huiusce diocesis clerici alentur atque aducabuntur in episcopali seminario Hildesimensi, cui proptere bona ac reditus, quibus actu gaudet, integre conservabuntur« (zitiert bei Schule, System, 49).

[886] Sie sollte also eher wie auch bei Perlitt, Äbte, 11, im Zusammenhang der Ernennungen Plancks zum Ritter und Commandeur des Guelphen-Ordens (1816/1831) sowie zum Ritter des Württembergischen Kronen-Ordens gesehen werden. Dass Planck Abt zu Bursfelde war, geht auch aus dem Eintrag im KB St. Johannis, Begrabene, S. 510/Nr. 52, hervor.

[887] Mit dieser Frage beschäftigt sich Perlitt, Äbte, ausführlich und verweist auf diesen nicht-geistlichen Charakter der Pfründe (vgl. aaO. 8).

[888] Das ist die eigentliche Zielrichtung der Abhandlung Perlitt, Äbte, bes. 12.

[889] AaO. 11.

nanziellen Standes des damit Bedachten.[890] Der Minister, der am 14. 03. 1828
nach dem Ableben des Abts Rumann Planck in Vorschlag brachte, formuliert
– damit auch die Neuerung benennend –, ob »diesmahl« ein »Geistliche[r]«[891]
damit bedacht werden möge. Universität und Fakultät waren mit diesem Verfahren in keiner Weise befasst und von der Ernennung eher überrascht. Dies
hinderte sie aber nicht, direkt einen Tag nach Plancks Tod und der neuerlichen
Vakanz der Abtei an das Ministerium zu schreiben, ob nicht der Fakultät die
Abtei wieder zugeschrieben werden könne.[892] Das passierte erst nach zehnjäh-
riger Vakanz mit der Ernennung F. Lückes zum Abt – der auch schon bei Plancks
Tod der Fakultät angehörte, jedoch zu diesem Zeitpunkt offenbar noch nicht
die Anforderungen erfüllte, die an diese Ehrung gebunden waren.[893] Das Verdienst Plancks wird vor allem in seiner Haltung während der französischen
Fremdherrschaft bestanden haben sowie in der Ablehnung auswärtiger Berufungen in dieser Zeit.[894]

---

[890] Auf die Möglichkeit, das Gehalt der Theologieprofessoren durch die Beilegung kirchlicher Ämter aufzubessern, ist schon in den Gründungsüberlegungen der Universität hingewiesen worden (GRUBERS *Unvorgreiflicher Vorschlag [30. 08. 1732]* [bei RÖSSLER, Gründung,
6]). Zudem gab es andere Theologen – Mosheim, auch D.J. Pott –, die bereits mit einer
solchen Abtei dekoriert waren. Dennoch ist an Perlitts Urteil nicht zu zweifeln, dass die
Abtei Bursfelde als landesherrlich verwaltete Ehrendekoration verdienter Landsmänner zu
verstehen sei und nicht als eingeplante Besoldungsbeilage der Göttinger Theologieprofessoren. Darauf weist nebenbei auch die Tatsache hin (was Perlitt nicht ausdrücklich sagt), dass
gerade in der Gründungszeit der Universität, als es wichtig und schwierig war, gutes Personal
zu bekommen, von dieser Möglichkeit noch kein Gebrauch gemacht wurde.

[891] Bei PERLITT, Äbte, 12.

[892] Vgl. aaO. 14. Planck starb am 31. 08. 1833, die Bitte datiert auf den 01. 09. 1833. Darin
beruft sich die theologische Fakultät auf eine Einsetzung dieser Abtei zum Wohle der Kirche
in der Vergangenheit, die es aber in der von ihnen vorgestellten Form so nicht gab. Zudem
lagen direkt Bewerbungen um die Abtei von Konsistorialrat Brandis und vom Harburger
Generalsuperintendenten Breiger vor (vgl. ebd.). Ein Vorrecht der theologischen Fakultät
war also nicht geschaffen worden.

[893] Vgl. aaO. 19. Lücke wurde ebenfalls in seiner Person berufen und nicht als Senior der
theologischen Fakultät. Die lange Tradition, einen theologischen Professor aus Göttingen
zum Abt zu machen, wird erst mit Ehrenfeuchters Tod am 20. 03. 1878 begründet (vgl. aaO.
23).

[894] LÜCKE, Planck, 96, berichtet auch von einer eventuell geplanten Berufung nach Tübingen im Sommer 1807. Im Hinblick auf die sonstige Verfahrensweise, kirchliche Ämter
zur Abwendung von auswärtigen Berufungen zu vergeben, sei hier auf ein Angebot aus
Greifswald verwiesen (bei MOHNICKE, Beitrag, 314f.), das Planck das Amt eines Prokanzlers
der dortigen Universität beigelegt hätte. Er lehnte jedoch ab und wählte den wohl beschwer-
licheren Weg in Göttingen. Der Generalsuperintendent von Schwedisch-Pommern und Rü-
gen, Prokanzler der Universität Greifswald Gottlieb Schlegel, war am 27. 05. 1810 verstorben. Die Pommern versuchten nun, namhafte Theologen für die Nachfolge zu gewinnen
(vgl. die Aufzählung aaO. 313: Hanstein [Berlin], von Ammon [Erlangen], Niethammer
[München], Salfeld [Abt zu Loccum], Schwarz [Heidelberg], Wolfrath [Rinteln], Holscher
[Hannover]). Nach Erhalt des Angebotes vom 22. 09. 1810 am 02. 10. 1810 antwortete
Planck am 13. 10. 1810, er fühle sich geehrt und sei sich der Einflussmöglichkeiten der Stelle
bewusst, wäre jedoch wahrscheinlich überfordert (vgl. aaO. 314). Wenn er schreibt: »Unter
anderen Umständen hätte ich mich sogar vielleicht überreden können, dass es Pflicht für

3.4. Privatleben: Familie, Freunde, private Äußerungen

Planck legte nach Auskunft seiner Zeitgenossen Wert darauf, im persönlichen
Umgang Privatmann zu sein, jeder theologische Inhalt in Privatunterhaltungen
war ihm zuwider, was dazu führte, dass diese privaten Unterhaltungen von
Studenten selten als instruktiv beurteilt wurden.[895] Auch die, die von sich später
behaupteten, von Planck entscheidend geprägt worden zu sein, berichten kaum
von persönlichen Gesprächen mit ihrem Lehrer.

In sein Haus[896] neben den üblichen Sonntagsbesuchen[897] persönlich eingela-
den zu werden, war eher ungewöhnlich. Doch war Planck nie unfreundlich,
nur – wie die übrigen Professoren in Göttingen angeblich auch – eher kühl und
distanziert als zugänglich und dynamisch.[898] Lücke gibt eine Beschreibung des
Studierzimmers Plancks, das direkt neben dem Auditorium gelegen war und in
dem er ein Bildnis Luthers neben einem der Enkel Plancks bemerkt.[899] Die Bibliothek sei nicht groß, aber ausgesucht gewesen, besonders in den älteren kirchengeschichtlichen Werken.[900]

---

mich sey, mich zu der Annahme der Stelle geneigt zu erklären, weil ich mir selbst die Neigung dazu nicht ganz verhelen kann« (aaO. 315), verweist er damit auf seine Unabkömm-
lichkeit in seiner Göttinger Universität und Kirche in der turbulenten Zeit.

[895] So jedenfalls der Bericht bei LÜCKE, Planck, 36, und von J. A. Möhler in einem Brief
aus Göttingen, November 1822, an Generalvikariatsrat Meßner in Rottenburg: »Die Privatunterhaltungen mit ihm sind übrigens nicht besonders instruktiv.« (MÖHLER, Aktenstücke, 74, Brief Nr. 61).

[896] KB St. Johannis, Begrabene, S. 510/Nr. 52 (KKAGö), notiert die Hausnummer 611.

[897] Vgl. BRÜDERMANN, Einwohner, 402: In Göttingen waren die Sonntagsvisiten Brauch,
allerdings beschwerten sich die Studenten über die auch dort anzutreffende Kühle der akademischen Lehrer.

[898] LÜCKE, Planck, 36 f., berichtet, Planck wurde von einem Teil seiner Zuhörer nach alter
Göttinger Sitte sonntäglich besucht, »aber es lag wohl eben so sehr an ihm, als an der Kürze
und Förmlichkeit dieser Besuchsweise, daß man dabey selten mehr von ihm hörte, als
freundliche Fragen und Antworten über das Persönliche, und Bemerkungen über Dinge des
Tages, in denen das Gespräch leichter abbrach, als sich fortsetzte.«
   Das Stammbuch eines C. Miesegaes mit der Aufschrift »Meinen Gönnern und Freunden
gewidmet« enthält eine Eintragung von Planck vom 31. 03. 1791: »Αληθευειν εν αγαπη« [Eph
4,15; C. N.] (Cod. Ms. 2003.19, Bl. 46).

[899] Vgl. LÜCKE, Planck, 103.

[900] Leider fehlen zu Plancks Buchbesitz nähere Angaben. Lediglich ein Buchgeschenk an
Lücke (vgl. aaO. 37) ist zu vermerken, bei dem es sich allerdings um den von Planck selbst
neu herausgegebenen *Grundriß der Geschichte* von L. T. Spittler handelte, sowie die *Unschuldigen Nachrichten* Valentin Ernst Löschers, des Spätorthodoxen (vgl. zu Löscher: GRESCHAT,
Tradition), die Planck kurz vor seinem Tode noch an J. K. L. Gieseler vererben wollte (vgl.
LÜCKE, Planck, 128). Eine Erschließung über die zitierte Literatur in seinen Werken würde
allenfalls annäherungsweise Informationen liefern, da Planck – wie weiter unten gezeigt
werden wird – häufig ungenannt zitiert und übernimmt, was nicht unüblich war und sicherlich durch die Maßgabe in Göttingen, kritisierte Positionen nicht mit Namen zu versehen
(s. o.), befördert wurde.
   Lücke berichtet von der Lektüre literarischer und politischer Zeitungen, auch französischer und englischer Provenienz, sowie Romanen, bleibt aber Präzisierungen schuldig (vgl.
aaO. 106).

In seiner Haushaltsführung wie in seinem Lebenswandel zeichnete sich der Schwabe durch eine beachtenswerte Stetigkeit aus, zu der sicherlich auch die frühe Prägung durch Klosterschule und Stift mit ihren jeweils disziplinierenden Vorschriften beigetragen hat. Seine Kalender enthalten über Jahre hinweg lediglich Einnahmen und Ausgaben des Haushalts.[901] Auch an persönlich wichtigen Daten finden sich keine anderen Eintragungen.[902]

Der durch die Lehrveranstaltungen geprägte Tagesablauf begann um fünf Uhr früh. Der frühe Morgen war besetzt von biblischer Lektüre, worüber er auch ein Tagebuch führte,[903] und Vorbereitungen. Zwischen sieben und acht Uhr war Zeit für das Frühstück mit der Familie, von acht bis neun Uhr folgte die erste Vorlesung, von elf bis zwölf Uhr die zweite, zwischendurch war er beschäftigt in seiner Studierstube und wollte nicht gestört werden. Um Punkt zwölf Uhr gab es Mittagessen, gefolgt von familiärer Unterhaltung bis ein Uhr. Wenn es am Nachmittag Vorlesungen zu halten gab, fanden sie von drei bis vier Uhr statt, wenn nicht gab es Besuche in den nahegelegenen befreundeten Häusern bei L.T. Spittler, Christoph Meiners (1747–1810), G. Hugo (dem »Schwabenkonvent«[904]) sowie A.H.L. Heeren und D.J. Pott,[905] eine Zeit lang auch auf dem Civilclub.[906] Feierabend war um acht Uhr, um zehn Uhr ging Planck zu Bett. An Sommerabenden fanden Spaziergänge oder Ritte statt, zuweilen zum Garten an der Kasseler Chaussee.[907] Dass ein solcher Tagesablauf sogar einem Biographen überliefert werden kann, spricht für seine Stetigkeit. Vergleicht man seinen Tagesplan allerdings mit dem anderer Professoren, wie z.B. dem Blumenbachs, der zuweilen angeblich schon um fünf Uhr mit seinen Vorlesungen anfing, wirkt Plancks morgendliches Werk geradezu angenehm.

Dass Planck kein Freund von Störungen und Unruhe war, geht aus einem Brief an seinen Sohn Heinrich Ludwig aus den turbulenten Tagen um den Sieg

---

[901] Für Ökonomie und Landwirtschaft hielt sich Planck scherzhaft für besonders begabt, so sagte er jedenfalls oft zu den Seinigen, an ihm sei ein großer Ökonom verloren gegangen (vgl. Lücke, Planck, 107).

[902] Vgl. seine Kalender HASUB 8 Cod Ms. hist. lit. 19:1 ff. Die Darstellung von Lücke, Planck habe stets den *status coeli* eingetragen (vgl. Lücke, Planck, 103), lässt sich daran nicht verifizieren: Bei den Kalendern handelte es sich um vorgedruckte Exemplare, die jeweils als eine Art fortlaufender hundertjähriger Kalender zu jedem Tag eben diese Angaben schon enthielten. Dass Planck auch ein Thermometer und Barometer besaß, wie Lücke (vgl. ebd.) berichtet, mag stimmen.

[903] Vgl. Lücke, Planck, 104. Dieses Tagebuch Plancks war mir leider nicht auffindbar. Er muss eine ganze Reihe von Notizbüchern besessen haben, die er gewissenhaft führte.

[904] Obgleich Chr. Meiners aus Norddeutschland kam.

[905] Die Freundschaft zu Pott ist bemerkenswert, sieht man die theologischen Differenzen an. An Lücke kann Planck später (1827), den theologischen Dissens mit Pott ansprechend, schreiben (bei Sander, Lücke, 172), er solle doch mit Pott auch vertrauensvoll umgehen, da sich in dessen Ansichten offenbar ein Wandel vollzogen habe.

[906] Schläger, Erinnerung, 7, berichtet, in den letzten Jahren habe Planck mit Heeren, Hugo und Pott regelmäßigen Kontakt gehabt.

[907] Vgl. die Darstellungen bei Lücke, Planck, 107.

über Napoleon am 31. 10. 1813 hervor: Er berichtet von belastenden Einquartierungen und dem großangelegten Empfang des Kronprinzen von Schweden
und wünscht:

»Das schönste wäre, wenn Luise [seine Tochter, die bei ihm war, C. N.] Anstalten
machte, gerade heute in Wochen zu kommen, denn ich würde mich unbändig freuen,
wenn der eine Lärm mit dem andern glücklich vorüber wäre.«[908]

Kindergeschrei und Einquartierung hätten den 61-Jährigen offenbar überfordert.

Seine Frau Johanna Luise Schickhardt (05. 06. 1755, Stuttgart – 08. 02. 1833,
Göttingen) hatte Planck schon in Stuttgart kennengelernt und dort am 02. 10.
1781 geheiratet.[909] Ob sich die Anbahnung und Führung der Ehe nach seinen
frühen Ausführungen im *Tagebuch eines neuen Ehemanns* richtete, ist nicht überliefert – und nicht zu hoffen. Aus Schwaben mitgebracht hatten sie die älteste
Tochter Johanna Luise Friederike (24. 10. 1783, Stuttgart – 10. 01. 1851, Jacobi
Drebber), die später mit einem Pastor August Kranhold in Lenglern verheiratet
war.[910] In Göttingen wurden ihnen noch drei Söhne und zwei Töchter geboren.
Die Zwillinge Heinrich Ludwig und Wilhelm Georg folgten schon 1785. Noch
in Stuttgart soll ihnen ein Sohn geboren sein, der aber schon im ersten Jahre
verstarb; über ihn ist nichts bekannt.[911]

Heinrich Ludwig (19. 07. 1785, Göttingen – 23. 09. 1831, Göttingen) heiratete später die Tochter des Generalsuperintendenten Johann Gottfried Wilhelm
Wagemann (dessen Nachfolger Planck wurde) in Göttingen, Johanna Sophie
Charlotte Eleonore (22. 03. 1784, Göttingen – 07. 05. 1859, Göttingen) und
wurde später Professor der Theologie in Göttingen.[912] Über seinen Lebenswan-

---

[908] HASUB 4 Cod. Ms. philos. 168 o, Bl. 66r (Abdruck bei FALCKENHEINER, Kriegserinnerungen, 4).

[909] Sie war Tochter des Andreas Schickhardt (1710–1782), Rentkammer-Buchhalter, Geheimer Rechnungsrat und Expeditions-Rat in Stuttgart (vgl. FABER, Familien-Stiftungen 2,
110 f.) und Johanna Chr. Walther (vgl. DINKEL/SCHWEIZER, Schiller, 107, unter den Nach-
kommen von Matthäus Alber, von dem offenbar letztlich alle württembergischen Berühmtheiten abstammen: Schiller, Hegel, Richard v. Weizsäcker, Grace Kelly u. a.).
Soweit nicht anders angegeben, sind die Daten aus PLANCK, Planck, genommen, der eine
ausführliche genealogische Darstellung bietet.

[910] PLANCK, Planck, A.a., notiert, er sei Pastor in Jacobi Drebber gewesen (Lebensdaten:
01. 06. 1785, Jühnde oder Berka – 01. 10. 1870, Barnstorf), was sich nur durch den Sterbeort
seiner Frau nahelegt: Die Kinder sind ausnahmslos an anderen Orten geboren. Lücke bezeichnet Kranhold auch als Pastor in Lenglern (vgl. LÜCKE, Planck, 108). Ihre Kinder: Kuno
Johann Gottlieb (15. 11. 1813, Osnabrück – 17. 04. 1872, Osnabrück), Bertha (31. 05. 1815,
Berka – 11. 06. 1894, Kahnstieg), Albert (14. 02. 1817, Berka – 05. 08. 1870, Althaldensle-
ben), Ida (04. 10. 1819, Lenglern – 17. 05. 1888, Hannover) und Pauline Sophie Luise Dorothea (25. 01. 1820, Lenglern – 04. 11. 1889, Hannover) (vgl. ebd).

[911] Lediglich die Erwähnung bei LÜCKE, Planck, 108.

[912] Ihnen wurden die Kinder Hermann Gottlieb Arnold (22. 07. 1814 – [ohne Tag]
11.1848) (Gymnasiallehrer in Alefeld) und Wilhelm Johann Julius *von* Planck (22. 04. 1817,
Göttingen – 14. 09. 1900, München), verw. Voigt, verh. Patzig (wurde Dr. jur., Geheimrat,

del ist dank Lücke ein wenig mehr bekannt:[913] Nach dem Unterricht durch
Hauslehrer bis zu seiner Konfirmation 1801 und dem Besuch des Gymnasiums
zog es ihn zur Theologie auf die Göttinger Universität ab Ostern 1803, wo er
bei seinem Vater, Stäudlin und Ammon sowie bei Eichhorn lernte. Er tat sich
früh in der Wissenschaft hervor und strebte schon bald eine akademische Laufbahn an.[914] 1806 wurde er zum Repetenten ernannt, machte aber vorher auf
besondere Genehmigung im Sommer 1806 eine Reise durch die norddeutschen
Universitäten, in erster Linie zur Stärkung und Erholung seiner Gesundheit.[915]
Michaelis 1806 begann er mit der Lehre, zuerst im Alten Testament, dann schon
Ostern 1807 im Neuen Testament, dessen Kritik und Auslegung ihn zeitlebens
begleiten sollten.[916] Darin wendete er sich sogleich gegen F.D.E. Schleiermachers *Sendschreiben an Gaß über den sogenannten ersten Brief des Paulos an den Timo-
theos (1807)* mit einer Schrift *Bemerkungen über den ersten Paul. Brief an den Timo-
theos (1808)* und verteidigte die angegriffene Echtheit des Briefes gegen einen
schon zu dieser Zeit bedeutenden Gegner. Er befasste sich zudem mit Evange-
liensynopsen und einem Plan für ein Lexikon des neutestamentlichen Griechisch. 1810 wurde er außerordentlicher Professor der Theologie und wendete
sich in den nächsten Jahren auch systematischen Fragen zu. Wieder gegen
Schleiermacher schrieb er *Ueber Offenbarung und Inspiration mit Beziehung auf Dr.
Schleiermachers neue Ansichten über Inspiration (1817)* als eine Vorrede zur Schrift
über das Lukasevangelium. Darin strebte er – man erkennt den Vater – eine
höhere Einheit der Gegensätze von Rationalismus und Supranaturalismus an.
Im Zusammenhang findet sich seine philosophisch-theologische Denkweise in
seinem *Kurzen Abrisse der philosophischen Religionslehre (1821)*. Dies sollte seine
letzte Schrift bleiben, auch wenn er 1823 noch zum ordentlichen Professor der
Theologie ernannt wurde (1815 hatte er den Ehrendoktor der theologischen
Fakultät erhalten), zwang ihn doch seine Epilepsie – er war von November 1813
bis März 1814 zu einem Erholungsaufenthalt in Heidelberg[917] – immer mehr zur

---

Professor des Civilprozessrechts in München) geboren. Letzterer war der Vater des hinlänglich bekannten Max (Ernst Ludwig Carl) Planck (1858–1947) (vgl. PLANCK, Planck, A.bbf).
    [913] Über Heinrich Ludwig findet sich eine biographische Mitteilung von Lücke im An-
hang zur Biographie des Vaters (vgl. LÜCKE, Planck).
    [914] Vgl. aaO. 156. Er versuchte sich schon früh mit einer theologischen Preisaufgabe
(1804), die er im zweiten Anlauf ein Jahr später auch siegreich absolvierte.
    [915] Vgl. aaO. 157.
    [916] Um sich in der philosophischen Fakultät als Privatdozent zu habilitieren, in der er
schon im Herbst 1806 promoviert wurde, verfasste er 1807 die Dissertation: *Enii Medea com-
mentario perpetuo illustrata cum fragmentis, quae in Hesselii Merulae aliisque editionibus desiderantur*
(vgl. aaO. 158). Dieses Werk war gleichzeitig sein Abschied von der klassischen Philologie.
Seine philologische Bildung, vermittelt durch Heyne und seinen Freund namens Dissen,
wandte er nun auf das Neue Testament an.
    [917] Vgl. dazu die Briefe aus dieser Zeit von G.J. Planck an H.L. Planck in HASUB 4 Cod.
Ms. philos. 168 o (abgedruckt bei FALCKENHEINER, Kriegserinnerungen).

Passivität und Zurückgezogenheit.[918] Am 23. 09. 1831 starb er nach kurzer »Unpäßlichkeit« morgens um sechs Uhr in ruhigem Schlaf.[919]

Wilhelm Georg (19. 07. 1785, Göttingen – 31. 03. 1858, Göttingen) war Oberappellationsrat in Celle, vorher Justizkanzleirat, dann Obergerichtspräsident in Göttingen. Er heiratete Dorothea Oesterley (13. 01. 1787, Göttingen – 01. 05. 1873, Göttingen), Tochter des Kanzleidirektors Oesterley in Göttingen.[920] Einige Briefe seines Vaters an ihn sind erhalten, hauptsächlich aus der Zeit zwischen 1811 und 1812, als er in Paris weilte.[921]

Der jüngste Sohn Fritz (10. 07. 1787, Göttingen – 07. 03. 1860, Hannover) wurde General-Postkassierer in Hannover. Aus seiner Ehe mit Sophie Meinberg (gest. 1886) gingen keine Kinder hervor. Ebenfalls kinderlos und zudem unverheiratet blieb die Tochter Charlotte (11. 11. 1789, Göttingen – 14. 09. 1868, Kloster Marienwerder bei Hannover). Von ihr sind einige Briefe erhalten, unter anderem an ihren Bruder Heinrich Ludwig während dessen Erholungsaufenthaltes in Heidelberg. Die Befreiung von der französischen Fremdherrschaft in dieser Zeit erlebte sie anders als ihr Vater, und so geben die Briefe Einblick in die Bedeutung des Umbruchs 1813/14 für die jüngere Generation, Charlotte war zu dem Zeitpunkt gerade 24 Jahre alt. Auf sie machte vor allem der Pomp und Glanz der Prinzen und Offiziere Eindruck,[922] und ihre Sorgen richteten sich eher auf die angemessene Garderobe für einen anstehenden Ball als auf die weltpolitischen Umschwünge, die vor sich gingen.[923] Doch machte sie sich ein eigenes Bild vom hannoverschen Patriotismus und erwähnte lobend eine Bemerkung des Herzogs von Cambridge, »daß, ohne Hyronimus [d. i. Jerome, C. N.], Göttingen nie in dieser Zeit würde gewonnen haben, was es gewonnen hat.«[924] Bei ihrem Vater Planck fehlen solche lobenden Worte in

---

[918] Vgl. LÜCKE, Planck, 164. Vgl. den Bericht von Carl Johann Philipp Spitta (1801–1859) bei MÜNKEL, Spitta, 23, über Heinrich Plancks Epilepsie.

[919] LÜCKE, Planck, 165, kommentiert: »So sanft, wie sein Gemüth unter allen Prüfungen des Lebens blieb, war auch sein Tod.« Zur näheren Charakteristik ist bei Lücke eine Darstellung des Jugendfreundes Professor Dissen beigegeben.

[920] Ihr Sohn Gottlieb Georg Carl (24. 06. 1824, Göttingen – 20. 05. 1910, Göttingen) wurde ein bekannter und einflussreicher Jurist. Seinem Nachlass verdanken sich einige Briefe und Hinterlassenschaften Gottlieb Jakob Plancks. Sein Einfluss besonders auf das BGB verdient Erwähnung. Vgl. die Biographie FRENSDORFF, Planck.

[921] Die Briefe schildern vor allem die elterliche Sorge um den in der Ferne weilenden Sohn (vgl. die acht Briefe in HASUB Cod. Ms. G. Planck 1:3).

[922] »Ein nie gesehener Glanz blendete hier meine Augen. Der ganze Stab des Prinzen in Staatsuniform bot wirklich ein prachtvolles Schauspiel dar.« (In einem Brief an Heinrich Ludwig unter dem 12. 11. 1813: HASUB 4 Cod. Ms. philos. 168 o, Bl. 74r [vgl. bei FALCKENHEINER, Kriegserinnerungen, 9]).

[923] So berichtet sie u. a., dass der Prinz »eine ganze Stunde« (Brief am 12. 11. 1813, HASUB 4 Cod. Ms. philos. 168 o, Bl. 74r [vgl. bei FALCKENHEINER, Kriegserinnerungen, 9]) auf dem Ball gewesen sei.

[924] Brief vom 16. 01. 1814 (HASUB 4 Cod. Ms. philos. 168 o, Bl. 137r [vgl. bei FALCKENHEINER, Kriegserinnerungen, 9]).

den Briefen der gleichen Zeit, er sah in erster Linie das Ende der Fremdherrschaft.

Als jüngstes Kind wurde 1795 Heinrike geboren (25.02. 1795, Göttingen –
10.01. 1867, Göttingen). Sie heiratete (02.10. 1818, Rohracker bei Stuttgart)
Johann Georg Henning Wagemann (24.04. 1782, Göttingen – 31.03. 1825,
Lüttich), Professor der Statistik in Lüttich.[925] Nach dessen Tod zog sie mit ihren
drei Kindern[926] zurück in ihr Elternhaus.[927]

Über die private, persönliche Gedankenwelt Plancks geben einige Briefe
Aufschluss, die von den verschiedenen freundschaftlichen Verhältnissen, von
seinem Erleben des Zeitgeschehens und seiner Haltung zu politischen und öffentlichen Verhältnissen berichten.[928] Mit L. T. Spittler unterhielt Planck nach
dessen Rückkehr nach Württemberg 1797 regelmäßigen Briefverkehr. Neben
persönlichen und theologischen Ausführungen finden sich darin bemerkenswert patriotische Äußerungen. Unter dem Eindruck der erneuten französischen
Expansion schreibt Planck an Spittler am 20.05. 1803:

»Die Regierung muß und mag wohl mehrere Gründe zu der Besorgnis haben, daß der
verdammte Franzose gegen alles Völkerrecht und Staatsrecht Lust bekommen könnte,
uns zu fressen, wie er England nicht fressen kann. Um es dann wenigstens dem Lum-
pen-Gesindel unmöglich zu machen, daß es nicht geradezu in das Land hereinlaufe –
vielleicht auch nur, um es sich möglich zu machen, daß sie [die Regierung, C. N.] capi-
tulieren kann, – will sie eine Observationsarmee an der Grenze aufstellen, daß man
wenigsten – werda? rufen kann, wenn ein französischer Monsieur kommt.«[929]

Einige Zeit später kam es dann zum befürchteten Einmarsch der Franzosen.

Der preußischen Interimsherrschaft von 1806 gab Planck keine lange Dauer
und hielt sich ihr gegenüber in Loyalität zur hannoverschen Regierung. An
Spittler vermeldet er nach der Forderung der Anerkennung der preußischen
Herrschaft:

»Beydes habe ich ihm [Kommissar Giesecke, C. N.] im Namen des academischen Corpus [Planck war zu der Zeit Prorektor, C. N.] mit dem stärksten Vorbehalt unserer
fortdauernden und unerläßlichen Pflichten gegen die hannöversche Regierung gegeben, und er hat sich noch schön für die Erklärung bedankt.«[930]

---

[925] Vgl. den Reiseantrag für eine Reise nach Lüttich (UAG Kur. 8811, Bl. 20–22). Auch
hier wird wieder eine ärztliche Empfehlung angeführt (aaO. 21), im Zusammenhang mit
seiner Podagra-Erkrankung; beantragt am 08.07., genehmigt am 11.07. 1821.
[926] Luise Dorothea Juliane (29.12. 1819, Lüttich), Gustav Theophilus Arnold (07.08.
1821, Lüttich – 29.10. 1897, Celle), Carl Rudolf Friedrich (17.07. 1824, Lüttich – 09.07.
1864, Cavarellos [Brasilien]) (vgl. PLANCK, Planck, A.f).
[927] Vgl. LÜCKE, Planck, 108.
[928] Die Korrespondenz mit dem Detmolder Generalsuperintendenten Werth zwischen
1818 und 1831 ist leider nicht erhalten. Lücke gibt an, sie für seine Biographie benutzt zu
haben (vgl. LÜCKE, Planck, IX).
[929] Zitiert bei SELLE, Universität, 210f.
[930] Zitiert aaO. 214. Vgl. die Eingabe Plancks an den König zur Bestätigung der Univer-

Auch die westphälische Herrschaft behagte Planck nicht, obgleich er sich mit ihr arrangierte. So schreibt er an Spittler: »Ich hoffe für die gegenwärtige und die nächste Generation rein nichts mehr von dem Zustand der Welt, aber ich bin gewiß, daß aus der Asche dieser zwei Generationen ein neues und besseres Geschlecht auferstehen wird.«[931] Die letzten Tage des Königreiches Westphalen, wie er sie an seinen in Heidelberg auf Erholungsurlaub weilenden Sohn Heinrich Ludwig schildert, machen dem Patrioten Planck Mut.[932] Seine Freude über die Niederlage der Franzosen verhehlt er nicht und hofft darauf, »bald den deutschen Boden von allem französischen Unrath vollends«[933] gereinigt zu sehen. Er berichtet vom großen Jubel in Göttingen, aber auch von den Beschwernissen durch Einquartierungen der durchziehenden Armeen.[934] Am 26. 10. 1813 berichtet Planck offenbar erleichtert:

»daß darauf diesen Morgen S. Kgl. Westphälische Maj. dero Hauptstadt und dero Königreich mit allen französischen Truppen zu räumen und zu verlassen geruht haben. Das ganze Ministerium, der Staats-Rath und alle administrative Behörden sind entlassen.«[935]

Im Übrigen ist sein Bild der Vorgänge aber von fehlenden Informationen bestimmt, er beklagt sich über das fortdauernde Ausbleiben der Post.[936] Die Schilderungen Plancks ermöglichen eine ungefähre Vorstellung, was die Einquartierung der durchziehenden Truppen für die Bevölkerung Göttingens bedeutete: Planck musste einmal 30 Mann beherbergen.[937] Doch ertrugen es alle in der noch anhaltenden euphorischen Grundstimmung. Zudem erwiesen sich die meisten Einquartierungen als pflegeleicht (»die Leute waren über-freundlich

sitätsprivilegien vom 11. 06. 1806 sowie dessen Antwort darauf, abgedruckt in: Minerva (1806), 3. Bd., 146–150.

[931] Zitiert bei SELLE, Universität, 221.

[932] Vgl. HASUB 4 Cod. Ms. philos. 168 o (vgl. bei FALCKENHEINER, Kriegserinnerungen). Diesbezügliche Nachrichten umfassen den Zeitraum vom 25. 10. 1813 bis zum 21. 02. 1814.

[933] Brief an Heinrich Ludwig vom 07. 11. 1813 (HASUB 4 Cod. Ms. philos. 168 o, Bl. 71v [vgl. bei FALCKENHEINER, Kriegserinnerungen, 6]).

[934] Die hauptsächliche Belastung bestand durch den Durchzug der Nordarmee aus Russen und Schweden vor und nach der Schlacht in Leipzig (vgl. THIEMANN, Kriegsausgaben, 11). Die Gesamtsumme der Kriegsausgaben, die vornehmlich in der Zeit Oktober 1813 bis Januar 1814 entstanden, beziffert Thiemann auf 23 763 Franc und 55 Cent, dies entspricht 18,5% der Jahresausgaben 1813 (vgl. aaO. 15).

[935] HASUB 4 Cod. Ms. philos. 168 o, Bl. 67r–v (vgl. bei FALCKENHEINER, Kriegserinnerungen, 3).

[936] HASUB 4 Cod. Ms. philos. 168 o, Bl. 66v (vgl. bei FALCKENHEINER, Kriegserinnerungen, 4): »Aber noch geht und kommt keine Post und dies ist höchst ärgerlich. Wir erfahren also gar nichts, was in der Welt vorgeht«.

[937] Er berichtet davon an Heinrich Ludwig nach Bedenken am 31.10., die Mutter fürchte, »für die Anzahl von wenigstens 30 Gästen […] bei weitem nicht Nahrung genug« auftreiben zu können (HASUB 4 Cod. Ms. philos. 168 o, Bl. 66r [vgl. bei FALCKENHEINER, Kriegserinnerungen, 4]), der Kronprinz sei zwar nur mit 8000 Mann (statt befürchteten 20 000) gekommen, doch müsse Planck sieben Offiziere nebst Bediensteten – sechs weitere gingen glücklicherweise wieder – beherbergen (vgl. HASUB 4 Cod. Ms. philos. 168 o, Bl. 66r-v).

und gefällig«[938]) – nur die Russen waren unbeliebt[939] –, mit der Zeit aber wurde
es allen beschwerlich, nicht zuletzt aufgrund des deutlichen Nahrungsman-
gels.[940] Nach dem Krieg wurden Planck aber die patriotisch-nationalistischen
Gesinnungen einiger Studenten zuwider: In ihnen sah er einen ihm fremden
Enthusiasmus am Werke, dem er nur mit einer Belebung des Eifers für die wissenschaftlichen Studien entgegenwirken zu können glaubte.[941]

An seinen Freund E. F. Georgii, den er ebenfalls aus gemeinsamen Stiftstagen
kannte, sind einige sehr persönliche Briefe zwischen 1821 und 1830 in Abschrift erhalten.[942] Hier äußert sich Plancks Liebe zum Vaterland seiner Kindheit
ebenso wie seine patriotische Gesinnung in Bezug auf Hannover. Besonders
innig scheint der Kontakt zudem nicht nur zwischen Planck und Spittler, sondern auch zwischen beiden Familien gewesen zu sein, bevor Spittler wieder ins
Heimatland zurückkehrte. So sind in einer Sammlung von 114 Briefen an Spittler auch solche von Luise Planck und ihrer Tochter (»Lotte«: wohl Charlotte) an
die Familie Spittler erhalten.[943] Auch die Familie Hugo findet häufig Erwähnung in seinen Briefen.

Lieber noch als der briefliche Kontakt waren dem Schwaben aber die Besuche
in seinem Vaterland, solange sie ihm noch vergönnt waren. Aufgrund der recht
kurzen Ferienzeiten waren dazu stets begründete Reiseanträge nötig, die jeden-

---

[938] Planck an Heinrich Ludwig am 01. 11. 1813 (HASUB 4 Cod. Ms. philos. 168 o, Bl. 66v
[vgl. bei FALCKENHEINER, Kriegserinnerungen, 5]). Dennoch hatte Planck Sorge, er habe in
dem vom Leibarzt des Kronprinzen beanspruchten Raum die Schlüssel von den Kommoden
nicht abgezogen (ebd.).

[939] Planck notiert am 07. 11. 1813: »Nur die Russen und Cosacken benahmen sich – etwas
russisch und cosakisch; doch auf dem Lande mehr als in der Stadt.« (HASUB 4 Cod. Ms.
philos. 168 o, Bl. 71r [vgl. bei FALCKENHEINER, Kriegserinnerungen, 3]).

[940] Planck beschwert sich am 07. 11. 1813 an Heinrich Ludwig, die vergangene Woche sei
sehr anstrengend gewesen, man könne es zwar ertragen, doch sehne er das »Ende der Durch-
züge« herbei (vgl. die Darstellung in HASUB 4 Cod. Ms. philos. 168 o, Bl. 70–73 [vgl. bei
FALCKENHEINER, Kriegserinnerungen, 5]).

[941] Vgl. SELLE, Universität, 237. Nicht ohne Zusammenhang erscheint in dieser Zeit
PLANCK, G.J., *Grundriß der theologischen Encyklopädie (1813)*, in dem Planck eben dies sich
zum Ziele setzt (s. u.).

[942] HASUB Cod. Ms G. Planck 1:2, im Nachlass von Gottlieb Planck, seinem Enkel.
LÜCKE, Planck, VIII, bemerkt dazu, diese Korrespondenz aus den Jahren 1807–1830 sei der
Familie Planck übergeben worden und von dieser ihm, Lücke, zugänglich gemacht. Zugänglich waren mir die zehn Briefe des o.g. Aktenkonvoluts, bei denen es sich um Abschriften
handelt, allerdings nur aus der Zeit zwischen 1821–1830. Vgl. HASUB Cod. Ms. G. Planck
1:2, 5. Bogen. Notiert als letzter Brief des Vaters an Georgii Ende Juni 1829.

[943] Die Niedersächsische Staats- und Universitätsbibliothek Göttingen verwahrt in
HASUB 4 Cod. Ms. philos. 168 m, eine Sammlung von 114 Briefen aus der Zeit von 1797–
1833 aus Plancks und seiner Familie Feder. Der erste Brief dieser Sammlung datiert vom
11. 04. 1797 aus der Feder von Luise Planck: »Liebste Spittlerin, ich wollte Ihnen gleich den
Sontag nach ihrer abreiße schreiben, aber ich war noch gar zu Traurig gesinnt […]«. Der erste
Brief dieser Sammlung aus Plancks Feder ist am 05. 06. 1797 verfasst, der offenbar letzte von
Planck selbst geschriebene (Nr. 111) datiert vom 07. 11. 1827, die weiteren sind von »Lotte«
(Plancks Tochter) und enden am 31. 09. 1833, somit einen Monat nach Plancks Tod.

falls in Teilen erhalten sind.[944] Noch hochbetagt schreibt er 1827 in einem Brief, er hoffe, noch einmal seine Heimat besuchen zu können, sei sich aber bewusst, »daß es in der Wirklichkeit nicht mehr ausgeführt werden kann«[945]. Seine letzte Reise unternahm er 1818 in die Heimat, insgesamt sei er – nach eigener Zählung – acht Mal »hinausgereist nach Schwaben«[946], zuweilen in Begleitung einer der befreundeten Familien Spittler, Meiners, Hugo oder auch ganz allein ohne seine Familie. Trotz aller langen Vorfreude und folgenden fröhlichen Erinnerung fühlte er sich erst wieder in seiner Studierstube angekommen völlig zufrieden. Auch dies ein Zeichen seiner Ordnungsliebe im Lebenswandel: Unterbrechungen und Verlustierungen hatten ihre Zeit, doch war diese begrenzt.

Im Gegensatz zu Spittler, der Großmeister in der Freimaurerloge *Augusta zu den drei Flammen* war,[947] ist von Planck solches nicht nachgewiesen. Seine tiefe altwürttembergische Frömmigkeit ließ ihm solche Formen pseudo-religiöser Betätigung offenbar verdächtig erscheinen. Sie war, besonders in den späteren Jahren, glaubt man seinen Biographen, geprägt von einer demütigen Ergebung in den Willen Gottes. Der Tod seiner Frau und der seines Sohnes konnten ihm dies bei aller Trauer nicht gänzlich zerstören. Wie sich in seinen kirchenhistorischen Werken die *providentia Dei* findet, so wird sie ihm persönlich zur tröstenden Vergewisserung.

Zur gesundheitlichen Konstitution Plancks trug sein Lebenswandel Positives bei: Geregelter Tagesablauf, einfaches, frugales Essen, Bewegung an der frischen Luft – dies alles war dazu angetan, ihm ein gesundheitlich unbeschwertes Alter zu ermöglichen. Sogar seine Körperhaltung wurde vom akademischen Tanzmeister mustergültig zur Nachahmung empfohlen.[948] Angeblich notierte Planck zudem täglich in seinem Tagebuch den *status valetudinis*, der ihm lange

---

[944] Die Akte UAG Kur. 8811, Bl. 18 f., vermittelt einen guten Eindruck von dem Antragsverfahren. Am 23. 08. 1818 schrieb Planck an das Universitäts-Kuratorium um Erlaubnis zu einer Reise in sein Vaterland und führt den Rat seines Arztes dazu an sowie seinen Gesundheitszustand. Bearbeitungsvermerk am 25.08., Genehmigungsschreiben vom 27.08., mit dem Wunsch versehen, dass von dieser Reise die besten und dauerhaftesten Folgen für Plancks Gesundheit ausgingen. Eine weitere Akte die nach ihrer Aufschrift eine Urlaubsbewilligung für Planck enthalten soll, vom 18. 08. 1823, ist leider leer (siehe UAG Kur. 8811, 23).

[945] Zitiert bei LÜCKE, Planck, 120. »Dieß«, schreibt er, »ist die einzige Phantasie, die mich auf jedem einsamen Gange an einem schönen Morgen oder Abend überschleicht oder das einzige Luftschloß, das ich mir zu bauen gestatte« (aaO. 119).

[946] Zitiert aaO. 119.

[947] Vgl. dazu GROLLE, Landesgeschichte, 33. Am 27. 12. 1782 war Spittler dort aufgenommen worden, durch Vermittlung von Koppe, der »Meister vom Stuhl« war. Ganz überzeugt scheint er davon nicht gewesen zu sein, jedenfalls bat er seinen Bruder in Württemberg, nichts davon zu erzählen (vgl. aaO. 34). 1784 war Spittler Meister vom Stuhl, wovon er schon ein Jahr später wieder zurücktrat (vgl. aaO. 37). Leider war bei der mittlerweile unter dem Namen *Augusta zum Goldenen Zirkel* firmierenden Loge kein Einblick in die Akten zu erwirken.

[948] Berichtet LÜCKE, Planck, 120.

Zeit auch keine Sorgen machte.[949] Ab 1814 wurde er von der »Podagra« geplagt, einer Gicht im Fuß, die ihm auch das Reiten, das er früher regelmäßig betrieben hatte, unmöglich machte,[950] bis es im Frühjahr 1829 so schlimm wurde, dass er, der doch stets so pünktlich war, am regelmäßigen Beginn der Vorlesungen gehindert wurde. Die Krankheit verschlimmerte sich weiter, bis ihn – ohne medizinischen Zusammenhang damit – Anfang Juli in der »Vorlesung von 11–12 Uhr zum Schrecken seiner Zuhörer und Familie ein schlagähnlicher Zufall«[951] traf. Zwar konnte er schon nach einigen Wochen seine Vorlesungen fortsetzen, doch war er dabei merklich eingeschränkt: Lücke berichtet von Betäubung des Kopfes, Schwäche in den Füßen und teilweise Verwirrtheit.[952] Alles in allem scheinen dies klare Anzeichen für einen mittelschweren Schlaganfall zu sein. Die Schwäche der Füße wird noch verstärkt worden sein durch die anhaltende Gicht. Auch eine einsemestrige Ruhephase im darauffolgenden Winter kann ihn nicht wiederherstellen. Planck zieht sich zunehmend zurück und nimmt wenig Anteil an den Geschehnissen – an den Ausläufern der Pariser Juli-Revolution z. B. In einem letzten Brief an Georgii aus dem Winter 1830 äußert er die Vermutung, sich nun auf die »allmähliche[] gänzliche[] Erschöpfung [seiner] Kräfte«[953] vorbereiten zu müssen. Er sieht in der auferlegten Ruhe der Zurückgezogenheit die Möglichkeit, seine Verhältnisse zu regeln: »meine Rechnungen ordnen, meine Ueberzeugungen sichten, die Gründe meines Glauben, den ich mit hinübernehme, noch einmal nach ihrem Gehalt prüfen und das Fundament meiner Hoffnungen noch einmal übersehen« zu können.[954] In diesem Zustand konnte er noch sein Jubiläum am Sonntag, dem 15. 05. 1831[955], für das er sich jedoch einen stillen, kleinen Rahmen erbat, begehen – die Kirche konnte er selbst nicht besuchen.[956] Die fromm-zuversichtliche Haltung, die Planck noch in seinem Dankes-Rundschreiben für die Jubiläums-Glückwünsche äußern konnte, wurde durch harte Schicksalsschläge auf die Probe gestellt: Im September starb sein Sohn Heinrich Ludwig vor ihm. Auch wenn Planck dies noch als Erlösung aus dessen Leiden wiederum als erträglich ansehen konnte, folgte mit dem Tod seiner Frau am 07. 02. 1833 ein

---

[949] In seiner statistikverliebten Art rechnete er nach Lückes Angaben (vgl. aaO. 121) sogar am Ende eines Monats die gesunden und kranken Tage gegeneinander.

[950] Scherzhaft habe Planck noch bemerken können, zumeist komme dieser Gast artig genug in den Ferien zu Besuch und halte seine Zeiten ein (vgl. ebd.). Für einen so stetigen Charakter wie Planck sicherlich ein ernst gemeintes Wort.

[951] Berichtet ebd.

[952] Vgl. ebd. Gerade im Vergleich zu Plancks bisher bekanntem festen Gang und aufrechter Haltung fiel die Veränderung im Bewegungsapparat den Zeitgenossen am deutlichsten auf. Auch sitze er zuweilen »mit seinem Freunde Hugo im Wagen« und blicke »still vor sich hin« (ebd.).

[953] Siehe aaO. 122.

[954] Siehe ebd. (aus dem letzten Brief an Georgii).

[955] D.i. 50 Jahre nach seiner Anstellung als Professor und Akademieprediger in Stuttgart.

[956] Nähere Beschreibungen der Feier aaO. 123 f.–125, und oben Kap. A.3.1.

weit härterer Schlag, von dem er sich trauernd trotz allem Gottvertrauen auch nicht mehr erholen sollte. Sie hatten noch kurz zuvor, am 02. 10. 1831, die Goldene Hochzeit in Lenglern auf dem Lande feiern können[957] und zudem, wie Lücke zu berichten weiß, ausgemacht, »daß sie erst eine Stunde nach mir sterben sollte.«[958] Der auch ohnedies weiter voranschreitende Krankheitsverlauf beschleunigte sich, an stetiges Reden, Gehen und Schreiben war nicht mehr zu denken.[959] Im Frühjahr und Sommer 1833 beobachten die Angehörigen eine verloren geglaubte Rüstigkeit und Lebendigkeit ihres greisen Planck wundersam zurückgekehrt, die ihn sogar instand setzt, nach einem mehrwöchigen Aufenthalt in Lenglern am 21.08. noch an einem kleinen Familienfest im Hause seines Sohnes teilzunehmen. Offenbar konnte er auch wieder besser laufen, denn es wird berichtet, Planck habe, noch bevor er in die Gesellschaft fuhr, recht eilig versucht, einige Besuche zu machen: Seine *Unschuldigen Nachrichten* (V. E. Löscher) will er an J. K. L. Gieseler weitergeben,[960] trifft ihn aber nicht an und eilt weiter zu D. J. Pott, um ihm aufzutragen, nach seinem Tode für diese Weitergabe zu sorgen.[961] Von »eilen« konnte allerdings, glaubt man den eigenen Angaben Plancks über seinen Gesundheitszustand, wohl nicht die Rede sein. Jedenfalls befällt den Greis, der noch heiter auf dem Familienfest weilt, kurz vor Abend eine »Unpässlichkeit«[962], gegen die Hofrat Conradi am folgenden Tag Medikamente verordnet. Die Mattigkeit nimmt zu, er ist noch auf, liest, weilt im Kreise seiner Familie. Ab dem 29.08. ist dann ein längeres Aufbleiben nicht mehr möglich, Planck fällt in schweren Schlaf und erwacht daraus nur noch ein letztes Mal, bei dem er die ihn betreuenden Töchter freundlich anblickt und einige Worte redet und sich noch an seinen Enkel wendet: »Kommst du, mein

---

[957] Vgl. aaO. 127.

[958] Siehe ebd.

[959] Lücke berichtet von der immer kleiner werdenden Schrift Plancks, die er selber auch in einem Brief vom August 1831 kommentiert, er hoffe, nächstes Mal wieder in größeren Lettern schreiben zu können (siehe aaO. 127). Diese die Lesbarkeit schwer beeinträchtigenden Entwicklung kann ich nach Durchsicht der Briefe Plancks ausdrücklich bestätigen.
SCHLÄGER, Erinnerung, 8, gibt aus einem Brief von Planck am 05. 05. 1833 als Erklärung Plancks für das lange Ausbleiben einer Antwort wieder: »weil es Zeiten giebt, wo ich gar nicht schreiben kann.«
Vom 05. 05. 1833 datiert ein letzter Brief an Schläger (siehe aaO. 8–11). Darin schreibt Planck über seinen Zustand, »daß er sich seit zwei Jahren nicht verändert hat. Das Übel davon besteht darin, daß ich den Gebrauch meiner Beine verloren habe, in dem ich mich von einem Hause ins andere führen lassen muß, und zugleich nicht nur den Gebrauch meiner geistigen Kräfte, sondern wenigstens einige dieser Kräfte selbst verloren habe.« (aaO. 9). Allein an seinem Schreibpult und in seiner Stube gehe es ihm gut und eigentlich sei er auch größtenteils gesund, habe »alle Zeichen der Gesundheit«: »Farbe, Appetit, Schlaf« (ebd.).

[960] Bemerkenswert ist die Auswahl dieses spätorthodoxen Rezensionsorgans als Gabe. Lücke nennt es ein »kirchenhistorisches Werk« (LÜCKE, Planck, 128).

[961] Vgl. ebd.

[962] Ebd.

Jungelchen?«, sind die letzten Worte Plancks. In der Nacht vom 30. auf den 31. 08. 1833 stirbt Planck während eines schweren Sturmes.[963]

Als Todesursache hält das Begräbnisbuch der St. Johannis-Gemeinde Altersschwäche fest, was bei der Verlässlichkeit der damaligen Diagnosen nicht letzte Sicherheit über die wahren Ursachen gibt.[964] Als Zeitpunkt wird notiert »1 ½ Uhr morgens« am 31.08.[965] Am 03. 09. 1833 wird Planck begraben.[966] Der Tod des ersten Professors der Theologie in Göttingen wurde auch neben der Anzeige in den *Göttingischen Gelehrten Anzeigen*[967] über die offiziellen Wege verbreitet, so dass schon am 05. 09. 1833 eine Trauerbekundung des Universitäts-Kuratoriums in Hannover an die Universität Göttingen gesandt werden konnte.[968] Einige Tage darauf, am 08.09., dem 14. Sonntag nach Trinitatis, findet ein Gedächtnisgottesdienst in der Universitätskirche statt, in dem wiederum Chr.F. Ruperti, der schon die Begräbnisrede gehalten hatte, eine Gedächtnispredigt in Anlehnung an 1Kön 2,1–4 hält.[969] Am Grabe attestiert Ruperti Planck, er sei »auf dem weiten Gebiete der heiligen Wissenschaften an Geist sowohl als an Gelehrsamkeit einer der größten gewesen«[970]. Deutlich charakterisiert er Plancks Einstellung gegenüber neuen Frömmigkeitsformen:

»In einem Zeitalter, in welchem die Unklarheit und Parteywuth und Frömmeley vielfältig für Tiefe und Religionseifer und Frömmigkeit gilt, hat er nicht abgelassen, Deutlichkeit und Bestimmtheit im Denken, Freiheit und Gründlichkeit im Untersuchen und

---

[963] Vgl. aaO. 129.

[964] SACHSE, Göttingen, 231, weist auf diesen Befund in den Kirchenbüchern hin. In der Zeit 1820–1829 tauchen am häufigsten Tuberkulose, Wassersucht und Schlagfluss auf. An Epidemien in Göttingen verzeichnet er: 1791–1792 Ruhr, Blattern; 1796: Keuchhusten, Blattern; 1805–1806: Ruhr, Blattern; 1812–1813: Fleckenfieber; 1831–1832: Blattern (aaO. 230). Hinzu kommen Kriegsereignisse und Hungerkrisen, die die Mortalitätswogen beeinflussten.

[965] KB St. Johannis, Begrabene, S. 510/Nr. 52 (KKAGö). Altersangabe des Verstorbenen: 81 ¾ Jahre.

[966] Vgl. LÜCKE, Planck, 129f., und KB St. Johannis, Begrabene, S. 510/Nr. 52 (KKAGö): Begraben am 03. 09. 1833, Begräbnisklasse IV.

[967] GGA (1833), 145. St., 1441 (vom 09. 09. 1833). Direkt auf der ersten Seite des dritten Bandes 1833: »Die Universität verlor an ihm einen ihrer ruhmvollsten und thätigsten Lehrer, die Wissenschaft einen ihrer eifrigsten Beförderer, die Kirche einen Gottesgelehrten, der der Gegenstand der Verehrung nicht bloß seiner Glaubensgenossen war.« Auch die AKZ 12 (1833), 1191 f., widmet Planck lobend-gedenkende zwei Spalten. Planck sei eine Zierde der Fakultät gewesen. Vor allem habe ihn ausgezeichnet, die Wahrheit immer so milde und schonend zu sagen, dass die Gegner sich nicht angegriffen fühlten. Auch sei ihm eine echte christliche Frömmigkeit zueigen gewesen, die sein Leben prägte. »Möge der Geist des Verewigten von unserer Georgia Augusta nie weichen!« (aaO. 1192).

[968] Vgl. UAG Kur. 8811, 34. Nachdem die Universität es unmittelbar nach dem Tod Plancks unternommen hatte, »das in der vorigen Nacht erfolgte Dahinscheiden unsers treuen Collegen, des Ober-Consistorialraths Planck, mit tiefer Trauer [dem Universitäts-Kuratorium, C. N.] anzuzeigen.« (aaO. 33), erhielt auch das königliche Cabinets-Ministerium am 02.09. Kenntnis vom Tod Plancks (aaO. 35).

[969] Beides abgedruckt bei LÜCKE, Planck, Anhang II.

[970] Die Grabrede Rupertis in: LKASt D 25, Nr. 2 [unpag., deshalb zitiert nach der korrekten Wiedergabe bei LÜCKE, Planck, 136–140].

Billigkeit und Duldsamkeit und Liebe im Urtheile durch Wort und That zu befördern.«[971]

In seiner Gedächtnisrede sinniert Ruperti über den Umgang mit dem Tod eines
großen Mannes und parallelisiert Planck und David:[972] Planck sei ein Vollendeter. Weiter ruft er zu einem Andenken der Achtung, des Dankes und der Nach-
eiferung auf.[973] Er schließt mit einer Anrede an Planck: »du hoher und theurer
Vollendeter«[974], in der er sich und alle Anwesenden mehr oder weniger als
»Schüler« Plancks bezeichnet.[975] Beide Reden zeigen die große Verehrung des
langgedienten würdevollen Theologen, weniger die begeisterte Parteinahme
für seine Lehren.

3.5. *Schüler und Lebensberichte*

Göttingen wurde von der Studentengeneration im ersten Drittel des 19. Jahrhunderts recht unterschiedlich beurteilt. Häufig trifft man auf den Vorwurf –
gerade von erweckten oder neokonfessionalistischen Vertretern –, es habe ein
kalter Rationalismus geherrscht. Sicherlich waren viele der betagten Professoren nicht dazu aufgelegt, neue Aufbrüche zu wagen. Doch finden sich auch
positive Bemerkungen.[976]

Unter den biographischen Notizen zu Plancks Leben ist wohl das Werk
Friedrich Lückes[977] das umfang- und materialreichste. Er stellt darin nicht nur
Plancks Leben dar, sondern setzt sich auch zuweilen kritisch mit dessen Werken
und dessen Lehre auseinander.[978] Der Verfasser[979] hörte selber bei Planck, bevor

---

[971] LÜCKE, Planck, 137.

[972] Siehe aaO. 144.

[973] Vgl. aaO. 149 f.

[974] AaO. 152.

[975] Die Diktion ist etwas sonderbar, man vermutet eher die Anrede an Jesus Christus als
an Planck, wenn Ruperti formuliert: »Gehofft hast Du, daß wir insgesammt, die wir fast alle
mehr oder minder Deine Schüler sind, Deine Wege behüten und Deine Rechte und Zeugnisse halten würden.« (ebd.).

[976] Planck wurde häufig gerade von erweckten Studenten ein positiveres Zeugnis ausgestellt als seinen Kollegen: Vgl. z. B. K. J. Ph. Spittas Urteil nach einer vernichtenden Schilderung des Rationalismus in Göttingen: »Vergleichsweise besser stand es bei dem ältern und
jüngern Plank [sic], welche einem rationalen Supranaturalismus huldigten, der mit der Offenbarung noch nicht ganz gebrochen hatte und darum auch das Heilige noch mit einiger
Achtung und Würde behandelte.« (bei MÜNKEL, Spitta, 20). Doch auch Plancks Vorlesungen
hätten mehr Zweifel genährt, als Leben geweckt (ebd.). Seine Kirchengeschichte gar wird
ganz verworfen: »[S]eine Vorlesungen über Kirchengeschichte und Dogma machten geradezu den Eindruck, als hörte man die Geschichte eines Irrenhauses.« (ebd.).

[977] LÜCKE, F., *Dr. Gottlieb Jacob Planck. Ein biographischer Versuch (1835)*.

[978] Eine Rezension der Biographie Lückes von E. Henke in der ALZ (1837), 281–287;
289–294; 297–301, befasst sich wiederum sehr kritisch mit der Kritik Lückes an Plancks
Geschichtsschreibung (vgl. aaO. 285 f.) und dem Psychologisieren (vgl. aaO. 289 f.), lobt aber
auch einzelne Darstellungen z. B. der Dogmatik (vgl. aaO. 293).

[979] Vgl. zur Biographie Lückes LANGE, Lücke, und ausführlicher SANDER, Lücke.

er durch dessen Fürsprache 1813 Repetent wurde.[980] Lücke widmete Planck sein studentisches theologisches Erstlingswerk und wurde später (1827) nach Göttingen berufen, um die Nachfolge Stäudlins anzutreten, worum sich abermals besonders Planck bemühte.[981] Lücke steht für den zu der Zeit längst überfälligen Generationswechsel an der theologischen Fakultät Göttingen. In welchen Punkten die Vorgängergeneration abgelehnt wurde, lässt sich an den kritischen Bemerkungen zu Plancks Werken in der Biographie ablesen. Insgesamt hatte Lücke, soweit sich aus dem Vorliegenden schließen lässt, ein gutes, zuweilen vertrautes, aber niemals darüber hinaus gehendes Verhältnis zu Planck. Persönliche Berichte konnte er nur über Dritte gewinnen, seine eigenen Eindrücke liegen auf dem Felde des Theologischen, weshalb er dieser Seite auch den Hauptteil seiner Biographie widmet.

Ganz anders der recht bald nach Plancks Tod erschienene Nachruf von Franz Georg Ferdinand Schläger (1781–1869): »Abermals ist ein Stern erster Größe in unserm Vaterlande, ja in Deutschland untergegangen, ein Stern, welcher sein Sonnenlicht über Millionen ausgoß und durch seinen milden Glanz tausende erquickte.«[982] Er berichtet von »Schaaren der treuesten Schüler«, die mit »unzerreißbaren Banden der innigsten Verehrung und des wärmsten Danks«[983] an Planck hingen. Schläger stand in brieflichem, teilweise recht persönlichem Kontakt zu Planck, den er seit Beginn seiner akademischen Laufbahn an Michaelis 1801 kannte.[984] Noch am 05. 05. 1833 empfing er einen Brief von Planck, der sehr persönlichen Einblick in seine momentane Verfassung erlaubt.[985] Er schildert seine Scham ob seiner Unfähigkeit zu schreiben und zu gehen, beklagt das Nachlassen und zeitweise völlige Fehlen seiner geistigen Kräfte, bekennt aber auch seine zunehmende Todessehnsucht: Er würde seinem Arzt »sogar danken, wenn er mir nur sagen könnte, daß ich im nächsten Vierteljahr sterben

---

[980] Vgl. SANDER, Lücke, 32. Lücke war Repetent in Gottingen 1813–1816.

[981] Vgl. aaO. 55.167. Sander zitiert aus einem äußerst warmherzigen Brief Plancks an Lücke aus dieser Zeit (18. 6. 1827), in dem er seine Freude über Lückes Kommen nach Göttingen ausdrückt. Gerade jetzt sei er dort so wichtig (vgl. aaO. 172). Planck sah also auch die Anforderungen der neuen Zeit.

[982] SCHLÄGER, Erinnerung, 3.

[983] Ebd.

[984] Vgl. aaO. 8. Schläger wurde später Hauptpastor in Hameln und gab unter anderem die Zeitschrift *Hannoverscher Schulfreund* heraus.

[985] Planck beginnt den Brief: »Ich kann […] Sie, lieber Schläger, nicht länger ohne Antwort lassen, da Sie mir so vielfach bewiesen haben, daß Sie selbst den halbtodten Freund nicht vergessen werden, oder nicht können. Wenn sie wüßten, wie sehr es mich freut, nur alle Vierteljahr die Aufschrift: An meinen lieben Freund Planck: auf ihrem Hannov. Schulfreunde zu lesen, so dürfte ich Ihnen nicht erst sagen, wie viel es mich kostet, Ihnen kein Zeichen meiner eigenen fortdauernden Freundschaft zu geben.« Und er setzt als Erklärung hinzu: »theils aus kindischer Scham, weil ich mich dem Freunde nicht so sehr verändert zeigen will, theils aus gänzlicher Unfähigkeit, weil es Zeiten giebt, wo ich gar nicht schreiben kann« (siehe aaO. 8 f.).

würde.«[986] Das Verhältnis zu Schläger war also offenbar eher persönlich denn wissenschaftlich. Zwar schildert Planck darin auch die Arbeiten an seinem Roman *Das erste Amtsjahr des Pfarrers von S.*, dessen zweiten Band er nicht eher herausgeben wolle, bis der dritte auch fertig sei – wozu es nie gekommen ist –, doch ist das nur ein kleiner Teil.

Der Prediger Johann Conrad Maurer (1771–1841) fühlte sich in Göttingen während seines Studiums, wo er zwar Theologen, aber keine Christen anzutreffen meinte,[987] zu Planck hingezogen und notierte noch im hohen Alter in sein »Gedenkbuche, worin er die Geburts- und Sterbetage seiner Nächsten und Theuersten«[988] festhielt:»1751 den 15. November wurde geboren mein von mir verehrtester Lehrer Gottlieb Jacob Plank; am 31. August 1833 starb er zu Göttingen, als Senior der theologischen Facultät daselbst, 82 Jahre alt.««[989]

Johann Adam Möhler (1796–1838), der Planck zu dessen Amtsjubiläum mit einer Abhandlung über den Gnostizismus gratulierte und später durch seine *Symbolik* bekannt wurde, hatte Planck auf einer Studienreise gehört.[990] Er berichtete in die Heimat: »Die Kirchengeschichte hörte ich regelmäßig bei Planck dem Aelteren und Stäudlin. Ich staune über die Vorlesungen bei Planck«[991]. Wenn auch die Vorlesungen inhaltlich einen anhaltenden Eindruck machten – er berichtete nur von der Kirchengeschichte –, kritisierte er den Vortragsstil: Bei Planck sei die Rede »beständig mit gurgelndem Atemholen verbunden.«[992] Außerdem lese er vollständig aus seinem Heft ab. Auch Möhler bemerkt, die privaten Unterhaltungen, von denen einige stattfanden, seien wenig instruktiv.[993] Nach den bewundernden Darstellungen Plancks aus dem Oktober und November 1822 findet sich aber schon im Januar 1823 in einem Brief aus Berlin der Satz: »Ich bewunderte Planck; aber was ist Planck gegen Neander?«[994] Der

---

[986] Siehe aaO. 10.

[987] In einem Brief an Johann Georg Müller vom 14. 10. 1791 (bei MAURER-CONSTANT, Erinnerungen, 74). Auch gebe es viele Kantianer in Göttingen, berichtet Maurer an Müller, die sich zwar zu Kants Schülern erklärten, ihm aber dadurch »nur Schimpf antun« (aaO. 76).

[988] AaO. 31.

[989] AaO. 32.

[990] Vgl. zur Symbolik Möhlers und ihrem Verhältnis zu Plancks Konzept Kap. B.III.4.

[991] Brief Nr. 61, Göttingen, November 1822 an Generalvikariatsrat Meßner, Rottenburg (MÖHLER, Aktenstücke, 74).

[992] Brief Nr. 61, Göttingen, November 1822 an Generalvikariatsrat Meßner, Rottenburg (MÖHLER, Aktenstücke, 74).

[993] Vgl. MÖHLER, Aktenstücke, 74 (Brief Nr. 61). Er berichtet im November 1822 von einer Einladung Plancks – die vielen Einladungen auch bei anderen werden ihm lästig, er habe sich schon einen neuen Rock kaufen müssen (vgl. aaO. 75 [Brief 61]). In seinem Reisebericht an die heimatliche Fakultät (Breslau, 20. 02. 1823 an die kath.-theol. Fakultät in Tübingen [MÖHLER Aktenstücke, 86 (Brief 65)] berichtet er von Privatunterhaltungen mit einigen Gelehrten: »ich nenne bloß den Herrn General-Superintendenten Professor Dr. Planck, mit dem ich mich häufig über kirchenhistorische Quellen, Quellenstudium und anderes hieher Gehöriges unterhielt.«

[994] Möhler aus Berlin, 30. 01. 1823 an Generalvikariatsrat Meßner, Rottenburg (MÖHLER,

Eindruck fügt sich in das Bild, das bisher gewonnen werden konnte: Gelehrter, aber wenig aufregender Vorlesungsstil, mäßiges Interesse an langen Privatunterhaltungen, aber höfliche Einladungen werden von Planck berichtet, jedoch wurde er von der jüngeren Generation schon als veraltet angesehen, da neue Entwürfe (z. B. von Neander, der auch bei Planck 1806–1808 gehört hatte[995]) den Bedürfnissen mehr entsprachen.

In diese Richtung votiert auch Franz Oehme[996] in der Beschreibung seiner Göttinger Lehrer als »oberflächliche [...] Rationalisten, die in gar keinen näheren Verhältnissen zu den Studierenden standen.«[997] Plancks Vortrag sei zu leise gewesen, das Auditorium konnte von ihm nichts mehr gewinnen, zudem sei der theologische Standpunkt nur schwer auszumachen gewesen, berichtet er auf ein Kolleg 1825/26 zurückblickend.[998]

Der für Hannover einflussreiche, neulutherisch-konfessionalistische Pastor Ludwig Adolf Petri (1803–1873) blickt ebenfalls kritisch auf Göttingen zurück, das »damals in seinen Lehrern und Schülern« schlief.[999] Vom »Glauben und Leben des Evangelii« habe er dort nichts gelernt.[1000]

Sogar Philipp Konrad Marheineke (1780–1846) rechnete sich in ruhender Weise öffentlich zu Plancks Schülern: Was auch immer die Zukunft bringen werde, schreibt er zum Abschluss seiner an Planck gerichteten Schrift *Ueber das wahre Verhältniß des Katholicismus und Protestantismus (1809)*, »daß weiß ich, daß ich Sie unveränderlich liebe und bis in meinen Tod Sie als meinen Lehrer verehren werde. Leben Sie wohl.«[1001]

Alle hier skizzierten Schüler sind sich einig, dass Planck zwar als einer der Großen zu gelten habe, doch in späten Jahren schon einer geistesgeschichtlich,

---

Aktenstücke, 84 [Brief 82]): »Planck schwimmt an der Oberfläche, Neander erfaßt alles in der tiefsten Tiefe!« und über Neander noch einmal »Hoch steht er über Planck«.

[995] Vgl. Lücke, Planck, 69. Vgl. auch Krabbe, Neander, 26–29. Neander hatte bei Planck gehört und fühlte sich offenbar trotz aller späteren Kritik von seiner »Gelehrsamkeit«, »Frömmigkeit und Gerechtigkeitsliebe« (aaO. 26 f.) angezogen.

[996] Keine näheren Lebensdaten.

[997] Oehme, Erinnerungen, 32.

[998] Vgl. aaO. 67 f. Es handelte sich um ein Kolleg zur vergleichenden Darstellung der dogmatischen Systeme. Oehme machte seine Bewunderung für die theologische Richtung eines Neander u. ä. deutlich und kritisierte an seinen Lehrern v. a., dass sie »nicht auf den Wegen des heiligen Geistes« gingen und so auch nicht »von dem Leben, das von ihm ausgeht«, zeugen und in es hineinführen (aaO. 70).

[999] Petri, Petri, 31. Vgl. dazu Kück, Petri, 31, der Zweifel an dieser Zuordnung hat, aber keine Alternativen bietet.

[1000] Petri, Petri, 31. Er verließ die Universität 1827 und hatte bei Planck Kirchen- und Dogmengeschichte und z. T. Dogmatik gehört. Petri gründete dann 1842 die Pfingstkonferenz für bekenntnistreue Pfarrer. 1853 kam es zum Streit mit der Göttinger Fakultät (vgl. Mager, Hannover, 433).

[1001] Marheineke, Verhältniß 2, 262. Die Schrift hat eine Plancks Haltung nicht entsprechende Richtung, doch wendet sie sich nie direkt gegen Planck oder kritisiert offen seine Meinung.

theologisch vergangenen Zeit angehörte – freilich urteilen auch seine Schüler jeweils aus einer bestimmten theologischen Position heraus.

In einer lateinischen Huldigungsschrift erinnerte Ernst Ludwig Theodor Henke (1804–1872) noch 1835 an Planck, den Kirchenhistoriker.[1002] Sie stellt aber weniger eine Biographie dar als einen Beitrag zur Einordnung und Würdigung der Formen und Methoden der Kirchengeschichte Plancks.[1003] Einen aufschlussreichen Satz zitiert Henke dennoch aus einem Brief Plancks vom 01. 03. 1833: Nach einer Darstellung der jüngsten Schicksalsschläge – dem Tod seines Sohnes, seiner Frau und seinem »apoplektischen Zufall«[1004] – bedankt er sich für die Zusendung eines Werks über Calixt[1005]: »[A]ber über Ihren Calixtinis vergass ich alles, und die Hoffnung, die Sie mir gemacht haben, meinen Namen mit Calixts Namen verbunden zu sehen, hat mich wirklich wieder mit einer Empfindung der Freude bekannt gemacht«[1006].

V. Ertrag: Einordnung

Die letzte Äußerung G. J. Plancks, seine Freude über die Verbindung seines Namens mit dem Calixts, kann als Schlüssel zum theologischen Profil Plancks gelten, das im Folgenden anhand seiner Werke noch genauer darzustellen sein wird.

Persönlich war Planck durch eine gewisse Stetigkeit ausgezeichnet, Ausbrüche aus den gewohnten Bahnen im privaten Leben sind außer dem Auszug aus seiner Heimat nicht zu verzeichnen. Alte Freundschaften banden ihn lange – mit L. T. Spittler und E. F. Georgii war er ein ganzes Leben lang befreundet und stets in Kontakt –, eine ausschweifende Geselligkeit lässt sich nicht feststellen. In seiner persönlichen Frömmigkeit erscheint Planck getragen von einem tiefen Vertrauen auf die göttliche Geschichtsmacht, das ihm auch in persönlichen Schicksalsschlägen wie dem Tod von Frau und Sohn, aber auch insgesamt im Gang seines Lebens, das er von der Vorsehung bestimmt sah, kaum erschüttert wurde.[1007]

Württemberg war theologisch noch vom Erbe der lutherisch-orthodoxen Theologie geprägt, der Pietismus in Gestalt von I. G. Brastberger begegnete Planck schon in Nürtingen. Sein Ausbildungsgang über die Klosterschulen ins

---

[1002] HENKE, E. L.T., *De Theophilo Jacobo Planckio eiusque historiam ecclesiasticam docendi ratione* (1835).

[1003] Vgl. HENKE, Theophilo, 76 u. ö.

[1004] AaO. 79, Anm. 4.

[1005] Nach Angabe des Herausgebers: HENKE, E. L.T., *Georg Calixtus Briefwechsel (1833)*.

[1006] Bei HENKE, Theophilo, 79, Anm. 4.

[1007] Vgl. auch das Urteil von HENKE, Planck, 761: Planck habe in Glaubenssachen »durch seine Theodicee und seine tief empfundene Dankbarkeit Alles [sic] unerschütterlich fest« gehalten.

Stift war zielgerichtet und von theologischen Rahmenbedingungen durchdrungen, die wenig Raum zum Experiment ließen. An der Universität Tübingen lernte er dann teilweise eine Form der Theologie kennen, die sich zwar
bekannt mit aufklärerischem Gedankengut zeigte, es aber nicht in vollem Umfang aufzunehmen gewillt war, so dass klassische orthodoxe Formen und Lehren noch überwogen. Philosophisch waren ihm die logischen Teile des Leibniz-Wolffschen Systems bekannt gemacht worden, ein gewisser Hang zu psychologischen Fragen scheint in seinen studentischen Abhandlungen auf. Große
kritische Anfragen an die theologische Tradition aber blieben weitgehend aus.

In Göttingen angekommen, der bis dato modernsten deutschen Universität,
traf Planck auf eine gegenüber Tübingen und Stuttgart ganz anders geartete
Geistesprägung, in der er sich auf seine Art schnell einzuleben vermochte. Sogar
Rufe in die Heimat lehnte er bald ab. Seine Lehre stellt sich studentenorientiert
dar, wozu sicherlich auch seine Funktion als Ephorus beigetragen hat. Innovative und kontroverse Inhalte lagen ihm weniger, vielmehr pflegte er eine irenische Haltung hinsichtlich des Umgangs mit der theologischen Tradition sowie anderen Konfessionen. Er hielt bei stetiger Prüfung und Korrektur im Einzelnen an seinen Grundüberzeugungen fest, die sich als irenisch, rational
supranaturalistisch, von einem historischen Bewusstsein getragen und im Verständnis der christlichen Religion als neologisch orientiert beschreiben lassen.
Damit entsprach er durchaus der Ausrichtung der *Georgia Augusta*, die ihn wiederum zur Überprüfung, Erweiterung und Vertiefung eigener Ansichten anregte. Seinen Supranaturalismus, der doch in gewisser Nähe zur Älteren Tübinger Schule steht, hatte er noch aus den theologischen Schulen seiner Heimat
mitgebracht, dann in Göttingen in Auseinandersetzung mit je aktuellen Fragestellungen und Diskussionen verfeinert.[1008]

Die Universität Göttingen als Wirkungsstätte Plancks lässt sich durch drei
große Themenfelder charakterisieren: (1) Die Reform des Universitätsstudi-
ums, zu der besonders die Einführung enzyklopädischer Vorlesungen zu rechnen ist, (2) die Entwicklung und Vertiefung der historischen Fragestellung in
nahezu allen Disziplinen, wie an der Einrichtung historischer Institute, der historisch-kritischen Exegese sowie den ethnographischen Aufbrüchen und dem
speziellen Zuschnitt der einzelnen Fächer durch die jeweiligen Gelehrten abzu-
lesen ist, und zuletzt (3) durch eine schon in den Statuten festgeschriebene konfessionelle Toleranz. In diese drei Themenfelder lässt sich auch Plancks theologisches Werk gliedern: Theologische Enzyklopädie, Historische Theologie unter besonderer Berücksichtigung der Bekenntnisentwicklung sowie seine

---

[1008] Vgl. die Einschätzung bei ROTHERT, Hannover, 289 f., Planck habe seinen supranaturalistischen Standpunkt von J.F. Reuß und G. Ploucquet gelernt.

Beteiligung an den Diskussionen zur Kirchenvereinigung, wobei die historische Note seiner Arbeit stets hervorstach.[1009]

So gehört Planck in dieser Umbruchszeit zu Beginn des 19. Jahrhunderts zu denen, die diesen Übergang *in personam* biographisch durchlebten. An ihm zeigt sich exemplarisch, wie die Übergänge sich konkret gestalteten, aber auch wie breitgefächert die Diskussionslage der Zeit in Fragestellungen und Lösungsansätzen war; wie eigentlich als antiquiert geltende Überzeugungen noch in neuer Gestalt als Antworten auf neue Fragen formuliert werden konnten. Somit gehört Planck zu denen, an denen *Grundfragen protestantischer Theologie um 1800* exemplarisch untersucht werden können. Diese sollen im Folgenden anhand seines Werkes dargestellt werden, zu dessen Einordnung dieser vorangestellte biographische Teil in dieser Ausführlichkeit nötig erschien.

[1009] Vgl. HENKE, Planck, 758: »Planck hatte so sehr die Natur und die Ausbildung eines Historikers, daß man sagen kann, auch seine ganze Richtung als Theolog, ja seine Gesinnung als Mensch und als Christ war dadurch mitbestimmt.«

B. Werk

I. Theologische Enzyklopädie

1. Einleitung

Gottlieb Jakob Plancks Werke zur Theologischen Enzyklopädie stellen einen gewichtigen Beitrag zur Selbstvergewisserung der Theologie um 1800 dar. Sie verbinden den aufklärerischen pädagogischen Impetus, die Wissenschaft auf den Studenten auszurichten, mit den Anforderungen der Universität nach höchstmöglicher Effizienz der Studien. Formal bereitet Planck einen Kanon der theologischen Disziplinen vor, der noch heute geläufig ist und den er in systematischer Entfaltung auf einen klaren Theologiebegriff gründet, und setzt sich gegen zeitgenössische Entwürfe zur Wehr, die der Theologie und ihren Wahrheiten keinen wissenschaftstheoretisch besonderen Raum mehr einräumen wollten oder ihre Wissenschaftlichkeit und Kommunikationsfähigkeit unterbestimmten oder leugneten. So plädiert Planck in einer Zeit des Paradigmenwechsels für das Recht der Theologie auf eine besondere Art von Wissenschaftsobjekt: den geoffenbarten Wahrheiten der christlichen Religion. Damit hat er auch beigetragen zur Sicherung der Eigenständigkeit des Faches Theologie.

2. Begriff und Entwicklung

Was unter dem Begriff »Theologische Enzyklopädie« bzw. »Enzyklopädie« überhaupt verstanden werden kann, bedarf der Klärung.[1] Zusätzlich stellt sich daraus die Frage, an welcher Stelle die Geschichte der Theologischen Enzyklopädie beginnt. Leider vermögen die mittlerweile dazu vorliegenden Untersuchungen keine allgemeine Klarheit zu verschaffen.[2] Etymologisch lässt sich der

---

[1] Vgl. dazu ausführlich die Arbeiten von DIERSE, Enzyklopädie, und DERS., Europäische Enzyklopädie, sowie HENNINGSEN, Enzyklopädie, der sich der Geschichte des Begriffes eingehend widmet.
[2] Die vorliegenden Beiträge zur Theologischen Enzyklopädie kranken z. T. an fehlender Begriffspräzision: HELL, Entstehung, behandelt alle Studieneinleitungen; HUMMEL, Enzyklopädie, alles, was als »enzyklopädisch« bezeichnet werden kann. FARLEY, Theologia, ist vornehmlich an der gegenwärtigen Nutzbarmachung, weniger an einer akkuraten Darstellung der Geschichte interessiert (vgl. aaO. 3). Zur Darstellung jeweils eines Teils der Forschungsgeschichte siehe bei HELL, Entstehung, 5–10, und KRAMM, Enzyklopädie, 5–11.

Begriff auf das griechische ἐγκυκλοπαιδεία zurückführen, der allerdings – teilweise in latinisierter Form – erst im Humanismus auftaucht und keine klassischen griechischen Vorbilder hat.[3] Mit dem Gedanken des *orbis doctrinae* oder *orbis disciplinarum*, den *artes liberales*,[4] verbunden taucht er Mitte des 16. Jahrhunderts als Buchtitel[5] auf und erfährt durch den Wissenszuwachs im 17. Jahrhundert eine enorme Verbreitung[6] und Bedeutungserweiterung hin zur Universalenzyklopädie, einer systematischen Sammlung alles verfügbaren Wissens, wie sie später dann prominent im Werk der sogenannten Enzyklopädisten Denis Diderot (1713–1784) und Jean le Rond d'Alembert (1717–1783) versucht wird. Spätestens hier muss begrifflich präzisiert werden: Der Gedanke einer Enzyklopädie als lexikalische Sammlung der Wissensbestände unterscheidet sich deutlich von dem eines Disziplinen-Ensembles, also einer Wissenschaftssystematik.[7] So lassen sich Universal-Enzyklopädie, Real-Enzyklopädie und Fach-

---

[3] Die Dimension als pädagogisches Problem untersucht eingehend HENNINGSEN, Enzyklopädie, bes. 328–331. Er machte schon 1966 darauf aufmerksam, dass Belege aus klassischer und hellenistischer Zeit für ein griechisches Wort ἐγκυκλοπαιδεία fehlen (vgl. aaO. 276f.), und weist als erstes Auftauchen des griechischen Begriffs einen Brief von 1490 (Franciscus Puccius an Politian in Florenz) nach, der belegt, »daß das Wort ἐγκυκλοπαιδεία um 1490 tatsächlich, zumindest unter Gelehrten [hier: der Kreis der humanistischen Grammatiker um Politian und Barbarus, C. N.] ›lebendig‹ war« (aaO. 283.); ab 1524 erscheint es in Wörterbüchern. Der Begriff meint hier die Gesamtheit des Wissens, die mit Quintilian u. a. durch einen Kreis symbolisiert wurde. Dennoch gib es seit Aristoteles den Gedanken eines ἐγκύκλιον παιδείαν (vgl. z. B. HEINRICI, Enzyklopädie, 2; HUMMEL, Enzyklopädie, 717), worunter die höhere propädeutische Bildung verstanden wird (vergleichbar den *artes liberales*, die allerdings einen festen Kanon bilden). Eine Quintilian-Stelle, in die ἐγκυκλοπαδεία eingetragen worden war, heißt richtig ἐγκύκλιον παιδείαν, wie schon am Ende des 18. Jh.s festgestellt wurde (vgl. bei DIERSE, Enzyklopädie, 7).
Henningsen erklärt das Aufkommen gegen Ende des 15. Jh.s mit der Orientierung an den antiken Schriftstellern, aber auch mit dem Bedürfnis, neue Antworten auf den Zusammenhang des Wissens zu geben, nachdem der scholastische Kanon brüchig geworden war. Aufnahmen dieser Beobachtung bei DIERSE, Enzyklopädie, 7; DERS., Europäische Enzyklopädie, 738, und HUMMEL, Enzyklopädie, 716. NOWAK, Enzyklopädie, 61, ignoriert sie. Vgl. bündig zum Begriff auch SEIFFERT, Enzyklopädie.

[4] Vgl. HUMMEL, Enzyklopädie, 717.

[5] Paul Skalichius de Lika, 1559 (bei NOWAK, Enzyklopädie, 61).

[6] HENNINGSEN, Enzyklopädie, 303, stellt im 17. Jh. eine Verbreitung über ganz Europa fest, wobei die einzelnen Volkssprachen das neue Wort assimilieren: encyclopedy (engl.), enciclopedia (ital.), encyclopédie (frz.).

[7] NOWAK, Enzyklopädie, 63, erkennt in der *Encyclopédie* von Diderot und d'Alembert den Versuch, den Zusammenhängen von Realienwissen und Wissenschaftssystematik Rechnung zu tragen. Meiner Meinung nach liegt diesem Werk zwar natürlich ein Verständnis des gesamten Wissenschaftskanons zugrunde, der aber weder durchgehalten noch eigens thematisiert wird, sondern vom Sammeln des Realienwissens überlagert wird. HUMMEL, Enzyklopädie, 720, bezeichnet dieses Werk als Real-Enzyklopädie.
Die Trennung (so konstatiert auch NOWAK, Enzyklopädie, 63) von Universal-Enzyklopädie und Systemanspruch ist Anfang des 19. Jh.s vollzogen. Hummel vollzieht diese Differenzierung nicht, die er schon früh in der Entwicklung angelegt findet (beide Stränge hätten sich parallel entwickelt; vgl. HUMMEL, Enzyklopädie, 717), sondern stellt Verschiedenes, das unter dem Titel »Enzyklopädie« firmiert, einfach zusammen: So wird z. B. Planck nach

Enzyklopädie unterscheiden: Erstere wird mehr und mehr zum unerreichten Ideal, ein System aller Wissenschaften zu erschaffen,[8] zweitere entwickelt sich in Form umfangreicher Lexika zu einer noch heute verbreiteten literarischen Form,[9] letztere versucht im Rahmen einer bestimmten Wissenschaft deren Umfang, Zusammenhang, Verhältnis, Idee und Absicht zu klären. Hier ist die Theologische Enzyklopädie einzuordnen, die sich über die Theologie als Ganze, das Verhältnis ihrer Disziplinen untereinander sowie das Verhältnis von Ganzem und Teilen zu anderen Wissenschaften verbreitet.

Diese fachenzyklopädischen, wissenschaftssystematisch orientierten Werke sind ein Produkt der Neuzeit, angestoßen im 16. Jahrhundert, ihren Höhepunkt Mitte des 18. Jahrhunderts bis Anfang des 19. Jahrhunderts findend.[10] Sie stehen im Zusammenhang mit Aufbrüchen in den Wissenschaften[11] und Universitäten.[12] Tendenziell lässt sich sagen, dass innerhalb der Entwicklung der Fach-Enzyklopädien die formalen Elemente an Bedeutung gewinnen, während die

Schleiermacher und neben R. Rothe genannt (vgl. aaO. 733), realenzyklopädische Werke begegnen fast eingestreut (so die *Encyclopaedia Britannica* neben den Entwicklungen in Göttingen [vgl. aaO. 722f.]). Besonders unsystematisch ist die Darstellung der Theologischen Enzyklopädie ab dem 17. bis zum 18. Jh., die eine bloße disparate Aufzählung ist (vgl. aaO. 729–731). Vgl. die Kritik bei HELL, Entstehung, 7.

[8] Vgl. dazu noch HEGEL, G. W. F., *Enzyklopädie der philosophischen Wissenschaften im Grundrisse. Zum Gebrauch seiner Vorlesungen (1817)* (vgl. bei NOWAK, Enzyklopädie, 63). HUMMEL, Enzyklopädie, 724, weist auf das Entstehen der »Formal-Enzyklopädie oder Philosophischen Enzyklopädie als Entwürfe oder Systeme einer allgemeinen Wissenschaftslehre« bei F. Bacon, G. W. Leibniz und I. Kant hin.

[9] Vgl. zum Beispiel die *Theologische Real-Enzyklopädie (TRE)*. DIERSE, Enzyklopädie, 3, stellt fest, die im 19. Jh. angebahnte Selbstständigkeit der Verwendung für Nachschlagewerke habe sich mittlerweile im Sprachgebrauch durchgesetzt, weist aber darauf hin, den Enzyklopädien des 17.–19. Jh.s sei es zuerst um die »Verbindung und Zuordnung, ihre Gliederung und Klassifikation« gegangen. Beispiele für den Sprachgebrauch siehe aaO. 1–8.

[10] Vgl. NOWAK, Enzyklopädie, 63. Diese Beurteilung ist den meisten Arbeiten zum Thema gemeinsam (vgl. HELL, Entstehung, 8f.). Anfang des 19. Jh.s haben »in formaler wie in materialer Hinsicht« alle wesentlichen Momente vorgelegen (aaO. 215). Dass es noch Ende des 19. Jh.s Grund zu einer kritischen Revision des immensen Bestandes an enzyklopädischer Literatur gab, zeigt die Veröffentlichung von RÄBIGER, Betrachtungen, aus dem Jahr 1882, worin er kritisch auf Hagenbach, Hofmann, Rothe und Grimm schaut.

Die Vorgeschichte, die HUMMEL, Enzyklopädie, 717f., aufführt, geht an der Sache vorbei, da sie Wissenszusammenstellungen frühester Epochen (Sumer u.ä.) enthält, die sicherlich nichts mit dem Gedanken einer wissenschaftssystematischen Konzeption zu tun haben. Richtig weist er aber darauf hin, dass die im 18. Jh. begegnenden Enzyklopädien zwar zum Teil eine Einordnung der Einzelwissenschaft in das Gesamtsystem der Wissenschaften bieten, die »fachspezifischen Einführungen« (aaO. 723) aber bei Weitem überwiegen.

[11] Vgl. VIERHAUS, Einleitung, 11–15, und den gesamten Band: VIERHAUS, *Wissenschaften im Zeitalter der Aufklärung (1985)*. Zur großen Bedeutung der Philosophie für die Ausbildung der Universalenzyklopädien vgl. DIERSE, Europäische Enzyklopädie, 741–746. Unter anderem G. W. Leibniz, I. Kant, G. W. F. Hegel und J. G. Fichte haben sich zum Problem der Enzyklopädie geäußert, freilich mehr im Sinne einer Universalenzyklopädie, eines Systems der Wissenschaften. Auf diese Entwicklung kann hier nicht näher eingegangen werden.

[12] DIERSE, Europäische Enzyklopädie, 741, erkennt diesen Zusammenhang mit dem Bemühen um Studienreformen im 18. Jh. Besonders die Humboldtsche Universitätsreform

inhaltliche, materiale Darstellung des Faches – etwa in Form von Bücherkunden – zurückgeht.[13] In dieser Hinsicht bildet F.D.E. Schleiermachers *Kurze Darstellung des theologischen Studiums (1811)* ein Etappenziel, nicht den Neubeginn einer Entwicklung, die die Unvereinbarkeit von Real- und Fach-Enzyklopädie innerhalb eines Werkes einsieht und sich auf das Formale der einzelnen Wissenschaft konzentriert.

Nun stellt sich die Frage nach dem Beginn und Umfang der Gattung »Theologische Enzyklopädie«: Dürfen geistliche Studienführer, hodegetische, methodologische Handreichungen, Pastoraltheologien oder kurze Bemerkungen zum Zustand des Studiums der Theologie einbezogen werden? Sollte auf den Terminus »Enzyklopädie« Wert gelegt werden?[14] Entscheidend scheint für die Theologische Enzyklopädie zuerst die Definition des Theologiebegriffs,[15] auch hinsichtlich der Frage, ob sie sich von ihrem Bezugsgegenstand (Gott, seine Eigenschaften, Verhältnis zum Menschen) oder von ihrem Ausbildungsziel (Lehrer der Religion) her konstituiert.[16] Zudem begründet sie in ihrer Vollform den Zusammenhang des Disziplinenkanons sowie das Verhältnis der Theologie und ihrer einzelnen Disziplinen zu anderen Wissenschaften. In ihrer Eigenschaft als

---

machte diese Konzepte dann nötig. Zeitweilig gab es sogar in Mainz einen Lehrstuhl für Enzyklopädie (Christian Appel) (vgl. auch HUMMEL, Enzyklopädie, 723).

[13] Eine klare Trennung von »formaler Enzyklopädie« und »materialer Enzyklopädie« ist in den theologisch-enzyklopädischen Werken des 18. Jh.s nicht möglich: Es begegnen fast nur Mischformen und sogar Schleiermacher verzichtet in seiner erklärtermaßen »formalen« (*Kurze Darstellung* [²1830], § 20 Anm. [KGA I/6; 333,14]) Enzyklopädie nicht ganz auf materiale Inhaltsdarstellung (z.B. zur Kanonfrage [vgl.aaO. §§ 103–124 (KGA I/6; 365–372)]) (korrigierend zu BIRKNER, Reformprogramm, 291).

[14] Parallel zur Geschichte der Enzyklopädie müsste auf die der Theologie als Wissenschaft eingegangen werden, die als Reflexion über das Selbstverständnis christlichen Glaubens (vgl. SCHWÖBEL, Religion, 279f.) schon sehr früh ausgebildet wurde. Darin liegen ebenfalls Momente, die zum Verständnis des Zusammenhangs und einheitsbildenden Kerns der Theologie von Belang sind. Zum Theologieverständnis vgl. Kap C.I.4.1.

[15] NOWAK, Enzyklopädie, 65, bietet eine sinnvolle Beschreibung als »methodologisch-methodischer Aufriss des Fachs Theologie«. Leider hat er nur wenige Werke dazu untersucht und z.B. bei Nösselt Wichtiges nicht erkannt, indem er ihm vorwirft, seiner Anweisung fehle ein Kerngedanke (vgl. aaO. 69; vgl. dazu VAN SPANKEREN, Nösselt).

BEUTEL, Aufklärung, 345, erkennt einen aufklärerischen Zweck in der enzyklopädischen Darstellung, die Einheit und Aufgabe der Wissenschaft in ihren Haupt-, Neben- und Hilfsdisziplinen darzustellen und zu begründen.

HELL, Entstehung, 1, wählt als Definition: »Er [der Begriff Theologische Enzyklopädie, C.N.] bezeichnet diejenige Gattung theologischer Literatur, die – unter diesem oder einem anderen Titel – die Einheit theologischer Wissenschaft in der Mehrzahl ihrer Disziplinen darstellt und begründet.«

KRAMM, Enzyklopädie, 5, definiert die Gattung: »Es handelt sich um Schriften, die die theologische Wissenschaft in ihrem ganzen Umfang und nach ihrer inneren Gliederung darstellen wollen, mit der Absicht, Studienanfänger in diese Wissenschaft einzuführen.«, und stellt damit das propädeutische Moment heraus.

Stock betrachtet die Enzyklopädie als Metatheorie, die als Teil der Theologie über die Theologie reflektiert (vgl. STOCK, Theologie, 324).

[16] Vgl. Schleiermachers kirchliche Funktionalisierung als eine mögliche Form.

Einleitungswerk enthält sie eine Methodologie und bietet im Rahmen des Wissenschaftsüberblicks oft eine Bücherkunde. Die Verwendung des Titels *Enzyklopädie* kann nicht maßgeblich sein.[17] Werke, die in anderer Form wertvolle Beiträge zum Verständnis der Theologie als Wissenschaft geleistet haben oder als geistliche Begleiter das Studium erleichtern, sollten in einer Darstellung be rücksichtigt werden, der es in erster Linie um das Konzept, nicht die literarische Gattung geht.[18]

Nach dieser Klärung kann nun auf die Frage der Geschichte der Theologischen Enzyklopädie näher eingegangen werden. Bei Samuel Mursinna (1717–1795) taucht 1764 zuerst der Terminus als Buchtitel auf.[19] Wenn es auch Vorläufer im 16. und 17. Jahrhundert gibt,[20] lässt sich das enzyklopädische Projekt in der Theologie doch als Form der Aufklärung bezeichnen. Wichtige Anstöße gab vor allem J. F. Buddeus in seiner *Isagoge historico-theologica ad theologiam singulasque eius partes (1727)*, der auf der Höhe der Ausdifferenzierung der theologischen Wissenschaften argumentiert und sie in zwei Einheiten – einmal auf die normative Lehre, einmal auf die Zurüstung zur Kirchenleitung bezogen – systematisiert.[21] Auch A. H. Francke hat einen Beitrag geleistet, u. a. mit seiner *Methodus studii theologici (1723)* und seiner *Idea studiosi Theologiae (1712)*. Er konstruiert die Einheit der Fächer durch ihre Bezogenheit auf die Heilige Schrift, versteht die Theologie in erster Linie aber als praktische Wissenschaft und gewichtet, bei aller Betonung der Notwendigkeit eines wissenschaftlichen Studiums, die Komponente des geistlichen Ratgebers ungleich stärker.[22] Auch J. S. Semlers *Anleitung zu nützlichem Fleisse in der ganzen Gottesgelersamkeit für angehende Studiosos Theologiae (1757)*[23] stellt mehr einen Studienführer und ein »Rat-

---

[17] Vgl. Hell, Entstehung, 1.

[18] Hell fokussiert auf die »literarische Gattung«, was einfacher, aber nicht ertragreich ist, wie auch an seinen methodischen Schwächen deutlich wird (vgl. ebd.).

[19] Mursinna, Samuel, *Primae lineae encyclopaediae theologica (1764)* (vgl. Beutel, Aufklärung, 345). Nowak, Enzyklopädie, 64, weist darauf hin, dass nur der Terminus, nicht das Themenfeld hier neu ist. Dass Mursinna selbst auf Vorläufer aus Göttingen verweist, namentlich den Juristen Pütter, Johann Stephan, *Entwurf einer Juristischen Encyclopädie (1757)*, und Ders., *Neuer Versuch einer Juristischen Encyclopädie und Methodologie (1767)* (vgl. bei Dierse, Enzyklopädie, 82, und umfangreich zu Pütter: Buschmann, Enzyklopädie), zeigt die Vorreiterrolle Göttingens. Mursinna musste den Titel, der wirklich noch neu war, noch ausführlich rechtfertigen. Hell, Entstehung, 171–173, stellt die Bedeutung Mursinnas wie die der genannten Vorbilder in Frage.

[20] Alsted, Johann Heinrich, *Cursus philosophici encyclopaedia (1620)*, und Ders., *Encyclopaedia (1630)* (vgl. Nowak, Enzyklopädie, 62), und noch eher Hyperius, Andreas, *De recte informando theologiae studio (1556)* (vgl. Beutel, Aufklärung, 345).

[21] Vgl. dazu Beutel, Aufklärung, 346, und umfangreich Nüssel, Bund.

[22] Geistliche Existenz und wissenschaftliche Ausbildung greifen ineinander, erstere bildet den Schwerpunkt (vgl. Nowak, Enzyklopädie, 66). Vgl. umfangreicher zu Francke Hell, Entstehung, bes. 136–145, sowie de Boor, Vorlesungen.

[23] Semler, J. S., *Versuch einer nähern Anleitung zu nützlichem Fleisse in der ganzen Gottesgelersamkeit für angehende Studiosos Theologiae (1757)*.

geberbüchlein«[24] dar, das allerdings wertvolle und wichtige Anregungen zur Ausbildung Theologischer Enzyklopädie liefert[25] und Wert auf die Verbindung von Lehre und Forschung sowie die Gelehrsamkeit des Theologiestudenten, die er in einer Krise sah, legt.

Aufgrund des enormen Wissenszuwaches und der Entstehung neuer Wissenschaftszweige wurde die enzyklopädische Selbstvergewisserung wichtiger. Eine Voraussetzung dieser Überlegung war das Bewusstsein, dass die Einheit der Theologie ein Problem darstellen könnte.[26] Zudem war sie im Begriff, ihre Führungsrolle an den Universitäten zu verlieren, da Philosophie und Naturwissenschaften enorm an Bedeutung gewannen. Die Forschungslandschaft veränderte sich insgesamt durch die Gründung von Akademien und Gesellschaften, die den Universitäten ihren wissenschaftlichen Rang abzulaufen drohten. Alle Fächer, so auch die Theologie, befanden sich im 18. Jahrhundert in einer intensiven Reformphase.[27]

An den Reformuniversitäten Halle und Göttingen wurden im Rahmen der jeweiligen Studienorganisationen neue einleitende Veranstaltungen installiert.[28] Göttingen machte den Anfang, als schon 1737 in den Gründungsstatuten der Fakultäten einführende Vorlesungen in die Theologie angemahnt wurden und die Professoren aufgefordert wurden, diese auch zu drucken.

»In den einführenden Lektionen soll den Studierenden der ganze Umfang der Gottesgelahrtheit vor Augen gestellt und Besonderheiten der einzelnen Wissenschaften beschrieben werden; Nutzen und Notwendigkeit von Philosophie, Philologie und Geschichte für die Theologie soll aufgezeigt werden: Missbräuchen trete man entgegen; die besseren Lehrbücher sollen besprochen und empfohlen werden, und so mögen die

---

[24] NOWAK, Enzyklopädie, 67.

[25] Dieses sollte einmal eingehend herausgearbeitet werden. Dabei müsste besonders auf die Prägungen bei Nösselt, aber auch bei Schleiermacher eingegangen werden sowie auf die Rezeption dieser Gedanken außerhalb Halles.

[26] Vgl. dazu HELL, Entstehung, 35, der für die Vorläufer aus Spätmittelalter, Humanismus und Reformation die Vorstellung der Theologie als ungefragt einheitliche Disziplin feststellt. Hell geht nochmals auf die Ausbildung eines »enzyklopädischen Bewusstsein[s]« (aaO. 210) ein und sieht auch in der Fragestellung, welche Einheiten in der Theologie gebildet werden können, eine Voraussetzung dieses Bewusstseins.

[27] BRECHT, Theologiestudium, 356, fasst die Entwicklungen in Aufklärung und 19. Jh. auf einer halben Seite zusammen und wird so der Komplexität der Umstrukturierung gerade in der zweiten Hälfte des 18. Jh.s nicht gerecht.

[28] Den Zusammenhang zwischen Universitätsreformen und Aufleben enzyklopädischer Vorlesungen erkennt auch DIERSE, Europäische Enzyklopädie, 741.
Chr. H. Schmid weist in Journal von und für Deutschland 5 (1788), 7.–12. St., 376–380, auf eine Vorlesung Johann Christian Langes in Gießen aus dem Jahr 1702 hin. Diese ist allerdings mehr als eine gelehrte Verbreitung materialer Art – wenn auch nur für Theologiestudenten (vgl. aaO. 377) – zu verstehen und nicht als Studieneinleitung zu benutzen (sie dauerte auch sechs Semester, sechs Tage die Woche, je zweieinhalb Stunden [vgl. aaO. 378]). Darauf weist SCHNEIDER, Systematisierung, 76 f., hin, jedoch nicht auf die gegenüber Göttingen ganz anders gelagerte Ausrichtung.

Studien der Anfänger der Gottesgelahrtheit durch heilsame Ratschläge geleitet werden.«[29]

Diese höchst nützliche Einrichtung geschah wohl von landesherrlicher Seite weniger aus pädagogisch-konzeptioneller Überzeugung heraus, als vielmehr aus dem Streben nach Effizienz der Studienzeit. Die Grundidee basiert auf der Ausrichtung des Studiums auf die »Nutzbarkeit«, die Ausrichtung *ad praxin*, ebenso setzt eine Studieneinleitung instand, im eklektischen Wissenschaftsverständnis der Zeit bei möglichst kurzer Studiendauer einen gewissen Überblick über die Gesamtwissenschaft zu erhalten. Die Anweisung enthält die Bestandteile Wissenschaftsbegriff, Inhaltsüberblick, Hilfswissenschaften (Philosophie, Philologie, Geschichte) und Bücherkunde. J. W. Feuerlein nahm im Sommersemester 1737 ein Einführungskolloquium in der Theologie auf, regelmäßig wurde diese Lehrveranstaltung in der Theologie allerdings erst von J. L. v. Mosheim übernommen.[30] Allerdings musste der Kurator G. A. v. Münchhausen 1756 erneut auf das Angebot dieser Vorlesungen in allen Fakultäten drängen,[31] dem im Wintersemester 1756/57 alle Fakultäten nachkamen, doch zeigt dies eine gewisse Abneigung gegen das Projekt. Münchhausen kommt das Verdienst zu, die bis dahin vereinzelt auftauchenden speziellen Enzyklopädien auf alle Fakultäten übertragen zu haben.[32] Im Berliner Konsistorium regte J. J. Spalding 1765 an, solche Vorlesungen in der Theologie vorzuschreiben, was dann in Halle umge-

---

[29] *Die Statuten der Theologischen Fakultät an der Georgia-Augusta-Akademie*, Kap. I., § 9 (bei EBEL, Privilegien, 88). Damit war ein Teil des Programms, das 1756 mit einer landesherrlichen Verfügung als enzyklopädische Vorlesung verpflichtend gemacht wurde, schon präformiert (vgl. die Akte UAG Kur. 4152, enthaltend den diesbezüglichen Schriftverkehr vom 13.03.–04.07. 1756). Es war also nur Mursinna, der diese Bezeichnung »für eine solche Überblicksdarstellung einbürgerte« (BIRKNER, Reformprogramm, 287).
[30] Die Jurisprudenz war hier stetiger, schon J. J. Schmauß las ab 1737. Stilbildend wurde Pütter (vgl. HELL, Entstehung, 168). Exotische Mischformen gab es andernorts: SENTINIS, KARL HEINRICH, *Grundriß einer theologischen und iuristischen Encyclopädie zu Vorlesungen auf Schulen (1794)* (bei DIERSE, Enzyklopädie, 82); eine Erklärung dieser Zusammenstellung (theologisch-juristisch) findet sich leider nicht.
[31] Vgl. die Akten UAG Kur. 4152. Das Schreiben an die Universität erging am 13.05. 1756. Die angeforderten gutachterlichen Reaktionen der Universität blieben offenbar aus (vgl. aaO. Bl. 5). Am 19.06. (vgl. aaO. Bl. 7 f.) wird deshalb angewiesen, wer das *Collegium encyclopaedicum* pro Fakultät lesen solle: Richter in der Medizin, Gesner in der Philosophie, Kaestner gesondert in der Mathematik, Pütter in der juristischen und Michaelis in der theologischen Fakultät (vgl. aaO Bl. 8). Die theologische Fakultät protestierte gegen Michaelis, der nicht Mitglied der Fakultät war, und schlug Feuerlein *ex facultate* vor (vgl. aaO. Bl. 10r). Vgl. zum Vorgang KRAMM, Enzyklopädie, 84. Dass 1737 nicht allein an die Jurisprudenz gedacht wurde, wie HUMMEL, Enzyklopädie, 723, vermutet, geht schon aus den theologischen Gründungsstatuten hervor.
[32] So auch das Urteil von KRAMM, Enzyklopädie, 84.

setzt wurde.[33] Semler übernahm diese Aufgabe, später dann J. A. Nösselt mit mehr Engagement.[34]

Im Ganzen bieten viele Veröffentlichungen des 18. Jahrhunderts zur Theologischen Enzyklopädie einerseits viel Ratgeberhaftes, andererseits umfangreiche Bücherkunden; systematische Darlegungen des Zusammenhangs der theologischen Fächer sind seltener.[35] Insgesamt lässt sich eine Vollform Theologischer Enzyklopädien ganz überwiegend im protestantischen Raum beobachten, während katholische Entwürfe – sieht man einmal von J. S. Drey ab – mehr oder weniger geistliche Ratgeber bleiben.[36] Im 19. Jahrhundert fanden die Theologischen Enzyklopädien noch reichlichen Zuwachs, im 20. Jahrhundert lässt sich mit W. Pannenberg, G. Ebeling. G. Sauter und R. Bultmann nur noch ein kleiner Kreis aufzählen.[37]

---

[33] Vgl. BEUTEL, Aufklärung, 346. SPALDING, Lebensbeschreibung (SpKA I/6–2; 162,29–163,10): Er selbst habe bei einer »Consultation des Oberconsistoriums wegen nützlicherer Einrichtung der theologischen Collegien auf den Universitäten« (aaO. 162,29–31) vorgeschlagen, besondere Vorlesungen »über die theologische Encyklopädie und über die Wahrheit der Religion« (aaO. 162,33 f.) zu halten.

[34] Vgl. zur Übernahme durch Semler: SPALDING, *Lebensbeschreibung* (SpKA I/6–2; 163,5). Vgl. zu Nösselt: VAN SPANKEREN, Nösselt.

[35] So z. B. bei SEMLER, Anleitung, der nur in Ansätzen eine solche bietet.
Schneider ruft zum Abschluss seiner Untersuchung dazu auf, Buchgeschichte, Ideengeschichte, Wissenschaftsgeschichte und Geschichte der Gelehrsamkeit zu verknüpfen (vgl. SCHNEIDER, Systematisierung, 82). Eine solche Ausweitung des Gegenstandes kann hier nicht geleistet werden und würde wahrscheinlich – so bei Schneider – vor methodische Probleme stellen, wie sie schon im Beitrag Hummels (s. o.) deutlich wurden, man sozusagen Äpfel mit Birnen vergliche.

[36] Gegen diese Feststellung würde sich HELL, Entstehung, sicher wehren. Doch zeigt gerade seine Untersuchung, dass im katholischen Raum wenig Systematisches in dieser Frage geleistet wurde. Sein Urteil über die protestantische Entwicklung vom 17. bis zur Mitte des 18. Jh.s ist verfehlt: »Die Periode von der zweiten Hälfte des 17. Jahrhunderts bis zur Mitte des 18. Jahrhunderts ist in der protestantischen Theologiegeschichte – hier einmal ganz im Gegensatz zur katholischen – eher eine Zeit der Besitzstandswahrung und der Verfestigung der jeweiligen ›Orthodoxien‹.« (aaO. 117). Erst die Aufklärung breche das auf – die allerdings sicherlich nicht erst ab Mitte des 18. Jh.s wirkte.

[37] Vgl. bei HUMMEL, Enzyklopädie, 738–742. STOCK, Theologie, 323, mahnt an, diese Aufgabe müsse dringend angegangen werden.
Gerade im Hinblick auf sich wieder verändernde Wissenschaftslandschaften, kulturwissenschaftliche Paradigmen und weitere Anforderungen ist es höchste Zeit, dies wieder zum Gegenstand konzentrierter Überlegung zu machen. Allein schon, um darauf aufmerksam zu machen, dass Reformen im Theologiestudium immer eine Rechenschaft über den Begriff des Faches verlangen, was leider in jüngeren Diskussionen kaum eine Rolle spielte.
EBELING, Erwägungen, 386, resümiert 1970, das akute Bedürfnis einer Theologischen Enzyklopädie als »Lehre von der Theologie«, der »Erfassung der Einheit und Ganzheit«, werde nicht erfüllt durch die bloße Selbstdarstellung der Disziplinen auf der Stufe des Anfängers. »Und eben darin müßte die theologische Enzyklopädie eigentlich bestehen.« (ebd.). Aufgrund der sprachlichen Durchsetzung des Terminus für die Realenzyklopädien schätzt Ebeling den Erfolg einer »Umprogrammierung aber im Sinne einer Lehre vom Wesen der Theologie« gering ein.

Plancks Einleitungswerke sind im Abstand von nahezu 20 Jahren aus den Göttinger theologisch-enzyklopädischen Vorlesungen entstanden und stehen in der gerade gezeichneten Entwicklung. Entgegen vereinzelten Annahmen handelt es sich bei dem *Grundriß der theologischen Encyklopädie (1813)* nicht um einen bloßen Auszug aus der *Einleitung in die Theologische [sic] Wissenschaften (1794/95)*. Deshalb scheint es geboten, beide Werke zuerst in ihrer formalen und programmatischen Gestalt zu beschreiben, bevor die Untersuchung ihrer Gehalte vergleichend vorgenommen werden kann.

3. Einleitung in die Theologische Wissenschaften (1794/95)

3.1. Intention und Ausrichtung

Nach gut zehn Jahren als Professor in Göttingen verfasste Planck eine *Einleitung in die Theologische [sic] Wissenschaften (1794/95)* in zwei Bänden.[38] Seit dem Sommersemester 1790 hatte Planck Vorlesungen über die Theologische Enzyklopädie im Vorlesungsverzeichnis angekündigt, bis 1832 bot er mit Unterbrechungen diese Vorlesung 28 Mal an.[39] Die Schwerpunkte lagen deutlich in der Zeit 1795–1802 und 1812–1820, in den Jahren 1802–1812 las Planck nicht darüber.[40] Da die Göttinger Professoren angehalten waren, ihre Vorlesungen durch entsprechende Publikationen zu begleiten, fertigte Planck seine *Einleitung* an, die er allerdings nicht als bloße Erfüllung seiner Verpflichtungen verstanden wissen wollte, sondern als notwendige Reaktion auf die problematische Situation der theologischen Wissenschaften.[41]

---

[38] Im Folgenden abgekürzt als: Einleitung 1 bzw. 2. – Dass dies mit der Übernahme der ersten theologischen Professur durch Planck im Jahre 1791 zusammenhing, wie KRAMM, Enzyklopädie, 126, vermutet, ist unwahrscheinlich, da – wie Kramm (ebd.) auch bemerkt – später oft Repetenten diese Vorlesungen übernahmen.

[39] Vgl. die Ankündigungen in den GAGS/GGA. WS 1789; SS 1790; SS 1791; WS 1792; SS WS 1795; SS–WS 1796; WS 1797; WS 1798; WS 1799; SS–WS 1800; WS 1801; SS 1802; SS 1812; SS 1813; SS–WS 1814; WS 1815; WS 1816; WS 1817; SS 1819; WS 1820; WS 1821; WS 1831; SS 1832; WS 1832. Bei KRAMM, Enzyklopädie, 126, fehlen die Ankündigungen WS 1789; SS 1791; WS 1815; WS 1817; SS 1832.

Z. T. gibt es Schwerpunktsetzungen: Zum SS 1795 kündigt Planck eine Enzyklopädie der »gesammten Theologie« an, er werde »sein Hauptaugenmerk darauf richten, jede zur Theologie gehör[ige] Wiss[enschaft] n[ach] den Grundsätzen der crit[ischen] Philos[ophie] zu beleuchten« (GAGS [1795], 45 St., 441). Im Semester darauf liest er eine Theologische Enzyklopädie, »d. h. die Anfangsgründe, Hauptsätze, Quellen, Grenzen, Geschichte u[nd] Methode aller zur Theologie gehör[igen] Wissenschaften« (GAGS [1795], 143 St., 1425). Im SS und WS 1832 bietet Planck eine Enzyklopädie und Methodologie an, deren »Hauptzweck seyn wird, eine Anleitung zu der, nach dem Abgange von der Universität, durch eigenen Fleiß fortschreitenden wissenschaftlichen Ausbildung zu geben« (GGA [1832], 56. St., 546; vgl. auch GGA [1832], 148 St., 1465, die wiederholte Ankündigung).

[40] Hier finden sich nur Ankündigungen der Repetenten Horn (SS 1804) und Mahn (WS 1810; SS–WS 1811) sowie von Professor Gesenius (SS–WS 1808).

[41] Er wäre auch durch »innere Geistestriebe darauf gekommen«, urteilt sein Biograph

Über den Zustand der Theologie zeigt sich Planck besorgt: Auch ihre Feinde seien durch die »schnelle Progression des Verfalls und noch mehr durch die Folgen davon«[42] überrascht. Nun sei es an der Zeit, »neuen Eifer und Lust zu diesem Studio« zu wecken, wozu diese *Einleitung,* neben dem Zweck, eine »neue Anleitung zu dem gelehrten Studio der Wissenschaft« an die Hand zu geben, dienen soll.[43] Diese durch die wissenschaftliche Revolution der Aufklärung u. a. mit der Emanzipation der philosophischen Wissenschaften und der Naturwissenschaften von theologischer Bevormundung, der veränderten Rolle der Theologie an der Universität sowie dem zunehmend historisch-kritischen Umgang mit den Lehrbeständen der Theologie und neuen Anfragen durch die Philosophie Kants sowie dem aufkommenden Idealismus bedingte Krise definiert Planck nicht näher, sondern setzt sie als bekannt voraus.[44] Sie zeige sich in der totalen Umbildung der gesamten Theologie, die einzigartig auch im zeitgenössischen Vergleich zu anderen Wissenschaften sei. So werde durch die »Veränderungen in der Wissenschaft auch eine Veränderung in der Art und in der Methode ihres Studiums nothwendig«[45], die sich sowohl auf die Anordnung der einzelnen Teile der Wissenschaft wie auf die nötigen Voraussetzungen auswirke. Dass einem Niveau- und Motivationsverlust unter den theologischen Studenten begegnet werden müsse, lasse sich unter anderem an der Verkürzung der Studiendauer[46] und an verschiedenen Reformforderungen zur Hebung der Qualität der Absolventen ablesen, wie sie in Göttingen dann 1800 in Form des Ephorates umgesetzt wurden, aber schon Jahre vorher angedacht waren.

Planck lehnt ältere Einleitungswerke ab, da sie den Anforderungen der Gegenwart nicht mehr genügten. Hauptkritikpunkt ist deren Parteilichkeit, denn sie führten den Anfänger in das orthodoxe Lehrsystem ein, um ihn davon zu überzeugen. Das Ziel des Studiums sei aber, »sich durch sein Studium die Fähigkeit zum freyen und unbefangenen urtheilen, zum unpartheyischen prüfen und

---

LÜCKE, Planck, 47. Vgl. die Darstellung bei VOIGT-GOY, Reformationsgeschichte, 288–292, der v. a. die »Krisenanalyse« Plancks untersucht.

[42] Einleitung 1, VI.

[43] Beide Zitate: aaO. IV f.

[44] NOWAK, Enzyklopädie, 71, weist auf das Doppelmotiv bei Planck hin: Einerseits die wissenschaftliche Revolution in der Theologie, andererseits eine Krise der Theologie. Dass Planck sich hier konkret auf die Debatte um C. F. Bahrdt und J. H. Campe bezieht, die ein Theologiestudium in der vorliegenden Form ablehnten (vgl. BAHRDT, C. F., *Ueber das theologische Studium auf Universitäten [1785]*, und CAMPE, J. H., *Ueber einige verkannte wenigstens ungenützte Mittel zur Beförderung der Indüstrie, der Bevölkerung und des öffentlichen Wohlstandes [1786]*), wie KRAMM, Enzyklopädie, 127f., behauptet, scheint mir doch sehr unwahrscheinlich; im Text fehlen eindeutige Hinweise darauf. BIRKNER, Reformprogramm, 285f., sieht auch Schleiermachers *Kurze Darstellung* als Reaktion auf diese Einschätzung Plancks, die er zitiert.

[45] Einleitung 1, 3.

[46] Eine geringere Frequenz theologischer Fakultäten ist nicht zu beobachten: Sowohl in Göttingen als auch an anderen Universitäten ist in den Jahren zwischen 1770 und 1800 keine signifikante Abnahme festzustellen, weder relativ noch absolut (vgl. Studentenzahlen, 13; EULENBURG, Frequenz, 308–313).

zur sicheren Selbstüberzeugung zu erwerben.«[47] Zudem läsen die Anfänger diese Einleitungen ohnehin nicht und studierten planlos. Das Gute und Wertvolle,
das sich in diesen Werken finde, müsse bewahrt und durch eine neue Einklei-
dung wieder rezipierbar gemacht werden.[48] Dabei mache die »Gelehrsamkeit«
dieser älteren Einleitungswerke einerseits ihre bleibende Brauchbarkeit aus, bedinge andererseits aber auch einen methodischen Fehler: Durch die Überfrach-
tung mit Material und inhaltlicher Diskussion vermittelten sie gerade keinen
vorläufigen Überblick über den Gang des theologischen Studiums.[49] Auch die
neueren gewährten den Bücherkunden einen zu großen Raum.

Planck erwartet stattdessen in einer solchen Einleitung fünf Stücke: Dem
Anfänger müssen (1) Begriffe von Objekt und Gegenstand, Zweck und allgemeiner Form der Wissenschaft vermittelt werden, d. h., Material und Absicht
des Studiums müssen überschaubar vorläufig angegeben werden.[50] (2) Die Verbindungen der einzelnen Teile der Wissenschaft sowie die der Wissenschaft
insgesamt mit anderen müssen dem Anfänger aufgezeigt werden.[51] An dieser
Stelle ist aber keine allgemeine Wissenschaftstheorie zu erwarten, sondern eine
Verortung der Theologie innerhalb ihrer Hilfs- und Vorbereitungswissenschaften sowie die Verhältnisbestimmung ihrer einzelnen Fächer untereinander.[52]
Den Charakter als pädagogisch motiviertes Einleitungswerk – und nicht als
theoretische Abhandlung – macht das dritte Stück (3) deutlich:

»Die beste Methode für das Studium einer Wissenschaft kann nur diese seyn, wobey sich
die Kenntnisse, deren Aggregat die Wissenschaft ausmacht, auf dem kürzesten Wege,
also auch in der möglich kürzesten Zeit, in der höchsten Klarheit und Bestimmtheit
erlangen lassen.«[53]

---

[47] Einleitung 1, 5.

[48] Vgl. aaO. 6. Häufig müsse etwas schon längst Ausgebildetes wieder neu unter die Leute gebracht werden.

[49] Dabei erwähnt Planck ausdrücklich die »Isagoge von Buddäus«, die »bey aller Gelehrsamkeit, die darin stekt, zum Theil selbst um dieser Gelehrsamkeit willen, nicht mehr so
brauchbar für uns« ist, wie sie für frühere Zeiten war (aaO. 4 f.). Von den neueren Werken
wird Nösselts *Anweisung* erwähnt, die »vortrefflich bearbeitet« (aaO. 25) und nach den gleichen Ideen wie die Plancksche selber aufgebaut sei. Das rechtfertigt allerdings nicht Kramms
Urteil, Planck habe mehr oder weniger bei Nösselt abgeschrieben (vgl. KRAMM, Enzyklopädie, 129 u. ö.). Vgl. dazu Kap. B.I.6.

[50] Vgl. Einleitung 1, 10.

[51] Vgl. aaO. 11.

[52] KRAMM, Enzyklopädie, 128 f., weist darauf hin.

[53] Einleitung 1, 12. Planck fährt im unmittelbaren Anschluss fort: »Der kürzeste Weg
muß aber immer der natürlichste, dieß heißt, derjenige seyn, der in der natürlichsten Ordnung von dem einen zu dem andern, von den Grundbegriffen zu den nächsten, die sich davon ableiten lassen, von den Prämissen zu ihren unmittelbarsten Folgen, und von diesen zu
den entfernteren, aber in gerade fortlaufender Richtung führt.«

Um diesen Weg zu finden, müsse man die Strecke im Voraus übersehen können, also Teile und Verbindungen in der Wissenschaft kennen.[54] Dieses Stück lässt sich als eigentliche Methodologie bezeichnen, die allerdings hier klar das Gepräge des Göttinger Universitätsprogramms trägt, das auf möglichst effektive Studiengestaltung angelegt war, »auf dem kürzesten Wege« und »in der möglich kürzesten Zeit« die Studienlaufbahn abzuschließen.[55] Allerdings legt Planck darauf Wert, dass die Zeiteffizienz nicht zu Lasten der wissenschaftlichen Präzision gehen darf, die Begriffe auch in der »höchsten Klarheit und Bestimmtheit« erlangt werden müssen.

Auch wenn Planck die umfangreiche Bücherkunde in den alten Werken beklagt, bietet er ebenfalls eine solche (4) als notwendiges Stück einer Einleitung.[56] Sie steht als Literaturgeschichte in enger Verbindung zu seiner Forderung nach »Gelehrsamkeit«. Konservativ in der Grundhaltung formuliert Planck: »Bey den meisten Zweigen der menschlichen Kenntnisse kommt es jetzt nicht mehr so wohl darauf an, sie selbst zu erfinden, als vielmehr nur die Erfindungen anderer darüber zu benutzen.«[57] Unter diese »Erfindungen« fallen alle äußeren Quellen, aus denen die Methode der Wissenschaft geschöpft werde. Der Studienanfänger müsse wissen, »was andere darüber gedacht, untersucht und aufbewahrt haben«[58]. Diese »Gelehrsamkeit« sei in allen Wissenschaften nützlich, bei denen, »worinn Geschichte dazwischenkommt«[59], wie der Theologie, unverzichtbar.

Von der Grundabsicht vergleichbar zur Literaturgeschichte fordert Planck eine Geschichte der Wissenschaft (5) als fünftes Stück einer Studieneinleitung. Sie solle zeigen, wie sich die Wissenschaft gebildet habe, wie sie behandelt worden sei und wie sich die einzelnen Disziplinen geschichtlich entwickelt haben.[60] Gerade in der Theologie trage diese grobe Übersicht sehr viel aus, da ihre Entwicklungen nur in großen Linien erkennbar würden.

Die ersten beiden Punkte stellen das enzyklopädische Moment dar, das dritte das propädeutisch-methodologische, die letzten beiden sind der historischen, gelehrten Ausrichtung, die dem Anfänger das Material zur Beurteilung vorlegt, geschuldet.

---

[54] Dieser propädeutische Gedanke liegt auch der formalen Enzyklopädie Schleiermachers zugrunde.
[55] Zum Zusammenhang des enzyklopädischen Projekts mit dem Programm der Universität Göttingen vgl. Kap. A.IV.2.2.
[56] Vgl. Einleitung 1, 6.
[57] AaO. 13 f.
[58] AaO. 14.
[59] AaO. 14.
[60] Vgl. aaO. 15.

Wenn Planck wieder »neuen Eifer und Lust«[61] zum Studium der Theologie
entfachen will und »Unpartheylichkeit«[62] und »Gelehrsamkeit«[63] als Ziel des
Studiums fordert, stellt dies eine Art Programm seiner *Einleitung* dar. Aufgrund
der Forderung nach »Unpartheylichkeit« lehnt er – gerade in der Theologie –
die älteren Einleitungen ab. Aktuell dürften Einleitungen nicht in ein spezielles
System einführen und sich nicht auf einen bestimmten Standpunkt stellen, von
dem aus die Wahrheiten der Religion dann betrachtet werden. Sonst bestünde
die Gefahr, das Fassungsvermögen des Anfängers so zu stimmen, dass er nur
bestimmte Wahrheiten annehmen könne, andere hingegen ablehnen müsse.
Nur vom Standpunkt der Unparteilichkeit könne das Studium gewinnbringend
absolviert werden, d. h. hier, in die Lage zu versetzen, alles eigenständig und
unvoreingenommen selbst überprüfen zu können. Letztlich könne nur so der
»selbstdenkende[] Theologe[]«[64] gebildet werden, »und andere sollte man wenigstens – nicht bilden wollen.«[65] Um dieses Selbstdenken zu ermöglichen, sind
die eingangs geforderten klaren Begriffe ebenso nötig wie die übrigen Inhalte
der Wissenschaft. Nichts dürfe das eigene Urteil hemmen, nur so könne auch
der intendierte neue Eifer für das Theologiestudium erreicht werden, ist Planck
überzeugt.[66] Weiter sei es wichtig, zur Darlegung aller Stücke der Einleitung,
eine Denkform und Sprache zu wählen, die unvoreingenommen und allge-
meinverständlich-natürlich sei. Zu frühe Konfrontation mit der wissenschaftlichen Form der Sprache sei nachteilig, weil sie noch zu ungewohnt sei, deshalb
müssten die Inhalte »immer nur in der gewöhnlichen Denkform der natürlichen
Logik und des geraden Menschenverstandes«[67] dargelegt werden. Damit ist eine
außerordentliche Rezipientenorientierung erreicht und eine didaktisch wertvolle Grundentscheidung gefällt: Einerseits sollen so die schon vorbelasteten
Begriffe der theologischen Schulsprache vermieden werden, mit denen immer
schon eine bestimmte Ansicht vermittelt würde, andererseits kann der Anfänger mit den normalen Fähigkeiten, die er mitbringt, Erfolge verbuchen.[68] Ein-

---

[61] AaO. IVf.

[62] AaO. 5.

[63] AaO. VII.14.

[64] AaO. 17.

[65] Ebd. In einer Rezension ([ECKERMANN], NadB 11 [1794], 1. St., 3–19) mit dem Vorwurf konfrontiert, er habe den Anfänger nicht weitergeführt als vor 30 Jahren, entgegnet
Planck, dies sei auch gar nicht seine Absicht gewesen, er wolle ihn nur in den Stand versetzen, theologische Ideen von damals und heute miteinander zu vergleichen (vgl. Einleitung 2,
XIII).

[66] Vgl. Einleitung 2, 19: Wenn dem Anfänger »alle Data, aus denen dasjenige, was man in
der Wissenschaft sucht, [...] recht in die Hand gezählt [werden], so darf man darauf rechnen,
daß alle Kräfte seines Geistes in Bewegung kommen, und daß dieser keine weitere Aufforderung bedürfen wird, sich mit Eifer in die Wissenschaft einzulassen.«

[67] Einleitung 1, 20.

[68] Fraglich scheint, ob der Verzicht auf die wissenschaftliche und hier näherhin wohl
theologisch-dogmatische Sprache überhaupt nötig und sinnvoll ist, da die meisten Schüler –

mal in der geforderten natürlichen Logik erfasst, können dann hinterher die
Begriffe in der wissenschaftlichen Form leicht wiedererkannt und die höhere
Prägnanz dieser Form geschätzt werden.[69]

Adressaten der *Einleitung* sind Anfänger im Studium der Theologie. Durch
die allgemeinverständliche Form könne das Werk jedoch jeder verstehen und
die sonst gerade in der Theologie sich betätigenden gebildeten Laien, die es für
unnötig halten, sich vor einer Beurteilung oder Verurteilung überhaupt belehren lassen zu müssen, könnten durch die Lektüre erkennen, »daß es nicht immer
so leicht ist, in der Theologie entscheidend zu sprechen, und dadurch werden sie
zu gleicher Zeit lernen bescheidener und treffender darüber zu urtheilen.«[70]
Innerhalb der eigentlichen Studierenden muss methodisch zwischen zwei Klassen unterschieden werden: Jene, die sich zum »populären Religionsunterricht
fähig und brauchbar«[71] machen wollen, und jene, die sich »die fortdaurende
gelehrte Behandlung der Wissenschaft zum eigentlichen Berufsgeschäft ihres
Lebens machen«[72] wollen. Beide müssen den gleichen Weg beschreiten, nur
müssen die wenigen letzteren an einigen Stellen länger verweilen, den ersteren
ist es von Zeit zu Zeit gestattet, einen kurzen Nebenweg zu wählen.[73] Die *Einleitung* ist auch darin durch einen hohen Realitätsbezug gekennzeichnet und
trägt den unterschiedlichen Absichten der Studierenden Rechnung. Effektivität
und wissenschaftliche Aufrichtigkeit in der Vollständigkeit des Studiums, wie
sie die Göttinger Universität schon früh einforderte, finden sich hier wieder in
bestmöglicher Balance abgebildet.

---

man denke an die Klosterschulen Württembergs – schon längst mit dem ganzen theologischen Fachvokabular ausgestattet waren.

[69] Vgl. Einleitung 1, 20.

[70] Einleitung 1, 22. Mit seiner Kritik an der Beteiligung der Laien an theologischen Fragen scheint Planck quer zum sonstigen Popularisierungsbestreben seiner Zeit zu stehen. Er
meint aber, in keiner anderen Wissenschaft seien so viele unqualifizierte Urteile von Laien
zu beobachten, die die Theologie in ihrer Entwicklung gehemmt haben, weil der Laie nicht
nur »dem Urtheil des Gelehrten vorgreift, sondern diesem selbst vorschreibt, wie er urtheilen
soll.« (aaO. 21; vgl. auch gesondert gedruckt im Anhang zu: *Doctor Martin Luther über die
Urtheile der Nichttheologen in theologischen Angelegenheiten. Nebst einem Anhange* [1796], 6 f.).
Damit beschreitet er das schwierige Feld des Verhältnisses vom Priestertum aller Gläubigen
zur Existenz eines gelehrten Amtes in der Kirche.

[71] AaO. 23.

[72] Ebd. Vgl. diese Differenzierung schon bei MOSHEIM, Anweisung, 29 f. Im Bezug auf
die Nützlichkeit der Praktischen Theologie findet sich die Erörterung, ob einige ganz vom
gelehrten Studium entlastet werden könnten und stattdessen nur die populäre, praktische
Theologie studieren sollten (s. u. Kap. B.I.5.7).

[73] Vgl. Einleitung 1, 24.

3.2. *Aufbau und äußere Form*

Der erste Band der *Einleitung* erschien 1794 bei S. L. Crusius in Leipzig[74] mit einer Stärke von 478 (+ XVI) Seiten in großem Oktav, der zweite Band folgte 1795 ebenda mit 607 (+ XXXII)[75] Seiten im gleichen Format. Die jeweils vorangestellten Inhaltsverzeichnisse von acht bzw. zehn Seiten Länge geben einen ausführlichen Überblick der behandelten Themen und Thesen.

Plancks Anlage der gesamten *Einleitung* sieht eine Dreiteilung vor, deren Abschnitte in Umfang und Gewicht sehr differieren: Nach der (1) Entwicklung der allgemeinen Begriffe und der Auseinandersetzung mit den Fragen, ob die Theologie ein eigenes Studium darstellt und erfordert und welche Fähigkeiten und Anlagen dazu mitgebracht werden müssen, wobei alles aus den allgemeinen Begriffen abstrahiert und entwickelt werden soll,[76] wird (2) der Zusammenhang der Theologie mit ihren Hilfswissenschaften (Metaphysik, Natürliche Theologie, Morallehre und Geschichte) und Vorbereitungswissenschaften (Philologie und Logik) erläutert.[77] Planck ist bestrebt, diesen Teil knapp zu halten.[78] Im eigentlichen Hauptteil[79] (3) geht es um die theologischen Wissenschaften selbst und ihre einzelnen Bestandteile, verteilt auf Exegetische, Historische und Systematische Theologie. Innerhalb der letzten findet sich auch ein Anhang über die angewandten Wissenschaften Homiletik, Katechetik und Pastoraltheologie,[80] der die Gliederung zu einem Viererschema werden lässt. Den großen Umfang kündigt Planck vorsorglich schon an und hofft, den Anfänger dadurch nicht abzuschrecken. Innerhalb der einzelnen Disziplinen behandelt Planck in unregelmäßiger Reihenfolge Zweck, Inhalt und Gegenstand sowie umfangreich Geschichte und Literargeschichte der einzelnen Disziplinen und Unterdisziplinen.

---

[74] Die kurze Vorrede Plancks (6 Seiten) datiert vom 08. 11. 1793 (aaO. VIII).

[75] Die umfangreiche Vorrede (19 Seiten) datiert vom 01. 01. 1795 (Einleitung 2, XXI). Sie beinhaltet die Auseinandersetzung mit einer kritischen Rezension ([ECKERMANN], NadB 11 [1794], 1. St., 3–19).

[76] »II. Erster Abschnitt: Untersuchung über den Gegenstand, den Zweck und den Umfang der Theologie überhaupt.« (Einleitung 1, 29–148). Dazu aaO. 26.

[77] Vgl. Einleitung 1, 27. Hier mahnt Planck zur Beschränkung, da letztlich alle Wissenschaften in eine Verbindung mit der Theologie gebracht werden könnten (vgl. aaO. 149–271).

[78] Vgl. aber die Seitenzahlen; »III. Zweyter Abschnitt. Über die Vorkenntnisse, Vorbereitungs- und Hülfswissenshaften zu dem Studio der Theologie.« (aaO. 149–271). Dazu aaO. 149, und die konkreten Definitionen (aaO. 150–152) (s. u.).

[79] Der Teil umfasst Einleitung 1, 271–478, und den kompletten Band Einleitung 2. Dazu Einleitung 1, 28.

[80] »IX. Dritter Abschnitt. Dritte Abtheilung. Systematische Theologie« (Einleitung 2, 393–607) darin: »Anhang über diejenige theologische Wissenschaften die zu der angewandten Theologie gehören« (aaO. 593–607).

4. Neuauflage: Grundriß der theologischen Encyklopädie (1813)

Wie erwähnt, stellt der *Grundriß der theologischen Encyklopädie (1813)*[81] keinen bloßen Auszug aus der älteren *Einleitung* dar, sondern lässt an einigen Stellen gewichtige Verschiebungen und Neuausrichtungen erkennen.[82] Aufbau und Grundidee bleiben gleich; im Grundverständnis dessen, was Theologie ist und was ihr Studium beinhalten sollte, verlässt Planck die vormals eingeschlagene Richtung nicht:

»[I]ch trage keine Bedenken, es selbst zu gestehen, daß sich in diesen zwanzig Jahren, wenn auch nicht in meiner Ansicht von dem Ganzen unserer christlichen Glaubens-Lehre – doch in meinen Ansichten von mehreren ihrer besondern, und zwar nicht nur ihrer historischen, sondern auch ihrer exegetischen Bestimmungen manches umgebildet, und nach meiner jetzigen Ueberzeugung berichtigt hat.«[83]

Zu Teilen sei es freilich ein bloßer Auszug aus der *Einleitung*, gerade die Ordnung habe beibehalten werden können.[84]

4.1. Intention und Ausrichtung

Diese Berichtigung der theologischen Einsichten wie auch die wiederum von ihm beobachtete Umgestaltung der Anforderungen und Ausgangsbedingungen des Theologiestudiums lassen Planck die einleitenden Vorlesungen wieder aufnehmen und dafür eine aktualisierte Handreichung verfassen.[85] Worin genau

---

[81] Im Folgenden abgekürzt als: Grundriß.

[82] Vgl. KRAMM, Enzyklopädie, 130, der hier den *Grundriß* als »Auszug« (ebd.) bezeichnet und kritisiert, Planck habe die neueren enzyklopädischen Entwürfe, wie bspw. den »völlig neuartigen Entwurf Schleiermachers« (ebd.), nicht zur Kenntnis genommen. Dabei vergisst Kramm offenbar, dass der ersten Auflage der *Kurzen Darstellung* Schleiermachers, die nebenbei bemerkt auch erst ein Jahr alt war, nicht der Rang zugemessen werden kann, den die zweite Auflage in der Entwicklung Theologischer Enzyklopädie einnimmt (vgl. BIRKNER, Reformprogramm, 289). Kramm führt in einer angehängten Bibliographie 34 protestantische Enzyklopädien zwischen 1727 und 1821 auf (vgl. KRAMM, Enzyklopädie, 251–253), die er aber nicht einbezieht.
Erkannt hat die konzeptionellen Modifikationen HELL, Entstehung, 180, der sonst offenbar den Planckschen Entwurf nicht eingehend zur Kenntnis genommen hat. Er erklärt damit den Fehler bei HUMMEL, Enzyklopädie 733, und DIERSE, Enzyklopädie, 197 f., Planck nach Schleiermachers Enzyklopädie zu verorten. Hells Vermutung, Planck habe sich für den Titel seiner »Zweitauflage« an KLEUKER, J. F., *Grundriß einer Encyklopädie der Theologie oder der christlichen Religionswissenschaft, 2 Bde. (1800/1801)*, orientiert, bleibt Spekulation (vgl. HELL, Entstehung, 183, Anm. 79).

[83] Grundriß, IX f.

[84] Vgl. aaO. VI.

[85] »In diesen zwanzig Jahren hat sich ja wohl manches in unserer Wissenschaft umgebildet. Manches kann und muß jetzt dem Anfänger, der in ihr Studium eintritt, in einem andern Licht und von einer andern Seite gezeigt werden, als es damals nöthig und zuträglich war, und auf manches muß er jetzt voraus aufmerksam gemacht und vorbereitet werden, was damals noch weniger beachtet werden durfte, weil es für das Ganze der Wissenschaft noch nicht so entscheidend und noch nicht so wichtig, wie jetzt, geworden war.« (aaO. IV f.).

die Umbildung bestand und gegen welche neueren Entwicklungen er sich stellen will, wird nicht recht deutlich.[86] Vornehmlich aufgrund eines Gefühls habe er die Vorlesungen wieder aufgenommen und sei davon überzeugt, dass es niemals so nötig wie jetzt sei, »auf die Bildung unserer künftigen Religions-Lehrer die bedachtsam-gewissenhafteste Sorgfalt zu verwenden«[87]. Andernfalls werde – reichlich unscharf – »der Sache der Wahrheit und des Guten«[88] geschadet. Über den Horizont des Theologiestudiums hinaus, den Planck in diesen Bedenken und Überzeugungen behandelt, ist er sicher, »daß es niemahls so dringendes Zeit-Bedürfniß war, wie jetzt, der brauchbaren, der zu der Ausrichtung ihres hohen Berufs tauglichen und zugleich von der Größe dieses Berufs durchdrungenen Religions-Lehrer für unser Volk mehrere zu bekommen!«[89] Somit zielt Plancks Vorhaben zum einen auf die notwendige ständige Reform des Theologiestudiums, besonders in Hinsicht auf seine Studenten, zum anderen auf die Situation der Gesellschaft, für die offenbar die Versorgung mit fähigen und vor allem überzeugten Religions-Lehrern notwendig erscheint. Dabei sind die eigenständige Prüfung, auch die kritische Haltung gegenüber dem Vortrag des Lehrers wichtige methodische Bestandteile.

4.2. *Aufbau und äußere Form*

Im Vergleich zur *Einleitung* ist der *Grundriß* wesentlich verkürzt: Auf nur 314 (+ XII) Seiten im kleinen Oktavformat erscheint das Büchlein 1813 bei J.Chr.D. Schneider in Göttingen.[90] Der Aufbau ist klarer gegliedert: »Erster allgemeiner Abschnitt: Ueber die christliche Theologie und ihr Studium überhaupt« und »Zweiter Abschnitt: Ueber die einzelnen theologischen Wissenschaften«. Das Werk ist fortlaufend mit Paragraphenzählung versehen und verfügt über einige gliedernde Zwischenüberschriften in den einzelnen Abschnitten.[91] Einzig innerhalb der Exegetischen Theologie werden einzelne Fächer durch Zählung

---

LÜCKE, Planck, 50f., sieht in der Zeit das »Absterben der Kantischen Schule« und den Aufstieg des Idealismus, mit dem sich Planck in Person Schellings ausweislich eines Briefs an E. F. Georgii von 1811 befasste: Das ganze System aus einer Idee abzuleiten, reizte ihn, aber die Distinktionen um den Seins-Begriff ärgerten ihn.

[86] Zu bedenken sind natürlich die projektierte Umgestaltung des Hochschulwesens durch die Franzosen sowie die veränderte gesellschaftliche Rolle der Kirche im neu geschaffenen Königreich Westphalen (s. Kap. A.IV.2.5. und B.IV.1.).

[87] Grundriß, XI.

[88] Ebd.

[89] AaO. XIf. Zu C. Daub, den Planck damit kritisiert, vgl. kurz HELL, Entstehung, 192f. Wen Planck mit dieser als »Mode-Sprache« bezeichneten Haltung meint, sagt er nirgends explizit; hier ist wohl an spekulative Tendenzen der Theologie des frühen 19. Jh.s zu denken.

[90] Das Vorwort datiert auf den 18. 03. 1813 (aaO. XII).

[91] Bspw. unter I. Exegese, 1. Apologetik: Gegenstand der Apologetik; Einzig-mögliche Behandlung des Gegenstandes der Apologetik; Geschichte der Apologetik; Methode des apologetischen Studiums.

unterschieden.[92] Gegenüber der *Einleitung* erhält die Praktische Theologie nun einen der Zählung nach gleichberechtigten Abschnitt (IV. Praktische oder angewandte Theologie), womit jedoch noch keine Entscheidung über ihren Charakter als vollwertige theologische Wissenschaft gefällt ist. Terminologisch fällt eine Veränderung sofort ins Auge: Während Planck in den Abschnittsüberschriften von »christlicher Theologie« redet, begegnet in einigen thematischen Überschriften »christliche Religions-Wissenschaft«.[93]

Ein vorangestelltes ausführliches Inhaltsverzeichnis fehlt, was auf den Charakter als Vorlesungsbegleitbuch zurückzuführen ist. Die behandelten Themen ähneln sich in der Abfolge, nur werden andere Blöcke gebildet: Vorbereitungs- und Hilfswissenschaften werden im ersten allgemeinen Abschnitt neben den Abhandlungen über den Gegenstand, den Zweck und den Umfang der Theologie sowie den nötigen Voraussetzungen behandelt.

»Nur eine solche Wissenschaft, durch deren Studium man erst zu dem Studio einer andern fähig wird, kann als wahre Vorbereitungs-Wissenschaft in dem Verhältniß gegen die andere betrachtet werden, und nur diejenige, ohne deren Hülfe sich in dem Studio einer andern gar nicht fortkommen läßt, kann den Charakter einer Hülfs-Wissenschaft behaupten.«[94]

Unter diese lassen sich nur drei zählen: klassische Sprachen, Prinzipien der spekulativen und praktischen Philosophie und allgemeine Geschichte. Auf eine Zuordnung zur einen oder anderen Gruppe verzichtet Planck.[95]

Innerhalb der einzelnen Fächer ist die Gliederung ebenfalls etwas klarer geworden: Es folgen aufeinander jeweils in wechselnder Ausführlichkeit die Behandlung des Gegenstandes der Wissenschaft, der Geschichte der Wissenschaft sowie – nicht überall in gleichem Maße – die Studiermethode dieses Faches. Eine Bücherkunde oder Literargeschichte wird mit der Wissenschaftsgeschichte verbunden und ist auch generell knapper gehalten als in der *Einleitung*.

5. Inhalt und Entwicklung[96]

5.1. *Theologie und Religion*

Gewichtig für den wissenschaftstheoretischen Gehalt einer Theologischen Enzyklopädie ist ihre Definition des Theologiebegriffs, der eine Beschreibung ihres Objekts, Charakters und Zwecks enthalten muss, wie Planck ihn eingangs fordert.[97] Im Inhaltsverzeichnis hatte er in Aussicht gestellt, diesen »aus dem

---

[92] 1. Apologetik, 2. Geschichte des Kanons, 3. Heilige Philologie, 4. Hermeneutik.
[93] Vgl. z. B. aaO. 1: »Theologie«, und aaO. 7: »Religions-Wissenschaft«.
[94] AaO. 24 f.
[95] Vgl. aaO. 25–27.
[96] Die Grundlage der Untersuchung bildet vornehmlich die umfangreichere *Einleitung*, von wo aus auf Modifikationen im *Grundriß* eingegangen wird.
[97] Vgl. Einleitung 1, 10.

Begriff der Religion, und aus dem Unterschied, der zwischen beyden [Religion und Theologie, C. N.] statt finden muß«⁹⁸, abzuleiten. Theologie sei die »Wissenschaft der Religion«,⁹⁹ d. h.,

»daß sie gelehrte Erkenntniß derjenigen Lehren und Wahrheiten seyn muß, welche uns über unsere Verhältnisse gegen Gott, über unsere Pflichten gegen ihn, die aus diesen Verhältnissen entspringen, und über die Hoffnungen die wir auf diese Verhältnisse bauen dürfen, den zu unserer Glückseligkeit und Beruhigung nöthigen Unterricht geben.«¹⁰⁰

Damit hat sie das gleiche Objekt wie die Religion, jedoch eine abweichende Behandlungsart, weshalb es nicht ganz präzise und vielmehr missverständlich ist, die Religion als das Objekt der Theologie zu bezeichnen, als wäre das Phänomen »Religion« Gegenstand des Interesses. Vielmehr ist Theologie die wissenschaftliche Form der Religion und insofern »Wissenschaft der Religion«.¹⁰¹ Dass die Religion (bzw. in diesem Fall: ihre Inhalte) überhaupt zu einem möglichen Objekt der Theologie wurde, hatte sich schon in der lutherischen Orthodoxie angebahnt. Jedenfalls taucht dies bei Abraham Calov auf: Nicht mehr Gott und die göttlichen Eigenschaften sind Objekt der Theologie, sondern die Religion.¹⁰² Die dies erst ermöglichende Unterscheidung von Religion und Theologie lässt sich dann spätestens in der Neologie als Allgemeingut bezeichnen, das sich entgegen häufiger Annahmen also nicht originell auf J. S. Semler

---

⁹⁸ AaO. XI. Diese Ableitung taucht jedoch im weiteren Verlauf des Kapitels nicht weiter auf (gegen KRAMM, Enzyklopädie, 141, der die Ableitung aus dem Religionsbegriff als Charakteristikum anführt).

⁹⁹ Einleitung 1, 29. Diese Definition begegnet auch in den Planck nachfolgenden Werken von Kleuker, Schmidt u. a. (vgl. KRAMM, Enzyklopädie, 183–190). Zur Entwicklung des Wissenschaftsverständnisses der Theologie in Göttingen vgl. aaO. 232–236.

¹⁰⁰ Einleitung 1, 29.

¹⁰¹ Planck geht, wie später ähnlich Schleiermacher, davon aus, dass jede Religion sich eine Theologie bildet bzw. bilden kann.

¹⁰² Vgl. HESS, Theologie, 111 f. Außerdem BEUTEL, Religion, 47, innerhalb der Darstellung der Entwicklung des Religionsbegriffs. Dies hängt auch mit der Entwicklung der Bezeichnung »Theologie« überhaupt zusammen, die nicht schon von alters her als Oberbegriff für die christliche Lehre benutzt wurde (sondern als *sacra doctrina* etc. bezeichnet wurde). Bei Calov geht ihr Gegenstandsbereich über die übliche Gotteslehre hinaus. Zur Geschichte des Theologiebegriffs in der Orthodoxie bei G. Calixt und J. Gerhard vgl. WALLMANN, Theologiebegriff; zur Unterscheidung von Theologie und Glaube vgl. aaO. 95–123. Sicherlich war der Terminus »Religion« als Begriff noch sehr jung, was auch an der fehlenden Definitionsschärfe zu beobachten ist (Tholuck und Lagarde meinten, er sei um 1750 in dieser Bedeutung entstanden, was sicherlich etwas übertrieben ist [vgl. BEUTEL, Religion, 44]). In der Geschichte der theologischen Religionsdeutungen ist eine Spannung zwischen einer anthropologischen und einer theologischen Sichtweise der Religion zu beobachten (vgl. SCHWÖBEL, Religion, 282). Die weiter unten ausgeführte Behandlung der »Religiosität« macht zudem deutlich, dass Planck einerseits die aufklärerische Anthropologisierung theologischer Inhalte mitvollzieht, aber im Gegensatz zu spekulativen Ansätzen viel Wert darauf legt, dass das Außerhalb des Menschen das eigentliche Zentrum theologischen Interesses bildet.

zurückführen lässt.[103] Planck allerdings stellt sie hier nur fest und begründet sie
nicht weiter, scheint auch vom Nutzen dieser Differenzierung nur mäßig überzeugt zu sein, wenn er einschränkt: »Will man sich die eine wirklich verschieden von der andern denken«.[104] Zur Beschreibung der Berufsaufgabe des Pfarrers, der als Theologe die Wahrheiten der Religion zu befestigen sucht, wird auf
diese Differenzierung zurückzukommen sein.[105] Dort hat die genannte Unterscheidung ihren Sitz im Leben,[106] schaut man auf die bei Calixt, aber auch bei
Spener auftauchende Differenzierung zwischen einer Theologie der Gläubigen
und einer professionellen, wissenschaftlichen Theologie der Amtsträger, wobei
nun bei Planck nicht nur letzteren die Notwendigkeit einer gelehrten Erkenntnis auferlegt wird, ersteren nur bei geringerer Bildung die Suffizienz der Überzeugungskraft der göttlichen Wahrheiten an sich zugebilligt wird.[107]

---

[103] So auch in Ansätzen Hess, Theologie, 92, der hier an Calixt und Mosheim denkt, die
eigentliche Leistung dann aber doch Semler zuschreibt (vgl. dazu Hornig, Religion, 162).
Vergleichbare Überlegungen begegnen also bereits bei Calixt und im Pietismus in jeweils
spezifischer Weise. In der Übergangstheologie stellt hier J. F. Buddeus eine gewichtige Weg-
marke dar (vgl. Nüssel, Bund) (zur Entwicklung im Konfessionellen Zeitalter vgl. Beutel,
Religion, 44–49). Wichtig sind hier die leichten Verschiebungen in der Definition des Objekts der Theologie sowie ihres Zweckes. Ob die Pannenbergsche Vermutung, die Religion
sei nur aufgrund einer Krise des Schriftprinzips zum Objekt der Theologie gemacht worden
(vgl. Schwöbel, Religion, 280), wirklich trifft, sei hier dahingestellt. Deutlich ist jedenfalls
die lange Vorgeschichte dieser Unterscheidung (vgl. Ahlers, Unterscheidung). Kurz verwiesen sei auf die Parallelen im katholischen Bereich: Stephan Wiest beispielsweise beschreibt im enzyklopädischen Teil seines *Lehrbuchs der Theologie* die Theologie als die methodisch geordnete Darstellung der materialen Inhalte der Religion, insofern stehe sie der Religion gegenüber (vgl. bei Hell, Entstehung, 175).
[104] Einleitung 1, 29. Die Unterscheidung hatte ihren Sinn in der gegenseitigen Befreiung
voneinander: Während die theologische Wissenschaft frei und unbefangen mit den Glaubens-
inhalten umgehen darf, vollzieht sich Religion frei von diesen wissenschaftlichen Erkenntnissen. Diese Unterscheidung lässt sich in Plancks Verständnis nicht aufrecht erhalten, haben
doch beide, Religion und Theologie, den gleichen Zweck, das gleiche Objekt und dienen
dem gleichen Ziel. Deshalb ist es nicht vorstellbar, sie in dieser Weise voneinander zu »befreien«.
[105] Zur Frage der Verhältnisbestimmung von Theologie und Religion gehört auch die
Frage nach der Aufgabe des Pfarrers: Soll er auf Grundlage theologisch-wissenschaftlicher
Bildung religiöse Erfahrungen vermitteln? Ahlers, Unterscheidung, 155, macht diese Frage
letztlich zum Ausgangspunkt seiner Untersuchung, da er die Notwendigkeit einer Unterscheidung von Theologie und Religion als die Vermittlung von praktischem und theore-
tischem Interesse begreift.
[106] Ob wirklich, wie Ahlers (aaO. 164), feststellt, die Praktische Theologie die institutionelle Seite der Unterscheidung von Religion und Theologie ist, halte ich für jedenfalls nicht
zwingend und etwas zu engeführt. Bei Ahlers ergibt sich dies aus dem Ausgang bei der
Berufsaufgabe des Pfarrers, aber weder setzt die Unterscheidung zwingend eine Wissenschaft
der Theorie des Praktischen aus sich heraus, noch fußt die Praktische Theologie zwingend
auf dieser Unterscheidung.
[107] Vgl. zur Unterscheidung von Theologie der Gläubigen und Theologie der Gelehrten
Nüssel, Bund, 57. Neben Calixt ist auf A. Calov, J. F. König, J. A. Quenstedt und D. Hollaz
zu verweisen (vgl. Beutel, Religion, 47). Vgl. für die weitere Entwicklung bei Schleierma-

Der Unterscheidung von natürlicher und geoffenbarter Religion folgt bei Planck die einer jeweils natürlichen und einer geoffenbarten Theologie.[108] Natürliche Theologie hat ihr Objekt in den Wahrheiten der natürlichen Religion, die »schon durch die Vernunft allein erkannt und erfunden«[109] werden. Die geoffenbarte Theologie bezieht sich auf solche Wahrheiten, die durch die als »besondere göttliche Belehrung«[110] definierte Offenbarung »mitgetheilt, oder noch weiter aufgeklärt und bestätigt worden«[111] sind. Die christliche Theologie kann nur unter die geoffenbarten Theologien gefasst werden, denn sie »kann nur jene Lehren zum Gegenstand haben, von denen wir eben annehmen, daß sie uns Gott durch Christum und seinen Unterricht habe bekannt machen lassen«[112]. Einer rein natürlich-vernünftigen Zugangsweise sind die zentralen Wahrheiten der christlichen Religion verschlossen.[113] Wieder ist der Gegenstand der Theologie nicht die Religion, sondern die auch für die Religion konstitutiven Wahrheiten über die sich aus dem Gottesverhältnis ergebenden Pflichten und Hoffnungen, also eine klar eudämonistische (Hoffnungen, Glückseligkeit) und moralische (Pflichten) Charakterisierung der Religions-Wahrheiten, die sich zwanglos als eine Spielart eines neologischen Religionsbegriffes bezeichnen lässt.[114]

---

cher in der *Kurzen Darstellung*, die die Theologie nur für die an der Kirchenleitung Beteiligten für unverzichtbar erklärt.

[108] Vgl. als anderes Konzept Joachim Lange (1670–1744). Er unterschied dezidiert natürliche Religion und natürliche Theologie: Während die Religion den Kult meine, bezeichne die Theologie die aus dem *lumen naturale* gewonnenen Wahrheiten bzw. Erkenntnisse von Gottes Dasein, Wesen und Wirken (vgl. bei HESS, Theologie, 112). Geoffenbarte Theologie und Religion werden hingegen nicht unterschieden, weil beide als gottgegeben zu verstehen seien, die Theologie schon heilsame Erkenntnis und Verehrung Gottes sei (vgl. aaO. 114). Die Gegenüberstellung von natürlicher und geoffenbarter Religion, denen entsprechende Theologien zugehören, zeigt, dass Planck von einer Pluralität von Religionen ausgeht. Zur Frage der Höchstgeltung äußert er sich nicht.

[109] Einleitung 1, 29.

[110] Ebd.

[111] Ebd. Also fallen auch Wahrheiten darunter, die zwar an sich ohne göttliche Offenbarung auskommen könnten, die aber durch eine solche noch an Klärung und Präzisierung gewinnen können.

[112] AaO. 30. Planck bemerkt hierzu, auch die Vertreter der Annahme einer »unmittelbaren Offenbarung« (ebd., Anm. 2) könnten dies nicht bestreiten, da auch eine mittelbare Offenbarung immer noch von natürlichen Wahrheiten unterschieden sei.

[113] Zwar führt Planck hier die Inhalte der Religion auf Jesus Christus zurück, spricht aber im Unterschied zum neologischen Streben nach der Wiedergewinnung der *religio Christi* nicht von einer Gefahr autoritativer Überformung dieser unverfälschten Religion durch Lehrbildung etc. (vgl. BEUTEL, Aufklärung, 378 f.).

[114] Das Problem der Definition des Wesens von Religion besteht nach wie vor (FEIL, Religion, 265, stellt fest, sie lasse sich nur aus einer subjektiven existenziellen Entscheidung verstehen). Zum Religionsbegriff in der Aufklärung vgl. aaO. 270, und die zusammenfassende Darstellung bei BEUTEL, Aufklärung, 376–382. Für die Neologie stellt FEIL, Religio 4, 492, eine Einigkeit der Autoren die ethische Relevanz der Religion betreffend fest. Unter die o.g. »Pflichten« ließen sich natürlich auch kultische einordnen, was häufig in Etymologien

Natürliche Theologie versteht Planck nicht im klassischen Sinne der Orthodoxie und der Übergangstheologie als fehlbares *lumen naturale*, aber auch nicht wie Christian Wolff als die den natürlichen Anlagen des Menschen entsprechende Theologie, ebenso nicht im Sinne der allfälligen aufklärerischen Forderung einer natürlichen Religion als Emanzipation vom statutarischen Kirchenglauben.[115] Planck legt eine Definition *ex negativo* vor: Ausgangspunkt ist deutlich der Normalfall einer geoffenbarten Religion und damit auch einer geoffenbarten Theologie. Ihr gegenüber kann eine natürliche Theologie nur defizitär sein, da sie durch die Vernunft bestenfalls einen Teil der wichtigen Wahrheiten der Religion erkennen kann; in der christlichen Religion scheint es nicht möglich, durch Vernunft zu belastbaren Erkenntnissen zu kommen.[116] Dass sich hier Formulierungen als Erklärung der natürlichen Religion finden, die sich eigentlich unter »natürliche Theologie« (die ja ohne ein Objekt »Religion« auskommt und an deren Stelle Vernunftwahrheiten setzt) finden könnten, liegt an der unscharfen Trennung der beiden Begriffe bei Planck bzw. deren gemeinsamer Ausrichtung auf dasselbe Objekt.[117] Diese Unterscheidung lässt

---

des Begriffes »Religion« auftaucht und worauf auch Herbert von Cherbury einen Schwerpunkt seiner Definition einer natürlichen Religion legte (vgl. dazu WAGNER, Religion, 523–526). Semler versteht unter Religion im objektiven Sinne Religionslehren, die in ihrer Gesamtheit den Inbegriff der Religion ausmachen; Religion im subjektiven Sinne bedeutet die individuelle Erkenntnis und das Wissen um die geoffenbarten Wahrheiten, das in ein bestimmtes Verhalten auswächst (vgl. dazu HESS, Theologie, 94).

[115] Die Konzeption einer »natürlichen Religion« lässt sich als Reflex auf die Religionskriege verstehen (vgl. SCHWÖBEL, Religion, 280). Diese als Emanzipation vom statutarischen Kirchenglauben (Kant) zu verstehen, steht in einer Traditionslinie europäischer Intellektueller (vgl. aaO. 266). Zum Begriff der natürlichen Religion bei Buddeus, der für die Folgezeit richtungsweisend war, und den Entwürfen davor vgl. NÜSSEL, Bund, 227f.

Von Plancks Konzeption lässt sich lediglich der angenommene Inhalt der Religionswahrheiten, die Pflichten und Hoffnungen, *cum grano salis* auch in einer deistischen Konzeption, wie sie bei Cherbury auftaucht, unterbringen (vgl. FEIL, Religion, 268). Doch macht Planck dazu keine näheren Angaben, ob die vernünftigen Wahrheiten an sich schon ausreichen zu einer angemessenen Gottesverehrung. Auch lag es Planck nicht daran, durch die Unterscheidung von Religion und Theologie eine natürliche, vernünftige Theologie in den Bereich christlicher Theologie einholen zu können (so als ein Charakteristikum des neologischen Umgangs bei BEUTEL, Aufklärung, 379), war er doch vom Offenbarungscharakter der christlichen Religion überzeugt.

[116] Anders als LESSING, G. E., *Die Erziehung des Menschengeschlechts (1778)*, geht Planck nicht davon aus, dass sich die geoffenbarte, positive Religion einmal überflüssig mache, um der vernünftigen und moralischen Platz zu machen. Auch die Abwertung von »zufälligen Geschichtswahrheiten« liegt Planck im Gegensatz zu Lessing ganz fern.

[117] Interessant scheint mir die Auseinandersetzung mit den verschiedenen Verwendungsmöglichkeiten von »natürliche Theologie« und »natürliche Religion«. Es wäre sicher lohnend, einmal die einschlägigen Quellen des 18. Jh.s auf eine mögliche Trennschärfe durchzugehen. An einigen Stellen drängt sich jedenfalls der Eindruck auf, dass hier wenig differenziert beide *termini* ineinander vermischt auftauchen. HESS, Theologie, 94, zeigt, dass Semler häufig »Religion« zur Bezeichnung für das gebraucht, was bei Sigmund Jacob Baumgarten (1706–1757) als »Theologie« bezeichnet wird sowohl in Bezug auf das *objectum materiale* (Lehre von Vereinigung mit Gott) als auch in Bezug auf das *objectum formale* (heilige

sich als die von *fides qua creditur* als *fides formalis* und *fides quae creditur* als *fides materialis* verstehen: Christliche Theologie ist demnach nur vorstellbar aus dem Inneren christlicher Religion heraus, eine quasi-objektive Außenperspektive ist nicht möglich. Eine nähere Definition von »Glaube« im Gegensatz zu »Religion« fehlt bei Planck.[118]

Der klassische Zusammenhang von Religion und Gottesfrage wird hier insoweit eingeholt, als der Inhalt der Religion sich allein aus dem Gottesverhältnis ergeben kann. Die Wahrheiten betreffen gerade die Folgen des Gottesverhältnisses, die Frage nach Gottesbeweisen o. ä. wird an dieser Stelle nicht gestellt (sie gehören in die Vorbereitungswissenschaften): Gegenstand der Theologie ist nicht Gott, sein Wesen und seine Eigenschaften, sondern das Gottesverhältnis und seine Folgen, die Wahrheiten der Religion also, in relationaler Wendung.[119]

Damit ist das Objekt der Theologie angegeben: die Wahrheiten über unsere Verhältnisse gegen Gott sowie die Pflichten und Hoffnungen, die sich aus diesem Verhältnis ergeben.[120] Der für die christliche Theologie konstitutive Offenbarungsgedanke bedeutet in Bezug auf diese Wahrheiten, dass sie nicht aus eigener Erfindung oder Erfahrung entstehen, sondern »durch eine ganz ausserordentliche göttliche Veranstaltung, durch eine besondere Belehrung Gottes unter die Menschen gekommen seyn soll[en].«[121] Dies – neben der besonderen Qualität des Inhalts dieser Wahrheiten, die ja das Gottesverhältnis betreffen und die sich daraus ergebenen Pflichten und Hoffnungen – misst dem dadurch gefassten Objekt der Theologie eine außerordentliche Wichtigkeit zu, die es auch über die Objekte anderer Wissenschaften erhebt.[122] Es sind sogar die wichtigsten Wahrheiten, mit denen sich der Verstand jemals beschäftigen kann: Gott hält sie zur Glückseligkeit des Menschen für unverzichtbar.[123] Nicht die Behandlungsart unterscheidet die Theologie von anderen Wissenschaften.[124] Diese besonde-

---

Schrift als Erkenntnisgrund). J. Lange führt keinen Unterschied zwischen geoffenbarter Theologie und Religion, da beide im *habitus theosdotos* konvergieren (vgl. aaO. 114).

[118] Eine solche Differenzierung findet sich bei Calixt (vgl. WALLMANN, Theologiebegriff, 107–123).

[119] Dass dies einen Unterschied ausmacht, erhellt die Unterscheidung der Lehre von Gottes Wesen und Eigenschaften von der Lehre vom Menschen und seinen Pflichten und Hoffnungen. Mit der Annahme eines relationalen Gottesbildes steht Planck in guter Tradition zur Theologie Luthers.

[120] Vgl. Einleitung 1, 32.

[121] AaO. 33.

[122] Vgl. aaO. 34: »daß sich das Objekt der Theologie theils durch seine innere, theils durch die äussere Wichtigkeit, die es durch seinen Ursprung erhält, unendlich weit über das Objekt jeder andern Wissenschaft erheben muß.« Vgl. AHLERS, Unterscheidung, 30, der im Bezug auf SCHELWIG, SAMUEL, *Synopsis Controversiarum (1720)*, beobachtet, die Differenz zu anderen Wissenschaften hänge lediglich am Gegenstand der Erkenntnis, nicht am erkennenden Subjekt.

[123] Vgl. Einleitung 1, 33.

[124] Dazu sei noch einmal daran erinnert, dass die Bezeichnungen als natürliche bzw. ge-

re Dignität, das »Gepräge der Göttlichkeit«[125] der Wahrheiten, die jeder Mensch »fühlen«[126] muss, kann einer »natürlichen Theologie« nie zukommen.

Ob mit der zentralen Positionierung des Offenbarungsbegriffes als konstitutiv für das Theologieverständnis und die weitere Argumentation Plancks Maxime Genüge getan ist, nicht vorweg in ein bestimmtes System einzuleiten, kann füglich bezweifelt werden. Doch steht die Bestimmung der Wahrheiten der christlichen Religion als Offenbarungswahrheiten, nicht als spekulative Vernunftwahrheiten, für Planck nicht zur Disposition.[127] Mit dem Objekt der Theologie ist sogleich auch ihr Zweck bezeichnet,[128] in dessen Bestimmung wieder die Übereinstimmungen und Gemeinsamkeiten mit Plancks Begriff von Religion deutlich hervortreten, da es letztlich darum geht, die Wahrheiten der Religion in eine gelehrte Form zu bringen. D. h. in der Zweckbestimmung der Theologie wird sich auch die Begründung der Notwendigkeit einer wissenschaftlichen, gelehrten Theologie finden.[129] Während bei anderen Wissenschaften, aufgrund ihrer weniger wichtigen Objekte, auch bloße Wissbegierde, das Streben nach größerer Vervollkommnung, Movens ist, kann »dieß […] bey dem Studio der Theologie und der Wahrheiten, womit sie sich beschäftigt, niemahls der Fall seyn.«[130] Jeder, der sich damit befasst, muss durch ein »unendlich stärker gefühltes Interesse«[131] sich angetrieben fühlen, sein Trieb nach Glückseligkeit wird stärker sein als der nach neuen Kenntnissen. Der Antrieb zum Theologiestudium muss also letztlich in der persönlichen Motivation liegen, sich – und

---

offenbarte Theologie sich auch nur aus dem von ihnen jeweils behandelten Objekt ergeben, nicht durch ihre Behandlungsart.

[125] Einleitung 1, 33. AHLERS, Unterscheidung, 20, nennt SCHELWIG, S., *Synopsis Controversiarum sub pietatis praetextu motarum (1701)*: Der Theologie als Folge des *verbum externum* als Schriftoffenbarung kommt die gleiche Supranaturalität zu wie der *scriptura sacra* .

[126] Einleitung 1, 33.

[127] Eine Rezension ([ECKERMANN], NadB 11 [1794], 1. St., 3–19) kritisierte dies und Planck geht darauf im Vorwort zu Band 2 der Einleitung ein: Ihm werde vorgeworfen, schon im Vorhinein einen Begriff von Offenbarung aufgestellt zu haben, wonach sie als ein »Wunder« betrachtet werden müsse, und daraus dann die »Wichtigkeit und Heiligkeit« des Objekts der Theologie abgeleitet zu haben (Einleitung 2, IX). Planck meint, er habe dies nur für jene Menschen behauptet, die dies auch annähmen (vgl. aaO. XI), was sich aber mit den Beobachtungen im Text nicht deckt, sogar seine Zielrichtung verändern würde. Auch habe er dreimal wiederholt: »wenn diese Voraussetzung richtig ist« (aaO. XI). Letztlich muss er aber doch einräumen, deutlich gemacht zu haben, dass für ihn der Begriff einer unmittelbaren Offenbarung nicht aufgegeben ist (vgl. aaO. XII).

[128] Der Zweck sei immer durch die Natur der Sache bestimmt (vgl. Einleitung 1, 32).

[129] Hier findet sich ein gewichtiger Unterschied zu anderen Unterscheidungen von Religion und Theologie: Bei Semler bspw. hat die Theologie gerade keinen besonderen Nutzen oder Einfluss auf die Wahrheiten der persönlichen Frömmigkeit. Bei Planck ist der positive Einfluss gelehrter Auseinandersetzung mit den Wahrheiten der Religion direkt vorzustellen: Nicht nur vermittelt über die Amtsträger, die theologisch gebildet Wahrheiten der Religion predigen, sondern für jeden, der »nicht auf das bloße Ansehen« glauben kann, erhält die Theologie eine wichtige Funktion zur Glaubensvergewisserung (vgl. aaO. 55).

[130] AaO. 35.

[131] AaO. 36.

auch anderen[132] – die Heils-Wahrheiten, die die Glückseligkeit fester, die Ruhe sicherer und die Hoffnung zuverlässiger machen, deutlicher zu erschließen.[133] Planck stellt jedoch fest, dies treffe man nicht stets an, was vermutlich in der fehlenden Einsicht des Einflusses dieser Wahrheiten auf die eigene Glückseligkeit und damit einem falschen Begriff von Theologie begründet liege.[134] Er misst den Wahrheiten christlicher Religion *per se* zu, der Beruhigung und Befestigung zu dienen, an eine umgekehrte Begründung, nur die Wahrheiten für wichtig zu erachten, die »beruhigend« sein können, hat er nicht gedacht. Für Planck ist dies nicht Kriterium, sondern Charakteristikum.[135] Wahrheiten christlicher Religion erhalten ihr Gewicht nicht durch ihre moralische Verwertbarkeit, sondern durch ihren Offenbarungscharakter.

Mit der Frage nach dem Zweck der Theologie hängt die nach ihrer gelehrten Form zusammen, durch die sie jenen verfolgt. Ob es überhaupt eine Notwendigkeit oder nur Nützlichkeit einer gelehrten Erkenntnis der Wahrheiten der Religion gibt, ist zu Plancks Zeit in Zweifel gezogen worden.[136] Planck gesteht zudem selbst zu, dass die Wahrheiten der Religion auch selbst wirksam sein können,[137] ist jedoch vom Nutzen der Theologie überzeugt. Sicher gebe es auch ohne Gelehrsamkeit und die Form der Wissenschaft Kenntnis von den »Pflichten und Verhältnissen zu Gott«[138], doch lasse es sich nicht bezweifeln, dass diese auch in die »Form einer gelehrten Wissenschaft«[139] zu bringen seien, und zudem bestünden in der wissenschaftlichen Beschäftigung einige Vorteile. Hier sei er-

---

[132] Hier findet sich keine kirchliche Ausrichtung: Religion wird individuell vorgestellt, lediglich für den Lehrer der Religion gibt es eine gemeinschaftliche Komponente.

[133] Vgl. Einleitung 1, 37. Nach Planck ist dies nur durch ordentliches und unbefangenes Prüfen zu leisten.

[134] Vgl. ebd. Hier erwähnt er auch die Unart, Theologie als »Brodtwissenschaft« (ebd., Anm. 3) zu studieren.

[135] Lessing hatte vorgeschlagen, Lehrbegriffe nur dann für wahr zu halten, wenn sie »beruhigen« (bei FEIL, Religion, 271). Die Wahrheiten betreffen die Pflichten, die aus dem Gottesverhältnis erwachsen, sie stellen nicht eigentlich moralische Pflichten als Pflichten gegenüber Gott dar, sondern christliche Religion ist wesentlich auch moralisch. Ähnlich begegnet bei Kant die Vorstellung, die Pflichten als göttliche Gebote zu erkennen. Kant kann darin den Zweck der Religion als »Vehikel« der Moral anerkennen.
Plancks Haltung lässt sich vergleichen mit derjenigen Luthers zum Verhältnis von Glauben und Werken: Letzte sind ersterem inhärent, steigern aber nicht seine Qualität.

[136] Am Ende des 18. Jh.s wird kein unmittelbarer Anlass vorgelegen haben müssen, um Rechenschaft über die Nützlichkeit theologischer Wissenschaft ablegen meinen zu müssen. Doch gab es konkrete Anfragen z. B. von BAHRDT, C. F., *Ueber das theologische Studium auf Universitäten* (1785), und CAMPE, J. H., *Ueber einige verkannte [...] Mittel zur Beförderung der Industrie [...]* (1786), die mehr nützliches, lebenspraktisches Wissen vermittelt wissen wollten. Die Idee der französischen Spezialschule (vgl. dazu Villers Verteidigung deutscher Universitäten: VILLERS, Universitäten) war noch etwas entfernt (s. o. Kap. A.IV.2.5.).

[137] Vgl. Einleitung 1, 30: »daß sich auch ohne Gelehrsamkeit Kenntnisse von unseren Verhältnissen und von unseren Pflichten gegen Gott erlangen, ja selbst wahre, überzeugende und wirksame Kenntnisse davon erlangen lassen«.

[138] Ebd.

[139] Ebd.

innert an das Ideal des Selbstdenkens und -prüfens, das Planck schon für das Theologiestudium insgesamt aufgestellt hatte.[140] Gelehrte Erkenntnis sieht anders als eine allgemeine Erkenntnis die Gründe dessen, was sie erkennt, mit völliger Deutlichkeit ein; sie gründet ihre Überzeugungen von den Wahrheiten auf sorgfältige Prüfung. Die Fähigkeit, die Wahrheit der erkennbaren Dinge zu prüfen, ergibt sich aus der weiter erstreckten Erkenntnis mehrerer erkennbarer Dinge, die dann wiederum bei der Untersuchung anderer zugrunde gelegt werden kann. Dabei sind die Merkmale des Wahren und Falschen vorerst zu erheben und auf den neuen Gegenstand zu übertragen: »Dieß«, so Planck, »aber ist Gelehrsamkeit, oder dieß nennt man Gelehrsamkeit.«[141] Dieses Verfahren der Verknüpfung und Prüfung sieht Planck auch in Bezug auf die Religionslehren in der Theologie angewendet,[142] so dass der Wissenschaftscharakter der Theologie als »Gelehrsamkeit« (*eruditio*) beschrieben werden kann.[143] Dabei stellt er fest:

»Gelehrte Erkenntniß ist ja nur hellere, durch Hülfe mehrerer andern Kenntnisse aufgeklärte, durch Zuziehung und Vergleichung mehrerer Ideen bestimmtere Einsicht, und dieß ist doch in der Natur, daß auf hellere Einsicht Glaube leichter folgt als auf dunklere, und daß aus klaren Vorstellungen Ueberzeugung leichter entspringt als aus verwirrten.«[144]

Diese Grundüberzeugung rechtfertigt für Planck die Forderung nach theologischer Gelehrsamkeit.

Wenn gelehrte Erkenntnis gegenüber einer allgemeinen den Vorteil habe, dass sie fester und deutlicher einsehen könne, da sie sich aufgrund eigener Prüfung Rechenschaft über die Gründe geben könne, müsse daraus ein Vorteil für die Wirkungen der Wahrheiten der Religion auf den Einzelnen erwachsen:

»Wenn diese Wahrheiten unsere ganze Glückseligkeit gründen, unsere ganze Ruhe und Zufriedenheit sichern, und allein gründen und sichern können, so liegt doch wohl daran, diesen Grund unserer Glückseligkeit so fest als möglich zu machen.«[145]

Dies gelingt nur über die Aufklärung der Erkenntnis und der Begriffe:

»Wenn ihre Kenntniß überhaupt Einfluß auf unsere Glückseligkeit hat, so muß dieser Einfluß in gleichem Grad stärker und gefühlter werden, in welchem unsere Erkenntniß davon heller und vollständiger, unsere Einsicht darein anschaulicher und bestimmter, und unser Glaube daran zweifelsfreyer und unerschütterlicher wird.«[146]

---

[140] Vgl. aaO. 5, und im Vorwort zu Einleitung 2, VI.

[141] Einleitung 1, 31.

[142] Vgl. aaO. 32.

[143] Damit nimmt Planck die klassische orthodoxe Bezeichnung der Theologie als »Gottesgelehrtheit« oder »Gottesgelehrsamkeit« auf.

[144] Einleitung 1, 45. Hegel ist der Meinung, die Religion müsse aufgehoben werden in die Philosophie und so endlich zu begrifflicher Schärfe gelangen. Semler spricht sich ja gerade für die Trennung von Theologie und privatem Glauben aus.

[145] AaO. 38.

[146] Ebd.

Echte Selbstüberzeugung ist nur durch die eigene Prüfung der betreffenden Wahrheiten möglich, sie allein kann haltbare und zuverlässige Überzeugungen verschaffen.[147] Und gerade dieses Vorgehen ist es, was die Gelehrsamkeit, damit also auch gelehrte Erkenntnis ausmacht. Die Bestreitung des Nutzens einer gelehrten Behandlung der Wahrheiten der Religion, wie sie – so führt Planck aus – vor allem von den Pietisten, gar als Wahrzeichen ihrer Partei, vorgetragen worden sei,[148] verkennt die Sache. Auch der Vorwurf, allein durch die gelehrte Behandlung seien doch so viele Spaltungen und Irrlehren aufgekommen, verfängt nicht. Die vorläufige Verschiedenartigkeit der Ergebnisse des Nachdenkens ist natürliche Folge der Verstandesbemühungen, die den einzigen Weg darstellen, endlich zu ganz klarer und bestimmter Vorstellung zu kommen.[149] Vielleicht liegt der Grund, so Planck, auch darin, dass bisherige Vorstellungen nicht gelehrt genug waren – so seien doch viele Irrlehren zu Recht in der Folge korrigiert worden. Der wahre Grund für die Irrlehren liege in den Leidenschaften der Beteiligten, die ihre Phantasien als Religionswahrheiten ausgaben. Darüber hinausgehend kann Planck sogar formulieren, die Theologie habe überhaupt nur die Religion erhalten bzw. die göttliche Vorsehung habe die Theologie als Erhaltungsmittel der Religion gebraucht.[150]

Auf dieser Linie lässt sich auch dem Vorwurf begegnen, gelehrte Erkenntnis schwäche die Religion. Denn so wie jene eigentlich davor bewahren muss, eigene Phantasien zur Religionswahrheit zu erheben, so lehnt sie auch alle Religion ohne »hinreichende Gründe«[151] ab, weshalb das Streben nach Erkenntnis die Überzeugung aufhält, aber doch letztlich »fester, würksamer, zuverlässiger [macht], als wenn sie der Prüfung vorhergegangen wäre«[152], und so die Glückseligkeit befördert. Gelehrsamkeit macht den Geist empfänglicher und empfindlicher für Zweifel, revidiert und verwirft auch lange bewahrte Überzeugungen.[153] Aber, so fragt Planck, ist es nicht fatal, sich mit Überzeugungen und Vorstellungen abzugeben, die offenbar einer neuerlichen Überprüfung nicht standhalten können? Gerade in der Empfänglichkeit für den Zweifel liegt für ihn einer der Hauptvorteile der gelehrten Theologie:

»[D]aß dieß eine der wohlthätigsten Folgen von einer gelehrten Behandlung der Religion ist, daß sie uns für Zweifel empfänglicher und empfindlicher macht. Dieß heißt ja im Grund nichts anders gesagt, als: sie schärft unseren Sinn, sie verfeinert unser Gefühl

---

[147] Vgl. aaO. 39: »[M]it einem Wort – wenn wir unsere Kenntnisse davon gelehrt zu machen suchen.«
[148] Vgl. ebd.
[149] Vgl. aaO. 42. Planck scheint hier von einer Perfektibilität auszugehen.
[150] Vgl. aaO. 44.
[151] AaO. 44f.
[152] AaO. 46. Gerade die Wahrheiten, die man von ganzer Seele wahr zu finden wünscht, wird man einer wiederholten Prüfung unterziehen, bis dunkle Ahnung in helle Erkenntnis verwandelt wird, von der auch Rechenschaft zu geben möglich ist.
[153] Vgl. aaO. 46f.

für Wahrheit, sie macht, daß wir uns durch nichts, was nicht reine Wahrheit ist, befriedigen lassen, und sie reizt uns eben dadurch zu dem unablässigen Streben, sie in einer
immer größeren Reinigkeit zu bekommen.«[154]

Dabei sollte nicht befürchtet werden, niemals zu festen Überzeugungen gelangen zu können – das hieße doch, den Wahrheiten christlicher Religion zu wenig zuzutrauen.

Mit den Vorbehalten gegen gelehrte Wissenschaft der Religion geht noch der
Einwand einher, sie schwäche die Wirkungen der Wahrheiten auf das Herz und
verhindere die Anwendung auf innere Besserung.[155] Planck kritisiert hier den
zugrundeliegenden Religionsbegriff:

»Man setzte voraus, daß Religion vielmehr Sache des Herzens seyn müsse, als des Verstandes. Man meinte, es liege vielmehr an demjenigen was man fühle, als an demjenigen
was man wisse. Man machte dazu die Beobachtung, daß unsere Empfindungen meistens
in eben dem Verhältniß schwächer werden, in welchem unsere Vorstellungen deutlicher
werden«[156].

Doch das Empfinden allein mache es in der Religion nicht aus, wenn nicht
gleichzeitig und dadurch auf den Willen gewirkt werde.[157] Außerdem könne
das Herz gar nicht leer bleiben, wenn der Verstand die ihm vorgelegten Wahrheiten in klare Begriffe fasse. Man müsse vielmehr die Religion zur Sache des
Verstandes machen – solange man sich unter der »Sache des Herzens, die man
daraus machen will, irgend etwas vernünftiges denkt«[158].

Angesichts der Erfahrung, auch ohne gelehrte Erkenntnis wohltätige Wirkungen der Religion zu erreichen, lässt sich keine absolute Notwendigkeit gelehrter Theologie behaupten – allein in Ansehung der Mehrheit der Christen,
die die Wahrheiten glauben, ohne sich einen Grund anzugeben, ist dies geboten. Sicherlich sei es aber nützlich, räsoniert Planck, seine Überzeugungen auf

---

[154] AaO. 48. Hier findet sich wieder der Anklang an einen Perfektibilitätsgedanken in der
Religion.
[155] Vgl. aaO. 49.
[156] AaO. 50. Die Auseinandersetzung mit einer enthusiastischen Frömmigkeit, die sich
auf die Gefühle besonders verlässt, behandelte auch SPALDING, J. J., *Werth der Gefühle* ([1]1761–
[5]1784) (SpKA I/2): Ihm ist es besonders darum zu tun, wirklich religiöse Gefühle von
schwülstigen Aufwallungen zu unterscheiden und sich gegen einen religiösen Enthusiasmus
abzugrenzen (s. u. Kap. B.I.5.2.). Herder und Jacobi allerdings reden von einer Religion des
Herzens (vgl. FEIL, Religion, 271).
[157] Vgl. Einleitung 1, 51. Vgl. zu dieser Einsicht auch Plancks Abschiedspredigt in Stuttgart (Cod MS G. Planck 1:1) (vgl. Kap. A.III.2.2.). Schon dort maß er der Überzeugung
mehr zu als der Rührung. Vgl. auch PLANCK, G. J., *Entwurf einiger Abhandlungen vom Herzen*,
und die dort angestellten Überlegungen zur Rührung und Erziehung.
[158] Einleitung 1, 51. Bemerkenswert ist hier die Zuordnung von klaren Begriffen zur
Empfindung, die sich eben durch erstere stärker ergibt. Hier lässt sich eine Dominanz der –
kantisch gesprochen – intelligiblen Natur erkennen. FICHTE, J. G., *Tagebücher zur Erziehung
(1789)*, (zitiert bei ALEXANDER/FRITSCHE, Religion, 14), meint ebenfalls, Verstandeskraft
zur religiösen Herzensrührung voraussetzen zu müssen.

deutlich erkannte Gründe zu bauen, da sonst der kleinste Zweifel die Grundfesten einreißen könne. Lediglich der Mangel an Bildung und Fähigkeit, kritisch
zu prüfen, bewahrt also einen Großteil der Christenheit davor, dass ihre Überzeugungen wanken.[159] Notwendig wird gelehrte Erkenntnis für alle, die nicht
auf das Ansehen anderer hin glauben können,

»welches bey einem gewissen Grad von Cultur und Bildung des Verstandes völlig unmöglich wird. Und nothwendig wird sie aus eben dieser Ursache noch mehr für alle
diejenige, welche sich dem Geschäft unterziehen wollen, andere in den Wahrheiten der
Religion zu unterrichten, oder von ihren Wahrheiten zu überzeugen.«[160] Für den Lehrer der Religion sei gelehrte Erkenntnis schlechthin unabdingbar, denn dieser dürfe
»nicht darauf zählen, daß er mit lauter Menschen zu thun bekommt, welche gleich unfähig, Gründe zu prüfen und Zweifel zu fassen, bloß durch Autorität und Machtsprüche
überzeugt werden könnten.«[161]

Im *Grundriß* haben sich demgegenüber einige Formulierungen verändert und
Schwerpunkte verlagert, wenn auch nicht in grundlegender Weise:

»Die Theologie ist Wissenschaft der Religion, und Religion, in so fern sie Gegenstand
des Wissens seyn kann, oder als Gegenstand des Wissens betrachtet wird, ist der Inbegriff alles desjenigen, was uns von Gott, von unseren Verhältnissen gegen ihn, und von
der diesen Verhältnissen angemessensten Art, ihn zu verehren, wißbar und erkennbar
ist.«[162]

Speziell die christliche Theologie sei dann die »wissenschaftliche Erkenntniß
jener Lehren [...], welche zusammen die Religions-Theorie des Christenthums
ausmachen.«[163] »Gelehrte Theologie«, bemerkt Planck, sei also eigentlich ein
Pleonasmus, da »gelehrt« in der »Theologie« schon enthalten sei.[164] Etwas konsequenter hält Planck im *Grundriß* die Bezeichnung »Religions-Wissenschaft«
durch, wobei auch hier noch die synonyme Verwendung von Theologie, Religions-Wissenschaft und Wissenschaft der Religion begegnet.[165]

Da Theologie die »Wissenschaft derjenigen Religions-Theorie, welche Christus in die Welt eingeführt und den Menschen mitgetheilt hat«[166], ist, gehört sie
in den Bereich der historischen Wissenschaften. Deshalb darf sie sich auch nur
in dem Raum aufhalten, »denn [sic] die Geschichte Christi und seiner Lehre

---

[159] Vgl. Einleitung 1, 55. Es gibt also keine absolute Notwendigkeit gelehrter Theologie,
aber eine faktische.

[160] AaO. 55.

[161] AaO. 56.

[162] Grundriß, 1f. Der Offenbarungsbegriff begegnet an dieser Stelle nicht.

[163] AaO. 2. Auch hier wird deutlich, dass Religion und Theologie das gleiche Objekt
haben.

[164] Vgl. aaO. 2.

[165] Bei A.H. Niemeyer wird die Theologie zur christlichen Religionswissenschaft, freilich bietet er eine Theorie der Religion als Einheit stiftendes Moment (vgl. dazu NOWAK,
Enzyklopädie, 74f.).

[166] Grundriß, 9.

umschließt, und sie darf sich auch in diesem Raume nur als historische Wissenschaft verhalten.«[167] Dadurch wird die Religion nicht selbst in das Feld des Historischen gesetzt, sondern nur das eigentliche Wissen als historisches präzisiert, da die Theologie sich als positive, historische Wissenschaft auf ein Gegebenes bezieht, darüber auch nur historische, also nicht mathematisch-zwingende Urteile abgeben kann.[168] Das Hauptgeschäft der christlichen Religionswissenschaft im Besonderen besteht für Planck einzig darin, »uns mit der ächten Religionslehre Jesu gehörig und vollständig, wenn auch nur historisch bekannt zu machen, und zwar als mit einer göttlichen oder geoffenbarten Lehre bekannt zu machen«[169]. Daraus ergeben sich die Aufgaben der einzelnen theologischen Disziplinen.[170]

Im Unterschied zur *Einleitung* spricht Planck im *Grundriß* nur von »Lehren« einer »Religions-Theorie«, nicht in erster Linie von »Wahrheiten der Religion«.[171] Auch scheint hier die Ausrichtung auf die moralische und glückselige Besserung der Menschen hinter den Terminus »Gottesverehrung« und hinter die »Religions-Theorie« zurückzutreten.[172] Dies hängt in erster Linie mit der veränderten Anforderungslage zusammen: Nun müsse stärker als früher betont werden, dass es in der Religion auch für den Verstand etwas zu tun gebe; zu diesem Zweck kann die moralische Ausrichtung etwas weniger ausführlich behandelt werden. Dass von den Inhalten der *Einleitung* nichts zurückgenommen ist, verdeutlichen Formulierungen im weiteren Verlauf der Schrift, in der Religions-Wissenschaft könne man sich nichts anderes zum Ziel setzen, als durch sie

---

[167] Ebd.

[168] Vgl. ebd. Auf den Offenbarungs- und Wundercharakter geht Planck hier weniger ein als auf den historischen Charakter des Ereignisses. Vgl. auch die Gegenüberstellung von positiven und spekulativen Wissenschaften bei Schleiermacher (vgl. Kurze Darstellung [²1830], § 1 [KGA I/6; 325 f.]). In dieser Formulierung arbeitet Planck letztlich den Erkenntnissen des Historismus vor. Die immer geschichtlich vermittelte Kenntnis der Wahrheiten der christlichen Religion führt dann bei Gelehrten wie Ernst Troeltsch zu Anfragen an den Absolutheitsanspruch des Christentums.

[169] Grundriß, 10 f.

[170] Zur Notwendigkeit des theologischen Studiums vgl. aaO. 16. In den einzelnen Disziplinen werden die Auswirkungen deutlich werden, die die Bezeichnung der Theologie als historische Wissenschaft hat. Bei Mursinna wird Theologie gerade deshalb als positive Wissenschaft bezeichnet, weil sie historische und praktische Wissenschaft ist (vgl. HUMMEL, Enzyklopädie, 731).

[171] Vgl. das Werk LESS, G., *Christliche Religions-Theorie oder Versuch einer praktischen Dogmatik,* (²1789), dessen Titel im Zusammenhang mit Plancks Gebrauch der Bezeichnung Religions-Theorie stehen könnte. Planck hatte auch in der *Einleitung* schon von »Lehren« gesprochen und erwähnt auch hier im *Grundriß* an späterer Stelle wieder die »Wahrheiten«, aber eben nicht an dieser prominenten Stelle.

[172] Grundriß, 2. Das Objekt der Theologie sind die Lehren, die zusammengenommen die Religions-Theorie des Christentums ausmachen. Ein paar Zeilen später kann Planck schon wieder die Religion als Gegenstand bezeichnen. Auch hier liegt also eine gewisse Unschärfe.

zu lernen, wie man ein »guter, zufriedener, und für jetzt und für die Zukunft seeliger Mensch werden kann.«[173]

Die Unterscheidung zwischen natürlicher und geoffenbarter Religion – und damit auch Theologie – entfällt im *Grundriß*.[174] Dennoch hält Planck es für nötig, etwas über den Verstandesgebrauch im Bezug auf die Religion bzw. über die Möglichkeit ihrer wissenschaftlichen Bearbeitung zu sagen. Denn in der neuen »philosophisch-theologischen Schule« bestehe ein Begriff von Religion, der dies zweifelhaft mache: Wenn Religion als »Bewußtseyn des Menschen von Gott an und für sich durch Gott selbst«[175] verstanden wird, lässt sie sich nicht als etwas dem Verstand von außen Gegebenes verstehen.[176] Ebenso scheint die Definition der Religion als »selbstthätige Richtung des Gemüthes zu Gott« und die Folgerung, dass »Religion nur durch Religion erkannt« werden kann,[177] eine Beteiligung des Verstandes auszuschließen. Soweit mit diesen Definitionen lediglich gesagt ist, dass Religion nicht vom Verstand erzeugt werde bzw. sich nicht in der Verstandestätigkeit erschöpfe, kann Planck sie tolerieren. Festzuhalten sei aber, »daß es in der Religion auch für den Verstand etwas zu thun, oder mit einem Wort, auch etwas zum erkennen giebt.«[178] Planck geht sogar noch weiter und stellt fest, dass allein durch den Verstand auf Herz und Willen gewirkt werden könne, da diese Wirkung nur durch einen wirklichen Verstandes-Begriff, also eine klar erkannte Wahrheit möglich sei.[179] Diese Feststellung scheint jede Wirkung der Religion am Verstand vorbei ausschließen zu

---

[173] AaO. 7 f. Hier nimmt Planck Bezug auf J. G. Fichte (»eine[n] unserer neueren Philosophen«), dessen *Anweisung zum seeligen Leben (1804)*, er in der Anmerkung notiert (vgl. aaO. 8).
Planck nennt in dieser Aufzählung allerdings nicht »sittlich« oder »moralisch«, was er bezüglich einer moralischen Zielsetzung der Religion hätte machen können.

[174] FEIL, Religio 4, 492, beobachtet überhaupt in der Neologie eine, bei aller Disparatheit der Begriffsverwendung, unerwartet geringe Behandlung des Themas der natürlichen Religion. Dies deckt sich mit dem Zurücktreten der Thematik im Werk Plancks.

[175] Grundriß, 3. Hier zitiert Planck DAUB, C., *Einleitung in das Studium der christlichen Dogmatik (1810)*, 64: »Die Religion kann ihrem Wesen nach allein als geoffenbarte begriffen werden; denn der Glaube an Gott in ihr ist das Bewußtseyn der Menschen von Gott, welches nicht durch die Menschen, nicht durch die Vernunft und aus ihr, und nicht durch ihre Betrachtung der Natur entstanden, sondern das ewig sich selbst gleiche, nicht entsprungene, also das Bewußtseyn der Menschen von Gott an und für sich durch Gott selber ist.« Allerdings trifft Plancks Kritik Daub nicht präzise.

[176] Damit zeigt Planck das grundsätzliche Problem neuzeitlicher Religionskonzeptionen an: In Religionstheorien, die das religiöse Subjekt in den Mittelpunkt rücken, liegt jeweils die Gefahr nahe – wie die radikale Religionskritik von Feuerbach und Marx erkannt hat –, dass sich alle Inhalte der Religion als Setzungen eben dieses Subjekts verstehen lassen (vgl. WAGNER, Religion, 535).

[177] Vgl. Grundriß, 4.

[178] AaO. 6. Planck erkennt damit eine Grundaporie subjektiver Religionsbegriffe. Vielleicht lässt sich dies auch als Reaktion auf frühe Ansätze radikaler Religionskritik verstehen, die sich eben diesen Religionsbegriff zum Angriffspunkt wählten.

[179] Vgl. aaO. 6.

wollen – oder besser: Sie scheint davon auszugehen, dass am Verstand vorbei ohnehin keine Wirkung stattfinden kann.[180]

Wie schon in der *Einleitung* führt auch der *Grundriß* aus, aufgrund der Beschaffenheit der Wahrheiten der Religion sei es unmöglich, sie nur aus reiner Wissbegierde zu studieren, vielmehr ergebe sich das Ziel automatisch, das sich jeder »vernünftige« Mensch bei ihrer Behandlung nicht allein setzen soll, sondern setzen wird: Er »kann sich nichts anders zum Ziel setzen, als durch die Religions-Wissenschaft zu lernen, wie er guter, zufriedener, und für jetzt und für die Zukunft seeliger Mensch werden kann.«[181] Mit dem menschlichen Streben nach – zusammengefasst: – Glückseligkeit ist der Zweck und die Absicht der Theologie schon mitgesetzt. Das Bewusstsein des Zwecks, durch die Religion auch auf andere, ihr Gemüt, ihre Ruhe und Seligkeit wohltätig zu wirken, ist der »einzig erkennbare göttliche Beruf zu dem Studio der Religions-Wissenschaft oder der Theologie.«[182]

Abschließend lassen sich einige Erkenntnisse für beide Werke zusammenfassen: In ihrer grundsätzlichen Ausrichtung kommen Religion und Theologie in beiden Werken überein; sogar der göttliche Akt der Offenbarung lässt sich in die gleiche Zielrichtung einzeichnen. Alles zielt auf die »Glückseligkeit«: Der Inhalt der geoffenbarten Religionswahrheiten ist zu dieser nötig, die christliche Religion ist der zusammenfassende Begriff eben dieser Religionswahrheiten in besonderem Bezug auf deren Einführung durch Jesus Christus. Die Theologie geht über die Religion nicht hinaus, sondern zielt für diejenigen, die nur aufgrund vertiefter Prüfung glauben können, auf die Überzeugung von eben diesen wichtigsten Wahrheiten. Und damit ist auch die Aufgabe eines jeden Lehrers der Religion angegeben, der nicht nur für sich, sondern vielmehr für andere die Aufgabe hat, die göttlichen Wahrheiten überzeugend und begründet zu kommunizieren. Wenn auch die Einordnung der christlichen Religions-Wissenschaft im *Grundriß* nicht mehr *expressis verbis* unter die geoffenbarten Theologien gerechnet wird, ist doch von der Überzeugung der Göttlichkeit und Geoffenbartheit der Lehre nichts zurückgenommen. Mit der Annahme einer unmittelbaren Offenbarung gilt das Objekt wie der Zweck der Theologie als von Gott gesetzt, die Theologie lässt sich – wie Planck in der *Einleitung* feststellt

---

[180] Die *Einleitung* hatte festgestellt, klarere Begriffe wirkten besser auf das Herz als diffuse (vgl. Einleitung 1, 51).

[181] Grundriß, 7 f. Eine Argumentation wie in der *Einleitung*, Theologie sei wichtig für alle die, die nicht auf das bloße Ansehen anderer hin glauben können, fehlt hier. Vgl. aaO. 16: Das Theologiestudium ist für »denjenigen nothwendig, der auf dem Wege der eigenen Prüfung und Untersuchung zu einer bestimmten und gewissen historischen Erkenntniß die [sic] Wahrheiten des Christenthums gelangen will.« Zudem scheint sich die Wichtigkeit der Wahrheiten nicht mehr in erster Linie von ihrem Offenbarungscharakter abzuleiten, sondern von ihrer Ausrichtung auf die glückselige Beruhigung; das obige Verhältnis von Kriterium und Charakteristikum verschiebt sich etwas.

[182] AaO. 8.

– auch als Erhaltungsmittel der Religion begreifen, ist also gerade nicht davon zu trennen.[183] Das tangiert die Wissenschaftlichkeit nicht, da die Offenbarung nur das Objekt, nicht die Behandlungsart betrifft: Sie ist als positive Wissenschaft auf ein bestimmtes Datum und einen bestimmten Zweck hingeordnet, ihr Vorgehen ist gelehrt in Selbstvergewisserung durch vorbehaltlose Prüfung.

Der Theologie kommt aufgrund ihres Objekts eine besondere Rolle unter den Wissenschaften zu, sie bezieht sich auf geoffenbarte Wahrheiten, strebt in gelehrter Form durch Prüfung nach belastbarer Überzeugung und klarer Begrifflichkeit und ist ausgerichtet auf die glückselige Besserung des Menschen.[184]

5.2. *Voraussetzungen zum Theologiestudium: Religiosität und religiöses Gefühl?*

Fordert die Theologie Voraussetzungen ein, die ihren Wissenschaftscharakter gefährden könnten? Wie lassen sich solche begründen? Anders als die Religion im Gegenüber zur Theologie behandelt Planck die »Religiosität« als Voraussetzung der Theologie und präzisiert dadurch seinen Begriff von Religion: Sie ist als eine von Gott offenbarte, von Jesus Christus in die Welt eingeführte Religions-Theorie etwas objektiv Gegebenes, eine zur Glückseligkeit notwendige Wahrheit. Eine subjektive Komponente ist mit ihr nicht bezeichnet, dafür steht der Begriff »Religiosität« oder »religiöses Gefühl«.[185] Zeitgenössisch nimmt

---

[183] Vgl. Einleitung 1, 44. Damit erhält die Theologie über ihre Wissenschaftlichkeit hinaus eine konstitutive Bedeutung für die Religion und für Heil und Glückseligkeit des Menschen.

[184] Vgl. dazu die Formulierung Plancks in der *Einleitung*: »Wenn man annehmen darf, daß die Wahrheiten mit denen sich die Theologie beschäftigt, für die Menschheit überhaupt, wie für jeden im besonderen die wichtigsten sind, die es geben kann, wenn man daraus folgern darf, daß der Zweck, in welchem und zu welchem sie studirt werden können, der grösste, der interessanteste, der unseres Bestrebens würdigste ist, den sich ein Mensch vorsetzen kann; so fließt doch auch von selbst daraus, daß es unendlich viel austragen muß, ob dieser Zweck mehr oder weniger vollständig in einem grösseren oder geringeren Grad erreicht wird.«(aaO. 38).
Hier hebt Planck den Zweck der Theologie sogar auf allgemein-anthropologische Ebene, indem er den Zweck der Theologie zum höchsten vorstellbaren des Menschen erklärt. In diesem Sinne könnte man an dieser Stelle von »natürlicher Theologie« sprechen, da sie den natürlichen Grundbedürfnissen des Menschen in höchstem Maße entspricht.

[185] Vgl. zu dieser generellen Unterscheidung BOCHINGER, Religiosität, 413. Die Bedeutungsstruktur wurde im 18. Jh. in deutscher Aufklärungsphilosophie, Idealismus und Romantik geprägt (Fichte, Hegel, Herder, Schleiermacher). Zentral ist dabei der Versuch, hinter verschiedenen Religionen in ihren Formen ein den Menschen Gemeinsames, im Menschen Verankertes aufzuweisen. Die Wendung zur Religiosität durch die Kritik Kants hat der philosophischen und rationalen Theologie die Möglichkeit der Gottesbeweise genommen und lenkt nun die Diskussion auf den Phänomenbereich der Religiosität und ihre (moralisch-praktischen) Begründung (vgl. DEUSER, Religionsphilosophie, 363).
Zur Sprachgeschichte vgl. ALEXANDER/FRITSCHE, Religion. In die philosophische Debatte zog der Begriff erst Ende des 18. Jh.s innerhalb der Erörterungen über die Beziehung zwischen Moralität und Religion ein (vgl. aaO. 14).
Überraschend taucht in Plancks Vorlesung zur Dogmatik 1818/19 hinsichtlich der Frage,

Planck mit der Thematisierung der Voraussetzungen zum Studium der Theologie eine Diskussion auf, die einen Gutteil der Auseinandersetzungen mit dem Pietismus ausmachte und im Zusammenhang mit der Veränderung der Rolle der Theologie auch im Gegenüber zu den anderen Wissenschaften steht.[186]

Innerhalb der Fähigkeiten, die zu einem Studium der Theologie notwendig mitzubringen sind, wird zwischen den moralischen, als Anlagen des Herzens, und den physischen, als Fähigkeiten des Verstandes, unterschieden.[187] Von den physischen Fähigkeiten sei nicht mehr als zu jeder anderen Wissenschaft nötig, kein besonderes Organ. Die Wahrheiten der Religion unterscheiden sich von anderen nur durch ihren Ursprung, nicht durch ihre objektive Erkennbarkeit, so dass sie interdisziplinär kommunikabel bleiben.[188] Ein Mindestmaß an ebensolchen Fähigkeiten solle eingefordert werden dürfen, um den sonst entstehenden Schaden von der Religion abzuwenden:[189] Bildung des Verstandes, um übersinnliche Ideen zu fassen, sie zu verbinden und zu vergleichen, Beurteilungskraft, um Merkmale des Wahren und Falschen aufzunehmen und auf neue Gegenstände anzuwenden, Wahrheitsgefühl, das durch Übung angeeignet ist, und ein ordentliches Gedächtnis, um die erworbenen Kenntnisse aufheben zu können, sollten zum Studium mitgebracht werden.[190] Allerdings könne sich niemand anmaßen zu beurteilen, ob jemand ungeeignet zum Studium der Theologie sei, auch wenn durch das Fehlen dieser Eigenschaften die Religion Schaden nehme.[191]

Umfangreicher werden die moralischen Anlagen behandelt, obschon sie eigentlich selbstverständlich seien.[192] Hier finden sich allerdings die für eine Bestreitung der Wissenschaftlichkeit der Theologie entscheidenden Punkte. An erster Stelle steht die Forderung einer religiösen Ehrfurcht vor Gott:

---

wie der Mensch zu Religion komme, neben der »Einwirkung der Natur« auch das »Gefühl der Abhängigkeit« auf (vgl. HAB Cod. Guelf., 14 Noviss. 4°). Fundamentale Bedeutung für seinen Religionsbegriff, der auch in dieser Vorlesung vom Offenbarungscharakter geprägt ist, hat diese Erwähnung allerdings nicht.

[186] Die Frage stellt sich, ob die Theologie als nur noch gleichberechtigte Wissenschaft im universitären Kanon andere Voraussetzungen einfordern darf als andere Wissenschaften. Das Problem ist bis in die Gegenwart nicht gelöst worden und stellt eine strukturelle Aufgabe jeglicher universitärer Theologie dar: Wie lassen sich interdisziplinäre Kommunikationsfähigkeit und Festhalten am Proprium christlicher Theologie vereinbaren?

[187] Vgl. Einleitung 1, 57.

[188] Vgl. aaO. 58. Die theologischen Wahrheiten müssten wie alle historischen und moralischen Wahrheiten behandelt werden.

[189] Vgl. aaO. 60.

[190] Vgl. aaO. 58.

[191] Offenbar hat Planck sich mit diesem Problem erfolglos befasst: Einerseits stellt er fest, dass ungeeignet erscheinende Kandidaten nicht zu einem Theologiestudium zugelassen werden dürfen – andererseits: »Allein wer kann es auch auf der andern Seite wissen, was die Vorsehung durch Menschen dieser Art und durch ihre schwache Erkenntniß, wenn sie nur mit redlichem Eifer verbunden ist, dennoch ausrichten?« (aaO. 61).

[192] Vgl. aaO. 62.

»So ist es zum Beyspiel gar zu klar, daß und warum der angegebene eigentliche Zweck einer gelehrten Behandlung der Religionswahrheiten niemahls ganz erreicht werden kann, wenn uns nicht tief gefühlte religiöse Ehrfurcht vor Gott bey unserem Nachforschen über ihre Belehrungen beseelt, wenn nicht demüthiges Mißtrauen in unsere eigene Einsichten bey unseren Untersuchungen uns leitet, und beständige Erinnerung an die eingeschränkte Gränzen unseres Fassungsvermögens unseren Geist bey seinen Spekulationen darüber in Schranken hält.«[193]

Sie fordert nicht spezifisch christliche Religiosität ein wie die pietistische Forderung, ein wiedergeborener Christ zu sein (*dona spiritualia*).[194] Die Voraussetzung eines vorgängigen Glaubens als notwendige Bedingung würde den Wahrheiten christlicher Religion zu wenig zutrauen, als ob sie »sich durch ihre eigene innere Gründe den Beyfall des Menschen niemahls erzwingen könnten, wenn nicht seine Seele bereits durch ein günstiges Vorurtheil für sie eingenommen, und zu der Aufnahme ihrer Gründe gestimmt ist.«[195] So wäre nie auszuschließen, dass die Überzeugungen über die Wahrheiten der Religion auf unbegründeten Vorurteilen fußten.[196]

Unter Religiosität im Allgemeinen versteht Planck den »Effekt des Eindrucks [...], den gewisse Wahrheiten auf unsere Seele gemacht haben: sie setzt also immer Erkenntniß – wenn auch nicht gerade deutliche Erkenntniß – gewisser Wahrheiten voraus«[197]. Durch die Unterscheidung der religiösen Wahrheiten, die die bloße Vernunft erkennt, von denen, die der Lehre Jesu eigentümlich sind, ergibt sich – analog zur Differenzierung zwischen natürlicher und geoffenbarter Religion – die Unterscheidung von Religiosität im allgemeinen Sinn von christlicher Religiosität:[198] »Christliche Religiosität wäre also nichts anders, als derjenige Gemüthszustand, der durch den Eindruck erzeugt worden ist, den die besondere Wahrheiten der Lehre Jesu auf uns gemacht haben«[199]. Letzteres

---

[193] Ebd.

[194] Das hieße, die *dona spiritualia* wie die *dona naturalia* zur Voraussetzung zu erklären, wie bspw. Francke (vgl. aaO. 63). Hier diskutiert Planck den Theologiebegriff der »Alten«, mit dem sich seine Konzeption – recht verstanden – vereinbaren lasse (vgl. aaO. 68). Vgl. auch aaO. 66, wo es um die praktischen Fähigkeiten geht, die jene schon in den Theologiebegriff miteinbezogen hätten.

[195] AaO. 65.

[196] Eine vorweggenommene Überzeugung von den zu behandelnden und zu prüfenden Wahrheiten schließt sich also aus. Ein »Vorglaube« darf nicht vorausgesetzt werden (aaO. 65). Zur vollkommenen Beruhigung hinsichtlich der Hoffnungen und Pflichten des Gottesverhältnisses ist es wichtig, möglichst viele Zweifelsquellen und Argumentationsfehler auszuschließen, weshalb ein solcher »Vorglaube« abgelehnt werden muss.

[197] AaO. 68.

[198] Religiosität könne auch als »Gottseligkeit« bezeichnet werden, sofern man damit nicht an christliche Religiosität denke, erwähnt Planck in der Diskussion des Theologiebegriffs der »Alten« (ebd.).

[199] AaO. 68f. Planck verwendet hier offenbar »Gemüt« und »Seele« synonym, entgegen der klassischen Unterscheidung der *anima* (Seele), die Empfindungen hat, von *mens* (Gemüt), das Erkenntnis gewinnt.

als Bedingung zu fordern bedeutete, schon vorher mit den innersten Wahrheiten vertraut sein zu müssen, was aus den oben genannten Gründen nicht
angenommen werden darf. Religiosität im allgemeinen Sinn oder »religiöses
Gefühl«[200] sind jedoch aus zwei Gründen notwendig zum Studium der Theologie: Der studienpraktische von beiden geht davon aus, dass ohne ein solches
Gefühl Gleichgültigkeit gegenüber Gott bestehe, folglich die Gegenstände des
Studiums keinen Reiz entwickeln könnten und sogar als abstoßend wahrgenommen würden.[201] Ein Fehlen an Fleiß müsse aber negative Auswirkungen
auf das Studium haben. Der zweite Grund ist ein erkenntnispraktischer: Auch
für Planck gilt die Einsicht, die Wahrheit der Lehre Jesu sei Torheit vor der
Welt. D. h., ein irreligiöser Mensch würde in Verstand und Herz nichts finden,
was mit diesen Wahrheiten konvenierte, weshalb er sich durch Verfälschung der
Wahrheiten eine eigene, ihm passend erscheinende Theologie kreieren würde
– oder sich eine stetige Quelle des Zweifels schaffen würde.[202]

Ganz auf der Linie der schon innerhalb der die Theologie als Gelehrsamkeit
auszeichnenden ausgeführten Bedeutung von Zweifel, Prüfung und Streben
nach sicheren Überzeugungen finden sich weitere moralische Anforderungen:
Mit Wahrheitsliebe, Unerschrockenheit vor Zweifeln und Treue zu den Überzeugungen, die man einmal als klar erkannt hat, finden sich die Schranken
aufgezeigt, in denen sich das von Planck geforderte, durch das religiöse Gefühl
überhaupt erst ermöglichte gelehrte Überprüfen und Zweifeln auf dem Weg zu
klarer Überzeugung vollziehen darf. Die unbedingte Wahrheitsliebe sei notwendig zur aufrichtigen Behandlung der Wahrheiten der Theologie. Wenn
auch in der Theologie der sonst verbreitete Brauch teilweise seine Berechtigung
habe, ihre Wahrheiten aufgrund ihrer Nützlichkeit für etwas, also mehr als
Mittel denn als Zweck zu studieren – da sie wichtigen Einfluss auf unsere
Glückseligkeit haben –, sei für die Theologie aufgrund der besonderen Beschaffenheit ihrer Wahrheiten zu fordern, diese um ihrer selbst willen zu studieren.[203] Sie stellen schließlich eine »unmittelbare Belehrung Gottes«[204] dar, so
sollte es sich doch der Mühe lohnen, sich mit ihnen – die Gott ja offenbart hat
– zu befassen, eben weil Gott sie offenbart hat. Der Krise der Theologie sei nur
durch erneuerte Motivation zum Studium zu begegnen, in den pluriformen

---

[200] AaO. 69. Vgl. auch aaO. 71, wo die Rede vom in die Seele eingepflanzten religiösen
Gefühl ist.
[201] Vgl. aaO. 70 f.
[202] Vgl. aaO. 72. Eine parallele Forderung gibt es auch für das Studium der Moral: »[D]aß
derjenige, dem religiöses Gefühl gänzlich mangelt, eben so unfähig zum Studio der Theologie ist, als es derjenige zum Studio der wissenschaftlichen Moral seyn muß, der gar kein
moralisches Gefühl dazu mitbringt.« (ebd.)
[203] Vgl. aaO. 74. Lessing will hingegen nach der Brauchbarkeit der Wahrheiten eine Auswahl treffen.
[204] Ebd. S. o. zum Offenbarungscharakter der Wahrheiten.

Debatten der Zeit will Planck dem Studienanfänger Orientierung und Sicherheit schaffen.

Gerade das Theologiestudium wird nach Plancks Beobachtungen wie kein anderes mit einer Vielzahl von Vorurteilen begonnen: Auch wenn es sich teilweise um richtige Vorstellungen aus frühester Jugend handele, als man sie noch gar nicht habe fassen können, blieben es Vorurteile, solange sie nicht durch eigene Prüfung bestätigt seien.[205] Gerade deshalb ist die Wahrheitsliebe, also die Eigenschaft, Vorurteile auch wieder aufzugeben, wichtige Voraussetzung, da sonst der Einfluss der schon lange eingeprägten Ideen nicht sicher ausgeschlossen werden kann.[206] Die Irrlehren in der Geschichte der Theologie ließen sich zumeist durch solche Vorurteilsbeladenheit und mangelnde Wahrheitsliebe erklären.

Der Zweifel als Grundelement theologischen Arbeitens in Plancks Konzeption darf – das ist ein weiteres moralisches Erfordernis – nicht als bedrohlich gefürchtet und deshalb vermieden werden, denn »derjenige, dem es um Wahrheit zu thun ist, [wird] auch keinen Zweifel ungeprüft von der Hand weisen, aus welcher Quelle er auch entsprungen seyn, und von welcher Seite er ihm auch begegnen mag.«[207] Dabei sind die Folgen stets positiv: Entweder die gefasste Überzeugung erweist sich als fest gegründet und kann dem Zweifel standhalten, oder er wirkt als Korrektiv einer noch fehlerhaften Überzeugung.[208] Ohne den Zweifel würde es zu der fortschreitenden Berichtigung und Befestigung der Überzeugungen gar nicht erst kommen.[209] Doch dürfe man sich nicht zu früh in die Zweifel zu stürzen, die man ohnehin auf dem Wege finde, da die Gefahr bestehe, auf die Zweifel noch nicht gerüstet ist.

Damit einher geht die letzte moralische Anforderung: »gewissenhafte Treue gegen die Ueberzeugungen, welche man einmal erlangt hat.«[210] Überzeugungen, die einmal durch Prüfung als fest und belastbar erkannt worden sind, seien nicht ohne Not wieder aufzugeben, sondern erst wenn wirklich gewichtigere Gründe dagegen sprächen. In der Theologie bestünde eine gefährliche Neigung, sich durch kleine Zweifel ganze Gedankengebäude zunichte machen zu lassen, auf bloßen Verdacht hin ganze Überzeugungen aufzuopfern, was letzt-

---

[205] Ein für die frühe religiöse Erziehung interessanter Aspekt, denkt man bspw. an die frühen Ausführungen Augustins in *De catechizandis rudibus* und weitere Überlegungen in der Theologiegeschichte zur Taufkatechese und religiösen Erziehung von Kindern.

[206] Vgl. Einleitung 1, 76.

[207] AaO. 80.

[208] Vgl. ebd.

[209] Dazu zitiert Planck auch Luther: »quod tentatio faciat Theologum sie könnten nichts anders damit sagen und sagen wollen, als: daß der wahre Theolog nur durch Zweifel gebildet werde.« (aaO. 83). Dieses Zitat (entlehnt aus Luthers Dreischritt »Oratio, Meditatio, Tentatio« [WA 50; 659,4] in der Vorrede zum ersten Band der Wittenberger Ausgabe seiner deutschen Schriften [1539]) diente lange Zeit als Referenzpunkt für Studieneinleitungen (vgl. z.B. MOSHEIM, Anweisung, 20).

[210] Einleitung 1, 84.

lich zu einer Unfähigkeit der Seele führen könne, überhaupt an irgendeiner Wahrheit festzuhalten, warnt Planck den Studienanfänger.[211]

In diese moralischen Anforderungen seien alle weiteren gefasst. Planck sieht die Theologie in einer Lage, in der es in erster Linie darum gehe, Rede und Antwort zu theologischen Überzeugungen stehen zu können. Dabei warnt er sowohl vor einer übertriebenen Zweifelsucht wie auch vor einer bloßen Übernahme alter Meinungen. Das gelehrte Ideal einer festen und belastbaren Überzeugung lasse sich allein durch methodischen Zweifel und eigenes Nachdenken erlangen. Dazu gibt Planck abschließend vier Anweisungen: 1. dürfe man nichts allein aus dem Vortrag eines Lehrers lernen, 2. kein Urteil ungeprüft übernehmen, 3. sei erst als deutlicher Begriff eine Erkenntnis Gewinn für die Wissenschaft und 4. sei nicht nur das für nützlich zu halten, was auf den ersten Blick für den späteren Beruf brauchbar scheint.[212]

Im *Grundriß*, der schon in der Bestimmung von Theologie und Religion ein paar Nuancen anders setzte, finden sich auch zu dieser Frage einige Umgewichtungen. Wenn es auch dabei bleibt, dass zum Studium der Theologie nicht mehr natürliche Anlagen und Fähigkeiten nötig seien als zu jedem anderen Studium,[213] werden wieder einige moralische eingefordert: »Dieß ist bey allen Wissenschaften nothwendig, deren Gegenstand oder deren Zweck in einer besondern Beziehung mit dem Gemüth steht, also muß es bey der Religions-Wissenschaft am nöthigsten seyn«[214], deren Zweck ja darin bestand, mit der »ächten Religionslehre Jesu [...] bekannt zu machen«[215] und darin auf das eigene Gemüt oder das anderer wohltätig zu wirken.

Lust und Liebe oder ein innerer Trieb zum Studium werden weiterhin als moralische Eigenschaften vorausgesetzt, da sonst Abneigung gegen das Studium entstünde. Das beinhalte ein zweites moralisches Erfordernis: »nehmlich ein religiöser Sinn und religiöses Gefühl«[216]. Dies werde in einer neuen »Mode-Sprache zuweilen schon Religiosität, zuweilen aber auch nur das Organ der Religiosität genannt«[217]. Unter dem religiösen Gefühl sei nichts anderes zu verstehen als »die Fähigkeit und Empfänglichkeit des Gemüths, durch jene Eindrücke, welche religiöse Vorstellungen auf uns machen müssen, gehörig afficirt und bewegt – dieß heißt – auf eine den Gesetzen unserer geistigen und sittlichen Natur entsprechende Art afficirt zu werden.«[218] D. h., religiöses Gefühl zu ha-

---

[211] Vgl. aaO. 85–87.
[212] Vgl. aaO. 131–141.
[213] Vgl. Grundriß, 17.
[214] AaO. 18.
[215] AaO. 10.
[216] AaO. 20.
[217] Ebd.
[218] Ebd. Bemerkenswerterweise verwendet Planck hier gegenüber der *Einleitung* statt »Wahrheiten« »Vorstellungen«. Religiosität jedoch wird wie in der *Einleitung* durch Anregung des Gemüts durch Lehren und Wahrheiten der Religion (vgl. aaO. 21 f.) erzeugt. Wenn

ben bedeutet, gegenüber den Wahrheiten der Religion nicht ganz verschlossen zu sein, nicht unfähig, Eindrücke davon aufzunehmen.[219] Durch genauere Fassung der Begrifflichkeit wären wohl die meisten Streitigkeiten – so bspw. auch mit den Pietisten über die Notwendigkeit der Wiedergeburt – zu verhindern gewesen,[220] weshalb Planck großen Wert auf die Definition von »Religiosität« legt, die mit jenem »Gefühl« nicht verwechselt werden dürfe. Dabei gilt es nämlich zu betonen,

»daß jene Fähigkeit und Empfänglichkeit des Gemüths eigentlich nur erst Anlage zur Religiosität, und noch nicht diese selbst ist. Der Nahme der Religiosität kommt eben jener Stellung, und nur jener Stellung des Gemüths zu, welche herauskommt, wenn es von den Lehren und Wahrheiten der Religion gehörig afficirt wird.«[221]

Aktuell könne so dem Streit mit der »neuen theologischen Schule« begegnet werden, die fordert, »daß man nur durch die Religion zu der Erkenntniß der Religion kommen könne.«»[222]

Weitere moralische Erfordernisse lassen sich aus dem Zweck des theologischen Studiums ableiten. Explizit erwähnt wird lediglich noch die »ruhige Fassung des Gemüths«[223], die deshalb so wichtig erscheint, weil der Parteienstreit in der Theologie schon den Anfänger in derselben miteinbeziehe: Die Ansichten über das Ganze und das Fundament der Wissenschaft seien so unterschiedlich, dass ohne ein ruhiges Gemüt, die Fähigkeit, sich vor keinem Zweifel zu fürchten, keinen forciert zu suchen, kein Fortkommen möglich erscheine.[224]

---

man auch Planck einen gewissen Hang zur begrifflichen Unschärfe attestieren muss, ließe sich diese Differenz interpretieren: Während die Religiosität auf den Kern, die Wahrheit der Religion, bezogen ist, kann bei einer vorausgesetzten Rezeptionsfähigkeit der Wahrheitsbegriff noch nicht auftauchen, da die Beschreibung des religiösen Gefühls eine anthropologische ist, die das Außer-Sich, den Gehalt der religiösen Vorstellungen gar nicht thematisieren kann und will. Für das Gefühl sind es Vorstellungen, ganz abgesehen davon, ob es sich um Wahrheiten oder fälschliche Annahmen der Religion handelt.

[219] Vgl. aaO. 22. Vgl. auch aaO. 20 f. Einzig wenn das Gemüt, wie es bei »irdisch gesinnten« Gemütern der Fall ist, schon mit etwas anderem angefüllt ist, kann es nicht zur nötigen Affizierung kommen. Damit ist die Frage beantwortet, was ein Gefühl zu einem *religiösen* Gefühl macht. J. J. Spalding hatte festgestellt, nur wenn ein Gefühl aus dem Wort Gottes entstanden sei und auf eine Ausrichtung unserer Seele zu Gott abziele, könne es als religiöses bezeichnet werden (vgl. BEUTEL, Religion, 64; SPALDING, J.J., *Werth der Gefühle* [SpKA I/2; 120,9–21 (ab der 3. Auflage)]). Planck nun verzichtet hier auf eine Diskussion dieser Unterscheidung, setzt aber das Verständnis Spaldings und anderer Neologen voraus.
[220] Vgl. Grundriß, 22.
[221] AaO. 21 f. Wie schon in der *Einleitung* fungiert das Gemüt als das Substrat; als das, von dem die Zustände Zustände sind. Eine Verhältnisbestimmung zur Seele, die z.T. synonym verwendet wird, und zum Herz bleibt aus.
[222] AaO. 22.
[223] AaO. 23.
[224] Wahrscheinlich geht es um die Auseinandersetzung zu Beginn des 19. Jh.s um spekulative Theologie, die Aufnahme romantischer und idealistischer Ideen und ähnliche neue Problemstellungen.

Planck thematisiert das religiöse Gefühl somit im Zusammenhang der Voraussetzungen zum Theologiestudium. Um sich überhaupt mit den Wahrheiten
der Religion zu befassen, bedarf es einer Rezeptivität für sie. Die im *Grundriß*
begegnende Behandlung des Themas der Religiosität fehlte in dieser Form
noch in der *Einleitung* von 1794. Der Akzent lag dort auf der Differenzierung
zwischen »Religiosität« (hier synonym zu »religiösem Gefühl«) und »christlicher
Religiosität«, nicht auf der zwischen »Religiosität« und »religiösem Gefühl« als
Anlage zu jener. Schon in der *Einleitung* wurde Religiosität als »Effekt« bezeichnet, den die Eindrücke der Wahrheiten der Religion auf das Gemüt zurücklassen. Die allgemeine Religiosität – im Unterschied zur christlichen – galt in der
Einleitung als Voraussetzung, um überhaupt einen Trieb zu verspüren, sich mit
den Wahrheiten der Religion auseinanderzusetzen. Allgemeine Religiosität erscheint freilich dort noch als eine Art natürliche Religionserkenntnis, die *religio*
naturalis ersetzend, in ihrer Unterscheidung von christlicher Religiosität.[225] Hier
differenziert Planck im *Grundriß* genauer[226] und erklärt lediglich die Rezeptionsfähigkeit, nicht den erreichten Effekt (Religiosität) zur Voraussetzung. Jene
steht im Zusammenhang mit den Themen »Zweifel« und »Gelehrsamkeit« und
ist die Motivation, den mühsamen Weg der theologischen Wissenschaft hin zu
gelehrter Erkenntnis der Wahrheiten der Religion zu beschreiten, sowie die
logische Bedingung dafür, dass der eigentliche Gehalt der Religions-Wahrheiten nicht verfehlt wird. Durch das »religiöse Gefühl« komme den Wahrheiten der christlichen Religion nicht vorgängig schon irgendeine Qualität zu,
die sie unbezweifelbar machen: Alle Wahrheiten müssen stets überprüft werden, um zu echten Überzeugungen zu gelangen. »Religiöses Gefühl« wird
nicht im Bezug auf die religiöse Überzeugung verwendet, stattdessen wird die
stärkere Wirkung klar erkannter Wahrheiten und deutlicher Begriffe über den
Verstand auf das Herz betont. Das religiöse Gefühl ist bloße inhaltsleere Rezep-
tionsbedingung für den Wahrheitsanspruch der geoffenbarten Wahrheiten der
christlichen Religion,[227] kein materiales Gefühl und letztlich auch kein Über-

---

[225] An dieser Stelle reflektiert Planck nicht – vgl. z.B. bei J.S. Semler – über die aus diesem Konzept sich ergebenden Möglichkeiten einer Kirchenvereinigung.

[226] Überhaupt sind die Bemerkungen im *Grundriß* als »Berichtigungen« zu verstehen, da
Planck äußert, in den letzten Jahren habe sich einiges in seinen Ansichten nach seinem jetzigen Dafürhalten berichtigt (vgl. Grundriß, IX).

[227] Empfänglich ist hier das »Gemüth«, religiöses Gefühl insgesamt ist allerdings unter die
Fähigkeiten des »Herzens« zu zählen. Die Wirkung der Wahrheiten der Religion vollzieht
sich über den »Verstand« auf das »Herz«. Allein daran wird deutlich, dass ein Versuch der
Definition der einzelnen Begriffe bei Planck vor Schwierigkeiten stellt.

Fichte bspw., auf den schon oben verwiesen werden konnte, hält tugendhaftes Handeln
für die Vorbereitung einer Empfänglichkeit im Herzen, an die dann die Religionslehren
anknüpfen können (FICHTE, J. G., *Tagebücher zur Erziehung [1789]*, zit. bei ALEXANDER/FRIT-
SCHE, Religion, 14). Das Urteil, die Thematisierung der Religiosität gehöre nicht in die
Aufklärung, sondern zu deren Kritik (vgl. aaO. 22), kann als überholt gelten. Zur zentralen

zeugungsgefühl, da Überzeugung nur durch Prüfung und Zweifel, d. i. gelehrte Behandlung, zu erlangen ist.[228]

Diese Voraussetzung leitet sich somit aus dem besonderen Charakter des Objekts der Theologie ab und hat auf ihr wissenschaftliches Vorgehen an sich keinen Einfluss. Sie verstärkt aber den durch ihr Objekt bedingten Sonderstatus der Theologie unter den Wissenschaften, wobei Planck der Gefahr, hier im pietistischen Sinne missverstanden zu werden, im *Grundriß* klarer begegnet.

5.3. Hilfs- und Vorbereitungswissenschaften

Neben den gerade geschilderten Voraussetzungen bedarf das Studium der Theologie noch einiger anderer Kenntnisse, um erfolgreich durchlaufen werden zu können. Planck unterscheidet *Vorbereitungswissenschaften* als diejenige Wissenschaften, »deren Kenntniß nothwendig erfordert wird, wenn die Erlernung einer andern möglich seyn soll«[229], von den *Hilfswissenschaften*, die einer anderen Wissenschaft ihre eigentümlichen Kenntnisse leihen[230] bzw.: »Wenn das Hauptobjekt einer Wissenschaft durch die Kenntnisse, die einer andern eigenthümlich sind, aufgeklärt werden kann.«[231] Sie definieren sich durch ihren spezifischen Bezug auf eine bestimmte Hauptwissenschaft.[232] Richtig erkennt Planck die Fülle solcher geforderter Hilfskenntnisse als Problem älterer Einlei-

---

Rolle des Gefühls in der Religion bei Schleiermacher und in der Aufklärung vgl. z. B. BEUTEL, Religion.

[228] Gegenüber theologischen Ansätzen, die das »Gefühl« zum alleinigen Bestimmungsgrund der Religion überhaupt gemacht haben, hat Planck Vorbehalte. Das erklärt die im *Grundriß* von 1813 gegenüber der *Einleitung* von 1794/95 größere Sorgfalt, die Planck auf die Definition des »religiösen Gefühls« legt: Unbedingt müsse dem Missverständnis gewehrt werden, das Wesen der Religion bestehe im Gefühl bzw. allein im Gefühl lasse sich der Inhalt der Religion bestimmen. Schleiermachers *Reden Über die Religion* (1799) hatten einem solchen romantischen Religionsverständnis Vorschub geleistet. Planck bezieht sich zwar nirgends auf Schleiermacher direkt, doch erinnert sein Insistieren auf der Verstandestätigkeit in der Religion stark an Schleiermachers in der ersten und zweiten Rede vollzogene Differenzierung zwischen Religion, Metaphysik und Moral. Demgegenüber betont Planck die Berechtigung eines neologischen Religionsbegriffs, der nicht im Gefühl aufgeht und zudem die moralische Komponente der Religion betont.

[229] Einleitung 1, 150f. Auf die Theologie bezogen: »deren Kenntniß dem Studio der Theologie nothwendig vorangehen muß« (aaO. 153).

[230] Vgl. aaO. 151: »Kenntnisse, welche die eine Wissenschaft als ihr eigenes Objekt bearbeitet und behandelt, können oft in einer andern vortrefflich angewandt, und zu weiterer oder leichterer Aufklärung von dem Objekt der andern benutzt werden.«

[231] AaO. 152. Auf die Theologie bezogen: »aus denen die Hauptwahrheiten der Theologie selbst Licht erhalten, und zwar mehrfaches Licht erhalten können« (aaO. 153).

[232] Nach meinen Beobachtungen wird dadurch gerade nicht, wie NOWAK, Enzyklopädie, 69, an einer solchen Differenzierung kritisiert, die Verbindung zur allgemeinen Wissenschaftsentwicklung verkannt und die Theologie wieder zu einer *scientia sacra* gemacht, sondern durch die bewusste Aufnahme bestimmter Kenntnisse im Vorfeld und in Verbindung mit dem theologischen Studium gerade der Zugang zu diesen anderen Wissenschaft offen gehalten.

tungen, das sich aus einer unpräzisen Definition dieses Bereichs ergibt.[233] So fungieren für ihn nur Philologie und Logik als notwendige Vorbereitungswissenschaften sowie natürliche Theologie, Moral und Geschichte als Hilfswissenschaften der Theologie[234] und damit erheblich weniger als in einigen Entwürfen vor ihm. Schon die Statuten der Göttinger theologischen Fakultät von 1737 verweisen auf Geschichte, Philologie und Philosophie als Hilfswissenschaften.[235]

Die einzelnen Wissenschaften werden jeweils in ihrem hier für ihre Eigenschaft als Hilfs- bzw. Vorbereitungswissenschaften grundlegenden Begriff vorgestellt, aus dem ihr Nutzen für die Theologie abgeleitet werden kann und damit die Frage der Notwendigkeit geklärt wird; zudem gibt Planck an, wie ihr Studium sinnvoll zu gestalten ist.

An erster Stelle sei zur Vorbereitung die Philologie zu studieren. Ihr komme besondere Wichtigkeit aus drei Gründen zu: 1. Das Studium einer Sprache fördere das eigene Denken. 2. Eine Mitteilung der eigenen Gedanken an andere sowie 3. die Nutzung der Gedanken anderer sei ohne sie nicht möglich.[236] Die Muttersprache steht an erster Stelle: Um als Prediger und Lehrer die Wahrheiten der Religion vorzutragen, müsse man in der eigenen Sprache sicher sein, auch um das in der Theologie oft in Latein und Griechisch Gedachte und Geredete verständlich und überzeugend zu kommunizieren.[237] Während die für die Lektüre der biblischen Bücher nötigen Sprachkenntnisse des biblischen Griechisch und Hebräisch unter die theologischen Wissenschaften als *philologia sacra* gerechnet werden, ist die Kenntnis des klassischen Griechisch und Latein (als Gelehrtensprache) schon als Vorbereitungswissenschaft eingefordert. In ihnen finde man »reine Vernunft« und diese »ist etwas, das man zum Verständnis, zur Einsicht und zur Ueberzeugung von den Wahrheiten der Religion zwar nur mittelbar, aber unnachläßlich nothwendig braucht.«[238]

---

[233] Bei keinem anderen Abschnitt sei es so »nothwendig […], wie bey diesem, sich selbst gewisse Gränzen zu ziehen« (Einleitung 1, 149). Sonst mache er häufig zwei Drittel des Ganzen aus und enthalte viel mehr, als zu rechtfertigen sei.

[234] Vgl. aaO. 153.

[235] KRAMM, Enzyklopädie, 237, beobachtet bei starken Schwankungen dennoch insgesamt eine Reduktion der Hilfswissenschaften auf die genannten drei in Göttingen.

[236] Vgl. Einleitung 1, 156.

[237] Vgl. aaO. 163. Zur Übung empfiehlt Planck die Lektüre der besten darin geschriebenen Werke und stetes Üben im Schreiben (vgl. aaO. 162). Planck führt J. A. Ernesti und Georg Joachim Zollikofer (1730–1788) im Vergleich an: Obgleich ersterer zwar der gelehrtere Theologe sei, jedoch kaum das Deutsche dazu benutze, sei seine deutsche Rede derjenigen Zollikofers an Anrührung und Verständlichkeit unterlegen, der sich stets im Deutschen aufhalte (vgl. aaO. 164).

[238] AaO. 172. Ganz im üblichen Vorgehen der Gelehrsamkeit sei die hier beobachtete Art der Bearbeitung zu erlernen und auf die Theologie zu übertragen. Dabei kann ein häufig unterstellter Nachteil nur durch falschen Gebrauch entstehen, das Herz durch die übermäßige Lektüre heidnischer Gedanken für religiöse Vorstellungen unempfänglich zu machen (vgl. aaO. 168.174).

Insgesamt zielt die Konzeption weniger auf eine philologisch exakte Kenntnis der Sprachen als vielmehr auf die Ausweitung des gedanklichen und kommunikativen Horizonts über die Grenzen der eigenen Sprache. Neben den klassischen Sprachen seien als neuere Englisch und Französisch zur Lektüre guter Literatur, Mitteilung eigener und Aufnahme fremder Gedanken nötig.

Planck beschränkt die klassische[239] Vorbereitungswissenschaft Philosophie auf wenige Teildisziplinen: Logik sei die notwendige Vorbereitungswissenschaft für alle Wissenschaften, denn sie stelle als *philosophia instrumentalis* die Ordnung vor, nach der man »von Begriffen zu Begriffen fortgeht, von Ideen zu Ideen aufsteigt, aus Ideen wieder Ideen erzeugt«[240]. Wie die Philologie ermöglicht sie, »uns in jede fremde, von der unsrigen noch so verschiedene Gedanken-Reihe hinein zu finden«[241] und sie allein müsse jeder Diskussionsgegner anerkennen.

In der Metaphysik, die Planck zuvor nicht unter diese Gruppe gerechnet hatte,[242] nehme die Ontologie[243] gewöhnlich den ersten Platz ein, deren Studium nicht notwendig, zum Verständnis der scholastischen Theologie aber hilfreich sei. Darüber hinaus sei sie als Vorübung im abstrakten Denken und Analysieren »Bildungsstudium«[244]. Der allgemeinen Kosmologie[245] erkennt Planck trotz der kritischen Philosophie Kants zum Zwecke der Geistesbildung immer noch eine wichtige Rolle zu,[246] da sie durch Verbindung mit der natürlichen Theologie »zu dieser – also doch mittelbar auch zu der geoffenbarten Theologie fast unentbehrlich«[247] sei. Die Psychologie[248] mache mit der eigenen Seele bekannt (Selbst-

---

[239] Dabei muss nicht auf thomasische *ancilla*-Funktion der Philosophie verwiesen werden. Der philosophische Magister als Voraussetzung wurde z.B. in Tübingen erst 1821 abgeschafft (vgl. Köpf, Tübingen, 648).

[240] Einleitung 1, 193. Sie müsse zweigeteilt studiert werden: Zuerst mit den Grundsätzen vertraut machen, die dann einzüuben seien, erst am Ende könne dies dann ergänzt werden um die eigene Abstraktion dieser Grundsätze und Denk-Gesetze, ihr eigentliches Geschäft, das den Anfänger noch überfordere (vgl. aaO. 187–189). Planck sieht den empirischen Aspekt als dominant an (zur Diskussion vgl. aaO. 190–192).

[241] AaO. 194. Vgl. die Begründung der Notwendigkeit von Sprachkenntnissen.

[242] Kramm, Enzyklopädie, 146, vermutet, Planck wolle »die Philosophie als ganze darstellen, um in jedem Teilgebiet den Zusammenhang mit der Theologie kurz zu beleuchten.« Planck sagt auch nirgends, dass die Metaphysik in den Rang einer Hilfs- oder Vorbereitungswissenschaft aufsteige, deshalb ist sie vermutlich eher unter die am Schluss erwähnten Wissenschaften zu rechnen, die teilweise hilfreich sein können (vgl. Einleitung 1, 270) – das legt auch ihre Darstellung nah.

[243] Die »Wissenschaft der allgemeinen Eigenschaften der Dinge und der allgemeinsten Sätze [...], die sich daraus ableiten lassen.« (Einleitung 1, 204).

[244] AaO. 206.

[245] Vgl. aaO. 207: ihr »Begriff von der Welt« als »Innbegriff aller zu einem ganzen vereinigten wirklichen und möglichen endlichen Dinge«.

[246] Vgl. aaO. 207 f.

[247] AaO. 208.

[248] Vgl. aaO. 208–210. Sie ist unterschieden in empirische und wissenschaftliche Psychologie. Sie seien gegenseitig aufeinander angewiesen: Erstere gehe in ihren Beobachtungen

erkenntnis), über die allein dann auch Kenntnis gewonnen werden könne über die Mittel zur Vervollkommnung, Erhöhung und Veredelung zur Glückselig-keit.[249] Im Erkenntnisvorgang hänge alles davon ab, wie die betreffenden Wahr-heiten in die Seele gebracht und von ihr aufgenommen werden, d. h., um durch die Wahrheiten der Religion zu belehren und zu bessern, könne man unmög-lich auf diese Kenntnis verzichten.[250]

Während bei den beiden vorhergehenden Wissenschaften die Zuschreibung unscharf war, lassen sich die folgenden als wirkliche Hilfswissenschaften be-zeichnen: Die natürliche Theologie hatte Planck zu Beginn aus der Verbindung mit der Metaphysik gelöst und mit der Moral verbunden.[251] Gegenstand der natürlichen Theologie könne kein anderer sein als der der geoffenbarten.[252] Hier allerdings präzisiert als Gott, dessen Wesen und Eigenschaften, während in der Darstellung der geoffenbarten Theologie die Pflichten und Hoffnungen, die hier ganz fehlen, im Mittelpunkt standen. Hauptgegenstand der natürlichen Theologie sei der Gottesbeweis, ihre Erkenntnisquelle im Gegensatz zur geof-fenbarten Theologie einzig die Natur, die sie mit der reinen Vernunft bearbeite, d. h., sie sei »Innbegriff alles desjenigen, was die Vernunft auf dem blossen Wege des Nachdenkens und Beobachtens von Gott, von seinem Wesen und von sei-nem Willen erfinden kann.«[253] Wenn der Beweis für die Existenz Gottes einmal geführt sei, versichert Planck, sei es nicht mehr nötig, die Richtigkeit der Got-tesvorstellung noch zu überprüfen. Allerdings sei die Frage, ob ein solcher Be-

---

weit über das von letzterer erklärte Gebiet hinaus, hingegen seien einige ihrer Bestandteile – Planck nennt hier die Unsterblichkeit der Seele – schlechterdings nicht Gegenstand der Beobachtung.

[249] Vgl. aaO. 210.

[250] Vgl. aaO. 211 f.: Die Psychologie sei »für den Prediger, für den Volkslehrer, für den Unterrichter der Jugend ausser der Theologie selbst die unentbehrlichste aller Wissenschaf-ten, die er besitzen muß«.
Planck empfiehlt zum Studium die Werke klassischer Schriftsteller, da sie nach den reins-ten Grundsätzen der Psychologie geschrieben seien; ansonsten erschöpfe sich alles in Be-obachtung seiner selbst und seiner eigenen Seele: »Selbstkenntniß und Menschenkenntniß« (aaO. 213).

[251] Planck referierte dort, seit etwas mehr als einem halben Jahrhundert verstünde man unter Metaphysik Ontologie, Kosmologie, Psychologie und – wie er wieder einmal synonym vermischend formuliert – »natürliche Religion«, allein aus dem Grund, da der »berühmte Wolf [sic]« es »schicklich und passend« fand (Einleitung 1, 186). Die Definition durch das τὰ μετὰ τὰ φυσικά, erscheine ihm wenig zwingend und so sehe er sich nicht zu einer Entschuldi-gung genötigt, weshalb er »natürliche Theologie [!]« (aaO. 186 f.) im Folgenden von der Metaphysik absondere und mit der Moral verbinde.

[252] Vgl. aaO. 214: »Sie beschäftigt sich, wie diese mit Gott – mit demjenigen, was wir von seinem Wesen, seinen Eigenschaften, seinen Verhältnissen gegen uns, und unseren daraus entspringenden oder abzuleitenden Pflichten zu erkennen im Stand sind«. Vgl. hierzu die Ausführungen zu natürlicher Theologie und Religion (vgl. Kap. B.I.5.1).

[253] AaO. 215. Auch hier wieder die Beschränkung auf das Feld der unmittelbaren Gottes-lehre, alles weitere wird in die Moral verlagert. In der geoffenbarten Theologie findet sich beides integriert.

weis grundsätzlich überhaupt geleistet werden kann, nicht erst seit Kant offen.[254] Vielleicht sei es gar nicht nötig, einen solchen Beweis der Existenz Gottes
zu führen, denn es gebe viele Sachen, die als wahr anerkannt werden, auch
wenn ihr Gegenteil widerspruchslos vorstellbar wäre, wie z. B. ein historisches
Faktum.[255]

Die Moral nun erscheint ausgerichtet auf die Anweisung zur besten Einrichtung unseres freien Verhaltens, ihr Geschäft sei es, »Anweisungen zu Beförderung und Erreichung der möglichhöchsten [sic] menschlichen Glückseligkeit zu
geben!«[256] Dazu abstrahiere sie die ewigen Naturgesetze des Guten und Bösen
und finde als ihren Hauptpunkt ein allgemeines Prinzip, nach dem angegeben
werden kann, was gut und böse ist. Daran schieden sich die Ansätze, je nachdem
sie Selbsterhaltung, Selbstvervollkommnung, weise Eigenliebe, Sozialität oder
Religion zu diesem Prinzip erheben. Demgegenüber verweist Planck auf ein
einziges Prinzip: die Übereinstimmung mit den Grundsätzen der natürlichen
Theologie und dem dort aufgestellten Begriff des vollkommensten Wesens.[257]
Es gebe eine positive Verbindung von Moral und Religion, denn jede Moral
setze das Dasein Gottes voraus, wie auch bei Kant deutlich werde.[258] Versuche
moralischer Systeme ohne die Voraussetzung des Daseins Gottes zeigten die
Unmöglichkeit eines solchen Vorhabens.[259] Wenn auch die Anweisungen nicht
direkt aus der natürlichen Theologie abgeleitet werden müßten, dies aber möglich sei, was hindere es dann, diese mit der Moral zu verbinden zur »praktisch
natürliche[n] Theologie«[260]?

Insgesamt kommt dem Verbund natürlicher Theologie und Moral bei Planck
ein vielfältiger Nutzen für die geoffenbarte Theologie zu: Auf den Vernunftbeweis der Existenz Gottes könne derjenige für das Dasein einer göttlichen Offenbarung aufbauen, die die Existenz Gottes ja voraussetze.[261] Widerspreche
zudem eine Wahrheit schon den Grundsätzen der Vernunft, könne sie keinen
göttlichen Ursprung haben – stimme sie mit ihnen überein, ist dieser wenigs-

---

[254] Vgl. aaO. 218. Planck scheint Kants Rigorosität zu verkennen.

[255] Vgl. aaO. 220.

[256] AaO. 222.

[257] Vgl. aaO. 227: »Jedes moralische Prinzip, das nicht mit demjenigen vereinbar ist, was
uns diese aus dem Begriff des Vollkommensten Wesens, und aus seinen Eigenschaften heraus
als seinen Willen und als unsere Pflicht erkennen läßt, muß nothwendig falsch seyn«. Hier
findet sich das in der geoffenbarten Theologie nicht weiter unterschiedene Gebiet der sich
aus Gottes Eigenschaften ergebenden Pflichten.

[258] Planck verweist dafür auf KANT, I., *Kritik der Urteilskraft (1790)*, aus der er umfangreich
zitiert, sowie auf DERS., *Kritik der praktischen Vernunft (1788)*, und erkennt richtig die Funktion der Gottesidee als Bedingung der Übereinstimmung von Sittlichkeit und Glückseligkeit
(vgl. Einleitung 1, 228–230). Abschließend kann er formulieren: »Wenn es keinen Gott
giebt, so giebt es auch keine Moral« (aaO. 231).

[259] Vgl. Einleitung 1, 232.

[260] AaO. 234.

[261] Vgl. aaO. 235.

tens möglich, nicht jedoch zwingend.[262] Der göttliche Ursprung des Christentums werde gewisser, wenn die Harmonie mit der Vernunft beurteilt und festgestellt werden könne. Derjenige, der schon die Vernunft als das Organ verstehe, durch das »die Gottheit immer mit uns spricht, oder immer auf uns wirkt«[263], könne aus dieser Harmonie auch einen Beweis für die Göttlichkeit des Christentums nehmen. Er erkenne die Stimme Gottes, mit der er aus der Vernunft vertraut sei, in der Offenbarung deutlicher, je besser er sie aus jener schon kennengelernt habe, wobei

»die Stimme Gottes in der Offenbarung ihm nur eben das deutlicher, vernehmlich, eindringender sagt, als sie es ihm durch die Vernunft sagte, wenn er gewahr wird, daß die Lehre Christi uns nicht mehr zur Pflicht macht, als die Vernunft, aber es uns stärker und fühlbarer als Pflicht beweißt«[264].

Einerseits macht das Christentum also nichts anderes zur Pflicht, als die Grundsätze des »eigene[n] gesunde[n] Menschenverstand[es]«[265], andererseits werden die Pflichten als göttliche erhabener und überzeugender. Außerdem dient die Erkenntnis der natürlichen Theologie und ihrer Moral nicht nur dazu, die Überzeugung von der Göttlichkeit der geoffenbarten Wahrheiten zu verstärken, sondern sie sei »oft das einzige anwendbare Mittel, durch das wir diese Ueberzeugung bey andern hervorbringen können«[266]. Man erkennt deutlich, dass es sich bei diesem Thema um ein zentrales Anliegen der Darlegung Plancks im Ganzen handelt: den Beweis von der Göttlichkeit des Christentums.[267]

Abschließend behandelt Planck die Geschichte mit ihren Hilfswissenschaften Geographie[268] und Chronologie. Aufgrund des enormen Umfangs der Geschichte müsse sie auf die wichtigen Begebenheiten beschränkt werden,[269] »von deren Kenntniß sich auch noch gewisse Vortheile für das gegenwärtige oder für

---

[262] Vgl. aaO. 241. Dabei gilt aber nicht das umgekehrte Verfahren, nur Wahrheiten, die aus der Vernunft geboren sind, anzuerkennen.

[263] AaO. 244.

[264] AaO. 245. Vgl. dazu die Verhältnisbestimmung bei LESSING, G.E., *Die Erziehung des Menschengeschlechts (1778)*.

[265] Einleitung 1, 246.

[266] Ebd. Planck benutzt also den Vernunftbeweis des Christentums klar apologetisch, auch wenn er im weiteren Verlauf der Darlegung (Apologetik) auf die Vorrangstellung des historischen Beweises drängt.

[267] Vgl. dazu den Exkurs Kap. B.I.5.4.1.

[268] Mosheim hatte besonders auf die Geographie in seinen Geschichtswerken Wert gelegt: So benutzte er Information über Klima und Landbeschaffenheit zur Erläuterung bestimmter lokaler Entwicklungen und schloss aus ihnen auf generelle Charakterzüge der dortigen Menschen (vgl. HEUSSI, Mosheim, 43).

[269] Dabei kritisiert Planck die alte Methode der Universalgeschichtsschreibung nach den Hauptmonarchien (gemeint sind die vier Weltreiche bei Daniel), erst in der neueren findet er die Entwicklung des Menschengeschlechts richtig dargestellt (vgl. Einleitung 1, 253).

das künftige erwarten lassen«[270]. Geschichte oder »Historie«[271] verhelfe ganz besonders zu breiter Menschen- und Weltkenntnis durch die Begegnung mit einer Fülle von fremden Verhältnissen, Ideen und Personen[272] und zeige den Gang der göttlichen Weltregierung. Notwendig werde sie in einer Art religionsgeschichtlicher Ausformung für den Beweis des göttlichen Ursprungs des Christentums: Indem sie zuerst zeige, wie oftmals eine gottliche Geoffenbartheit in verschiedenen Religionen vorgetäuscht worden sei, gehe sie dann dazu über, durch Vergleich des Ursprungs der anderen Religionssysteme mit dem Christentum zu zeigen, dass dies für die christliche Religion nicht gelte.[273] Da das Christentum ganz auf historische Fakten und Geschichten gegründet sei, wäre ein Widerspruch zur übrigen Geschichte der stärkste Beweis gegen einen göttlichen Ursprung.[274] Zudem helfe die historische Kenntnis in der Exegese, Anspielungen und Kontexte zu verstehen, in der Kirchengeschichte, Veränderungen mit Einwirkungen von außen in Verbindung zu bringen.[275] Der wirksamste Dienst bestehe aber darin, dass die Geschichte den geistigen Gesichtskreis erweitere, denn Schärfe im Blick werde nur erreicht durch den Ausblick ins Weite.[276] Zum geordneten Studium der Universalgeschichte, die die Bildung des Menschengeschlechts im Ganzen behandle, empfiehlt Planck die Anlage von synchronistischen Tabellen, da nur die Schau auf das Ganze die Ideen und großen Entwicklungen zeige.[277] Insgesamt sei es nicht nötig, das eigentliche Geschäft des Historikers zu betreiben und alles aus den Quellen zu erarbeiten, sondern man dürfe sich als Theologe auf vertrauenswürdige Lehrer und hilfreiche Handbücher verlassen.[278]

Damit ist der Kreis der Hilfs- und Vorbereitungswissenschaften geschlossen, wenngleich Planck auch zugestehen kann, dass sicherlich noch mehr Kenntnisse aus anderen Bereichen in Einzelfällen hilfreich für die Theologie sein können.[279]

---

[270] Einleitung 1, 252. Damit beschreibt er den Grundsatz pragmatischer Geschichtsschreibung, vgl. Kap. B.II.3.2.
[271] AaO. 253.
[272] Die ethnologische, völkerkundliche Forschung nahm in Göttingen erste Anfänge (s.o. Kap. A.IV.2.3. und B.II.4.).
[273] Vgl. aaO. 256. Dies sei der »einzige Weg zu voller und ganz zweifelfreyer Ueberzeugung zu gelangen« (ebd.).
[274] Das Christentum darf »ebenso wenig etwas historisch falsches, als etwas der Vernunft widersprechendes enthalten« (aaO. 257).
[275] Dabei verweist Planck besonders auf symbolische Bestimmungen und Systeme, die Reformationsgeschichte sowie auf die Kirchengeschichte des 4. Jh.s, die ohne Kenntnis der politischen Geschichte nicht verstanden werden könnten (vgl. aaO. 259).
[276] Vgl. aaO. 261. Wie schon oben bezüglich der Sprachen und der Logik als »Bildungsstudium«.
[277] Vgl. aaO. 267f. [falsch paginiert: 266f.].
[278] Vgl. aaO. 265.269. Er erlaubt bspw. in den wichtigen Partikulargeschichten aus dem Umfeld des jüdischen Volkes Abkürzungsmittel (vgl. aaO. 264).
[279] Vgl. aaO. 270. Warum er gerade Mathematik, Naturgeschichte und Astronomie auf-

Der *Grundriß* behandelt dann in nur drei Paragraphen die Vorbereitungs- und Hilfskenntnisse, kritisiert wieder die unpräzise Bestimmung dieses Bereichs in älteren Werken und bietet als Definition an:

»Nur eine solche Wissenschaft, durch deren Studium man erst zu dem Studio einer andern fähig wird, kann als wahre Vorbereitungs-Wissenschaft in dem Verhältniß gegen die andere betrachtet werden, und nur diejenige, ohne deren Hülfe sich in dem Studio einer andern gar nicht fortkommen läßt, kann den Charakter einer Hülfs-Wissenschaft behaupten.«[280]

Der Umfang ist reduziert: Lediglich die klassischen Sprachen, die Prinzipien der spekulativen und praktischen Philosophie und die allgemeine Geschichte mit Chronologie und Geographie werden berücksichtigt. Wie schon in der *Einleitung* beobachtet, ist für Planck das entscheidende Argument ihr Beitrag zur Geistesbildung.[281] Allein die spekulative Philosophie wird näher erläutert, da ihr Verhältnis zur Theologie gerade in Frage stehe: Ihr gesteht Planck nur einen mittelbaren und kritischen Nutzen für die geoffenbarte Theologie zu, dieser freilich sei bedeutend.[282] Damit verabschiedet sich Planck von seinem Konzept natürlicher Theologie aus der *Einleitung*, die noch sehr unmittelbare Beiträge geleistet hatte und deren Beitrag besonders im Beweis des Daseins Gottes bestanden hatte, über den Planck an dieser Stelle keine Silbe verliert. Auch darin hat Planck also konzeptionelle Veränderungen vorgenommen, betrachtet man nur das Ausbleiben der Diskussion über das Verhältnis von Vernunft und Offenbarung sowie den Gottesbeweis.[283]

Insgesamt lassen sich die meisten dieser Wissenschaften als Beitrag zur Gelehrsamkeit, d.h. zur breit angelegten Wissensvermittlung an den Studenten, verstehen, nicht immer lässt sich ein direkter Beitrag zur Theologie ausmachen. Sie unterstützen zudem die Theologie in erster Linie in der Kommunikation und Überzeugung anderer von den Wahrheiten der Religion, ob nun durch Logik, Sprachkenntnis, Nutzbarmachung des vernünftigen Gottesbeweises oder Harmonie von Vernunft- und Offenbarungswahrheiten. Die Theologie hat ihren Gegenstand zu verteidigen.

---

zählt, lässt sich bestenfalls aus dem entsprechend geprägten Göttinger Umfeld erklären – inhaltlich legt es sich nicht nahe.

[280] Grundriß, 24 f.

[281] Vgl. aaO. 26.

[282] Vgl. aaO. 27: »daß jede spekulative Philosophie, also auch unsere neuere und unsere neueste, durchaus nur einen mittelbaren, und zwar nur einen kritischen Nutzen haben kann«. Im Aufbau ist diese Orientierung über das Verhältnis Philosophie – Theologie schon die Überleitung zum nächsten Abschnitt, der Geschichte der christlichen Theologie, in dem es u.a. darum geht, dass erst in späteren Generationen die Theologie die Form einer Philosophie angenommen habe (vgl. ebd.).

[283] Hier mag Planck auf die durch die Kant-Rezeption erschwerte Debattenlage ausweichend reagiert haben.

5.4. Exegese

Planck eröffnet den Kanon theologischer Fächer mit der Exegese,[284] deren Darstellung breiten Raum einnimmt und im Gegensatz zu den anderen Hauptdisziplinen eigene Gliederungspunkte für die einzelnen Unterdisziplinen Apologetik, Geschichte des Kanon, Heilige Philologie und Hermeneutik, die in dieser Abfolge auch logisch aufeinander aufbauen, besitzt.[285] Sie befasst sich mit der Quelle theologischer Wahrheit, die sie erörtert und verteidigt.

5.4.1. Apologetik

Der besonderen Stellung der Apologetik am Beginn der Liste der theologischen Fächer hat es Plancks *Einleitung* zu verdanken, in einigen Übersichten zur Theologischen Enzyklopädie genannt zu werden.[286] Ihre Zuordnung zur Exegese,

---

[284] KRAMM, Enzyklopädie, 152, weist darauf hin, diese Vorordnung begegne zwar schon bei Miller, erst während Plancks Wirksamkeit habe sie sich aber im Vorlesungsverzeichnis durchgesetzt. Seit 1804 findet sich hier die Exegese an erster Stelle: Im SS 1804 folgen die exegetischen auf die enzyklopädischen Vorlesungen (vgl. GGA [1804], 44. St., 426), im Semester darauf beginnt die Ankündigung mit exegetischen Vorlesungen (vgl. GGA [1804], 148. St., 1466). Ob das ursächlich Planck zuzuschreiben ist oder nicht vielmehr dem Aufstieg der exegetischen Wissenschaften geschuldet ist, lässt sich zumindest fragen.
Bei FRANCKE, A.H., *Methodus studii theologici (1723)*, findet sich erstmals eine Anfangsstellung der exegetischen Theologie (vgl. HELL, Entstehung, 144), doch ist dessen Konzeption grundsätzlich anders ausgerichtet.
[285] Vgl. Einleitung 1, 271–478; Einleitung 2, 1–182; Grundriß, 43–159. Dem folgend finden sich auch hier nur in der Exegese Zwischenüberschriften.
[286] Z.B. HELL, Entstehung, 183, der sogar feststellt, außer dieser Sonderstellung enthalte das Werk Plancks nichts für die Geschichte der Gattung Bedeutsames. Andere (z.B. schon STEIN, Apologetik, 2) vermuten, Planck sei der erste gewesen, der die Apologetik zur eigenständigen Disziplin erklärte. NÜSSEL, Apologetik, 499, kann Planck attestieren, als erster die Apologetik in den theologischen Disziplinenkanon integriert zu haben, »indem er sie aufgrund ihrer Aufgabe, den Offenbarungscharakter der Lehre Jesu plausibel zu machen, der exegetischen Theologie zuordnete. Damit brachte er die protest[antische] Überzeugung einer konstitutiven Bedeutung der Frage nach der Schriftautorität für die Frage nach der Wahrheit des Christentums zum Ausdruck.« Ebenso auch STECK, Apologetik, 416.
HELL, Entstehung, 209, sieht die Ende des 18. Jh.s aufkommende Apologetik im Bereich der Grundlegung der Theologie verortet. Sie war nötig geworden durch die Kritik der Aufklärung an jeder positiven Religion und ihren Bezeugungsinstanzen (Offenbarung, Schrift, Kirche) und musste also die Möglichkeit und Notwendigkeit christlicher Theologie auf Basis vernunftmäßiger Argumentation zeigen; insofern war sie nicht Sammelbegriff für bereits Vorhandenes (zur Geschichte der Apologetik vgl. NÜSSEL, Apologetik).
Bei J.F. Kleuker, als einem der ersten, der sie als eigenständige Disziplin behandelte (KLEUKER, J.F., *Grundriß einer Encyklopädie der Theologie oder der christlichen Religionswissenschaft, 2. Bde. [1800/1801]*), begegnet die Apologetik zwar auch unter den fundamentaltheologischen Grundlagenfächern nahe zur Exegese, doch durch die Schlussstellung innerhalb dieser wieder in größerer Nähe zur Dogmatik (vgl. HELL, Entstehung, 184f.209).
Die Parallele zu Schleiermacher, der ebenfalls die Apologetik an erster Stelle nennt, ist nur eine scheinbare, was bei näherer Betrachtung des Fachzuschnitts schnell deutlich wird (gegen KRAMM, Enzyklopädie, 153; vgl. zum richtigen Verständnis der Disziplin bei Schleier-

die aufgrund ihres Verständnisses als systematische Disziplin auf den ersten Blick verwundern mag, erklärt sich schon aus ihrer Beschreibung als

>die Kenntniß und Wissenschaft der Beweise, durch welche das göttliche Ansehen und der göttliche Ursprung unserer heiligen Schriften und der darinn enthaltenen Lehren am überzeugendsten dargethan, und gegen alle Zweifel jeder Art am gewissesten gerettet werden kann.«[287]

Alles, was sich näher mit der Bibel als der Quelle aller Wahrheiten der christlichen Religion befasst, gehört in Plancks Konzeption in die Exegese – die Polemik ist verabschiedet worden.[288] Dadurch erhält der Schriftbezug wieder eine herausgehobene Bedeutung in der Argumentation, der sich aber von der orthodoxen Verbalinspiration stark unterscheidet, ebenso auch von früheren Versuchen der Aufklärungstheologie, die natürliche Religion, z. T. anthropologisch ausgebaut, als apologetische Argumentationshilfe zu nutzen. Die Apologetik erlebte in der Abwehr des Deismus eine Hochphase als Verteidigung des Christentums; wenn Planck sie nun auf die Schriftgrundlage fokussiert, gibt das Auskunft über seine Vorstellung von den Fundamenten des Christentums, die er in den in der Schrift enthaltenen geoffenbarten Lehren erkennt.[289] Planck als »rationeller Supranaturalist« bzw. «supranatureller Rationalist« baut stark auf die Verlässlichkeit der Schrifturkunden.[290]

»Die Wahrheiten einer angeblich geoffenbarten Religion können uns schlechterdings nur durch die Gewißheit wichtig werden, daß sie wirklich geoffenbart sind«[291]. Die Rede von einer Offenbarung als unmittelbarer Mitteilung Gottes

---

macher: Nüssel, Apologetik, 500, und Birkner, Reformprogramm, 303 f.), da Schleiermacher die Wahrheitsfrage mehr oder weniger suspendiert (vgl. Steck, Apologetik, 416).

Zur Entwicklung der Apologetik im 17. und 18. Jh. vgl. Steck, Apologetik, 413–416.

Dass die so verstandene Aufgabe der Apologetik schon vor Planck bestand, erwähnt Planck selber; nur der Name der Apologetik sei neuerdings dafür erfunden worden (vgl. Einleitung 1, 271 f.). Vgl. dazu die Erwähnungen bei Ebeling, Erwägungen, 387.

[287] Einleitung 1, 91. Dass die Verortung in der Exegese austauschbar ist mit der in der dogmatischen Lehre von der Schrift, erläutert richtig Ebeling, Erwägungen, 389: Es geht hier um das Erkenntnisprinzip der Theologie.

Nüssel, Apologetik, 498, beschreibt die Apologetik als »Unternehmen, den Wahrheitsanspruch der christl[ichen] Religion gegenüber kritischen Einwänden zu verteidigen.« Dabei ist bei Planck jedoch nicht die von ihr (vgl. aaO. 499) für das 17. Jh. – und wohl durch die ganze Geschichte der Apologetik hindurch – richtig diagnostizierte Tendenz vorhanden, die christliche Religion als vernünftig auszuweisen, sondern Planck betreibt darin die Verteidigung der Autorität der biblischen Grundlagen. Vgl. auch Birkner, Reformprogramm, 303, zur Verortung in der Exegese.

[288] Damit wird eine Grundabsicht der Bibelkritik eingeholt, unabhängig von dogmatischen Vorannahmen zu argumentieren (vgl. dazu Christophersen, Bibelkritik, 143).

[289] Ebeling, Erwägungen, 389, weist darauf hin, dass die Apologetik durch ihre Verortung in der Exegese oder der dogmatischen Lehre von der Schrift an der Stelle steht, »wo es nach altprotestantischer Lehre um das *unicum principium cognoscendi* der Theologie geht.«

[290] Vgl. den Exkurs (Kap. B.I.5.4.1.).

[291] Einleitung 1, 91. Durch diese Gewissheit kommen die Wahrheiten in ein ganz anderes

sei für den Studienanfänger eine so merkwürdige Erscheinung, dass er sich zwangsläufig gleich zu Beginn mit ihr auseinandersetzen werde, um darüber Gewissheit zu erlangen.[292] Dieses »größte aller Wunder«[293] mache die größten Beweise nötig, denn damit stehe und falle die Religion und ihr Nutzen, wie auch die Gegner mittlerweile erkannt hätten und ihre Angriffe allein auf diesen Punkt konzentrierten.[294] Die von der Apologetik übernommene theologische Zentralaufgabe, ihren Gegenstand zu rechtfertigen, zieht sich letztlich durch alle exegetischen Disziplinen.[295] Keinesfalls dürfe dies mit der Göttlichkeit der Schriften (!) verwechselt werden,[296] zwar lasse sich aus der Inspiriertheit des Verfassers auf die Göttlichkeit des Inhalts schließen, doch hänge die Frage, ob die Lehre Christi und der Apostel göttlich sei, nicht von der Inspiration der Schriften ab. Planck ist überzeugt, »daß die Göttlichkeit der Lehre gar nicht mit der Theopneustie der Schriften stehen oder fallen müßte, sondern allenfalls nur diese mit jener.«[297] So richteten sich die Angriffe auch nicht auf die weniger fundamentale Inspirationsfrage, die in der Geschichte des Kanons behandelt werde, sondern auf die Bestreitung der Göttlichkeit des Ganzen.

Entgegen einer polemischen Ausrichtung, die ihr oft zugemutet worden sei, habe die Apologetik in erster Linie positive Gründe und Beweise zu liefern, sich also gerade nicht an den Einwürfen und Zweifeln der Gegner zu orientieren.[298] Das verdeutlicht erneut Plancks Verständnis der Apologetik als Funda-

---

Verhältnis zum Menschen. Sie sei wichtig, um die richtige Behandlungsmethode zu finden und ihre Glaubensverbindlichkeit zu bestimmen.

[292] Allerdings nur der, der »das Wunder zu schätzen im Stande ist« (aaO. 92), wird sich damit auseinandersetzen, für viele sei die Rede von der Göttlichkeit der Lehre von Jugend auf angenommenes Allgemeingut.

[293] Ebd.

[294] Diese hätten sich jüngst fast ausschließlich darum »bemüht, die Göttlichkeit des Ursprungs unserer Religionswahrheiten zweifelhaft zu machen, weil sie sehr wohl fühlten, daß das Ganze mit diesem Punkt stehen oder fallen müsse.« (aaO. 93). Die Wirkungen dieser Angriffe bewertet Planck positiv, da sie zu neuen Anstrengungen in diesem Fach geführt hätten (aaO. 94).

[295] Das erkennt auch anders ausgerichtet STOCK, Theologie, 337, wenn er zur gegenwärtigen Situation bemerkt, ein Fach Apologetik erübrige sich, da es alle theologischen Disziplinen angehe. NÜSSEL, Apologetik, 501, hingegen ordnet die apologetische Aufgabe im 20. Jh. der ganzen Theologie, aber speziell der Systematik zu. HELL, Entstehung, 182, kritisiert, die inhaltliche Füllung bleibe bei Planck hinter diesem Anspruch zurück. Allerdings legt Planck hier auch nur eine Einleitung vor, keinen dogmatischen Entwurf.

[296] Vgl. STECK, Apologetik, 416, der dies als Hauptpunkt der Apologetik Plancks bezeichnet.

[297] Einleitung 1, 275. Man könne auch annehmen, dass keine der Schriften inspiriert sei und dennoch die göttliche Wahrheit des Inhalts behaupten (vgl. aaO. 276).

[298] Vgl. aaO. 279. Außerdem wäre die beständige Bestreitung immer neuer Zweifel und Angriffe ein uferloses Unterfangen, die Setzung positiver Beweise hingegen sei schon gegen möglichst alle Angriffe gerüstet (weil »das letzte immer gewissermassen das erste schon einschließt« [aaO. 281]). Das ständige Polemisieren habe nur dazu geführt, eben diese Beweise zu vernachlässigen und sich in eine Menge Ungerechtigkeiten zu verstricken. KRAMM, En-

mentaldisziplin.[299] Er differenziert innere und äußere Beweise in der Untersuchung, ob und wie ein Beweis überhaupt geführt werden kann: Als drei innere Gründe[300] führt er in der *Einleitung*[301] zuerst den von der Überlegenheit der Offenbarung, die die zur Glückseligkeit unentbehrlichen Kenntnisse vermittelt, die auf bloß natürlichem Wege nicht zu erlangen sind, an. Nur Gott könne solche Aufschlüsse geben.[302] Der zweite Grund geht von der Übereinstimmung mit dem aus, was die Vernunft schon als wahr, edel und unserer Bestimmung gemäß erkannt hat: Dass alle Vorschriften der geoffenbarten Religion der »Natur unserer Seele so durchaus gemäß«[303] seien und nicht vorstellbar sei, dass sie erfunden wurden.[304] Über die Wirkungen der Lehre auf den Menschen lässt sich ein dritter Beweis führen: Die Lehren hinterlassen überzeugende Eindrücke, wie sie nur durch eine höhere Kraft entstehen können.[305] Als äußere Gründe fasst Planck die klassischen Beweise von den Wundern, von den sich als wahre Vorhersagen erwiesenen Weissagungen und zuletzt von der Glaubwürdigkeit »des ersten Stifters unserer Lehre und seiner Apostel«[306] zusammen. Für diesen Beweis über die Glaubwürdigkeit Jesu und der Apostel zeigt Planck gewisse Sympathien. Allerdings meint er, man müsse zuerst zeigen, dass Jesus und die Apostel allerhöchste historische Glaubwürdigkeit haben, was sich aber aus den Schriften zeigen lasse.[307] Unter dieser Voraussetzung lasse sich dann daraus entweder die »Göttlichkeit ihrer Lehre« unmittelbar ableiten oder man

---

zyklopädie, 154f., folgert, die Apologetik sei nunmehr dazu da, die Überzeugung der Zweifelnden zu festigen, was sich so in Plancks Konzeption nicht findet.

[299] Vgl. dazu Ebelings Bemerkung, die Apologetik besetze die Stelle der altprotestantischen theologischen Prinzipienfrage (vgl. EBELING, Erwägungen, 389).

[300] Bei genauerem Hinsehen ähneln diese Gründe sehr der orthodoxen Beschreibung der Schrift: *auctoritas, claritas/perspicuitas, sufficientia/perfectio, efficacia* (vgl. SCHMID/PÖHLMANN, Dogmatik, Kap. IV). KRAMM, Enzyklopädie, 154, kategorisiert die Gründe jeweils: 1. erkenntnistheoretisch, 2. moralisch, 3. historisch.

[301] Im *Grundriß* verzichtet er auf die ausführliche Darlegung der Beweisarten und stellt nur fest, es lasse sich voraussehen, dass sich »durch innere Gründe nur wenig ausrichten lassen mag« (Grundriß, 47).

[302] Vgl. Einleitung 1, 285f. Vgl. die Rede von der *auctoritas*.

[303] AaO. 286. Letztlich ist dieser aufgeklärte Beweis eine Flexionsform der *perspicuitas*.

[304] Für den Beweis einer mittelbaren Offenbarung benötige man diesen letzten Schritt nicht mehr. Planck geht aber von einer unmittelbaren Offenbarung aus, ohne deren Annahme die Apologetik auch überflüssig würde (vgl. aaO. 287, Anm. 19).

[305] Vgl. dazu die Rede von der *efficacia*. Dies sei das »Testimonium Spiritus Sancti«, das Lessing auch den Beweis des Geistes und der Kraft genannt habe (LESSING, G. E., *Über den Beweis des Geistes und der Kraft* [1777]), ihm gleichzeitig aber eine völlig andere Form gegeben habe: »[W]enn ich anstehe, noch itzt, auf den Beweis des Geistes und der Kraft, etwas zu glauben, was ich auf andere meiner Zeit angemessenere Beweise glauben kann: woran liegt es? Daran liegt es: daß dieser Beweis des Geistes und der Kraft itzt weder Geist noch Kraft mehr, sondern zu menschlichen Zeugnissen von Geist und Kraft herabgesunken ist.« (LESSING, Beweis, 10).

[306] Einleitung 1, 290.

[307] Augenfällig problematisch ist die Tatsache, dass die die Schriften absichernde Glaubwürdigkeit nur aus eben diesen Schriften abzuleiten ist.

könne noch den Wunderbeweis unterstützend zur Hilfe nehmen, der letztlich aber auch wieder nur auf der Glaubwürdigkeit der Aussagen der Verfasser beruhe.[308] Diese Beweismöglichkeiten auf ihre Belastbarkeit zu untersuchen, sei Aufgabe der Apologetik. Einige der Beweise seien gänzlich unbrauchbar und aus keinem lasse sich der Beweis alleine führen, hält Planck vorläufig fest. Durch innere Gründe lasse er sich »gar niehmals auf eine völlig genugthuende Art führen«[309], auch wenn neuerdings darauf so viel vertraut werde, könne die (von Planck behauptete) unmittelbare Geoffenbartheit so niemals bewiesen werden.[310] Die äußeren fußen letztlich alle auf der Glaubwürdigkeit der Zeugen, müssten also damit verbunden werden. Allerdings sei von keinem dieser Beweise zwingende Gewissheit zu erwarten, da es sich um kontingente historische Tatsachen handle, die nur in einer »moralischen« Gewissheit »glaublich« gemacht werden könnten, nicht mathematisch-zwingend die Denkbarkeit des Gegenteils ausschließen könnten.[311] Theologie ist schon hier »historische Wissenschaft«.[312]

Planck stellt die Entwicklung des Faches in fünf Epochen bis auf die Gegenwart dar:[313] Von den ersten Anfängen im 2. Jahrhundert (Apologeten) über die Verteidigung gegen philosophische Gegner (3.–5. Jahrhundert), das in dieser Hinsicht dunkle Mittelalter, die Periode der Reformation, die zwar gute Aufbrüche verzeichnete, aber ihre Schwerpunkte an anderer Stelle setzte, und die für die Apologetik so vorteilhafte Epoche des 17. und 18. Jahrhunderts, in der durch Anregungen von außen (Deisten, Naturalisten, Streitigkeiten um Spinoza) der Geist für eine neue Gestalt von Apologetik geöffnet wurde und der Religion dadurch große Vorteile erwuchsen. Besonders behandelt er die in der neuesten Entwicklung dominierenden Anfeindungen der geoffenbarten Religi-

---

[308] Vgl. Einleitung 1, 291. Es wird nicht ganz klar, was dadurch gewonnen werden könnte.

[309] AaO. 293.

[310] Vgl. aaO. 293, Anm. 20.

[311] Vgl. aaO. 295. In diesem Fall: zu zeigen es sei undenkbar, dass Menschen den göttlichen Ursprung erfunden haben könnten (vgl. STECK, Apologetik, 416). ELERT, Kampf, 17, deutet dies als »seufzende Bemerkung«, in der deutlich werde, dass man sich darin »lediglich ein letztes Rettungsseil sichern wollte, für den Fall, daß alle andern Stricke reißen sollten, ohne daß man in seine Festigkeit Vertrauen setzte.« Dies übersieht den von Planck klar erkannten systematischen Zusammenhang, dass historische Tatsachen nur in dieser Form bewiesen werden können! Es ist keinesfalls nur »letztes Rettungsseil«, sondern die logische Folge aus dem von Planck festgestellten Charakter der Wahrheiten christlicher Religion.

[312] Vgl. die Erwähnung bei KRAMM, Enzyklopädie, 154, der allerdings darauf verzichtet darzustellen, wo die Probleme und Chancen der verschiedenen Beweismethoden liegen. Richtig, aber reichlich unspezifisch verweist er auf Lessing, den übrigens Planck selber erwähnt. Hells Kritik (HELL, Entstehung, 182), Planck privilegiere die historische Argumentation, geht bei Berücksichtigung dieser Erklärung an der Sache vorbei bzw. verkennt den Charakter einer historischen Wissenschaft.

[313] Vgl. Einleitung 1, 299–314.

on durch das Konzept einer jene verdrängenden natürlichen.[314] Die Verteidigung durch innere Gründe habe erfolglos bleiben müssen, da dadurch maximal gezeigt werden könne, dass die Lehre Jesu göttlich sein könnte.[315] Eine neue Entwicklung, die Planck durch die »kritische Philosophie« befördert sieht – er verweist besonders auf Fichtes frühe Schrift *Versuch einer Kritik aller Offenbarung (1792)*[316] – lehnt er ab: Wenn eine Lehre so wie alles Gute und Wahre als geoffenbart gelten könne, würde der Beweis für das Übernatürliche der Mitteilungsart ohnehin überflüssig[317] und die Apologetik würde sich auf die inneren Gründe, also auf ihre vernünftige und moralische Qualität, beschränken.

Im *Grundriß* weitet Planck seine Ausführung deutlicher auf die neuesten Entwicklungen aus, die er in Naturalismus, Rationalismus und Supranaturalismus klassifiziert, und verortet sich selber im »supernaturellen Rationalismus«[318]: Dieser sei in der Form der Apologetik der älteren Dogmatik gleich. Es gehe darum, dass die Lehre Jesu nicht nur auf übernatürliche Art geoffenbart sein könnte, sondern es auch »wirklich sey, und daß man hinreichende Gründe habe, das Vorgeben von ihrer unmittelbaren Offenbarung für völlig glaubwürdig zu halten«[319], aber nur so weit für glaubwürdig halte – das ist die Differenz –, wie es mit dem Prinzip des Rationalismus, »daß das in der Lehre Jesu erkennbar Wahre auf eine übernatürliche Art geoffenbart sey«[320], vereinbar sei, d. h., dass das durch die Vernunft Erschließbare als göttlich angenommen wird.

Grundsätzlich bleibt Planck in der *Einleitung* von der Möglichkeit überzeugt, dass die Apologetik über Beweise für die Göttlichkeit des Christentums verfüge, was allerdings noch in keinem Werk durchgeführt worden sei.[321] Abzuschließen sei ihr Geschäft ohnehin nicht, denn bei einer historischen Tatsache

---

[314] Besonders die Werke von Thomas Hobbes, der die Religion an sich angegriffen habe, und Herbert von Cherbury, der allerdings nur das Recht einer natürlichen Religion verteidigte und dessen Nachfolger, unter die Planck Shaftesbury, Tindal, Kollins, Chubb, Morgan und Bolingbroke rechnet, die Offenbarung als falsch und erdichtet angriffen (vgl. aaO. 318–320).

[315] Positiv in der neueren Exegese nennt Planck: Nösselt, J. A., *Verteidigung der Wahrheit und Göttlichkeit der christlichen Religion (1766)*; Less, G., *Wahrheit der christlichen Religion (1768)*; Reinhard, F. V., *Versuch über den Plan, welchen der Stifter der christlichen Religion zum Besten der Menschheit entwarf (1781)* (vgl. Einleitung 1, 335). Neueste, populistische Anfeindungen von Voltaire zeigten zwar große Wirkung, enthielten aber materialiter nichts Gefährliches. Auch die von Lessing herausgegebenen Fragmente und die Bahrdtschen Briefe hätten viel Schaden angerichtet, obgleich sie wenig überzeugend seien (vgl. aaO. 340–342).

[316] Vgl. Einleitung 1, 343.

[317] Vgl. aaO. 287, Anm. 19.

[318] Grundriß, 75. Planck kann sich an anderer Stelle auch im Supranaturalismus verorten, freilich »rationell«.

[319] Ebd.

[320] Ebd.

[321] Vgl. Einleitung 1, 345. Steck, Apologetik, 416, differenziert nicht zwischen faktischem Vorhandensein einer solchen Apologetik und ihrer grundsätzlichen Denkmöglichkeit.

sei nicht damit zu rechnen, dass einmal keine neuen Zweifel mehr kommen könnten. Die Einigung auf eine Beweisart sei zudem utopisch, da jeder immer die für ihn am überzeugendsten scheinenden Gründe anderer vorziehen werde.[322]

Um den Erfolg dieses so grundlegenden Studienfaches nicht zu gefährden, empfiehlt Planck in der *Einleitung* dem Anfänger, sich nicht eher in die Diskussion über die Beweise für die Göttlichkeit der Offenbarung einzulassen, bis er einen Eindruck von ihren Schwierigkeiten habe, der sich aufgrund bereits lang angewöhnten Umgangs mit diesen Begriffen nicht von selbst einstelle. Den Zweifeln solle er sich nicht eher aussetzen, bis er dazu gerüstet sei und einen klaren Begriff der göttlichen Offenbarung entwickelt sowie dessen grundlegende Funktion für die Theologie als Ganze erkannt habe. Die verschiedenen Beweismöglichkeiten und -arten müsse er nun selbst prüfen und studieren, um dann schließlich die gewonnenen eigenen Überzeugungen am Zweifel anderer zu überprüfen, sich durch Misserfolge nicht zurückschlagen zu lassen, aber alles stets kritisch zu hinterfragen.[323] Alle diese Operationen stehen im Dienste des Hauptzwecks: »sich eigene, lebendig gefühlte – auf deutlich erkannten Gründen beruhende Ueberzeugung von der göttlichen Wahrheit der Religion zu verschaffen!«[324]

Auffälligerweise verzichtet Planck insgesamt auf eine Nutzbarmachung des Konzepts einer natürlichen Religion oder den Versuch, die Religion aus ihrer Vernünftigkeit zu verteidigen, obwohl er beide Ansätze an anderer Stelle – unter den Ausführungen zum Theologiebegriff allgemein – gebraucht. So ist Apologetik auch nicht die philosophische Verteidigung des Rechts christlicher Religion vor dem Forum der Vernunft, sondern die Darlegung der Lehre von der unmittelbaren Offenbarung der christlichen Religionswahrheiten.[325] Damit erinnert Planck stark an die Argumentation in der sogenannten »Älteren Tübinger Schule«, mit deren Vertretern er zum einen die Lehrer teilt, sie zum anderen lobend erwähnt und zum dritten auch Bekanntschaften mit ihnen pflegte – so werden Planck beispielsweise in Johann Friedrich Flatts *Magazin für christliche Dogmatik und Moral* zwei Beiträge zugeschrieben.[326] Dass Planck eher »superna-

---

[322] Vgl. Einleitung 1, 349.

[323] Vgl. zu diesem Vorgehen aaO. 350–362.

[324] AaO. 362. Die aufgezeigte Methodik erinnert an die Auflistung der Fähigkeiten, die zu einem Studium der Theologie mitgebracht werden müssen. Auch hier wurde eigenes Überprüfen, Zweifel, Treue zu einmal erlangten Überzeugungen eingefordert (vgl. aaO. 73.78.83). Das zeigt die Zentralstellung der Apologetik.

[325] So war die Apologetik beispielsweise bei Buddeus konzipiert und dann später bei Spalding in ihrer anthropologischen Ausrichtung wieder aufgenommen und überhaupt in der Neologie zum Allgemeingut apologetischer Argumentation geworden (vgl. bei NÜSSEL, Apologetik, 499).

[326] Es handelt sich um die Beiträge *Ueber die Bildungsgeschichte unserer orthodox-symbolischen Lehr-Form von der Rechtfertigung (1796)* (in: Magazin für christliche Dogmatik und Moral, 1. St., 219–237), und *Ueber den Inspirations-Begriff (1797)* (in: Magazin für christliche Dogmatik

turell« als ein »Rationalist« war, lässt sich auf Grundlage der obigen Ausführungen begründet vermuten.[327]

Im *Grundriß* empfiehlt er, im Studium mit einem Werk des »reinen« Supranaturalismus zu beginnen, um deren Prinzipien kennenzulernen. Gleichzeitig stellt er resigniert fest, dass das Geschäft der Apologetik, die unmittelbare Offenbarung der Lehren zu beweisen, fast ganz von der Theologie aufgegeben worden sei.[328] An der Einschränkung, sie könne durch ihren Bezug auf ein historisches Faktum keine mathematischen Beweise führen, sondern es nur glaub-

---

und Moral, 2. St., 1–23). Ersterer Beitrag kündigt eine Fortsetzung an, die sich in den folgenden Stücken allerdings nicht findet. Hinsichtlich der Verfasserzuschreibung sind einige Zweifel berechtigt, schaut man auf den Sprachduktus der Beiträge: Die Bezeichnung der Rechtfertigungslehre als »Dogma« des protestantischen Lehrbegriffs (Magazin für christliche Dogmatik und Moral, 1. St., 219) begegnet sonst nicht bei Planck. Auch die Rede von einer »orthodox-symbolische[n] Lehrform« (aaO. 221) ist ungewöhnlich. Inhaltlich allerdings sind die Beiträge Planck durchaus zurechenbar: Im ersten über die Rechtfertigung stellt er, wie in seinen Beiträgen zur Reunionsdiskussion (vgl. Kap. B.IV.) dar, dass die Unterschiede zur katholischen Lehre an dieser Stelle nicht so grundsätzlich seien, wie häufig angenommen, da es beiden doch um das gleiche Ziel gehe, dass der Mensch gebessert werden müsse (vgl. aaO. 223 f.). Ausführlich verteidigt er dann aber die lutherische Rechtfertigungslehre vor dem Vorwurf, nach dieser Lehre müsse der Mensch nicht gebessert werden, was eine Missdeutung Luthers sei, die sich deswegen habe ergeben können, weil Luther sich so deutlich vom alten scholastischen Verständnis habe distanzieren wollen, das durchaus den Vorwurf des Semipelagianismus vertrage, so dass es schwierig gewesen wäre, die Unterschiede deutlich herauszustellen, wenn man weiterhin von einer Besserung gesprochen hätte (vgl. aaO. 232 f.). Jedenfalls dürfe der lutherischen Lehre nicht unterstellt werden, die Moral zu untergraben und die Tugend zu entkräften (vgl. aaO. 234).

Der zweite Beitrag ist zudem mit dem Kürzel Lz. (Fraktur) unterschrieben. Er befasst sich inhaltlich mit dem historischen Beweis für die Göttlichkeit des Christentums, sehr wohl ein Thema Plancks. Eine neuere Theologie versuche, den Begriff der Inspiration im Sinne eines allgemeinen göttlichen Einflusses zu verstehen (vgl. Magazin für christliche Dogmatik und Moral, 2. St., 2). Wenn das allerdings der Fall gewesen wäre, hätte man ja gar nicht nötig gehabt, eine besondere Inspiration der Apostel zu beweisen. Da die alte Beweisart massiv angegriffen worden sei, lasse sich der Beweis nur noch auf eine Art führen: Man müsse darlegen, dass Jesus den Aposteln wirklich eine unmittelbare göttliche Offenbarung verheißen habe. Dazu freilich müsse erst gezeigt werden, dass Jesus wirklich unmittelbarer göttlicher Gesandter gewesen ist. Wenn sich die Stellen, an denen er seinen Aposteln eine göttliche Inspiration verheißt, doch verstanden werden könnten als Beruhigung jener, könne man wohl nur von der Verheißung eines außerordentlichen göttlichen Beistands ausgehen (vgl. aaO. 15), da aus anderen Verheißungen keine Beruhigung hätte entstehen können. Auch diese Argumentation gleicht der Plancks.

[327] Wohl ist er hinsichtlich seiner Offenbarungslehre von seiner Tübinger Schule ganz un-neologisch geprägt. Andere Einflüsse legen sich nicht nahe, Kontakte z.B. zu erweckten Kreisen lassen sich nicht zeigen. Offenbarung ist für Planck Eigenschaft der Religionswahrheiten, eine ausgeführte Lehre findet sich nicht.

[328] Wie schon in der *Einleitung* kann Planck den Beweis der Göttlichkeit der Schriften in dem Sinne, wie alles Wahre und Gute göttlich ist, nicht gelten lassen (vgl. Grundriß, 70), da sich darin auch der Beweis für die Übernatürlichkeit überflüssig machen würde. Ob Planck damit wirklich die philosophische Theologie in Schleiermachers Konzeption antizipiert, wie Lücke, Planck, 50, mutmaßt, ist fraglich.

lich machen, hält er fest.[329] Die Apologetik hätte diese Einschränkung stets ausdrücklicher erklären müssen, ihre Absicht deutlich machen müssen, »durch ihre Beweise einen vernünftigen Glauben daran [scil. an die Offenbartheit der christlichen Religionslehren, C.N.] zu begründen«[330]. Dass dies ihr eigentliches, aber nicht geleistetes Geschäft sei, habe die Apologetik erst jüngst erkannt. Einigkeit über den Weg und den Sinn der Aufgabe bestehe allerdings nach wie vor nicht.[331] Auch wenn für den Lehrer der Religion darüber Unklarheit herrsche und dieses Studium lebenslang dauere, dürfe das Volk darüber nicht im Unklaren gelassen werden, fordert Planck abschließend.[332]

★ ★ ★

EXKURS: Der historische Beweis für die Göttlichkeit des Christentums

In späteren Jahren widmet Planck der Frage, auf welchem Wege die Göttlichkeit der Lehre Jesu bewiesen werden könne, eine umfangreiche Schrift *Ueber die Behandlung, die Haltbarkeit und den Werth des historischen Beweises [...] (1821)*[333], die hier aufgrund der Aufschlusse, die sie über Plancks theologische Positionierung zumal im Feld der Apologetik zu geben vermag, ergänzend zu seinen Ausführungen in den Werken zur Theologischen Enzyklopädie kurz dargestellt werden soll.[334]

Nach einleitender Darlegung der Streitfrage zeigt Planck, wie auf dem Wege des historischen Beweises die Göttlichkeit der Lehre Jesu gezeigt werden könne. Im Anschluss daran versucht Planck, die verschiedenen streitenden Parteien erstens hinsichtlich ihrer Postion in diesem Streit (dem Streitpunkt) zu definieren und zweitens einander näher zu bringen: Dabei unterscheidet er einen reinen Rationalismus, einen älteren Supranaturalismus, einen neueren Supranaturalismus (der die spekulative Theologie bezeichnet) sowie den formalen oder rationellen Supranaturalismus.[335] Abschließend wendet er sich – der *Einleitung*

---

[329] Vgl. Grundriß, 48.

[330] AaO. 49.

[331] Vgl. ebd.

[332] Vgl. aaO. 84. Dabei ist entfernt an die Unterscheidung von privater und öffentlicher Religion zu denken.

[333] PLANCK, G. J., *Ueber die Behandlung, die Haltbarkeit und den Werth des historischen Beweises für die Göttlichkeit des Christenthums. Zugleich ein Versuch zu besserer Verständigung unserer theologischen Partheyen (1821).* Im Umfang von 323 Selten; das 24-seitige Vorwort datiert vom 02. 06. 1821. Im Folgenden abgekürzt als »Behandlung«.

[334] Vgl. auch die Darstellung bei LÜCKE, Planck, 73–78. Vgl. zur Thematik auch Plancks Vorlesungen zur Dogmatik, in denen er dieser Frage breiten Raum einräumt (vgl. HASUB 4 Cod. Ms. theol. 317 e [Christliche Dogmatik, Sommersemester 1810], und HAB Cod. Guelf. 14 Noviss. 4° [Dogmatik Wintersemester 1818/19], darin jeweils im Hauptabschnitt zur Offenbarungslehre).

[335] Vgl. bei BEUTEL, Aufklärung, 305, zur unklaren Trennung der vielen Mischformen.

vergleichbar – an den theologischen Nachwuchs, wie dieser sich in der unüber-
sichtlichen Situation orientieren könne.[336]

a) Einleitung und Absicht

Im Vorwort schildert Planck sein Vorhaben, »noch einen Versuch für mich zu
machen, ob die Göttlichkeit der Lehre Jesu in dem Sinne, welcher der supernaturalistischen Ansicht davon zum Grund liegt, auf das Fundament eines rein-
historischen Beweises gebauet werden kann?«[337] Anlass dazu gaben ihm unter
anderem Reaktionen auf seine Geschichte des Christenthums [...] (1818), die offenbar zu einigen Missverständnissen geführt hatte.[338] Er sei weiterhin der
Überzeugung, »daß jene supernaturalistische Ansicht von der Göttlichkeit der
Lehre Jesu, welche der Rationalismus zunächst bestritten hatte und bestreiten
wollte, durchaus nur auf einem historischen Fundamente ruhen, und also mit
diesem stehen oder fallen müsse.«[339] In jüngster Zeit habe sich noch eine neue
theologische Schule eingemischt, die Planck durch P.K. Marheineke vertreten
sieht, also die spekulative Theologie. Daneben stünden in diesem Streit eine
rationalistische Schule (hier zitiert Planck meistens Julius August Ludwig Weg-
scheider [1771–1849]), die Planck mit der vorher genannten einig darin sieht,
dass die Lehren Jesu nicht deshalb als geoffenbart gelten, weil sie Lehren Jesu
sind, sondern »weil ihr der Character des Geoffenbarten darin durch ein anderes Merkmal erkennbar wird.«[340] Beiden gegenüber steht der Supranaturalismus, der »den Glauben an das Göttliche oder an die göttliche Offenbarung der
Lehre Jesu am festesten auf sein Ansehen und auf seine Autorität gründen zu
können glaubte.«[341] Dieser müsse zwingend auf einer biblisch-christlichen
Dogmatik aufbauen, könne kein rein-wissenschaftliches System der christlichen Glaubenslehre konstruieren. Wenn die supranaturalistische Schule nun
annehme, dass sie ihr Lehrgebäude ebenso sicher auf einem »bloß historischen
Grunde« bauen könne, könne sie guten Gewissens auf ein rein-wissenschaftliches System verzichten, ja wenn sie sogar Gründe habe zu behaupten, dass ein

---

[336] Eine Einteilung in verschiedene Hauptabschnitte existiert nicht, lediglich eine Kapi-
telzählung (I.–XVII.).

[337] Behandlung, V. Dabei bemerkt Planck noch, es sei »lange her, daß ich den Versuch
zum erstenmal machte« (ebd.), und verweist damit wahrscheinlich auf seine Einleitung und
das dortige Kapitel zur Apologetik.

[338] So sei sie missverstanden worden als Versuch, eine rationalistische Erklärungsweise der
Lehre Jesu zu etablieren (Behandlung, XIX). Vgl. die Rezension zu Geschichte des Christenthums in: ALZ (1820), Nr. 20, 153–160 u. Nr. 21, 161–168. Planck geht im Vorwort darauf
ein und verweist innerhalb der Schrift immer wieder auf dieses Werk – als einziges seiner
eigenen. Eine Rezension in: ALZ (1821), Nr. 275, 465, bezeichnet die Behandlung als Fortsetzung der Geschichte des Christenthums.

[339] Behandlung, VI.

[340] AaO. XII.

[341] AaO. XII.

solches gar nicht die nötige Sicherheit aufbieten könnte, dann sei sie auch berechtigt, gegen die Forderung zu protestieren, »ihr historisches Fundament mit irgend einem wissenschaftlichen vertauschen« zu sollen.[342] Deshalb wolle er nun untersuchen, ob die behauptete Unhaltbarkeit des historischen Fundaments wirklich gegeben sei.[343]

b) Der historische Beweis

Den ersten Hauptteil widmet Planck der Darlegung des historischen Beweises in folgender Form:

»Weil etwas geschehen ist, oder weil etwas als geschehenes factum angenommen werden muß, so kann und muß es auch geglaubt werden, daß Gott selbst den Menschen durch Christum die Wahrheiten seiner Religionslehre auf eine außerordentliche Art und auf einem ungewöhnlichen Wege mitgetheilt hat.«[344]

Um diesen Beweis führen zu können, benötige man (1) eine Tatsache, aus der der göttliche Ursprung der Lehre Jesu gefolgert werden könne, (2) müsse man diese Tatsache als glaubwürdig beweisen[345] und (3) müssten die Folgerungen daraus als rechtmäßig dargelegt werden, d. h., »die logisch- oder auch die moralisch nothwendige Verbindung dieser Thatsache mit dem Glauben an die daraus abgeleitete Göttlichkeit der Lehre Jesu in das gehörige Licht gesetzt werden«[346] – letzteres sei das eigentliche Problem. Doch ein unmittelbarer göttlicher Ursprung der Lehre Jesu lasse sich »durchaus nur durch äußere historische Gründe beglaubigen«[347] und man müsse diesen Begriff aufgeben, wenn man kein solches Fundament dafür habe. Das für den historischen Beweis Erforderliche findet Planck in drei Zügen der Geschichte Jesu:

Zum ersten in dem Geist der Lehre, der neuen Religionstheorie, die Jesus in die Welt eingeführt habe: Sie sei die einzige, die von der Vernunft als wahr anerkannt werden könne, da es »durchaus die nämliche Stimme Gottes [ist], welche uns aus seiner Lehre, und welche uns aus unserer Vernunft und aus un-

---

[342] Beide Zitate aaO. XIII.

[343] Dem Supranaturalismus müsse zugestanden werden, nochmals nachzusehen, »ob es sich denn würklich gar nicht mehr retten und behaupten läßt« (aaO. XIV). Allein schon deshalb, weil noch viele Menschen dieses Fundament anerkennten und daran festhielten, müsse es untersucht werden; zumal die Überzeugung jener ohne Verstandesbeteiligung bestehe (vgl. aaO. XVIII).

[344] AaO. 2.

[345] Wunder und Weissagungen eigneten sich nicht als solche Tatsachen, da sich niemals historisch nachweisen lasse, dass Jesus wirklich wahre Wunder getan habe; nur, dass sie als solche geglaubt wurden (vgl. aaO. 6 f.). Wenn die Apostel auch durch Jesus selbst Gewissheit über seine Wunder erhielten, setzte das voraus, ihn schon als göttlichen Lehrer anzuerkennen, was ja daraus erst bewiesen werden sollte, also sei dieser Beweis untauglich (vgl. aaO. 11).

[346] AaO. 3.

[347] AaO. 16.

serem Gewissen [...] anspricht«[348]. Die Lehre, mit der Jesus Retter der Menschheit dadurch werden wollte, dass er sie durch Wahrheit vom Irrtum erlöste,[349]
stand in völliger Opposition zu der des zeitgenössischen Judentums. Zwar lasse
sich daraus nicht direkt eine außerordentliche Mitteilung ableiten,[350] da aber
Jesu Ideen himmelweit über die seiner Umgebung erhoben gewesen seien,[351]
dränge sich wenigstens die Vermutung auf, dass Jesus auf einem außerordentlichen Wege dazu gekommen sein müsse.[352]

Den zweiten Umstand erblickt Planck in der Planmäßigkeit des Handelns
Jesu: Alles lege er auf sein Ziel an, die ganze Menschheit durch die Mitteilung
seiner Lehre vom Irrtum zu befreien.[353] Obwohl er aufgrund der menschlichen
Natur vom sicheren Widerstand ausgegangen sein musste,[354] sei er vom Erfolg
seines Plans so überzeugt gewesen, dass er sogar sein Leben dafür opferte, wodurch er sein Ziel weiter befördert sah.[355] Dass es diesen Plan wirklich gegeben
habe, lasse sich auch aus Jesu eigenen Aussprüchen darüber beweisen. Die authentische Wiedergabe der Evangelien sei insgesamt nicht zweifelhaft: Eigene
Ergänzungen hätten die Evangelisten im Sinne Jesu gemacht.[356] Und außerdem
geht Planck davon aus, dass sie gerade die Reden, die ihnen eindrücklich und
wichtig waren, in »eine Art von Tagebuch«[357] schrieben. Jesu Aussagen über
seinen großen Plan, die ihnen ja unbegreiflich gewesen sein müssten, gehörten
sicher dazu.[358] Zudem lasse sich aus Jesu Handlungen die Planmäßigkeit zeigen,
wie z. B. bei der Auswahl seiner Apostel, die er auch für die Zeit nach seinem
Tod einsetzte, denn ohne dass der Plan schon vorher in Jesu Seele gelegen habe,
sei ein solches Werk nicht vorstellbar.[359] Jesu Ankündigung als Messias habe
dazu gedient, seine Hörer »geneigt [zu] machen, die für sie größtentheils so

---

[348] AaO. 20 f.

[349] Indem er »ihnen richtige Kenntnisse von Gott, von ihren Verhältnissen gegen Gott,
von der ihnen durch Gott angewiesenen Bestimmung, von den Pflichten, die daraus für sie
erwüchsen, und von den Hoffnungen mittheilte, zu denen sie sich dadurch erheben lassen
dürften« (aaO. 32).

[350] Vgl. aaO. 34 f. Gerade ihre Vernünftigkeit könnte eine eigene Konstruktion durch
Jesus nahelegen.

[351] Vgl. aaO. 39.

[352] Vgl. aaO. 43.

[353] Er wollte, »daß diese Wahrheiten würklich in der ganzen Welt und unter allen Stäm-
men der großen Menschenfamilie in Umlauf gebracht, und durch alle folgenden Zeiten herab beständig darin erhalten werden sollten« (aaO. 44).

[354] »[B]ey seiner Kenntniß des Menschen war es unmöglich, daß er das Gelingen seines
Planes überhaupt erwarten konnte, wenn er nicht die festeste und die lebendigste Ueberzeu-
gung hatte, daß es auch Gottes Plan mit der Menschheit sey, daß er nur als Werkzeug bey der
Ausführung von diesem handle« (aaO. 49).

[355] Vgl. aaO. 59.

[356] Vgl. aaO. 65–67. So wie auch bei anderen Historikern die Reden berühmter Männern
kaum wörtlich sein dürften.

[357] AaO. 69.

[358] Vgl. aaO. 77.

[359] Vgl. aaO. 84 f.

neuen und mit ihren National-Vorurtheilen wie mit ihrem National-Stolze streitenden Wahrheiten willig aufzunehmen«[360]. Letztlich zeige auch die Entschlossenheit, mit der Jesus seinem Tod entgegen gegangen sei, die Planmäßigkeit:[361] Dass Jesus mit voller Gewissheit vorausgesehen habe, er würde sich zu Tode opfern müssen, wenn er den eingeschlagenen Weg verfolge, beweise, dass er dabei »nach einem voraus überdachten Plane«[362] gehandelt habe.

Ein dritter Umstand, den man zu dem historischen Beweis gebrauche, »erwächst mit einem Worte aus dem Charakter und aus der gleichförmigen, in ihrer Art einzigen und in der Geschichte der Menschheit beispiellosen Eigenthümlichkeit des Charakters, den Jesus sein ganzes Leben hindurch behauptete.«[363] In ihm finde sich alles vereinigt, womit »wir nur irgend nach unserem sittlichen Gefühle den Charakter des Edlen verbinden müssen.«[364] Quelle seiner Handlungen sei ein Pflichtgefühl gewesen, das aus dem Gefühl der Ehrfurcht und Liebe zu Gott erwuchs; dies wiederum sei erwachsen aus seiner Idee von Gott, die ihn überzeugte, dass das, was Gott den Menschen zu Pflicht gemacht habe, »immer auch das Beste und deswegen die Erfüllung dieser Pflicht der einzige Wege für den Menschen sey, der ganzen ihm von Gott bestimmten Seeligkeit, und alles des Guten das er ihm zugedacht habe, würklich theilhaftig zu werden.«[365] Das Vertrauen auf den Beistand zur Erfüllung seines Willens ermöglichte es, »selbst bis zum Tode zu gehorchen«[366]. Dass die Evangelisten Jesu Charakter authentisch wiedergeben, zeige sich darin, dass sie es nicht besonders herausstellten.[367]

Die Folgerungen aus dieser Geschichte Jesu auf den Charakter der Lehre Jesu sind Gegenstand der »Untersuchung der besondern Behandlungsart des historischen Beweises für den göttlichen Ursprung der Lehre Jesu«[368]. Aus dem Genannten lasse sich ein vermittelnder Schluss ziehen: Der Lehrer, der der Welt die beste, von der Vernunft als einzig wahr erkennbare, aber dort zum ersten Mal erkannte Religionslehre mitteilte, der allein den Plan verfolgte, die ganze Menschheit dadurch zu beseelen, der zugleich das Muster der reinsten Tugend

---

[360] AaO. 90 f.

[361] Schon früh habe ihm klar sein müssen, auf physisch vernichtenden Widerstand zu stoßen (vgl. aaO. 93). Eine historische Absicherung der Aussagen Jesu über seinen Tod erschließt Planck nur mittelbar: Jedenfalls könne man sich diese Annahme nicht verwehren lassen. Wenn man von der dogmatischen Ansicht Jesu als eines höheren Wesens ausgehe, dann könne man sich keine andere Vorstellung von den Gründen machen, die Jesus zu seinem Tod bestimmten, als die, die in diesen Aussprüchen lägen (vgl. aaO. 99).

[362] AaO. 101.

[363] AaO. 102.

[364] AaO. 103.

[365] AaO. 106.

[366] AaO. 109.

[367] Vgl. aaO. 114. Ihnen sei sogar die Bedeutung einiger Züge ganz unbemerkt geblieben, die einem mit der menschlichen Natur vertrauten Beobachter darin auffielen; das beglaubige die historische Zuverlässigkeit außerdem (vgl. aaO. 115).

[368] AaO. 116.

gab, »dieser Lehrer muß auch nicht nur für uns im höchsten Grade glaubwürdig seyn, sondern er hat Rechte, Glauben von uns zu fordern, aus denen für uns die vollkommenste Pflicht erwächst, ihm Glauben zu gewähren.«[369] Denn alles, was »uns der Natur unserer Seele nach durch eine sittliche Nöthigung zum Glauben verpflichtet, tritt hier in einem Grade und mit einer Stärke ein, wogegen nur ein vorsätzliches Widerstreben statt findet, das uns eine wahre Verschuldung zuziehen muß.«[370] Der Glaube sei eines der Hauptorgane des menschlichen geistigen und sittlichen Lebens, Glauben sei es, was Menschen an Menschen knüpfe. Und wenn man einem Menschen den Glauben verweigere, ohne doch eine Ursache dazu zu haben, mache man sich einer Ungerechtigkeit schuldig:

»[S]o ergiebt sich von selbst, daß sie in dem höchsten, unentschuldbarsten Grade eintreten muß, wo uns alle Anzeige, denen wir sonst unbedingt vertrauen, die Wahrhaftigkeit dessen, der Glauben von uns fordert, verbürgen; und daß diese bey Jesus der Fall ist, wird gewiß niemand bestreiten wollen.«[371]

Von da aus ergeben sich zwei Möglichkeiten, aus der »erwiesenen höchsten Wahrhaftigkeit und Glaubwürdigkeit Jesu durch eine rechtmäßige Folgerung ein[en] göttliche[n] Ursprung seiner Lehre«[372] abzuleiten: Entweder könne man Jesu eigenes Zeugnis über das Zustandekommen dieser Erkenntnis nehmen oder man könne einige der »rein-historischen Aufschlüsse aus einer höheren Welt«[373] dazu benutzen – oder beides zugleich heranziehen.

Aus Jesu eigenen Aussprüchen werde deutlich, dass er seiner Lehre einen ganz solitären »Charakter von Göttlichkeit«[374] beilegen wollte, doch könne eine Täuschung vorliegen. Die Offenbarung sei immer nur an ihren Einwirkungen zu erkennen, die ihrerseits nicht auf eine göttliche Offenbarung rückschließen lassen, da Gott immer so auf Menschen wirke, dass es den Gesetzen der von ihm geschaffenen Natur entspreche.[375] D. h., dass die geistige Tätigkeit von ihm in Bewegung gesetzt werde, so dass zwar äußere Einwirkungen unterschieden, aber nicht näher definiert werden können. In Jesus aber seien die Eigenschaften so vollständig vereinigt, die eine Täuschung ausschließen: Klarheit des Verstandes, Ruhe und Reife des Urteils, Ausrichtung seines Willens auf Gott.[376] So könne man den Beweis für die Göttlichkeit der Lehre Jesu allein auf dessen Versicherungen davon bauen, da man durch alle äußeren historischen Gründe dazu berechtigt sei, seiner Versicherung darüber zu glauben.[377]

---

[369] AaO. 119. Vgl. den ganzen Beweis aaO. 118 f.
[370] AaO. 119.
[371] AaO. 121.
[372] AaO. 123.
[373] Ebd.
[374] AaO. 124.
[375] Vgl. aaO. 129.
[376] Vgl. aaO. 132.
[377] Vgl. aaO. 133.

Auch eine planmäßige Täuschung Jesu – d.h. die Vorgabe einer unmittelbaren Offenbarung, um seine Zeitgenossen überzeugen zu können – könne ausgeschlossen werden. Da diese daran gewöhnt gewesen seien, alle Lehre über Gott als unmittelbare Gottesbelehrung anzusehen, wäre es fahrlässig und hochgradig missverständlich gewesen, eine Lehre als göttlich zu bezeichnen, damit aber etwas anderes zu meinen. Also sei Jesus von der gleichen Vorstellung der Unmittelbarkeit ausgegangen.[378] D.h., der Beweis für die Göttlichkeit der Lehre Jesu lasse sich wirklich schon auf die Glaubwürdigkeit der Versicherungen Jesu bauen.

Alternativ ließen sich einige der Lehren Jesu hinzuziehen, die als Mitteilung historischer Tatsachen aus der höheren unsichtbaren Welt zu verstehen seien: »[W]ie aber könnte der Mensch nur denkbarer Weise zu ihrer Kenntniß gekommen seyn, als durch eine Offenbarung aus jener höheren Welt?«[379] Dazu gehören Aussagen Jesu über seine Person, seine Verbindung zu Gott und seine Präexistenz. Darin schien Jesus seinen Hörern etwas mitteilen zu wollen, »was offenbar nur als historische Thatsache aufgefaßt werden konnte.«[380] Dass Jesus mit seiner Bezeichnung als Messias und Gottessohn nur symbolisch sein besonderes Verhaltnis zu Gott habe ausdrücken wollen,[381] sei auszuschließen, da Jesu Hörer diese Aussprüche zwingend nicht symbolisch verstehen mussten.[382] Sonst wäre auch der Vorwurf der Gotteslästerung z.B. nicht erklärbar. Dass die Evangelisten diese Aussagen Jesu auch genau aufzeichneten, schließt Planck aus der Annahme, sie hätten sich inhaltlich oder situativ bedeutende Worte notiert.[383] Jesu Aussagen über seine Person gehörten in diese Kategorie, da seine Anhänger unbedingt an Jesu Person interessiert gewesen seien.[384]

Das, was »uns sonst von seiner Lehre, von seinem Plane und von seinem Charakter mit der vollesten Gewißheit bekannt ist, [bürgt] auch für die innere Wahrheit jener äußeren Erklärungen und Aeußerungen hinreichend«[385]. Es wäre widervernünftig, dass der weiseste Mensch sich selbst durch die Annahme göttlicher Offenbarung betrügen sollte und dass der sittlich-reinste Mensch durch das Vorgeben einer Offenbarung die Menschen täuschen wollte.

»Die Vernunft selbst fühlt sich also zu dem Glauben gezwungen, oder sie selbst muß uns zu dem Glauben an die innere Wahrheit jener Aussprüche Jesu drängen, sobald es ihr nur einmal glaublich gemacht ist, daß es würklich seine Aussprüche sind; und so ist und bleibt es dann würklich allein die Geschichte, aus welcher der Beweis für das Göttliche

---

[378] Vgl. aaO. 137f.
[379] AaO. 143.
[380] AaO. 145.
[381] Vgl. aaO. 149.
[382] Vgl. aaO. 152.160.
[383] Vgl. aaO. 170f.
[384] Vgl. aaO. 175f.
[385] AaO. 179.

der Lehre Jesu für uns herauswächst, oder es ist allerdings ein rein-historischer Beweis, den man auf diesem Wege dafür erhält.«[386]

c) Bestimmung des Streitpunktes

Dieser Beweis leiste nun alles, was der Supranaturalismus nur fordern könne. Ein Gegensatz zur rationalistischen Ansicht bestehe nur darin, dass jene die Kenntnis der Lehre Jesu den Menschen als von Gott durch eine außerordentliche Veranstaltung gegeben vorstelle. Der Streitpunkt bestehe in der Frage, »wie« (nicht »ob«) sie von Gott gekommen sei.[387] Während der Supranaturalist behaupte, dass dabei eine ungewöhnliche, zwar den Veränderungsgesetzen des menschlichen Geistes gemäße Einwirkung Gottes auf Jesus stattgefunden habe, wolle der Rationalist nur eine solche Einwirkung Gottes dabei annehmen, wodurch der Mensch in den Stand gesetzt worden sei, die Wahrheit durch seine Vernunft selbst zu erfinden. D. h., rationalistisch sind nur solche Lehren vorstellbar, die aus der Vernunft gebildet werden können, während der Supranaturalismus auch Lehren als historisch-wahr annimmt, die außerhalb der Vernunft liegen, die rationalistisch nur als Symbole gedeutet werden.[388] Das Bedürfnis des Supranaturalismus wird somit durch den historischen Beweis befriedigt, da es ihm darum gehe, dass bei der Offenbarung der Lehre nicht bloß anregende Einwirkungen auf den Geist des Menschen stattfänden, sondern diesem auch etwas gegeben werde, das er sonst nie erkannt hätte; wie sie genau eingewirkt hat, lasse sich nicht einmal vermuten.[389]

Planck will nun diesen historischen Beweis noch gegen Einwände verteidigen: Gegen die Behauptung, dass die Vernunft mit der Religion und mit dem Christentum nichts zu tun habe, man die Lehren des Christentums »nur glauben könne«[390], gesteht Planck der Vernunft ein Urteil über die »mögliche Wahrheit«[391] zu. Es könne nicht Pflicht für einen Menschen werden, etwas zu glauben, das der Vernunft widersprüchlich erscheine.[392] Was einen Menschen zur Annahme einer Gewissheit dränge, sei die Stimme der Vernunft, die ihm sage, dass es unverantwortlich sei, etwas zu verwerfen, das von Gott gekommen sei. »Vernunft und Glauben können einander nie entgegengesetzt werden, denn das Glauben ist ein Actus der Vernunft, oder eine Aeußerung ihrer Thätigkeit, wie

---

[386] AaO. 180 f.

[387] Vgl. aaO. 183.

[388] Vgl. aaO. 187.

[389] Vgl. aaO. 190 f.

[390] AaO. 194. Er verweist hier auf Claus Harms (vgl. aaO. 194 f.). Dies würde auch den historischen Beweis treffen, da er auf der Vernünftigkeit des Glaubens an Jesu Versicherungen beruht.

[391] AaO. 200.

[392] Es sei also klar, »daß und warum die Vernunft auch bey den historisch-positiven Lehren einer Offenbarung immer zuerst danach fragen muß, ob sie als wahr gedacht werden können« (aaO. 200).

das Erkennen.«[393] Auf das Gemüth könne der Natur des Menschen gemäß nie ohne »eine Dazwischenkunft des Verstandes«[394] gewirkt werden.[395]

So bleibt die Frage, ob durch den Beweis wirklich die Vernunft auch zu dem Glauben an das Unbegreifliche genötigt werden könne.[396] Wer von der supranaturalistischen Ansicht überzeugt sei, der werde nichts gegen den Beweis einwenden können. Rationalistisch werde eingewandt, dass der Vernunft nichts glaublich gemacht werden könne, was für sie unbegreiflich ist.[397] Dadurch aber, dass es im Kreise des uns Wissbaren tausend Dinge gebe, deren »wirkliche Wahrheit« uns nur durch äußere Gründe glaubhaft werden können – denn alles Geschichtliche gehöre in diese Kategorie –, sei nicht zu sagen, was die Vernunft davon abhalten solle, etwas zu glauben, wenn ihr hinreichende äußere Gründe dazu gegeben würden, wie hier die Glaubwürdigkeit Jesu.[398] Alles Gewicht liegt also auf dem Fundament, auf das die Glaubwürdigkeit Jesu gebaut werden kann, nämlich die Vernunft davon zu überzeugen, dass eine wahre Verpflichtung bestehe, den Aussagen Jesu zu glauben.[399] Dazu müsse die historische Kritik es nur als wahrscheinlich einräumen, dass die »apostolischen« Evangelisten Matthäus und Johannes frisch aus ihrem Gedächtnis aufzeichneten.[400] Dennoch lasse sich Glauben nicht durch Beweise erzwingen, denn es hänge darin immer etwas vom Willen ab und ein Widerstand des Willens lasse sich nur durch das Gefühl einer stärkeren moralischen Verpflichtung beheben.[401] D.h., durch den historischen Beweis lasse sich nicht besser, doch auch nicht schlechter argumentieren als mit jedem der anderen Beweise, »durch welche der Vernunft etwas glaublich, aber gerade nur glaublich gemacht werden kann.«[402]

Die Beweise über die Erfahrung, dass die Lehre Jesu mit einer ganz besonderen Kraft auf Herz und Gemüt des Menschen wirke und Veränderungen hervorbringe, die keiner anderen Ursache als der göttlichen Kraft zugeschrieben werden könnten,[403] sei unbrauchbar, da nie »erfahren« werden könne, ob die Einwirkung sich in ihrem Ursprung unterscheide.[404] Man müsste schon vorher von der Göttlichkeit der Lehre überzeugt sein, um diese Kraft zu fühlen; das

---

[393] AaO. 203.
[394] AaO. 209.
[395] Das zu behaupten, würde die Menschen außerhalb der vernünftigen Wesen setzen, bei denen notwendigerweise die begehrenden Kräfte in einem beständigen Wechselverhältnis mit den intellektuellen stehen (vgl. aaO. 210).
[396] Vgl. aaO. 216.
[397] Vgl. aaO. 219.
[398] Damit meint Planck den Beweis gegen rationalistische Einwände verteidigt zu haben (vgl. aaO. 223).
[399] Vgl. aaO. 225.
[400] Vgl. aaO. 229.
[401] Vgl. aaO. 233.
[402] Ebd.
[403] Vgl. aaO. 235.
[404] Vgl. aaO. 237 f.

setze aber voraus, von ihrer Wahrheit überzeugt zu sein, d. h., schon einen Anfang von Glauben zu haben.[405] Der Wert dieses Beweises liegt in der Anwendung auf den schon Glaubenden, da ihm die merkliche Einwirkung der Kraft
zu höherer Stärke seines Glaubens verhilft.[406]

Aus inneren Gründen, aus »der Beschaffenheit der Lehre Jesu«[407], lasse sich
nur die Göttlichkeit, wie sie der Rationalismus behauptet, zeigen.[408] D. h., das,
was der Vernunft darin erkennbar wahr und gut ist, als göttlich zu beweisen.
Dagegen wende sich eine neuere theologische Partei, die die Göttlichkeit ebenfalls bloß aus inneren Gründen zeigen wolle. Sie behaupte, dass alles in der
Lehre Jesu den Charakter des Göttlichen trage, weil es sich als schon in der Idee
von Gott liegend beweisen lasse.[409] Wenn es auch sein möge, dass eine Idee in
der Seele direkt liege, brauche man zum Entwickeln der Folgen jedoch immer
noch die Vernunft. Wie der Rationalismus nehme diese Partei also an, dass die
Lehre uns insofern von Gott geoffenbart sei, als unsere Vernunft sie als wahr
oder als in jener Idee begriffen anerkennt oder sie aus dieser Idee von unserer
Vernunft abgeleitet werden kann.[410] Es gebe also keinen Grund, auf eine übernatürliche göttliche Einwirkung zu schließen, wenn man dieser Position der
»antirationalistischen Rationalisten«[411] folge. Die Formel, »»daß uns eine Idee
unmittelbar von Gott gegeben sey««[412], bezeichnet die supranaturalistische Ansicht, dass die Lehre Jesu nicht von menschlicher Vernunft aus eigener Kraft
erfunden, sondern durch eine Offenbarung Gottes zur Kenntnis der Menschen
gebracht worden sei.[413] Während G.Chr. Storr, F.V. Reinhardt und Friedrich
Gottlieb (von) Süskind (1767–1829) mit den Rationalisten noch über diese Frage stritten, hätten sich die neuen Verteidiger des Supranaturalismus davon weit
entfernt. Die Rationalisten hätten immer freimütig erklärt, dass sie gar nicht die
unmittelbare Offenbarung beweisen wollten, sondern nur eine mittelbare durch
die Vernunft,[414] da sie einsahen, dass solche Vorstellungen – wie die von der
höheren Natur Jesu etc. – unmöglich aus einem inneren Grund bewiesen werden könnten. Indem man versuchte, durch akkommodierende, symbolisierende
und mythische Exegese das Positiv-Historische aus der Lehre Jesu zu entfernen,
habe man deutlich gezeigt, dass von dem Inhalt der Lehre Jesu auf diesem Wege
(aus inneren Gründen) nur dasjenige als göttlich zu beweisen sei, was die Vernunft auch als wahr beweisen könne. Aber die neueren Supranaturalisten hätten

[405] Vgl. aaO. 248.
[406] Vgl. aaO. 254.
[407] AaO. 259.
[408] Vgl. aaO. 260.
[409] Vgl. aaO. 264f.
[410] Vgl. aaO. 268.
[411] AaO. 269.
[412] AaO. 270.
[413] Vgl. aaO. 270.
[414] Vgl. aaO. 273.

vor zu zeigen, dass auch das scheinbar Positiv-Historische in der Lehre Jesu »nur aus der Idee von Gott ausfließe«[415], also nicht aus der Vernunft geschöpft oder von ihr erbracht worden sein könnte. Wie die Rationalisten wollten sie das Göttliche der Lehre Jesu aus der Beschaffenheit ihres Inhalts erweisen und die Bestandteile, bei denen dieses Vorgehen nicht funktioniere, ausschließen. Dies zeige deutlich, »daß man die Göttlichkeit der Lehre in diesem Sinne niemals aus inneren Gründen allein beweisen kann, sondern immer einen äußeren historischen dazu bedarf.«[416]

Ergebnis der ganzen Darlegung ist nun, den historischen Beweis als einzig möglichen Weg, die Göttlichkeit der Lehre Jesu zu beweisen, dargelegt zu haben und zugleich aufgedeckt zu haben, dass der »neue Supernaturalismus«, wie Planck die spekulative Theologie nennt, sich des gleichen Vorgehens wie der Rationalismus bediene, aus inneren Gründen die Göttlichkeit der Lehre Jesu zu beweisen, wozu es nötig sei, jeweils einige Bestandteile auszuschließen. Der neue Supernaturalismus behaupte jedoch zudem unredlicherweise, eine unmittelbare Offenbarung verteidigen zu können.

d) Versuch der Vermittlung

Daran anschließend versucht Planck die verschiedenen Positionen zu vermitteln: Wenigstens zwei der streitenden Parteien seien nicht so weit voneinander entfernt wie sie selbst glauben: die »erklärten Rationalisten und unsere[] neuen Supernaturalisten«[417], da beide behaupteten, dass sich die Göttlichkeit der Lehre Jesu nie durch äußere historische Gründe, sondern allein aus ihrem Inhalt, ihrer inneren Beschaffenheit zeigen lasse. Zur übrigen Partei, deren eigentlicher Kern die seien, »die noch der ächten Ansicht des älteren Supernaturalismus, den man jetzt für den unächten ausschreiben will, getreu geblieben sind«, könne man auch die Vertreter eines »formalen oder rationellen Supernaturalismus« rechnen.[418] Dabei erkenne der alte Supranaturalismus die Lehren des Christentums schon deswegen als göttlich an, weil es Lehren Jesu sind, also aufgrund dessen göttlicher Sendung und Autorität; dem räume auch der formelle Supranaturalismus noch seine Kraft ein, während es für den echten Rationalismus kein anderes Merkmal des Göttlichen als »ihre für die Vernunft erkennbare Wahrheit«[419] gebe. Es lasse sich somit zeigen, dass in einem Gesichtspunkt selbst die älteren Supranaturalisten und die Rationalisten nicht so weit entfernt seien: Auch die Rationalisten erklärten doch, an der göttlichen Offenbarung der Lehre Jesu festzuhalten, wer dürfe ihnen also verwehren, auch eine mittelbare Ein-

---

[415] AaO. 276.
[416] AaO. 281.
[417] AaO. 282.
[418] Beide Zitate: aaO. 286.
[419] AaO. 288.

wirkung Gottes noch Offenbarung zu nennen.[420] Gestritten werde nur über die
Frage, wie die Lehre von Gott gegeben werde: Bei den Supranaturalisten sei
leider eine Abneigung gegen alle Vernunft entstanden.[421] Aber keiner könne
doch der Vernunft absprechen wollen, immer zuerst über die Möglichkeit der
Offenbarung einer Lehre urteilen zu müssen und zu können, d. h., alles, was der
Vernunft nicht widerspruchsfrei denkbar sei, könne nicht geoffenbart sein.[422]
Zudem könne es auch innerhalb der einzelnen Parteien immer noch Uneinigkeit über bestimmte Lehren geben. Z. B. könne ein Supranaturalist auch immer
mit dem Rationalismus annehmen, dass die Dämonen in den Evangelien
»wahnsinnige Kranke gewesen seyen«[423]. Historische und kritische Argumente
können für beide das gleiche Gewicht haben.

Die neuen Supranaturalisten bittet Planck, sich klar über ihre Ansichten zu
erklären, damit deutlich werde, auf welcher Seite sie stehen.[424] Zuletzt ruft
Planck alle Parteien auf, ihren Streit doch ohne Hass zu führen, weil doch jeweils die Ansicht über die Begründung der Göttlichkeit der Lehre nur deshalb
bestritten werde, weil sie den Argumenten der anderen Partei nicht genug Haltbarkeit zutrauten. Es sollte sich die Haltung verbreiten, dass es »uns nur dabey
mehr um die Wahrheit selbst, als um unsere Wahrheit zu thun ist.«[425]

e) Anrede an den theologischen Nachwuchs

Abschließend wendet sich Planck an die, die sich noch an die alte Lehre und die
alten Beweise für die Göttlichkeit der Lehre Jesu halten möchten, besonders die
Religionslehrer, die aus ihrer Kindheit und aus dem ersten Unterricht keine
andere Ansicht gelernt haben.[426] Auf den theologischen Schulen werden sie nun
damit konfrontiert, dass diese Haltung mehrheitlich aufgegeben sei, wodurch
sie – durch die neuen Positionen angeregt – ihre alten einfach aufgäben. Aber es
gebe auch noch einige, die noch eine tiefe Prägung von dieser alten Lehre haben. Diese müssen sich dann wirklich in eine Prüfung der alten und neuen
Ansichten einlassen, dabei aber immer darauf hingewiesen werden, dass es
»wahrhaftig nichts Leichtes ist, den wissenschaftlichen Beweis für die Göttlichkeit der Lehre Jesu nach der Ansicht des älteren Supranaturalismus mit einer
Festigkeit zu begründen, durch die er gegen alle logische und kritische Zweifel
gedeckt und gesichert werden könnte.«[427] Das zeige sich auch schon daran, dass
die neueren Supranaturalisten den historischen Beweis ganz aufgegeben hätten.

---

[420] Vgl. aaO. 291 f.
[421] Vgl. aaO. 296.
[422] Vgl. aaO. 299.
[423] AaO. 301. Das sei ihm in seiner *Geschichte des Christenthums* vorgeworfen worden.
[424] Vgl. Behandlung, 307–309.
[425] AaO. 312.
[426] Vgl. aaO. 312 f.
[427] AaO. 316.

In diesem Zweifel nun müsse man eine Zeit bleiben, durch Forschen und Nachdenken nach Überzeugung suchen. Um zu verhindern, dass die Lehre dadurch
von ihrer praktisch-wirksamen Kraft, ihren beruhigen Einfluss auf das Gemüt
etwas verliere,[428] müsse man demjenigen, was in der Lehre Jesu einem zur »gewissesten Wahrheit geworden ist, ohne Vorbehalt [...] gehorchen«, bzw. »den
Willen Gottes, den er durch seine Lehre kennen gelernt hat, immer auch [...]
thun.«[429] Durch die Erfahrung dieser Wirksamkeit auf das Gemüt werde dem
Menschen dann auch die Göttlichkeit der Lehre Jesu immer gewisser werden,
durch sie ließe sich auch seine alte Ansicht wieder glaublicher machen:

»Er wird nämlich auf das lebhafteste fühlen, daß ein höheres Bedürfniß bereits bey ihm
befriedigt ist, und dies wird ihm [sic] für das weniger wichtige, bloß wissenschaftliche,
zwar nicht gleichgültig machen, aber doch ruhiger erwarten lassen, wenn und wie es
einst auch noch bey ihm befriedigt wird.«[430]

f) Schluss

So lässt sich diese Schrift insgesamt als Beitrag zur Diskussion um Rationalismus und Supranaturalismus bezeichnen, Planck erweitert allerdings die Perspektive auf die spekulative Theologie, der er einen supranaturalistisch verkapp-
ten Rationalismus unterstellt. Wenn auch die Darlegung des historischen Beweises einige Sollbruchstellen aufweist – so hängt sehr viel an der Frage, ob die
von ihm sogenannten apostolischen Evangelisten Johannes und Matthäus wirklich die *ipsissima vox* Jesu wiedergeben können[431] – und die Darstellung der
streitenden Parteien sehr wohlwollend unscharf ausfällt, ist die Schrift doch ein
wichtiges Zeugnis für die Debattenlage der Zeit und illustriert Plancks schon in
der *Einleitung* vertretene Position zur Sache.[432] Was genau Plancks »rationeller
Supernaturalismus«/»supernatureller Rationalismus« meint,[433] wird nirgends
sonst so deutlich wie hier: Die Tätigkeit der Vernunft in Dingen der Religion
betont er bei Beibehaltung der unmittelbaren Offenbarung, zu deren Erkenntnis die Vernunft aber benötigt wird.[434] Da es sich um historische Wahrheiten

---

[428] Vgl. aaO. 320 f.

[429] Beide Zitate: aaO. 322.

[430] AaO. 323.

[431] Vernichtende Kritik daran erwartet eine Rezension von Eichhorn (GGA [1821], 141.
St., 1540) und kritisiert selber, dass Planck alles zu sehr auf dieses Fundament gebaut habe.

[432] STÄUDLIN, C.F., *Geschichte des Rationalismus und Supernaturalismus vornehmlich in Beziehung auf das Christenthum (1826)*, nennt seinen Fakultätskollegen Planck nicht, wohingegen
er J.S. Vater u.a. aufführt. LÜCKE, Planck, 73, meint, aus dieser Schrift lasse sich Plancks
theologische Position besonders gut ablesen. An der Ausführung übt er freilich Kritik (vgl.
aaO. 77 f.).

[433] HIRSCH, Geschichte 5, 57, rechnet Planck – wie auch Stäudlin u.a. – zu den »Rationalisten vom halben Wege«. Schon das zeigt die Beliebigkeit der Bezeichnung in ihrer Kombination.

[434] Darin ist J.S. Vater mit ihm einig (vgl. VATER, Sendschreiben, VI).

handele, können sie nur »glaublich« gemacht werden.[435] Weiterhin ist eine Nähe zur Tübinger Schule bemerkbar.[436]

Die Reaktionen auf die Schrift fielen erwartungsgemäß unterschiedlich aus: Während eine Rezension in der *Allgemeinen Literatur-Zeitung* harsche Kritik an Planck übte,[437] versuchte Johann Severin Vater (1771–1826)[438] in einer eigenen Schrift einige der Planckschen Argumente zu befestigen.[439] Tiefere Einsichten in die Abhängigkeit der Debatte zwischen Supranaturalismus und Rationalismus von der Transzendentalphilosophie Kants bleiben Planck allerdings verschlossen.[440] Argumentationen über die sittlich-moralische Komponente bleiben ebenso aus wie eine Darlegung der inneren Vernünftigkeit: Planck hält am historischen Beweis fest, da für ihn das Christentum nicht bloß moralisch-vernünftig ist, sondern zudem Historisch-Positives enthält.[441] Dass die sittlich-moralischen Auswirkungen gegenüber den wissenschaftlichen Distinktionen einen Eigenwert haben, macht sein schon zitiertes Schlussvotum deutlich.[442]

★ ★ ★

---

[435] Deshalb ist ihm auch Lessings Problem keine Anfechtung: »Wollte man mich noch weiter verfolgen und sagen, ›Oh doch! das ist mehr als historisch gewiß; denn inspirierte Geschichtschreiber versichern es, die nicht irren können‹: So ist auch das, leider, nur historisch gewiß; daß diese Geschichtschreiber inspiriert waren, und nicht irren konnten. Das, das ist der garstige breite Graben, über den ich nicht kommen kann, so oft und ernstlich ich auch den Sprung versucht habe.« (LESSING, Beweis, 13).

[436] Vgl. zu Storr und Vertretern des Supranaturalismus knapp BEUTEL, Aufklärung, 302–305.

[437] Die Rezension ALZ (1821), Nr. 275, 465–472 u. Nr. 276, 473–480 u. Nr. 277, 481–483, kritisiert grundsätzlich den mangelhaften kritischen Umgang mit den Schriften, da Plancks Grundlage in der Glaubwürdigkeit der Evangelisten kaum haltbar sei, sowie den Aufbau der Argumentation Plancks im Einzelnen; hier spricht ein rationalistischer Rezensent.

[438] Vgl. einführend zu J. S. Vater: GRAF, Vater.

[439] VATER, J. S., *Sendschreiben an Herrn Consistorialrath Dr. Planck über den historischen Beweiß für die Göttlichkeit des Christenthums (1822)*. Im Vorwort bezieht sich Vater auf die »vortreffliche Schrift« Plancks (VATER, Sendschreiben, III). In der Verteidigung des Christentums sieht er sich auf einer Linie mit Planck: »Seit den etlichen und zwanzig Jahren, wo ich auch Kirchengeschichte ununterbrochen lehre und bearbeite, hat mir Ihre Tiefe, Ihr Urtheil, Ihre Ruhe als Ideal vorgeschwebt.« (aaO. V). Allerdings legt Vater mehr Wert auf die Rolle des Gefühls in der Religion als Anker des Glaubens: »Religion ist nur dies, nicht die Kritik und Speculation. Dies hat unschätzbare Früchte für den Verstand, keine für das Herz und dessen beseligende Erweckung.« (aaO. 112). Darin besteht dann doch ein Unterschied zwischen Plancks und Vaters Verteidigung des historischen Beweises und der Rolle des Verstandes in der Religion.
Eine Rezension in den Ergänzungsblättern zur ALZ 112 (1824), 890, attestiert Vater allerdings, dass ihm die Befestigung der Argumentation Plancks nicht gelungen sei.

[440] Vgl. dazu die Einschätzungen bei BEUTEL, Aufklärung, 296.303.

[441] Dass in der strengen Darlegung dieses Beweises das Hauptverdienst dieser Schrift besteht, erkennt auch Eichhorn in GGA (1821), 141. St., 1540.

[442] Vgl. Behandlung, 323.

5.4.2. Geschichte des Kanons

Der Kanon ist für Planck »das Verzeichniß aller derjenigen biblischen Bücher, welche wir deßwegen für göttlich halten, weil wir von der Theopneustie ihrer Verfasser gewiß zu seyn glauben«[443]. Während die Apologetik die Beweise für die Göttlichkeit der Lehren zum Gegenstand hat, geht es in der Geschichte des Kanons um die Frage der Göttlichkeit, der Inspiriertheit, der Theopneustie der Schriften bzw. der Verfasser.[444] Sie stellt mit der Apologetik im Verbund eine theologische Fundamentaldisziplin dar, die die Schrift als Grundlage des theologischen Arbeitens behandelt. Die apologetische Ausrichtung bleibt, denn es geht darum, die Quellen der Wahrheiten der christlichen Religion bezüglich ihrer Belastbarkeit und Verteidigungsfähigkeit zu untersuchen und – so viel darf man Planck unterstellen – gegen Angriffe zu sichern.[445] Konkret heißt das für diese Disziplin, sie hat für jede biblische Schrift zu zeigen, warum sie für kanonisch gehalten wird, also: Woher und ob Gewissheit über die inspirierten Verfasser gewonnen werden kann.[446] Deshalb fragt sie nach der »Authentie« (Verfasserschaft) und der »Integrität« (unverfälschte Überlieferung) der Schriften, die sie beide zuerst beweisen muss, um dann unter Rückgriff auf die Kenntnis der Zeitumstände der Schriften sich der Frage der Inspiriertheit der Verfasser zuzuwenden.[447]

Im Einleitungskapitel der *Einleitung* war in dieser Disziplin noch ein eher historisches Vorgehen in Aussicht gestellt worden, das sich mehr auf Hilfskenntnisse bezüglich der Verfasser, der Umstände und der Abfassungszeit bezog,[448] von denen aus dann die Beweise für die Göttlichkeit der Lehren und die Gött-

---

[443] Einleitung 1, 364. Oder: »die Sammlung derjenigen Schriften, welche durch das hinreichend-beglaubigte Zeugniß der ältesten Kirche inspirirten Verfassern zugeschrieben werden« (aaO. 363 f.).

[444] Die Begriffe »Theopneustie« und »Inspiration« verwendet Planck synonym, z. B. Einleitung 1, 365 (»Inspiration unserer heiligen Schriften«), und aaO. 366 (»Theopneustie unserer heiligen Schriften«). Eine Differenzierung ist auch aus der Begriffsgeschichte nicht nahegelegt (vgl. BEINHAUER-KÖHLER, Inspiration, 166).

[445] »Die traditionelle dogmatische Funktion der I[nspirations]-Lehre bestand darin, in apologetischer Absicht vorab die Schriften der Bibel als Grundlage für alle weiteren theol[ogischen] Aussagen kenntlich zu machen (norma normans) und damit zugleich ihre Wahrheit und göttliche Autorität sicherzustellen; ihr syst[ematischer] Ort wurde deshalb seit dem 17. J[ahr]h[undert] in den prot[estantischen]Dogmatiken die sog[enannten] ›Prolegomena‹.« (BRÄNDLE, Inspiration, 172). Dem folgt Planck im logischen Aufbau seiner Enzyklopädie, wenn er die Apologetik und die die Inspiration behandelnde Geschichte des Kanons an die erste Stelle setzt (vgl. oben die Bemerkung von EBELING, Erwägungen, 389, zur Stellung der Apologetik am Ort theologischer Prinzipienfragen).

[446] Vgl. Einleitung 1, 365.

[447] Vgl. aaO. 369–371. Die Inspiriertheit wird hier auf die Verfasser bezogen, nicht auf die Schriften. An anderer Stelle kann Planck aber auch von der Inspiration der biblischen Schriften sprechen (vgl. Einleitung 1, 365 f.465). Ein systematische Differenzierung von Verbal-, Personal- (so BRÄNDLE, Inspiration, 173) oder Aktualinspiration liegt also nicht vor, von einer Verbalinspiration ist Planck weit entfernt.

[448] Vgl. Einleitung 1, 95.

lichkeit der Schriften geführt werden könnten. In der Durchführung geht es
aber dann fast ausschließlich um die Planck sehr am Herzen liegenden Beweise
für die Inspiration. Mithilfe »innerer Gründe« könne festgestellt werden, ob
eine Schrift überhaupt vom angeblichen Verfasser stammen könne, ob also die
Vorstellungen darin mit den übrigen von ihm bekannten übereinstimmen, ob
die historischen Fakten ihm hätten bekannt sein können etc.[449] Als problematisch zeigt sich das weitgehende Fehlen belastbarer historischer Zeugnisse aus
biblischen Zeiten.[450] Insgesamt bleibt für Planck aufgrund der besonderen Eigenart der Inspiration, verstanden als die besondere Offenbarung der Lehren
durch Gott an die Verfasser, als »historisch-psychologisches Factum«[451], von
dem keine äußeren Zeugnisse möglich sind, nur eine mögliche Beweisart übrig:
Da weder von der Wirkung auf die unsichtbare Ursache geschlossen noch den
eigenen Aussagen der Verfasser vertraut werden könne, brauche es ein göttliches
Zeugnis für die Göttlichkeit der Schriften.[452] Dieses findet Planck in der un-
fehlbaren Verheißung der Inspiration durch Christus als Gesandten Gottes, aus
der geschlossen werde könne, die Apostel seien »gewiß inspirirt« worden.[453]
Dazu müsse freilich die göttliche Sendung Jesu vorher bewiesen sein, die tat-
sächliche Verheißung der Inspiration an die Apostel gezeigt werden – und dass
an den betreffenden Stellen auch eine Inspiration gemeint sei[454] – sowie in Bezug auf die Schriften, deren Kanonizität gezeigt werden soll, deren apostolische
Verfasserschaft ermittelt werden.[455] Auch im *Grundriß* gibt Planck diese Argumentation nicht auf.[456] Die Hauptfrage sei, »ob eine solche Erklärung Christi
vorhanden ist? und was man sich daraus zu folgern befugt halten darf?«[457]

---

[449] Vgl. aaO. 367.

[450] Vgl. aaO. 379 f. Verdienstvoll in der Sammlung dieser historischen Notizen erwähnt
Planck STORR, G.CHR., *Notitiae historicae Epistolarum Pauli ad Corinthios interpretationi servientes
(1788)*, als einen »unserer scharfsinnigsten Theologen« (Einleitung 1, 381, Anm. 20).

[451] Einleitung 1, 384.

[452] Vgl. die Diskussion aaO. 385–393.

[453] Vgl. aaO. 395 den kurzen Schluss: »Die Verheissung Christi waren unfehlbar, musste
unfehlbar erfüllt werden; also wurden die Apostel gewiß inspirirt.«

[454] Vgl. ebd.

[455] Das kann über das Zeugnis der ersten Kirche geschehen. Für ausdrücklich nicht von
Aposteln verfasste Schriften wie Mk und Lk kann Planck mit Storr gegen J. S. Semler annehmen, erstere sei von Petrus, letztere von Paulus »durchgesehen« und somit auch apostolisch
qualifiziert (vgl. aaO. 399–402).
Auch für das Alte Testament kann Jesu Anerkennung als Bestätigung ihrer Inspiration
geltend gemacht werden (vgl. aaO. 402), wie die Verheißung der Inspiration an die Apostel
deren Schriften voraus den Charakter der Inspiration verleihe.

[456] »Der Glaube an die Inspiration und Theopneustie unserer heiligen Schriften kann
schlechterdings nur auf eine göttliche Versicherung, die wir darüber haben müssen, gegründet werden.« (Grundriß, 89).

[457] AaO. 90. Damit formuliert Planck klarer als in der *Einleitung* die Fragestellung des
Faches.

In der Diskussion um die Inspiration sieht Planck verschiedene Probleme: Grundsätzlich sei gar nicht genau klar, was bewiesen werden solle, zudem stelle offenbar die Annahme verschiedener Grade und Arten von Inspiration sowie die Erkenntnis, auch einiges in den biblischen Schriften als nicht-inspiriert annehmen zu müssen, vor schwere Probleme.[458] Hinzu komme häufig noch die Verwechslung der Göttlichkeit der Schriften mit jener der in ihnen enthaltenen Lehren.[459] Inspiration heiße anzunehmen, »daß der Innhalt unserer heiligen Schriften, daß die Lehren und die Wahrheiten, welche sie in sich fassen, nicht bloß überhaupt von Gott geoffenbart, sondern daß sie den Verfassern der Schriften besonders geoffenbart und mitgetheilt worden seyen.«[460]

Die Entwicklung des Faches verlief nach Plancks Urteil bis in seine Gegenwart wenig zufriedenstellend. Der eigentlich gute Beginn in der Reformation sei rasch ins Negative verkehrt worden, da der Inspirationsbegriff – wie schon in der Apologetik – letztlich, z.B. bei Luther, zur Rechtfertigung des eigenen Systems herangezogen werde.[461] Gute Ansätze sieht Planck bei Richard Simon, der gegen die dogmatische Prädominanz die historische Bearbeitung wieder in den Fokus gerückt und damit neue historische Forschungen angestoßen habe.[462] Neben neuen Diskussionen um den Inspirationsbegriff[463] habe J.S. Semlers

---

[458] Vgl. dazu Einleitung 1, 403–412. Da Planck als gesichert annimmt, dass die Inspiration – der Verheißung Jesu folgend – immer da eingreift, wo es nötig ist, so stellt die Vermutung einiger nicht-inspirierter Stellen kein Problem dar, da die Inspiration bei Irrtümern oder Fehlern eingegriffen haben würde (vgl. aaO. 409).

[459] Diese Verwechselung werde besonders dazu genutzt, mit der Bestreitung der Inspiriertheit der Schriften auch die Göttlichkeit des Inhalts zu widerlegen (vgl. aaO. 412).

[460] AaO. 383. Näherhin sei sie eine »göttliche Würkung auf die Seele der Verfasser«, »wodurch ihre Vorstellungs- und Denkkraft auf eine besondere und ungewöhnliche Art afficirt oder modificirt wurde, daß sie eine bestimmte Reihe von Gedanken in einer gewissen Ordnung zu fassen, zu bilden, oder zu bearbeiten fähig war.« (aaO. 383f.). Im Grundriß, 84, definiert Planck den Kanon als, »diejenige Sammlung unserer Religions-Schriften, die nicht nur unsere geoffenbarte Religions-Lehren in sich halten, sondern sie so in sich halten sollen, wie sie ihren Verfassern selbst noch durch eine besondere und außerordentliche Wirkung Gottes, welche man Inspiration nennt, mitgetheilt worden seyn sollen.«

[461] Vgl. Einleitung 1, 417–424. Neben dem von ihm ebenfalls kritisch erwähnten Inspirationsbegriff der lutherischen Orthodoxie verweist er auf M. Chemnitz, der mit seiner Regel, nur das was normativ und regulativ für uns sei, als kanonisch bezeichnen zu wollen, einen Weg geht, der zum einen nahe am frühchristlichen ist, der die in den Versammlungen verlesenen Bücher als kanonisch bezeichnete, zum anderen an dem neueren, der von der Brauchbarkeit einzelner Schriften für die Vertiefung christlicher Erkenntnis ausgeht.

[462] Vgl. aaO. 427f.437: SIMON, RICHARD, *Histoire critique du Vieux Testament (1678)*. Weitere Ergebnisse in diese Richtung hätten J.G. Carpzov, J.D. Michaelis und T.Chr. Tychsen erzielt (vgl. aaO. 438f.). In der biblischen Chronologie nennt Planck u.a. BENGEL, J.A., *Ordo temporum (1741)* (vgl. aaO. 442).

[463] Planck nennt hier die Differenzierung zwischen Inspiration und *revelatio* bei S.J. Baumgarten, die keineswegs neu gewesen sei (vgl. aaO. 444f.). Ebenso führt er die Unterscheidung zwischen regierender, stärkender und offenbarender Inspiration an, die eine gewisse Abstufung innerhalb der Begriffe ermöglicht habe (vgl. aaO. 447).

Untersuchung des Kanons scheinbar neue Anregungen versprochen, die Planck aber enttäuschten.[464] Den neuen missverständlichen Kanonbegriff, die Schriften je nach ihrer Brauchbarkeit für die christliche Erkenntnis zu beurteilen, sieht er kritisch.[465] Dass zudem von der Inspiration biblischer Schriften nur noch in dem Sinne zu sprechen sei, wie alles Wahre und Gute als göttlich inspiriert angesehen werde, sei Merkmal einer tiefen Krise der Diskussion um den Begriff der Inspiration. Gegenüber dieser dem »Simplificationsprozeß der Religion«[466] anzulastenden Deutung liegt Planck an der Aufrechterhaltung des Verständnisses der Inspiration als übernatürliche Wirkung Gottes, die exegetisch bestritten oder verteidigt werden müsse, hinsichtlich der Frage, ob die Erklärungen Jesu und der Apostel über die Unmittelbarkeit der göttlichen Einwirkung ohne gewaltsame Eingriffe anders verstanden werden könnten.[467] D. h., wenn einige Stellen unmöglich im Sinne einer mittelbaren Einwirkung verstanden werden können, sei der alte Inspirationsbegriff gerettet.[468]

Eine rein-vernünftige Argumentation lehnt Planck ab, da es um die »positiven Lehren« gehe, die dem Simplifikationsprozess zum Opfer zu fallen drohen, die aber doch auch mittels einer Akkommodationstheorie nicht völlig zu beseitigen seien.[469] Und aus inneren Gründen sei die Inspiration nicht haltbar zu beweisen.[470] Um die Göttlichkeit der Lehre Jesu verteidigen zu können, sei der

---

[464] Er diagnostiziert eine »Ideenverwirrung« bei Semler, die »unglücklicherweise bey dem gelehrten Mann nur allzuoft eintrat« (aaO. 450 f.), wenn er zeigen wollte, dass einige Stücke des Alten Testamentes entbehrlich seien, stattdessen aber gezeigt habe, dass sie gar nicht in den Kanon gehörten.

[465] Vgl. aaO. 453. Dadurch würden die Schriften, die nicht zur Beförderung christlicher Erkenntnis beitrügen, aus dem Kanon ausgeschlossen. Daran ändert sich auch im *Grundriß* nichts: Hier attestiert er J. S. Semler und Oeder einen »etwas seltsamen und langweiligen Umweg« hin zu einem Punkt, zu dem sie vermutlich überhaupt nicht kommen wollten, zu der Frage: »was wohl bey dem Beweis für die Inspiration einer Schrift von der Beschaffenheit ihres Inhalts abhängen möchte?« (Grundriß, 110). Problematisch sei auch, dass so unbemerkt neue Ideen in die Theologie hineingekommen seien, die nun die Debatte prägten, was die Tübinger G. Hegelmaier und J.F. Reuß schon früh kritisiert hätten (vgl. Einleitung 1, 456).

[466] Einleitung 1, 461. Planck nennt hier besonders Heinrich Philipp Konrad Henke (1752–1809), der eine unmittelbare Inspiration ablehne (vgl. aaO. 458 f.). Ebenso lehne »Hr. Abt« eine unmittelbare Einwirkung als unbeweisbar ab (vgl. aaO. 459 f.).

[467] Vgl. aaO. 463.

[468] Vgl. aaO. 463 f. Planck geht hier auf die Auseinandersetzung mit J.Chr.R. Eckermann ein, der die Offenbarung nur als Instrument zur Vermittlung vernünftiger Wahrheiten anerkenne.

[469] Im *Grundriß* erwähnt er lobend Johann Gottlieb Toellner (1724–1774), der durch seine Untersuchungen bewirkt habe, dass die Theologen, die weder dem naturalistischen noch dem rationalistischen Zweig der neueren Theologie sich zugehörig fühlten, »bey dem Inspirations-Beweis weit weniger zu begnügen anfiengen, als man ehmals fordern und erhalten zu müssen glaubte.« (Grundriß, 111).

[470] Vgl. Einleitung 1, 469: Für einige, so auch für ihn, sei es »ganz und gar unfaßlich«, »die Göttlichkeit der Lehre Jesu in dem Sinn, in welchem sie – auch unabhängig von der Inspiration der Apostel – von jeher von der Dogmatik behauptet wurde, aus ihrer inneren der Vernunft erkennbaren Wahrheit beweisen zu wollen.«

Umweg über den – eventuell bestrittenen – Inspirationsbegriff gar nicht nötig, da Jesu Ansehen als Gesandter Gottes die Göttlichkeit garantiere.[471] Die Gegner der Inspiration, so Planck, bestritten also letztlich nur die Form der Beweise, nicht die Göttlichkeit der Lehre Jesu, die durch ihre Angriffe nicht angetastet worden sei.[472] Damit hätten sie zeigen wollen, dass überhaupt der Beweis für die Göttlichkeit der Lehre Jesu einzig über die der Vernunft einleuchtenden Wahrheiten zu führen sei, was Planck mit seiner Ausführung über die Gottesgesandtschaft Jesu widerlegen wollte.[473] Jener sei allerdings auf wesentlich wackligeren Füßen gebaut als die davon ganz unabhängige Autorität Jesu, die dann auch die Aufrechterhaltung der »positiven Lehren« ermögliche, die jene Theologen verabschiedeten.[474] Dass es ihm darum gegangen sei, »die hie und da wanken-scheinende Stütze des kirchlichen Systems zu verstärken«[475], wie ihm ein Rezensent vorwirft, bestreitet Planck: Ihm sei es um das »unpartheyische Prüfen und Beurtheilen«[476] gegangen, wobei er allerdings zugesteht: »[W]enn ich aber auch jenen Zweck gelegenheitlich erreicht, und dadurch zu dem Verdacht, daß er von mir voraus abgezielt worden sey, Anlaß gegeben hätte, so würde ich mir gewiß keinen Vorwurf deßhalb machen.«[477] Die neuere Kritik sehe er als nicht immer unparteiisch an und habe versucht, vom bisherigen dogmatischen Begriff über die Göttlichkeit der Lehre (Apologetik) und der Schrift (Geschichte des Kanon) auszugehen, um das Selbstdenken zu erleichtern.[478]

Im Vorwort zum zweiten Band der *Einleitung* reagiert Planck auf eine kritische Rezension und macht deutlich, was für ihn vom Gegenstand der ersten beiden Fächer der Exegese abhängt, und formuliert die Überzeugung,

»daß von diesem äusseren Charakter der Lehre Jesu die Frage abhängt, ob das Christenthum als positive Religion erkannt werden kann, so bin ich auch noch der Meynung, daß es von dem Ausgang der Krisis, in welcher jetzt die Ideen darüber schweben, allein abhängt, ob wir es länger in dieser Form behalten werden?«[479]

---

[471] Vgl. aaO. 467 f. Diese Richtung des Beweises hat KRAMM, Enzyklopädie, 161, offenbar nicht gesehen.

[472] Vgl. Einleitung 1, 468. Jene hätten nämlich nur bestritten, dass die Lehre aufgrund einer unmittelbaren Inspiration für göttlich zu halten sei, jedoch nicht, dass sie es aufgrund der göttlichen Sendung Jesu sei.

[473] Vgl. aaO. 468 f.

[474] Genau genommen ist Planck hier also von seinem eigentlichen Zweck in dieser Disziplin ein ganzes Stück weit abgekommen.

[475] Zitiert im Vorwort Einleitung 2, V. Aus der Rezension [ECKERMANN], NadB 11 (1794), 1. St., 3–19.

[476] Einleitung 2, VI.

[477] Ebd.

[478] Vgl. aaO. VII.

[479] AaO. XIX. Er sei sich aber sicher, dass nur über die Form des Beweises für den äußeren Charakter der Lehre Jesu verschiedene Meinungen herrschten, womit er offenbar die Frage nach der Göttlichkeit der Lehre Jesu meint, die über die Inspiration oder über die göttliche Sendung Jesu bewiesen werden kann.

Dies verdeutlicht das Gewicht der beiden als Grundlagendisziplinen zu verstehenden Fächer sowie das der Bedeutung des Offenbarungsanspruchs der biblischen Schriften in Plancks Theologie.

5.4.3. Heilige Philologie[480]

In dieser Disziplin geht es um die Erklärung und Bestimmung des wahren Sinns der biblischen Schriften.[481] Das alttestamentliche Hebräisch sei aufgrund seines geringen Umfangs (7000 Wörter) nicht schwer zu erlernen, leider fehlten aber Hilfsmittel;[482] im Neuen Testament sei die Kenntnis des besonderen Griechisch, der »Idiotißmen«[483] der am hebräischen Denken orientierten Verfasser zu beachten, weshalb die Kenntnis der Septuaginta als »Urquelle des Hellenißmus«[484] und des hebräischen Textes unverzichtbar sei.[485] In der Kritik sei neben der Kenntnis der Eigentümlichkeiten der Sprache, dem Vergleich der auffindbaren Manuskripte sowie der Lektüre der verschiedenen Übersetzungen und der älteren Kirchenväter besonders eine »philosophische Sprachkenntnis«[486] nötig, die nach den Gründen für die Eigenheiten und den besonderen Charakter der Sprache eines Schriftstellers frage. Insgesamt gehe es somit weniger um Verstehen und Erklären als vielmehr um die »Prüfung ihrer Aechtheit und Unverdorbenheit«[487] bezüglich des Ganzen wie auch einzelner Stellen. Der biblische Text als Grundlage theologischer Argumentation solle so nach Möglichkeit in seiner ursprünglichen Gestalt wiederhergestellt werden, wobei nicht jede erkannte

---

[480] Dieser Teil der *Einleitung* wurde ins Englische übersetzt und erschien unter dem Titel *Introduction to Sacred Philology and Interpretation by Dr. G. J. Planck. Translatet from the Original German and Enlarged with Notes by Samuel H. Turner (1834).*

[481] Vgl. Einleitung 2, 1 f. Der Umfang des Faches könne unterschiedlich bestimmt werden, hier werde »alles dasjenige zu dem Gebiet der heiligen Philologie geschlagen«, »was einerseits von Sprach-Kenntnissen und andererseits von kritischen Kenntnissen zu Festsetzung und Erklärung des wahren Sinnes unserer heiligen Schriften nöthig ist.« (ebd.).

[482] Vgl. aaO. 13 f. Dadurch ließen sich die Bedeutung der Wörter nur schwer bestimmen, da keine hebräischen Wörter außerhalb des Alten Testaments begegneten und selbst darin z. T. sogar nur als Hapaxlegomena. Als Hilfsmittel dienten verwandte Sprachen (Syrisch, Chaldäisch, Arabisch) und einige Übersetzungen (Samaritanischer Pentateuch, LXX und weitere griechische Versionen) (vgl. aaO. 15).

Dabei räumt Planck ein: »Wenn es auch nicht so schnell damit geht, als der alte Wilhelm Schickardt rechnete, der jeden in vier und zwanzig Stunden Ebräisch lehren wollte, und deswegen seine in 24 horas eingetheilte Grammatik horologium nannte.« (aaO. 82). Gemeint ist SCHICKARDT, WILHELM, *Horologium Hebraeum (1623)*. Wilhelm Schickardt (1592–1635) war Orientalist, Mathematiker und Erfinder einer Rechenmaschine.

[483] Einleitung 2, 3.

[484] AaO. 9.

[485] Vgl. aaO. 9.12. Den Streit über die Reinheit des neutestamentlichen Griechisch sieht Planck als überflüssig an: Für ihn ergibt sich logisch, dass die für die Reinheit meist herangezogene Inspiriertheit sich doch nach den Adressaten zu richten hatte, die eben dieses Griechisch – und nicht ein reines und klassisches – gesprochen hätten (vgl. aaO. 4 f.).

[486] AaO. 24.

[487] AaO. 17.

Veränderung sofort dessen Integrität schade, da sie nicht zwingend den zentralen Inhalt verfälsche.

Die Anfänge der Wissenschaft erkennt Planck im 18. Jahrhundert, wobei R. Simon und J. A. Bengel wertvolle und bahnbrechende Arbeit geleistet hätten.[488] Zuvor habe der positive Aufbruch von Humanismus und Reformation schnell einen Niedergang erfahren und die Heilige Philologie wurde den Zwecken der Dogmatik und Polemik unterworfen.[489]

Das Studium der Kritik sei zeit- und kostenintensiv,[490] da die weit verstreuten Manuskripte aufgesucht werden müssten, die Kenntnis verschiedener Übersetzungssprachen erfordert werde und nicht mit einem schnellen Erfolg darin zu rechnen sei. Deshalb macht Planck das Fach in dieser Form dem Studenten nicht zur Pflicht,[491] sondern fordert nur die zur Beurteilung nötige Kenntnis der Sprachen aus Wörterbüchern und Grammatiken sowie die Kenntnis der wichtigsten kritischen Ausgaben und Varianten, die kein eigenes Studium darstellte.[492] Studienpragmatisch bemerkt Planck, es reiche letztlich in der Kritik aus, sich über die echte Lesart der von der Dogmatik als wichtig reklamierten Stellen eine Meinung bilden zu können.[493]

Im *Grundriß* rechnet Planck auch Kenntnisse »von allem demjenigen, was dem Zeitalter und der Nation, welchem und welcher sie gehören, eigenthümlich war, soweit auch diese zu der Aufklärung der Schriften etwas beytragen kann«[494], dazu, die bisher unter Antiquitäten oder biblischen Altertümern zu-

---

[488] Vgl. aaO. 41. Daneben erwähnt er besonders auch seinen alten Lehrer J. F. Cotta (vgl. aaO. 60), E. A. Frommann (vgl. aaO. 61) und für das NT besonders Clemm, Rechenberg, J. A. Bengel und Chr. M. Pfaff (vgl. aaO. 64). Hervorgehoben wird Bengels kritische Ausgabe des NT *Novum Testamentum Graecum* mit dem *Apparatus Criticus (1734)* (aaO. 71). Bengel kann als Begründer der neutestamentlichen Textkritik bezeichnet werden (vgl. CHRISTOPHERSEN, Bibelkritik, 143), verband allerdings sehr stark den Literalsinn des Textes mit der persönlichen Heilsrelevanz: »Te totum applica ad textum; rem totam applica ad te« (aus der Vorrede zu BENGEL, J. A., *Handausgabe des griechischen Neuen Testaments (1734)* [vgl. aaO. 143]).

[489] Vgl. Einleitung 2, 39. Zu dieser Beherrschung durch die Dogmatik gehörte u. a. auch die Annahme, die Apostel hätten reines Griechisch gesprochen, da sie schließlich vom Heiligen Geist inspiriert gewesen seien.

[490] Vgl. aaO. 77.

[491] Es »läßt sich nicht nur zweifeln, ob eigenes Studium dieser Wissenschaften für jeden Theologen nöthig, sondern es läßt sich wahrhaftig auch noch zweifeln, ob es für jeden möglich sey?« (aaO. 73). Gerade wenn der theologische Kursus in der gewöhnlichen Zeit von 3–4 Jahren abgeschlossen werden solle, müsse man sich davon dispensieren (vgl. aaO. 81).

[492] Der Weg der Kritik soll dadurch nachvollzogen werden können, Materialien etc. sollten bekannt sein, damit der Student einigermaßen nachprüten könne, warum ein Kritiker der einen oder anderen Lesart den Vorzug gegeben habe (vgl. aaO. 92), dabei blieben es jedoch fremde Einsichten (vgl. aaO. 74). Doch komme auch derjenige, der das Hebräische aus den verschiedenen Quellen lerne, nicht auf andere Regeln der Sprache, er erhalte sie nur auf eine andere Art von Erkenntnis (vgl. aaO. 83 f.).

[493] Vgl. aaO. 91. So ausgerichtete Vorlesungen waren gebräuchlich.

[494] Grundriß, 113. Damit verortet er ein in Einleitung 1, 95, zur Geschichte des Kanons

sammengefasst gewesen seien. Auch die zu diesem Zweck unternommenen Reisen gehören in die Übersicht der für die Disziplin wichtigen Werke. Die »Kenntniß von dem gesellschaftlichen, von dem häuslichen und sittlichen Zustand dieser Gegenden, welche der Schauplatz der heiligen Geschichte waren, [habe] fast eben so viel gewonnen, als ihre Geographie.«[495] In der *Einleitung* begegnete die Forderung einer philosophischen [!] Sprachkenntnis: Die Kenntnis des Geistes einer bestimmten Zeit, die schon in den anderen exegetischen Disziplinen vorkam, erhält hier besonderes Gewicht in der Sprachkunde, denn Denken und Sprechen gehöre zusammen, wie Planck schon in der *Einleitung* innerhalb der allgemeinen Philologie erkannte.[496] Der *Grundriß* fordert hier nun nach einer Beschränkung auf Kenntnisse aus zweiter Hand im Grundstudium, im Hauptstudium wirklich vertrauten Umgang, um »ihren eigentlichen Geist zu erwerben«[497]. Auf eine mögliche Verzichtbarkeit dieser Disziplin, in der sich die Exegese explizit mit dem Bibeltext als solchem befasst, wird hier nicht mehr eingegangen.

5.4.4. *Hermeneutik*

Das häufig auch als »Exegese in einem engeren Sinn«[498] bezeichnete Fach Hermeneutik nimmt eine zentrale Stellung innerhalb der exegetischen Wissenschaften ein, da zu deren Ziel, die Bibel als Quelle der göttlichen Wahrheiten benutzen zu können, geklärt werden muss, welchen Sinn die Verfasser jeweils mit den Worten verbunden haben.[499] Es beschäftigt sich deshalb mit Regeln, Hilfsmitteln und Merkmalen, durch die dieser wahre Sinn möglichst sicher erkannt werden kann.[500] Dabei können für Planck nur solche Regeln in Frage kommen, die allgemein anerkannt werden könnten und eindeutig seien. Und

---

gerechnetes Stück, das in der Durchführung des Faches nicht auftauchte, hier in der Heiligen Philologie.

[495] Grundriß, 129. Schon Mosheim hatte in der Erläuterung auf geographische Besonderheiten aufmerksam gemacht, sogar Wesenseigenschaften mit besonderen klimatischen Verhältnissen erklärt. In Göttingen war seit einiger Zeit ein Zentrum der Volkskunde entstanden, aus dem auch Persönlichkeiten wie Alexander von Humboldt Anreize zu ihren Reisen erhielten. Die später so einflussreiche *Religionsgeschichtliche Schule* machte sich ähnlich diese Erkenntnisse zunutze.

[496] Vgl. Einleitung 1, 171.175 f.

[497] Grundriß, 134.

[498] Einleitung 2, 94.

[499] Vgl. aaO. 95 f. Dass die hermeneutische Frage als Frage nach dem Verstehen zentral in den Diskussionen der Aufklärungszeit war, zeigt der Sammelband BÜHLER, Hermeneutik.

[500] Absicht der Hermeneutik sei es, »jene weiteren Regeln, Hülfsmittel und Merkmahle zu erfinden, zu prüfen und anzuwenden, durch welche der wahre Sinn unserer heiligen Schriften unfehlbar erforscht und erkannt werden kann« (Einleitung 2, 96). CHRISTOPHERSEN, Bibelkritik, 144, deutet die Ausbildung der Hermeneutik als Absicherung des unmittelbaren Zugriffs auf die eigentliche christliche Botschaft, was sich mit Plancks Intention deckt.

da einzig die reine Vernunft allgemein respektiert werde,[501] könne Hermeneutik nichts anderes sein »als reine auf die Erklärung der Schrift angewandte Logik!«[502] Unterschiedliche Auslegungen erklärten sich durch unterschiedliche
Anwendung der eigentlich allgemeinen Auslegungsregeln, die vorschrieben,
sich dem Literalsinn zu widmen, den Geist des Zeitalters sowie die Ansichten
und Charaktere der Verfasser zu berücksichtigen, und die somit keine andere
Ausrichtung als bei anderen Schriften forderten und letztlich Grundsätze historisch-kritischer Forschung darstellten.[503] Der Inspirationscharakter stehe dieser
Bearbeitung nicht entgegen, denn Gott erkläre sich gegenüber Menschen nie
anders als menschlich.[504]

Schnell zeigt sich, dass sich Plancks Darstellung dieser Disziplin um die Frage
des Umgangs mit der sogenannten »Akkommodation« dreht, ausgehend von der
Frage, ob die Verfasser die falschen Vorstellungen des Zeitalters aufgenommen
haben,[505] wovon auch für die Dogmatik viel abhänge. Dass sich Jesus und die
Apostel an einigen Stellen den Begriffen des Zeitalters anpassten wie ein Erzieher an die Kinder, hält Planck für normal, zumal wenn diese Anpassung ohnehin nur bei den Teilen stattgefunden habe, die nicht zur Lehre an sich gehörten.[506] Darüber hinaus sei bei den Aposteln anzunehmen, dass sie einige
falsche Vorstellungen des Zeitalters wirklich teilten,[507] denn die Inspiration be-

---

[501] Vgl. Einleitung 2, 98: »Die reine Vernunft ist es mit einem Wort allein, welche allgemein respektirt, und deren Ansehen allgemein erkannt werden muß«.

[502] AaO. 99. Damit reagiert Planck auf die Entwicklung seit Beginn des 18. Jh.s, die die
Vernunft als maßgeblich gegenüber der vormaligen Bibelautorität forderte (vgl. Laube, Hermeneutik, 389), gibt aber gleichzeitig letztere nicht auf. Damit wird einmal mehr deutlich,
dass die gern einseitig gebrauchte Floskel, in der Aufklärung habe sich die Vernunft gegen
die Bibel durchgesetzt und die Bibel zu einem Buch unter anderen Büchern gemacht (vgl.
z. B. Schwöbel, Bibel, 133), durchaus differenziert werden müsste, denn mitnichten bedeutet die Anwendung vernünftiger Regeln auf die Textauslegung gleich eine Herabwürdigung
der Geltung der Bibel, wie bei Planck besonders deutlich geworden sein dürfte.

[503] Zu den Auslegungsgesetzen vgl. Einleitung 2, 101.104.108.

[504] Vgl. aaO. 111. Das gleiche Argument führte Planck schon im Streit um die Reinheit
des neutestamentlichen Griechisch

[505] Vgl. aaO. 113. Oder ob sie sich, »wie man sich ausdrückt, darnach akkommodirt haben?«(ebd.). Dazu war die Erkenntnis des historischen Abstands der Bibel Voraussetzung,
wie sie das frühe 18. Jh. hervorbrachte (vgl. Laube, Hermeneutik, 389). Zur Akkommodation und zum Streit darüber vgl. Hornig, Anfänge, 211f. u. ö. Die Annahme einer Akkommodation geht zwar schon auf Augustin u. a. zurück, lässt sich aber dann z. B. bei J. A.
Quenstedt näher fassen, der mit einer Anpassung des Heiligen Geistes an die individuelle
Ausdrucksweise der Verfasser die Unterschiede in den biblischen Schriften erklärt. Nach
dem Höhepunkt im Akkommodationsstreit im 18. Jh. mit Semler, J. S., *Versuch einer biblischen Dämonologie (1776)*, geht die Verwendung des Begriffes zurück, nicht aber die Problemstellung (vgl. dazu Körtner, Akkommodation, 254). Zum Zusammenhang dieser Diskussion mit der Frage nach dem Wesen des Christentums bei Semler vgl. Fleischer, Tradition,
554f.

[506] Vgl. Einleitung 2, 114. Das widerspricht gerade der Meinung Semlers (vgl. Hornig,
Anfänge, 211.220).

[507] Kramm, Enzyklopädie, 164, stellt hier eine Erweiterung gegenüber der Akkommoda-

ziehe sich nur auf die Inhalte der Religionswahrheiten an sich.[508] Man dürfe nie eine Akkommodation annehmen, wenn sich nicht zuerst historisch erweisen lasse, dass dies eine Zeitmeinung gewesen sei, und sich zudem aus inneren Gründen zeigen lasse, dass es eine irrige Zeitmeinung gewesen sei, schließt Planck.[509] Als Meinungen der Zeit müssten es doch nicht gleich falsche Vorstellungen, sondern könnten wirkliche Überzeugungen und Vorstellungen der Apostel und Jesu sein, weshalb die Vermutung einer Akkommodation immer starke Beweise erfordere.[510] Eine zügellose Auslegung verführe dazu, alles als störend Empfundene einfach auszusondern, worunter Planck z. B. die Versöhnungslehre, aber auch die »übrige[n] positive[n] Lehren des Christenthums«[511] rechnet. Um alles aufzuspüren, was bloße Zeitidee ist, habe man jetzt die »höhere Kritik« erfunden, die aber aufgrund fehlender zeitgenössischer Quellen nur Konjekturen vorweisen könne.[512] Planck wendet sich gegen einen zu freien Umgang mit dem Bibeltext: So würde auch wieder der Rekurs auf ihn als Grundlage gefährdet, da er der Beliebigkeit preisgegeben wäre.

Als letzte, die akkommodierende Auslegung einschränkende Regel erklärt Planck, man dürfe zwar voraussetzen, dass sich Jesus und die Apostel den Vorstellungen ihres Zeitalters angepasst hätten, aber nur so weit »als es mit ihrem Charakter, ihrem Zweck und ihren erklärten oder aus sonst gewiß bekannten Absichten sich verträgt.«[513] In ihrem eigentlichen Geschäft, dem Religionsunterricht, hätten sie sich nicht falschen Vorstellungen angepasst, allerdings stelle sich damit noch die schwierige Frage, was zu diesem Religionsunterricht gehöre.[514] Diese Eingrenzung sei dringend nötig, da durch eine »gesetzlos akkommodirende[] Exegese«[515] in den fundamentalen Bereichen der Dogmatik Schaden zu befürchten sei.[516]

Auch im *Grundriß* verwendet Planck viel Mühe auf die Darlegung, dass ohne ausreichende Begründung eine akkommodierende Auslegungsweise nicht angewendet werden dürfe, was aber zu häufig passiere.[517]

---

tionstheorie fest. Wahrscheinlich meint Kramm hier Semler, an dessen Theorie er alle anderen misst.

[508] Vgl. Einleitung 2, 115. Als Beispiele verweist Planck auf die Volksdämonologie und stellt fest, die Apostel dachten bei allem, was nicht zur Religion gehörte, meistens mit ihrem Zeitalter gleich.

[509] Vgl. aaO. 119. Dies ist der zweite Hauptpunkt nach der Darstellung der Akkommodation selbst.

[510] Vgl. aaO. 121.

[511] AaO. 120.

[512] Vgl. aaO. 123 f. Interessanterweise legt Planck sonst viel Wert auf die Erfassung der Zeitgeschichte und der umgebenden Geisteshaltung.

[513] AaO. 124.

[514] Vgl. aaO. 126.

[515] Ebd. 126.

[516] In der Ablehnung der Akkommodation zeigt sich wieder die Nähe zu den Tübingern Storr und Flatt (vgl. aaO. 153).

[517] Vgl. Grundriß, 140 f. Es gebe »Gründe genug zu zweifeln, ob auch die Anwendung

Auch die Hermeneutik sei in ihrer Geschichte häufig für die Polemik und Dogmatik missbraucht worden, so auch z. B. durch Luther. Die etymologische Auslegung der Pietisten sei unvorteilhaft. Und obwohl in jüngerer Zeit der Wissenschaft eine vorzügliche Gestalt attestiert werden müsse und jeder Schriftsteller nach dem Geist seiner Zeit verstanden werde, habe man sich doch nicht auf feste Grundsätze und vor allem Grenzen der akkommodierenden Interpretationsmethode geeinigt.[518] Noch besorgniserregender scheint eine neue Wendung hin zur Allegorese, wie sie in der Frühzeit des Christentums die verbreitete Methode war, jetzt neu angefacht durch Kants *Religionsschrift*, in der dieser eine allegorische Auslegung benutzt, aber – so Planck – keinesfalls diese als einzige darstellen wolle.[519] Im *Grundriß*, mit größerem zeitlichen Abstand, fehlt eine solche Auseinandersetzung.

Für den Einstieg in die Hermeneutik sei ein ausreichendes Maß an philologischen Fähigkeiten nötig, die dann mittels der Lektüre beispielhafter Auslegungen zum eigentlichen Ziel dieses Studiums führten: selbst exegesieren zu können und das, was andere schon geleistet haben, ordentlich beurteilen und verwenden zu können.[520] Die Hermeneutik baut so auf den anderen exegetischen Fächern auf und stellt die eigentliche Auslegungskunst dar.

5.4.5. Zusammenfassung

Die Exegese folgt einem historisch-kritischen Verständnis, betont aber den besonderen Charakter der Bibel als inspirierte Quelle der Religionswahrheiten.[521]

---

dieser akkommodirenden Auslegung in mehreren der einzelnen Fälle zulässig war, in denen man sie neuerlich anzubringen versucht hat« (aaO. 141).

[518] Zur Geschichte in sieben Perioden siehe Einleitung 2, 127–141. An neueren Werken, die am Anfang des freien Aufbruchs stünden, führt Planck Teller (mit dem er sich in seiner Abschlussdissertation beschäftigte) und Semler auf. Ebenso die glossierte Bibel Bengels und die Erklärung des Neuen Testaments durch Chr. A. Heumann (der mit seiner Abendmahlslehre auf Missfallen stieß), dem er zwar viel Gelehrsamkeit, aber wenig Scharfsinn attestiert (vgl. aaO. 153). Äußerst negativ erscheint BAHRDT, C. F., *Neueste Offenbarungen (1773)* (vgl. aaO. 158).

[519] Kant habe in seiner *Religionsschrift* die Geschichte Christi als »Hieroglyphe« behandelt und Christus als die personifizierte Idee des guten Prinzips dargestellt, aber erklärt, damit kein Beispiel von Schriftauslegung, sondern nur der moralischen Nutzbarmachung einer historischen Geschichte geben zu wollen. Das führte zu einer Auslegung, die sich immer nur nach dem Nutzen für die praktischen Grundregeln einer reinen Vernunft-Religion richtete (vgl. dazu Einleitung 2, 142–144). Reichlich wohlwollend schließt Planck: »Es darf sogar mit Recht angenommen werden, daß es auch Hr. Kant für Pflicht des Auslegers halt, dem wahren buchstäblichen Sinn der Schrift immer zuerst nachzuforschen.« (aaO. 144), und mutmaßt: »Möglich wäre es übrigens, daß er auch hierin von einem grossen Theile der Auserwählten, die ihn allein zu verstehen vorgeben, mißverstanden werden könnte!« (aaO. 145).

[520] Vgl. Einleitung 2, 175–182. Methodisch hat sich im Grundriß, 156–159, nichts geändert

[521] Vgl. dazu CHRISTOPHERSEN, Bibelkritik, 144f. Planck thematisiert nicht die Mündlichkeit der Tradition.

Die Vorordnung der Exegese, frei von dogmatischer Bevormundung,[522] ist begründet in der Grundlegungsfunktion der biblischen Schriften bzw. genauer: der in ihr enthaltenen Lehren, auf denen alle weiteren Disziplinen aufbauen. Diese Grundlage will Planck nicht durch eine akkommodierende Auslegung oder durch Zweifel am Offenbarungscharakter gefährdet wissen.[523]

5.5. Historische Theologie[524]

Die Hauptobjekte, die »sich der Natur der Sache nach der historischen Theologie aufdrängen«, sind »die Geschichte des Christenthums oder der christlichen Religion selbst« auf der einen Seite, »die Geschichte der äusseren Gesellschaft, deren Stiftung durch sie veranlasst wurde«, bzw. »die Geschichte der Kirche im engeren Sinn« auf der anderen.[525] Dabei liegt der Schwerpunkt klar auf der ersten Unterdisziplin, die wiederum unterschieden wird in die »Geschichte der Veränderungen, welche sie nach äusseren Verhältnissen erfuhr«[526], und ihre »innere Geschichte«, die »die Veränderungen zu beschreiben [hat], welche von Zeit zu Zeit mit den Lehren selbst vorgenommen wurden.«[527] Letzterer als »Dogmengeschichte«[528] kommt das Gewicht der Begründung der Notwendig-

---

[522] Christophersen sieht darin die entscheidende, durch R. Simons Bibelkritik beförderte Entwicklung der Aufklärung im Umgang mit der Bibel (aaO. 143).

[523] Daran hat sich auch im *Grundriß* nichts geändert. Orthodoxe Schriftlehre hat noch bis weit ins 18. Jh. gegolten (vgl. Laube, Hermeneutik, 390). In ihrer Ausrichtung auf die Verteidigung der Autorität der Schriften (vgl. aaO. 388) kommt sie auch noch im frühen 19. Jh. mit Plancks Argumentation überein. Dennoch kann sich Planck zu einem historischen Verständnis der biblischen Bücher bekennen.

[524] Vgl. zu Plancks Kirchengeschichtsschreibung Kap. B.II.

[525] Alle Zitate: Einleitung 2, 188. Jedem der Gebiete ist je ein historiographisches Hauptwerk Plancks zuzuordnen: Die *Geschichte unseres protestantischen Lehrbegriffs* und die *Geschichte der christlich-kirchlichen Gesellschafts-Verfassung* (vgl. Kap. B.II.2.1.–2.). Vgl. auch die Unterscheidung in Plancks Vorlesung zur Kirchengeschichte 1818, die Kirchengeschichte umfasse zuerst die Geschichte der nämlichen Gesellschaft, dann die der Religion, die zur Bildung dieser Gesellschaft Anlass gegeben habe (vgl. HAB Cod. Guelf. 13 Noviss. 4°, Bl. 1). Schleiermacher spricht in seiner *Kurzen Darstellung* (²1830), § 90, von der Geschichte des Lehrbegriffs, die in der Dogmengeschichte vorgetragen werde, im Gegenüber zur Geschichte der Verfassung bzw. der Kirche (vgl. KGA I/6; 360f.).

[526] Einleitung 2, 188. Planck zählt darunter: die Geschichte ihrer Einführung in die Welt, ihre sukzessive Verbreitung, ihre Aufnahme und Anpflanzung an jedem Ort, die Umstände, unter denen dies jeweils erfolgte, und die Mittel, durch welche sie befördert, begünstigt und immer weiter getrieben wurde.

[527] Ebd. Ihr Gebiet erstreckt sich über die Formen, die die Lehren in der Vorstellungsart jedes Zeitalters einnahmen, die Begriffe von ihrer jeweiligen Verbindlichkeit, »besonders aber muß sie sich in die Streitigkeiten einlassen, die darüber geführt, und die Bestimmungen absondern, die darunter hinzu oder hinweg gestritten, für kezerisch erklärt, oder symbolisch gemacht wurden.« (aaO. 189). Dies Letzte kann dann auch wirklich als Dogmengeschichte bezeichnet werden und macht einen Schwerpunkt der historischen Arbeit Plancks aus (vgl. Kap. B.II.3.3.).

[528] Planck ist dieser Terminus geläufig (vgl. Einleitung 1, 103), er benutzt ihn aber nicht prominent in der eigentlichen Darstellung der Disziplin (vgl. Einleitung 2, 188f.). Nössel

keit Historischer Theologie fast allein zu, da die Argumente für die Nützlichkeit der übrigen historischen Disziplinen nur in Beziehung zu ihr geführt werden, so dass die eigentliche Kirchen-Geschichte fast als Hilfswissenschaft der
Dogmengeschichte erscheint.[529] Letztere stehe »mit der Religion selbst in der
nächsten Beziehung« und könne »also auch unmittelbar zu Aufklärung, Berichtigung und Befestigung unserer Religionserkenntniß benutzt werden«[530], dem
Geschäft Historischer Theologie. Im *Grundriß* formuliert Planck:

> »Der Zweck der historisch-christlichen Theologie kann kein anderer seyn, als uns zu der
> Kenntniß derjenigen Thatsachen zu verhelfen, die in Beziehung auf das Christenthum
> merkwürdig sind, also auf irgend eine Art dazu dienen können, unsere Erkenntniß von
> diesem wahrer oder gewisser, und zugleich deutlicher und fruchtbarer zu machen«[531].

Daraus folgt die Aufteilung der Historischen Theologie in nunmehr zwei oder
drei Hauptgegenstände: Die »Geschichte der christlichen Religions-Lehren
selbst« als ihr »erstes Objekt« lasse sich entweder in zwei Hauptobjekte – innere
und äußere Geschichte – aufteilen oder neben der »Geschichte ihrer Wirkungen
in der Welt, besonders in dem Institut der Kirche«, als eines von zwei Hauptob-
jekten behandeln.[532]

Die Dogmengeschichte ist als Dogmenkritik ein Produkt der Aufklärungstheologie:[533] Jerusalem notierte 1747 einen unausgeführten Plan einer *historia
dogmatum*, Chr.M. Pfaff entwickelte Ansätze,[534] J.S. Semler betrieb sie in kritischer Form,[535] erst am Ende der Aufklärung erschien dann eine Reihe eigent-

---

kennt den Begriff 1791 noch nicht (vgl. Lipps, Dogmengeschichte, 16; siehe bei Nösselt,
Anweisung 2, 149–160). J. F. Gaab verwendete ihn schon 1790 (vgl. Lipps, Dogmengeschichte, 15).

[529] Vgl. Lipps, Dogmengeschichte, 237. Die Notwendigkeit der Kirchengeschichte ist begründet in der pragmatischen Ausrichtung der Dogmengeschichte.

[530] Einleitung 2, 190.

[531] Grundriß, 159.

[532] Alle Zitate: Grundriß, 160. Es stellt sich die Frage der Verbindungsmöglichkeit der
verschiedenen historisch-theologischen Fächer. H.Ph.K. Henke z.B. sprach sich gegen eine
Selbstständigkeit der Dogmengeschichte gegenüber der Kirchengeschichte aus, C.F. Stäudlin sah sie eher im Rahmen der Dogmatik verortet (vgl. dazu Lipps, Dogmengeschichte, 14),
was auch den Vorlesungsankündigungen in Göttingen entsprach (vgl. die Ankündigungen
in GAGS/GGA).

[533] Vgl. dazu die Studie Lipps, Dogmengeschichte, sowie Beutel, Aufklärung, 355, zur
Entwicklung der Dogmengeschichte als Dogmenkritik, die im 19. Jh. dann zu einer kon-
struktiven Neubegründung der Theologiegeschichte führte. Zur Differenzierung zwischen
Dogmen- und Theologiegeschichte vgl. Köpf, Dogmengeschichte.

[534] Vgl. zu den Anfängen bei Pfaff: Thomann, Pfaff.

[535] Jerusalems Plan war dahin gerichtet, die reine Lehre Jesu freizulegen und von Fehlentwicklungen zu reinigen (vgl. Beutel, Dogmengeschichte, 1081; vgl. ausführlich dazu Aner,
Die historia dogmatum des Abts Jerusalem), und ist in seiner kritischen Funktion vergleichbar mit
Plancks Intention. Lipps, Dogmengeschichte, 12, gilt Semler als Vater der Dogmengeschichtsschreibung. Vgl. dazu Fleischer, Tradition, 526f., der Semler lediglich neben Jerusalem, Mosheim und J.G. Walch nennt. Zur Rolle Semlers für die Ausbildung der Disziplin
vgl. Hornig, Dogmengeschichtsschreibung.

lich dogmengeschichtlicher Werke.[536] Im *Grundriß* von 1813 verzichtet Planck im Gegensatz zum Band 1 der *Einleitung* auf die Bezeichnung »Dogmengeschichte«.[537] Über die Gründe kann man nur spekulieren und zusätzlich in Betracht ziehen, dass er schon im Band 2 der *Einleitung* diesen Begriff durch die Umschreibung als »innere Geschichte der Religion« oder »des Christentums« ersetzte. Auffällig ist der hier wie dort umrissene Gegenstandsbereich der »Religionsgeschichte«, die sich nicht nur mit der Abfolge und Entwicklung von Lehrmeinungen oder religiösen Vorstellungen befasst, sondern gerade auch – darin besteht ihre historisch-kritische Funktion – mit den Wechselbeziehungen zu den äußeren Umständen, die durch die Ausbreitung des Christentums zustande kamen.[538] Dies zeigt die historische Relativierung der christlichen Lehrbestände sowie den grundlegend pragmatischen Charakter der Dogmengeschichte:[539] Innerhalb der Lehr-Geschichte geht es vornehmlich um die Entwicklung des Verbindlichkeitscharakters verschiedener normativer Lehren,[540] deren Beurteilung auf Grundlage der Kenntnis ihrer Entwicklungsgeschichte möglich wird.[541]

---

[536] Vgl. die Werke von Planck, W. Münscher, F. Münter, S. G. Lange. Krumwiede, Kirchengeschichte, 278, ist der Meinung, Planck habe mit seiner *Geschichte unseres protestantischen Lehrbegriffs* in den Spuren Mosheims die erste Dogmengeschichte des Protestantismus verfasst.

[537] Stattdessen wählt er den älteren Begriff »Geschichte der christlichen Religions-Lehre« (Grundriß, 160).

[538] Darauf wird in der Darstellung von Plancks *Geschichte unseres protestantischen Lehrbegriffs* noch einzugehen sein (vgl. Kap. B.II.2.1. und B.II.3.).

[539] Die pragmatische Methode wird in der Forschung zu den Anfängen der Dogmengeschichtsschreibung als das Kriterium ihrer Geschichtsschreibung genannt (vgl. Lipps, Dogmengeschichte, 10). Vgl. zur Form der kritischen Dogmengeschichte bei Semler, die zur Erläuterung der Dogmen besonders die ihre Entwicklung bedingenden Faktoren (z. B. die geographischen) und die zugrundeliegenden Motive bedenkt: Hornig, Dogmengeschichtsschreibung, 126 f. Besonders ausgeprägt ist dies auch bei Mosheim zu beobachten.

[540] Damit holt die Dogmengeschichte das Motiv der Ketzergeschichte wieder ein, da es auch um die verworfenen Lehren geht. Mosheim und Chr. W. F. Walch schrieben Geschichte als Ketzergeschichte.

[541] Sie macht sich also ein historisch-kritisches Vorgehen zu Eigen, das Nowak, Enzyklopädie, 72, mit E. Troeltsch als »Sauerteig« der grundstürzenden Umbildung bezeichnet. Als einziger Weg, spätere Zusätze von der reinen Lehre Jesu zu trennen, trage dieses Vorgehen auch unmittelbar etwas für die Theorie der Religion aus. Planck geht es jedoch nicht darum, etwas Unrichtiges auszuscheiden (vgl. Lipps, Dogmengeschichte, 58) – anders als Semler (vgl. Hornig, Dogmengeschichtsschreibung, 124). Die Dogmengeschichte baut ihrerseits auf der Unterscheidung von Religion und Theologie auf, die die von ihr vorausgesetzte Annahme der Veränderlichkeit kirchlicher Lehren erst ermöglicht (vgl. Lipps, Dogmengeschichte, 235). Plancks Verhältnis zum Dogma sei das eines Neologen, stellt Lipps (vgl. aaO. 47) fest. Relativierend muss hier daran erinnert werden, dass der Dogmenbegriff nicht immer präzise verwendet wurde (vgl. Hornig, Dogmengeschichtsschreibung, 123). Semler bspw. wählt in der Unterscheidung von Kerygma und Dogma die Definition des letzteren als das, was die öffentliche geltende Religion bestimmt habe, vom einzelnen Christen aber nicht angeeignet werden müsse (vgl. aaO. 131). »Dogma« konnte auch die Gesamtheit der christlichen Glaubenslehren bezeichnen.

In der Darstellung des Gegenstandes der Kirchengeschichte im engeren Sinne zeigt Planck Umrisse seines Kirchenverständnisses, wenn er fordert, die Kirche vornehmlich in der Entwicklung ihrer Organisation sowie ihrer »Verbindungs- und Regierungsformen«[542] zu betrachten. Sie erscheint hier nicht als *communio sanctorum*, sondern als menschliche *societas*, deren Aufbau sich aus menschlichem Planen und dem Einfluss äußerer Umstände ergibt.[543] Zudem geht es um die gegenseitigen Beeinflussungen von Kirche und Gesellschaft in ihrem »Geist« auf die »sittliche und wissenschaftliche Kultur«[544]. Allerdings rückt Planck davon im *Grundriß* etwas ab, wenn er den zweiten Hauptteil nicht mehr ausdrücklich mit der Verfassungsform der Kirche verbindet, sondern als »die Geschichte ihrer Wirkungen in der Welt, und besonders die Geschichte jener Wirkungen [...], welche sich in dem großen äußeren Institute, dessen Entstehung dadurch veran- laßt wurde, in der christlichen Kirche und durch diese verbreitet haben«[545] be- handelt.

Obwohl im *Grundriß* sogar die ganze Theologie als »historische Wissen- schaft«[546] bezeichnet werden kann, bedarf in der *Einleitung* wie im *Grundriß* die Historische Theologie einer ausführlichen Rechtfertigung.[547] Die Berechti- gung der Historischen Theologie lasse sich allein durch ihre Nützlichkeit für eine zusammenhängende Kenntnis der Religionswahrheiten begründen, d. h., sie muss einen Beitrag zur Beförderung von Tugend und Glauben sowie Befes-

---

[542] Einleitung 2, 189.

[543] Das Verständnis der Kirche als *societas hominum* wurde in der Kirchengeschichtsschrei- bung von Mosheim geprägt, es steht im Zusammenhang mit der Kollegialtheorie (vgl. dazu Kap. B.II.3.4.). Sie wird so eine im Bereich des menschlichen Verhaltens existierende, der staatlich verfassten Gesellschaft vergleichbare und dadurch mit wissenschaftlichen Mitteln pragmatisch beschreibbare Größe (vgl. dazu MÜHLENBERG, Kirchenhistoriker, 234 f.; LIPPS, Dogmengeschichte, 236). In der pragmatischen Kirchengeschichtsschreibung allerdings wurde die Kirche in ihrer religiösen oder theologischen Bestimmung als Institution eigent- lich verabschiedet, von Planck aber hier wieder verteidigt (vgl. MÜHLENBERG, Kirchenhisto- rie, 253). Bei Semler bspw. erklärt sich die Abwendung von der Institution Kirche (als einem Verein im Staate) durch die Suche nach dem Wesentlichen des Christentums, dieses liege nicht in einer formalen Umschreibung der Kirche, sondern nur in der Auffindung ihres geis- tigen Gehalts. Diesen Inhalt zu beschreiben ist dann auch eigentliche Aufgabe der Historio- graphie (vgl. LIPPS, Dogmengeschichte, 236). Vgl. dazu Kap. B.II.3.4.

[544] Einleitung 2, 189. Planck zeigt hier das Bewusstsein für die Wechselbeziehungen zwi- schen Kirche und umgebender Gesellschaft (vgl. dazu BECKMANN, Politik.)

[545] Grundriß, 160.

[546] AaO. 9.

[547] Nach der Aufzählung der verschiedenen Gegenstände der Historischen Theologie kommt er zu dem Ergebnis, bei »dieser blossen Aufzählung aber stellt sich in der That die Nothwendigkeit des Einlassens noch nicht sehr einleuchtend – vielmehr im Gegentheil sehr zweydeutig und zweyfelhaft dar.« (Einleitung 1, 103 f.).
Im *Grundriß* stellt Planck kürzer fest, der Nutzen sei offensichtlich, nämlich, »zu Kennt- nissen verhelfen, durch welche unsere Erkenntniß von der Religion selbst theils weiter auf- geklärt, theils fester begründet werden kann« (Grundriß, 161). Selbst aus den Nebenzweigen dieses Faches fließe noch mittelbar mehr Gewinn, als aus manchen Wissenschaften unmittel- bar ausfließe (vgl. ebd.).

tigung und Belebung der Religionserkenntnis leisten. Durch die Geschichte
der Lehren lasse sich sofort ein Vorteil absehen, denn obgleich die Kenntnisse
über die Wahrheiten der Religion schon aus der Exegese geschöpft werden
könnten, sehe man doch deutlicher und klarer ein, was man in verschiedenen
Formen und aus verschiedenen Perspektiven betrachtet habe.[548] Zudem stelle
sie eine Fülle von neuen Argumenten zur Verfügung und konfrontiere mit
neuen Möglichkeiten, um Überzeugungen zu überprüfen.[549] Noch nicht begründet ist damit die Nützlichkeit der Kenntnis der äußeren Geschichte, deren
Berechtigung Planck an die der Dogmengeschichte koppelt.[550] Deren Angewiesenheit auf die Kenntnisse der anderen historischen Disziplinen dient als
erstes Argument, denn »dieß ist das wichtigste, auch beobachten zu können,
wie diese Vorstellungen entstanden? durch welche Veranlassungen man darauf
kam?«[551] D. h., ohne die anderen historischen Disziplinen könnte die Dogmengeschichte ihrem pragmatischen Anspruch nicht gerecht werden.[552] Außerdem
sei die ganze Systematische Theologie[553] ohne die Historische nicht zu leisten.
Ob eine bestimmte Vorstellung zu Recht als verbindlich gelte, lasse sich beispielsweise durch Überprüfung der sie begründenden Tradition entscheiden.[554]
Zudem sei sie schon zum Verständnis der Lehren häufig unverzichtbar.

Diese mittelbaren Argumente werden durch das letzte, auf die Gelehrsamkeit
ausgerichtete, fast überflüssig gemacht, denn es sei doch »fühlbar, daß das Studium der Geschichte allein ächten theologischen Untersuchungsgeist erzeugen,
so wie ihn Geschichte allein erzeugen kann.«[555] Zudem werde die Auseinandersetzung mit den eigenen Vorurteilen allein durch das Studium der Geschichte

---

[548] Vgl. Einleitung 1, 104.

[549] Vgl. ebd. Die Überprüfung eigener Überzeugungen war ja Hauptanliegen der Theologie (s. o.).

[550] »Die Geschichte der Lehre ist nehmlich so innig mit jenen andern Theilen verschlungen, und so fest damit verwickelt, daß sie auf ganz keine Art davon abgesondert werden kann.« (aaO. 105).

[551] AaO. 106. Also folgt aus der Brauchbarkeit der Dogmengeschichte die aller übrigen
historischen Disziplinen (vgl. aaO. 107).

[552] So auch LIPPS, Dogmengeschichte, 49. Ein Merkmal der pragmatischen Methode ist
die Berücksichtigung der bedingenden Faktoren und Entwicklungen (vgl. Kap. B.II.3.3.)

[553] Da deren Behandlung erst folgt, muss er konditional formulieren: »Wenn also das Studium der systematischen Theologie zu einer vollständigen, deutlichen und gewissen Religionserkenntniß nöthig ist, so muß es auch das Studium der historischen Theologie nach
allen ihren Theilen in eben dem Grad seyn, weil jenes ohne dieses nicht möglich ist.« (Einleitung 1, 110).

[554] Vgl. aaO. 108. Planck hebt lobend hervor, dass dies allein durch den jüngst aufblüh-
enden »freyere[n] Geist« (aaO. 109) ermöglicht wurde. Vgl. dazu den Ausspruch Semlers in
der Vorrede zu BAUMGARTEN, Untersuchung 3, 13: »Unsere Lehre ist nicht gebauet auf auc-
toritatem patrum, auf concilia oecumenica oder particularia; sondern auf den Inhalt der h.
Schrift, und ihre richtige Auslegung; was davon concilia und patres richtig haben, das behalten wir also auch, aber nicht darum, weil sie es haben.«

[555] Einleitung 1, 111. Diese Argumentation ist aus den Hilfs- und Vorbereitungswissenschaften bekannt.

und deren Darstellung der verschiedenen gegeneinander kämpfenden theologischen Vorurteile wirksam bekämpft und vermittele allein die nötige Vorsichtshaltung gegenüber allen Überzeugungen und Zweifeln. Und schließlich gebe allein die Geschichte eine Vorstellung von der Ehrwürdigkeit, dem göttlichen Ursprung und der göttlichen Wahrheit des Christentums, da die Geschichte die Wirkungen des Christentums in ihrer Vielfältigkeit darstelle.[556] Planck ist von der *providentia Dei* als geschichtsgestaltender Macht überzeugt; diese wird in seiner Historiographie als die eigentlich verbindende Größe deutlich.[557] Die Funktion der Kirchengeschichte, als einzig möglicher vernünftiger Beweis der Vorsehung Gottes zu fungieren und dem Menschen durch deren Darstellung Zuversicht und Gewissheit zu vermitteln,[558] da sich ihm die Einsicht aufdrängt, dass Gott die Kirche trotz aller menschlichen Fehler doch letztlich immer gerettet hat, stellt keine Originalität Plancks dar, sondern findet sich in vergleichbarer Form bei Semler, J. G. Walch und dominant bei Mosheim.[559]

Die Probleme einer Begründung der Kirchengeschichte als theologisches Fach auf direktem Wege sind in dieser dem Eingangsteil der *Einleitung* entnommenen Argumentation deutlich geworden. Im eigentlichen Abschnitt über die Historische Theologie behandelte Planck ausführlich die Grundfrage, ob die »neuere Philosophie« berechtigt sei festzusetzen, dass der christlichen Religion als einer geoffenbarten wirklich nichts Statutarisches gelassen werden dürfe, sie vielmehr, um Glaubensverbindlichkeit zu erhalten, sich rein aus der Vernunft ergeben müsse. Sobald man zugestehe, dass die Religion Jesu auch einige positive Sätze enthalte, werde schnell deutlich, dass die Geschichte deren Erkenntnis aufklären, berichtigen und befestigen könne.[560] Die Kirchengeschichte war

---

[556] Vgl. aaO. 112.

[557] Vgl. dazu Kap. B.II.3.2. Zur religiösen Vergewisserungsfunktion der Geschichtsschreibung vgl. FLEISCHER, Geschichtswissenschaft.

[558] Vgl KRAMM, Enzyklopädie, 167.

[559] Semler war überzeugt, die historische Erinnerungsarbeit vermittele dem Menschen die Gewissheit und Erkenntnis der stets weisen und guten Regierung Gottes im Wandel der Zeiten (vgl. SEMLER, Welthistorie 20, 29; darauf verweist FLEISCHER, Tradition, 528, allerdings bezieht sich Semler hier speziell auf das herausgegebene Werk). Semler konnte die Kirchengeschichte sogar als Stütze der protestantischen Kirche verstehen, da man durch sie dessen gewahr werde, dass die Kirche von Gott geleitet werde (vgl. aaO. 517).
Mosheim war in ähnlicher Weise der Meinung, die Kirchengeschichte allein könne beweisen, dass trotz des Stürzens in den Abgrund Gott die Kirche doch vor dem Untergang bewahrt habe. Sie sei der vernünftige Beweis für die göttliche Vorsehung, weil menschliches Handeln nicht zur totalen Pervertierung geführt habe (vgl. MÜHLENBERG, Kirchenhistoriker, 236f.).
Walch z. B. sah die *providentia* besonders in solchen Ereignissen, die aus dem Zusammenspiel von Ursachen entstehen, die sicher von keinem Menschen hätten vorhergesehen werden können. Planck macht das zum Programm seiner *Geschichte unseres protestantischen Lehrbegriffs* (vgl. Kap. B.II.2.1. und 3.2.) (vgl. MÜHLENBERG, Kirchenhistoriker, 244).

[560] Vgl. Einleitung 2, 191. Nur aufgrund dieser positiven Sätze ist in der Religion Erkenntnisgewinn durch Geschichte möglich (vgl. KRAMM, Enzyklopädie, 167).

als theologisches Fach noch recht jung[561] und durch neuere rationalistische Ansätze in der Theologie wiederholt in Frage gestellt worden, u. a. durch die theologische Adaption der Philosophie Kants und der Überzeugung, die Religions-
theorie könne schlechterdings nur aus reinen Vernunftprinzipien abgeleitet
werden.[562] Diese Ablehnung der Geschichte fuße auf einem Missverständnis der
Intention Jesu, der mitnichten nur eine rein-moralische Religion habe einführen wollen, sondern auf die positiven Sätze, das »Statutarische«, ebenso ernsten
Wert gelegt habe, so Planck.[563] Gerade weil Jesus und die Apostel keine systematische Lehre vorgetragen hätten, sei zum Verständnis des aus deren Einzel-
lehren entstandenen Systems die Kenntnis seiner Entwicklung nötig. Zwar
könne ein System auch allein mit Hilfe der Logik gebaut werden, doch sobald
es auch historisch Gewordenes enthalte, werde die Notwendigkeit historischer
Bearbeitung deutlich – auch um zu erkennen, was im System nicht reine Lehre
Jesu sei.[564]

Die Strittigkeit des Verständnisses der Geschichtlichkeit der christlichen Religion schlägt sich auch in der Auseinandersetzung um die Frage nach einem
»Prinzip« der Geschichte und damit um die Frage, wie eine Darstellung der
Geschichte des Christentums aufgebaut werden müsse, nieder. Ohne eine solche Orientierung durch einen bestimmten Standpunkt, eine Perspektive, einen
tendenziellen Fluchtpunkt fasere die Geschichtsdarstellung in Chaos aus und
könne nicht belehrend sein; damit wendet sich Planck gegen die vormals verbreitete Darstellung als Polyhistorie und der bestenfalls durch Zenturien einge-
teilten Sammlung historischer Daten.[565] Doch bestehe die Gefahr, einen falschen Orientierungspunkt zu wählen, indem ein Punkt einer unabgeschlos-
senen Reihe als deren Endpunkt verstanden werde. Die Geschichte sei ein
Strom, der den Augen in der Ferne oder hinter den Bergen entschwinde, aber
man könne beobachten, wie der Strom bis hierher zum Strom wird, wie er

---

[561] Die Kirchengeschichte war verbreitet erst Mitte des 18. Jh.s in die philosophischen,
dann fünfzig Jahre später erst flächendeckend in die theologischen Fakultäten eingerückt
(vgl. BENRATH, Kirchenhistorie, 203). Allerdings gab es wichtige Aufbrüche vorher. Sie
hatte sich im Konfessionellen Zeitalter als eigene Disziplin zu etablieren begonnen (vgl.
BEUTEL, Kirchengeschichtsschreibung, 642), pietistische Aufbrüche konnten ihr zwar wenig
Nutzen zuerkennen – z. B. in Speners *Pia desideria* –, ihre Verwissenschaftlichung wurde im
18. Jh. dann aber durch die Anwendung der pragmatischen Methode, die die Ereignisse innerweltlich deutete, sowie durch den historisch-kritischen Quellengebrauch entschieden
gefördert (vgl. aaO. 643). Vgl. ausführlich Kap. B.II.3.2.
[562] Wie es einige der »anmaßlichen Wortführer« der »neuern Philosophie« behaupten
(Einleitung 2, 186).
[563] Vgl. Einleitung 2, 219.
[564] Vgl. aaO. 196. Hier wird freilich die Frage besonders laut, ob damit dem Fach überhaupt ein Eigenrecht zugestanden wird, wenn es doch stets auf aktuelle Erfordernisse zu
beziehen ist (vgl. dazu FLEISCHER, Tradition, 539) und nur durch seine Hilfsstellung Notwendigkeit erhält.
[565] Vgl. zur Geschichtswissenschaft in Göttingen und zur Entwicklung der Geschichtswissenschaft in der Aufklärung BLANKE/FLEISCHER, Aufklärung.

durch den Zufluss kleinerer Bäche entstand.[566] Doch seien die Vorteile, die durch einen Orientierungspunkt entstehen, gewichtiger als die möglichen Nachteile.

Damit stellt sich die Frage, welcher Fluchtpunkt sich für die Kirchengeschichte anbiete. Kant, »der scharfsinnige Verfasser der Religion innerhalb der Gränzen der blossen Vernunft«[567], habe vorausgesetzt, der Zweck Jesu sei es gewesen, eine rein-moralische Religion in die Welt einzuführen, die sich von den statutarischen Zusätzen (also allem außer den auf Sittlichkeit zielenden Bestandteilen) nach und nach reinige. Dies meine Kant aus der Lehre Jesu selber entnehmen zu können und halte es als historische Tatsache für beweisbar. Damit wird die stetige Annäherung an diesen Punkt der Verwirklichung einer rein-moralischen Vernunftreligion zum Prinzip der Geschichte des Christentums.[568] Planck hingegen pocht auf die auch von Kant zugestandenen statutarischen Elemente als positive Offenbarungsinhalte in der Verkündigung Jesu, die nicht bloß zur besseren Fasslichkeit der moralischen Inhalte der Verkündigung dienten, sondern dauernd mit ihnen verbunden bleiben sollten. Gegen Kant fordert er, nicht im Vorhinein einen bestimmten Zweck vorauszusetzen, der sich nicht aus der Darlegung der Verkündigung Jesu ergebe, denn allein aus diesem lasse sich bestimmen, was das Eigentümliche der Religion sei. Das kantische Ziel lasse sich in der Geschichte überhaupt nicht entdecken, da von einer fortschreitenden Scheidung statutarischer Elemente von der rein-moralischen Religion nicht die Rede sein könne.[569] Stattdessen solle man, da es sich durch die Geschichte nahelege, annehmen, Jesus wollte eine statutarische Religion in die Welt einführen, die die moralische Religion in den Herzen aller mehr Kraft, Stärke, Leben und Einfluss entwickeln lasse, als sie sonst erreicht hätte.[570] Es sei durch die Geschichte beobachtbar, dass die moralische Religion durch die statutarische mehr Kraft und Fasslichkeit erreichte, sich immer mehr unter den Menschen verbreitete, sie zu einer Familie Gottes machte und Tugend und

---

[566] Vgl. Einleitung 2, 207. Zur Diskussion vgl. Kap. B.II.3.1.

[567] AaO. 209.

[568] Diese Diskussion dreht sich um das »Prinzip« der Geschichte der Religion, nicht um das der Kirche, worauf Planck später eingeht. Im *Grundriß* stellt Planck fest, dass die Diskussion um das »Prinzip der historischen Theologie« (Grundriß, 161) sich dadurch erledige, dass aufgeklärt werde, was sich hinter dieser Formel der neueren Philosophie verberge: ein vom allgemeinen Menschenverstand anerkanntes »Gesetz für die Geschichte« (aaO. 162).

[569] Lipps, Dogmengeschichte, 62, meint, der Zustand sei nach Kant nicht empirisch fassbar. Aber Planck wendet sich doch auch gegen die von Kant offenbar behauptete historische Erweisbarkeit dieses Prinzips (vgl. Einleitung 2, 211). Semler, der ebenfalls darauf insistiert, worin die zukünftige Vollkommenheit bestehe, lasse sich durch aufmerksame Beobachtung der Entwicklung erschließen, kommt zu dem Schluss, sie bestehe in der Fortentwicklung von einer anthropomorphen zu einer geistigen Gottesvorstellung (vgl. Hornig, Dogmengeschichtsschreibung, 135). D.h., Semler kann die Offenbarung als dynamischen Prozess verstehen, in dem durch den Heiligen Geist eine Erweiterung des Glaubensverständnisses bewirkt wird.

[570] Vgl. Einleitung 2, 217f.

Glückseligkeit verbreitete, woraus mit einiger Wahrscheinlichkeit geschlossen
werde könne, dass nach dem Zweck Jesu diese Verbindung immer andauern
solle.[571] Die Geschichte wird nun unter dieser Perspektive betrachtet hinsichtlich der Frage, wo es Verbesserungen, Veränderungen oder Entstellungen gab.

Planck verteidigte damit erneut sein Verständnis der christlichen Religion als
geoffenbarte Religion, die positive Wahrheiten – die sich eben nicht auf vernünftige reduzieren lassen – enthalte und die sich grundsätzlich nicht ohne
diese Formen vorstellen lasse und auf eine Vervollkommnung als Vernunftreligion überhaupt nicht angelegt sein könne.[572]

Für die Geschichte der Kirche biete sich wie bei jeder Gesellschaft die Betrachtung der Entwicklung der Form ihrer inneren Organisation an: Alle Veränderungen in der Kirche haben irgendwie dazu beitragen müssen, sie in der
Form zu erhalten oder in eine andere gesellschaftliche Verbindungsform hinein
zu bilden.[573]

Die Kirchengeschichte habe sich erst in der Reformation gebildet und auch
dort erst mit einiger Verzögerung, stellt Planck in der Geschichte der Disziplin
fest.[574] Als herausragendes Werk seien Matthias Flacius' (1520–1575) *Magdebur-
ger Centurien* erschienen, dessen Grundfehler freilich darin bestanden habe, »aus
Parthey-Geist« und »Parthey-Eifer« geschrieben worden« zu sein.[575] Dies habe
aber fruchtbare Folgen gezeigt, da die *Centurien* zu Gegenentwürfen provozier-
ten und sich so die streitenden Parteien immer mehr der Historie widmeten und

---

[571] Das fügt sich in Plancks rationellen Supranaturalismus, indem er zur vernünftigen
Beförderung der Moral auch die geoffenbarten Sätze heranziehen kann (vgl. auch LIPPS,
Dogmengeschichte, 63).

[572] Auch Semler wendet sich gegen eine metaphysische Bevormundung der Geschichte:
Auf historisch zu beantwortende Fragen könne nicht mit Metaphysik geantwortet werden
(vgl. HORNIG, Dogmengeschichtsschreibung, 132). Semler geht es um eine grundlegende
Historisierung theologischen Denkens, wie u. a. in der Ablehnung der Wolffschen Demonstrationsmethode deutlich wird (so FLEISCHER, Tradition, 519). D. h., der Wahrheitsanspruch
ist nicht unter Ausblendung der historischen Tradition und Entwicklung zu formulieren (so
aaO. 521). Dies ist als Bestandteil des Historisierungsprozesses zu verstehen, den E. Troeltsch
als maßgeblich für den sich ausbildenden Neuprotestantismus begreift (vgl. TROELTSCH, E.,
Die Bedeutung des Protestantismus für die Entstehung der modernen Welt [1911]).

[573] Dabei geht Planck davon aus, dass der Übergang von einer gleichmäßigen Gesellschaft
in eine hierarchische beobachtet werden kann (vgl. Einleitung 2, 224f.). Vgl. dazu seine
Geschichte der christlich-kirchlichen Gesellschaftsverfassung (siehe Kap. B.II.2.2.).

[574] Zum einen hatten die Reformatoren auf anderen Feldern genug zu tun, zum anderen
erkannten sie, dass durch die Aufdeckung der Geschichte mit vielen Ideen und Vorstellungen
konfrontieren würde, für die der Zeitgeist noch nicht gerüstet gewesen sei (vgl. Grundriß,
187). Seit dem 16. Jh. bestand die Kirchengeschichtsschreibung vor allem in Materialsamm-
lungen für die konfessionelle Polemik, erst Calixt traute ihr als theologischer Disziplin eine
Aufgabe in der Bestimmung des Inhalts christlichen Glaubens zu, konnte sie aber noch nicht
ganz aus dem subsidiären Bereich nützlicher Gelehrsamkeit herausholen. Erst im späten 18./
frühen 19. Jh. rückte die Aufgabe geschichtlicher Selbsterkenntnis des Christentums wieder
in den Vordergrund wie bei Planck. Vgl. Kap. B.II.4.

[575] Grundriß, 189.

sie weiter aufklärten, was bald allerdings durch die Bevormundung der Dogmatik und Polemik zunichte gemacht worden sei. Eine weitere Zäsur bilde Gottfried Arnold (1666–1714), der in seiner *Unpartheyischen Kirchen- und Ketzergeschichte* äußerst parteiisch, allerdings nun heterodox, vorgegangen sei. Er habe wesentlich zu der seit »Anfang unseres Jahrhunderts«[576] freieren Lehrart in der Kirchengeschichte geführt, die in ihren Forschungen immer unabhängiger von fremden – polemischen und dogmatischen – Einflüssen geworden sei.[577] Auch die katholische und ausländische Kirchengeschichtsforschung wird gewürdigt, allerdings zeichne sich die deutsche protestantische durch ihren besseren Umgang mit den Quellen und ihre feinere historische Kritik aus, die das Material unparteiischer und mit mehr Nutzen für die Wahrheitssuche bearbeite.[578] Dieses Material finde die Historische Theologie in Quellen, denn von Ereignissen der Vergangenheit könne man nicht anders Zeugnisse besitzen als durch die Nachrichten der Zeitgenossen.[579] Deshalb bestehe in der richtigen Quellenbearbeitung ein Hauptteil der historischen Arbeit.[580]

Daraus ergibt sich methodisch ein Problem, denn in dem drei- bis vierjährigen Kursus ist es in Plancks Einschätzung unmöglich, den Weg über das eigene Quellenstudium zu beschreiten.[581] Deshalb empfiehlt er, sich erstens eine Gesamtübersicht über die Geschichte aus dem Vortrag eines Lehrers und der flankierenden Lektüre eines Lehr- oder Handbuches zu verschaffen.[582] Zur Nutzbarmachung – d. h., um die Geschichte pragmatisch zu machen – rät er zur Anlage synchronisierender Tabellen, um Zusammenhänge und Veränderungen zu erfassen. Zum wirklichen Studium der Geschichte allerdings sei die Quel-

---

[576] Einleitung 2, 261 f.

[577] Er nennt hier Baumgarten, Weismann, Mosheim, Walch und Semler, dem er allerdings vorwirft, zu weit gegangen zu sein (vgl. Einleitung 2, 262 f.). Im Grundriß, 200, dann außerdem noch Henke, Stäudlin, Münscher, Schmidt, Spittler und Schröckh.

[578] Vgl. Einleitung 2, 265.

[579] »Die Ereignisse der Vorwelt können wir schlechterdings nur durch die Zeugnisse der Mitwelt erfahren« (aaO. 184).

[580] Planck führt hier – seine Ankündigung, keine Bücherkunde schreiben zu wollen, vergessend – eine Masse an Quellen und -sammlungen auf: Die Übersicht umfasst 94 Seiten (aaO. 269–362) und enthält Konzilsakten, Schriften der Kirchenväter, Akten über besondere kirchliche Probleme und auch frühe Liturgien. Die Dominanz des Quellenstudiums hängt zusammen mit Plancks psychologisierendem Grundzug in seiner Historiographie (vgl. Lipps, Dogmengeschichte, 55), der möglichst nah an Geist und Gegenwart der handelnden Personen heranreichen möchte (vgl. dazu Kap. B.II.3.2.). Dennoch fehlt hier eine ausgeführte Methodenlehre der Quellenbearbeitung, eine Handreichung zur Heuristik o. ä.

[581] Vgl. Einleitung 2, 366. Planck stellt sich also sehr wohl die Frage, ob der Anfänger angesichts des großen Umfangs nicht überfordert ist (gegen Kramm, Enzyklopädie, 173).

[582] Im Grundriß, 203 f., weist Planck auf den ungeheuren Vorrat hin, aus dem der Student der Geschichte schöpfen könne. Keiner dürfe sich vom eigentlichen Studium der Kirchengeschichte dispensieren (vgl. aaO. 203). Damit reagiert er auf eine verbreitete Ansicht, aufgrund des fortgeschrittenen Forschungsstandes und der leichten Zugänglichkeit historischer Notizen müsse man sich nicht mehr mit ihrem eigentlichen Studium befassen, denn Neues gebe es ohnehin nicht zu entdecken.

lenarbeit unverzichtbar,[583] zu der die Disziplinen der kirchlichen Geographie und Chronologie Hilfe bieten, denn wirkliche Gelehrsamkeit sei hier unerlässlich. Im *Grundriß* kommt Planck allerdings zu dem Schluss, der eigentliche Vorteil dieses Studiums, die ganze und eigentümliche Bildung des Geistes, könne nur durch das eigentliche Studium der Geschichte erreicht werden, aus beständiger Übung der Geisteskräfte, also aus der Arbeit an den Objekten und nicht aus den Objekten selbst.[584] Deshalb rät Planck auch, sich für das vertiefte Studium einen besonderen Bereich der Kirchengeschichte auszuwählen und an diesem dann die nötigen Operationen zu üben.[585]

In der Historischen Theologie wird der gelehrte Charakter der Theologie Plancks sowie ihre historisch-kritische Funktion deutlich: Über die Quellen der theologischen Wahrheit in den biblischen Schriften hinausgehend müssen die Verbindlichkeit der darauf aufbauenden, historisch gewachsenen Lehren untersucht sowie die Prozesse der Gestaltwerdung der Kirche nachgezeichnet werden – letztlich, um die Frage beantworten zu können, was absolut und was relativ an der momentanen Gestalt des Christentums sei. Dabei verteidigt Planck scharf das Festhalten an positiven, geoffenbarten Bestandteilen des Christentums, das keine rein vernünftige Religion sei.

5.6. Systematische Theologie

Die »sogenannte systematische Theologie«[586] bildet den dritten Hauptteil des theologischen Studiums. Als Untergliederung nennt Planck in der *Einleitung* und im *Grundriß* einführend verschiedene Unterdisziplinen, die sich aber bis auf die getrennte Behandlung der Dogmatischen bzw. Thetischen Theologie und der Moral bzw. Praktischen Theologie (!) nicht im Aufbau der Behandlung wiederfinden lassen. Einzig die Symbolische Theologie wird in der *Einleitung* noch in einem gesonderten Abschnitt behandelt.[587]

---

[583] Vgl. Einleitung 2, 379.

[584] Vgl. Grundriß, 204f. Er hofft darauf, dass der Zeitgeist wieder für ein historisches Studium gewonnen werde, da er zurzeit wenig Interesse dafür erkenne (vgl. aaO. 217). Neue Zugänge der spekulativen Theologie, die Rezeption der kritischen Philosophie Kants sowie des Idealismus in der Theologie waren nicht dazu angetan, der historischen Forschung zu höherer Geltung zu verhelfen.

[585] Vgl. Einleitung 2, 387.

[586] AaO. 393. Die Dogmatik ist das theologische Hauptfach bei Planck (vgl. aaO. 543). Zur Einordnung seiner Konzeption der Dogmatik als Systematische Theologie in zeitgenössische Entwürfe vgl. FILSER, Dogma, 627.

[587] In der Einleitung 2, 393, nennt Planck auch nur diese Dreiteilung, wohingegen im Grundriß, 15, noch dogmatische und moralische, biblische und didaktische, populäre, polemische und symbolische Theologie in einer Übersicht unterschieden werden, in der Durchführung jedoch auch nicht auftauchen. Er erläutert, bei dieser Aufteilung sei natürlich nicht an verschiedene Wissenschaften, sondern nur an »verschiedene Tendenz einer und eben derselben Wissenschaft« (aaO. 225) gedacht.

Die Trennung der Moral von der Dogmatik führt Planck auf G. Calixt zurück[588] und beurteilt sie ambivalent.[589] Die Dogmatik behandele nur, was »Objekt des Glaubens in der Religion ist«[590]. Die der Moral zugeteilten Inhalte, die Leben, Taten, Pflichten und Verhalten beträfen, seien doch aber ebenso »Wahrheiten der Religion«, sie müssten sogar mit dem, »was bloß Objekt des Glaubens ist, in der mehrfach-engsten Verbindung stehen«.[591] Von etwaigen Diskussionen über die Möglichkeit und die Chancen einer Wiedervereinigung der getrennten Unterdisziplinen absehend, erläutert Planck die jeweiligen Objekte doch getrennt, beginnend mit dem »Systematischen« an der Systematischen Theologie. Hier widmet er sich der Frage, ob die Wahrheiten der christlichen Religion einer systematischen Bearbeitung überhaupt zugänglich, also in ein System zu bringen seien, wie es die spekulativen, eigentlichen Wissenschaften auszeichnet, in dem alles von einem »a priori erkennbaren, obersten Grundsatz abgeleitet«[592] werde. Die christliche Religion enthalte jedoch positive geoffenbarte Ideen, die gerade nicht so herzuleiten seien.[593] Stattdessen definiert Planck als System die ihren Zusammenhang und Sinn verdeutlichende Darstellung einer Reihe direkt oder über einen gemeinsamen Grund zusammenhängender Wahrheiten, d. h. eine kausal-logische Behandlungsweise.[594] Damit ist die Aufgabe der Systema-

---

[588] Vgl. Einleitung 2, 574; CALIXT, G., *Epitome Theologiae moralis (1634)*. In einigen Entwürfen kann diese Unterscheidung die grundlegende sein, so bei S. Wiest in dessen Theologischer Enzyklopädie als Teil seines Lehrbuches der Theologie, der die Theologie in Dogmatik und Moraltheologie unterscheidet (vgl. HELL, Entstehung, 175).

[589] Im *Grundriß* geht Planck noch gesondert auf die Unterscheidung von Moralischem und Dogmatischem im populären Vortrag ein: »daß rein moralische Predigten fast immer gegen den Zweck und die Bestimmung des Religions-Lehrers – rein dogmatische aber wenigstens sehr oft gegen seinen Zweck seyn werden.« (Grundriß, 234).

[590] Einleitung 2, 394. Planck benutzt hier auch den Ausdruck »Glaubenslehre im engeren Sinn«.

[591] Beide Zitate: ebd. Religionswahrheiten eignet also eine immanent praktische Komponente. Jedoch hintergeht Planck nicht die Unterscheidung von Glaubenswahrheiten im engeren Sinn und den damit in Verbindung stehenden Inhalten der Religion, die sich auf die Moral beziehen. Vgl. die Formulierung aus dem Eingangsteil der *Einleitung*, die die Wahrheiten der christlichen Religion als die versteht, »welche uns über unsere Verhältnisse gegen Gott, über unsere Pflichten gegen ihn, die aus diesen Verhältnissen entspringen, und über die Hofnungen die wir auf diese Verhältnisse bauen dürfen, den zu unserer Glückseligkeit und Beruhigung nöthigen Unterricht geben.« (Einleitung 1, 29).

[592] Einleitung 2, 396.

[593] Zwar könnten auch der Vernunft erkennbare Wahrheiten geoffenbart sein, aber sobald man echt-positive Wahrheiten als Bestandteile der christlichen Religion und Theologie einräume, »kann man gar nicht mehr daran denken, sie in ein solches System bringen zu wollen« (Einleitung 2, 396). Im *Grundriß* ordnet Planck die Theologie unter die historischen Wissenschaften ein und unterscheidet sie gerade dadurch von den spekulativen eigentlichen Wissenschaften, deren Merkmal eben dieses oberste Prinzip ist (vgl. Grundriß, 220 f.).

[594] »Ein System wird gebildet, wenn man die Reyhe von Wahrheiten, welche mit einander zusammenhängen, und von welchen jede entweder einen gemeinschaftlichen Grund mit den andern oder ihren Grund in den andern hat, in einer solchen Verbindung darlegt, in welcher nicht nur ihre Beziehungen auf einander sichtbarer, sondern auch eben dadurch der

tik, die die Dogmatik übernimmt, beschrieben, die Wahrheiten der Glaubenslehren zu erläutern und zu beweisen. Dabei habe sie zuerst die Lehren in ihrem
Sinn verständlich zu machen und »deutlich entwickelte Begriffe«[595] davon zu
geben, indem sie den ausschließlich aus der Schrift erhobenen Bestand sichte und
sortiere.[596] Beweisend müsse gezeigt werden, dass die Lehren wirklich in der
Schrift als »geoffenbarte Religionswahrheiten«[597] begegneten. Ein solcher Beweis würde auch innere Gründe überflüssig machen, da Planck die Gewissheit
der Offenbarung einer Lehre als »unfehlbares Wahrheits-Merkmal«[598] gilt. An
der Echtheit der Stellen, auf die rekurriert wird, dürfe kein Zweifel bestehen[599]
und sie dürften nicht bloß einen lokalen, temporären Sinn enthalten,[600] sondern
müssten als »für alle Zeiten bestimmte Belehrung über Religionswahrheiten«[601]
auftreten. Eine so abgesicherte Schriftstelle benötige dann äußerst gewichtige
Gründe, um ihr die »dogmatische Wahrheit abzusprechen«[602].

Schlüsse aus Wahrheiten der Schrift müssen nach den Regeln der Logik geführt werden – darauf hatte Planck schon ausgiebig in der Hermeneutik hingewiesen.[603] Zudem wird von der Dogmatik gefordert, die »innere Vernunftmäs-
sigkeit ihrer Lehren zu beweisen«, so dass sie eigentlich als »Philosophie der
Religion« betrachtet werden müsse.[604] Jedoch moniere die kritische Philosophie
das Fehlen innerer Erkenntnisgründe an den positiven Wahrheiten der christlichen Religion. Ohne diese Debatte an dieser Stelle führen zu wollen, gibt
Planck zu bedenken, dass doch über historische Fakten aus der unsichtbaren
Welt – denn als solche seien alle positiven Lehren zu verstehen – die Autorität
eines göttlich beglaubigten Lehrers genau so weit Glaubwürdigkeit hergestellt
werden könne wie durch einen unverwerflichen Zeugen in Bezug auf histo-

---

Sinn einer jeden genauer bestimmt, und die Wahrheit einer jeden auffallender und fühlbarer
gemacht wird.« (Einleitung 2, 397). Planck geht davon aus, dass Wahrheiten im Zusammenhang deutlicher erkannt werden. Diese Art der Systematik genügt Planck zum Charakter als
Wissenschaft.

[595] AaO. 398.

[596] Deshalb ist auch die Exegese im Vorfeld so nötig, um dann einen »Total-Begriff« aus
den Stellen der Schrift zu abstrahieren (aaO. 398 f.).

[597] AaO. 400. Die unbedingte Forderung des Schriftbeweises zeigt nochmals die sach-
liche Vorordnung der Exegese vor der Dogmatik (vgl. KRAMM, Enzyklopädie, 175).

[598] Einleitung 2, 400.

[599] Vgl. aaO. 402. Daraus ergäbe sich dann eine echt-jesuanische Religionslehre. Dass
Planck sie hier zugrunde legt, sie aber erst noch erhoben werden muss, wie KRAMM, Enzyklopädie, 240, kritisch anmerkt, scheint mir doch ein normales Verfahren zu sein.

[600] Vgl. Einleitung 2, 403.

[601] AaO. 404.

[602] AaO. 405. D. h. aber auch, dass ein solches Vorgehen grundsätzlich möglich ist, jedoch
das exegetische Argument überwiegt. Es gilt, dass nichts »dogmatisch-wahr seyn kann, was
nicht exegetisch-wahr ist« (aaO. 406).

[603] Vgl. ebd.

[604] Vgl. aaO. 407.

rische *facta* aus der sinnlichen Welt.[605] Eine weitere, als Angebot formulierte
Forderung der kritischen Philosophie, positive Lehren so weit anzuerkennen,
wie ihre Nützlichkeit für die praktische Vernunft gezeigt werden könne, lehnt
Planck ab:[606] Durch die Herabwürdigung der Offenbarungswahrheiten zu bloßen Symbolen durch die kritische Philosophie sei die Gefahr einer solchen Haltung illustriert.[607] Dass positive Lehren wahr sein können, müsse man hingegen
einräumen, wenn ihre Widerspruchslosigkeit gegenüber der Vernunft gezeigt
sei; ein Beweis der moralischen Nützlichkeit sei dann überflüssig,[608] zumal sich
in jedem Fall der Nutzen aus dem Offenbarungscharakter der Lehren ergebe, so
dass die moralische Verwertbarkeit unmöglich immer erschöpfend angegeben
werden könne.[609] Die Dogmatik habe also neben dem Schriftbeweis zu zeigen,
dass die positiven Lehren in keinem Widerspruch zu den Prinzipien der reinen
und praktischen Vernunft stehen. Könne sie das nicht, solle sie sich damit begnügen, den Einfluss zu zeigen, den sie als »geglaubte Offenbarungslehren auf
die Moralität haben können«[610]. Ohne die Autorität der Offenbarung das Positive des Christentums verteidigen zu wollen, hält Planck für illusorisch.

Das namengebende systematisierende Geschäft der Dogmatik habe, so präzisiert Planck, die Lehren in »derjenigen Verbindung […], in welcher ihr Zusammenhang untereinander am sichtbarsten, oder in welcher es am klarsten wird,
wie die eine in der andern und durch die andere begründet oder bestimmt,
eingeschränkt oder erläutert wird«[611], darzustellen. Durch diese Verbindung lasse sich viel deutlicher und leichter als wahr erkennen, was in den Lehren der
Offenbarung enthalten ist. Einige Bestandteile christlicher Lehre ließen sich
nur in diesem Zusammenhang richtig auffassen und als wahr erkennen.[612] Damit sei deutlich, »daß unsere Erkenntniß von den Glaubenslehren unserer Religion nothwendig dadurch an Klarheit und Bestimmtheit, Gründlichkeit und
Festigkeit gewinnen muß: und dieß ist wohl Nutzen genug, der dadurch gestiftet wird.«[613] Sich von der systematisierenden Aufgabe zu dispensieren, wie eini-

---

[605] Vgl. aaO. 409. Diese Argumentation hatte er schon in der Exegese geführt, sie ist
grundlegend für die Apologetik.

[606] Vgl. aaO. 410 f. S. o. Kap. B.I.5.1.: Die praktische Nützlichkeit ist Charakteristikum,
nicht Kriterium.

[607] Vgl. aaO. 415. Man denke hier u. a. an die von Kant in seiner *Religionsschrift* vollzogene
Deutung. Planck verweist auf G.Chr. Storr (vgl. aaO. 415, Anm. 55), der daran Kritik geübt
habe (vgl. STORR, G.CHR., *Bemerkungen über Kants philosophische Religionslehre [1794]*).

[608] Vgl. Einleitung 2, 411. Zudem maßt die Philosophie sich die Beurteilung an, ob einzelne Wahrheiten diesen Kriterien entsprechen, man wäre also ihrer Willkür ausgesetzt (vgl.
aaO. 412 f.).

[609] Vgl. aaO. 414.

[610] AaO. 416.

[611] Ebd.

[612] Vgl. aaO. 417.

[613] AaO. 419. Die Definition der Dogmatik als Teil der Theologie, der die aus der Bibel
gewonnenen heilsnotwendigen Glaubenslehren in ihrem Zusammenhang erklärt und be-

ge Vertreter einer biblischen Theologie forderten, lehnt Planck ab:[614] Da die Lehre Jesu immer nur populär, gelegentlich, in Auszügen, temporär und lokal veranlasst vorliege und sie zudem auch Elemente enthalte, die nicht direkt zur Lehre gehörten, die ohne systematische Zusammenstellung aber verwirrend wirken müssten, könne sie nicht direkt aus der Bibel entnommen werden. Zudem wäre schon die Zusammenstellung der Schriftstellen zu einem bestimmten Thema systematisch.[615] Auch die Sprache der Dogmatik durch die biblische ersetzen zu wollen, lehnt Planck ab, da doch die Dogmatik gerade diese durch deutlichere Begriffe erklären müsse.[616] Eine geforderte populäre Form der Dogmatik dürfe nicht der scholastischen entgegengesetzt werden, nur als Umgestaltung für den Volksunterrricht sei ein solches Unterfangen sinnvoll,[617] die Theologie hingegen bedürfe einer gelehrten Kenntnis der Religion, denn eine »ächt-populäre Dogmatik [setzt die] Kenntniß der gelehrten voraus [...]«[618].

Planck setzt sich mit dem Vorwurf auseinander, die Dogmatik sei über ihre Grenzen hinausgegangen und behandle nicht nur die reine Religionslehre Jesu.[619] Und zwar entstünden durch die Zusammenstellung in ein System bestimmte Ideen, die als Verbindung anderer fungierten, die sich unmittelbar aus

---

weist, begegnet schon bei Buddeus (vgl. NÜSSEL, Dogmatik, 1073, und ausführlicher DIES., Bund).

[614] Eine »biblische Theologie« sei in der Hinsicht sinnvoll, als dass darin die dogmatischen Wahrheiten der Schrift analytisch dargestellt würden. Dies sei aber nur eine andere Methode, die gleichen Wahrheiten darzustellen; eine Verdrängung der dogmatischen durch die biblische Methode sei abzulehnen (vgl. Einleitung 2, 495).

[615] Vgl. aaO. 420–422.

[616] Planck verweist auf die höchste Präzision scholastischer Begrifflichkeiten am Beispiel der Lehre von der *providentia Dei* (vgl. aaO. 491 f.), die prägend für seine Geschichtsauffassung ist (s.u. Kap. B.II.3.2.).

[617] Interessanterweise begegnet diese Differenzierung hier nur sehr untergeordnet, während sie sonst sogar ein Gliederungsmerkmal sein konnte. Im 17. Jh. wurde die Unterscheidung von *theologia acroamatica, systematica* und positiver, thetischer oder katechetischer Theologie entwickelt, wobei letztere für die Pfarrer, erstere zur analytischen und auf die kontroverstheologische Verteidigung abzielenden Behandlung der Glaubenslehren gerichtet war. Buddeus führte beide zusammen, indem er die Lehre als das dogmatische Fundament von dem realen Fundament des Glaubens – an die Versöhnung des Menschen mit Gott durch Christus – unterschied (vgl. NÜSSEL, Dogmatik, 1074). Bei Calixt findet sich die Unterscheidung zwischen einer wissenschaftlichen *theologia academica* und einer auf das Pfarramt bezogenen *theologia ecclesiastica* (vgl. HELL, Entstehung, 106.108).

[618] Einleitung 2, 499. Er verweist auf Nösselt (vgl. NÖSSELT, Anweisung 2, 257 f.), der die populäre Dogmatik darauf beschränke, die wichtigsten Lehren und ihren Einfluss darzulegen, und auf die Erklärung all dessen verzichte, was ohne Gelehrsamkeit nicht erklärbar sei (vgl. Einleitung 2, 496). Im Grundriß, 227 f., insistiert Planck deutlicher darauf, dass die populäre Dogmatik sich nicht von dem Historisch-Positiven lösen dürfe unter dem Vorwand, sie müsse nur das für das Religions-Bedürfnis des Volkes Angemessenste ausheben, allerdings mit einem auch in der *Einleitung* an anderer Stelle schon geläufigen Argument: »gerade bey dem Volk kann das Moralische am stärksten durch das Historische und Positive, und vielleicht allein dadurch wirken.« (aaO. 228).

[619] Vgl. Einleitung 2, 423 f.

der Schrift ergeben (»consequentiis theologicis«[620]). Ihnen ist nun nach Planck gegen die Forderung ihrer Verurteilung[621] die gleiche Dignität zuzuerkennen wie den »reinen Religionswahrheiten«, solange sie auf logisch-richtigem Wege aus eben dieser Quelle geschöpft seien. Um wirklich erklärend sein zu können, sei diese Operation nötig,[622] in einer der Dogmatik eigenen Sprache, denn zur Erklärung könne nicht die biblische Sprache einfach übernommen werden.[623]

Dabei bleibt zu betonen, dass Planck subtile Untersuchungen aus dem öffentlichen Vortrag der Religion ausschließt. Eine Häufung dieser spekulativen Konstrukte sei auch der Dogmatik nicht dienlich. Um sie aber nicht ganz zu verwerfen,[624] und da sie nicht für die Aufgabe der Systematisierung der christlichen Lehren, aber zur Ausformung einer Gelehrsamkeit in der Theologie hilfreich seien, schlägt Planck eine Verlagerung dieser Inhalte in die Dogmengeschichte vor.[625] Die Beschäftigung mit den Distinktionen der Scholastik und weiterer Systeme könne »am meisten dazu [beytragen], den gründlichen Theologen zu bilden«[626], indem sie den »Geist des wissenschaftlichen Nachdenkens, des schärferen Prüfens, des vorsichtigeren und bedachtsameren Beurtheilens am gewissesten«[627] bilde – also wie bereits andere historische Disziplinen zur Gelehrsamkeit beitrage.

Planck diskutiert einen zweiten Hauptvorwurf gegen die Dogmatik: Sie habe nicht zwischen »gelegenheitliche[n]« und »absichtliche[n] Religionsbelehrung[en]« unterschieden und so die reine Religionslehre Jesu wiederum verunreinigt.[628] Die Dogmatik habe die Merkmale zur Unterscheidung, die sich in der Geschichte des Augenblickes, des Ortes, des Zweckes, der veranlassenden Umstände und der Beschaffenheit des Inhalts finden, nicht ordentlich angewendet oder übersehen.[629] Beispielhaft führt er die Lehre über Engel und Dämonen sowie den eschatologischen Komplex der Lehren von künftiger Auferweckung,

---

[620] Einleitung 1, 424.

[621] Planck referiert dies als den ersten Vorwurf, die Dogmatik habe es zu weit getrieben (vgl. Einleitung 2, 423 f.).

[622] Vgl. aaO. 426 f.

[623] Damit geht Planck auf die o.g. »biblische Theologie« ein, die sich jeglicher Versuche enthielt, etwas außerhalb der Schrift in ihr System aufzunehmen. Planck beurteilt dieses Vorgehen nicht grundlegend negativ, da eine analytische Darstellung der Schriftwahrheiten auch hilfreich sei; für eine dogmatisch-systematische Aufgabe reiche dieses Vorgehen aber nicht aus (vgl. aaO. 493–495).

[624] »Man kann ja die Dogmatik von dem beschwerlichen Ueberfluß philosophisch-theologischer Bestimmungen, den sie bey ihren positiven Lehren angebracht hat, entladen, ohne daß man deßwegen nöthig hat, sie als ganz unnöthigen und zwecklosen Unrath völlig wegzuwerfen.« (aaO. 436).

[625] »Man schaffe sie nur aus der Dogmatik fort, aber man trage sie in die Dogmengeschichte hinüber!« (aaO. 437).

[626] AaO. 436.

[627] AaO. 435. Damit wird ihr Verbleib didaktisch, nicht inhaltlich begründet.

[628] AaO. 440.

[629] Vgl. aaO. 441 f.

jüngstem Gericht und Wiederkunft Christi an. Sie gehören unter die Begriffe, die nur durch die Autorität der Offenbarung beglaubigt werden können – also nicht vernünftig dargelegt werden können.[630] Kriterium einer Beurteilung sei, ob die entsprechende Lehre in notwendigem Zusammenhang mit den Grund-ideen der Religionslehre Jesu stehe – in den anderen Fällen sei eine problemlose Akkommodation möglich – und ob ein menschlicher Ursprung ausgeschlossen werden könne bzw. die Neuheit der Ansichten gezeigt und sie so auf die Ver-kündigung Jesu zurückgeführt werden könne; in anderen Fällen hätten sie nicht den Charakter göttlicher Offenbarung.[631] Hinsichtlich der Lehre von den letzten Dingen sei nicht zu beweisen, dass die Juden die Vorstellungen von Ge-richt und Auferstehung schon in der »nehmlichen Form« besaßen, wie Jesus und die Apostel sie vortrugen.[632] Zudem lasse sich beobachten, dass Jesus in beleh-render Absicht das Gespräch auf diese Dinge brachte, also keine äußere unmit-telbare Veranlassung dazu bestand.[633] Deshalb sei es »noch etwas zu frühzeitig, daß unsere Dogmatik diese Lehren aufgeben sollte.«[634]

Ein dritter Vorwurf greift eigentlich schon in die Moral hinüber:[635] Alles Historische solle aus der Dogmatik verbannt werden, die persönliche Geschich-te Jesu gehöre ebenso wenig hinein wie die von Zenon in die stoische Philoso-phie.[636] Letztlich führe dies aber dahin, so Planck, alle Glaubenswahrheiten als völlig unabhängig von der eigentlichen moralischen Religion Jesu zu betrach-ten und allein in der Geschichte der Religion zu verhandeln.[637] Das würde vo-raussetzen, dass die Theorie der christlichen Religion wirklich nur der Ver-

---

[630] Vgl. aaO. 452.

[631] Vgl. dazu die Darstellung insgesamt aaO. 444–463; zum Offenbarungscharakter be-sonders aaO. 449f.

[632] Vgl. aaO. 456. KRAMM, Enzyklopädie, 177, meint, Planck gebe die Lehre über die Geisterwelt bedenkenlos preis. Dies entspricht kaum der abwägenden Haltung Plancks, macht aber eine Argumentationslücke deutlich: Planck übergeht die Entscheidungsfindung.

[633] Vgl. Einleitung 2, 460f.

[634] AaO. 462. Sobald allerdings festgestellt würde, dass ein Merkmal nicht erfüllt ist, wäre es Pflicht sie aufzugeben. Der subjektiven Meinung des Dogmatikers gesteht Planck auch darüber hinaus einen Freiraum zu, aber die Dogmatik als Wissenschaft verpflichtet er auf die Beurteilung nach zuverlässigen Merkmalen.

[635] Planck bezieht sich hier auf einen Aufsatz: *Etwas zur Kritik der bißherigen Dogmatik* (Ein-leitung 2, 463) in H.Ph.K. Henkes *Magazin für Religionsphilosophie, Exegese und Kirchenge-schichte.* Insgesamt könnte man auf die in Auseinandersetzung mit dem idealistischen Konzept diskutierte Frage, welche Rolle das Historische in der Theologie spielt, verweisen (vgl. HELL, Entstehung, 187), z.B. konkreter auf C. Daub als Schelling-Rezipienten, der feststellt, eigentliches theologisches Wissen sei kein historisches, sondern systematisches und spekula-tives Wissen (vgl. aaO. 192f.).

[636] Vgl. Einleitung 2, 465.

[637] Vgl. aaO. 470. Dies sei die Meinung, die nicht nur Kant nachgesagt werde, »daß man das historisch-dogmatische des Christenthums ohne Nachtheil der christlichen Religions-theorie auf sich beruhen lassen könne, weil diese ganz unabhängig von der Geschichte Chris-ti auf ihren eigenen Fundamenten beruhe« (ebd.).

nunft *a priori* Beweisbares enthalte, also »Theorie der reinen natürlichen oder Vernunftreligion sey«[638]. Wenn aber nur ein Satz in der christlichen Religionstheorie auf die Autorität der Offenbarung gebaut sei, müsste man zugeben, dass dieser nur auf der Geschichte von Jesu göttlicher Sendung, seiner Person, seines Charakters oder seiner Wunder gebaut werden könne.

»Man kann recht füglich annehmen, daß die eigentliche christliche Religionstheorie nichts als reine Theorie der natürlichen Religion sey, und doch dabey ohne die mindeste Inkonsequenz alles positive behalten, das die Dogmatik bißher in der Lehre Jesu gefunden hat.«[639]

Das setzt voraus, dass das Positive nicht zur eigentlichen Religionstheorie Jesu gehöre, aber eine enge Verbindung und gegenseitige Beförderung zwischen beiden bestehe: 1. Die meisten Ideen der christlichen Religionstheorie seien rein-moralisch und stimmten mit den Prinzipien der praktischen Vernunft völlig überein.[640] 2. Im Vortrag Jesu seien die positiven Ideen zur Verstärkung, Erläuterung, Erhaltung und Vermehrung des Effekts berechnet, also um der moralischen willen da.[641] 3. Wenn nur bei einer positiven Idee gezeigt werden könne, dass sie nicht nur zur Vermehrung, sondern zur »Bewürkung des Effekts jener moralischen nöthig und unentbehrlich«[642] sei, dann wäre entschieden, dass beide nicht getrennt werden könnten, somit die moralische nicht isoliert von der Geschichte Christi dargestellt werden könnte.[643] Und schon aus dem unverhältnismäßigen Mittel der Geschichte Jesu lasse sich folgern, dass sie nicht auf einen bloß temporären Zweck angelegt sein könne: Die Ideen von der Erlösung durch Christus, die Aussöhnung mit Gott durch seinen Tod und die daraus gewirkte Gewissheit der Begnadigung werden mit den moralischen Ideen so verflochten vorgetragen, dass ein bloß temporärer Zweck unvorstellbar sei.[644] Die Idee der durch Jesus erworbenen Vergebung der Sünde sei somit nicht bloß Beweis der Wahrheit der christlichen moralischen Theorie, sondern diene zur Bewirkung ihres Effekts, ohne diese Idee würden Kraft und Ausdauer zur Befolgung der christlichen Moral fehlen.[645] Diese Versicherung müsse also jede

---

[638] AaO. 471.

[639] AaO. 474.

[640] Dabei denkt Planck an die Natur der Gottesverehrung, den Gehorsam, die Heiligung (vgl. 478).

[641] Sogar die Lehre von der Rechtfertigung könne nur dadurch wohltätig wirken, insofern sie zur Annahme der moralischen Ideen »geneigter und williger« und in ihrer Befolgung »eifriger und standhafter« und zur Ausübung der Pflichten »fähiger und entschlossener« mache (aaO. 479). Die wahre Verehrung Gottes bestehe in der Befolgung seines Willens, nicht in der Kenntnis der Lehren.

[642] AaO. 479 f.

[643] Vgl. aaO. 480.

[644] Vgl. aaO. 481.

[645] Denn auch das heiligste Gesetz, die größte Pflicht könne keine dauerhafte Wirkung haben, wenn nicht gleichzeitig damit eine »gewisse Versicherung ertheilt wird, daß unter der

Religions-Theorie bieten, wenn sie moralisch wirksam werden wolle:[646] Somit sei die Geschichte Jesu für die christliche Religionstheorie nicht entbehrlich, denn die Glaubwürdigkeit der genannten Versicherung gründe allein auf dem Charakter Jesu, der wiederum auf seiner ganzen Geschichte beruhe.[647] 4. erscheine aber in einer Hinsicht die Diskussion über die Trennung von moralischem und Geschichtsglauben hilfreich, da viel Missverständnis angerichtet worden sei durch Äußerungen, der historische positive Glaube allein sei wirksam ohne seine Tendenz zur moralischen Religionstheorie.[648] Das Ziel jedoch, die eigentliche Wirkung der Religion, die »bessernde wie die beseeligende«, fließe allein von ihren moralischen Ideen aus, betont Planck.[649]

In der Entwicklung der Disziplin sieht Planck die Dogmatik mit ihrem Geschäft, die Wahrheiten der Schrift bzw. der Lehre Jesu und der Apostel zu beweisen, in der sonst bei ihm stets negativ erscheinenden Scholastik eine seither nicht wieder erreichte begriffliche Prägnanz erreichen.[650] Im *Grundriß* rügt er ausdrücklich den Stillstand im Zeitalter der Orthodoxie.[651] Innerhalb der neueren Entwicklung, die er zwischen 1750 und 1790 verortet, habe die Dogmatik durch strengere Beweisverfahren und eine grundlegend veränderte Gestalt durch Aufgabe einiger Lehren insgesamt gewonnen.[652] Gegenwärtig bestehe Potential zu einer totalen Umbildung der Dogmatik, nur die Adaption der neueren Philosophie zur Verteidigung eigentlich schon aufgegebener Lehren halte

---

Bedingung ihrer Besserung jene Folgen ihrer früheren pflichtwidrigen Handlungen und Gesinnungen noch abgewandt werden können« (aaO. 482).

[646] »Wenn es sich aber würklich so verhält, so darf und muß es als wesentlich-nothwendiges Erforderniß jeder für Menschen, wie wir sind, zweckmässigen Religions-Theorie erkannt werden, daß sie dem Menschen diese Versicherung zu ertheilen, oder ihn zu der Gewissheit hierüber zu führen hat.« (aaO. 483).

[647] Vgl. aaO. 485. Hier hofft Planck auf einem Kompromiss mit Kant, der zugeben könnte, dass der moralische Glaube im normalen Menschen ohne den Geschichtsglauben nicht wirksam würde (vgl. aaO. 484, Anm. 69).

[648] Vgl. aaO. 485 f. D. h., die positiven Lehren bedürfen zwar nicht zu ihrer Geltung der Rechtfertigung durch eine moralische Anwendbarkeit, sie sind aber auf diese Wirkung angelegt.

[649] Vgl. aaO. 487.

[650] Jesus und die Apostel hatten noch den Beweis über die Wunder (vgl. LESSING, Beweis), die Kirchenväter behandelten immer nur einzelne, gerade durch die Streitlage aufoktroyierte Punkte (vgl. Einleitung 2, 501.503).

[651] »[W]eil man eine geraume Zeit unter uns gar nicht mehr über jene Theologie hinaus gehen zu dürfen glaubte, welche die Reformatoren des sechszehnten Jahrhunderts neu gebildet hatten.« (Grundriß, 243).

[652] Vgl. Einleitung 2, 521. Im Grundriß, 249 f., kann Planck einerseits die Forderungen der neuen Philosophie sehr gut verstehen und hält sie für gerechtfertigt, andererseits kritisiert er deutlich die »Leibniz-Wolfische[] Schule«, besonders Johann Gustav Reinbeck (1683–1741) und I. G. Canz, die nicht mehr getan hätten, als die »christlichen Glaubens-Lehren in die Formen der Leibniz-Wolfischen Philosophie« hineinzupressen (Grundriß, 250). Canz' Schüler G. Plouquet war Plancks philosophischer Lehrer in Tübingen. Seine kritischen Bemerkungen hier zeigen, dass das Urteil, Planck habe sich nicht über diese philosophische Schule hinaus entwickelt (so ANER, Theologie, 139), so nicht richtig ist.

sie auf.[653] Im *Grundriß* blickt Planck auf eine weitere Umbildung zurück, die in den »letzten dreißig Jahren«[654] vollzogen worden sei: Ermöglicht durch eine größere Freiheit der Philosophie durch den »Weise[n] von Königsberg noch am Schlusse des Jahrhunderts«[655] sei es zu einem neuen Verhältnis zwischen Philosophie und geoffenbarten Religions-Lehren gekommen, worüber sich die Theologen zerstritten hätten.[656] Unter »christliche[m] Naturalismus« firmiere die Auffassung von der Identität der Grundideen der christlichen Glaubens-Lehre mit den Prinzipien der reinen Vernunft-Religion.[657] Diese Partei sei gespalten in solche, die annehmen konnten, dass die Lehren des Christentums, die mit der Vernunft harmonieren müssten, auch durch eine übernatürliche Offenbarung mitgeteilt werden könnten, also ihrer Form nach unter die Kategorie der übernatürlichen Wahrheiten gehören,[658] und solche, die nicht nur eine Harmonie von Philosophie und echter Religionstheorie propagierten, sondern behaupteten, »daß die einzige mögliche ächte Religions-Theorie gar nichts anders als eben ihre Philosophie seyn konne.«[659] Für letztere falle die Unterscheidung zwischen Naturalismus und Supranaturalismus fort, denn alles sei »für sie in einem gewissen Sinn Offenbarung, denn alles, was ist, ist ja nur eine Manifestation der Gottheit,«[660] Als weitere Partei sei die der alten supranaturalistischen Sicht auszumachen – G.Chr. Storr, F. V. Reinhard, J. F. Flatt, K.Chr. Flatt, F. G. Süskind –, die davon ausgehe, dass bei der Offenbarung der Lehre Jesu eine ganz besondere außerordentliche Mitteilungsart stattgefunden habe, die ihrem Inhalt

---

[653] Vgl. Einleitung 2, 523.
[654] Grundriß, 253.
[655] AaO. 254.
[656] Wobei Planck meint, dass alle Parteien letztlich doch zu einem Ziel kommen wollen (vgl. aaO. 255). Kant unterscheidet zwischen dem (reinen) Rationalisten (»welcher bloß die natürliche Religion für moralisch notwendig, d.i. für Pflicht erklärt« [KANT, Religion, 207 (B 231)], bzw. der die übernatürliche göttliche Offenbarung zwar zulässt, sie aber für nicht notwenig zur Religion erforderlich hält [vgl. aaO. 208 (B 231)]), dem Naturalisten (der »die Wirklichkeit aller übernatürlichen göttlichen Offenbarung verneint« [ebd.]) und dem (reinen) Supranaturalisten (der »den Glauben an dieselbe [die übernatürliche göttliche Offenbarung, C.N.] zur allgemeinen Religion für notwendig« [aaO. 208 (B232)] hält).
[657] Vgl. Grundriß, 255 f. Darunter rechnet Planck Teller, Jerusalem, Steinbart und Semler, die das »System unserer christlichen Glaubens-Lehren in ein System von rein-natürlicher Vernunft-Religion« verwandeln wollten (aaO. 257), das Positiv-Historische also entfernten.
[658] Vgl. aaO. 259 f.
[659] AaO. 261. Planck erwähnt hierzu die Identitäts- oder Natur-Philosophie und meint damit wohl den Deutschen Idealismus Schellings, Fichtes und Hegels.
[660] AaO. 261. Religion ist dann nichts anderes »als ein mit Selbst-Bewußtseyn verbundenes Anschauen Gottes, oder der Wahrheit in Gott« (aaO. 262). Diese Philosophen könnten auch mit dem Historisch-Positiven des Christentums zurechtkommen, indem sie es entweder in ihre Philosophie aufnähmen (wie die Trinität bei Hegel) oder als symbolische Darstellung deuten. Nach diesen Prinzipien sei die Religionstheorie bisher von C. Daub und C.A.H. Clodius dargestellt worden, katholischerseits von P.B. Zimmer.

sofort einen besonderen Wahrheits-Charakter zueigne.[661] Als eine andere Tendenz der Dogmatik dieser Partei macht Planck die Erkenntnis aus, »daß jede
ächte Religions-Theorie nur eine moralische Tendenz haben kann«, also auch
in einer geoffenbarten alles Wesentliche nur moralisch sein kann, deshalb in
ihren Grundbegriffen mit der Religions-Theorie der reinen Vernunft durchaus
zusammentreffe.[662] Dem Positiven darin komme dann die Bestimmung zu, das
wesentlich Moralische darin kräftiger, fruchtbarer und eindringlicher zu machen.[663] Diese Gruppe sei am weitesten verbreitet.[664] Damit wiederholt sich die
Darstellung, die schon in der Apologetik begegnete – d. h., die dort zentrale
Frage der Offenbarung kehrt hier zentral wieder.

Da die Dogmatik den Hauptteil des theologischen Studiums bildet, finden
sich auch in der Darstellung ihrer Methodik bekannte Elemente aus dem Eingangsteil über die Methode der Theologie im Ganzen:[665]

»[J]edem Theologen [muss es] bey Erlernung der Dogmatik um Erlangung einer gelehrten, dieß heißt, einer wissenschaftlich entwickelten, und eben dadurch bestimmter,
deutlicher und gewisser gewordenen Erkenntniß der Religionswahrheiten mit ihren
Überzeugungs-Gründen zu thun seyn«[666].

Daraus ergibt sich auch die Verortung im Studienablauf nach Exegese und Historischer Theologie gegenüber der lange gängigen Praxis, mit einem dogmatischen Kolleg zu beginnen. So viel hänge davon ab, historisch über den Ursprung, die Entwicklung, die Veränderung ihrer Formen und die Umstände der
Systembildung einzelner Lehren Kenntnis zu haben.[667]

---

[661] Vgl. aaO. 264 f. Durch bessere Exegese und feinere Kritik konnte freilich einiges, was
bisher zur Lehre Jesu gerechnet wurde, ausgeschieden werden (vgl. aaO. 266).

[662] Vgl. aaO. 267.

[663] Vgl. aaO. 267 f.

[664] In einem neuen Lehrbuch von Schott z. B., in andern sei es durch die Form noch verdeckt (z. B. bei Schmidt oder Augusti) (vgl. aaO. 268).

[665] Z. B. die Auseinandersetzung mit Zweifeln oder die vorher nötige Befestigung und
Überprüfung seiner Überzeugungen. Zur Dogmatik als Hauptfach kann Planck formulieren, dass »es ja allerdings Hauptstudium des theologischen Cursus bleibt, zu dem man gewissermassen selbst alle übrigen, wenigstens alle bißher angeführten Theile der Theologie nur
als Hülfsstudien betrachten kann« (Einleitung 2, 543).

[666] Einleitung 2, 526. Vgl. die Zweckbestimmung in Plancks Vorlesung zur Dogmatik
1818/19, Ziel müsse die Klarheit, Brauchbarkeit und Anwendung der Lehren sein, wozu
vorher klare Begriffe und eine Erschließung der Gründe und Zusammenhänge geleistet werden müssten (vgl. HAB Cod. Guelf. 14 Noviss. 4°, Bl. 1).

[667] Vgl. Einleitung 2, 527 f. Dabei ist interessant, dass Planck im Grundriß, 15, in der
einführenden Übersicht der Fächer, die Systematische vor der Historischen Theologie loziert, sie in der Durchführung aber in umgekehrter Reihenfolge bearbeitet, die er so auch
begründet hatte. Einzig für den Studenten, der reichlich Zeit mitbringe und zwei dogmatische Kollegien besuchen könne, sei eines als Einstieg in das Studium, das andere als wirklich dogmatisches zu studieren (vgl. Einleitung 2, 528). Zur Vorordnung der Exegese vgl.
auch Nösselt, Anweisung 2, 7 f. Anders Mosheim, Anweisung, 117: »Die dogmatische
Theologie ist […] die erste«.

Innerhalb der Methodik fordert Planck, aus den einzelnen theologischen Definitionen seien die jeweils entscheidenden Ideen möglichst auswendig zu lernen, um sie sich, vorbereitet durch den Vortrag des Lehrers, einzuprägen. Um
zu eigener Überzeugung gelangen zu können, bedürfe es dann der eigenständigen Überprüfung der Beweise, die in der Dogmatik für die einzelnen Sätze
und Lehren angeführt werden.[668] Die so gewonnene Überzeugung müsse dann
– zum richtigen Zeitpunkt – an Zweifeln und fremden Anfragen erprobt werden. Ganz abschaffen will Planck das Ziel der Polemik, auf mögliche Zweifel
die je richtigen Antworten beizubringen,[669] denn nur die Auseinandersetzung
mit den Zweifeln, nicht die falsch verstandene Vorbereitung auf die Antwort sei
hilfreich. Die Gefahr einer Begriffsverwirrung und des völligen Wahrheitsver-
lustes entstehe nicht durch die Auseinandersetzung mit Zweifeln, sondern re-
sultiere daraus, dass »sich tausende ihrem Einfluß preiß gaben, ehe sie die Vorstellungen selbst kannten, gegen welche sie gerichtet waren«[670].

Im *Grundriß* überlegt Planck, ob es nicht beim gegenwärtigen Zustand der
Wissenschaft sinnvoll wäre, »das Studium der systematischen und besonders der
dogmatischen Theologie historisch zu betreiben«[671], und denkt dabei an die
historische, unparteiische Behandlung der spezifischen Form eines bestimmten
dogmatischen Systems. Noch vor dem Besuch eines dogmatischen Kollegs solle
mittels eines Lehrbuchs das reine System der jeweiligen symbolischen Dogmatik erlernt werden.[672]

Von der Dogmatik seit einiger Zeit unterschieden habe die Moral die Pflich-
ten- und Sittenlehre des Christentums zum Gegenstand. In Frage steht für
Planck dabei die Möglichkeit, sie ungeachtet der üblichen dogmatischen Ableitung der Pflichten aus Gottes Wesen und Eigenschaften und seinem Verhältnis
zum Menschen als Sittenlehre der reinen Vernunft zu betreiben. Aus der Trennung von Dogmatik und Moral ergebe sich der Vorteil, die Harmonie der
christlichen mit der vernünftigen Sittenlehre darzulegen,[673] Beide Methoden
könnten nebeneinander bestehen bleiben, seien beide doch auf eine systematische Darlegung der Sittenlehre aus.

Die Moral habe erstens die Natur und Beschaffenheit sowie Umfang und
Grenzen der Pflichten zu zeigen, zweitens die Verbindlichkeit zu diesen Pflich-

---

[668] Vgl. Einleitung 2, 531–533. Vgl. dazu die im Tübinger Stift üblichen *Locus*-Übungen
(s. o. Kap. A.II.3. und 6).
[669] Deshalb ist die Darstellung von KRAMM, Enzyklopädie, 174 f., unscharf, der meint,
Planck habe die Aufgabe der Polemik der Dogmatik zugewiesen, mit Einwänden gegen das
Christentum bekannt zu machen, denn der Polemik kam – von Planck ausdrücklich erwähnt
– in erster Linie eine widerlegende Rolle zu.
[670] Einleitung 2, 543.
[671] Grundriß, 275.
[672] Vgl. aaO. 278 f. Damit mag Planck auch auf seinen eigenen *Abriß* verweisen (vgl. Kap.
B.III.).
[673] Vgl. Einleitung 2, 545.

ten zu beweisen und Gründe und Motive dazu darzulegen, vor allem auch eine Geneigtheit zu ihrer Erfüllung hervorzubringen und drittens den Zusammenhang der Pflichten begreiflich zu machen.[674] Alles hänge darin wie in der philosophischen Sittenlehre von wenigen Grundprinzipien ab, auf dessen Studium man sich besonders konzentrieren solle.[675] Darüber hinaus habe die Moral aber auch Motive vorzulegen, die kraftvoll genug seien, »in unserer Seele eine wahre Geneigtheit zu ihrer Erfüllung hervorzubringen.«[676] Häufig werde gefordert, nur reine, aus der Verbindlichkeit der Pflichten abgeleitete Beweggründe zuzulassen, was unrealistisch sei, da es doch keine rein vernünftigen, sondern zugleich sinnliche Menschen seien.[677] Darin liege nun der »unbestreitbare Vorzug der Sittenlehre Jesu [...], daß sie zahlreichere und kräftigere Beweggründe hat«.[678] Wenn auch die moralischen Beweggründe die gleichen sind, könne die theologische Moral eher auf Wirksamkeit rechnen als die philosophische, da sie den Motiven die Form von Verheißungen gebe.[679] Zuletzt sei bei jeder Sittenlehre auf die Ausführbarkeit ihrer Vorschriften zu achten und die Möglichkeit ihrer Erfüllung besonders darzulegen, was aufgrund einer falsch angewendeten Lehre von der Verderbnis der menschlichen Natur in der christlichen Moral häufig nicht geschehen sei.[680] Dazu dient Planck der Nachweis der Harmonie mit der Sittenlehre der Vernunft: Die Sittenlehre Jesu fordere nicht mehr als die menschliche Vernunft selbst.[681]

Die Geschichte der Moral ist kurz, da sie für Planck erst seit dem vorigen Jahrhundert als eigenes Fach existiert. Die gesamte christliche Askese führt er auf dualistische, gnostische Einflüsse zurück, denen das Christentum schon in der Frühzeit ausgesetzt war und die das dualistische Prinzip von Gut und Böse auf Seele und Leib verteilten und so in der christlichen Lebensführung eine Leibfeindlichkeit ausprägten.[682] Die für die Dogmatik so wichtige Scholastik

---

[674] Vgl. aaO. 546f.

[675] Vgl. aaO. 548–553. Alles Weitere werde von diesen Grundprinzipien ausgeführt, darin bestehe die Wissenschaftlichkeit dieser Disziplin (vgl. aaO. 554).

[676] AaO. 555. Die Rolle des Motivs moralischer Handlungen hatte Planck schon in seinem Studium behandelt, vgl. die Abhandlung über Ch. Bonnet und den *Entwurf einiger Abhandlungen vom Herzen* (vgl. Kap. A.II.5.1.).

[677] Vgl. Einleitung 2, 557. Ähnliche Überlegungen treten bekanntlich in der ethischen Konzeption Kants auf.

[678] AaO. 558.

[679] Vgl. aaO. 561. Darauf müsse beim populären Religionsvortrag besonders geachtet werden, weniger die Herkunft bestimmter Pflichten darzulegen, als Neigung dazu in den Seelen zu erwecken.
Im *Grundriß* geht Planck in der Darstellung der Moral fast nur auf diesen Punkt ein, dass das Historische und Positive den Pflichten der christlichen Moral ihre eigentliche Überzeugungskraft verleihe (vgl. Grundriß, 232f.).

[680] Meist hätte nicht ein Unvermögen des Menschen zum Guten ins Feld geführt werden müssen, sondern vielmehr die träge Furcht vor Anstrengung (vgl. Einleitung 2, 563.564f.).

[681] Vgl. aaO. 563.

[682] Vgl. aaO. 567–570. Vgl. dazu bei Kramm, Enzyklopädie, 180.

habe die praktische Seite ganz vergessen. Auch hier habe die Philosophie der
letzten Jahrzehnte wohltätige Dienste durch Chr. Wolff, G. W. Leibniz, H.
Grotius und S.v. Pufendorf geleistet.[683]

Ob der Symbolischen Theologie noch das Recht als eigenständige Wissenschaft zuzuerkennen sei, scheint Planck fraglich. Sie befasse sich mit den »Symbolen«,

»worinn eine ganze kirchliche Gesellschaft jene Vorstellungen über die ganze christliche Glaubenslehre, oder auch nur über einzelne christliche Lehren, welche sie als die
richtigsten anerkennt, auf eine authentische und feyerliche Art dargelegt hat.«[684]

Diese werden erst im Falle von Trennungen nötig, um diese zu rechtfertigen
und die je eigene Haltung, die von der Gegenseite meist verfälscht werde, authentisch darzustellen.[685] Als »symbolische Dogmatik oder symbolisch-dogma-
tische Theologie« könne die Darstellung der Übereinstimmungen und Abweichungen verschiedener Parteimeinungen bezeichnet werden, die am leichtesten
aus der Dogmengeschichte gewonnen werden könne, zumal die Haltung einer
Partei sich nie allein aus den Symbolen ohne Berücksichtigung sonstiger Lehren
darstellen lasse.[686] Eine Darstellung der Geschichte der Symbole füge sich in die
allgemeine Kirchengeschichte,[687] ihre Kenntnisse seien aber nach wie vor gewichtig und für jeden Studenten unverzichtbar, nicht nur, um seine eigene Kirchenpartei genauer kennenzulernen, deren Lehren er vermittelt,[688] sondern
auch hinsichtlich der spätestens mit dem *Woellnerschen Religionsedikt* wieder aufgebrochenen Frage der Verbindlichkeit der Bekenntnisschriften bzw. des Ein-
griffs- und Korrekturrechts der Kirche.[689] Zur ordentlichen Stellungnahme zu
den einzelnen Symbolen und deren Erklärungen sei es unbedingt nötig, sich
mit ihrer Geschichte vertraut zu machen.[690] Daraus lasse sich z.B. zeigen, dass
die Kirche immer die Befugnis gehabt habe, an ihren symbolischen Büchern
etwas zu ändern.[691]

---

[683] Vgl. Einleitung 2, 574.

[684] AaO. 577. Vgl. diese Definition mit den Ausführungen in Plancks *Abriß* (vgl. Kap.
B.III.).

[685] Vgl. Einleitung 2, 578f.

[686] »Einen solchen Abriß der christlichen Lehre nach den verschiedenen Vorstellungen der
christlichen Sekten und Partheyen kann man sich am leichtesten aus der Dogmengeschichte
ausziehen.« (Einleitung 2, 581). D. h., Planck versteht sein eigenes Werk dieses Namens (vgl.
Kap. B.III.1.) als Auszug aus der Dogmengeschichte.

[687] Vgl. aaO. 581f.

[688] Vgl. aaO. 585.

[689] Planck verweist auf die allgemeine Sitte, dass die symbolischen Bücher zugleich als
Norm für den Lehrer gelten und dieser »sogar an mehreren Oertern eydlich gebunden wird,
daß er nur ihrem Innhalt und ihrer Vorschrift gemäß lehren wolle.« (aaO. 584).

[690] Die Kenntnisse der literarischen und kritischen Probleme der symbolischen Bücher
seien ebenfalls wichtig, ließen sich aber aus einigen Hilfsmitteln entnehmen, die Planck abschließend aufführt (vgl. aaO. 589–592).

[691] Vgl. aaO. 587. Dieses ermöglicht dann, auch jetzt etwas daran zu ändern. Zu dieser

Im *Grundriß* verzichtet Planck ganz auf eine gesonderte Thematisierung der symbolischen Theologie, macht sie aber implizit methodisch zum ersten Teil des dogmatischen Kurses, wenn er die Auseinandersetzung mit den symbolischen Büchern der eigenen Kirche zur Grundaufgabe erklärt. Zudem geht er hier noch auf die Probleme der Bekenntnisbindung ein, die die ihr Unterworfenen bei Zweifeln an den symbolischen Lehren in Bedrängnis bringe.[692] Diesen Zwiespalt zu bewältigen, der entsteht, wenn ein Lehrer sich für Ansichten einer neueren Theologie entscheidet, erkennt Planck als wichtige Aufgabe.[693] Die Debatte um die Grundlegungsfunktion der Bekenntnisse hatte in Plancks Augen in den Jahren 1795–1813 noch an Brisanz gewonnen. Deutlich bildet die sogenannte symbolische Theologie nunmehr eine Aufgabe der gesamten Theologie; konzeptionell zeichnet sich hier aber sehr wohl Plancks Beitrag zu einer »komparativen Symbolik« ab, der auch stark die geschichtliche Entwicklung fokussiert und sich gegenüber der alten Symbolik vornehmlich auf die anderen Lehrsysteme konzentriert.[694]

So erscheint die Systematische Theologie als Fach der systematischen Durchdringung und Anordnung der Religionswahrheiten, das zwar als Hauptteil des theologischen Studiums dennoch oder deshalb in höchstem Maße angewiesen ist auf Vorarbeiten der Exegetischen und Historischen Theologie.

Frage trägt Planck umfangreich durch seine *Geschichte unseres protestantischen Lehrbegriffs* bei (vgl. Kap. B.II.2.1.).

VOIGT-GOY, Bekenntnisbindung, 94f., sieht Plancks Darstellung sehr von J.G. Toellner geprägt, den Planck auch positiv erwähnt; hier wäre eine Präzisierung nötig.

[692] »Wenn sich aber dieser [Religions-Lehrer, C.N.] – wie es noch fast überall der Fall ist – bey dem Antritt seines Lehr-Amts feyerlich verpflichten mußte, daß er die Lehren des Christenthums nur nach den Ansichten unserer älteren symbolischen Theologie vortragen, oder doch nie etwas gegen ihren Inhalt, also nie etwas mit jenen Ansichten Streitendes vortragen wolle, wie ist es anders möglich, als daß er sich in dem Zustande jener Ungewißheit durch diese Verpflichtung auf das äußerste gedrückt und verwirrt fühlen muß?« (Grundriß, 289).

[693] Vgl. aaO. 289f. Hier muss gezeigt werden, wie er im Beruf fortkommen könne, »ohne weder eine übernommene Verpflichtung, noch sein Gewissen, noch seine Ueberzeugung zu verletzen« (aaO. 290). Dabei sei entscheidend, das Geschäft der fortwährenden Prüfung nicht aufzugeben, sondern weiter nach »Wahrheit« zu forschen. Vgl. die Diskussion um das sogenannte *Woellnersche Religionsedikt* bei WIGGERMANN, Woellner.

[694] Die ehrende Unterstellung, Planck habe die »komparative Symbolik« geschaffen, kann sich also nicht auf seine enzyklopädischen Werke beziehen (gegen VOIGT-GOY, Reformationsgeschichte, 291, Anm. 37, u.v.a.), sondern fußt auf den von Planck in seiner *Geschichte unseres protestantischen Lehrbegriffs* und seinem *Abriß* vorgelegten historisch orientierten Werken. Vgl. dazu Kap. B.II.2.1. und B.III.1. Sein Anliegen war auch hier, die Streitpunkte zu klären und damit den Streit zielgerichteter zu fokussieren.

5.7. Sonderfall Praktische Theologie

5.7.1. Die Praktische Theologie in der Einleitung und im Grundriß

Lediglich als Anhang enthält die *Einleitung* die »angewandte[] Theologie«[695] bzw. »Theologia applicata oder applicatrix«[696], die Bezeichnung »Praktische oder angewandte Theologie« taucht erst im *Grundriß* auf.[697] Insgesamt wird durch die eigene Überschrift, die Planck der Praktischen Theologie hier nun zugesteht, sowie durch die relative Seitenzahl eine Entwicklung deutlich, die freilich auch nicht überbewertet werden darf:[698] 1795 konnte Planck zwar schon feststellen, dass diese Fächer zum Teil schon zu einem »eigenen vierten Hauptteil des theologischen Studiums« gemacht worden seien, doch lege sich offen dar, dass sie unter den »eigentlich-theologischen Wissenschaften keinen Platz behaupten können«.[699]

---

[695] Einleitung 2, 593.

[696] Einleitung 1, 117. In dieser einführenden Übersicht über die Fächer formuliert Planck deutlicher als in Band 2, man rechne diese Wissenschaften »gewöhnlich zu dem vierten Hauptteil des Studiums« (ebd.). Vgl. dazu BIRKNER, Reformprogramm, 295 f.

[697] Grundriß, 292. Der Terminus Praktische Theologie begegnet wahrscheinlich erstmals bei Niemeyer 1792 (so SCHRÖER, Praktische Theologie, 190). Zur vielseitigen und unscharfen Verwendung der Begriffe *theologia practica*, Pastoraltheologie, Praktische Theologie in der Zeit vor 1800 vgl. aaO. 190–193, und WINTZER, Nitzsch, 95.

[698] Im *Grundriß* begegnet die Praktische Theologie als vierter Abschnitt der theologischen Wissenschaften, nicht nur als Anhang. Zudem umfasst sie dort 22 Seiten (von 314), wohingegen sie in der *Einleitung* als Anhang mit 14 Seiten (von 1015) recht knapp daherkommt.
Dass Planck 1813 die Praktische Theologie in den »Wissenschaftsorganismus« aufgenommen habe, nachdem er sie in der *Einleitung* noch ablehnte, wie WINTZER, Nitzsch, 96 f., behauptet, ist zu unscharf. Ebenso ist die Bemerkung von KRAMM, Enzyklopädie, 183, Planck habe sie im *Grundriß* den anderen Wissenschaften gleichgestellt, irreführend, da sich dies nur auf den Aufbau des Werkes, nicht auf die Wissenschaftskonzeption bezieht.

[699] Beide Zitate: Einleitung 2, 593. Daran ändert sich auch im Grundriß, 292, nichts. Außerdem habe das Theologiestudium auch ohne diese schon »abschröckend weiten Umfang« (Einleitung 1, 119). Dass Planck diese »wesentliche Krone des ganzen Baumes« nicht gewürdigt habe, kritisiert LÜCKE, Planck, 49, und offenbart darin seinen von Schleiermacher beeinflussten Standpunkt.
Nösselt hatte noch den ganzen dritten Teil seines Werkes auf diese angewandten Wissenschaften verwendet (vgl. NÖSSELT, Anweisung 3; vgl. dazu BEUTEL, Aufklärung, 347, und VAN SPANKEREN, Nösselt), rechnet sie aber auch nicht zu den eigentlichen theologischen Wissenschaften (vgl. BIRKNER, Reformprogramm, 296).
NOWAK, Enzyklopädie, 72, ist der Meinung, Planck habe sich mit der stiefmütterlichen Behandlung der Praktischen Theologie aus dem »mainstream« verabschiedet. Dabei scheint doch fraglich, wo die »Praktische Theologie« wirklich schon im 18. Jh. als theologische Wissenschaft etabliert war. Man kann hier wohl eher von »Pastoraltheologie« sprechen, wenn man die einschlägigen Werke konsultiert (vgl. die Darstellung und Aufstellung bei ZÖCKLER, Handbuch 4, 3–15). So weisen auch GRETHLEIN/MEYER-BLANCK, Geschichte, 5, darauf hin, dass sich die Praktische Theologie am Beginn des 19. Jh.s langsam aus der älteren Pastoraltheologie bildete. Ein erster Lehrstuhl wurde 1813 in Tübingen eingerichtet (mit N.F. Köstlin), 1821 wurde dann G.F.A. Strauß in Berlin auf ein solches Ordinariat berufen (vgl. ebd. 5). Die Tendenz, die Geschichte der Praktischen Theologie stets bei Schleiermacher beginnen zu lassen, zeigt sich auch in den wenigen Arbeiten zur Sache: Wenn Grethlein/

Die Homiletik befasse sich mit den Möglichkeiten eines überzeugenden, belehrenden, rührenden und eindringlichen, auf Verstand und Herz gleichermaßen gerichteten Vortrags der Religionswahrheiten. Die Katechetik behandle dies in Anwendung auf »Kinder und Unmündige«[700]. Umfangreich begegnet die Pastoraltheologie, die sich nicht nur mit den direkten Amtspflichten des Religions-Lehrers, sondern darüber hinaus auch mit allen Pflichten, die ihm aus seinem Amt als Person erwachsen, beschäftigt.[701] Im *Grundriß* wird das Spektrum noch erweitert durch die ausdrückliche Nennung der Seelsorge, die Planck als »das wohthätigste aller Verhältnisse, in das er [der Religions-Lehrer, C. N.] eintreten«[702] kann, bezeichnet. Darin wird dem Prediger die Pflicht eingeschärft, »daß er in allen Fällen und Lagen wie in allen Beziehungen des Lebens für ihr [der Menschen, C. N.] Wohl und ihr Bestes sorgen soll.«[703] Getragen wird diese Hochschätzung von der Überzeugung, dass die Besserung und »Beseeligung«, durch die sie »weiser und besser, und dadurch dauerhaft zufrieden und glücklich«[704] werden, nicht durch Predigen und Lehren bewirkt werde: Die Religion müsse vielmehr »in das [sic] tägliche Verkehr ihres häuslichen, ihres gesellschaftlichen, ihres ganzen sonstigen Lebens«[705] hineingebracht wer-

---

Meyer-Blanck auch erwähnen, das langlebige Urteil Achelis', Schleiermacher sei Urheber der Praktischen Theologie als Wissenschaft, sei nicht ganz unproblematisch (vgl. aaO. 7 f.), beginnen sie dennoch bei Schleiermacher (so auch WINTZER, Nitzsch, 94). Zur »Pastoraltheologie« ließe sich eine Geschichte bis in biblische Zeiten oder wenigstens die der Kirchenväter schreiben (vgl. KLAUS, Entstehung, 895; SCHRÖER, Praktische Theologie, 196). Wichtig ist die Erkenntnis Schröers, dass es der »Impuls [war], gegenüber der Pastoraltheologie Theologie enzyklopädisch zu begründen, der zu der Proklamation der neuen Disziplin Praktische Theologie führte« (ebd).

SCHRÖER, Theologia, 389, macht Planck dafür verantwortlich, dem von ihm als evangelische Denktradition bezeichneten Konzept einer »theologia applicata« das »Todesurteil« (aaO. 389) gesprochen zu haben (er meint wohl die alte Unterscheidung zwischen *theologia acroamatica* und *applicata*). Die Kritik fußt jedoch auf begrifflichen Unschärfen.

[700] Einleitung 2, 595.

[701] Vgl. aaO. 594–596.

[702] Grundriß, 303.

[703] Ebd. Die Beyträge zur Verbesserung 4/4, 425–444, drucken einen Beitrag Plancks über »Christliche Lehrweisheit« ab, in der er den Zweck des Religionslehrers umschreibt: »Freylich soll er die Menschen, die er zu unterrichten hat, von der Wahrheit der Lehre Jesu überzeugen und zum Glauben daran bringen; aber nur deswegen, um etwas anderes und etwas größeres dadurch zu bewirken. Er soll durch diese Ueberzeugung auf ihren Willen, auf ihr Herz und auf ihre Gesinnungen wirken. Er soll sie durch diesen Glauben zu edleren und besseren, zu glücklicheren und zufriedeneren Menschen machen.« (aaO. 429). Insgesamt sieht er Jesus als das absolute Vorbild jedes Religions-Lehrers.

[704] Grundriß, 304.

[705] AaO. 305. Vgl. zu Plancks Einschätzung der Predigt auch *Worte des Friedens (1809)*: Von der Kanzelbelehrung sei am wenigsten zu erwarten, da »der Laye von demjenigen, was ihm von der Kanzel herab gesagt wird, gewöhnlich die eine Hälfte überhört, und die andere Hälfte nicht versteht, so wie es, leider! auch hier oft der Fall seyn wird, daß er bey dem Ueberhören und bey dem Nicht-verstehen nicht viel verliert« (Worte, 277).

den.[706] Stärker als in der *Einleitung* hebt Planck im *Grundriß* den Umgang mit liturgischen Agenden hervor, worin er zu mehr Freiheit ermutigt, da die alten Formen nicht mehr ganz angemessen seien.[707] Zudem kämen nun dem Prediger auch Aufgaben und Pflichten »in dem neuen Verhältniß als Civil-Beamter«[708] zu.

Zwar seien die genannten Techniken notwendig für jeden künftigen Religionslehrer – ohne sie sei keine ordentliche Amtsführung zu erwarten –, doch gehörten sie nicht in das Studium der Theologie, da sie sich nicht mit dem Objekt der Theologie befassten und nichts zu seiner Klärung beitrügen.[709] Streng genommen seien sie gar keine eigenen Wissenschaften, denn sie nähmen den Stoff ihrer Behandlung aus Dogmatik und Moral und die Kunstgriffe aus Redekunst, Pädagogik sowie Klugheits- und Sittenlehre, die jeweils auf einen bestimmten Stoff angewandt würden.[710]

Für alle, die nach dem hier gezeichneten Weg das Studium der Theologie durchlaufen hätten, sei es nicht nötig, noch die angewandte Theologie zu studieren.[711] Z. B. würden die Hauptkünste der Homiletik, einen möglichst fasslichen Vortrag der Religionswahrheiten zu halten, schon dadurch erübrigt, dass man sich in der Dogmatik einen deutlichen Begriff von einer Sache gemacht

---

[706] Damit verfolgt Planck das Projekt einer Volksaufklärung; der Volkslehrer muss nicht nur als Prediger, sondern »als Mensch, als Freund und Rathgeber, als Mitbürger oder als Hausvater« (Grundriß, 305) wirksam werden.

[707] Vgl. aaO. 307.

[708] AaO. 309. Dabei hatte er schon auf das »neue französische Recht« hingewiesen, das »ganz besonders in dem Königreich Westphalen« begegne und mit dem sich der Prediger bekannt machen müsse, um Komplikationen zu vermeiden (vgl. aaO. 302 f.). Planck schreibt dies 1813 und damit kurz vor Auflösung des französischen Musterstaats Westphalen. Offenbar rechnete er nicht mit einem baldigen Ende, obwohl er sich eigentlich immer politisch informiert zeigte und zudem auch aus seinem Wunsch nach Ende dieser Verhältnisse keinen Hehl machte (vgl. FRENSDORFF, Planck, 21, und Kap. A.IV.3.4.). Vgl. auch Plancks Äußerungen zum Verhältnis von Kirche und Staat, dazu Kap. B.IV.

[709] Vgl. Einleitung 1, 117; Einleitung 2, 598 f.; Grundriß, 293. KRAMM, Enzyklopädie, 183, diagnostiziert hier eine »systematische Inkonsequenz«, wenn Planck sich einerseits dafür ausspreche, die Praktische Theologie könne nicht übergangen werden, sie andererseits aber eben nicht aus der »Natur« der Theologie herleite. Jedoch hatte Planck gerade dazu die Unterscheidung: für das geistliche Amt – für die Theologie, eingeführt.

[710] So schon in der Einleitung 1, 117: Sie entlehnten ihre Grundsätze nicht aus der Theologie selbst, sondern aus anderen Wissenschaften, von wo aus sie sie auf die Theologie übertrügen. Wenn SCHRÖER, Theologia, 390, Planck vorwirft, das Argument (das auch Paul Tillich benutzte) könne ebenso gut auf andere theologische Wissenschaften angewendet werden, geht er an Plancks Argumentation vorbei und offenbart wenig Vertrautheit mit dessen Konzeption: Wenn Theologie sich mit der Erkenntnis und Aufklärung der Wahrheiten christlicher Religion befasst, können Wissenschaften, die bloß auf die Vermittlung eben dieser Wahrheiten angelegt sind, nicht »theologisch« sein. Über die Theologizität einer Disziplin entscheidet der zugrunde liegende Theologiebegriff.

[711] So schon einleitend: vgl. Einleitung 1, 119.

habe: Denn wovon man selbst deutlichere Einsicht habe, das könne man auch leichter an andere weitergeben.[712]

Eine frühe Übung in Katechetik und Homiletik empfiehlt Planck dennoch. Hier ist an die praktisch-homiletischen Kollegien und die auch in Göttingen eingerichteten Pastoral-Institute zu denken.[713] Außerdem betrachtet er das Studium dieser Wissenschaften noch als eine Art Notlösung für an sich hoffnungslose Fälle, die ohne jegliche Vorbildung und Vorkenntnis ins Studium gelangten und von denen deshalb nicht zu erwarten sei, dass sie sich auch nur zu einem geringen Grad von Gelehrsamkeit bilden lassen könnten. Stattdessen sollten sie sich ganz auf die *theologia applicata* konzentrieren und versuchen, darin wenigstens noch ein paar populäre, grundlegende Kenntnisse der Religionswahrheiten zu sammeln, die sie dann auch so wieder weitergeben könnten. Planck vertraut zudem auf die Möglichkeiten der Vorsehung, die vielleicht auch für diese Fälle noch eine Verwendung habe.[714]

Positiver schließt er im *Grundriß* seine Überlegungen zur Praktischen Theologie: Er schärft ein, dass eine erfolgreiche und glückliche Amtsführung nur dann möglich sei, wenn der Religionslehrer selber vom Gefühl der hohen Erhabenheit, sogar »Heiligkeit«[715] seiner Aufgabe, an der »Beseeligung« der Menschen durch Gott mitzuwirken, durchdrungen sei und Liebe zu Gott und den Mitmenschen alle seine Handlungen begleite.[716] Dieser Gedanke steht analog zur Forderung eines ehrfürchtigen religiösen Gefühls als Voraussetzung zum Theologiestudium.

Die Ablehnung des Wissenschaftscharakters der Praktischen Theologie ist konsequent und verdeutlicht das bereits Erhobene: Alle theologischen Wissenschaften tragen in ihrer Weise zur Sicherung, Verteidigung und Aufklärung der Wahrheiten der christlichen Religion bei. Darüber hinaus kann die Praktische Theologie nichts beitragen, sie kann nur Techniken zur Kommunikation bereitstellen. Dass Planck sie erwähnt, ist dem Charakter der Studieneinleitung geschuldet – in einer rein enzyklopädisch-wissenschaftstheoretischen Darstellung fände sie sich nicht. Dazu passt die universitäre Praxis in Göttingen, die

---

[712] Vgl. Einleitung 2, 601: »Was man selbst mit voller und lebendiger Deutlichkeit erkennt, dieß kann man gewiß auch andern deutlich machen, und wovon man selbst überzeugt ist, davon kann man immer auch andere wenigstens leichter überzeugen, als es sonst möglich wäre.« Dieses Argument hatte Planck auch schon gebraucht, um die Notwendigkeit gelehrter Kenntnisse in der Theologie zu begründen.

[713] Vgl. aaO. 603. Vgl. dazu auch HOLZE, Pastoralinstitute, 51–58.91–105.

[714] Vgl. Einleitung 2, 607. Damit unterläuft Planck allerdings seine sonstige Haltung zur unbedingten Notwendigkeit gelehrter Kenntnisse in der Theologie für den öffentlich Lehrenden. Er hatte allerdings schon ähnlich hinsichtlich der Frage argumentiert, ob man jemanden vom Theologiestudium von vornherein ausschließen könne: Auch dort verwies er auf die unergründlichen Wege der Vorsehung (vgl. Einleitung 1, 60).

[715] Grundriß, 312.

[716] Vgl. ebd.

Praktische Theologie von Pastoren lehren zu lassen – und nicht von Professoren.[717]

5.7.2. Pfarrerbild: Das erste Amtsjahr des Pfarrers von S. (1823)

Auch wenn es in Plancks enzyklopädischen Werken nicht dominant aufscheint, inhäriert einer Darstellung des Theologiestudiums ein bestimmtes Pfarrerbild. Diesem widmet er sich romanhaft: In seinem Werk *Das erste Amtsjahr des Pfarrers von S. in Auszügen aus seinem Tagebuch. Eine Pastoraltheologie in der Form einer Geschichte (1823)*[718] begegnen in Form von Tagebucheinträgen und Briefen die Erlebnisse und Gedanken eines frisch examinierten, in ein ökonomisch, sittlich und geistlich verwahrlostes Walddorf versetzten Pfarrers während seines ersten Jahres dort.[719] Am Ende des Jahres kann er auf gute Anfänge, aber wenige Erfolge zurückblicken. Wie Planck in einigen Briefen bemerkt, hatte er vor, diese Schrift noch um einen zweiten und dritten Band zu erweitern, in denen das Geschick des Pfarrers weiter ausgeführt und wohl zu einem glücklichen Ende geführt werden sollte. Leider war ihm dieses nicht mehr vergönnt, und da er sich erbeten hatte, den zweiten Band nicht zu drucken, solange der dritte nicht fertig sei, schlummert jener immer noch handschriftlich im Archiv.[720]

Planck lobt die hohe Würde des Berufes des Volkslehrers, noch mehr des Landpredigers:[721] Es gebe

»keinen Stand und keinen Beruf [...], in welchem für das zeitliche und für das ewige Heil unserer Mitmenschen, für das Wohl des Ganzen und für das Wohl des Einzelnen, für Staats- und für häusliches Familienglück so viel dauernd Gutes gewürkt, und zwar

---

[717] Vgl. dazu Bizer, Student, 122.

[718] Im Folgenden als »Amtsjahr« abgekürzt. Ein kurzer Überblick findet sich bei Bizer, Student, 128–135.

[719] Kramm, Enzyklopädie, 182, sieht in der Wahl der »unwissenschaftliche[n] Literaturgattung« einen »weitere[n] Hinweis darauf, daß er die praktischen Fächer nicht akademisch behandeln möchte.« Bizer, Student, 128, der Plancks Werk in die Göttinger Bemühungen um eine ordentliche pastorale Ausbildung einordnet, schwankt hinsichtlich der Gattung zwischen Pastoraltheologie, biographischer Studie, Roman oder didaktischem Poem.
Es gibt eine Reihe vergleichbarer Veröffentlichungen von Goethe, J. W., *Der Brief des Pastors zu *** an den neuen Pastor zu *** (1773)*, über Nicolai, F., *Das Leben und die Meinungen des Herrn Magister Sebaldus Nothanker (1773–1776)*, bis zu Lenz, J. M. R., *Der Landprediger (1776/77)* (vgl. bei Beutel, Aufklärung, 372), die Einblick in das neologische Pfarrerbild geben, wie es eindrücklich in Spalding, J. J., *Ueber die Nutzbarkeit des Predigtamts und deren Beförderung (¹1772; ²1773; ³1791)* (SpKA I/3), zum Ausdruck kommt (zu Spalding und Lüdkes Pfarrerbild, auch zu Lenz vgl. Beutel, Gebessert). Planck steht mit seiner Veröffentlichung am Ende dieser Epoche (vgl. Bizer, Student, 128).
Eine konsequente komparative Analyse der zur Verfügung stehenden Pfarr-Romane könnte sicher das Pfarrerbild der Zeit weiter aufhellen (vgl. zur Entwicklung des protestantischen Pfarrerbildes den Sammelband Schorn-Schütte/Sparn [Hgg.], Evangelische Pfarrer).

[720] Siehe HASUB 8 Cod. Ms. theol. 288. Ca. 250 Blatt, die der Erschließung harren. Einen Einblick gibt Lücke, Planck, 131–135.

[721] Vgl. Amtsjahr, IV. Vgl. zur Idealisierung des Landpfarrers Kuhn, Religion, 198–211.

freilich dem Scheine nach nur im kleinen, im stillen und im verborgenen, aber doch unmittelbar gewürkt werden kann, als in dem Stande des christlichen Volkslehrers und ganz besonders in dem Verhältnisse des Landpredigers.«[722]

Die jetzt (1823) so nötige Beruhigung der Verhältnisse, die Einwirkung auf den Geist des Volkes könne allein der christliche Volkslehrer leisten, ohne ihn hätten alle »Maaßregeln«, die zu diesem Zweck aufgestellt würden, keine Wirkung.[723] Von einem großen Teil lasse sich freilich dazu keine Hilfe erwarten: »und zwar deswegen keine erwarten [...], weil sie eben so wenig Sinn und Gefühl für – als Fähigkeit und Vermögen zu dem großen Geschäft haben, das durch sie ausgerichtet werden soll.«[724] Deshalb müsse unter ihnen wieder ein kräftigerer Geist erwachen, der sie zu ihrem Beruf dränge.[725] Dazu beizutragen, habe er dieses Büchlein verfasst, das in erster Linie dazu aufruft, trotz schwierigster Rahmenbedingung die Hoffnung nicht aufzugeben, und zu diesem Zweck stets auf den göttlichen Beistand sowie die Gewissheit der eigenen Berufung verweist.[726]

In der Terminologie gibt es wenige Veränderungen: Während Planck in der *Einleitung* von »Lehrer der Religion«, »Prediger«, »Unterrichter des Volkes« bzw. zusammengefasst: »alle, die einen Beitrag zur Beförderung der allgemeinen Glückseligkeit leisten wollen«[727], reden kann, begegnet im *Grundriß* »Religions-Lehrer«, im *Amtsjahr* im Titel »Pfarrer« und sonst auch »Volkslehrer«.[728]

Eingangs wird ausführlich dargelegt, wie der künftige Pfarrer davon überzeugt wird, die Vorsehung habe ihn für »S.« bestimmt.[729] Opferbereitschaft ist nötig, denn die Gemeinde ist vollständig verroht, so dass der Pfarrer – literarisch geschickt – komplette Aufbauarbeit zu leisten hat. Jedes pastorale Handlungsfeld vom Krankenbesuch über den Konfirmandenunterricht, die Führung

---

[722] Amtsjahr, VI f.

[723] Vgl. aaO. VII f. Dass dadurch die Beruhigung »von allgemeiner und von Privatzufriedenheit nach den Stürmen dieser letzten Jahre auf das neue unter uns begründet werden soll.« (aaO. VII).

[724] AaO. VIII. Dass das Problem nicht in zu wenigen Bewerbern bestand, zeigt TITZE, Überfüllung, 57.

[725] Vgl. Amtsjahr, X. Der Stand sei hin und wieder sogar in Verachtung geraten (vgl. aaO. IX).

[726] Vgl. aaO. 35.29.72.84.

[727] Vgl. Einleitung 1, 56.

[728] Dass einige, die das Studium der Theologie antreten, sich bloß zum ordentlichen Unterricht fähig machen wollen, nimmt Planck in sein Konzept auf und gewährt ihnen Entlastungen und Abkürzungen. Planck führt zwar zwei Klassen von Theologen auf, doch sind damit zum einen die einfachen Pfarrer und Lehrer, zum anderen die gelehrten Theologen gemeint (vgl. aaO. 23 f.). Damit trägt er der Ausrichtung universitärer Ausbildung auf das künftige Berufsfeld Rechnung.

[729] Der Konsistorialpräsident ist weitläufig mit ihm verwandt. Es gibt keine Kandidaten für S., zudem erhält der Pfarrer noch ein Angebot einer Gräfin (vgl. Amtsjahr, bes. 7 f.).

der Kirchenbücher, Visitationen bis hin zur Predigt wird durchschritten.[730] Zudem übernimmt er auch das Schulamt, so dass auch pädagogische Überlegungen dargestellt werden können. Neben der geistlichen und sittlichen will der Pfarrer auch die wirtschaftlich prekäre Situation, die durch einen Holzmonopolisten (»Blutigel«) bedingt ist, verbessern.[731] Allein durch die Predigt sei dieses Ziel nicht zu erreichen, er muss in den Alltag hinein wirken, bleibt aber dabei, die wohltätigen Wirkungen aus den Wahrheiten der Religion hernehmen zu wollen und in erster Linie geistlich und von dort auf das Äußere zu wirken.[732] Auch religiöse Toleranz scheint auf: Der Pfarrer unterhält sich angeregt mit einem Herrnhuter über Gnade, ein Theosoph der »Böhmisch-Gichtelischen Separatisten«[733] wird respektiert – nur gegen die »Empfindelei« und pietistische Erweckungsvorstellungen verhält sich der Pfarrer kritisch.[734]

Der dargestellte Pfarrer entspricht dem Bild eines neologischen Landgeistlichen in volksaufklärerischer Absicht: Ein obrigkeitlicher Anspruch wird nicht thematisiert, aber die Zielrichtung auf Seelenheil, Tugend und Glückseligkeit ist offenkundig.[735] Es bleibt auch hier bei der Aufgabe der Kommunikation der Wahrheiten der christlichen Religion, freilich jetzt ergänzt um die Erkenntnisse, wie sehr diese Kommunikation an den Adressaten zu orientieren ist, wie die Wahrheiten der christlichen Religion zur sittlichen Besserung und zum äußeren Wohl beitragen und sich der Erfolg erst langsam zeigt.[736]

---

[730] Alles fügt sich unauffällig in den Erzählduktus, erst auf den zweiten Blick zeigt sich die planmäßige Anlage.

[731] Vgl. aaO., 161.203. Auch die persönliche Versorgungslage des Pfarrers war karg (vgl. aaO. 36–39.397 [200 Taler]; vgl. dazu Beutel, Aufklärung, 370).

[732] Vgl. Amtsjahr, 23. Dabei findet sich auch hier wieder die Überlegung, über den Verstand auf das Herz zu wirken: Eine bloß rührende Wirkung z.B. der Predigt kommt für den Pfarrer in S. nicht in Frage (vgl. aaO. 188).

[733] AaO. 170.

[734] Vgl. aaO. 181 f.: Der Herrnhuter schließt aus der Behauptung des Pfarrers, die unmittelbare Gnadenwirkung spiele in der Bekehrung eine Rolle, er gehöre »nicht zur der Schule unserer Neologen« (aaO. 186), woraufhin der Pfarrer gleich abschwächt: »vielleicht sind auch ihre Neologen nicht so weit von uns entfernt« (ebd.). Kritisiert wird die »Empfindelei« der Forstmeistersgattin (aaO. 356); zur pietistischen Erweckung vgl. aaO. 386.

[735] Die Einwohner sollen zu »sittlichgute[n] Menschen« gemacht werden, und zwar »vorzüglich nur durch geistige Mittel, nur durch die Kraft der Religion und durch die Wahrheiten der Lehre Jesu« (aaO. 176). Das zu erreichen müsste über die Wirkung auf die »Empfindung« gehen, dort aber nicht stehenbleiben.
Kramm, Enzyklopädie, 182, erkennt in Plancks »Idealtypus« aufklärerische Züge: »Es ist der wissenschaftlich Gebildete, der als Erzieher und Lehrer das Wohlergehen eines Dorfes wirtschaftlich, sozial und religiös verbessert.« Vgl. Beutel, Aufklärung, 371, zur Integration von geistlichem Sonderbewusstsein und obrigkeitlicher Funktionalisierung in das Ziel der »Glückseligkeit«. Zur Charakterisierung als Volkslehrer vgl. Kuhn, Religion, 221 f., dessen festgestellte Entsakralisierung des Landgeistlichen sich im *Amtsjahr* nur teilweise belegen lässt (vgl. z.B. die ständige Erwähnung der Bestimmung und des göttlichen Beistandes).

[736] Vgl. Amtsjahr, 176 f.368.376.

6. Schluss: Plancks Beitrag zur Theologischen Enzyklopädie

Auf den Konstruktionsversuch genealogischer Abhängigkeiten soll hier verzichtet[737] und stattdessen nur auf mögliche Koordinaten einer Einordnung der
Werke G.J. Plancks in die oben (1.) gezeichnete Entwicklung hingewiesen werden.[738] Dazu spielt neben der Göttinger Umgebung der Blick nach Halle als
Hochburg enzyklopädischer Entwicklung eine besondere Rolle.

Planck nennt seine erste Theologische Enzyklopädie *Einleitung*, obwohl der
Terminus »Enzyklopädie« in Göttingen durch G. A.v. Münchhausen gebräuchlich war.[739] Ganz abgesehen von der wissenschaftssystematischen Qualität des
Werkes zeigt der Titel die Absicht, als Studieneinführung zu dienen.[740] Es enthält noch eine materiale Darlegung der Theologie, um den Anfänger behutsam
auf die aktuelle theologische Diskussion vorzubereiten. Die propädeutische Tendenz teilt Planck mit den meisten Theologischen Enzyklopädien seiner Zeit:[741]
J.S. Semler hatte sein Werk im Sinne eines Studienführers aufgebaut.[742] Auch
F.D.E. Schleiermacher bot in seiner *Kurzen Darstellung* zunächst eine Propädeu-

---

[737] Dieser Versuchung ist HELL, Entstehung, 117–137, am Beispiel A.H. Franckes erlegen
und gerät in Zirkelschlüsse.
Belegt ist, dass Plancks *Einleitung* z.B. F.D.E. Schleiermacher bei der Abfassung seiner
Kurzen Darstellung zur Verfügung stand. Schleiermacher notiert in einem Brief an J.C. Gaß
vom 13.11.1804: In seinen enzyklopädischen Kollegien helfe er sich mit »unseres ehrlichen
Nösselts Anweisung oder Planks [sic] nicht minder geschwäziger Einleitung«, doch es helfe
wenig: »aus fremder Art und Weise kommt einmal nichts in meine hinein.« (KGA V/8;
1851,40–42) (vgl. dazu ausführlich BIRKNER, Reformprogramm, bes. 288). Der Nachweis
einer direkten Abhängigkeit erscheint äußerst schwierig – allein schon aufgrund von Schleiermachers Bemerkung zu Planck –, auch wenn sicherlich einige wichtige Gedanken Einfluss
gehabt haben. Zudem besaß Schleiermacher neben der *Einleitung* noch von Plancks Werken:
*Geschichte des Christenthums (1818), Geschichte unseres protestantischen Lehrbegriffs (1781–1800),
Geschichte der protestantischen Theologie (1831)* und *Über die Behandlung, die Haltbarkeit und den
Werth des historischen Beweises (1822)* (siehe die Auflistung in KGA I/15; 790 [1480–1484]).
[738] Vgl. LÜCKE, Planck, 50: Der Einfluss der Werke Plancks war »mehr ein stiller, als ein
rauschend strömender.«
[739] Dies müsste in einer begriffsgeschichtlichen Untersuchung stärker berücksichtigt werden. Bisher konnte DIERSE, Enzyklopädie, 204f., für das Ende des 19. Jh.s die verstärkte
Verwendung von Begriffen wie Einleitung, Propädeutik u.ä. für Enzyklopädien feststellen
und daraus folgern, dass der Begriff Enzyklopädie schon für die alphabetisch geordneten
Real-Enzyklopädien verwendet wurde.
[740] Dabei fällt auf, dass die von Planck gewählte Formulierung, man solle aus seinen Werken die Wissenschaften kennenlernen, nicht lernen, ähnlich noch bei LEUTWEIN, L.F., *Theologische Encyclopädie und Methodik (²1799)*, 9; THYM, J.F.W., *Theologische Encyclopädie und Methodologie (1797)*, VII; und TITTMANN, J.A.H., *Encyklopädie der Theologischen Wissenschaften
(1798)*, Vf., auftaucht (Hinweis bei DIERSE, Enzyklopädie, 83). Auffälligerweise führen alle
genannten Autoren den Titel »Enzyklopädie«, was beweist, dass Plancks Titelwahl interpre-
tationswürdig ist.
[741] Vgl. DIERSE, Enzyklopädie, 194–197, der an dieser Beobachtung auf die Probleme einer gattungsmäßigen Trennung zwischen Propädeutiken und wissenschaftstheoretisch ausgerichteten Werken hinweist.
[742] Vgl. NOWAK, Enzyklopädie, 68. Freilich liegt bei Semler eine andere Schwerpunktsetzung vor.

tik, die die Kenntnis des Ganzen als Voraussetzung der Behandlung jeden Teils vermitteln wollte.[743] Ausblickend auf den späteren Berufsweg fand sich früher, z.B. bei G. Calixt und J.L.v. Mosheim, verbreitet die Aufteilung des Studiums für den Theologen und für den Prediger; dieser Gedanke findet sich bei Planck nur in abgeschwächter Form.[744] Alle Fächer der Theologie sind nach Möglichkeit zu studieren, nur die Praktische Theologie erscheint als Anhang, worin ein Bewusstsein der Unterscheidung zwischen wissenschaftlichem Studium und beruflicher Ausbildung aufscheint,[745] wobei Plancks Entwurf von einer z.B. bei A.H. Francke begegnenden Ausrichtung auf die geistliche Existenz weit entfernt ist.[746]

In Göttingen waren die enzyklopädischen Vorlesungen, zu denen sämtliche Veröffentlichungen enzyklopädischer Art gehörten, angelegt auf die Vorbereitung der Studenten zu einem möglichst effektiven Studium.[747] Mosheim hatte in seiner Beratung – und auch sonst – empfohlen, den schlechten Zustand der »Gottseligkeit« durch eine gründlichere Vorbereitung, Prüfung und Unterrichtung der Lehrer der Kirche zu beheben.[748] Er konnte dazu, auch in Ablehnung pietistischer Konzeptionen, die innerseelische Beschaffenheit der Kandidaten ausklammern, was Planck dann später auf der Höhe der anthropologischen Reflexion des 18. Jahrhunderts nicht mehr konnte, so dass er nun über moralische und physische Kräfte des Anfängers wie Wahrheitsliebe und -treue sowie ein »religiöses Gefühl« bzw. »Religiosität« räsonierte.

Richtungsweisend in Göttingen wurde Mosheim durch seine Definition der wissenschaftlichen Form der Theologie, die er an den Regeln der Logik und den Begriffen der Philosophie orientiert verstanden wissen wollte.[749] Damit ermöglichte er einen interdisziplinären Horizont, den auch Planck stark macht, wenn er die Logik als die gemeinsame, unhintergehbare Grundlage jeglicher Auseinandersetzung bezeichnet.[750] Die kirchliche bzw. kirchenleitende Perspektive, die bei Schleiermacher später zur Dominanz kommen wird, taucht in Mosheims *Anweisung* in der Definition der Theologie als Summe der Kennt-

---

[743] Vgl. DIERSE, Enzyklopädie, 196f.

[744] Vgl. die jeweiligen methodischen Anweisungen Plancks zu den einzelnen Fächern (s.o.); vgl. auch bei MOSHEIM, Anweisung, 29f., die Unterscheidung: Theologen – Prediger.

[745] Auch im katholischen Bereich gibt es ein Bewusstsein davon: So will F. Oberthür die praktische Ausbildung ganz auf die Seminarausbildung nach der Universität verlegt wissen (vgl. bei HELL, Entstehung, 177).

[746] Vgl. zu Francke bei NOWAK, Enzyklopädie, 66.

[747] Vgl. dazu auch KRAMM, Enzyklopädie, 2.

[748] Vgl. aaO. 19.

[749] Vgl. MOSHEIM, Anweisung, 1 (hier wird seine Bezogenheit auf das künftige Amt deutlich).48–58.58–67.

[750] Sogar noch weiter zurück auf Calixt geht die Überzeugung Mosheims und Plancks, die Theologie sei nur ihres besonderen Inhalts wegen von anderen Wissenschaften unterschieden, im Übrigen sei sie eine menschliche Kunst wie die anderen Wissenschaften (vgl. KRAMM, Enzyklopädie, 35f.).

nisse, die zur Leitung einer Gemeinde notwendig sind, auf. Diese kirchliche Perspektive[751] tritt bei Planck zurück hinter ein individualisiertes Verständnis von Religion und damit auch von Theologie als bezogen auf Hoffnungen, Pflichten und Überzeugungen des Einzelnen – freilich hier des einzelnen Theologen.[752] Der Ausblick auf das geistliche Amt bestimmt lediglich teilweise die empfohlene Studiermethode und rechtfertigt die Aufnahme der Praktischen Theologie – auf den Theologiebegriff hat er keine Auswirkung.[753]

Innerhalb der Göttinger Entwicklung lässt sich, bedingt wohl durch die Verankerung des enzyklopädischen Projekts in der Studieneinleitung und befruchtet von dem wissenschaftlichen Neuaufbruch der Universität, als Charakteristikum die klare Unterscheidung bei gegenseitiger Bezogenheit von Enzyklopädie und Methodologie feststellen.[754] Damit verbunden ist die noch schwankende Verhältnisbestimmung von Wissenschafts- bzw. Literaturgeschichte und wissenschaftstheoretischem Anspruch: Durch Idealismus und Romantik beeinflusst, wird diese Komponente später aufgrund des Ideals eines Organismus der Wissenschaften und der Fokussierung auf die Systematisierungsleistung stark kritisiert.[755] Ähnlich wie z. B. J. A. Nösselt bietet Planck noch eine »Mischform«[756], wenn man denn eine Konzeption, die den formalen, wissenschaftstheoretischen Aspekt mit einer wenigstens teilweisen Darlegung des materialen Inhalts verknüpft, als solche bezeichnen möchte. Vor einer überbordenden Materialfülle warnt Planck, Ziel sei es, die Wissenschaft kennenzulernen, nicht die Wissenschaft zu lernen. Zielvorstellung ist ihm die über selbstbestimmtes Prü-

---

[751] Auch wenn HUMMEL, Enzyklopädie, 733, Planck attestiert, Theologie sei für ihn »kirchliche Wissenschaft«.

[752] Das kritisiert ausgiebig LÜCKE, Planck, 48 f., der die »innersten Lebensquellen« der Theologie »in der Kirche« sieht. Planck lasse die »Theologie wider das Zeugniß der Geschichte und die Natur der Sache vor und außer aller Kirche in dem Allgemeinreligiösen und Wissenschaftenlichen anfangen.« (ebd.).

[753] Schleiermacher verändert die Fragestellung dann: Statt »Was ist Theologie?« heißt es »Wozu gibt es Theologie?« (BIRKNER, Reformprogramm 292).

[754] Zu diesem Ergebnis kommt auch HELL, Entstehung, 170. HAGENBACH, Encyklopädie, kann die Methodologie als angewandte Enzyklopädie verstehen (vgl. bei DIERSE, Enzyklopädie, 196).

[755] Interessanterweise kritisiert LEMME, Encyklopädie, V, das Verfahren, in der Enzyklopädie ein Exzerpt der gesamten Theologie zu geben, als wissenschaftlich veraltet und abgetan, kann aber wenige Seiten später (vgl. aaO. 7 f.) Planck als den ersten rühmen, dessen Werk den Namen Enzyklopädie überhaupt verdient habe.
Außerdem sollte erwähnt werden, dass Schelling 1802/03 in seinen *Vorlesungen über die Methode des akademischen Studiums* in Jena mit der Zielausrichtung antrat, dem Anfänger eine Orientierung zu bieten. Diese sei nur zu geben, wenn alles aus dem Absoluten als Voraussetzung alles Wissens abgeleitet werde (vgl. HELL, Entstehung, 186). Idealistisches und propädeutisches Motiv waren also doch vereinbar, in der Durchführung allerdings verschwindet der Fächerkanon als Gegenstand der Darstellung und es geht nur um die Deduktion des Grundlegenden (vgl. aaO. 190).

[756] NOWAK, Enzyklopädie, 68.

fen und Zweifeln zu erreichende feste Selbstüberzeugung von den Wahrheiten
der christlichen Religion.

Die weitere Entwicklung entfernt sich *grosso modo* immer weiter von der pro-
pädeutisch-pädagogischen Zielbestimmung und wird wissenschaftstheore-
tischer.[757] Eine Ausnahme bildet noch Plancks Nachfolger C. F. Stäudlin, der
die Forderung nach einer Ableitung *apriori* und einer Systematisierung der theologischen Wissenschaft aus einem Begriff für die Theologie als undurchführbar
ablehnt und sich auf die Propädeutik verlegt.[758] Ab Mitte des 19. Jahrhunderts
nimmt in vielen Werken zur Theologischen Enzyklopädie die Darstellung ihrer
Geschichte einen breiten Raum ein.[759]

Parallel dazu findet sich der schon bei Schleiermacher und in der Romantik
dominierende Zug einer formalen Aufstellung. Hier bildet Planck einen gewichtigen Übergang durch seine starke Systematisierungsleistung[760] bei gleichzeitiger Beibehaltung sowohl der materialen Komponenten in reduzierter Form
als auch der grundlegenden pädagogischen Ausrichtung, die ihn von den durch
Romantik und Idealismus beeinflussten Werken stark unterscheidet.

Einen entscheidenden Schritt fort von einer polyhistorischen Wissenssamm-
lung stellt die bei Planck durchgeführte Gliederung der Theologie in vier
Hauptfächer sowie die klare Begrenzung und Unterscheidung der Hilfs- und
Vorbereitungswissenschaften dar. Dieses Viererschema in der Aufteilung der
einzelnen theologischen Disziplinen findet in der Form keine wirklichen Vorgänger.[761] Bezüglich der Unterscheidung von theologischen und Hilfswissenschaften kritisiert Kurt Nowak bei Nösselt als einen »Geburtsfehler« dieses Typs
der Enzyklopädie diese Trennung von Hilfs- bzw. Vorbereitungswissenschaften
und eigentlichen theologischen Fächern und unterstellt darin die Vorstellung
einer *scientia sacra* mit eigenem Methodenkanon.[762] Dieser Vorwurf verfängt
jedoch nicht, denn gerade das Bewusstsein, dass die Theologie als Wissenschaft

---

[757] Wobei diese Trennung in der Theologie im 19. Jh., wie auch DIERSE, Enzyklopädie,
194, feststellt, nicht streng durchzuführen ist.

[758] Sogar eine ordentliche Definition des Theologiebegriffs fehlt. Vgl. KRAMM, Enzyklopädie, 231. Allerdings musste sich, entgegen Kramms Behauptung, schon Planck mit dieser
Frage auseinandersetzen (s. o.).

[759] Vgl. bei DIERSE, Enzyklopädie, 195f. Z.B. immer noch hilfreich, ZÖCKLER, Handbuch 1, 86–103; HAGENBACH, Encyklopädie, 97–119, u.a. Die stark auf Systematisierung
angelegte Tendenz zeigt KUYPER, ABRAHAM, *Encyclopedie der heilige Godgeleerdheid, 3 Bde.
(1894)*, der alles Material-Inhaltliche ausschließen und einen rein formellen Zusammenhang
im Organismus der Wissenschaften darstellen will (vgl. aaO. 204f.).

[760] Zum Beleg dieser Systematisierungsleistung sollte ein Vergleich der Inhaltsverzeichnisse von Plancks Einleitung mit NÖSSELT, Anweisung, und SEMLER, Anleitung, genügen.

[761] HELL, Entstehung, 180, erkennt bei Planck wenig Originelles, lobt aber dessen konsequente systematische Aufteilung des Stoffes auf die vier Fächer. FARLEY, Theologia, 99, benutzt das »fourfold pattern« als Orientierungspunkt seiner Darstellung.

[762] Vgl. NOWAK, Enzyklopädie, 68. Zudem ist der Studieneinleitungs-Charakter dieser
Werke zu bedenken, die es nötig machen, den Anfänger die Bezüge anderer Wissenschaften
auf die Theologie deutlich zu machen.

mit anderen Wissenschaften zusammenarbeitet, zeichnet diese Konzeptionen aus.[763] So begegnet dieser Grundgedanke der begrenzten Zahl von Hilfs- oder Vorbereitungswissenschaften schon in den Göttinger Fakultätsstatuten und wird von den Göttinger Theologen fast durchgehend vertreten.[764] Bei Mosheim beispielsweise lassen sich sämtliche Hilfswissenschaften der philosophischen Fakultät zurechnen, was der alten Gepflogenheit entspricht, vor dem theologischen Kursus den philosophischen durchlaufen zu müssen.[765] Hierzu sei kurz an die Fakultätsstatuten in Göttingen erinnert, die eine enzyklopädische Vorlesung vorschrieben. Eine Differenzierung zwischen Hilfs- und Vorbereitungswissenschaften wie bei Planck findet sich sonst in dieser Klarheit nicht: Sie behandeln nicht direkt das Objekt der Theologie, können aber entweder zur Klärung hilfreich hinzugezogen werden (Hilfswissenschaften) oder ermöglichen erst die Auseinandersetzung damit (Vorbereitungswissenschaften), teilweise tragen sie auch nur zur Gelehrsamkeit bei.

Nösselt baut ein Dreierschema aus exegetischen, historischen und systematischen Inhalten, umformt dies aber mit einer Gliederung in Vorbereitungs- und Hilfswissenschaften, eigentliche theologische Wissenschaften, Anweisungen zur rechten Amtsführung und Darlegungen über die Fähigkeiten eines künftigen Lehrers der Religion, so dass ersteres Schema lediglich untergeordnete Bedeutung erhält.[766]

Semlers Anliegen ist dem Plancks vergleichbar: Er beobachtet Probleme in der universitären Theologie und eine Orientierungslosigkeit der Studenten im Studium.[767] Zur Abhilfe schlägt er einen Studienablauf vor und weist auf den Wert der Gelehrsamkeit hin, wie auch Planck.[768] Sein Aufbau hingegen ist anders orientiert und wesentlich unsystematischer, die Themenauswahl disparater.[769]

---

[763] Semler teilt in Haupt- und Nebenfächer ein und weist auf die notwendigen Kenntnisse des Anfängers in theologischen wie nichttheologischen Wissenschaften hin (vgl. NOWAK, Enzyklopädie, 68). NÖSSELT, Anweisung 1, 53–340, erörtert auch Hilfs- und Vorbereitungswissenschaften.

[764] Außerhalb Göttingens fordert sogar Franckes *Methodus* die philosophische, philologische und historische Vorbildung des Studenten (vgl. HELL, Entstehung, 140).

[765] Mosheim rechnet dazu als unverzichtbar Logik, Metaphysik, Natürliche Theologie, Praktische Philosophie, Naturrecht und philosophische Sittenlehre (vgl. bei KRAMM, Enzyklopädie, 52). Miller zählt unter die mit der Theologie verbundenen Wissenschaften: Philologie, Historie, Kritik, Dichtkunst und Rhetorik sowie Philosophie und Mathematik (die die Denkfähigkeit übe) (vgl. aaO. 107–113).

[766] Darauf weist NOWAK, Enzyklopädie, 69, hin, der Nösselt allerdings zu Unrecht unterstellt, seinem Konzept fehle ein Kerngedanke (vgl. aaO. 70); vgl. dazu VAN SPANKEREN, Nösselt.

[767] Vgl. SEMLER, Anleitung, 155.

[768] Vgl. aaO. 192 u. ö.

[769] So fehlt eine klare Gliederung der Disziplinen, er behandelt auch Fragen der schulischen Vorbildung (vgl. aaO. 1–8) (vgl. zu Semler NOWAK, Enzyklopädie, 67f.).

Plancks Vorgänger J. P. Miller las seine Enzyklopädie gemäß polyhistorischem Ideal und räumte der Wissenschafts- und Literaturgeschichte breiten Raum ein.[770] Seine Aufteilung des theologischen Stoffes in historische Inhalte, solche, die die Vernunft bearbeitet, und praktisch angewandte Inhalte lässt sich als eine Vorform des Viererschemas begreifen. In der Darlegung wählt er dann die Aufteilung nach der Darstellungsform christlicher Lehre, wobei die biblische Gelehrsamkeit ausgeklammert bleibt, und unterscheidet zwischen historisch-gelehrter, systematischer und allgemeiner Vortragsweise.[771]

Planck folgend finden sich verschiedene Mischtypen, die ein ähnliches Viererschema anwenden, es aber – wie zuvor Nösselt – mit anderen Gliederungen verbinden. J. F. W. Thym teilt die vierfach gegliederte Theologie in einen theoretischen (exegetische, historische, systematische Fächer) und einen praktischen (angewandte Fächer) Teil auf.[772] Der schon erwähnte J. F. Kleuker füllt das Viererschema terminologisch anders, wenn auch ähnliche Schwerpunkte wie bei Planck begegnen, z. B. begegnet die Fundamentaltheologie mit Apologetik, Exegese und Hermeneutik oder die Elenchtik fungiert als besonderes Fach zur Verteidigung der geoffenbarten Religion.[773] Die von Schleiermacher eingeführte Dreiteilung in philosophische, historische und praktische Theologie steht gegenüber der Logik des Viererschemas als alternative Konzeption. In der Entwicklung nach 1830 lassen sich Vermittlungsversuche zwischen dem mittlerweile etablierten Vierer- und Schleiermachers grundsätzlich anders ausgerichtetem Dreierschema beobachten.[774]

Innerhalb der Fächer ist die Stellung der Dogmatik zentral, womit Planck bei aller Hochschätzung und ausführlichen Behandlung der exegetischen Fächer an die orthodoxe Engführung der Theologie auf die Dogmatik anknüpft. Damit befindet er sich in Göttingen – aber sicher nicht nur dort – in guter Gesellschaft: In Göttingen jedenfalls besuchten die Studenten offenbar im Gegensatz zu allen anderen Fächern fast immer zweimal ein dogmatisches Kolleg.[775] Hauptaufgabe

---

[770] KRAMM, Enzyklopädie, 104 f., stellt fest, diese beiden würden noch nicht als eigenständige Bereiche gelten – dies träfe auch auf Planck zu, der sie ebenfalls umfangreich einbezieht, aber in seinem Konzept systematisch verortet.

[771] Vgl. aaO. 106.115 f.

[772] Vgl. dazu aaO. 187. Diese Anlage kommt der Plancks sehr nahe.

[773] Vgl. aaO. 188 f.

[774] Vgl. z. B. Hagenbachs Konzeption (HAGENBACH, Encyklopädie). DIERSE, Enzyklopädie, 194 f., kann noch 1882 feststellen, dass sich die Diskussion um die Klassifikation der theologischen Disziplinen in eine Drei- oder Vierteilung dreht. Er verortet irrtümlicherweise Planck chronologisch nach Schleiermacher und interpretiert das Viererschema als Erweiterung der Dreiteilung bei Schleiermacher (vgl. aaO. 197). Zudem stellt er die Abfolge der Fächer bei Planck falsch dar (er orientiert sich offenbar an der in Grundriß, 15, gegebenen, später nicht durchgeführten Aufteilung). Ihm folgt HUMMEL, Enzyklopädie, 733, der Plancks Entwurf unter die »vermittlungstheologischen Enzyklopädien des 19. Jh.s« rechnet. Vgl. zur Rezeption des Dreier- oder Viererschemas ZYRO, Versuch, bes. 693: »Die gewöhnliche Theilung ist die der Vierfaltigkeit«.

[775] Vgl. Einleitung 2, 528.

der Theologie ist die Auseinandersetzung mit den Wahrheiten der Religion, diese finden sich als Quellen in den biblischen Schriften, deshalb bildet die Exegese das grundlegende Fach.[776] Die Apologetik im Umfeld der Exegese behandelt nur noch Kleuker, der konzeptionell in großer Nähe zu Plancks Werken steht.[777] Er teilt das Verständnis der Theologie als Wissenschaft der christlichen Religion sowie die Vierzahl der Fächer, die er allerdings anders füllt. Außerdem rückt er die Apologetik durch die Schlussstellung in den exegetischen Fächern des Komplexes »Fundamentaltheologie« wieder in große Nähe zur Dogmatik, die daran anschließt.[778] Enzyklopädie ist für ihn Grundlegung der Theologie und auch selbst Theologie im Grundriss.[779]

Wie bereits festgestellt, hat Planck in seinen enzyklopädischen Werken kein neues Fach Symbolik begründet, er hat die Symbolische Theologie allerdings in eine bestimmte Richtung gelenkt: die historisch-vergleichende Betrachtung der Lehrsysteme. Das Gewicht der historischen Komponente bei Planck, die sich unter anderem in seinem Programm der Gelehrsamkeit zeigt, taucht auch bei anderen auf.[780] Innerhalb der Göttinger theologischen Entwicklung, die man jedenfalls greifbar bei Mosheim beginnen lassen kann, da von J. W. Feuerlein keine entsprechenden Quellen erhalten sind, lässt sich Plancks Werk als »Höhepunkt der enzyklopädischen Literatur«[781] bezeichnen.

Die klare Systematik bei Planck beruht auf einem definierten Theologiebegriff. Wenn Planck Theologie als Wissenschaft der Religion versteht, hat er darin einige Nachfolger gefunden, steht aber seinerseits schon in einer Entwicklungslinie mit Nösselt, der eine sehr ähnliche Definition verwendet.[782] Miller beginnt seine Darlegungen mit einer Erläuterung des Religions-

---

[776] Anders ausgerichtet findet sich auch in Franckes *Methodus* die Schriftauslegung als Basis (vgl. HELL, Entstehung, 140).

[777] Obgleich er eigentlich Religionsgeschichtler war (vgl. KRAMM, Enzyklopädie, 188 f.). HELL, Entstehung, 181, erkennt bei allem Fehlen an Originalität die Voranstellung der Apologetik und die damit verbundene Trennung des Nachweises der Göttlichkeit der Schrift von dem Beweis für die Göttlichkeit der christlichen Religion als bedeutsam.

[778] Vgl. HELL, Entstehung, 183–185.

[779] Vgl. aaO. 186.

[780] Vgl. dazu ZYRO, Versuch, 694: Teilweise wurde die Geschichte besonders hervorgehoben und zum Mittelpunkt der ganzen Theologie gemacht, da das Christentum seinem Wesen nach Geschichte sei, auch STÄUDLIN, C. F., *Lehrbuch der Encyklopädie, Methodologie und Geschichte der theologischen Wissenschaften (1821)*, weist darauf hin, dass der gegenwärtige Zustand der Wissenschaft sich nur aus ihrer Geschichte recht begreifen lasse (Hinweis bei DIERSE, Enzyklopädie, 197).

[781] KRAMM, Enzyklopädie, 242. Wobei seine Vorgänger nicht selten Enzyklopädie lasen: Feuerlein ab 1756 neunmal (vgl. aaO. 88), Miller 1767–1787 14-mal (vgl. aaO. 99).

[782] Vgl. NÖSSELT, Anweisung 1, 6. Sie findet sich auch im katholischen Bereich: S. Wiest sieht die Theologie der Religion gegenüberstehen und deren Gehalt in methodischer Ordnung darstellen (vgl. bei HELL, Entstehung, 174). Zur grundlegenden Differenz zu Schleiermacher vgl. dessen Definition der Beziehung auf eine bestimmte Glaubensweise in der *Kurzen Darstellung (²1830)*, § 1 (KGA I/6; 325,5; vgl. dazu NOWAK, Schleiermacher, 224).

begriffs,[783] Stäudlin verzichtet auf eine Definition des Theologiebegriffs. Plancks Definition fußt auf der Unterscheidung von Theologie und Religion und schließt so an die von Mosheim und Semler betriebene Befreiung der Theologie aus ihrer soteriologischen Engführung in Richtung der Gelehrsamkeit an. Mosheim hatte in seiner *Anweisung* die Theologie als Summe der Kenntnisse, die zur Leitung einer Gemeinde notwendig sind, bezeichnet.[784] Planck – und darin besteht unter anderem der hohe Wert seiner enzyklopädischen Überlegungen – versteht die Theologie grundsätzlich von ihrem Bezugsgegenstand her, den Wahrheiten der christlichen Religion. Erst von daher gewinnt er ein Bild eines möglichen Ausbildungszieles, das er seinen Überlegungen zusätzlich, untergeordnet zugrunde legen kann und ausführlich reflektiert – doch entscheidend bleibt das Objekt, nicht das Subjekt. Theologie stellt die wissenschaftliche Form der Religion dar. Ihre Einheit gewinnt sie durch den Bezug auf eben diese Wahrheiten, zu deren Aufklärung alle Fächer beitragen, weshalb die Praktische Theologie nur eine Randstellung erhalten kann. Die weiteren Fächer bauen logisch darauf auf: Die in den exegetischen Fächern behandelten biblischen Schriften bilden die Quelle aller Wahrheiten christlicher Religion, deren Entwicklung zeigt die Historische Theologie, die Systematische Theologie bringt sie in eine systematisch verbundene Form.

Von den übrigen Wissenschaften ist die Theologie durch ihren Gegenstand, nicht durch ihre Behandlungsart unterschieden. Planck legt in Abgrenzung gegenüber spekulativen Herangehensweisen Wert auf die Offenbarung und die positiven Bestandteile der Religion. Deshalb ist die Theologie – explizit im *Grundriß* – historische Wissenschaft, deren Gegenstand vorgegeben ist und deren Gewissheiten nicht zwingend-mathematisch werden können. C. Daub, den Planck gelegentlich ablehnend erwähnt, definiert das eigentliche theologische Wissen als nicht historisch, sondern systematisch und spekulativ, und so als Theorie der Religion.[785] J. S. Drey führt im katholischen Bereich eine spekulative Begründung durch.[786] R. Rothe trennt spekulative von historischer und

---

[783] Vgl. KRAMM, Enzyklopädie, 106.

[784] Vgl. MOSHEIM, Anweisung, 1f.

[785] Vgl. HELL, Entstehung, 193. I. Thanner versteht die Theologie als positive Wissenschaft: Ihr komme die Aufgabe der zeitlichen Darstellung der Idee zu. Den Bezugspunkt auf die historische fassbare Wirklichkeit teilt er mit Planck ebenso wie die Überzeugung von der vorsehungsgesteuerten Entwicklung der Menschheit, den idealistischen Unterbau freilich nicht (vgl. zu Thanner aaO. 195).

[786] DREY, J. S., *Kurze Einleitung in das Studium der Theologie mit Rücksicht auf den wissenschaftlichen Standpunct und das katholische System (1819)*, 49, bietet die Zuordnung der Teile einer Wissenschaft in der Ableitung aus der Idee der Wissenschaft (vgl. DIERSE, Enzyklopädie, 198). Hagenbachs negatives Urteil über spekulative Theologie zielt wohl besonders auf ROSENKRANZ, K., *Encyklopädie der theologischen Wissenschaften (1832)*, der nach Hegels Vorbild die Theologie innerhalb der philosophischen Wissenschaften und so im System der Wissenschaften verorten will (vgl. dazu aaO. 199). STAUDENMEYER, F.A., *Encyklopädie der theologischen Wissenschaften als System der gesammten Theologie (1834)*, grenzt sich von der Einleitungswis-

praktischer Theologie und versteht Theologische Enzyklopädie als »wissenschaftliche Darstellung des Organismus der theologischen Disciplinen«[787]. Dieser Gedanke dominiert in der Romantik: Ziel ist die Idee eines lebendigen Organismus alles Wissens im Lichte eines gemeinsamen absoluten Bezugspunktes. Dieses Ideal wurde aber kaum erreicht.[788] Schleiermacher bietet mit seiner Ausrichtung auf den Zweck der Kirchenleitung eine grundlegend andere Objektbeschreibung der Theologie und eine andere Begründung ihrer Einheit, die nicht durch die Bezogenheit auf die Wahrheiten der christlichen Religion geführt wird.[789]

II. Kirchen- und Dogmengeschichte

1. Einleitung

Plancks Kirchengeschichtsschreibung befasst sich nahezu mit der gesamten Kirchengeschichte von neutestamentlicher Zeit bis in seine Gegenwart. Die beiden umfangreichsten Werke, die *Geschichte unseres protestantischen Lehrbegriffs (1781–1800)* und die *Geschichte der christlich-kirchlichen Gesellschafts-Verfassung (1803–1809)*[790], werden flankiert von Werken geringeren Umfangs[791] sowie kleineren

senschaftlichkeit ab und ist auf ein System der Wissenschaft in Richtung einer Universalenzyklopädie ausgerichtet (vgl. aaO. 200). Solche Konzepte bedingen dann die Loslösung von der pädagogischen Aufgabe der Enzyklopädie und die Schwerpunktsetzung auf die Wissenschaftslehre der Theologie (vgl. aaO. 201).

[787] ROTHE, Encyclopädie, 10. Er erwähnt in der Geschichte der Theologischen Enzyklopädie neben Nösselt und Schleiermacher auch beide Werke Plancks (vgl. aaO. 9). Ähnlich wie für Schleiermacher konstituiert sich für ihn die Einheit der theologischen Wissenschaften durch ihren Bezug zur Kirche, nicht zur Religion (vgl. aaO. 2).

[788] Vgl. z.B. F. Schlegel, Novalis, A.W. Schlegel, F.W. Schelling und auch HEGEL, G.W.F., *Enzyklopädie der philosophischen Wissenschaften im Grundriß (1817)*, die alle am immensen Detailwissen und der Ausdifferenziertheit der Wissenschaften scheitern (vgl. dazu HUMMEL, Enzyklopädie, 725f.).

[789] Interessant ist, dass Schleiermacher, der Theologe der »Religion«, diese nicht als enzyklopädisch einheitsstiftend erkennen kann. Dies zeigt den hohen Grad an Individualisierung in Schleiermachers Religionskonzept, das zwar auf Kommunikation, nicht aber auf gelehrte Verteidigung ausgerichtet ist. SCHMIDT, Encyclopädie, 2f., stellt hingegen fest: Das »Objekt der christlichen Theologie [...] ist das Christenthum.« W. Gräb eröffnet einen Beitrag zum Verständnis der Praktischen Theologie bei Schleiermacher als Theologie der Religion durch die Gegenüberstellung zu Planck, der die praktische Theologie diskreditiere als bloß auf die Frage der Anwendung ausgerichtete, aus anderen Wissenschaften übernommene Kenntnisse: Er erkennt ein grundlegend anderes Theologieverständnis bei beiden, bleibt aber eine Definition des Theologiebegriffs Plancks schuldig (vgl. GRÄB, Practical Theology, 181f.).

[790] Vollständige Titel: PLANCK, G.J., *Geschichte der Entstehung, der Veränderungen und der Bildung unser[e]s protestantischen Lehrbegriffs vom Anfang der Reformation bis zu der Einführung der Konkordienformel, 6 Bde. (1781–1800); Bd. 1–3 (²1791–1798).* Und: DERS., *Geschichte der christlich-kirchlichen Gesellschafts-Verfassung, 5 Bde. (1803–1809).*

[791] PLANCK, G.J., *Geschichte des Christenthums [...] (1818)*; DERS., *Geschichte der protestantischen Theologie [...] (1831).*

Einzeluntersuchungen. Darüber hinaus geben seine Vorworte und Herausgaben einiger Werke sowie seine öffentlichen Stellungnahmen wie etwa zum 300-jährigen Reformationsjubiläum oder zu Fragen der Kirchenvereinigung und nicht zuletzt seine Vorlesungen Auskunft über seine historiographischen Maximen. Nicht vernachlässigt werden darf die Verortung der Historischen Theologie in seinen Werken zur Theologischen Enzyklopädie.

Die Untersuchung wird sich in erster Linie der Methodik der Werke widmen, die jeweils ihrem Gegenstand angepasste Schwerpunktsetzungen findet. Bei der Fülle an Material und möglichen Fragestellungen kann die unter Abschnitt 3 dieses Kapitels gebotene Auswahl an Perspektiven nur den heuristischen Wert haben, zentrale Richtungsentscheidungen in ihrem Zusammenhang darzulegen und damit den Ansatz einer Würdigung des Kirchenhistorikers Planck zu ermöglichen. Zuvor sollen die einzelnen Werke in Aufbau, Konzeption und Inhalt dargestellt werden, gewisse Redundanzen zwischen den Abschnitten 2 und 3 lassen sich so kaum vermeiden. Ein Schwerpunkt wird auf die *Geschichte unseres protestantischen Lehrbegriffs* gelegt, da man sie als Plancks historiographisches Hauptwerk ansehen und an ihr wesentliche Punkte verdeutlichen kann. Auf eine Darstellung der aufgeklärten Kirchengeschichtsschreibung[792] und ihrer Aspekte[793] soll hier zugunsten der exemplarischen Würdigung Plancks weitgehend verzichtet werden.

---

[792] Vgl. zum Überblick die Werke FLEISCHER, Tradition; VÖLKER, Kirchengeschichte; BLANKE/FLEISCHER, Aufklärung; BLANKE/FLEISCHER, Theoretiker; BÖDEKER u.a., Aufklärung. Übersichten bieten BEUTEL, Kirchengeschichtsschreibung, 642–644; DERS., Kirchengeschichte; DERS., Aufklärung, 351–355; REILL, Geschichtswissenschaft.

[793] Eine Untersuchung der Kirchengeschichte als theologische Disziplin bietet STROUP, Church Historians, der sich u.a. mit der Frage beschäftigt, wie nach der Ablösung apologetischer und polemischer Abzweckung der Kirchengeschichte bei allem Fortschrittsdenken noch das Dogma, die Kirche o.ä. gezeigt werden könne. Einen instruktiven Ansatz bietet SCHERER, Geschichte, der explizit das Studium untersucht, die protestantische Kirchengeschichte allerdings nur bis 1734, da er offenbar meint, diese sei dann abgeschlossen. Einen Beitrag in ähnlicher Ausrichtung bietet BOOKMANN, Geschichtsunterricht, der die Vorlesungskataloge Göttingens auswertet und wertvolle Informationen über Gepflogenheiten gibt. Die Arbeit von WETZEL, Kirchengeschichtsschreibung, die vor allem kritisiert, es sei zwischen 1660 und 1760 zu einem Verfall der theologischen Betrachtung der Kirchengeschichte gekommen, da das Handeln Gottes nicht genügend zur Geltung komme (vgl. aaO. 15.505 ff.), ist aufgrund ihrer höchst tendenziösen Ausrichtung kaum zu verwerten. Eine fehlerhafte Einordnung bietet FUETER, Geschichte, der ohnehin kaum etwas zur Historiographiegeschichte dieser Zeit beiträgt.

2. Werke

2.1. Geschichte unseres protestantischen Lehrbegriffs (1781–1800)

Unter den historiographischen Werken Plancks sticht die zwischen 1781 und 1800 erschienene *Geschichte unseres protestantischen Lehrbegriffs*[794] als erstes und wirkmächtigstes hervor. Begonnen hatte Planck die Konzeption noch in Tübingen als Stiftsrepetent, der erste Band erschien anonym 1781 in seiner Zeit an der Karlsschule. Obgleich auch der zweite Band noch anonym erschien, waren die ersten beiden 1784 Empfehlung genug für die Professur in Göttingen.[795]

Die sechs Bände umfassende Darstellung lässt sich in zwei Abteilungen gliedern, wie ab dem vierten Band und der zweiten Auflage der ersten drei Bände durch gesonderte Überschriften auch deutlich gemacht wird: »Geschichte der Bildung, der Schicksale und der Befestigung der protestantischen Kirche vom Anfang der Reformation bis zu dem Religionsfrieden vom J. 1555« (Bde. 1–3), »Geschichte der protestantischen Theologie von Luthers Tode bis zu der Einführung der Konkordienformel« (Bde. 4–6).[796] Diese Teilung nach »Kirche« und »Theologie« ist nicht so trennscharf, wie sie scheint, sie zeigt eher Episoden

---

[794] PLANCK, G. J., *Geschichte der Entstehung, der Veränderungen und der Bildung unser[e]s protestantischen Lehrbegriffs vom Anfang der Reformation bis zu der Einführung der Konkordienformel, 6 Bde. (1781–1800).* Im Folgenden abgekürzt mit »Lehrbegriff Bd./Teilbd.^{Aufl.}«. Im Haupttext als *Geschichte unseres protestantischen Lehrbegriffs.* In den fortlaufenden Seitenüberschriften und Buchüberschriften findet sich die Formulierung »des *protestantischen Lehrbegriffs*«.

[795] Der erste Band enthält weder eine Verfasserangabe in der Titelei noch eine Unterschrift der Vorrede, im zweiten Band unterschreibt Planck mit »Der Verfasser«, erst im dritten Band findet sich die Unterschrift »D. G. J. Plank [sic]« (Lehrbegriff 3/1, Vorrede [unpag. 14]). Die Anonymität hat L. T. Spittler in einer Rezension zu Band 1 der *Geschichte unseres protestantischen Lehrbegriffs* in GAGS (1781), 95. St., 755–759, gelüftet: »Wir sehen der Fortsetzung dieses Werks mit Begierde entgegen, und nennen hier mit Absicht den Namens seines Verfassers, des Hrn. Professor Plank's zu Stuttgard, um ihn desto mehr zu beschleunigter Herausgebung desselben zu verbinden, und einen der gelehrten Männer bekannt zu machen, welche bey dasiger Militärakadmie mit so gutem Erfolg arbeiten.« (GAGS [1781], 95.St., 759; vgl. den Hinweis bei FRENSDORFF, Planck, 10). Einer weiteren Rezension zu Band 1 ist das schon allgemein bekannt ([ANONYM], Historische Litteratur 3 [1783], 1. Bd., 32).
    Gründe für die Anonymität gibt es eigentlich nicht: Weder enthält die Schrift heterodoxe Lehre, noch hätte eine breite Bekanntschaft des Autors oder seine Zuordnung zu einer bestimmten Schule die Rezeption erschweren können. Auch eine Zensur der Lehrer der Karlsschule ist mir nicht bekannt.

[796] Auch zeitlich lässt sich eine Lücke ausmachen: Bd. 1: 1781; Bd. 2: 1783; Bd. 3,1: 1788; Bd. 3,2: 1789. Bd. 4 erschien 1796; Bd. 5,1: 1798; Bd. 5,2: 1799; Bd. 6: 1800. Z. T. zeitgleich erschienen die ersten drei Bände in zweiter Auflage, die kaum merklich verändert war: Bd. 1²: 1791, Bd. 2²: 1792; Bd. 3,1²: 1796; Bd. 3,2²: 1798. Weitere Auflagen gab es nicht. Auffällig scheint noch die Pause vor Bd. 3: Sie erklärt sich durch Plancks Antritt der Professur in Göttingen 1784, die sicherlich einiger Vorbereitungszeit bedurfte.
    Eigentlich hatte Planck 1781 erklärt, nach seinem gegenwärtigen Plan solle das Werk sechs Bände umfassen, von denen nicht mehr als einer pro Jahr erscheinen werde (vgl. Lehrbegriff 1, XVIII). Der erste Band sei nicht zu vergleichen mit den Folgenden, hier habe er länger verweilen müssen, weil sich aus diesen Geschehnissen alles Folgende entwickele (vgl. aaO. XIX).

einer Entwicklung mit unterschiedlichen Schwerpunkten.[797] Abschließend erhielt das Werk ein Register, getrennt für den ersten und den zweiten Hauptteil,
das teils recht ausführliche Informationen zu auftretenden Personen, Sachbegriffen und Ereignissen enthält.[798]

Anlage und Absicht des Gesamtwerkes erläutert Planck als »Ideal der Geschichte«[799] in der Vorrede zum ersten Band:[800] Obwohl bereits gute Darstellungen der Reformationsgeschichte vorlägen, wolle er es unternehmen,
pragmatisch eine Geschichte unter dem Gesichtspunkt der Ausbildung des
protestantischen Lehrbegriffs zu schreiben.[801] D. h. für ihn, besonders die
Hauptpersonen in ihren Charakterzügen sowie die Umstände der Entwicklungen jeweils eingehend zu schildern und dies alles unter der einen Fragerichtung zu tun, welche Auswirkungen dies für die Ausbildung des protestantischen
Lehrbegriffs hatte.[802] Aus dem bisher schon Gesammelten sollte so eine »wahre

---

[797] Eine gattungsmäßige Zuordnung (Kirchen-/Theologiegeschichte) lässt sich jedenfalls
nicht anwenden.

Insgesamt kommt das Werk exklusive Vorreden und Inhaltsverzeichnisse auf ca. 4500
Seiten. Die Bände 3 und 5 enthalten je zwei Teilbände, über die Aufteilung gibt sich Planck
in den Vorworten Rechenschaft (vgl. z. B. Lehrbegriff 5/1, V f.; Lehrbegriff 3/1, Vorrede
[unpag. 1 f.]). Untergliedert ist es in 20 Bücher unterschiedlichen Umfangs – 10 für jeden
Teil (Lehrbegriff 5/1, VI) –, die zumeist eine in sich abschließbare Entwicklung wie etwa
den Bauernkrieg (Buch 5 [Band 2]), Vorbereitung und Durchführung des Augsburger
Reichstages (Buch 7 [Band 3/1]) oder den erneuerten Abendmahlsstreit (Buch 6 und 7
[Band 5/2]) umfassen.

[798] *Allgemeines Register der merkwürdigsten Nahmen und Sachen [...]* (1800), jeweils bezogen
auf den ersten oder zweiten Teil des Werkes, aber durchgehend gezählt. Leider fehlt dieses
äußerst hilfreiche Register in den meisten zugänglichen Exemplaren, das des *Göttinger Theologicum* enthält es. Es bietet neben der Angabe der verschiedenen Fundorte je nach Eintrag
auch einen kurzen Abriss der Rolle der behandelten Person in bestimmten Zusammenhängen: Z. B. Amsdorff habe schon 1523 ein Bedenken an den Kurfürsten über die hoheitliche
Verteidigung des Evangeliums gesandt (vgl. Register, 5) oder einen 14-spaltigen Eintrag zu
Karl V. (vgl. Register, 13–20), der eine umfangreiche Schilderung seiner die Reformation
betreffenden Handlungen enthält. Bemerkenswerterweise wird Karl V. mehr Platz eingeräumt als Martin Luther (10 Spalten: Register, 47–53).

[799] Lehrbegriff 1, VI.

[800] Den vorgestellten Weg hält er auch wirklich ein, bis auf eine konzeptionelle Umgewichtung ab Band 4 (vgl. LÜCKE, Planck, 21, der bemerkt, Planck habe den Plan schon vollständig gehabt und durchgehalten).

[801] Das lobt eine anonyme Rezension des ersten Bandes in: Historische Litteratur 3 (1783),
1. Bd., 23.

[802] Vgl. Lehrbegriff 1, IV f. »Mein Endzweck war [...] eine pragmatische Geschichte der
Entstehung unseres protestantischen Lehrbegriffs zu schreiben« (aaO. IV); dabei das ganze
»Werk der Reformation« unter diesen Gesichtspunkt zu bringen, im Ganzen wie im Speziellen, und herauszustellen, wo zuerst Veränderungen in Vorstellungsarten und Glaubenslehren anfingen, welche Umstände an ihrer Vorbereitung und Ausbildung beigetragen haben
(aaO. IV f.). Zu den bedingenden Faktoren sind neben den zufälligen und absichtlich gelegten Umständen noch »der Charakter der Hauptpersonen, ihre Bildung, ihre Leidenschaften, ihr Vorurtheile, ihre Nebenabsichten« sowie »die politische Verfassung, Anschläge, Verhältnisse, Fehler unserer Höfe« und insgesamt »Umstände des Ortes, der Zeit, der Gelegenheit« (aaO. V) zu zählen.

Geschichte des ganzen Zeitraums«[803] werden, in der der Zusammenhang des Ganzen im Bezug auf die Ausbildung des lutherischen theologischen Systems deutlich wird. Diese Ausrichtung hat dem Werk den Ehrentitel der ersten Dogmengeschichte des Protestantismus eingetragen.[804] Erläuterungsbedürftig ist das Epitheton »protestantisch«: Eindeutig versteht Planck es hier als »lutherisch«, da es um die Entstehungsgeschichte der Lehre geht, die für ihn in der *Konkordienformel* gipfelt. Er kann allerdings auch zuweilen die sich bildende Partei als »reformirt« oder »lutherisch« bezeichnen.[805] Eine Standortbestimmung nimmt er mit der Formulierung »*unseres* protestantischen Lehrbegriffs«[806] vor: Planck ist Lutheraner bzw. »Protestant«[807]. Dennoch zielt er auf Unparteilichkeit,[808] die sowohl vor einer einem heilsgeschichtlichen Denken entsprungenen Überhöhung der Reformation wie auch vor ihrer Verunglimpfung als musealem misslungenem Reformversuch schützt. Für Planck ist die Reformation durch Menschen ausgeführtes Werk Gottes, das er in einem »würdigeren Licht«[809] darstellen möchte, auch wenn die menschlichen Abgründe es schwer machen, sich vor einem vorschnellen Urteil zu hüten: »Kein Wunder, wenn dieß Studium Arnolde macht!«[810] Dem Werk eignet ein pädagogisches Interesse: Es könne doch

---

[803] AaO. VI.

[804] Vgl. stellvertretend für viele LIPPS, Dogmengeschichte, 43.

[805] Noch in der 2. Auflage uneinheitlich: Lehrbegriff 2², 134 (reformatorisch); 139 (reformiert); 152 (lutherische Sekte).

[806] Lehrbegriff 1, IV. Dies wird dadurch noch auffälliger, dass keines der übrigen historiographischen Werke einen vergleichbar inklusiven Titel trägt.

[807] »Ich habe mir niemals Mühe gegeben, so lang ich an dieser Geschichte arbeitete, zu vergessen oder zu verbergen, daß ich selbst Protestant bin; aber ich hoffe, daß mich meine Ueberzeugung von unserem Lehrbegriff niemals zu einer falschen Vorstellung des Lehrbegriffs der andern Partheyen, niemals zu einem ungerechten oder nur heftigen Urtheil über sie verleitet haben soll.« (aaO. XIV).
Zur Bezeichnung »protestantisch/Protestant/Protestantismus« vgl. WALLMANN, Protestantismus, 1728, der auf die Zunahme der Begriffsverwendung in der Aufklärung hinweist, fälschlicherweise allerdings den Titel des Planckschen Werks als überkonfessionell deutet (vgl. ebd.). Begünstigt worden war die Verwendung durch das Zurücktreten des Gegensatzes lutherisch-reformiert schon im Pietismus.

[808] Plancks Unparteilichkeit zeigt sich in der teils äußerst kritischen Behandlung der eigenen lutherischen Heroen sowie der wohlwollenden Restituierung altgläubiger Gegner (wie bspw. Emser [Lehrbegriff 1, 210]). Man fordere nur nicht mehr als »ruhige Unpartheylichkeit« (aaO. XIV), betont er gegen die Aufgabe einer eigenen Beurteilung. Luthers Rolle im Streit mit Erasmus um den freien Willen zeige eine sehr schwache Seite des Reformators, aber Planck tröstet sich: »Die Behauptung eines falschen Satzes wird einen grossen Mann nicht leicht in dem Auge eines billigen Richters verkleinern« (Lehrbegriff 2, 131). »Und ist nicht der Anblick der Schwächen eines grossen Mannes oft belehrender als der Anblick seiner glänzendsten Züge?« (aaO. 132).

[809] Lehrbegriff 1, XIII.

[810] AaO. XVII. Selbst Salig sei dieser Gefahr erlegen. Dass Planck unparteiisch blieb, wurde gewürdigt: vgl. z.B. die Rezension zu Band 1 und 2: [GRIESBACH], AdB 66 (1786), 1. St., 312; die anonyme Rezension zu Band 2: Historische Litteratur 4 (1784), 1. Bd., 206; und zu Band 5/1: [SCHAEFFER], NadB 49 (1800), 2. St., 388.

einigen der angehenden Theologen dadurch Gelegenheit verschafft werden, der »Entstehung, der Bildung und den Verwandlungen eines theologischen Systems zuzusehen«[811]. Dies würde der theologischen Diskussion gut tun, da das System, über das gestritten wird, wenig bekannt scheint.

Für seine stets quellenbezogene Darstellung macht Planck intensiv von der Briefliteratur der Reformationszeit Gebrauch, die er ausgiebig und häufig in den Fußnoten anführt.[812] Er konnte in Stuttgart auf die gut ausgestattete herzogliche Bibliothek zugreifen, die ihm offenbar eine Fülle von Originalquellen bot.[813] Dadurch konnte er die für ihn charakteristische psychologisch-spekulative Schilderung der Hauptpersonen vornehmen, die darauf aus ist,

»nicht nur aus demjenigen, was würklich geschah, sondern zuweilen selbst aus demjenigen, was nicht geschah, dasjenige zu errathen, was unter anderen Umständen nach der Absicht der handlenden Personen geschehen seyn würde, oder doch geschehen sollte.«[814]

Dieses Genre in der Intensität aufzunehmen, war ein Novum der reformationsgeschichtlichen Darstellung. Freilich nahm Planck neben diesen Briefen auch weitere Akten, »die gleichzeitigen Geschichtschreiber [sic], die öffentlichen Urkunden und Dokumente«[815] auf und rezipierte breit die Darstellungen der Reformationszeit von Salig, Seckendorf, Sleidan u. a. – jedoch im Bewusstsein, sie nicht ständig nennen zu müssen.[816] Übrige Literatur führt er nur bei neuen Erkenntnissen oder Korrekturbedarf an.[817] Gegenüber den bisherigen Entwürfen will er nun ein stringentes und systematisches Werk vorlegen.[818]

---

[811] Lehrbegriff 1, XIII.

[812] S. u. Kap. B.II.3.2.

[813] Vgl. Lehrbegriff 2, VII. Vgl. die Erwähnung bei Lücke, Planck, 21. Auf seinen Quellenbezug weist Planck häufig hin (z. B. Lehrbegriff 1, VIII–XI). Er werde desto wichtiger, je mehr bisher schon darüber geschrieben wurde, außerdem böten die Quellen auch noch immer Unentdecktes (vgl. aaO. VIII).

[814] Lehrbegriff 3/1, Vorrede [unpag. 9]. Er ist der Überzeugung, aus einem besonderen Zug lasse sich häufig der Charakter eines Mannes darstellen (vgl. Lehrbegriff 1, IXf.). Vgl. dazu Plancks *Entwurf einiger Abhandlungen vom Herzen* (vgl. Kap. A.II.5.1.).

[815] Lehrbegriff 1, IX. Vorzüglich wolle er sich aber mit den »eigen[n] Werke[n] jener Männer, die das meiste zu der Bildung unseres Lehrbegriffs beytrugen« (ebd.), befassen. Glücklicherweise sei die Quellenlage wenigstens der Reformationszeit sehr gut (vgl. aaO. VII).

[816] »Warum sollen Sleidan und Seckendorf immer genannt werden?« (er ergänzt noch Chyträus, Mykonius, Cyprian, Löscher und Salig), »wenn es auf eine Begebenheit ankommt, die sie so wie Sleidan, vielleicht nach Sleidan erzählen?« (aaO. XI). Ob er darüber hinaus weitere Anleihen z. B. bei J. S. Semler in dessen Reformationsdeutung macht (so Voigt-Guy, Reformationsgeschichte, 286), lässt sich nur schwer verifizieren. Lücke, Planck, 22, sieht Planck im Gefolge Cramers, des Übersetzers J. B. Bossuets; auch dies bleibt aber persönlicher Eindruck.

[817] Vgl. Lehrbegriff 1, XII.

[818] Häufig erstrecke sich die Darstellung nur auf einzelne Streitigkeiten, in anderen Fällen sei den Schriftstellern noch die Möglichkeit der unvoreingenommenen Betrachtung aufgrund ihrer Nähe zum Geschehen nicht gegeben (vgl. aaO. VIf.).

Programmatischen Charakter haben die ersten Abschnitte der *Geschichte un-*
seres protestantischen Lehrbegriffs: Die Reformation sei oftmals zu einem Wunder,
einem Werk einer unsichtbaren Hand stilisiert worden, weil die Wirkung und
Verbreitung sich unmöglich von den vorliegenden Ursachen herleiten lasse.[819]
Planck zeigt, wie die Reformation nicht plötzlich hereinbrach, sondern aus
menschlichen Handlungen entstand.[820] In dieser Entwicklung zeigen sich vor-
bereitende wie retardierende Momente.[821]

Gliedernd wirken im ersten Teil reichsrechtlich relevante Entscheidungen
wie die Reichstage in Worms 1521 oder Augsburg 1530, im zweiten Teil erhalten diese Rolle bestimmte Streitigkeiten. Inhaltlich erstreckt sich die Darstellung von den Voraussetzungen der reformatorischen Bewegung in dem Zustand
der römischen Kirche am Ende des 15. Jahrhunderts einerseits und in dem Aufblühen der Wissenschaften im Humanismus andererseits über die gesamte Reformationsgeschichte bis zur Publikation der *Konkordienformel*.[822] Der Schluss sei
zulässig, »daß schon vor Luthern tausende eben das glaubten, was Luther erst
nach und nach glauben lernte.«[823] Vorher hätten die Scholastiker, »die seltsamste
Art von Menschen, die jemals gelebt hat«[824], das Lehrsystem der Kirche in einen
unmöglichen Zustand gebracht.

Bis zum Reichstag in Worms erstreckt sich Band 1, wobei die Darstellung
Luthers und seiner Gemütszustände äußerst breiten Raum einnimmt.[825] Planck

---

[819] Vgl. aaO. 2. Auf den in der pragmatischen Geschichtsschreibung gebrauchten, aus der
Physik entlehnten Zusammenhang von Ursache und Wirkung wird unter Kap. B.II.3.2.
genauer eingegangen.

[820] Die Frage der Verhältnisbestimmung von menschlicher Handlung und göttlicher Planung und Verursachung wird unter Kap. B.II.3.2. genauer behandelt.

[821] Die Veränderungen »können nur durch die treue Darstellung des Zustands sichtbar
werden, in welchem sich die Menschen, über die sie sich erstreckte, vor der Veränderung und
unter der Veränderung befanden« (Lehrbegriff 1, 4). D.h. es gibt eine Vorgeschichte und
diese ist anthropologisch zu erheben.

[822] Zu den Vorbereitungen der Reformation vgl. aaO. 4, zum Zustand der römischen
Kirche und Theologie vgl. aaO. 5.18, zur geistigen Situation um 1500 vgl. aaO. 22f., zum
Ende der Reformation vgl. Lehrbegriff 6, VI: »Biß zu der Konkordien-Formel sollte die
Geschichte hingeführt werden, und genau biß zu dieser ist sie hingeführt worden.« Es sei
aber nötig, noch alles mitzubehandeln, was zwischen Anfertigung und Publikation gesche-
hen sei.

[823] Lehrbegriff 1, 23. Dabei denkt Planck v.a. an humanistische Gelehrte und Kirchenre-
former wie J. Gerson, N.v. Clemangis, J. Wiklif und J. Hus. Zu dieser Hochschätzung des
Humanismus in der Aufklärungskirchengeschichtsschreibung vgl. ZSCHARNACK, Reformation, 167 u.ö., der Planck als Beispiel anführt. Gerade die Hochschätzung der wissenschaftlichen Leistungen des Humanismus (vgl. aaO. 166) findet sich auch bei Planck.

[824] Lehrbegriff 1, 18. Sie haben allerdings – wenn auch unbeabsichtigt – doch der Wahrheit einige Dienste getan.

[825] Ein Abschnitt dieses Bandes (Lehrbegriff 1², 44–66), der die Entwicklung Luthers von
seinem Gang ins Kloster bis zum Ablassstreit umfasst, erschien 1817 unter dem Titel PLANCK,
G.J., *Ueber Luthers frühere Bildung*, in: *Stimmen aus drei Jahrhunderten über Luther und sein Werk*
(1817), 141–160. Planck steht hier neben Auszügen aus J.G. Fichte, U.v. Hutten, Ch. de Villers und Ph. Melanchthon.

hatte als notwendig angekündigt, »in der Seele des ersten Urhebers dieser sonst unbegreiflichen Veränderung dem ersten Gedanken daran nachzuspüren, seine Veranlassung recht sichtbar zu machen, und seinen Fortgang recht sorgfältig zu verfolgen«[826]. So habe Luther beispielsweise die Thesen angeschlagen, weil J. Tetzel ihn durch Drohungen reizte: Da »ging diesem die Geduld aus, und am Aller Heiligen Abend schlug er öffentlich an der Thüre der Schloßkirche zu Wittenberg die berühmten Sätze wider Tezeln an, welche den ersten Anlaß zu der ganzen Reformation gegeben haben.«[827] Auch Ph. Melanchthons Charakter und wissenschaftliches Profil werden ausführlich geschildert.[828]

In Band 2 untersucht Planck die Ereignisse vom *Wormser Edikt* bis zum *Marburger Religionsgespräch* 1529 und den Bündnisverhandlungen der Protestanten, wobei er ausführlicher den Streit Luthers mit Erasmus, den Bauernkrieg und in besonderer Intensität den Abendmahlsstreit schildert, die »unseligste aller Streitigkeiten«[829], sowie die Zustände in Papsttum und Kaisertum der Zeit.

Im folgenden Band 3, der in zwei Teilen erscheint, widmet sich Planck den kaiserlichen Plänen Deutschland und die Religionsfrage betreffend,[830] um dann die Vorbereitungen auf den Reichstag und die Verhandlungen in Augsburg 1530 in ihrer Bedeutung für den Verlauf der Reformation zu beleuchten, wobei den politisch-strategisch Handelnden Lob widerfährt, die Theologen eher getadelt werden.[831] Inhaltlich wird die *Confessio Augustana* wenig beleuchtet, er-

---

[826] Lehrbegriff 1, XIX. Das würdigt ein anonymer Rezensent zu Band 1 (Historische Litteratur 3 [1783], 1. Bd., 26): »Hrn. Schröckhs Charakter Luthers in seinem Leben desselben ist vortrefflich: aber hier ist noch mehr als Schröckh!«

[827] Lehrbegriff 1, 60. Allerdings gibt es hier keine große Darstellung, wie sich Luther wohl gefühlt habe, als er die Thesen anschlug und auch keine dramatische Schilderung des Aktes.
Seinen Auftritt in Worms 1521 habe Luther im Unterschied zu seinen Freunden »mit Freuden« (aaO. 397) erwartet. Die gesamte Darstellung des als demütig, doch gleichzeitig heldenhaft bezeichneten Auftritts beendet Planck mit den Worten: »dieß erregt und dieß verdient unsere höchste Bewunderung!« (aaO. 402). Nicht zufällig wählte PISCHON, Denkmäler, 587–589, die Darstellung dieser Begebenheit neben der des Gesprächs zu Marburg für seine Beispielsammlung deutscher Literatur aus.

[828] Vgl. den Beginn Lehrbegriff 1, 149–152.

[829] Lehrbegriff 2, 201; vgl. zum Verlauf aaO. 201–327. KAHNIS, Lehre, 339, kritisiert an Plancks Darstellung, seine ganze Unparteilichkeit habe darin bestanden, »daß er in seiner theologischen Flau- und Flachheit instinktartig für die Seite sich entscheidet, wo es am nüchternsten, verständigsten, breitesten, humansten zugeht.« Das sei der Grund für die positive Darstellung Oekolampads gewesen – die Kahnis natürlich verurteilen muss.

[830] In Lehrbegriff 3/1, 4, zeigt Planck, dass es auch in verschiedenen Verhandlungen mit italienischen Fürsten letztlich um Deutschland ging.

[831] So sorgt bspw. der Kanzler Brück dafür, dass dem Rat der Theologen, dem Predigtverbot während des Reichstags nachzukommen, nicht entsprochen wurde, was für die Verhandlungsposition äußerst nachteilig gewesen wäre, und stattdessen selbstbewusste Entschlossenheit präsentiert wurde (vgl. aaO. 31–37). Die Theologen hätten »ängstliche[] Sorglichkeit« und »unselige Spaltung« (aaO. 62) vermittelt. Auch in folgenden Verhandlungen habe Luthers Eifer, der wieder durch Kränkungen durch Herzog Georg von Sachsen gereizt worden sei, schlimme Folgen gehabt, wenn er sich hätte durchsetzen können (vgl. aaO. 254).

hält aber in ihrer theologischen Relevanz eine Würdigung, die die Differenz des neuen Lehrbegriffs vom alten in drei Punkten zusammenfasst: die katholische Forderung nach Satisfaktion als notwendigem Teil der Buße, die Frage nach der Verdienstlichkeit der guten Werke und die Praxis der Privatmesse.[832] Die Auswirkungen dieses Reichstags, die ungeschickte Haltung der Theologen zur Kriegsfrage[833] sowie die Konzilsplanungen des Kaisers und des Papstes füllen den übrigen ersten Teilband, der mit der *Wittenberger Konkordie* schließt. Band 3/2 widmet sich den politischen Zuständen von 1536 bis zum Reichstag in Speyer 1544, dem Friedensschluss des Kaisers mit Frankreich, gipfelt in der Darstellung des Schmalkaldischen Krieges und endet schließlich im *Augsburger Religionsfrieden* 1555. Er befasst sich aber auch mit den Religionsgesprächen, in denen die Protestanten zwar eine Einigung verhinderten, aber letztlich deutlich geworden sei, dass nicht die Theologen, sondern der Kaiser die Entwicklungen bestimmt habe.[834] Im gesamten Band 3 enthält nur das erste von vier Büchern theologische Themen, die übrigen beschäftigen sich ausschließlich mit den politischen, strategischen und kriegerischen Begebenheiten zwischen 1530 und 1555 – lediglich die *Wittenberger Konkordie* stellt eine kurze Ausnahme dar. Dieses Problems ist Planck sich durchaus bewusst, er meint aber, die ausführliche Darlegung der äußeren Geschichte damit rechtfertigen zu können, dass dieser Zeitraum (1530–1546) bisher wenig bearbeitet worden sei und man die Ursachen dafür ausarbeiten müsse, was über 15 Jahre das Schicksal der Reformation so in der Schwebe gehalten habe – die sich aufdrängenden Ursachen (Papst, Frankreich, Reichsstände, Türken etc.) könnten nicht die wahren sein.[835] Dabei lasse sich freilich zugestehen, »daß der nächste Zweck dieses Werks eine so spe-

---

Zur Zurückführung der Reformation auf das Verdienst der Fürsten vgl. ZSCHARNACK, Reformation, 99, der darin eine seit Thomasius verbreitete, »beliebte These« erkennt.

[832] Vgl. Lehrbegriff 3/1, 134: »Wohl waren dies nur drey Punkte, aber wer sieht nicht, daß das ganze Gebäude des Römischen Lehrbegriffs und des Römischen Gottesdiensts auf diese drey Punkte sich stützte?« Sie werden zurückgeführt auf einen Satz, das »plastische Prinzipium der Theologie« (aaO. 135): »Es giebt gewisse Handlungen, die schon an sich und ohne Rücksicht auf die Gesinnungen, womit sie verrichtet werden, Gott wohlgefällig sind, deren blosse mechanische Verrichtung daher schon gottesdienstlich, und schon in einem gewissen Grad würksam zu Erlangung seiner Gnade oder zu Abwendung seines Misfallens ist, wenn sie schon nicht immer allein dazu hinreicht, und nicht den ganzen Gottesdienst ausmacht!« (ebd.). Es hätte zuvor durchaus eine Einigungsmöglichkeit gegeben, die aber nur in einer *adaequatio verbalis* statt *realis* bestanden hätte (vgl. aaO. 106–112).

[833] Viele Verhandlungen seien durch Luthers und Melanchthons Angst vor einem Kriegsausbruch aufgehalten oder verfälscht worden (vgl. aaO. 90). Außerdem kritisiert Planck Melanchthons »komische Vorstellung«, die Fürsten sollten sich in die Verteidigung der Partei nicht einmischen (vgl. aaO. 92).

[834] Die Protestanten waren zu argwöhnisch gegenüber dem Interim, so hätten sie in Regensburg eine Vereinigung, die viel Gutes hätte bewirken können, verhindert. Aber die folgende Entwicklung zeige, dass die Theologen gegen die schon gefassten Pläne des Kaisers ohnehin nichts hätten bewirken können (vgl. Lehrbegriff 3/2, 126–134).

[835] Vgl. Lehrbegriff 3/1, Vorrede [unpag. 4–10].

cielle Entwicklung desjenigen, was bloß zu der politischen Geschichte der Parthie gehört, wie man sie besonders in diesem Bande finden wird, eben so wenig erfordert, als sie der Titel erwarten läßt.«[836] Planck hält sich in der Erforschung der Geschichte nicht immer sklavisch an sein eigentliches Konzept, sondern geht flexibel auf den Wert der Quellen ein.[837]

Über die Fortsetzung des Gesamtwerkes machte er sich denn auch bis zum Erscheinen des vierten Bandes einige zweifelnde Gedanken: Eine kritische Darstellung der Reformationshelden scheine mittlerweile kontraproduktiv, da sich die ehemals noch zu korrigierende unkritische Verehrung in Entfremdung und sogar Verurteilung verwandelt habe.[838] Planck befürchtet, daran unabsichtlich mitgewirkt zu haben. Bemerkenswert scheint noch, dass die Grenze, die in Plancks Darstellung nun die erste Episode der Reformation von der zweiten trennt,[839] erst in der Konzeption des dritten Bandes zu dieser Grenze wurde, da Planck aufging, dass sich mit dem Religionsfrieden ein Band – entgegen der ursprünglichen Absicht, den vierten Band mit dem Schmalkaldischen Krieg beginnen zu lassen – viel besser schließen lasse. So erhielt der *Augsburger Religionsfrieden* von 1555 epochengliedernde Bedeutung: mit ihm sei die reformatorische Partei als Kirche legalisiert worden, die weitere Darstellung betreffe deren innere Ausgestaltung.[840]

Konzeptionell kündigt Planck im Vorwort zu Band 4 Umstellungen an: In den ersten Bänden sei ihm, entgegen der Ankündigung im ursprünglichen Titel, zu viel hineingekommen, was die äußere Form betreffe. Ab jetzt solle die Darstellung nur noch das enthalten, was unmittelbar auf die Ausbildung des Lehrbegriffes Einfluss gehabt habe.[841] Allerdings entschließt sich Planck, auch

---

[836] AaO. Vorrede [unpag. 5 f.]. Die Rezensionen des dritten Bandes äußern Verständnis für dieses Vorgehen, vgl. die Rezension zu Band 3/1: [SCHLEGEL], AdB 90 (1789), 1. St., 3; und zu Band 3/2: [DUTTENHOFER], AdB 105 (1791), 1. St., 20: Obgleich hier mehr politische Geschichte aufgenommen sei, »so wird er [der vorliegende Band, C. N.] doch gewiß von niemanden, der den genauen Zusammenhang politischer Begebenheiten mit der Entwicklung eines Lehrbegriffs kennet, ohne Nutzen und Vergnügen gelesen werden.«

[837] Dabei kündigt er allerdings an: »Die Geschichte der Parthie werde ich nehmlich von dem Zeitpunkt an für völlig geschlossen ansehen, da sie durch den ersten wahren Religions-Frieden eine gesetzmässige Existenz erhielt« (Lehrbegriff 3/1, Vorrede [unpag. 15]).

[838] Vgl. Lehrbegriff 4, XII: »Dem Vorurteil für die Autorität unserer ältern Theologen, das freylich durch nichts so würksam niedergeschlagen werden konnte, als durch eine treue Geschichte ihrer Händel in diesem Zeitraum, diesem Vorurtheil darf jetzt nicht mehr entgegengewürkt werden. Es hat sich in diesen lezten fünfzehn Jahren so ganz unter uns verlohren, daß man beynahe zu dem entgegengesezten übergegangen ist.« Vgl. zu dieser Analyse BECKMANN, Politik, 323 f.

[839] Deutlich wird das an den Hauptperioden bei Planck und den gesonderten Überschriften.

[840] Vgl. dazu Lehrbegriff 3/1, Vorrede [unpag. 3.14].

[841] Obwohl Planck das schon in der Vorrede zu Band 1 angekündigt hatte: Was nicht in die Bildung des Lehrbegriffs wenigstens entfernten Einfluss hat, »gehört für mich gar nicht in diesen Zeitraum« (Lehrbegriff 1, XII). Schon im Vorwort zum dritten Band äußert Planck, die ersten drei Bände könnten auch als ein Ganzes betrachtet werden, »das wenig-

weiterhin die Umstände mit einzubeziehen und nicht nur das theologisch Zentrale aufzuzählen.[842] Für ihn drängt sich – das führt er neben anderweitigen Belastungen zur Entschuldigung des späten Erscheinens an – die Notwendigkeit einer Aufklärung über das alte dogmatische System nun nicht mehr auf, da sich in der Zwischenzeit eine neue Dogmatik gebildet habe, die »nicht nur von jenen Formen, sondern selbst von mehreren Grund-Ideen der älteren weggekommen«[843] sei. So enthält die Darstellung auch in der Folge zwar weniger zur politischen Geschichte, aber immer noch viel zur psychologisch-pragmatischen Darstellung der Handlungsmotive von Einzelpersonen und zur Einordnung in die umgebende Situation. Im Einleitungskapitel des vierten Bandes erläutert Planck die von ihm unterschiedenen Hauptperioden der Reformation. Somit ergibt sich die Unterscheidung der Bände 1–3 von den Bänden 4–6 über die unterschiedliche Berücksichtigung der äußeren Geschichte. Während in der ersten »Hauptperiode« die Bildung des protestantischen Lehrbegriffs sich »nur gleichsam aus dem Katholicißmus oder aus dem alten Lehrbegriff heraus«[844] vollzog, befasste man sich in der folgenden auch mit den »übrigen einzelnen Theile[n]«[845], deren Klärung dann in der *Konkordienformel* 1577 erfolgte, deren Genese darzustellen Planck ja angetreten war.[846]

Die Darstellung erstreckt sich weiter über die innerprotestantischen Streitigkeiten bis zum Interimistischen Streit, besonderes Gewicht erhält der erneuerte Abendmahlsstreit,[847] aber auch die Ausbildung eines landesherrlichen Kirchenregiments und die jetzt die Diskussion prägende Frage nach der Rolle Melanchthons im Streit um das Erbe Luthers.[848] M. Flacius erscheint als maßgeblicher Initiator der Streitigkeiten und wird ausführlich charakterisiert.[849] Weiterhin

---

stens mit der spezielleren theologischen Geschichte ihres neuen Lehrbegriffs, welche die folgenden Bände enthalten sollen, in keinem notwendigen Zusammenhang steht« (Lehrbegriff 3/2, Vorrede [unpag. 1]). So auch zu Beginn der Neuauflage Lehrbegriff 1², XXIf.: Die ersten Bände enthielten die Entstehung der Kirche bis zu ihrer Legitimierung im Religionsfrieden 1555.

[842] Auch die streitenden Persönlichkeiten sollen weiter gewürdigt werden (vgl. Lehrbegriff 4, X).

[843] AaO. VII. Das alte System habe das positive wie das negative Interesse mittlerweile verloren (vgl. dazu Kap. B.II.3.3).

[844] Lehrbegriff 4, 1.

[845] Ebd.

[846] Zur Beurteilung der *Konkordienformel* als lutherisches Grundbekenntnis vgl. Kap. B. II.3.3. Die Universität Göttingen hatte die *Konkordienformel* als verbindliche Lehrnorm abgelöst. Vgl. dazu HAMMANN, Bekenntnisbindung, und zur Aufnahme der Konkordienformel im niedersächsischen Raum MAGER, Konkordienformel (vgl. Kap. A.IV.2.6.1.).

[847] Viel Sorgfalt verwendet Planck hier auf die Frage, ob Melanchthon der reformierten Abendmahlsauffassung beigetreten sei (vgl. Lehrbegriff 4, 8–24).

[848] Planck vereinseitigt diesen Teil der Reformationsgeschichte nicht auf eine »Erbstreitigkeit« (anders: VOIGT-GOY, Reformationsgeschichte, 293).

[849] Dass ein einzelner Mann diese Wirkung auslöste, verwundert. Vgl. Lehrbegriff 4, 183–191, zu Flacius' Charakter.

bleibt die politische Entwicklung der Reformation von Interesse, der Einfluss der Theologen darauf wird weiterhin als ungünstig bewertet.

Band 5 schildert die übrigen Streitigkeiten, sehr ausführlich die erneuten Sakramentsstreitigkeiten nach Luthers Tod, hier auch unter Einbeziehung der reformierten Entwicklung (*Consensus Tigurinus*).[850] Letztlich behandelt der ganze Band die Auseinandersetzung mit dem Calvinismus, u. a. auch dessen Bekämpfung in Sachsen. Im abschließenden Band 6 bleibt noch, die verschiedenen Versuche, die bisher dargestellten innerprotestantischen/-lutherischen Streitigkeiten zu klären, wobei die Darstellung der Ereignisse und Ansätze in der Pfalz, in Württemberg etc.[851] nicht immer chronologisch vorgeht, sondern z. T. auch blockweise bestimmte Themen im Ganzen behandelt, bevor sie zum nächsten fortgeht: Z. B. wird Melanchthons Tod bereits in Band 5 geschildert, in Band 6 aber noch auf seine Rolle in den ersten Vereinigungsverhandlungen hingewiesen. J. Andreae erfährt als Protagonist eine eingehende Charakterisierung. Unmittelbare Einigungsverhandlungen werden immer wieder unter Einbeziehung der politisch wirkenden Kräfte und Umstände dargestellt: Dabei spielen die theologischen Spaltungen im lutherischen Lager[852] wie die Theologen insgesamt eine hemmende und streitlustige,[853] die Fürsten eine ausgleichende Rolle, bis schließlich die *Geschichte unseres protestantischen Lehrbegriffs* in der Darstellung des Inhalts der *Konkordienformel* endet.[854] Die letzten drei Seiten des Gesamtwerks widmet Planck der Frage, ob die in der *Konkordienformel* erreichte Bestimmtheit des lutherischen Bekenntnisses als Gewinn betrachtet werden dürfe oder nicht:[855] Planck verbucht sie nicht als Erfolg.

Als Ergebnis der Darstellung lässt sich festhalten, dass zwar einerseits den Handlungsmomenten und -motiven der Einzelpersonen großes Gewicht zuge-

---

[850] Hier taucht zum ersten Mal ausführlicher die nicht-lutherische Reformation auf. Doch auch hier geht es in erster Linie um Klärungen des lutherischen Abendmahlsverständnisses unter J Westphal (vgl. Lehrbegriff 5/2, 1–137). Bezüglich dieser Auseinandersetzung geht Planck auch auf einzelne regionale Ausformungen ein: Der Darstellung der Württembergischen Verhältnisse widmet Planck breiten Raum aaO. v. a. 383–424; Brenz' Wirken und die daraus entstandene Verteufelung des Calvinismus sowie die Symbolisierung der Ubiquitätslehre in Württemberg kritisiert Planck. Dies kann als Beispiel des Beurteilungsmaßstabs Plancks angesehen werden: Wer Streit schürte, wird kritisiert, wer um Ausgleich bemüht ist – wie hier z. B. Melanchthon –, wird positiv beurteilt.

[851] Zu Anfang des sechsten Bandes findet sich nochmals eine programmatische Bemerkung über den hier angelegten Gesichtspunkt, aus dem die Einigungsversuche betrachtet werden sollen (vgl. Lehrbegriff 6, 1–8).

[852] Planck unterscheidet drei Parteien: eine rigide orthodoxe, eine moderate und eine philippistisch-calvinistische (vgl. aaO. XVII).

[853] Zur Entwicklung in Niedersachsen wartet Planck mit der bemerkenswerten Deutung auf: »Die Niedersächsische Theologen bestehen aus Haß gegen die Wittenberger darauf, daß man sich bey einem Vergleich nicht bloß über die Thesin sondern auch über die Antithesin vereinigen müsse.« (Lehrbegriff 6, XIV).

[854] Insgesamt umfasst diese Darstellung inklusive Beurteilung die Seiten aaO. 679–815.

[855] Vgl. aaO. 816–818.

messen wird, allerdings ebenso viel Sorgfalt auf die Darstellung der umgebenden Umstände und Zustände verwendet wird, die jene wiederum bedingen. Die Rolle der Theologen wird insgesamt kritisch beurteilt, einige besonders irenische erhalten Lob, streitlustige Tadel. Verdienste um das Einigungswerk haben sich auch politische Kräfte erworben. In der Engführung auf die Entwicklung des lutherischen Lehrbegriffs blendet Planck die Einzelheiten auf reformierter Seite aus – wie beispielsweise die Reformation in der Schweiz, in den Niederlanden, in Frankreich etc. – und behandelt sie lediglich in ihrer Funktion als Negativfolie lutherischer Bekenntnisbildung. Unmittelbar nach Erscheinen erhielt die *Geschichte unseres protestantischen Lehrbegriffs* einigen Zuspruch, auch wenn Plancks psychologisch-räsonierende Art wie auch die raumgreifende Darstellung der äußeren Geschichte teilweise kritisiert wurden.[856]

2.2. *Geschichte der christlich-kirchlichen Gesellschafts-Verfassung (1803–1809)*

Knapp drei Jahre nach Vollendung der *Geschichte unseres protestantischen Lehrbegriffs* legte Planck ein weiteres umfangreiches historiographisches Werk vor: Die *Geschichte der christlich-kirchlichen Gesellschafts-Verfassung*[857] erschien 1803–1809 in fünf Bänden im Umfang von wiederum ca. 4500 Seiten,[858] ab Band 3 mit dem Untertitel *Geschichte des Pabstthums in den abendländischen Kirchen*.[859] Für die Darstellung benutzte er eine Menge Quellen und Literatur – es komme ihm nur das Verdienst des Sammelns und Zusammenstellens zu, so Planck.

---

[856] Vgl. die Rezensionen zu Band 1: GAGS (1781), 95. St., 755–759 (von SPITTLER); Historische Litteratur 3 (1783), 1. Bd., 22–33. Zu allen Bänden liegen Rezensionen in AdB und NadB vor, die bei kleineren Kritikpunkten das Werk als »Meisterwerk« ([SCHLEGEL] zu Band 3/1 in AdB 90 [1789], 1. St., 36) oder jedenfalls als mit feinem historischen Gespür verfasst loben. KNÖPFER, Kirchengeschichte, 570, attestiert Plancks Kirchengeschichtsschreibung im Gegensatz zu Spittler u. a., »[e]twas erhaben über diese seichte, um nicht zu sagen triviale Geschichtsauffassung, mit etwas mehr Geist und christlicher Gesinnung begabt, wenn auch immer noch in der rationalistischen Denkweise befangen« zu sein.

[857] PLANCK, G. J., *Geschichte der christlich-kirchlichen Gesellschafts-Verfassung, 5 Bde. (1803–1809)*. Im Folgenden zitiert als »Gesellschaftsverfassung«.

[858] Gegenüber der *Geschichte unseres protestantischen Lehrbegriffs* allerdings in kleinerem Format.

[859] Band 1 trägt den Untertitel: *Geschichte der Entstehung und Ausbildung der christlich-kirchlichen Gesellschafts-Verfassung im Römischen Staat, von der Gründung der Kirche an bis zu dem Anfang des siebenten Jahrhunderts (1803)*; Band 2: *Geschichte der christlich-kirchlichen Gesellschafts-Verfassung in den neuen Staaten des Occidents, von ihrer Entstehung bis in die Mitte des neunten Jahrhunderts (1804)*.

Konzeptionell ist das Werk, das sehr positiv aufgenommen wurde,[860] als eine dezidiert auf die Kirche als »gesellschaftliches Institut«[861] bezogene Geschichte angelegt und vermeidet die Erörterung von Entwicklungen in der Lehre oder im Kultus.[862] Dabei sah sich Planck allerdings schon aufgrund seines bisher gepflegten pragmatischen Ansatzes genötigt, wenigstens soviel von der äußeren Geschichte mit einzubeziehen, wie zum Verstandnis der jeweiligen Entwicklungen und Veränderungen der Verfassungsformen nötig war. Zudem war es erklärter Zweck, das Verhältnis der Kirche zur Staatsgesellschaft zu bestimmen, was in der Papsttumsgeschichte besonders in den Auseinandersetzungen zwischen Papst- und Kaisertum begegnet.[863] Die umgebende Geschichte kommt ab Band 3 in gebündelter Form jeweils als Eingang des Bandes vor.[864] Anders als in der *Geschichte unseres protestantischen Lehrbegriffs* verliert Planck sich in der *Geschichte der christlich-kirchlichen Gesellschafts-Verfassung* nicht in der Behandlung von nur entfernt verbundenen Verhältnissen,[865] sondern hält die Perspektive auf

---

[860] Vgl. dazu die Rezension zu Band 1 in NadB 85 (1803), 2. St., 425–434, die besonders auf die neuartigen Einsichten Plancks hinweist. Die Rezension (zum zweiten Band) wird fortgesetzt in NadB 92 (1804), 2. St., 426–434, und rechnet das Werk »unstreitig zu den besten des berühmten Vf.« Eine abschließende Rezension aller Bände in Minerva (1809), 4. Bd., 370–372, beschreibt den schon klassischen Charakter des Werks.

[861] Gesellschaftsverfassung 5, V. Schon Mosheim verstand die Kirche als *societas* analog zur Staatsgesellschaft. Vgl. Kap. B.II.3.4.

[862] Programmatisch eröffnet Planck das Werk mit der Erklärung: »Es war mein Wunsch, eine reine Geschichte der christlichen Kirche, als eines äusseren gesellschaftlichen Instituts zu geben, in welcher bloß dasjenige, was zu der eigensten Geschichte dieser Gesellschaft, also ihrer Entstehung, ihrer Bildung, ihrer successiven Erweiterung, ihrer von Zeit zu Zeit sich ändernden Organisation, ihrer Polizey und Regierungs-Form, ihrer Verhältnisse zu andern Gesellschaften, besonders zu der großen Staats-Gesellschaft und ihrer Einwürkung auf diese gehört, ausgehoben und in sein gehöriges Licht gesetzt werden sollte.« (Gesellschaftsverfassung 1, V). Abschließend beschreibt Planck selbst das Werk als »Bildungs-Geschichte des gesellschaftlichen Instituts der christlichen Kirche und die Geschichte seines nächsten Würkens und Eingreifens in das sonstige äußere und innere Leben und Treiben der Menschen« (Gesellschaftsverfassung 5, V).

[863] Vgl. Gesellschaftsverfassung 1, VI.

[864] »Ich fand es nehmlich schicklich und nöthig, bey dem Eintritt in jede der besonderen Perioden, in welche die Geschichte des Pabstthums vertheilt werden muß, alles dasjenige in einem eigenen Abschnitt zusammenzufassen, was aus der übrigen Zeit-Geschichte darein eingreift, und damit in Verbindung steht.« (Gesellschaftsverfassung 3, VI f.). Methodisch ist dies eine Parallele zu Mosheims *Institutiones*, die ebenfalls eingangs jeden Jh.s die Situation außerhalb der Kirche schildern (vgl. BEUTEL, Aufklärung, 354). In Band 4/1 findet sich dann die Einschätzung, die Geschichte sowohl der umgebenden Zeit-Geschichte wie auch der inneren Kirchen-Geschichte bildeten von Mitte des 11. Jh.s bis zum Ende des 13. Jh.s eine so feste Einheit, dass sie nicht getrennt werden dürfe (Gesellschaftsverfassung 4/1, VI). Deshalb umfasst Band 4/1 die Geschichte der Kirche in ihrer Verbindung mit der äußeren Zeit-Geschichte, Band 4/2 befasst sich dann ausschließlich mit Veränderungen der innerkirchlichen Organisationsformen.

[865] Vgl. Gesellschaftsverfassung 4/1: 620 Seiten als »Allgemeine Geschichte des Pontifikats in diesem Zeitraum«, die allerdings wirklich immer den Zusammenhang zur Beschreibung, in diesem Fall des Papstamtes, wahrt.

die Kirche durch, deren Charakter durch die Ausbildung neuer oder veränderter Organisationsformen beschrieben und die in ihrer Ausbildung von Auf-
sichts- und Regierungsformen analog zur staatlichen Gesellschaft verstanden
wird.[866] Dabei sind die frühchristlichen Ämter ebenso von Interesse wie die
mittelalterlichen Formen der Verwaltung in Diözesan-Kapiteln und Bistümern
oder die bald dominierende schrittweise Ausbildung des Papstamtes, das nicht
in erster Linie in seinem Missbrauch, sondern als Form kirchlicher Verfassung
behandelt wird.[867] In den Lehrsätzen und Dogmen erkennt Planck das einende
Band in der Frühzeit[868] und weist gleichzeitig auf die durch die Bildung einer
Gesellschaft notwendig gewordene Praxis des möglichen Ausschlusses hin, die
er schon früh feststellt.[869]

Schon das Vorhaben, ein solches Werk zu schreiben, das die Kirche in dieser
Hinsicht auffasst, gibt Aufschlüsse über Plancks Kirchenbegriff und scheint die
Behauptung zu widerlegen, die Theologen der Zeit hätten kein Interesse an der
verfassten Kirche gehabt.[870] Motiviert zu diesem Werk habe ihn die Beobachtung, dass in der gegenwärtigen Philosophie die Tendenz herrsche, die Kirche
»zum Gegenstand […] [der] Speculation«[871] zu machen. Demgegenüber will
Planck den philosophischen Geist der Zeit wieder zu »dem rein-historischen
Gesichts-Punkt zurückführen, bey welchem er selbst zuverlässig nichts verlieh-
ren, die Wissenschaft aber beträchtlich gewinnen würde«[872]. Nicht aus einem
obersten Prinzip abzuleiten, was die Kirche sein, werden und wirken sollte,
sondern was sie ist, wurde und wirkte, müsse Ziel der Beschäftigung sein, während der man auch zu der Erkenntnis kommen könne, dass die Kirche gerade
durch ihre Entwicklungsgeschichte das wurde, was sie werden sollte.[873]

Planck verfolgt auch hier das Projekt der Historisierung theologischer Diskussion. Die Vergangenheit fungiert hier nicht als normatives Korrektiv des
momentan vorfindlichen Kirchenkörpers, der wieder an einen vormaligen Zustand angeglichen werden müsste, sondern als Raum der Genese der gegenwärtigen Kirche.

---

[866] Vgl. Gesellschaftsverfassung 1, VI.

[867] Planck ist stolz darauf, »die Klippe, die dabey dem Historiker am gefährlichsten ist, so
glücklich vermieden, und mich niemahls aus der Geschichte des Pabstthums in die Geschichte der Päbste verirrt« (Gesellschaftsverfassung 3, IX f.) zu haben.

[868] Vgl. Gesellschaftsverfassung 1, 705, im Bezug auf konziliare Entscheidungen und aaO.
37, im Bezug auf urchristliche »Religions-Pflichten«.

[869] Vgl. aaO. 34–37, zum ersten Exkommunikationsfall.

[870] In seiner *Einleitung* hatte Planck unterschieden zwischen einer Geschichte der Kirche
im engeren Sinne als eines äußerlich verfassten Instituts und einer Geschichte des Christentums (vgl. Einleitung 2,188). Vgl. dazu Kap. B.I.5.5.

[871] Gesellschaftsverfassung 1, VII f.

[872] AaO. VIII.

[873] Vgl. ebd. Dabei steht die Vorstellung eines lenkenden Planes Gottes im Hintergrund.

Zudem ist Planck überzeugt, mit diesem Werk auch einen Beitrag zur Beförderung des »wissenschaftlichen Zeit-Geist[es]«[874] zu leisten, in Form einer Motivation zu wirklich historischen Studien. Besonders die »jüngeren theologischen Leser[]«[875] habe er dabei im Blick, deren Interesse er auch durch die langatmigen Perioden der Geschichte dadurch wach halten will, dass alles jeweils in seiner Beziehung zu dem Hauptgegenstand immer deutlich herausgestellt wird und als stringente Geschichte begegnet, deren Ausrichtung auf die christlich-kirchliche Gesellschaftsverfassung präsent bleibt. Außerdem lasse sich durch diese Zusammenfassung unter einen bestimmten Gesichtspunkt auch die eine oder andere Begebenheit in einem neuen Licht betrachten.[876] Dabei ziele die *Geschichte der christlich-kirchlichen Gesellschafts-Verfassung* auf einen »Total-Effekt«:

»Darunter verstehe ich bey diesem wie bey jedem historischen Werk, nicht bloß die Masse von Notizen, die sich daraus schöpfen lassen, oder die Summe von Kenntnissen, die sich darinn niedergelegt finden mag, sondern den ganzen Eindruck, den es in dem Gemüth des Lesers zurücklassen, die ganze Form der Denk- und Urtheils-Weise, worinn es ihn befestigen, und die ganze Gemüths-Stimmung, die es in ihm hervorbringen soll.«[877]

Dies umschreibt ein durchaus pragmatisches Ansinnen, durch die Geschichtsschreibung zur weitergehenden Geistesbildung beizutragen – und nicht nur zur Wissenserweiterung. Dazu dient die Schilderung der Umstände und bedingenden Ursachen, die Planck zwar teilweise eigenwillig ausdeutet,[878] doch stets die jeweiligen Quellen und Forschungsergebnisse anführt, welche dem Leser ein eigenes begründetes Urteil ermöglichen sollen.[879]

Das Werk umfasst die gesamte Geschichte der Kirche von ihren Anfängen in urchristlicher Zeit bis zum Vorabend der Reformation, gegliedert nach den jeweiligen Veränderungen in der Organisations-, Herrschafts- bzw. Gesellschaftsform der Kirche, so dass »jede durch eine Hauptveränderung ausgezeichnete Periode ihrer Existenz in der Welt gewissermaßen ihre eigene Geschichte

---

[874] Gesellschaftsverfassung 2, X.

[875] AaO. IX. Daneben kann er aber auch von den »nicht-historischen« Lesern sprechen (Gesellschaftsverfassung 6, X).

[876] Vgl. Gesellschaftsverfassung 1, XI.

[877] Gesellschaftsverfassung 4/1, VIII.

[878] Vgl. z.B. Gesellschaftsverfassung 5, 4f.: »Dieser Umstand [das ausgeglichene widerstreitende Kräfteverhältnis in der Frage der Nachfolge, C.N.] war es aber auch allein, dem jetzt der neue Pabst das – Unglück seiner Erhebung zu danken hatte.« Oder Planck spekuliert über das Aufkommen neuer Ideen: »Auf dieß schöne Projekt [die Einführung von Kapitulationen bei der Papstwahl, C.N.] wurden vielleicht die Cardinäle durch den Vorgang einiger Domcapitel gebracht« (aaO. 305).

[879] Wenn der Leser auf neue Ansichten stoße, »so wird er doch, wie ich hoffe, immer zugleich hinreichend, und hinreichend-dokumentierte Belege, oder Nachweisungen über Belege finden, die ihm ein eigenes Urtheil über das wahrere oder wahrscheinlichere der einen und der andern Darstellung möglich machen können.« (Gesellschaftsverfassung 5, XI).

bekommen soll«[880]. Als einschneidendste Hauptveränderung begegnet die Ausbildung des Papsttums, dessen Aufstieg, Befestigung und Abstieg in den letzten
drei Bänden behandelt werden.[881] Die durch den »Schluß-Punkt«[882] der Reformation bedingten Umwandlungen zu beschreiben, überlässt Planck einem anderen Werk, das zu vollenden er sich nicht mehr zutraut.[883]

Inhaltlich geht es um die Entwicklung der Organisationsform der Kirche als
Ganze sowie ihrer kleineren Einheiten. Planck beginnt bemerkenswerterweise
mit dem Auftreten Jesu als »Stifter des Christenthums«[884], dem »ausserordentliche[n] Mann, der sich jetzt als Lehrer der Religion unter seinen Zeitgenossen
ankündigte«[885], und der anschließenden Frage, ob und inwiefern er als Stifter
auch der Kirche angesehen werden könne.[886] Über die ersten erfolglosen Versuche, der neuen Gruppierung eine Organisationsform zu geben, und die Darstellung der frühchristlichen Ämterordnung gelangt er recht schnell zu den
Entwicklungen, die aus den »Partikular-Gesellschaften« einen größeren »Kir-
chen-Körper« machten.[887] Die nächste Hauptveränderung bestehe in der hierarchischen Ausbildung neuer »Gesellschafts-Personen« und der Einführung
neuer Klassen und Abstufungen unter ihnen.[888] Während Band 1 so noch die
Entstehung der Kirche im römischen Reich bis zum Beginn des 7. Jahrhunderts
umfasst,[889] widmet sich Band 2 der Entstehung der Kirchen in den »neuen Staaten des Occidents«[890] bis zur Mitte des 9. Jahrhunderts und führt die Unter-

---

[880] Gesellschaftsverfassung 1, XI. Diese Geschichte war ursprünglich nur auf zwei Bände
angelegt, Planck musste aber in Band 3 feststellen, dass diese den Stoff nicht fassen konnten
(vgl. Gesellschaftsverfassung 3, IXf.).

[881] So schon die Ankündigung Plancks (vgl. Gesellschaftsverfassung 1, XIIIf.). Dabei
wird aber das Papsttum ausdrücklich nur als eine spezifische Form der kirchlichen Gesellschaftsverfassung verstanden – also weder polemisch noch unter Berücksichtigung eines
göttlichen Geltungsanspruches (vgl. Gesellschaftsverfassung 3, Vf.).

[882] Gesellschaftsverfassung 5, VI.

[883] Siehe aaO. VII: »[S]o mag dieß einem eigenen Werke vorbehalten bleiben, zu dem sich
der Verfasser von diesem die Zeit und die Kräfte schwerlich mehr zutrauen darf.« Diese Ankündigung verwundert angesichts seines weiteren breiten Œuvres.

[884] Gesellschaftsverfassung 1, 3.

[885] AaO. 5.

[886] Vgl. aaO. 13–17. Vgl. dazu auch Kap. B.II.2.3. und B.II.3.4. Er setzt sich über die Frage nach der Stiftung der Kirche durch Christus z.B. kritisch mit Mosheim auseinander, der
eine unmittelbare Stiftung verteidige, und mit Böhmer, der sie zu rigoros ablehne (vgl. aaO.
17f.). Chr. W. F. Walch hatte in seiner Kirchengeschichte des neuen Testaments (1772) auch recht
klar von der Stiftung der Kirche durch Christus gesprochen und sich mit Mosheim gegen
Böhmer u. a. erklärt (vgl. WALCH, Kirchengeschichte, 36).

[887] Vgl. Gesellschaftsverfassung 1, 69: Die partikularen Gesellschaften begannen sich zu
konföderieren, sie bildeten allerdings unterschiedliche Arten von Zusammenschlüssen. Dabei seien neben den Diözesen als Körper auch auf höherer Ebene die Metropoliten-Sprengel
entstanden.

[888] Vgl. aaO. 24: Es geht um Presbyter, Diakone und Bischöfe.

[889] Auch unter Berücksichtigung der sich wandelnden Verhältnisse zum Staat (vgl. aaO.
215.256 [die jeweiligen Überschriften der Unterkapitel]).

[890] Gesellschaftsverfassung 2 (Titel).

schiede und die Kontinuität der kirchlichen Verfassung in dieser veränderten Umgebung auf.[891] Band 3, der den Auftakt zur Papsttumsgeschichte der folgenden Bände ab Mitte des 9. Jahrhunderts bildet, endet nach der Darstellung der weiteren Ausbildung einer hierarchischen Regierungsform des Klerus mit den Ansprüchen auf neue Suprematsrechte durch die Päpste.[892] Die Zeit zwischen Mitte des 11. bis Ende des 13. Jahrhunderts umfassen die Bände 4/1 und 4/2, die wiederum mit der Ausbildung eines gegenüber dem vorherigen ausgeweiteten Suprematsanspruchs der Päpste enden.[893] Nach dem schrittweisen Aufstieg des Papsttums schildert Band 5 abschließend seinen durch innere Streitigkeiten, Reformkonzilien und Amtsmissbrauch bestimmten Niedergang. Hier kann sich Planck trotz seiner sonst durchgehaltenen Irenik nicht verwehren, von wirklichem Missbrauch durch die Päpste zu sprechen, der sich vornehmlich auf »Geldmacherei« ausgerichtet habe. Die mittlerweile erreichte Geistesbildung habe als Reaktion darauf eine Revolution der gesamten Kirche unumgänglich gemacht,[894] da jedoch der Kirchenkörper – Planck benutzt das Bild eines Gebäudes – durch die vergangenen anderthalb Jahrtausende so fest gegründet gewesen sei, habe er nicht ganz abgerissen werden können, so dass nur die Gründung eines neuen »Gebäudes« blieb. Fortan bestehen so zwei Kirchentümer, wobei Planck die reformatorische Kirche gegenüber der römischen nicht als die wahre herausstellt, sondern bei der historischen Beschreibung bleibt.[895] Der Zustand der Kirche macht ihm ihre fortgesetzte Existenz zu einem preiswürdigen Wunder, woran sich abschließend die Hoffnung anfügt, dass auch gegenwärtig (1809) die Kirche nicht untergehen werde; auch die französischen Eroberungen der Zeit, in der die gesamte *Geschichte der christlich-kirchlichen Gesellschafts-Verfassung* geschrieben wurde, könnten diese zuversichtliche Hoffnung

---

[891] Titel der ersten Abteilung: »Entstehungs-Geschichte der neuen Staaten, und Auszeichnung desjenigen, was in ihre kirchliche Verfassung aus der älteren übergieng« (Gesellschaftsverfassung 2, 2). Titel der zweiten Abteilung: »Eigenthümliche Hauptzüge, durch welche sich die Verfassung der neuen occidentalischen Kirchen von den älteren orientalischen auszeichnet« (aaO. 109).

[892] Vgl. Gesellschaftsverfassung 3, 805–851 (auch zur Kritik daran). Ganz zuletzt behandelt er das bischöfliche Interesse bei der Entwicklung päpstlicher Suprematsansprüche (vgl. aaO. 852ff.).

[893] Vgl. Gesellschaftsverfassung 4/2, 611–760. Darunter fallen die Beschränkungen der Metropolitenrechte und Jurisdiktionsansprüche sowie der päpstliche Anspruch auf die höchste Gewalt im Staate und auch die Ausbildung eines neuen kanonischen Rechts (dies bildet den Abschluss).

[894] Vgl. Gesellschaftsverfassung 5, VI.791. Das bringt Tschackert, Planck, 476, zu der Interpretation, das Werk sei auf eine »nachgelieferte Rechtfertigung der Reformation durch den Nachweis ihrer geschichtlichen Notwendigkeit« angelegt. Sicher erfüllt es auch diesen Zweck, eine Engführung darauf wird aber der gesamten Darstellung nicht gerecht.

[895] Vgl. dazu die Einschätzung von Meinhold, Geschichte 2, 98. Vgl. auch Gesellschaftsverfassung 5, XI (zum Urteil des Lesers).791 (das alte Gebäude war zu massiv, es zu zerstören, deshalb baute man ein neues).

nicht löschen, vielmehr verdanke Planck es dieser historischen Erkenntnis, über den gegenwärtigen Zustand nicht zu verzweifeln.[896]

2.3. Geschichte des Christentums (1818)

1818 legt Planck eine *Geschichte des Christenthums in der Periode seiner ersten Einführung in die Welt durch Jesum und die Apostel* in zwei Bänden im Umfang von 720 Seiten vor.[897] Dieses Werk sollte eigentlich den Auftakt zu einer »nur in grossen Umrissen gezeichneten Geschichte des Christenthums«[898] bilden, mit dem Planck die Reihe seiner historischen Arbeiten schließen wollte. Nun lassen sich sich diese Bände, wenngleich als Einleitung konzipiert, auch für sich nützlich lesen.[899] Es erlebte als eines der wenigen Werke Plancks eine Übersetzung ins Niederländische.[900] Hinsichtlich des Titels warnt Planck vor Missverständnissen: Es sei keine Geschichte der Einführung des Christentums, sondern eine des Christentums in der ersten Periode seiner Einführung in die Welt, auch keine der bloß persönlichen Geschichte Jesu.[901] Damit ist die durchgehende Perspektive der *Geschichte des Christenthums* bezeichnet, deren Horizont sich auf die gesamte Christentumsgeschichte erstreckt. Unter diesem Gesichtspunkt selektiert Planck den Stoff im Sinne einer planmäßigen historischen Arbeit.[902]

Gegenüber den anderen historiographischen Werken nimmt hier, bedingt durch deren besondere Art, die Diskussion der Quellen breiten Raum ein.[903]

---

[896] Planck hatte einen unmittelbaren Eindruck der französischen Eroberungen (vgl. Kap. A.IV.3.4.). Dass das von Planck zitierte *Esto perpetua!* Paulo Sarpis (1552–1623) im Bezug auf dessen Vaterland nicht erfüllt worden sei, habe man erlebt, »aber für die Erfüllung des erit perpetua! in Beziehung auf die christliche Kirche haben wir ja wohl eine höhere Garantie – die nehmliche, die uns überhaupt dafür bürgt, daß Recht und Wahrheit nie ganz untergehen kann« (Gesellschaftsverfassung 5, XIV). Von der göttlichen Bewahrung der Kirche bleibt Planck zutiefst überzeugt (vgl. auch aaO. 792 f.).

[897] PLANCK, G.J., *Geschichte des Christenthums in der Periode seiner ersten Einführung in die Welt durch Jesum und die Apostel, 2 Bde. (1818)*. Im Folgenden zitiert als »Christenthum«. Die Vorrede des ersten Bandes datiert vom 05.08. 1818, die des zweiten vom 01.11. 1818.

[898] Christenthum 1, XXI.

[899] Vgl. aaO. XXII. Offenbar hatte Planck von dem Plan dann doch Abstand genommen, jedenfalls legt er stattdessen im hohen Alter 1831 ebenfalls eine Fragment gebliebene Arbeit zur Geschichte der Theologie seit der *Konkordienformel* vor (siehe Kap. B.II.2.4.). Weitere Bände zu einer Geschichte des Christentums existieren nicht.

KNÖPFLER, Kirchengeschichte, 570, spricht diesem Werk einen viel geringeren Wert als den übrigen Werken Plancks zu, es sei »heute [1891, C.N.] völlig antiquiert«.

[900] *Geschiedenis des Christendoms, Gedurende Het Tijdvak Van Deszelfs Eerste Invoering In De Wereld Door Jezus En De Apostelen. Naar het Hoogduitsch Van Dr. G.J. Planck, Raad van het Consistorie en Hoogleeraar der Godgeleerdheid, te Göttingen, 2 Bde. (Amsterdam 1819)*.

[901] Vgl. Christenthum 1, IV.XIII.

[902] In jedem seiner historiographischen Werke gibt er eine spezifische Darstellungsabsicht an, nie sind es einfache Geschichten bestimmter Zeiträume.

[903] An Forschungsliteratur rezipiert Planck breit sowohl Bengel (vgl. Christenthum 1, 61), Storr (vgl. aaO. 58.148; Christenthum 2, 56 u.ö.) als auch Paulus (vgl. Christenthum 1, 149 u.ö.) und Eichhorn (vgl. Christenthum 2, 63 u.ö.). Besonders breit diskutiert er die Literatur

Zwar ist der Bestand überschaubar (Evangelien, Apostelgeschichte, einige Briefe), doch sind sie ganz anders Gegenstand der Untersuchung und Kritik gewesen als kirchengeschichtliche Quellen – auch hänge vom Ergebnis der Kritik aufgrund ihres Charakters als biblische Quellen mehr ab. Planck lehnt sowohl eine mythologische Deutung als auch eine bloße Inspirationsbehauptung ab. Einzig möglicher Beweisgang sei die historische Überprüfung der Belastbarkeit der Quellen, aus denen allein dann geschlossen werden könne, ob man Jesus zu Recht als göttlichen Lehrer erkennen könne. Auf Jesu Ansehen könne dann auch die Inspiration der – immer noch menschlichen – Geschichtsschreiber abgeleitet werden.[904] Über die Annahme der unbedingten Glaubwürdigkeit Jesu und der Apostel kann Planck so trotz einer historischen Kritik an der Göttlichkeit des Christentums, seines Stifters und seiner Lehren festhalten.[905]

Insgesamt lässt sich das Werk als interessengeleitete Darstellung der Geschichte des Christentums im 1. Jahrhundert unter dem Gesichtspunkt der Anlage und Umsetzung eines Plans Jesu verstehen, der die gesamte Menschheit und ihre gesamte Geschichte umfasst. Dieser war gerichtet auf die Besserung der Menschheit und ihre Befreiung aus Irrtum und Sünde, als einzig mögliches Mittel erkannte Jesus die Verbreitung der Wahrheit.[906] Durch seine Darstellung will Planck die Möglichkeit geben, diesen Plan überhaupt zu erblicken,[907] ihm habe sich daran die Göttlichkeit des Christentums und seines Stifters immer am deutlichsten gezeigt. D. h., Planck liefert mit dieser Darstellung, die die gesamte

---

hinsichtlich des Verhältnisses des Täufers zu Jesus (vgl. Christenthum 1, 121–123 [Ammon, Henke, De Wette, Reimarus, Bahrdt u. a.]).

[904] Vgl. Christenthum 1, VIII–XII. Dabei sei stets nach den Regeln historischer Forschung vorzugehen. Eine vorgängige Behauptung der Inspiration machte einen »Cirkel im Beweisen« (aaO. X), da ihre Glaubwürdigkeit durch diejenige Jesu, dessen wiederum durch ihre verbürgt würde. Eine eigene Schrift dazu, die Planck ankündigt (aaO. VIII), findet sich in der o.g. Schrift *Behandlung* (vgl. Kap. B.I.5.4.1. Exkurs).

[905] Vgl. Christenthum 1, XV: Die rein-historische Überprüfung ergebe die Göttlichkeit des Christentums. Er verwendet einen großen Teil der Vorrede auf die Frage der Belastbarkeit der Zeugen (vgl. aaO. V–XVII). Seine Argumentation gleicht der schon aus der Apologetik innerhalb der *Einleitung* und der *Behandlung* bekannten, die letztlich auf die Glaubwürdigkeit Jesu das Weitere aufbaut und auf die vorgängige Behauptung einer Inspiration verzichten kann, letztlich aber die Belastbarkeit der Zeugnisse annehmen kann (vgl. Kap. B.I.5.4.1. und Exkurs).

[906] Ihm sei klar geworden, dass es das einzige Mittel war, auf die Menschheit im Ganzen und im Einzelnen wohltätig und wahrhaft »beseeligend« zu wirken und sie zu der Erkenntnis der Wahrheit zu führen (Christenthum 1, 8).
Die Sendung Jesu Christi als des Gottessohnes erklärt auch Mosheim als durch den moralisch so besorgniserregenden Zustand der Welt bedingt. Christus sei v. a. zum Kampf gegen menschliche Begierden in die Welt gekommen; vgl. NEUMANN, Mosheim, 120. Die Religionsgemeinschaft des Christentums, die sich von dieser göttlichen Intervention herleitet, sei damit auch eine »religio naturae humanae inimica« (ebd.). Daher stelle sich auch die Kirchengeschichte dar als Kampf zwischen der *natura humana* und der *religio christiana*. Dieses vollziehe sich nach außen gegenüber der Welt sowie nach innen in Form natürlicher menschlicher Konflikte.

[907] Vgl. Christenthum 1, XVII f.

Entwicklung des Christentums als Anlage und Erfüllung dieses Plans deutet,
letztlich auch einen Beitrag zum Beweis für die Göttlichkeit des Christentums
und damit für die Apologetik, in die sich dieses Werk auch einordnen ließe.[908]
Für die konzeptionelle Anlage der *Geschichte des Christenthums*, die Wahl der
Darstellung und der Selektion des Stoffes bildet dieser angenommene Plan Jesu
das ordnende Prinzip.[909] Dabei geht Planck zuweilen recht frei interpretierend
mit dem Stoff um.[910] Des Weiteren hofft Planck, wenn der Leser mit der Grund-
form der Lehre Jesu bekannt gemacht werde, könne er auch leichter mit Veränderungen umgehen und sie erkennen.[911] Er bietet wieder eine pragmatische
Darstellung, die den Entscheidungen der einzelnen Handlungsträger viel Bedeutung beimisst, alles jedoch auf eine bestimmte Planmäßigkeit hinordnet.

Die Darstellung gliedert sich in zwei Hauptepochen, deren erste sich mit der
Entwicklung der »Religions-Lehre Jesu« beschäftigt sowie der noch von ihm als
Stifter des Christentums »zu ihrer Einführung in die Welt« gemachten Anlage,[912] in der zweiten schildert Planck die wirkliche Einführung des Christentums in die Welt nach dem Tode Jesu durch die Apostel, also die »Verbreitung
in das Grosse [sic]«[913], einmal in Hinsicht auf den Raum der Verbreitung, zum
andern und wichtiger auf die »Form, in welche sich die neue Religions-Lehre
allmählig nach dem Tode Jesu in der Seele und in der Vorstellung der Apostel
hineinbildete«[914].

Inhaltlich diskutiert Planck Jesu Herkunft aus dem Judentum, den Messias-
gedanken, die Frage nach der Realität der Wunder, die er zugestehen kann, da
sie wenigstens Jesus selbst so verstanden wissen wollte, die Frage nach einem
möglichen Scheintod und auch die Frage der Akkommodation: Ob Jesus be-
treffende Mittel gewählt habe, um unter seinen Zeitgenossen leichtere Aufnahme zu finden, oder ob sie im Horizont seines Gesamtplans zu verstehen seien.[915]
Letztlich sei alles an der Geschichte als Ausführung des Plans und in anderer
Hinsicht als wunderbar zu verstehen – wie z. B. die Tatsache, dass ein jüdischer

---

[908] Eine Rezension in der ALZ (1820), Nr. 20, 153–160, u. Nr. 21, 161–168, übt Kritik an
dieser Darstellungsabsicht, die in enger Verbindung mit Plancks Schrift *Behandlung* (vgl. Kap.
B.I.5.4.1. Exkurs) steht.

[909] Vgl. Christenthum 1, XIII.6.

[910] So z. B. in der Mutmaßung, Jesus habe sicherlich Johannes dem Täufer, mit dem er
vermutlich aufgrund naher Verwandtschaft befreundet war, seinen Plan mitgeteilt, der auch
den eigenen Tod umfasste, wohin der Ausruf des Täufers: »Seht, Gottes Lamm!«, zu verstehen sei (vgl. aaO. 219).

[911] Vgl. aaO. XXI. Er liefert sozusagen den Grundbestand, an dem Veränderungen dann
erkannt werden können.

[912] AaO. XIX.

[913] Ebd.

[914] AaO. XX.

[915] Planck versteht die Formen, in denen Jesus verkündigte, als Akkommodation. Mit De
Wette meint Planck, nicht, dass sich Jesus als Messias ankündigte, sei Akkommodation gewesen, aber wie er den neuen Messiasbegriff eingeführt habe, sei in Anpassung an Fassungsvermögen und Gewohnheit der Menschen geschehen (vgl. aaO. 167.174 u. ö.).

Weiser die von Jesus verkündeten Grundgedanken der Lehre auffasste. Besonders die Frage nach der Bedeutung des Todes Jesu ist von Interesse: Der Tod
erscheint zwar als logische Konsequenz des Auftretens Jesu und der zwangsläu-
figen Widerstände, aber er ist auch von Jesus selbst als solcher intendiert worden
und so wieder eingeordnet in die Vollendung des Plans Jesu zu verstehen. Der
erste Teil schließt dann mit der Feststellung, dass durch Tod und Auferstehung
die Liebe der Jünger zu Jesus befestigt wurde, sie ihm durch seinen Übertritt in
einen höheren Zustand das Größte zutrauten und daraus die Kraft und Überzeugung zur eigenen Verbreitung und Beförderung des Plans Jesu schöpften.[916]
    Der zweite Teil, der Anfang der Ausbreitung des Christentums, schildert
Wirken und Umstände der ersten Mission, begonnen bei den Wirkungen des
Pfingstereignisses,[917] ausgreifend in die Welt, und widmet sich besonders der
neuen Form des Christentums bei Paulus.[918] Die Darstellung endet mit dem
Auftreten erster christlicher Sektierer und Ketzer als Abschluss eines Prozesses
der Differenzierung der christlichen Erkenntnis.[919] Nähere Diskussionen um
erste Organisationsformen bleiben weitgehend aus.

2.4. *Geschichte der protestantischen Theologie seit der Konkordienformel (1831)*

Eigentlich als Fortführung der *Geschichte unseres protestantischen Lehrbegriffs* zu
verstehen und ebenfalls nicht mehr vollendet ist Plancks Spätwerk, die *Geschichte der protestantischen Theologie von der Konkordienformel an bis in die Mitte des
achtzehnten Jahrhunderts (1831).*[920] Ihre Darstellung überlappt sich zeitlich mit der
der *Geschichte unseres protestantischen Lehrbegriffs*, indem sie eingangs auf das Zustandekommen der *Konkordienformel* eingeht, die ihrem Namen (*concordia*) in

---

[916] Vgl. aaO. 326. Die Scheintod-Diskussion schildert Planck unvoreingenommen: Er
gesteht zu, dass man Gründe dafür habe, macht aber gegen eine mögliche Betrugstheorie
ihre logistische und logische Unausführbarkeit geltend (vgl. aaO. 298). Insgesamt zu Ereignis
und Bedeutung des Todes Jesu vgl. aaO. 215–326 (!). Rüve, Scheintod, 37.72 f., versteht
Planck als Befürworter der Scheintodhypothese und beruft sich auch auf Grimms Wörterbuch, das ihn als Gewährsmann für das Aufkommen dieses Begriffs (!) führt. Allerdings sind
die von ihr zitierten Passagen Teile einer größeren Argumentation, die darauf hinausläuft,
dass selbst die Annahme eines Scheintods Plancks Argumentation nicht untergraben würde,
wenngleich auch wenig dafür spreche, diesen anzunehmen.
[917] Vgl. Christenthum 2, v. a. 8–21.
[918] Die Mission außerhalb von Jerusalem und Judäa markiert den Beginn der »Zweiten
Epoche« (aaO. 43). Paulus' Wirken enthalte ebenfalls einen Plan (vgl. aaO. 151–163), er sei
zu einer neuen Ansicht über das Christentum gekommen (vgl. aaO. 118–150).
[919] Vgl. aaO. 347–391. Vornehmlich sei es in apostolischer Zeit zu Streitigkeiten durch die
Vermischung und durch unterschiedliche Verhältnisbestimmungen bereits bestehender alter
Ansichten mit den neuen des Christentums gekommen (vgl. aaO. 347–351).
[920] Planck, G. J., *Geschichte der protestantischen Theologie von der Konkordienformel an bis in
die Mitte des achtzehnten Jahrhunderts (1831).* Im Folgenden als »Theologie« zitiert. Das Werk
ist mit einem Umfang von 370 Seiten vergleichsweise knapp gehalten.

keiner Weise gerecht geworden sei.[921] Ihr Ende findet die Darstellung in der
Mitte des 18. Jahrhunderts mit einem hoffnungsvollen Ausblick. Von dem Plan,
eine Darstellung bis zur Gegenwart vorzulegen, hatte Planck Abstand genommen, als er Anlass erhielt zu befürchten, diese Arbeit nicht mehr vollenden zu
können. So hatte er beschlossen, die Darstellung 150 Jahre eher enden zu lassen,
womit auch die Verschiebung einherging, das, was bisher bloße Vorbereitung
war, zum Hauptgegenstand der Darstellung zu machen.[922] Planck ordnet das
Material dieser 180 Jahre zum Teil blockweise an, so dass der jeweilige Zusammenhang deutlicher wird: So stellt er gebündelt die frühen Auseinandersetzungen mit dem Calvinismus dar, die innerprotestantischen Streitigkeiten, v. a.
den Synkretistischen Streit, die Auswirkungen des Dreißigjährigen Krieges, in
einem weiteren Block das Aufkommen des Pietismus sowie Entwicklungen in
der römisch-katholischen Kirche, um abschließend zusammenzufassen, welche
Einwirkungen auf die wissenschaftliche Theologie u. a. auch durch die Philosophie zu verzeichnen gewesen seien.[923] Alle Entwicklungen sind jeweils ausgerichtet und beschränkt auf die protestantische Theologie, politische und kirchliche Verhältnisse finden nur im Bezug darauf Berücksichtigung. Die die Entwicklung tragenden und befördernden Hauptpersonen werden hinsichtlich
ihrer Charaktere und ihrer Werke wie gewohnt ausführlich gewürdigt.

Konzeptionell ist die Darstellung wiederum von Plancks Vorstellung eines
durch die Vorsehung angelegten Plans getragen, der mit der Einführung des
Christentums, der Lehre Jesu, darauf zielt, dass die Erkenntnis dieser Lehre
immer heller und allgemeiner werde; darauf sei jedes Ereignis der Menschheits-
geschichte bezogen.[924] Besonders in den drei Jahrhunderten seit der Reformation »schien sich mir das Werk seiner Vollendung immer merklicher zu nähern«[925], schreibt Planck. Die »glückliche Periode« sei nun nahe, in der eine der
Hauptabsichten des Christentums – auch die wissenschaftliche – zwar nicht
überall gleich hell und klar, aber doch verbreiteter werde, »welche dem Verstand
und dem Herzen in gleichem Grade genug thut, und die Forderungen des einen
zu eben der Zeit befriedigt, da sie die Bedürfnisse des anderen erfüllt.«[926] Auf

---

[921] Vgl. Theologie, 3 f.: Die Mehrheit für die *Konkordienformel* sei nur durch Zwangsmittel
erreicht worden. Vgl. zu diesem Urteil auch DINGEL, Concordia.
[922] Vgl. Theologie, IV. Planck war gesundheitlich schon sehr angeschlagen (vgl. Kap.
A.IV.3.4.). Das Werk war schon seit drei Jahren bis hierher fertig ausgearbeitet (vgl. aaO. III).
[923] Vgl. z. B. aaO. 242–253 (zum Einfluss des Pietismus), aaO. 253–264 (die philosophischen Umbrüche), aaO. 265–281 (die Herrnhuter) und aaO. 282–292 (das Verhältnis der
protestantischen zur katholischen Theologie).
[924] Vgl. aaO. IV.
[925] AaO. V. Zur ganz ähnlichen Formulierung der Perfektibiliät der Religion bei W. A.
Teller vgl. BEUTEL, Aufklärung, 385.
[926] Theologie, VII. Solange es Menschen seien, gebe es keine ganzheitliche Vollendung,
aber eine solche, »daß jeder die bessernde, die reinigende und belebende Kraft der Lehre Jesu
in gleichem Maaße fühlt, und mit gleicher Liebe und Stärke in sein Herz aufnimmt« (ebd.).

dieses sittliche und vernünftige wie beseligende Ziel des Christentums bezieht das Werk die Entwicklungen des behandelten Zeitraums.[927]

Zwar sei die Ausgangsposition nach der *Konkordienformel* alles andere als vielversprechend gewesen, doch hätten die Streitigkeiten, in die sich die orthodoxen Theologen verstrickten, letztlich zu ihrer eigenen Auflösung geführt.[928] Gerade der harte Konfessionalismus, beispielhaft im *Consensus repetitus (1665)* abgebildet, bekommt ein ungemein schlechtes Urteil.[929] Bemerkenswert ist das abgewogene Urteil über den Pietismus, dem Planck einerseits attestiert, in kürzester Zeit mehr als die ganze orthodoxe Theologie geleistet und – wenn auch ungewollt – dazu beigetragen zu haben, der Vernunft eine angemessene Rolle in der Theologie zuzubilligen. Andererseits habe er durch seine elitäre Ansicht des wahren Christen wie durch die wissenschaftlich folgenschwere Behauptung einer *theologia irregenitorum* großen Schaden angerichtet.[930] Probleme hätten besonders die »schwärmerische[n] Ansichten und Gefühle« bereitet, denen auch die »frömmsten Menschen, die sich an die Parthei der Pietisten anschlossen«, erlegen seien.[931] Dieses Schwärmerische sei ein Missverständnis des pietistischen Ansinnens gewesen und man könne diesem nur zur Last legen, missverständlich gewesen zu sein.[932] Einige Verurteilungen des Pietismus kritisiert Planck als ungerecht und unscharf.[933] Ph.J. Spener hebt er vor allen anderen heraus, »denn bei ihm war es gewiß, so weit Menschen nur urtheilen können, die reinste

---

[927] Die Wahl des Gesichtspunktes (vgl. aaO. V) trägt auch in diesem Werk viel zur konzeptionellen Qualität bei.

[928] Dabei sieht Planck den Abendmahlsstreit um die Ubiquität sowie den Streit um den freien Willen letztlich begründet in dem Versuch, eine vorübergehende Privatmeinung Luthers zur allgemeinen Geltung zu erheben (vgl. aaO. 12–14).

[929] Siehe aaO. 135: »Solche Ketten hatte mit einem Wort [...] noch kein Symbol dem Menschenverstand angelegt«. Die harte Symbollehre der Orthodoxen und die Polemik seien ihr Untergang geworden (vgl. aaO. 361 f.367).

[930] Zur guten Wirkung des Pietismus vgl. aaO. 250 f., zu schweren Fehlentwicklungen vgl. aaO. 193.223.

[931] Beide Zitate: aaO. 247, Anm. 287. Planck rechnet unter die »besseren Menschen dieser Art, bei denen das schwärmerische über das religiöse vorschlug« (aaO. 248, Anm. 287), allerdings auch J.W. Petersen und seine Frau, die eigentlich gerade beispielhaft für eine separatistisch-mystische Spielart des Pietismus stehen. Auch G. Arnold rechnet Planck dazu (vgl. aaO. 249 f., Anm. 287). Bei Petersen und seiner Frau, deren Wirken er auch tadelt, macht er als Grund für diese Verblendung »nicht nur eine zu lebhafte und zu wenig geregelte Phantasie, sondern vorzüglich Mangel an Klugheit bei einem ungeordneten und auch nicht ganz von Eitelkeit freien Triebe zum vielseitigen Würken« (aaO. 249, Anm. 287) aus.

[932] Vgl. aaO. 247 f. Der Schaden, der durch einige Fanatiker entstanden sei, dürfe »gar nicht auf die Rechnung des Pietismus geschrieben werden« (aaO. 251, Anm. 287). Als Fanatiker gelten solche, die aufgerufen hatten, »sich von der Kirche [zu] trennen und von dem verfluchten Babel« (ebd.), dazu rechnet Planck u.a. E.Chr. Hochmann von Hochenau und in besonderer Weise die sogenannte Buttlarsche Rotte. Planck vergleicht das Verhältnis dieser Vertreter zum eigentlichen Pietismus mit dem der »Münzerischen Wiedertäufer« zu Luther (ebd.).

[933] Vgl. z.B. aaO. 223 f.: »Spener und Franke und Anton« (aaO. 224) hätten gegen einige der als allgemein-pietistisch angesehenen und verurteilten Lehren doch selber protestiert.

Frömmigkeit, die jeden seiner Schritte leitete, und ihn auch allein in jede der Neuerungen, die er anfieng, hineinführte.«[934] A. H. Francke habe dann zur Ausbreitung des Pietismus das meiste beigetragen.[935]

Wertvolle Beiträge auf dem Weg habe auch die Philosophie durch R. Descartes, G. W. Leibniz und Chr. Wolff geleistet.[936] Innerhalb der Theologie erfährt G. Calixt ein überaus positives Zeugnis, da er die Kritik und die historische Betrachtungsweise auch auf die Bestände der Dogmatik angewendet habe.[937] R. Simon und die Anfänge der historisch-kritischen Bibelwissenschaft hätten den Grundstein zur Besserung der Theologie gelegt.

So lassen sich abschließend drei Zeichen benennen, an denen Planck festmacht, dass schon um die Mitte des 18. Jahrhunderts die glücklichere Periode begonnen habe: Erstens habe sich die Kritik in den historischen Fächern durchgesetzt und auch Teile des dogmatischen Systems auf ein festeres Fundament zu setzen versucht. Zweitens habe sich die Wissenschaft in ihrem Forschungsgeist von den Ketten der symbolischen Bevormundung gelöst. Und drittens sei man gerechter und toleranter gegenüber Andersdenkenden geworden.[938] Zwar schränkt Planck ein, diese Erkenntnisse hätten sich damals noch nicht recht durchsetzen können, sie seien aber Grundlage und Voraussetzung der dann in der zweiten Hälfte des 18. Jahrhunderts erfolgten Umgestaltung der Theologie gewesen.[939] Dass die weiterhin konsequente Durchsetzung der Absichten des Christentums in der Geschichte auch wirklich eintreten werde, davon war Planck überzeugt und schließt seine Vorrede testamentarisch:

»Und was könnte dem alten Manne am Rande des Grabes erwünschter seyn, und womit könnte er die Beschäftigung seines Lebens schicklicher schließen, als daß er die Annäherung der glücklichen Periode voraus begrüßte, die ihn die Erfüllung der Bitte: Zu uns komme dein Reich! erwarten läßt!«[940]

---

[934] AaO. 184f. Die Neuerungen hätten darin bestanden, dass er seine »Zuhörer mit mehr Ernst, als andere Prediger zum thätigen Christenthum zu erheben suchte« (aaO. 185).

[935] Vgl. aaO. 198. Bei Francke stellt Planck zwar theologische Gelehrsamkeit und Frömmigkeit fest, allerdings auch einen Hang zur Herrsch- und Geltungssucht (vgl. aaO. 202f.). Neben Francke nennt er noch Johann Caspar Schade als einen der wichtigsten Pietisten sowie Paul Anton (vgl. aaO. 204f.). Alle hätten jeweils ihr spezifisches Profil mit eingebracht.

[936] Die Entwicklung sei beschleunigt worden, »nachdem die Theologie auch einige Zeit dem Einflusse des neuen astralischen Lichtes ausgesetzt worden war, das Cartesius und Leibnitz in die Philosophie gebracht hatten« (aaO. 359).

[937] Die Darstellung Calixts wird von PISCHON, Denkmäler, 591–594, neben zwei Abschnitten über Luther aus der *Geschichte des Lehrbegriffs* in seine Beispielsammlung übernommen.

[938] Vgl. Theologie, 357. Diese drei Merkmale können auch heute noch als zentrale Merkmale der theologischen Revolution der Aufklärung angesehen werden. Diese führt Planck im letzten Kapitel aus (vgl. aaO. 357–370).

[939] Vgl. aaO. 370. Diese Umgestaltung wäre noch Bestandteil des ursprünglich geplanten Werkes gewesen.

[940] AaO. VII. Die Vorrede datiert vom 30. 09. 1830.

Damit wird am Abschluss seines literarischen Schaffens deutlich, dass für Planck Geschichtsschreibung auch immer glaubendes Unternehmen war.

2.5. Ueber den gegenwärtigen Zustand und die Bedürfnisse unserer protestantischen Kirche bei dem Schlusse ihres dritten Jahrhunderts (1817)

Auf Anfrage, etwas zum Reformations-Almanach 1817 beizutragen, verfasste Planck eine Schrift über das dritte Reformationsjubiläum,[941] worin er sich dazu äußern möchte, was er am gegenwärtigen Zustand für wichtig hält und was besonders jetzt nötig sei.[942] Im Rahmen der Universitätsfeierlichkeiten zum Reformationsjubiläum hatte er eine ähnlich gelagerte Rede zu den Wirkungen der Reformation gehalten.[943] Von der Beobachtung ausgehend, dass das Reformationsfest 1817 mit weniger Enthusiasmus als die vorigen Jubiläen gefeiert werde, fragt er nach den Gründen: Zum einen sei die Reformation mehr Gegenstand des Verstandes als der Phantasie geworden,[944] zum anderen habe sich durch die Veränderung der äußeren Lage in den kirchlichen Parteiverhältnissen die Haltung verändert: Während 1617 mit den anstehenden Kriegsrüstungen und 1717 durch die Verfolgung der Hugenotten in Frankreich das Bewusstsein konfessioneller Auseinandersetzungen wach gewesen sei,[945] sei nun der Sektenhass durch die »mildernde Wirkung der Zeit bei beiden Partheien«[946] sowie die politischen Veränderungen in Europa, die dem Katholizismus sein politisches Übergewicht nahmen,[947] merklich zurückgegangen. Diese ruhigere Stimmung ist Planck aber ein positives Zeichen.

Hinsichtlich der Wertschätzung der Reformatoren gebe es allerdings weitere neue Entwicklungen: So betrachteten einige die Reformation als unvollkommen, »kaum auf dem halben Wege stehen geblieben«[948], andere sähen die reformatorischen Veränderungen als zu weitgehend und möchten gerade hinsicht-

---

[941] PLANCK, G.J., Ueber den gegenwärtigen Zustand und die Bedürfnisse unserer protestantischen Kirche bei dem Schlusse ihres dritten Jahrhunderts. Betrachtungen, Vorschläge und Wünsche (1817). Im Folgenden zitiert als »Zustand«.

[942] Sowie weitergehend: »und wodurch ich sowohl den allgemeineren unter uns herrschenden Zeit-Geist, als den besondern Geist unserer religiösen Partheien am wahrscheinlichsten gerade so anregen zu können hoffte, wie es mir am nützlichsten schien.« (Zustand, VI). In KEYSER, Reformations-Almanach, Jg. 1–3 (1817/1819/1821), findet sich Plancks Beitrag jedenfalls nicht. Vgl. jenen exemplarisch für den Umgang mit dem Reformationsjubiläum.

[943] Vgl. Kap. A.IV.3.3.

[944] Vgl. Zustand, 4f.

[945] Vgl. aaO. 7–10. Den Jesuiten misst Planck großen Anteil am Sektenhass zu. 1712 kam noch die Nachricht vom Übertritt des sächsischen Kurprinzen zum Katholizismus in die Gemengelage hinein (vgl. aaO. 10).

[946] AaO. 11.

[947] Vgl. ebd.

[948] AaO. 15. Vgl. dazu seine Einschätzungen im Vorwort zu Lehrbegriff 4. Vgl. auch die Hinweise auf die wirklich so gelagerte Stimmung in Teilen der Aufklärungskirchengeschichtsschreibung bei ZSCHARNACK, Reformation.

lich des äußeren Schmuckes und kirchlicher Unfehlbarkeit etwas restituieren,[949] zuletzt sei der größere Teil der bloßen »Namen-Christen«[950] ohnehin nicht an diesem Jubiläum interessiert. Dass sich etwas geändert habe, sei ein gutes Zeichen: Sollte innerhalb von drei Jahrhunderten die Wissenschaft nicht weitergekommen sein, wäre das das »schlimmste aller möglichen Zeichen«[951]. Dabei sei aber das Prinzip der Erkenntnis – alles aus der Schrift als Offenbarung Gottes zu schöpfen – nicht verlassen worden. Nicht zu verbergen sei aber auch die Beobachtung, dass einzelne Theologen, sogar ganze Parteien sich von einigen der »Hauptsätze«[952], den Wahrheiten selbst, weit entfernt haben.[953] Letztlich sei aber auch dies aus dem Grundprinzip des Protestantismus ausgeflossen, alles dem eigenen Urteilen und Prüfen auszusetzen.[954] Anschließend an diese Analyse fordert Planck, von diesem kritischen Standpunkt der Reformation nicht abzurücken, sondern davon weiter fortdauernden Gebrauch zu machen.[955] Von der symbolisch gebundenen Lehre müsse man abkommen, dem Untersuchen der Religion dürften keine Schranken gesetzt werden. Bei dem zu fördernden theologischen Studium müsse darüber hinaus darauf geachtet werden, dies mit einem dem Gegenstand angemessenen Ernst zu treiben.[956]

Das »Haupt-Uebel«[957] des gegenwärtigen Zustands erblickt Planck in der fehlenden Kräftigkeit der christlich-religiösen Erkenntnis: Es müsse mehr gezeigt werden, dass sie die Aussöhnung und Beruhigung des Gottesverhältnisses, das künftige Schicksal und die innere Besserung betreffe.[958] Ziel müsse sein, »die Wahrheiten des Christentums nicht nur in unsern Verstand und in unser Gefühl, sondern auch in das Innerste unseres Gemüths und in unsern Willen wirklich aufzunehmen.«[959] Zwar sei eindeutig das, was die Religion bewirken könne, nicht die Religion selbst, doch ihr Zweck liege allein darin, »[…] uns zu sittlich-besseren Menschen zu machen«[960]. Die Wahrheiten müssten so gepredigt werden, dass sie in Verstand und Herz die Kraft entwickeln können, auch wirklich zu Glauben, »Beseeligung« und Besserung zu führen.[961] Dabei wendet

---

[949] Vgl. Zustand, 16f.
[950] AaO. 19.
[951] AaO. 20.
[952] AaO. 29.
[953] Vgl. aaO. 30.
[954] Vgl. die gleichlautenden Forderungen an den angehenden Theologen in den Werken zur Theologischen Enzyklopädie.
[955] Vgl. Zustand, 40.42.46.
[956] Vgl. aaO. 59f.
[957] AaO. 62.
[958] Vgl. aaO. 63.
[959] AaO. 84f.
[960] AaO. 93. Es möge weise und ratsam sein, daran zu erinnern, »daß Sittlichkeit und Religiosität, so wie Moral und Religion, noch verschieden sind.« (ebd.).
[961] Vgl. aaO. 100f. Dadurch sollten sie auch zur Erfüllung der sittlichen Pflichten geneigter machen. Nicht alles sei vernünftig verstehbar im christlichen Glauben, doch hätten auch diese nicht vernünftig erschließbaren Bestandteile immer noch eine sittliche Funktion.

sich Planck gegen eine Religiosität, die sich nur auf Sinnlichkeit und Gefühl beschränkt, da diese gerade das Innerste nicht berühre, sondern sinnlich bleibe. Richtig an der Tendenz der neueren Philosophie, in der er diese Haltung erkennt, sei natürlich die Erinnerung, dass Religion nicht bloß Sache des Verstandes bleiben dürfe, sondern auch Angelegenheit des Gemüts werden müsse.[962] Doch wenn dies dazu führe, sich in den äußeren Zeremonien zu verlieren, sei es hinderlich.[963] In der Absicht, die religiösen Wahrheiten dazu zu verwenden, den Menschen wirklich zu einem anderen Menschen zu machen, liege eine Vereinigungsmöglichkeit der kirchlichen Parteien, diesen Zweck zu verfolgen.[964] Wenn darauf hingearbeitet werde, die Religiosität zu erhalten, und die Menschen im genannten Sinne religiös geworden wären, dann würde das vierte Jubiläum der Reformation alle bisherigen übertreffen.[965]

2.6. *Kleinere historiographische Werke, Untersuchungen und Vorlesungen*

Neben den schon aufgeführten größeren Werken hat Planck sich durch Herausgabe, Empfehlung und Weiterführung der Werke Anderer um die Historie verdient gemacht. Er führte die Arbeiten seines Freundes Georg Daniel Fuchs aus Stuttgart zu Ende und gab dessen *Bibliothek der Kirchenversammlungen*, eine kommentierte und übersetzte Quellensammlung, heraus.[966] Ebenso setzte er die groß angelegte *Neueste Religionsgeschichte* Chr. W. F. Walchs durch drei Bände fort.[967] Seine Arbeit solle dazu dienen, so verstehe er das Konzept Walchs, dem künftigen Geschichtsschreiber Material an die Hand zu geben, d. h. knappe

---

So ist zwar die Hingabe Jesu nicht vernünftig zu erklären, aber sie stellte doch einen Beweggrund zu Sittlichkeit und Heiligkeit dar (vgl. aaO. 103 f.).

[962] Vgl. aaO. 112.

[963] Die äußeren Zeremonien sollten lediglich zur Aufnahme religiöser Vorstellungen und Empfindungen, den »Geist zum Anschauen der Gottheit« (aaO. 123) vorbereiten. Das Sinnliche dürfe das Geistige nicht überlagern, denn »Das eigentliche heilige Feuer selbst – von welchem unser Herz durchglüht werden muß, um gereinigt zu werden – kann niemals von außen her durch die Sinne entzündet werden« (aaO. 132).

[964] Vgl. aaO. 129 f. Zu einer Beförderung dieses Zwecks lehnt Planck die Hilfe der »Staats-Gewalt« (aaO. 132 f.) ab. Eine Rezeption der jüngsten Unionsprojekte findet sich an dieser Stelle nicht (vgl. dazu Kap. B.IV.).

[965] Vgl. aaO. 136. Darin erkennt Planck dann das Kommen des Reiches Gottes.

[966] FUCHS, G. D., *Bibliothek der Kirchenversammlungen des vierten und fünften Jahrhunderts in Uebersetzungen und Auszügen aus ihren Acten und anderen dahin gehörenden Schriften; sammt dem Original der Hauptstellen und nöthigen Anmerkungen von Georg Daniel Fuchs. Vollendet u. m. e. Vorrede vers. von Gottlieb Jakob Plank, 4 Bde.* (1780–1784). Fuchs war Diakon in Stuttgart und offenbar schon lange schwer erkrankt und in der Arbeit behindert. Planck gab den vierten Teil nach dessen Tod heraus und erklärte im Vorwort, er habe versucht, im Sinne des Verstorbenen zu schreiben. Dazu steuerte er eine Einleitung bei, erweiterte aber den vorliegenden Materialbestand nicht mehr eigenständig (vgl. dazu Plancks Vorrede in FUCHS, Bibliothek 4, [unpag.]).

[967] *Neueste Religionsgeschichte, fortgesetzt unter der Aufsicht von G. J. Planck, 3 Tle.* (1787–1793).

Tatsachenberichte zu liefern, allerdings auch zu beurteilen.[968] Für die Gegenwart habe ein solches Werk den Zweck, durch unparteiische Darlegung Fehl-
interpretationen von Ereignissen zu verhindern und in ein anderes Licht zu
setzen.[969] Den *Grundriß der Kirchengeschichte* seines guten Freundes L. T. Spittler
gibt Planck 1814 neu heraus.[970] Er setzt die von Spittler schon weit geführte
Darstellung bis ans Ende des 18. Jahrhunderts fort, da sich – so Planck – der
Zustand der Religion so bedeutend verändert habe,[971] habe aber Stil und Anlage des Werkes nicht verändern wollen. Zudem platziert er hier einleitend seine
Würdigung *Über Spittler als Historiker*, da er diesem Werk Spittlers die weiteste
Verbreitung voraussagt.[972] Spittler zeichne als Historiker neben dem feinen geistigen Auge ein »leichtes Fassungs-« und »gesundes Beurteilungsvermögen« aus
und so habe er es schon früh darauf angelegt, »gelehrter Geschichtsforscher« zu
werden.[973] Seine philosophisch zu scharfem Sehen gebildete Ausrichtung erscheint als pragmatisch,[974] Planck bewundert darin besonders die Fähigkeit zur
konsequenten Auswahl des Stoffes.[975]

Kleinere biographisch ausgerichtete Werke beförderte Planck durch seinen
Namen: W. F. Geß, einem Studienkollegen, schrieb er ein Vorwort zu dessen
Darstellung Hinkmars (806–882), des Erzbischofs von Reims.[976] Ein Werk von
Th. McCrie über John Knox legte er in ausgewählter Übersetzung vor:[977]

---

[968] Vgl. Planck, Religionsgeschichte 1, VII f.

[969] Vgl. aaO. X f. Insgesamt verfolgt er hier seine historiographische Maxime, dem Leser
ein eigenes Urteil zu ermöglichen durch die Darlegung der Gründe, Ursachen und Umstände unter Verweis auf die jeweiligen Quellen (vgl. aaO. VI). Etwas willkürlich erscheint die
Auswahl des Stoffes, da Planck nur das beschreiben will, was noch eine weitere Entwicklung
vor sich habe. Das Problematische daran sieht er zwar, es hält ihn aber nicht von der Durchführung ab (vgl. aaO. VII). Zur Rechtfertigung führt er an, die Beurteilung eines unparteiischen Zeitgenossen sei für den künftigen Geschichtsschreiber ebenfalls von Interesse. Den
dritten Band widmet Planck ganz der Geschichte der Französischen Revolution und ihrer
Folgen, was die Aktualität (Vorwort vom 12. 12. 1792 [Planck, Religionsgeschichte 3, XII])
der Konzeption verrät.

[970] SPITTLER, L. T., *Grundriß der Geschichte der christlichen Kirche, In der 5. Aufl. auf unsere Zeit
herab fortgeführt von G. J. Planck (1814).*

[971] So seine Einschätzung im Vorwort aus dem Sommer 1812 (vgl. SPITTLER, Grundriß,
III). Inhaltlich befasst er sich sowohl mit im engeren Sinne kirchlichen Ereignissen als auch
mit Veränderungen in der theologischen Diskussion, bspw. den »Naturalisten in England«.

[972] Vgl. SPITTLER, Grundriß, VI.

[973] PLANCK, Spittler, 2.

[974] Vgl. aaO. 3.7.

[975] Vgl. aaO. 10.32 f. Obgleich Planck Spittler gleichzeitig attestiert, verdient im Entdecken neuer Quellen gewesen zu sein (vgl. aaO. 36).

[976] GESS, W. F., *Merkwürdigkeiten aus dem Leben und den Schriften Hincmars, Erzbischof in
Reims (1806).*

[977] MCCRIE, TH., *Leben des Schottischen Reformators Johann Knox mit einem Abrisse der Schottischen Reformations-Geschichte. Aus dem englischen in einem kürzeren Auszuge in das deutsche übersetzt und mit einer Vorrede herausgegeben von D. G. J. Planck (1817).* Der Originaltitel lautete:
M'CRIE, TH., *Life of John Knox: containing illustrations of the History of the Reformation in Scotland
with biographical notices of the principal Reformers, and sketches of the Progress of Literature in Scotland*

Knox, den die »Vorsehung als das Haupt-Werkzeug« zur Einführung der Reformation in Schottland wählte, sei nach Geist und Charakter Luther am nächsten unter den Reformatoren, bisher aber kaum beachtet.[978]

Sehr gern übernahm er es, die Übersetzung von Melanchthons *Leben D. Martin Luthers* durch G. Zimmermann (1813), der seinerseits auf eine französische Übersetzung und Kommentierung des Werkes durch Ch. de Villers zurückgriff, mit einem Vorwort zu empfehlen.[979] Aufgrund neuerer Deutungs- und Fehldeutungsversuche der Reformation sei eine solche Schrift wichtig, die »das reine Bild davon[,] wie es dem bloßem [sic] Auge unvergrößert, und unverkleinert auffällt«[980], vorstelle, ja, »dazu ist sicherlich diese Schrift Melanchtons [sic] weit besser als irgend eine andere Darstellung der Reformationsgeschichte geeignet.«[981] D.h., diese Schrift über das Leben Luthers versteht Planck vielmehr als Darstellung der Reformation: »Sie beschreibt uns was Luther als Reformator that«[982]. Ihr Quellenwert sei dabei außerordentlich hoch, da sie von einem stamme, »der selbst dabei mitgewirkt und den thätigsten Antheil dabei gehabt hatte, denn so ganz rein konnte es von keinem spätern Darsteller mehr aufgefaßt werden.«[983] Und so trage die Schrift dazu bei, den neuerlichen Missverständnissen der Reformation entgegenzuwirken.

Unmittelbar seiner Vorlesungstätigkeit entsprungen ist eine in der Form interessante Kirchengeschichte für Juristen,[984] die den gleichen Gegenstandsbereich wie die *Geschichte der christlich-kirchlichen Gesellschafts-Verfassung*, nur wesentlich knapper und auf die Bedürfnisse des juristischen Studiums ausgerichtet,

---

during a great part of the sixteenth Century. To wich is subjoined an Appendix consisting of lettres and other Papers hitherto unpublished. Third Edition. Vol. I. II. (1814).

Angeblich schrieb er auch ein Vorwort zu einem Werk Christian Wilhelm Flügges (1772–1828): FLÜGGE, CHR.W., *Geschichte des Glaubens an Unsterblichkeit, Auferstehung, Gericht und Vergeltung, 3 Bde., (1794–1800)* (vgl. GRADMANN, 460, der das Werk als *Geschichte der Lehre von der Unsterblichkeit* betitelt). Dies konnte ich in den mir zur Verfügung stehenden Exemplaren nicht verifizieren. Der zweite Band ist allerdings Planck – neben Chr.G. Heyne und J.G. Eichhorn – gewidmet.

[978] Vgl. McCRIE, Knox, Vf. [Vorrede Planck]. Aber auch Unterschiede stellt er heraus: »Hier der feurige, aber dabei kindlich offene Luther, und dort der eben so stürmische, aber verschlossenere Knox!« (aaO. XXIII). Dabei hoffte er, dem deutschen Publikum einen guten Dienst zu erweisen, bemühte sich freilich, apologetische und nationale Tendenzen im Originalwerk zu mindern (vgl. aaO. XXXII.XXXV).

[979] Vgl. dazu Plancks Vorwort in ZIMMERMANN, Erzählung, IIIf. Von dieser Schrift sei sehr viel zu einem richtigen Bild von der Reformation im französischen Publikum beigetragen worden.

[980] AaO. VI [Vorrede Planck].

[981] AaO. VIf. [Vorrede Planck].

[982] AaO. VII [Vorrede Planck].

[983] Ebd.

[984] PLANCK, G.J., *Grundriß einer Geschichte der kirchlichen Verfassung, kirchlichen Regierung und des kanonischen Rechts besonders in Hinsicht auf die deutsche Kirche – zum Gebrauch in Vorlesungen vorzüglich für Zuhörer, die sich der Rechts-Wissenschaft gewidmet haben (1790).*

behandelt.[985] Sie erstreckt sich bis zur Umwälzung der Kirchenverfassung
Frankreichs durch die Französische Revolution.[986]

Des Weiteren widmete sich Planck in seinen öffentlichen Vorlesungen vornehmlich den Überblicken, las regelmäßig aber auch über einzelne Epochen
sowie auch über die Geschichte der Dogmatik oder einzelner Lehren.[987] Mitschriften liegen zu einer Vorlesung über die Kirchengeschichte sowie zu einer
dogmengeschichtlichen Vorlesung vor.[988] Die Kirchengeschichtsvorlesung ist
auf zwei Semester aufgeteilt: Von Christi Geburt bis zum 6. Jahrhundert und
vom 7. bis zum 15. Jahrhundert. Hier begegnet die Aufteilung in Kirchengeschichte und Geschichte der Religion sowie die pragmatische Zielsetzung, die
Gegenstände in ihren Zusammenhängen und Ursachen darstellen zu wollen.
Der erste Teil[989] beginnt mit einer Abteilung, die den Zeitraum der *Geschichte
des Christenthums*, d. h. von Jesu Auftreten bis ca. 80 n. Chr. umfasst. Hier schildert Planck abermals besonders das Planmäßige des Vorhabens Christi und be-
fördernde wie hindernde Umstände. Die zweite Periode vom Jahr 75 bis zur
Synode von Nizäa 325 behandelt neben den hindernden und befördernden
Umständen der Ausbreitung des Christentums besonders die Überlieferungsart
der neuen Lehre. Vergleichbar zur *Geschichte der christlich-kirchlichen Gesellschaftsverfassung* widmet sich Planck in der dritten Periode von 300 bis 600 dem Verhältnis der Kirche zum Staat sowie dem der binnenkirchlichen Organisation
zur Gesamtkirche. Aber auch die Geschichte der christlichen Gelehrsamkeit
findet Behandlung ebenso wie die unterschiedlichen Streitigkeiten, die allerdings erst knapp am Ende der Mitschrift auftauchen.[990] Der zweite Teil der
Vorlesung (vom 7. bis zum 15. Jahrhundert) stellt mehr oder weniger wie die
entsprechenden Bände der *Geschichte der christlich-kirchlichen Gesellschafts-Verfas-*

---

[985] So verzichtet Planck bspw. auf die Deutung der Entstehung der Kirche als Akt der
Vorsehung, sondern kann sie alternativ als Vereinigung zur Durchsetzung eines bestimmten
religiösen Zwecks darstellen – dabei freilich erstere Deutung nicht negierend (vgl. PLANCK,
Grundriß einer Geschichte, 5.8f.). Dass Planck wie in einer Rezension zu dieser Schrift in
ADB 113 (1793), 2. St., 506f., einmal für seine Kürze und Präzision gelobt wurde, ist bemer-
kenswert.

[986] Vgl. PLANCK, Grundriß einer Geschichte, 56.

[987] Siehe dazu die Darstellung seiner Vorlesungstätigkeit Kap. A.IV.3.1.

[988] Vgl. HAB Cod. Guelf. 13 Noviss. 4°, sowie 13.1. Noviss. 4°, zur Kirchengeschichte
(Sommersemester 1818 und Wintersemester 1818/19) und HAB Cod. Guelf. 47 Noviss. 4°,
zur Dogmengeschichte (o.J.). Die Mitschriften stammen nach Angabe der HAB bzw. nach
Eintragung in den beiden erstgenannten Mitschriften von F. A. F. Breymann.

[989] Vgl. HAB Cod. Guelf. 13 Noviss. 4°: »Erster Theil der Kirchen-Geschichte von
Christi Geburt an bis 600 von G. J. Plank im Sommersemester 1818 vorgetragen zu Goettingen und angehört von F. Breymann stud. theol.« [Titelblatt]. Die Mitschrift enthält einzelne
Überschriften, eine eigene Seitenzählung sowie die einliegende Übersicht der Abschnitte
der Vorlesung.

[990] Dort findet auf wenigen Seiten (vgl. HAB Cod. Guelf. 13 Noviss. 4°, Bl. 283–298) die
Darstellung u. a. der arianischen, photinianischen, euthychianischen, nestorianischen und
pelagianischen Streitigkeiten Platz, die chronologisch nicht alle hierher gehören.

sung eine Geschichte des Aufstiegs und Niedergangs des Papsttums dar.[991] Die Periode vom 7. bis Mitte des 9. Jahrhunderts begegnet als die Geschichte der Verbreitung der Macht der römischen Bischöfe und behandelt daneben noch die Entstehung der christlichen Staaten. Die zweite Periode von 850 bis 1100 bzw. von Papst Nikolaus I. bis Gregor VII. befasst sich, aufgeteilt in Geschichte der Religion und Geschichte der Kirche, mit den christlichen Unterrichtsanstalten und dem Verhältnis der Kirche zum Staat. Eine dritte Periode umfasst die Zeit vom Ende des 11. bis zum Ende des 13. Jahrhunderts, worin die Mitschrift Gregor VIII. bis Bonifatius VIII. verortet. Hinsichtlich der Geschichte der Religion sieht Planck einen christlichen Sekten- und Parteigeist erwachen, in der Kirche erscheinen ihm neben den äußeren Verhältnissen zum Staat Veränderungen im Innern wie der Zölibat und das Mönchswesen erwähnenswert. Der letzte Abschnitt der Vorlesung geht – leider ohne Überschrift – schon weit in das 16. Jahrhundert hinein, nachdem über das Sinken der päpstlichen Macht und die Voraussetzungen der Reformation gehandelt wurde.

Bemerkenswert ist Plancks Vorlesung zur Dogmengeschichte, da sie sich mit Gegenständen beschäftigt, die – anders als in der Vorlesung zur Kirchengeschichte – nicht bereits in seinen Druckwerken behandelt wurden und belegen, dass Planck Dogmengeschichte nicht nur auf die Reformation bezogen hat.[992] Die Darstellung erstreckt sich von Christi Geburt bis zur Gegenwart und geht jeweils ausführlich auf die bedingenden Umstände ein, nicht nur auf die Ausbildung einzelner Lehren an sich. Doch hält Planck in einer Einleitung zur Vorlesung fest, dass die Dogmengeschichte zur Aufgabe habe, die Lehren des Christentums historisch zu behandeln, d.h., zu jeder einzelnen Lehre zu zeigen, wie sie entstand, sich bildete und welche Formen sie annahm.[993] In der Einleitung zur Vorlesung erwähnt Planck die Beiträge von W. Münscher, F. Münter, S. G. Lange und J.Chr.W. Augusti als grundlegend.[994]

In einer ersten Periode (von Christi Geburt bis 150 n. Chr.) befasst sich Planck darin mit den Darstellungsarten und Überlieferungsmethoden der christlichen Lehre sowie ihrer Aufnahme. Als einzelne Lehren erwähnt die Übersicht die Lehre von der Auferstehung der Toten sowie die vom 1000-jährigen Reich Christi, wobei letzteres überrascht. Die zweite Periode (150–400 n.Chr.) behandelt Planck getrennt nach den äußeren Umständen, die Einfluss auf die

---

[991] Der zweite Teil in HAB Cod. Guelf. 13.1 Noviss. 4°: »Zweiter Theil der Kirchen-Geschichte vom 7ten bis 15ten Jahrhundert von G.J. Plank Michaelis 1818 bis Ostern gehört zu Goettingen von F. Breymann« [Titelblatt].

[992] Vgl. HAB Cod. Guelf. 47 Noviss. 4°. Leider fehlt hier ein Titelblatt mit Semester- und Hörerangabe, lediglich der Buchrücken verzeichnet »Dogmengeschichte von G.J. Planck«.

[993] Vgl. HAB Cod. Guelf. 47 Noviss. 4°, Bl. 1. Dabei müsse diese Dogmengeschichte von einer Geschichte der Dogmatik unterschieden werden, auch wenn sie ineinander übergingen. D.h., es geht um die Geschichte einzelner Lehren, nicht des Lehrsystems (vgl. aaO. Bl. 2).

[994] Vgl. HAB Cod. Guelf. 47 Noviss. 4°, Bl. 4.

christliche Lehre hatten – die zeitgenössische Philosophie, die staatliche Position des Christentums (Planck bezeichnet hier schon das Christentums als Staats-
religion) sowie die kirchliche Struktur (Priester als Herrscher der Gesellschaft)
–, und den einzelnen Lehren, hier besonders die Trinitätslehre. Hier zeigt
Planck die Entwicklung dieser Lehre auf, ihre Veränderungen in verschiedenen
Zeitabschnitten sowie die territorialen Unterschiede und das Verhältnis der verschiedenen Meinungen, die endlich zum Streit darüber führten; angehängt behandelt er die Geschichte der Lehre vom Heiligen Geist. Dominant in der dritten Periode (400–700 n.Chr.) schildert Planck – nach einer Darstellung der
äußeren Umstände – die pelagianischen Streitigkeiten. Die Beteiligten werden
in ihrer historischen Entwicklung gezeichnet, das jeweilige Denksystem dargestellt und in einzelne Lehren differenziert.[995] Auch ihr Verhältnis zur bisherigen
christlichen Lehre darüber wird aufgezeigt. Anschließend stellt Planck noch die
Geschichte der semipelagianischen Streitigkeiten und die Entwicklung der
Zwei-Naturen-Lehre dar. Die vierte Periode (800–1100 n.Chr.) umfasst den
filioque-Streit und den ersten Abendmahlsstreit (»Gottschalkischer Streit«). In
der fünften Periode (1100–1500 n.Chr.) sieht Planck die Entwicklung der
Transsubstantiationslehre und die weitere Ausbildung der Abendmahlslehre als
zentral an. In der Reformation, die die sechste Periode darstellt, wird vornehmlich die Veränderung in der Abendmahlslehre sowie der Streit um die Kinder-
taufe thematisiert. Vom 17. Jahrhundert bis zur Gegenwart reicht schließlich die
siebte Periode, die vor allem die verschiedenen Einflüsse auf die Theologie –
wie Sozinianismus, Arminianer, Calixt, Leibniz-Wolffsche Philosophie, Naturalismus – und weniger einzelne Lehren thematisiert. Die Vorlesung endet in
einer Darstellung des gegenwärtigen Zustands der Theologie (Rationalismus,
Supranaturalismus etc.).

Planck fokussiert in dieser Vorlesung somit in den einzelnen Epochen, deren
Einteilung belangvoll erscheint, wirklich einzelne Lehren, die er als zentral
erkennt – andere bleiben unerwähnt –, sowie die die ihre jeweilige Ausbildung
bedingenden Faktoren, bleibt also auch in seinen Vorlesungen seinem Programm treu. Nicht so deutlich wie in der *Geschichte unseres protestantischen Lehrbegriffs* tritt hier allerdings seine psychologische Seite hervor, die sich auf einzelne Akteure der Entwicklung konzentriert.

In den Göttinger Universitätsprogrammen findet sich zudem eine Fülle von
kleineren historischen Einzeluntersuchungen Plancks: In seiner Antrittsvorlesung sprach er über Verhandlungen zwischen Heinrich V. und Papst Pascha-

---

[995] Bspw. innerhalb der 3. Periode, 2. Abschnitt (Geschichte der Veränderung in den
theologischen Lehrsätzen und Meinungen), Cap. I (Geschichte der pelagianischen Streitigkeiten), § 2 (Darlegung des pelagianischen und augustinischen Systems): I. Lehre von der
Erbsünde und Gnade, II. Lehre von der Strafe, III. Lehre von der Erlösung, IV. Prädestinationslehre, darin noch eine Behandlung der Frage, wie Augustin zu dieser Lehre kam (vgl.
HAB Cod. Guelf. 47 Noviss. 4°, Bl. Vr).

lis II. (1110)[996], später verfolgte er die Frage nach dem Ursprung der Muttersprachen im Gottesdienst[997] ebenso wie die Geschichte des Tridentinum, über das er ein Aktenkonvolut gefunden hatte, dessen Gehalt er dem Publikum nicht vorenthalten wollte.[998] Den Kirchenvätern widmete er in späteren Jahren einige Programme, ebenso der Apostelgeschichte.[999] Auch seine Promotionsprogramme sind häufig historisch geprägt.[1000] Und wer sonst hätte die Jubelrede zum Reformationsfest 1817 halten können.[1001]

3. Spezifika

Im Folgenden soll in vier ausgewählten, teils miteinander verwobenen Perspektiven das historiographische Programm Plancks systematisch dargestellt werden. Der Gedanke eines göttlich gelenkten Geschichtsplans stellt eine Art Fundament der Kirchengeschichtsschreibung Plancks dar, seine psychologisch/psychologisierend-pragmatische Hinwendung zum Menschen beschreibt die Methode, die dogmengeschichtliche Herangehensweise weist auf die Entdeckungsabsicht hin und führt gemeinsam mit der Umschreibung eines Kirchenbegriffs zu gegenwartsrelevanten Ergebnissen seines historiographischen Werkes.

---

[996] PLANCK, G.J., *Acta inter Henricum V. Imperatorem et Paschalem II. Pontificem Romanum Annis MCX et MCXI (1785).* Diese das Investiturproblem behandelnde Untersuchung befasst sich eigentlich eher mit Fragen der Quellenkritik (vgl. Kap. A.IV.3.1.).

[997] PLANCK, G.J., *Primae lineae disquisitionis historicae de usu linguarum vulgarium in sacris (Pfingsten 1785).*

[998] PLANCK, G.J., *Anecdota ad historiam Concilii Tridentini pertinentia, fasc. I–XXV (1792–1818).* Vgl. LÜCKE, Planck, 46: Er habe sie in der Göttinger Bibliothek gefunden, es handele sich eigentlich um Kanzleiakten des kaiserlichen Hofes Karls V. Bemerkenswert darin seien Akten über geheime Verhandlungen zwischen dem päpstlichen Legaten Moronus und dem Kaiser über das Konzil 1563 (vgl. Kap. A.IV.3.1.).

[999] PLANCK, G.J., *Anthologia Patristica, 6 Specim. (1820–1832)* (Auszüge aus Justin der Märtyrer [Specim. 1–2], Gregor der Große [Specim. 3–6]) (vgl. LÜCKE, Planck, 79). Zudem PLANCK, G.J., *Observationes in Acta Apostoli Pauli Romana Act. XXVIII, 17–31 (1822/25/26).* Als alter Mann äußert Planck, diese zusammentragende Arbeit gehe doch leichter von der Hand (vgl. LÜCKE, Planck, 79), weshalb sich viele dieser Programme auch noch in späteren Jahren finden. Interessant scheint mir, dass er in den letzten Programmen wieder zu seinem exegetischen Studienschwerpunkt zurückkehrte. Der Geschichte theologischer Probleme hatte er sich dagegen schon früh gewidmet: PLANCK, G.J., *Observationes in primam doctrinae de natura Christi historiam (Weihnachten 1787).* Vgl. auch noch DERS., *Variarum de origine festi nat. Christ. sententiarum epicrisis (1796).*

[1000] PLANCK, G.J., *De veris auctae dominationis pontificiae epochis (1791);* DERS., *Über die Zeit des ersten Ursprungs der Diöcesanverfassung und Diöcesanverhältnisse in der Kirche (1792).*

[1001] PLANCK, G.J., *Oratio Jubilaris de beneficiis, qua ex Reformatione in religionem, in rem publicam atque in litteras per tria iam saecula non solum continuata, sed sensim majora et ampliora redundarunt (1818)* (vgl. Kap. A.IV.3.1.).

3.1. Darstellungsfragen: Prinzip, Gesichtspunkt und Plan der Geschichte

In der *Einleitung* diskutiert Planck die Forderung nach einem Prinzip der Geschichte, das er in Kants *Religionsschrift* entdeckt.[1002] Dabei gesteht er zu, dass
jegliche Geschichte nach einem bestimmten Gesichtspunkt geschrieben werden
müsse, lehnt es jedoch vehement ab, im Vorhinein abstecken zu wollen, wohin
sich die Geschichte (teleologisch) bewegen müsse.[1003] Konkret setzt er sich mit
Kants These auseinander, die Kirche sei lediglich vorübergehende Form, die
Stiftung Jesu ziele letztlich auf eine davon befreite rein sittlich-vernünftige Religion ab.[1004] Dies könne nicht gezeigt werden und sei damit eine unzulässige
Bevormundung historischer Forschung, kritisiert Planck.[1005]

Die Ausrichtung auf den Gesichtspunkt oder die Perspektive der Darstellung
sei Gebot der ordentlichen und nutzbringenden Darstellung des Geschehenen.[1006] Dies bedeutet auch eine konsequente Selektion des dargebotenen
Stoffes, über die Planck durch seine Vorworte Rechenschaft gibt. Gerade dort,
wo er zuvor eigentlich Ausgeschlossenes mit aufnimmt, rechtfertigt er es ausführlich.[1007] Das Prinzip der Geschichte müsse sich immer durch den historischen Stoff selbst ergeben, eine spekulative Bestimmung sei unzulässig. Diese
Überzeugung ruht auf der Annahme eines Plans der Geschichte. Aus dem erkannten Prinzip der Geschichte ergibt sich für Planck dann der Gesichtspunkt
für die Darstellung. Zwar könne die Wahl auch auf einen falschen Orientierungspunkt fallen, doch überwögen die Vorteile die mögliche Gefahr.[1008]

Planck wählt also jeweils einen bestimmten Gesichtspunkt der Darstellung,
in Abwendung von bloßer Stoffsammlung oder rhetorisch ansprechender Dar-
bietung des Geschehens.[1009] Geschichtsschreibung ist so zu einem wissenschaft-
lich-methodisch zu rechtfertigenden Geschäft geworden. Theoretiker der Ge-

---

[1002] Vgl. dazu die Darstellung bei LIPPS, Dogmengeschichte, 59–65.

[1003] Vgl. die Diskussion v. a. in Einleitung 2, 207–211.

[1004] Vgl. dazu auch Kap. B.II.3.4.

[1005] Bzw. es lasse sich die auch von Kant behauptete historische Erweisbarkeit seines Prinzips nicht erhärten (Einleitung 2, 211). Vgl. zur Diskussion LIPPS, Dogmengeschichte, 62,
der etwas unscharf meint, Kant gehe nicht von einer empirischen Fassbarkeit aus.

[1006] Im Grundriß, 161 f., erkennt Planck, hinter dieser missverständlichen Formulierung
der neuen Philosophie (»Prinzip«) verberge sich doch eigentlich nur das allgemein anerkannte Gesetz für die Geschichte, ein Instrumentarium zu ihrer Durchleuchtung also.

[1007] Bspw. Lehrbegriff 3, 5 f., über die äußere Geschichte in einer Darstellung des Lehrbegriffs.

[1008] Vgl. Einleitung 2, 208.

[1009] Zur Wahl des Gesichtspunktes vgl. Lehrbegriff 1, IV (Entwicklung des Lehrbegriffs);
Gesellschaftsverfassung 1, V.VIII.
Außerdem findet sich hier schon die Erkenntnis, dass die Arbeit des Theologen und Historikers primär Interpretationsarbeit ist (vgl. dazu FLEISCHER, Tradition, 572–582). Das berührt die Wahrheitsfrage: Durch die verschiedenen Standpunkte komme es zu einer Vielzahl
von Erkenntnissen, die alle Wahrheit enthielten, indem sie jeweils einen Aspekt besonders
herausheben. BAUR, Epochen, 188, kritisiert hingegen, durch die psychologisch-räsonierende Geschichte verliere die Wahrheit.

schichtsschreibung hatten in diesem Zuge die Theorie des »Sehepunktes« (Johann Martin Chladenius [1710–1759]) entwickelt.[1010] Mit der Angabe des die Darstellung prägenden Gesichtspunktes bei Planck gerät die Positionalität des Verfassers in den Blick. Bei aller Unparteilichkeit, die er auch beansprucht, ist ihm das Urteil doch ein wichtiger Teil seiner Arbeit.[1011] Das setzt aber voraus, den Leser instand zu setzen, das Urteil des Verfassers auf der Grundlage der ihm vorgelegten Materialien auch eigenständig beurteilen zu können. Fraglich ist sicherlich, ob dieser Anspruch nicht schon durch die zwangsläufig subjektiv-selektive Auswahl des Stoffes unmöglich gemacht wird. Mit der Thematisierung des Verfassers und der Darstellung unter einer bestimmten Perspektive wird der Anspruch auf völlige Objektivität verabschiedet.[1012] Der Verlauf der Geschichte sei einem Fluss vergleichbar, so Planck, dessen Lauf »hinter den Hügeln entschwindet«[1013], ihr Ende sei nicht sicher feststellbar und könne deshalb auch nicht als Prinzip der Geschichte dienen. Zudem bestehe eine Abhängigkeit des Gesichtspunktes von der umgebenden Situation: Im Vorwort zu Band 4 der *Geschichte unseres protestantischen Lehrbegriffs* hat sich die Haltung gegenüber den Heroen der Reformationsgeschichte in Plancks Wahrnehmung so entscheidend geändert, dass eine Darstellung wie in den ersten drei Bänden, die vor allem kritisch gegenüber jenen vorgegangen war, eine ganz andere Wirkung erzielen würde als noch damals.[1014] Das pädagogische Konzept der Geschichtsschreibung sticht hier hervor: Nicht nur der Verfasser, auch die Adressaten werden in ihrer Positionalität ernst genommen.[1015]

[1010] Vgl. dazu BLANKE/FLEISCHER, Grundzüge, 84 f.; BLANKE/FLEISCHER, Theoretiker, 71. Damit verabschiedet Planck die humanistische, naiv-realistische Ansicht, die Geschichtserzählungen seien »mehr oder weniger getreue Spiegelung der vergangenen empirischen Wirklichkeit« (ebd.). Bezüglich der Wahrheitsfrage führt das dazu, »von einer Sache mehrere verschiedene und dennoch jeweils wahre Berichte« (ebd.) haben zu können.
Mosheims Forderung nach Begierdelosigkeit (Besiegen der *natura humana*) impliziert auch die Autonomie gegenüber Dogmatik und Polemik, die er etabliert (vgl. HEUSSI, Mosheim, 23.67). Eine standortbedingte Verzerrung der Geschichte zu umgehen, sei nur möglich durch akkurates Quellenstudium (vgl. dazu knapp NEUMANN, Mosheim, 125–127).
[1011] So z. B. fordert er in PLANCK, Religionsgeschichte, XI, dass auch zuweilen die Darlegung des eigenen Urteils in einer historischen Darstellung erlaubt sein muss, aber der Verfasser »soll jeden, dem er sein Urtheil vorlegt, in den Stand setzen, es selbst zu prüfen, und er soll dabey nie vergessen, daß er kein Recht hat zu erwarten, daß andere ganz gleich mit ihm denken sollen.« Und in Lehrbegriff 1, XIV: »Aber man fordre nur nicht mehr als ruhige Unpartheylichkeit!«, eine Beurteilung ist dadurch nicht ausgeschlossen. Vgl. dazu J. M. Chladenius Haltung: unparteiisch heißt nicht ohne »Sehepunkt« (vgl. REILL, Geschichtswissenschaft, 174).
[1012] Darin arbeitet Planck schon den Erkenntnissen des in die Krise geratenen Historismus vor, der an seinem Verobjektivierungsanspruch zerbrach und anerkennen musste, dass jegliche Aussage über die Geschichte sich ihrerseits im »Strome« der Geschichte vollzieht.
[1013] Einleitung 2, 207.
[1014] Vgl. Lehrbegriff 4, XII.
[1015] Verortet wird dies bspw. in einer neuen theologischen Denkart (vgl. Lehrbegriff 4,

Planck führt in seiner *Geschichte unseres protestantischen Lehrbegriffs* einleitend
an, ihm sei es darum gegangen, die Geschichte der Reformation unter einem
bestimmten Gesichtspunkt darzustellen, nämlich dem der Entwicklung des
lutherischen Lehrbegriffs.[1016] Ebenso stellt er in der *Geschichte der christlich-kirchlichen Gesellschafts-Verfassung* klar, dass es ihm um eine Darstellung der gesellschaftlichen Herrschaftsformen in der Kirche gegangen sei.[1017] Er verspricht sich
dadurch den Gewinn einer luziden Darstellung sowie neue Erkenntnisse für
den Leser, der durch die bestimmte Anordnung des Stoffes auf neue Beobachtungen geleitet werden soll. Im Hintergrund der Wahl der Darstellung steht
Plancks Überzeugung von der geschichtsleitenden *providentia Dei.* Jede Perspektive findet letztlich ihre Grundlage in dem auf Perfektibilität angelegten Plan
der Welt- und Christentumsgeschichte. Nur das lasse sich systematisch darstellen, dem auch eine innere Systematik eigne. Jedenfalls ist Planck der Überzeugung, keine fremden Raster auf die Historie zu legen. Gegen Kant hatte er
gefordert, das Prinzip in der Geschichte offenlegen zu müssen, alles andere tue
der Geschichte Gewalt an:[1018] Für Planck legt sich nun dieser Plan in der Geschichte offen und so kann er ihn als übergeordneten Gesichtspunkt anwenden.[1019] Er verzichtet redlicherweise nicht darauf, stets anzugeben, weshalb sich
ihm dieser Plan aufgedrängt hat.[1020] Innerhalb der einzelnen Epochen, die er
behandelt, erkennt er sozusagen einen Teil-Plan, den er dann zum Gesichtspunkt wählen kann: Die *Geschichte des Christenthums* offenbart den Plan Jesu, die
Geschichte der christlich-kirchlichen Gesellschafts-Verfassung zeigt, wie diese sich immer weiter ausgestaltet und letztlich im Papsttum gipfelt, die *Geschichte unseres
protestantischen Lehrbegriffs* zeigt, wie menschlicher Neid und Eitelkeiten zur Abfassung der *Konkordienformel* führten, und zuletzt rückt in der jüngeren Theologiegeschichte der Wendepunkt hin zur Verwirklichung des Plans der Christentumsgeschichte ins Blickfeld. Dabei ist das Urchristentum ebenso wenig Ideal-
zeit wie die Reformation, die Geschichte verliert ihre normative Funktion und
wird zur Entstehungsbedingung der Gegenwart, die eingezeichnet bleibt in den
gleichen Plan und Prozess, der in der gesamten Geschichte beschrieben wird:

VIf.). Bei J. S. Semler wird die historische Erkenntnis erst durch ihre Ausrichtung auf den
gegenwärtigen Adressaten zur lebendigen Erkenntnis (vgl. FLEISCHER, Tradition, 576).

[1016] Diese Perspektive führt er auch als Begründung an, weshalb er eine neue Geschichte
der Reformation geschrieben habe, obwohl es schon so viele gebe (vgl. Lehrbegriff 1, VI).

[1017] Vgl. Gesellschaftsverfassung 1, V: »eine reine Geschichte der christlichen Kirche, als
eines äusseren gesellschaftlichen Instituts«.

[1018] S. o. und Einleitung 2, 207–211.

[1019] BAUR, Epochen, 187, drängt sich der Eindruck auf, hier sei mehr in die Geschichte
hineingelegt, als in den Begebenheiten selbst enthalten.

[1020] In der *Geschichte des Christenthums* verwendet Planck ganze Kapitel darauf (vgl. Christenthum 1, 86–105 [Spuren und Beweise des Planmäßigen in der Handlungs- und Lehrweise Jesu]; 106–124 [Anstalten Jesu zu der ersten Einleitung seines Planes]). So ist selbst Jesu
Tod Element in diesem Plan, ebenso sein Umgang mit dem Messiastitel, er zeigt sich in der
Verkündigung an seine Jünger, die er darauf vorbereitet, sein Werk fortzuführen etc.

Die Gegenwart erhält ihre Konstitutionsbedingungen aus der Vergangenheit – nicht normativ, sondern genetisch.[1021] Diese Erkenntnis ist maßgeblich für das aufklärerische Konzept der Dogmengeschichte.

Der von Planck angenommene Plan der Geschichte ist auf Vervollkommnung angelegt, die freilich häufig durch menschliche Fehler aufgehalten werde – wie etwa die *Konkordienformel*, die den Prozess um 150 Jahre aufgehalten habe.[1022] Planck versteht sich selber in diesem Prozess der Aufklärung, indem er den Plan sichtbar macht, den er in der Welt erblickt.[1023] Zweifel an diesem vorausgesetzten Plan sucht man vergeblich, doch grenzt er sich stets gegen eine spekulative, unhistorische Behandlung ab.[1024] Sehr ausführlich behandelt Planck den Plan Jesu in der *Geschichte des Christenthums*.[1025] Dieser sei gerichtet auf die Besserung der Menschen durch Befreiung von Sünde und Irrtum und über Jahrtausende hinweg auf dieses sittliches Ziel angelegt, eine auf Herz und Verstand gleichermaßen wirkende Erkenntnis zu verbreiten, also die Besserung der Welt und der Menschen über die Ausbreitung der Wahrheit zu bewirken.[1026] Zeichen dieser Veränderung erblickt Planck 1830 in der Durchsetzung kritischer und freier Forschung, größerer Toleranz sowie insgesamt in einer veränderten Geisteshaltung.[1027] Im Vertrauen auf den von Jesus einst gefassten Plan und dessen göttliche Bewahrung kann Planck im hohen Alter die Hoffnung äußern, dem Wendepunkt der Geschichte nahe zu sein.[1028]

[1021] Dazu vergleiche das Verhältnis zur Reformation v. a. *Lehrbegriff* und *Ueber den gegenwärtigen Zustand*. In der Romantik wird die Vergangenheit dann wieder etwas Heiliges (vgl. BENRATH, Kirchenhistorie, 209 f.), die Aufklärung behandelt sie nach dem Ursache-Wirkungs-Schema genetisch. Schon bei Semler findet sich diese Sicht der Dinge: Er betont, dass das Urchristentum nicht normative Epoche, sondern Beginn der Kirchengeschichte war (vgl. FLEISCHER, Tradition, 597).

[1022] Gegen die Tendenz zur Verfallsgeschichte bei pietistischen Autoren (vgl. auch Arnold) sieht Planck vor allem den Fortschritt. Er beurteilt freilich Fortschritt und Rückschritt aus der Perspektive seines theologischen Standpunktes, der die Vollendung in der Erkenntnis von Herz und Verstand sieht (vgl. Theologie, VII).

[1023] Dabei scheint fraglich, wieweit bei aller individualisierten Betrachtungsweise die Möglichkeit, einen leitenden Plan darin auszumachen, noch besteht. Allerdings wird man unterscheiden müssen, ob die Überzeugung dieses Plans in der persönlichen Frömmigkeit der Verfasser liegt oder ob es durch die Darstellung auch deutlich gemacht wird (NIGG, Kirchengeschichtsschreibung, 147, kritisiert diese Nicht-Einlösung in der Darstellung bei allen Pragmatikern).

[1024] Es sei doch viel besser, durch die Geschichte zu zeigen, dass die Kirche auch das wurde, was sie sein und werden sollte, meint Planck (vgl. Gesellschaftsverfassung 1, VIII).

[1025] Besonders die Vorrede und die ersten Kapitel verwendet er darauf. Er verweist auf REINHARD, F. V., *Versuch über den Plan, den der Stifter der christlichen Religion zum Besten der Menschen entwarf. Ein Beytrag zu den Beweisen für die Wahrheit dieser Religion (1781)*, von dessen Vorgehen er sich aber abgrenzt: Er habe alles von weiterer Entfernung ins Auge gefasst, als einen bestimmten Standpunkt benutzt (vgl. Christenthum 1, XV f.).

[1026] Vgl. Theologie, VII. Christenthum 1, 8: »daß die Menschen zu der Erkenntniß der Wahrheit gebracht werden müßten«.

[1027] Vgl. Theologie, VII.357.

[1028] Vgl. aaO. VII (vgl. dazu MEINHOLD, Geschichte 2, 99).

Die Erkenntnis, dass die Vervollkommnung erst noch ausstehe und nicht in einer Art *status integritatis* in der Vergangenheit zu suchen sei, prägt Menschen- und Geschichtsbild Plancks: Damit ersetzt sie anthropologisch das Verständnis des Menschen als Gefallener durch das eines zu Vervollkommnenden.[1029] Zur Annäherung an den Wendepunkt sei es durch manchmal ganz unbemerkte und eigentlich in ihrer Intention gegensätzliche Entwicklungen gekommen: Die orthodoxe Theologie beispielsweise habe ein dem Plan Jesu kontradiktorisch entgegengesetztes Interesse verfolgt, aber antagonistisch eine dynamische Funktion erfüllt, indem sie Neuerungen in Pietismus und Aufklärung herausforderte.[1030] Den Handelnden der Reformationsgeschichte scheint oft gar nicht bewusst, zu welchem Zweck sie handeln, aber ihre Handlung gewinnt im großen Plan progressive Funktion auch bei regressiver Intention.[1031]

Diesen Plan der Geschichte, der sich auch gegen menschliche Intentionen durchsetzt, deutlich machen zu können, macht dann die Historische Theologie zum gleichwertigen theologischen Fach über ihren Nutzen als Bildungsfach hinaus.[1032] Wenn sich in der Spätaufklärung der Kollektivsingular »Geschichte« durchsetzt,[1033] setzt diese Bezeichnung das Bewusstsein der Einheit der Geschichte voraus, die hier durch einen durchgehenden Plan konstituiert wird. Damit bleibt diese Überzeugung noch unterschieden von der romantischen Annahme der sich fortsetzenden Durchsetzung einer Idee oder der Geschichte als Organismus.[1034] Denn Planck beschreibt immer noch geschichtliche Ereignisse und Handlungen von Menschen, wie im nächsten Abschnitt untersucht

---

[1029] Diese Verquickung von Menschen- und Geschichtsbild und die Bedeutung anthropologischer Grundentscheidungen für die Möglichkeiten historiographischer Methoden harrt noch der eingehenden Untersuchung und Aufklärung. So bleibt der Mensch zwar der fehlerhafte und von bösen Neigungen getriebene, aber dies wird nicht Anlass zu einer pessimistischen Verfallstheorie, wie spätestens in der Zeitdiagnose der *Geschichte der protestantischen Theologie* deutlich wird. Zum Gedanken der Perfektibilität des Menschen vgl. Beutel, Aufklärung, 385, und z. B. Sparn, Perfektibilität, zur protestantischen Valenz des Gedankens.

[1030] Vgl. Theologie, 181 u. ö.

[1031] Vgl. Lehrbegriff 1, XIII: Es sei von Anfang der Welt an beobachtete Handlungsweise Gottes durch Menschen, auch durch böse Menschen zu wirken. Vgl. in Theologie, VI: Die Vorsehung benutze auch die ganz anderen Tendenzen und Absichten zu ihren Zwecken. Vgl. dazu schon den Ansatz Semlers, der auch Gottes Geschichtshandeln allen menschlichen widerstrebenden Absichten zum Trotz zum vorbestimmten Ziel lenkt, die Vollkommenheit also erstrebt und nicht in idealer Anfangssituation hat (vgl. dazu Hornig, Dogmengeschichtsschreibung, 132).

[1032] Vgl. Fleischer, Tradition, 517: Semler pocht auf die Bedeutung der Kenntnis der Kirchengeschichte, da sie die Erkenntnis der göttlichen Vorsehung anbiete. Mosheim erkennt in ihr die Geschichte der göttlichen Bewahrung der Kirche (vgl. Mühlenberg, Kirchenhistoriker, 236, und Heussi, Mosheim, 35).

[1033] Vgl. Fleischer, Tradition, 598.

[1034] Vgl. Benrath, Kirchenhistorie, 208–211, zu Ansätzen der Romantik bei Schelling und Novalis. Beutel, Kirchengeschichtsschreibung, 644, nennt Marheineke und Möhler als Beispiele des veränderten Geschichtsbildes.

werden soll. Er schreibt »Geschichte von unten«, an der sich jede »Geschichte von oben« bewähren muss.

3.2. *Pragmatische Kirchengeschichtsschreibung: Mensch, Gott, Providenz*

Hervorstechendstes Merkmal der Historiographie Plancks ist seine psychologisch akzentuierte Anwendung der pragmatischen Methode, der historiographischen Methode der Aufklärungstheologie.[1035] J.L.v. Mosheim hatte sie aus der Profangeschichtsschreibung auf die Kirchengeschichte angewendet und gilt damit als »Vater der modernen Kirchengeschichtsschreibung«[1036]. Gegenüber einer polyhistorischen Sammlung versucht diese Methode systematisierend, genetisch und nutzbringend vorzugehen. Das Ende dieser Arbeitsweise wird häufig mit Planck angesetzt, der sie auf ihren Höhe- und gleichzeitig Endpunkt geführt habe.[1037] Das griechische πραγματικός bezeichnet schon bei Polybios und Thukydides Historiographie.[1038] Während es hier auf das semantische Feld der politischen Handlungsorientierung bezogen wurde,[1039] wird es im 18./19. Jahrhundert zu einem methodischen Terminus innerhalb der Anthropologie und Ethik sowie der Geschichtsschreibung,[1040] wo es im Bedeutungsspektrum der praktischen Anwendungsbezogenheit oder der kausalen Erklärung verwendet wird. Innerhalb dieses breiten Bedeutungsraumes[1041] kann z.B. Chr. Wolff seine Philosophie als pragmatisch bezeichnen, da sie im menschlichen Leben gebraucht werden solle; Kant bezeichnet damit die Mittel zu einem bestimmten Zweck, wie z.B. in Form der »pragmatischen Imperative«.[1042]

Pragmatische Geschichtsschreibung widmet sich den Untersuchungen der Ursachen und des Zusammenhangs, ordnet die Fakten zu einer Geschichte und zielt dabei auf die didaktische Anwendung auf die Gegenwart ab.[1043] In ihrer

---

[1035] Vgl. BEUTEL, Kirchengeschichtsschreibung, 643. Dass dies nur ein Bestandteil eines komplexeren Prozesses ist, zeigen bspw. BLANKE/FLEISCHER, Artikulation, 33–112. Vgl. auch meine knappen Ausführungen zur Rolle des Menschen in der pragmatischen Geschichtsschreibung in BECKMANN, Politik, 322–327.

[1036] Vgl. ausführlich zu dieser Bezeichnung NEUMANN, Mosheim, und HEUSSI, Mosheim.

[1037] Z.B. MÜHLENBERG, Kirchenhistoriker, 246.

[1038] Vgl. JORDAN, Geschichtstheorie, 57. Geschichte wurde auf die *pragmata* der Regierenden bezogen geschrieben.

[1039] Vgl. KÜHNE-BERTRAM, Aspekte, 158.

[1040] Ein erstes Aufkommen im deutschen Sprachraum ist im 17. Jh. zu beobachten. Vgl. dazu aaO. 161. Das Vorkommen und die spezifische Bedeutung im anthropologischen und ethischen Feld wird hier nicht weiter berücksichtigt, vgl. dazu die genannte Untersuchung (aaO.).

[1041] JORDAN, Geschichtstheorie, 56, konstatiert, aus den Quellen könne keine einheitliche Definition dieses Begriffes gewonnen werden. Vgl. zur Begriffsverwendung und zur Unklarheit seiner Definition auch aaO. 58f.

[1042] Vgl. KÜHNE-BERTRAM, Aspekte, 161–164.

[1043] Vgl. aaO. 169f. Es liegt eine Vielzahl von Definitionsversuchen vor: Vgl. beispielhaft zum bei Royko dargestellten Konzept FLEISCHER, Nutzen, 127. Mosheim formuliert als Maßgaben einer pragmatischen Kirchengeschichte, »bey allen Veränderungen auf die Ursa-

didaktischen Tendenz folgt sie dem Grundsatz *historia magistra vitae*, der auch schon in der humanistischen Geschichtsschreibung begegnete.[1044] Sie überwindet dabei auch die vormalige Trennung von *historia sacra* und *historia profana*.[1045]

Dieses Historiographieprogramm grenzt sich ab von der älteren polyhistorischen Schule und behauptet sich zugleich gegen den Historischen Pyrrhonismus,[1046] stärkt zudem didaktische Aspekte der Geschichtsschreibung (*magistra*), setzt sich so allerdings auch dem Verdacht des Subjektivismus aus, gewinnt eine luzide Darstellung der geschichtlichen Ereignisse, wird jedoch zwangsläufig selektiv und – sobald die Ursachen als in den Handelnden liegend behandelt werden – spekulativ. Die Aufdeckung von Ursachen zu einer Wirkung übernimmt die Geschichtsschreibung hier aus der Physik: D.h., jedes Ereignis hat eine bestimmte, ihm entsprechende Ursache, an dieser kann dann die Beurteilung der Wirkung vorgenommen werden.[1047] Diese Ursachen werden im innerweltlichen Bereich gesucht, es geschieht eine anthropozentrische Wende, transzendente Erklärungsmuster werden – auch aufgrund ihrer Nicht-Nachvollziehbarkeit – möglichst ausgeschlossen.[1048]

Mosheim kommt zweifellos entscheidende Bedeutung für die Kirchengeschichtsschreibung der Aufklärung insgesamt zu: »[D]er Übergang der Kirchengeschichtsschreibung zur pragmatischen Methode bedeutet [...] einen ent-

---

chen [zu] sehen« und zu »zeigen, was diese oder jene Sache für einen Nutzen in unseren Zeiten habe« (MOSHEIM, Anweisung, 179f. [§ 11]).

JORDAN, Geschichtstheorie, 59, weist darauf hin, der Terminus begegne als Bezeichnung der Aufklärungshistorie als einer überwundenen Epoche am Ende des 18. Jh.s. Zweifel an dieser Datierung sind angebracht, da die damit bezeichneten Geschichtsschreiber sämtlich noch am Ende des 18. Jh.s veröffentlichten. Diese Datierung ist aber in der Hinsicht berechtigt, als dass z.B. Novalis 1799 als Vorbote des Umschwungs auftritt.

Doch schon die Aufklärung ging darüber hinaus, wie FLEISCHER, Tradition, 768, zeigt: Semler als Geschichtsschreiber habe den Pragmatismus der Aufklärung hinter sich gelassen und verweise bereits auf den Historismus im Sinne einer an historischen Forschungsergebnissen orientierten Darstellung.

[1044] Zum Terminus und dessen Gehalt vgl. KOSELLECK, Historia, der auf die Unterscheidung der Formel von der wirklichen Prägung durch diesen Gedanken hinweist sowie auf ihre Ablehnung im Historismus. Vgl. dazu auch FLEISCHER, Nutzen, 122, zur Ablösung von diesem Konzept um 1780 und DERS., Tradition, 619f., mit dem Hinweis, dass bspw. für Semler dieser Topos schon in den 1760er Jahren an Plausiblität verloren habe, da er erkannt habe, dass moralische Wahrheiten unmöglich stets und ständig in Strenge, Menge und Größe die gleichen gewesen sein können. Eine exemplarische Vergegenwärtigung war nicht mehr plausibel. Damit weist Semler allerdings schon über sich und die zeitgenössische Geschichtsschreibung hinaus.

[1045] Vgl. dazu BEUTEL, Aufklärung, 352–355.

[1046] Vgl. dazu und zur Auseinandersetzung damit in der Frühaufklärung FLEISCHER, Tradition, 96–121.

[1047] MÜHLENBERG, Kirchenhistoriker, 234, weist im Bezug auf Mosheims Kirchengeschichtsschreibung darauf hin.

[1048] NIGG, Kirchengeschichtsschreibung, 110, spricht im Bezug darauf von einer anthropologischen Kirchengeschichtsbetrachtung und einer kopernikanischen Wende. Vgl. auch LAUDÍN, Geschichte, zu J.Chr. Gatterer und A.L. Schlözer.

schlossenen Schritt vorwärts«[1049], schreibt Heussi zum Abschluss seiner Untersuchungen.[1050] Offenbar eignete sich gerade eine Darstellung, die sich abwandte
von einer chronologisch-referierenden Methode und einem vorgängig festge-
legten transzendenten Geschichtsbild, zur Umsetzung konfessionsirenisch-auf-
klärerischer Gedanken. Mosheim verstand die pragmatische Methode als be-
gierdelose Weise, Historiographie zu entwerfen. Ziel und Zweck – und das ist
entscheidend für diese Art der Darstellung – sah er in der Nutzbarmachung
kirchengeschichtlicher Forschung nicht nur für die Gelehrten, sondern auch für
die Laien.[1051] Die Konflikte der Geschichte, deren Grundmotiv überhaupt, seien
die Begierden und Begehrlichkeiten der unterschiedlichen Menschen.[1052] Nur
durch die Aufdeckung von *causae et rationis* der Handlungen, nicht durch Polyhistorie lasse sich ein Lernerfolg erzielen. Die Kirchenhistorie wird im Zusammenhang des tugendschaffenden Stiftungszwecks der Kirche zur Tugendlehre-
rin. Durch die Offenlegung der Gründe der Handlungen, schärft sie die Ur-

---

[1049] Heussi, Mosheim, 45.
[1050] Dass Mosheim diese Methode weder entwickelt noch als Erster wiederentdeckt hat,
ist spätestens durch die neuere Forschung gezeigt worden. Dennoch hat er ihr zur Anwendung auf die Kirchengeschichte verholfen und gleichzeitig dieses Fach zur Hochgeltung innerhalb des Fächerkanons geführt. Vgl. Neumann, Mosheim, 111 u. ö., der die Originalität
Mosheims in der Kirchengeschichtsschreibung untersucht und zu dem Ergebnis kommt, dass
er trotz der breiten Rezeption ausländischer Geschichtsforschung sein Methodenkonzept
und dessen Kriterien nicht aus diesen erhebt, sondern lediglich zur Illustration benutzt (vgl.
aaO. 145). Zur Heranziehung der verschiedenen Quelleneditionen, Hilfsmittel und kirchenhistorischen Werke vgl. aaO. 130–140. Die Erkenntnis, dass Mosheim ausführlich ausländische kirchengeschichtliche Forschung rezipierte, findet sich allerdings schon bei Heussi,
Mosheim, 10, der zu dem Ergebnis kommt, jener habe sich seine Regeln kirchengeschichtlichen Arbeitens in der Auseinandersetzung mit dieser angeeignet. Allerdings stellt auch
Heussi fest, in Mosheims Entwicklung finde sich kein harter Bruch, die Prinzipien fänden
sich schon in den frühen Schriften (vgl. aaO. 3). Dieses deckt sich mit den Ergebnissen Neu-
manns, allerdings auf wesentlich anderen Wege. Heussi weist (vgl. aaO. 45) auf Köhler,
J. D., *De historia pragmatica (1714)*, hin. Für seine Annahme des Einflusses der Naturverhält-
nisse auf die Religion könne zudem auf Bodin, J., *De republica libri sex, lib. V cap I.*, verwiesen
werden. Zur Einführung der pragmatischen Methode durch Mosheim vgl. auch Nigg, Kirchengeschichtsschreibung, 138, und Lipps, Dogmengeschichte, 10. Einschränkend auch
Fleischer, Tradition, 174, der auf die Bedeutung anderer Theologen vor und neben Mosheim für die Verwissenschaftlichung der Kirchengeschichte hinweist.
[1051] Vgl. Neumann, Mosheim, 114 f. Ob man die Kirchengeschichtsschreibung mit Neumann als Fortsetzung der Predigttätigkeit Mosheims bezeichnen kann, wäre kritisch zu beleuchten. Schon in seinem ersten großen kirchengeschichtlichen Werk, den ersten *Institutiones* von 1726, sprach er von der doppelten Lehrhaftigkeit der Kirchengeschichte: Faktenver-
mittlung und Lehrhaftigkeit des Dargestellten. Zu den verschiedenen Entwürfen und Titeln
vgl. bei Heussi, Mosheim, 4: Mosheims, J. L. v., *Institutiones historiae ecclesiasticae Novi Testa-
menti (1726)*; Ders., *Institutiones historiae christianae antiquiores (1738)*; Ders., *Institutiones historiae christianae recentioris (1741)*. Sein kirchengeschichtliches Hauptwerk Ders., *Institutiones
historiae ecclesiasticae antiquae et recentioris (1755)*, erlebte bis 1892 71 Auflagen (vgl. Beutel,
Aufklärung, 354).
[1052] Vgl. Mühlenberg, Kirchenhistoriker, 236. Da die Zuwächse als von Menschen gemacht dargestellt werden, falle das Urteil über sie auch überaus negativ aus.

teilskraft der Leser, die zum eigenen Urteil ermutigt und ertüchtigt werden sollen.[1053] »Mosheims Verdienste um die Kirchengeschichtsschreibung liegen [...] vornehmlich in der gründlichen Verarbeitung des von der Wissenschaft Erreichten«[1054]. Deshalb ist auch die Differenzierung, er sei nicht Vater der modernen Kirchengeschichtsschreibung, sondern nur deren erster Repräsentant,[1055] unscharf: Mit seiner Anwendung der pragmatischen Methode etablierte er in der Kirchenhistorie ein neues Vorgehen, dem sich – aus den Bedürfnissen der Zeit heraus selbstverständlich – andere anschlossen. In seiner *Anweisung* beschreibt er die Kirchengeschichte als ungemein nützliche, aber gleichzeitig auch sehr mühsame und kostbare Wissenschaft.[1056] Für den Geistlichen diene sie vornehmlich zur Ausbildung eigener Klugheit sowie der Unterscheidung zwischen Wahrheit und Falschheit, besonders in der Auseinandersetzung mit denen, die Neuerungen einführen bzw. diese verhindern wollen.[1057] Richtungsweisend wurde Mosheim somit durch seine pädagogische Ausrichtung der pragmatischen Methode sowie durch die nicht revozierbare Erkenntnis des zeitlichen und kulturellen Abstandes der Gegenwart von der Vergangenheit.[1058]

Die zumeist negative Konnotation dieses Methodenparadigmas hat ihren Ursprung in der Geschichtstheorie der nachfolgenden Epoche bis zum Historismus.[1059] Die Einflüsse von Romantik und Idealismus ließen ein Geschichtsbild

---

[1053] Vgl. Neumann, Mosheim, 121 f.; Heussi, Mosheim, 38.

[1054] Heussi, Mosheim, 74.

[1055] Vgl. aaO. 77, der sich aber dann doch zu der Feststellung durchringt: »[I]mmerhin ist er der erste Repräsentant der Kirchengeschichtsschreibung des Aufklärungszeitalters und ohne Frage einer der hervorragendsten, wenn nicht der hervorragendste.« Mühlenberg, Kirchenhistoriker, 233, rechtfertigt Mosheims Vorrangstellung mit der Einführung einer neuen Methodik in die Kirchengeschichtsschreibung und mit der Erkenntnis der Veränderlichkeit der Kirche.

[1056] Vgl. Mosheim, Anweisung, 177. Dass er sie aus der Theologie löste, wie Markschies, Kirchengeschichte, 1174 f., überraschenderweise feststellt, lässt sich definitiv nicht behaupten.

[1057] Vgl. Mosheim, Anweisung, 178 f.

[1058] Vgl. Fleischer, Tradition, 126 f.

[1059] Vgl. Jordan, Geschichtstheorie, 60 u. ö. Auch Plancks Biograph Lücke äußert sich kritisch über dessen Kirchengeschichtsschreibung: »Es war der Zeit nicht gegeben, die gegenseitige Verschiedenheit und Beziehung zwischen Kirche und Theologie scharf und richtig aufzufassen, die wahre Bedeutung des Lehrbegriffs, sein Verhältniß zum Dogma, seine wesentlichen Bedingungen und Entwicklungsmomente in der Kirche und Theologie zu begreifen und dazustellen. An diesem Mangel leidet Plancks Werk.« (Lücke, Planck, 25). Zudem erkenne Planck nicht, dass die Persönlichkeiten doch immer nur untergeordnete einzelne Momente in der zeitlichen Entwicklung der historischen Idee sind, aber zuweilen fühle man sich gehoben durch die Hinweisung auf die göttliche Providenz (vgl. aaO. 26). Insgesamt kann er aber versöhnlich schließen: »[U]nsere Nation wird hoffentlich nie vergessen, daß Planck der erste wahre und gründliche Geschichtschreiber ihrer Reformation ist.« (aaO. 29). E. L.Th. Henke wiederum kritisiert zu Recht Lückes kritische Darstellung als einseitig: »Wer ist denn dies Gespenst der historischen Idee, welches so grosse Dinge thut, sich z. B. Luther schafft, und andere mehr?« (Henke, Rezension zu: Lücke, Planck, in: ALZ 33 (1837), Nr. 188, 285).

entstehen, das sich von dem der Aufklärung diametral unterscheidet bzw. das der Auseinandersetzung mit der Historie eine andere Funktion zumisst. Darin wurde die Geschichte nicht mehr als *magistra vitae* verstanden, die anhand der Handlungsmomente ihrer einzelnen Akteure für die Gegenwart und für das Verhalten in ihr fruchtbar zu machen ist, sondern als organisches Ganzes, dessen einzelne Teile beispielsweise als Fortgang in der Selbstwerdung des Weltgeistes zu betrachten sind.[1060] Von einem solchen Standpunkt, der von der objektiven Macht einer Idee ausgeht, muss ein aufklärerisches Geschichtsdenken als antiquiert betrachtet werden. Doch entscheidet dieses Urteil noch nicht über den Eigenwert der Historiographie der Aufklärungszeit. Eine problematische Form dieser Methode findet sich beispielsweise bei J.M. Schroeckh, in dessen Darstellung sich die Kirchengeschichtsschreibung in Einzeldarstellungen auflöst. Diese Gefahr ist in der Tendenz angelegt, sich den Handlungsmöglichkeiten des Einzelnen zuzuwenden.[1061]

Für die Kirchengeschichtsschreibung der Aufklärungszeit[1062] bedeutet dies nun, dass sie durchaus das Epitheton »pragmatisch« verdient hat. Auch die Geschichtsbehandlung wird für den pädagogischen Grundzug der Aufklärung nutzbar gemacht. Gerade die Erkenntnisse der sich etablierenden historischen Kritik in den Bibelwissenschaften und die – im Folgenden noch ausführlicher dargestellte – Kritik am Dogma machen die Historische Theologie zu einem integrativen Bestandteil der Theologie am Ende des 18. Jahrhunderts.[1063] Die Abwendung vom biblisch-augustinischen Weltbild und die Hinwendung zu den faktischen Quellen waren Voraussetzungen für eine neuartige Auseinandersetzung mit der Geschichte: Charakteristisch für die nun einsetzende Behandlung der Historie waren die Loslösung von einer transzendentalen Sinngebung der Geschichtstheologie und die das Geschehen der Geschichte immanent betrachtende Behandlung nach dem Ursache-Wirkung-Schema.[1064] Ziel war die Aufdeckung der Wahrheit zur Aufklärung der Menschen. Um durch

---

[1060] So gibt es z.B. bei F.Chr. Baur auch keine Geschichte der Dogmen, »sondern des einen Dogmas, die mit der Philosophiegeschichte als Geschichte des Geistes konvergiert« (HAUSCHILD, Dogmengeschichtsschreibung, 118). Als paradigmatisch für Baurs Haltung vgl. seine Kritik an Plancks Interesse an »Einzelheiten«, die er nie als Einheit verstehe (vgl. BAUR, Epochen, 196f.). Vgl. zur Kritik von Baur (vgl. aaO. 186–203) u.a. knapp KÜHNE-BERTRAM, Aspekte, 176–184.

[1061] Vgl. kritisch zu Schroeckh: NIGG, Kirchengeschichtsschreibung, 135f. Allerdings hat gerade Schroeckh auch umfangreich auf die Abhängigkeit von der umgebenden politischen Geschichte hingewiesen (vgl. BENRATH, Kirchenhistorie, 207, und BECKMANN, Politik, 87). Neander hat sich ebenso in die biographische Darstellung vertieft (vgl. BENRATH, Kirchenhistorie, 213).

[1062] Vgl. dazu auch BEUTEL, Aufklärung, 351–355.

[1063] Zur Entwicklung der Kirchengeschichte im 18. Jh. aus dem Abstieg des 17. Jh.s vgl. bei FLEISCHER, Strukturwandel, 142 u.ö.

[1064] Vgl. BENRATH, Kirchenhistorie, 205, und BEUTEL, Kirchengeschichtsschreibung, 643.

die Beschreibung der Vergangenheit bessernd auf den Menschen der Gegenwart einwirken zu können, war in der Frühzeit die menschliche Natur als immer gleichbleibend verstanden worden, davon wandte man sich nun ab.[1065] Diese Grundlagen der Geschichtsschreibung formten die Historiker der Aufklärung zu einer bestimmten *Kirchengeschichtstheorie*, sie war Ergebnis des methodischen Verwissenschaftlichungsprozesses der Kirchengeschichte. Eine Form von »Historik« bildete sich aus, allerdings nicht unabhängig von der Praxis, sondern als Theorie in der Praxis der Geschichtsschreibung.[1066]

Planck nun führte diese pragmatische Methode durch seine psychologisierende Interpretation auf die Spitze, indem nicht nur das, was die Menschen machten und sagten, sondern auch das, was sie vermutlich dachten, fühlten und wollten, zum Movens des Geschichtsprozesses wird.[1067] Der Mensch tritt in das Zentrum der Geschichtsbetrachtung.[1068] Auch wenn keine Quellen vorliegen, trifft Planck Aussagen über die Motive der Handelnden – ob es nun verletzter Stolz, Ehrgeiz oder persönliche Antipathie war (meist waren es negative Merkmale).[1069] So ergibt sich ein schlüssiger Ablauf der Ereignisse, die *prima facie* unerklärlich passieren: Funktioniert doch gerade bei der Reformation der für

---

[1065] Vgl. dazu KÜHNE-BERTRAM, Aspekte, 169–172, und FLEISCHER, Nutzen, 122, zum verbreiteten Zweifel an der Möglichkeit exemplarischer Sinnbildung über vergangene Erfahrungen. NIGG, Kirchengeschichtsschreibung, 139, spricht gar von einem Kreislauf, in dem nichts Neues vorkomme. Zur Wandlung des statischen in ein dynamisches Geschichtsverständnis vgl. REILL, Geschichtswissenschaft, 168.171. Gatterer und Chladenius hatten auf die Einzigartigkeit historischer Ereignisse hingewiesen, die nicht auf eine Reihung gleichmäßig wiederholbarer Handlungen reduziert werden könnten.

[1066] Vgl. FLEISCHER, Tradition, 10f., und insgesamt zur Ausbildung einer wissenschaftlichen Kirchengeschichtsschreibung. Dazu auch BLANKE/FLEISCHER, Theoretiker.

[1067] Kritisch dazu VOIGT-GOY, Reformationsgeschichte, 286f.: Letztlich sei es der affektive Charakter, der die Entscheidungen fällt, deshalb sei auch die Spekulation ohne Quellen möglich. Planck selber äußert sich darüber verschiedentlich, z.B. Lehrbegriff 1, IXf., und Christenthum 1, 22, fragt er, »[o]b es sich geschichtlich oder psychologisch erklären läßt«, wie ein jüdischer Weiser auf Jesu Religionslehre und Plan kommen konnte. Dabei schränkt Planck allerdings schon in Lehrbegriff 1, X, ein, dass es problematisch sein könne, wenn der Leser nicht den gleichen »psychologischen Sinn« habe. Auch gibt er offen zu, dass es der schwerste Teil des Geschäftes sei, »nicht nur aus demjenigen, was würklich geschah, sondern zuweilen selbst aus demjenigen, was nicht geschah, dasjenige zu errathen, was unter anderen Umständen nach der Absicht der handelnden Personen geschehen seyn würde, oder doch geschehen sollte« (Lehrbegriff 3/1, 9). Spätestens damit hat Planck allerdings die quellengestützte Arbeit verlassen und sich in die Spekulation hineinbegeben.
Die Kritik bei KANTZENBACH, Einheitsbestrebungen, 90, Planck habe wie Chr. W.F. Walch nichts über die »Registrierung der ›Lehren‹ beider Konfessionen« hinaus geleistet und die pragmatische Geschichtsauffassung mache »eine tiefere, von übergeordneten Gesichtspunkten ausgehende Würdigung der konfessionellen Positionen nahezu unmöglich«, geht jedenfalls an der Sache vorbei.

[1068] Vgl. zur Hinwendung zum Menschen in Göttingen den Sammelband BÖDEKER/BÜTTGEN/ESPAGNE, Wissenschaft, darin besonders LAUDÍN, Geschichte.

[1069] So erkläre sich z.B. Flacius' Verhalten in den Streitigkeiten nach 1548, die er maßgeblich bestimmte, daraus, dass er neidisch auf Melanchthon war (vgl. Lehrbegriff 4, 184f.). Auch das Verhalten der Obrigkeiten wird z.T. so erklärt.

die Methodik zentrale Zusammenhang von Ursache und Wirkung nicht, so
dass nach anderen Ursachen gesucht werden muss, die sich letztlich im göttlichen Geschichtsplan finden, sich allerdings innerweltlich durch das Zusammenspiel verschiedener Umstände und Charaktere ergeben. Eine Gefahr besteht hier natürlich in dem Wahn, alles erklären zu können[1070]. Doch muss man
Planck bei aller Kritik, die ihm aufgrund seines teilweise sehr frei interpretie-
renden Vorgehens gemacht wurde, zugute halten, dass er sich dazu auf eine
Quellenbasis stützte, die ihm wirklich am ehesten solche Schlüsse ermöglichte:
die Briefliteratur. Hier meint er, den Charakter der einzelnen Handelnden
deutlich erschließen zu können, was ihm dann wieder die Möglichkeit gibt,
diese Charakterzüge auf eine Situation anzuwenden, zu der keine Information
über die Handlungsmotive der Personen vorliegen. Beispielhaft hat Planck dieses Verfahren in seiner *Geschichte unseres protestantischen Lehrbegriffs* angewendet.
So zitiert er ausführlich z.B. aus den Briefen verschiedener Reformatoren[1071] –
allerdings in erster Linie, um ihren jeweiligen Charakter darstellen zu können,
aus dem dann wieder auf konkrete Gründe, Motive und Gefühle geschlossen
wird; weniger zur Darlegung materialer theologischer Themen[1072] Dazu bestand nach Plancks Dafürhalten oft auch keine Notwendigkeit, da nichts Theo-

---

[1070] So die Kritik von NIGG, Kirchengeschichtsschreibung, 147, und KRABBE, Neander,
26, der das Charakteristische der Geschichtsschreibung Plancks darin sieht, »daß sie überall
bestrebt ist, große Begebenheiten aus kleinen Ursachen zu erklären.« »Der winzige Maßstab
des Subjectes wird an den großen Gang der Geschichte angelegt und die einzelnen Begebenheiten erschienen als die Resultate vereinzelter und zufälliger Faktoren.« (ebd.).

[1071] Vgl. z.B. Lehrbegriff 1, 304 (Luther an den Papst), oder Lehrbegriff 3/1², 62f. (Luther
während des Augsburger Reichstages). Luthers Einladungen zu seiner Hochzeit machten
deutlich, dass er dazu allen Mut zusammennehmen musste (vgl. Lehrbegriff 2², 203f.). Auch
in McCRIE, Knox, XXXIX, sollen Informationen über Knox aus Briefen seines Dieners
erschlossen werden.

[1072] Planck bezeichnet die Briefe als die sichersten Quellen zur Herausstellung eines Charakters. Häufig müsse man aber erst die Person kennen, um halbwegs sichere Schlüsse daraus
ziehen zu können (vgl. Lehrbegriff 1, X). Damit bewegt sich Planck schon deutlich auf
hochspekulativem Terrain. Auch aus den *Ablass-Thesen* Luthers erschließt sich Planck Luthers
Charakter: Man erblicke einen entschlossenen Mann, aber auch einen erschrockenen Mönch
(vgl. aaO. 66).
Diese Spekulation kritisiert VOIGT-GOY, Reformationsgeschichte, 287, an Plancks Quel-
lenbehandlung. Vgl. dazu schon die kritische Anfrage L.T. Spittlers in einer sonst positiven
Rezension zur *Geschichte unseres protestantischen Lehrbegriffs*, ob nicht »in einigen Stellen zu viel
in die Seele der guten Alten hineinraisonnirt worden sey« (GAGS [1781], 95. St., 758). Und
in der Rezension zum Band 2: »Jede psychologischraisonnirende Geschichte verliert höchst
wahrscheinlich an Wahrheit, je mehr sie ganz ins einzele geht.« (GAGS [1784], 48. St., 477).
Doch rühmt er jeweils zum Eingang die »feine[] psychologische[] Kenntniß« (GAGS [1781],
95. St., 755 [zu Band 1]), oder das »auch größtentheils [...] glückliche psychologische Raison-
nement, das aus der lebhaftesten Intuition der individuellen Lage und Charaktere aller handelnden Personen fließt« (GAGS [1784], 48. St., 477 [zu Band 2]).
TSCHACKERT, Planck, 475, vermittelt: »[R]ichtiger ist es, beides, die Einseitigkeit, aber
auch den Wert dieser besonderen Gabe und Eigentümlichkeit Plancks, nebeneinander anzuerkennen.«

logisches, sondern vielmehr Affekte oder Charakterzüge den Streit entfachten.[1073] Die Heranziehung der Briefliteratur ist das deutlichste Beispiel für Plancks Fokussierung auf den Menschen. Er behandelt die Einzelpersonen, ob sie nun Paulus, Luther, Melanchthon oder Ferdinand heißen. Ihre jeweiligen Charakterzüge, Entscheidungen, Kränkungen und Eitelkeiten erklären den Verlauf der Geschichte, indem sie innerhalb des kausalen Zusammenhangs ihr Verhalten erklären.[1074] Einmal deutlich geworden, dienen einzelne Charakterzüge zur generellen Charakterisierung.[1075] Daneben spielen die bedingenden Faktoren, die Umgebungen und Situationen, in denen die Handlungen und Entscheidungen stattfinden, eine wichtige Rolle,[1076] weshalb sich Planck intensiv der äußeren Geschichte zuwendet, wie besonders in den ersten drei Bänden der *Geschichte unseres protestantischen Lehrbegriffs* deutlich wird. Die Kenntnis beider Bedingungen (Charakter und Umgebung/Situation) ermöglicht Planck die Erklärung, weshalb sich die Handelnden so und nicht anders entschieden haben.[1077] Hier besteht eine komplexe Wechselwirkung, denn der Handelnde wird wiederum durch sein Objekt, die Welt, die er verändert, geprägt. Dies führt zur Initiation und Determination neuer Handlung,[1078] so dass die vormals einfach an der Abfolge Ursache-Wirkung orientierte Deutung durch die Einsicht in die Dynamik und Komplexität der Geschichte verändert wird,[1079] wel-

---

[1073] Wie Voigt-Goy, Reformationsgeschichte, 288, richtig erkennt.

[1074] Einzig Jesus bildet eine Ausnahme: Auch er wird in seiner Persönlichkeit ausführlich geschildert und seine Handlungen prägen das Geschehen, jedoch immer planmäßig im vollen Bewusstsein der Wirkungen (vgl. Christenthum 1, XVIf.). Luther hingegen handele teilweise auch, »ohne sich seines wahren Beweggrunds bewußt zu seyn« (Lehrbegriff 1, 266). Karlstadt habe ein »eben so feuriges und leicht reizbares, aber nicht so festes und weit mehr zur Schwärmerey geneigtes Temperament als Luther« (Lehrbegriff 2², 29). Kurfürst Johann Friedrich I. von Sachsen, sei »[w]eniger phlegmatisch und indolent als sein Vater« (Lehrbegriff 3/1², 241) gewesen.

[1075] Anschaulich machen das Bemerkungen wie die über Luthers Verbrennung der Bannbulle, die gleich ins Generelle gelenkt werden: »Es war ihm, so lang er lebte, unerträglich, einen Gegner auch nur den kleinsten Schatten eines Triumphs über sich zu lassen, wenn er den Gegner nicht allzutief verachtete« (Lehrbegriff 1, 341).

[1076] Wobei Planck neben den sonstigen äußeren Faktoren auch z.B. einen bestimmten Nationalcharakter ausmachen kann: »So wenig die Nation sonst ihrem ganzen Charakter nach zu Religionsneuerungen geneigt war [...]« (aaO. 73). Vgl. dazu Mosheims Berücksichtigung u.a. des Klimas in seiner Historiographie sowie das Aufkommen ethnologischer Forschung in Göttingen.

[1077] Hier hat auch die politische Sphäre ihren Platz und ihre Berechtigung auch in einer dogmengeschichtlich orientierten Darstellung. Vgl. dazu meine Untersuchung Beckmann, Politik.

[1078] Vgl. Laudín, Geschichte, 415, zu dieser Einsicht bei Schlözer.

[1079] Gatterer strebt als höchsten Grad des Pragmatischen den *nexus rerum universalis* an: Alles hängt ineinander, ist wechselwirkend bezogen aufeinander (vgl. Reill, Geschichtswissenschaft, 173). Die vormalige physikalisch orientierte Deutung gerät mit der Kritik an mathematischen Wahrheiten (sie seien zu steril, unterkomplex und abstrakt, taugten nicht zur Erklärung der Wirklichkeit) ebenfalls in die Kritik u.a. durch Gatter und Chladenius (vgl. aaO. 170f.).

che zu erkennen eine möglichst umfassende Kenntnis aller Faktoren erfordert – deren Darstellung freilich einige Längen produziert.

Bei dieser Art der pragmatischen Darstellung gerät die Komponente der pädagogisch-moralischen Abzweckung etwas ins Hintertreffen, während die Erklärung der einzelnen Ereignisse in den Vordergrund rückt.[1080] Der gesamte Geschichtsablauf erscheint so aus menschlichen Handlungen erklärbar, womit die innerweltlich-profane Ausrichtung der sich durchsetzenden pragmatischen Kirchengeschichtsschreibung eingelöst wird. Allerdings wurde der Kirchengeschichte sowohl bei J. L. v. Mosheim und J. S. Semler als auch bei Planck stets zugestanden, dass ihre Nützlichkeit gerade im einzig möglichen vernünftigen Beweis der Vorsehung Gottes bestehe: Die Kirche wäre ohne Gottes Bewahrung längst untergegangen. Mosheim sprach schon Jahrzehnte vor Planck von diesem Nutzen der Kirchengeschichte, von der göttlichen Vorsehung überzeugen zu können, da durch die Schilderung der menschlichen Schwächen, Vergehen, Irrungen und Fehler in der Geschichte der Kirche es nur durch göttliche Bewahrung erklärlich sei, dass diese *societas* nicht längst untergegangen sei. Von dieser Überzeugung ist bei Planck nichts zurückgenommen,[1081] doch findet man außer ein paar Anmerkungen im Text kaum eine dominante Rolle in der Darstellung.[1082] Planck wurde vielmehr vorgeworfen, er vermöchte nun nicht mehr, die einzelnen Fäden zusammenzuhalten, die Entwicklung der Geschichte fasere ins Beliebige aus. Allerdings lässt sich berechtigt auch argumentieren, dass gerade die Einsicht in die Kontingenz des Geschichtsablaufes eigentlich erst den konsequenten, nötigen Schritt zu einer Befreiung vom alten heilsgeschichtlichen Denken bedeutet und eine wissenschaftlich-moderne Behandlung ermöglicht.

Zudem findet sich in Plancks Werken eine andere gewichtige Leistung: Ihm gelingt es, eine Differenzierung der Handlungsträger Gott und Mensch zu er-

---

[1080] Eigentlich ist das auch die zukunftsträchtige Komponente der pragmatischen Methode, jedenfalls in wissenschaftlicher Hinsicht, sich freizumachen von fremder Bevormundung – hier dann von einer pädagogischen Engführung. Diese Entwicklung stellt Kühne-Bertram, Aspekte, 172, auch generell ab 1750 fest. Mittelbar lässt sich auch am Zustandekommen der Ereignisse ablesen, welche Handlungen zu welchem Ende führen.

[1081] Der Gang der Geschichte scheint durch seine wunderbaren Wandlungen davon zu überzeugen, wie sich die Weltregierung der göttlichen Vorsehung trotz der Unbeständigkeit menschlichen Handelns durchhält. Vgl. Heussi, Mosheim, 35, der hierin einen wichtigen Teil der pragmatischen Methode erblickt.
Zu Plancks Überzeugung von der Bewahrung Gottes vgl. Gesellschaftsverfassung 5, XIV, und in Christenthum 1, XVII f.: Jesu Plan in der Geschichte überzeuge ihn am meisten von der Göttlichkeit des Christentums, diesen habe er für andere sichtbar machen wollen.

[1082] Planck gesteht auch schon im Vorwort Lehrbegriff 1, XVII, es sei wirklich anstrengend, durch so viele menschliche Verirrungen hindurch die gute göttliche Führung nicht aus den Augen zu verlieren. Vgl. die Kritik von Nigg, Kirchengeschichtsschreibung, 147. Nigg muss aber zugestehen, dass ohne diese Überzeugung die optimistische Sicht des Geschichtsverlaufs wohl nicht möglich gewesen wäre (vgl. aaO. 139 f.).

reichen.[1083] Dass beispielsweise die Reformation das Werk einer unsichtbaren Hand gewesen sei, weil Ursache und Wirkung in einem so ungemäßen Verhältnis stünden, lehnt Planck eingangs seiner *Geschichte unseres protestantischen Lehrbegriffs* ab, denn Menschen hätten es getan, doch: Menschen als Werkzeuge Gottes.[1084] So ergibt sich die etwas heikle Deutung, dass zwar jegliche menschliche Handlung als solche in das kausale Geschehen einzuordnen ist bzw. das Kausalgeschehen sich gerade innerhalb dieser menschlichen Handlungen auch vollauf zeigen lässt, man also keine unsichtbare Hand zur Erklärung benötigt, gleichzeitig aber dieses Kausalgeschehen und damit auch jede Handlung des Menschen als Handlung Gottes zu deuten ist. Menschliche Schwächen und Triebe, die als Erklärung des Handlungs- und Geschichtsverlaufs allein hinreichend sind, sind dann auf einer höheren – man könnte sagen: theologischen – Ebene als Werk Gottes zu verstehen. So ist es denn auch immer die »Vorsehung«, die alles plant, bewirkt und initiiert. Jesu Plan ging dahin, die Wahrheit unter den Menschen zu verbreiten, dieser war schon angelegt auf Jahrtausende, d. h., die Annahme der Vorsehung allein macht diesen Plan nachvollziehbar, der sich wiederum historisch erweisen lassen muss. So wird zwar in Plancks Darstellung der Abschied von einer heilsgeschichtlichen Deutung vollzogen und die Ereignisse werden innerweltlich-plausibel dargestellt – sieht man einmal von spekulativen Elementen bezüglich der Charakterzüge der Handelnden ab –, doch ruht die ganze Darstellung auf einem optimistischen Geschichtsbild. Diese für die Aufklärung charakteristische Idee der Perfektibilität des Christentums macht theologisch zwangsläufig die Vorstellung der *providentia*, eines Geschichtsplans Gottes, nötig, in dem und durch den diese Perfektibilität verwirklicht wird.[1085] Planck war zwar einerseits von der Sichtbarkeit dieses Plans in der Geschichte (seiner historischen Erweisbarkeit) überzeugt und wollte durch sei-

---

[1083] Allerdings gab es schon Anklänge bei Semler. FLEISCHER, Tradition, 594, erkennt darin die Erkenntnis, Gott bestimme alles, habe aber den Menschen zugestanden, ihre Intentionen selber zu wählen. Allerdings geht es hier um die »Ausbesserung der Erkentnis [sic] und Gemütsart, die er [Gott, C. N.] selbst in unsere Hände giebt« (SEMLER, Welthistorie 20, 29). Hierbei vertraut Semler auf die »stets weise[] und gute[] Regierung aller menschlichen Veränderungen und Begebenheiten« (ebd.). Eine wirkliche Differenzierung ist hier also nicht angelegt.

[1084] Dazu Planck im Vorwort zu MCCRIE, Knox, XXVI, bezüglich der Differenzen zwischen schottischer und deutscher Reformation: »Man wird überhaupt in der Geschichte der schottischen Reformation die Menschen mehr handeln sehen, als in der Geschichte der deutschen. Man wird beobachten, daß die Menschen, welche dort handelten, die Umstände mehr leiteten, und sich hier mehr von den Umständen leiten ließen; also dort der Vorsehung mehr voreilten und vorarbeiteten, hier aber, zuweilen ohne es selbst zu wissen, blos als ihre Werkzeuge würkten, und erst hintennach erfuhren, daß sie dabey für ihre Sache gewürkt hatten.« Planck erkannte auch die Rolle der osmanischen Bedrohung für die Reformation: »Solymann war es, den sie [die Vorsehung, C. N.] zum Werkzeug ausersehen hatte, der bedrängten Wahrheit in Deutschland Luft zu machen, und sie vor den Gefahren, die ihr zunächst drohten, zu sichern.« (Lehrbegriff 2², 153).

[1085] Vgl. dazu NIGG, Kirchengeschichtsschreibung, 140, und das Ergebnis bei LIPPS, Dog-

ne Darstellung auch zu dessen Entdeckung beitragen, doch bekommt man in seiner Darstellung den Eindruck einer fortwährenden Reihe menschlicher Fehler. Dass dies nicht in den Abgrund geführt hat, kann dann (erst) vom Ergebnis her als Beweis der Vorsehung und der Göttlichkeit des Christentums gelten. Der Glaube an die *providentia* und den Plan Gottes verbleiben in der theologischen Überzeugung des Verfassers.[1086]

Der Vorsehung kommt in der klassischen lutherischen Dogmatik die Funktion der göttlichen Fürsorge für seine Schöpfung zu, sie gliedert sich in *conservatio*, *concursus* und *gubernatio*.[1087] Bei Planck heißt *providentia*: Gott wirkt durch Menschen, auch durch böse Menschen.[1088] Er ist der Überzeugung, dass es der Ehre Gottes nicht schade, wenn man nicht alle Werke direkt auf ihn zurückführe, sondern Gott durch Menschen handeln lasse.[1089] Das entspricht vor allem der Lehre von der *gubernatio*, die die göttliche Lenkung und Leitung meint. Sie lässt sich unterscheiden in die *permissio*: Gott lässt menschliches Fehlverhalten um der Freiheit willen zu. Und vor allem hier im Sinne der *directio*: Gott lenkt alle Handlungen, ob nun gut oder böse, zu seinem Zweck.[1090] Diese Überzeugung ist Planck folgend Voraussetzung einer wissenschaftlichen Kirchengeschichtsschreibung, denn Gottes Handeln lasst sich nicht methodisch sauber darlegen, menschliches Handeln durch die Einbindung in Umstände, Motive etc. hingegen schon. D. h., dass es sich um eine *potentia Dei ordinata* handelt, denn Gott bindet sich in dem Handeln durch Menschen an die Bedingungen menschlichen Handelns, das auch nur so beschreibbar ist. Die *providentia* wird nicht zur Erklärung der Ereignisfolge herangezogen, sondern diese kann Planck ganz innerweltlich schildern und ermöglicht so eine wirklich wissenschaftliche Be-

---

mengeschichte, 235: Die Möglichkeit der Aufklärung ruhe auf dem Glauben an die Vorsehung.

[1086] Planck verbindet hier Providenzglauben mit pragmatischer Methode. Laudín, Geschichte, 413f., entdeckt dies auch bei Gatterer und Schlözer. »Die ›pragmatische‹ Geschichtsschreibung will Diskurs über die rein immanente Begreiflichkeit der Geschichte sein, und verweist somit eschatologische Kohärenzmodelle ausserhalb der Historiographie in andere Fächer.« (aaO. 414). Vgl. zu dieser Frage die unqualifizierte Kritik von Wetzel, Kirchengeschichtsschreibung, der alles als Gotteshandeln deuten möchte. Fleischer, Sinnstiftung, 196, konstatiert: Die Geschichtsschreibung der Spätaufklärung war davon entlastet, immer direkt das Handeln Gottes nachweisen zu müssen, redet aber im Hintergrund von einer Beteiligung Gottes. Eine wirkliche Säkularisierung der Kirchengeschichte habe durch die pragmatische Methode also nicht stattgefunden.

[1087] Vgl. Schmid/Pöhlmann, Dogmatik, 121–134, zur orthodoxen lutherischen Lehre. Vgl. knapp Deuser, Vorsehung, zur Lehre von der Vorsehung.

[1088] Ähnlichkeiten kann ich hier ausmachen zur Deutung Neanders, der Geist Gottes wirke in den Menschen (vgl. Benrath, Kirchenhistorie, 213).

[1089] Vgl. Lehrbegriff 1, XIII. Allerdings gibt es auch direkte Eingriffe der Vorsehung, indem sie z. B. der römischen Kirche »ihr schwaches Haupt nahm, und ein noch schwächeres gab!« (Lehrbegriff 2², 156).

[1090] *Concursus* bezeichnet die göttliche Mitwirkung bei jeder Handlung, die hier weniger von Interesse ist. Vgl. zur Untergliederung der *providentia* Schmid/Pöhlmann, Dogmatik, 122f.

schreibung des Geschehens.[1091] Zweitens aber fungiert die Vorsehung, die göttliche Lenkung des Geschehensablaufs, als einzig mögliches verbindendes Band
der sich ereignenden menschlichen Handlungen – diese Erklärung fungiert also
nicht darstellungsverbindend, sondern ereignet sich erst auf einer Metaebene als
Effekt und Erkenntnis beim Leser.

Die so orientierte Methode ermöglicht eine kritische Darstellung der Dogmen und Lehrbestände der Kirche, die ebenfalls in diesen Prozess menschlicher
Handlungen eingezeichnet werden können und so nur vorläufigen Wert in der
Verwirklichung des Geschichtsplans und der Entwicklung des Christentums
haben können.[1092]

3.3. Dogmengeschichte: Zur Bedeutung des reformatorischen Lehrbegriffs

Die Dogmengeschichte entwickelte sich in der Aufklärungstheologie als eine
Form der Dogmen- und Traditionskritik,[1093] die einerseits die geschichtliche
Gewordenheit der Lehrgrundlagen der eigenen Theologie aufnehmen konnte,
andererseits aber dies nicht zum Anlass nehmen musste, sämtliche so entstandenen Lehren kritisch-rationalistisch zu verwerfen.[1094] Ihre Entwicklung steht
in unmittelbarem Zusammenhang der Durchsetzung der historisch-kritischen
Methode in der Behandlung der biblischen Schriften sowie der Frage nach der
Geltung der Bekenntnisschriften und ist einzuordnen in den sich im 18. Jahrhundert sukzessive durchsetzenden Prozess der Historisierung theologischen

---

[1091] Vgl. aaO. 123: »Die Vorsehung Gottes bedient sich im allgemeinen der Mittel-Ursachen [...], doch ist Gott aber keineswegs an diese Mittel-Ursachen gebunden«, wirke also
auch gegen den Naturlauf, »woraus sich der Unterschied der prov[identia] ordinaria und
extraordinaria ergibt.«

[1092] VOIGT, Dogmengeschichtsschreibung, 207 f., bezeichnet die ersten Dogmengeschich-
ten weniger als Neuansätze denn als Weiterführung der pragmatischen Aufklärungsgeschichtsschreibung. Hierzu verweist er auf LIPPS, Dogmengeschichte, dem er aber aufgrund
eines starr verfolgten Schemas die Verfehlung des geschichtstheoretischen Niveaus der Aufklärungstheologie attestiert. Eine weitere Reflexion über diesen Zusammenhang bleibt bei
Voigt weitgehend aus. Ebenso fehlt eine Erklärung, was eigentlich »pragmatisch« meint, lediglich Sätze wie: »Dieses Eindringen neuzeitlichen, ›pragmatisch‹ genannten Geschichtsbe-
wusstseins [...]« (aaO. 208), tauchen auf.

[1093] Hierzu vgl. die Einschätzung BEUTEL, Aufklärung, 355, und DERS., Dogmengeschichte, 1081, sowie den Titel der Arbeit von LIPPS, Dogmengeschichte als Dogmenkritik. Ebenso D. F. Strauß: »Die wahre Kritik des Dogmas ist seine Geschichte.« (STRAUSS, Glaubenslehre 1, 71; darauf weist BEUTEL, Aufklärung, 355 hin). Weitere Übersichten z. B. bei HAU-
SCHILD, Dogmengeschichte, und ALAND, Dogmengeschichte.

[1094] Die Erkenntnis der historischen Bedingtheit bedeutete gegenüber der älteren Ansicht
von der Unwandelbarkeit des Dogmas (noch bis J. Toland und G. Arnold; vgl. LIPPS, Dogmengeschichte, 9) einen großen Fortschritt. Dogmengeschichte in der Form, wie Planck sie
vorlegte, ermöglicht auch, konstruktiv etwas zu leisten (vgl. zur allgemeinen Sicht BEUTEL,
Aufklärung, 355; DERS., Dogmengeschichte, 1082, der auch in erster Linie den kritischen
Charakter betont). Gegen HAUSCHILD, Dogmengeschichtsschreibung, 117, der in der »rationalistischen Betrachtungsweise«, die er offenbar für dominant von Semler bis Baur hält, eine
Auflösung der Dogmengeschichte erkennt.

Denkens durch die Überwindung der Demonstrationsmethode, die Chr. Wolff und Sigmund Jacob Baumgarten (1706–1757) maßgeblich in die Theologie eingeführt hatten.[1095] Grundlegend ist ebenfalls die Unterscheidung von Theologie und Religion, die eine kritische Auseinandersetzung mit den kirchlichen Lehren ermöglichte.

Mosheim gehört mit seiner Durchsetzung der pragmatischen Methode zweifellos in die Vorgeschichte der Dogmengeschichte,[1096] ebenso durch seine Ketzergeschichte, die er im Anschluss an G. Arnold als *Versuch einer unparteiischen und gründlichen Ketzergeschichte (1746/48)* vorlegte. Sie will eine unvoreingenommene Darstellung und Prüfung der Quellen und Lehren der »Ketzer« bieten,[1097] denn Lehre profiliere sich immer in Ausgrenzung der Irrlehre.

Einen unausgeführten Plan zu einer *historia dogmatum* formulierte J. F. W. Jerusalem schon 1747.[1098] S. J. Baumgarten hatte sich langsam von einem systematischen zu einem historischen Verständnis in der Theologie bewegt.[1099] Chr. W. F. Walch ging noch von der materialen Unwandelbarkeit der Lehrsätze aus, Veränderungen gebe es bloß im formalen Bereich. Hier finden sich noch ein polemisches Interesse und die Ausrichtung auf die Verwertbarkeit der Dogmengeschichte für die Dogmatik.[1100] J. A. Ernesti betonte die notwendige Verbindung dogmatischer und historischer Theologie, wollte aber letztlich die Historie für die Dogmatik erschließen.[1101]

[1095] Zu den Voraussetzungen vgl. Lipps, Dogmengeschichte, 9–13, vgl. auch dessen Ergebnis aaO. 235. Bödeker u. a., Aufklärung, 17 f., verweisen ausdrücklich auf die Übernahme der neuen philologisch-kritischen Methode in den disziplinären Zuständigkeitsbereich der Historie v. a. in Göttingen als Merkmal der Aufklärungsgeschichtsschreibung, die auch darin schon auf den Frühhistorismus hinausweist. Hauschild, Dogmengeschichtsschreibung, 116, sieht sie sich parallel zur historisch-kritischen Bibelexegese entwickeln. Vgl. auch Völker, Kirchengeschichtsschreibung, 84–92, zur Entwicklung der Dogmengeschichte. Zum Einfluss Wolffs auf die Entwicklung der theologischen Aufklärung vgl. Beutel, Aufklärung, 240–247.

[1096] So auch Fleischer, Tradition, 526 f., der ihn neben Semler, Walch und Jerusalem nennt.

[1097] Dass er dabei den Weg beschreitet, sie jeweils als »reine Menschen« darzustellen, losgelöst von ihrer Stellung innerhalb der Gesellschaft, ist zwar bedingt durch seinen Willen zur Unvoreingenommenheit, bereitet aber auch das Problem, eventuell wichtige Faktoren zu vernachlässigen (worauf Neumann, Mosheim, 140, allerdings nicht hinweist).

[1098] Er wollte eine Dogmengeschichte der ersten Jahrhunderte schreiben im Zuge der Freilegung der ursprünglichen reinen Religion Christi, einer allgemeingültigen Lehre (vgl. Beutel, Dogmengeschichte, 1081). Freilich unternahm er das aus kritisch-dogmatischer, nicht historischer Motivation (vgl. Hauschild, Dogmengeschichtsschreibung, 117). Vgl. ausführlich die schon ältere Darstellung: Aner, Historia dogmatum.

[1099] Vgl. zur Entwicklung bei Baumgarten umfangreich die Untersuchung Schloemann, Baumgarten.

[1100] Zu Walch vgl. Lipps, Dogmengeschichte, 11, und Voigt, Dogmengeschichte, 209, zur Konzeption von Walch, Chr. W. F., *Gedanken von der Geschichte der Glaubenslehre (1756)*, als Prolegomena zu einer dogmatischen Vorlesung.

[1101] Vgl. dazu Lipps, Dogmengeschichte, 11, und Voigt, Dogmengeschichte, 209 f.

Bei J.S. Semler finden sich dann die entscheidenden Punkte vereinigt,[1102]
weshalb man ihn zu Recht als »Vater der Dogmengeschichte«[1103] bezeichnet hat.
Entscheidend war die Befreiung der Geschichte der Dogmen von der pole-
misch-kontroverstheologischen Überformung. Semler prägte in gleicher Ausrichtung durch seine den Kanon einer kritischen Behandlung öffnenden Unterscheidung von Wort Gottes und Bibel die Frühzeit der historisch-kritischen
Forschung. Mit der sogenannten Akkommodationstheorie[1104] war ein herme-
neutisches Instrumentarium geschaffen worden, zeitbedingte Anpassungen
vom eigentlichen Inhalt der Verkündigung und Lehre Jesu zu unterscheiden.
Auf ähnliche Weise konnte dann auch die weitere Entwicklung der christlichen
Lehre kritisch unterschieden werden in zeitbedingte Akkommodation und we-
senhaften Inhalt.[1105] Hilfreich war zudem die Unterscheidung der öffentlichen,
durch Bekenntnisbindung notwendig regulierten Religion von der privaten
Religion, der frommen Aneignung des gläubigen Individuums, für die die Re-
gulierung durch eine kirchliche Hierarchie nicht nur nicht nötig, sondern für
die notwendige individuelle Applikation der Glaubensinhalte schädlich gewesen wäre.[1106] Die damit einhergehende Unterscheidung von Dogma – der öffentlich geltenden Lehre – und Kerygma – Glaubenslehren, die zur Gewinnung
und Bewahrung christlicher Religion unablässlich sind – wird entscheidend
wichtig werden für die Vorarbeiten zur Dogmengeschichte und ist eine Folge
der historisch-kritischen Behandlung des Kanons durch Semler.[1107]
    Weiterhin wichtig für Semlers Darstellung der Geschichte des Christentums
ist seine Auffassung von der Perfektibilität des Christentums: Nicht eine ideale
Anfangsphase im Urchristentum, die in der Folge ver- und überfremdet wurde,
sondern die Entwicklungsfähigkeit der christlichen Religion auf ihre reine,
vollkommene Form hin, die für ihn immer in der Zukunft verortet bleibt, wird
zum Programm. Die Einsicht in die Unvollkommenheit des Anfangs ging einher mit der Einsicht, es habe niemals eine einheitliche Vorstellung von christlicher Lehre und Religion gegeben.[1108] Nicht der fortgehende Abfall von einem
wie auch immer gearteten vollkommenen Urzustand – den letztlich auch Calixt
in seiner irenisch motivierten Konstruktion des *consensus antiquitatis* annahm –,

---

[1102] Vgl. LIPPS, Dogmengeschichte, 12. Vgl. zu Semler den Sammelband HORNIG, Semler,
der Beiträge zur Dogmengeschichtsschreibung, Historisierung und zum Perfektibilitätsdenken enthält.
    [1103] LIPPS, Dogmengeschichte, 12; vgl. zur maßgeblichen Rolle Semlers aaO. 236f.
    [1104] Vgl. VOIGT, Dogmengeschichte, 211.
    [1105] Vgl. aaO. 210.
    [1106] Vgl. knapp zur Unterscheidung von öffentlicher und privater Religion BEUTEL, Auf-
klärung, 380f. Auch das *Preußische Allgemeine Landrecht (1794)*, Elfter Titel § 1 hält fest: »Die
Begriffe der Einwohner des Staats von Gott und goettlichen Dingen, der Glaube und der
innere Gottesdienst koennen kein Gegenstand von Zwangsgesetzen seyn.«
    [1107] Vgl. dazu HORNIG, Dogmengeschichtsschreibung, 131.
    [1108] Vgl. BENRATH, Kirchenhistorie, 206.

sondern die Annäherung an die Vollkommenheit waren die Koordinaten des Geschichtsverständnisses. Die sich entwickelnden Dogmen verloren so durch die Erkenntnis ihrer jeweiligen Unvollkommenheit und Zeitbedingtheit ihren Absolutheitsanspruch, der schon durch die Differenzierung zwischen Kerygma und Dogma angelegt worden war. Damit waren sie frei zur Kritik und frei zur individuellen kritischen Aneignung beim einzelnen Gläubigen. Motive und Bedingungen ihres Zustandekommens mussten aufgedeckt werden.[1109] Dieses konnte nur die historische Forschung leisten, keine metaphysisch vorgehende Demonstrationsmethode o.ä., die letztlich und lediglich die Berechtigung christlicher Lehrinhalte vor dem Forum menschlicher Vernunft aufweisen konnte. Diese Überzeugung des Wolffianismus lehnte Semler aufgrund seiner Erkenntnis des historischen Gewordenseins der Lehren einerseits und seiner Überzeugung von der nur begrenzten Urteilskraft der Vernunft in Fragen der Offenbarungserkenntnis andererseits ab. Gegenüber einer Überbewertung der Metaphysik in der Theologie betonte er: »Widerlegen kann mich niemand, weil ich Historie habe«[1110].

Der Terminus »Dogmengeschichte« taucht dann erstmalig 1790 bei Johann Friedrich Gaab auf.[1111] Ihr Umriss ist noch nicht klar definiert, was auch zusammenhängt mit der unklaren Definition ihres Gegenstandsbereiches, die sich ebenfalls in den zugehörigen Veröffentlichungen oder Vorlesungen zeigt.[1112] Die Formulierung »Lehrbegriff« bei Plancks meint letztlich das Gleiche, nämlich den für eine kirchliche Gruppe/Kirche konstitutiv grundlegenden Bestand ihrer charakteristischen Lehre: ihr Symbol![1113] Symbol definiert Planck in seiner *Einleitung* als das,

»worinn eine ganze kirchliche Gesellschaft jene Vorstellungen über die ganze christliche Glaubenslehre, oder auch nur über einzelne christliche Lehren, welche sie als die richtigsten anerkennt, auf eine authentische und feyerliche Art dargelegt hat.«[1114]

[1109] Vgl. Hornig, Dogmengeschichtsschreibung, 126. Er spricht von einer »geographischen Bedingtheit«.

[1110] Semler, J.S., *Ausfürliche Erklärung über einige neue theologische Aufgaben, Censuren und Klagen (1777)*, 177. Das Zitat ist fortgesetzt: »… Metaphysik lasse ich ihren Liebhabern.« (Beides zitiert nach Hornig, Dogmengeschichtsschreibung, 134.)

[1111] Gaab, J.F., *Abhandlungen zur Dogmengeschichte der älteren griechischen Kirche bis auf die Zeit Clemens von Alexandrien (1790)*. Vgl. Lipps, Dogmengeschichte, 14. Nösselt beispielsweise kennt den Begriff noch nicht, bei Planck taucht er in seinen enzyklopädischen Werken nur sporadisch auf (siehe dazu oben Kap C.1).

[1112] Z.B. Chr.F. Rössler benutzte den Begriff Dogmengeschichte nicht, sondern redete von Geschichte des Lehrbegriffs, der Dogmatik o.ä. (vgl. Lipps, Dogmengeschichte, 26). Hornig, Dogmengeschichtsschreibung, 123, meint, zum Dogma werde die Gesamtheit der christlichen Glaubenslehren gerechnet. Die Unterscheidung zur Theologiegeschichte bleibt dabei unscharf.

[1113] So ist Plancks *Geschichte unseres protestantischen Lehrbegriffs* zu verstehen, den er in der *Konkordienformel* verankert findet.

[1114] Einleitung 2, 577.

Eine Darstellung der Lehre einer Kirche lasse sich nie allein aus deren Symbolen schöpfen, sondern müsse die übrigen Lehren berücksichtigen.[1115] Dies weist auf die unscharfe Grenze von Dogmen- und Theologiegeschichte hin. Spätere Vertreter wie S. G. Lange, W. Münscher, Chr.F. Rössler konnten auf diese Vorarbeiten aufbauen, befanden sich allerdings in einer veränderten Situation, in der die historische Herangehensweise gegen deren Infragestellung durch Kant und den theologischen Kantianismus verteidigt werden musste.[1116]

Entscheidend ist jeweils der konstitutive Charakter der behandelten Lehren für das theologische System der Gegenwart. Dabei gibt es teilweise noch polemische Tendenzen,[1117] generell herrscht aber eine kritische Würdigung der angesehenen Lehrer vor sowie die Intention, die Diskussion über die kirchliche Lehre durch die Kenntnis ihrer historischen Genese aufzuklären. Meistens wird die pragmatische Methode verwendet, deren Durchsetzung ebenfalls notwendige Voraussetzung der Dogmengeschichte wird. Sie erhält so die Funktion, nicht allein das zu erheben, was reine und unverfälschte Lehre Jesu ist – denn die Reinheit des Ursprungs war schon abgelehnt worden –, sondern darzustellen, wie das aktuell bestehende System kirchlicher Lehre entstanden ist, und durch die Darlegung seines Zustandekommens eine eigene Urteilsfindung zu ermöglichen.[1118]

In seinen enzyklopädischen Arbeiten machte sich Planck um die Rolle der Dogmengeschichte innerhalb der theologischen Wissenschaften verdient. Sie avancierte in seiner *Einleitung* (als innere Geschichte der Religion) zum historischen Hauptfach, dem die übrigen historischen Fächer Hilfstätigkeiten zu leisten haben.[1119] Sie beschreibt die Veränderungen, die mit den Lehren vorgenommen wurden, unter Einbeziehung und Analyse der Zeit, der Umstände und Ursachen – in aller Komplexität.[1120] Die innerhalb der Theologischen Enzyklopädie unternommene Rechtfertigung der Historischen Theologie als vollwer-

---

[1115] Vgl. aaO. 581. Vgl. dazu Plancks Ansatz im *Abriß* (Kap. B.III).

[1116] Einige von ihnen sprachen hochachtungsvoll von Planck als ihrem Lehrer (vgl. LIPPS, Dogmengeschichte, 42). Dazu ausführlich VOIGT, Dogmengeschichte, 211–216, am Beispiel Münschers, vgl. auch seine Bemerkungen VOIGT-GOY, Reformationsgeschichte, 289, zur gleichen Problemstellung bei Planck. Zum Umbruch in der Kirchengeschichtsschreibung zwischen 1780 und 1800 vgl. aaO. 296 u. ö.; BÖDEKER u. a., Aufklärung, 9–22: Der Historismus sei weniger ein Bruch als vielmehr eine Schwerpunktverschiebung und Weiterführung dieser Entwicklungen gewesen (vgl. aaO. 20). Zu überlegen wäre natürlich, ob dann nicht auch Bezeichnungen wie »Frühhistorismus« (aaO. 18) irreführend sind.

[1117] So bei Chr. W. F. Walch (vgl. LIPPS, Dogmengeschichte, 11).

[1118] Die klassische Aufgabe der Dogmengeschichte, die reine Lehre Jesu darzulegen (vgl. z. B. BEUTEL, Aufklärung, 355), wird also durch die Abschaffung eines *status integritatis* des Christentums aufgelöst.

[1119] Obgleich die äußere Religionsgeschichte und die Kirchengeschichte als Hilfsdisziplinen der Dogmengeschichte als innere Religionsgeschichte bezeichnet werden können, darf der Zusammenhang mit den Nachbardisziplinen nicht verloren gehen (vgl. Einleitung 1, 105; vgl. dazu LIPPS, Dogmengeschichte, 49).

[1120] Vgl. Einleitung 1, 103. An dieser Stelle verwendet Planck auch den Terminus Dog-

tiges theologisches Fach fußt auf der Nützlichkeit der Dogmengeschichte für das theologische Studium, die eine vertiefte Kenntnis des theologischen Systems ermöglicht. Dies konnte Planck mit seiner *Geschichte unseres protestantischen Lehrbegriffs* grundsätzlich nur für einen Teil des theologischen Systems leisten.

Plancks *Geschichte unseres protestantischen Lehrbegriffs* ist dabei in die Frühzeit der dogmengeschichtlichen Methode einzuordnen. Sie wird als erste Dogmengeschichte des Protestantismus bezeichnet, hat vor allem zu deren Eigenständigkeit beigetragen und diese nicht mit weiteren Gegenständen vermischt.[1121] Planck fokussiert auf die Reformation als Konstitutionsepoche des Protestantismus,[1122] seine Motivation, eine solche Geschichte zu schreiben, speist sich aus der Erkenntnis, dass die gegenwärtige Diskussion über Grundlagen protestantischer Theologie nicht ohne die Kenntnis ihrer Entstehung und Entstehungsbedingungen geführt werden kann – gerade diese vermisst er allerdings bei seinen Zeitgenossen, doch ohne diese nähere Kenntnis könne der Streit darüber nicht entschieden werden.[1123] D. h., die gegenwärtige Theologie kann sich zu ihrer Entstehungsgeschichte zwar diskontinuierlich verhalten, aber sie muss sich in jedem Fall zu ihr verhalten, weil sie darauf fußt. Grundlage dieser Dogmengeschichte ist somit auch ein genetisches Geschichtsdenken. Planck nun wendet die pragmatische Methode auf den Gegenstand der protestantischen Lehrentwicklung an und möchte so Umstände, Verhältnisse und Gründe der jeweiligen Umgestaltungen aufzeigen können. Nicht nur zu beschreiben also, sondern zu erklären, ist zentral in seiner Methode. Auf Grundlage der Kenntnis der Gründe und Ursachen ist dann erst eine Beurteilung ihrer Qualität zu leisten.[1124] Plancks Dogmengeschichtsschreibung trägt so zur Antwort auf die Frage bei, ob den damals gefällten Entscheidungen überhaupt ein verbindlicher Charakter zukommen kann. Den zeitlichen Abstand nimmt er nicht in seine Argumentation auf, es wäre ja auch vorstellbar gewesen, über die einfache Beobachtung der 300-jährigen theologischen Weiterentwicklung[1125] den Geltungsbereich der re

---

mengeschichte. Er trägt der Einsicht in die Unzulänglichkeit eines bloßen Ursache-Wirkung-Schemas Rechnung.

[1121] Zu diesem Ehrentitel vgl. LIPPS, Dogmengeschichte, 42 f. 64 f. u. a. Planck hat die Geschichte der christlichen Lehrmeinung zum zentralen Gegenstand seines Arbeitens erhoben. HAUSCHILD, Dogmengeschichtsschreibung, erwähnt Planck nicht.

[1122] Vgl. FLEISCHER, Urchristentum, am Beispiel Schroeckhs: Das Urchristentum fungiert als Ideal, das in der Reformation wiederhergestellt wurde, und das in der Aufklärung jetzt wieder verbessert begegnet.

[1123] Diese Einsicht hatte schon Semler 1762 (vgl. VOIGT, Dogmengeschichte, 210). Auch bei Chr.F. Rössler findet sich dominant die Orientierung an den Bedürfnissen der Gegenwart bzw. ihrer Kritik: Zum Verstehen der kirchlichen Lehre bedürfe es der Geschichte (vgl. dazu LIPPS, Dogmengeschichte, 28 f.). In dieser Einsicht sieht schon VÖLKER, Kirchengeschichtsschreibung, 90, bei Planck die Grundlegung der eigentlichen Dogmengeschichte, da er die Veränderungen der Lehren nicht nur aufzeige, sondern ursächlich erfasse.

[1124] Vgl. MÜHLENBERG, Kirchenhistoriker, 236.

[1125] Diese Weiterentwicklung wird von Planck durchaus betont (vgl. Zustand, 20; Theologie, V).

formatorischen Bekenntnisse einzuschränken. In der Ausrichtung spielt der besondere Gegenstand eine Rolle: Planck verzichtet zumeist auf eine inhaltliche
Beurteilung der Lehrsätze, sondern erläutert bloß ihre Entstehungsbedingungen, denn eine argumentative Auseinandersetzung mit symbolischen Texten lässt sich für ihn nicht über ihren Inhalt, sondern lediglich über den von
ihnen beanspruchten Status führen, dessen Beurteilung wiederum abhängig
von ihrem Zustandekommen ist.[1126]

Die Darstellung ist damit im höchsten Maße an den Bedürfnissen der Gegenwart orientiert: Planck stellt im ersten Band fest, dass die Kenntnis des reformatorischen Lehrsystems äußerst gering sei,[1127] und gibt als Ziel an, »das ganze
Werk der Reformation in einem würdigeren Licht darzustellen, als es selbst
unter uns noch oft genug betrachtet wird«[1128], und dabei das ganze Werk der
Reformation unter diesen einen Gesichtspunkt zu bringen, »zu zeigen wie und
wenn, und wo, zuerst Veränderung der Vorstellungsart in Glaubenslehren anfieng? wodurch sie vorbereitet, zur Reife gebracht, bestimmt, wieder umgeän-
dert, und denn wieder berichtiget wurde!«[1129] D.h., Planck beabsichtigte, eine
pragmatische Geschichte der Entstehung des protestantischen Lehrsystems im
Zeitalter der Reformation zu bieten. Einige Jahre später beim Erscheinen des
vierten Bandes hatte sich die Lage entscheidend verändert: Während Planck
1781 noch mit dem Vorhaben antreten konnte, die Reformation in ihren
Hauptpersonen würdig, aber auch kritisch darzustellen, kommen ihm nun
Zweifel am Sinn und Nutzen der Fortsetzung dieses Werkes, da man sich durch
eine neue Dogmatik ganz von den »Grund-Ideen« des älteren Systems entfernt
habe, so dass man es nur noch als »gleichgültige Antiquität« betrachte.[1130] Früher
habe man zuweilen zuviel auf die Autorität der Reformatoren gegeben. So stelle sich die Frage nach dem Festhalten oder Loslassen des alten Systems gar nicht
mehr und damit stehe der Sinn des Werkes in Frage und es sei nicht mehr realistisch, »jene Absichten zu erreichen, die ich bey der ersten Anlage des Werks
abzweckte, weil sie zum Theil schon erreicht und zum Theil gar nicht mehr
erreichbar sind.«[1131] Zumal Planck mutmaßt, an dem Verfall des Ansehens der
Reformatoren selbst beteiligt gewesen zu sein, was sich in Anbetracht der teilweise äußerst kritischen Darstellung in den ersten drei Bänden nicht von der

---

[1126] Vgl. zur alternativen Positionsbestimmung Schleiermachers; OHST, Schleiermacher.
[1127] Ebd. Vgl. Lehrbegriff 1, XIII.
[1128] Ebd. Vgl. dazu auch Plancks Vorwort in ZIMMERMANN, Erzählung.
[1129] Lehrbegriff 1, IVf. Außerdem wollte Planck zeigen, »durch welche Mittel Wahrheit
an das Licht« kam, aber auch die Umwege, die Umstände und Charaktere der Hauptpersonen
beleuchten.
[1130] Vgl. Lehrbegriff 4, VII.
[1131] AaO. VIII. Eine kritische Sicht auf die Reformation sei zweifellos erreicht, sie in ein
würdigeres Licht zu stellen, hält Planck nun für ausgeschlossen.

Hand weisen lässt, in der die ihren Neigungen und Charakterfehlern erlie-
genden Theologen nicht gerade als leuchtende Vorbilder erscheinen.[1132]
  Damit kommt die Standortgebundenheit des Geschichtsschreibers in den Fokus, der *für* seine Zeit *in* seiner Zeit schreibt.[1133] Planck gibt an, wessen Geistes
Kind er ist (Lutheraner), er ist der Meinung, die Verhältnisse einer Epoche seien
niemals für deren Zeitgenossen voll verstehbar, es liege ein Schleier darauf.[1134]
Insgesamt ist er um Unparteilichkeit bemüht, die sich in kritischer Betrachtung
der einen wie der anderen Seite zeigt, diese Haltung erreicht Planck durch die
Anwendung der oben geschilderten pragmatischen Methode. Die Lehrentscheidungen sind bedingt durch die teils fehlerhaften Charakterzüge der handelnden Personen wie durch die Umstände der Zeit, des Ortes und der politischen Entwicklung. In der Dogmengeschichte verwirklichen sich damit die
Möglichkeiten dieser Methode ganz besonders. Nicht zufällig entwickelt sich
die Dogmengeschichte aus der pragmatischen Geschichtsschreibung der Aufklärungstheologie und verbindet so das historische mit dem dogmenkritischen
Interesse der Aufklärung. Wenn ein früher Vertreter der Dogmengeschichte,
Chr. F. Rössler, sich kritisch zu dieser Methode äußert, hat er ihren schranken-
losen Gebrauch vor Augen, der sich vor allem in den Mutmaßungen und
Schlüssen über die Quellenlage hinaus vollzieht.[1135] Planck kann gerade dieses
spekulative Element stark machen, betont aber immer seinen direkten Quellenbezug und seine Unparteilichkeit.[1136] Die Orientierung an der Gegenwart und

---

[1132] Ob das wirklich eine »treue Geschichte ihrer Händel« (aaO. XII) ist, wie Planck selbst
meint, ist natürlich fraglich. SCHNABEL, Geschichte, 282, urteilt, die symbolischen Bücher
der Reformationszeit seien »von der rationalistischen Kritik zernagt« worden, worunter er
auch Planck rechnet. Er habe »– ohne selbst die letzten Konsequenzen zu sehen und zu wollen – die Bekenntnisschriften der Reformatoren entzaubert« (ebd.). Dass dies Grund zur
Kritik ist, offenbart allerdings eine gewisse Positionalität beim Kritiker. Planck hatte sich zu
den Gefahren seiner Darstellung erklärt.

[1133] VOIGT, Dogmengeschichte, 212, erkennt schon bei Münscher diesen Nutzen der Dogmengeschichte, den dieser »liberale Theologie« nennt und damit die Einsicht in die zeitliche
Standpunktgebundenheit der eigenen Position meint. BÖDEKER u. a., Aufklärung, 14, stellen
für die Geschichtsschreibung der späten Aufklärung fest: »Die Geschichte wurde prinzipiell
offen, und der Erzähler selbst als integraler Bestandteil der Geschichtsinterpretation begriff-
fen.« Diese Erkenntnis ist also nicht erst als eine des Historismus zu verstehen, sondern findet
sich bereits bei Vertretern wie J. M. Chladenius (vgl. BLANKE/FLEISCHER, Grundzüge, 84f.).
Schon ANER, Theologie, 233, urteilt, durch »Kirchengeschichte, speziell die Dogmengeschichte sei ein liberalerer Geist in die Theologie« gekommen.

[1134] Vgl. Lehrbegriff 1, VII: »Jede große Begebenheit ist immer für die Zeitgenossen, auf
welche sie unmittelbar wirkt, in einen Nebel verhüllt«.

[1135] Vgl. dazu LIPPS, Dogmengeschichte, 36–38. Rossler forderte z.B. die Quellenprü-
fung, die Differenzierung von Privatmeinung und öffentlicher Meinung und weitere acht
Regeln zur Verhinderung dogmatischer oder polemischer Interessen (vgl. aaO. 30).

[1136] Hier schließt sich die Frage an, wieweit der Geschichtsschreiber sein eigenes Urteil in
die Darstellung einfließen lassen darf. Planck bringt es ausdrücklich ein, für ihn gehört es
zum Werk des Geschichtsschreibers dazu (vgl. PLANCK, Religionsgeschichte, XI, und Lehrbegriff 1, XIV).

die Absicht, die Lehre der Gegenwart aufzuklären, finden sich also auch noch bei Planck, was die Eigenständigkeit der Dogmengeschichte gerade gegenüber der Dogmatik gefährden könnte.[1137]

Ungewöhnlich ausführlich erscheint in Plancks *Geschichte unseres protestantischen Lehrbegriffs* die jeweils gleichzeitige politische Geschichte, besonders in den Bänden 1–3. Dies erkennt Planck selbst und gibt sich in den Vorreden zum dritten und vierten Band darüber Rechenschaft. Die Aufnahme ist der Pragmatik seiner Darstellung geschuldet, die die Umgebungsfaktoren möglichst umfangreich darstellen will, um dem Leser alle nötigen Fakten zur Bildung eines eigenen Urteils zu bieten und so unterhaltender und lehrhafter – allerdings auch länger – zu sein.[1138] Außerdem ist diese Aufnahme der anthropologischen Perspektive geschuldet, die den Menschen und damit auch die menschliche Gesellschaft zu geschichtsgestaltenden Subjekten macht:[1139] Wenn die Reformation Werk Gottes ist, das er durch Menschen ausführt,[1140] ist ihr Ergebnis hinsichtlich der Ausbildung eines reformatorischen Lehrsystems auch als menschliches Produkt beurteilbar, d. h. unter Berücksichtigung menschlicher Schwächen und Fehler.

Häufig dient einer dogmengeschichtlichen Darstellung die Frage nach der Schriftgemäßheit als Kriterium der Beurteilung.[1141] Planck jedoch macht diese

---

[1137] Vgl. zum Bewusstsein des Problems bei Rössler: LIPPS, Dogmengeschichte, 30. VOIGT, Dogmengeschichte, 208, findet bei Münscher gegenwartskritische Umformungen: Allerdings lässt sich der Gegenwartsbezug, bspw. auf die gegenwärtige Dogmatik, doch als fester Bestandteil schon der Frühzeit der Methode zuordnen. Die gesamte pragmatisch orientierte Geschichtsschreibung fußt auf diesem Zweck.

[1138] Vgl. Lehrbegriff 4, XI. Darum kann sich Planck auch für die folgenden Bände nicht ganz davon losmachen, sondern ist weiter bestrebt »nicht bloß die verschiedene Meynungen, über welche unsere Theologen stritten, sondern auch die Theologen, welche darüber stritten im Kampf gegen einander aufzuführen, nicht bloß das wissenschaftliche Interesse der bestrittenden Meynungen, sondern auch das persönliche der streitenden Partheyen aufzudecken, diß heißt mit einem Worte, alles mitzunehmen, was überhaupt zu der Geschichte des Streits gehörte« (aaO. X).

[1139] Siehe dazu BECKMANN, Politik (dort auch zu kritischen Rezensionen). VOIGT-GOY, Reformationsgeschichte, 288, erkennt darin – insgesamt in den Bänden 1–3 der *Geschichte unseres protestantischen Lehrbegriffs* – die Gattung der »Sektengeschichte«, die die rechtliche Ausbildung einer Religionspartei behandele, deren übliches Referenzsystem die umgebende politische Geschichte sei. Diese Parallele ist interessant, doch reicht sie kaum zur suffizienten gattungsmäßigen Einordnung, dazu sind die Eigenheiten der Planckschen Darstellung zu groß (wie etwa die massive Fokussierung auf die einzelnen Handlungsträger auch hier schon [s. o.]). Planck selber verwendet den Begriff (vgl. Lehrbegriff 2, V), weist aber gleichzeitig darauf hin, dass sein Werk mehr enthalte als diese.
Breit trägt der schon erwähnte Sammelband BÖDEKER/BÜTTGEN/ESPAGNE (Hg.), *Die Wissenschaft vom Menschen in Göttingen um 1800*, Ergebnisse zur anthropologischen Perspektive zusammen. Vgl. besonders LAUDÍN, Geschichte, 394, der in den Entwürfen Schlözers und Gatterers die Betonung der menschlichen Leidenschaften und Triebe als geschichtsgestaltend ausmacht.

[1140] Vgl. Lehrbegriff 1, XIII.

[1141] Vgl. dazu die Ausführungen von VOIGT, Dogmengeschichte, 210 f., der von der bibli-

Frage nicht zum Mittelpunkt seiner Darstellung, sondern fragt nach dem Zustandekommen einzelner Lehrsätze überhaupt. Dabei spielt die Herleitung aus
den Charakterzügen und Absichten der einzelnen Beteiligten die größte Rolle.
Zumeist stellt sich die Diskussion bei Planck so dar, als habe man gar nicht über
theologische Sachfragen diskutiert, sondern der eigenen Streitlust und Befind-
lichkeit freien Lauf gelassen.[1142] Hinsichtlich der *Confessio Augustana* kommt
Planck bei aller Kritik am Verhalten der Beteiligten aber auch zu einer theologischen Stellungnahme: Eine Vereinigung der Altgläubigen mit der reformatorischen Partei sei solange ausgeschlossen, wie man sich nicht vom jeweiligen
Grundprinzip fortbewege.[1143] Die *Confessio Augustana* formuliert somit das konfessionelle Grundprinzip, bildet aber noch nicht den Abschluss der lutherischen
Bekenntnisbildung. Ihr Verhältnis zur *Konkordienformel* wird von Planck nicht
klar definiert. Mit den Schweizern hingegen wäre eine Einigung möglich gewesen, wenn nicht die falsche Auffassung geherrscht hätte, man müsse sich zu
einer Einigung mit den Altgläubigen möglichst weit von den Schweizern entfernen.[1144] Nicht ohne Grund werden die Abendmahlsstreitigkeiten ausführlich
und kritisch dargestellt, um in die konfessionelle Diskussion der Gegenwart
hinein deutlich zu machen, dass sie schädliche Entwicklungen waren und eigentlich nicht die innerprotestantische Trennung zur Folge hätten haben müssen. In der kritischen Sichtung der reformatorischen Lehrentscheidungen begegnet das Urteil, an einigen Stellen habe man die Privatmeinung eines Mannes
– meistens Luthers – zur verbindlichen Lehre erklärt.[1145] Dieses Kriterium begegnet auch in dogmengeschichtlichen Werken anderer Autoren und eignet
sich zweifellos zur Beurteilung des Normativitätscharakters: Die Dogmengeschichte fragt nach der Genese, nicht nach dem Inhalt. Ganz eindeutig erhält
die *Konkordienformel* ein schlechtes Urteil: Sie habe im Ganzen die Entwicklung
der Reformation um anderthalb Jahrhunderte aufgehalten und die ganze »Bildung unseres Lehrbegriffs war nicht das Werk einer ruhigen Untersuchung,
oder eines kälter gewordenen gelehrten Speculations-Geistes, sondern des hefftigsten Streitgeistes«[1146]. Gerade die strittigen Lehren seien oft durch Neid und
Machtspiele der Verfasser hineingekommen, die zentrale Abendmahlslehre

---

schen Grundlage redet, deren vielfältige Aneignungen in der Geschichte aufzuzeigen Semler
sich vorgenommen habe. In der Folge – darauf weist Voigt am Beispiel Münschers hin (vgl.
aaO. 211) – setzt sich die von Semler vorbereitete Erkenntnis durch, dass auch die biblischen
Schriften zeitbedingte Ausformungen sind.

[1142] Vgl. zu dieser Beobachtung VOIGT-GOY, Reformationsgeschichte, 288.

[1143] Vgl. zur Bestimmung eines unvereinbaren Grundprinzips in Katholizismus und Protestantismus SCHLEIERMACHER, F.D.E., *Der christliche Glaube* (²1830/31), § 24 (KGA I/13,1;
163,25–164,4) (dazu WALLMANN, Protestantismus, 1729).

[1144] Vgl. Lehrbegriff 3/1², 76.

[1145] Bspw. Luthers Position in der Lehre vom unfreien Willen (vgl. Theologie, 7).

[1146] Lehrbegriff 4, 3. Dieser Streitgeist suchte sich nach Ende der Auseinandersetzung mit
dem Katholizismus neue Nahrung.

wird negativ beurteilt, da die calvinistische Position äußerst unredlich dargestellt worden sei[1147] und man den Artikel mehr in polemischer Ablehnung der
calvinistischen als in positiver Darlegung der lutherischen Lehre konzipiert habe.[1148] So erfüllt die gesamte Entwicklung reformatorischer Theologie in ihrer
Tendenz zwar einen guten Zweck, denn sie bleibt Werk Gottes, ihre einzelnen
Bestandteile allerdings begegnen als Ergebnis menschlichen, verfehlten Stre-
bens. Wie oben angesprochen, erscheint es schwierig, bei so viel menschlichem
Irrtum noch die Vorsehung als ordnende weise Hand Gottes zu erblicken.[1149]
Insgesamt geht es aber darum zu zeigen, wie die Reformation ohne die Annah-
me eines Wunders erklärbar ist.[1150] Dass diese innerweltlich nachvollziehbare
Entwicklung göttlich initiiert und geleitet sei, ist der theologisch-fromme Hin-
tergrund der wissenschaftlichen Kirchengeschichtsschreibung Plancks.

Planck spricht nun aber nicht von Dogmengeschichte, sondern schreibt eine
Geschichte unseres protestantischen Lehrbegriffs, bedingt auch durch die fehlende
präzise Terminologie an dieser Stelle.[1151] Ihm geht es um die Ausbildung des
reformatorischen, für die folgenden Epochen normativen Charakter entwickelnden Lehrsystems lutherischer Theologie. Durch die Darstellung ihrer Entstehungsbedingungen soll eine begründete Stellungnahme dazu ermöglicht
werden.[1152] Um vor einseitiger interessengeleiteter Beurteilung zu bewahren,
bot die historische Darstellung eine objektive Grundlage. Das Projekt ist einzuordnen in die zeitgenössische Diskussion um die Geltung der Bekenntnisschriften, wie sie besonders im Umfeld des Streits um das sogenannte *Woellnersche
Religionsedikt* zum Ausbruch kam,[1153] aber auch schon im Göttinger Umfeld
durch die Abschwächung der Bekenntnisbindung ihre Wirkung entfaltet hatte.
Einen Beitrag dazu hatten sicherlich auch die Philosophie Kants und der theo-

---

[1147] Vgl. Lehrbegriff 6, 732. Man legte es »recht absichtlich auf die Entstellung« (aaO. 736)
an. Um den Unterschied zur lutherischen Lehre herauszustellen, hätte es dieser Entstellung
gar nicht bedurft (vgl. aaO. 738). Allerdings stellt Planck im weiteren Verlauf fest, dass durch
Melanchthons *Variata* deutlich gezeigt worden sei, dass man sich mit der Behauptung einer
wahren Gegenwart und eines wirklichen Genusses zufriedengeben könne (vgl. aaO. 750).
Luthers Einvernehmen erkennt Planck in dessen Schweigen zu Melanchthons Änderung
(vgl. aaO. 751), außerdem habe sich dessen Lehre nicht durchgesetzt (vgl. aaO. 752). Planck
bedauert die daraus entstandene Spaltung sehr.
[1148] Vgl. Plancks gegensätzliche Forderung an die Apologetik: Einleitung 1, 279.
[1149] Zur Kritik s. o. und MÜHLENBERG, Kirchenhistoriker, 246, der darin das Ende der
pragmatischen Kirchengeschichtsschreibung erblickt.
[1150] Vgl. Lehrbegriff 1, 3.
[1151] S. o. HORNIG, Dogmengeschichtsschreibung, 123. Die Bände 4–6 mit dem Titel *Geschichte der lutherischen Theologie [...]* stellen eigentlich keine Theologiegeschichte dar. Die
Göttinger Vorlesungen trugen ebenfalls Titel wie: Geschichte der Glaubenslehren (z.B.
GAGS [1786], 58. St., 569–572 [Mitte April]), Geschichte der Dogmen (z.B. GAGS [1793],
147. St., 1465–1468 [Mitte September]), Dogmen-Geschichte (z.T. in der Dogmatik loziert,
z.B. GAGS [1797], 148 St., 1465–1468 [Mitte September]).
[1152] So Planck in der Vorrede Lehrbegriff 1.
[1153] Vgl. dazu ausführlich WIGGERMANN, Woellner.

logische Kantianismus geleistet, indem sie Sittlichkeit und Vernünftigkeit zum Maßstab der Beurteilung erhoben. Rationalistische Ansätze setzten sich gar von den Grundbekenntnissen des Christentums wie z. B. der Zwei-Naturen-Lehre, der Trinitätslehre oder ähnlich gewichtigen Inhalten ab, dies im Unterschied zu einer dogmengeschichtlichen Herangehensweise, allerdings nicht durch historische Relativierung, sondern durch logisch philosophische Bestreitung ihrer Denkmöglichkeit.[1154]

Anhand der Ausbildung einer auf die Reformation bezogenen Dogmengeschichte lässt sich die Frage nach dem Stellenwert der Epoche der Reformation, ihrer Vertreter und theologischen Entscheidungen für die Gegenwart erhellen, was zweifellos eine der Hauptaufgaben aufklärerischer protestantischer Geschichtsschreibung war, die sich zu ihrer Ursprungsgeschichte verhalten wollte.[1155] Planck wollte die Reformation in ein würdigeres Licht setzen, konnte nicht umhin, ihre Entwicklung kritisch darzustellen, hält aber dann ja zu Beginn des vierten Bandes inne und möchte verhindern, dass seine Ergebnisse zur weiteren Abwendung von der Reformation beitrügen.[1156] Damit erhielt die Reformation anders als in einer konfessionellen, orthodoxen Theologie nicht mehr den Wert des Normativen, sondern wurde zur Entstehungsbedingung und Vorgeschichte der Gegenwart; diese wie jene wurden zu Etappen in einem Prozess. Ziel und Maßstab der Entwicklung legte Planck allerdings aus Sicht seiner eigenen theologischen Position fest: Der Plan der Geschichte ziele auf die Vervollkommnung des Christentums in Herz und Verstand.[1157] Innerhalb dieser Vorstellung der Perfektibilität des Christentums kommt der Reformation eine zentrale Rolle zu, allerdings sind die dortigen Neuansätze noch nicht zur Vollendung gelangt, das erwartet Planck in näherer Zukunft.[1158] Daraus folgt kein

---

[1154] Vgl. z. B. H.Ph.K. Henke als prominente Form rationalistischer Kritik (vgl. kurz BEUTEL, Aufklärung, 295).

[1155] Vgl. dazu VOIGT-GOY, Reformationsgeschichte, 286, der vermutet, Planck benutze unausgewiesen die Reformationsdeutung Semlers. Präzise Belege dafür gibt es allerdings nicht (s. o.).
ZSCHARNACK, Reformation, liefert in einer luziden Darstellung eine Analyse der Art und Weise, wie Aufklärungskirchengeschichtsschreibung auf die Reformation zurückblickt, und kommt zu dem Ergebnis, dass sie bei aller Kritik die Reformation und die Reformatoren nicht aufgeben wolle, aber versuche, diese nach eigenen Maßstäben zu modernisieren, was nur teilweise gelinge. Gegenüber der Reformation erhalte der Rückverweis auf den Humanismus nun einen höheren Stellenwert, da sie in ihm das »beiden gemeinsame Bildungsstreben und rege wissenschaftliche Leben« (aaO. 155) erkannt habe.

[1156] Vgl. dazu Lehrbegriff 4, XIIf.

[1157] Vgl. Theologie, VII; Christenthum 1, 8.

[1158] Dabei ist es interessant anzunehmen, dass Planck damit ein für den sog. Neuprotestantismus charakteristisches Moment schon vorwegnimmt, die Reformation als uneingelöste Aufgabe an die eigene Gegenwart zu begreifen (so die abschließende Interpretation VOIGT-GOY, Reformationsgeschichte, 296 f.). Darauf wies schon ZSCHARNACK, Reformation (1908), hin, der nachzeichnet, wie die Reformation im Geschichtsverständnis der Aufklärung auf ihre aus aufklärerischer Perspektive positiven Bestandteile der »Denk- und Gewis-

Aufruf, sich nun dieser Verwirklichung zu widmen, sondern es bleibt bei der Aufklärung der Historie – die Konsequenzen muss jeder selber ziehen. Zentrale normative Epochen der Christentumsgeschichte werden so durch die Dogmengeschichte historisiert, was auch heilsame Wirkung auf die zeitgenössische Diskussion hätte entfalten können, indem sie vor der fatalen Alternative positivistischer Übernahme überkommener Lehr- und Lebensentscheidungen oder Disqualifizierung aufgrund des zeitlichen Abstands und der Nicht-Vernünftigkeit hätte bewahren können.[1159] Wenn also eine solche Entwicklung angenommen wird, muss sich das gegenwärtige Christentum mit seiner Vergangenheit auseinandersetzen und kann sich nicht einem Traditionsabbruch hingeben – in diesem Sinne ergreift Planck gegen eine ahistorische Sicht Partei.

In einer Rede und einer Schrift zum Reformationsjubiläum 1817 befasste sich Planck konkret mit den wohltätigen Folgen der Reformation, normativ erscheint aber bestenfalls noch der »Geist der Reformation«, den Planck in verschiedenen Formen von Freiheit erblickt; über einzelne Lehren verbreitet er sich hier nicht.[1160] Hinsichtlich der Einschätzung der Reformation bewegt Planck sich insgesamt im Geist seiner Zeit,[1161] setzte aber eigene Akzente, indem er zwar auch die Reformation als Teil eines Prozesses sieht, der sich erst noch vollenden muss, aber gleichzeitig der Reformation ein Eigenrecht dadurch zubilligen kann, dass er ihre Entwicklungen historisch darstellt – und die Erkenntnisse auch für die gegenwärtige Diskussion zu nutzen beabsichtigt. Im Zuge dessen kann Planck die Bedingungsfaktoren der Reformation ergründen und erkennt ihre Vorläufer,[1162] womit er sich abermals in der allgemeinen Entwicklung seiner Zeit wiederfindet. Dass die *Konkordienformel* das gut angelegte Werk der Reformation aufhielt, fügt sich völlig in das Verständnis eines auf Vervollkommnung angelegten Plans der Geschichte, der noch andauert: Die weitere Entwicklung der protestantischen Theologie behandelte Planck gesondert in der *Geschichte der protestantischen Theologie*. Diese Entscheidungen treten nun nicht mit dem Anspruch dogmatischer Normativität auf und Planck versteht diese Epoche so als die Weiterführung der reformatorischen Entwicklung

---

sensfreiheit« hin gedeutet und »als ein fortschreitendes, sich nie vollendendes Werk« verstanden wird (aaO. 92). Allerdings wäre es auch (mit FLEISCHER, Tradition, 525) möglich, den Historisierungsprozess insgesamt als eine den Neuprotestantismus präludierende Entwicklung zu begreifen.

[1159] Der Weg, den Lessing durch seine Unterscheidung von Geschichts- und Vernunftwahrheiten gegangen ist, ist der eines Philosophen – Planck geht den eines Historikers.

[1160] S. o. zur Schrift Kap. B.II.2.5. und Kap. A.IV.3.3. zum Inhalt der Rede. Vgl. dazu MARINO, Praeceptores, 323–342. Besonders die europäische Perspektive ist hier beachtlich (vgl. z. B. Villers).

[1161] Vgl. dazu ZSCHARNACK, Reformation, 96 u. ö. Zscharnacks Diagnose trifft auch auf Planck zu, den er auch vermehrt hinsichtlich der *Geschichte unseres protestantischen Lehrbegriffs* und seiner Schrift zum Reformationsjubiläum nennt.

[1162] Vgl. seine Bemerkungen über die Anstöße des Humanismus (vgl. dazu ZSCHARNACK, Reformation, 167).

hin zur gegenwärtigen Gestalt der Theologie und zeigt in ihr auf, wo Anzeichen für die kommende Vervollkommnung, wie z.B. eine Haltung der Kritik und der gegenseitigen Toleranz, zu finden sind.[1163]

Plancks Dogmengeschichte ist somit Dogmenkritik im Sinne der Historisierung normativer Lehrinhalte und Epochen.[1164] Ihre Grenze zur Theologiegeschichte lässt sich kaum ziehen, da Planck die Begrifflichkeit nicht trennscharf verwendet.[1165] In der Behandlung der weiteren theologischen Entwicklung steht dann aber nicht mehr die Frage nach Geltung und Normativität im Mittelpunkt, sondern es bleibt bei dem Aufweis der Genese. Plancks dogmengeschichtliche Darstellung hat ihren Gegenstand in dem Prozess der Identitätsbildung lutherischer Lehre, darauf sind alle Ausführungen – auch die zur Politik, zur Kirche, zu einzelnen Theologen – ausgerichtet, so dass die Dogmengeschichte zwar nicht in ihrem Gegenstandsbereich, aber in ihrer Intention von der Kirchen- oder Theologiegeschichte unterschieden ist. Wenn Planck vom protestantischen »Lehrbegriff« spricht, kann er damit die Gesamtheit des lutherischen kirchlichen theologischen Systems bezeichnen, das – historisch gesehen

---

[1163] Vgl. Theologie, IV f. Auch wenn in der zeitgenossischen Theologie selbstverständlich die Entscheidungen der orthodoxen Theologen eine nicht zu unterschätzende Verbindlichkeit beanspruchten, kommt ihnen doch keine symbolische Geltung zu. Vgl. dazu Kap. B. II.3.3.

[1164] Vgl. das Ergebnis der Untersuchung von LIPPS, Dogmengeschichte, 235.

[1165] Vgl. Plancks eigene Bemerkung in der Einleitung zur Vorlesung Dogmengeschichte: Die Geschichte der einzelnen Lehren als Dogmen-Geschichte müsse von der Geschichte der Dogmatik unterschieden werden, lasse sich aber nicht scharf trennen (vgl. HAB Cod. Guelf. 47 Noviss. 4°, Bl. 2).
Zur Problematik der unscharfen Unterscheidung von Dogmen- und Theologiegeschichte vgl. RITTER, Vorwort, XXIV–XXXVIII, der auf die Notwendigkeit einer klaren Unterscheidung im Anschluss an Hauschild hinweist und die gegenwärtige Bedeutung einer klaren Definition deutlich macht. Anders KINZIG, Dogmengeschichte, der sie als Hilfswissenschaft der Kirchengeschichte versteht und dafür plädiert, sie in die Theologiegeschichte einzubeziehen: An einigen Stellen verdichte sich die Theologie zu Dogmen. Vgl. zur Entwicklung der Theologiegeschichte MURRMANN-KAHL, Theologiegeschichte.
F. Chr. Baurs Anregung (vgl. BAUR, Epochen, 192) aufnehmend könnte man aus der Bezeichnung der Geschichte nach der *Confessio Augustana* als *Geschichte der protestantischen Theologie* schließen, dass nach der Entstehung des Lehrbegriffs dieser nur noch als Theologie existiert. Das wäre ein Anknüpfungspunkt zur Differenzierung von Dogmen- und Theologiegeschichte.
KÖPF, Dogmengeschichte, äußert sich zum Problem der Binnendifferenzierung in Kirchen-, Dogmen- und Theologiegeschichte. Er macht richtig das Hauptproblem in der Frage nach dem jeweiligen Gegenstand aus. Nach ausführlicher Darlegung der verschiedenen Begriffsverwendungen kommt er zu dem Schluss, den Gegenstand der Dogmengeschichte als »für die Identität religiöser Gemeinschaften konstitutive Aussagen« (aaO. 472) zu verstehen. Da zur Identität aber nicht nur dogmatische Aussagen gehörten, laufe damit eine dogmengeschichtliche Gesamtdarstellung auf »eine Dublette zur allgemeinen Kirchengeschichte hinaus.« (aaO. 473). Plancks Darstellung lässt sich insoweit in dieses Konzept einzeichnen, als die *Konkordienformel* zweifellos maßgeblich die Identität des Luthertums geprägt hat. Voll kann sie Köpfs Forderungen freilich nicht entsprechen, da sie enggeführt ist auf die lehrmäßige Identitätsfrage.

– seine Kulmination in der *Konkordienformel* fand, nachdem die *Confessio Augustana* schon die reichsrechtliche Identität der Kirche konstituiert hatte.[1166] Methodisch gespeist wird sie aus der pragmatischen Methode und intentional gelenkt von der zeitgenössischen Diskussion um den Rahmen protestantischer Lehre, deren Zuwüchse die Dogmengeschichte aufhellen will.[1167] Die Darstellung wird getragen von der Überzeugung von der *providentia Dei* und der Perfektibilität des Christentums und vollzieht sich in Auseinandersetzung mit der Funktion kirchlicher Bekenntnisse für die positive Gestalt des Christentums und der Anerkennung der bleibenden Bedeutung der Reformation.[1168]

3.4. Kirchenbegriff

Der Begriff der Kirchengeschichte richtet sich nach dem Kirchenbegriff, wie der der Dogmengeschichte sich nach dem Verständnis des »Dogmas« richtet – schon deshalb ist er hier von Interesse.[1169] Dass sich die Neologie nicht vom Begriff einer institutionell verfassten Kirche verabschiedet und sich stattdessen einseitig auf die Rede von dem Wesen des Christentums bzw. einer privatreligiösen Anverwandlung des Christlichen verlegt hat, zeigen schon die zeitgenössischen Veröffentlichungen und Debatten, die sich gerade mit Reformen in und an diesem kirchlichen Institut befassen.[1170] Planck beschäftigte sich zudem in seiner Historiographie eingehend mit der verfassten Kirche als solcher.[1171] Auch versteht er sich konfessionell als Glied einer bestimmten Kirche (der lutherischen) und schreibt als solches unparteiisch Geschichte.[1172] Innerhalb einer Un-

---

[1166] Zu beachten ist Plancks Orientierung an reichsrechtlich für die Kirche relevanten Entscheidungen einerseits und theologischen Streitigkeiten andererseits. Oben wurde schon auf die Bedeutung des Dogmenbegriffs für eine Definition der Dogmengeschichte hingewiesen. Eine Unterscheidung von der Theologiegeschichte lässt sich nur bei klarer Definition des Dogmenbegriffs ziehen.

[1167] Vgl. LIPPS, Dogmengeschichte, 65, zu Plancks Dogmengeschichte: »Die Dogmengeschichte soll zum Verständnis der gewordenen Gestalt kirchlicher Lehre beitragen und helfen, spätere Zusätze von der ursprünglichen Gestalt der Lehre Jesu und der Apostel zu unterscheiden, auch wenn er nicht so weit geht zu fordern, diese späteren Zusätze zu eliminieren. Das theologische Rückgrat seiner Geschichtsbetrachtung liefert ihm sein Glaube an den unerforschlichen Ratschluss der göttlichen Vorsehung, die er selbst in Verstrickungen menschlicher Leidenschaften am Werk sieht.«

[1168] VOIGT-GOY, Reformationsgeschichte, 290, meint, Planck betone die Bedeutung kirchlicher Lehrsysteme und Bekenntnisse für den gesamten kirchengeschichtlichen Prozess zur Förderung der Moralität durch statutarische Vorschriften.

[1169] Vgl. VÖLKER, Kirchengeschichtsschreibung, 17. Vgl. dazu auch BORNKAMM, Kirchenbegriff.

[1170] Vgl. BEUTEL, Aufklärung, 359–375.386–389 u. a. zu Pfarrerstand, Gottesdienst, Union und Verfassung.

[1171] Zum Problem der Beziehung einer aufgeklärt kritischen Kirchengeschichtsschreibung zur Legitimität des Gedankens einer institutionell verfassten Kirche vgl. STROUP, Church Historians (zu Planck besonders 183–187).

[1172] Das verbindet ihn mit den meisten anderen Dogmengeschichtsschreibern seiner Zeit (vgl. LIPPS, Dogmengeschichte, 236).

terscheidung von öffentlichem und privatem Christentum lässt sich in Plancks Arbeiten jedenfalls eine Vernachlässigung des öffentlichen nicht beobachten.

Wirkungsvoll in der Kirchengeschichtsschreibung und darüber hinaus erweist sich das bei J. L. v. Mosheim auftauchende (wohl von Chr. M. Pfaff übernommene)[1173] Verständnis der Kirche als *societas hominum, qui nomen est a Christo*: Die Kirche erhält dadurch die Stellung einer *societas* neben anderen.[1174] Weiterhin unterscheidet Mosheim eine *historia interna* von einer *historia externa*: die Geschichte der Kirche als Gemeinschaft von Individuen, die sich nach innen über Dogmen und Zeremonien definieren und auseinandersetzen (*interna*) und die sich gleichzeitig als gesellschaftliche Gruppe formieren, der in der Ausbreitung des Glaubens unterschiedliche Reaktionen der Mitmenschen begegnen (*externa*).[1175] Mit diesem Konzept der *societas* in Verbindung mit der Erkenntnis der Veränderlichkeit der Kirche ist jegliche heilsgeschichtlich orientierte Darstellung überwunden, auch wenn es im Hintergrund in Form der Vorstellung der *providentia Dei*, die in der Geschichte der Kirche erkannt wird, noch weiterlebt.

Planck nun hatte in der *Einleitung* der Historischen Theologie neben der christlichen Religion als zweiten Hauptgegenstand die Kirche zugewiesen: D. h., Kirchengeschichte im engeren Sinne wird bei Planck verstanden als die Geschichte der äußeren Gesellschaft, deren Stiftung durch das Christentum, die christliche Religion, veranlasst wurde.[1176] Dabei lege sich wie bei jeder Gesellschaft als Gesichtspunkt nahe, die jeweilige Form ihrer inneren Organisation, wodurch sie ein eigener Körper wird und von anderen Körpern unterscheidbar ist, zu untersuchen. Denn alle Veränderungen in der Kirche müssen irgendwie

---

[1173] Siehe aaO. 236. Vgl. zu Pfaff die Studie SCHÄUFELE, Pfaff.

[1174] Dieses Konzept steht im Zusammenhang mit der Kollegialtheorie (vgl. SCHLAICH, Kollegialtheorie, 49–64): »Die Grundlage alles Kirchenrechtsdenkens und -argumentierens im ausgehenden 17. und 18. Jahrhundert ist die Qualifizierung der Kirche als Verein bzw. als Collegium oder societas.« (aaO. 49). Wenn auch Mosheim dieses Konzept auf die Kirchengeschichte angewendet hat, geht es doch »von Pufendorf aus« (ebd.) und findet sich u. a. bei Thomasius, Gundling, Böhmer u. v. a. Pufendorf hatte sich damit gegen das Papsttum und »die gegenreformatorischen Anmaßungen christlicher Herrscher gerichtet« (aaO. 53). Schlaich macht in seiner Arbeit auf die vielgestaltige Verwendung des *societas*-Begriffes aufmerksam und will so vor vorschnellen Schlüssen auf das dahinterstehende Konzept – zumeist ein naturrechtliches – warnen (vgl. aaO. 54–58).
Unverständlich bleibt mir Heussis Kritik der Kirchenbegriff Mosheims bleibe blass und unbestimmt (HEUSSI, Mosheim, 34). Gerade durch diese Definition als *societas* schafft er es doch, den Gang der Kirche in den Verwicklungen des gesamten Bedingungsfeldes aufzuweisen und ihr nicht von vornherein eine exemte Sonderstellung zuzumessen.

[1175] Vgl. NEUMANN, Mosheim, 124. Er weist zudem darauf hin, dass die Beschäftigung mit der ganzen Geschichte, also auch der politischen, gelehrten, weltlichen und kirchlichen Belange und Ereignisse unabdingbar für einen so umrissenen Kirchenhistoriker sei.
Erst durch diese soziologische Betrachtung der Kirche und die Rückführung auf menschliches Handeln wird die Geschichte der Kirche von einem wissenschaftlichen Standpunkt aus beobachtbar. Darauf weist MÜHLENBERG, Kirchenhistoriker, 234, hin.

[1176] Vgl. Einleitung 2, 188.

dazu beigetragen haben, sie in der Form zu erhalten oder in eine andere zu verändern.[1177] Im *Grundriß* geht Planck darauf nicht mehr direkt ein, sondern beschreibt als zweiten Hauptteil die

»Geschichte ihrer Wirkungen in der Welt, und besonders die Geschichte jener Wirkungen [...], welche sich in dem großen äußeren Institute, dessen Entstehung dadurch veranlaßt wurde, in der christlichen Kirche und durch diese verbreitet haben«[1178].

Der Fokus liegt so deutlicher auf der Wirkung des Christentums und verzichtet auf die Bestimmung als Verfassungsgeschichte.

In der schon geschilderten Auseinandersetzung Plancks in der *Einleitung* mit der Frage, ob der christlichen Religion statutarische Elemente eignen oder sie nur vorübergehendes Vehikel sind, lehnt Planck Kants teleologisches Prinzip ab, das davon ausgehe, die von Jesus gestiftete Religion ziele auf die Verwirklichung in einer bloß moralischen Religion und müsse sich dazu vom Statutarischen reinigen.[1179] Planck erkennt dies nicht in der Geschichte und misst den positiven, statutarischen Elementen konstitutive Funktion zur fortwährenden Unterstützung der moralischen Entwicklung bei.[1180] Darunter fallen zuerst die nicht vernünftig zu erschließenden Inhalte, doch enthält die Parteinahme gegen eine nur moralisch-sittliche Religion auch gleichzeitig einen Hinweis auf die Bedeutung der Kirche.

Welches Bild der Kirche vermittelt nun die Historiographie Plancks? Innerhalb der *Geschichte unseres protestantischen Lehrbegriffs*, die sich eigentlich mit der Ausbildung der Lehre beschäftigen sollte, begegnet umfangreich eine Darstellung der Kirche. So erhalten die Bände 1–3 in zweiter Auflage auch den Titel »Geschichte der [...] protestantischen Kirche«. Planck hatte für Band 3 angekündigt, man werde nun weniger von der Geschichte ihrer Lehren, also weniger von der Geschichte der »Sekte« als vielmehr politische Geschichte der »Partei« finden.[1181]

Ihr Ziel findet diese Entwicklung im *Augsburger Religionsfrieden* 1555 und damit in der rechtlichen Sicherung der konfessionellen Pluralität, bzw. aus der Perspektive der Lutheraner betrachtet: in der Legalisierung ihrer Partei, der »gesetzmäßigen Befestigung durch den Religionsfrieden«[1182]. Mit diesem Datum ist die Lage als eigene »Kirche« geklärt und abgeschlossen,[1183] die übrigen Streitigkeiten finden innerhalb der neuen Konfession als theologische Aus-

---

[1177] Vgl. aaO. 189.
[1178] Grundriß, 160.
[1179] Vgl. dazu KANT, I., *Die Religion innerhalb der Grenzen der bloßen Vernunft (1793)*.
[1180] Vgl. Einleitung 2, 217 f.
[1181] Vgl. Lehrbegriff 3/1², 11.
[1182] Lehrbegriff 1², XXII.
[1183] Vgl. aaO. XXI.

einandersetzungen statt.[1184] Gegenüber dem Katholizismus wurde eine Vereinigung durch die unüberwindlichen Differenzen im Grundbegriff verhindert, d. h., eine »Partei« zeichnet sich durch einen bestimmten Grundbegriff, auf den sie sich vereinigt, aus. Deshalb kann ihre Geschichte nie von der ihres Lehrbegriffs getrennt werden. [1185] Zwischen den Reichstagen in Worms und Augsburg hatten die Anhänger der neuen Lehre sich zur »Sekte« entwickelt, diese Sekte wurde in der Folge dann zur »Parthie [sic]«.[1186] Einer Sekte kommt also – überträgt man die Lage der Lutheranhänger zwischen 1521 und 1530 darauf – eine mehr oder weniger festumrissene Gestalt zu sowie die Disqualifizierung als Abspaltung von einem größeren Ganzen. Eine »Parthie« hat sich – wieder erschlossen aus der Situation nach 1530 – durch eine bestimmte Vereinbarung zu einer geschlosseneren Größe gemacht, hier durch die Einigung auf die *Confessio Augustana*. Das ergibt wieder eine nähere Definition dessen, was ein Lehrbegriff ist: Dieser nämlich wird von einer bestimmten Partei vertreten und ist in irgendeiner Form fest umrissen.[1187] Allerdings verwendet Planck keine der Bezeichnungen wirklich konsequent.

Insgesamt trägt die *Geschichte unseres protestantischen Lehrbegriffs* auch in den Bestandteilen, die sich explizit dem Lehrbegriff widmen, etwas zum Kirchenverständnis bei, denn es geht ihr um die Ausbildung des lutherischen Lehrbegriffs, den der lutherischen Partei, Kirche oder Konfession. Doch in der Darstellung kommt der Partei, Kirche oder Konfession keine Handlungsfunktion zu: Stets handeln Individuen, nie trifft die Kirche Entscheidungen oder gerät als Handelnde in den Fokus. Dies ist Teil der pragmatischen Methode und wurde ihr häufig vorgeworfen, auch in dem Urteil, die Pragmatiker hätten die Kirche zur Nicht-Institution gemacht.[1188] Dieser Eindruck aber ist der an individueller Handlung orientierten Darstellung geschuldet und stellt keine theologische Aussage über Geltung und Recht der Kirche dar.

[1184] Lücke, Planck, 25, bezeichnet Kirche und Theologie als die beiden Faktoren des Lehrbegriffs.

[1185] Vgl. Lehrbegriff 1², XXI.

[1186] Vgl. Lehrbegriff 2², IV. Planck schwankt etwas in der Begrifflichkeit: er kann die Darstellung der ersten drei Bände sowohl als die der »kirchlichen Parthie« als auch als Geschichte der Entstehung der »Kirche« (Lehrbegriff 1², XXIf.) bezeichnen. Die »kirchliche Parthie« kann einen Lehrbegriff haben (s. u.), kann allerdings auch in Schmalkalden tagen und im Plural sich in den Interimistischen Streitigkeiten gegenüberstehen (vgl. Lehrbegriff 6, 3–5).

Vgl. die Definition in Planck, G. J., *Ueber die Trennung und Wiedervereinigung der getrennten christlichen Haupt-Partheyen [...] (1803)*, 111: Die Reformation erbrachte die Trennung einer neuen »Partei« von der alten »Kirche«. Jene wiederum trennten sich dann erneut in verschiedene »Sekten«.

[1187] Bezüglich der *Confessio Augustana* wird deutlich: Ein Lehrbegriff besteht aus den Grundbegriffen einer Partei (vgl. Lehrbegriff 3/1², 133–136).

[1188] Bei Mühlenberg, Kirchenhistoriker, 253. Aber nur in dieser Hinsicht!

Die Kirche bildet sich stark beeinflusst von der äußeren politischen Geschichte. Deshalb begegnet in Band 1–3 sehr viel Darstellung der umgebenden Situation, der bedingenden Faktoren. Zwar ist auch die nachfolgende Entwicklung davon nicht trennbar, aber der Einfluss der Politik auf die Kirche ist direkter als der auf den Lehrbegriff.[1189] Ausdrücklich befasst sich dann die *Geschichte der christlich-kirchlichen Gesellschafts-Verfassung* mit der Kirche als äußerem Institut. Planck fokussiert in der Darstellung die Entwicklung und Veränderung der Organisationsform der Kirche. Sie vollziehe sich in der zunehmenden Ausbildung hierarchischer Ämter und Strukturen,[1190] gipfelnd im Papsttum, das aber auch nur als Organisationsform der Kirche beschrieben wird und nicht von vornherein als Verfehlung – lediglich die Ausführungen im Spätmittelalter erfahren harte Kritik. Diese hätten dann auch eine Revolution des Kirchenkörpers nötig gemacht, die sich in der Reformation ereignete. Interessanterweise endet die Darstellung mit der Feststellung zweier paralleler Kirchenkörper: Die Reformation zog aus dem unbrauchbar gewordenen Gebäude aus, das allerdings so fest gefügt war, dass es einzureißen unmöglich war, und baute ein neues.[1191]

Als Gegenüber der Kirche begegnen in der Darstellung Plancks andere Gesellschaften, vornehmlich die Staats-Gesellschaft, der die Kirche vergleichbar ist, denn auch sie bildet eine Polizei, Gesetze und eine bestimmte Regierungsform aus, und so lassen sich beide analog beschreiben. Ein Verständnis der Kirche als *communio sanctorum* taucht nirgends auf, die Kirche als Heilsanstalt ist nicht von Interesse. Langsam erst bildete sich das Verständnis der Kirche als Einheit heraus.[1192] Theologisch gewichtig stellt sich hingegen die Frage nach der Stiftung der Kirche durch Jesus bzw. durch Gott: Planck beschreibt die Kirche z. B. als Institut, dessen Stiftung von der Gottheit durch die Lehre Jesu veranlasst wurde (nicht durch Jesus selbst eingesetzt!), die dann den Menschen überlassen und von ihnen verbildet wurde,[1193] doch trotzdem zur Bewahrungs- und Rettungsanstalt werden konnte: Darin bestehe das Heilige und Göttliche des Instituts.[1194] Von einer direkten Stiftung ist nicht die Rede, aber von einer vermittelten, die auch die göttliche Bewahrung der Kirche zur Folge habe.[1195]

In Plancks kleiner Schrift zum *Grundriß einer Geschichte der kirchlichen Verfassung*[1196] begegnet die Kirche schließlich als Zusammenschluss einer Gruppe von

---

[1189] Vgl. Lehrbegriff 4, 1–4, zur Bedeutung der Einbeziehung der politischen Verhältnisse in den Bänden 1–3.

[1190] Vgl. schon Gesellschaftsverfassung 1, 1. Vgl. Christenthum, Kap. III f., zu ersten Organisationsversuchen und frühchristlichen Ämtern.

[1191] Vgl. Gesellschaftsverfassung 5, 791.

[1192] Vgl. Gesellschaftsverfassung 1, 2. Vgl. Christenthum, Kap. VI.

[1193] Vgl. Gesellschaftsverfassung 5, 791 f.

[1194] Vgl. aaO. 792 f. Bewahrt wurden z. B. die Wissenschaft, das Recht etc.

[1195] Im Anfangsteil der Gesellschaftsverfassung 1, 17 f., setzt sich Planck kritisch mit Mosheim über die Stiftung auseinander (s. o.).

[1196] Vornehmlich für Juristen. Planck hielt darüber auch eine Vorlesung, die ebenfalls in

in ihren religiösen Anschauungen übereinstimmenden Menschen, die durch die gleiche Gesinnung und die Absicht, durch ihre Verbindung ihren gemeinschaftlichen Zweck besser erreichen zu können, verbunden sind.[1197] Die Kirche erscheint als Zweckverbindung in der Entwicklung des Christentums, ein Eigenwert scheint ihr nicht zuzukommen.[1198]

In der *Geschichte des Christentums* begegnet Jesus bloß als Stifter des Christentums, die Gründung einer Kirche habe er nicht intendiert, habe aber von ihm vorhergesehen werden müssen, da der Plan Jesu sich auf Jahrtausende erstreckte, die Wirksamkeit der christlichen Religion durchzusetzen und auszubreiten. Deren Grundsatz bestehe darin,

»daß der Mensch nur durch Streben nach Gottähnlichkeit, also nur durch Sittlichkeit und Tugend, nur durch heiliges Wollen und Handlen [sic] der Gottheit wohlgefällig werden […] und daß also die einzig ächte Religion bloß in heiligem Wollen und Handlen, oder in dem redlichen und ganzen Streben darnach bestehen könne.«[1199]

Damit habe man eine »rein-sittliche Religionslehre«[1200] vorliegen.

Wie schon an anderen Stellen seiner Historiographie scheint Plancks methodisches Konzept gebrochen zu sein: Einerseits befasst er sich mit der Kirche als einer staatsanalogen Gesellschaft, als von Gott durch die Lehre Jesu veranlasstem Institut oder er lässt sie ganz außer acht und spricht nur über die rein-sittliche Religionslehre Jesu.[1201] Hierbei sind jeweils die unterschiedlichen Perspektiven zu beachten, um vor falschen Schlüssen zu schützen: In der *Geschichte des Christenthums* geht es Planck um das Christentum in seiner ersten Einführung in die Welt, eine Entwicklung der Kirche ist nicht Gegenstand der Darstellung. Demgegenüber erscheint in der *Geschichte der christlich-kirchlichen Gesellschafts-Verfassung* die lehrhafte Grundlage der Kirche unterbelichtet. Planck schreibt perspektivisch Geschichte.

---

der Rechtsgelehrsamkeit angekündigt wurde (vgl. GAGS [1790], 150. St., 1497–1500 [Mitte September]).

[1197] Vgl. PLANCK, Grundriß einer Geschichte, 1: »Es muß nicht nothwendig aus einem angelegten Plan oder aus einem unmittelbaren Befehl des Stifters der christlichen Religion erklärt werden«. Es entstand »von selbst an jedem Ort, wo die Religion Eingang fand, aus einer Anzahl von Menschen, die zuerst nur durch gemeinschaftliche Uebereinstimmung in Ansehung gewisser Lehren und Meynungen verbunden waren, eine wahre religiöse Gesellschaft, die nicht nur bey gleichen Gesinnungen einen gemeinschaftlichen Zweck, sondern auch die Absicht hatte, ihre Verbindung als Mittel zur besserer Erreichung des gemeinschaftlichen Zwecks zu benutzen. Dieß mußte notwendig erfolgen – der Stifter der christlichen Religion mußte es auch voraussehen, und in so fern mag man auch richtig genug sagen, daß es in seinem Plan gewesen sey.« (aaO. 8 f.).

[1198] Vgl. dazu die Ausführungen zum Recht, sich von einer Kirche zu trennen in Kap. B.IV.2.1.

[1199] Christenthum 1, 20. Vgl. oben zur Verbindung der moralisch-sittlichen mit den positiven Sätzen der Lehre Jesu.

[1200] AaO. 21.

[1201] Vgl. dazu auch das schwer durchschaubare Verhältnis von individueller Handlung und *providentia Dei*.

Versucht man zusammenfassend daraus einen Kirchenbegriff zu destillieren, lässt sich zuerst feststellen, dass Planck viele Elemente des Kollegialismus[1202] aufnimmt, wenn die Kirche als vom Staat prinzipiell unterschiedene Korporation begegnet, die eigene Gesellschaftsrechte und -formen ausbilden kann. Ob der Landesherr diese treuhänderisch verwaltet oder nicht, lässt sich nur aus der Darstellung der *Geschichte unseres protestantischen Lehrbegriffs* folgern, in dem Planck die Meinung verurteilt, die Fürsten seien allein für die Führung der Kirche zuständig, und gleichzeitig immer wieder hervorhebt, wie positiv das Einwirken der Fürsten auf die Entwicklung der Kirche gewesen sei.[1203] Innerhalb der Kirche müssten bestimmte Strukturen zu ihrer inneren Organisation ausgebildet werden. Die Kirche selbst fuße auf einem bestimmten Lehrbegriff, im Falle der lutherischen habe sie sich diesen allerdings unter problematischen Bedingungen ausgebildet. Eine Würdigung des Lehrbegriffs oder der Dogmen als kirchliches Gesetz o. ä., das das Zusammenleben der Kirche normativ reglementiert, bleibt allerdings aus.[1204] Bei alldem kann Planck 1830 doch davon überzeugt sein, dass für das Fortbestehen der Kirche ein gewichtiger Garant eintrete, der das *Erit perpetua!* der Kirche versichere, wie er Wahrheit und Gerechtigkeit verbürge. Obgleich die Kirche als göttliche Gründung den Menschen überlassen worden sei und diese damit alles andere als bewahrend umgegangen seien – d. h., die konkrete Ausformung der Kirche ist (wie die Geschichte) menschengemacht –, steht sie unter göttlicher Leitung und Bewahrung.

In der Praxis wird sich Planck in seinen kirchenleitenden Ämtern häufiger mit der verfassten Kirche auseinanderzusetzen gehabt haben. Nicht zuletzt seine Beiträge zur Frage der Kirchenvereinigung fußen auf konkreten ekklesiologischen und praktischen Überzeugungen.[1205]

Nicht geklärt scheint das Verhältnis der Kirche zur sittlichen Religion: Versteht man die Kirche als Ausformung der positiven Elemente der Lehre Jesu, erhält sie analog zu diesen die Funktion, die sittliche Religion zu befördern. Auch wenn Jesus nach Plancks Auffassung die Kirche nicht direkt gestiftet hat, erstreckt sich sein Plan zur Ausbreitung seiner Lehre doch auch auf sie, da er ihre Gründung vorhergesehen haben musste. Die Erreichung des Ziels des Plans Jesu, Wahrheit und Sittlichkeit zu verbreiten, scheint als Utopie verstan-

---

[1202] Vgl. LINK, Kollegialismus. Diese Theorie wurde von Mosheim und Pfaff ausgebildet, denen es darum ging, den Herrschaftsanspruch des Landesherrn zu begrenzen (vgl. aaO. 1482). Zu weiteren Entwürfen (Territorialismus, Episkopalismus) vgl. DINGEL, Kirchenverfassung, und SCHLAICH, Kollegialtheorie, 14–22.

[1203] Vgl. zur Kirchenverfassung z. B. BEUTEL, Aufklärung, 359–361.

[1204] Interessant könnte ein Vergleich des Kirchenbegriffs hier inklusive der Bedeutung der Dogmen bzw. des Lehrbegriffs für ihre Verfasstheit zum *Preußischen Allgemeinen Landrecht (1794)* und dessen Bestimmungen zur Kirchengesellschaft sein (vgl. OHST, Kirchenverfassung, 1329). LINK, Kollegialismus, 1482, attestiert diesem, »territorialistische und vulgärkollegialistische Elemente« zu vermischen.

[1205] Dazu vgl. Kap. B.IV.

den werden zu müssen, die Kirche erhält eine Funktion in der Durchsetzung dieses Plans, d.h., sie bleibt in dieser Perspektive der sittlichen Religion nachgeordnet.[1206] Die Beschreibung ihrer Verfassung ist bei Planck aber nicht von dieser Perspektive bestimmt: Kirche lässt sich auch als bloße Organisation beschreiben.

4. Schluss: Plancks Beitrag zur Kirchen- und Dogmengeschichtsschreibung

Die Geschichtsschreibung der Aufklärung[1207] hat ein enormes innovatives Potential freigelegt: Neue Erkenntnisse aus verschiedenen Wissenschaften aufnehmend, gelangte sie zu einer neuen Bestimmung historischer Wissenschaftlichkeit sowie zu einer Würdigung der Person des Geschichtsschreibers und entwickelte eine Theorie der Geschichtsschreibung – auch in der Kirchengeschichte. Sie hatte Anteil an historischem Bewusstsein, Kritik, Anthropologisierung und Ethisierung als fundamentalen Kennzeichen der Aufklärung und sie erhielt wichtige Impulse aus Göttingen.[1208] Plancks Freunde wie L.T. Spittler und A.H.L. Heeren trugen Maßgebliches zur Neubestimmung der Geschichtsforschung bei, das historische Interesse in Göttingen erstreckte sich auf alle Fakultäten. Hinzu kam der Aufbruch zur ethnologischen, völkerkundlichen Forschung, in der die Erkenntnis der Abhängigkeit der Menschen von jeweiligen

---

[1206] Vgl. zur Funktion der Kirche für die Durchsetzung der Sittlichkeit Plancks Schriften zur Kirchenvereinigung: Die Kirche habe eigentlich nur ein Ziel, die Sittlichkeit zu befördern. Solange dies gewährleistet sei, könne an einer weiteren äußeren Vereinigung kein Interesse mehr bestehen (vgl. Kap. B.IV.3.3.). In ähnlicher Richtung äußerst er sich auch in den Vorbemerkungen zur Vorlesung des ersten Teils der Kirchengeschichte 1818: Die Kirche sei eine Gesellschaft von Menschen, die sich auf eine bestimmte Verbindung und Gesetze eingelassen haben, um ihre religiöse Überzeugung und Gefühle gemeinsam an den Tag zu legen und auszudrücken, um wechselseitig (!) nicht nur die moralische und religiöse Kenntnis, sondern die Religion und Gottseligkeit in ihrer Mitte zu befördern (vgl. HAB Cod. Guelf. 13 Noviss. 4°, Bl. 1). Die Betonung der Wechselseitigkeit erinnert an Schleiermachers Kirchenbegriff in der vierten Rede *Über die Religion* (⁴*1831*): »Über das Gesellige in der Religion oder über Kirche und Priestertum« (vgl. KGA I/12; 181–216/249).

[1207] Siehe dazu die schon genannten Übersichten bei BEUTEL, Kirchengeschichtsschreibung; DERS., Dogmengeschichte; DERS., Aufklärung. Siehe auch die Sammelbände BÖDEKER u.a., Aufklärung; BLANKE/FLEISCHER, Aufklärung. Äußerst knapp gerät die Würdigung der Epoche bei STÖVE, Kirchengeschichtsschreibung, 544. REILL, Geschichtswissenschaft, beschäftigt sich vor allem mit der veränderten Ausrichtung der Geschichtsschreibung ab ca. 1750. Vgl. auch den Sammelband ARMBORST-WEIHS/BECKER (Hgg.), *Toleranz und Identität. Geschichtsschreibung und Geschichtsbewusstsein zwischen religiösem Anspruch und historischer Erfahrung (2010)*.

[1208] Vgl. dazu MARINO, Praeceptores. VIERHAUS, Göttingen, würdigt die Innovationen in der Geschichtswissenschaft in Göttingen. Sie müssen eigenständig betrachtet werden, nicht aus der Warte des Historismus, gegenüber dem sie vor allem doch wieder modern wirken können (vgl. aaO. 13 u.ö.). Die Einschätzung teilen BLANKE/FLEISCHER, Theoretiker, 22. BOOKMANN, Geschichtsunterricht, 167–170, zeigt am Beispiel des Wintersemesters 1785/86, wie breitgefächert das historische Angebot an der Universität Göttingen war.

unterschiedlichen Kulturräumen eine große Rolle spielte.[1209] Auch die politische Geschichte wurde eingehend erforscht: In der Jurisprudenz wurden Staatsgeschichten verfasst, die die Entwicklungen der Staaten und ihrer Verfassungen in ihrer Geschichte zusammenstellten.[1210] Nicht unerwähnt bleiben darf in diesem Zusammenhang das Aufblühen der philologischen Kritik in Göttingen, für das J. G. Eichhorn, J. D. Michaelis u. a. stehen.[1211]

Plancks Zeit lässt sich als Vorgeschichte des Historismus bezeichnen, darf aber nicht darauf enggeführt werden, sondern hat eine eigenständige Würdigung verdient.[1212] Sie weist − z. T. schon moderner als der Historismus − auf gegenwärtige Fragen und Problemstellungen zu Selbstverständnis und methodischer Reflexion der Kirchengeschichte voraus.[1213] In seiner Geschichtsschreibung greift Planck auf die Erkenntnisse und Innovationen des 18. Jahrhunderts zurück, die besonders prominent bei J. S. Semler und J. L. v. Mosheim begegnen, die ihm ein Instrumentarium bieten, eine wissenschaftliche, zugleich gegenwartsorientierte und gegenwartsorientierende Kirchengeschichte zu betreiben. Planck macht ausgiebig Gebrauch von der pragmatischen Methode, die er dazu benutzt, den Menschen als Handlungssubjekt in den Mittelpunkt der Darstellung zu rücken. Mit der Anthropologisierung steht er in einem Prozess der Aufklärungstheologie, die immer stärker vom Menschen aus und auf ihn hin zu denken gelernt hat.[1214] Dabei vermeidet er eine vollständige Säkularisierung der Geschichte, indem im Hintergrund die *providentia Dei* planvoll geschichtsleitend wirkt: Der Mensch handelt frei, die Funktion seiner Handlung im großen Ganzen, die Richtung der Entwicklung ist aber von Gott bestimmt.

[1209] Zur Völkerkunde in Göttingen im 18. Jh. vgl. VERMEULEN, Göttingen, der auf die enge Verbindung zu den historischen Wissenschaften (vgl. aaO. 204) sowie ihre Selbstständigkeit gegenüber der Entwicklung in der Anthropologie hinweist; sie sei allerdings nicht in Göttingen entstanden (vgl. aaO. 205 f.). Vgl. zur sog. »Rassenlehre« bei Meiners und Blumenbach GIERL, Meiners.

[1210] Vgl. z. B. HAMMERSTEIN, Reichshistorie.

[1211] Vgl. dazu den Sammelband LAUER, Philologie. Philologie gab es bemerkenswerterweise als Universitätsfach in Göttingen im 18. Jh. gar nicht (vgl. SCHINDEL, Anfänge, 9). Der Band enthält allerdings wenig über die Entwicklung der historisch-kritischen Methode in den Bibelwissenschaften. Vgl. D'ALESSANDRO, Homo historicus, zu Eichhorn und MUHLACK, Philologie, zur Entwicklung bei Heeren, der aus dem Umfeld der klassischen Philologie kommend das Konzept einer politischen Kulturgeschichte entwirft.

[1212] Zur Beurteilung der Anfänge in Göttingen vgl. VIERHAUS, Göttingen, 13, der eine Beurteilung der Aufklärungshistorie als bloße Vorläuferin des Historismus ablehnt.

[1213] Vgl. im Sammelband KINZIG u. a., Historiographie, z. B. BEUTEL, Auslegung; außerdem DERS., Nutzen. Ebeling kommt das Verdienst zu, diese Debatte im 20. Jh. wieder angestoßen zu haben mit seinem Beitrag EBELING, G., *Kirchengeschichte als Geschichte der Auslegung der Heiligen Schrift (1947)*; an ihn schließt Beutel an. Vgl. weiter dazu DE BOOR, Kirchengeschichte.

[1214] BÖDEKER u. a., Skizze, 12, können feststellen: »Die Wissenschaft vom Menschen‹ ist ein Strukturmerkmal der europäischen Aufklärung.« »Die Historisierung des Menschen war die Bedingung der Möglichkeit von Geschichte im modernen Sinn.« (aaO. 15). So erhält die pragmatische Methode innovative Bedeutung.

Die Historisierung des Denkens spielt die dominante Rolle in Plancks Werk. Nicht nur die Vergangenheit ist Teil eines Prozesses, der sich stets selber überholt, sondern auch die Gegenwart steht in dieser Reihe und ist genetisch mit den Entwicklungen der Vergangenheit verbunden. Die Geschichte wird zu einem komplex verknüpften Prozess. Das ermöglicht es, entscheidende Epochen in ihrer Wirkung und Auswirkung auf die Gegenwart zu würdigen, ohne ihnen gleichzeitig sakrosankte Normativität zuzusprechen, wie in der Dogmengeschichte Plancks anhand der Bekenntnisbildung der Reformation geschehen. Die Dogmengeschichte ermöglicht im Bezug auf die Lehrentscheidungen der Vergangenheit eine Kritik ohne Ablehnung, eine Aneignung ohne übertriebene Ehrfurcht und ermöglicht dadurch eine unideologische, kommunikable – da begründbare – und wissenschaftliche Standortbestimmung in der Gegenwart im Bewusstsein der historischen Kontingenz jeglicher menschlicher Entscheidung.

Das Verhältnis zur Reformation erfuhr in der Aufklärung einen Bruch, bedingt durch die kritische und ablehnende Haltung der Aufklärer gegenüber einer harten Bekenntnisbindung. Parallel zu seinem historiographischen Wirken nahm Planck Verantwortung in Kirche und Landeskirche wahr, die sich gerade in der Zeit der napoleonischen Eroberungen, des Königreiches Westphalen, der Konkordate und der Rekonstituierung nach den Befreiungskriegen über ihr Verhältnis zu anderen Konfessionen, ihre Organisationsformen und ihre Position gegenüber Theologie, Universität und Religion ausgiebig Gedanken machen mussten. So verwundert es nicht, wenn Planck ein Interesse an der Ausbildung kirchlicher Strukturen zeigt, das er historiographisch umsetzt. Doch bleibt die Kirche dem Interesse am Christentum, der christlichen Religion, stets nachgeordnet. Wenn ihr auch eine wichtige Rolle zukommt, geht es letztlich doch um die auch durch sie, die Kirche, beförderte Durchsetzung einer sittlichen Religion, die Herz und Verstand anzuregen vermag und den Menschen bessernd zum Ziel der Geschichte führt.

Maßgeblich für die Auswahl des Stoffes ist die Orientierung an den Bedürfnissen der Gegenwart.[1215] Wenn diese auch eigenmächtig festgesetzt werden, erhält die Geschichtsschreibung dadurch eine organisierende Linie, ein Kriterium für Selektion und Anordnung des Stoffes; auch dies ist pragmatische Geschichtsschreibung. Jedes Werk Plancks steht unter einem bestimmten Gesichtspunkt und behandelt einen bestimmten Bereich der Geschichte oder einen bestimmten Bereich in einer bestimmten Hinsicht. Dieses Vorgehen wird im Verlauf seines Wirkens immer konsequenter. Während die ersten Bände der *Geschichte unseres protestantischen Lehrbegriffs* noch reichlich anderes Material als intendiert enthielten, konzentrierte sich Planck schon in der *Geschichte der christ-*

[1215] Diese Orientierung an der Gegenwart war um 1750 maßgeblich für den Umschwung in der Geschichtswissenschaft (vgl. REILL, Geschichtswissenschaft, 165).

lich-kirchlichen Gesellschafts-Verfassung konsequenter auf den spezifischen Gegenstand und blendete anderes aus. Dennoch eignet den Werken mitunter eine gewisse Langatmigkeit, die sich allerdings methodisch erklären lässt: Wenn der Leser ein eigenes Urteil fällen können soll, müssen ihm möglichst viele Fakten an die Hand gegeben werden. Deshalb tauchen in oft ermüdendem Maße Schilderungen der Situation der Umwelt und Quellen- bzw. Literaturverweise in den Fußnoten auf.[1216] So kommt Plancks gesamtes historiographisches Werk denn auch auf über 10 000 Seiten.

Der Verfasser der Geschichte ist bei Planck nicht direkter, objektiver Spiegel der Ereignisse, sondern formt die wiedergegebene Geschichte zum einen durch sein eigenes Urteil, zum anderen durch seine – dieses auch bedingende – eigene Standortgebundenheit. Damit bringt Planck eine wichtige Einsicht in den Prozess historiographischer Theoriebildung ein, die an die Erkenntnisse anderer Theoretiker der Aufklärungshistorie anschließen kann.[1217]

Mit seinem kirchengeschichtlichen Werk steht Planck an einer Epochenschwelle: Die Dogmengeschichte etabliert sich weiter, aber vor allem wird die Geschichte im Gefolge des Deutschen Idealismus auch unter den Theologen einer neuen Betrachtung unterzogen, die Planck fremd blieb. Er arbeitete sich noch an der ahistorischen Ausformung kantischer und kantianischer Philosophie ab, deren spekulative Ablehnung historisch-positiven Denkens er missbilligt, als seine jüngere Kollegengeneration schon romantische und idealistische Ideen aufnehmend die Geschichte als Selbstwerdung einer Idee (F. Chr. Baur) verstand bzw. geistlich orientierte biographische Darstellung bot (A. Neander)[1218] oder auch in stark konfessionalistischer Ausrichtung schrieb. Aufkommende nationalistische Tendenzen in allen Wissenschaften im Gefolge der Befreiungskriege bleiben Planck weitgehend fremd.

In der Verknüpfung und Neuausrichtung der von Planck aus der Aufklärungstheologie aufgenommenen und umgeformten Ideen ist das Innovative der Historiographie Plancks zu sehen. Zwar hat er dadurch auch sicherlich zur Weiterentwicklung angeregt, eine Planck-Schule in der Kirchengeschichtsschreibung lässt sich aber bei aller Hochschätzung und Kritik, die er bei ehemaligen

---

[1216] PISCHON, Denkmäler, 586, urteilt über Planck: »Sein Ausdruck klar und deutlich, sein Urteil gründlich und mild, doch fehlt seinem Stile Lebendigkeit und Gedrängtheit, nur um die gründliche Auseinandersetzung der Sache, nicht um Glanz und Schönheit der Darstellung ist es ihm zu thun und hat er sich so auch als Schriftsteller rühmliche Anerkennung erworben.«

[1217] Vgl. dazu die Untersuchungen bei BLANKE/FLEISCHER, Theoretiker.

[1218] Neander hat Planck bei aller Kritik in zweifacher Hinsicht als Lehrer angesehen: Plancks Gerechtigkeitsliebe und seine Anwendung der Geschichte auf das Leben der Gegenwart beeinflussten seine Arbeit (vgl. KRABBE, Neander, 27). Krabbe mutmaßt auch, dass Neanders monographisch-biographische Bearbeitung von Planck beeinflusst war und verweist auf Plancks Vorrede zu GESS, Merkwürdigkeiten, in der Planck auf die Notwendigkeit biographischer Darstellung hinweist (vgl. KRABBE, Neander, 28). Planck hatte solches auch im Vorwort zu MCCRIE, Knox (s. o.), empfohlen.

Hörern erreichte, nicht ausmachen. Er steht fest auf dem Boden der Neologie, pflegt Kritik, Anthropozentrismus, Historisierung sowie Perfektibilitätsdenken und vermittelt dies alles mit einer gläubigen Haltung, die die Geschichte von Gottes *providentia* begleitet, letztlich auf ein gutes Ziel zusteuern sieht: »Zu uns komme dein Reich!«[1219]

III. Vergleichende Darstellung der Lehrsysteme

1. Einleitung: Abriß einer historischen und vergleichenden Darstellung der dogmatischen Systeme unserer verschiedenen christlichen Hauptpartheyen (1796/1804/1822)[1220]

G.J. Plancks *Abriß*[1221] gilt verbreitet als Beginn einer komparativen Symbolik bzw. einer vergleichenden Konfessionskunde.[1222] Doch verwendet er weder den Begriff noch beinhaltet seine Darstellung schon das volle Programm einer Konfessionskunde des späten 19. Jahrhunderts. Eine begriffliche Klärung scheint nötig.[1223] Planck verfasste den *Abriß* im Zuge und zur Begleitung seiner Vorlesungen, die er von 1796 bis 1833 insgesamt 27-mal in ungefähr dreisemestrigem Rhythmus ankündigte, und damit häufiger als jene zur Enzyklopädie, nur noch von den kirchengeschichtlichen Vorlesungen an Häufigkeit überboten. Auch seine letzte Vorlesungsankündigung für das Sommersemester 1833 – obgleich er schon seit 1831 kaum mehr am Lehrbetrieb teilnahm – war diesem Gegenstand gewidmet.[1224] Inhaltlich ergänzte sie das dogmatische Angebot neben der Dog-

---

[1219] Theologie, VII. Planck notiert am 30. 09. 1830 in Göttingen diese Bitte als Abschluss seines historiographischen Gesamtwerkes. Vgl. zu den aufgeführten Merkmalen die Darstellung der Aufklärung bei BEUTEL, Art. Aufklärung.

[1220] Gegenüber der in anderen Kapiteln praktizierten Aufteilung soll hier eher integrierend vorgegangen werden, da das Kapitel nur eine Schrift behandelt.

[1221] PLANCK, G.J., *Abriß einer historischen und vergleichenden Darstellung der dogmatischen Systeme unserer verschiedenen christlichen Hauptpartheyen nach ihren Grundbegriffen, ihren daraus abgeleiteten Unterscheidungslehren und ihren praktischen Folgen. Zum Behuf seiner Vorlesungen darüber nebst der Einleitung zu diesen (1796/²1804/³1822).* Hier vornehmlich zitiert: 3. Auflage als »Abriß³«.

[1222] Bzw. Planck gilt als »Urheber der Symbolik in ihrer gegenwärtigen Gestalt« (OEHLER, Lehrbuch, 22), der Plancks *Geschichte unseres protestantischen Lehrbegriffs* als Hauptwerk Plancks für die Symbolik bezeichnet. Einen interessanten Beitrag zum Verhältnis der Bezeichnungen »Konfessionskunde« und »Symbolik« bietet MULERT, Symbolik, 942, wenn er 1931 lakonisch unter dem Lexem *Symbolik* erklärt: »1. Der ältere Name der Konfessionskunde.«

[1223] Siehe unter 4. in diesem Kapitel.

[1224] Vgl. die Ankündigung in GGA (1833), 44. St., 425–428 (Mitte März). Planck, der nur noch eine Veranstaltung anbot, hatte schon zum Wintersemester 1830 sowie zum Sommersemester 1831 diese Vorlesung in Aussicht gestellt, in den darauffolgenden Semestern las er Theologische Enzyklopädie (Wintersemester 1831 bis Wintersemester 1832). Eine frühe Spur der Auseinandersetzung findet sich in den Ankündigungen der Veranstaltungen zur »Symbolik unserer Kirche« im Wintersemester 1784 (GAGS [1784], 157. St., 1562–1564)

mengeschichte um einen Blick über die Grenzen des eigenen theologischen Systems hinaus.

Das begleitende Werk von 1796 – der *Abriß* –, in dem Planck dogmatische Grundlagen des katholischen, reformierten und sozinianischen theologischen Systems sowie die der »neueren Theologie« behandelt, erfuhr 1804 und 1822 zwei Neuauflagen und ist damit unter den Werken Plancks das am meisten aufgelegte und mit einem Umfang von 128 (1. Auflage), 157 (2. Auflage) bzw. 169 (3. Auflage) Seiten auch eines der kürzeren. In der Darstellung verzichtet der *Abriß* auf Fußnoten wie konkrete Bezugnahmen (Namen o. ä.) und besteht abgesehen von der Einleitung zumeist aus Stichpunkten; auch ein Literaturverzeichnis fehlt.

Die ersten beiden Auflagen unterscheiden sich lediglich in Satz und Seitengröße, nur einige kleinere Verschreibungen wurden getilgt. Zur dritten Auflage 1822 hingegen griff Planck tiefer in den Text ein: Paragraphengliederungen wurden verändert, neue kamen hinzu; Formulierungen wurden geglättet und der veränderten Diskussionslage sowie der theologischen Positionierung des Autors angepasst.[1225] Jedoch sollten Änderungen in Formulierungen nicht zu hoch bewertet werden, da Planck auch innerhalb einer Auflage begrifflich nicht konsequent vorgeht; diesbezügliche Beobachtungen können allerdings hinweisenden Charakter haben.[1226] So scheint die letzte Auflage an einigen Stellen noch irenischer sein zu wollen: Planck legt beispielsweise in der Darstellung des katholischen Lehrbegriffs Wert auf die Unterscheidung der »römischen Hoftheologie« vom »Volksglauben«,[1227] relativiert im Bezug auf die reformierte Dogmatik den Stellenwert der lutherischen Lehre von der Idiomenkommunikation[1228] und attestiert auch dem Sozinianismus, in die Klasse der »supernaturalistischen« Lehrsysteme zu gehören,[1229] was alles in den ersten Auflagen so nicht ausdrücklich geschah. Bezüglich des Systems der neueren Theologie relativiert er den Einfluss der »Zeitphilosophie«: Die neuere Philosophie habe kaum den Einfluss der »kritischen Philosophie« gehabt und auch deren Einfluss sei kaum

---

sowie »Über die Kenntnis der symbolischen Bücher unserer Kirche« im Sommersemester 1788 (GAGS [1788], 44. St., 433–436).

[1225] Eine kleine, aber aufschlussreiche Umstellung ist etwa die Veränderung der Überschrift »Abriß und Vergleichung des katholischen Lehr-Begriffs« (Abriß[2], 68) in »[…] des Lehrbegriffs der katholischen Kirche« (Abriß[3], 71). Planck führt gegenüber den ersten Auflagen auch mehr Quellen auf (vgl. aaO. 71 [*Römischer Katechismus*].98 [*Consensus Tigurinus*].114 [*Bibliotheca Fratrum Polonorum*] u. a.).

[1226] Z. B. Abriß[2], 108, redet Planck vom sozinianischen »Lehrbegriff«; Abriß[3], 115, vom »System«. Allerdings begegnet hier zwei Seiten vorher ebenfalls die Bezeichnung »Lehrbegriff« (aaO. 113).

[1227] Abriß[3], 72.77. Überhaupt sei eine präzisere Kenntnis von der katholischen Lehre nötig (vgl. aaO. 60).

[1228] Vgl. aaO. 93.

[1229] Vgl. aaO. 116.

so hoch ausgefallen, wie einige gehofft oder befürchtet hätten.[1230] Insgesamt allerdings, so lässt sich feststellen, hat sich die Ausrichtung der Darstellung in den fast 30 Jahren zwischen der ersten und der dritten Auflage – selbst in der Beurteilung der neueren Theologie – nicht grundlegend geändert. Hinsichtlich der (von Planck weiterhin abgelehnten) Vereinigungsmöglichkeiten kann 1822 freilich schon auf einige umgesetzte Unionsvorhaben hingewiesen werden.[1231]

Zu der zugehörigen Vorlesung Plancks liegen zwei Nachschriften vor, von denen sich eine auf das Wintersemester 1828/29 datieren lässt.[1232] Beide Nachschriften sind sehr nah am Aufbau des *Abriß*[1233] und thematisieren, wie im Vorwort desselben angekündigt, den einführenden Teil des Druckwerkes wirklich nicht, sondern beginnen mit der Darstellung des katholischen Lehrbegriffes, auf den sie auch beide den größten Raum verwenden.[1234]

Nicht nur die zweifache Neuauflage, auch die weiteren Bezugnahmen auf Plancks Werk in der Geschichte des Faches berechtigen Lückes Urteil, es handele sich hier um »ein in der Geschichte der theologischen Litteratur höchst wichtiges Büchlein«[1235].

2. Absicht und Methode

Der *Abriß* ist als Einführung und Begleitung einer Vorlesung angelegt, richtet sich also an Studenten der Theologie. Diesen will Planck auch in dieser Hinsicht auf sein schon in den enzyklopädischen Werken ausgesprochenes Idealbild eines Theologen hinführen, der sich durch unparteiisches und abgewogenes

---

[1230] Vgl. aaO. 149.

[1231] Vgl. aaO. 61.

[1232] Vgl. die Akten LKAHa S 6, Nr. 72 (Plancks vergleichende Darstellung der hauptsächlichen dogmatischen Systeme, Semester Michaelis 1828–Ostern 1829), und HAB Cod. Guelf. 46 Noviss. 4° (Vergleichende Darstellung der dogmatischen Systeme unserer verschiedenen christlichen Hauptpartheien [leider ohne Jahr]); letztere stammt nach Auskunft der HAB von F. A. F. Breymann.

[1233] Die Mitschrift LKAHa S 6, Nr. 72, notiert sogar jeweils die entsprechenden Seiten des *Abrisses* in der Kopfzeile. Die Mitschrift HAB Cod. Guelf. 46 Noviss. 4°, benutzt teilweise abweichende Überschriften der Absätze (z. B. aaO. 19. »Worin weicht die katholische Dogmatik von der unsrigen ab?«; aaO. 66: »Vom römischen Bischof, d. Pabst«).

[1234] Vgl. HAB Cod. Guelf. 46 Noviss. 4°, die 108 Seiten darauf verwendet, der folgende reformierte Lehrbegriff wird auf 50 Seiten behandelt, der sozinianische auf 55, die neuere Theologie auf 30 Seiten. Allerdings lässt die Mitschrift zum Ende hin sehr an Sorgfalt nach, scheint aber noch alles aufgenommen zu haben. Die Mitschrift LKAHa S6, Nr. 72, hat eine ähnliche Gewichtsverteilung: 1–110: katholischer Lehrbegriff; 110–151: reformierter, 151–187: sozinianischer; 187–193: neuere Theologie (die im Vergleich zur anderen Mitschrift sehr kurz kommt).

[1235] LÜCKE, Planck, 52. Vgl. die anonyme Rezension NadB 34 (1797), 1. St., 139–143, die das Ansinnen Plancks als wichtig und sinnvoll lobt, allerdings an der Ausführung einige Kritik anzubringen hat. Positive Auswirkungen erhofft sich der Rezensent von dem Werk auf »die Eiferer für die hergebrachten kirchlichen Formen und Lehrsätze […] zur Berichtigung ihrer Einsichten und Urtheile« (aaO. 143).

Prüfen und Urteilen auszeichnet. Zur Bildung eines solchen gelehrten Theologen gehöre die Kenntnis des »Religions-Systems derjenigen kirchlichen Parthie, zu welcher er selbst gehört«[1236], aber auch die Kenntnis anderer – nicht zuletzt, um das eigene System genauer bestimmen zu können. Innerhalb des theologischen Fächerkanons ist das Vorhaben in der Dogmatik zu verorten, da sie sich mit den Lehrsystemen verschiedener Religionsparteien beschäftigt. Innerhalb dieses Teils des dogmatischen Studiums müsse es Ziel des Studenten sein,

»sich in den Stand zu setzen, daß er selbst über jene verschiedene Meinungen urtheilen, sich für eine davon mit klarer und deutlicher Einsicht in ihre Gründe entscheiden, und somit eines der Systeme, zu dem sie gehören, durch freie vernünftige Wahl zu dem seinigen machen kann.«[1237]

An Relevanz gewinnt dieses Ziel durch Plancks Beobachtung, dass sich dem (zum Urteilen noch nicht fähigen) Studienanfänger schon viele verschiedene Systeme präsentierten, die sehr voneinander abwichen; auch der Einfluss der Philosophie trage hier zur weiteren Unübersichtlichkeit und Verwirrung bei. Um dieser Verwirrung abzuhelfen und um den Studenten wirklich ein eigenständiges und begründetes Urteil zu ermöglichen, schlägt Planck seine Methodik vor.

Darin soll sich der Student zwar mit verschiedenen Systemen beschäftigen, sich aber zuerst mit einem »genauer und vertrauter bekannt gemacht haben«[1238], um für den Vergleich einen Maßstab zu haben und die Materialien und die Zusammenhänge innerhalb eines Systems verstanden zu haben.[1239] Dem Lehrer kommt darin die Aufgabe zu, die verschiedenen Systeme vorzustellen, sie mit »historischer Treue«[1240] und vollständiger, unbefangener Kritik zu referieren und so zur Bildung des selbstdenkenden Theologen beizutragen. Allgemeine Sitte sei es, mit dem eigenen kirchlichen System zu beginnen, nach »welchem er selbst einmal lehren soll«[1241]. Dieses Vorgehen hält Planck für eigennützig, da er davon ausgeht, dass eine Denkform immer »die Falten am längsten [behält], in welche sie zuerst hineingedrückt wird«[1242]. Den Versuch, dem Verdacht des Vorurteils durch die Einführung in das »System einer rein-biblischen Theologie«[1243] zu entgehen, beurteilt Planck kritisch: Grundsätzlich lasse sich ein solches System nicht als System im eigentlichen Sinn bezeichnen, da es eine bloße Zusammenstellung sei, außerdem werde ein aus diesen biblischen Bausteinen vom

---

[1236] Abriß³, 1.
[1237] AaO. 4.
[1238] AaO. 2.
[1239] Vgl. aaO. 11.
[1240] AaO. 7.
[1241] AaO. 13.
[1242] AaO. 14.
[1243] AaO. 16.

Kandidaten zusammengesetztes System ohnehin wieder mit einem bereits bestehenden harmonieren.[1244] Dabei bestehe das größere Problem aber noch in der möglichen Autorität eines solchen Systems: Während ein als kirchlich vorgestelltes zwar durch den ersten Eindruck Spuren hinterlassen könne, werde es kaum aufgrund seiner kirchlichen Verbindlichkeit als unfehlbar angesehen werden. Trete aber eines mit dem Anspruch auf, das rein-biblische zu sein, der Lehre Jesu und seiner Apostel zu entsprechen, »muß es nicht eben dadurch auch voraus den Character der Unfehlbarkeit für sie erhalten?«[1245] Damit wäre dann das zu behebende Vorurteil erst recht befestigt, da es sich ja nicht um die wichtige Orientierung an den biblischen Wahrheiten handelt, sondern einem selbst zusammengestellten System das Ansehen biblischer Unfehlbarkeit zugerechnet würde.

Obschon das Vorgehen, erst mit dem eigenen kirchlichen System bekannt zu machen, Probleme berge, lasse es sich vonseiten der Kirche rechtfertigen: Soweit die Verantwortlichen als Mitglieder dieser Kirche von der Wahrheit und Richtigkeit ihres Systems überzeugt seien, wäre es leichtfertig und unverantwortlich, den Anfänger der Vorprägung durch ein anderes, weniger richtiges auszusetzen.[1246] Auch sei das angenommene Gewicht der Prägung durch das erste System zwar nicht von der Hand zu weisen, doch in Anbetracht der kritischen Zeitstimmung nicht zu hoch anzusetzen.[1247] Darüber hinaus sei der Anfänger schon philosophisch durch die natürliche Theologie und durch allgemeine Vernunftprinzipien geschult, Wahrheiten stets zu prüfen und nicht unkritisch zu übernehmen.

Vollends gegen einseitige Parteinahme schütze die im Studienverlauf dieser Untersuchung folgende »Dogmengeschichte«. Das Studium der Dogmatik solle möglichst mit dem wissenschaftlichen Studium der reinen Dogmatik beginnen, also einem solchen, das sich einem bestimmten – nach Stand der Vorschläge: dem kirchlichen – System widmet. Der Anfänger soll an ihm die Methodik erproben und das Material von Religionssystemen kennen lernen. Dass ein Studium der Geschichte der Glaubenslehren noch dazukommen müsse, steht für Planck fest, da gerade bei einem System von Wahrheiten positiver Religionslehren, als welches er das eigene bezeichnet, dieses Vorgehen unerlässlich sei.[1248] Doch könnten diese Stufen nicht zweckmäßiger verbunden oder die Reihenfolge umgestellt werden? In die Geschichte eines Systems einzuführen, ohne es vorher zu kennen, scheine widersinnig, auch wenn das historische Studium am sichersten unparteiisch mache. Setze man darauf, durch die Geschichte der Leh-

---

[1244] Vgl. aaO. 17.

[1245] AaO. 22.

[1246] Vgl. aaO. 24.

[1247] Vgl. aaO. 26. Es lasse sich leicht zeigen, weshalb man bei der »gegenwärtigen Stimmung unseres religiösen Zeitgeistes und bei dem Zustande unserer theologischen Gelehrsamkeit jetzt am wenigsten zu befürchten hat«, formuliert Planck ergänzend zur 2. Auflage.

[1248] Vgl. aaO. 31.

ren mit diesen selbst bekannt zu werden, ergäben sich andere Probleme. Zwar sei die Bekanntschaft mit den Umständen und Absichten der Lehrer vorteilhaft, doch bestehe zum einen ein methodisches, zum anderen ein studienorganisatorisches Problem: Bekomme der Student im Verlauf der Geschichtsdarstellung die einzelnen Ideen und Vorstellungen vorgesetzt, bleibe es ihm überlassen, daraus ein zusammenhängendes Ganzes zu schaffen. Da er wahrscheinlich nur so viel von den Ideen auffasse, wie nötig ist, um der Geschichte folgen zu können, würden jene nicht präzise sein und das daraus zusammengestellte System fehlerhaft. Auch wüchse in ihm dann nicht das für die gelehrte Bildung zentrale Interesse an den Wahrheiten an sich, ihrer helleren und vollständigen Erkenntnis, da er sie durch seine unvollständige Erfassung zur Begleitung der Geschichte als damit schon hinreichend bearbeitet und durchdrungen betrachten würde.[1249] Eine integrierte zusätzliche Herleitung der Hauptideen der einzelnen Systeme würde den zeitlichen Rahmen des Studiums eindeutig sprengen, auch wäre es ungleich schwerer, den Studenten über eine so lange Zeit in *einem* Kolleg zu fesseln als in zwei voneinander unterschiedenen.

Planck behält deshalb das Verfahren bei, erst in ein System einzuführen (reine Dogmatik), dann dadurch vorbereitet die Geschichte schneller zu behandeln (Dogmengeschichte), um sich schließlich dem letzten Geschäft zuzuwenden, dem »Geschäft der Revision, die er [der Student der Theologie, C. N.] über den Gewinn seines wissenschaftlichen und seines historischen Studiums«[1250] anstellen müsse. D. h., um die Entscheidung zu einem bestimmten System zu prüfen, müsse der Theologiestudent »noch eine Vergleichung der verschiedenen Systeme anstellen, zwischen welchen er wählen soll.«[1251] Zwar seien ihm schon in der Dogmengeschichte die verschiedenen Parteien vorgestellt worden, aber die Zusammenfassung der jeweiligen Lehren zu einem Ganzen und die Einordnung der einzelnen Lehren in den Zusammenhang ihres Systems sei dort nicht geleistet.[1252] Da dem Studenten wahrscheinlich noch einige Kenntnisse fehlen werden, müsse er auch zu diesem Vorhaben noch angeleitet werden, was am bequemsten durch

»ein letztes dem dogmatischen Cursus anzuhängendes Collegium erzielt werden [kann], in welchem sich der Lehrer allein darauf zu beschränken hätte, die vorzüglichsten von dem unsrigen verschiedenen dogmatischen System kürzlich darzulegen, die einem jeden eigenthümlichen Prinzipien und Grundbegriffe auszuzeichnen, die bedeutenderen Abweichungen eines jeden von dem andern und aller von dem unsrigen bemerklich zu machen, und damit alle Data zusammen zu bringen, die man zu einer darüber anzustellenden vergleichenden Beurteilung nöthig hat.«[1253]

[1249] Vgl. aaO. 39.
[1250] AaO. 45.
[1251] AaO. 46.
[1252] Vgl. aaO. 48f.
[1253] AaO. 53.

Damit hat Planck die Methode und das Vorhaben seiner *historischen und vergleichenden Darstellung der dogmatischen Systeme* präzise umrissen: Er ist besonders an den Prinzipien interessiert, die den eigentümlichen Systemen eines bestimmten Lehrbegriffs zugrunde liegen. Von der Rückführbarkeit der Systeme auf wenige solcher Grundbegriffe ist er überzeugt.[1254]

Für Planck ergibt sich die Notwendigkeit eines solchen Kurses aus der Ablehnung der Polemik in der Theologie, wodurch die von ihr – freilich falsch – wahrgenommene Aufgabe der Darstellung anderer Lehrbegriffe fehlte.[1255] Zwar habe die Polemik »Parteieifer« statt Wahrheitsliebe erweckt, denn ihr Geschäft war immer angelegt auf den eigenen Vorteil und methodisch erlag sie dem Irrtum, man habe die Richtigkeit einer Erkenntnis bewiesen, sobald man die Unrichtigkeit der anderen beweisen könnte.[1256] Das Positive, den Blick auf andere Lehrbegriffe, möchte Planck jedoch erhalten und zielt in seiner Darstellung auf das unparteiische, eigenständige Urteil des Theologen. Dass er dabei vom System der eigenen Kirche ausgehen zu dürfen – ja zu müssen – glaubt, zeigt sich auch im Aufbau der Vorlesung: Sie setzt das Studium des eigenen Systems voraus, behandelt es deshalb auch nicht weiter und bezieht alle untersuchten Systeme in einem eigenen Unterpunkt auf das lutherische.[1257] Um das Ziel des ganzen dogmatischen Studiums, die eigenständige Wahl eines Systems, zu erreichen, sei der Missstand, dass über die anderen Systeme oft keine oder nur eine falsche Kenntnis bestehe, die dann folglich auch eine mögliche Wahl beeinträchtigen würden, zu beheben: Dies leistet die *historische und vergleichende Darstellung*.[1258] Dazu soll sie jeweils die Entstehungs- und Bildungsgeschichte des Systems bieten sowie vor allem die ihm eigentümlichen Bestandteile besonders herausstellen und jeweils auf die »Fundamentalbegriffe« hinführen. Bei dem eigentlichen Vergleich habe sich der Lehrer zurückzuhalten, der Student brauche lediglich die Vorlage der Materialien, aus denen er sich selbstständig sein Urteil bilden solle, das nur als eigenständiges Bestand haben könne.

[1254] KATTENBUSCH, Lehrbuch, 52, würdigt besonders die Unterscheidung von Grundbegriff und abgeleiteten Lehren als Fortschritt bei Planck. Ob Planck allerdings wirklich durch »seinen Rationalismus« die kirchlichen Lehrsysteme so sehr in Frage gestellt hatte, wie Kattenbusch meint, kann mindestens bezweifelt werden.

[1255] Das Bedürfnis nach einem abschließenden Kursus der Dogmatik habe man früher schon gefühlt, es aber durch die Polemik beantwortet (vgl. Abriß³, 56).

[1256] Vgl. aaO. 57. So hatte er auch zur Aufgabe der Apologetik argumentiert (vgl. Einleitung 1, 279; dazu Kap. B.I.5.4.1.).

[1257] Z. B. »Fünfter Abschnitt. Allgemeine Resultate über das Eigenthümliche des katholischen Lehrbegriffs überhaupt und besonders in Vergleichung mit dem unsrigen.« (Abriß³, 84).

[1258] Vgl. aaO. 60 f.

3. Vergleich der »Systeme«

Die Auswahl der »dogmatischen Systeme« der »kirchlichen Hauptparteien« enthält Überraschendes: Während die Behandlung des römisch-katholischen und
reformierten Bekenntnisses zu erwarten war, tauchen zusätzlich das sozinianische System und zuletzt das der »neueren Theologie« auf. Während die beiden
ersten wirklich auf kirchlichen Bekenntnissen fußen und auf konfessioneller
Ebene zusammen mit dem lutherischen den Kreis der christlich-abendlän-
dischen Konfessionen vervollständigen, erfreut sich der Sozinianismus in der
Theologie des 18. Jahrhunderts noch großen Interesses, obgleich er als verfasste
Kirche nicht relevant war.[1259] Auf der von Planck sogenannten »neueren Theologie« baut keine eigene Kirche auf, Planck kann sogar noch nicht einmal ein
ausgeformtes eigenes dogmatisches System ausmachen. Plancks Auswahlkriteri-
um ergibt sich aus der Zielabsicht: Dem Anfänger sollen möglichst die wichtigen Anfragen an sein eigenes System vorgestellt werden und diese Anfragen
an die lutherische Dogmatik wurden faktisch von reformierter, katholischer
wie auch von sozinianischer Seite und zudem von einer neuen, zunehmend
kritischen Form der Aufklärungstheologie gestellt. Andere Systeme werden
hier aus Platzgründen und grundsätzlichen Erwägungen nicht behandelt, da sie
– wie das griechische – ohnehin nicht die ganze Dogmatik oder ihre Grundbegriffe beträfen.[1260] Über diese informiere die Kirchengeschichte.

Somit handelt es sich bei Plancks *Abriß* also nicht bloß um einen Vergleich
verschiedener »Konfessionen«, was sich besonders aus einem Unterpunkt der
jeweiligen Behandlung ergibt: dem jeweils angestellten Vergleich zur moralischen und praktischen Religion, dem er jedes System aussetzt.[1261] Zwar sieht
Planck die Tendenz, den Wert einer Religionstheorie von ihrem »praktischen
Einflusse auf das Herz und auf das Gemüth des Menschen, auf seine Gesinnungen und auf seine Handlungen, auf seine Sittlichkeit und auf seine Veredelung«[1262] bestimmen zu wollen, durchaus kritisch. Bei allem Wahren, was hierin
liege, mahnt er, nicht zu vergessen, dass bei einer historisch-positiven Religion
in ihrer historischen, exegetischen und logischen Wahrheitsprüfung doch immer noch etwas anderes vorrangig sei, und verwahrt sich so gegen eine einsei-

---

[1259] Planck erkennt in dem römisch-katholischen, dem reformierten und dem sozinianischen System die drei Systeme, zu denen sich der weitaus überwiegende Teil der Christen
hält. Vgl. zum Sozinianismus knapp HAUPTMANN, Sozinianer.

[1260] Vgl. Abriß[3], 63.

[1261] WAGNER, Kirche, 254, formuliert recht unspezifisch: »Die Akzentuierung des ›Gut-
Seins‹ verweist auf die Aufklärung bzw. auf Kant.«

[1262] Abriß[3], 69. Diese Formulierung hat gegenüber Abriß[2], 66 f. präzisierend den Passus
»auf das Herz und auf das Gemüth des Menschen, auf seine Gesinnungen und auf seine
Handlungen, auf seine Sittlichkeit und auf seine Veredelung« ergänzt, d. h., dort war nur vom
»praktischen Einfluß« (aaO. 66) die Rede.

tige Versittlichung der Religion zu Lasten ihrer historisch-positiven Elemente.[1263]

Der Vergleich der einzelnen Systeme geht nach einem festen Schema vor: Nachdem Umfang und Quellen des Lehrbegriffs bestimmt sind, folgt die Untersuchung der grundsätzlichen Unterscheidungslehren, ihrer Spezifika (die sich direkt aus den Grundbegriffen der jeweiligen Systeme ergeben) und der sekundären Differenzen, um dann das Verhältnis zur moralischen und praktischen Religion zu bestimmen und abschließend den Vergleich der Eigenarten des jeweiligen Lehrbegriffs mit dem lutherischen anzustellen.[1264]

3.1. Das römisch-katholische System

Einleitend weist Planck auf die ihm offenbar an dieser Stelle besonders wichtige Unterscheidung von Volksglauben und Kirchenglauben hin,[1265] stellt aber direkt im Anschluss die Grunddifferenz zum »Lehrbegriff[]« der katholischen Kirche«[1266] dar: Im *principium cognoscendi* bestehe durch die katholische Annahme einer weiteren »Offenbarungsniederlage«[1267] in der Tradition neben der gemeinsam – eventuell mit leichten Nuancen anders verstandenen – als geoffenbart anerkannten Schrift ein grundlegender Unterschied. Eine solche Rückführung auf grundlegende Prinzipien hatte Planck ja in der Vorbemerkung angekündigt. In den fundamentalen Lehren bestehe bei kleinen Unterschieden relative Einigkeit mit der katholischen Lehre: Zwar gebe es in deren Anthropologie einige Differenzen – besonders bedingt durch die spezifisch katholische Auffassung der Rechtfertigungslehre –, doch müsse man sich hier auch von unrichtigen Vorwürfen hinsichtlich einer katholischen Lehre von der Verdienstlichkeit frei machen.[1268] Weitere Unterschiede bestünden in Lehren, die

---

[1263] Vgl. dazu seine Ausführungen in der Apologetik (vgl. Kap. B.I.5.4.1. und Exkurs).

[1264] Alles soll in der jeweils »eigenen dogmatischen Kunstsprache« (Abriß³, 67) vorgestellt werden. Vgl. zu dieser Forderung die gegensätzliche in Einleitung 1, 20. Allerdings nimmt dieses vergleichende Studium der Systeme erst der fortgeschrittene Student auf – nicht der Anfänger, an den sich diese Bemerkung der *Einleitung* richtet. Für das Studium der Dogmatik konnte auch diese schon fordern, mit der wissenschaftlichen Form und Sprache vertraut machen zu müssen (vgl. Einleitung 2, 491 f.).

[1265] Verbunden mit der Frage: »Wie weit bei der Bestimmung des letzten [des Kirchenglaubens, C. N.] auch auf die Eigenheiten von jenem [dem Volksglauben, C. N.], und auf die Eigenheit der Hof- und Schultheologie Rücksicht genommen werden muß? oder werden darf?« (Abriß³, 72).
Dass Planck an der gerechten Beurteilung des katholischen Systems gelegen ist, merkt auch der Rezensent in: NadB 34 (1797), 1. St., 140: »Das katholische System ist günstiger beurtheilt, als man hätte erwarten mögen.«

[1266] Abriß³, 71, in der 2. Auflage noch: »[...] katholischen Lehrbegriffs«.

[1267] AaO. 73.

[1268] Die Lehre von der Verdienstlichkeit äußerer religiöser Übungen habe man unrichtigerweise versucht, »durch eine höchst unbefugte Vermischung desjenigen, was nur zu dem katholischen Volksglauben gehört, mit dem Kirchenglauben« (aaO. 77) in ein ungünstiges Licht zu stellen.

»nicht unmittelbar aus diesen Grund-Ideen fließen, aber doch in einem sehr innigen Zusammenhange damit stehen, und somit ebenfalls noch zu den Grundprinzipien ihres Systems, wenn auch nicht ihrer Religionstheorie im engeren Sinne gehören.«[1269]

D. h., die katholische Kirche besitzt im Gegensatz zur lutherischen fundamentale Begriffe außerhalb ihrer eigentlichen Religionstheorie. Zu diesen Unterscheidungslehren zählt Planck z. B. die Lehre von der Kirche, die deren unbedingte Autorität und die Notwendigkeit einer äußeren Gemeinschaft sanktioniert.[1270] Auch die Opferwirkung des Abendmahls, die Planck in direkter Verbindung zu der Lehre von der Wandlung sowie der Auffassung von der Würde des Priestertums sieht, falle in diese Kategorie. Hinsichtlich der Heiligenverehrung müsse man allerdings die Verantwortung der Kirche für diese Zusätze hinterfragen, d. h., ob nicht vielmehr der Volksglaube daran Schuld trage.

Die Frage der Quellen reißt Planck hier nur kurz an, eventuell hat er sie in der Vorlesung breiter ausgeführt: Jedenfalls gibt er als Grundlage seiner Darstellung die *Canones* und *Dekrete* des *Tridentinum* und den *Römischen Katechismus* an; auf direkte Verweise verzichtet er aber, so dass sich nicht eindeutig sagen lässt, auf welche Schriften er jeweils Bezug nimmt.[1271]

Hinsichtlich der Kompatibilität zur moralischen und praktischen Religion stellt Planck klar, es sei unstreitig, dass die katholische Dogmatik auf echte Sittlichkeit und Moralität dringe, in formaler Hinsicht scheinbar sogar mehr als die lutherische.[1272] Die stufenweise Hinführung auf die moralische Besserung des Menschen durch Handlungen, die im Gehorsam gegenüber der Kirche und Gott vollzogen würden, widerspreche nicht den Fundamentalprinzipien der moralischen Religion. Ebenso deutlich sei es aber, dass durch die Betonung äußerlicher Handlungen der praktische Einfluss der moralischen Religion geschwächt werden könnte, der »Begriff des Verdienstlichen«[1273] gereiche ihr gar zum Nachteil. Diese Lehren nun, kann Planck im abschließenden Vergleich feststellen, flössen jedoch nicht von den Grundideen des katholischen Systems aus, das folglich an diesen Stellen noch gereinigt werden könnte.[1274] Dass die katholische Dogmatik auf diesen Begriffen aber so beharre – angedeutet schon durch die oben genannte Überschrift des dritten Abschnitts, der die Lehren behandelt, die noch als Grundlehren des katholischen Systems gelten, aber nicht

---

[1269] Überschrift des dritten Abschnitts (aaO. 77), die gegenüber der der 2. Auflage (»Andere Unterscheidungs-Lehren der katholischen Dogmatik, die zwar nicht unmittelbar aus diesen Grund-Ideen fließen, aber doch damit zusammenhängen« [Abriß², 73]), als eine Betonung des engen Zusammenhangs zu verstehen ist.

[1270] Vgl. Abriß³, 77 f.

[1271] Vgl. aaO. 71.

[1272] Vgl. aaO. 79.

[1273] AaO. 83.

[1274] Planck stellt fest, ein reines System sollte nur enthalten, was sich auch aus seinen Grundprinzipien ergibt.

direkt zu ihrer Religionstheorie gehören –, zeige aber, dass sie dabei ein eigenständiges Interesse verfolge. Zumeist ließen sich diese Lehren auf das sie von der lutherischen unterscheidende Erkenntnisprinzip, die Tradition, zurückführen. Solange die katholische Dogmatik also an diesem Prinzip festhalte, werde der Streit fortbestehen. Zu einer möglichen Vereinigung wäre die Aufgabe dieses Prinzips durch die katholische bzw. dessen Übernahme durch die lutherische Dogmatik nötig. Beides könne aber nicht eintreten, da das die völlige Aufgabe der je eigenen Dogmatik zur Folge haben würde.[1275]

So kann Planck die grundlegende Trennung auf die Differenz im eingangs bestimmten Grundprinzip zurückführen. Dass das katholische System noch Bestandteile über die eigentliche Religionstheorie hinaus enthält, muss also von dieser uneindeutigen Annahme herrühren, die Tradition neben der Schrift als Erkenntnisprinzip anzuerkennen.

3.2. *Das reformierte System*

Ein einheitliches System der reformierten Kirche gebe es nicht, stellt Planck direkt zu Anfang fest und trifft damit einen wichtigen Punkt im Vergleich der Lehrsysteme. Da die »reformirte Kirche« aus mehreren Parteien bestehe, will Planck hier hinsichtlich der Lehren und der Quellen differenzieren.[1276] Für die dann folgende Darstellung hat dies aber keine weitreichenden Folgen, das reformierte System wird insgesamt analysiert – was sich mit einer Methode, die ohnehin alle Lehren auf einige wenige Grundprinzipien zurückführen will, durchaus rechtfertigen lässt. Mit der reformierten Dogmatik bestehe eine völlige Einigkeit in der Frage des Erkenntnisprinzips. In der Gotteslehre und Christologie bestehe der Unterschied in der Lehre von der Idiomenkommunikation, die Planck aber auch in der lutherischen Dogmatik als randständig bezeichnet.[1277] Bei grundsätzlicher Einigkeit in der theologischen Anthropologie ergibt sich eine wichtige Uneinigkeit bezüglich der Gnadenwirkungen des Heiligen Geistes, da hier die reformierte Lehre – näherhin die calvinistische – die doppelte Prädestination behaupte.[1278] Während diese Differenz noch unter die

---

[1275] Vgl. aaO. 87.

[1276] Vgl. aaO. 88. Die Differenzierung betrifft jedoch meist Gruppen wie die Remonstranten o. ä. (vgl. aaO. 89). Zur ursprünglichen Gestalt lasse sich aus den Werken der Schweizerischen Reformatoren, der *Confessio Tetrapolitana*, der *Confessio Basileensis* viel entnehmen. Die calvinistische Gestalt finde sich im *Consensus Tigurinus*, der *Confessio Gallica* der *Confessio Tsingiriana*, in gemilderter Form im *Heidelberger Katechismus*, der *Confessio Belgica*, der *Schottischen* und auch der *Brandenburgischen Konfession*. Die Remonstranten ließen sich in den Akten der *Collatio Hegensis* erkennen, ebenso in Schriften einzelner ihrer Vertreter (vgl. zu den Quellen aaO. 89–91).

[1277] Vgl. aaO. 93.

[1278] Vgl. aaO. 95 f. Damit leugne sie ein *decretum gratiae universale* und widerspreche der Annahme, Gott habe das vorhergesehene Verhalten der Menschen berücksichtigt (wie sie beispielsweise der Molinismus vertritt). Damit leugne sie auch die Universalität des Ver-

»Grund-Ideen des reformirten Lehrbegriffs«[1279] fällt, taucht der Dissens in der Abendmahlslehre bemerkenswerterweise unter »Andere Unterscheidungslehren«[1280] auf. Planck stellt die weitreichende Einigkeit in dieser Lehre dar, in der dann lediglich die strittige Frage der Realpräsenz »die leidige Trennung zwischen unserer und ihrer Kirche veranlaßte«[1281]. Eine theologische Lösung des Problems bietet Planck hier allerdings nicht und stellt fest, dass die Grundlage der Uneinigkeit in unterschiedlicher Auslegung der Bibel zu suchen sei – die auf beiden Seiten ihr Recht habe.

Hinsichtlich der moralischen und praktischen Religion beschränkt sich Planck auf die Auswirkungen der Erwählungslehre, da in den übrigen Lehren Einigkeit mit der lutherischen bestehe.[1282] Jener Partikularismus hebe die ganze Freiheit des Menschen auf, was einer moralischen Religion widerspreche. Eine solche Theorie sei mit den Prinzipien der praktisch-moralischen Religion somit in keiner Weise zu vereinigen.[1283] Dennoch prüft Planck, ob es nicht analog zur lutherischen Lehre möglich sei, diese Lehre durch die Annahme zu entschärfen, dass Gott den Menschen wieder in seine natürlichen Kräfte einsetze, ihn zu eigener Tätigkeit wieder instand setze. Aber die Reformierten nähmen diese Restitution nur bei den Auserwählten an, und zudem hier als unwiderstehlich, sodass die menschliche Freiheit wieder negiert würde. Hier sei somit keine Einigung möglich. Außerdem sieht Planck in einer daraus entstehenden Ungewissheit des Menschen über sein eigenes Schicksal negative Auswirkungen auf die Moralität, da dadurch fortwährend der Zweifel an der eigenen Moralität genährt werde, diese somit nicht klar beurteilt werden könne.[1284] Abschwächend schließt Planck, dass bei aller objektiven Unvereinbarkeit doch subjektiv sicherlich einige Grundsätze des Systems zur moralischen Religion benutzt werden könnten.[1285]

Wie die Differenz in der Abendmahlslehre lasse sich auch die hinsichtlich der Prädestinationslehre nicht ausräumen. Da in jedem Fall die jeweilige exege-

---

dienstes Christi und behaupte zudem bezüglich der Auserwählten ein *adiumentum gratiae irresistibilis.*

[1279] Vgl. aaO. 92–96.

[1280] AaO. 97.

[1281] AaO. 97. Hier weist Planck auf die Abschwächung durch die Änderungen im *Consensus Tigurinus* hin (vgl. aaO. 98), durch die die Entfernung verringert »oder doch das Moment der Verschiedenheit um sehr viel unbedeutender gemacht wurde.« (ebd.). Vgl. die ähnliche Beurteilung dieses Streits in den Schriften zur Kirchengeschichte und zur Kirchenvereinigung (Kap. B.II. und IV.).

[1282] Planck geht von der Kompatibilität der lutherischen Dogmatik mit der moralisch-praktischen Religion aus.

[1283] Vgl. Abriß[3], 102–106.

[1284] Nur der, der völlig ohne Hinsicht auf die Folgen, einfach aus Pflicht, pflichtmäßig handele, könne dieses entbehren (vgl. aaO. 107). Planck erscheint das offenbar nicht realistisch.

[1285] Vgl. aaO. 108. Welche das sind, führt er nicht aus.

tische Begründung der lutherischen wie der reformierten Seite nicht zwingend zu bestreiten sei und sich die Fragen vernünftig nicht klären ließen, könne es kaum befremden, »daß so manche Unionsversuche, die man schon angestellt hat, fruchtlos waren«[1286]. Interessant bleibt die Degradierung der Abendmahlsfrage als Unterscheidungslehre zweiter Klasse bei Planck, da diese doch zumindest für die öffentliche Wahrnehmung ein wichtiges Indiz der Differenz und Identitätsmerkmal war und das gemeinsame Abendmahl das unübertroffene Sinnbild der Einigkeit der beiden protestantischen Konfessionen darstellte.

3.3. *Das sozinianische System*

Die zur Aufnahme des sozinianischen Systems in eine solche Darstellung nötige Erklärung liefert Planck gleich zu Beginn:

>»Der Socinianismus kann und darf ja als die Leiter betrachtet werden, auf welcher der Geist unserer Theologie zu der Höhe, die er jetzt in unserer neueren erreicht hat, hinaufstieg, und allein hinaufsteigen konnte.«[1287]

Konfessionelle und kirchliche Verfasstheit kam ihm eigentlich nicht mehr zu, doch legt Planck Wert auf eine differenzierte Betrachtung und zeigt die Quellen der Entstehung dieser Richtung auf.[1288] Dabei sei zu unterscheiden zwischen Privatmeinungen und einzelnen Sekten, auch müsse auf den Unterschied zwischen Unitariern und Sozinianern Wert gelegt werden, was häufig vernachlässigt werde.[1289]

In der Darlegung der Grundbegriffe des sozinianischen Systems betont Planck dessen Zuordnung zur supranaturalistischen Klasse, was vordergründig etwas verwundern mag: Doch da es mit der älteren Theologie die Schrift als geoffenbarte Religionswahrheit annehme, schließt Planck, dass es auch unmittelbare Offenbarungsbelehrungen über Gegenstände außerhalb der menschlichen Erkenntnismöglichkeit annehme – und dies hieße dann, dass es ebenso »als die unsrige auf das Prinzip eines reinen Supernaturalismus gebaut ist«[1290], allerdings bestünden leichte Differenzen in der Annahme der Theopneustie.

Dass der Sozinianismus keine Trinitätslehre vertritt, erscheint nach dieser Einleitung zweitrangig. Viel Mühe verwendet Planck dann auf die Behandlung der Grundlagen der sozinianischen theologischen Anthropologie, die »als Prin-

---

[1286] AaO. 112.

[1287] AaO. 113f. Zur Rolle des Sozinianismus für die Aufklärungstheologie vgl. BEUTEL, Aufklärung, 215–217. Konkrete »Abhängigkeits- und Kommunikationsverhältnisse« (aaO. 217) seien aber noch zu wenig erforscht. Die Aufklärer anerkannten im Sozinianismus vor allem dessen Toleranz, Moralität und »exegetische Ernsthaftigkeit« (aaO. 216).

[1288] Abriß³, 114, nennt als Quellen des Sozinianismus den *Catechismus Racoviensis* und die *Bibliotheca Fratrum Polonorum*.

[1289] Vgl. Abriß³, 114f., über die Ungerechtigkeit dieser Verwechslung.

[1290] AaO. 116. Fraglich bleibt, inwieweit Planck mit dieser Deutung die realen Zusammenhänge beschreibt.

cipien ihrer [seit der sozinianischen, C.N.] Religionstheorie betrachten werden
können.«[1291] Darin werde die Erbsündenlehre abgelehnt und eine Fähigkeit der
Menschen zum Guten aus eigener Kraft behauptet. Deshalb lehre der Sozia-
nismus auch keine Notwendigkeit einer Aussöhnung mit Gott durch den Tod
Jesu Christi, sondern erkenne das Erlösungswerk Christi in der Mitteilung einer
klareren Kenntnis Gottes und der Versicherung, alle Sünder unter der Bedingung ihrer Besserung zu begnadigen.[1292] Diese Besserung vollziehe sich in der
Nachfolge Jesu, zu der der Beistand der Gnade Gottes zugesagt werde. Größere
Anstößigkeiten kann Planck in keinem der bisherigen Punkte erblicken. In der
mit der Anthropologie unmittelbar zusammenhängenden sozinianischen Erwählungslehre, die Planck ebenfalls zu den grundlegenden Lehren des Sozia-
nismus rechnet, komme nur das von Gott vorhergesehene Verhalten in Betracht. Insgesamt ist die Nivellierung der grundsätzlichen Differenzen in den
fundamentalen Lehrsätzen und die sehr wohlwollende Interpretation der sozinianischen Anthropologie und moralisierten Erlösungslehre durch Planck auffällig.

Als weitere Unterscheidungen – alle bisher aufgeführten gehörten den
grundlegenden an – führt Planck die Ablehnung jeglicher Sakramentenlehre
durch die Sozinianer an, die in Taufe und Abendmahl nur einen äußeren Ritus
zu erkennen vermögen.[1293]

Im Bezug auf die moralische und praktische Religion, der der Sozinianismus
in keinem Grundbegriff widerspreche, prüft Planck ausführlich[1294] die Bedeutung der gegenüber der lutherischen Dogmatik veränderten Anerkennung his-
torisch-positiver Lehrbestände, die seiner Meinung nach zur festeren Begründung der moralischen Religion beitragen können. Er geht der Frage nach, ob
ihr Fehlen im Sozinianismus einen Mangel hinsichtlich der praktischen Brauchbarkeit bedinge. Wenn die Lehre Jesu in dieser Hinsicht wirksam sein solle,
müsse ihr eine Autorität zukommen, stellt er fest. Bei aller Verschiedenheit der
Grundansichten über die Person Jesu komme diesem im Sozinianismus doch
auch eine Autorität zu, die gegründet sei auf seinen Charakter als unmittelbaren
göttlichen Gesandten, der das göttliche Ansehen seiner Lehre verbürge.[1295] Insofern sei es unwichtig, dass Jesu Göttlichkeit im Sozinianismus nicht anerkannt
werde. Auch in der sozinianischen Lehre könne also gegenüber Jesus Dankbarkeit, Liebe etc. empfunden werden, auch wenn der Sozinianismus keine Versöhnungslehre kenne, aber Jesus dennoch als den größten Wohltäter der

---

[1291] AaO. 118 (Plancks Schreibweise von »Prinzip« ist uneinheitlich).

[1292] Vgl. aaO. 121. Diese Darstellung erinnert an die der Lehre Jesu in Plancks *Geschichte des Christenthums* (vgl. Kap. B.II.2.3.).

[1293] Vgl. Abriß[3], 126 f.

[1294] Von 32 Seiten über den Sozinianismus entfallen auf diese Untersuchung fast 14 (vgl. aaO. 128–141).

[1295] Vgl. aaO. 130.

Menschheit verstehe. Aus der Verwerfung der Versöhnungslehre folge freilich, dass der Sozinianismus nicht so wie die lutherische Dogmatik glaubhaft – auch der Vernunft nachvollziehbarer – machen könne, dass Gott den Sünder unter Vorraussetzung seiner Besserung begnadigen werde und dennoch Gerechtigkeit und Gnade miteinander vereinbaren könne. Wenn man voraussetze, dass der Mensch die Beruhigung, die Gewissheit der Zuneigung Gottes brauche, um sich überhaupt bessern zu können, dann müsse bei einem System ohne Versöhnungslehre ein Mangel herrschen.[1296] Die sozinianische Lehre könne dieses nun aber durch den Verweis auf die feierliche Versicherung Gottes durch seinen unmittelbaren Gesandten, den Menschen begnadigen zu wollen, glaublich machen. Letztlich basiere diese sozinianische Lehre damit auch auf einer Offenbarungslehre, nicht auf der Vernunft, und sei so der lutherischen Versöhnungslehre vergleichbar, denn auch der Opfertod Christi gründe sich nur auf die Versicherung Christi. Wenn es auch dabei bleibe, dass eine Dogmatik, die die Unmöglichkeit des Menschen zum Guten und die Stärkung des Menschen zu diesem Ziele durch Gott lehre, besser für die praktische Religion sei, da die Erfahrung der Unmöglichkeit der eigenen Besserung sonst jegliche Motivation rauben würde, könne es doch nicht dem Sozinianismus angelastet werden, dass Menschen durch diese Erfahrung mutlos gemacht würden, weil die sozinianische Lehre doch auch jedem den Beistand einer höheren Kraft verspreche.

Abschließend schärft Planck ein, der Sozinianismus sei nicht erst als Abfall aus der lutherischen Dogmatik entstanden, sondern gleichursprünglich mit dieser. Zudem verstehe er sich als Offenbarungslehre und gründe sich nicht auf naturalistische oder rationalistische Prinzipien. Man solle ihm deshalb den Begriff des Christlichen nicht absprechen, auch wenn es keine Vereinigungsaussichten gebe, da dies aus sozinianischer Sicht als ein Schritt zurück betrachtet werden müsste. So bleibe der Sozinianismus insgesamt dem Rationalismus einige Schritte näher und habe eine Tendenz dorthin, auch wenn er nicht darauf gründe.[1297]

Insgesamt wird die sozinianische Dogmatik ausführlich und wohlwollend behandelt. Grundsätzlich schwierige Punkte wie das Fehlen der Trinitätslehre, die Ablehnung sakramentaler Wirkungen und die Ablehnung der Versöhnungslehre werden als zweitrangig behandelt. Der Schriftbezug der Sozinianer wird als Beweis für ihre supranaturale Richtung ausgegeben, was sich aufs Ganze gesehen eigentlich nicht halten lässt. Auffällig erscheint die ausführliche Auseinandersetzung um die Wirksamkeit zur moralischen Religion.

[1296] Vgl. aaO. 135.
[1297] Vgl. aaO. 143 f.

3.4. Die neuere Theologie

Als letztes Vergleichssystem zieht Planck die »neuere Theologie« heran, die er ab 1760 ansetzt; deutliche Zeichen dieser Veränderung gebe es viele. Zwar habe sich bisher kein konsequentes System nach diesen Prinzipien ausgebildet, doch könne man wohl das, was sich logischerweise aus diesen Prinzipien ergeben müsse, als »System unserer neueren Theologie«[1298] bezeichnen. Auf die Ausbildung habe die herrschende Zeitphilosophie zwar Einfluss, vorzüglich die »kritische Philosophie«, die Planck zwischen 1790 und 1800 verortet, den neueren Philosophien bleibe dieser Einfluss aber versagt, und auch die Veränderungen durch die damalige kritische Philosophie stellten sich im Rückblick immer noch kleiner dar, als manche gehofft oder gefürchtet hätten.[1299]

Innerhalb der Grundideen bestehe zwar Einigkeit über die Schrift als Quelle der Wahrheiten, aber die neuere Theologie habe einen neuen Offenbarungsbegriff, der weitreichende Folgen habe: »Das Eigenthümliche dieses Begriffes wird durch das Prinzip des sogenannten Rationalismus bestimmt«[1300], womit der Offenbarungsbegriff der neueren Theologie sich deutlich vom älteren supranaturalistischen unterscheide. Weitere Differenzen zur tradierten Lehre bestünden in der akkommodierenden Hermeneutik, der Ablehnung der Trinitätslehre und in der Ablehnung der Erbsündenlehre. Hier behaupte die neuere Theologie als »ersten und leitenden Grundsatz in ihrer Religionstheorie«[1301], dass nur der moralisch gute Mensch zur Glückseligkeit fähig und Gott wohlgefällig sein könne. Darüber hinaus gebe es keine weitere Rechtfertigung und Begnadigung, eine Genugtuung durch den Tod Jesu lehne sie ab. Mit der sozinianischen Lehre betone die neuere Theologie das eigene Vermögen des Menschen, das sie als notwendig zu seiner Moralität erkennt. Noch über die sozinianische hinaus behaupte sie, dass die Lehre Jesu zu keiner Erwartung einer übernatürlichen Einwirkung Gottes berechtige.[1302]

Als sonstige weniger gewichtige Unterscheidungsmerkmale führt Planck die Ablehnung der Sakramente und jeglicher Gnadenmittel sowie den Zweifel an Jesu Äußerungen über Ereignisse der zukünftigen oder unsichtbaren Welt an. Letztere sehe die neuere Theologie nicht als zur Belehrung und Religion Jesu gehörig an. Innerhalb dieses eschatologischen Lehrkomplexes lehne sie die Totenauferweckung und das Jüngste Gericht ganz ab, betone hingegen noch mehr als in der älteren Theologie die Lehre über die Fortdauer des Menschen über den Tod als zentralen Inhalt der Lehre Jesu.[1303]

[1298] AaO. 147. Als Quellen nennt Planck unspezifisch »zahllose[] neuere[] Schriften« (aaO. 148).

[1299] Vgl. aaO. 149.

[1300] AaO. 150.

[1301] AaO. 154.

[1302] Vgl. aaO. 157 f.

[1303] »[S]ie räumt auch sehr gern ein, daß die Lehre Jesu vorzüglich durch das Licht und

Mit den Prinzipien der praktisch-moralischen Religion hingegen stimme die Religionstheorie der neueren Theologie überein. Hier geht Planck der Frage nach, die er vergleichbar schon bezüglich des Sozinianismus gestellt hatte, ob die neue Dogmatik den menschlichen Willen ebenso zur Ausübung der praktisch-moralischen Religion motivieren könne wie die ältere durch ihre aus der Lehre von ihrer unmittelbaren Offenbarung abgeleitete Behauptung ihrer Göttlichkeit: Jene verneine alle rein-positiven Lehren, die also nur aufgrund ihrer Geoffenbartheit angenommen werden müssen. Einige freilich könnten das abschwächen:

»Wenigstens diejenigen unter ihnen, die bei ihrem materiellen Rationalismus noch einen formalen Supernaturalismus anerkennen, wollen niemand verwehren, den Wahrheiten der christlichen Religionstheorie auch den Charakter von unmittelbar-göttlichen Belehrungen beizulegen«[1304].

D. h., auch solche Lehren, deren innere Wahrheit die Vernunft erkennen kann, können zugleich von Gott gegeben sein, nicht nur auf gewöhnlichem, sondern auch auf außerordentlichem Wege. Dadurch könnte ihr dann wieder ein größeres Gewicht zukommen.

Da die neuere Theologie der Person Jesu keine besondere Göttlichkeit zumesse und die Versöhnungslehre ablehne, müsse sie das, was sonst durch die genannten Lehrstücke an Gewissheit der Begnadigung erreicht worden sei, durch den bloßen Verweis auf die Besserung zu Tugend und pflichtmäßiger Gesinnung erreichen. Damit werde sie einige erreichen können, andere benötigten aber eine besonders Erklärung Gottes darüber. Dem Guten helfe Gott dabei durch den Gang seiner Weltregierung.[1305]

Dieses System der neueren Theologie, stellt Planck abschließend fest, weiche noch weiter vom dem der symbolisch-kirchlichen Dogmatik ab als die anderen behandelten Systeme. Wo es sich von dem lutherischen unterscheide, weiche es auch von den anderen Systemen ab, was sich aus der Gründung auf ein rationalistisches Prinzip ergebe,[1306] das keines von ihnen mit der neueren Theologie teile. Dadurch sei es mit allen älteren im Streit und dadurch seien auch die meisten unterscheidenden Eigenheiten veranlasst. Deshalb müsse auch der Streit um dieses Grundprinzip geführt werden, von dem auch beispielsweise die Exegese abhängig sei, von deren Seite man der neueren Theologie also nicht beikommen könne.[1307] Deshalb, so schließt Planck, sei dieser Streit nicht nur für die Religionswissenschaft, sondern auch für die Religion selbst von Interesse, da beiden daraus möglicher Gewinn erwachsen könne: Es gehe schließlich hinsichtlich

---

durch die Gewißheit, welche sie darüber verbreitet habe, unaussprechlich wohlthätig für die Menschheit geworden sey.« (aaO. 160).

[1304] AaO. 162. Diese Haltung kann Planck theologisch tolerieren.
[1305] Vgl. aaO. 166.
[1306] Vgl. aaO. 167.
[1307] Vgl. aaO. 168.

der Exegese um die Frage des Verständnisses der Grundurkunden – und die
Exegese sei unabweisbar von der Entscheidung zwischen rationalistischer oder
supranaturalistischer Herangehensweise abhängig.

4. Grundgedanken

Plancks *Abriß* zielt auf die Klärung des eigenen dogmatischen Systems durch
den Vergleich mit anderen Systemen. Das Werk soll den angehenden Theologen
zur Auseinandersetzung mit anderen theologischen Systemen ertüchtigen, stellt
sich aber nicht selbst als ein apologetisches oder polemisches Werk direkt in
diese Diskussion. Zur Verteidigung des eigenen lutherischen Lehrbegriffs wäre
es schon durch das Fehlen einer Darstellung desselben nicht geeignet. Eine unvoreingenommene *komparative Symbolik* bietet es nicht, da die verglichenen Systeme nur hinsichtlich ihrer Relevanz für das lutherische, näherhin: nach ihrem
Potential als Zweifelsquelle, herangezogen werden. Entscheidend ist nicht die
Begegnung mit anderen Konfessionen und deren Lehren, sondern die Anwendung dieser Lehren als Anfrage an die eigene theologische Überzeugung und
die so ermöglichte Ausbildung einer eigenen theologischen Urteilskraft.[1308] Die
»praktischen Folgen«[1309] in Form von religiösen Vollzügen werden nicht berücksichtigt.

Durch die Reduktion des Vergleiches auf die jeweiligen Grundprinzipien der
Systeme[1310] unterscheidet sich das Werk von einer »Symbolik« und entfernt sich
damit von den Bekenntnisschriften als Referenzsystem.[1311] Allerdings nennt
Planck die jeweils als grundlegend herangezogenen Quellen, geht also nicht
bloß von angenommen Grundideen aus. Dabei behandelt Planck nicht bloß real
existierende Konfessionen, wie am Sozinianismus und besonders am System der
neueren Theologie[1312] deutlich wird, die Begriffe *Lehrbegriff, System, Dogmatik*

[1308] Plancks Krisenanalyse der *Einleitung* steht hier im Hintergrund: Dem Theologiestudenten begegnet ein unüberschaubarer Parteienstreit, den er beurteilen muss – aber als Anfänger nicht beurteilen kann (vgl. dazu LÜCKE, Planck, 53).

[1309] Die hatte Planck in der Überschrift angekündigt, sie beziehen sich aber hier auf die
Verwendung zu moralisch-praktischer Religion.

[1310] Die Abstufung von zentralen und sekundären Differenzpunkten deutet WAGNER, Kirche, 252–254, als *hierarchia veritatum*.

[1311] Diese hatte Planck in der *Geschichte unseres protestantischen Lehrbegriffs* eingehend untersucht. Hier scheint ein Bewusstsein vom »Wesen des Christentums« auf.
»Nicht einzelne sog[enannte] Unterscheidungslehren sind Grund von Sonderungen, sondern ein konfessionsverschiedenes Gesamtverständnis des Evangeliums.« (RATSCHOW, Konfession, 421, im Bezug auf die Marburger Artikel). Einzelunterschiede sind *signa* einer Ge-
samtschau. Diese Erkenntnis lässt sich auch bei Planck finden, der einzelne Unterscheidungen
zwar behandelt, aber zurückführt auf Fundamentalbegriffe. Kritisch zu dieser Deutung Rat-
schows: OBERDORFER, Konfession, 1546, der allerdings gleichwohl zugibt, dass Konfessionen
»durch unterschiedliche Lehrbestände allein kaum zureichend zu kennzeichnen sind.«

[1312] Ein System der neueren Theologie liegt ja als System noch gar nicht vor, sondern
Planck setzt es erst aus einigen Grundgedanken zusammen (vgl. Abriß³, 147).

verwendet er meist gleichbedeutend: Sie bezeichnen auf die eine oder andere Weise die jeweilige theologische Standortbestimmung einzelner Gruppen, die auch quer zu Konfessionsgrenzen verlaufen können. Die zusätzlich jeweils herangezogene moralisch-praktische Religion, also der Bezug auf die Maximen sittlicher Besserung in den jeweiligen Lehrsystemen, ist ein Moment aller, nicht ein gesondertes Lehrsystem.[1313]

So wenig zur Zeit Plancks ein fester Titel für derartige Werke, die sich mit anderen Kirchen und deren Lehren bzw. Konfessionen und Symbolen beschäftigten, etabliert war, so wenig war festgelegt, welches Ziel eine entsprechende theologische Disziplin verfolgen sollte, zumal ihr Gegenstand akademisch und literarisch weitgehend brachlag.[1314] Plancks Verortung der vergleichenden Darstellung im Verbund mit Dogmatik und Dogmengeschichte war keineswegs zwingend, seine pädagogische Ausrichtung auf die Ausbildung zu theologischer Urteilskraft innerhalb seiner akademischen Tätigkeit konsequent, aber ebenso wenig zwingend.

5. Entwicklung der Disziplin und Begriffsklärung

Sieht man von der altkirchlichen Dogmenbildung ab, hat sich die fundamentale Auseinandersetzung mit der Bedeutung der Symbole in der Reformationszeit entwickelt.[1315] Mit der *Konkordienformel* wurde erstmals ein lutherisches Normgefüge begründet, das der Schrift untergeordnet (*norma normans*) den »Symbolen« identifikatorische Bedeutung (*norma normata*) zumaß und darunter auch die *Confessio Augustana* rechnete, deren maßgebliche Auslegung wiederum in der *Konkordienformel* vorliege.[1316] In der Folgezeit der lutherischen Orthodoxie übernahm die Polemik als kontroverstheologische Hauptwissenschaft die Aufgabe, das symbolisch-orthodoxe System zu verteidigen und zu festigen, ihr zur Seite trat die Isagogik als absichernde Einführung in das eigene Bekenntnis. Innerhalb der Irenik erhielt die Diskussion um die Symbole eine andere Tendenz: Altkirchliche Dogmen boten vermeintliche Gemeinsamkeiten (*consensus*

[1313] Deshalb ist die Beobachtung von FRIEDRICH, Baur, 29, Planck spreche nur bei der moralisch-praktischen von »Religion«, sonst von Religionstheorie, Lehrsystem und Dogmatik, findig, aber ohne systematisches Gewicht.

[1314] Die protestantischen Fakultäten waren hier Vorreiter, wie z.B. J.A. Möhler im Vorwort seiner Symbolik bemerkt (vgl. MÖHLER, Symbolik, 3). LÜCKE, Planck, 53, urteilt, Planck habe damit den leeren Platz nach dem Untergang der Polemik wieder ausgefüllt.

[1315] Vgl. zur Entwicklung FRIEDRICH, Baur, 17–31.

[1316] Dass der Symbolbegriff nun hier Einzug gehalten habe, ist leicht missverständlich: Weder lassen sich in anderen Konfessionen den lutherischen an Geltung vergleichbare Bekenntnisschriften ausmachen, noch hat sich die entstehende Disziplin ausschließlich mit konfessionellen »Symbolen« beschäftigt. Zu dieser Ausweitung des Symbolbegriffes vgl. HAUPTMANN, Konfessionskunde, 432. Analog vollzieht sich die Ausweitung des Konfessionsbegriffs (vgl. OBERDORFER, Konfession, 1546).

antiquitatis), Lehrunterschiede wurden nivelliert.[1317] Mit der Dogmenkritik der Aufklärungstheologie und der – auch von Planck angesprochenen – Ethisierung der Religion verloren die Bekenntnisschriften in weiten Teilen ihre fundamentale Bedeutung und wurden auf einige Grundwahrheiten zusammengekürzt. Zwar setzte sich der Streit um die Bekenntnisbindung fort – man denke an das sogenannte *Woellnersche Religionsedikt* –, doch fehlt der Theologie der Aufklärung meist eine konfessionelle Note.[1318] In diese liberale Denkbewegung gehört die Diskussion um mögliche Kirchenvereinigungen wie auch die Entwicklung der Dogmengeschichtsschreibung.

Die Entwicklung der Disziplin der Konfessionskunde vollzieht sich über die Isagogik und Polemik, die als Vorläufer der sich um 1800 entwickelnden komparativen Symbolik betrachtet werden können.[1319] Zudem lässt sich die im 18. Jahrhundert entwickelte Symbolik, die sich auf den Vergleich der Bekenntnisschriften der konfessionell verfassten Kirchen ausrichtete, als Vorform der Konfessionskunde bezeichnen.[1320] Für ihre Entwicklung ist neben der dogmenkritischen Haltung der Aufklärungstheologie und einer Aufweichung der Bekenntnisgrenzen, z. T. in Form der konkreten Idee der Kirchenunion, auch ab dem 19. Jahrhundert das Phänomen des Konfessionalismus belangvoll.[1321] Dieser entwickelte sich in Abwendung von der Aufklärung[1322] und war fast ausschließlich im Luthertum zu beobachten. Er gewann konkrete Gestalt in der

---

[1317] Vgl. zur Entwicklung der Irenik: HOLTMANN, Irenik, 268–273. Die Periodisierung der Entwicklung stellt vor Probleme. Das hängt u. a. auch mit der Unklarheit der Bezeichnung zusammen: Während ein Fach dieses Namens Ende des 16. Jh.s aufkommt, sind seine Grundgedanken (Vereinigung, Ausgleich) schon weit zuvor verbreitet (vgl. Cusanus). Gegen Holtmanns Schluss, die Irenik dürfe nicht in die Vergangenheit blicken, steht die Einsicht, dass z. B. jede Kirchenvereinigung nur unter Berücksichtigung des jeweiligen historischen Erbes geschehen kann.

[1318] Vgl. WIRSCHING, Bekenntnisschriften, 499, der spätestens mit dem *Preußischen Allgemeinen Landrecht (1794)* die Kirche mit H.-J. Reese als »Verein mit religiösem Stiftungszweck« verstanden sieht, was der theologischen Wirklichkeit auch in den anderen deutschen Territorien kaum gerecht wird.

[1319] Vgl. HAUPTMANN, Konfessionskunde, 431. Beide Disziplinen fußten auf der *Konkordienformel*, die ein reformatorisches Normgefüge allererst begründete. KATTENBUSCH, F., *Lehrbuch der vergleichenden Confessionskunde (1890)*, habe dann den Wandel zur vergleichenden Konfessionskunde vollzogen (vgl. aaO. 433). Doch lässt sich die von Hauptmann vollzogene klare Zuordnung kaum halten, da die als »komparative Symbolik« bezeichneten Werke (Planck, Marheineke, Möhler, Graul, Hase) (vgl. ebd.) in ihrer Anlage stark differieren: Möhler z. B. ist gegenüber Planck polemisch gefärbt. STEPHAN/SCHMIDT, Geschichte, 73, rechnen unter die Vorformen neben der Polemik die Geschichte der Symbole und Religionsstreitigkeiten, Kirchliche Geographie und Statistik.
Einen guten Überblick über Entwürfe und Forschungsliteratur bietet HAUPTMANN, Konfessionskunde, 435 f.

[1320] Vgl. GRAF, Konfessionskunde, 1552.

[1321] Zur Entwicklung vgl. FISCHER, Konfessionalismus, 426–430, und GRAF, Konfessionalismus.

[1322] Greifbar bei F. V. Reinhard in einer Reformationspredigt 1800 und in C. Harms' *95 Thesen (1817)*, die sich gegen eine Union und für die Rückkehr zu den Bekenntnisschriften

Erweckungsbewegung, repristinatorischen Theologieentwürfen sowie den Gegenbewegungen zu Kirchenunionen, musste aber an seiner fehlenden Einsicht in die historische Entwicklung zerbrechen.[1323] Das Interesse der Zeit an interkonfessioneller Verortung zeigen auch Entwürfe vergleichender Dogmatik.[1324]

So direkt Planck häufig zum Begründer der *komparativen Symbolik*[1325] erklärt wurde,[1326] so klärungsbedürftig bleiben doch ihre Grenzen und ihre Entwicklung. Plancks Werk muss vor dem Hintergrund der konfessionsirenischen,[1327] die Polemik ablehnenden Entwürfe der Aufklärungstheologie sowie als Reaktion auf die theologische Zersplitterung um 1800 verstanden werden. Maßgebliche Beiträge lieferten nach Planck unter anderem Ph.K. Marheineke, J.A. Möhler und viel später dann F. Kattenbusch, die jeweils für eine gewichtige Richtungsentscheidung innerhalb der Disziplin stehen.[1328]

Marheineke[1329], der bei Planck studiert hatte, dann aber vornehmlich von Daub, Schleiermacher, dem Idealismus und der Romantik geprägt wurde,[1330]

---

aussprechen (vgl. FISCHER, Konfessionalismus, 427). Vgl. dort auch zu weiteren Vertretern und zum Verhältnis zum Neuluthertum.

[1323] So auch das Urteil FISCHER, Konfessionalismus, 430.

[1324] Auf diese Form der dogmatischen Bearbeitung macht LAUBE, Differenzen, aufmerksam.

[1325] Der Begriff bildet sich im Anschluss an das Werk Marheinekes (vgl. HAUPTMANN, Konfessionskunde, 432).

[1326] Vgl. HAUPTMANN, Konfessionskunde, 432; STEPHAN/SCHMIDT, Geschichte, 73. WAGNER, Kirche, 244.252, nennt ihn mit Marheineke als Begründer der Symbolik als vergleichende Konfessionskunde. BEUTEL, Aufklärung, 280, bezeichnet Plancks *Abriß* als »komparative Symbolik« und Ablösung der »kontroverstheologischen Polemik«. Dass Planck die »Wissenschaft der Symbolik ins Leben« gerufen habe (so ROHLS, Theologie 1, 304), lässt sich in dieser Begrifflichkeit nicht behaupten – eine solche Disziplin gab es schon vor ihm. GRAF, Konfessionskunde, 1552f., erwähnt Planck nicht und beginnt erst bei Kattenbusch.

[1327] BEUTEL, Aufklärung, 386–389, weist jedoch richtigerweise auch auf die Rückschläge in den Unionsvorhaben hin. Noch ROTHERT, Hannover, 293, kritisiert am *Abriß*, Planck habe zu sehr die Fremdgläubigen zu rechtfertigen versucht und die eigene Lehre bloß in ihren Schwächen dargestellt.

[1328] Mit Möhler, Baur, Marheineke und Kattenbusch, auf die ich mich hier beschränke, lassen sich gewichtige Entwicklungen der Disziplin abdecken. Des Weiteren sei noch genannt WINER, G.B., *Comparative Darstellung des Lehrbegriffs der verschiedenen christlichen Kirchen-Partheien, nebst vollständigen Belegen aus den symbolischen Schriften derselben in der Ursprache (1824)*, der ebenfalls häufig genannt wird. Möhler bezog sich in seiner *Einheit* auf ihn (vgl. WAGNER, Kirche, 268). LÜCKE, Planck, 54, nennt in einer Reihe »Marheinecke, Herb. Marsch, Winer und Möhler«, die diese Wissenschaft nach Planck ausgebildet hätten. Sicherlich wären hier auch J.S. Semler und S.J. Baumgarten zu nennen (so HAUPTMANN, Konfessionskunde, 432), doch ist mit der Auswahl ein grundlegender Zug der Aufklärungstheologie getroffen.

[1329] Vgl. zum Überblick DREHSEN, Marheineke, 109–115. Die meisten Darstellungen zielen vorrangig auf sein theologisches System ab (z.B. RUPPRECHT, Spekulation) und erwähnen die Symbolik bestenfalls am Rande. Dazu vgl. aber WAGNER, Kirche, 255–258.

[1330] Vgl. DREHSEN, Marheineke, 109. Marheinekes Prägung durch Hegel beschränkt sich angeblich nur auf die logische Dialektik (vgl. dazu schon 1936 IHLE, Marheineke, 118). Differenzierter ist die Darstellung bei ALBRECHT, Kulturwissenschaft, 62–72.

legte mit der *Christlichen Symbolik (1810–13)*[1331], die nicht über den ersten Teil und somit über das katholische System hinauskam, eine komparative Darstellung der Lehrbegriffe vor. Gegenüber Planck behandelte er auch in Ansätzen Kultus, Verfassung und Missionstätigkeit.[1332] Dabei führt er die Eigenarten der Frömmigkeitsformen und Konfessionen auf ihre »idealtypische Glaubensdisposition (›Mysticismus‹, ›Scholasticismus‹)« sowie außerreligiöse Umstände zurück.[1333] Er fußte auf einem anderen theologischen (spekulativen) System, das Planck ablehnte, wendete sich der Religionsgeschichte zu, die er als Manifestation der göttlichen Idee verstand,[1334] und wollte den Religionsbegriff (gegen Schleiermacher) objektiv, also inhaltlich fassen.[1335] In der Geschichte der Symbolik kritisiert Marheineke besonders die einfache Zusammenstellung der Lehren, die nicht auf ihren Stellenwert im System eingehe.[1336] Auch in den Symbolen und Lehrsystemen gehe es um die je eigentümliche Manifestation einer Idee in der Bewegung des göttlichen Geistes.[1337] Und so definiert Marheineke Symbolik als historisch-dogmatische Entwicklung des einer jeden der getrennten christlichen Kirchenparteien eigentümlichen Lehrbegriffs, wie er in den Symbolen ausgesprochen ist.[1338] Eine solch systematische Definition und Verhältnisbestimmung von Lehrbegriff, Kirchenpartei und Symbol sucht man bei Planck vergeblich. Unabhängig von den theologisch anderen Voraussetzungen

---

[1331] MARHEINEKE, PH.K., *Christliche Symbolik oder historisch-kritische und dogmatisch-komparative Darstellung des katholischen, lutherischen, reformierten und socinianischen Lehrbegriffs (1810–1813)*. Damit taucht »komparativ« hier ebenso wie »Symbolik« im Titel auf. Ein weiteres, wenn auch kleines, so doch vollständiges Lehrbuch zur Symbolik verfasste Marheineke unter dem Titel *Institutiones symbolicae* (³1830). Seine Grundsätze lassen sich vornehmlich aus seinen Vorlesungen erschließen.

[1332] STEPHAN/SCHMIDT, Geschichte, 82, urteilen, Marheineke habe Planck erweitern und vertiefen wollen, sei allerdings doch anders geprägt (Idealismus), was ihn daran gehindert habe, wirklich über eine bloße »Symbolik« hinauszukommen und Konfessionskunde zu werden. Er habe durch seine Nachweise außerreligiöser Ursachen der Unterschiede die Wissenschaft aus der Wahrheitsfrage gelöst. Dieses negative Urteil halte ich für unscharf, da es doch gerade eine Befreiung der Disziplin war, nicht ständig polemisch-apologetisch die Wahrheitsfrage zu thematisieren.

[1333] Vgl. DREHSEN, Marheineke, 111. Der Katholizismus sei durch »gefühlsmäßige[] Religiosität«, der Protestantismus eher durch »verstandesmäßige Frömmigkeit« geprägt (ebd.).

[1334] Vgl. dazu aaO. 110.

[1335] Vgl. RUPPRECHT, Spekulation, 16.311–321. Marheineke hat gegenüber Planck versucht, »die Lehrbegriffe der Kirchen auf ihre Ideen zurückzuführen und von hier aus als organische[s] Ganze[s] zu begreifen« (OEHLER, Lehrbuch, 23).

[1336] Vgl. MARHEINEKE, Symbolik, 17 f. Er prägt die Einteilung in drei Perioden (Streit – Streit in Reflexion und Begriff – Streit auf Ebene wissenschaftlicher Methodik). Vgl. dazu WAGNER, Kirche, 255.

[1337] Vgl. MARHEINEKE, Symbolik, 2–7.

[1338] Vgl. aaO. 4. Ihre Methode müsse kritisch, historisch und dogmatisch-vergleichend sein, verwandt sei die Dogmengeschichte (vgl. WAGNER, Kirche, 261 f.). Das Symbol erscheint dabei als das Produkt einer Konfession, als Einheitspunkt der Gläubigen (vgl. MARHEINEKE, Symbolik, 14 f.) (dazu vgl. WAGNER, Kirche, 258).

schließt Marheineke doch in der Darstellung an Planck an[1339] und baut dessen Vorgehen auf die frömmigkeitstypischen Merkmale und Grundgedanken anstelle einer Fokussierung auf die Lehren und deren Prinzipien aus.[1340]

Direkt an Planck wendet sich Marheineke mit einer Schrift *Ueber das wahre Verhältniß des Katholicismus und Protestantismus (1809)*, die die enge Verbindung von Symbolik, Unionsdiskussion und Geschichtsverständnis illustriert.[1341] Darin reagiert er auf Plancks bis dahin erschienene Schriften zur Wiedervereinigung der christlichen Konfessionen und zum Umgang mit der katholischen Kirche in protestantischen Territorien.[1342] Marheineke nimmt das zum Anlass, in Form von sieben Briefen seine Meinungen über das Wesen der beiden Kirchentümer sowie die Möglichkeiten einer Vereinigung zu veröffentlichen. Als Grundlage seiner Argumentation dient die Auffassung, dass beide Konfessionen als die beiden notwendig gegensätzlichen Erscheinungsweisen der höheren Einheit des Christentums – vergleichbar der Erscheinung der Menschheit in der Zweiheit von Mann und Frau[1343] – auch zwingend getrennt bleiben müssten.[1344] Sogar eine natürliche Bestimmtheit zu einer der beiden Seiten kann Marheineke behaupten.[1345] Beide verfolgten einen ihrem Wesen entsprechenden Weg: Während der Protestantismus auf Geist und Lehre setze, verwirkliche sich der Katholizismus im Äußerlichen und Sinnlichen. Eine Vereinigung würde diesen dynamischen Antagonismus, vergleichbar dem von Verstand und Einbildungskraft, behindern und zudem jeden einzelnen der beiden Wege erschweren.[1346]

[1339] Er las auch nach Plancks *Abriß* (vgl. WAGNER, Kirche, 254 f.).

[1340] Vgl. dazu auch GERBER, Schleiermacher, 202 f. Dass Planck mit seiner Berücksichtigung der moralisch-praktischen Religion schon das »Leben« neben der »Lehre« einbeziehe (vgl. FRIEDRICH, Baur, 29), ist missverständlich, da es nicht um praktische Vollzüge der Religion, sondern ihre moralische Valenz ging.

[1341] MARHEINEKE, PH.K., *Ueber das wahre Verhältniß des Katholicismus und Protestantismus und die projectirte Kirchenvereinigung. Nathanaels Briefe an Herrn Consistorialrath Planck in Göttingen (1809)*. Die Schrift erschien in den von C. Daub und F. Creuzer herausgegebenen *Studien* in zwei Teilen (zitiert als MARHEINEKE, Verhältniß 1 bzw. 2).

[1342] Vgl. Kap. B.IV.

[1343] Vgl. MARHEINEKE, Verhältniß 2, 255.257.261. Dies kann er sogar für das »Gebiet der organisirten Natur« generalisieren, wenn er überall »das Zusammenwirken des männlich-protestantischen und weiblich-katholischen Princips« als »göttliche Einrichtung« (aaO. 226) erkennt. Als Beitrag zu Möglichkeiten der Vereinigung formuliert er – ernstgemeint? –: »Ich meyne nämlich dadurch, daß alle Weiber katholisch und alle Männer protestantisch würden« (aaO. 255).

[1344] »Wenn jede der beyden Partheyen begriffen hat, daß sie gesondert beyde Einer Idee dienen und Eine Idee nur von zwey verschiedenen Seiten zur Erscheinung bringen, die Gott durch Christenthum und Kirche an der Menschheit vollziehen wollte« (aaO. 250), dann wäre auch die Diskussion um eine Vereinigung befördert. Es sei doch klar, »daß nur durch Trennung zu Vereinigung und durch Vereinigung zu trennen ist« (aaO. 251). Die Reformation habe diese eigentlich immer angelegte Trennung zum Vorteil beider Seiten zum Durchbruch gebracht (vgl. aaO. 221–223).

[1345] Vgl. aaO. 224.

[1346] Sie würden sich »einander im Wege stehen«, da neue Uneinigkeiten unvermeidlich sein würden (aaO. 240).

Obwohl sich Marheineke durchaus nicht in Opposition zu Planck begeben will,[1347] scheint hier doch ein grundsätzlich anderes Verständnis konfessioneller Identitäten auf: Marheineke leitet alles aus dem Wesen der Konfession, ihrer Idee her. Er behandelt auch keine unterschiedenen positiven Kirchentümer, sondern »Katholicismus« und »Protestantismus« als Emanationen ihrer höheren Einheit. Allerdings meint er, diese jeweils auch in der Geschichte zeigen zu können: So habe der Protestantismus schon seit jeher in der katholischen Kirche gewirkt, in Form von Reformkräften oder Häretikern.[1348] Dazu muss Marheineke freilich erst festgelegt haben, worin der Geist des Protestantismus besteht.

J. A. Möhler, der in seiner theologischen Entwicklung auch Einflüsse protestantischer Theologen (z. B. Planck)[1349] aufnahm, hat mit seinem Hauptwerk, der *Symbolik (1832)*[1350], das im katholischen Bereich zur Konfessionskunde wohl meistverbreitete Werk vorgelegt.[1351] Aufschlussreich für dessen Grundanlage und Intention ist der weitere Titel: *oder Darstellung der dogmatischen Gegensätze der Katholiken und Protestanten nach ihren öffentlichen Bekenntnisschriften.* Möhler definiert Symbolik als

»die wissenschaftliche Darstellung der dogmatischen Gegensätze der verschiedenen, durch die kirchlichen Revolutionen des sechszehnten Jahrhunderts nebeneinander gestellten, christlichen Religionsparteien aus ihren öffentlichen Bekenntnisschriften.«[1352]

Die einzelnen Sätze müssten in ihrem »organischen Zusammenhange«[1353] dargestellt werden. Anders als Planck hat Möhler so die Quellengrundlage zwar definiert, macht aber zugleich deutlich, dass er von einem Gegensatz ausgeht. So ist das Werk auch alles andere als ökumenisch-irenisch, sondern vielmehr »stark apologetisch und polemisch eingefärbt«[1354], wie in der anschließenden

---

[1347] Vgl. das Ende der Schrift, in dem Marheineke Planck seiner ewigen Verehrung als Lehrer versichert (vgl. aaO. 262).

[1348] Vgl. die Darstellung im 3. und 4. Brief (vgl. MARHEINEKE, Verhältniß 1, 200–224).

[1349] Siehe Kap. A.IV.3.5. Möhler nennt daneben noch Marheineke und Schleiermacher (vgl. WAGNER, Kirche, 52 f.166).

[1350] MÖHLER, J.A., *Symbolik oder Darstellung der dogmatischen Gegensätze der Katholiken und Protestanten nach ihren öffentlichen Bekenntnisschriften (1832).*

[1351] Ob die Leistung der *Symbolik* als Hauptwerk immer gleich Möhler zum »Wegbereiter der Ökumene« (WAGNER, Möhler, 141) machen muss, scheint mir gerade in Anbetracht der folgenden Kontroverse mit Baur (vgl. dazu FRIEDRICH, Baur, 125–190) fraglich. Bemerkenswert ist, dass ein Werk aus dem katholischen Bereich einen bedeutsamen Beitrag zur Symbolik-Frage geleistet hat, da doch außerhalb des Luthertums kein entsprechender Symbolbegriff vorlag (vgl. HAUPTMANN, Konfessionskunde, 432). Zudem verwendete Möhler den Konfessionsbegriff für die verschiedenen christlichen Kirchentümer, was ebenfalls in der katholischen Theologie ungewöhnlich war (vgl. RATSCHOW, Konfession, 419).

[1352] MÖHLER, Symbolik, 17. Zur weiteren Definition: aaO. 17 f.

[1353] AaO. 17.

[1354] HAUPTMANN, Konfessionskunde, 432. Die Symbolik verfolge zwar weder polemische noch apologetische Zwecke, allerdings werde sie sich schon aufgrund der Positionalität des Verfassers zum Teil so verhalten, was ihrem darstellenden Charakter nicht widerspreche (vgl. MÖHLER, Symbolik, 17). Von daher verwundert die Vereinnahmung Möhlers für die Öku-

Auseinandersetzung mit F. Chr. Baur in Tübingen deutlich wird. Planck hatte das von Möhler angewandte, der hegelschen Dialektik entlehnte[1355] Verfahren, den »Satz« über den »Gegensatz« zu klären, abgelehnt.[1356]

Wie Marheineke legt Möhler Wert darauf, die Teile des Systems jeweils im organischen Zusammenhang darzustellen und in ihrer Stellung zum Ganzen zu verstehen.[1357] Dogmatisch betont er die Tradition, die er im Prozess der Offenbarung als konstitutive Erklärung und aktuelle Verlautbarung der Schrift ansieht.[1358] Damit entspricht er voll dem von Planck festgestellten Grundprinzip des Katholizismus. Ziel der Darstellung Möhlers soll der Ausdruck des absoluten Charakters des Glaubens der katholischen Kirche sein.[1359] Seine Symbolik muss dabei im Zusammenhang seiner romantisch gefärbten Ekklesiologie, dem Wunsch zur Einheit[1360] gesehen werden.[1361] Dahingehend konnte er auch das durch den Konfessionalismus angestoßene Gespräch über die Gegensätze als Schritt in diese Richtung deuten. Möhler schloss damit eindeutig an lutherische Symboliker (Planck, Marheineke) an.[1362]

F. Chr. Baur, »der bedeutendste Kirchenhistoriker seiner Zeit«[1363], lieferte sich mit seinem Tübinger Kollegen Möhler einen literarischen Schlagabtausch[1364] Er las im Wintersemester 1828/29 erstmals über »Christliche Symbolik«, worin

---

mene als ökumenischer »Kirchenvater der Moderne«. So finden sich in dem gleichnamigen Sammelband, hg.v. H. Wagner, auch entschieden mehr Beiträge zu Möhlers ökumenischer Fernwirkung als zu seiner Theologie. Auf den zweiten Blick formuliert Möhler sehr deutlich das römisch-katholische Ökumeneverständnis: Zurück in die wahre Kirche. GEISSER, Glaubenseinheit, 157, meint, die apologetische und polemische Tendenz musste sich von selbst ergeben. Sogar die Priesterbruderschaft St. Pius X. gab ein Bändchen »Grundfragen der Ökumene«, Lefebvre gewidmet, heraus, in dem die katholisch-protestantischen dogmatischen Gegensätze auf der Grundlage von Möhlers Symbolik bearbeitet werden: JENTZSCH, Grundfragen.

[1355] Vgl. GEISELMANN, Möhler, 166: Er übernahm nicht die Theorie des objektiven Geistes, aber die Dialektik.

[1356] Möhler erklärt sich ebenso gegen Planck und verteidigt die Darstellung des Satzes über den Gegensatz (vgl. MÖHLER, Symbolik, 19 f.).

[1357] Vgl. aaO. 17.

[1358] Vgl. GEISSER, Glaubenseinheit, 195 f.

[1359] Vgl. GEISELMANN, Möhler, 137.

[1360] Geiselmann deutet diesen Zug existentiell als Herzensangelegenheit Möhlers (vgl. aaO. 91 f.179). So müsse auch die Symbolik verstanden werden.

[1361] Ausführlich gezeigt bei WAGNER, Kirche. Die Entwicklung von der *Einheit* zur *Symbolik* ist zu beachten.

[1362] Vgl. WAGNER, Kirche, 328 f. Dabei ist für sein Kirchenverständnis der romantische Einfluss wichtig. Dass Möhler Planck ablehne, weil dessen *Abriß* psychologisch-pragmatisch vorgehe, wie GEISSELMANN, Möhler, 131 f., behauptet, ist falsch. Planck erklärt die Unterscheidungslehren keineswegs aus Neigungen etc. Hier hat sich der Autor das Urteil des 19. Jh.s über die pragmatische Kirchengeschichtsschreibung zueigen gemacht und falsch zugeordnet. MÖHLER, Symbolik, 3, weist vielmehr selbst auf die Vorlesungen der protestantischen Fakultäten hin.

[1363] SCHOLDER, Baur, 352.

[1364] Vgl. die Untersuchung bei FRIEDRICH, Baur, 125–190.

er Katholizismus und Protestantismus als geschichtliche Entwicklungsstufen der einen christlichen Wahrheit darzustellen unternahm.[1365] Von Möhlers *Symbolik* herausgefordert[1366] veröffentlichte Baur *Der Gegensatz des Katholizismus und Protestantismus nach den Prinzipien und Hauptdogmen der beiden Lehrbegriffe. Mit besonderer Rücksicht auf Herrn Dr. Möhler's Symbolik (1833/34).*[1367] Baur sah in Möhlers Entwurf eine Autoritätsgläubigkeit am Werk, die die freie Forschung unterdrücke.[1368] Möhler reagierte darauf mit seiner Schrift *Neue Untersuchungen der Lehrgegensätze zwischen den Katholiken und Protestanten. Eine Vertheidigung meiner Symbolik gegen die Kritik des Herrn Professors Dr. Baur in Tübingen (1834),* auf Marheineke und C. I. Nitzsch mochte er nicht reagieren.[1369] Baurs zweite Auflage seines *Gegensatzes* schloss die Kontroverse ab. Hier trafen zwei verschiedene theologische Grundansichten aufeinander, für das Verhältnis der Konfessionen im 19. Jahrhundert ist dieser Streit äußerst bedeutsam, für die methodische Entwicklung der Symbolik weniger. Konzeptionell interessant ist die jeweilige Rückführung auf die Prinzipien der Lehrgegensätze bei Baur, womit er an Planck anschließt.[1370] Kontroverstheologisch bedeutsam ist die Entwicklung hin zu einem Streit über einzelne Lehren.[1371]

F. D. E. Schleiermacher schrieb in seiner *Kurzen Darstellung* der Dogmatik die Aufgabe zu, den gegenwärtigen Lehrstand einer Kirche darzustellen, und holte damit ein Anliegen der Symbolik ein, über die Bekenntnisgrundlagen der eigenen Kirche zuverlässige Auskunft geben zu können. Er trug aber – trotz Interesses an interkonfessioneller Einigung – keinen systematischen Entwurf zum Fach bei.[1372] Doch können seine Vorlesungen über *Kirchliche Statistik* Auskunft über seine Vorstellungen von einer Beschreibung der Kirche der Gegenwart

---

[1365] Vgl. SCHOLDER, Baur, 354.

[1366] Dagegen FRIEDRICH, Baur, 11: Baur entwerfe seine Symbolik nicht bloß als Reaktion auf Möhler, sondern angelegt in seinem Gesamtwerk.

[1367] In der Vorrede nennt er lobend Marheinekes Entgegnung auf Möhler (vgl. BAUR, Gegensatz, XVIII). Planck, den er als Begründer der Disziplin ansieht, wird ebenfalls erwähnt (vgl. aaO. 3f.).

[1368] Für die protestantische Kirche sei eine milde, vergleichende Symbolik ganz natürlich, weil eine Kirche der Glaubens- und Gewissensfreiheit nicht alles unter einen Autoritätsanspruch stellen könne, sondern verschiedene kirchliche Lehrbegriffe aus dem mildesten Gesichtspunkt betrachten müsse, erklärt Baur eingangs sein Verständnis (vgl. BAUR, Gegensatz, 4). Vgl. dazu SCHOLDER, Baur, 354f.

[1369] Vgl. MÖHLER, Neue Untersuchungen, IVf.

[1370] Vgl. dazu die Untersuchung von ALBRECHT, Kulturwissenschaft, bes. 95–119.

[1371] MÖHLER, Neue Untersuchungen, ist gegliedert nach Lehrartikeln (1. Kap.: Von dem Urstande des Menschen, von der Erbsünde und Freiheit; 2. Kap.: Von der Rechtfertigung; 3. Kap.: Von den Sakramenten; 4. Kap: Von der Kirche. BAUR, Gegensatz, hatte immerhin neben diesen Lehrartikeln noch in einem 5. Abschnitt den »Gegensatz der beiden Systeme im Allgemeinen« untersucht, wobei er auch auf die historische Entwicklung einging (bspw. auch auf den »alexandrinischen Platonismus« u. ä.).

[1372] WAGNER, Kirche, 262–264, führt das auf Schleiermachers Religionstheorie des frommen Selbstbewusstseins zurück. Auch die *Kurze Darstellung* (²*1830*), § 249 (KGA I/6; 412,21–23), versteht die Symbolik als Form der Statistik. In seiner Darstellung der Bekenntnisschrif-

geben, die sich neben dem Gehalt kirchlichen Lebens bei ihm vornehmlich auf die Schilderung der inneren und äußeren Kirchenverfassung sowie das Verhältnis zum Staat ausrichteten.[1373] Diese Form der Statistik entwickelte sich neben der weiterbestehenden (komparativen) Symbolik weiter. Letztlich kam es dann durch die Verbindung beider zur Entstehung der Konfessionskunde.[1374] Insgesamt prägt Schleiermachers »Unions Theologie« weniger ein Bewusstsein für die bestehenden Differenzen als vielmehr die Hoffnung auf den als Vervollkommnung verstandenen Vollzug der Einigung.[1375]

Der Begriff »vergleichende Konfessionskunde« taucht erst bei F. Kattenbusch auf, der damit eine

»theol[ogische] Diszplin, die die Differenzen zw[ischen] den verschiedenen christl[ichen] Konfessionskirchen im Blick auf ihre Bekenntnisse bzw. öff[en]tl[ichen] Lehren, dogmatischen Identitätskonstruktionen, spezifischen Ethosformen, liturgischen Praktiken und rel[igiösen] Lebensvollzüge vergleichend untersucht«[1376],

bezeichnet. Er legte ein *Lehrbuch der vergleichenden Confessionskunde (1892)* vor, das allerdings nicht über den ersten Band: *Prolegomena und Erster Theil: Die orthodoxe anatolische Kirche* hinauskam.[1377] Dennoch wird deutlich, wie er über die Fokussierung auf die Bekenntnisschriften hinausging und so den modernen Begriff der Konfessionskunde vorbereitete. Eingangs beschreibt er die Aufgabe der Konfessionskunde: »Es gilt die Principien und das Empirische, das Absolute (die Norm) und das Relative (die gegenwärtige geschichtliche Wirklichkeit) unter demselben Sehwinkel in's Auge zu fassen.«[1378] Gleichzeitig erklärt er sich auch über den neuartigen Titel: Er habe nicht »Symbolik« schreiben wollen, weil er erstens davon ausgehe, dass dies nicht mehr Gegenstand der Untersuchung sein könne, und zweitens auch meine, es sei mittlerweile allgemeiner Konsens, das

---

ten verfolgt Schleiermacher ebenfalls kein konfessionskundliches oder komparatives Interesse. Vgl. dazu die umfassende Studie von Ohst, Schleiermacher.

[1373] Vgl. Gerber, Schleiermacher, 187, der Plancks *Abriß* als »wegweisende[n] Leitfaden für konfessionskundliche Vorlesungen« (aaO. 196) bezeichnet.

[1374] Zur Entwicklung zu Beginn des 19. Jh.s vgl. Gerber, Schleiermacher. Stephan/ Schmidt, Geschichte, 98, rechnen den Beitrag Schleiermachers neben Marheineke und Planck zu den »Grundlegungen der Konfessionskunde«.

[1375] Zu Schleiermachers Haltung vgl. knapp Hornig, Lehre und Bekenntnis, 153–157. Schleiermachers Beitrag zum Thema durch seine Aufgabenbeschreibung der kirchlichen Statistik lässt sich als gewichtiger Beitrag zur Konfessionskunde ansehen (so Stephan/Schmidt, Geschichte, 98).

[1376] Graf, Konfessionskunde, 1552. Die Symbolik könne also nur ein Teil der Konfessionskunde sein (so Hauptmann, Konfessionskunde, 433). Doch gab es auch nach Kattenbusch noch Ansätze einer komparativen Symbolik (vgl. ebd.). Den Anschluss an Kattenbusch bildet – ebenfalls unvollständig – Loofs, F., *Symbolik oder christliche Konfessionskunde (1902)*, der damit beide Titel zusammenführte.

[1377] Titelei von Kattenbusch, Lehrbuch. Auffälligerweise beginnt auch Schleiermacher in seiner *Kirchlichen Statistik* bei der östlichen Peripherie, den orientalischen, orthodoxen Kirchen (vgl. Gerber, Schleiermacher, 186).

[1378] Kattenbusch, Lehrbuch, 5.

Eigentümliche nicht so ausschließlich wie früher in den Symbolen zu suchen. Er wolle darstellen, was die Kirchen sein wollen, also das Ideal (worin er sich mit der Symbolik einig sieht), doch bestehe keine Konfession nur aus ihren Prinzipien, sondern man müsse die Darstellung auf das Empirische ausdehnen.[1379]

Bei Kattenbusch findet sich eine Erweiterung des Konfessionsbegriffes, der nun synonym für »Kirchenpartei« verwendet wird.[1380] Seinen Ursprung hatte der Begriff eigentlich in der lutherischen Reformation, deren Kirche sich auf »Bekenntnisse« gründete[1381] – damit also im eigentlichen Sinn Konfession war. Andere christliche Kirchen teilen diese Grundlegungsfunktion eines »Bekenntnisses« nicht. Über diese ursprüngliche Bedeutung hinaus wurde der Begriff ausgeweitet und nun auch auf andere Religionen angewendet.[1382] Die Konfessionskunde bekam so im 20. Jahrhundert einen starken ökumenischen Einschlag, der sich zulasten ihrer selbstidentifikatorischen Funktion auswirkte.[1383]

[1379] Zu den programmatischen Überlegungen vgl. aaO. 1–4.

[1380] Vgl. HAUPTMANN, Konfessionskunde, 433. Vgl. auch RATSCHOW, Konfession, 419: »Konfessionen nennt man seit dem 19. Jh. kirchliche Absonderungen innerhalb des Christentums, die sich als eigenständige kirchliche Körperschaften organisierten.«

[1381] Vgl. RATSCHOW, Konfession, 419, und WIRSCHING, Bekenntnisschriften, 488f.496f.

[1382] Dazu vgl. RATSCHOW, Konfession, 422f. Damit zusammen hängt die entgrenzte Verwendung des Begriffs »Bekenntnis«, wofür WIRSCHING, Bekenntnisschriften, 487f., ein Beispiel bietet, indem er das Bekenntnis als eine »Grundhaltung jeder *vita christiana*« bezeichnet und alles »vom Lebenshabitus eines persönlichen Bekenntnisses bis zur Fixierung eines objektiven Lehrkonsensus« einbezieht.

[1383] Vgl. dazu HAUPTMANN, Konfessionskunde, 434f. Der katholischen Arbeit ALGERMISSEN, Konfessionskunde, ist eine Widmung vorangestellt, die diese Tendenz illustriert: »Das Werk sei all denen, die durch Gebet und Arbeit, schriftlich und mündlich, an einem ehrlichen gegenseitigen Verständnis der christlichen Konfessionen und letztlich am Ziel einer endgültigen kirchlichen Einheit des Christentums arbeiten, in Dank und Verehrung gewidmet.« Dass dieses großangelegte Werk mit der Lehre von der Kirche beginnt, zeigt zudem die grundsätzlich andere Herangehensweise katholischer Gelehrter an diesen Gegenstand sowie die schon im 19. Jh. festgestellte Differenz zur Position der Kirchenlehre in der protestantischen Theologie. Eine lehrmäßige Verortung über die Kirchenlehre hinaus bleibt weitgehend aus.
Graf weist besonders auf die ökumenische Entwicklung hin, die das Interesse an dem Gemeinsamen dem der »konfessionellen Identitätsbehauptung« eindeutig vorlagere (vgl. GRAF, Konfessionkunde, 1553). In der theologischen Ausbildung komme dem Fach keine Relevanz mehr zu, auch das Konfessionskundliche Institut in Bensheim spiele keine Rolle für die »Selbstidentifikation« des deutschen Protestantismus. Kulturwissenschaftlich allerdings lasse sich eine wachsende Sensibilität für die Einflüsse konfessioneller Mentalitäten beobachten. Grafs Artikel krankt freilich an seiner hohen Positionalität: Ob die Diskussion um Harnack und Troeltsch und das Wesen des Christentums wirklich zentral für die Disziplin der Konfessionskunde ist, möchte ich bezweifeln: Sie ist allenfalls Ausdruck des gleichen Bedürfnisses.

6. Schluss: Plancks Beitrag zur vergleichenden Konfessionskunde

Indem G.J. Planck den Vergleich der Lehrsysteme in den Dienst der dogmatischen Identitätsbildung des Theologen stellte und ihm so neben Dogmatik und Dogmengeschichte eine eigenständige Aufgabe zuwies, hat Planck 1796 Neues angestoßen.[1384] Eine eingehende Auseinandersetzung mit dem eigenen Bekenntnissystem hatte hier – im Unterschied zu Polemik und Isagogik – nicht ihren Ort.[1385] Planck entfernt sich von der ausschließlichen Fokussierung auf die Bekenntnisschriften als Quellen konfessioneller Identität und erkennt, dass auch innerhalb der Konfessionen starke Differenzen herrschen, die es rechtfertigen, z.B. die neuere Theologie als eigenständiges System zu behandeln, obwohl sie zur lutherischen oder reformierten Theologie gehört.[1386] So kann er die innerkonfessionelle Pluralität in seinen Entwurf aufnehmen. Auch wenn maßgeblich erst von Kattenbusch ausgeformt, hat doch bereits Planck das Bewusstsein dafür geschärft, dass die Darstellung der je eigenen konfessionellen Identitäten nicht ausschließlich auf die Symbole fokussieren kann, da Anverwandlung, Geltung und Gewichtung der darin festgeschriebenen Lehren selbst innerhalb der konfessionellen Grenzen stark variieren.[1387] Freilich erscheint der Ansatz bei Planck enggeführt auf unterschiedliche Grundbegriffe in der Lehre, was von Marheineke ausgebaut wird, während Möhler und Baur wieder in kontroverstheologische Muster verfallen: Sie wollen mehr überzeugen als orientieren. Planck ist ihnen darin voraus, dass er sich auf das Wesentliche konzentriert und der Symbolik mit der interkonfessionellen Orientierung und Standortbestimmung eine feste Aufgabe zuweist. Die hier gestellte Aufgabe bleibt auch der gegenwärtigen Theologie, je neu, aufgegeben.[1388]

[1384] Vgl. WAGNER, Kirche, 254, der Plancks Beitrag zur konfessionskundlichen Arbeit in dieser Ermöglichung der Eigenständigkeit erblickt. Vgl. FRIEDRICH, Baur, 27.

[1385] Vgl. MULERT, Konfessionskunde, 1176, der urteilt, Planck »schreibe wieder die Skizze einer Polemik, aber durchaus im milden Geiste jener Zeit«. Dies wird schon von FRIEDRICH, Baur, 27f., korrigiert: Planck schreibe keine Polemik, da das dogmatische Urteil ja erst am Ende, nicht am Anfang des Unternehmens stehe.

[1386] Ob Planck darin wirklich die Unterscheidung Neu- und Altprotestantismus gemeint hat, wie FRIEDRICH, Baur, 28, Anm. 65, behauptet, müsste näher untersucht werden. Jedenfalls stellt Planck hier auch die statistische Seite der Wissenschaft vor, den momentanen Lehrbegriff zu behandeln (so schon LÜCKE, Planck, 54).

[1387] Möhler hatte in *Einheit* schon die Erkenntnis, dass die symbolischen Schriften unterschiedlichen Rang in den Konfessionen haben. Er erwähnt z.B. eine neue protestantische Theologie, die die Frage nach der Geltung dieser Schriften aufwirft (vgl. WAGNER, Möhler, 268).

[1388] Vgl. zu neueren Thematisierungen die Literatur bei HAUPTMANN, Konfessionskunde, 435f. Vgl. z.B. WIRSCHING, Bekenntnisschriften, der allerdings mit seiner völligen Abwendung von den Bekenntnisschriften (vgl. aaO. 498f.) zumindest einem lutherischen Konfessionsverständnis nicht mehr gerecht wird. Zur Anlage des mit der Konfessionalisierung gegebenen Problems der Einheit des Christentums, das zu der Anerkenntnis einer in ihm offenbar angelegten Pluralität führen kann, vgl. RATSCHOW, Konfession, 420–425. Wenn neuere Veröffentlichungen wie etwa ERNESTI, J., *Konfessionskunde kompakt. Die christlichen*

IV. *Kirchen, Staat und Kirchenvereinigung*

1. Einleitung

1.1. Die Behandlung des Themas bei Planck

Die Auseinandersetzung mit der konfessionellen Pluralität des Christentums kann man als eine Art Lebensthema G. J. Plancks bezeichnen, widmete er sich doch in seiner *Geschichte unseres protestantischen Lehrbegriffs* der Bekenntnisbildung des Luthertums und den unterschiedlichen Lehrbegriffen der christlichen Kirchen in seiner *Vergleichenden Darstellung* in Schrift und Lehre.[1389] Neben dieser theoretischen Beschäftigung war er durch seine kirchlichen Ämter mit den praktischen Problemen des konfessionellen Neben- und Miteinanders konfrontiert. In dieser Rolle verfasste er zudem konkrete Gutachten, z. B. 1828 zur Gründung einer katholisch-theologischen Fakultät in Göttingen[1390] und 1816 zu den Konkordatsverhandlungen Hannovers mit dem römischen Stuhl.[1391] Bezüglich der Errichtung einer katholisch-theologischen Fakultät verwies Planck unter anderem auf die Schwierigkeit der Verständigung mit den kirchlichen Behörden in dieser Frage, die sicherlich einigen Einfluss auf das Institut zu nehmen versuchen würden, was den universitären Gepflogenheiten in Göttingen aber widerspreche. Eigentlich war die katholische Theologenausbildung in Hannover durch die Zirkumskriptionsbulle von 1824 an das bischöfliche Seminar in Hildesheim verwiesen.

Zur Frage des Konkordates handelte Planck besonders über die Frage der Bischofseinsetzung, die müsse vornehmlich geklärt werden. Aufgrund neuerer kanonischer Rechtsprechung ging er von der Forderung nach päpstlicher Kon-

---

Kirchen in Geschichte und Gegenwart (2009), nicht darüber hinausgehen, einzelne christliche Gemeinschaften vorzustellen, und das theologische Problem dahinter übergehen, ist die Wissenschaft zur bloßen Empirie verkommen.

Ebeling stellte 1952 Kriterien zur Konfessionskunde auf, die auch in Plancks Konzept eine Rolle spielen: Er warnt in der Konfessionskunde vor spekulativer Konstruktion, Systematisierung und Schematisierung (vgl. EBELING, Aufgabe, 28 f.) und mahnt die Ausrichtung auf die »Differenziertheit der Christenheit in der Gegenwart« (aaO. 29) an. Dem ist Planck durch seine Auswahl der Strömungen, die gegenwärtig Gewicht haben, gerecht geworden, hat sich allerdings im Sinne der Systematisierung anders entschieden als Ebeling. Außerdem mahnt Ebeling das historische Bewusstsein des Gewordenseins dieser Differenziertheit an (vgl. aaO. 30), was sich in Plancks Dogmengeschichte finden lässt. Zur Bedeutung des wesenhaft »Protestantischen« der Konfessionskunde, das in der Verbindung der »konfessionellen Grundentscheidung« und der Fähigkeit zu »kritischer Entscheidung« bestehe, vgl. aaO. 39. Die protestantische Konfessionskunde zeichne sich dadurch aus, dass sie zu dieser kritischen Sicht auf die eigene Konfession fähig sei, »weil und sofern sie die eigene Konfession dem Urteil des Wortes Gottes allein unterwirft« (aaO. 40).

[1389] Vgl. Kap. B.II.2.1 und B.III.

[1390] Vgl. die Akte UAG Kur. 4170, Bl. 8–15. Eine ausführliche inhaltliche Darstellung des Gutachtens findet sich in Kap. A.IV.3.3.

[1391] Vgl. die Stellungnahme zum Konkordat bei FRIEDBERG, Staat (Aktenstücke), 28–34.

firmation und Konsekration aus.[1392] Die Möglichkeiten einer Besetzung durch den protestantischen Landesherrn sah er als gering an, führte aber dennoch die dazu nötigen Regularien auf.[1393]

Alle Schriften Plancks zu Fragen der Kirchenpolitik sind nach 1800 entstanden, als durch die verschiedenen politischen Umbrüche die Frage nach dem Verhältnis der lutherischen, reformierten und katholischen Kirchentümer untereinander und zum Staat neu an Aktualität gewann. Plancks Horizont sind v. a. die Verhältnisse in Hannover und Württemberg.[1394]

Zu einer vollständigen Würdigung seiner Ausführungen wäre jeweils eine Einordnung sowohl in die gesamte Diskussion des 17. und 18. Jahrhunderts über die Möglichkeit und Nützlichkeit innerprotestantischer und protestantisch-katholischer (Wieder-)Vereinigungen[1395] als auch die Darlegung der verschiedenen aktuellen kirchenpolitischen Verhandlungen nötig, was im Folgenden nicht geleistet werden kann und soll.[1396] Vielmehr soll nach einer knappen Einleitung in die Entwicklung der Diskussion über das Verhältnis der christlichen Konfessionen bis auf Planck sowie die kirchenpolitischen Umsetzungen Anfang des 19. Jahrhunderts, in denen sich die Debatten über das Verhältnis der Konfessionen und den Umgang mit konfessioneller Pluralität in deutschen Territorien abspielten (in besonderer Hinsicht auf Hannover und Württemberg), eine Darstellung der Werke und Grundgedanken Plancks gegeben werden.[1397]

[1392] Vgl. aaO. 29.

[1393] Vgl. aaO. 31.33 f.

[1394] Dabei machte er freilich auch Ausblicke z. B. in die Pfalz (vgl. PLANCK, G. J., *Ueber die Trennung [...] [1803]*) (s. u. Kap. B.IV.2.1.).

[1395] SPEHR, Aufklärung, 3 f., schlägt vor, »Union« zur Bezeichnung innerprotestantischer Vereinigungen zu verwenden, für katholisch-protestantische Wiedervereinigungen von »Reunion« zu sprechen. Zur Diskussion in der Forschung vgl. aaO. 3, Anm. 6–8. Gerade die Bezeichnung der protestantischen Unionen als »Wiedervereinigung« ist allerdings theologisch valent, da sie zum Ausdruck bringt, dass keine neue, dritte protestantische Kirche geschaffen werden, sondern eine *Wiedervereinigung*, der ursprünglich *einen* Reformation stattfinden soll (darauf weist MÜLLER, Vorgeschichte, 25, hin).
BEYER, Unionen, 311–313, gibt einen Überblick über die allgemeine Verwendung und unterscheidet weniger Begrifflichkeiten als unterschiedliche Verwendungen des einen Begriffs »Union«, der seit dem 19. Jh. vornehmlich für innerprotestantische Vereinigungen benutzt wurde (vgl. aaO. 312 f.). Nicht zu vergessen sind die Unionen mit Orthodoxen, Anglikanern, Häretikern, Missionskirchen etc.
Planck verwendet die Titel synonym, so dass eine terminologische Präzision in der Darstellung der Schriften schwerlich geleistet werden kann, da unscharfe Verwendungen jedes Mal kommentiert werden müssten. In der nachfolgenden Beleuchtung der Grundgedanken soll dem Anliegen Spehrs aber Rechnung getragen werden.

[1396] Zur Entwicklung des Unionsgedanken liegen einige grundlegende Arbeiten vor. Vgl. dazu die Darstellung bei SPEHR, Aufklärung, 8–12.13–27, und die Übersichten bei BEYER, Unionen, 313; SCHÄUFELE, Unionen, 323; STIEWE, Unionen, 327, sowie den Sammelband von DUCHHARDT/MAY (Hgg.), *Union – Konversion – Toleranz*, und für die älteren Unions- und Reunionsversuche die schon ältere Darstellung HERING, Geschichte (1838).

[1397] Soweit konkrete Bezugnahmen bestehen, wird darauf in der Darstellung der Schriften eingegangen.

1.2. Voraussetzung: Die Unions- und Reunionsdiskussion

Nach allgemeiner Einschätzung hat die Aufklärungstheologie die Geltung der
Bekenntnisschriften und damit das konfessionelle Bewusstsein weitgehend abgeschliffen.[1398] Sowohl das Bewusstsein der Zeitgebundenheit reformatorischer
Lehren im Rahmen der historisch-kritischen Forschung als auch die Fokussierung auf die Nutzbarmachung religiöser Wahrheiten zur sittlichen und moralischen Besserung – daneben auch eine um sich greifende Kirchenkritik – haben
in diese Richtung gewirkt. So erscheint es fast verwunderlich, dass es nicht
überall zu kirchlichen Unionen gekommen ist, zumal diese sowohl im *Augsburger Religionsfrieden (1555)* wie auch im *Westfälischen Frieden (1648)* den Ständen
aufgetragen worden waren, und die Konfessionsspaltung als vorübergehender
Zustand verstanden worden war.[1399]

Paradigmatisch für die neologische Position lässt sich im niedersächsischen
Raum J. F. W. Jerusalem anführen, der sich in einer Schrift *Von der Kirchenvereinigung*[1400] eigentlich privat, dann aber mit enormem öffentlichen Interesse in
irenischer, aber eine Vereinigung doch ablehnender Haltung äußerte, weshalb
die Schrift durchaus als »neologisches Manifest«[1401] zur Sache bezeichnet werden
darf. Begründet ist die Trennung nach Jerusalem in den Differenzen in der Ekklesiologie. Eine zwanghafte, äußerliche Vereinigung lehnt er aufgrund der
Sorge ab, daraus entstünde nur Schaden für das Christentum und die Religion
als solche. Solange man in gegenseitiger Liebe und Toleranz miteinander um-
gehe, sei das Unglück der Trennung – auch bei Fortbestehen derselben – beho-
ben und die wirkliche Vereinigung bleibe vertrauensvoll abzuwarten. Ähnlich
äußerten sich weitere Aufklärungstheologen wie F. S. G. Sack, W. A. Teller, J. S.
Semler und J. J. Spalding mit je eigener Akzentuierung.[1402] Auch die Möglich-

---

[1398] MEYER, Unionsgedanke, 243, zieht dies als Erklärung für das Aufkommen größer
angelegter Unionsvorhaben erst nach 1801 heran. KANTZENBACH, Geschichte, 119, stellt etwas unspezifisch fest: »Die Aufklärung trug zur Nivellierung von Lehrunterschieden bei und
förderte auch den kirchlichen Unionsgedanken.« Dies lässt sich durch die neuere Forschung
genauer fassen (siehe die diesbezüglichen Studien in den Anmerkungen dieses Kapitels).

[1399] Vgl. dazu STUMPF, Reichsrecht, 53 f.

[1400] Zur Entstehungsgeschichte der Schrift vgl. SPEHR, Aufklärung, 54–62. Nach verschiedenen anonymen, unautorisierten Drucken lag dann 1793 in den *Nachgelassenen Reden*
in Bd. 2 eine autorisierte Endfassung vor (JERUSALEM, J. F. W., *Ueber die Vereinigung der Römischen und Protestantischen Kirche*) (vgl. aaO. 62).

[1401] SPEHR, Aufklärung, 54. Dort auch eine Darstellung der Entstehung und Grundgedanken (vgl. aaO. 53–84).

[1402] Biographisch besonders gelagert war F. S. G. Sacks (reformierter Hofprediger) Interes-
se an einer Union: Er war seit 1770 mit der Tochter J. J. Spaldings, einer Lutheranerin, ver-
heiratet (vgl. BEUTEL, Aufklärung 264). Er sprach sich gegen eine dogmatische Union als
Übereinkunft in Lehrfragen aus und empfahl vor allem die liturgische Vereinigung (vgl. das
Gutachten SACK, F. S. G., *Ueber die Vereinigung der beiden protestantischen Kirchenparteien in der
Preußischen Monarchie [1812]*). Vgl. zu Sack: POCKRANDT, Aufklärung.

keit einer Angleichung des äußeren Kultus wurde in beiderlei Hinsicht eingebracht.[1403]

Vor der landesherrlichen Umsetzung konkreter Unionen im 19. Jahrhundert
gab es aus dem 17. Jahrhundert schon erste Ergebnisse von Religionsgesprächen
und Projekten, auf die aufgebaut werden konnte.[1404] Hannover konnte um 1800
bereits auf konkrete Vereinigungsvorhaben zurückblicken, worunter das be-
merkenswerteste das von G. W. Molanus, R. y Spinola und G. W. Leibniz bezüglich einer katholisch-protestantischen Reunion war. Später wurde das Projekt mit D. E. Jablonski auf die Union der Protestanten angewendet, die auf die
Anglikaner und später sogar die orthodoxe Kirche ausgeweitet wurde. Alle
Projekte scheiterten jedoch.[1405] Neben diesen solitären Bemühungen hatte die
calixtinische Helmstedter Tradition schon früh das Bewusstsein der grundsätzlichen Aufgabe der konfessionellen Toleranz und Einigung geweckt und das
konfessionelle Bewusstsein in den welfischen Territorien aufgeweicht.[1406] Ein
Beispiel für eine anders gelagerte Position bietet Chr.M. Pfaffs Engagement
beim *Corpus Evangelicorum*, der eine Union forderte, aber neben der protestantischen Irenik durch die »gemeinsame[] Gegnerschaft zur römischen Kirche«[1407]
motiviert war.

Auch bezüglich der katholischen Kirche gab es hüben wie drüben Einheitsbestrebungen, die teilweise theologischen Tiefgang hatten, teils in Form pragmatischer konkreter Vorschläge begegneten, teils aber auch methodisch und
theologisch mangelhaft waren.[1408] Letztlich stand jedoch immer die katholische
Ekklesiologie einer konkreteren Annäherung im Wege. Justinus Febronius (Johann Nikolaus von Hontheim [1701–1790]), dem innerkatholisch hohes Re-

---

[1403] Vgl. bei MEYER, Unionsgedanke, 244: G. Schlegel aus Greifwald z.B. äußerte sich
dementsprechend.

[1404] Vgl. dazu STIEWE, Unionen, 323–327, und SCHÄUFELE, Unionen, 319–323.

[1405] Vgl. zur Thematik die bei OTTE/SCHENK, Reunionsgespräche, und DUCHHARDT/
MAY, Union, versammelten Beiträge. Vgl. z.B. SCHÄUFELE, Unionen, 320, und MEYER,
Unionsgedanke, 245f., zu den Projekten in Hannover. Molanus jedenfalls schwebte eine
Konsensunion vor, Leibniz ging es in erster Linie um Toleranz. Seitens der Katholiken war
später dann J. B. Bossuet im brieflichen Kontakt mit Leibniz (vgl. zum gesamten Projekt kurz
KANTZENBACH, Einheitsbestrebungen, 83–86).

[1406] Zur Entwicklung in Hannover vgl. z.B. HENKEL, Staat, 5–2. Zum Konzept Calixts
vgl. WALLMANN, Union. Bedeutendere Einflüsse der Herrnhuter, die ebenfalls zur Verbreitung der Konfessionsverbrüderung beitrugen (vgl. zu Zinzendorf z.B. knapp KANTZEN-
BACH, Einheitsbestrebungen, 94f.), sind in Hannover nicht festzustellen.

[1407] SCHÄUFELE, Pfaff, 299. Ein ähnliches Interesse findet sich auch bei englischen Autoren
um 1650 (vgl. dazu BARTELEIT, Einheit). Vgl. umfangreich die Untersuchung SCHÄUFELE,
Pfaff. Der Einfluss dieses Konzepts führt sich vor allem auf die wahrgenommene Verbindung
von Pfaff mit dem *Corpus Evangelicorum* zurück, die freilich voneinander unabhängiger waren, als lange angenommen, wie Schäufele nachgewiesen hat (vgl. aaO. 301–303).

[1408] Zu dieser Einschätzung vgl. auch SPEHR, Aufklärung, 420. Bei allen Einheitsbemü-
hungen ist die Komponente des persönlichen Kontakts ebenso wenig zu unterschätzen wie
der Einfluss des neuen Mediums der Zeitschrift in der Aufklärung. Zu beiden Aspekten vgl.
aaO. 147–248.249–310.

formpotential zukam, schwebte als Idee ein allgemeines Konzil vor, das die kirchlich relevanten Fragen klären könnte. Dazu sah er es für nötig an, die Verantwortlichen der Kirche aufzuklären, die praktische Verwirklichung traute er den Königen und Fürsten aufgrund ihrer Einflussmöglichkeiten zu.[1409] Doch blieb auch hier die äußere sichtbare Ordnung konstitutives Moment der Kirche. Chr. Spehr konstatiert am Ende seiner Untersuchung eine grundsätzliche Differenz im Verständnis der »Ökumene« zwischen katholischen und protestantischen Entwürfen: Katholischerseits konnte alle Reunion immer nur eine Rückkehr zur römischen Kirche bedeuten.[1410]

1.3. Die Konfessionen in deutschen Staaten Anfang des 19. Jahrhunderts

Neben einer durch die Aufklärung beförderten toleranten Haltung zu konfessionellen Unterschieden[1411] waren spätestens mit der Französischen Revolution und den napoleonischen Feldzügen auch die Kirchen in ihrer institutionell-konfessionellen Verfasstheit in Europa in eine neue Situation gekommen.[1412] Zwar waren schon durch Eroberungen, Verträge und Machtverschiebungen die Zustände gegenüber den Grundlagen des *Westfälischen Friedens* verschoben, doch war die Neuordnung zu Beginn des 19. Jahrhunderts tiefgreifender und ausgreifender als zuvor.[1413] Spätestens nach dem *Reichsdeputationshauptschluss* von 1803

[1409] Vgl. dazu sehr knapp KANTZENBACH, Einheitsbestrebungen, 96f.

[1410] Vgl. SPEHR, Aufklärung, 421: »Ökumene in katholischer, auch katholisch-aufklärerischer Lesart bedeutete trotz Entgegenkommen in einzelnen Lehren und Gebräuchen die Rückkehr zur Einheit der einzig wahren katholischen Kirche mit ihrem Papstprimat. Ökumene in protestantischer Perspektive bedeutete eine paritätische Vereinigung auf der Grundlage eines Konsenses in grundlegenden Lehren ohne Verzicht auf die Bibel als einzige Offenbarungs- und Erkenntnisquelle.«

[1411] Vgl. BEUTEL, Aufklärung, 386: »Nicht in den Unionsbestrebungen als solchen […], wohl aber in den besonderen Argumenten und Strategien, welche die Befürworter und Gegner einer katholisch-protestantischen Reunion vorbrachten, manifestierte sich ein religionsspezifischer Niederschlag der Aufklärung.« Dies lässt sich analog auch für die innerprotestantischen Unionsbestrebungen formulieren.

[1412] KANTZENBACH, Geschichte, 119, schreibt etwas lapidar: »Um 1817 lag die Unionsstimmung aber nicht nur, religiös vorbereitet, in der Luft, sondern sie empfahl sich auch aus politischen Gründen« aufgrund neuer Gebietszuschnitte. Vielmehr kam es nun – und schon vorher – zu einem neuen Zusammenleben der Konfessionen.

[1413] Zu den vorherigen Veränderungen bezüglich der konfessionellen Verhältnisse vgl. HEGEL, Verhältnisse. Er weist auf die Toleranzgesetzgebung der meisten Staaten bereits in der zweiten Hälfte des 18. Jh.s im Gefolge der Aufklärung hin (vgl. aaO. 17f.). STUMPF, Reichsrecht, macht auf die reichsrechtliche »fiktive Glaubenseinheit« (aaO. 53) seit dem *Augsburger Religionsfrieden* und dem *Westfälischen Frieden* aufmerksam, die sich im Reichsrecht in Form von Rechtsdissimulationen zeigte: Einheitlich verwendete Formeln wurden konfessionsspezifisch gefüllt. D.h., auch reichsrechtlich war zwar ein Auftrag zur Wiedervereinigung der Konfessionen gegeben, dem sich das Recht aber durch die Verwendung dieser konfessionell unbestimmten Formulierungen entledigte. Das Reichsrecht hatte sich »zunehmend religiös desinteressiert« (aaO. 54) gezeigt. Dies war reichsrechtliche Grundlage konfessioneller Kompromisse.

und der dann erfolgten französischen Besetzung einzelner Territorien – bzw. der Neuschaffung von Territorien wie dem Königreich Westphalen – waren die Regelungen des *Westfälischen Friedens* antiquiert und neben Tendenzen zur Entkirchlichung, die die Konfessionen durch eine gemeinsame Frontstellung zusammenrückte, kam es in den französisch organisierten Territorien durch die Einführung des *Code Napoleon* zur Parität und politischen Gleichberechtigung der Religionen.[1414] Im Königreich Westphalen verfügte dies die Verfassung. Hier war zudem ein Gesamtkonsistorium der Protestanten in Kassel geplant, was weder auf Zustimmung der Bevölkerung noch auf kaiserliche Bewilligung traf, da Napoleon seinem Bruder Jerome keine eigenständige Kirchenpolitik zugestand.[1415] Auch nach dem Ende des Königreichs Westphalen 1813[1416] und den Befreiungskriegen wurde durch den *Wiener Kongress* 1815 nicht der frühere Zustand hinsichtlich der Kirchen restituiert, sondern diese mussten sich durch die neuen Grenzziehungen im Zuge staatlicher Konsolidierung in gesteigertem Maße mit der Realität gemischt-konfessioneller Bevölkerungen auseinandersetzen.[1417] Das lutherische Hannover beispielsweise hatte zwischen 1803 und 1815 sowohl katholische als auch reformierte Landesteile in nennenswertem Umfang hinzubekommen,[1418] die allerdings nicht in einer Gesamtkirche auf-

---

[1414] Allein die Vereinnahmung kirchlicher Aufsichten über Schule, Caritas und Kirchenverwaltung veränderte das Verhältnis Staat – Kirche einschneidend (vgl. WESTERBURG, Kirchenpolitik, 192). 1806 waren schon nach dem Ende des Reiches »alle Hoheitsrechte auf die Landesherren übergegangen« (STIEWE, Unionen, 324), was die rechtlichen Rahmenbedingungen zur Union wesentlich vereinfachte. Für Württemberg war das Religionsedikt König Friedrichs I. vom 15.10.1806 maßgeblich, das den drei christlichen Religionsparteien Rechtsgleichheit zubilligte und das Konsistorium zur Landesbehörde erhob (vgl. HERMELINK, Geschichte, 282).

[1415] Vgl. KRUMWIEDE, Kirchengeschichte, 267f., und LAMPE, Entwicklungen, 45–53. Dem Göttinger Konsistorium für das Departement Leine von 1807–1813 stand Planck vor (vgl. Kap. A.IV.3.3.). Aufgrund seiner untadeligen Haltung und Zurückhaltung den Besatzern gegenüber ernannte ihn die hannoversche Regierung 1816/17 zum Ritter des Guelphenordens (vgl. PERLITT, Professoren, 11). Die Aufsicht über Kirchenangelegenheiten hatte jedoch das Innenministerium. Dass Jerome dennoch eigene Pläne verfolgte, zeigt WESTERBURG, Kirchenpolitik, im Bezug vor allem auf die hessischen Gebiete des Königreichs Westphalen. Die staatliche Oberaufsicht über kirchliche Strukturen wie auch die Funktionalisierung kirchlicher Würdenträger für staatliche Belange (z.B. bezüglich der Zivilstandsprotokolle und Bekanntmachung staatlicher Verordnungen) zeigten die neue Rolle der Kirche im Staat (vgl. aaO. 198–201). Diese Beobachtung macht auch SPEHR, Aufklärung, 411, generell für die Entwicklung des späteren 18. Jh.s.

[1416] Am 04.11.1813 übernahm die hannoversche Regierung wieder die Geschäfte, betrachtete die westphälische Phase als nichtig und setzte alles auf den Rechtszustand von 1807/10 zurück (vgl. LAMPE, Entwicklungen, 54).

[1417] Hilfreich war sicherlich die Verstärkung einer patriotisch-nationalen Stimmung, die ein »Bewußtsein der Zusammengehörigkeit« (STIEWE, Unionen, 324) schuf, das sich auch auf kirchliche Fragen erstreckte.

[1418] Vgl. KRUMWIEDE, Kirchengeschichte, 275. Im Verhältnis waren es dann ungefähr 80% Lutheraner, 7% Reformierte, 13% Katholiken. Mit der Erhebung zum Königtum kamen Gebiete mit katholischer (Hildesheim, Osnabrück, kurmainzisches unteres Eichsfeld,

gingen, sondern sogenannte Landschaftskirche blieben bzw. vorerst nicht integriert wurden.[1419] Zur rechtlichen Situation verfügte Artikel 16 der *Bundesakte* 1815 dann die politische Gleichberechtigung der Religionen.[1420]

1.3.1. Konkordate

Nach der auch territorialen Verschiebung der Mächte Anfang des 19. Jahrhunderts musste besonders die Situation katholischer Untertanen unter protestantischen Landesherren mit der römischen Kurie geregelt werden. Da ein übergreifendes Reichskonkordat schon mit dem *Frieden von Pressburg* 1805 gescheitert war,[1421] kam es zu Verhandlungen einzelner Territorien mit Rom, um die Organisation der katholischen Kirche neu zu regeln.

Württemberg hatte schon früh Verhandlungen aufgenommen, die aber zu keinem Abschluss kamen.[1422] Der Nuntius Annibale della Genga (1760–1829) – der spätere Papst Leo XII. – hatte im Herbst 1807 in Stuttgart Verhandlungen »zum Abschlusse einer definitiven Uebereinkunft mit dem württembergischen Hofe«[1423] aufgenommen. Anlass dazu waren die Württemberg durch Gebietserweiterungen zugewachsenen katholischen Gebiete, die unterschiedlichen Diözesen zugeordnet waren.[1424] Das Reichskonkordat war ja bereits gescheitert. Vornehmlich mussten die Fragen der Diözesangrenzen und der Bischofsernennungen geklärt werden, auch die Frage der Dotation spielte eine große Rolle.[1425] Trotz anderslautender offizieller Darstellungen war man über wichtige Fragen aber nach eingehenden Verhandlungen nicht zu einer Überein-

---

Emsland) und reformierter Bevölkerung hinzu (Bentheim, Ostfriesland, Lingen, Herrschaft Plesse) (vgl. HAMMANN, Geschichte, 562).

So war auch die Unionsdiskussion lokal unterschiedlich gefärbt und unterschiedlich intensiv, da sie in historisch unterschiedlich gewachsenen konfessionellen Verhältnissen geführt wurden (z.B. war in Ostfriesland und Bremen das Nebeneinander der Konfessionen schon lange etabliert) (vgl. dazu OTTE, Unionen, bes. 238–240).

[1419] Für KRUMWIEDE, Tradition, 213, ist das Konzept, Reformierte unter lutherische Konsistorien zu stellen, Zeichen für die konfessionelle Weitherzigkeit in Hannover.

[1420] »Die Verschiedenheit der christlichen Religions-Partheyen, kann in den Ländern und Gebiethen des deutschen Bundes keinen Unterschied in dem Genusse der bürgerlichen und politischen Rechte begründen.« (Die deutsche Bundesakte, Art. XVI).

[1421] Vgl. FRIEDBERG, Staat, 3f.

[1422] Der Nuntius hatte die Form eines Konkordats schon früh abgelehnt und eine Art Konvention vorgeschlagen (vgl. FRIEDBERG, Staat, 18). In der römischen Note, die den Abschluss der Konkordarsverhandlungen markiert, findet sich eine Zusammenfassung des römischen Konkordatsverständnisses: »Konkordate sind keine Konventionen, bei der die Macht diktiert, der Schwächere sich diktieren läßt, sondern zwei von Natur gleiche Autoritäten suchen Gegensätzliches zu gegenseitig anerkannter Harmonie zu bringen.« (bei HEGEL, Beziehungen, 113).

Vgl. zu den Verhandlungen Württembergs ab 1807 MEJER, Concordatsverhandlungen.

[1423] AaO. 5, zitiert aus *Circulare an die an dem königlich württembergischem Hofe accreditierten auswärtigen Minister* (vgl. aaO. 4).

[1424] Vgl. aaO. 9f.

[1425] Vgl. die Darstellungen des ersten Entwurfs der Übereinkunft aaO. 24–40.

kunft gekommen.[1426] Dann kam aus Paris die Anordnung Napoleons, keine partikularen Übereinkünfte zu treffen, da er als Protektor des Rheinbundes ein gemeinsames Konkordat anstrebe. Daraufhin reiste der Nuntius am 30. 10. 1807 ab.[1427] Das projektierte Rheinbundkonkordat kam jedoch nicht zustande,[1428] neue Verhandlungen 1808/09 wurden u. a. durch die politischen Umstände (Gefangennahme des Papstes) zerstört.[1429]

Hannover bemühte sich ab 1815 um ein Konkordat.[1430] Vor allem ging es auch hier um die Bischofsernennung, die zwischen der hannoverschen Gesandtschaft und Kardinal Consalvi ausführlich diskutiert wurde.[1431] Schon früh hatte Niebuhr als Mitglied geäußert, die Forderung königlicher Nomination könne die ganzen Verhandlungen zunichte machen, so dass man sich innerhalb der Gesandtschaft uneins über die Möglichkeiten war, sich eventuell auf die Wahl durch ein Kapitel einzulassen oder auf die landesherrliche Nomination zu bestehen.[1432] Man konnte sich nicht mit Rom einigen, besonders die Grundsätze der Kirche wurden von Rom als Grund angeführt, nicht weiter nachgeben zu können, so wurden die Verhandlungen 1821/22 abgebrochen.[1433] Endgültig endeten sie am 26. 03. 1824 mit dem Erlass der Zirkumskriptionsbulle *Impensa Romanorum Pontificum,* die die Diözesengrenzen den Landesgrenzen anpasste und die Jurisdiktion ausländischer Bischöfe in Hannover aufhob.[1434] Insgesamt

---

[1426] Z.B. über die Frage der geistlichen Jurisdiktion (vgl. aaO. 72).

[1427] Vgl. aaO. 73. Zudem hatte der Nuntius vor einer Weiterleitung an das Kardinalskollegium noch einige Zweifel über das Ergebnis der Verhandlungen bekommen und wollte es lediglich als Projekt unterschreiben, nicht als wirkliche Übereinkunft, was auf württembergischer Seite Missfallen erregte.

[1428] Vgl. aaO. 76.

[1429] Vgl. FRIEDBERG, Staat, 25 f. Zu den neuen Verhandlungen ab 1808 vgl. WITTICHEN, Verhandlungen.

[1430] Zu den Verhandlungen bis zur Zirkumskriptionsbulle 1824 vgl. FRIEDBERG, Staat, 63–90, sowie HEGEL, Beziehungen, 32–123, zu den kirchenpolitischen Beziehungen Hannovers zur Kurie zwischen 1800 und 1823.

[1431] Vgl. auch HEGEL, Beziehungen, 60, in der Darstellung der hannoverschen Gesandtschaft in Rom: »Die Hauptforderung Hannovers bezog sich auf die landesherrliche Bischofsernennung, die ja die eine der üblichen kanonischen Besetzungsarten sei«.

[1432] Vgl. bei FRIEDBERG, Staat, 64–76. Kardinal Consalvi berief sich in seinen Entgegnungen bezüglich einer Oberaufsicht des Staates auch auf Planck (vgl. aaO. 71): Das *ius cavendi,* auf das sich die Gesandtschaft berief, sei – wie auch Planck zugestehe – eine Erfindung moderner Juristen, die mit der göttlichen Einsetzung und Freiheit der Kirche im Widerspruch stehe. Planck spricht zwar von kirchlicher Unversehrtheit, aber doch von staatlicher Hoheit (vgl. Kap. B.IV.3.4.). Vgl. dazu die Darstellung bei HEGEL, Beziehungen, 60, zur Begründung landesherrlicher Bischofsernennung: »[A]us der Tatsache, daß dem Landesherrn das Oberaufsichts- und Schutzrecht (jus cavendi) zustehe, könne man sein Anrecht auf Bischofsnomination folgern.« Die Gesandtschaft argumentierte aber nicht bloß damit, sondern auch mit der Bedeutung der Bischöfe für die Heranbildung guter Menschen (vgl. ebd.).

[1433] Vgl. zum Abbruch der Verhandlungen HEGEL, Beziehungen, 111–115.

[1434] Abgedruckt bei SCHÖPPE, Konkordate, 51–53, in Auszügen sowie bei SCHULTE, Kirchenrecht, 48–53. Die Zikumskriptionsbulle blieb durch das Preußische Konkordat von 1929 in Geltung (vgl. KRUMWIEDE, Kirchengeschichte, 284). Es gab zwei Bistümer, abge-

verfolgte Hannover eine tolerante Haltung den Katholiken gegenüber, die sich sogar auf England auswirkte.[1435]

1.3.2. Unionen

Neben dem wohl bekanntesten innerprotestantischen Unionsschluss in Preußen 1817 mussten auch in anderen Territorien die kirchlichen Strukturen neu geregelt werden und z. T. kam es dabei zu kirchlichen Vereinigungen. Äußerlich begünstigt wurden solche Projekte durch die Vereinigung sämtlicher Hoheitsrechte in der Hand des Landesherrn nach dem Ende des Alten Reiches 1806.[1436] Konkrete Unionsprojekte gab es bekanntlich u. a. in Nassau, Preußen, der Pfalz und in Baden.[1437] In Nassau machte sich beispielsweise die Generalsynode 1817 eine Unionsvorlage der Regierung zueigen. In Preußen wurde die obrigkeitlich angeregte, ursprünglich als Bekenntnisunion gedachte, durch eine Verwaltungsunion vorbereitete Vereinigung in der Folge abgeschwächt. Widerstände gab es gegen die liturgische Union – die Einführung einer neuen Agende. Letztlich war 1834 die theologische Gemengelage schon wieder ins Konfessionelle umgeschlagen, was eine wirkliche Union verhinderte. Einigungen über die Bekenntnisschriften – die zumal bei angestrebten Konsensunionen nötig waren – wurden unterschiedlich gehalten.[1438] In Hannover wurde im Zuge der neuen Verfassung die Bildung eines Gesamtkonsistoriums angeregt, da hier zur konfessionellen Diversität noch die Aufteilung in einzelne Landschaftskirchen hinzukam.[1439] Wenn auch die meisten Theologen sich zustim-

---

grenzt durch die Weser, in Hildesheim und Osnabrück. Letzteres war allerdings nicht ausgestattet und wurde vom Hildesheimer Bischof verwaltet, bis die erforderlichen Mittel vorhanden waren (vgl. bei SCHÖPPE, Konkordate, 53, und SCHNATH, Geschichte, 51). Zudem regelt die Bulle die Einkünfte und Ausstattungen der Kirche und die Ausbildung der Priester. Vorher hatte 1822 Hannover auf das Konkordat verzichtet, da Rom die staatliche Oberhoheit nicht zugestehen wollte (vgl. MEYER, Kirchengeschichte, 189).

[1435] Dort erging der *Roman Catholic Relief Act (1829)*, der Katholiken aktives und passives Wahlrecht verlieh.

[1436] So BEUTEL, Aufklärung, 389.

[1437] Vgl. MEYER, Unionsgedanke, 244: Unionen in Nassau (1817), Kurhessen (1818), bayrische Pfalz (1820), Baden (1821), Waldeck und Rheinhessen (1822), Anhalt-Dessau (1827). RUHBACH, Kirchenunionen, bietet die jeweils grundlegenden Texte in Zusammenstellung. Vgl. auch HEGEL, Verhältnis, 21–25. Vgl. grundlegend zu den landesherrlichen Anfängen der Evangelischen Kirche der Union GOETERS/MAU, Geschichte.

[1438] Vgl. *Vereinigungsurkunde der Pfalz (1818)*, § 3 (bei RUHBACH, Kirchenunionen, 52): Die bisherigen symbolischen Bücher werden »in gebührender Achtung« gehalten. Anders die *Badische Unionsakte (1821)*, § 2, die der *Confessio Augustana*, den *Katechismen* Luthers und dem *Heidelberger Katechismus* das »bisher zuerkannte normative Ansehen« (aaO. 67) beimaß.

[1439] Die Trennung ging z. T. soweit, dass die Examina gegenseitig nicht anerkannt wurden (vgl. KRUMWIEDE, Kirchengeschichte, 276). Dennoch gab es eine gemeinsame landesherrliche Aufsicht über die Kirche, wie sich auch in den Regelungen im Gefolge des Staatsgrundgesetzes 1831/33 zeigt (vgl. MEYER, Unionsgedanke, 256 f.). HENKEL, Staat, 59 f., bemerkt zum bewahrenden und innovativen Charakter des Staatsgrundgesetzes: So behalte es einerseits das landesherrliche Kirchenregiment bei, schreibe andererseits die Trennung zwischen

mend zu dieser Bildung äußerten, kam es nicht zu einer Union in Hannover,[1440] lediglich lokal begrenzte Projekte wurden angegangen oder realisiert, die allerdings keine landeskirchliche Anerkennung erhalten konnten.[1441] An der Göttinger Universität war ohnehin durch die Einschränkung der Geltung der *Konkordienformel* und die Unterordnung konfessioneller Zensur unter die staatliche Aufsicht sowie die Präsenz reformierter Studierender und die neologische Prägung der Theologen eine konfessionsirenische Grundhaltung gegeben. Es gab sogar in Göttingen zum Reformationsjubiläum am 02.11.1817 eine gemeinsame Abendmahlsfeier von mehreren hundert Reformierten und Lutheranern in St. Johannis.[1442] Als dann um 1848 neue konfessionelle Stimmungen aufkamen, war die Gelegenheit vertan:[1443] Die Entwicklung endete mit der Begründung der reformierten und der lutherischen Landeskirche.[1444]

Die weitere Entwicklung der Diskussion im 19. Jahrhunderts verlief – überragt durch Schleiermachers Theologiekonzept, das zwar nicht auf eine Union hätte angelegt sein müssen, ihr aber durchaus entgegenkam[1445] – ambivalent zwischen vermittlungstheologischen Ansätzen, die der Union offen gegenüber

---

Kirchenhoheit und Kirchengewalt fest und beschränke das landesherrliche Kirchenregiment durch die Beteiligung von Geistlichen und Kirchenvolk.

[1440] Vgl. MEYER, Unionsgedanke, 257–261. Verschiedene Entwürfe neuer staatlicher Kirchenregularien enthielten nach 1820 die Bezeichnung »evangelisch« für die Gesamtheit der Protestanten im Staat, vorher stand sie für »lutherisch« (vgl. aaO. 256). Nach der Aufhebung des Staatsgrundgesetzes behielt auch 1840 das neue Landesverfassungsgesetz die kirchlichen Bestimmungen bei (vgl. aaO. 263).

[1441] Vgl. OTTE, Unionen, der solche bzw. ihre Versuche in unterschiedlicher Ausformung u. a. in Lingen und Höckelheim darstellt.

[1442] Vgl. bei HAMMANN, Geschichte, 564.

[1443] MEYER, Unionsgedanke, 266, sieht die staatspolitischen Entwicklung 1833 als entscheidend für das Nicht-Zustandekommen der Union in Hannover, 1848 sei die theologische Stimmung wieder konfessionell gewesen. Damit verteidigt er seine Deutung in MEYER, Kirchengeschichte, 191, es sei nur zufällig in Hannover nicht zur Union gekommen, gegen Kritik: In den Reaktionen auf das Staatsgrundgesetz habe es keine Stimmen gegen die Union gegeben. Als 1866 mehrere hannoversche Kirchen der Union beitreten wollten, versagte das Konsistorium dies: Nur die Gesamtkirche könne diesen Schritt tun (vgl. bei MEYER, Unionsgedanke, 254).
Vgl. auch KRUMWIEDE, Tradition, 215.232, der hier den Verlauf der Neuorganisation der Kirche in Hannover untersucht. Zur Kontroverse um die Deutung J. Meyers zwischen Ph. Meyer, J. Meyer und Krumwiede vgl. die Übersicht bei OTTE, Unionen, 237 f.

[1444] HENKEL, Staat, 59, kommt zu dem Schluss: »Durch die Vermeidung der Union wurden dem Lande die großen Wirren und Kämpfe erspart, die sich bei der Einführung der Union in Altpreußen ergeben hatten.« Vgl. dazu die Warnungen Plancks vor äußerlichen Vereinigungsprojekten (z. B. PLANCK, Betrachtungen, 227).

[1445] Zu Schleiermacher als Unionstheologen sei zur Korrektur auf SCHLEIERMACHER, F. D. E., *Zwei unvorgreifliche Gutachten in Sachen des protestantischen Kirchenwesens [...] (1804)* verwiesen (vgl. dazu ausführlich OHST, Schleiermacher). In seinem ersten Gutachten weist Schleiermacher auf die seelsorgliche Abzweckung einer Kirchenvereinigung auf das Individuum hin – weshalb eine lehrmäßige Vereinigung nicht die gebotene und angestrebte Lösung sein könne.

standen, und neokonfessionalistischer Verhärtung.[1446] Eine flächendeckende Durchsetzung der Wiedervereinigung der Konfessionen scheiterte im 19. Jahrhundert neben den unterschiedlich ausgerichteten theologischen Bedenken »durchaus auch an fehlendem politischen Rückhalt«[1447].

2. Werke

Die zu untersuchenden Schriften Plancks zum gerade umrissenen Themenfeld werden in chronologischer Reihenfolge, nicht thematisch sortiert behandelt. Sie sind untereinander verbunden durch das Thema der kirchlichen Parteien in ihren Verhältnissen sowohl zueinander als auch zum Staat bzw. vermittelt über den Staat. Zusätzlich zu den im Folgenden behandelten Schriften ließe sich hier eine weitere anführen: *Ueber den gegenwärtigen Zustand und die Bedürfnisse unserer protestantischen Kirche bei dem Schlusse ihres dritten Jahrhunderts (1817)*.[1448] Sie befasst sich allerdings mehr mit dem Zustand der protestantischen Theologie und Religion und trägt zur Verhältnisbestimmung der kirchlichen Parteien oder der Kirche zum Staat wenig aus.[1449] Über eine anstehende Union lässt Planck sich hier (1817!) bemerkenswerterweise nicht aus.

2.1. *Ueber die Trennung und Wiedervereinigung der getrennten christlichen Haupt-Partheyen (1803)*[1450]

G. J. Planck stellt in dieser ersten Schrift zur konkreten Frage der Trennung und Wiedervereinigung der christlichen Hauptparteien[1451] grundsätzliche Überle-

---

[1446] Plancks Schüler Lücke, der beispielhaft für einen Theologen des 19. Jh.s genannt werden soll, formuliert in der Besprechung Plancks, die Idee der Union »liegt im Wesen gleichsam im Gewissen der Christlichen Kirche, insbesondere der Protestantischen« (LÜCKE, Planck, 60).

[1447] BEUTEL, Aufklärung, 389. Und er fährt fort: »In ihrem geschichtlichen Mißlingen dürften sich die konfessionalistischen Verhärtungen des 19. Jahrhunderts teilweise bereits angekündigt haben.« (ebd.). Diese Einschätzung lässt sich eindrücklich für die konkrete Entwicklung in Hannover belegen.

[1448] Planck bezeichnet diese Schrift sogar als Seitenstück zu PLANCK, G. J., *Betrachtungen über die neuesten Veränderungen in dem Zustand der deutschen katholischen Kirche [...] (1808)* (vgl. Zustand, III). So bezieht sie bspw. WAPPLER, Ort, 81, zur Darstellung Plancks mit ein. Auch LÜCKE, Planck, 67 f., behandelt sie in diesem Zusammenhang.

[1449] Zwar erwähnt sie den abgeschliffenen Parteienhass, was dazu führe, dass das dritte Jubelfest nicht mit dem gleichen Enthusiasmus wie die ersten beiden gefeiert würde, die jeweils in konfessionell aufgeladenen Zeiten stattfanden (Zustand, 6–12). Vgl. Kap. B.II.2.5.

[1450] PLANCK, G. J., *Ueber die Trennung und Wiedervereinigung der getrennten christlichen Haupt-Partheyen, mit einer kurzen historischen Darstellung der Umstände, welche die Trennung der lutherischen und reformirten Parthie veranlassten, und der Versuche, die zu ihrer Wiedervereinigung gemacht wurden (1803)*. Im Umfang von 368 Seiten. Das Vorwort datiert vom 01. 07. 1803. Im Folgenden zitiert als »Trennung«.

[1451] Hinsichtlich der Terminologie kann ein Satz dieser Schrift als Schlüssel dienen: Die Reformation habe die Trennung einer neuen *Partei* von der alten *Kirche* erbracht. Jene wie-

gungen anhand der Entwicklung in den beiden protestantischen Kirchen an. Grundgedanken lassen sich aber auch auf das Verhältnis der protestantischen zur römisch-katholischen Kirche beziehen.[1452]

Schon in der Vorrede stellt Planck klar, er halte es nicht für nötig, eine Vereinigung anzustreben, weil die äußere Trennung kein Übel mehr darstelle und die eigentliche (innere) Union bereits erfolgt sei.[1453] Zwar habe er keine Bedenken, dass sich eine wirkliche Vereinigung einmal einleiten lasse, aber den Zeitpunkt dazu solle man doch abwarten und nichts voreilig versuchen.[1454] Bisherige Schriften hätten sich – so Planck – meist für oder gegen ein bestimmtes »Vereinigungs-Projekt«[1455] gerichtet, er hingegen biete eine dritte Position. Damit befindet er sich freilich in guter neologischer Gesellschaft, wenn er auch eigene Akzente zu setzen vermag. Wie so häufig geht Planck das Thema historisch an und entwickelt nach einem grundsätzlichen ersten Teil eine Darstellung der Trennung der beiden protestantischen Parteien und der Vereinigungsversuche sowie darauf folgend eine Analyse des gegenwärtigen Verhältnisses der protestantischen Parteien und der gegenwärtigen umgebenden Situation.[1456]

---

derum habe sich dann erneut in verschiedene *Sekten* getrennt (vgl. Trennung, 111). Wenn in juristischen Dokumenten der Zeit von der Zulassung christlicher Sekten gesprochen wird, sollte dies also nicht in der heutigen Wortbedeutung verstanden werden.

[1452] EHMANN, Union, 102, erkennt in dieser Schrift eine eingehende Prüfung der pfälzischen Verhältnisse und führt dazu ein Anschreiben Plancks an den badischen Kurfürst Karl-Friedrich an, dem Planck die Schrift am 20. 08. 1803 übersandte (vgl. aaO. 107). Allerdings spricht das Anschreiben – wie auch die Schrift selbst – nur davon, dass Planck »auf einiges von der Lage und von den Verhältnißen der Partheyen der Pfalz« (zitiert ebd. aus einem Anschreiben Plancks im Generallandesarchiv Karlsruhe, Fasz. 233/1861) in der Schrift zu sprechen komme, keineswegs davon, dass die ganze Ausführung von den dortigen Zuständen bestimmt sei. Auch, dass Planck diese Schrift als direkte Antwort auf BRAUER, J.N.F., *Gedanken über einen Kirchenverein beeder protestantischen Religionsparthien (1803)* (vgl. EHMANN, Union, 102 [eine Untersuchung der Schrift aaO. 92–102]), konzipierte, wird nicht nachgewiesen. Von dieser Fehldeutung abgesehen, bietet Ehmann aber eine gute Analyse einiger Hauptgedanken der Schrift (vgl. aaO. 102–108). In der Annahme von Abhängigkeiten und Querverweisen zwischen verschiedenen Schriften zur pfälzischen Union bleibt er aber in der gesamten Studie spekulativ. HERING, Geschichte, 438–440, bietet eine wenig kommentierende, aber ausführliche Darstellung der Schrift.
[1453] Vgl. Trennung, VI. MENGE, Versuche, 224, deutet diese Haltung falsch, wenn er meint, Planck habe »über die Trennung hinwegzutrösten« versucht. Es entsprach vielmehr seiner Überzeugung, dass die Trennung unter diesen Umständen kein Übel darstelle!
[1454] Vgl. Trennung, VII. MÜLLER, Vorgeschichte, 35f., deutet Plancks Vorhaben falsch. Planck ging es mitnichten darum, eine förmliche Union voranzutreiben, sondern er wollte darauf hinweisen, dass es keinen Grund gebe, eine solche anzustreben, da sie gegenüber der jetzigen Situation keinen Gewinn mehr bringen würde. Auf den folgenden Seiten formuliert Müller dann überraschend eine richtige Einschätzung der diesbezüglichen Absichten Plancks (vgl. aaO. 37f.). Plancks Vorschläge zu förmlichen Veränderungen, die Müller dann allerdings wieder aufzählt (vgl. aaO. 38f.), zielen nicht auf eine förmliche Vereinigung, sondern auf die Abschwächung des Parteienhasses.
[1455] Trennung, I.
[1456] Eigentlich habe er in einem dritten Teil auf das Verhältnis zur römisch-katholischen Kirche eingehen wollen, das erfordere aber eine eigene Schrift, deren Abfassung er aber noch

Im allgemeinen ersten Abschnitt über Trennung und Wiedervereinigung
stellt Planck die jeweiligen Grundbegriffe von »Kirche« gegenüber, die auf beiden Seiten die Haltung zur Frage der Möglichkeit einer Trennung von der
Kirche bedingten: Die katholische Kirche müsse aufgrund ihres Selbstverständ-
nisses als alleinseligmachende eine Trennung immer als Vergehen ansehen.[1457]
Protestantisch werde unter der wahren Kirche die Gesellschaft von Menschen,
die die Lehre Jesu annehmen und dadurch moralisch-geistig gebessert und »beseeligt«[1458] werden, verstanden. Sie strebe auf eine Vereinigung aller Menschen
in diesem »ethischen Staat«[1459] hin. Eine sichtbare Gesellschaft sei nicht von Jesus gestiftet worden, doch habe er es nicht verwehrt, sondern vielmehr folge-
richtig voraussehen müssen, dass sich die Menschen in einer äußeren Gemeinschaft zusammenfänden, die ihnen die Erreichung ihres gemeinsamen Zweckes,
der die Ausbreitung des Christentums einschließt, erleichtere.[1460] In dieser Hinsicht könne man dann auch von einer Pflicht zum Anschluss an eine äußerliche
Kirche reden, da sie der Erreichung des Ziels zuträglich sei.[1461]

Folglich sei die Trennung von einer Kirche als äußerer Gemeinschaft angezeigt, wenn der Zweck der Verbindung für den Einzelnen bzw. die Verbindung
insgesamt durch Uneinigkeit über diesen Zweck nicht mehr erreichbar erscheine.[1462] Das ergebe sich allerdings nicht aufgrund verschiedener Ansichten
in Nebensachen, sondern nur aufgrund eines *dissensus fundamentalis*[1463] – und
fundamental sei nur das gemeinsam verfolgte Ziel, weshalb es hier nicht um
eine bestimmte Lehreinigkeit gehen kann. Auch wenn eine Kirche als äußere

---

nicht unmittelbar plane (vgl. aaO. VIIf.). Sie erfolgt dann in der Schrift PLANCK, G.J., *Worte
des Friedens [...] (1809)*.

[1457] Vgl. Trennung, 4f. Sie sei der Meinung, Jesus Christus habe es allen zur Pflicht gemacht, sich auch in diese äußere Verbindung hineinzugeben. Damit spielt die Frage nach
der Stiftung der Kirche hinein (vgl. Kap. B.II.3.4.).

[1458] AaO. 9. Vgl. aaO. 9–16, zu den »Prinzipien über die Kirche« des Protestantismus.

[1459] AaO. 9.

[1460] Doch wirkt der Zusammenschluss aufgrund einer durch gleiche Erkenntnis bestimmten Gottesverehrung (vgl. aaO. 18f.) auch auf den Einzelnen: So könne auch das Anschließen
an eine äußere religiöse Gesellschaft »dem einzelnen Anhänger der Lehre Jesu unendlich
viele Vorteile selbst für seine vollkommenere religiöse Bildung gewähren, welche zu benutzen wahre Pflicht für ihn werden kann« (aaO. 15). Zwar könne er auch außerhalb der Kirche
selig werden, jedoch innerhalb der Kirche »mit mehr Leichtigkeit und in einem höheren
Grad« (ebd.). Hierin ein romantisches Kirchenbild, dem Schleiermachers vergleichbar, zu
sehen, wäre übertrieben, doch lässt sich zumindest eine Abkehr von Individualfrömmigkeit
darin erblicken.
Vgl. auch die Kritik bei STARCK, Gastmahl, 168–171, zu der Ansicht, Christus habe keine
äußere Kirche gegründet.

[1461] Vgl. Trennung, 15.

[1462] Es wäre sogar »pflichtmäßig«, sich in diesem Fall von einer Vereinigung zu trennen
(aaO. 19). Als Grundsatz formuliert Planck, »daß nur eine solche Verschiedenheit des Glaubens und der Meynungen, welche dem Zweck einer religiösen Verbindung schaden könnte,
ihre Auflösung rechtfertigen kann« (aaO. 24).

[1463] Vgl. aaO. 18.

Gesellschaft ihren Mitgliedern gewisse Verbindlichkeiten auferlegen, also ihre Freiheit beschränken dürfe, dürften diese Auflagen nur so weit gehen, wie der gemeinsame Zweck es nötig mache. Ein Grund zur Trennung bestehe, sobald diese Einschränkungen als drückend empfunden würden, wobei aus der Möglichkeit und Zulässigkeit der Trennung nicht gleich deren Notwendigkeit folge.[1464] Zudem könne aus einer Trennung nie Berechtigung oder Grund zum Hass gegenüber dem Apostaten entstehen, auch wenn der durch seinen Austritt zum Ausdruck bringe, dass er die jeweilige Kirche für irrend halte.[1465] Vielmehr müsse man sich um ihn kümmern, doch eine christliche Kirche, die diesen Namen verdienen will, könne niemals die von ihr Abgesonderten hassen.[1466] Daraus folgert Planck, dass eine Trennung kein Übel darstelle, solange sie nicht Hass erzeuge. D.h. auch, dass eine Wiedervereinigung nicht immer angestrebt werden müsse, solange die Getrennten friedlich gegeneinander seien.[1467] Denn zum einen sei eine völlige Gleichheit in Religions- und Wahrheitsfragen nie möglich, zum anderen – und wichtiger – haben die bisherigen Unionsversuche nur zu mehr Streit und Trennung geführt, wie Planck historisch zeigen kann.

Als mögliche Formen einer Union führt Planck (darin Chr.M. Pfaff folgend) die drei Konzepte *unio absorptiva*, *unio temptativa* und *unio conservativa* auf. Eine *unio absorptiva*, die das völlige Nachgeben einer Seite bezeichnet, sei kaum vorstellbar bei Gruppen, die an ihrem je eigenen hängen. Bei einer *unio temptativa* hänge das Problem an der Frage des ersten Schrittes und dem Gleichgewicht des Nachgebens. Hinsichtlich der letzten Möglichkeit, der *unio conservativa*, seien zwei Fälle denkbar, sie erfolgreich zu gestalten: Entweder müsse jede Seite überzeugt werden, dass die Eigenheiten der jeweils anderen Partei nicht zum Wesentlichen gehörten oder dass die je andere bei aller Verschiedenheit doch die gleiche Sache und das gleiche Ziel verfolge. Da aber in den jeweiligen Eigenheiten die Gründe für Trennungen lägen, sei das kaum realistisch.[1468]

Nach diesen grundsätzlichen Erwägungen widmet sich Planck im zweiten Teil der Geschichte der Trennung der protestantischen Konfessionen. Er erkennt die ersten Gründe im gegenseitigen Missverständnis im Abendmahlsstreit, bei dem allerdings die Tragweite der Differenz überschätzt worden sei.[1469]

[1464] Ein Protestant mit sozinianischer Christologie könne theoretisch also noch in der protestantischen Kirche bleiben (vgl. aaO. 45).

[1465] Gerade die katholische Kirche sei inkonsequent, wenn sie Apostaten noch bestrafen wolle: Denn wenn sie die alleinseligmachende sei, habe sich doch der Apostat durch seinen Austritt schon die schlimmste Strafe eingehandelt (vgl. aaO. 57–59).

[1466] Vgl. aaO. 63. Selbst als Feind bleibe er noch Mitmensch, auch noch »Mitchrist« (aaO. 65). Planck macht zudem darauf aufmerksam, dass im Fall der Trennung beide Seiten mit den gleichen guten Gründen gegeneinander streiten: Beide sähen im Anderen den Irrenden (vgl. aaO. 62).

[1467] Hier führt Planck das Beispiel von Lot und Abraham an (vgl. aaO. 67).

[1468] Die Hindernisse für jede mögliche Form der Union untersucht Planck aaO. 74–108.

[1469] Dabei habe durchaus eine Verschiedenheit der Ansichten bestanden: Gegenwart von Geist und Seele oder des Leibes Christi der Substanz nach (vgl. aaO. 115).

Freilich habe dieser Streit einige andere mögliche Streitpunkte überdeckt. Die *Konkordienformel* bilde den Abschluss des dargestellten Trennungsprozesses, da sie die Differenz zum Fundamentalen erhoben habe. Auf reformierter Seite hätten der *Consensus Tigurinus (1552)* und die Dordrechter Beschlüsse durch ihre Erwählungslehre dazu beigetragen, die Trennung doppelt zu sichern.[1470]

Planck behandelt dann einige Vereinigungsversuche, die alle nur zu neuem Streit geführt hätten.[1471] Dabei sei das äußere Verhältnis der Konfessionen bis ins 19. Jahrhundert gleich geblieben, doch im Inneren erkennt Planck weitreichende Veränderungen: In den als Differenzpunkten ausgemachten Lehren vom Abendmahl und von der Prädestination habe eine weitreichende Annäherung stattgefunden bzw. eine Aufgabe des jeweils trennenden Lehrartikels (*praedestinatio gemini* bei den Reformierten, Realpräsenz bei den Lutheranern), so dass die Zeit und der Zeitgeist die schönste *unio temptativa* erbracht hätten.[1472] Scheinbar stelle sich jetzt nur noch die Frage nach einer förmlichen Vereinigung, doch bereite diese große Probleme hinsichtlich der Form, in der sie beschlossen werden könnte: Ein mögliches Konzil, das hier entscheiden könnte, würde schon in seiner Zusammensetzung, aber mehr noch in dem Anspruch, hier allgemeine Entscheidungen zu treffen, sicherlich zu Streit führen. Zur Lösung schlägt Planck vor, dass zuerst die gegenseitigen Verdammungen aufgehoben werden müssten – d. h., dass auf die *Konkordienformel* und die Dordrechter Beschlüsse verzichtet werden müsse. Zudem müssten die jeweiligen lokalen konfessionellen Bevorteilungen abgeschafft werden und schließlich bezüglich der Kirchengüter Regelungen getroffen werden.[1473]

Solange die Trennung aber noch von beiden Seiten als solche wahrgenommen werde, würde ein äußerliches Niederreißen der Scheidewand unweigerlich

---

[1470] Diese Lehre sei zuvor nur Privatmeinung Calvins (fußend auf Augustin) gewesen (vgl. aaO. 142).

[1471] Dabei nennt er das Engagement von David Pareus (Wängler) (1548–1622), das Kolloquium in Leipzig 1631, einen Vereinigungsversuch in Kassel durch Wilhelm von Hessen 1661 sowie den als »Hauptunionsversuch« bezeichneten Vorstoß Chr.M. Pfaffs, dem er ein sehr positives Zeugnis als einem »der gelehrtesten und angesehensten lutherischen Theologen« (Trennung, 209) ausstellt. Dieser sei am Widerstand der lutherischen Theologen, an deren Kränkung durch Pfaffs Ausrichtung nach Regensburg und an die Obrigkeiten sowie dem Gerücht, die Reformierten hätten es auf die lutherischen Kirchentümer abgesehen, gescheitert (vgl. aaO. 223–231).

[1472] Vgl. Trennung, 252. Schon die *Wittenberger Konkordie* bezeichnet Planck als eine *unio conservativa* unter der Maske einer *absorptiva* (aufgrund der Unterschrift unter eine Formel) (vgl. aaO. 124). Sie hätte sich mit der Zeit auch zu einer *unio temptativa* entwickeln können (vgl. aaO. 127).

[1473] Vgl. aaO. 273–327. Hier sei bspw. an eine Vereinigung des Kirchenvermögens in einer Landeskirche zu denken, wie in der Pfalz geschehen (vgl. aaO. 303). Die Abschaffung konfessioneller Bevorteilung behandelt Planck u. a. am Beispiel von Bremen (vgl. aaO. 301): Hier ging es vornehmlich um Stolgebühren und kirchliche Finanzen, aber auch um bürgerliche Rechte und die daraus entstehenden finanziellen und juristischen Vor- bzw. Nachteile.

den Streit und die Parteilichkeit wieder entfachen.[1474] Hier sieht Planck vor allem die Laien als Problem, die im Allgemeinen nicht die unter den Theologen schon verbreitete Überzeugung der Einigkeit teilten. Ihnen attestiert er ein weitreichendes Unwissen hinsichtlich theologischer Streitigkeiten, d.h., sie glauben vielmehr die Trennung, als dass sie sie auch wirklich benennen könnten, was die Gegnerschaft noch verschärfe, denn blinder Hass sei immer bitterer als der sehende.[1475] Solange diese Haltung noch bestehe, führe jeder Einigungsversuch zwangsläufig zu Streit. Auch wenn mittlerweile der Zeitgeist und auch die beklagenswerte Gleichgültigkeit in religiösen Belangen mithelfen, sei ein Unionsversuch noch zu gefährlich, weshalb Planck schließen kann: Zu einer förmlichen Vereinigung sei es noch zu früh. Unnötig sei dieser Versuch schon deshalb, weil der einzige Grund dazu, der noch vor einiger Zeit bestanden habe, nämlich der gegenseitige Hass und seine politischen und gesellschaftlichen üblen Folgen, nicht mehr bestünden. Damit spricht Planck die fundamentale Überzeugung seiner Darlegung aus. Um die Verbreitung des toleranten Umgangs zu unterstützen, ließen sich einige Maßnahmen ergreifen: Um den Parteigeist nicht wieder zu wecken, empfiehlt Planck geräuschlose Vorbereitungen seitens der Regierungen, die z.B. auf die Verpflichtung auf die *Konkordienformel* verzichten könnten. Auch im Kleinen, lokal begrenzt, seien Unionen durchaus möglich, äußert Planck überraschend. Hier sei es nämlich möglich, die Volksstimmung einzuschätzen, d.h. ausschließen zu können, dass ein Vereinigungsversuch zu neuer Auseinandersetzung führt.[1476] In besonderer Verantwortung sieht Planck hier die Prediger: Sie müssten mehr echte christliche Aufklärung unter dem Volk verbreiten, ihm vermitteln, dass alle positiven und natürlichen Wahrheiten der Lehre Jesu allein dahin gerichtet seien, auf des Menschen Besserung und Beglückung hinzuwirken, was bisher durch Katechismen und Symbole, die das Äußerliche zu sehr betont hätten, häufig verdeckt worden sei. So müsse dem Menschen nun gezeigt werden, dass »dasjenige, was er bisher seinen Glauben zu nennen gewohnt war, nicht Zweck seines Christenthums sondern nur Mittel zum Zweck sey«[1477]. Dann würden sich alle auch vereinigt fühlen und es würden noch weitere wohltätige Folgen daraus entspringen, unter denen die Vereinigung nicht einmal die zentrale wäre. D.h., aus einer Betonung der moralischen Ausrichtung des Christentums und einer Reduktion der lehrhaften Formen ließe sich ein gemeinsames Fundament bilden.

Damit ruft Planck in seiner Schrift einerseits zur Geduld auf und warnt vor den schlimmen Folgen vorschneller äußerlicher Vereinigungsversuche, sieht aber andererseits die Möglichkeit einer fortgesetzten Aufklärung des Volkes

---

[1474] Vgl. aaO. 330f.

[1475] Vgl. aaO. 336.

[1476] Vgl. aaO. 354–356. Solche Projekte gab es dann in Hannover im Gegensatz zu einer landesweiten Union auch wirklich, vgl. bei OTTE, Unionen.

[1477] Trennung, 365.

über die Einigkeit hinsichtlich der praktischen Ausrichtung des Christentums. Die eigentlichen Lehrdifferenzen betrachtet er als erledigt, nimmt aber das Phänomen einer konfessionellen Volksfrömmigkeit ernst, in deren Überwindung er die eigentliche anstehende Aufgabe erkennt. Gleichzeitig sieht er weit voraus in die Einzelheiten einer möglichen vollzogenen Kirchenvereinigung mit ihren Auswirkungen auch auf den äußeren Kirchenkörper und die Organisationsstrukturen der Landeskirchen und Gemeinden.

2.2. Betrachtungen über die neuesten Veränderungen in dem Zustand der deutschen katholischen Kirche (1808)[1478]

Gänzlich anders gelagert als das vorige Werk ist eine Schrift Plancks zur Situation katholischer Christen in einem protestantischen Staat. Im Vorwort nimmt Planck Bezug auf Konkordatsverhandlungen Württembergs, die ihn bewogen hätten, das ausgearbeitete Werk zurückzuhalten, wohl um nicht die aktuellen Verhandlungen zu erschweren. Nach deren Abbruch habe er es nun, überzeugt von seiner Nützlichkeit, unverändert herausgegeben.[1479] Er möchte den Interessierten, aber Nichtunterrichteten die Möglichkeit geben, sich ein eigenes Urteil zu bilden, hat aber auch in gleicher Intention den katholischen Klerus im Blick.[1480] Trotz des aktuellen Abbruchs vertraut er auf die Vorsehung, die wohl eine andere Gelegenheit abwarte, das Projekt besser und günstiger durchzuführen.[1481]

In einem ersten Teil stellt Planck die Sachlage dar: Es brauche eine Übereinkunft zwischen Rom und protestantischen Souveräns. Im Anschluss daran handelt Planck über die Modalitäten einer solchen Verhandlung, um sich dann ausführlich der Frage der Gegenstände der Verhandlung zu widmen. Zu klären seien die Fragen der Errichtung neuer Bistümer, der ersten Anstellung neuer Bischöfe sowie der Ausübung der Suprematsrechte des Papstes in den neuen Diözesen des Bischofs. Abschließend gelangt Planck zu einer Einschätzung der Realisierbarkeit sowie einer Darlegung der positiven Auswirkungen, die eine nach den umrissenen Maßstäben verhandelte Übereinkunft haben würde.

Durch den Pressburger Frieden war mit der protestantischen Herrschaft über katholische Provinzen eine neue Situation eingetreten,[1482] die eine diesbezüg-

---

[1478] PLANCK, G.J., *Betrachtungen über die neuesten Veränderungen in dem Zustand der deutschen katholischen Kirche und besonders über die Concordate zwischen protestantischen Souverains und dem römischen Stuhl welche dadurch veranlaßt werden möchten (1808)*. Der Umfang der Schrift beträgt 227 Seiten. Das Vorwort datiert vom 02.04.1808. Im Folgenden zitiert als »Betrachtungen«.
[1479] Vgl. Betrachtungen, III–V. Zu den württembergischen Verhandlungen 1807 vgl. MEJER, Concordatsverhandlungen.
[1480] Vgl. Betrachtungen, VII.
[1481] Vgl. aaO. X.
[1482] Vgl. aaO. 1 f. Dabei stellten sich die Folgen der politischen Entwicklung für die Kirche dem Beobachter nur verschlungen in die großen weltpolitischen Hauptveränderungen dar. Sie erstreckten sich auf die gesamte »Geisteskultur« (aaO. 1).

liche Übereinkunft zwischen den protestantischen Herrschern und Rom nun unbedingt nötig mache. Die *Betrachtungen* befassen sich mit dem Problem der Schaffung neuer Bistümer, der Einsetzung neuer Bischöfe und der Frage nach der geistlichen Jurisdiktion, wie Planck sie in Württemberg beobachtete.[1483] Da ein protestantischer Fürst nicht einfach einen Bischof einsetzen könne, sei eine Einbeziehung Roms nötig, an der vor allem aber auch Rom ein Interesse haben müsse. Der Landesherr handle hier in Fürsorge für seine katholischen Untertanen, die die Übereinkunft mit Rom für nötig hielten. Gegenüber der Bezeichnung »Konkordat« äußert Planck Bedenken: Zwar habe sie sich eingebürgert,[1484] sei aber von Rom immer als eine Art Dispens, als gnädiger Erlass kanonischer Regelungen verstanden worden; dieser Eindruck müsse verhindert werden.[1485] In dem von ihm vorgeschlagenen »Regulativ«[1486] müsse dafür Sorge getragen werden, dass die katholische Kirche innerhalb des Territoriums in ihrer Verfasstheit möglichst unbeschädigt, aber vor allem mit möglichst geringer Störung des Staates erhalten bleibe. Das Nicht-Wesentliche der katholischen Kirche müsse dem Interesse des Staates untergeordnet werden.[1487] Hinsichtlich seiner Forderungen könne sich der protestantische Landesherr entweder an die verschiedenen Äußerungen der katholischen Kirche zur Sache halten, die allerdings sehr divergent seien,[1488] oder als bessere Alternative an die päpstliche Autorität, also das, »was der heilige Stuhl selbst schon zu andern Zeiten katholischen Höfen bewilligt, oder in katholischen Ländern zugelassen hat«[1489]. In der Verhandlung selbst müsse Einigkeit über drei Grundregeln erzielt werden: (1) Der protestantische Herrscher dürfe auf nichts bestehen, was sich gegen die Grundprinzipien der katholischen Kirche richtet, (2) der römische Stuhl müsse erlauben, alles Übrige dem Interesse des Staates unterzuordnen, und (3) der Landesherr wiederum erklären, auf nichts zu bestehen, wozu Rom nicht schon einmal seine Zustimmung gegeben habe.[1490]

[1483] Vgl. aaO. 10–12. Keiner der zuständigen Bischöfe hatte seinen Sitz im Territorium.

[1484] Vgl. aaO. 24 f. Es sei inkonsequent, zwischen beiden Partnern einen Vertrag über kirchliche und religiöse Gegenstände abzuschließen (vgl. aaO. 25). Ähnlich hatte sich auch der zuständige Nuntius in den ersten Verhandlungen mit Württemberg geäußert (vgl. Friedberg, Staat, 18).

[1485] Vgl. Betrachtungen, 26–38.

[1486] AaO. 43.

[1487] Die Frage, was zum Wesentlichen gehört, könne nicht dem Papst überlassen werden; dieser könnte dann nämlich auch erklären, dass der Staat der Kirche subordiniert wäre. Ebenso wenig ist es aber vorstellbar, dass der Landesherr das feststelle. Deshalb kommt Planck zu dem o.g. Vorschlag, sich nur an das zu halten, was die katholische Kirche schon dazu entschieden hat (vgl. aaO. 48 f).

[1488] Planck verweist auf die die bischöfliche Gewalt gegenüber der päpstlichen Hoheit betonende *Emser Punktation (1786)*, die allerdings wieder zurückgenommen wurde (vgl. Betrachtungen, 57).

[1489] Betrachtungen, 60.

[1490] Vgl. aaO. 61.

Vor allem geht es um die Einrichtung neuer Bistümer, die eine Hoheit ausländischer Bischöfe in fremden Territorien verhindern. Planck zählt – mit der
Reformbewegung innerhalb der katholischen Kirche im Gefolge von J. Febronius – das Episkopalsystem zum Wesentlichen der katholischen Kirche. Neben
der Frage der Dotation, die der Staat übernehmen werde, und der Frage der
Einrichtung der Diözesengrenzen müsse die erste Anstellung neuer Bischöfe
geklärt werden.[1491] Da für die Katholiken eine Ernennung durch den protestantischen Landesherrn, der an der Besetzung mit eigenen Bürgern verständlicher-
weise interessiert sei, nicht tragbar wäre, müssten Modalitäten gefunden werden, beide Interessen zu befriedigen. Hier schlägt Planck die Wiederbelebung
der kanonischen Wahlregelungen und die Einrichtung eines Kapitels vor, aus
dessen Mitte der jeweilige Nachfolger zu wählen wäre.[1492] Eine Einordnung in
ein überterritoriales Metropolitanverhältnis lehnt Planck ab, die Bischöfe sollten
in geistlichen und kirchlichen Belangen direkt Rom unterworfen sein, im Übrigen dem Landesherrn einen Eid leisten, zu dem sie in einem »wahren und
würklichen Unterthanenverhältniß«[1493] stehen müssten. Auch in der kirchlichen
Rechtsprechung sei auf die Landesautonomie zu achten. Planck besteht auf einheimischen Richtern und der landesherrlichen Genehmigungspflicht päpstlicher Entscheidungen. Da einem Bischof im Bezug auf sein Bistum ohnehin
das gleiche Dispensrecht zukomme wie dem Papst für die ganze Kirche, könne
eine römische Einmischung weitgehend ausgeschlossen werden. Insgesamt
müsse die Kirche als »in dem Staat«[1494] betrachtet werden.

Eine Realisierung dieser vorgestellten Überlegungen sei zwar ungewiss,
doch verweist Planck auf die neuere Entwicklung, die immerhin die gegenseitige Erbitterung abgeschafft habe. Keine Partei werde mehr von der andern
unterdrückt und auch die Politik habe Anteil an dieser Entwicklung, da sie den
»Sektenhass«[1495] nicht mehr für ihre Pläne zu nutzen versuche. Sie betrachte
zwar teilweise die Religion als »Zaum für das Volk«[1496], doch zeige sich insgesamt, »daß auch dem Staat an der Erhaltung der Religion oder vielmehr an der
Erhaltung der von der Verschiedenheit der Religionsformen unabhängigen Religiosität unter seinen Unterthanen nicht wenig gelegen sey«[1497]. Der Staat habe
erkannt, dass in der Religion ein Prinzip liege, das den Menschen geneigter und

---

[1491] Vgl. aaO. 65–80.
[1492] Vgl. aaO. 96–106. Die hannoversche Gesandtschaft in Rom hatte sich gegen die Möglichkeit der Kapitelwahl erklärt und die landesherrliche Nomination gefordert, die auch
ohnehin alte Sitte in Deutschland sei (vgl. dazu HEGEL, Beziehungen, 60 f.).
[1493] Betrachtungen, 107.
[1494] AaO. 175.
[1495] AaO. 189.
[1496] AaO. 193.
[1497] AaO. 192.

kräftiger zur Erfüllung jedweder Pflicht – auch der Bürgerpflicht – mache und so ein Gegenmodell zu gewaltsamer Herrschaft darstelle.[1498]

Planck betont, dass eine Neuregelung der katholischen kirchlichen Verhältnisse zudem weitere Vorteile bringe: Da die Bischöfe ausschließlich für ihre geistliche Aufgabe ausgewählt würden, müsse man keine Rücksicht auf eine etwaige Herrschaftsfunktion nehmen, da sie ausschließlich beauftragt seien zur Bildung des Volkes zur Religiosität und Sittlichkeit.[1499] Innerhalb der hierarchischen Ordnung der Kirche würde durch die Neuformierung der Kapitel Gutes bewirkt, da sie, mit gelehrten und wissenschaftlichen Männern besetzt, die Gelehrsamkeit befördern und dadurch den Parteigeist der theologischen Schulen dämpfen helfen würden. Vor allem hätten sie darauf hinzuwirken, dem Menschen das praktisch Verwertbare an seinem jeweiligen konfessionellen Lehrbegriff zu vermitteln.[1500]

Durch die so geleistete Abkehr von Hass und konfessioneller Verhärtung vorbereitet werde man dann keinen Grund mehr haben, eine nähere Vereinigung der Parteien zu wünschen. Mit der Versicherung, der Menschheit könne das durch diese Versuche oft bewirkte Unglück vielmehr erspart werden, schlägt Planck abschließend den Bogen zur Diskussion um eine Reunion.[1501] Somit stellt die Einrichtung neuer Bistümer in protestantischen Staaten für Planck eine Chance dar, in der katholischen Kirche Reformen anzuregen, die zwar eine größere Unabhängigkeit von Rom und eine höhere staatliche Kontrolle der Kirche zur Folge hätten, aber letztlich zur Abkehr von Parteilichkeit und konfessionellem Denken hin zu Gelehrsamkeit und Volksaufklärung führen würden.

2.3. *Worte des Friedens an die katholische Kirche gegen ihre Vereinigung mit der protestantischen (1809)*

Diese Schrift[1502] Plancks steht im Zusammenhang mit einigen katholischen Versuchen zur Wiedervereinigung,[1503] obgleich sie nicht explizit auf bestimmte

---

[1498] Vgl. aaO. 194 f.

[1499] Vgl. aaO. 204.

[1500] »[W]ie sie ihren Glauben auch zum Leben und Sterben brauchen, wie sie Kraft und Muth zum recht-handlen in allen Verwicklungen des Lebens, wie sie Trost und Stärkung im Leyden und wie sie Beruhigung im Tode daraus schöpfen könnten, so würden sich bald Katholiken und Protestanten gar nicht mehr getrennt fühlen« (aaO. 226). Vgl. die gleichlautende Forderung in: Trennung, 365.

[1501] Vgl. Betrachtungen, 227.

[1502] PLANCK, G. J., *Worte des Friedens an die katholische Kirche gegen ihre Vereinigung mit der protestantischen (1809)*. Im Umfang von 284 Seiten. Das Vorwort datiert vom 02. 03. 1809. Im Folgenden zitiert als »Worte«.

[1503] LÜCKE, Planck, 63 f., sieht die Gefahr dieser Versuche besonders in der Aufgeregtheit der Zeit begründet. MARINO, Praeceptores, 37 f., kann noch die 1804 erfolgte Einladung des Erzbischofs von Bexancon an die Protestanten und ein diesbezügliches Vorhabens Ch. de Villers nennen. Er sieht in Plancks Schrift zudem eine Reaktion auf Chateaubriands *Génie du*

Vorschläge eingeht, auch wenn sie einige Namen nennt.[1504] Im Vorwort verweist Planck auf die Ankündigung in seiner Schrift *Ueber die Trennung (1803)*,
etwas über die katholische Kirche zu schreiben, was er nun mit der Maßgabe
vorlege, nicht Mittel zu einer Wiedervereinigung vorzuschlagen, sondern solche, »durch welche ihre fortdauernde Trennung unschädlicher«[1505] gemacht
werden könnte. Neue Vereinigungsversuche würden nur unsägliches Unheil
anrichten, weshalb er hier mäßigend eingreifen wolle – dies sei auch Antrieb in
seinen *Betrachtungen (1808)* gewesen.[1506] Insgesamt verdeutlicht er sein Engagement mit einem Bild, in dem er den »Wagen des Zeitgeistes«, der einen Berg
hinunterrollt – und am Fuße des Berges zu zerschellen droht –, zu bremsen
versucht. Dabei gehe es nicht darum, den Wagen anzuhalten, wie fälschlich
gedeutet werde, sondern durch die vorsichtige Bremsung »kann es ja allein be-
würkt werden, daß er ganz und unzerschmettert, oder doch möglichst unbeschädigt hinunter kommt.«[1507] Planck warnt eindringlich vor Reunionspro-
jekten, da sie nur weiter voneinander entfernten und doch unnütz wären, da
durch Aufklärung und politische Toleranz der gegenseitige Hass sich schon ab-
gemildert habe.[1508] Er wünsche sogar, »daß man jenes Streben auf immer aufgä-
be«, da »nie etwas Gutes dabey herauskommen kann«.[1509]

Drei Punkte seien zu klären, nach denen Planck dann auch die Schrift aufbaut: (1) Wie, ob und wie weit sich beide Parteien von ihrem gegenwärtigen
Standpunkt aus nähern könnten. (2) Ob dieses Zusammenkommen wünschenswert wäre. Und (3) ob der mögliche Gewinn daraus nicht auch auf anderem
Wege zu erlangen wäre.[1510] Dazu geht Planck von der gegenwärtigen Lage aus

---

Christianisme: Planck habe den Einfluss katholischer Panegyriker auf die Haltung nicht gefes-
tigter Protestanten verhindern wollen.
    Eine anonyme Schrift des katholischen Irenikers Abt Maximilian (Taufname Georg Mar-
tin) Prechtl OSB (1757–1832), die auf Planck reagiert, trägt fast denselben Titel: PRECHTL,
M., *Friedensworte an die katholische und protestantische Kirche für ihre Wiedervereinigung (1810)*.
Vgl. dazu WEIGL, Prechtl, 38 f.: Prechtl habe dort den Wunsch nach »Fortdauer der Zwie-
tracht« (aaO. 38) erkannt und eine Widerlegung versucht. Bei PRECHTL, Friedensworte, XII
u. ö. findet sich aber eine ausdrückliche Hochachtung Plancks und eine Zustimmung zu
seinen Worten – mit der entscheidenden Differenz, dass Prechtl eine »Reunion« (aaO. IX)
wünscht und ihm das, was Planck Zweck war, nurmehr »Mittel zum Zwecke« (aaO. XII) ist.
Vgl. auch MENGE, Versuche, 225–229, zu Prechtls Vorschlägen.
    Vgl. zu früheren katholischen Versuchen WALLMANN, Union, 21 f.
    [1504] Z. B. Beaufort (Worte, 98 f.), Tabaraud (aaO. 91).
    [1505] AaO. IV.
    [1506] Vgl. aaO. IX.
    [1507] AaO. XII. Dieses Bild steht exemplarisch für die Tendenz der gesamten kirchlichen
und theologischen Arbeit Plancks.
    [1508] Planck fordert bildhaft: Man solle nicht in die Asche blasen, die sich um die Scheide-
wand gelegt habe (vgl. aaO. 13 f.).
    [1509] AaO. 14.
    [1510] Vgl. aaO. 17 f.

und von dem, was noch als Gemeinsamkeit gesehen werden kann.[1511] Über die Schrift als Erkenntnisquelle der Theologie, ihre göttliche Geoffenbartheit bestehe Einigkeit, ebenso wie über die Geschichte, die historische Entwicklung der Religion.[1512] Sogar das letzte Grundprinzip der Religionstheorie lasse sich, wenn es auch durch die gelehrte Theologie verbaut sei, gemeinsam beschreiben: Der Mensch »kann nur dadurch wieder Gegenstand des göttlichen Wohlgefallens, nur dadurch wieder glückseligkeitsfähig, und nur dadurch wieder beseeligt werden, wenn er wieder guter Mensch wird!«[1513] Zuletzt sei eine Einigung über die Formen, das Außerwesentliche, dadurch erleichtert und ermöglicht, dass auf beiden Seiten zwischen Form und Wesen unterschieden werde.[1514]

Doch führt Planck auch einige Differenzen auf: Zuerst nennt er die von der katholischen Kirche neben der Schrift angenommene kirchliche Tradition als Erkenntnisquelle. Zudem behaupte die katholische Kirche die Notwendigkeit kirchlicher Auslegung für das Verständnis der Schrift, was dem protestantischen Prinzip, in dieser Frage keiner anderen Autorität als nur der Schrift zu gehorchen, widerspreche.[1515] Die Differenz bezüglich des allein rechtfertigenden Glaubens werde allerdings häufig überbewertet: Während die katholische Lehre erst den Menschen verändern wolle, fange zwar für die protestantische mit der Rechtfertigung die »Beseeligung« erst an, doch sei es für beide reine Gnadensache und beide gelangten zum gleichen Ergebnis – wenn auch auf unterschiedlichen Wegen.[1516] Weitere Differenzen hinsichtlich der Heiligenverehrung und des Abendmahls wirkten nach Planck nicht unterschiedlich auf die Religiosität.[1517] Andere erstreckten sich wie die Lehre vom Urstand zwar auf die eigentliche Religionstheorie, doch nicht auf deren Wesentliches – so bleibe die Grundidee, dass der Mensch gebessert werden muss, gleich.

Eine große Divergenz zwischen beiden Parteien besteht laut Planck in der Theorie der Gnadenmittel und in deren mechanischer Anwendung, dem Opfergedanken in der Messe vergleichbar. Diesem mechanischen Vollzug werde – zumindest im katholischen Volksglauben, von dem sich auch einige katholische Theologen distanzierten – eine Verdienstlichkeit zugeschrieben.[1518] Demgegenüber könne nach protestantischer Lehre keine Handlung als wertvoll

---

[1511] Vgl. zu der folgenden Aufstellung der Gemeinsamkeiten und Unterschiede auch Plancks Darstellung des katholischen Lehrbegriffs in Abriß³, 71–88 (vgl. Kap. B.III.3.1.).

[1512] Vgl. Worte, 22–25. Auch wenn »neuere protestantische Theologen« (aaO. 24) einen neuen Offenbarungsbegriff propagierten, hätten sie doch die Göttlichkeit der Offenbarung beibehalten.

[1513] AaO. 27.

[1514] Vgl. aaO. 30.

[1515] Vgl. aaO. 36.

[1516] Vgl. aaO. 40–51.

[1517] Das Wunder der Verwandlung könne bspw. nicht größer sein als das der Vereinigung (vgl. aaO. 58).

[1518] Planck schränkt ein, dass dies zwar im katholischen Volksglauben verbreitet, jedoch nicht theologisch zentral sei (vgl. aaO. 67).

betrachtet werden außer einer moralischen. Auch übernatürliche Einwirkungen Gottes seien dem Menschen immer nur durch ihren moralischen Effekt erkennbar, dadurch dass »durch seinen Verstand auf seinen Willen«[1519] gewirkt werde. Zuletzt könne der Protestant der katholischen Auffassung, die Kirche sei notwendig auch äußerliches Institut, nicht zustimmen, schon gar nicht der Gottgegebenheit der hierarchischen Verfassung, schließt Planck mit dem fundamentalen ekklesiologischen Differenzpunkt.

So sei es nun aus mehrfachen Gründen auch psychologisch unmöglich, sich zu vereinigen. Einmal widerstritten sich mehrere Grundprinzipien, darüber hinaus unterscheide sich die ganze Geisteshaltung: Während sich der protestantische Geist im freien Raum des Verstandes bewege, ziehe der katholische den halbdunklen des Gemüts und Gefühls vor.[1520] Eine gegenseitige Überzeugung sei durch die Differenzen schon in den Erklärungsregeln der Schrift ausgeschlossen: Kein Argument der einen Seite könne für die andere überzeugend sein.[1521] Auch eine erzwungene Vereinigung schade nur, führe auch keinesfalls zu einer wahren Einigkeit, da sie der Gewissensfreiheit widerstreite und, besonders wenn der Staat eingreifen wolle, mindestens für das katholische Kirchenverständnis nicht hinnehmbar wäre.[1522] Allein der Zeit könne man dieses Projekt also anvertrauen.

Planck untersucht nun noch die Möglichkeiten mittelbarer staatlicher Beförderung einer Vereinigung sowie die Möglichkeit von Zugeständnissen in Äußerlichkeiten.[1523] So könne die katholische Kirche etwas an ihrem Kultus und ihrem Zeremonienwesen nachlassen, die protestantische hinsichtlich der Übernahme der katholischen Verfassung Zugeständnisse machen. Doch bleibe, so schließt er die Untersuchung, immer ein unterschiedliches Grundverständnis bestehen, da für den Protestanten die Kirchenverfassung nicht zum Wesentlichen gehöre und das katholische Volk an den äußerlichen Zeremonien hänge.[1524]

So bleibe zu klären übrig, ob eine solche Vereinigung ein wirklicher Gewinn sein könne, da der Sekteneifer ohnehin schon erkaltet sei. Hierzu fragt Planck nach einem möglichen staatlichen Interesse. Von einer rein äußerlichen Vereinigung sei nichts zu erwarten, da sie keine Auswirkung auf die einzelnen Mitglieder in ihrem Gemüt habe, so dass nur zwei Möglichkeiten bleiben, die

---

[1519] AaO. 68.

[1520] Eine solche verallgemeinernde, auf das Wesen der Konfession abhebende Definition findet sich sonst eher selten bei Planck. Dominant erscheint sie hingegen in den Werken von Marheineke (vgl. dazu Kap. B.III.5.).

[1521] Vgl. Worte, 87f. Solange der eine nicht mit den Augen des andern sehe, sei es aussichtslos.

[1522] Vgl. aaO. 100f. Hier verweist Planck auf die Vorschläge Beauforts an Napoleon, in denen Beaufort davon ausgehe, das Staatsoberhaupt sei auch das der Kirche (vgl. aaO. 98f.).

[1523] Vgl. aaO. 109–133.

[1524] Vgl. aaO. 122.128.

Planck nun in ihrer Auswirkung auf den Staat untersucht: Entweder alle Katholiken werden protestantisch oder alle Protestanten katholisch.[1525] Welche Richtung wäre nun für den Staat von Vorteil?[1526] Protestanten seien nicht staatsgefährdend, sie gehorchten nicht blind, aber dafür umso verlässlicher. Die katholische Kirchentheorie erscheine gefährlich für den Staat, da sie eine Hoheit der Kirche über den Staat fordere. Protestanten könnten hier bei grundsätzlicher gegenseitiger Autonomie bestimmte äußere Rechte an den Landesherrn delegieren.[1527] Eine leichtere Fanatisierung der Katholiken aufgrund ihrer Gewöhnung an blinden Gehorsam dürfe nicht als Argument dienen, denn eine solche gebe es auch anderswo.[1528] Letztlich sei es nach Abwägung aller Folgen für den Staat somit gleichgültig, zu welcher Seite die Bürger übergingen.

Eine Übereinkunft der beiden Kirchentümer müsste dann noch hinsichtlich ihrer äußeren Form geklärt werden. Sie wäre in Form einer Synode möglich, was aber vor Probleme stelle, da zum einen die Beschickung schwierig wäre (Protestanten müssten zugelassen werden, die Nationalkirchen müssten eigene Vertreter entsenden), zum anderen zumindest für die Protestanten eine Entscheidung solcher Repräsentanten keinen bindenden Charakter haben könne.[1529] Das Volk sei zudem daran gewöhnt, sich an den Äußerlichkeiten zu erkennen und zu identifizieren, von weiteren inhaltlichen Differenzen wisse es nichts.[1530] Deshalb müsse diesem beigebracht werden, dass die Konfessionen nicht so weit voneinander entfernt seien, dass sie sich deshalb hassen müssten. Denn – so wiederholt Planck einmal mehr seine Grundthese aus der Schrift *Ueber die Trennung* – der Hass allein mache die Trennung zum Übel. Für die Wahrheit werde mit einer solchen Vereinigung auch nichts gewonnen, da es doch um die Überzeugung der einen von der Meinung der anderen gehe. So folgt als Ergebnis dieser Aufklärung nichts anderes als die Aufhebung der Feindschaft.[1531]

Freilich stellt sich die Frage, ob dieses Ergebnis nicht auch anders erreichbar wäre. Hier ruft Planck die »Volkslehrer« in die Verantwortung: Sie müssen das Volk über das je Eigentümliche beider Seiten aufklären, denn nur blinder Hass habe so groß werden können.[1532] Zudem müssen sie die Übereinstimmungen

---

[1525] Vgl. aaO. 142. Es gebe nur diesen einzigen Weg, um zur Einheit zu kommen.

[1526] Vgl. aaO. 134–190.

[1527] Vgl. hierzu den Kollegialismus bei J. L. v. Mosheim und Chr. M. Pfaff. Die »Verwaltung der Kirchengewalt – nicht die Kirchengewalt selbst« – werde an den Landesherrn übertragen (vgl. SCHLAICH, Kollegialtheorie, 15 f.).

[1528] Hier verweist er auf die antireligiösen »Blutmenschen« der Revolution (vgl. Worte, 184). Aufbruche in Spanien schreibt er dem dortigen Klima zu (vgl. aaO. 182).

[1529] Vgl. aaO. 196.199 f.

[1530] Vgl. aaO. 202–206. Besonders die Katholiken würden über Äußerlichkeiten identifiziert, ebenso wie sie sich selbst darüber definierten.

[1531] Vgl. aaO. 215 f.

[1532] Vgl. aaO. 223; und den gleichen Gedanken Trennung, 336. Zum ähnlichen Vorschlag bei Prechtl vgl. MENGE, Versuche, 226.

sichtbar machen, da kaum ein Laie um die Gemeinsamkeiten wisse. Aber auch die Differenzen müssen thematisiert werden, doch so, dass sie nicht mehr abstoßend erscheinen.[1533] Dabei müsse jeweils das Gutgemeinte der Ansichten herausgestellt werden, um gegenseitiges Verständnis zu ermöglichen.[1534] Zudem müsse die Ansicht verbreitet werden, dass man sich gegenseitig seine Proselyten gönne, wobei keine der beiden Seiten darüber als einen Sieg triumphieren solle, da die »Konversen«[1535] ohnehin meist kaum eine Kenntnis vom eigenen und anderen Lehrbegriff hätten, ihre Entscheidung also darüber nichts aussage und also keinen wirklichen Verlust für eine Partei darstelle. Die Volkslehrer sollen zudem das Absichtliche ihrer Irenik verstecken, um dem Volk nicht Anlass zu geben, das Eigene angegriffen zu sehen.[1536] Wenn schon der Jugend klargemacht würde, dass an dem religiösen Glauben nur so weit etwas liege, als in Seele und Gemüt gewirkt werde, und dass nicht das religiöse Wissen und Glauben, sondern das, was daraus folgt, Religion sei, sei viel gewonnen.[1537] Der Erfolg zeige sich dann, bevor das Volk etwas merke, und beide Seiten könnten ihre Eigenheiten behalten, sich aber durch das Gemeinsame vereinigt fühlen. Und dann gebe es keinen Grund, überhaupt noch an eine weitere Vereinigung zu denken.[1538]

Wieder nutzt Planck mit einer Schrift die Gelegenheit, anhand einiger konkreter Untersuchungen und Vorschläge seine grundsätzliche Haltung zur Frage der Kirchenvereinigung zu Gehör zu bringen: Die Trennung sei nur Übel, solange sie Feindschaft und Hass hervorbringe. Eine wirkliche Vereinigung könne nicht stattfinden, doch eine Aufklärung über die eigene konfessionelle Identität und besonders die moralisch-praktische Komponente der Religion könne dazu führen, sich darin als einig zu begreifen und die übrigen Differenzen als unproblematisch stehen lassen zu können.[1539]

[1533] Das Ziel ist hier nicht, gleichgültiger gegen Irrtümer, sondern »schonender gegen die Irrenden« (Worte, 234) zu werden.

[1534] Z.B. eine Erklärung darüber, warum die Protestanten katholische Bräuche aufgegeben haben. Hier spricht Planck allerdings deutlich vom leeren Verstand, dem Wahn der Verdienstlichkeit und den Missbräuchen in der römischen Praxis (vgl. aaO. 248f.).

[1535] AaO. 263.

[1536] Vgl. aaO. 275f. Denn das Volk werde seine Vorurteile fester behalten wollen, wenn es sie angegriffen sieht.

[1537] Dabei sei von der Kanzelbelehrung am wenigsten zu erwarten, da »der Laye von demjenigen, was ihm von der Kanzel herab gesagt wird, gewöhnlich die eine Hälfte überhört, und die andere Hälfte nicht versteht, so wie es, leider! auch hier oft der Fall seyn wird, daß er bey dem Ueberhören und bey dem Nicht-verstehen nicht viel verliert« (aaO. 277).

[1538] Vgl. aaO. 283f.

[1539] MARINO, Praeceptores, 36, ist diese Schrift Beleg für eine antikatholische Haltung in Göttingen, was nur auf einem grundlegenden Missverständnis der Argumentation Plancks beruhen kann.

2.4. Ueber die gegenwärtige Lage und Verhältnisse der katholischen und der protestantischen Parthey in Deutschland (1816)

Nach den Befreiungskriegen und der Neuordnung Europas war besonders die katholische Kirche, die stark unter den Kriegen, aber auch unter der Neuordnung gelitten hatte, vor die Herausforderung einer Neuorganisation gestellt, die auch ihr Verhältnis zur protestantischen Kirche betreffen musste.[1540] Nicht ohne Grund weist Planck zu Beginn dieser Schrift[1541] auf deren rein friedliche, ganz unpolemische Absicht hin, denn sie beschäftige sich mit dem »Entgegenstehen« der katholischen und protestantischen[1542] Partei, den Gefahren dieser Konstellation sowie Vorsichtsmaßnahmen, die zur jeweiligen Sicherung getroffen werden sollen.[1543] Er bringt Vorschläge und Wünsche dazu an, die sich an seine Glaubensgenossen zuerst, besonders an die zuständigen Behörden richten.[1544]

Das durch Revolution, Eroberungen und Umstrukturierungen veränderte Verhältnis sei auch seit 1813 nicht wieder in seinen alten Zustand versetzt worden, vieles habe die »eiserne Faust der Tyraney«[1545] zertrümmert.[1546] Diesen Zustand sowie die Situation, das gegenseitige Verhältnis der beiden Parteien und die Mittel und Bedürfnisse auf beiden Seiten will Planck untersuchen und daraus zu schließen versuchen, was für die Zukunft zu hoffen ist. Dabei geht er von der fortdauernden Trennung der Konfessionen aus: Eine »Scheide-Wand muß doch zwischen ihnen bleiben«[1547].

Unter den Entwicklungen der letzten Zeit habe die katholische Kirche mehr als die protestantische gelitten, da sich der »Sturm« der Revolution vor allem

---

[1540] Im näheren Umfeld sind eine ganze Reihe von Schriften veröffentlicht worden, die sich mit der Umstrukturierung der katholischen Kirche beschäftigen, darüber kam es zu Diskussionen. Vgl. dazu beispielhaft die Schriften KOPP, GEORG LUDWIG KARL, *Ideen zu der Organisation der deutschen Kirche. Ein Beytrag zu dem künftigen Concordate* (1814), und die dagegen gerichtete Schrift FREY, FRANZ ANDREAS, *Bemerkungen zu der Schrift: Ideen zu der Organisation der deutschen Kirche. Ein Beitrag zum künftigen Konkordate* (1815), die Planck auch nennt (vgl. Lage, 166). Frey nennt seinerseits ebenfalls Planck.

[1541] PLANCK, G. J., *Ueber die gegenwärtige Lage und Verhältnisse der katholischen und der protestantischen Parthey in Deutschland und einige besondere zum Theil von dem deutschen Bundes-Tage darüber zu erwartende Bestimmungen. Betrachtungen und Wünsche* (1816). Im Umfang von 182 Seiten. Das Vorwort datiert vom 26. 05. 1816. Im Folgenden zitiert als »Lage«.

[1542] Hier seien die evangelisch-reformierten Parteien mit unter die protestantischen gefasst (vgl. Lage, V). MEYER, Unionsgedanke, 252, überinterpretiert dies als deutliches Votum für eine innerprotestantische Union.

[1543] Vgl. Lage, III f.

[1544] Dabei hofft er, nicht über seine Rolle hinausgegangen zu sein (vgl. aaO. VI).

[1545] AaO. 1. Im Vergleich zu den früheren Schriften ist diese Ausdrucksweise auffällig, da zuvor noch vom »großen Mann des Tages« etc. die Rede war.

[1546] Planck betont, wer der Gefahr ausgesetzt gewesen sei, alles zu verlieren, solle doch dankbar für das Erhaltene sein (vgl. aaO. 2). Dass etwas von dem äußeren Kirchenwesen übriggeblieben sei, liege daran, dass es den »Zerstörern« hilfreich erschien (vgl. aaO. 3).

[1547] AaO. 6. Vgl. auch aaO. 2. Die gegenseitige Stellung werde etwas »isoliertes«, wenn auch nichts »feindseliges« behalten (vgl. aaO. 5).

gegen jene gerichtet habe, da es in den Angriffen der Revolution viel mehr um
die Frage der Weltherrschaft gegangen sei als um eine Feindschaft gegen das
Christentum. Von ihrem inneren geistigen Eigentum habe die katholische Kirche aber noch große Teile gerettet – wie etwa das Selbstverständnis des Supre-
mats und der Autonomie der Kirche.[1548] Den massiv erlittenen äußeren Schaden
sieht Planck in drei Bereichen: Verlust an Mitgliedern, Verlust an Gütern und
Verlust an Mitteln ihrer Institute.[1549] Für die katholische Kirche sei der Verlust
von Besitz besonders schmerzhaft, da ihre Verfassung darauf angelegt sei. Allein
ihr Oberhaupt sei ohne Besitzungen nicht vorstellbar. So wie jede äußerliche
Gesellschaft, die sich zur Verfolgung eines bestimmten Zweckes zusammenfin-
det, brauche auch die katholische Kirche Einkünfte, zumal sie zum einen besonders durch äußere Mittel wirken könne und wolle, zum anderen aufgrund
des Prinzips der Unabhängigkeit vom Staat eigenes Vermögen brauche. Außerdem sei das Kirchenvolk schon an den Luxus der Erscheinung gewöhnt. Hauptsächlich stelle sich die Frage, ob der Schaden negative Auswirkung auf das Verhältnis zu anderen kirchlichen Parteien, vor allem zu der protestantischen habe.
Planck stellt fest, dass die katholische Kirche – da sie weder mehr als vorher von
anderen Parteien zu fürchten habe, noch sich schlechter vor ihnen schützen
könne – nicht ungünstiger gestellt sei als zuvor.[1550] Zudem verbürge der Artikel
16 der *Deutschen Bundesakte* diesbezüglich Sicherheit.

Des Weiteren stelle sich die Frage nach dem Zustand des Verhältnisses der
protestantischen zur katholischen Partei. Die Lage ersterer habe sich nicht stark
verschlimmert, sie habe beim Verlust der katholischen aber auch nichts gewonnen. So sei z. B. säkularisiertes Gut nicht in ihre Hände, sondern in die des
Staates gefallen.[1551] Insgesamt beträfen die Gleichstellungsregelungen mehr die
protestantische Partei, weil mehr von ihren Mitgliedern unter katholischen
Herrschern lebten als umgekehrt.

Interessant erscheint die anschließende Frage Plancks, ob durch diese neue
Situation die Gefahr von katholischen Anfeindungen gestiegen sei. Planck befürchtet, dass allein schon deshalb, weil die katholische Partei um den Wiederaufbau ihres Besitzstandes bemüht sein müsse, Übergriffe erfolgen würden, was
er z. B. in der Wiedereinrichtung des Jesuitenordens angedeutet sieht, der die

---

[1548] Hier erwähnt Planck anerkennend die Päpste, besonders das Geschick Pius' VII., der
selbst in dem Konkordat 1801 noch diese beiden Prinzipien retten konnte (vgl. aaO. 17).

[1549] Vgl. aaO. 24.

[1550] Der Protestantismus habe nie Anstalten zur Ausdehnung über die Existenzsicherung
hinaus gezeigt (vgl. aaO. 54 f.). Von den protestantischen Fürsten habe die katholische Kirche nichts zu befürchten, zeigt Planck; auch dürfe sie jenen keinen Vorwurf wegen der in
ihre Hände gefallenen Güter machen (vgl. aaO. 56).
Die Trennung von Politik und Religion wirke sich auch auf die katholische Kirche positiv
aus, da sie nicht länger in diesen Verhältnissen denken und handeln müsse (vgl. aaO. 60–63).

[1551] Vgl. aaO. 69–80. Diese letzte Unterscheidung sei bedingt durch die Trennung von
Politik und konfessionellem Interesse.

Protestanten missionieren würde.[1552] Diese Missionstätigkeit könne die katholische Kirche aufgrund ihres Kirchenbegriffs nicht aufgeben, der es ihr unmöglich mache, von ihr Getrennte einfach ihrem Schicksal zu überlassen.[1553] Solange diese Missionierung mit rechten Mitteln zugehe, könne die protestantische Partei auch nichts dagegen haben, doch vor unlauteren Maßnahmen müsse sie sich verwahren.[1554]

Da sich dieses Verhalten sicher vorhersehen lasse, schlägt Planck nun einige Verhaltensmaßregeln für die Protestanten vor, die darauf hinwirken sollten, die Parteieifersucht der Katholiken möglichst gering zu halten. Dazu müsse unter protestantischen Herrschern alles verhütet werden, was ein religiöses Ärgernis darstellen könnte. Der höhere katholische Klerus müsse durch die Höfe so weit schadlos gehalten werden, dass er seiner Amtswürde entsprechen könne, die für ihn konstitutiv sei.[1555] Zuletzt sollten die Protestanten bei allen katholischen Anstrengungen sich wenigstens den Anschein ruhigen Beobachtens geben. Dazu erinnert Planck, dass bei ernster Anwendung der protestantischen Auffassung, dass jeder nur auf sein eigenes Urteil hin glauben soll, keinem das Missionieren verboten werden könne, auch den Katholiken nicht.[1556] Doch um die Jugend zu schützen, die ja noch zu keinem eigenen Urteil fähig sei, müssten Vorkehrungen getroffen werden.

Zur Lösung dieser Fragen schlägt Planck vor, beim Bundestag einen Antrag zur Regelung der künftigen Stellung beider Parteien zu machen. Z.B. müssten bei der Gleichheit der bürgerlichen und politischen Rechte gewisse Beschränkungen billigerweise eingeführt werden und die relative Anzahl katholischer Mitglieder in Einrichtungen protestantischer Staaten begrenzt werden dürfen. An Universitäten, die nun mehr Staatsinstitute als kirchliche Einrichtungen seien, könnte die konfessionelle Bindung außer bei den Religionslehrern aufgehoben werden.[1557] Hinsichtlich der Trivial- und Volksschulen gelten aber andere Regeln: Hier müsse das konfessionelle Interesse noch geschützt werden – wieder auch im Hinblick auf den Schutz der Jugend vor unlauteren Missionierungsversuchen –, jedenfalls könne keine Partei Anspruch auf Anstellung ihrer Lehrer an anderskonfessionellen Schulen machen.

[1552] Vgl. aaO. 80–85.

[1553] Vgl. aaO. 87.

[1554] Vgl. aaO. 90.

[1555] Gegenüber den protestantischen Amtsträgern seien die katholischen immer besser gestellt, was daran liege, dass sie schon durch ihre Würde mehr auf das Volk zu wirken beabsichtigen (vgl. aaO. 110–114).

[1556] »Fordern wir nach diesen Prinzipien für jeden einzelnen das Recht, sich in der Religion zu dem Glauben bekennen zu dürfen, den er nach seiner besten Einsicht mit redlicher Ueberzeugung für den wahren erkannt hat« (aaO. 121), könne das nicht verboten werden.

[1557] Physik und Heilkunde haben keinen konfessionellen Aspekt (vgl. aaO. 159). Zur Frage der Gründung katholisch-theologischer Fakultäten durch einen protestantischen Landesherrn vgl. aaO. 160, und das Gutachten Plancks zur Gründung einer solchen Fakultät in Göttingen von 1828 (vgl. Kap. A.IV.3.3.).

Zur fortdauernden Regelung dieser Angelegenheiten schlägt Planck die Einrichtung einer gemischt besetzten Kommission beim Bundestag vor,[1558] auch um die politischen Interessen aus kirchlichen Angelegenheiten herauszuhalten.[1559] Für die protestantische Partei empfiehlt er die Neugründung einer Art *Corpus Evangelicorum*, da ihr zersplittertes Auftreten in Auseinandersetzungen mit der katholischen Kirche immer Nachteile bringe.[1560] Schließlich fordert Planck zur Sicherung dieser Regelungen und des Bestandes der Kirchen, dass das Religions- und Kirchenwesen in den Bundesstaaten unter den Schutz der Verfassung gestellt, also rechtlich verankert werde. Das Parteieigentum solle bspw. in die Obhut der Stände gestellt werden.[1561]

In einem abschließenden Ausblick äußert Planck die Vorstellung, einmal werde eine Zeit kommen, in der nicht mehr Katholiken und Protestanten nebeneinander, sondern untereinander wohnten und nicht mehr protestantisch oder katholisch, sondern nur christlich sein würden und man sich nicht mehr vor gegenseitigen feindlichen Anschlägen hüten müsse. Bis dahin verstreiche noch eine lange Zeit, doch könne diese Aussicht die gegenwärtigen Handlungen lenken.[1562]

Gegenüber den früheren Schriften spricht diese Schrift Plancks deutlicher von den Problemen konfessioneller Trennung und bestimmter aus dem Bewusstsein heraus, dass nach wie vor Vorkehrungen gegen Übergriffe der katholischen Kirche auf die protestantische nötig seien.

[1558] Diese sollte verfahrenstechnisch das Recht des *itio in partes* haben (vgl. Lage, 170).

[1559] Vgl. aaO. 178.

[1560] Die Gründung einer Einrichtung, die »wenigstens etwas von der Form des ehemaligen Corporis statuum Evangelicorum« (aaO. 167) wiederherstellt, soll eine äußere Einheit in der Verbindung als kirchliche Partei bewirken und Ordnung in die eigenen Verhandlungen bringen (vgl. aaO. 167 f.). »[W]ir haben in einer gewissen Beziehung keine Kirche, sondern wir haben nur Kirchen.« (Lage, 174). MEYER, Unionsgedanke, 252, deutet die Verwendung einer ähnlichen Formulierung bei HÖLTY, ARNOLD, *Die Notwendigkeit zeitgemäßer Reformen in den kirchlichen Verhältnissen (1831)*, als Wirkung Plancks, scheint mir darin aber zu weit zu gehen. Auch weitere von ihm aufgezeigte Anklänge scheinen mir nicht zwingend, sondern eher Spiegel allgemeiner Zeitstimmung zu sein.
Zur Gefahr katholischer Übermacht vgl. Lage, 175 f. Schon Leibniz hatte zur Verteidigung gegen katholische Übergriffe an einen protestantischen Staatenbund gedacht (vgl. bei MEYER, Unionsgedanke, 245), der Ziel seiner Unionsüberlegungen war.

[1561] Diese Verankerung sei der Schlussstein der ganzen neuen Anlage (vgl. Lage, 179).

[1562] Vgl. aaO. 181 f. Diese Bemerkung verwundert, wenn man sie den eingangs gemachten Bemerkungen über die fortdauernde Trennung gegenüberstellt. Planck sieht in diesem Zustand offenbar eine Art notwendige, regulative Utopie, an der sich zwar das gegenseitige Verhalten ausrichten soll, die aber kaum realisiert wird. Ohnehin könne sie sich nur in einer Periode höchster religiöser Bildung, die zwingend mit der höchsten sittlichen und intellektuellen Bildung der Menschheit zusammenfallen müsse, ereignen (vgl. aaO. 182).

3. Grundgedanken

Obgleich G. J. Plancks soeben behandelten Schriften auf unterschiedliche Entwicklungen reagieren, lassen sich in ihnen einige durchgehende zentrale Gedanken ausmachen, die in den folgenden Perspektiven, die sich freilich erweitern ließen, schlaglichtartig dargestellt werden sollen.

3.1. *Wesentliches – Nicht-Wesentliches: Moralisch-praktische Religion und Kirche*

Schon die Reformation kannte die Unterscheidung zwischen fundamentalen und weniger fundamentalen Glaubensartikeln, wenn sie z. B. – obzwar nicht wortwörtlich, so doch inhaltlich bereits ausgeprägt – den Rechtfertigungsartikel als *articulus stantis et cadentis ecclesiae* behauptete.[1563] Auf das Interim von 1548 reagierte das Luthertum dann mit dem Streit um die sogenannten *adiaphora*. Schließlich machte G. Calixt das Konzept der Fundamentalartikel zur Verständigung der Konfessionen nutzbar. Doch erlebte die Rede vom Fundamentalen in der Orthodoxie eine polemische Wendung, die die konfessionellen Differenzen zum Fundamentalen erhob.[1564] In den theologischen Grundlagen der Konfessionsverständigung spielt diese Unterscheidung dann eine große Rolle, hier allerdings mit dem Ziel, die konfessionellen Unterschiede in Lehre und Praxis als nicht-wesentlich zu nivellieren und ihnen so ihren kirchentrennenden Charakter zu nehmen.[1565] So argumentiert auch Planck, indem er gerade in den identifikatorischen Lehren bezüglich des Abendmahls und der Prädestination eine Annäherung zwischen Reformierten und Lutheraner konstatiert.[1566] Gewichtiges Argument in fast allen Unionsprojekten war in unterschiedlicher Ausrichtung – und auch bei Planck – die Versicherung des Festhaltens an den Prinzipien der Reformation, auch wenn die Bekenntnisschriften in ihrer Bedeutung reduziert würden; viele rechtfertigten so ihr Engagement als Fortsetzung der Reformation.[1567]

Im Hinblick auf eine Vereinigung mit der katholischen Kirche steht für Planck deren Kirchenbegriff dem protestantischen diametral gegenüber: Während die Katholiken an der Stiftung der äußeren Gesellschaft festhielten, ver-

---

[1563] Zur komplexen Geschichte dieser Formel und ihrem ersten Auftauchen erst nach der Reformation vgl. MAHLMANN, Geschichte.

[1564] Vgl. WAPPLER, Ort, 32–35, der durch die Rede von den Fundamentalartikeln das Bewusstsein einer möglichen Abstufung in den Lehren vorbereitet sieht.

[1565] Auch für Chr. M. Pfaffs innerprotestantisches Unionskonzept spielte diese Unterscheidung eine maßgebliche Rolle (vgl. SCHÄUFELE, Pfaff, 300). Allerdings finde sich, so Schäufele, bei Pfaff eine »eigenwillige Interpretation der orthodoxen lutherischen Lehrgestalt« (ebd.). Hier weist Schäufele auf ein grundlegendes Problem dieser Unterscheidung hin, die zwangsläufig immer auf einer bestimmten, subjektiven Interpretation beruhen muss.

[1566] Vgl. die Argumentation in: Trennung, 240–252.

[1567] Vgl. dazu WAPPLER, Ort, 78 (im Bezug auf Plancks Schrift zum Reformationsjubiläum).

stehe der Protestantismus sie als moralische Gemeinschaft, die sich zu einem gemeinsamen Zwecke zusammengefunden habe. Der katholischen Kirche scheint so das Äußerliche konstitutiv: Sie wirke dadurch, bedürfe auch eines ausreichenden Besitzes, um ihre Formen zu bedienen. An dieser Stelle scheint also kein Ausgleich möglich. Von ihrem Grundverständnis her könne die katholische Kirche auch niemals eine Trennung von ihr zulassen, konstatiert Planck, und deshalb auch die von ihr Getrennten nicht sich selbst überlassen, folglich könne eigentlich die bloße Existenz protestantischer Kirchen der katholischen nicht recht sein.

In einem lehrmäßigen Ausgleich, der sich auch in Fragen der Ekklesiologie einigen könnte, liegt nicht das Ziel der Argumentation Plancks. So konstatiert er, dass bedingt durch unterschiedliche Auslegungsweisen eine gegenseitige Überzeugung ohnehin nicht möglich wäre.[1568] D. h., der Versuch einer Verständigung auf der Grundlage völlig unterschiedlicher Prinzipien kann nie erfolgreich sein.[1569]

Gewichtiger erscheint die Unterscheidung zwischen Wesentlichem und Außerwesentlichem im Bezug auf die moralisch-praktische Abzweckung der christlichen Lehre.[1570] Ausdrücklich erklärt Planck den protestantischen Kirchenbegriff in dieser Richtung: Der Zweck des kirchlichen Zusammenschlusses sei die allgemeine moralisch-geistige Besserung und »Beseelung«. Unterschiede in der Form und in der Lehre werden nach diesem Verständnis relativierbar, wenn Einigkeit darüber erzielt werden kann, dass ein gemeinsames Ziel existiert. Nicht das, was gewusst oder geglaubt werde, sei Ziel des Christentums, sondern nur Mittel; Religion sei die praktische Anwendung der christlichen Wahrheiten, ihrer positiven wie natürlichen.[1571] Diese zielten darauf, über den Verstand auf den Willen des Menschen zur moralischen Besserung zu wirken.[1572] Während eine innerprotestantische Annäherung auf diesem Wege Planck möglich erscheint, steht auf katholischer Seite die Betonung des äußeren

---

[1568] Vgl. Worte, 87 f.

[1569] Marheineke führt diese prinzipielle Unterschiedenheit weiter, indem er beide Kirchentümer als zwei gegensätzliche Verwirklichungsformen der einen Idee begreift. Alles lässt sich bei ihm auf das von ihm jeweils erkannte Wesen oder Prinzip der getrennten christlichen Parteien zurückführen (vgl. MARHEINEKE, Verhältniß [vgl. Kap. B.III.5.]). Im Unterschied zu Planck gewinnt er seine Deutung nicht aus der (historischen) Analyse, sondern durch eine bloße Behauptung.

[1570] WAPPLER, Ort, 36, konstatiert in Schleiermachers *Unvorgreiflichen Gutachten* eine ähnliche Haltung: Durch einen Lehrkonsens würde den Dogmen zu große Bedeutung beigemessen. Auch F. S. G. Sack redet von der praktisch angewandten Religiosität als Ziel des Christentums (vgl. aaO. 40).

[1571] Vgl. Plancks Argumentation z. B. Trennung, 362 f. Hier verwahrt er sich dagegen, dies als Anschauung nur einer neueren Theologie anzusehen: Es sei die Absicht des Stifters des Christentums gewesen.

[1572] Diesen Punkt hebt WAPPLER, Ort, 51, besonders in Plancks Argumentation hervor.

Kirchenbegriffs einer solchen Interpretation – und damit einer Einigung – nachhaltig im Wege.[1573]

3.2. *Volksglaube und Volksaufklärung*

Zur Erreichung des genannten Zwecks, das Eigentliche der Religion in ihrer sittlich-moralischen Zielsetzung zu erkennen, fordert Planck von den »Volkslehrern« eine intensivierte Aufklärung der Laien bzw. des Kirchenvolkes.[1574] Diese erscheinen in einem ungünstigen Lichte: Sie halten die konfessionellen Unterschiede fest, ja erkennen sie sogar ausschließlich in den Äußerlichkeiten, von Lehrdifferenzen wissen sie nichts. Planck erkennt einen entscheidenden Punkt, wenn er den Volksglauben in seine Überlegungen miteinbezieht: Solange hier noch das Bewusstsein der Verschiedenheit herrsche, sei jeder Vereinigungsversuch zum Scheitern verurteilt.[1575] Dabei dient die gegenseitige Unkenntnis auch der Erklärung der harten konfessionellen Feindschaft: Blinder Hass sei immer bitterer als der sehende.

Dazu ist nun der Volkslehrer gefordert, ein wahrheitsgetreues Bild der eigenen wie der anderen Konfession zu vermitteln, über die Gemeinsamkeiten und Differenzen in Lehre und Form aufzuklären sowie die jeweiligen Absichten unbekannter Praktiken auf der anderen Seite deutlich zu machen, damit die Differenzen erkannt werden, jedoch als solche verstanden werden, die keinen gegenseitigen Hass bedingen können. Bei allen Projekten der Volksaufklärung in konfessionsirenischer Absicht fordert Planck ein vorsichtiges Vorgehen, damit das Volk nicht merkt, dass ihm die selbst als fundamental betrachteten adiaphoristischen konfessionellen Unterscheidungsmerkmale abgewöhnt werden sollen. Vornehmlich muss der Volkslehrer über die moralische Ausrichtung der Religion aufklären, damit das, was bisher als Glaubensgegenstand angesehen wurde, zum Mittel wird und Zweck zu sein aufhört. Bisher hätten Symbole und Katechismen, also die verpflichtend gemachte Systematisierung der einfachen Lehre Jesu, dies verhindert. Eine Vereinigung als Lehrkonsens ist also

---

[1573] Zur Kritik vgl. STARCK, Gastmahl, 168. Dort zitiert der Abt Odilo die Argumentation Plancks (vgl. Trennung, 9–16) und unterstellt ihm, er habe die Existenz seiner Kirche schon aufgegeben, da er abstreite, dass sie auf einer Stiftung Jesu beruhe. Das widerspreche Plancks Äußerungen in der Vorrede zu *Worte des Friedens* (vgl. Worte, XII), in denen er vorgebe, den Wagen des Zeitgeistes bremsen zu wollen, vielmehr gebe er ihm aber durch o.g. Argumentationen noch einen »kräftigen Stoß« (STARCK, Gastmahl, 170).

[1574] Auf die Bezeichnung als »Laien« sollte nicht zuviel Gewicht gelegt werden, als ob Planck verschiedene Stände in der Kirche restituieren wolle. Grundlage dieser Unterscheidung ist die Beobachtung, dass die theologischen Erkenntnisse, die eine Annäherung der Konfessionen ermöglichen, zumeist nicht in der Gemeindewirklichkeit, dem »Volksglauben«, ankommen.

[1575] Mit dieser Einschätzung deckt sich die Feststellung von OTTE, Unionen, 273, dass es in gebildeten Schichten und Ständen Zustimmung zur Union gab, in bildungsferneren dagegen nicht. Empirisch belegen könne man das allerdings nicht.

allein schon unter Berücksichtigung dieser Dimension nicht durchführbar. Das Ergebnis einer sittlich-moralischen Aufklärung bringe eine Fülle von Vorteilen, unter denen die Konfessionsvereinigung nicht der wichtigste sei, sondern vielmehr vornehmlich der Erfolg für die Ausbreitung der Lehre Jesu und die sukzessive Besserung und Beseeligung der Menschen betrachtet werden müsse – so Planck. Er verkennt dabei nicht den Beitrag des Zeitgeistes zur allgemeinen Abschwächung des konfessionellen Selbstbewusstseins. Dass dieser allerdings auch das allgemeine Interesse an Religiosität zurückgedrängt hatte, verschweigt er ebenfalls nicht.[1576]

Da Planck an anderer Stelle die konfessionellen Differenzen in der Lehre ausdrücklich benennt, wird deutlich, dass er kein reduktionistisches Programm einer ausschließlichen Versittlichung der Religion als Vehikel der Moral vertritt. Somit propagiert Planck nicht die natürliche Vernunftreligion als Mittel und negiert auch nicht die konfessionellen Differenzen – doch im Bewusstsein des Volkes muss ein Wandel vorgehen, der diese Unterschiede in das richtige Licht rückt, nicht um sie aufzugeben, sondern um sie nicht zur Begründung gegenseitiger Feindschaft heranzuziehen.[1577]

Dabei könne, mutmaßt Planck, diesem Zweck der Volksaufklärung auch die Neuorganisation der katholischen Ämter in protestantischen Staaten helfen, da hier ein wirklicher Bischof, kein bischöflicher Herrscher gesucht werden könne und die Kapitel zum Hort der Gelehrsamkeit ausgebaut werden können. Dass Planck der katholischen Theologenausbildung kein allzu gutes Zeugnis ausstellt, erhellt aus seinem Gutachten von 1828 zur Gründung einer katholisch-theologischen Fakultät in Göttingen.[1578]

3.3. Vereinigung oder Toleranz

Planck spricht sich weder für eine Union der protestantischen Konfessionen noch für eine Reunion mit der katholischen Kirche aus, sondern propagiert vielmehr gegenseitige Toleranz.[1579] Schon ältere (Re-)Unionsüberlegungen hatten zu diesem Ergebnis geführt: So hatten die Religionsgespräche in Kassel 1661 und Berlin 1662/63 dem Programm G. Calixts folgend – das dieser auch

---

[1576] Er erkennt aber in der staatlichen Funktionalisierung von Religiosität auch positive Zeichen (s. u.).

[1577] Zur ähnlichen Argumentation bei F. S. G. Sack, der das Bewusstsein schaffen will, dass die strittigen Dogmen nicht zum Wesentlichen gehören, vgl. WAPPLER, Ort, 45. Gegenüber Planck nivelliert er den Unterschied der protestantischen Konfessionen und sieht in ihnen nur Gemeindebezeichnungen wie »Nicolai« und »Marien-Kirche« (aaO. 46). Vgl. auch MARHEINEKE, Verhältniß 2, 247, der von der Wissenschaft allein die Verwirklichung eines richtigen Verhältnisses von Protestantismus und Katholizismus erwarten zu können glaubt.

[1578] Vgl. Kap. A.IV.3.3.

[1579] Die innerkirchlich von Planck proklamierte Toleranz entspricht den Gedanken neuzeitlicher Toleranzkonzepte von J. Bodin u. a. in ihrer Warnung vor »Einheit durch Zwang« (vgl. OHST, Toleranz, 464).

in Thorn anstrebte – gegenseitige Brüderlichkeit auf Grundlage einer Gemeinsamkeit im Glaubensfundament angestrebt. Sie sollten zur »versöhnten Verschiedenheit«, nicht zur Wiedervereinigung führen,[1580] da die Übel, die bisher durch die Trennung hervorgerufen wurden, nicht mehr existierten, weil der »Sektenhass« nachgelassen habe. Darin erkennt Planck das einzige Übel einer Trennung. Gegenüber einer theologischen Beurteilung, die die Trennung der einen Christenheit grundsätzlich als Problem ansieht, geht Planck davon aus, dass in Dingen der Wahrheit und Religion ohnehin nie überall eine einförmige Meinung erreicht werden könnte.[1581] Solange also die unterschiedlichen Lehren und Formen nicht mehr Grund zur Feindschaft geben, bleibt eine Wiedervereinigung verzichtbar. Dass erzwungene Vereinigungen sogar schädlich sind, nur Schaden angerichtet und zum erneuten Sektenhass angeregt haben, zeigt Planck in einem historischen Rückblick.[1582] Aus diesem Grund muss die von Planck geforderte Volksaufklärung auch vorsichtig vorgehen, damit nicht der Eindruck entstehe, hier solle eine Vereinigung angestrebt werden.

Bei allen drei von Planck für die innerprotestantische Vereinigung vorgestellten Möglichkeiten (*unio conservativa, absorptiva, temptativa*) sieht er Probleme: Weder werde eine Seite sich ihres identifikatorischen Bekenntnisses berauben lassen, noch werde sich ein für alle Beteiligten zufriedenstellendes Prozedere eines gegenseitigen Ausgleiches finden lassen – wieder aus beiderseitiger Angst, übervorteilt zu werden –, noch lasse sich eine der Seiten davon überzeugen, dass die trennenden Differenzen zum Außerwesentlichen gehören.[1583] D.h., die theoretisch eigentlich funktionierenden Konzeptionen scheitern an ihrer praktischen Umsetzung, zu der mehr gehört als eine vertragsähnliche Vereinbarung über die nunmehrige Einheit. Vor der Vermutung, eine obrigkeitlich verordnete Vereinigung werde auch zu einer inneren, warnt Planck eindringlich[1584] und setzt stattdessen auf Zeit und Bewusstseinsbildung. Lehrunterschiede

---

[1580] Vgl. WALLMANN, Union, 37, der in diesem Aufsatz mit einer Darstellung von Plancks Untersuchung der Wiedervereinigungsversuche in *Worte des Friedens* beginnt (vgl. aaO. 21 f.). LÜCKE, Planck, 61, bezeichnet Plancks Konzept als die »Theorie der Union getrennter Partheyen«.

[1581] Weiter geht Marheineke, wenn er von einer notwendigen Trennung der Einheit ausgeht bzw. davon, dass eine Einheit nur in Trennung in Erscheinung treten könne (vgl. MARHEINEKE, Verhältniß 1, 188: »Alles, was Eins ist an sich, [kann] nur getrennt in der Welt der Erscheinungen sich darstellen.«).

[1582] Vgl. auch hierzu Trennung, 183 f.: Irenik rufe immer Polemik auf den Plan, in dieser Hinsicht besonders bezüglich der Symbole, die die Ireniker als Trennung zu hassen scheinen, die dann aber wieder verteidigt würden. Dass eine Vereinigung nur zu neuem Streit führe, sei in der grundsätzlichen Andersartigkeit der beiden konfessionellen Wege begründet: Werden beide Wege vereinigt, stehen sich ihre Beschreiter gegenseitig im Weg (vgl. aaO. 240).

[1583] Vgl. zur Argumentation bei Planck: Trennung, 74–108.

[1584] Vgl. dazu die vergleichbare Durchführung der Preußischen Union und die Verhandlungen von G.W. Leibniz, G.W. Molanus und R. y Spinola: Die beiden Letzteren wollten erst eine Präliminarunion schaffen und dann zur vollen Einheit ein Konzil abwarten (vgl. SCHÄUFELE, Unionen, 320).

schleifen ab, das Bewusstsein des gemeinsamen Zieles in der moralisch-sittlichen Religion nimmt zu – da kann die Trennung der Konfessionen kein Übel
mehr darstellen. Eine »Scheidewand« müsse – das betont er besonders gegenüber der katholischen Kirche, bezüglich derer er große Differenzen erkennt[1585]
– immer bestehen bleiben. Gegenüber der katholischen Kirche hält er es sogar
für nötig, sich Gedanken über Abwehrmaßnahmen zu machen, da er Übergriffe von ihrer Seite erwartet.[1586] In dieser Frage allerdings scheint Plancks
Haltung nicht ganz einheitlich zu sein, da er an einigen Stellen von einer letzt-
endlichen Vereinigung der Christen schreibt. Doch scheinen diese Bemerkungen mehr die Funktion einer notwendigen (regulativen) Utopie zu haben,
die zwar kaum erreicht werden wird, aber die Handlungen schon jetzt leiten
kann, indem das Erstrebenswerte einer Einheit vor Augen gestellt wird. Überraschenderweise beurteilt Planck lokal begrenzte Vereinigungen anders, da man
hier die Voraussetzungen besser einschätzen könne, d. h., die Gefahr, erneut
Parteihass anzustacheln, besser ausschließen könne.[1587] Diese Inkonsequenz erklärt sich recht einfach aus seiner Forderung einer notwendig vorhergehenden
Bewusstseinsbildung, die das konfessionelle Sonderbewusstsein abschleift: Da
man deren Erfolg bei der Gesamtheit des zu vereinigenden Kirchenvolks nicht
feststellen kann, schließt sich eine groß angelegte Vereinigung aus. Im Kleinen
aber lässt sich relativ sicher sagen, ob ein Vereinigungsversuch noch neue Feindschaft produzieren würde oder das innere Einheitsbewusstsein schon so weit
fortgeschritten ist, dass er gefahrlos gewagt werden kann. Insofern lassen sich
diese Bemerkungen durchaus mit Plancks allgemeinem Aufruf vereinbaren, die
gegenseitige Toleranz der Vereinigung aktuell vorzuziehen. Die lokalen Vereinigungen hätten auch lediglich einen Mehrwert in der äußeren Form, innerer
Gewinn lässt sich nicht feststellen.

Die Regierungen, von denen in den Fällen erfolgreicher Unionen jeweils die
Initiative ausging, möchte Planck kaum beteiligt wissen, da ihre einzige Möglichkeit eine erzwungene Vereinigung wäre. Mithelfen können sie beispielsweise durch Abschaffung der Bekenntnisverpflichtungen und durch die Durchsetzung der politischen und bürgerlichen Gleichberechtigung aller Konfessionen.
Zum momentanen Zeitpunkt gibt es für Planck schlicht keinen Grund, eine
Vereinigung zu betreiben – aber viele Gründe, die konfessionelle Toleranz zu
befördern.

[1585] Das ist allein schon aus dem Titel der Schrift: *Worte des Friedens an die katholische Kirche
gegen* [!] *ihre Wiedervereinigung mit der protestantischen*, ersichtlich.

[1586] Vgl. Lage, 80–85.

[1587] Vgl. Trennung, 354–356. Dass es zu solchen Unionen und Unionsversuchen in Hannover dann auch wirklich kam (vgl. OTTE, Unionen), muss nicht zwingend auf Plancks
Einfluss zurückzuführen sein. Außerdem blieben sie bloß Episode in Hannover.

3.4. Kirche und Staat

Auf die kirchliche Entwicklung hatten die politischen Umstände eine kaum zu überschätzende Wirkung. Diese fast banale Feststellung gilt auch für das Zustandekommen oder Ausbleiben kirchlicher Unionen. Staatliche Beteiligung reflektiert Planck in zwei Beziehungen: einmal bezogen auf die Situation der katholischen Kirche bzw. ihrer Mitglieder in einem protestantischen Territorium, also auf ihre innere Neugliederung, zum anderen auf das Interesse und die Einflussnahme politischer Gewalt auf kirchliche Entwicklungen überhaupt.

Dass ein protestantischer Landesherr sich in Verhandlungen mit Rom begeben soll, liegt in Plancks Verständnis allein in seiner landesherrlichen Fürsorge für seine katholischen Untertanen begründet. Inhaltlich legt Planck großen Wert auf die Sicherung der gegenseitigen Autonomie von Kirche und Staat und bewegt sich so im prägenden Strom kollegialistischer Kirchenrechtskonzeptionen der Aufklärungszeit.[1588] Doch dürfe im Zuge solcher Verhandlungen nur das Außerwesentliche zur Disposition stehen, im Übrigen müsse die katholische Kirche schadlos gehalten werden. Wichtiger scheint aber die Einschärfung, dass die »Kirche in dem Staat« sei, sich also vor allen Dingen den staatlichen Interessen unterzuordnen habe. Das betrifft auch die Stellung der Bischöfe, die Planck als wirkliche Untertanen des Landesherrn verstanden wissen möchte, weshalb er auch einen diesbezüglichen Eid fordert. An der Frage der landesherrlichen Eingriffe in Bischofsbesetzungen und Bistumsgründungen entzündet sich eigentlich die ganze Verhandlung.[1589] Dass trotz aller Autonomie die Kirche staatlicher Regelung bedarf, wird deutlich an Plancks Plänen, beim Bundestag eine Kommission für kirchliche Angelegenheiten zu installieren, die paritätisch besetzt werden soll. Außerdem schlägt er die Bildung einer Art neuen *Corpus Evangelicorum* vor und erkennt damit das Problem des Protestantismus an, nicht Kirche, sondern Kirchen zu sein, was ihm gegenüber der katholischen Kirche immer einen Nachteil verschaffe, die jeweils mit dem vollen Gewicht der Universalkirche auftreten könne.

Politische Regelungen betreffen die Gleichstellung der Konfessionen in politischen und bürgerlichen Rechten, wobei Planck noch auf einigen Abstrichen besteht, so z. B. in der Bildung der Jugend, die konfessionell erfolgen soll. Darüber hinaus kann der Staat auch zur friedlichen Toleranz der Konfessionen mithelfen, indem er beispielsweise dem katholischen Klerus ausreichend Mittel zur Ausübung ihrer Amtswürde vermittelt. Generell schlägt Planck die Vereinnahmung des Kirchenvermögens durch den Landesherrn vor – wohl auch mit

---

[1588] Vgl. dazu ausführlich SCHLAICH, Kollegialtheorie. Auf eine nähere juristische Verortung der Konzeption Plancks in der diesbezüglichen Diskussion der Zeit muss hier allein aus Platz- und Übersichtlichkeitsgründen verzichtet werden.

[1589] Schon in den Verhandlungen über ein Reichskonkordat war geäußert worden, dass die Landesbischöfe von katholischen Fürsten nominiert, von protestantischen präsentiert und vom Papst konfirmiert werden sollten (vgl. FRIEDBERG, Staat, 3).

dem Hintergedanken, dass so zwar Forderungen an diesen gestellt werden können, aber weniger Neid zwischen den Kirchen aufkomme –, was gleichzeitig
eine Dotation der Geistlichen durch den Staat zur Folge haben muss.

Letztlich haben die politischen Entwicklungen zur konfessionellen Beruhigung beigetragen. Politiker nutzen die konfessionellen Unterschiede nicht mehr
zur Begründung oder Unterstützung von kriegerischen Auseinandersetzungen.
Vielmehr attestiert ihnen Planck ein Interesse an Religiosität, fußend auf der
Einsicht, dass diese zur Erfüllung von Pflichten – auch bürgerlichen – geneigter
und kräftiger macht.[1590] Die Gefahr einer Funktionalisierung der Religion für
die Staatsraison hatte Planck hier nicht im Blick, sondern sah vielmehr die Abkehr von staatlich gelenkter Religionsverfolgung in Frankreich vor sich. Während also einerseits Kirche und Staat autonom voneinander sein sollen, gesteht
Planck letzterem doch weitreichende Befugnisse zu, die sich allgemein mit der
Rolle der Kirche im aufgeklärten Absolutismus decken.

4. Schluss: Plancks Beitrag zur Kirchenpolitik

Während G. J. Planck in seiner *Vergleichenden Darstellung* das Verhältnis der Konfessionen noch ganz theoretisch behandeln konnte, äußert er sich in den untersuchten Texten aktuell zu konkreten Anforderungen; einen vollständigen Entwurf zur Vereinigung legt er nicht vor.[1591] Sein Wort hatte in der Pfarrerschaft
Hannovers, die zum großen Teil bei Planck studiert haben müsste – bzw. ihm
zumindest in seiner Funktion als Ephorus begegnet sein müsste –, sicherlich
einiges Gewicht. Dass es in Hannover nicht zur Union gekommen ist, darf man
so zwar nicht direkt auf Plancks Voten zurückführen, doch lässt sich eine Übereinstimmung dieser mit der weiteren Entwicklung feststellen.[1592] So warnt er
vor Vereinigungsversuchen bei gleichzeitigem Vertrauen auf die weitergehende
Annäherung zumindest der protestantischen Konfessionen.[1593] Hinsichtlich der
katholischen Kirche steht für Planck massiv der Kirchenbegriff im Weg, nicht

---

[1590] Vgl. Worte, 134–190.

[1591] Zu Plancks kirchenpolitischen Schriften insgesamt vgl. auch die Darstellung bei Lücke, Planck, 59–68.

[1592] Wappler, Ort, 18 u. ö., erkennt in Planck – neben J. J. Spalding, F. S. G. Sack und
F. D. E. Schleiermacher – einen der Männer, die wichtigen Einfluss auf die Unionsurkunde
in Preußen genommen haben, wobei Plancks Bedeutung nicht unterschätzt werden dürfe
(vgl. aaO. 19). Allerdings nennt er als maßgebliche Vorarbeit Plancks weniger seine Beiträge
zur Union als vielmehr die Leistung der *Geschichte unseres protestantischen Lehrbegriffs*, die die
Bekenntnisschriften zu menschlichen und zeitgebundenen Schriften gemacht habe – so dass
R. F. Eylert in der Unionsurkunde sie später zum Außerwesentlichen habe rechnen können
(vgl. aaO. 20).

[1593] Gegen Meyer, Unionsgedanken, 251 f., der Plancks Äußerungen als Befürwortungen
einer Union ansieht. Planck schlage nur vor, nicht sofort ins Große zu gehen. Meyer (ebd.)
spricht sich seinerseits u. a. gegen Rudelbach, Reformation, 617, aus, der meint, Planck habe
von einer förmlichen Union abgeraten, da die Trennung kein Unglück mehr sei.

Unterschiede in einzelnen Lehren. Deutet man sein Bild vom Wagen des Zeitgeistes, der einen Berg hinabrollt, gilt zu betonen, dass dieser Wagen auch nach Plancks Willen am Fuße des Berges ankommen soll, d. h., dass es zur Annäherung der Konfessionen kommen soll. Dies allerdings weder zu dem Preis, auf dem Wege möglicherweise zu zerschellen, noch in der erklärten Absicht, dass es zu einer förmlichen Vereinigung kommt. In dieser Einschätzung ist Planck ein Kind der Neologie und bleibt es auch gegenüber den nach den Freiheitskriegen aufbrechenden, z. T. romantisch und national unterfütterten Unionseuphorien.

Zwar konstatiert Planck Einigkeit in grundlegenden Lehrfragen, doch auch darüber strebt er keine gemeinsame Erklärung an. Vielmehr konzentriert er sich auf den ethischen Effekt der Religion. Dieses Gefälle lässt sich schon in seiner *Vergleichenden Darstellung* feststellen. In dieser Ausrichtung kommen die christlichen Konfessionen zusammen – was aber nicht bedeutet, dass dadurch auch alle weiteren Differenzen nivelliert werden. Lediglich die Einsicht, dass alle ihre teils divergenten Lehren auf den christlichen Religionswahrheiten fußen, die letztlich zum Zweck haben, den Menschen zu bessern, zu beglücken und zu beruhigen, muss überall zentral werden und kann so konsensbildend sein. Eine völlige Versittlichung der Religion strebt er ebenso wenig an wie die Reduktion auf eine *fides historica*. Eine Beibehaltung getrennter Konfessionen und Kirchen ist für Planck bei grundsätzlicher Einigkeit über das Ziel des Christentums in Besserung und Beglückung des Menschen möglich und scheint sogar geboten.[1594] Darüber hinaus erhält aus staatlicher Sicht die Religion bzw. Religiosität in dieser Ausrichtung eine staatstragende Rolle. Insgesamt geht Planck über seine Vordenker hinaus, insofern er weder für noch gegen eine bestimmte Vereinigung spricht.

Charakteristisch ist zudem Plancks hohe analytische Leistung hinsichtlich der verbreiteten Frömmigkeit. Er möchte die Union in den Köpfen, ohne die es keine Union der Konfessionen geben kann. Dazu fordert er Aufklärung. Auch im ersten Drittel des 19. Jahrhunderts war das Projekt Volksaufklärung also offenbar keinesfalls abgeschlossen.

In seiner Einschätzung des Verhältnisses von Staat und Kirche betont Planck die gegenseitige Autonomie, kann aber die Staatsraison durchaus an erste Stelle setzen. Die staatlichen Rechte betont er vor allem gegenüber der katholischen Kirche, da er der protestantischen kaum politisches Gewicht zurechnet. In seinen Vorschlägen zu Konkordatsverhandlungen ist wie schon bezüglich seinen Aussagen zu Möglichkeiten der Wiedervereinigung eine hohe Übereinstimmung späterer Regulierungen mit seinen Voten festzustellen. Allerdings ist Planck in den späteren Verhandlungen zwischen Hannover und Rom – nach

---

[1594] Vgl. dazu Marheinekes Ausführungen über den notwendigen Gegensatz, in dem jede höhere Einheit in Erscheinung tritt, ein Abschleifen des Gegensatzes damit also auch der Einheit entgegenstünde (vgl. Kap. B.III.5.).

seinem Gutachten von 1816 – nicht nachweisbar beteiligt: Den Vorrang der
Frage der Bischofsbesetzung in den Verhandlungen, der durchgehalten wurde,
hatte er schon da gefordert.[1595] Dazu wird nicht zuletzt die Hochschätzung
Plancks auf katholischer Seite beigetragen haben.[1596]

[1595] Vgl. zum Verlauf der Verhandlungen HEGEL, Beziehungen, 52–123.
[1596] Vgl. den Verweis Consalvis auf Planck (vgl. FRIEDBERG, Staat, 71) und die Einschätzung von LÜCKE, Planck, 65, seit der Reformation habe es keinen Theologen gegeben, der
auf beiden Seiten solche Achtung genossen habe.

C. Grundbegriffe

In einem abschließenden Arbeitsschritt soll nun resümierend versucht werden, G. J. Plancks theologische Arbeit mittels weniger Grundbegriffe zusammenzufassen.[1] Diese Begriffe lassen sich aufgrund der bisherigen Analyse der Werke Plancks als zentral für sein theologisches Denken ausmachen. Von da aus lassen sie sich durchaus als *Grundfragen protestantischer Theologie um 1800* interpretieren, betrachtet man die Debatten der Zeit.[2]

Die protestantische Theologie war durch die Anfragen der Aufklärung vor neue und große Aufgaben gestellt worden: Wie in den übrigen Wissenschaften so machte sich auch in der Theologie die anthropologische Perspektive bemerkbar. Der Mensch und seine individuelle Religion bzw. sein religiöses Gefühl standen nun vermehrt im Mittelpunkt der theologischen Grundlagenanalyse. Ebenfalls konnte sich diese auf das Individuum fokussierende Betrachtung der Religion nicht frei machen von der Frage nach der sittlichen Valenz der christlichen Religion, ihrer Funktion für die allgemeine moralische Besserung des Menschen und der Gesellschaft – nicht nur deshalb, weil die christliche Religion in falsch verstandener apologetischer Ausrichtung von einigen auf diese Funktion reduziert worden war, sondern auch, weil sich die Ausrichtung auf die Anwendung wissenschaftlicher Erkenntnisse in der Lebenswirklichkeit des Menschen zunehmend zum Paradigma allen Nachdenkens aufgeschwungen hatte. In dieser Hinsicht stand auch das hergebrachte Verständnis und Selbstverständnis der Kirche im Protestantismus auf dem Prüfstand. Ihre Rolle – für die private Religion des Individuums wie für die Gesellschaft – war ebenso umstritten wie ihre Grundlagen. Während diese Grundlagen lange Zeit recht eindeutig im Rückbezug auf das reformatorische Bekenntnis bestanden hatten, musste der Protestantismus nun allererst sein Verhältnis zu dieser seiner Ursprungsepoche mitsamt ihrem lehrmäßigen Erbe neu bestimmen – hinsichtlich der Geltung des Normgefüges der Bekenntnisschriften sowie hinsichtlich der darauf folgenden Frage, worauf sich protestantische Identität alternativ gründen sollte.

---

[1] Dabei werden die Ergebnisse des Kapitels B. vorausgesetzt, so dass hier auf eine Wiederholung der Diskussion der Forschungsliteratur sowie die gegebenen Einordnungen verzichtet werden kann.

[2] Dass diese Debatten vielschichtiger waren, als z. B. PANNENBERG, Problemgeschichte, 35–45, darstellt, hat die theologische Aufklärungsforschung mittlerweile zeigen können.

Die Grundlegungsfrage stellte sich durch die vernünftige Kritik und die daran anschließende Vernunftkritik für die christliche Theologie als Ganze in noch anderer Weise: Konnte sie an den biblischen Schriften als Grundlage ihrer Argumentation festhalten? Dazu musste die Frage des Verhältnisses von Offenbarung und Vernunft hinsichtlich der Gottes- und Wahrheitserkenntnis geklärt werden sowie die Vereinbarkeit dieser beiden Erkenntnisquellen.

In diese theologische Verortungsfrage spielte maßgeblich auch das neu aufgebrochene historische Bewusstsein hinein, das der Geschichte als Raum der Identitätsfrage und -findung ganz neu zu Relevanz und Interesse verhalf. Neben gegenläufigen Versuchen, alle theologischen Fragen abgesehen von ihrer geschichtlichen Komponente zu diskutieren, setzte sich doch, angeregt durch die sich verbreitende historische Forschung, an vielen Stellen das Bewusstsein durch, dass auch die Theologie die Gewordenheit von Kirche, Bekenntnis, christlicher Religion und ihrer selbst reflektieren musste – nicht zuletzt zu ihrer Selbstvergewisserung. Die Geschichte als Raum menschlicher Handlungen wurde neu erschlossen, identifikatorisch, forschend, kritisch. Dabei musste die Frage beantwortet werden, wie sich die Geschichte zugleich als Heilsgeschichte und als profane Abfolge menschlicher Handlungen sowie natürlicher Zusammenhänge begreifen lassen konnte.

In dieser Gemengelage hatte sich die Theologie nicht nur neu nach innen zu konstituieren und die aufgebrochenen Fragen zu beantworten, sondern musste sich selbst auch über ihr Handwerkszeug, ihre Methoden, Rechenschaft geben, inwiefern diese den neuen Anforderungen noch gerecht werden konnten bzw. an welchen Stellen Reformen notwendig geworden waren. Sie hatte zusätzlich ihren Umfang zu bestimmen, d. h. zu beantworten, welche Kompetenzen sie durch die Anforderungen der Zeit als wesentlich zur theologischen Urteilsfähigkeit betrachten wollte und wie sie sich als Wissenschaft definieren wollte. Gleichzeitig musste sie sich im Konzert der übrigen Wissenschaften neu verorten, da sich ihre Stellung hier grundlegend verändert hatte. Von einer fraglosen Geltung der Theologie konnte nicht mehr ausgegangen werden, ihr Wissenschaftscharakter musste unter neuen Vorzeichen definiert werden, ihr Verhältnis zur Kirche, zur Religion und zur Wissenschaft neu bestimmt werden.

I. Religion und Offenbarung

G. J. Plancks Religionsbegriff verbindet das Interesse an einer moralisch-praktischen Ausrichtung desselben mit dem Festhalten an der Überzeugung von der unmittelbaren Offenbarung der Inhalte der christlichen Religion. Hierher gehört auch Plancks Selbstbezeichnung als »supranatureller Rationalist« oder »rationeller Supranaturalist«.[3] Die Verteidigung des Begriffs der unmittelbaren Offenbarung, die Überzeugung vom Gewicht der positiven, geoffenbarten Bestandteile der christlichen Religion, war durchaus grundsätzlich angezweifelt worden, so dass Planck an verschiedenen Stellen zur Rechtfertigung ausholt.[4]

»Die Wahrheiten einer angeblich geoffenbarten Religion können uns schlechterdings nur durch die Gewißheit wichtig werden, daß sie wirklich geoffenbart sind«[5]. Den Wahrheiten christlicher Religion eignet nach seiner Auffassung ein göttlicher Charakter, weil sie durch eine besondere, unmittelbare Belehrung – durch Jesus Christus – dem Menschen mitgeteilt worden sind. Inhaltlich vermitteln sie dem Menschen Kenntnis von Gott, seinem Verhältnis zum Menschen sowie den daraus entspringenden Pflichten und Hoffnungen. Innerhalb der theologischen Wissenschaften hat die Apologetik diesen Beweis für die Göttlichkeit der Lehren des Christentums zu führen, die insgesamt die »Religions-Theorie« des Christentums ausmachen. Das gelingt der Apologetik einzig über den »historischen Beweis«, der von der unzweifelhaften Glaubwürdigkeit Jesu als göttlicher Gesandter darauf schließt, dass das, was Jesus als Gottes Offenbarung verkündigte, auch wirklich göttliche Offenbarung war. Innere, aus dem Inhalt der Lehren selbst geschöpfte Gründe könnten diesen Beweis nicht erbringen, somit ist hier auch eine Beweisführung über die Vernünftigkeit der christlichen Religionswahrheiten ausgeschlossen.[6] Dabei ist Planck jedoch überzeugt, dass Vernunft und Offenbarung sich schon allein deshalb nicht widersprechen können, da in beiden die »Stimme Gottes« rede und der Glaube ein Akt der Vernunft sei. So erkenne der Gläubige auch das leichter in der Offenbarung, was ihm schon aus der Vernunft bekannt ist. Auch eine der Vernunft erkennbare Wahrheit kann offenbart sein und über die Möglichkeit ihrer Offenbarung kann die Vernunft wiederum Auskunft geben. Denn wenn sie sich als widervernünftig erweist, kann es keine Offenbarungswahrheit sein, da Gott – der ja durch Vernunft und Offenbarung spricht – sich nicht widersprechen würde. Dies führt nun aber bei Planck nicht dazu, dass nur solche Wahrheiten anerkannt werden können, die sich als vernünftig erweisen, sondern die positiven Wahrheiten der christlichen Religion wie etwa die Lehre von der Versöhnung durch Christus vermitteln der Vernunft etwas, zu dem sie niemals eigenständig gelangt wäre, das aber auch nicht im Widerspruch zu ihren Prinzipien steht.[7]

---

[3] Vgl. Grundriß, 75; Behandlung, 386 u. ö. Beachte auch die Ablehnung der spekulativen Theologie als neuer Supranaturalismus.

[4] Vgl. zur Orientierung über die Offenbarungslehre z. B. Ohst, Offenbarung.

[5] Einleitung 1, 91.

[6] Vgl. die Argumentation in Einleitung 1, 293; Grundriß, 47. Vgl. auch Einleitung 2, 400, zum Beweis über die Belastbarkeit der Schriftstellen.

[7] Zum Prüfstein der Vernünftigkeit vgl. Einleitung 1, 241.

Planck erklärt sich ebenso gegen ein Religionsverständnis, das sich allein auf
Gefühl und Herz vereinseitigt, denn nach seinem psychologisch-analytischen
Modell des Menschen muss immer über den Verstand gewirkt werden, wenn
auf den Willen gewirkt werden soll – und das ist Ziel der Religion, so dass die
Verstandestätigkeit im Prozess der Religionserkenntnis unbedingt nötig ist.

Ziel der Religion ist die moralische und sittliche Besserung der Menschen
und deren Glückseligkeit. Die Wahrheiten der Religion reden nicht allein von
Gott, sondern von ihm hinsichtlich seines Verhältnisses zum Menschen und
konkret von den Pflichten und Hoffnungen, die diesem daraus erwachsen.
Schon in dieser Definition wird deutlich, dass sich positiv-geoffenbarte Inhalte
und eine moralische Abzweckung der Religion bei Planck nicht ausschließen.
Über Gott und sein Verhältnis zum Menschen kann schlechterdings nur in
Form geoffenbarter Wahrheiten Kenntnis vermittelt werden, die Planck in Jesu
Verkündigung erkennt. Diese Wahrheiten aber verfolgen einen bestimmten
Zweck, denn nicht in der bloßen Kenntnis des Verhältnisses soll das Ziel der
Religion liegen, sondern diese sind bloß Mittel, nicht die eigentliche Religion,
die über die Aufklärung des Menschen über die Wahrheiten von Gott und sei-
nem Verhältnis zum Menschen auf die sittlich-moralische Vervollkommnung
des Menschen und dessen Glückseligkeit abzielt. Darüber das Volk aufzuklären,
fordert Planck die Religions-Lehrer auf.

Hier stellt sich nun die Frage nach der Verzichtbarkeit bzw. Permanenz der
positiven Lehren christlicher Religion: Planck setzt sich mit der Ansicht auseinander, sie seien lediglich »Vehikel der Moral« bzw. nur vorübergehende Form
der Religion. Sehr eindeutig positioniert er sich dahingehend, dass der eigentliche Zweck der Religion ein moralischer sei, die eigentliche Verkündigung
Jesu darauf hinziele, wie auch der Inhalt der Religionstheorie mit einer reinen
Vernunftreligion ganz zusammenfalle. Doch könnten die positiven Lehren nie
von diesem eigentlichen Kern der christlichen Religionstheorie getrennt werden.[8] Denn ohne diese könnte der Zweck der Religion nicht erreicht werden,
da aufgrund der Beschaffenheit des Menschen es undenkbar wäre, dass jener
ohne Motivation durch diese positiven Wahrheiten, ohne die Zusagen, die darin bestehen, wirklich feste religiöse Überzeugungen gewinnen könnte und
sich daraus moralische Wirkungen entfalten könnten. Deshalb habe Jesus in
seiner Stiftung des Christentums beide Elemente dauerhaft miteinander verbunden, um dem eigentlichen sittlich-moralischen Zweck der Religion mehr

---

[8] Vgl. die Argumentation in Einleitung 2, 474–480: Die meisten Ideen der christlichen
Religionstheorie seien rein-moralisch und stimmten mit den Prinzipien der praktischen Vernunft überein. Jesus habe in seinem Vortrag die positiven Ideen zur Verstärkung, Erläuterung, Erhaltung und Vermehrung des Effekts der ersteren berechnet. Sobald nun gezeigt
werden könne, dass eine dieser positiven Ideen unentbehrlich sei, wäre entschieden, dass die
moralische Religion nicht unabhängig von der Geschichte Jesu betrachtet werden könnte,
also den positiven Ideen, die auf seine Autorität hin geglaubt werden müssen, für die es keinen vernünftigen Grund gibt. Vgl. auch Grundriß, 232 f.

Kraft und Stärke beizulegen.[9] In der Anlage seines Plans, der sich durch die ganze Geschichte zieht, die Menschheit vom Irrtum zu befreien und zu ihrer Besserung durch die Ausbreitung der Wahrheiten christlicher Religion beizutragen, habe er erkannt, dass sich das durch diese Verbindung besser erreichen lasse. Der Grundsatz der christlichen Religion besteht also im Plan Jesu darin,

»daß der Mensch nur durch Streben nach Gottähnlichkeit, also nur durch Sittlichkeit und Tugend, nur durch heiliges Wollen und Handlen [sic] der Gottheit wohlgefällig werden […] und daß also die einzig ächte Religion bloß in heiligem Wollen und Handlen, oder in dem redlichen und ganzen Streben danach bestehen könne.«[10]

Somit ist der Kern des Christentums eine »rein-sittliche Religionslehre«[11].

Schließlich mache die Religion – was aus dem Gesagten verständlich wird – zur Pflichterfüllung geneigter, das habe auch der Staat erkannt und bekämpfe die Religion nicht weiter, denn auch zur Erfüllung der Bürgerpflichten motiviere die Religion.

Die geschilderte Eigenart der christlichen Religion, historisch-positive Wahrheiten zu enthalten, die auf Glück und Sittlichkeit des Menschen abzielen, bedingt auch die Arbeitsweise der wissenschaftlichen Theologie. Kategorisch setze eine natürliche Religion jeweils eine natürliche Theologie, eine geoffenbarte Religion eine geoffenbarte Theologie aus sich heraus.

II. Theologie

Der Theologiebegriff G.J. Plancks baut auf seinem Religions- und Offenbarungsverständnis auf. Wenn sich die Theologie auch auf die Religion bezieht, in ihr sozusagen ihr Objekt findet, ist dies allerdings missverständlich formuliert, da vielmehr beide das gleiche Objekt haben: die Wahrheiten der christlichen Religion. Nur in der Bearbeitung dieses Gegenstands unterscheiden sie sich deutlich, da die Theologie auf Gelehrsamkeit, feste Überzeugung und Prüfung abzielt.[12] In seinen Werken zur Theologischen Enzyklopädie, der *Einleitung* und dem *Grundriß*, bietet Planck eine ausführliche Darlegung seines Theologiebegriffs. Grundsätzlich rechnet er jegliche christliche Theologie zwangsläufig zur Klasse der geoffenbarten Theologien, da sie sich mit den geoffenbarten Religionswahrheiten des Christentums befasst. Planck bezeichnet sie als »Religions-Wissenschaft« und meint damit die wissenschaftliche Form

---

[9] Vgl. bspw. Plancks Äußerungen zur Rechtfertigungslehre, die zur Befolgung der moralischen Ideen geneigt, willig, kräftig und standhaft mache (vgl. Einleitung 2, 479).
[10] Christenthum 1, 20. Vgl. Plancks Positionierung zur Verbindung der moralisch-sittlichen mit den positiven Sätzen der Lehre Jesu.
[11] AaO. 21.
[12] Vgl. zum »selbstdenkenden Theologen« als Idealbild Plancks Einleitung 1, 17.

der Religion, Religion als Wissenschaft.[13] Sie zeichnet sich wissenschaftlich durch ihre Gelehrsamkeit aus, d.h. durch das ausgebreitete Studium aller Inhalte, die mit ihr zusammenhängen. Methodisch ist sie darauf ausgerichtet, den Überzeugungen von den Inhalten der christlichen Religion mehr Gewicht zu verschaffen, sie zu befestigen, auch gegen Kritik, weshalb ihre Arbeit im Zweifeln und Prüfen besteht, in der Kritik und Selbstüberzeugung. Während ohne die Theologie, ohne eine »gelehrte Erkenntnis«, die eigenen Überzeugungen noch angreifbar sind – wenn sie auch für sich im Gläubigen womöglich die gleiche Kraft entwickeln können, doch in der Kommunikation mit Kritikern, in der Verteidigung des Eigenen gegenüber Anderen nicht dauerhaft bestehen können –, ermöglicht es die wissenschaftliche, gelehrte Theologie, die die Überzeugungen möglichst vielen Anfragen aussetzt, die eigene Überzeugung auch argumentativ vertreten zu können.[14]

Wissenschaftssystematisch bedeutsam ist Plancks Auseinandersetzung mit der Frage der Voraussetzungen zum Theologiestudium, die gleichzeitig Auskunft darüber gibt, inwiefern er den theologischen Wahrheiten allgemeine Kommunikationsfähigkeit beimisst. Indem Planck ein »religiöses Gefühl« bzw. einen »religiösen Sinn« zur Voraussetzung des Theologiestudiums erklärt, stellt er sich leicht missverständlich in die Debatte um den Sonderstatus der Theologie im wissenschaftlichen Diskurs.[15] Er lehnt jedoch strikt ab vorauszusetzen, dass zu einer Beschäftigung mit den Wahrheiten christlicher Religion schon eine vorgängige Überzeugung von ihnen einzufordern wäre, ganz im Gegenteil: Diese Arbeit muss frei von jeglichem Vorurteil geführt werden. Allerdings wäre eine solche Beschäftigung aufgrund des besonderen Charakters der Religionswahrheiten gar nicht möglich, wenn dem Menschen nicht ein Sensorium für diesen besonderen Charakter eignete. Sofern dieser »religiöse Sinn«, der es überhaupt ermöglicht, sich mit Wahrheiten zu beschäftigen, die Gott und sein Verhältnis zum Menschen betreffen, und der es überhaupt erst ermöglicht, dafür ein Interesse zu entwickeln, nicht vorhanden wäre, würde das theologische Studium erfolglos bleiben müssen, da im menschlichen Verstand, der keine grundsätzliche Vorstellung von göttlichen Wahrheiten besitzt, diese in einem solchen Gegensatz zu den sonstigen Vorstellungen dieses Verstandes stehen würden, dass ein Integration jener in diese aufgrund ihrer so unterschiedlichen Art nicht vorstellbar wäre. In diesem Zusammenhang ist die gedankliche Entwicklung zwischen der *Einleitung* und dem *Grundriß* aufschlussreich: Während Planck in der *Einleitung* noch von »Religiosität« als Voraussetzung reden konnte – im Gegensatz zu »christlicher Religiosität«, die nicht gefordert werden dürfe –, schärft er im *Grundriß* ein, dass gerade nicht »Religiosität« als schon erreichter Effekt,

---

[13] Vgl. Einleitung 1, 29, zur Bezeichnung der Theologie als »Religions-Wissenschaft«.
[14] Vgl. aaO. 45, zu den Vorteilen der gelehrten Erkenntnis.
[15] Zu dieser Diskussion vgl. aaO. 62–68. Zum religiösen Gefühl bzw. zur Religiosität vgl. aaO. 69–71, und Grundriß, 20.

sondern das genannte »religiöse Gefühl« vorausgesetzt werden müsse als die bloße inhaltsleere Rezeptionsfähigkeit. So wird das Missverständnis deutlicher ausgeschlossen, als ob die Beschäftigung mit den christlichen Religionswahrheiten eine vorgängige Überzeugung voraussetzt.

Den Wahrheiten der Religion, das macht den Sonderstatus der Theologie im Konzert der Wissenschaften aus, kommt schon an sich eine besondere Wichtigkeit zu, da sie die Glückseligkeit des Menschen, seine Beziehung zu Gott und alles das zum Inhalt haben, was ein menschliches Leben im Letzten bestimmen kann. Deshalb werden sie um ihrer selbst willen studiert werden, nicht aufgrund eines Wissenstriebs, wie es in anderen Studiengängen der Fall sein könnte, sondern aus ganz persönlichem Interesse an – man könnte sagen: – seinem eigenen Schicksal und der Erkenntnis, dass sie, wenn Gott sie schon offenbart, von höchster Wichtigkeit sein müssen.[16]

Wieder ist ein Verweis auf Plancks anthropologische Grundüberzeugungen nötig, um seine Argumentation nachvollziehen zu können: Seiner Meinung nach folgen nämlich aus klaren Begriffen, einem Ergebnis der gelehrten Erkenntnis, schneller und dauerhafter Überzeugung und Glaube als aus verworrenen.[17] Wenn es also zwar nicht für jeden zur Pflicht gemacht werden kann, da nicht bei jedem diese Anlagen so ausgebaut sind, dass er überhaupt zur Gelehrsamkeit fähig ist – was unproblematisch ist, da er dann auch nicht für die Kritik an seinen Überzeugungen empfänglich ist –, wird es doch für denjenigen, der nicht auf das Ansehen anderer hin glaubt, und noch mehr für den, der das *publice docere* zu seinem Beruf gewählt hat, den Volkslehrer, Pfarrer und Theologen, zur Pflicht, seine Überzeugungen auf diese Weise auch argumentativ-logisch kommunizieren zu können.[18]

Die Ausübung des Pfarramtes ist allerdings nicht Gegenstand der eigentlichen Theologischen Enzyklopädie, der Theologiebegriff umfasst nicht dessen Umsetzung. Deshalb verweigert Planck den praktischen Fächern mehr oder weniger auch die Würdigung als eigenständiges Kapitel bzw. Fach der Theologie, da sie nichts zur Aufklärung christlicher Religionswahrheiten beitragen.[19] Dass er diese Wissenschaften dennoch aufführt, ist dem Charakter seiner theologisch-enzyklopädischen Werke als Studieneinführung geschuldet.

---

[16] Vgl. dazu Einleitung 1, 74.

[17] Vgl. aaO. 45.

[18] Vgl. aaO. 55 f. Denn der Pfarrer könne nicht darauf zählen, nur mit solchen Menschen zu tun zu bekommen, die auf das bloße Ansehen hin glaubten. Für alle nämlich, die dies nicht können, wird gelehrte Erkenntnis nötig.

[19] Vgl. Einleitung 1, 117, und Grundriß, 292: Zwar geht Planck von ihrem Vorkommen im Studienablauf aus (im *Grundriß* auch als »Praktische Theologie«), doch vgl. Einleitung 1, 117; Einleitung 2, 598 f.; Grundriß, 293, zum fehlenden wissenschaftlichen Beitrag der praktischen Fächer.

Die von ihm festgestellte Krise der Theologie möchte er durch neue Motivation zu Studium und Studienfleiß beheben.[20] Plancks Konzept von Theologie ist angelegt auf die Ausbildung und Bildung des Theologen, sie ist nicht kirchliche Wissenschaft im Sinne einer ständigen Präsenz der Ausrichtung auf die Befähigung zum Pfarrberuf. Zwar kann Planck in seiner Enzyklopädie differenzieren zwischen verschiedenen Berufszielen, die Auswirkungen auf den Studienverlauf haben – so sind denen, die sich bloß zum populären Religionsunterricht qualifizieren wollen, im Unterschied zu jenen, die sich die Theologie zum Lebensgeschäft machen wollen, einige Abkürzungen erlaubt –, doch ändert dies nichts an dem Konzept der Theologie insgesamt. Planck ist aber von der Würde und Wichtigkeit des Pfarrberufes überzeugt, so dass er im Bezug auf diesen viel Wert auf eine ordentliche theologische Ausbildung legt.

Das Studium der Theologie gliedert Planck klar in »Drei plus Eins«, d. h. in Exegetische, Historische, Systematische Theologie und angehängt noch die Praktische Theologie. Die ersten drei machen die eigentlich theologischen Wissenschaften aus, da sie es unmittelbar mit dem eigentlichen Objekt der Theologie zu tun haben, so dass Planck zwar zu einer klaren Gliederung gelangt, die Praktische Theologie jedoch nur als Studienfach, nicht als theologische Wissenschaft aufnimmt. Die übrigen Fächer bauen konsequent aufeinander auf: In den exegetischen Fächern werden die Quellen der christlichen Religionswahrheiten behandelt, gesichert und der Kritik unterzogen. Die historischen Fächer zeigen die daraus folgende Entwicklung auf und ermöglichen im eigentlichen Sinne Gelehrsamkeit, indem sie zu der Methode des Überprüfens und Zweifelns Material an die Hand geben, an dem die eigene Überzeugung wieder überprüft werden kann. In der Dogmatik endlich, dem »Hauptstück« der Theologie, werden die theologischen Lehren in ein System gebracht, wobei hier nicht an ein solches System zu denken ist, wie es die eigentlichen, spekulativen Wissenschaften zum Ziel haben, aus einem obersten Prinzip alles abzuleiten. Dies verhindern die positiv-geoffenbarten Bestandteile der christlichen Religionstheorie: Deshalb ist die Theologie »historische Wissenschaft«[21] in dem wissenschaftssystematischen Sinne, dass sie aufgrund ihres Gegenstandes nicht von einem Prinzip ausgehen und mathematisch-systematische Beweise bieten kann, sondern für die positiv-historischen Wahrheiten auch (nur) historische Gewissheit erreichen kann, da dies die ihren (positiven) Wahrheiten angemessene Bearbeitungsform ist. D. h., das erreichte System bietet keine im Sinne einer logischzwingenden Argumentationskette zu verstehende Absicherung der christlichen Lehren, sondern eine solche, die es ermöglicht, diese in zusammenhängender Form zu verstehen und vorzutragen, der Kritik darauf zu begegnen und die

---

[20] Vgl. die Diagnose im Vorwort Einleitung 1, IV–VI.

[21] Vgl. die Formulierung in Grundriß, 9. Sinngemäß ist dies schon in der *Einleitung* angelegt.

eigene Überzeugung davon fester zu machen: Theologie macht die Wahrheiten der christlichen Religionstheorie »glaublich«.[22]

So ermöglicht Plancks Theologiekonzept eine Einordnung der Theologie in die übrigen universitären Wissenschaften durch ihre wissenschaftliche Methodik, schützt aber ihr Charakteristikum durch die Betonung der Singularität und Unvergleichbarkeit ihres Objekts im Gegenüber zu allen anderen vorstellbaren Wissenschaften.[23] Die Grenzen der Kommunikation sind deutlich durch Plancks Äußerungen zur Voraussetzung eines »religiösen Gefühls« vorgezeichnet.

Wenn Planck in seiner Geschichtsschreibung die Bezeichnung »Theologie« gebraucht, sind damit die Diskussionen um die Lehre im Allgemeinen bezeichnet, eine klare Trennlinie zwischen Dogmen- und Theologiegeschichte lässt sich nicht ziehen.

III. Geschichte

Der weitaus größte Teil des Schrifttums G. J. Plancks ist der Erforschung der Geschichte gewidmet, sein theologisches Denken und Urteilen ist stets von der historischen Dimension bestimmt.[24] Doch was versteht Planck unter »Geschichte«? Wichtige Voraussetzung des Geschichtsverständnisses Plancks war die Durchsetzung des Kollektivsingulars »Geschichte« in der Spätaufklärung, der das Verständnis der Geschichte als Einheit ermöglichte. Von diesem Verständnis geht auch Planck aus: Die Geschichte ist als eine verbundene Entwicklung zu begreifen, nicht als eine Aneinanderreihung verschiedener Geschichten, sondern als andauernder, Vergangenheit, Gegenwart und Zukunft umschließender Prozess. Grundlage dieser Auffassung ist die Überzeugung von einem göttlichen Plan, der sich durch die Geschichte zieht, auf ein Ende zusteuert und ständig durch die *providentia Dei* gelenkt wird. Dabei gelingt es Planck jedoch, in diesen theologischen Deutungsrahmen eine wissenschaftlich-profane Methode der Historiographie einzuzeichnen, in der die Menschen in ihren geschichtsgestaltenden Handlungen beschrieben werden.[25]

Diese sogenannte pragmatische Methode, die Planck in psychologisierender Form angewendet hat, macht die Handlungen, Triebe, Wünsche und Charaktereigenschaften der Menschen zum Gegenstand der Geschichtsdarstellung. Verbunden und beeinflusst werden diese menschlichen Handlungen jeweils von

---

[22] Vgl. Einleitung 1, 295; Grundriß, 48.

[23] Vgl. zu der damit zusammenhängenden Problemstellung z. B. PANNENBERG, Wissenschaftstheorie, und die daran anknüpfende Diskussion.

[24] Zur Bedeutung des historischen Bewusstsein für diese Epoche der Geistesgeschichte vgl. die Beobachtungen von VIERHAUS, Interesse.

[25] Vgl. Lehrbegriff 1, IV f., zu Plancks pragmatischem Anliegen in der Geschichtsschreibung.

einer Fülle von Faktoren der äußeren Umgebung, so dass es in Plancks Darstellung fast immer unumgänglich erscheint, dass sich bestimmte Personen zu bestimmten Zeiten zu ganz genau bestimmbaren Handlungen entschließen mussten.[26] Problematisch ist die spekulative Seite dieser Betrachtung, da Planck auch die Dinge zu Faktoren des Geschichtsverlaufs machen kann, über die keine direkten Zeugnisse vorliegen. Beispielsweise meint Planck aus einer genannten Charaktereigenschaft eines Menschen auf seinen gesamten Charakter und von da aus auf seine unausgesprochenen Wünsche schließen zu können. Erklärungsbedürftig erscheint ebenfalls die Zuordnung von menschlicher Handlungsfreiheit und göttlichem Geschichtslenken: Während die gesamte Geschichte als göttlich gelenkter Prozess zu verstehen und zu glauben ist – im Sinne des Vertrauens auf die Geschichtsmacht des Schöpfers –, ermöglicht die Fokussierung auf den Menschen, überhaupt wissenschaftliche, nicht eine bestimmte religiöse Überzeugung voraussetzende Geschichtsschreibung zu praktizieren. In dieser Form erhält dann die Geschichte die Gestalt eines komplexen Bedingungsgefüges, in dem der Mensch handelt und das er handelnd wieder bedingt. Darin sind die jeweils gegenwärtig bedingenden Faktoren ebenso einzuzeichnen wie die Genese der Gegenwart aus der Vergangenheit, die jene wiederum bedingt. Nur so scheint es möglich, die ebenfalls in die pragmatische Methode integrierte Ausrichtung der historischen Kenntnis auf die Gegenwart zu erreichen, die Geschichte zur *magistra vitae* zu machen.

Die Anlage dieses Plans der Geschichte, der nach Plancks Dafürhalten auch dereinst zur Erfüllung kommen wird, findet sich in Jesu Verkündigung, die der Beginn einer Entwicklung hin zur Aufklärung und Besserung der Menschen war. D. h., der Plan der Geschichte zielt auf eine Durchdringung der gesamten Menschheit mit den Wahrheiten christlicher Religion, die die sittliche Besserung und eschatologische Beruhigung des Menschen allein ermöglichen.[27] In diesem Plan hat das Leben und Wirken Jesu ebenso seinen Ort wie die Ausbreitung des Christentums durch die Apostel und die Ausformung des Christentums in den einzelnen Kirchen. Da er auf Jahrtausende angelegt erscheint, auf ein bestimmtes Ziel gerichtet, lässt er sich zur Orientierung der Darstellung heranziehen. Dabei ist Planck davon überzeugt, dass sich dieser Plan auch wirklich historisch zeigen lässt, wie alles in der Entwicklung auf diesen angelegt ist. Eine vorgängige teleologische Bestimmung lehnt er ab, so dass eine endgültige Aussage über den Plan der Geschichte erst von ihrem Ende her möglich sein

---

[26] Das begegnet auch bei größeren Entwicklungen, wenn Planck z. B. die Unausweichlichkeit der Entwicklung der Reformation darlegt (vgl. die *Geschichte der christlich-kirchlichen Gesellschafts-Verfassung*) und dabei einerseits die menschlichen Vorbereitungen, andererseits den göttlichen Plan darstellen kann.

[27] Vgl. die Darlegungen im Vorwort und ersten Kapitel in *Geschichte des Christenthums*.

wird, das dem je zeitlichen Menschen verborgen ist und lediglich glaubend antizipierbar erscheint.[28]

In einem so verstandenen Geschichtsverlauf ist eine Normativität bestimmter Epochen nicht vorstellbar. Die aufklärerisch verbreitete Vorstellung der Perfektibilität ersetzt hier das Bestreben, einen idealen Urzustand wiederherstellen zu wollen. Dass dieses Perfektum wirklich erreicht wird, legt sich aus Plancks Darstellung nicht ständig nahe, da er viel Raum auf die Untersuchung menschlicher Fehler verwendet, seiner Überzeugung davon verleiht er aber gerade in späteren Jahren deutlich Ausdruck.[29]

IV. Bekenntnis

Mit der Bekenntnisfrage beschäftigt sich G.J. Planck in mehreren Hinsichten: In der Dogmengeschichtsschreibung fragt er nach dem Zustandekommen der für das lutherische Bekenntnis grundlegenden Lehren, in der *Vergleichenden Darstellung* bietet er einen Vergleich verschiedener Lehrsysteme und in seinen Beiträgen zur Kirchenvereinigung fragt er nach dem Trennenden in den verschiedenen christlichen Bekenntnissen.

Dabei verwendet er eine teils unpräzise Terminologie: Die Begriffe Lehrbegriff, Lehrsysteme, Dogmatik, Symbol, Bekenntnis werden zu großen Teilen synonym von Planck benutzt. Unter einem Lehrbegriff versteht er den für eine kirchliche Gruppe konstitutiv zugrunde gelegten Bestand an charakteristischen Lehren bzw. die feierliche Darlegung einer kirchlichen Gesellschaft über die ganze christliche Glaubenslehre oder einzelne Lehren.[30] Ihre Bedeutung erhält diese Erklärung somit über ihren identitätsstiftenden Charakter für eine Kirche oder kirchliche Gesellschaft. Die Erschließung einer konfessionellen Identität gelingt jedoch nicht allein über die als »Symbole« auftretenden Schriften und Erklärungen, sondern Planck meint, die ganze Lehre zur Bestimmung des Charakters heranziehen zu müssen.[31] Allerdings wird diese Identität auf eine lehrmäßige reduziert, denn es ist nirgends vom Kultus oder sonstigen identifikatorischen Merkmalen die Rede – es sei denn in ablehnender Weise im Hinblick auf die Laien, die in der Frage der Kirchenvereinigung hinderlicherweise zu sehr an den Äußerlichkeiten hängen.[32]

[28] Vgl. die Diskussion darum z.B. in Einleitung 2, 207–211.
[29] Vgl. das Vorwort zur *Geschichte der protestantischen Theologie* (Theologie, VII).
[30] Vgl. die Definition in Einleitung 2, 577.
[31] »Einen solchen Abriß der christlichen Lehre nach den verschiedenen Vorstellungen der christlichen Sekten und Partheyen kann man sich am leichtesten aus der Dogmengeschichte ausziehen.« (aaO. 581).
[32] Vgl. z.B. die Darlegung in Worte, 202–206.

Diese auf Lehrüberzeugungen gegründete Identität der sich auf ein Bekenntnis, ein Lehrsystem gründenden Gesellschaften bzw. Konfessionen ist historisch gewachsen und die Diskussion darüber bedarf der Kenntnis eben dieser Entstehungszeit. Wie schon in Plancks Geschichtsschreibung deutlich wird, gibt es für ihn keine Normativität bestimmter Epochen, so gilt auch die Reformation nicht als Norm eines »reformatorischen« Bekenntnisses, sondern auch diese Epoche ist mit den zur Verfügung stehenden Mitteln historischer Forschung kritisch zu beleuchten. Dabei hatte die Frage nach dem reformatorischen Bekenntnis durch die kritische Haltung der Aufklärungstheologie eine besondere Note erhalten. Planck nun unternimmt in der *Geschichte unseres protestantischen Lehrbegriffs* die grundlegende Arbeit zur Ermöglichung eines Urteils über Geltung, Gehalt und gegenwärtigen Anspruch der lutherischen Lehre, so wie sie in der Logik der Bekenntnisschriften jedenfalls grundgelegt in der *Confessio Augustana* und maßgeblich interpretiert in der *Konkordienformel* vorlag. Der Ansatzpunkt hier ist ein durchgehend historischer, denn die Bekenntnisse werden nicht hinsichtlich ihres Inhalts der Kritik unterzogen, sondern hinsichtlich ihrer Entstehung. Und daraus ergibt es sich, dass gerade diese protestantische Ursprungsepoche sowie die aus ihr mit normierendem Anspruch hervorgegangenen Lehrgrundlagen nicht das Ergebnis kluger, argumentativer Abwägung und Untersuchung waren, sondern das Produkt »hefftigsten Streitgeistes«[33]. Dabei stellt Planck mit den Mitteln der pragmatisch-psychologischen Geschichtsschreibung heraus, welche disqualifizierenden Faktoren Einfluss auf die lutherische Bekenntnisbildung genommen haben, dass Privatmeinungen sanktioniert wurden, dass bestimmte Lehren nur aufgrund gegenseitigen Neids und Streits Eingang gefunden haben und dass somit die Ergebnisse dieser Epoche kaum als normativer Fixpunkt theologischer Auseinandersetzung infrage kommen. Trotz aller Kritik legt Planck hier aber stets Wert darauf, als Protestant, d. h. als Lutheraner erkannt zu werden, und erkennt in den »Prinzipien« reformatorischer Theologie deren eigentliches, zu bewahrendes Erbe.

Das Reformationsjubiläum 1817 stellte dringlich vor die Frage des Verhältnisses zur reformatorischen Lehre. Dass es eine Weiterentwicklung von 300 Jahren gegeben hatte, hält Planck für wichtig und positiv, auch wenn hinsichtlich der Bekenntnisfrage einige Ausbrüche zu verzeichnen waren, die charakteristische Lehren abgeschliffen hatten (wie die lutherische Abendmahlslehre und die reformierte Prädestinationslehre) und die Theologie sich weit von der der Reformatoren entfernt hatte. Man habe aber die Prinzipien festgehalten, das Erkenntnisprinzip, alles aus der Schrift zu erheben, erklärt Planck zum Prüfstein der Frage, ob eine Theologie noch das Erbe der Reformation fortführt

---

[33] Lehrbegriff 4, 3.

oder nicht.[34] Damit erklärt er aber die inhaltlichen Fragen für weitgehend erledigt und fokussiert nur auf die zugrunde liegenden Prinzipien.

Dass Planck von der Möglichkeit der Reduktion jedes Bekenntnisses und
jedes Lehrsystems auf solche wenigen Grundsätze und Prinzipien überzeugt ist,
drückt er in der *Vergleichenden Darstellung* aus, in der er vor allem die jeweiligen
Grund- und Erkenntnisprinzipien, die grundlegenden Lehren und die Vereinbarkeit der verschiedenen Lehrsysteme mit der moralischen und praktischen
Religion untersucht. Diese Darstellung bietet keinen Vergleich verschiedener
Bekenntnisse im eigentlichen Sinn, denn über die Reduktion der charakteristischen Lehren auf wenige Vergleichspunkte hinaus erhalten Lehrsysteme Aufnahme in den Vergleich, die gar nicht »Bekenntnis« im definierten Sinne sind:
Während noch beim Sozinianismus ein Bekenntnis ausgemacht werden kann,
ist dies hinsichtlich der »neueren Theologie«, die ebenfalls behandelt wird,
schlechterdings unmöglich, da sie – wie Planck selbst zugibt – noch nicht einmal ein »System« aus ihren Ideen entwickelt habe.[35] Somit bietet das Werk zwar
einen Einblick in andere Lehrsysteme und dogmatische Grundideen anderer
Konfessionen, zielt aber zuerst auf die Auseinandersetzung mit dem eigenen
lutherischen System in kritisch befestigender Weise. Denn alle übrigen behandelten Systeme haben Anfragen an das lutherische – das gar nicht dargestellt,
sondern vorausgesetzt wird –, zu denen sich der Student der Theologie, näherhin der Dogmatik verhalten muss. Wie Planck im Hinblick auf die Historische
Theologie in den theologisch-enzyklopädischen Werken argumentiert, dass sie
schon durch ihre Bereitstellung einer solchen Vielzahl an Überprüfungspunk-
ten, Einwänden, Zweifeln und Argumenten hinsichtlich der eigenen Überzeugung einen Beitrag zum Geschäft der Theologie leiste, vollzieht die *Vergleichende Darstellung* dieses Geschäft im Bezug auf die Frage der eigenen Bekennt-
nisüberzeugung. Dass dabei eine Kirche den eigenen Zögling zuerst mit dem
eigenen System konfrontieren darf, begründet sich für Planck in der Verantwortung vor der Wahrheit: Da die ersten Eindrücke immer prägend seien, müsse dieser erste Eindruck verantwortungsvoll abgewogen werden und deshalb sei
es doch ganz natürlich, dass die Lehrer einer Kirche ihr eigenes System vorziehen, von dessen Wahrheit sie überzeugt sind – es wäre sogar unverantwortlich,
den Anfänger der Theologie mit etwas zuerst zu konfrontieren, an dem man
selbst die größten Zweifel hat. Danach will Planck den Studenten allerdings mit
anderen Lehrsystemen konfrontieren und die Auseinandersetzung und argu-

---

[34] Vgl. z. B. die Argumentation in *Zustand* zum Reformationsjubiläum 1817. Die Auseinandersetzung um die Rolle der Reformation ist einbezogen in die Fragestellung des frühen 19. Jh.s nach dem »Protestantismus« überhaupt. Vgl. dazu die systematische Darstellung
des Forschungsstandes zur Geschichte der Protestantismusdeutungen bei ALBRECHT, Kulturwissenschaft, 18–37.
[35] Vgl. die Äußerung in Abriß[3], 147: Man könne die Gesamtheit der Ideen jedoch als eine
Art System nehmen.

mentative Befestigung bzw. Korrektur der eigenen Überzeugung zur wichtigen Aufgabe des Theologen machen, damit nicht eine verordnete, sondern eine überprüfte und gesicherte Überzeugung bei diesem entstehe.[36] Hinsichtlich der Durchlässigkeit von Bekenntnisgrenzen scheint Planck recht liberal zu sein: So kann er beispielsweise einem von der sozinianischen Christologie überzeugten Lutheraner noch zugestehen, Teil einer lutherischen Kirche zu sein.[37]

So begegnen denn auch in den Schriften zur Kirchenvereinigung die gerade aufgeführten Ergebnisse in einer bestimmten Verwendung: Da sich historisch erweisen ließ, dass die konfessionellen Differenzen gerade der protestantischen Kirchen sich nicht auf notwendige Unterschiede in grundlegenden Lehren bezogen und man sich seitdem hinsichtlich der als konfessionstrennend angesehenen Lehren – von der Realpräsenz, von der doppelten Prädestination – durchaus näher gekommen ist, da diese auf beiden Seiten an Gewicht und Kontur verloren haben, stehen theologisch betrachtet einer lehrmäßigen Übereinkunft keine Hindernisse mehr im Weg.[38] Zudem lässt sich eine tiefere Einheit feststellen, die Planck allerdings nicht in einer Lehreinheit erblickt, sondern in der Einigkeit über die Grundprinzipien und den Zweck der christlichen Religionswahrheiten: Solange man sich in ihrer sittlichen Abzweckung treffe, seien die übrigen Unterschiede in Bekenntnis und Schriftauslegung sekundär. Volksaufklärerisch muss so auf die Erkenntnis bei den Menschen hingewirkt werden, dass »dasjenige, was er bisher seinen Glauben zu nennen gewohnt war, nicht Zweck seines Christenthums sondern nur Mittel zum Zweck sey«[39]. D. h., nicht die charakteristischen Lehren und Überzeugungen sind das Eigentliche, sondern die moralische Abzweckung. Solange sie nicht zu Hass und weiteren negativen Folgen führen, ist zudem eine Trennung nicht weiter schlimm. D. h., die Bekenntnisfrage wird sistiert zugunsten der Frage nach ethischer Nutzbarkeit und praktischem Konfessionspluralismus. Praktisch scheitert eine Kirchenvereinigung jedoch allein schon an dem Bedürfnis aller Beteiligten, das Eigene zu sichern. Dies wird zudem vielmehr in den angenommenen Differenzen, der Wahrnehmung der äußerlichen Unterschiedenheit erkannt, nicht in wirklichen Bekenntnisgrenzen. Spätestens hier wird deutlich, wie hinsichtlich des Bekenntnisses klar unterschieden wird zwischen Fundamentalem und *adiaphora*, zwischen Grundprinzipien und zeitbedingten Ausformungen bestimmter Lehren, die zudem auch noch als Privatmeinungen einzelner Menschen es nie verdient hätten, die Theologie einer ganzen Kirchengesellschaft zu reglementieren. Wenn sich aber feststellen lässt – wie beim Lehrsystem der katholischen Kirche –, dass in den grundlegenden Überzeugungen Differenzen bestehen,

---

[36] Vgl. die der Forderung in den theologisch-enzyklopädischen Werken vergleichbare Absichtserklärung in Abriß[3], 4.

[37] Vgl. Trennung, 45.

[38] Vgl. die Einschätzung aaO. 252.

[39] AaO. 365.

darf auch von einer Vereinigung nicht die Rede sein. Da nun die katholische Lehre die Kirche in ihrer äußerlichen Gestalt zum grundlegenden Inhalt hat, ist hier – bei einer durchaus möglichen Annäherung in sonstigen Fragen – eine Vereinigung für Planck nicht denkbar. Fraglich bleiben in einer solchen Argumentation freilich die Kriterien zur Unterscheidung von Fundamentalem und Nicht-Fundamentalem, die letztlich über die Eigenheiten, Grenzen und möglichen Formen eines Bekenntnisses Auskunft geben.[40]

V. Kirche

In G. J. Plancks Werken wird die Kirche in unterschiedlicher Weise thematisiert, allerdings fehlt sie in konzeptioneller Bedeutung in seiner Theologischen Enzyklopädie: Theologie ist keine kirchliche Wissenschaft, sondern Religions-Wissenschaft.

Neben der Rede von der »Kirche« tauchen die Bezeichnungen »Parthie« und »Sekte« auf, hier ist also eine Definition nötig: Während eine *Sekte* noch eine nicht ganz klar definierte, aber jedenfalls mit dem Bewusstsein der Unterscheidung zur umgebenden Kirche auftretende Gruppe ist, fußt eine *Partei* schon auf einem bestimmten Grundbegriff, auf den sie sich geeinigt hat. In einer *Kirche* können wiederum verschiedene *Parteien* vorhanden sein, die sich aber auf einer höheren Ebene als Gemeinschaft erkennen, da sie beispielsweise das gleiche Erkenntnisprinzip haben – wie im Protestantismus: alles aus der Schrift abzuleiten.[41]

Am Anfang steht die Frage nach der Stiftung der Kirche: Sie nimmt zwar eine wichtige Stellung im Vollzug des Planes Jesu ein, der die ganze Geschichte des Christentums bestimmt, ist aber nicht von Christus gestiftet worden. Allerdings habe dieser voraussehen müssen und es so auch toleriert, dass sich seine Anhänger zur besseren und kräftigeren Religionsübung in einer äußerlichen Gesellschaft zusammenschließen würden. Dies nun ist auch eigentlicher Zweck der Kirche, zur Durchsetzung der Religionswahrheiten beizutragen, da eine Überzeugung sich in Gemeinschaft immer kräftiger und ausgebreiteter entwickeln könne. So gerät die Kirche unter den Schutz der göttlichen Providenz, die die Weltgeschichte auf die Erfüllung des göttlichen Planes hinlenkt. Die Kirche, die zwar nicht direkt von Jesus gestiftet wurde, aber deren Stiftung von der Gottheit durch die Lehre Jesu veranlasst wurde, wird göttlich bewahrt, auch wenn ihre Ausgestaltung menschlich ist. Dass letztere in all ihrer Unvollkom-

---

[40] Vgl. Kap. B.IV.3.1.

[41] Vgl. die Beurteilung der Zeit zwischen den Reichstagen in Worms und Augsburg als Entwicklung der Reformatoren von einer Sekte zur Partei (vgl. Lehrbegriff 2², IV). Vgl. in Trennung, 111: Die Reformation erbrachte die Trennung einer neuen *Partei* von der alten *Kirche*. Jene wiederum trennte sich dann erneut in verschiedene *Sekten*.

menheit und Fehlerhaftigkeit noch nicht zum Untergang der Kirche geführt habe, dient so schon vor Planck in der pragmatischen Kirchengeschichtsschreibung als Beweis der *providentia Dei*.

Das leitet hin auf die Frage nach dem eigentlichen Zweck der Kirche: Die Gläubigen haben sich – so interpretiert Planck den protestantischen Kirchenbegriff – zur Ausbreitung und Beförderung des Plans Jesu, die Menschheit durch die christlichen Religionswahrheiten aus Irrtum und Verderben zu befreien, darin zusammengeschlossen, so dass eine Trennung von der Kirche angezeigt erscheint, wenn man sich über diesen gemeinsamen Zweck nicht mehr einig ist.[42] An dieser Stelle begegnet also kein Bekenntnis o. ä. als Grundlage, sondern dieses Bekenntnis enthält – so wie die Kirche als dessen institutionelle Wirkung – die Erklärung über die gemeinsame Überzeugung von den Grundlagen der christlichen Religion.

Diese theologische Qualifizierung der Kirche ist jedoch unabhängig von der in Plancks Kirchengeschichtsschreibung begegnenden – in der auch klar zwischen der Geschichte der Religion und der der Kirche unterschieden wird. Dort wird die Kirche zu einer Institution als *societas hominum* und wird als solche in ihrer institutionellen Organisation beschrieben.[43] Wie schon in der *Geschichte unseres protestantischen Lehrbegriffs* lässt sich in der *Geschichte der christlich-kirchlichen Gesellschafts-Verfassung* beobachten, wie Planck auf unterschiedlichen Ebenen arbeitet: Während dort im Hintergrund die Überzeugung vom göttlichen Plan, der geschichtsleitenden *providentia*, die menschlichen Handlungssubjekte der Geschichte grundierte, begegnet hier die Kirche zwar als Form des Zusammenschlusses auf dem Wege des Christentums hin zur Vollendung des Planes Jesu, jedoch reduziert sich die unmittelbare historische Beschreibung wieder auf den menschlichen Teil, in diesem Fall die Organisation. Darin kann Planck beobachten, wie sich die christliche Kirche von einer egalitären Gesellschaft hin zu einem immer hierarchischer strukturierten Körper entwickelte, der letztlich in der Ausbildung des spätmittelalterlichen Papismus gipfelte, der dann auch das Ende der so verfassten Kirche notwendig zur Folge haben musste. Denn diese Kirche wurde ja nicht fortgeführt durch die Reformation, sondern – da der Bau unbrauchbar geworden, aber nicht abzureißen war – man baute eine neue.[44] D.h., die Gestaltung des Zusammenschlusses ist wiederum beliebig, ganz nach den Anforderungen und Überzeugungen derjenigen, die diese Kirche bilden. Die römisch-katholische Kirche hat den alten hierarchisch organisierten Körper beibehalten und ist so von der Äußerlichkeit der Verbindung wesentlich stärker geprägt als der Protestantismus, hat somit –

---

[42] Vgl. Trennung, 18f.24.

[43] Vgl. die Erklärungen über die Absicht der Darstellung in Gesellschaftsverfassung 1, V, und Gesellschaftsverfassung 5, V. Vgl. schon Einleitung 2, 224f., zum Gegenstand der Kirchengeschichte im engeren Sinn.

[44] Vgl. Gesellschaftsverfassung 5, 791.

auch wenn Planck es nicht ausdrücklich sagt – den eigentlichen Sinn der Kirche wenigstens verdeckt.

Da in der katholischen Lehre die Kirche in ihrer äußeren Institutionalität fundamentalen Charakter erhält, erscheint auch eine Vereinigung mit den Protestanten unmöglich, wie Planck an verschiedenen Stellen feststellt: Immer steht der katholische Kirchenbegriff im Wege. Dadurch dass sie sich selbst als alleinseligmachend begreift, muss eine Trennung von ihr als äußerer Institution immer als Vergehen beurteilt werden.[45] Das *salus extra ecclesiam non est* gilt für die protestantische Kirche als äußere Institution nicht, vielmehr ist sie Mittel zum Zweck und muss sich in dieser Funktion als brauchbar erweisen. Wenn eines ihrer Mitglieder für sich die Erreichung dieses Ziels nicht mehr als gegeben ansieht, wird es Pflicht für ihn, sich von der Kirche zu trennen. Das stellt dann einen *dissensus fundamentalis* dar, kleinere Uneinigkeiten in Lehrfragen sind für Planck aber noch kein Grund für eine Trennung. Dabei hat der katholische Kirchenbegriff noch zur Folge, dass das Selbstverständnis, die Identifikation vielmehr über das Äußerliche geschieht, sie ihre Aktivität mehr auf das Äußere richtet, während der Protestantismus sich in der Verfolgung des sittlichen Planes betätigt.[46] In letzterem Verständnis findet sich damit auch die eigentliche Funktion der Kirche, denn eine Verpflichtung zur äußeren Gemeinschaft findet sich in der dargestellten Verkündigung Jesu Christi nicht, so dass Planck zwar nicht die protestantische als die wahre gegenüber der katholischen als der falschen Kirche darstellt, aber die Materialien, die zu diesem Urteil führen müssen, an die Hand gibt.

Das theologisch qualifizierte Streben nach der »einen Kirche« findet sich bei Planck nicht, er geht von einer Pluralität aus, zumal die Kirche keinen Eigenwert darstellt. In seiner Geschichtsschreibung die Kirche als *societas* auffassend und kollegialistische Elemente aufnehmend reflektiert Planck auch über die Stellung der Kirche im Staat. In der Darstellung der Geschichte erscheint das Gegenüber von Staat und Kirche als Referenzrahmen, über konkrete praktische Fragen hinsichtlich der Stellung von Kirche und Staat handelt Planck besonders in den Schriften zur Frage der Konkordate. Dabei kommt dem Staat, hier immer im Gegenüber zur katholischen Kirche, der Vorrang hinsichtlich der staatlichen Dinge zu, eine Einmischung der Kirche ist untersagt. Die Kirche müsse immer »in dem Staat« sein, d. h., dass die staatlichen, landesherrlichen Interessen über das, was nicht zum Zentralen und Fundamentalen der Kirche gehört, verfügen können, dies ihren Interessen unterordnen können.[47] Andersherum betrachtet bedeutet das für die Kirche einen Schutz ihrer zentralen Inhalte. Der Staat profitiert zudem von der Pflege der Religion, da die Religion immer be-

---

[45] Vgl. Trennung, 4f.
[46] Vgl. die Darstellung aaO. 15–19, und PLANCK, Grundriß einer Geschichte, 8f., sowie zum katholischen Kirchenbegriff Abriß[3], 77f.
[47] Zur Formulierung vgl. Betrachtungen, 175.

reiter mache zur Übernahme von Pflichten, auch bürgerlichen. Dieses Ver-
ständnis der Kirche als Glied im Prozess der bürgerlichen Erziehung, der Staatsraison, ist im aufgeklärten Absolutismus zur grundlegenden Positionierung der
Kirche im Staat geworden und hatte weitreichende Folgen für das Verständnis
des Pfarrers. So spricht Planck zwar auch von Aufklärung, Beförderung der
Sittlichkeit und anderen Auswirkungen, doch erscheint ebenfalls zentral der
Beitrag, den der Pfarrer nicht für das ewige, sondern auch für das zeitliche
Wohl leistet – dazu trage kein Stand so viel bei wie der des Pfarrers.[48] Und in
dieses zeitliche Wohl gehört neben den Einwirkungen auf die Bildung, Erzieh-
ung, Ernährungsberatung auch die Bildung zum ordentlichen Staatsbürger.
Über die Probleme einer Funktionalisierung des Pfarrers als Staatsbeamte und
die Reduktion der Kirche auf eine Erziehungsanstalt hat Planck nicht reflektiert, auch deshalb nicht, weil es letztlich nicht um die Frage der äußerlichen
Formen geht, sondern um die Verfolgung des göttlichen Planes. Wie Planck
sich zu Positionen der Vermittlungstheologie gestellt hätte, die Kirche in den
Staat aufzulösen, bliebe zu fragen. Dabei hängt es davon ab, ob die Grenze zu
einer Form der Kirche überschritten würde, die nicht mehr die Verfolgung des
eigenen religiösen Zwecks zum Inhalt hätte.

Zur Stellung der Laien hatte Planck offenbar, das sei zuletzt angemerkt, eine
zwiespältige Meinung: Ihre Vorurteile wirken sich auf die Kirche und die
Theologie in schädlicher Weise aus, sie verhindern durch ihr Hängen an äußerlichen Formen eine friedsame Vereinigung der Konfessionen und sind doch oft
der ordentlichen theologischen Argumentation in keiner Weise zugänglich.[49]

VI. Mensch

Wie in den bisherigen Abschnitten dieses Kapitels und der Darstellung der
Werke G.J. Plancks schon deutlich geworden ist, spielt die anthropologische
Perspektive eine durchgehend zentrale Rolle.

In den Werken zur Theologischen Enzyklopädie reflektiert Planck über die
physischen und moralischen Fähigkeiten, die zum erfolgreichen Studium der
Theologie nötig sind: Diese sind nicht nur wie bei anderen Fächern auf die
Geistes- und Verstandesgaben beschränkt, sondern erstrecken sich auch auf die
Fähigkeiten von Herz und Gefühl, da der Student der Theologie aufgrund ihres
besonderen Gegenstandes eine entsprechende Rezeptionsfähigkeit mitbringen
muss.[50]

---

[48] Planck präzisiert dieses Urteil noch auf den Landgeistlichen (vgl. Amtsjahr, VI f.).
[49] Vgl. Einleitung 1, 21 f., zu ungebildeten Einmischungen der Laien in theologische Fragen; Trennung, 336, zur Unkenntnis, die zu blindem Hass führt, und Worte, 202–206, zum
Hängen an Äußerlichkeiten.
[50] Vgl. die Präzisierung in Grundriß, 20 (gegenüber der *Einleitung*), dass hier nur diese

Innerhalb der historiographischen Werke fokussiert Planck mittels seiner pragmatisch-psychologischen Methode auf Handeln, Wünsche und Charakter des Menschen. Innerhalb des göttlichen Geschichtsplans wird jener somit zum Subjekt der Geschichte und damit zum Gegenstand der Geschichtsschreibung.[51] Die Erziehung des Menschen zu Moral und Sittlichkeit funktioniert deshalb innerhalb einer christlichen Moral besser als in einer allgemein-vernünftigen, da sie das Bedürtnis des Menschen befriedigt, nicht allein aus Pflicht handeln zu müssen, sondern eine entsprechende Motivation dazu an die Hand gegeben zu bekommen. So sagt gerade die für das Christentum zentrale Versöhnungsbotschaft dem Menschen bei seinem Streben nach Rechtschaffenheit und Glückseligkeit die Unterstützung der göttlichen Kraft und damit die Hilfe zur Erreichung des Ziels zu. Kein Mensch werde – so Planck – allein aus Pflicht handeln, weil der Mensch nicht bloß vernünftiger, sondern immer zugleich sinnlicher Mensch sei. Das voraussehend habe Jesus die positiven Bestandteile seiner Religionstheorie dauerhaft mit den vernünftig-sittlichen verbunden.[52] Und in dieser sittlichen Zielrichtung liegt die Pointe des ganzen Religionsbegriffs Plancks und damit auch seines Theologieverständnisses: Wenn die christlichen Religionswahrheiten darauf angelegt sind, den Menschen über sein Verhältnis zu Gott aufzuklären und ihm zu sagen, wie er ein besserer und glücklicher Mensch werden kann und soll, so muss auf seinen Willen gewirkt werden. Da dies in Plancks Vorstellung nicht allein über das Herz, das Evozieren eines bestimmten Gefühls gehe, sondern zugleich über den Verstand auf den menschlichen Willen gewirkt werden muss, erreicht die Überzeugung durch klare und bestimmte Begriffe einen höheren Grad an Deutlichkeit und Wirkung als die durch verworrene Begriffe. Dies erreicht die Theologie in ihrer gelehrten Erkenntnis.[53] Diese hat der Pfarrer dann wiederum – zwar vermittelt und übersetzt – an die Laien weiterzugeben, seine Volksaufklärung zielt darauf, die Menschen zu diesen Einsichten zu bringen. Auch in der Beförderung der Kirchenvereinigung spielt die Aufklärung der Laien eine zentrale Rolle, denn solange diese in ihrem Volksglauben nicht davon überzeugt sind, dass einer Vereinigung nichts im Wege stünde, führten entsprechende Versuche nur wieder zu neuem Streit und Entzweiung, wie es sich in der Geschichte diesbezüglicher Versuche für Planck deutlich zeigt.[54]

Rezeptivität (das religiöse Gefühl) gefordert werden darf, nicht schon der erreichte Effekt (die Religiosität).

[51] Vgl. Plancks pragmatisch-psychologische Deutung besonders in seiner *Geschichte unseres protestantischen Lehrbegriffs*.

[52] Vgl. Einleitung 2, 557.

[53] Zur gelehrten Erkenntnis vgl. Einleitung 1, 45. Noch deutlicher im *Grundriß*: Allein durch den Verstand könne auf Herz und Willen gewirkt werden, da diese Wirkung nur durch einen wirklichen Verstandes-Begriff, eine klar erkannte Wahrheit, möglich sei (vgl. Grundriß, 6).

[54] Vgl. in Trennung, 167–234, die Darstellung der Vereinigungsversuche.

Letztlich bleibt für Planck jedoch alles menschliche Handeln und Streben umfangen von Gottes gnädiger Geschichtslenkung, der nur in frommer Annahme begegnet werden kann.

Schluss

Gottlieb Jakob Planck war ein »Übergangstheologe«[1] im besten Sinn des Wortes: Er kam von Württemberg nach Hannover, aus einer orthodoxen theologischen Ausbildung in ein hochinnovatives universitäres Umfeld und er ging vom 18. in das 19. Jahrhundert. Seine Biographie ist dennoch von einer großen Stetigkeit geprägt. Nach kurzem Wirken in der Heimat, die ihm lebenslang lieb und teuer bleiben sollte, wirkte er in Göttingen fast 50 Jahre in erster Linie als Hochschullehrer. Die kirchlichen Entwicklungen begleitete er weniger durch seine kirchlichen Ämter als vielmehr durch eine Zahl von Schriften zu aktuellen kirchlichen bzw. kirchen-politischen Fragen. Als Hochschullehrer blieb er in seiner Lehre durchaus hergebrachten Mustern verpflichtet, er zeichnete sich eher durch Stetigkeit denn durch Aufbruch aus.

Diese Eigenschaft prägt sein gesamtes theologisches Wirken und fußt auf einer Diagnose der Bedürfnisse seiner Gegenwart wie der bisherigen geschichtlichen Entwicklung in Christentum, Kirche und Theologie. Wenn er für das halbe Jahrhundert seiner Wirksamkeit in der theologischen Diskussion vor allem das Bedürfnis nach Orientierung erkennt, wird ihm der heutige Historiker kaum widersprechen können. Zweifellos ereigneten sich zumal um die Jahrhundertwende gesellschaftlich, kirchlich, geistesgeschichtlich und theologisch große Umbrüche, das politische Kräftefeld verschob sich ebenso wie die hergebrachte Wissenschaftshierarchie, die Philosophie hatte beileibe nicht nur eine Wende vollzogen, sondern befand sich – und die Theologie mit ihr – in einem Umwandlungsprozess, dessen Tiefe wohl bis heute nicht erschöpfend ausgelotet ist. Planck stellt sich somit der Herausforderung, dem Studenten der Theologie, dem Volkslehrer, dem theologisch Interessierten, dem kirchlichen Entscheidungsträger Orientierung zu verschaffen, in gleicher Weise zukunftsfähig wie vergangenheitsbewusst. Die Kirchenvereinigung begleitet er zurückhaltend und unpolemisch, der Kirchengeschichte verschafft er ihr Recht im Kanon der Theologie und ist von ihrem Nutzen für die theologische Diskussion seiner Gegenwart überzeugt. Zumal in der Diskussion um die konfessionellen Lehr-

---

[1] Damit ist selbstverständlich weder eine zeitliche noch eine theologische Einordnung Plancks in die als Übergangstheologie bezeichnete theologische Strömung des frühen 18. Jh.s gemeint. Dennoch gibt es einige Parallelen zwischen Planck und diesen Theologen hinsichtlich der namengebenden Art Theologie zu treiben (vgl. zur Übergangstheologie überblicksartig BEUTEL, Aufklärung, 232–240).

systeme versucht er Überblick zu verschaffen, und nicht zuletzt stellen seine enzyklopädischen Werke zur Theologie nicht nur einen methodischen Leitfaden für den Studienanfänger dar, sondern zielen vor allem darauf ab, diesen in der Fülle der Deutungsangebote nicht untergehen zu lassen, sondern zu eigener und begründeter Urteilsbildung zu ertüchtigen.

Geht man nun davon aus, dass Planck die Schwerpunkte seines Wirkens auf die Problemstellungen setzte, die ihm besonders problematisch erschienen, ergibt sich eine Situationsdeutung der *Grundfragen protestantischer Theologie um 1800*, wie sie sich Planck darlegten: Der Protestantismus ist in seiner Theologie herausgefordert durch die Anfragen der Aufklärungstheologie, die es kritisch zu betrachten und aufzunehmen gilt. Dabei darf die Offenbarung als Grundlage christlicher Lehre nicht aufgegeben werden, sondern muss sich mit dem berechtigten Bedürfnis nach vernünftiger Darlegung verbinden lassen, wobei die Vernunft sich nicht zum ultimativen Gerichtshof der Wahrheiten christlicher Religion aufschwingen darf. In der Frage nach der Form und dem Zweck christlicher Religion muss deutlich werden, dass die Kirche zwar eine sinnvolle Institution ist, aber ebenso wenig wie eine bloße *fides historica* eigentlicher Sinn der Religion sein kann. Dieser liegt vielmehr in ihrer sittlichen Ausrichtung, die sich aber keineswegs auf bloße Vernunftwahrheiten reduzieren darf. Dabei spielt die Frage des Bekenntnisses eine untergeordnete Rolle, da sich dessen Geltung einerseits historisch relativieren lässt und andererseits fraglos durch die sittliche Ausrichtung der Religion relativiert wird. In aller Diskussion um die Fragen der Gegenwart hat die historische Vergewisserung eine orientierende Funktion. Und vor allem in der theologischen Ausbildung muss den Zöglingen, die künftig zuständig dafür sind, die Wahrheiten der christlichen Religion weiter zu kommunizieren, eine klare Orientierung an die Hand gegeben werden, die es ihnen ermöglicht, sich nicht parteiisch für eine bestimmte Schule oder eine theologische Richtung zu entscheiden, sondern abwägend und vermittelnd zu einem eigenen Urteil zu kommen. Zu diesem Zweck ist die klare Aufteilung des Fächerkanons ebenso wichtig wie die Betreuung des Studenten.

Plancks Wirken ist durch Toleranz, Vermittlung, aber durchaus auch von einer bewahrenden Komponente geprägt. Er verwaltet das Erbe der Aufklärung, die theologischen Aufbrüche während seiner späteren Lebensphase bleiben ihm weitgehend verschlossen bzw. fragwürdig. Er konnte neologisches Gedankengut mit supranaturalistischen Überzeugungen, orthodoxen Anliegen und psychologischer Ausrichtung auf den Menschen verbinden. Klassische Merkmale der Aufklärung wie Kritik, Anthropozentrierung und Perfektibilität finden sich in seinem Wirken, und doch steht Planck ein wenig quer zu Strömungszuschreibungen und Epochengrenzen.

So lässt sich nun am Beispiel Gottlieb Jakob Plancks zeigen, wie sich eine theologische Biographie um 1800 konkret vollziehen konnte. Die Ergebnisse mögen dazu beitragen, das Bild des Protestantismus und seiner Theologie an dieser vermeintlichen Schwelle bunter zu machen, und zu der Einsicht verhelfen, dass sich geschichtliche und theologische Entwicklung immer im Übergang vollzieht.

Quellen- und Literaturverzeichnis

Soweit nicht im Abkürzungsverzeichnis angegeben, werden die Abkürzungen nach: Abkürzungen Theologie und Religionswissenschaften nach RGG⁴, hg. v. REDAKTION DER RGG⁴, Tübingen 2007, vorgenommen.

Die Abkürzung der Titel in den Anmerkungen wird im Format: [Nachname des Autors], [erstes sinntragendes Wort des Titels], vorgenommen, bei Gefahr der Missverständlichkeit sind die Kurztitel hier im Literaturverzeichnis hervorgehoben. Zu den Kurztiteln der Hauptwerke Plancks vgl. das Abkürzungsverzeichnis.

I. Archivalien

In Klammern ([]) stehende Angaben wurden vom Verfasser ergänzt, die übrigen Bezeichnungen sind den Findmitteln der Archive bzw. den Akten selbst entnommen.

In der Zitation der Quellen wurde soweit möglich auf die Paginierung der Archive zurückgegriffen, sofern diese nicht vorhanden war, wird in Klammern ([]) die eigene Zählung geboten. Wenn die Präzisierung recte und verso nicht auftaucht, waren die Akten nicht entsprechend paginiert.

1. Archiv des Evangelischen Stifts Tübingen (AEvST)

E 1, Nr. 13/2	Ephorat – Altes Kastenbuch Kasten I Semesterberichte, 1742–1800 Semesterberichte, 1770–1775
E 1, Nr. 20/2	Ephorat – Altes Kastenbuch Kasten I Testimonia Examinandorum (1754–1758; 1771–1793)
E 1, Nr. 51/1	Ephorat – Altes Kastenbuch Kasten II Studienplan Studienleitung (1565–1798)
E 1, Nr. 54/3	Ephorat – Altes Kastenbuch Kasten II Studium Magisterium und Disputationen Magisterium: Erlaubnis zum Antritt des Theologie-studiums (1761–1819)

E 1, Nr. 72/2	Ephorat – Altes Kastenbuch Kasten III Repetentur Berufung von Repetenten (1590, 1745)
E 1, Nr. 139/1	Ephorat – Altes Kastenbuch Kasten IV Definitive Anstellung Anstellung an Pfarreien im Herzogtum bzw. Königreich Württemberg (1745–1833)
E 1, Nr. 141/1	Ephorat – Altes Kastenbuch Kasten IV Definitive Anstellung Anstellung an der Hohen Karlsschule (1771–1793)
R 1, Sch. 10, Nr. 1	Repetentenarchiv Altbestand Amtsbücher Chronik Memorabilien 1767–1804
R 1, Sch. 11, Nr. 1	Repetentenarchiv Altbestand Amtsbücher Amtsgrundbuch 1762–1802

2. Handschriftenabteilung der Staatsbibliothek Berlin (HAStABi)

Nachl. August Detlev Christian Twesten/Korrespondenz, Erg. 2, Mappe 36	Nachlass August Detlev Christian Twesten [Planck, Gottlieb Jakob] [An August Detlev Christian Twesten] [Göttingen 03. 11. 1826, 2 ½ S. (Bl 1–2)] [Göttingen 23. 11. 1826, 3 S. (Bl. 3–4)]

3. Handschriftenabteilung der Staats- und Universitätsbibliothek Göttingen (HASUB)

Cod. Ms. 2003.19	Stammbuch Carsten Miesegaes, Jena/Göttingen/ Bremen 1788–1792.
Cod. Ms. G. Planck 1:1–3	Nachlass Gottlieb Planck (1824–1910) Briefe, Akten u. ä. der Vorfahren G. Plancks Materialien von Gottlieb Jakob Planck (Theologie, 1751–1833), dem Großvater Gottlieb Plancks
Cod. Ms. G. Planck 1:1	Planck, Gottlieb Jakob: Abschiedspredigt in der Akademie zu Stuttgart. 1779 [über Gal 3, 15–22] [Abschrift]
Cod. Ms. G. Planck 1:2	Planck, Gottlieb Jakob: 10 Briefe (1821–1830) an Eberhard Friedrich Georgii, Staatsmann und Jurist, 1757–1830 [Abschrift]

Cod. Ms. G. Planck 1:3	Planck, Gottlieb Jakob: 8 Briefe (1811–1833) an seinen Sohn Wilhelm Planck
4 Cod. Ms. philos. 168 m	Planck, Gottlieb Jacob (und Familie) An Ludwig Timotheus Spittler (und dessen Familie) Göttingen, 1797–1833.
4 Cod. Ms. philos. 168 o	Familie Planck Sammlung von Familienbriefen An Johanna Planck, an Heinrich Planck Von Gottlieb Jacob Planck überwiegend Göttingen, 1809–1815.1832. [112 Briefe, gebunden]
4 Cod. Ms. theol. 317 e	Planck, Gottlieb Jacob Christliche Dogmatik, Vorlesungsnachschrift Göttingen SS 1810. Ms., 237 Seiten gebunden Verfasser unbekannt
8 Cod. Ms. hist. lit. 19:1 ff.	[Planck, Gottlieb Jakob] [Kalender] [ca. 26 Bde.]
8 Cod. Ms. theol. 288	[Planck, Gottlieb Jakob] [Fortsetzung (Konzept) des 1823 erschienenen Werkes Das erste Amtsjahr des Pfarrers von S.] [etwa 250 Bl.]

4. Hauptstaatsarchiv Stuttgart (HStASt)

A 272, Bü 135	Altwürttembergisches Archiv Hohe Karlsschule (1767–1804) Lehr-, Aufsichts- und Dienstpersonal Personalakten Lehrer für Religion und Kultus (1775–1793)

5. Herzog-August-Bibliothek Wolfenbüttel (HAB)

Cod. Guelf. 13 Noviss. 4°	[Vorlesungsnachschrift] Erster Theil der Kirchen-Geschichte von Christi Geburt an bis 600 von G. J. Plank im Sommersemester 1818 vorgetragen zu Goettingen und angehört von F. Breymann stud. theol.
Cod. Guelf. 13.1 Noviss. 4°	[Vorlesungsnachschrift] Zweiter Theil der Kirchen-Geschichte vom 7ten bis 15ten Jahrhundert. von G. J. Plank; Michaelis 1818 bis Ostern 1819 gehört zu Goettingen von F. Breymann stud. theol.

Cod. Guelf. 14 Noviss. 4°   [Vorlesungsnachschrift]
Dogmatik vorgetragen von Herrn Consistorial-Rath
Plank von Michaelis 1818 bis Ostern 1819 zu
Goettingen und angehört von F. Breymann, stud. theol.

Cod. Guelf. 47 Noviss. 4°   [Vorlesungsnachschrift]
[Dogmengeschichte von G.J. Planck]

Cod. Guelf. 46 Noviss. 4°   [Vorlesungsnachschrift]
[G.J. Planck]
[Vergleichende Darstellung der dogmatischen Systeme
unserer verschiedenen christlichen Hauptpartheien]

6. Kirchenkreisarchiv Göttingen, Kirchenbuchamt (KKAGö)

KB St. Johannis, Begrabene   Kirchenbuch der St. Johannis-Gemeinde Göttingen,
Abschnitt: Begrabene

7. Landeskirchliches Archiv Hannover (LKAHa)

A 7, Nr. 54   Konsistorium Hannover:
Personalakten der Konsistorialbeamten (17.–20. Jh.)
[Konsistorialdirektoren;]
[betreffend das Ableben des Consistorial Direktors Abt
Salfeld, etc. u.a.]
[Verleihung des Titels von Ober-Consistorial.Raht an
die Consistorialräthe Plank und Sextro (1829/30)]

A 7, Nr. 107   Konsistorium Hannover:
Personalakten der Konsistorialbeamten (17.–20. Jh.):
[Die Einsetzung G.J. Plancks zum wirklichen
Konsistorialrat betreffend (1797/98)]

A 7, Nr. 975   Konsistorium Hannover:
Personalakten der Konsistorialbeamten (17.–20. Jh.):
Acta die Jubelfeier des Herrn OberConsistorialRaths
Dr. Planck in Göttingen 1831 betreffend.

A 7, Nr. 1043   Konsistorium Hannover:
Personalakten der Konsistorialbeamten (17.–20. Jh.):
Acta die Ernennung des Herrn ConsistorialRaths
Dr. Plancks zum General-Superintendenten des
Fürstenthums Göttingen, so wie die demselben
ertheilte Instruction, auch einige allgemeine
Verhandlungen über die Verbindung der General-
Superintendentur mit einer academischen Lehre-Stelle
betreffend (1805)

A 20   Westphälisches Konsistorium Göttingen (19. Jh.)

S 6, Nr. 72   [Anonyme Vorlesungsnachschrift]
[Gottlieb Jakob Plancks vergleichende Darstellung der
hauptsächlichen Dogmatischen Systeme]
[Semester Michaelis 1828–Ostern 1829]

8. Landeskirchliches Archiv Stuttgart (LKASt)

A 27, Nr. 2479   Württembergische Kirchenleitung
Personalakten (ca. 1800–1923)
[Personalakte Gottlieb Jakob Planck]

D 25, Nr. 2   [Familiennachlass Planck]
[Aktenbund zu Gottlieb Jakob Planck]
[Grabrede Rupertis]

KB 444, Bd. 4   Taufbuch Nürtingen
Taufregister 1705–1768

9. Universitätsarchiv Göttingen (UAG)

Kur. 3994   Bestand Kuratorium
[(1793) Streitigkeiten über Kirchengeschichte-
Vorlesungen zwischen theologischer und
philosophischer Fakultät]

Kur. 4147   Bestand Kuratorium
[Aufbau des Theologiestudiums in Hinblick auf die
Studierenden]

Kur. 4152   Bestand Kuratorium
Lesung eines Collegii encyclopaedici.
13. 03. 1756–04. 07. 1756

Kur. 4170   Bestand Kuratorium
[Antrag auf Gründung einer katholisch theologischen
Fakultät] 08. 09. 1828–29. 01. 1829

Kur. 4238   Bestand Kuratorium
[J. A. Nösselt (1775) gescheiterte Vocation]

Kur. 4240   Bestand Kuratorium
[geführt als: Planck, Prof. Dr. Gottlieb Jakob
(Professor der Theologie). Enthält: Regelung von
Nachlaß- und Versorgungsangelegenheiten der Witwe
Heinrike Wagemann, geb. Planck
1826–1833]

Kur. 8811   Bestand Kuratorium
[geführt als: Ernennung eines juristischen Professors
der Georg-August-Universität zur Landessynode]
[Enthält: Personalbezogene Akten des Konsistorialrats
Prof. Dr. Planck 31. 05. 1791–22. 06. 1881]

Theol. SA 0001	Bestand Theologische Fakultät, Sachakten Fakultätsstatuten 1737
Theol. SA 0009	Bestand Theologische Fakultät, Sachakten Jubelfest Planck 15. Mai 1831
Theol. SA 0128.1	Bestand Theologische Fakultät, Sachakten Ephoratsakten 1800–1828
Waisenhaus 6	Bestand Waisenhaus der theologischen Fakultät [1830: Übergabe Curatel von Planck an Pott]

II. Gedruckte Quellen

Als »Quellen« werden hier auch alle Beiträge aufgeführt, die in unmittelbarem Zusammenhang mit der zeitgenössischen Diskussion um die Werke Plancks stehen und direkt als Quelle herangezogen werden – eine trennscharfe zeitliche Grenze ließ sich hier nicht ziehen. Darstellungen und übrige Literatur finden sich unter III. Literatur. Einzelne Rezensionen der Rezensionsorgane werden nicht extra aufgeführt.

Soweit anonyme Verfasser aufgelöst wurden, ist der Name in Klammern gesetzt ([]). Die anonymen Rezensenten der GGA/GAGS wurden jeweils ermittelt durch:

FAMBACH, OSCAR (Hg./Bearb.), Die Mitarbeiter der Göttingischen Gelehrten Anzeigen. Nach dem mit den Beischriften des Jeremias David Reuß versehenen Exemplar der Universitätsbibliothek Tübingen, Tübingen 1976.

EKKARD, FRIEDRICH, Allgemeines Register über die Göttingischen gelehrten Anzeigen von 1753 bis 1782, Teil 1: Verzeichnis von Schriften ungenannter Verfasser und von gesammleten Schriften mehrerer Verfasser, auch einige Nachrichten, Göttingen 1784.

–, Allgemeines Register über die Göttingischen gelehrten Anzeigen von 1753 bis 1782, Teil 2/1 (A–K): Schriften-Verzeichniß aller hier vorkommenden Schriftsteller nebst Anzeigen von hohen Beförderern der Gelehrsamkeit, und von einigen Künstlern, Göttingen 1784.

–, Allgemeines Register über die Göttingischen gelehrten Anzeigen von 1753 bis 1782, Teil 2/2 (L–Z): Schriften-Verzeichniß aller hier vorkommenden Schriftsteller nebst Anzeigen von hohen Beförderern der Gelehrsamkeit, und von einigen Künstlern, Göttingen 1785.

Die Kürzel der Beiträge in AdB und NadB wurden aufgelöst durch:

PARTHEY, GUSTAV C. F., Die Mitarbeiter an Friedrich Nicolai's Allgemeiner Deutscher Bibliothek nach ihren Namen und Zeichen in zwei Registern geordnet. Ein Beitrag zur deutschen Literaturgeschichte, Berlin 1842 [ND Hildesheim 1973].

1. Gottlieb Jakob Planck

G. J. wird aufgelöst als »Gottlieb Jakob«; soweit auf dem Titel nicht erwähnt, wird das Werk als [Anonym] gekennzeichnet; wenn die Variante »Gottlieb Jacob« auftaucht, wird sie ausgeschrieben. Die Werke sind chronologisch sortiert, Neuauflagen werden unter die Erstauflage einsortiert.

PLANCK, GOTTLIEB JAKOB/JAEGER, PHILIPP FRIEDRICH/KIES, JOHANN (Vorsitz), Dissertatio physica de motu lunae, Tübingen 1771.

PLANCK, GOTTLIEB JACOB [sic], Rede vom Gefühl der Schönheit. Auf das den 11. Febr. 1771 offentlich gefeyerte höchste Geburts-Fest des Durchlauchtigsten Herzogs und Herrn, Herr Carls, Herzogs zu Würtenberg und Teck, Grafen zu Mömpelgardt, Herrn zu Heidenheim und Justingen, Ritter des goldnen Vliesses, und des Löbl. Schwäbischen Craises General-Feld-Marschalls, etc. Rectoris Magnificentissimi der Eberhard. Carolinischen Hohen Schule zu Tübingen in öffentlicher und feyerlicher Versammlung daselbst gehalten von Gottlieb Jacob Planck, der Weltweisheit Candidaten in dem Herzogl. Stift, Tübingen [1771].

[ANONYM], Entwurf einiger Abhandlungen vom Herzen, Stuttgart 1773.

PLANCK, GOTTLIEB JAKOB/REUSS, JEREMIAS FRIEDRICH (Vorsitz), Dissertatio Theologica de canone hermeneutico quo scripturam per scripturam interpretari jubemur, Tübingen 1774.

[ANONYM], Tagebuch eines neuen Ehemanns, Frankfurt/Leipzig 1779.

PLANCK, GOTTLIEB JAKOB, Geschichte der Entstehung, der Veränderungen und der Bildung unser[e]s protestantischen Lehrbegriffs vom Anfang der Reformation bis zu der Einführung der Konkordienformel, 6 Bde., Leipzig 1781–1800.

–, –, Bd. 1: Geschichte der Entstehung, der Veränderungen und der Bildung unsers protestantischen Lehrbegriffs vom Anfang der Reformation bis zu der Einführung der Konkordienformel, Bd. 1, Leipzig 1781.

–, –, Bd. 2: Geschichte der Entstehung, der Veränderungen und der Bildung unsers protestantischen Lehrbegriffs vom Anfang der Reformation bis zu der Einführung der Konkordienformel, Bd. 2, Leipzig 1783.

–, –, Bd. 3/1: Geschichte der Entstehung, der Veränderungen und der Bildung unseres protestantischen Lehrbegriffs vom Anfang der Reformation bis zu der Concordienformel, Bd. 3/1, Leipzig 1788.

–, –, Bd. 3/2: Geschichte der Entstehung, der Veränderungen und der Bildung unseres protestantischen Lehrbegriffs vom Anfang der Reformation bis zu der Concordienformel, Bd. 3/2, Leipzig 1789.

–, –, Bd. 4: Geschichte der protestantischen Theologie von Luthers Tode bis zu der Einführung der Konkordienformel, Bd. 1, Leipzig 1796.

–, –, Bd. 5/1: Geschichte der protestantischen Theologie von Luthers Tode bis zu der Einführung der Konkordienformel, Bd. 2/1, Leipzig 1798.

–, –, Bd. 5/2: Geschichte der protestantischen Theologie von Luthers Tode bis zu der Einführung der Konkordienformel, Bd. 2/2, Leipzig 1799.

–, –, Bd. 6: Geschichte der protestantischen Theologie von Luthers Tode bis zu der Einführung der Konkordienformel, Bd. 3, Leipzig 1800.

–, Geschichte der Entstehung, der Veränderungen und der Bildung unseres protestantischen Lehrbegriffs vom Anfang der Reformation bis zu der Einführung der Konkordienformel, Bd. 1–3/2, Leipzig ²1791–1798.

–, –, Bd. 1²: Geschichte der Bildung, der Schicksale und der Befestigung der protestantischen Kirche vom Anfang der Reformation bis zu dem Religionsfrieden vom J. 1555., Bd. 1, Leipzig 1791.

–, –, Bd. 2²: Geschichte der Bildung, der Schicksale und der Befestigung der protestantischen Kirche vom Anfang der Reformation bis zu dem Religions-Frieden vom J. 1555, Bd. 2, Leipzig 1792.

–, –, Bd. 3/1²: Geschichte der Bildung, der Schicksale und der Befestigung der protestantischen Kirche vom Anfang der Reformation bis zu dem Religionsfrieden vom J. 1555, Bd. 3/1, Leipzig 1796.

–, –, Bd. 3/2²: Geschichte der Bildung, der Schicksale und der Befestigung der protestantischen Kirche vom Anfang der Reformation bis zu dem Religionsfrieden vom J. 1555, Bd. 3/2, Leipzig 1798.

[ANONYM], Briefe Jonathan Ashleys, in Deutschland geschrieben und aus dem Englischen übersetzt, Bern 1782.

PLANK [sic], [GOTTLIEB JAKOB], Rede bey dem Grabe des weil[and] Wolgebohrnen Herrn Heinrich Christoph Walters, Herzoglich Wirtembergischen Lieutenants unter dem Gen[eral] v[on] Bouwinghausenschen Husaren Regim[ent] und vorgesezten Officiers in der Herzoglichen Hohen Karls-Schule, gehalten den 4ten Oct. 1783, Stuttgart 1783.

PLANCK, GOTTLIEB JAKOB (Hg.)/FUCHS, GEORG DANIEL, Bibliothek der Kirchenversammlungen des vierten und fünften Jahrhunderts in Uebersetzungen und Auszügen aus ihren Acten und anderen dahin gehörenden Schriften. Sammt dem Original der Hauptstellen und nöthigen Anmerkungen, Bd. 4: Synode zu Ephesus im J. 431. nebst den darauf folgenden Unterhandlungen. Synode zu Chalcedon im J. 451. verbunden mit den Akten der Synoden zu Ephesus im Jahr 449 und zu Konstantinopel im Jahr 448. Einige Occidentalische Synoden, Leipzig 1784.

PLANCK, GOTTLIEB JAKOB [sic: vollständig ausgeschrieben], Vorrede, zu: [PLANCK, GOTTLIEB JAKOB (Hg.)]/FUCHS, GEORG DANIEL, Bibliothek der Kirchenversammlungen des vierten und fünften Jahrhunderts in Uebersetzungen und Auszügen aus ihren Acten und anderen dahin gehörenden Schriften. Sammt dem Original der Hauptstellen und nöthigen Anmerkungen, Bd. 4: Synode zu Ephesus im J. 431. nebst den darauf folgenden Unterhandlungen. Synode zu Chalcedon im J. 451. verbunden mit den Akten der Synoden zu Ephesus im Jahr 449 und zu Konstantinopel im Jahr 448. Einige Occidentalische Synoden, Leipzig 1784, [unpag.].

–, Acta inter Henricum V. Imperatorem et Paschalem II. Pontificem Romanum Annis MCX et MCXI, [Universitätsprogramm, Auszug als Antrittsrede Plancks in Göttingen am 13. 04. 1785] Göttingen 1785.

PLANCK, THEOPH[ILUS] IAC[OBUS], Primae lineae disquisitionis historicae de usu linguarum vulgarium in sacris, Schediasma I, [Universitätsprogramm] Göttingen 1785.

PLANCK, GOTTLIEB JAKOB (Hg.), Neueste Religionsgeschichte, fortgesetzt unter der Aufsicht von Gottlieb Jakob Planck, Teil 1–3, Lemgo 1787/1790/1793.

–, Observationes in primam doctrinae de natura Christi historiam, [Universitätsprogramm] Göttingen 1787/89.

–, Grundriß einer Geschichte der kirchlichen Verfassung, kirchlichen Regierung und des kanonischen Rechts besonders in Hinsicht auf die deutsche Kirche – zum Gebrauch in Vorlesungen vorzüglich für Zuhörer, die sich der Rechts-Wissenschaft gewidmet haben, Göttingen 1790.

–, Anecdota ad historiam Concilii Tridentini pertinentia, fasc. I–XXV., [Universitätsprogramm] [1791–1818].

–, De veris auctae dominationis pontificiae epochis, [Promotionsprogramm] Göttingen 1791.

–, Über die Zeit des ersten Ursprungs des Diöcesanverfassung und Diöcesanverhältnisse in der Kirche, [Promotionsprogramm] Göttingen 1792.

–, Einleitung in die Theologische Wissenschaften, 2 Bde., Göttingen 1794/1795.

PLANCK, GOTTLIEB JAKOB, Abriß einer historischen und vergleichenden Darstellung der
dogmatischen Systeme unserer verschiedenen christlichen Hauptpartheyen nach ihren Grundbegriffen, ihren daraus abgeleiteten Unterscheidungslehren und ihren
praktischen Folgen. Zum Behuf seiner Vorlesungen darüber nebst der Einleitung zu
diesen, Göttingen ¹1796.

–, Abriß einer historischen und vergleichenden Darstellung der dogmatischen Systeme
unserer verschiedenen christlichen Hauptpartheyen nach ihren Grundbegriffen, ihren daraus abgeleiteten Unterscheidungslehren und ihren praktischen Folgen. Zum
Behuf seiner Vorlesungen darüber nebst der Einleitung zu diesen, Göttingen ²1804.

–, Abriß einer historischen und vergleichenden Darstellung der dogmatischen Systeme
unserer verschiedenen christlichen Hauptparteien nach ihren Grundbegriffen ihren
daraus abgeleiteten Unterscheidungslehren und ihren praktischen Folgen. Zum Behuf seiner Vorlesungen darüber nebst der Einleitung zu dieser, Göttingen ³1822.

–, Anhang, zu: Doctor Martin Luther über die Urtheile der Nichttheologen in theologischen Angelegenheiten. Nebst einem Anhange, in: Einige Fragen veranlasset durch
die Ankündigung der Eusebia im ersten Stück des braunschweigischen Magazins vom
2. Jan. 1796, Wolfenbüttel 1796, Schrift 5, Seiten 6–7.

[ANONYM], Über die Bildungsgeschichte unserer orthodoxen symbolischen Lehrform
von der Rechtfertigung, in: Magazin für christliche Dogmatik und Moral, 1. St.
(1796), 219–237.

PLANCK, GOTTLIEB JAKOB, Variarum de origine festi Nat. Christ. sententiarum epicrisis,
[Universitätsprogramm] Göttingen 1796.

[ANONYM], Über den Inspirationsbegriff, in: Magazin für christliche Dogmatik und
Moral, 2. St. (1797), 1–23.

PLANCK, GOTTLIEB JAKOB, Über christliche Lehrweisheit, in: Beyträge zur Verbesserung des Kirchen- und Schulwesens in den königlich Braunschweigisch-Lüneburg-
gischen Churlanden, hg.v. JOHANN CHRISTOPH SALFELD, Bd. 4/Heft 4, Hannover
1802, 425–444.

–, Geschichte der christlich-kirchlichen Gesellschafts-Verfassung, 5 Bde., Hannover
1803–1809.

–, –, Bd. 1: Die Geschichte der Entstehung und Ausbildung der christlich-kirchlichen
Gesellschafts-Verfasssung im Römischen Staate von der Gründung der Kirche an
bis zu dem Anfange des siebenten Jahrhunderts, Hannover 1803.

–, –, Bd. 2: Geschichte der christlich-kirchlichen Gesellschafts-Verfassung in den neu-
en Staaten des Occidents, von ihrer Entstehung bis in die Mitte des neunten Jahrhunderts, Hannover 1804.

–, –, Bd. 3: Geschichte des Pabstthums in den abendländischen Kirchen von der Mitte
des neunten Jahrhunderts an, Bd. 1, Hannover 1805.

–, –, Bd. 4/1: Geschichte des Pabstthums in den abendländischen Kirchen von der Mitte des neunten Jahrhunderts an, Bd. 2/1, Hannover 1806.

–, –, Bd. 4/2: Geschichte des Pabstthums in den abendländischen Kirchen von der Mitte des neunten Jahrhunderts an, Bd. 2/2, Hannover 1807.

–, –, Bd. 5: Geschichte des Pabstthums in den abendländischen Kirchen von dem Anfang des vierzehnten Jahrhunderts bis zu der Reformation, Bd. 3, Hannover 1809.

–, Ueber die Trennung und Wiedervereinigung der getrennten christlichen Haupt-Partheyen – mit einer kurzen historischen Darstellung der Umstände, welche die Trennung der lutherischen und reformirten Parthie veranlaßten und der Versuche, die zu
ihrer Wiedervereinigung gemacht wurden, Tübingen 1803.

–, Vorrede, zu: GESS, WOLFGANG FRIEDRICH, Merkwürdigkeiten aus dem Leben und den Schriften Hincmars, Erzbischoffs in Rheims, als ein Beytrag zur näheren Kenntniß des neunten Jahrhunderts, besonders in Hinsicht auf den kirchlichen und sittlichen Zustand in den fränkischen Kirchen, Göttingen 1806, III–VIII.

–, Ueber die Weisheit des christlichen Religionslehrers in der Wahl und Bestimmung der Form seines Vortrags nach 1 Kor 1,17–25, in: Neue Beyträge zur Kenntnis und Verbesserung des Kirchen- und Schulwesens, vorzüglich im Hannoverschen, hg.v. JOHANN CHRISTOPH SALFELD/JOHANN PHILIPP TREFURT, Bd. 1/Heft 1/Nr. 2, Hannover 1809, 306 ff. [unvollendet].

PLANK [sic], GOTTLIEB JAKOB, Worte des Friedens an die katholische Kirche gegen ihre Vereinigung mit der protestantischen, Göttingen 1809.

PLANCK, GOTTLIEB JAKOB, Ueber Spittler als Historiker, Göttingen 1811. [gleichzeitig in: SPITTLER, LUDWIG TIMOTHEUS, Grundriß der Geschichte der christlichen Kirche, fortgeführt u. hg.v. GOTTLIEB JAKOB PLANCK, Reutlingen 1814, 12–38.]

–, De Licinio, Episcopo, Martyre et Poeta Seculi VII, [Universitätsprogramm] Göttingen 1813.

–, Grundriß der theologischen Encyklopädie, Göttingen 1813.

–, Vorrede, zu: ZIMMERMANN, GOTTLIEB (Hg./Übers.), Philipp Melanchthon's Erzählung vom Leben D. Martin Luthers. Mit Anmerkungen vom Prof. v. Villers. Nebst einer Vorrede von G. J. Planck, Göttingen 1813, III–VIII.

– (Hg.)/ SPITTLER, LUDWIG TIMOTHEUS, Grundriß der Geschichte der christlichen Kirche, fortgeführt u. hg.v. GOTTLIEB JAKOB PLANCK, Reutlingen 1814.

–, Gutachten vom 22. 10. 1816 betreffend den Abschluss eines Hannöverischen Concordats, in: FRIEDBERG, EMIL, Der Staat und die Bischofswahlen in Deutschland. Ein Beitrag zur Geschichte der katholischen Kirche und ihres Verhältnisses zum Staat. Mit Aktenstücken. Das Neunzehnte Jahrhundert, Leipzig 1874 [ND Aalen 1965], Aktenstücke 28–34.

–, Ueber die gegenwärtige Lage und Verhältnisse der katholischen und der protestantischen Parthey in Deutschland und einige besondere zum Theil von dem deutschen Bundes-Tage darüber zu erwartende Bestimmungen. Betrachtungen und Wünsche, Hannover 1816.

PLANCK, GOTTLIEB JACOB [sic], Ueber den gegenwärtigen Zustand und die Bedürfnisse unserer protestantischen Kirche bei dem Schlusse ihres dritten Jahrhunderts. Betrachtungen, Vorschläge und Wünsche, Erfurt 1817.

PLANCK, GOTTLIEB JAKOB, Ueber Luthers frühere Bildung, in: [LINDAU, WILHELM ADOLF (Hg.)], Stimmen aus drei Jahrhunderten über Luther und sein Werk, Dresden 1817, 141–160.

– (Hg.)/ MCCRIE, THOMAS, Leben des Schottischen Reformators Johann Knox mit einem Abrisse der Schottischen Reformations-Geschichte. Aus dem englischen in einem kürzeren Auszuge in das deutsche übersetzt, mit einer Vorrede, Göttingen 1817.

–, Vorrede, zu: DERS. (Hg.)/MCCRIE, THOMAS, Leben des Schottischen Reformators Johann Knox mit einem Abrisse der Schottischen Reformationsgeschichte. Aus dem Englischen in einem kürzeren Auszuge in das Deutsche übersetzt und mit einer Vorrede, Göttingen 1817.

–, Geschichte des Christenthums in der Periode seiner ersten Einführung in die Welt durch Jesum und die Apostel, Bd. 1–2, Göttingen 1818.

PLANCK, THEOPH[ILUS] IAC[OBUS], Oratio Jubilaris de beneficiis, quae ex Reformatione in religionem, in rem publicam atque in litteras per tria jam saecula non solum continuata, sed sensim majora et ampliora redundarunt, – in festo saeculari Reformationis Sacrorum memoriae consecrato tertium redeunte habita die Calend. Novembr. anni MDCCCXVII coram Senatu et Concilio Academiae Georgiae Augustae in novo Universitatis auditorio, in: [POTT, DAVID JULIUS (Hg.),] Beschreibung der Feyerlichkeiten, wodurch das Reformations-Jubelfest von der Georg-August Universität zu Göttingen begangen worden, Göttingen 1818, 50–83.

PLANCK, GOTTLIEB JAKOB, Geschiedenis des Christendoms, Gedurende Het Tijdvak Van Deszelfs Eerste Invoering In De Wereld Door Jezus En De Apostelen. Naar het Hoogduitsch Van Dr. G.J. Planck, 2 Teile, Amsterdam 1819.

–, Anthologia Patristica, 6 Folgen, [Universitätsprogramm] Göttingen 1820–1832.

–, Ueber die Behandlung, die Haltbarkeit und den Werth des historischen Beweises für die Göttlichkeit des Christenthums. Zugleich ein Versuch zu besserer Verständigung unsrer theologischen Partheyen, Göttingen 1821.

–, Observationum in Acta Apostoli Pauli Romana Act. XXVIII, 17–31, Partic. I–III, [Universitätsprogramm] Göttingen 1822/1825/1826.

–, Das erste Amtsjahr des Pfarrers von S. in Auszügen aus seinem Tagebuch. Eine Pastoraltheologie in der Form einer Geschichte, Göttingen 1823.

–, Geschichte der protestantischen Theologie von der Concordienformel an bis in die Mitte des achtzehnten Jahrhunderts, Göttingen 1831.

–, Introduction to Sacred Philology and Interpretation. Translatet from the Original German and Enlarged with Notes by SAMUEL H. TURNER, Edinburgh 1834.

2. Übrige Quellen

Academiae Georgiae Augustae Prorector cum Senatu Collegae suo de Academia, eidemque de Ecclesia meritissimo viro S.V. Theophilo Jacobo Planckio rel. sacrum semisaeculare muneris in Ecclesia adque in Academia per L. annos feliciter administrati pie gratulatur. Examinatur, quae speciosius nuper commendata est, sententia de mutato per eventa adeoque sensim emendato Christi consilio. P. II. exegeticam illius rei quaestionem continens[, Göttingen 1831].

Allgemeine deutsche Bibliothek, hg.v. FRIEDRICH NICOLAI, Bde. 1–118, Berlin/Stettin 1765–1796.

Allgemeine Kirchen-Zeitung, zugleich ein Archiv für die neueste Geschichte und Statistik der christlichen Kirche, hg.v. ERNST ZIMMERMANN, fortgeführt v. KARL ZIMMERMANN, Jg. 1–51, Darmstadt 1822–1872.

Allgemeine Literatur-Zeitung, Jena und Leipzig/Halle [ab 1803] 1785–1849.

Allgemeines Magazin für Prediger nach den Bedürfnissen unserer Zeit, hg.v. JOHANN RUDOLF GOTTLIEB BEYER, 12 Bde., Leipzig 1789–1795.

BAHRDT, CARL FRIEDRICH, Kirchen- und Ketzeralmanach, zweytes Quinquennium ausgefertiget im Jahr 1787, Berlin 1787.

BAUMGARTEN, SIGMUND JACOB, Untersuchung Theologischer Streitigkeiten, 3. Bd., mit einigen Anmerkungen, Vorrede und fortgesetzten Geschichte der christlichen Glaubenslehre hg.v. JOHANN SALOMO SEMLER, Halle 1764.

BAUR, FERDINAND CHRISTIAN, Der Gegensatz des Katholicismus und Protestantismus nach den Principien und Hauptdogmen der beiden Lehrbegriffe. Mit besonderer Rücksicht auf Herrn Dr. Möhler's Symbolik, Tübingen ²1836 [ND Osnabrück 1978].

–, Die Epochen der kirchlichen Geschichtschreibung (1852), in: Ders., Ausgewählte Werke in Einzelausgaben, hg.v. Klaus Scholder, Bd. 2, Stuttgart-Bad Cannstatt 1963, 1–281.

Beschreibung des Oberamts Nürtingen, hg.v. Königliches statistisch-topographisches Bureau. Mit einer Karte des Oberamts, einer Ansicht von Nürtingen und vier Tabellen, Stuttgart/Tübingen 1848.

Beyträge zur Kenntniß und Verbesserung des Kirchen- und Schulwesens in den Königlich Braunschweigisch-Lüneburgischen Churlanden, hg.v. Johann Christoph Salfeld, 7 Bde., Hannover 1800–1807.

Bök, August Friedrich, Geschichte der herzoglich Würtenbergischen Eberhard Carls Universität zu Tübingen im Grundrisse, Tübingen 1774.

Bonnet, Karl, Analytischer Versuch über die Seelenkräfte. Aus dem Französischen übersetzt und mit einigen Zusätzen vermehrt von Christian Gottfried Schütz, 2 Bde. Bremen/Leipzig 1770/1771.

Brandes, Ernst, Ueber den gegenwärtigen Zustand der Universität Göttingen, Göttingen 1802.

Brastberger, Gebhard Ulrich, Erzählung und Beurtheilung der wichtigsten Veränderungen die vorzügig in der zweyten Hälfte des gegenwärtigen Jahrhunderts in der gelehrten Darstellung des dogmatischen Lehrbegriffs der Protestanten in Deutschland gemacht worden sind. Nebst einem Anhang über das freye Recht der Religionsprüfung, Halle 1790.

Brastberger, Immanuel Gottlob, Christliche Gedächtnis-Predigt Der am 12. Dec. 1750. in der Fürstl. Württemberg. Amts-Stadt Nürtingen entstandenen gewaltigen Feuers-Brunst. Wie solche Am 12. Dec. 1756 als an Domin. III. Advent der Christlichen Gemeinde daselbst gehalten worden, Von M. Immanuel Gottlob Brastberger, Special-Superattendenten und Stadt-Pfarrern, Mit einer kurzen Relation von ersagter leidiger Brunst von einem Freund daselbsten zum Druck befördert, Stuttgart [o.J.] [ND Nürtinger Drucke 18, Nürtingen 1980].

Das gelehrte Teutschland oder Lexikon der jetzlebenden teutschen Schriftsteller, hg.v. Georg Christoph Hamberger/Johann Georg Meusel, 23 Bde., Lemgo [5]1796–1834.

Das gelehrte Schwaben: oder Lexicon der jetzt lebenden schwäbischen Schriftsteller: voraus ein Geburtstags-Almanach und hintennach ein Ortsverzeichniß, hg.v. Johann Jacob Gradmann, Ravensburg 1802.

Daub, Carl, Einleitung in das Studium der christlichen Dogmatik aus dem Standpunkte der Religion, Heidelberg 1810.

Die deutsche Bundesakte und der schweizerische Bundesvertrag von 1815, bearb. v. Werner Näf, Quellen zur Neueren Geschichte 26, Bern 1959.

Ebel, Wilhelm (Hg.), Die Privilegien und ältesten Statuten der Georg-August-Universität zu Göttingen, Göttingen 1961.

Faber, Ferdinand Friedrich (Hg.), Die Württembergischen Familien-Stiftungen nebst genealogischen Nachrichten über die zn [sic] denselben berechtigten Familien, Heft 4: Fortsetzung der Neubau-Stiftungen in Tübingen: IV. Die Martinian'sche Stiftung; V. Die Farner'sche Stiftung.; VI. Die Lempp'sche Stiftung.; VII. Die Gokel'sche Stiftung. VIII. Die Bayer'sche Stiftung, Stuttgart 1853.

Friedberg, Emil, Der Staat und die Bischofswahlen in Deutschland. Ein Beitrag zur Geschichte der katholischen Kirche und ihres Verhältnisses zum Staat. Mit Aktenstücken. Das Neunzehnte Jahrhundert, Leipzig 1874 [ND Aalen 1965].

FUCHS, GEORG DANIEL, Bibliothek der Kirchenversammlungen des vierten und fünften Jahrhunderts in Uebersetzungen und Auszügen aus ihren Acten und anderen dahin gehörenden Schriften. Sammt dem Original der Hauptstellen und nöthigen Anmerkungen, Vollendet u. mit einer Vorrede versehen v. GOTTLIEB JAKOB PLANK [sic], 4 Bde., Leipzig 1780–1784.

GESS, WOLFGANG FRIEDRICH, Merkwürdigkeiten aus dem Leben und den Schriften Hincmars, Erzbischoffs in Rheims, als ein Beytrag zur näheren Kenntniß des neunten Jahrhunderts, besonders in Hinsicht auf den kirchlichen und sittlichen Zustand in den fränkischen Kirchen, mit einer Vorrede von GOTTLIEB JAKOB PLANCK, Göttingen 1806.

Göttingische Anzeigen von gelehrten Sachen, Göttingen 1753–1801.

Göttingische gelehrte Anzeigen, Göttingen 1801–1944/1953 ff.

HASSEL, GEORG, Statistisches Repertorium über das Königreich Westphalen, Braunschweig 1813.

Historische Litteratur auf das Jahr 1781(–1785), Jg. 1–5, Erlangen 1781–1785.

HOVEN, FRIEDRICH WILHELM VON, Lebenserinnerungen, hg.v. HANS-GÜNTHER VON THALHEIM, Berlin 1984.

JERUSALEM, JOHANN FRIEDRICH WILHELM, Von der Kirchenvereinigung. Ein Bedenken des Herrn Abts Jerusalem. Mit einem Vorbericht, [o.O.] ²1772.

Journal von und für Deutschland, hg.v. LEOPOLD FRIEDRICH GÜNTHER VON GÖCKINGK/ SIGMUND VON BIBRA, 9 Jg., Ellrich/[Fulda]/Frankfurt a.M. 1784–92.

KAHNIS, KARL F. AUGUST, Die Lehre vom Abendmahle, Leipzig 1851.

KANT, IMMANUEL, Die Religion innerhalb der Grenzen der bloßen Vernunft, hg.v. BETTINA STANGNETH, Philosophische Bibliothek 545, Hamburg 2003.

–, Der Streit der Fakultäten. Mit Einleitung, Bibliographie und Anmerkungen v. Piero Giordanetti, hg.v. HORST D. BRANDT/PIERO GIORDANETTI, Philosophische Bibliothek 522, Hamburg 2005.

KATTENBUSCH, FERDINAND, Lehrbuch der vergleichenden Confessionskunde, Bd. 1: Prolegomena und erster Theil: Die orthodoxe anatolische Kirche, SThL Vergleichende Confessionskunde 1, Freiburg i.Br. 1892.

KEYSER, FRIEDRICH (Hg.), Reformations-Almanach für Luthers Verehrer auf das evangelische Jubeljahr 1817, Erfurt 1817.

– (Hg.), Reformations-Almanach auf das Jahr 1819, Zweiter Jahrgang, Erfurt 1819.

–/MÖLLER, JOHANN FRIEDRICH (Hg.), Reformations Almanach auf das Jahr 1821, Dritter Jahrgang, Erfurt 1821.

KUYPER, ABRAHAM, Encyclopedie der heilige Godgeleerdheid, 3 Bde., Amsterdam 1894.

LEMME, LUDWIG, Theologische Enzyklopädie nebst Hermeneutik, Berlin 1909.

LESSING, GOTTHOLD EPHRAIM, Über den Beweis des Geistes und der Kraft (1777), in: DERS., Werke, Bd. 8: Theologiekritische Schriften III, hg.v. HERBERT G. GÖPFERT, München 1976, 9–14.

–, Die Religion Christi (1780), in: DERS., Werke, Bd. 7: Theologiekritische Schriften I und II, hg.v. HERBERT G. GÖPFERT, München 1976, 711 f.

LEUTWEIN, LORENZ FRIEDRICH, Theologische Encyclopädie und Methodik, Öhringen ²1799.

LÜCKE, FRIEDRICH, Dr. Gottlieb Jacob Planck. Ein biographischer Versuch. Nebst einem erneuerten, hie und da verbesserten Abdruck einer biographischen Mittheilung über Dr. Heinrich Ludwig Planck, Göttingen 1835.

Luther, Martin, Werke. Kritische Gesamtausgabe (Weimarer Ausgabe), Weimar 1883–2009.

Magazin für christliche Dogmatik und Moral, deren Geschichte, und Anwendung im Vortrag der Religion, hg.v. Johann Friedrich Flatt, Tübingen 1796–1803.

Marheineke, Philipp, Über das wahre Verhältniß des Katholicismus und Protestantismus und die projectirte Kirchenvereinigung. Nathanaels Briefe an Herrn Consistorialrath Planck in Göttingen, in: Studien 5 (1809), 1. Heft, 177–224; 2. Heft, 223–262.

–, Christliche Symbolik oder historisch-kritische und dogmatisch-komparative Darstellung des katholischen, lutherischen, reformierten und socinianischen Lehrbegriffs, Teil 1/Bd. 1–3, Nebst einem Abriß der Lehre und Verfassung der übrigen occidentalischen Religionspartheyen, wie auch der griechischen Kirche, Heidelberg 1810–1813.

–, System der christlichen Dogmatik, hg.v. S. Matthies und W. Vatke, Berlin 1847, Philipp Marheineke's theologische Vorlesungen 2, Berlin 1847.

[Maurer-Constant, Johann Heinrich,] Erinnerungen an Johann Conrad Maurer. Bilder aus dem Leben eines Predigers (1771–1841), Größtentheils nach dessen hinterlassenen Papieren hg., nebst mehreren Briefen Johann v. Müller's, Johann Georg Müller's, Heyne's und Anderer, Schaffhausen 1843.

McCrie, Thomas, Leben des Schottischen Reformators Johann Knox mit einem Abrisse der Schottischen Reformations-Geschichte. Aus dem englischen in einem kürzeren Auszuge in das deutsche übersetzt und mit einer Vorrede hg.v. Gottlieb Jakob Planck, Göttingen 1817.

Meiners, Christoph, Über die Verfassung und Verwaltung deutscher Universitäten, 2 Bde., Göttingen 1801/02 [ND 1970].

Mejer, Otto, Die Concordatsverhandlungen Württembergs vom Jahre 1807. Mit bisher ungedruckten Actenstücken, Stuttgart 1859.

Minerva. Ein Journal historischen und politischen Inhalts, hg.v. Johann Wilhelm von Archenholz u. a., Hamburg/Leipzig 1792–1858.

Möhler, Johann Adam, Die Einheit in der Kirche oder das Prinzip des Katholizismus. Dargestellt im Geiste der Kirchenväter der drei ersten Jahrhunderte. Hg., eingel. u. komm. v. Josef Rupert Geiselmann, Darmstadt 1957.

[Möhler, Johann Adam,] Beglückwünschung seiner Hochwürden dem Herrn D. Gottlieb Jac[ob] Planck Oberconsistorialrath, ersten Professor der Theologie in Göttingen und Ritter des Guelfen-Ordens, zur Feier seiner fünfzigjährigen Amtsführung, am 15ten Mai 1831. Nebst einem Versuche über den Ursprung des Gnosticismus, dargebracht von der kath.-theol. Fakultät zu Tübingen, Tübingen 1831.

–, Neue Untersuchungen der Lehrgegensätze zwischen den Katholiken und Protestanten. Eine Verteidigung meiner Symbolik gegen die Kritik des Herrn Professors Dr. Baur in Tübingen. Mit einer Einl[eitung] u. Anm[erkungen] hg.v. Paul Schanz, Regensburg ⁵1900.

–, Gesammelte Aktenstücke und Briefe, Bd. 1, hg. u. eingel. v. Stephan Lösch, München 1928.

–, Symbolik oder Darstellung der dogmatischen Gegensätze der Katholiken und Protestanten nach ihren öffentlichen Bekenntnisschriften, Bd. 1–2, Hg., eingeleitet u. kommentiert v. Josef Rupert Geiselmann, Darmstadt 1958/1960.

Mohnike, Gottlieb, Ein Beitrag zum Leben und zur Characteristik des D. Gottlieb Jacob Planck, Oberconsistorialrathes und Professors der Theologie zu Göttingen. Aus einem eigenhändigen Briefe von ihm, in: ZHTh 6, St. 1 (1836), 313–315.

MOSHEIM, JOHANN LORENZ VON, Kurze Anweisung, die Gottesgelahrtheit vernünftig zu erlernen, in akademischen Vorlesungen vorgetragen, hg.v. CHRISTIAN ERNST VON WINDHEIM, Helmstädt [sic] ²1763 [neu hg.v. DIRK FLEISCHER, Waltrop 1990].

Neue allgemeine deutsche Bibliothek, hg.v. FRIEDRICH NICOLAI, Bde. 1–107, Berlin/ Stettin 1793–1806.

Neue Beyträge zur Kenntnis und Verbesserung des Kirchen- und Schulwesens, vorzüglich im Hannoverschen, hg.v. JOHANN CHRISTOPH SALFELD/JOHANN PHILIPP TRE-FURT, 2 Bde., Hannover 1808–1810.

Neuer Nekrolog der Deutschen, hg.v. FRIEDRICH AUGUST SCHMIDT/BERNHARD FRIED-RICH VOIGT, 1823–1852.

NÖSSELT, JOHANN AUGUST, Anweisung zur Bildung angehender Theologen, 3 Bde., Halle ²1791.

OEHLER, GUSTAV FRIEDRICH, Lehrbuch der Symbolik, Stuttgart ²1891.

PISCHON, FRIEDRICH AUGUST, Denkmäler der deutschen Sprache von Haller bis jetzt. Eine vollständige Beispielsammlung zum sechsten und siebenten Zeitraum seines Leitfadens zur Geschichte der deutschen Literatur, 3. Teils, 2. Abteilung, Berlin 1851.

[PRECHTL, MAXIMILIAN], Friedensworte an die katholische und protestantische Kirche für ihre Wiedervereinigung, Sulzbach 1810.

Preußisches Allgemeines Landrecht. Ausgewählte öffentlich-rechtliche Vorschriften, hg.v. ERNST PAPPERMANN. Mit einer Einführung von Gerd Kleinheyer, Paderborn 1972.

PÜTTER, JOHANN STEPHAN/SALFELD, FRIEDRICH/OESTERLEY, GEORG HEINRICH, Johann Stephan Pütters Versuch einer academischen Gelehrten-Geschichte von der Georg-August-Universität zu Göttingen, 4 Bde., Göttingen/Hannover 1765/1788/ 1820/1838.

RAEBIGER, JULIUS FERDINAND, Zur theologischen Encyklopädie. Kritische Betrachtungen, Breslau 1882.

Revision der Teutschen Literatur, Mannheim 1776–1778.

RÖSSLER, EMIL FRANZ (Hg.), Die Gründung der Universität Göttingen. Entwürfe, Berichte und Briefe der Zeitgenossen, Göttingen 1855.

ROTHE, RICHARD, Theologische Encyclopädie. Aus seinem Nachlasse hg.v. HERMANN RUPPELIUS, Wittenberg, 1880.

RUHBACH, GERHARD (Hg.), Kirchenunionen im 19. Jahrhundert, Texte zur Kirchen- und Theologiegeschichte 6, Gütersloh ²1968.

SCHLÄGER, FRANZ GEORG FERDINAND, Zur dankbaren Erinnerung an Dr. Gottlieb Jakob Planck, in: Gemein. Bl. zunächst für das Königreich Hannover, Jg. 1833, Okt. Heft, 4. Stück, (besonders abgezogen), Hameln 1833.

SCHLEIERMACHER, FRIEDRICH DANIEL ERNST, Kritische Gesamtausgabe, hg.v. HANS-JOACHIM BIRKNER/GERHARD EBELING/HERMANN FISCHER u.a., Berlin/New York 1980ff.

SCHMIDT, JOHANN ERNST CHRISTIAN, Theologische Encyclopädie, Giessen 1811.

SCHÖPPE, LOTHAR (Bearb.), Konkordate seit 1800. Originaltext und deutsche Übersetzung der geltenden Konkordate, Zusammengestellt und bearb. v. Dr. Jur. LOTHAR SCHÖPPE, Dokumente Bd. 35, Frankfurt a.M./Berlin 1964.

SCHROECKH, JOHANN MATTHIAS, Christliche Kirchengeschichte, 14 Bde./45 Teile. Frankfurt/Leipzig, 1768–1812 [Bd. 14/Teile 36–45, hg.v. HEINRICH GOTTLIEB TZSCHIRNER, u.d.T. Christliche Kirchengeschichte seit der Reformation, 1804–1812].

SCHULTE, JOHANN FRIEDRICH, Das katholische Kirchenrecht. Dessen Quellen und Literaturgeschichte, – System, – Einfluss auf die verschiedenen Rechtsdisciplinen überhaupt, Teil 2: Das System des allgemeinen katholischen Kirchenrechts, Giessen 1856.

SEMLER, JOHANN SALOMO, Versuch einer nähern Anleitung zu nützlichem Fleisse in der
ganzen Gottesgelersamkeit für angehende Studiosos Theologiae, neu hg.v. DIRK
FLEISCHER, Wissen und Kritik 23.1, Waltrop 2001.

– (Hg.), Uebersetzung der Algemeinen Welthistorie die in Engeland durch eine Gesel-
schaft von Gelehrten ausgefertigt worden, 20. Bde., Halle 1759.

SPALDING, JOHANN JOACHIM, Kritische Ausgabe, hg.v. ALBRECHT BEUTEL, Tübingen
2001 ff.

SPITTLER, CHRISTIAN FERDINAND, Genealogische Nachrichten von der Bilfingerischen
Familie, Stuttgart 1802.

SPITTLER, LUDWIG TIMOTHEUS, Grundriß der Geschichte der christlichen Kirche von
L. T. Spittler, in der fünften Auflage bis auf unsere Zeit herab fortgeführt von D. G. J.
PLANCK Professor der Theologie und Präsidenten des Consistoriums zu Göttingen,
Göttingen 1812.

–, Grundriß der Geschichte der christlichen Kirche, In der 5. Aufl. auf unsere Zeit herab
fortgeführt von G. J. PLANCK, Reutlingen 1814.

STÄUDLIN, CARL FRIEDRICH, Geschichte des Rationalismus und Supernaturalismus vornehmlich in Beziehung auf das Christenthum, Göttingen 1826.

[STARCK, JOHANN AUGUST VON], Theoduls Gastmahl oder über die Vereinigung der
verschiedenen christlichen Religions-Societäten, Frankfurt a. M. [7]1828.

STEIN, KARL WILHELM, Die Apologetik des Christenthums als Wissenschaft dargestellt,
Leipzig 1824.

STRAUSS, DAVID FRIEDRICH, Die christliche Glaubenslehre in ihrer geschichtlichen Entwicklung und im Kampfe mit der modernen Wissenschaft, Bd. 1, Tübingen 1840.

STRAUSS, GERHARD FRIEDRICH ABRAHAM, Glocken-Töne. Erinnerungen aus dem Leben eines jungen Geistlichen, Bd. 1, Leipzig [7]1840.

THYM, JOHANN FRIEDRICH WILHELM, Theologische Encyclopädie und Methodologie,
Halle 1797.

TITTMANN, JOHANN AUGUST HEINRICH, Encyklopädie der Theologischen Wissenschaften, Leipzig 1798.

VATER, JOHANN SEVERIN, Sendschreiben an Herrn Consistorialrath Dr. Planck über den
historischen Beweiß für die Göttlichkeit des Christenthums, nebst einer Nachschrift
für jüngere Freunde der Religion und Theologie; und einer Predigt des Herrn Professor Marks gehalten bei dem akademischen Gottesdienste zu Halle, Göttingen
1822.

VILLERS, CHARLES DE, Über die Universitäten und öffentlichen Unterrichts-Anstalten
im protestantischen Deutschland insbesondere im Königreich Westphalen. Aus dem
Französischen übersetzt von Franz Heinrich Hagena, Lübeck 1808.

WALCH, CHRISTIAN WILHELM FRANZ (Hg.), Neueste Religionsgeschichte, 9 Bde.,
Lemgo 1771–1783.

–, Grundsäze der Kirchengeschichte des neuen Testaments in den ältern Zeiten, Göttingen [2]1772.

WEIGL, JOHANN BAPTIST, Abt Prechtl, eine biographische Skizze mit dem Bildnisse des
Verblichenen. Zur Erinnerung an ihn für seine Freunde, Sulzbach 1833.

WOLZOGEN UND NEUHAUS, KARL AUGUST ALFRED FREIHERR VON, Geschichte des
Reichsfreiherrlich von Wolzogen'schen Geschlechts, 2 Bde., Leipzig 1859.

ZEDLER, JOHANNES HEINRICH, Großes vollständiges Universal-Lexikon, 64 Bde., Halle/Leipzig 1732–1750 [ND Graz 1961–1964].

ZÖCKLER, OTTO (Hg.), Handbuch der theologischen Wissenschaften in encyklopädischer Darstellung mit besonderer Rücksicht auf die Entwicklungsgeschichte der einzelnen Disziplinen, 4 Bde., Nördlingen/München ³1889f.

ZYRO, FERDINAND FRIEDRICH, Versuch einer Revision der christlich theologischen Ecyklopädik, in: Theologische Studien und Kritiken 10 (1837), 689–725.

III. Literatur

250 Jahre Georg-August-Universität Göttingen. *Studentenzahlen* 1734/37–1987, Göttingen [o.J.]

AHLERS, BOTHO, Die Unterscheidung von Theologie und Religion. Ein Beitrag zur Vorgeschichte der Praktischen Theologie im 18. Jahrhundert, Gütersloh 1980.

ALAND, KURT, Art. Dogmengeschichte, RGG³ 2 (1958), 230–234.

ALBRECHT, CHRISTIAN, Historische Kulturwissenschaft neuzeitlicher Christentumspraxis. Klassische Protestantismustheorien in ihrer Bedeutung für das Selbstverständnis der Praktischen Theologie, BHTh 114, Tübingen 2000.

ALBRECHT, MICHAEL, Eklektik. Eine Begriffsgeschichte mit Hinweisen auf die Philosophie und Wissenschaftsgeschichte, Quaestiones. Themen und Gestalten der Philosophie 5, Stuttgart 1994.

D'ALESSANDRO, GIUSEPPE, Homo historicus. Eichhorns Konzeptualisierung der »Wissenschaft vom Menschen«, in: BÖDECKER, HANS ERICH/BÜTTGEN, PHILIPPE/ESPAGNE, MICHEL (Hgg.), Die Wissenschaft vom Menschen in Göttingen um 1800. Wissenschaftliche Praktiken, institutionelle Geographie, europäische Netzwerke, VMPIG 237, Göttingen 2008, 434–453.

ALEXANDER, GERHARD/FRITSCHE, JOHANNES, »Religion« und »Religiosität« im 18. Jahrhundert. Eine Skizze zur Wortgeschichte, in: GRÜNDER, KARLFRIED/RENGSTORF, KARL HEINRICH (Hgg.), Religionskritik und Religiosität in der deutschen Aufklärung, Heidelberg 1989, 11–24.

ALGERMISSEN, KONRAD, Konfessionskunde, Paderborn ⁷1957.

ANDRESEN, CARL/RITTER, ADOLF MARTIN (Hgg.), Handbuch der Dogmen- und Theologiegeschichte, 3 Bde., Göttingen ²1998/99,

ANER, KARL, Die historia dogmatum des Abtes Jerusalem, in: ZKG 47 (1928), 76–103.

–, Die Theologie der Lessingzeit, Halle 1929 [ND Hildesheim 1964].

–, Gottfried Ploucquets Leben und Lehren, Halle 1909 [ND Hildesheim 1999].

ANGERBAUER, WOLFRAM, Das Kanzleramt an der Universität Tübingen und seine Inhaber 1590–1817, Contubernium 4, [Diss. 1971] Tübingen 1972.

ARMBORST-WEIHS, KERSTIN/BECKER, JUDITH (Hgg.), Toleranz und Identität. Geschichtsschreibung und Geschichtsbewusstsein zwischen religiösem Anspruch und historischer Erfahrung, VIEG.B 79, Göttingen 2010.

BARTELEIT, SEBASTIAN, Protestantische Einheit und Antikatholizismus: Politisch-religiöse Argumentationsmuster im England der 1650 Jahre, in: KLUETING, HARM (Hg.), Irenik und Antikonfessionalismus im 17. und 18. Jahrhundert, Hildesheimer Forschungen 2, Hildesheim/Zürich/New York 2003, 71–90.

BAUR, JÖRG, Die Anfänge der Theologie an der »wohl geordneten evangelischen Universität« Göttingen, in: STACKELBERG, JÜRGEN VON (Hg.), Zur geistigen Situation der

Zeit der Göttinger Universitätsgründung. 1737. Eine Vortragsreihe aus Anlaß des 250jährigen Bestehens der Georgia Augusta, Göttinger Universitätsschriften A 12, Göttingen 1988, 9–56.

BECKMANN, CHRISTOPH T., Was macht die Politik in der Dogmengeschichte? Beobachtungen zu einem Aspekt im Modell Gottlieb Jacob Plancks, in: BEUTEL, ALBRECHT/ LEPPIN, VOLKER/STRÄTER, UDO/WRIEDT, MARKUS (Hgg.), Aufgeklärtes Christentum. Beiträge zur Kirchen und Theologiegeschichte des 18. Jahrhunderts, AKThG 31, Leipzig 2010, 313–328.

BEINHAUER-KÖHLER, BÄRBEL, Art. Inspiration/Theopneustie. I. Religionswissenschaftlich, RGG⁴ 4 (2001), 167 f.

BENRATH, GUSTAV ADOLF, Evangelische und katholische Kirchenhistorie im Zeichen der Aufklärung und der Romantik, in: ZKG 82 (1971), 203–217.

BERDING, HELMUT, Das Königreich Westphalen als napoleonischer Modell- und Satellitenstaat (1807–1813), in: DETHLEFS, GERD/OWZAR, ARMIN/WEISS, GISELA (Hgg.), Modell und Wirklichkeit. Politik, Kultur und Gesellschaft im Großherzogtum Berg und im Königreich Westphalen, LWL-Institut für Westfälische Regionalgeschichte Münster: Forschungen zur Regionalgeschichte 56, Paderborn u. a. 2008, 15–29.

BEUTEL, ALBRECHT, Lichtenberg und die Religion. Aspekte einer vielschichtigen Konstellation, BHTh 93, Tübingen 1996.

–, Art. *Aufklärung*. I. Geistesgeschichtlich/II. Theologisch-kirchlich, RGG⁴ 1 (1998), 929–948.

–, Vom Nutzen und Nachteil der Kirchengeschichte, in: DERS., Protestantische Konkretionen. Studien zur Kirchengeschichte, Tübingen 1998, 1–27.

–, Religion zwischen Luther und Schleiermacher. Bemerkungen zur Semantik eines theologiegeschichtlichen Schlüsselbegriffs, in: Über die Religion. Schleiermacher und Luther, VLAR 30, Erlangen 2000, 35–68.

–, Art. *Kirchengeschichte*/Kirchengeschichtsschreibung. II. Entwicklung. 3. Mittelalter und Neuzeit, RGG⁴ 4 (2001), 1183–1191.

–, Kirchengeschichte als Geschichte der *Auslegung* der Heiligen Schrift. Ein tragfähiges Modell?, in: KINZIG, WOLFRAM/LEPPIN, VOLKER/WARTENBERG, GÜNTHER (Hgg.)/ NOWAK, KURT † (Konzeption), Historiographie und Theologie. Kirchen- und Theologiegeschichte im Spannungsfeld von geschichtswissenschaftlicher Methode und theologischem Anspruch, AKThG 15, Leipzig 2004, 103–118.

–, Art. Dogmengeschichte, Enzyklopädie der Neuzeit 2 (2005), 1081–1083.

–, Aufklärung in Deutschland, KIG 4/O 2, Göttingen 2006.

–, »Gebessert und zum Himmel tüchtig gemacht«. Die Theologie der Predigt nach Johann Joachim Spalding, in: DERS., Reflektierte Religion. Beiträge zur Geschichte des Protestantismus, Tübingen 2007, 210–236.

–, Art. Kirchengeschichtsschreibung, Enzyklopädie der Neuzeit 6 (2007), 640–645.

–, Frömmigkeit als »die Empfindung unserer gänzlichen Abhängigkeit von Gott«. Die Fixierung einer religionstheologischen Leitformel in Spaldings Gedächtnispredigt auf Friedrich II. von Preußen, in: ZThK 106 (2009), 177–200.

BEYER, MICHAEL, Art. Unionen, Kirchliche. I. Sprachgebrauch und Begriffsbestimmung, TRE 34 (2002), 311–313.

BIRKNER, HANS-JOACHIM, Schleiermachers »Kurze Darstellung« als theologisches *Reformprogramm*, in: DERS., Schleiermacher-Studien, hg.v. HERMANN FISCHER, Berlin/ New York 1996, 285–305.

BIZER, CHRISTOPH, Der wohl-unterrichtete Student um 1800. Das Amt des Pfarrers in der Göttinger theologischen Lehre, in: MOELLER, BERND (Hg.), Theologie in Göttingen. Eine Vorlesungsreihe, Göttinger Universitätsschriften A 1, Göttingen 1987, 111–135.

BLANKE, HORST WALTER/FLEISCHER, DIRK (Hgg.), Aufklärung und Historik. Aufsätze zur Entwicklung der Geschichtswissenschaft, Kirchengeschichte und Geschichtstheorie in der deutschen Aufklärung, Waltrop 1991.

–/– (Hgg.), Theoretiker der deutschen Aufklärungshistorie, Bd. 1: Die theoretische Begründung der Geschichte als Fachwissenschaft, Fundamenta Historica Bd 1.1, Stuttgart-Bad Cannstatt 1990.

–/–, Artikulation bürgerlichen Emanzipationsstrebens und der Verwissenschaftlichungsprozeß der Historie. Grundzüge der deutschen Aufklärungshistorie und die Aufklärungshistorik, in: DIESS. (Hgg.), Aufklärung und Historik. Aufsätze zur Entwicklung der Geschichtswissenschaft, Kirchengeschichte und Geschichtstheorie in der deutschen Aufklärung, Waltrop 1991, 33–112.

BOCHINGER, CHRISTOPH, Art. Religiosität, RGG[4] 7 (2004), 413 f.

BODEMANN, EDUARD, Art. Gruber, Johann Daniel, ADB 10 (1879), 4.

BÖDEKER, HANS ERICH/BÜTTGEN, PHILIPPE/ESPAGNE, MICHEL (Hgg.), Die Wissenschaft vom Menschen in Göttingen um 1800. Wissenschaftliche Praktiken, institutionelle Geographie, europäische Netzwerke, VMPIG 237, Göttingen 2008.

–/–/–, Die »Wissenschaft vom Menschen« in Göttingen. Skizze der Fragestellung, in: DIESS. (Hgg.), Die Wissenschaft vom Menschen in Göttingen um 1800. Wissenschaftliche Praktiken, institutionelle Geographie, europäische Netzwerke, VMPIG 237, Göttingen 2008, 11–22.

BÖDEKER, HANS ERICH/IGGERS, GEORG G./KNUDSEN, JONATHAN B./REILL, PETER H. (Hgg.), Aufklärung und Geschichte. Studien zur deutschen Geschichtswissenschaft im 18. Jahrhundert, VMPIG 81, Göttingen 1986.

BÖDEKER, HANS ERICH/IGGERS, GEORG G./KNUDSEN, JONATHAN B./REILL, PETER H., Einleitung: Aufklärung und Geschichtswissenschaft, in: DIESS. (Hgg.), Aufklärung und Geschichte. Studien zur deutschen Geschichtswissenschaft im 18. Jahrhundert, VMPIG 81, Göttingen 1986, 9–22.

BOOKMANN, HARTMUT, Geschichtsunterricht und Geschichtsstudium in Göttingen, in: DERS./WELLENREUTHER, HERMANN (Hgg.), Geschichtswissenschaft in Göttingen. Eine Vorlesungsreihe, Göttinger Universitätsschriften A 2, Göttingen 1987, 161–185.

–, Die Verfassung der Georg-August-Universität von den Anfängen bis 1968, in: SCHLOTTER, HANS GÜNTHER (Hg.), Die Geschichte der Verfassung der Fachbereiche der Georg-August-Universität zu Göttingen, Göttinger Universitätsschriften A 16, Göttingen 1994, 11–24.

–/WELLENREUTHER, HERMANN (Hgg.), Geschichtswissenschaft in Göttingen. Eine Vorlesungsreihe, Göttinger Universitätsschriften A 2, Göttingen 1987.

DE BOOR, FRIEDRICH, A. H. Franckes paränetische Vorlesungen und seine Schriften zur Methode des theologischen Studiums, in: ZRGG 20 (1968), 300–320.

–, Kirchengeschichte oder Auslegungsgeschichte?, in: ThLZ 97 (1972), 401–414.

BORNKAMM, KARIN, Kirchenbegriff und Kirchengeschichtsverständnis, in: ZThK 75 (1978), 436–466.

BRANDLE, WERNER, Art. Inspiration/Theopneustie. III. Kirchen- und theologiegeschichtlich/IV. Fundamentaltheologisch/V. Dogmatisch, RGG[4] 4 (2001), 169–175.

BRAUN, HERMANN/RIEDEL, MANFRED (Hgg.), Natur und Geschichte. Karl Löwith zum 70. Geburtstag, Stuttgart 1967.

BRECHT, MARTIN/DEPPERMANN, KLAUS (Hgg.), Geschichte des Pietismus, Bd. 2: Der Pietismus im achtzehnten Jahrhundert, Göttingen 1995.

BRECHT, MARTIN, Die Entwicklung der Alten Bibliothek des Tübinger Stifts in ihrem theologie- und geistesgeschichtlichen Zusammenhang. Eine Untersuchung zur württembergischen Theologie, in: BWKG 63 (1963), 3–103.

– (Hg.), Geschichte des Pietismus, Bd. 1: Der Pietismus vom siebzehnten bis zum frühen achtzehnten Jahrhundert, Göttingen 1993.

–, Art. Theologiestudium. II. Reformation bis zur Gegenwart, TRE 33 (2002), 354–358.

BRÜDERMANN, STEFAN, Göttinger Studenten und akademische *Gerichtsbarkeit* im 18. Jahrhundert, Göttinger Universitätsschriften A 15, Göttingen 1990.

–, Studenten als *Einwohner* der Stadt, in: BÖHME, ERNST/VIERHAUS, RUDOLF (Hgg.), Göttingen. Geschichte einer Universitätsstadt, Bd. 2: Vom Dreißigjährigen Krieg bis zum Anschluss an Preußen – Der Wiederaufstieg als Universitätsstadt (1648–1866), Göttingen 2002, 395–426.

BUCHWALD, REINHARD, Art. Abel, Jacob Friedrich, NDB 1 (1953), 11.

BUFF, WALTER, Gerlach Adolph Freiherr von Münchhausen als Gründer der Universität Göttingen, Göttingen 1937.

BÜHLER, AXEL (Hg.), Unzeitgemäße Hermeneutik. Verstehen und Interpretation im Denken der Aufklärung, Frankfurt a. M. 1994.

BURSIAN, CONRAD, Art. Heyne, Christian Gottlob, ADB 12 (1880 [ND 1969]), 375–378.

BUSCHMANN, ARNO, Enzyklopädie und geschichtliche Rechtswissenschaft – Johann Stephan Pütters juristische Enzyklopädie und Methodologie und die Entstehung der geschichtlichen Rechtswissenschaft, in: KERN, BERND-RÜDIGER/WADLE, ELMAR/SCHROEDER, KLAUS-PETER/KATZENMEIER, CHRISTIAN (Hgg.), Humaniora. Medizin – Recht – Geschichte, FS Adolf Laufs, Berlin u. a. 2006, 25–44.

CARSTENS, CARSTEN ERICH, Art. Reuß, Jeremias Friedrich, ADB 28 (1889 [ND 1970]), 308f.

CHRISTOPHERSEN, ALF, Art. Bibelkritik, Enzyklopädie der Neuzeit 2 (2005), 142–147.

DEUSER, HERMANN, Art. Vorsehung. I. Systematisch-theologisch, TRE 35 (2003), 302–323.

–, Art. Religionsphilosophie, RGG[4] 7 (2004), 355–371.

Deutsche Biographische Enzyklopädie, hg. v. WALTHER KILLY u. RUDOLF VIERHAUS, 13 Bde., Darmstadt 1995–2003.

DICKENS, ARTHUR G./TONKINS, JOHN, The Reformation in Historical Thought, Oxford 1985, 119–149.

DIERSE, ULRICH, *Enzyklopädie*. Zur Geschichte eines philosophischen und wissenschaftstheoretischen Begriffs, ABG Suppl. 2, Bonn 1977.

–, Art. Enzyklopädie I. Typen enzyklopädischer Programmatik, *Europäische Enzyklopädie zu Philosophie und Wissenschaften* 1 (1990), 738–746.

DINGEL, IRENE, Concordia controversa. Die öffentliche Diskussion um das lutherische Konkordienwerk am Ende des 16. Jahrhunderts, QFRG 63, Gütersloh 1996.

–, Art. Kirchenverfassung. III. Reformation, RGG[4] 4 (2001), 1320–1327.

DINKEL, THILO/SCHWEIZER, GÜNTHER, Vorfahren und Familie des Dichters Friedrich Schiller. Eine genealogische Bestandsaufnahme. Mit Beiträgen von Albrecht Bühring, Jörg Heinrich und Martin Klöpfer, Südwestdeutsche Ahnenlisten und Ahnentafeln 4, Stuttgart 2005.

DUCHHARDT, HEINZ/MAY, GERHARD (Hgg.), Union – Konversion – Toleranz. Dimensionen der Annäherung zwischen den christlichen Konfessionen im 17. und 18. Jahrhundert, VIEG.B 50, Mainz 2000.

Düx, Johann Martin, Art. Planck, Gottlieb Jacob, WWKL 8 (1852), 494–496.

Ebel, Wilhelm (Hg.), Catalogus Professorum Gottingensium 1734–1962, Göttingen 1962.

–, Memorabilia Gottingensia. Elf Studien zur Sozialgeschichte der Universität, Göttingen 1969.

Ebeling, Gerhard, Kirchengeschichte als Geschichte der Auslegung der Heiligen Schrift [1947], in: Ders., Wort Gottes und Tradition, Studien zu einer Hermeneutik der Konfessionen, KiKonf 7, Göttingen 1964, 9–27.

–, Über Aufgabe und Methode der Konfessionskunde [1952], in: Ders., Wort Gottes und Tradition, Studien zu einer Hermeneutik der Konfessionen, KiKonf 7, Göttingen 1964, 28–40.

–, Erwägungen zu einer evangelischen Fundamentaltheologie [1970], in: Ders., Theologie in den Gegensätzen des Lebens, Wort und Glaube 4, Tübingen 1995, 377–419.

Eberl, Immo: Die Klosterschüler in Blaubeuren 1751–1810. Ein Beitrag zur Sozialgeschichte des württembergischen Pfarrstandes, in: BWKG 80/81 (1980/1981), 38–141.

Eckstein, Friedrich August, Art. Ernesti, Johann August, ADB 6 (1877 [ND 1968]), 235–241.

Ehmer, Hermann, Art. Württemberg, TRE 36 (2004), 343–369.

–, Kleine Geschichte der Evangelischen Kirche in Württemberg, Leinfelden-Echterdingen 2008.

Eitle, Johann, Die einstigen Klosterschulen und jetzigen niederen evangelisch-theologischen Seminarien in Württemberg, in: Beiträge zur Geschichte der Erziehung und des Unterrichts in Württemberg. hg.v. der Gruppe Württemberg der Gesellschaft für deutsche Erziehungs- und Schulgeschichte, Beihefte zu den Mitteilungen der Gesellschaft für deutsche Erziehungs- und Schulgeschichte 11, Berlin 1906, 7–43.

Elert, Werner, Der Kampf um das Christentum, München 1921.

Ernesti, Jörg, Konfessionskunde kompakt. Die christlichen Kirchen in Geschichte und Gegenwart, Freiburg i.Br. 2009.

Eulenburg, Franz, Die Frequenz der deutschen Universitäten von ihrer Gründung bis zur Gegenwart. Photomechanischer Nachdruck der Ausgabe von 1904. Mit einem Nachwort von Elisabeth Lea und Gerald Wiemers, Berlin 1994.

Fabian, Bernhard, Göttingen als Forschungsbibliothek im achtzehnten Jahrhundert. Plädoyer für eine neue Bibliotheksgeschichte, in: Raabe, Paul (Hg.), Öffentliche und Private Bibliotheken im 17. und 18. Jahrhundert. Raritätenkammern, Forschungsinstrumente oder Bildungsstätten?, Wolfenbütteler Forschungen 2, Bremen/Wolfenbüttel 1977, 209–239.

Falckenheiner, Wilhelm, Göttinger Kriegserinnerungen aus den Jahren 1813–1814. Aus Briefen des Professors der Theologie Gottlieb Jakob Planck, in: Göttinger Blätter für Geschichte und Heimatkunde in Südhannover und seiner Nachbarschaft (1914), 2–9.

Feil, Ernst, Art. Religion. I. Zum Begriff/II. Religion und Geschichte, RGG⁴ 7 (2004), 263–274.

–, Religio, Bd. 4: Die Geschichte eines neuzeitlichen Grundbegriffs im 18. und frühen 19. Jahrhundert, FKDG 91, Göttingen 2007.

Filser, Hubert, Dogma, Dogmen, Dogmatik. Eine Untersuchung zur Begründung und zur Entstehungsgeschichte einer theologischen Disziplin von der Reformation bis zur Spätaufklärung, Studien zur systematischen Theologie und Ethik 28, Münster u.a. 2001.

FISCHER, HERMANN, Art. Konfessionalismus, TRE 19 (1990), 426–431.

FLEISCHER, DIRK, Der Strukturwandel der evangelischen Kirchengeschichtsschreibung im 18. Jahrhundert, in: BLANKE, HORST WALTER/FLEISCHER, DIRK (Hgg.), Aufklärung und Historik. Aufsätze zur Entwicklung der Geschichtswissenschaft, Kirchengeschichte und Geschichtstheorie in der deutschen Aufklärung, Waltrop 1991, 141–159.

–, Geschichtswissenschaft und Sinnstiftung. Über die religiöse Funktion des historischen Denkens in der deutschen Spätaufklärung, in: BLANKE, HORST WALTER/FLEISCHER, DIRK (Hgg.), Aufklärung und Historik. Aufsätze zur Entwicklung der Geschichtswissenschaft, Kirchengeschichte und Geschichtstheorie in der deutschen Aufklärung, Waltrop 1991, 173–201.

–, Wahrheit und Geschichte. Zur wissenschaftsbegründenden Reflexion der Theologen Johann Lorenz von Mosheim und Johann Salomo Semler, in: JORDAN, STEFAN/WALTHER, PETER TH. (Hgg.), Wissenschaftsgeschichte und Geschichtswissenschaft. Aspekte einer problematischen Beziehung. FS Wolfgang Küttler, Waltrop 2002, 24–47.

–, Sachlichkeit als Programm. Christian Friedrich Rößlers Theorie und Praxis der historischen Forschung, in: FRANZ, MICHAEL (Hg.), »...im Reiche des Wissens cavalieremente«? Hölderlins, Hegels und Schellings Philosophiestudium an der Universität Tübingen, Schriften der Hölderlin-Gesellschaft 23/2, Materialien zum bildungsgeschichtlichen Hintergrund von Hölderlin, Hegel und Schelling 2, Tübingen 2005, 186–198.

–, Urchristentum, Reformation und Aufklärung. Zum Selbstverständnis des Wittenberger Historikers Johann Matthias Schroeckh, in: BEUTEL, ALBRECHT/LEPPIN, VOLKER/STRÄTER, UDO (Hgg.), Christentum im Übergang. Neue Studien zu Kirche und Religion in der Aufklärungszeit, AKThG 19, Leipzig 2006, 269–281.

–, Zwischen Tradition und Fortschritt. Der Strukturwandel der protestantischen Kirchengeschichtsschreibung im deutschsprachigen Diskurs der Aufklärung, Wissen und Kritik 22, Waltrop 2006.

–, Vom Nutzen der Kirchengeschichte im 18. Jahrhundert, in: BEUTEL, ALBRECHT/LEPPIN, VOLKER/STRÄTER, UDO/WRIEDT, MARKUS (Hgg.), Aufgeklärtes Christentum. Beiträge zur Kirchen- und Theologiegeschichte des 18. Jahrhunderts, AKThG 31, Leipzig 2010, 117–130.

FRANZ, MICHAEL (Hg.), »...im Reiche des Wissens cavalieremente«? Hölderlins, Hegels und Schellings Philosophiestudium an der Universität Tübingen, Schriften der Hölderlin-Gesellschaft 23/2, Materialien zum bildungsgeschichtlichen Hintergrund von Hölderlin, Hegel und Schelling 2, Tübingen 2005.

–, Exkurs zu Ploucquets Logik, in: DERS. (Hg.), »...im Reiche des Wissens cavalieremente«? Hölderlins, Hegels und Schellings Philosophiestudium an der Universität Tübingen, Schriften der Hölderlin-Gesellschaft 23/2, Materialien zum bildungsgeschichtlichen Hintergrund von Hölderlin, Hegel und Schelling 2, Tübingen 2005, 527–534.

FRENSDORFF, FERDINAND, Gottlieb Planck, deutscher Jurist und Politiker, Berlin 1914.

FRIEDRICH, PETER, Ferdinand Christian Baur als Symboliker, SThGG 12, Göttingen 1975.

FRISCHEISEN-KÖHLER, MAX/MOOG, WILLY, Die Philosophie der Neuzeit bis zum Ende des XVIII. Jahrhunderts, Friedrich Ueberwegs Grundriss der Geschichte der Philosophie, 3. Teil: Die Philosophie der Neuzeit bis zum Ende des XVIII. Jahrhunderts, Darmstadt [14]1957.

FUETER, EDUARD, Geschichte der neueren Historiographie, um einen Nachtrag vermehrt, von Dietrich Gerhard und Paul Sattler, Handbuch der mittelalterlichen und neueren Geschichte, Abt. 1: Allgemeines, München/Berlin ³1936.

GEISELMANN, JOSEF RUPERT, Johann Adam Möhler. Die Einheit der Kirche und die Wiedervereinigung der Konfessionen. Ein Beitrag zum Gespräch zwischen den Konfessionen, Wien 1940.

GEISSER, HANS, Glaubenseinheit und Lehrentwicklung bei Johann Adam Möhler, Göttingen 1971.

GEMEINHARDT, PETER/OBERDORFER, BERND (Hgg.), Gebundene Freiheit? Bekenntnisbildung und theologische Lehre im Luthertum, LKGG 25, Gütersloh 2008,

GERBER, SIMON, Schleiermacher und die Kirchenkunde des 19. Jahrhunderts, in: ZNThG/JHMTh 11 (2004), 183–214.

GERHARD, HANS-JÜRGEN, Grundzüge der Verfassung, Verwaltung und Wirtschaft der Stadt Göttingen 1650–1866, in: BÖHME, ERNST/VIERHAUS, RUDOLF (Hgg.), Göttingen. Geschichte einer Universitätsstadt, Bd. 2: Vom Dreißigjährigen Krieg bis zum Anschluss an Preußen – Der Wiederaufstieg als Universitätsstadt (1648–1866), Göttingen 2002, 255–339.

GESTRICH, ANDREAS, Pietismus und ländliche Frömmigkeit in Württemberg im 18. und frühen 19. Jahrhundert, in: HAAG, NORBERT/HOLTZ, SABINE/ZIMMERMANN, WOLFGANG (Hgg.), Ländliche Frömmigkeit. Konfessionskulturen und Lebenswelten 1500–1850, Stuttgart 2002, 343–357,

GIERL, MARTIN, Christoph Meiners' Geschichte der Menschheit und Göttinger Universalgeschichte. Rasse und Nation als Politisierung der deutschen Aufklärung, in: BÖDECKER, HANS ERICH/BÜTTGEN, PHILIPPE/ESPAGNE, MICHEL (Hgg.), Die Wissenschaft vom Menschen in Göttingen um 1800. Wissenschaftliche Praktiken, institutionelle Geographie, europäische Netzwerke, VMPIG 237, Göttingen 2008, 419–433.

GOETERS, GERHARD /MAU, RUDOLF (Hgg.), Die Geschichte der evangelischen Kirche der Union, Band 1: Die Anfänge der Union unter landesherrlichem Kirchenregiment (1817–1850), Berlin 1992.

Göttingen im 18. Jahrhundert. Eine Stadt verändert ihr Gesicht. Texte und Materialien zur Ausstellung im Städtischen Museum und im Stadtarchiv Göttingen 26. April – 30. August 1987, Göttingen 1987.

GRÄB, WILHELM, Practical Theology as Theology of Religion. Schleiermacher's Understanding of Practical Theology as a Discipline, IJPT 9 (2005), 181–196.

GRAF, FRIEDRICH WILHELM, Art. Vater, Johann Severin, BBKL 12 (1997), 1146–1167.

–, Art. Konfessionalismus, RGG⁴ 4 (2001), 1548f.

–, Art. Konfessionskunde, RGG⁴ 4 (2001), 1552f.

GRESCHAT, MARTIN, Zwischen Tradition und neuem Anfang. Valentin Ernst Löscher und der Ausgang der lutherischen Orthodoxie, UKG 5, Witten 1971.

GRETHLEIN, CHRISTIAN/MEYER-BLANCK, MICHAEL, Geschichte der Praktischen Theologie im Überblick – Eine Einführung, in: DIESS. (Hgg.), Geschichte der Praktischen Theologie. Dargestellt anhand ihrer Klassiker, APrTh 12, Leipzig 1999, 1 65.

GROLLE, JOIST, Landesgeschichte in der Zeit der deutschen Spätaufklärung. Ludwig Timotheus Spittler (1752–1810), Göttinger Bausteine zur Geschichtswissenschaft 35, Göttingen u. a. 1963.

Grundfragen der Ökumene. Die dogmatischen Gegensätze der Katholiken und Protestanten. Nach Johann Adam Möhlers »Symbolik« bearbeitet von P. Thomas Jentzsch, Stuttgart 1992.

GUNDELACH, ERNST, Die Verfassung der Göttinger Universität in drei Jahrhunderten, Göttinger Rechtswissenschaftliche Studien 16, Göttingen 1955.

GUTEKUNST, EBERHARD, Das Pietistenreskript von 1743, in: BWKG 94 (1994), 9–26.

HAEFS, WILHELM/MIX, YORK-GOTHART (Hgg.), Zensur im Jahrhundert der Aufklärung. Geschichte – Theorie – Praxis, Das achtzehnte Jahrhundert. Supplementa 12, Göttingen 2007.

HAGENBACH, KARL RUDOLF, Neanders Verdienste um die Kirchengeschichte, ThStKr 24 (1851), Bd. 2/3, 556–560.

–, Encyklopädie und Methodologie der Theologischen Wissenschaften, hg.v. MAX REISCHLE, Leipzig [12]1889.

HAHN, JOACHIM/MAYER, HANS, Das Evangelische Stift in Tübingen. Geschichte und Gegenwart – Zwischen Weltgeist und Frömmigkeit, Stuttgart 1985.

HALLER, JOHANNES, Die Anfänge der Universität Tübingen 1477–1537, 2 Bde., Stuttgart 1927 [ND Aalen 1970].

HAMMANN, KONRAD, Universitätsgottesdienst und Aufklärungspredigt. Die Göttinger Universitätskirche im 18. Jahrhundert und ihr Ort in der Geschichte des Universitätsgottesdienstes im deutschen Protestantismus, BHTh 116, Tübingen 2000.

–, Geschichte der evangelischen Kirche in Göttingen (ca. 1650–1866), in: BÖHME, ERNST/VIERHAUS, RUDOLF (Hgg.), Göttingen. Geschichte einer Universitätsstadt, Bd. 2: Vom Dreißigjährigen Krieg bis zum Anschluss an Preußen – Der Wiederaufstieg als Universitätsstadt (1648–1866), Göttingen 2002, 525–586.

–, Bekenntnis und Bekenntnisbindung in der Göttinger Theologie des ausgehenden 18. Jahrhunderts, in: DERS., Kirche und Universität. Studien zur Kirchengeschichte Göttingens, Arbeiten zur Historischen und Systematischen Theologie 9, Berlin 2006, 65–77.

–, Eine »öffentliche Werckstäte der Mildthätigkeit«. Die Göttinger Theologische Fakultät und ihr Waisenhaus im 18. Jahrhundert, in: DERS., Kirche und Universität. Studien zur Kirchengeschichte Göttingens, Arbeiten zur Historischen und Systematischen Theologie 9, Berlin 2006, 42–56.

–, Kirche und Universität. Studien zur Kirchengeschichte Göttingens, Arbeiten zur Historischen und Systematischen Theologie 9, Berlin 2006.

HAMMERSTEIN, NOTKER, Reichshistorie, in: BÖDEKER, HANS ERICH/IGGERS, GEORG G./KNUDSEN, JONATHAN B./REILL, PETER H. (Hgg.), Aufklärung und Geschichte. Studien zur deutschen Geschichtswissenschaft im 18. Jahrhundert, VMPIG 81, Göttingen 1986, 82–104.

–, 1787 – die *Universität* im Heiligen Römischen Reich, in: MOELLER, BERND (Hg.), Stationen der Göttinger Universitätsgeschichte. 1737–1787–1837–1887–1937. Eine Vortragsreihe, Göttinger Universitätsschriften A 11, Göttingen 1988, 27–45.

– (Hg.), Universitäten und Aufklärung. Das achtzehnte Jahrhundert. Supplementa 3, Göttingen 1995.

HAUPTMANN, PETER, Art. Konfessionskunde, TRE 19 (1990), 431–436.

–, Art. Sozinianer/Sozinianismus, RGG[4] 7 (2004), 1519–1521.

HAUSCHILD, WOLF-DIETER, Art. Dogmengeschichtsschreibung, TRE 9 (1982), 116–125.

– (Hg.), Das deutsche Luthertum und die Unionsproblematik im 19. Jahrhundert, LKGG 13, Gütersloh 1991.

–, Lehrbuch der Kirchen- und Dogmengeschichte, Bd. 2: Reformation und Neuzeit, Gütersloh [4]2010.

HEGEL, EDUARD, Zum Verhältnis der Konfessionen im Deutschland am Ende des 18. Jahrhunderts, in: SCHWAIGER, GEORG (Hg.), Zwischen Polemik und Irenik. Untersuchungen zum Verhältnis der Konfessionen im späten 18. und frühen 19. Jahrhundert, SThGG 31, Göttingen 1977, 11–28.

Heimatbuch des Kreises Nürtingen, Bd. 1 u. 2, im Auftrag des Kreisverbandes Nürtingen hg.v. HANS SCHWENKEL, Würzburg 1950/1953.

HELL, LEONHARD, Entstehung und Entfaltung der theologischen Enzyklopädie, VIEG 176, Mainz 1999.

HENKE, ERNST LUDWIG THEODOR, De Theophilo Jacobo Planckio eiusque historiam ecclesiasticam docendi ratione, in: ZHTh 13 [NF 7] (1843), 4. Heft, 75–88.

–, Art. Planck, Gottlieb Jakob, RE 11 (1859), 757–762.

–, Neuere Kirchengeschichte. Nachgelassene Vorlesungen, hg.v. WILHELM GASS, Bd. 3: Geschichte der Kirche von der Mitte des 18. Jahrhunderts bis 1870, Halle 1880.

HENKEL, DIETER, Staat und Evangelische Kirche im Königreich Hannover 1815–1833, SKGNS 8, Göttingen 1938.

HENNINGSEN, JÜRGEN, »Enzyklopädie«. Zur Sprach- und Deutungsgeschichte eines pädagogischen Begriffs, in: ABG 10 (1966), 271–362.

HERING, CARL WILHELM, Geschichte der kirchlichen Unionsversuche seit der Reformation bis auf unsere Zeit, 2 Bde., Leipzig 1836/38.

HERMELINK, HEINRICH, Geschichte der evangelischen Kirche in Württemberg von der Reformation bis zur Gegenwart. Das Reich Gottes in Wirtemberg, Stuttgart/Tübingen 1949.

HERMS, EILERT, Theologische Geschichtsschreibung, in: KZG 10 (1997), 305–330.

HERTEL, FRIEDRICH (Hg.), In Wahrheit und Freiheit. 450 Jahre Evangelisches Stift in Tübingen, QFWKG 8, Stuttgart 1986.

HESS, HANS-EBERHARD, Theologie und Religion bei Johann Salomo Semler. Ein Beitrag zur Theologiegeschichte des 18. Jahrhunderts, [Diss. Berlin] Augsburg 1974.

HEUSSI, KARL, Die Kirchengeschichtsschreibung Johann Lorenz von Mosheims, Geschichtliche Untersuchungen 4, Gotha 1904.

–, Die Krisis des Historismus, Tübingen 1932.

–, Kompendium der Kirchengeschichte, Tübingen [18]1991.

HINRICHS, ERNST, Aufklärung in Niedersachsen. Zentren, Institutionen, Ausprägungen, Vortragsreihe der Niedersächsischen Landesregierung zur Förderung der wissenschaftlichen Forschung in Niedersachsen 70, Göttingen 1990.

HINSKE, NORBERT (Hg.), Eklektik, Selbstdenken, Mündigkeit, Hamburg 1986.

HIRSCH, AUGUST, Art. Hoven, Friedrich Wilhelm von, ADB 13 (1881 [ND 1969]), 215f.

HIRSCH, EMANUEL, Geschichte der neuern evangelischen Theologie im Zusammenhang mit den allgemeinen Bewegungen des europäischen Denkens, Neu hg. u. eingeleitet v. ALBRECHT BEUTEL, Bd. 5, in: HIRSCH, EMANUEL, Gesammelte Werke, Bd. 9, hg.v. HANS MARTIN MÜLLER u. a., Waltrop 2000.

HOLZE, HEINRICH, Zwischen Studium und Pfarramt. Die Entstehung des Predigerseminars in den welfischen Fürstentümern zur Zeit der Aufklärung, Göttingen 1985.

HORNIG, GOTTFRIED, Die Anfänge der historisch-kritischen Theologie. Johann Salomo Semlers Schriftverständnis und seine Stellung zu Luther, FSThR 8, Göttingen 1961.

–, Die Freiheit der Christlichen Privatreligion. Semlers Begründung des religiösen Individualismus in der protestantischen Aufklärungshistorie, in: ZSTh 21 (1979), 198–211.

–, Dogmengeschichtsschreibung und Traditionskritik. Zur Analyse der Argumente und Kriterien, in: DERS., Johann Salomo Semler. Studien zu Leben und Werk des Hallenser Aufklärungstheologen, Hallesche Beiträge zur Europäischen Aufklärung 2, Tübingen 1996, 123–135.

–, Johann Salomo Semler. Studien zu Leben und Werk des Hallenser Aufklärungstheologen, Hallesche Beiträge zur Europäischen Aufklärung 2, Tübingen 1996.

HOWARD, THOMAS ALBERT, Protestant Theology and the Making of the Modern German University, Oxford 2009.

HUMMEL, GERT, Art. Enzyklopädie, theologische, TRE 9 (1982), 716–742.

HUNGER, ULRICH, Die Georgia Augusta als hannoversche Landesuniversität. Von ihrer Gründung bis zum Ende des Königreichs, in: BÖHME, ERNST/VIERHAUS, RUDOLF (Hgg.), Göttingen. Geschichte einer Universitätsstadt, Bd. 2: Vom Dreißigjährigen Krieg bis zum Anschluss an Preußen – Der Wiederaufstieg als Universitätsstadt (1648–1866), Göttingen 2002, 139–213.

–, Die Universitätsstadt Göttingen, in: STEINKE, HUBERT/BOSCHUNG, URS/PROSS, WOLFGANG (Hgg.), Albrecht von Haller. Leben – Werk – Epoche, Göttingen 2008, 99–118.

IHLE, ELISE, Philipp Konrad Marheineke. Der Einfluß der Philosophie auf sein theologisches System, [Diss. Leipzig] Leipzig 1938.

JAKUBOWSKI-TIESSEN, MANFRED, Der Pietismus in Niedersachsen, in: BRECHT, MARTIN/DEPPERMANN, KLAUS (Hgg.), Geschichte des Pietismus, Bd. 2: Der Pietismus im achtzehnten Jahrhundert, Göttingen 1995, 428–445.

JORDAN, STEFAN, Geschichtstheorie in der ersten Hälfte des 19. Jahrhunderts. Die Schwellenzeit zwischen Pragmatismus und Klassischem Historismus, Frankfurt a. M./New York 1999.

–/WALTHER, PETER TH. (Hgg.), Wissenschaftsgeschichte und Geschichtswissenschaft. Aspekte einer problematischen Beziehung. FS Wolfgang Küttler, Waltrop 2002.

JUNG, MARTIN H., Art. Brastberger, Immanuel Gottlob, RGG⁴ 1 (1998), 1737.

–, Säkularisierung – Intensivierung – Formwandel. Gelebte Religion im Württemberg des 19. Jahrhunderts, in: BWKG 106 (2006), 53–75.

KAMP, NORBERT, Die Georgia Augusta und der Staat. Ansprache des Präsidenten der Georg-August-Universität anlässlich seiner Amtseinführung am 13. 10. 1979, Göttinger Universitätsreden 66, Göttingen 1980.

–, Die Georgia Augusta als Neugründung, in: 250 Jahre Vorlesungen an der Georgia Augusta 1734–1984. Akademische Feier aus Anlaß der 250. Wiederkehr des Tages der ersten Vorlesung an der Georgia Augusta am 14. Oktober 1984 in der Aula der Georg-August-Universität Göttingen. Mit Vorträgen von Norbert Kamp, Hermann Wellenreuther und Friedrich Hund, Göttingen 1985, 7–29.

KANTZENBACH, FRIEDRICH WILHELM, Protestantisches Christentum im Zeitalter der Aufklärung, Evangelische Enzyklopädie 5/6, Gütersloh 1965.

–, Geschichte des Protestantismus von 1789–1848, Evangelische Enzyklopädie 21, Gütersloh 1969.

–, Einheitsbestrebungen im Wandel der Kirchengeschichte, Studienbücher Theologie: Kirchen- und Dogmengeschichte, Gütersloh 1980.

KARSTEN, GUSTAV, Art. Pfaff, Christoph Heinrich, ADB 25 (1887 [ND 1970]), 582–587.

KAUTTER, ALBERT, Die Oberamtstadt Nürtingen. Eine kurze Darstellung ihrer Vergangenheit und ihres gegenwärtigen Standes, Nürtingen 1898.

KEMPEN, WILHELM VON, Die Verwaltungs-Vorbereitungen in der Stadt Göttingen zur Gründung der Georgia Augusta, in: Göttinger Blätter für Geschichte und Heimatkunde Südhannovers 3 (NF) (1937), Heft 2, 1–14.

KIND-DOERNE, CHRISTIANE, Die Niedersächsische Staats- und Universitätsbibliothek Göttingen. Ihre Bestände und Einrichtungen in Geschichte und Gegenwart. Mit einem Beitrag von Klaus Haenel über die Handschriftenabteilung, BBBW 22, Wiesbaden 1986.

KINZIG, WOLFRAM, Brauchen wir eine Dogmengeschichte als theologische Disziplin?, in: KINZIG, WOLFRAM/LEPPIN, VOLKER/WARTENBERG, GÜNTHER (Hgg.)/NOWAK, KURT † (Konzeption), Historiographie und Theologie. Kirchen- und Theologiegeschichte im Spannungsfeld von geschichtswissenschaftlicher Methode und theologischem Anspruch, AKThG 15, Leipzig 2004, 181–202.

–/LEPPIN, VOLKER/WARTENBERG, GÜNTHER (Hgg.)/NOWAK, KURT † (Konzeption), Historiographie und Theologie. Kirchen- und Theologiegeschichte im Spannungsfeld von geschichtswissenschaftlicher Methode und theologischem Anspruch, AKThG 15, Leipzig 2004.

KIRCHNER, JOACHIM, Die Grundlagen des deutschen Zeitschriftenwesens. Mit einer Gesamtbibliographie der deutschen Zeitschriften bis zum Jahre 1790, 2 Teile, Leipzig 1928/1931.

KLAUS, BERNHARD, Die Entstehung und Begründung der Praktischen Theologie als wissenschaftliche Disziplin im 19. Jahrhundert, in: ThLZ 85 (1960), 895–898.

– (Hg.), Irenik und Antikonfessionalismus im 17. und 18. Jahrhundert, Hildesheimer Forschungen 2, Hildesheim/Zürich/New York 2003.

KLÜPFEL, KARL, Geschichte und Beschreibung der Universität Tübingen, Tübingen 1849.

KNOKE, KARL, Daten und Urkunden zur Geschichte des Göttinger Konsistoriums während der westfälischen Herrschaft 1807–1813, in: ZGNKG 18 (1913), 1–27.

–, Der lutherische Bekenntnisstand der Prediger an der Universitätskirche zu Göttingen, in: ZGNKG 23 (1918), 95–112.

–, Lectiones asceticae an der Göttinger Universität (1735–1737), in: ZGNKG 25 (1920), 73–80.

KNÖPFLER, ALOIS, Art. Kirchengeschichte, WWKL[2] 7 (1891), 529–577.

KOCHER, JOHANNES, Geschichte der Stadt Nürtingen, 3 Bde., Stuttgart 1924/1928.

KOEHLER, WALTHER, Art. Planck. 1. Gottlieb Jakob, RGG[2] 4 (1930), 1284f.

KÖHLER, LUDWIG, Art. Planck, Gottlieb Jakob, RGG[1] 4 (1913), 1630f.

KOLB, CHRISTIAN, Die Aufklärung in der Württembergischen Kirche, Stuttgart 1908.

KÖPF, ULRICH, Dogmengeschichte oder Theologiegeschichte?, in: ZThK 85 (1988), 455–473.

–, Art. Tübingen, RGG[4] 8 (2005), 646–649.

KÖRTNER, ULRICH H.J., Art. Akkommodation. I. Dogmatisch und fundamentaltheologisch, RGG[4] 1 (1998), 254.

KOSELLECK, REINHART, Historia Magistra Vitae. Über die Auflösung des Topos im Horizont neuzeitlich bewegter Geschichte, in: BRAUN, HERMANN/RIEDEL, MANFRED (Hgg.), Natur und Geschichte. Karl Löwith zum 70. Geburtstag, Stuttgart 1967, 196–219.

KRABBE, OTTO, August Neander. Ein Beitrag zu seiner Charakteristik, Hamburg 1852.

KRAMM, JOCHEN, Theologische Enzyklopädie und Studienordnung an der Universität Göttingen von 1734 bis 1830, [Diss.masch. Mainz] 1998.

KRUMWIEDE, HANS-WALTER, Kirchliches Bekenntnis und akademische Lehrfreiheit. Der Streit zwischen theologischer Fakultät und Landeskirche im 19. Jahrhundert, in: MOELLER, BERND (Hg.), Theologie in Göttingen. Eine Vorlesungsreihe, Göttinger Universitätsschriften A 1, Göttingen 1987, 213–231.

–, Konfessionelle Tradition und landeskirchliche Identität in Hannover (luth.) 1814–1869, in: HAUSCHILD, WOLF-DIETER (Hg.), Das deutsche Luthertum und die Unionsproblematik im 19. Jahrhundert, LKGG 13, Gütersloh 1991, 213–268.

–, Kirchengeschichte Niedersachsens, Göttingen 1996.

KÜCK, THOMAS JAN, Ludwig Adolf Petri (1803–1873). Kirchenpolitiker und Theologe, SKGNS 35, Göttingen 1997.

KUHN, THOMAS K., Religion und neuzeitliche Gesellschaft. Studien zum sozialen und diakonischen Handeln in Pietismus, Aufklärung und Erweckungsbewegung, BHTh 122, Tübingen 2003.

KÜHNE-BERTRAM, GUDRUN, Aspekte der Geschichte und der Bedeutungen des Begriffs »pragmatisch« in den philosophischen Wissenschaften des ausgehenden 18. und 19. Jahrhunderts, in: ABG 17 (1983), 158–186.

LAMPE, JÖRG H., Politische Entwicklungen in Göttingen vom Beginn des 19. Jahrhunderts bis zum Vormärz, in: BÖHME, ERNST/VIERHAUS, RUDOLF (Hgg.), Göttingen. Geschichte einer Universitätsstadt, Bd. 2: Vom Dreißigjährigen Krieg bis zum Anschluss an Preußen – Der Wiederaufstieg als Universitätsstadt (1648–1866), Göttingen 2002, 43–102.

LANG, GUSTAV, Geschichte der württembergischen Klosterschulen. Von ihrer Stiftung bis zu ihrer endgültigen Verwandlung in Evangelisch-theologische Seminare. Mit einer Karte der 14 großen Mannsklöster Württembergs, Stuttgart 1938.

LANGE, DIETZ, Der theologische Vermittler Friedrich Lücke, in: MOELLER, BERND (Hg.) Theologie in Göttingen. Eine Vorlesungsreihe, Göttinger Universitätsschriften A 1, Göttingen 1987, 136–156.

LAUBE, MARTIN, Art. Hermeneutik. 6. Theologie, Enzyklopädie der Neuzeit 5 (2007), 387–391.

–, »Innere Differenzen des religiösen Lebens«. Die Debatte um das Verhältnis von lutherischem und reformiertem Protestantismus im 19. Jahrhundert, in: ZThK 108 (2011), 50–71.

LAUER, REINHARD (Hg.), Philologie in Göttingen. Sprach- und Literaturwissenschaft an der Georgia Augusta im 18. und beginnenden 19. Jahrhundert, Göttinger Universitätsschriften A 18, Göttingen, 2001.

LEHMANN-BRAUNS, SICCO, Art. Eklektik/Eklektizismus. 1. Philosophie, Enzyklopädie der Neuzeit 3 (2006), 167–171.

LEHMANN, ERNST, Hannoversche Landeskinder auf den verschiedenen Kriegsschauplätzen um die Jahreswende 1812/13, in: Göttinger Blätter für Geschichte und Heimatkunde in Südhannover und seiner Nachbarschaft (1915), 55–60.

LEINSLE, ULRICH GOTTFRIED, Reformversuche protestantischer Metaphysik im Zeitalter des Rationalismus, Augsburg 1988.

LENZ, MAX, Geschichte der königlichen Friedrich-Wilhelms-Universität zu Berlin, Bd. 1: Gründung und Ausbau, Halle a.d. Saale 1910.

LEUBE, HANS, Die Reformideen in der deutschen lutherischen Kirche zur Zeit der Orthodoxie, Leipzig 1924.

LEUBE, MARTIN, Die *Geschichte* des Tübinger Stifts, Bd. 1: 16. und 17. Jahrhundert, Stuttgart 1921.

–, Die *Geschichte* des Tübinger Stifts, Bd. 2: 18. Jahrhundert (1690–1770), Stuttgart 1930.

–, Das Tübinger *Stift* 1770–1950. Geschichte des Tübinger Stifts, Stuttgart 1954.

LINK, CHRISTOPH, Art. Kollegialismus, RGG⁴ 4 (2001), 1482 f.

LIPPS, MICHAEL A., Dogmengeschichte als Dogmenkritik, die Anfänge der Dogmengeschichtsschreibung in der Zeit der Spätaufklärung, BSHST 48, Bern/Frankfurt a. M. 1983.

LOCHER, GOTTFRIED W., Was ist Dogmengeschichte?, in: EvTh 19 (1959), 16–27.

LOHSE, BERNHARD, Theorien der Dogmengeschichte im evangelischen Raum heute, in: LÖSER, WERNER/LEHMANN, KARL/LUTZ-BACHMANN, MATTHIAS (Hgg.), Dogmengeschichte und katholische Theologie, Würzburg ²1988, 97–109.

LUGINBÜHL-WEBER, GISELA, Johann Kaspar Lavater – Charles Bonnet – Jacob Bennelle. Briefe 1768–1790. Ein Forschungsbeitrag zur Aufklärung in der Schweiz, 2 Bde., Bern 1997.

MAGER, INGE, *Aufnahme* und Ablehnung des Konkordienbuches in Nord-, Mittel- und Ostdeutschland, in: BRECHT, MARTIN/SCHWARZ, REINHARD (Hgg.), Bekenntnis und Einheit der Kirche. Studien zum Konkordienbuch, Stuttgart 1980, 271–302.

–, Art. Hannover. I. Kirchengeschichtlich, TRE 14 (1985), 428–438.

–, Die theologische Lehrfreiheit in Göttingen und ihre Grenzen: Der Abendmahlskonflikt um Christoph August Heumann, in: MOELLER, BERND (Hg.), Theologie in Göttingen. Eine Vorlesungsreihe, Göttinger Universitätsschriften A 1, Göttingen 1987, 41–57.

–, Die *Konkordienformel* im Fürstentum Braunschweig-Wolfenbüttel. Entstehungsbeitrag – Rezeption – Geltung, SKGNS 33, Göttingen 1993.

–, Zu Johann Lorenz von Mosheims theologischer Biographie, in: MULSOW, MARTIN/HÄFNER, RALF/NEUMANN, FLORIAN/ZEDELMAIER, HELMUT (Hgg.), Johann Lorenz Mosheim (1693–1755). Theologie im Spannungsfeld von Philosophie, Philologie und Geschichte, Wolfenbütteler Forschungen 77, Wiesbaden 1997, 277–296.

MAHLMANN, THEODOR, Zur Geschichte der Formel »Articulus stantis et cadentis ecclesiae«, in: LuThK 17 (1993), 187–194.

MÄLZER, GOTTFRIED, Bengel und Zinzendorf. Zur Biographie und Theologie Johann Albrecht Bengels, AGP 3, Witten 1968.

MARINO, LUIGI, Praeceptores Germaniae. Göttingen 1770–1820, Aus dem Ital. übers. von Brigitte Szabó-Bechstein, Göttinger Universitätsschriften A 10, Göttingen 1995 [überarbeitete Auflage des italienischen Originals: I maestri della Germania. Göttingen 1770–1820, Torino 1975].

MARKSCHIES, CHRISTOPH, Art. Kirchengeschichte/Kirchengeschichtsschreibung. I. Begrifflichkeit und Voraussetzung, RGG⁴ 4 (2001), 1170–1179.

Die Matrikeln der Universität Tübingen, Bd. 3: 1710–1817, bearb. v. ALBERT BÜRK u. WILHELM WILLE, hg. v. HEINRICH HERMELINK in Verbindung mit der Württembergischen Kommission für Landesgeschichte von der Universitätsbibliothek Tübingen, Tübingen 1953.

MAY, GERHARD, Art. Dogmengeschichte/Dogmengeschichtsschreibung, RGG⁴ 2 (1999), 915–920.

MAYER, HANS, »… cum patria statque caditque sua« – Das Evangelische Stift als württembergisch-kirchliche Bildungseinrichtung, in: DERS./HAHN, JOACHIM, Das Evangelische Stift in Tübingen. Geschichte und Gegenwart – Zwischen Weltgeist und Frömmigkeit, Stuttgart 1985, 11–102.

MEINHOLD, PETER, Geschichte der kirchlichen Historiographie, OA 3/5, Bd. 2, Freiburg/München 1967.

MEINECKE, FRIEDRICH, Die Entstehung des Historismus, München ²1946.

MEINHARDT, GÜNTHER, Die Universität Göttingen. Ihre Entwicklung und Geschichte von 1734–1974, Frankfurt/Zürich 1977.

MENGE, GISBERT, Versuche zur Wiedervereinigung Deutschlands im Glauben, Steyl 1920.

MEUMANN, MARKUS, Universität und Sozialfürsorge zwischen Aufklärung und Nationalsozialimus. Das Waisenhaus der theologischen Fakultät in Göttingen 1747–1938, Göttingen 1997.

MEYER, JOHANNES, Geschichte der Göttinger theologischen Fakultät, in: ZGNKG 42 (1937), 1–107.

–, Kirchengeschichte Niedersachsens, Göttingen 1939.

–, Der Unionsgedanke in Hannover im ersten Drittel des 19. Jahrhunderts, in: ZGNKG 45 (1940), 243–267.

MEYER, PHILIPP (Hg.), Die Pastoren der Landeskirchen Hannovers und Schaumburg-Lippes seit der Reformation, Bd. 1, Göttingen 1941.

MÖHLE, SYLVIA, Eheprobleme und sozialer Wandel. Göttingen 1740–1840, Frankfurt a. M./New York 1997.

MOELLER, BERND (Hg.), Theologie in Göttingen. Eine Vorlesungsreihe, Göttinger Universitätsschriften A 1, Göttingen 1987.

– (Hg.), Stationen der Göttinger Universitätsgeschichte. 1737–1787–1837–1887–1937. Eine Vortragsreihe, Göttinger Universitätsschriften A 11, Göttingen 1988.

–, Johann Lorenz von Mosheim und die Gründung der Universität Göttingen, in: DERS. (Hg.), Theologie in Göttingen. Eine Vorlesungsreihe, Göttinger Universitätsschriften A 1, Göttingen 1987, 9–40.

MUHLACK, ULRICH, Von der Philologie zur politischen Kulturgeschichte. Arnold Herrmann Ludwig Heerens Weg zu einer »Wissenschaft vom Menschen«, in: BÖDECKER, HANS ERICH/BÜTTGEN, PHILIPPE/ESPAGNE, MICHEL (Hgg.), Die Wissenschaft vom Menschen in Göttingen um 1800. Wissenschaftliche Praktiken, institutionelle Geographie, europäische Netzwerke, VMPIG 237, Göttingen 2008, 455–471.

MÜHLENBERG, EKKEHARD, Göttinger Kirchenhistoriker im 18. und 19. Jahrhundert, in: MOELLER, BERND (Hg.), Theologie in Göttingen. Eine Vorlesungsreihe, Göttinger Universitätsschriften A 1, Göttingen 1987, 232–255.

MULERT, HERMANN, Art. Konfessionskunde, RGG² 3 (1929), 1175–1177.

–, Art. Symbolik, RGG² 5 (1931), 942.

MÜLLER, JOHANNES, Die Psychologie des Gefühls und des Willens nach Charles Bonnet, Wissen (Sieg) 1919.

MÜLLER, JOHANNES, Die Vorgeschichte der pfälzischen Union, Witten 1967.

MÜLLER, KARL, Die religiöse Erweckung in Württemberg am Anfang des 19. Jahrhunderts, Tübingen 1925.

MULSOW, MARTIN/HÄFNER, RALF/NEUMANN, FLORIAN/ZEDELMAIER, HELMUT (Hgg.), Johann Lorenz Mosheim (1693–1755). Theologie im Spannungsfeld von Philosophie, Philologie und Geschichte, Wolfenbütteler Forschungen 77, Wiesbaden 1997.

MÜNKEL, KARNEADES KONRAD, Karl Johann Philipp Spitta, ein Lebensbild, Leipzig 1861.

MURRMANN-KAHL, MICHAEL, Theologiegeschichte/Theologiegeschichtsschreibung, TRE 33 (2002), 344–349.

NEUMANN, FLORIAN, Mosheim und die westeuropäische Kirchengeschichtsschreibung, in: MULSOW, MARTIN/HÄFNER, RALF/NEUMANN, FLORIAN/ZEDELMAIER, HELMUT (Hgg.), Johann Lorenz Mosheim (1693–1755). Theologie im Spannungsfeld von Philosophie, Philologie und Geschichte, Wolfenbütteler Forschungen 77, Wiesbaden 1997, 111–146.

NIGG, WALTER, Die Kirchengeschichtsschreibung, Grundzüge ihrer historischen Entwicklung, München 1934.

NOOKE, CHRISTOPH T., Aufgeklärte Universität? Beobachtungen zum Gründungskonzept der Georgia Augusta [erscheint im Tagungsband des AK »Religion und Aufklärung«, in: AKThG].

NOWAK, KURT, Vernünftiges Christentum? Über die Erforschung der Aufklärung in der evangelischen Theologie Deutschlands seit 1945, ThLZ.F 2, Leipzig 1999.

–, Schleiermacher. Leben, Werk und Wirkung, Göttingen [2]2002.

–, Enzyklopädie – Zur Entstehung der Theologie als Wissenschaft im Zeitalter der Aufklärung, in: DERS., Kirchliche Zeitgeschichte interdisziplinär. Beiträge 1984–2001, hg.v. JOCHEN-CHRISTOPH KAISER, KoGe 25, Stuttgart 2002, 61–79.

–, Historische oder dogmatische Methode? Protestantische Theologie im Jahrhundert des Historismus, in: DERS., Kirchliche Zeitgeschichte interdisziplinär. Beiträge 1984–2001, hg.v. JOCHEN-CHRISTOPH KAISER, KoGe 25, Stuttgart 2002, 433–444.

–, Wie theologisch ist die Kirchengeschichte? Über die Verbindung und die Differenz von Kirchengeschichtsschreibung und Theologie, in: DERS., Kirchliche Zeitgeschichte interdisziplinär. Beiträge 1984–2001, hg.v. JOCHEN-CHRISTOPH KAISER, KoGe 25, Stuttgart 2002, 464–474.

NÜSSEL, FRIEDERIKE, Theologiegeschichte. Die geschichtliche Realisierung des Themas der Theologie, in: KINZIG, WOLFRAM/LEPPIN, VOLKER/WARTENBERG, GÜNTHER (Hgg.)/NOWAK, KURT † (Konzeption), Historiographie und Theologie. Kirchen- und Theologiegeschichte im Spannungsfeld von geschichtswissenschaftlicher Methode und theologischem Anspruch, AKThG 15, Leipzig 2004, 203–221.

–, Art. Apologetik, Enzyklopädie der Neuzeit 1 (2005), 498–501.

–, Art. Dogmatik, Enzyklopädie der Neuzeit 2 (2005), 1. Begriff/2. Evangelische Dogmatik, 1073–1076.

OBERDORFER, BERND, Art. Konfession, RGG[4] 4 (2001), 1546 f.

OEHLER, GUSTAV FRIEDRICH, Lehrbuch der Symbolik, hg.v. JOHANNES DELITZSCH, Tübingen 1876.

OEHME, FRANZ, Göttinger Erinnerungen, Gotha 1873.

OHST, MARTIN, Schleiermacher und die Bekenntnisschriften. Eine Untersuchung zu seiner Reformations- und Protestantismusdeutung, BHTh 77, Tübingen 1989.

–, Art. Kirchenverfassung. IV. Neuzeit, RGG[4] 4 (2001), 1327–1332.

–, Art. Planck, Gottlieb Jakob, RGG[4] 6 (2003), 1378 f.

–, Art. Toleranz/Intoleranz. IV. Geschichtlich, RGG[4] 8 (2005), 461–464.

–, Art. Offenbarung, Enzyklopädie der Neuzeit 9 (2009), 332–335.

OTTE, HANS, Art. Hannover. II. Kirchenkundlich, TRE 14 (1985), 438–442.

–, Unionen und Unionsversuche im Königreich Hannover zwischen 1815 und 1848, in: JGNKG 89 (1991), 237–275.

–/SCHENK, RICHARD (Hgg.), Die Reunionsgespräche im Niedersachsen des 17. Jahrhunderts. Rojas y Spinola – Molan – Leibniz, SKGNS 37, Göttingen 1999.

PALMER, CHRISTIAN, Art. Cotta, Johann Friedrich, ADB 4 (1876 [ND 1968]), 526–527.

PANNENBERG, WOLFHART, Wissenschaftstheorie und Theologie, Frankfurt 1973.

–, Problemgeschichte der neueren evangelischen Theologie in Deutschland. Von Schleiermacher bis zu Barth und Tillich, Göttingen 1997.

PERLITT, LOTHAR, Professoren der Theologischen Fakultät in Göttingen als Äbte von Bursfelde, in: JGNKG 82 (1984), 7–25.

PETRI, EMIL, D. Ludwig Adolf Petri, weiland Pastor zu St. Crucis in Hannover, ein Lebensbild aufgrund seines schriftlichen Nachlasses und nach den Mitteilungen seiner Freunde dargestellt, Bd. 1, Hannover 1888.

PFEILSTICKER, WALTHER, Neues württembergisches Dienerbuch, Bd. 1–2, Stuttgart 1957–1963.

–, Neues württembergisches Dienerbuch, Registerband, Stuttgart 1974.

–, Neues württembergisches Dienerbuch, Bd. 3: Personen- und Ortsverzeichnis. Berichtigungen und Ergänzungen, Stuttgart 1993.

PLANCK, ADALBERT, Die Familie Planck des Stadt- und Amtsschreibers Georg Jakob Planck in Nürtingen, Traunstein 1928.

POCKRANDT, MARK, Biblische Aufklärung. Biographie und Theologie der Berliner Hofprediger August Friedrich Wilhelm Sack (1703–1786) und Friedrich Samuel Gottfried Sack (1738–1817), AKG 86, Berlin/New York 2003.

QUAST, ELISABETH, Das fromme Annexum der Göttinger Universität. Armenschule und Waisenhaus der theologischen Fakultät, in: STRÄTER, UDO/NEUMANN, JOSEF N./i.V. mit WILSON, RENATE (Hgg.), Waisenhäuser in der Frühen Neuzeit, Hallesche Forschungen 10, Tübingen 2003, 95–119.

RAABE, PAUL, Bücherlust und Lesefreuden. Beiträge zur Geschichte des Buchwesens im 18. und frühen 19. Jahrhundert, Stuttgart 1984.

RADE, MARTIN, Der Begriff der Kirche bei den Kirchenhistorikern, in: Harnack-Ehrung. Beiträge zur Kirchengeschichte, Leipzig 1921, 451–458.

RATSCHOW, CARL HEINZ, Art. Konfession/Konfessionalität, TRE 19 (1990), 419–426.

REGULA, JACOB, Die Berchtesgadener (Salzburger) Emigranten in Göttingen (1733–1742), in: ZGNKG 19 (1914), 209–229.

REILL, PETER H., Die Geschichtswissenschaft um die Mitte des 18. Jahrhunderts, in: VIERHAUS, RUDOLF (Hg.), Wissenschaften im Zeitalter der Aufklärung, Göttingen 1985, 163–193.

RELLER, HORST, Die Auswirkungen der Universität Helmstedt auf Pfarrer und Gemeinden in Niedersachsen, in: JGNKG 74 (1976), 35–52.

RÉMI, CORNELIA, Religion und Theologie, in: STEINKE, HUBERT/BOSCHUNG, URS/PROSS, WOLFGANG (Hgg.), Albrecht von Haller. Leben – Werk – Epoche, Göttingen 2008, 199–225.

RITTER, ADOLF MARTIN, Vorwort, in: ANDRESEN, CARL/RITTER, ADOLF MARTIN (Hgg.), Handbuch der Dogmen- und Theologiegeschichte, Bd. 1: Die Lehrentwicklung im Rahmen der Katholizität, Göttingen ²1999, XIII–XXXVIII.

ROESSLE, JULIUS, Von Bengel bis Blumhardt. Gestalten und Bilder aus der Geschichte des schwäbischen Pietismus, Stuttgart 1962.

ROETHE, GUSTAV, Göttingische Zeitungen von gelehrten Sachen, in: Festschrift zur Feier des hundertfünfzigjährigen Bestehens der Königlichen Gesellschaft der Wissenschaften zu Göttingen. Beiträge zur Gelehrtengeschichte Göttingens, Berlin 1901, 567–688.

ROHLS, JAN, Protestantische Theologie der Neuzeit, Bd. 1: Die Voraussetzungen und das 19. Jahrhundert, Tübingen 1997.

ROTHERT, WILHELM, Hannoversche Männer und Frauen seit 1866, Allgemeine hannoversche Biographie 1, Hannover 1912.

–, Hannoversche Männer und Frauen 1646–1815, Allgemeine Hannoversche Biographie 2, Hannover 1914.

–, Hannover unter dem Kurhut 1646–1815, hg.v. ANTONIE KISKER ROTHERT u. MARTIN PETERS, Allgemeine Hannoversche Biographie 3, Hannover, 1916.

RUDELBACH, ANDREAS GOTTLOB, Reformation, Lutherthum und Union. Eine historisch-dogmatische Apologie der Lutherischen Kirche und ihres Lehrbegriffs, Leipzig 1839.

RÜEGG, WALTER (Hg.), Geschichte der Universität in Europa, Bd. 2: Von der Reformation zur Französischen Revolution (1500–1800), München 1996.

RUPPRECHT, EVA-MARIA, Kritikvergessene Spekulation. Das Religions- und Theologieverständnis der spekulativen Theologie Ph.K. Marheinekes, Beiträge zur rationalen Theologie 3, Frankfurt a.M. 1993.

RUPRECHT, RUDOLF, Der Pietismus des 18. Jahrhunderts in den Hannoverschen Stammländern, [Diss. Göttingen] Göttingen 1919.

RÜVE, GERLIND, Scheintod. Zur kulturellen Bedeutung der Schwelle zwischen Leben und Tod um 1800, Bielefeld 2008.

SAADA, ANNE, Die Universität Göttingen. Traditionen und Innovationen gelehrter Praktiken, in: BÖDECKER, HANS ERICH/BÜTTGEN, PHILIPPE/ESPAGNE, MICHEL (Hgg.), Die Wissenschaft vom Menschen in Göttingen um 1800. Wissenschaftliche Praktiken, institutionelle Geographie, europäische Netzwerke, VMPIG 237, Göttingen 2008, 23–46.

SAATHOFF, ALBRECHT, Aus Göttingens Kirchengeschichte. Festschrift zur 400jährigen Gedächtnisfeier der Reformation am 21. Oktober 1929, Göttingen 1929.

–, Geschichte der Stadt Göttingen, Bd. 1: Bis zur Gründung der Universität/Bd. 2: Seit der Gründung der Universität, Göttingen 1937/1940.

SACHSE, WIELAND, Bevölkerungs- und Sozialgeschichte der Stadt Göttingen vom Dreißigjährigen Krieg bis zum Beginn der preußischen Zeit, in: BÖHME, ERNST/VIERHAUS, RUDOLF (Hgg.), Göttingen. Geschichte einer Universitätsstadt, Bd. 2: Vom Dreißigjährigen Krieg bis zum Anschluss an Preußen – Der Wiederaufstieg als Universitätsstadt (1648–1866), Göttingen 2002, 217–254.

SÄGMÜLLER, JOHANNES B., Die kirchliche Aufklärung am Hofe des Herzogs Karl Eugen von Württemberg (1744–1793). Ein Beitrag zur Geschichte der kirchlichen Aufklärung, Freiburg i.Br. 1906.

SANDER, FERDINAND, D. Friedrich Lücke Abt zu Bursfelde und Professor der Theologie zu Göttingen (1791–1855). Lebens- und Zeitbild aus der ersten Hälfte des Jahrhunderts, Hannover 1891.

SCHAAR, LOUIS, Das westfälische Konsistorium in Göttingen 1807–1813, in: Göttinger Blätter für Geschichte und Heimatkunde Südhannovers 2 (NF) (1936), Heft 2, 49–63.

SCHÄUFELE, WOLF-FRIEDRICH, Christoph Matthäus Pfaff und die Kirchenunionsbestrebungen des Corpus Evangelicorum 1717–1726, VIEG 172, Mainz 1998.

–, Art. Unionen, Kirchliche. III. Unionen der protestantischen Kirchen mit der römisch-katholischen Kirche (vor allem im 17. und 18. Jahrhundert), TRE 34 (2002), 319–323.

SCHERER, EMIL CLEMENS, Geschichte und Kirchengeschichte an den deutschen Universitäten, Freiburg 1927.

SCHINDEL, ULRICH, Die Anfänge der Klassischen Philologie in Göttingen, in: LAUER, REINHARD (Hg.), Philologie in Göttingen. Sprach- und Literaturwissenschaft an der

Georgia Augusta im 18. und beginnenden 19. Jahrhundert, Göttinger Universitäts-schriften A 18, Göttingen, 2001, 9–24.

Schindling, Anton, Bildung und Wissenschaft in der Frühen Neuzeit 1650–1800, EDG 30, München ²1999.

Schlaich, Klaus, Kollegialtheorie. Kirche, Recht und Staat in der Aufklärung, JusEcc 8, Tübingen 1969.

Schloemann, Martin, Siegmund Jacob Baumgarten. System und Geschichte in der Theologie des Überganges zum Neuprotestantismus, FKDG 26, Göttingen 1974.

Schmid, Heinrich, Die Dogmatik der evangelisch-lutherischen Kirche. Dargestellt und aus den Quellen belegt, neu hg.v. Horst Georg Pöhlmann, Gütersloh ¹¹1990.

Schmidt, Jonas, Art. Planck, Gottlieb Jacob, BBKL 7 (1994), 705–710.

–, Art. Planck, Gottlieb Jakob, LThK³ 8 (1999), 341.

Schmitt, Christoph, Art. Walch, Christian Wilhelm Franz, BBKL 13 (1998), 179–183.

Schnabel, Franz, Deutsche Geschichte im neunzehnten Jahrhundert, Bd. 4: Die religiösen Kräfte, Freiburg 1937.

Schnath, Georg/Lübbing, Hermann/Möhlmann, Günther/Engel, Franz/Brosius, Dieter/Röhrbein, Waldemar, Geschichte des Landes Niedersachsen, Geschichte der deutschen Länder, Territorien-Ploetz: Sonderausgaben, Würzburg (NA) 1973.

Schneider, Alois, Nürtingen, Archäologischer Stadtkataster Baden-Württemberg 13, Stuttgart 2001.

Schneider, Gerhard (Hg.), Das Kurfürstentum Hannover und die Französische Revolution. Quellen aus den Jahren 1791–1795, Beiträge zur Geschichte Niedersachsens und Westfalens 2, Hildesheim 1989.

Schneider, Ulrich Johannes, Zur Systematisierung des Wissens in der zweiten Hälfte des 18. Jahrhunderts, in: Bödecker, Hans Erich/Büttgen, Philippe/Espagne, Michel (Hgg.), Die Wissenschaft vom Menschen in Göttingen um 1800. Wissenschaftliche Praktiken, institutionelle Geographie, europäische Netzwerke, VMPIG 237, Göttingen 2008, 69–82.

Scholder, Klaus, Art. Baur, Ferdinand Christian, TRE 5 (1980), 352–359.

Schormann, Gerhard, Academia Ernestina. Die schaumburgische Universität zu Rinteln an der Weser (1610/21–1810), Academia Marburgensis 4, Marburg 1982.

Schorn-Schütte, Luise, Evangelische Geistlichkeit in der Frühneuzeit. Deren Anteil an der Entfaltung frühmoderner Staatlichkeit und Gesellschaft. Dargestellt am Beispiel des Fürstentums Braunschweig-Wolfenbüttel, der Landgrafschaft Hessen-Kassel und der Stadt Braunschweig, QFRG 62, Heidelberg 1996.

–/Sparn, Walter (Hgg.), Evangelische Pfarrer. Zur sozialen und politischen Rolle einer bürgerlichen Gruppe in der deutschen Gesellschaft des 18. bis 20. Jahrhunderts, KoGe 12, Stuttgart u. a. 1997.

Schröer, Henning, Theologia applicata, in: MPTh 53 (1964), 389–407.

–, Art. Praktische Theologie, TRE 27 (1997), 190–220.

Schubert, Ernst, Ludwig Timotheus Spittler und Wilhelm Havemann. Die Anfänge der Landesgeschichte in Göttingen, in: Boockmann, Hartmut/Wellenreuther, Hermann (Hgg.), Geschichtswissenschaft in Göttingen. Eine Vorlesungsreihe, Göttinger Universitätsschriften A 2, Göttingen 1987, 122–160.

Schwöbel, Christoph, Art. Religion. IV. Religion und die Aufgabe der Theologie, RGG⁴ 7 (2004), 279–286.

–, Art. Bibel, Enzyklopädie der Neuzeit 2 (2005), 129–134.

SEEBA, HINRICH C., Winckelmann: Zwischen Reichshistorik und Kunstgeschichte. Zur Geschichte eines Paradigmawechsels in der Geschichtsschreibung, in: BÖDEKER, HANS ERICH/IGGERS, GEORG G./KNUDSEN, JONATHAN B./REILL, PETER H. (Hgg.), Aufklärung und Geschichte. Studien zur deutschen Geschichtswissenschaft im 18. Jahrhundert, VMPIG 81, Göttingen 1986, 299–323.

SEIFFERT, HELMUT, Enzyklopädie, in: Handlexikon zur Wissenschaftstheorie, hg.v. HELMUT SEIFFERT/GERARD RADNITZKY, München 1989, 46 f.

SELLE, GÖTZ V., Die Georg-August-Universität zu Göttingen 1737–1937, Göttingen 1937.

SMEND, RUDOLF [d.Ä.], Die Göttinger Gesellschaft der Wissenschaften, in: Festschrift zur Feier des zweihundertjährigen Bestehens der Akademie der Wissenschaften in Göttingen. I. Mathematisch-physikalische Klasse, Berlin u. a. 1951, V–XIX.

SMEND, RUDOLF, Deutsche Alttestamentler in drei Jahrhunderten, Göttingen 1989.

–, Art. Göttingen, Universität, TRE 13 (1984), 558–563.

–, Johann David Michaelis und Johann Gottfried Eichhorn – zwei Orientalisten am Rande der Theologie, in: MOELLER, BERND (Hg.), Theologie in Göttingen. Eine Vorlesungsreihe, Göttinger Universitätsschriften A 1, Göttingen 1987, 58–81.

–, Kurze Geschichte des Fachbereichs Theologie an der Georgia Augusta, in: SCHLOTTER, HANS-GÜNTHER (Hg.), Die Geschichte der Verfassung der Fachbereiche der Georg-August-Universität zu Göttingen, Göttinger Universitätsschriften A 16, Göttingen 1994, 46–53.

SPANKEREN, MALTE VAN, Johann August Nösselt (1734–1807). Ein Theologe der Aufklärung, Hallesche Forschungen 31, Halle (Saale) 2012.

SPARN, WALTER, Vernünftiges Christentum. Über die geschichtliche Aufgabe der theologischen Aufklärung im 18. Jahrhundert in Deutschland, in: VIERHAUS, RUDOLF (Hg.), Wissenschaften im Zeitalter der Aufklärung, Göttingen 1985, 18–57.

–, Perfektibilität – Protestantische Identität »nach der Aufklärung«, in: MÜLLER, WOLFGANG ERICH /SCHULZ, HARTMUT H.R. (Hgg.), Theologie und Aufklärung. FS Gottfried Hornig zum 65. Geburtstag, Würzburg 1992, 339–357.

–, Philosophische Historie und dogmatische Heterodoxie. Der Fall des Exegeten Christoph August Heumann, in: REVENTLOW, HENNING GRAF/SPARN, WALTER/WOODBRIDGE, JOHN (Hgg.), Historische Kritik und biblischer Kanon in der deutschen Aufklärung, Wolfenbütteler Forschungen 41, Wiesbaden 1988, 171–192.

SPEHR, CHRISTOPHER, Aufklärung und Okumene. Reunionsversuche zwischen Katholiken und Protestanten im deutschsprachigen Raum des späteren 18. Jahrhunderts, BHTh 132, Tübingen 2005.

STECK, KARL GERHARD, Art. Apologetik. II. Neuzeit, TRE 3 (1978), 411–424.

STEINMETZ, RUDOLF, Die Generalsuperintendenten von Göttingen I., in: ZGNKG 39 (1934), 106–150.

–, Die Generalsuperintendenten von Göttingen II., in: ZGNKG 40 (1935), 83–155.

STEPHAN, HORST/SCHMIDT, MARTIN, Geschichte der evangelischen Theologie in Deutschland seit dem Idealismus, Berlin/New York ³1973.

STIEVERMANN, DIETER, Absolutismus und Aufklärung (1648–1806), in: SCHAAB, MEINRAD/SCHWARZMAIER, HANSMARTIN (Hgg.), Handbuch der Baden-Württembergischen Geschichte, Bd. 1: Allgemeine Geschichte, 2. Teil: Vom Spätmittelalter bis zum Ende des Alten Reiches, Stuttgart 2000.

STIEWE, MARTIN, Art. Unionen, Kirchliche. IV. Innerprotestantische Unionen und Unionen zwischen protestantischen und anglikanischen Kirchen. 1. Deutschland, TRE 34 (2002), 323–327.

STOCK, KONRAD, Art. Theologie. III. Enzyklopädisch, TRE 33 (2002), 323–343.

STÖVE, ECKEHART, Art. Kirchengeschichtsschreibung, TRE 18 (1989), 535–560.

STREICH, GERHARD, Die Privatbibliothek als Handwerkszeug des Gelehrten im 18. Jahrhundert, dargestellt am Beispiel Göttingens [Titel im Heft: Die Büchersammlungen Göttinger Professoren im 18. Jahrhundert], in: RAABE, PAUL (Hg.), Öffentliche und Private Bibliotheken im 17. und 18. Jahrhundert. Raritätenkammern Forschungsinstrumente oder Bildungsstätten?, Wolfenbütteler Forschungen 2, Bremen/Wolfenbüttel 1977, 241–299.

STROUP, JOHN, Protestant Church Historians in the German Enlightenment, in: BÖDEKER, HANS ERICH/IGGERS, GEORG G./KNUDSEN, JONATHAN B./REILL, PETER H. (Hgg.), Aufklärung und Geschichte. Studien zur deutschen Geschichtswissenschaft im 18. Jahrhundert, VMPIG 81, Göttingen 1986, 169–192.

STUMPF, CHRISTOPH A., Das Reichsrecht und die Wiedervereinigung der Konfessionen in verfassungshistorischer Perspektive, in: KLUETING, HARM (Hg.), Irenik und Antikonfessionalismus im 17. und 18. Jahrhundert, Hildesheimer Forschungen 2, Hildesheim/Zürich/New York 2003, 39–54.

THIEMANN, CARL, Kriegsausgaben der Stadt Göttingen im Jahre 1813, in: Göttinger Blätter für Geschichte und Heimatkunde in Südhannover und seiner Nachbarschaft (1914), 10–15.

–, Feierlichkeiten im Jahre 1815 in Göttingen. Ein Auszug aus der Kämmereirechnung 1815, in: Göttinger Blätter für Geschichte und Heimatkunde in Südhannover und seiner Nachbarschaft (1915), 72f.

THOMANN, GÜNTHER, Christoph Matthäus Pfaff (1686–1760) und die Anfänge der dogmengeschichtlichen Disziplin, in: BWKG 85 (1985), 83–133.

TITZE, HARTMUT, Überfüllung und Mangel im evangelischen Pfarramt seit dem ausgehenden 18. Jahrhundert, in: SCHORN-SCHÜTTE, LUISE/SPARN, WALTER (Hgg.), Evangelische Pfarrer. Zur sozialen und politischen Rolle einer bürgerlichen Gruppe in der deutschen Gesellschaft des 18. bis 20. Jahrhunderts, KoGe 12, Stuttgart u. a. 1997, 56–76.

TSCHACKERT, PAUL (WAGENMANN, JULIUS AUGUST †), Art. Planck, Gottlieb Jakob, RE³ 15 (1904), 472–477.

UHLAND, ROBERT, Geschichte der hohen Karlsschule in Stuttgart, Darstellungen aus der Württembergischen Geschichte 37, Stuttgart 1953.

VERMEULEN, HAN F., Göttingen und die Völkerkunde. Ethnologie und Ethnographie in der deutschen Aufklärung, 1710–1815, in: BÖDECKER, HANS ERICH/BÜTTGEN, PHILIPPE/ESPAGNE, MICHEL (Hgg.), Die Wissenschaft vom Menschen in Göttingen um 1800. Wissenschaftliche Praktiken, institutionelle Geographie, europäische Netzwerke, VMPIG 237, Göttingen 2008, 199–230.

VIERHAUS, RUDOLF (Hg.), Wissenschaften im Zeitalter der Aufklärung. Aus Anlaß des 250jährigen Bestehens des Verlages Vandenhoeck & Ruprecht, Göttingen 1985.

–, Historisches Interesse im 18. Jahrhundert, in: BÖDEKER, HANS ERICH/IGGERS, GEORG G./KNUDSEN, JONATHAN B./REILL, PETER H. (Hgg.), Aufklärung und Geschichte. Studien zur deutschen Geschichtswissenschaft im 18. Jahrhundert, VMPIG 81, Göttingen 1986, 264–275.

–, Die Universität Göttingen und die Anfänge der modernen *Geschichtswissenschaft* im 18. Jahrhundert, in: BOOCKMANN, HARTMUT/WELLENREUTHER, HERMANN (Hgg.), Geschichtswissenschaft in Göttingen. eine Vorlesungsreihe, Göttinger Universitätsschriften A 2, Göttingen 1987, 9–29.

–, 1737 – Europa zur Zeit der Universitätsgründung, in: MOELLER, BERND (Hg.), Stationen der Göttinger Universitätsgeschichte. 1737–1787–1837–1887–1937. Eine Vortragsreihe, Göttinger Universitätsschriften A 11, Göttingen 1988, 9–26.

–, *Göttingen* vom Ende des Dreißigjährigen Krieges bis zur Zeit der Französischen Revolution und Napoleons, in: BÖHME, ERNST/VIERHAUS, RUDOLF (Hgg.), Göttingen. Geschichte einer Universitätsstadt, Bd. 2: Vom Dreißigjährigen Krieg bis zum Anschluss an Preußen – Der Wiederaufstieg als Universitätsstadt (1648–1866), Göttingen 2002, 19–44.

VOIGT, CHRISTOPHER, Dogmengeschichte am Ende der Aufklärung, in: KuD 51 (2005), 207–216.

VOIGT-GOY, CHRISTOPHER, Reformationsgeschichte als aufgeklärte Protestantismustheorie. Gottlieb Jacob Planck, in: BEUTEL, ALBRECHT/LEPPIN, VOLKER/STRÄTER, UDO (Hgg.), Christentum im Übergang. Neue Studien zu Kirche und Religion in der Aufklärungszeit, AKThG 19, Leipzig 2006, 283–299.

–, Bekenntnisbindung in der Krise? Vom »Symbolstreit« zum »Wöllnerschen Religionsedikt«, in: GEMEINHARDT, PETER/OBERDORFER, BERND (Hgg.), Gebundene Freiheit? Bekenntnisbildung und theologische Lehre im Luthertum, LKGG 25, Gütersloh 2008, 87–107.

VOLKER, KARL, Die Kirchengeschichtsschreibung der Aufklärung, Tübingen 1921.

WAGENMANN, JULIUS AUGUST (HENKE, ERNST L. TH. †), Art. Planck, Gottlieb Jakob, RE² 12 (1883), 61–68.

–, Art. Planck, Gottlieb Jakob, ADB 26 (1888 [ND 1970]), 224–227.

–, Art. Sartorius, Christoph Friedrich, ADB 30 (1890 [ND 1970]), 381–382.

WAGNER, FALK, Art. Religion. II. Theologiegeschichtlich und systematisch-theologisch, TRE 28 (1997), 522–545.

WAGNER, HARALD, Die eine Kirche und die vielen Kirchen. Ekklesiologie und Symbolik beim jungen Möhler, Beiträge zur ökumenischen Theologie 16, München u. a. 1977.

– (Hg.), Johann Adam Möhler (1796–1838). Kirchenvater der Moderne, Konfessionskundliche Schriften des Johann-Adam-Möhler-Instituts 20, Paderborn 1996.

WAGNER, HEINRICH, Geschichte der Hohen Carls-Schule, 3 Bde., Würzburg 1856–1858.

WALLMANN, JOHANNES, Union, Reunion Toleranz. Georg Calixts Einigungsbestrebungen und ihre Rezeption in der katholischen und protestantischen Theologie des 17. Jahrhunderts, in: DUCHHARDT, HEINZ/MAY, GERHARD (Hgg.), Union – Konversion – Toleranz. Dimensionen der Annäherung zwischen den christlichen Konfessionen im 17. und 18. Jahrhundert, VIEG.B 50, Mainz 2000, 21–37.

–, Protestantismus. I. Kirchengeschichtlich, RGG⁴ 6 (2003), 1727–1733.

–, Der Pietismus, Göttingen 2005.

WAPPLER, KLAUS, Der theologische Ort der Unionsurkunde vom 27. 9. 1817, ThA 35, Berlin 1978.

WESTERBURG, JÖRG, Die Kirchenpolitik im Königreich Westphalen, in: HEDWIG, ANDREAS/MALETTKE, KLAUS/MURK, KARL (Hgg.), Napoleon und das Königreich Westphalen. Herrschaftssystem und Modellstaatspolitik, VHKH 69, Marburg 2008, 191–209.

WETZEL, KLAUS, Theologische Kirchengeschichtsschreibung im deutschen Protestantismus 1660–1760, [Diss. Mainz 1982] Gießen/Basel 1983.

WIGGERMANN, UTA, Woellner und das Religionsedikt. Kirchenpolitik und kirchliche Wirklichkeit im Preußen des späten 18. Jahrhunderts, BHTh 150, Tübingen 2010.

WINTZER, FRIEDRICH, C. I. Nitzschs Konzeption der Praktischen Theologie in ihren geschichtlichen Zusammenhängen, in: EvTh 29 (1969), 93–109.

WIRSCHING, JOHANNES, Art. Bekenntnisschriften, TRE 5 (1980), 487–511.

WITTICHEN, PAUL, Zu den Verhandlungen Württemberg mit der Kurie im Jahr 1808, in: QFIAB 6 (1904), 379–382.

WOLF, ERNST, Art. Planck. 1. Gottlieb Jakob, RGG³ 5 (1961), 403f.

ZSCHARNACK, LEOPOLD, Reformation und Humanismus im Urteil der deutschen Aufklärung. Zur Charakteristik der Aufklärung des 18. Jahrhunderts, in: PrM 12 (1908), 81–103; 153–171.

Register

Sachen

Personen

Sofern die Daten nicht ganz eindeutig erhoben werden konnten, wurden sie in eckigen Klammern gesetzt. Namensvarianten werden in leichten Fällen nicht gesondert im Index aufgeführt. Sonstige Varianten werden in Klammern angegeben.

Beiträge zur historischen Theologie

Herausgegeben von Albrecht Beutel

Alphabetische Übersicht

Elliger, Karl: Studien zum Habakuk-Kommentar vom Toten Meer. 1953. *Band 15.*

Esch, Tabea M.: „Freie Kirche im freien Staat". 2011. *Band 157.*

Evang, Martin: Rudolf Bultmann in seiner Frühzeit. 1988. *Band 74.*

Friedrich, Martin: Zwischen Abwehr und Bekehrung. 1988. *Band 72.*

Fritz, Martin: Vom Erhabenen. 2011. *Band 160.*

Gestrich, Christof: Neuzeitliches Denken und die Spaltung der dialektischen Theologie. 1977. *Band 52.*

Gößner, Andreas: Der terministische Streit. 2011. *Band 159.*

Gräßer, Erich: Albert Schweitzer als Theologe. 1979. *Band 60.*

Graumann, Thomas: Die Kirche der Väter. 2002. *Band 118.*

Grosse, Sven: Heilsungewißheit und Scrupulositas im späten Mittelalter. 1994. *Band 85.*

Gülzow, Henneke: Cyprian und Novatian. 1975. *Band 48.*

Hamm, Berndt: Promissio, Pactum, Ordinatio. 1977. *Band 54.*

– Frömmigkeitstheologie am Anfang des 16. Jahrhunderts. 1982. *Band 65.*

Hammann, Konrad: Universitätsgottesdienst und Aufklärungspredigt. 2000. *Band 116.*

Herbst, Magdalena: Karl von Hase als Kirchenhistoriker. 2012. *Band 167.*

Hoffmann, Manfred: Erkenntnis und Verwirklichung der wahren Theologie nach Erasmus von Rotterdam. 1972. *Band 44.*

Holfelder, Hans H.: Solus Christus. 1981. *Band 63.*

Hübner, Jürgen: Die Theologie Johannes Keplers zwischen Orthodoxie und Naturwissenschaft. 1975. *Band 50.*

Hyperius, Andreas G.: Briefe 1530–1563. Hrsg., übers. und komment. von G. Krause. 1981. *Band 64.*

Jacobi, Thorsten: „Christen heißen Freie": Luthers Freiheitsaussagen in den Jahren 1515–1519. 1997. *Band 101.*

Jetter, Werner: Die Taufe beim jungen Luther. 1954. *Band 18.*

Jørgensen, Theodor H.: Das religionsphilosophische Offenbarungsverständnis des späteren Schleiermacher. 1977. *Band 53.*

Jung, Martin H.: Frömmigkeit und Theologie bei Philipp Melanchthon. 1998. *Band 102.*

Käfer, Anne: „Die wahre Ausübung der Kunst ist religiös". 2006. *Band 136.*

Kasch, Wilhelm F.: Die Sozialphilosophie von Ernst Troeltsch. 1963. *Band 34.*

Kaufmann, Thomas: Die Abendmahlstheologie der Straßburger Reformatoren bis 1528. 1992. *Band 81.*

– Dreißigjähriger Krieg und Westfälischer Friede. 1998. *Band 104.*

– Das Ende der Reformation. 2003. *Band 123.*

Kleffmann, Tom: Die Erbsündenlehre in sprachtheologischem Horizont. 1994. *Band 86.*

– Nietzsches Begriff des Lebens und die evangelische Theologie. 2003. *Band 120.*

Klein, Dietrich: Hermann Samuel Reimarus (1694–1768). 2009. *Band 145.*

Klein, Michael: Westdeutscher Protestantismus und politische Parteien. 2005. *Band 129.*

Koch, Dietrich-Alex: Die Schrift als Zeuge des Evangeliums. 1986. *Band 69.*

Koch, Gerhard: Die Auferstehung Jesu Christi. ²1965. *Band 27.*

Koch, Traugott: Johann Habermanns „Betbüchlein" im Zusammenhang seiner Theologie. 2001. *Band 117.*

Köpf, Ulrich: Die Anfänge der theologischen Wissenschaftstheorie im 13. Jahrhundert. 1974. *Band 49.*

– Religiöse Erfahrung in der Theologie Bernhards von Clairvaux. 1980. *Band 61.*

Korsch, Dietrich: Glaubensgewißheit und Selbstbewußtsein. 1989. *Band 76.*

Korthaus, Michael: Kreuzestheologie. 2007. *Band 142.*

Kraft, Heinrich: Kaiser Konstantins religiöse Entwicklung. 1955. *Band 20.*

Krarup, Martin: Ordination in Wittenberg. 2007. *Band 141.*

Krause, Gerhard: Andreas Gerhard Hyperius. 1977. Band 56.
- Studien zu Luthers Auslegung der Kleinen Propheten. 1962. *Band 33.*
- siehe *Hyperius, Andreas G.*
Krauter-Dierolf, Heike: Die Eschatologie Philipp Jakob Speners. 2005. *Band 131.*
Krüger, Friedhelm: Humanistische Evangelienauslegung. 1986. *Band 68.*
Kubik, Andreas: Die Symboltheorie bei Novalis. 2006. *Band 135.*
Kuhn, Thomas K.: Der junge Alois Emanuel Biedermann. 1997. *Band 98.*
- Religion und neuzeitliche Gesellschaft. 2003. *Band 122.*
Laube, Martin: Theologie und neuzeitliches Christentum. 2006. *Band 139.*
Lindemann, Andreas: Paulus im ältesten Christentum. 1979. *Band 58.*
Mädler, Inken: Kirche und bildende Kunst der Moderne. 1997. Band 100.
Marga, Amy: Karl Barth's Dialogue with Catholicism in Göttingen and Münster. 2010. *Band 149.*
Markschies, Christoph: Ambrosius von Mailand und die Trinitätstheologie. 1995. *Band 90.*
Mauser, Ulrich: Gottesbild und Menschwerdung. 1971. *Band 43.*
Mooney, Hilary Anne-Marie: Theophany. 2009. *Band 146.*
Mostert, Walter: Menschwerdung. 1978. *Band 57.*
Negrov, Alexander: Biblical Interpretation in the Russian Orthodox Church. 2008. *Band 130.*
Nooke, Christoph: Gottlieb Jakob Planck (1751-1833). 2014. *Band 170.*
Nottmeier, Christian: Adolf von Harnack und die deutsche Politik 1890 bis 1930. 2004. *Band 124.*
Ohst, Martin: Schleiermacher und die Bekenntnisschriften. 1989. Band 77.
- Pflichtbeichte. 1995. *Band 89.*
Osborn, Eric F.: Justin Martyr. 1973. *Band 47.*
Osthövener, Claus-Dieter: Erlösung. 2004. *Band 128.*
Pfleiderer, Georg: Theologie als Wirklichkeitswissenschaft. 1992. *Band 82.*
- Karl Barths praktische Theologie. 2000. *Band 115.*
Raeder, Siegfried: Das Hebräische bei Luther, untersucht bis zum Ende der ersten Psalmen-vorlesung. 1961. *Band 31.*
- Die Benutzung des masoretischen Textes bei Luther in der Zeit zwischen der ersten und zweiten Psalmenvorlesung (1515–1518). 1967. *Band 38.*
- Grammatica Theologica. 1977. *Band 51.*
Rieger, Reinhold: Contradictio. 2005. *Band 133.*
Rose, Miriam: Schleiermachers Staatslehre. 2011. *Band 164.*
Ruschke, Johannes M.: Paul Gerhardt und der Berliner Kirchenstreit. 2012. *Band 166.*
Sallmann, Martin: Zwischen Gott und Mensch. 1999. *Band 108.*
Schaede, Stephan: Stellvertretung. 2004. *Band 126.*
Schäfer, Rolf: Christologie und Sittlichkeit in Melanchthons frühen Loci. 1961. *Band 29.*
- Ritschl. 1968. *Band 41.*
- (Hg.): Die Jeverschen Pastorenbekenntnisse 1548 anlässlich des Augsburger Interim. 2012. *Band 168.*
Schröder, Markus: Die kritische Identität des neuzeitlichen Christentums. 1996. *Band 96.*
Schröder, Richard: Johann Gerhards lutherische Christologie und die aristotelische Meta-physik. 1983. *Band 67.*
Schwarz, Reinhard: Die apokalyptische Theologie Thomas Müntzers und der Taboriten. 1977. *Band 55.*
Slenczka, Björn: Das Schisma der Augsburger Konfessionsverwandten von 1557. 2010. *Band 155.*

Sockness, Brent W.: Against False Apologetics: Wilhelm Herrmann and Ernst Troeltsch in Conflict. 1998. *Band 105.*

Spehr, Christopher: Aufklärung und Ökumene. 2005. *Band 132.*

-: Luther und das Konzil. 2010. *Band 153.*

Stegmann, Andreas: Johann Friedrich König. Seine Theologia positiva acroamatica (1664) im Rahmen des frühneuzeitlichen Theologiestudiums. 2006. *Band 137.*

Stengel, Friedemann: Aufklärung bis zum Himmel. 2011. *Band 161.*

Sträter, Udo: Sonthom, Bayly, Dyke und Hall. 1987. *Band 71.*

– Meditation und Kirchenreform in der lutherischen Kirche des 17. Jahrhunderts. 1995. *Band 91.*

Straßberger, Andres: Johann Christoph Gottsched und die „philosophische" Predigt. 2010. Band 151.

Strom, Jonathan: Orthodoxy and Reform. 1999. *Band 111.*

Tatianos: Oratio ad Graecos / Rede an die Griechen. Hrsg. u. neu übers. v. Jörg Trelenberg. 2012. *Band 165.*

Tietz-Steiding, Christiane: Bonhoeffers Kritik der verkrümmten Vernunft. 1999. *Band 112.*

Thumser, Wolfgang: Kirche im Sozialismus. 1996. *Band 95.*

Trelenberg, Jörg: Augustins Schrift De ordine. 2009. *Band 144.*

– Das Prinzip „Einheit" beim frühen Augustinus. 2004. *Band 125.*

– siehe *Tatianos.*

Treusch, Ulrike: Bernhard von Waging († 1472), ein Theologe der Melker Reformbewegung. 2011. *Band 158.*

Voigt, Christopher: Der englische Deismus in Deutschland. 2003. *Band 121.*

Voigt, Friedemann: Vermittlung im Streit. 2006. Band 140.

Wallmann, Johannes: Der Theologiebegriff bei Johann Gerhard und Georg Calixt. 1961. *Band 30.*

– Philipp Jakob Spener und die Anfänge des Pietismus. ²1986. *Band 42.*

Waubke, Hans-Günther: Die Pharisäer in der protestantischen Bibelwissenschaft des 19. Jahrhunderts. 1998. *Band 107.*

Weinhardt, Joachim: Wilhelm Hermanns Stellung in der Ritschlschen Schule. 1996. *Band 97.*

Wendebourg, Dorothea: Essen zum Gedächtnis. 2009. *Band 148.*

Werbeck, Wilfrid: Jakobus Perez von Valencia. 1959. *Band 28.*

Weyel, Birgit: Praktische Bildung zum Pfarrberuf. 2006. *Band 134.*

Wiedenroth, Ulrich: Krypsis und Kenosis. 2011. *Band 162.*

Wiggermann, Uta: Woellner und das Religionsedikt. 2010. *Band 150.*

Witt, Christian: Protestanten. 2011. *Band 163.*

Wittekind, Folkart: Geschichtliche Offenbarung und die Wahrheit des Glaubens. 2000. *Band 113.*

Ziebritzki, Henning: Heiliger Geist und Weltseele. 1994. *Band 84.*

Zschoch, Hellmut: Klosterreform und monastische Spiritualität im 15. Jahrhundert. 1988. *Band 75.*

– Reformatorische Existenz und konfessionelle Identität. 1995. *Band 88.*

ZurMühlen, Karl H.: Nos extra nos. 1972. *Band 46.*

– Reformatorische Vernunftkritik und neuzeitliches Denken. 1980. Band 59.

Mohr Siebeck · Postfach 2040 · D-72010 Tübingen.
Neueste Informationen im Internet unter www.mohr.de